Tobias Blumenberg

DER LESEBEGLEITER

Tobias Blumenberg

DER LESE-BEGLEITER

Eine Entdeckungsreise
durch die Welt der Bücher

Kiepenheuer & Witsch

Wer aber nicht eine Million Leser erwartet,
sollte keine Zeile schreiben.

GOETHE GESPRÄCHSWEISE ZU ECKERMANN
12. MAI 1825

quasi basti bo …

MORGENSTERN

Inhalt

Vorspann

13

Kapitel 1

**Der Dürre, der Fallsüchtige und der Hinkende –
drei Menschheitsfiguren**

17

Don Quixote von La Mancha   29
Der Idiot   38
Moby Dick oder Der Wal   46

Kapitel 2

Abenteuer!

55

Der Schauer- und der Kriminalroman   81
Utopien   96
Der Historische (Abenteuer-)Roman   102
Napoleon   123
Geschichte ist Kulturgeschichte   132
Die italienische Kulturlandkarte   137
Rembrandt oder Kunst im Buch   154

Kapitel 3

Scherz, Satire,
Ironie und tiefere Bedeutung

165

Der Schelmenroman   165
Das andere Deutschland – eine Erinnerung   185
Vom Humor   187

Kapitel 4

Labor und Treibhaus: ein Jahrhundert
des französischen Romans

202

Die Berufung des Künstlers – eine Abschweifung   236

Kapitel 5

Wie alles anfing

260

Grausamkeit und Urchristentum (Nichts für zarte Gemüter)   285
Einige Andeutungen über antike Philosophie   305
Anderswo   327

Kapitel 6

Helden, selbst wenn sie versagen –
die klassische Literatur

335

Bretter, die eine Welt bedeuten können   357
Die Novelle und die Anfänge unserer Literatur   412
Das Jahrhundert der Semitophobie   470

Kapitel 7

Mit den Augen einer Frau ...

481

Mit dem Tod auf Du und Du   490
Äthanol und Literatur, eine winzige Beschwipstheit   494
Die misshandelten Kinder   501
Der Gesellschaftsroman angelsächsischer Prägung
und sein Untergang   506
Liebe   529

Kapitel 8

Russische Zustände

533

Dreißig Sekunden Russische Philosophie   567

Kapitel 9

Catch as catch can
oder
Der Gesang vom Ich

581

Die Metapher   616
Der vergessene Dichter   663

Kapitel 10

Letzte Fragen

680

Zufall oder Notwendigkeit?   687

Anhang
695

Das Buch 695
Alphabetisches Register aller erwähnten Personen und Bücher 703
Chronologisches Verzeichnis aller erwähnten Dichter 763
Bibliographie der übersetzten Zitate 773

Vorspann

Spuren im Sand. Woher weht der Wind? Immer von Westen. Man weiß es, wenn man eine Zeitlang dagegen angegangen ist. Die Bäume machen einen Buckel und verneigen sich allesamt nach Lee, Fenster zur Wetterseite sind blind oder leck, meist beides, vom Sturm und dem Salz in der Luft. Seit drei Stunden bin ich unterwegs, mit Rückenwind zuerst; da dachte ich noch: toll, wie einfach, wie beschwingt es sich geht – aber jetzt auf dem Rückweg bläst es mir steif ins Gesicht. Immer von Westen, wie in *Herr der Ringe*[1], da kommt auch alles Gute aus dem Westen, Frodo und die Elben, und im Osten liegt Mordor mit dem Schicksalsberg. So einfach war Tolkiens Geographie. Ich komme also gerade aus dem Westen, vom Städtchen Norderney auf der gleichnamigen ostfriesischen Insel. Und bin den Strand entlang bis ganz ans Ostende gegangen. Vierzehn Kilometer, nach dem Eintrag im *Brockhaus*, ist die Insel lang, hat sechstausendeinhundert Einwohner und ist seit 1797 Seebad. Im *Kulturfahrplan* von Werner Stein, in dem man nachschlagen kann, was alles zur selben Zeit passiert ist, steht, dass in diesem Jahr Bonaparte, der spätere Kaiser Napoleon, die Lombardei für Frankreich annektierte und Heinrich Heine geboren wurde. Der Korse ließ später die Insel besetzen, um England zu bedrohen. Und Heine? Der hat dann auf Norderney ein paar schöne Gedichte gemacht, bevor er nach Paris ging, um der

---

1 Von jetzt ab will ich es so halten: Die Titel meiner Lieblingsbücher stehen *kursiv* genauso wie Zitate daraus, alle anderen Titel, auch die von Opern, Filmen oder Gemälden, in doppelten »französischen Klammern«.

politischen Verfolgung in Deutschland nach des Kaisers Sturz zu entgehen. Vermutlich hat er sich vom Glitzern der Sonne auf den Wellen inspirieren lassen; das sieht wirklich zum Träumen schön aus, sogar wenn man die Augen geschlossen hat und die Reflexe durch die Lider dringen. Napoleon war nicht auf der Insel, obwohl man doch jetzt dort kuren konnte, aber er vertrug das Inselklima auch anderswo nicht recht. Theodor Fontane kam gerne hierher und schrieb irgendetwas, sicher eine traurige Ehegeschichte; ja tatsächlich, in *Effi Briest* sollen Spuren seines Aufenthalts hier zu entdecken sein, weiß das Büchlein *Fontane auf Norderney*, das in der »Inselbuchhandlung« ausliegt. Die Baronin Blixen aus Dänemark startete ihre literarische Karriere gar mit einer *Sintflut von Norderney*, in der sie einen falschen Bischof auftreten lässt. Ganz schön gruselig! Sie nannte das – sie schrieb englisch – eine ›gothic tale‹. Und sogar der revolutionäre Wladimir Majakowski dichtete brav:

Ein Provinznest wie andre –
plus Sandwüstenei,
ein deutsches Seebad: Norderney.
Vom Himmel fällt
bald ein Strahl,
bald eine Möwe.
Das Meer sprüht Feuer
und schläft wie ein Löwe.

Im Brockhaus steht noch, dass die Insel früher, vor sechshundert Jahren, viel größer war. Eines Tages ist sie auseinandergebrochen. An der Stelle war ich gerade. Da hört die letzte Düne auf und der Strand streckt sich endlos. Eine ganze Insel auseinandergebrochen! Das kann sich auch keiner ausdenken. Offenbar ist gerade Ebbe und man meint trockenen Fußes hinüberzukommen zum anderen Bruchstück der ursprünglichen Insel, nach Baltrum. Dort stehen ein paar Häuser und alles sieht friedlich und verschlafen aus. Keine Menschenseele ist hier. Keine Spuren im Sand, es sei denn die eigenen. Man kommt nicht hinüber auf die andere Seite, denn immernoch ist etwas Wasser dazwischen und bald läuft die Flut auf; so gab es nichts als die Umkehr. In weiter Ferne branden Wellen an, eine hinter der anderen, in unerschöpflicher Gleichförmigkeit. Immer wieder mustere ich erwartungsvoll die endlose Meeresoberfläche. Irgendetwas Auffälliges in der Eintönigkeit? Ein Walbuckel? Eine Dampffontäne? (»Er bläst! Er bläst!«, tönt es bei solcher Gelegenheit aus dem Krähennest, dem Auslug an der Mastspitze.) Nein, nichts. Die Sonne scheint, es ist kalt, der Wind weht eisig, wir haben Februar, mitten in einem langen und kalten Winter. Wenn man aus dem Süden, und da bin ich zu Hause, auf dem Weg zur Nordsee ist, wird die Luft würziger, klarer und angenehmer zu atmen, je näher man dem Meer kommt. Gerade jetzt im Winter strömt statt Heizungsluft wieder guter Sauerstoff in die Lungen und von dort hirnwärts. Man kriegt den Kopf frei. Das ist der Reiz an Ferien auf Norderney. Und noch dreizehn Kilometer bis ins Warme. Viel Zeit also, um über alles Mögliche nachzudenken. Die eigenen Fußspuren. Woher kenne ich das? Der Walbuckel. Wie kommt mir der in den Sinn? Na klar, *Moby Dick* und *Robinson Crusoe*. Da habe ich diese Idee. Wie wäre es, wenn ich Dir erzählte, wie es mit der Liebe zu Büchern bei mir angefangen hat? Was ich zuerst gelesen habe, wie es auf mich gewirkt hat. Was schöne Bücher ausmacht, welche man sich schenken lassen oder selber kaufen sollte, wie man Bücher sammelt und was man davon hat? Hmm …

Aber ich habe mich noch gar nicht vorgestellt: Ich heiße Tobias, bin im Augenblick neunundvierzig Jahre alt, von Beruf Zahnarzt, und meine Nase läuft. Das gehört zu Nordseeferien im Winter. Wenn Du das liest, bin ich natürlich schon viel älter – vielleicht auch tot –, aber das tut nichts zur Sache.

Hätte George Berkeley, der Bischof von Cloyne in Irland, dazu gesagt. Das war ein merkwürdiger Mann, nach dem immerhin eine Stadt (in Kalifornien) und eine der bedeutendsten Universitäten benannt sind. Sein Hauptwerk erschien 1710. Im selben Jahr, sagt der *Kulturfahrplan*, wurde August der Starke polnischer König und Bachs Sohn Friedemann kam zur Welt. Über August und die Madame Pompadour gibt der Senator Buddenbrook im Herrenzimmer einen unzüchtigen Vers zum besten, jedenfalls hielt Thomas Mann die Stelle für äußerst ›stark‹; und Friedemann, das war doch der dem Trunk ergebene genialische Bachsohn, den Gustaf Gründgens für die Ufa gespielt hat. Aber wie komme ich eigentlich auf Berkeley? Der hatte erklärt, dass Materie nichts anderes sei als Wahrnehmung, außer ihr gar nicht existiere, und belehrte einen Mann, der sich in seiner Gegenwart heftig am Kopf stieß: »It matters not!«. Seine Lehre war schon am folgenden Tag widerlegt: Als der Mann, der sich den Kopf gestoßen hatte, aufwachte, hatte er eine Riesenbeule. Das war also doch ein realer Zusammenstoß mit Materie gewesen! Aber Berkeleys Lehre gilt natürlich für das Lesen: Jedes Buch wird erst in unserem Kopf wieder zum Buch. Vorher waren es nur Blätter. Durch das Lesen tritt es in Erscheinung. Dann erst ist es da, in unserem Kopf, auch wenn das Buch selbst schon längst wieder weggelegt ist. Kluger Knabe, der Bischof.

Einen Beruf zu haben ist schön und macht Spaß. Sogar Zahnarzt sein. Aber der Kopf bleibt bei all der Beschäftigung noch frei für andere Dinge. Da drinnen kann man ja machen, was man will. Zum Beispiel über Bücher und das Lesen nachdenken, und das mache ich schon lange und es macht mir Spaß. Der wird, ob Du's glaubst oder nicht, immer noch größer, je mehr und je länger ich lese. Und warum das mit dem Lesen so ist und was ich all die Jahre gelesen und dabei nachgedacht habe, davon will ich jetzt erzählen.

Kapitel 1

Der Dürre, der Fallsüchtige
und der Hinkende –
drei Menschheitsfiguren

Eines Tages kann man lesen. Vorher waren Bücher gut, wenn sie viele und bunte und schöne Abbildungen hatten. Celestino Piatti[2] war gut mit seinen Tieren, vor allem den zweisamen Eulen aus *Eulenglück*. Bücher ohne Bilder waren schlecht. Wurde daraus vorgelesen, hatte man gar keine sinnliche Vorstellung von den Schauplätzen und handelnden Personen. Dann ist plötzlich alles anders, es gibt gute Bücher mit Bildern und Text. Erich Kästners *Konferenz der Tiere* ist toll und der erregte Stier Reinhold mit hochrotem Kopf am schönsten, wenn er von Walter Trier gezeichnet ist. »Haben Sie ein Ausreißevisum?«, brüllt er den Zöllnern hinterher, die vor seiner schnaubenden Wut das Hasenpanier ergreifen. Darüber habe ich mich vor Entzücken gekringelt, damals. Es gab einen schön illustrierten *Robinson*, vermacht vom großen Bruder, den er aber eines Tages zurückhaben wollte. Im Alter erinnert man sich gern wieder

---

2 Dreißig Jahre lang trugen die Bücher des Deutschen Taschenbuch Verlages (dtv) das Gesicht der von Piatti gestalteten Umschläge – dem jeweiligen Buchcharakter ideal anverwandelt. Mit dem monomanen Tomi Ungerer für Diogenes und Willy Fleckhaus, der das kantige Profil der Suhrkamp-Kultur zeichnete, bildete er das Dreigestirn der genialen Buchgestalter zu Zeiten der Bundesrepublik, als Bücher zur unverwechselbaren ›Marke‹ wurden.

der Freuden der Jugendzeit und fordert, was einem gehörte, für die Enkel. Und *Pippi Langstrumpf*, übernommen von der Schwester, zeigte sich mit Herrn Nilsson auf der Veranda der Villa Kunterbunt. Astrid Lindgren, diese große Poetin des Kinderbuchs, hat in dem für zarte Seelen fast zu düsteren *Mio, mein Mio* symbolisch dargestellt, wie gute Bücher wirken: Auch wenn man im Kerker schmachtet, braucht man nur den Zauberlöffel der Erinnerung in den Mund zu stecken, um alsbald geistig gesättigt zu sein. Karl May, den ich von irgendwoher hatte, brachte es nur auf eine einzige bunte Illustration auf dem Buchdeckel, wenn er aus Bamberg kam, und hatte Glück, dass ich noch nicht wusste, was Arno Schmidt über ihn geschrieben hat.

Dann kam das Weihnachten, an dem ich mein erstes richtiges und wichtiges Buch bekam. In grauem Feinleinen mit einem Lesebändchen kam es daher, die Seiten ganz biegsam zart, aber nicht durchscheinend, was bei gutem Dünndruck wichtig ist, mit der Signatur des Verfassers auf dem Deckel und dezenten goldenen Verzierungen am Rücken. *Moby Dick* hieß es und Herman Melville sein Urheber. Dieses Buch hatte mein Vater für mich ausgesucht als erstes Leseerlebnis jenseits der ›Kinderbücher‹. Mein erster Band der »Winkler Weltliteratur«-Bibliothek.

An die Konkurrenz, die der weiße Wal an jenem Weihnachten in Gestalt anderer Bücher hatte, kann ich mich nicht präzise erinnern. Sicher waren einige kindgerechtere dabei und vermutlich hat mein älterer Bruder, der aufgrund einer angeborenen Lesephobie sparsam mit Gedrucktem versorgt wurde, einen weiteren Band der Jules Verne-Ausgabe von Bärmeier & Nikel bekommen mit den vielen detaillierten, zur phantastischen Handlung passenden Holzschnitten. Der Reiz dieser Bücher hielt indes nur kurz an. Mit dem dicken Dünndruckband war das anders. Unverzüglich nahm ich ihn in Angriff – an so einem Buch von über siebenhundert Seiten hatte ich mich noch nie versucht – und kämpfte ein halbes Jahr lang mit *Moby Dick*, speziell den eigenartigen Ausdrücken der Seefahrt und den wunderlichen Namen von allerlei Schiffsteilen, kein Wort auslassend, jeden Satz so lange lesend, bis ich glaubte, alles verstanden zu haben.

Denn ich wollte es sorgfältig machen. Alles, was mir bei der Lektüre sonderbar, interessant, ungeheuerlich erschien, wurde auf Zetteln vermerkt. Die legte ich an der entsprechenden Stelle so ein, dass sie am oberen Schnitt herausschauten, damit ich sie später leicht wiederfinden konnte. Nach einiger Zeit starrte das Buch vor solchen Zetteln und ich musste aufpassen, dass sie beim Lesen nicht alle wieder herausfielen. Unter uns gesagt, dieses Verfahren war fürchterlich umständlich. Ich würde es nicht empfehlen. Unterstreichen ist besser, aber in Wahrheit habe ich nach einer Weile alle Markierungsarbeiten an Texten aufgegeben. Zum Verständnis von Büchern hilft nämlich nur eins: Man muss sie lesen. Alles Weitere ergibt sich dann. Ab und zu bereut man, eine Stelle nicht gleich wiederfinden zu können. Dazu würde unterstreichen oder ein Zettel noch nicht ausreichen, man bräuchte dann auch noch so einen ehrfurchtgebietenden Zettelkasten mit Stichwortregister, wie mein Vater ihn für seine Zwecke angelegt hat.

Eine Stelle suchen bietet immer die Gelegenheit, ein Buch wieder zur Hand zu nehmen. Das ist allemal besser und aufregender, als in Zetteln oder Karteikästen zu wühlen. Wie es auch sei, damals schuf ich mir ein erstes System für meine Gedanken zu einem Buch. Es ist die wichtigste Aufgabe beim Lesen eines Werkes, den darin vorgetragenen Ideen zu folgen und sie in Zusammenhang mit der Ordnung der eigenen Gedankenwelt zu bringen. Auf diese Weise entstehen Vorlieben und Abneigungen, Übereinstimmungen und Differenzen. Auf jeden Fall erweitert jede neue Lektüre den Horizont. Wie

Lesen ist keine Kunst, sondern eine Notwendigkeit.

auch immer man mit Büchern umgeht, der Vorgang des Lesens ist entscheidend, steht aber erst an vorletzter Stelle der Beschäftigung mit ihnen. Denn zuerst wird das Buch einen optischen Eindruck auf Dich erwecken, bevor Du es zur Hand nimmst, und demzuvor hat es vielleicht schon einen Eindruck auf Dich gemacht, b e v o r Du es überhaupt in der Hand hattest, indem Dir jemand etwas darüber erzählt oder Du sonstwie davon gehört oder – gelesen hast. Es gibt hübsche und leider auch hässliche Bücher, wohlriechende und moderige, hand-schmeichlerische und garstige. Auch das beeinflusst unser Verhältnis zur Lektüre. Aber das steht am Anfang: Du willst ein Buch aus einem bestimmten Grund kennenlernen und nimmst es dann zur Hand. Du schlägst es auf, blätterst, fängst an zu lesen, liest es teilweise oder ganz und legst es anschließend wieder beiseite; sobald es weggelegt ist, ver-flüchtigt es sich als materielles Ereignis. Als Erlebnis verbleibt es für immer – in Dir.

Mit *Moby Dick* verging mir der Geschmack an leichterer Lek-türe ganz und gar nicht. Ohne Unterschied verschlang ich meine Lieblingskinderbücher zum x-ten Mal und ewige Werke der großen Welt der Literatur. Mein Vater zeigte mir, was ich lesen sollte, und das tat ich dann. Vermutlich spiegelt sich in seinen Emp-fehlungen das, was er selber damals gelesen hat im Taubenschlag auf dem Dach seines Vaterhauses; mein Großvater, ein durch den Kunsthandel reich gewordener Bonvivant, wie man seinerzeit Men-schen nannte, die ihr Geld mit leichter Hand verdienten und wie-der ausgaben, kaufte seinem einzigen Kind alle Bücher, die dieses auf eine Liste schrieb, die selbstverständlich ständig erweitert und ver-bessert wurde. Das war seine Art der Vaterliebe. Diese Bibliothek ist am Palmsonntag des Jahres neunzehnhundertzweiundvierzig beim ersten Luftangriff verbrannt, den die Royal Air Force auf eine deut-sche Stadt flog.

Die Vorschläge meines Vaters waren von höchst unterschiedlicher Art. Rousseaus *Bekenntnisse* standen am Anfang und Dostojewskijs *Schuld und Sühne*, die *Buddenbrooks* und Plutarchs *Vergleiche großer Män-ner*. Außerdem riet er mir, einzelne Schriftsteller kennenzulernen, in-dem ich a l l e s von ihnen läse. Dazu mussten Gesamtausgaben her, und von meinem Taschengeld, das ich durch Gelegenheitsarbeiten, erst Wagenwaschen, später Tennisstunden, aufbesserte, kaufte ich mir einen Cervantes, einen Balzac und die Kleist-Ausgabe von Helmut Sembdner. Bis heute sind noch ein paar weitere dazugekommen. Wir wissen gar nicht, was wir an der Buchkultur in unserem Land haben. Wenn mich Ausländer besuchen, geraten sie stets ins Schwärmen über die handwerkliche Qualität und Schönheit deutscher Bücher. Nun, in den letzten Jahren versuchen mehr und mehr Verlage, sich dem internationalen Standard anzupassen, also gesichtslos mittelmäßige Druckerzeugnisse auf den Markt zu bringen. Auf Grund der Kostensituation scheint das unabänderlich, bedauern tun wir es allemal. Und als Trost: Es gibt noch das schöne Buch. Für alle, die danach suchen.

Die Sache mit den Gesamtausgaben ist kein bloßer Spleen. Sicher kann es ermüden, einen Haufen Schau- und Zwischenspiele von Cervantes am Stück zu lesen. Aber zum Dank lernt man den Dichter in seinen Facetten und Eigenarten kennen, wie es sonst nicht möglich wäre. Natürlich gibt es Biographien, in der Regel sorgfältig gemacht und gut geschrieben, aus denen man sich informieren kann. Aber gerade hier bekommt man das Bild des Porträtierten durch einen Filter zu sehen, den Filter der Wahrnehmung und Wiedergabe durch den Biographen. Ich gestehe, aus diesem Grunde ungern Lebensbeschreibungen zu lesen, es sei denn als Kunstprodukte. Wenn Biographien zu Literatur werden, bekommen sie eine neue Qualität, über die man auch neu entscheiden muss. Das Leben mancher Großer der Literatur erschließt sich bereits vollkommen über ihre Werke. Ein ausgezeichnetes Beispiel hierfür ist Heinrich von Kleist. Einerseits ist seine gesamte Produktion übersichtlich: eine Handvoll Gedichte, Novellen, acht Theaterstücke, ein paar Aufsätze und Artikel und dann noch seine Briefe. Andererseits sind Einzelheiten seines Lebens so geheimnisvoll, dass kein Biograph sie zwingend glaubhaft enträtseln kann. Eine mysteriöse Krankheit trieb den jungen Heinrich um, er war kurz Soldat und in französischer Gefangenschaft und kam wer weiß wie frei; zu einigen Männern unterhielt er intensive Freundschaft – war da mehr? Seine Verlobung löste er jedenfalls schnell wieder und hatte keine andere Freundin als seine Schwester Ulrike; und seinem jungen Leben setzte er gemeinsam mit einer Frau, der schwerkranken Henriette Vogel, einer Zufallsbekanntschaft, am Ufer des Wannsee[3] in Berlin mit der Pistole ein Ende. Er wurde nicht einmal vierunddreißig Jahre alt. Mehr weiß kein Biograph, alles andere ist Spekulation. Die setzte in Kleists Fall schon früh ein. Besonders die Tatsache, dass Goethe es ablehnte, Kleists Talent anzuerkennen oder zu fördern, beispielsweise indem er ihn an seinem Hoftheater aufgeführt hätte, befeuerte die Phantasien. Aber auch sein Verhältnis zum Kreis der Romantiker, zu Arnim und Brentano in Berlin, Hoffmann in Bamberg, den Schlegels sowie Tieck in Jena und den anderen war so distanziert, dass man sich auf Kleists Selbstwahrnehmung als Künstler keinen rechten Reim machen kann. Sein bester Freund in Literatenkreisen war der heute vergessene Schweizer Heinrich Zschokke, der im Wettstreit mit Kleist auch einen *Zerbrochenen Krug* geschrieben hat – als Novelle, um herauszufinden, wer besser dichten kann. Wir meinen es zu wissen. Wie es dazu kam, kannst Du bestens in der Kleist-Ausgabe nachlesen, dazu ist kein Erklärer notwendig. Und wenn Du mit den zwei schwarzleinenen Bänden der Sembdner-Edition fertig bist, steht das Bild dieses naiv-schwärmerisch-verträumten Einsamen vollkommen plastisch vor Dir.

Gefragt, was meine stärksten Leseeindrücke als junger Mensch gewesen sind, muss ich zunächst antworten, dass ich am Anfang ja nichts, wirklich gar nichts kannte. Ich war ein leeres Gefäß, in das sich die Essenz vieler Bücher ergoss. Bis heute ist dieses Gefäß nicht voll, ein wirklich glücklicher und glücklich machender Umstand – wie schrecklich muss es sein, alles gelesen zu haben! –; aber diese Essenzen haben sich miteinander vermischt und bilden wie bei einem Parfum ein Aroma, aus verschiedenen Bestandteilen zusammengesetzt, die man immernoch unterscheiden kann, die aber gemeinsam eine Komposition eigener Art bilden mit Kopf- und Herznote, Körper und

---

3 Dazu fällt mir, um nun nicht in Trauerstimmung zu verfallen, eine Geschichte ein. In der kleinen Stadt, in der ich wohne, eröffnete ein junger Mann einen Gemüseladen und nannte das Geschäft »Van-See« nach dem großen Zentralgewässer seines Heimatlandes Armenien. Als ich den stolzen Besitzer fragte, ob wohl die ansässigen Kleinstädter mit dem Namen seines Geschäfts etwas verbinden könnten, erwiderte er prompt: »Wieso, jeder hier kennt den Wann-See!«

Zwischentönen sowie dem, was übrig bleibt, wenn alle anderen Gerüche schon verflogen sind, einem Nachklang und einer Erinnerung an vergangene Sensationen (Sensation wie englisch ›sensation‹, also Wahrnehmung). Trägst Du diese Komposition, die man mit einem deutschen Wort ›Bildung‹ nennt, in Dir, so überzieht sie nun dank ihrer eigenartigen Struktur alle neuen Sensationen, die Dir begegnen, vereinnahmt sie auf diese Weise und weckt dabei Erinnerungen an bereits Bekanntes. Je vielfältiger die Bildung, desto besser und leichter wirst Du Neues erkennen und anerkennen können, desto offener wirst Du für die Vielfalt der Eindrücke. Das gilt für Lesen, Musik, Kunst oder Architektur genauso wie für das Reisen oder den Kontakt mit Fremden. Der oder das Fremde bietet Dir die Gelegenheit, Deiner Bildung, Deiner Welterkenntnis einen neuen Aspekt hinzuzufügen. Diesen ganzen Vorgang der Aneignung bezeichnet man als ›Rezeption‹.

Bus- und Bahnfahrten sind ideale Lesegelegenheiten, man sollte immer ein Reclambändchen in der Manteltasche haben.

Ein Fachmann hat gesagt: *Das Paradox jeder Rezeption besteht darin, dass der nichts erfährt, der nichts erfahren hat.* Das heißt für das Lesen, dass es erst dann richtig Spaß macht, wenn man schon einiges gelesen hat.

Sollte mal ein Buch *Die Kunst des Lesens* heißen, wäre schon der Titel Quatsch: Lesen ist keine Kunst, außer für den Analphabeten. Lesen ist eine Chance. Ich halte es für gleichgültig, wie man liest. Der eine buchstabiert sich jedes Wort, der andere liest laut mit, der dritte formt die Wörter mit den Lippen nach, der nächste fliegt über die Zeilen, mancher gar liest quer, indem er nur nach Stichwörtern Ausschau hält, die ihm Seite für Seite andeuten, worum es gerade geht. Das hat alles seine Berechtigung. Das Buch selbst wird lehren, was zu tun ist. Ein fesselndes und spannendes Werk wirst Du intuitiv wie einen kostbaren Gegenstand behandeln und es dadurch ehren, dass Du nichts auslässt und genussvoll liest. Andere Bücher wollen robuster gehandhabt werden, überflogen, durchgeblättert. Selten breche ich die Lektüre (verärgert) ab, ich bin ein geduldiger Leser. Bücher brauchen auch die Möglichkeit einer Entwicklung, manche beginnen langweilig, abstoßend oder sonstwie verstörend, um Dich dann in ihren Bann zu ziehen.

Ich selbst habe die Angewohnheit, beim Lesen Musik zu hören. Für mich stören sich die beiden Eindrucksebenen nicht, ergänzen sich häufig, durchdringen sich in glücklichen Momenten. So an die zweitausend Opernaufnahmen habe ich zur Begleitung erfüllter Lesestunden genossen. Früher, ich gestehe es, habe ich sogar beim Fernsehen gelesen – oder umgekehrt. Speziell die Tennismatches von Boris Becker eigneten sich perfekt zu simultaner Lektüre. Was für glückliche Zeiten das waren. Niemand ließ dem Leser zwischen den Ballwechseln so viel so präzise zugemessene Zeit wie ›der Leimener‹. Das Schreiten nach dem abgeschlossenen Ballwechsel inklusive Blickwechsel mit dem Gegner; die sorgfältige Auswahl des Balles für den nächsten Punkt; das Richten der Kleidung: Hemd in die Hose, eventuell am Schuhbändel etwas korrigieren; Atemübungen, mal der rundmäulige Karpfen, dann wieder ein bronchiales Hüsteln; das In-Position-Gehen für den Aufschlag in Schrittstellung mit Wippen vom Ballen des rechten auf den großen Zeh des linken Fußes; mehrmaliges Jonglieren des Balles mit Hand und Schläger sowie ein letzter herausfordernder Blick auf das Gegenüber; dann der Aufwurf des Balles in das Niemandsland vor der Grundlinie, das Hinaufschrauben und Hochwuchten des massigen Körpers, ein peitschenartiges Knallen des Schlägers gegen den Ball – peng, Fehler! Also das Ganze von vorn: alles in allem anderthalb köstliche Minuten des Rituals und der Ruhe, in denen man ein schönes Stück Literatur bewältigen konnte, bevor der zumeist kurz gehaltene Ballwechsel in Gang kam und Aufmerksamkeit einforderte. Als er in einem epischen Match, das über fünf Sätze und sechs Stunden ging, gegen John McEnroe im Davis-Cup gewann in Hartford[4], Connecticut, las ich währenddessen ein Epos und sage: Beides gewann gleichermaßen durch das jeweils andere.

---

4 Den Teil der Leserschaft, den ich gerade entsetzlich langweile, möchte ich mit der Nachricht elektrisieren, dass aus ebendiesem Hartford die »Gilmore girls« stammen, die besten Botschafterinnen amerikanischen Esprits bei uns seit langem.

Heute lese ich schneller als früher; zurzeit lese ich seltener wichtige Bücher, dafür mehr Masse. Das ist nur vorübergehend. Ich freue mich schon auf den Tag, an dem ich anfangen werde, einzelne große Werke langsam und in aller Ruhe wieder zu lesen – man wird auf den folgenden Seiten merken, welche das sind. Als junger Mensch hat man noch kein Gefühl für Lebenszeit oder: wieviel Zeit man in einem Leben hat und was man damit anfangen kann. In den mittleren Jahren breitet sich die heimliche Angst aus, die Zeit könne nicht reichen für alles. Jetzt verlasse ich gerade diesen hektischen Lebensabschnitt in der Gewissheit, nichts Wesentliches versäumt zu haben. Die Jahre, die vielleicht noch kommen, werden nichts als Freude sein. Lebens- und Lesefreude bis zum Augenblick des Unvermeidlichen.

Ob man fremdsprachige Werke im Original lesen soll? Eigentlich ja. Wäre da nicht die Faulheit, sich mit allen diesen Sprachen so ins Benehmen zu setzen, dass man sie ohne Hilfen wie Wörterbücher oder Grammatiken fließend lesen kann. Ist das nicht der Fall, vergeht eben viel Zeit, über die Schwierigkeiten der Texte hinwegzukommen. Ein simpler Rat ist, kleine Wortlücken zuzulassen. Man muss nicht jedes Detail in Erfahrung bringen, um dem Fluss des Textes noch problemlos folgen zu können. Auch Übersetzungen lassen uns Leser mit unseren Verständnisfragen manchmal ratlos zurück. Altmodische Übersetzungen verfälschen doppelt, indem sie ihre eigene Überholtheit den Schwierigkeiten des Originals noch aufpropfen. Auch übertriebene Modernität schadet zuweilen, wenn sie den falschen Anschein erweckt, der Text selbst rechtfertige sie. So bleibt manche schlechte Übersetzung ungewollt gut, wenn sie zumindest eine gewisse steifleinene Aufrichtigkeit beherzigt. In solchen Fällen schimmert das Original, der angestrebte Sinn, ausreichend durch. Dazu ein Beispiel. Arno Schmidt, der gerühmte Übersetzer von Edgar Allan Poe, Wilkie Collins und James Fenimore Cooper, mühte sich Anfang der Sechziger an den mäßig originellen Schauer- und Überraschungsgeschichten eines Stanley Ellin. In der ersten geht es um ein Restaurant, in dem es eine *Spezialität des Hauses* gibt – phantastisch zart zubereitetes Fleisch, das von jenen sich glücklich schätzenden Gourmets gewonnen wird, die der Chef in seine Küche bittet, um nur für sie das Geheimnis seiner Kunst zu lüften. Alsbald werden sie den übrigen ahnungslosen Gästen als ›plate‹ serviert, von Schmidt mit ›Platte‹ übersetzt. Nun wird zwar in vielen amerikanischen Restaurants genauso wie bei uns üppiges Porzellan verwendet, um die Erzeugnisse der Küche für den Gast aufzutragen, serviert wird aber stets ein Tellergericht. Und das heißt im Amerikanischen genauso wie die Platte. Dem Leser entgeht durch den kleinen Irrtum Schmidts nichts, er muss sich nur vorstellen, was wohl im originalen Text stehen mag, um vor seinem geistigen Auge den leeren Teller mit etwas Schmackhaftem belegen zu können.

Das Englische und Französische verlieren durch Übersetzung ziemlich wenig von ihrer Eigenart. Je exotischer die Sprachen werden, desto weniger können wir uns da sicher sein. Werke der klassischen chinesischen Literatur sind bei uns seit fast einem Jahrhundert durch Übersetzungen eines Mannes heimisch geworden, dem böse Zungen nachsagen, statt wortgetreuer Wiedergaben der Originale eher Nachdichtungen in eigenem Geschmack geliefert zu haben. Die *Erzählungen aus Tausendundeiner Nacht* haben erst durch die klassische Edition Enno Littmanns den für uns heute gewohnten Sprachfluss erhalten, mit gereimter Prosa und den die Erzählzeit zum Stillstand bringenden Wiederholungen und Abschweifungen; frühere Übersetzungen erscheinen im Vergleich eher als Paraphrasen. Aber bereits das Russische bietet offenbar Schwierigkeiten, die einer angemessenen Verdeutschung im Wege stehen. Meine Masseurin lernte ihr Handwerk in der Sowjetunion, und dort war nicht nur die Ausbildung für medizinische Berufe überaus anspruchsvoll, sondern auch die Schulbildung hatte sehr hohes Niveau. Bei unseren Gesprächen, soweit mir ihre festen, sicheren Griffe dazu Luft lassen, dreht es sich meistens um Tolstoi, Turgenjew und Tschechow. Sie liebt die großen russischen Dichter, deren Lektüre Grundlage ihres Schulunterrichts war. Aber auch nach vielen Jahren in Deutschland mag sie deren Werke nur russisch lesen, weil in der Übersetzung jeder Neben- und Doppelsinn verlorengeht, wie sie mir versichert. Es sei unmöglich, ein einzelnes russisches Wort durch ein entsprechendes deutsches wiederzugeben. Vielleicht gilt das für mehr Sprachen, als ich jetzt ahne, in diesem Fall jedenfalls kann ich einen vortrefflichen Zeugen beibringen.

Lyrik und Theaterstücke bereiten beim Lesen besondere Probleme. Versmaße sind einzuhalten, die Verteilung und Lage der Stimmen zu berücksichtigen. Bei Gedichten halte ich es für hilfreich, sie sich oder anderen laut vorzulesen; in der Regel gewinnen sie dadurch, jedenfalls zeigen sie so, was in ihnen steckt. Bei Theaterstücken finde ich es wichtig, die Anweisungen des Verfassers für Bühnenbild und Schauspieler zu beachten. Vor dem inneren Auge kann man so das Stück selbst inszenieren und tut sich leichter, die Aufteilung auf die verschiedenen Rollen nachzuvollziehen.

Wie verhält man sich mit schwierigen Texten, die nicht auf Anhieb verständlich sind? Da stehen verschiedene Techniken und Taktiken zur Auswahl. Ich will gern Ratschläge geben. Erstens: über die Schwierigkeiten des Textes hinweglesen, zunächst schauen, dass man das Ganze erfasst, um dann zu prüfen, ob man die dunklen Stellen noch einmal anpacken will oder ob sich das nicht lohnt. Nicht alles, was unverständlich ist, harrt wie ein Orakel der Offenbarung. Manch ein Text verdankt seine Unverständlichkeit der Unverständigkeit seines Verfassers und ich versage es mir hier, Heerscharen von Autoren anzuprangern, die mich mit ihrem hochtrabenden Gelaber in den letzten Jahrzehnten gequält haben. Meine Rache besteht darin, dass ich ihre Namen weder jetzt noch auf den folgenden Seiten erwähne. – Oder: Jeden Satz zweimal lesen, jedesmal die grammatische Probe machen, ob man das kunstvolle Knäuel von Subjekt, Prädikaten und Objekten richtig abgerollt hat. Leider hat mancher große Denker die Vorstellung, seine so richtigen Gedanken dem banalen Zugriff zu entziehen, indem er sie in ein Geschenkpapier von Artifizialität und schwer nachvollziehbarer Periodik verpackt. In einem so gelagerten Fall ist jeder Aufwand gerechtfertigt, den klugen Gedanken sorgfältig wieder zu entwickeln, und gern stellen sich dann weihnachtliche Gefühle ein, wenn man ein besonders schönes Exemplar von Geistesblitz frisch ausgepackt und in gleißendem Lichte glänzend vor sich hat. – Dann: habe ich jahrelang freitags auf meinen Vater gewartet, der für seine Studenten Sprechstunde hielt, und durch die gepolsterte Doppeltür seines Dienstzimmers drangen immer wieder folgende freundlich gemeinte, aber scharf gesprochene Worte an mein Ohr: »Lesen Sie jeden Tag eine Seite Kant! Fixieren Sie am nächsten Morgen schriftlich, was Sie am Tag zuvor gelesen haben! Auf diese Weise haben Sie nach zwei Jahren die *Kritik der reinen Vernunft* verstanden!« Der Anblick der bleichen, mitgenommenen Geschöpfe, die aus dieser Sprechstunde kamen, lässt mich in der Rückschau heute eher an eine Rosskur als an den Weg zu philosophischer Erkenntnis denken. Sicher lohnt es sich, in bestimmte Werke Arbeit zu investieren, und genauso sicher ist, dass man nicht jeden Grad an Erkenntnis geschenkt bekommt, wenn man ein Buch liest. Ob Unterstreichungen, Ideenzettel oder freie Nacherzählung, jedes Mittel ist recht, um an den Kern eines Buches heranzukommen.

Wie unterscheidet man nun die guten von den anderen Büchern? Jeder wird im Laufe eines Lebens eigene Maßstäbe entwickeln, das ist kein Problem. Hat man erst genug gelesen, bekommt man selbst ein sicheres Urteil für die Qualität eines Werkes. Aber für die ersten Bücher, den Eintritt in die Welt der großen Lesegenüsse, hat es seit je Anhaltspunkte, Landmarken und Leuchtfeuer gegeben. Der kleine *David Copperfield* wird von seinem Stiefvater geschlagen. Er zieht sich auf den Dachboden zurück und findet dort die Bücher seines toten Vaters. *Peregrine Pickle* und *Humphry Clinker, Tom Jones, Der Vikar von Wakefield, Robinson Crusoe* begleiten seinen weiteren Weg ins Leben. Für den Gegenwartsneurotiker leisten C. G. Jung, Marcel Proust, Hemingway, Ernst Jünger, Mark Twain, Graham Greene, Bernanos, Kafka und Thomas Mann, jeder auf seinem Gebiet, Entsprechendes; so zählt sie eine Negativliste daher, die *Stiller* (der identitätsflüchtige Held von Max Frischs Roman) in seiner Untersuchungshaft aufstellt. Wem kann man da noch vertrauen? Mir, ich erzähle Dir jetzt vom Dürren, dem Fallsüchtigen und dem Hinkenden. Hör einmal her:

Don Quixote von La Mancha

Wir wissen nur von einem Verlauf der Geschichte. Weder können wir uns vorstellen, wie es uns jetzt ginge, wenn der Neandertaler den Homo sapiens verdrängt hätte, noch den Zustand dieser Welt ermessen, wenn Karl Martell und seine fränkischen Panzerreiter bei Tours und Poitiers gegen die Araber untergegangen wären. Je näher die Ereignisse rücken, desto deutlicher wird das Schicksalhafte von historischen Wendepunkten. Die Invasion in der Normandie, wenn sie gescheitert wäre? Immer noch schwer auszumalen, aber ein kalter Schauer läuft mir über den Rücken ...

Am siebten Oktober fünfzehnhunderteinundsiebzig fuhren die Flotten der osmanischen Admiralität und der Heiligen Liga Venedigs, des Papstes und Spaniens gegeneinander aus, um in der Bucht von Lepanto auszukämpfen, wer die Hoheit über das Mittelmeer für die nächsten Jahrhunderte gewinnen sollte. Die bis dahin größte Seeschlacht der Geschichte. Es war ein blutiger Tag, die Opfer ohne Zahl. Während der Kopf des osmanischen Admirals Ali Pascha zum Zeichen des Triumphes der Christenheit auf eine Pike gesteckt und unter dem Jubel der Sieger in die Höhe gereckt wurde, lag zwischen anderen grässlich Verstümmelten auch Miguel de Cervantes Saavedra, einfacher Soldat, aus dem Kleinadel der spanischen Provinz stammend. Schrecklich war er verwundet worden und schwebte tagelang zwischen Leben und Tod. Als er wieder bei Bewusstsein war, stellte er fest, dass ihm die linke Hand fehlte. Sie war durch ein osmanisches Geschoss zerschmettert worden. Zu einer Zeit, als Versehrte überall zum Straßenbild gehörten, war das nichts Ungewöhnliches. Eine Zeitlang wurde der Held der Schlacht von Lepanto für seine Wunde geehrt, später auf einen kleinen Posten mit geringen Einkünften abgeschoben, weil nicht verwendungsfähig ... Auf einem alten Stich schaut er uns ernst und würdig an; das Kinn wird vom unvermeidlichen Spitzbart geziert, um Mund und Augen spielt eine Nachdenklichkeit, ein Zug von Sorge. Wie er wirklich war, dieser Held und Ungebrochene, werden wir schwerlich in Erfahrung bringen können. Die Quellen sind

30   Kapitel 1 Drei Menschheitsfiguren

versiegt, aus denen Informationen fließen könnten. Es gibt aber eine literarische Imagination seines Lebens und seiner Zeit, den Roman *Cervantes* von Bruno Frank, einem Alters- und Schicksalsgenossen Stefan Zweigs. Packend und pathetisch, wie es in der Zeit seiner Entstehung lag, schildert dieses Werk ein Spanien und einen Autor, wie beide gut gewesen sein könnten. Das ist hilfreich, um ein Bild dieser fernen Epoche vor Augen zu haben.

Auf einer Fahrt durchs Mittelmeer wurde der Segler, auf dem Cervantes Passagier war, gekapert, alle Überlebenden kamen als Gefangene nach Algier. Das war ein damals alltäglicher Zwischenfall und die Seeräuberei ein einträgliches Gewerbe. Mittellose Gefangene wurden auf dem Sklavenmarkt verkauft, für Höhergestellte ein Lösegeld erhoben. In Verkennung der Tatsachen verlangte der Korsar für Cervantes so viel Geld, dass seine Familie es nicht aufbringen konnte. Der Handel mit Menschen florierte zwischen Spanien und Nordafrika; die arabischen Kaperschiffe wurden häufig von erfahrenen Marineoffizieren befehligt, die früher für den spanischen König gefahren waren. Das waren Renegaten, also vom Christentum Abgefallene, die zum Islam übergetreten waren. Auch die gefürchteten Janitscharen der osmanischen Sultane waren Elitetruppen, die sich aus Christenkindern rekrutierten. Der Prophet Mohammed hatte dekretiert, dass der zum Islam Bekehrte mit Ehren aufgenommen werden sollte. Wer indes vom Islam abfällt, verfällt dem Tode.

Dieses lebhafte Treiben rund ums Mittelmeer war einerseits blutig ernstes Geschäft, andererseits hatte es auch eine burleske Note. Zwei der schönsten Buffonerien, also komische Opern, Gioacchino Rossinis verdanken sich der Verzahnung von Christen und Moslems in Handel, Kampf und Liebe zwischen Levante und christlichem Europa: »L'Italiana in Algeri – Die Italienerin in Algier« und »Il Turco in Italia – Der Türke in Italien« spiegeln die Welt der Seeräuber, Serails und Sklaven, allerdings zu einer Zeit, als die Bedrohung nur noch alptraumhafte Erinnerung war. Mozarts »Entführung aus dem Serail« genau wie seine Klaviersonate ›alla turca‹ mit der Janitscharenmusik sind da schon konkretere Reminiszenzen der Konfrontation und Beeinflussung, schließ-

Die Levante   Der Islam   31

lich wurde Wien zweimal von den Osmanen belagert – weitere Wende-
marken abendländischer Geschichte. Was wäre passiert, wenn? Das
Werk des Miguel de Cervantes, seine Theaterstücke wie *Sklave in Algier*,
zeigen authentisch, worin die wahre Bedrohung durch das islamische
Imperium bestand: in ethischer sowie kultureller Liberalität, neuer
Verteilung der Chancen und Glücksgüter dieser Welt. Während der
Katholizismus und die Mächte des Südens in ihrer Abwehrhaltung ver-
biesterten, lockte der Islam mit weitgehender Freizügigkeit und Sieger-
mentalität. Tapferkeit und Intelligenz waren Tugenden, mit denen man
unter der grünen Flagge des Propheten Karriere machen konnte. Während seiner Gefangenschaft in Algier und bevor er großmütigerweise
ausgelöst wurde, lernte Cervantes die Toleranz gegen Andersdenkende
kennen, die seinerzeit Kennzeichen der arabischen Welt war. Nie wären
die Mauren zweihundert Jahre zuvor aus Spanien vertrieben worden,
hätten sich diese nicht im Parteienstreit entzweit. Das ging so weit, dass
eine Fraktion den großen Helden der spanischen Einheit, den *Cid*, in
seinem Befreiungskampf unterstützte, was literarisch vielfach, unter
anderem in einem barocken Theaterstück des Franzosen Pierre Corneille, verwertet wurde. Die Klage um das untergegangene Mauren-
reich ist noch durchhörbar in der *Handschrift von Saragossa*, dem
märchenhaft-phantastischen (und aberwitzigen!) Abenteuerroman
des geheimnisvollen Polen Jan Potocki.[5] Im Zweittitel heißt der Roman
Abenteuer in der Sierra Morena, also jener kargen Gebirgsregion, die dem
Tal des Guadalquivir und der alten Maurenmetropole Córdoba gegen-
überliegt, in der noch heute einiges von arabischer Weltweisheit und
Lebenslust zu spüren ist. In Cervantes' Fall ging diese Liberalität so weit,
dass der Dey von Algier, einer dieser Renegaten, bei dem er als Sklave
diente, ihm mehrere tollkühne Fluchtversuche verzieh und auf

5 Ein toller Spaß, in dem der naive Alphonse in der Sierra Morena mit den Machenschaften der im Untergrund agierenden Familie der Gomélez aneinandergerät und
   ganz schön gruselige Abenteuer erlebt. Zwischendurch gibt auch der Ewige Jude Anekdoten aus seinem bewegten Leben zum besten. Echtes Lesefutter von einem Autor, der
   im Namen der Aufklärung das ganze Arsenal des Schauer- und des Abenteuerromans
   für uns auffährt.

Bestrafung verzichtete. Zurück in Spanien und angewidert von dem, was der Kriegsheld im Ruhestand dort an Dünkel, Unterdrückung und fehlgeleitetem Glaubenseifer erlebte, kam ihm die Idee zu seinem großen Werk.

Der Landadelige Quesada wird durch übermäßigen Genuss von Ritterromanen wahnsinnig. Sein Lieblingsheld ist *Amadis von Gallien*. Dessen erschröckliche und, man muss es sagen: ganz und gar bekloppte Abenteuer beruhen auf alten Sagen, die teilweise bis zu den mythischen zwölf Paladinen Karls des Großen zurückgehen und im Laufe der Zeit immer wieder abgeschrieben und verschlimmbessert wurden. Diese Scharteke, die unserem armen Helden den Rest gibt, stammt aus der Feder von Garci Ordóñez de Montalvo, der knapp hundert Jahre vor Cervantes sein literarisches Unwesen trieb. Er beschreibt Aventüren der vorhersehbarsten Art und bringt ein Arsenal von Riesen, Ungeheuern und Magiern vor die Lanze des unbesiegbaren Ritters, auf das sich Cervantes desweiteren ständig beziehen wird. Quesada, oder vielleicht heißt er eher Quixada, denn Cervantes gibt vor, die Geschichte aus älteren Quellen nachzuerzählen, also eine Historie vorzutragen (die gleichwohl in der Gegenwart spielt!), bastelt sich eine Rüstung, hauptsächlich aus Pappe, nennt sich Don Quixote von La Mancha und reitet auf seinem Klepper Rosinante aus, um Abenteuer wie sein Romanheld zu erleben zur höheren Ehre der Herrin seines Herzens namens Dulcinea del Toboso – in der Wirklichkeit ein Bauernmädchen aus der Nachbarschaft, das er flüchtig kennt. Das wahre Abenteuer des *Don Quixote* heißt: Realität. Geschildert wird es im Stil eines Roadmovie, also den Antihelden von Schauplatz zu Schauplatz verfolgend auf seiner Irrfahrt durch das konkrete Spanien Philipps II. Im erstbesten Gasthaus am Weg lässt sich Quixada vom

> Warum hauten die Dichter nicht mal richtig auf den Putz? Sagten, was Sache ist? Früher bestand die Kunst darin, nicht gleich zu erkennen zu geben, wogegen man anschrieb. Zensur und Kerker passten nicht jedem als Preis des freien Gedankens. Die ehrwürdige Kunst der Camouflage bietet uns heute die feine Möglichkeit zur Interpretation; manchmal besser, als sich alles anhören zu müssen.

→ altes und seinem inhalt nach wertloses Buch

Wirt zum Ritter schlagen, nachdem er als begründende Heldentat ein paar Sauhirten verprügelt hat. Zwei gaffende Huren geben der Zeremonie Würde. Kennzeichnend für die Realität ist Gewalt der Starken gegen die Schwachen. Denen leiht der tapfere und gutherzige Don sein bisschen Mut, mal mit bescheidenem Erfolg, zumeist mit für ihn schmerzhaftem Ausgang. Blaue Flecken und Beulen am Kopf trägt er mit dem Stolz der Tugend als Ordenszeichen seiner Ritterschaft.

Damit es zu dem berühmten Pärchen kommen kann, das von Honoré Daumier auf vielen Bildern verewigt worden ist, dem hageren Recken auf dem dürren Pferd und dem dicken Kleinen auf dem Esel, überredet Quixada in Kapitel sieben einen Bauern von nebenan, als Knappe mit ihm zu gehen. Der einfältige Mann verlässt auf das vage Versprechen hin, einmal König oder zumindest Statthalter auf einer Insel zu werden, Frau und Hof und zieht fortan, Sancho Pansa, getreulich mit seinem Herrn, dem furchtlosen Ritter Don Quixote. Der greift in Kapitel acht die vierzig Windmühlen auf einem Feld an, die er für Riesen hält, verheddert sich mit seiner Lanze in der ersten und wird samt Pferd umgeworfen. Ist das Buch hier schon zu Ende? Alle bekannten Geschichten erzählt? So will es fast scheinen. Aber nicht umsonst ist der Autor Cervantes als Novellist hervorgetreten. In seiner Sammlung der *Exemplarischen Novellen* führt er den Stil vor, kleine Begebenheiten zu kunstvollen Geschichten zu gestalten, den er im Don Quixote zur Vollendung bringt. Also fängt hier das Erzählen erst an. Das Panorama des Buches erweitert sich zu einer Bestandsaufnahme der spanischen Gesellschaft, nüchtern und ohne Häme, realistisch eben in einem bis dahin nicht gekannten Maße. Und zum Gang durch die Stile und Genres – nacheinander folgen Liebesnovellen, Gaunergeschichten, lustige Begebenheiten und tragische Verstrickungen. Insbesondere hat Don Quixote die ungute Angewohnheit, die Falschen mit seiner Kampfeslust und Freiheitsliebe zu treffen. Befreit er wen, dann sind es verurteilte Sträflinge, wirft er jemanden in den Staub, dann gewiss einen harmlosen Bauernburschen oder streitunlustigen Müller. So wird denn zum Ende des ersten Teils der Don als Straßenräuber und Wegelagerer ausgeschrieben und von Häschern ergriffen.

Wie reagiert der Ritter? »*Hört doch, ihr törichten und schlechterzogenen Menschen; nennt ihr das die Straßen berauben, wenn man Gefesselte befreit, die Gefangenen losmacht, den Elenden Hilfe leistet, die Gefallenen aufrichtet, die Hilfsbedürftigen tröstet? Wer war so töricht, nicht zu wissen, daß die fahrenden Ritter von jedem Gericht ausgenommen sind, daß ihr Schwert ihr Gesetz, ihre Stärke ihr Gericht, ihr Wille ihre Vorschrift ist? Und endlich, welcher irrende Ritter war, ist und wird wohl in der Welt sein, der nicht die Gewalt hätte, für sich ganz allein vierhundert Häschern Prügel zu geben, wenn sie ihm in den Weg treten?*«

In Wahrheit entfernt sich der edle Ritter bei seinen Abenteuern nie allzu weit von zu Hause, wo man sich Sorgen um ihn macht. Und wirklich ist es der Dorfpfarrer, der Don Quixote mit allerlei List und Tücke zurückbringt und der Haushälterin übergibt mit der Anweisung, ihn nicht aus den Augen zu lassen, damit er nicht ein zweites Mal davongeht. So endet einstweilen die Geschichte.

Nach dem Erscheinen dieses Buches hatte es in Spanien mit den lächerlichen Ritterromanen ein Ende, belehrt mich Heinrich Heine in seinem kleinen *Essay* über Don Quixote. Stattdessen aber erschienen Fortsetzungen der Geschichte des Ritters von der traurigen Gestalt von fremder Hand, die Cervantes finanziellen Schaden und großen Ärger eintrugen. So entschloss er sich Jahre später, selbst das Werk weiterzuschreiben und zu vollenden. Don Quixote liegt zu Hause im Bett, abgemagert und mit roter Mütze auf dem Kopf. Der Pfarrer und der Barbier besuchen ihn, um seinen Geisteszustand zu überprüfen. Zunächst unterhält man sich vernünftig über Politik, als das Gespräch aber auf die Türkengefahr kommt, empfiehlt Quixote, der spanische König solle die fahrenden Ritter (der Romane) gegen sie schicken, könne doch jeder einzelne von ihnen hunderttausend Türken leicht niederstrecken. Oh weh, der alte Wahnsinn, ungebrochen! Nun erscheint auch noch Sancho mit der Nachricht, dass die Abenteuer des Don Quixote bereits als Buch erschienen seien. Der Autor verspreche sogar einen zweiten Teil, wisse aber noch nicht, *wo er stecke, und darum sind wir ungewiß, ob er herauskommen wird oder nicht? Teils deswegen, teils auch, weil viele sagen, daß die zweiten Teile niemals etwas taugen, andere auch meinen, es sei nun genug von Don Quixotes Händeln geschrieben, auch zweifelt man, ob ein zweiter Teil kommen werde, obgleich andere, die mehr jovialisch und saturninisch sind, sagen:* »*Nur mehr Quixoterien her; Don Quixote handle und Sancho schwatze, es sei, was es sei, und wir wollen damit zufrieden sein.*« Was gibt es da noch anderes, als wieder auszuziehen und neue Abenteuer an die bereits erlebten zu reihen?

Dieser zweite Teil tritt also als Parodie seiner selbst auf. Cervantes präsentiert einen neuen fiktiven Erzähler in Gestalt des Mauren Cide Hamete Benengeli als Reaktion auf die unrechtmäßig erschienene Fortsetzung. Wurde im ersten Teil das bäuerliche Leben und Treiben in der Heimatregion Don Quixotes in den Vordergrund gestellt, bringt der folgende ausgedehntere Wanderungen durch Spanien und einen vielfältigeren Blick auf seine Gesellschaft bis zu den höchsten Adelskreisen. Höhepunkt des bunten Reigens ist eine fingierte Himmelfahrt für Sancho und seinen Herrn, die gefolgt wird von der Statthalterschaft des treuen Knappen auf der versprochenen Insel, die Barataria heißt und gar keine Insel ist, sondern die Erfindung eines echten Herzogs, der sich mit Don Quixote und Sancho Pansa einen Spaß erlaubt. Beim ersten Gerichtstag schlägt sich der Knappe Statthalter noch prächtig, aber der Streich geht so weit, dass Sancho schließlich seinen Esel um die Freiheit beneidet, die der genießt, und die Statthalterschaft zurückgibt.

Sprichwörtlich: Wer es schafft, dass sein Kampf gegen Windmühlen in aller Munde ist, hat es geschafft. Nicht finanziell natürlich, denn noch muss man keine Gebühr für ein geflügeltes Wort entrichten.

Hier wie auch in vielen anderen Episoden verwendet Cervantes Wandermotive, deren Kern jeweils aus ferner Vergangenheit stammt und die über die Jahrhunderte nur unwesentlich abgewandelt wurden; für dieses spezielle Motiv lässt sich der Stammbaum aus der Antike bis zu Gerhart Hauptmanns Komödie *Schluck und Jau* oder Ermanno Wolf-Ferraris Oper »Sly« weiterverfolgen: Der arme Mann erwacht – meist aus einem Rausch – und ist »König für einen Tag« (so die Oper zum Thema von Giuseppe Verdi).

Die in die Haupthandlung eingelegten Novellen wollen das ganze Spektrum der Möglichkeiten des Erzählens bieten. Sie sind ohnehin Cervantes' Spezialität, in diesem wie in seinen anderen Werken. An eine Episode kann ich mich besonders lebhaft erinnern, beschäftigte sie mich doch als jugendlichen Leser nachhaltig. Es geht um eine Liebesgeschichte, in deren Verlauf der verschmähte Liebhaber sich mit maximaler Theatralik vor versammeltem Publikum, Familie, Geliebter, Zuschauern, einen Dolch in den Leib rammt, um seinem sinnlos gewordenen Leben ein Ende zu setzen. Die bis dahin kühle Angebetete, gerade auf dem Weg zum Altar mit einem anderen, tut nun voller Trauer kund, dass der frisch Verblichene ihr heimlicher Schwarm gewesen sei, ihr aber der Mut gefehlt habe, sich zu offenbaren. Kaum ist dies Wort gesprochen, rührt sich der Totgeglaubte, zieht den Dolch aus dem Leib, erklärt sich für geheilt und erringt zum Lohn die Spröde. Wie war das möglich? Es war kein Theaterdolch, sondern – der Einfall lässt Agatha Christie vor Neid blass werden – die scharfe Waffe wurde in eine zuvor operativ dem Körper eingefügte Metallscheide gestoßen, aus der im kritischen Moment auch etwas Hühnerblut floss für die realistische Steigerung des Effekts. So sehr meine kindliche Phantasie von dieser Geschichte entflammt wurde, so öde, abgeschmackt finde ich heute die Konstruktion. Warum? Fraglich bleibt ungeachtet des wirklich dramatischen Moments die charakterliche Disposition der Akteure. Funktioniert Liebe so? Ich glaube zu wissen: nein, nein und nochmal nein. Aber das bleibt: Für jedes Alter, jedes Temperament enthält dieses große Buch das Passende.

Der Grundton des zweiten Teils ist getragener als zuvor, geradezu bittersüß. Und in diesem Ton endet die ganze Geschichte um den lebensklugen verblendeten Don Quixote, der seinem Meister in Gestalt des ›Ritters vom silbernen Mond‹ in Barcelona begegnet, der ihn besiegt und zwingt, nach Hause zurückzukehren. Dieser Mondritter ist kein anderer als einer seiner besorgten Freunde aus dem Heimatdorf, der Bakkalaureus, ein gewitzter junger Mann. Aber in Wahrheit tötet so viel kluge Fürsorge den Ritter von der traurigen Gestalt. Kaum zurück in La Mancha, legt er sich zum Sterben nieder, macht sein Testament und tut im Kreise seiner wenigen Getreuen den letzten Atemzug. Cervantes erlebte noch die Veröffentlichung des zweiten Teils und starb selbst im folgenden Jahr. Pure Lust am Erzählen ist die Triebfeder des tausendseitigen Romanwerks. Gespannt wird die Feder durch den Kampf des Miguel de Cervantes gegen schlechte Literatur. Sicher wurde da eine Menge Schund auf den Markt geworfen, aber vergessen wir nicht, dass auch Cervantes selbst einen dieser geschmähten Ritterromane veröffentlichte, *Die Mühen und Leiden des Persiles und der Sigismunda* betitelt. Er wäre aber nicht der, den wir bewundern, wenn Cervantes nicht in die verworrene Geschichte des tapferen Ritters einige Schmuggelware eingeschleust hätte in Form querdenkerischer Ideen. Nicht einmal eine veritable Utopie fehlt, als deren Clou Cervantes vorschlägt, die Könige vom Volk wählen zu lassen. Das hätte Philipp von Spanien – mittlerweile saß der dritte des Namens auf dem Thron – sicher nicht gefallen, wäre er beim Lesen nicht vorher schon eingeschlafen. Auch einen Schäferroman, ebenfalls so eine abgelebte Literaturgattung, hat er verfasst, *Die Galatea*. Sicher also ist die Hingabe an den Quixote-Stoff und sein Erfolg nicht allein mit der satirischen Stoßrichtung zu erklären. Das Buch enthält nur nebenbei aufklärerische oder antiklerikale Tendenzen, schon gar keine politische Botschaft. Die Grundidee ist vielmehr ideal menschlich: Don Quixote ist der gute Mann, der unter einer selektiven Sehschwäche leidet und sich dadurch ständig in unmögliche Situationen bringt, die ihn gleichzeitig stets als verstandesscharfen, von tiefer Humanität durchdrungenen Geistesmenschen zeigen. An diesem Charakter, der vollkommen quer zum täglichen Leben steht, arbeiten sich Heerscharen von Nebenfiguren ab, ohne ihn biegen zu können. Im Gegenteil, wer Don Quixote auf seinen Irrfahrten begegnet ist, selbst wenn er dabei ein klein wenig verprügelt wurde, hat einen Zipfel vom Glück erhascht.

Der Idiot

Und wieder eine Szene, die man sich nicht ausdenken kann. In seinem pathetisch hohen Ton, der ihm zahllose Leser und die Bewunderung einer Epoche eingetragen hat, beschrieb Stefan Zweig als eine der *Sternstunden der Menschheit* mit dem Titel *Heroischer Augenblick* diese Begebenheit – in gebundener Sprache, als Gedicht, um den unwirklichen Aspekt des Ereignisses zu betonen. Der junge Fjodor Michailowitsch Dostojewskij soll hingerichtet werden, da er sich in eine Verschwörung gegen den Zaren verstrickt hat. Schon wurde ihm die Binde um die Augen gelegt, schon ist das Erschießungspeloton angetreten. Da, im letzten Moment, kommt der Ukas des russischen Selbstherrschers mit der Begnadigung – zur Deportation nach Sibirien. Dostojewskij ist zu diesem Zeitpunkt sechsundzwanzig Jahre alt.

Es gibt den Dichter, der alles erlebt hat. Das deprimiert den Rest, denn die meisten haben nichts erlebt. Aber zum Trost: Erlebnis ist noch keine Garantie für Ergebnis, nur eine gute Voraussetzung.

Im Zug nach St. Petersburg sitzt dritter Klasse ein junger Mann, blond mit blauen Augen und kindlichem Gemüt, von schwächlichem Wesen. Er kommt von einer jahrelangen erfolglosen Kur seines Anfallsleidens aus der Schweiz zurück, hat kein Geld und ist ebenfalls sechsundzwanzig Jahre alt. Es ist Lew Nikolajewitsch Myschkin, der *Idiot.* Schon im Abteil trifft er auf den reichen Kaufmannssohn Rogoschin – eine dämonische Gestalt, schwarz und gedrungen –, der sein Gegenspieler und Leidensgefährte bis zum Schluss sein wird; auf Anhieb verstehen sie sich in ihrer Gegensätzlichkeit. Die Offenheit Myschkins ist entwaffnend, bei erster Gelegenheit erklärt er Rogoschin, dass er aufgrund seiner Erkrankung impotent sei, worauf dieser entgegnet: »*Dann bist Du ein richtiger lustiger Narr, und solche wie Dich hat Gott der Herr lieb.*« Myschkin und Rogoschin sind Zerrissene und Gezeichnete, ebenso wie Nastja, um deren Liebe sie zu Rivalen, aber im Schiffbruch ihrer Hoffnungen genauso zu Schicksalsgenossen werden. Was sind Gezeichnete?

Sie tragen das Stigma, das sie von den anderen unterscheidet, das Mal: der Krankheit, der Bedingtheit, des Wahns. Und Zerrissene? In diesen Menschen liegen Verstand und Gefühl im ewigen Kampf miteinander und verhindern, dass sie sich klar für einen Lebensweg entscheiden können. Mal ist der eine obenauf, mal das andere. Daraus ergibt sich eine nicht leicht nachvollziehbare Sprunghaftigkeit in Denken und Handeln, die Dostojewskij bis in feinste Regungen nachbildet und dem Leser spürbar macht. Diese Menschen, jeder auf seine Art, erscheinen den anderen, den ›Normalen‹, entweder als Narren oder als Besessene. Sie sind aber Suchende. Sie suchen: sich selbst. Das wird von Dostojewskij in jedem seiner Romane neu als das Abenteuer des Lebens geschildert, auf faszinierend verschiedene Weise. Seine Werke sind weder modern noch altmodisch, sondern zeitlos, da sie nur ein Thema kennen, den Menschen und seine Schwäche.

Kriminelle Handlungen sind die Katalysatoren im Leben der Gezeichneten, die Entwicklungsprozesse vorantreiben, Krisen in Gang setzen. Das Verbrechen ist das Menschliche, sagt Dostojewskij. Einen solchen Satz wagen erst wieder Schriftsteller wie Ferdinand Céline in *Reise ans Ende der Nacht* oder Jean Genet in *Notre-Dame-des-fleurs* auszusprechen, wenn sie die Wunder der Verderbtheit und der Gosse preisen. Selbst ein Mord hat da nur den Charakter eines Experiments. Da probiert einer das Schicksal an sich aus und erhofft sich davon Reinigung, Steigerung, ein geläutertes Leben. Rogoschin schildert im Eisenbahnabteil seine erste Begegnung mit Nastja, eigentlich Nastasja Filippowna Baraschkowa.[6] Ihr Anblick trifft ihn wie ein Blitz. Sein Eindruck von ihr:»*Gewissermaßen auch eine Prinzessin.*« Statt seinem Vater am selben Tag wie befohlen zehntausend Rubel von der Bank zu bringen, kauft er von dem Geld beim Juwelier Brillantohrringe für

---

6   Leider verwirren die russischen Romane durch die Vielfalt der Namen. Zunächst die Koseformen der Vornamen: Ein Alexander/Alexej ist auch ein Sascha oder Aljoscha, eine Natalja gleichzeitig eine Natascha, Tatjana heißt auch Tanja. Dann der Vatername. Er steht an zweiter Stelle hinter dem Vornamen. Häufig werden die Figuren nur mit Vor- und Vaternamen bezeichnet. Der Vorname von Nastasjas Vater ist also Filipp.

vierzehntausend, lässt die fehlenden viertausend ›anschreiben‹ und schenkt sie am Abend Nastasja. Der erste Schritt auf der Leiter des Verbrechens, und diese Leiter wird im Fortschreiten des Romans bis zur höchsten Sprosse erklommen werden.

Der erste Weg in St. Petersburg führt Myschkin ins Haus des Generals Jepantschin. Dessen Frau ist eine Prinzessin Myschkina und damit seine einzige Verwandte. Er kann den Titel eines Fürsten beanspruchen, ohne dadurch über irgendwelche materiellen Güter zu verfügen. Sein Geschlecht und dessen weltlicher Glanz sind in ihm erloschen. Jepantschins Haus steht beispielhaft für die Welt der Normalen; Langeweile, Zweckdenken und Intriganz sind ihre Tugenden und belohnt werden sie mit dem Aufstieg auf einer anderen Leiter, der des gesellschaftlichen Erfolges. Normal in unserem Verständnis sind sie dabei beileibe nicht; alle Schattierungen der Abstumpfung vom karrierebesessenen General über seine berechnende Frau bis zu den mehr oder weniger herzensguten oder simplen Töchtern sind vorhanden. Die Figuren der Petersburger Gesellschaft handeln aus einer urwüchsigen Verkommenheit heraus, die als historisches Erbe angesehen wird und von daher ihre Berechtigung erhält. Hier bezeichnet man Fürst Myschkin zum ersten Mal als Idiot; e r ist frei von diesem Erbe, aber seine Einfachheit gilt ihnen als Einfalt. ›Idiot‹ ist indes eigentlich kein Schimpfwort, sondern bezeichnet seiner Herkunft aus dem Griechischen nach einen Privatmann (idiótes), der sich nicht um Staatsgeschäfte kümmert, sondern um die enge Umgebung seines eigenen Lebensbereiches. Den Jepantschins bleibt die erstaunliche Andersartigkeit Myschkins nicht völlig verborgen; wenn der Schreck der ersten Begegnung verflogen ist, versuchen sie ihn schon bald für ihre Zwecke einzuspannen. Später dann beginnen sie sogar zu akzeptieren, dass ihre jüngste Tochter Aglaja, ein Mädchen von lebhaftem und äußerst anziehendem Wesen, für eine Heirat mit ihm in Frage kommt.

Bei den Jepantschins fällt wieder der Name Nastasjas; der Fürst bekommt eine Photographie dieser jugendlich bezaubernden Schönheit in die Hand. Ihr Vater ist lange tot. Beim reichen Gutsbesitzer Tozkij ist sie aufgewachsen, der sie als Gegenleistung für den Aufwand ihrer Erziehung missbraucht und zu seiner Mätresse gemacht hat. Sie selbst wird später öffentlich mit diesen neuneinhalb Jahren der Erniedrigung abrechnen. Nun will sich Tozkij, er ist bereits in fortgeschrittenem Alter, neu verheiraten und Nastja loswerden. Eben hat er für sie gemeinsam mit Jepantschin, dessen Schwiegersohn er zu werden gedenkt, eine Zweckheirat mit dessen ehrgeizigem Sekretär Gawrila Iwolgin ins Auge gefasst.

Zu diesem Iwolgin kommt der Fürst als Untermieter und schon auf der Gesellschaft des ersten Abends bringt er dessen Verlobung mit Nastja auseinander. Es zeigt sich überdeutlich, dass Myschkin von ihr hingerissen ist und noch in derselben Stunde, nachdem er erfahren hat, dass er durch ein Millionenerbe instand gesetzt ist, ihr ein glänzendes Leben zu bieten, macht er ihr selbst einen Antrag. Nastja hat bereits akzeptiert, als Rogoschin in die Gesellschaft platzt, hunderttausend Rubel auf den Tisch wirft und damit seinen Anspruch auf Nastja erklärt. »*Was ich will, das tue ich!*«, ist ihre Antwort, als sie mit Rogoschin auf und davon geht und die verdutzte Gesellschaft zurücklässt. Damit endet der erste Tag des Idioten im Leben und der erste Teil des Buches.

Das ist nicht der feine Gesellschafts- oder Liebesroman englischer oder französischer Prägung. Die Handlung ist jäh und voller gewaltsamer Wendungen, die Charaktere werden in Dostojewskijs Labor seziert, mikroskopiert und wie Werkstücke extremen Belastungsproben ausgesetzt; entweder sie werden verworfen oder gehen geläutert daraus hervor. Wir müssen auf alles gefasst sein, keine Ungeheuerlichkeit bleibt uns erspart. Um so heroischer stehen die drei Helden Myschkin, Rogoschin und Nastasja da, desto mehr heben sie sich von den gewöhnlichen, flachen Menschen ihrer Umgebung ab. Nur in Zwischentexten tritt Dostojewskij als allwissender Erzähler auf. Die eigentliche Handlung entwickelt sich in direkter Konfrontation der Figuren und im Dialog zwischen ihnen, der in kunstvoller Weise auch alles Wissenswerte aus der Vorgeschichte zur Kenntnis von uns Lesern bringt.

Myschkin schildert beim Warten auf seine erste Audienz beim General Jepantschin, wie er in Frankreich einer Hinrichtung durch die Guillotine zugesehen habe. Der Kammerdiener des Generals preist das Fallbeil als Instrument der Menschlichkeit, Myschkin aber malt den Augenblick der Vollstreckung als unerträglich aus: *»Wer hat gesagt, die menschliche Natur könne dergleichen ertragen, ohne wahnsinnig zu werden? Warum diese Verhöhnung, die so abscheulich und so überflüssig ist? Vielleicht gibt es auf der Welt einen Menschen, dem man erst sein Urteil verlesen, ihn dann für eine Zeitlang seiner Qual überlassen und ihm zuletzt gesagt hat: Geh, mein Lieber, du bist begnadigt. Solch ein Mensch könnte wohl manches erzählen. Von dieser Qual und von diesem Entsetzen hat auch Christus gesprochen. Nein, mit einem Menschen darf man nicht so umgehen!«* Wenig später wird Myschkin dieselbe Geschichte vor den Damen des Hauses wiederholen. Allen ist die Faszination des Grauens anzumerken. Wir beide wissen ja schon, dass Dostojewskij aus eigener Erfahrung spricht. Die makabre Hinrichtungsszene ist der Wendepunkt seines Lebens. Die Strafumwandlung in Verbannung nimmt er als Chance eines Neubeginns an. Mit seinem vorherigen Literatenleben bricht er, bleibt lange Zeit in Sibirien. Dort verpuppt er sich und schlüpft Jahre später als glänzender schriftstellerischer Schmetterling, mit neuem Stil, neuem Thema. Das Porträt zeigt ihn von den Entbehrungen und der Krankheit gezeichnet mit eingefallenen Wangen. Aber das langwallende Haar umrahmt ein Gesicht mit milden Zügen und einem Blick, der durch die Dinge hindurchzugehen scheint: Schwärmer und Dulder in einem. Über seine Straflagerzeit schreibt er den erschütternden Bericht *Aufzeichnungen aus einem Totenhaus*. Darin schildert er, nur leicht verschlüsselt, seine persönlichen Erlebnisse in der Haft sowie Schicksale von Mithäftlingen, Gebrochener und Verzweifelter, die die Prüfung durch die Torturen nicht bestehen. Er selbst geht innerlich gestärkt daraus hervor, und nicht zufällig verweist Myschkin, wenn er von dem qualvoll Begnadigten erzählt, auf Jesus von Nazareth, den Christus. In dessen Nachfolge steht der Idiot, sein Beispiel hat auch Dostojewskij die Kraft zum Weiterleben gegeben.

So dramatisch die Ereignisse im ersten Teil des *Idioten* sich an einem

Die Guillotine   Epilepsie   43

einzigen Tag überschlugen, so verhalten entwickeln sie sich weiter. Monate vergehen, in denen die Krankheit Myschkins wieder aus-
bricht. Es ist Epilepsie, die heilige Krankheit, an der Julius Caesar und
Napoleon und – Dostojewskij selbst litten. Am Ende wird sie Myschkin in geistige Umnachtung versetzen. Zunächst aber haben er und
Rogoschin die Aufgabe, sich gegenseitig über den Verlust Nastasjas zu
trösten. Beide hat sie an der Nase herumgeführt und ist inzwischen
mit einem dritten zusammen, man munkelt: bereits verheiratet. Von
Rogoschin führt der Weg den Fürsten in die Gesellschaft von Intriganten, die ihm seine Erbschaft wegnehmen wollen. Die Reaktion Myschkins ist so entwaffnend, seine Ehrlichkeit und Aufrichtigkeit so ge-
winnend, dass er die Heuchler beschämt zurücklässt. Die Verbindung
mit Aglaja nimmt immer konkretere Züge an. Myschkin, der wie Jesus
die Kinder liebt, schafft sich immer mehr anhängliche Freunde in seiner Umgebung, einige verehren ihn regelrecht um seiner reinen Anschauungen willen.

Der dritte Teil beginnt mit dem dramatischen Auftritt Nastasja Fi-
lippownas; als böser Engel ihrer Liebhaber lässt sie den harmlosen
Radomskij ruiniert zurück. *Sie ist irrsinnig*, murmelt der Idiot als Re-
sümee ihrer Eskapaden. Wie die Grundstimmung des Romans exal-
tiert zwischen Wahnsinn und Stumpfsinn oszilliert, kann auch die
Grenzerfahrung des Fürsten mit seiner Angebeteten nur die Form
einer Paradoxie annehmen. Dabei ist Dostojewskij ein großer Humorist. Manche kleine Anekdote gerät ihm zum komischen Meisterwerk,
stets jedoch an der Grenze zur Tragikomik. Das befreite Lachen mag
sich nicht einstellen. Eine will ich hier einfügen, um ein Gespür für
die Art dieses Humors zu vermitteln. Dem Vater von Gawrila, dem
alten General Iwolgin, ist die Lüge zur gewohnten Lebensäußerung,
zur zweiten Haut geworden. Um sich wichtig zu machen, erzählt er
der versammelten Gesellschaft die ›dümmste Geschichte‹, die ihm je
passiert sei. In einem Eisenbahnabteil – schon wieder die schicksalhafte Eisenbahn – sitzt er und raucht zum Missfallen der zwei weiblichen Mitreisenden und ihres kleinen Hundes. *»Die Damen scheinen
sich zu ärgern, natürlich über die Zigarre. Die eine sieht mich durch ihre Schild-*

pattlorgnette an. Ich verhalte mich wieder ganz still: sie sagen ja auch kein Wort. Hätten sie wenigstens etwas gesagt, gewarnt, gebeten – wozu hat der Mensch die Sprache! So aber schweigen sie. Und plötzlich, ohne jede vorhergehende Äußerung, auch nicht die geringste, mit einemmal, als hätte sie den Verstand verloren, reißt die hellblaue Dame mir die Zigarre aus der Hand und wirft sie zum Fenster hinaus. Der Zug saust weiter, ich sehe sie ganz blöde an. Ein wildes Weib, ganz wild; übrigens von beträchtlicher Körperfülle, hochgewachsen, blond, rotwangig – sogar zu sehr –, mit blitzenden Augen. Ohne ein Wort zu sagen, mit unglaublicher Zuvorkommenheit, mit größter Höflichkeit, mit ausgesuchtester Zartheit, nähere ich zwei Finger dem Bologneserhündchen, fasse es sänftiglich am Genick und werfe es zum Fenster hinaus, der Zigarre nach! Es konnte nur aufquietschen! Und der Zug sauste weiter.« Die Besitzerin gibt Iwolgin daraufhin eine Ohrfeige, er schlägt zurück – soweit die Geschichte. Das böse Ende kommt allerdings erst noch, als die anwesende Nastasja Filippowna beiläufig einwirft: *»Vor fünf oder sechs Tagen las ich in der ›Indépendence‹ – ich lese das Blatt beständig – genau die gleiche Geschichte! Sie hat sich auf einer der Eisenbahnlinien im Rheinland abgespielt, zwischen einem Franzosen und einer Engländerin … Sogar ein hellblaues Kleid hatte die Dame an!«* Iwolgin steht beschämt, und Nastja schüttelt sich vor Heiterkeit über diese Decouvrierung. Dem Leser bleibt wie so oft das Lachen im Halse stecken.

Stellvertretend für den Zustand der jungen russischen Intellektuellen ist die Figur des von der Schwindsucht gezeichneten Ippolit Terentjew. Der Fürst nimmt den Todkranken auf, der einer Schar politisch Gleichgesinnter sein literarisches Vermächtnis mit dem Titel »Nach mir die Sintflut« vorträgt. Er erntet Unverständnis für seinen visionären Nihilismus, greift zur Pistole, um sich zu erschießen – die versagt. Die Ohnmacht einer Generation erfasst sogar banale technische Abläufe.

Der letzte Teil des Romans beginnt mit der Mitteilung, dass Myschkin Aglaja heiraten wird. Nastasja, die sich vor ihm erniedrigt hat, ist mit Rogoschin einstweilen aus seinem Leben verschwunden. In einer großen, man möchte sagen: echt russischen Szene mit viel Weinen und Lachen, eingeleitet durch das Geschenk eines Igels von Aglaja an Lew, zwingt sie ihn zur Erklärung, dass er um ihre Hand anhält – was ihre Eltern entsetzt. Auf der folgenden Abendgesellschaft soll die Verlobung bekanntgegeben werden, aber ein epileptischer Anfall setzt Myschkins großartiger Suada gegen den Katholizismus und alle unechte Religiosität sowie der ganzen Feier ein Ende. Eine zertrümmerte chinesische Vase bleibt zurück.

Nastasja meldet sich mit einem Brief bei der Braut. Auch Aglaja zeigt sich als Charakter von kühner Zerrissenheit. In einer Duellsituation fordert sie Nastasja heraus, mit ihr um die Liebe Myschkins zu kämpfen; Rogoschin und der überforderte Fürst sekundieren. Nastasja triumphiert; ihr wahnhafter Wille vertreibt die unglückliche Aglaja und Lew Myschkin bleibt bei ihr. Nun also soll endgültig geheiratet werden. Alle Personen treiben in höchster Verzweiflung dem Ereignis entgegen, die Braut ist geschmückt, verlässt das Haus auf dem Weg zur Kirche. *»Rette mich! Bring mich weg! Wohin du willst, sofort!«*, ruft Nastasja dem an der Treppe lauernden Rogoschin zu. Der ergreift die Irre und verschwindet mit ihr.

Wir wollen, dass das Unerwartete passiert. Nicht das Unlogische oder Widersinnige, sondern das, was wir jemandem oder einer Situation nicht zugetraut hätten. Hier lauert es bei jedem Umblättern.

Am nächsten Tag folgt Myschkin dem Paar nach Petersburg in Rogoschins Haus. Dort ist alles still; niemand weiß etwas. Schon ist der Fürst wieder gegangen, da holt ihn Rogoschin zurück. Gemeinsam schleichen sie ins Haus, ins Schlafzimmer. Dort liegt die tote Nastasja, von Rogoschin mit demselben Messer ermordet, das er früher schon gegen Myschkin erhoben hatte. Die beiden Rivalen betten sich auf ein Sofa, halten Totenwache, führen Gespräche ...

Rogoschin erkrankt gefährlich, gesundet, kommt vor Gericht, erhält fünfzehn Jahre Sibirien. Lew Myschkin erlangt nie wieder klaren Verstand und wird in die Schweiz zurückgebracht, wo er dahindämmert. Ein halbes Jahr hat sein L e b e n gedauert, eine literarische Ewigkeit, jetzt ist er wirklich ›ein Idiot‹.

Die Fülle der Themen, die Reichhaltigkeit der Charaktere machen dieses mit achthundert Seiten nicht zu lange Buch unvergleichlich. Die Umschwünge des Handlungsverlaufs sind so schroff wie die Temperamentsausbrüche, die für die ›Zerrissenen‹ so typisch sind. Extremes Vorwärtstreiben der Geschehnisse wechselt mit großen Szenen, in denen die Zeit stillzustehen scheint. Das ist sehr opernhaft gemacht, mit einem musikalischen Empfinden für die Unwirklichkeit von erlebter Zeit und wie auf der Bühne gestalteter Szene. Den drei Hauptfiguren assistiert ein vielstimmiger Chor von Nebenfiguren, die nicht nur Stichwörter geben, sondern ein erfülltes Eigenleben haben. Während der Autor als unbewegter Beweger dieses kleinen Welttheaters die Fäden in der Hand hält, löst Fürst Myschkin als sein Stellvertreter im Werk alle Ereignisse aus – so gibt sich das Mysterienspiel vom Idioten schließlich als gnostische Ketzerei zu erkennen, als Evangelium einer neuen Welterlösungsreligion …[7]

Moby Dick oder Der Wal

Ein Wal enthält eine Welt von guten Sachen. Er ist wie ein Gemischtwarenladen. Er gibt Essbares – besonders die Zunge ist eine Delikatesse –, Öl für Lampen und das Spermaceti zu Heilzwecken sowie Margarine, aus seinen Zähnen kann man Schnitzereien herstellen oder, wenn er Barten hat, Schirme, Korsetts und ähnliches daraus verfertigen. Das Magengeschwür des Pottwals wird als Ambra zu Parfums veredelt und mit Gold aufgewogen und auch alle anderen Teile kann man gut gebrauchen. Buchstäblich nichts bleibt übrig, wenn ein Wal verarbeitet wird. Ihn zu jagen ist eine mythische Handlung

---

[7] Mehr dazu im Kapitel 5 über den Ursprung der Gnosis und in Kapitel 8 über Dostojewskij als Gnostiker. Zum Wesen der Gnosis gehört allemal das Verbrechen, das ja in fast allen Religionen seinen Platz hat. Nicht nur Abraham opfert Isaak, auch Gottvater seinen eigenen Sohn …

und jahrtausendealtes Gewerbe. *Und Gott schuf große Walfische,* heißt es schon unnachahmlich verkehrt in der *Genesis.* *So nennt mich denn Ismael oder,* noch kürzer: *Call me Ishmael.* Einer der berühmten ersten Sätze der Weltliteratur. Dieser Ismael bleibt allerdings blass, er bekommt kaum Kontur. Weder erfährt man, woher er kommt, noch etwas von Eltern und Abstammung. Landschullehrer war er – wie Melville – und von New York aus schon mit Handelsschiffen um die Welt gesegelt – wie sein Autor –, als er jetzt beim Walfang anheuern will. Er besitzt lediglich die Augen, durch die der Leser auf den nächsten siebenhundert Seiten die Welt sehen wird. Und dieses Versprechen kann man wörtlich nehmen. *Moby Dick* ist ein Welt-Roman. Alles beginnt auf der Walfängerinsel Nantucket vor der Küste von Massachusetts. Alles verdankt sich hier dem Walfang, alles dankt dem Wal und verneigt sich vor der Größe dieses Tieres. Aber schon auf den ersten Seiten erfreuen Abschweifungen uns Leser, die den Blick öffnen und zusammen ein Panorama der Sieben Weltmeere bilden werden. Ismael ist einfacher Matrose und hat für alle Matrosen dieser Welt eine tröstende Maxime parat: *Ich gehe als Matrose auf See wegen der gesunden Tätigkeit und der reinen Luft auf dem Vorschiff. Da in dieser Welt die Gegenwinde weit häufiger sind als die von achtern – vorausgesetzt, daß man den pythagoreischen Lehrsatz beachtet –, so erhält der Kommodore auf dem Achterschiff seine Luft meistens aus zweiter Hand von den Matrosen auf dem Vorderschiff. Er glaubt sie als erster zu atmen, aber dem ist nicht so.* Bevor es so weit ist, muss Ismael noch in New Bedford, dem Städtchen auf dem Festland Nantucket gegenüber, Station machen im Gasthaus »Zum blasenden Wal«. Eigentlich ist kein Zimmer mehr frei, so soll er sich das Bett mit einem Harpunier teilen, der erst verspätet das Nachtlager erreicht. Was Ismael im Schein einer blakenden Kerze zu sehen bekommt, gehört zu den unvergesslichen Momenten des Lesens. Der kannibalisch veranlagte Südsee-Insulaner Queequeg führt dem unter der Bettdecke Verborgenen befremdliche Rituale, vor allem aber einen über und über tätowierten Körper vor sowie eine Streitaxt, die er alsbald zum – Rauchen benutzt. »*Ich liege nicht gerne mit jemandem zusammen, der im Bett raucht. Das ist gefährlich und ich bin nicht ver-*

sichert«, erklärt Ismael, als er sich von seinem Schreck erholt hat und bevor die zwei einträchtig den Schlaf der Gerechten schlafen. Die Begegnung mit Queequeg, der stets seinen eigenen Sarg mit sich führt – der am Ende lebensrettend sein wird –, ist der Beginn einer väterlichen Freundschaft des wilden Harpuniers zu dem in der rauhen Gesellschaft der Walfänger fremden Ismael.

Als Einstimmung ins Thema nimmt uns der Erzähler mit auf einen Spaziergang durch New Bedford, die Walfängerstadt. Alles wird hier vom Wal bestimmt, auch in der Kirche, die voller merkwürdiger Erinnerungen an den Walfang ist. Vater Mapple entert die Kanzel wie der Lotse das Schiff, um seiner Gemeinde zu predigen. Natürlich steht Jonas im Mittelpunkt der erbaulichen Ansprache, der von einem großen Fisch verschluckt und wieder ausgespien wurde.

Endlich auf Nantucket angekommen, wählen Ismael und Queequeg sich ein Schiff aus für drei Jahre Walfangfahrt. Drei Schiffe liegen auslaufbereit; beraten von Queequegs Götzenbild Jodscho heuern die beiden auf der »Pequod« an. Die Beschreibung des Schiffes – seine drei Masten stehen *steif aufrecht wie die Heiligen Drei Könige in Köln. Seine uralten Decks waren abgewetzt und zerfurcht wie der von Pilgern verehrte Stein in der Kathedrale von Canterbury, wo Becket verblutete …*, sowie die Szene der Anheuerung und Eintragung in die Schiffsrolle – Queequeg unterschreibt mit einem Walpiktogramm – bilden ein Juwel der Dichtkunst. Das Examen Ismaels durch die alten Kapitäne und Quäker Bildad und Peleg, Miteigentümer des Schiffs, zeigt Melvilles Meisterschaft, unbändig komisch zu sein, ohne mit einer Wimper zu zucken dabei: der kaltblütigste Humorist, den ich kenne.

Obwohl die Heuerzeremonie einschließlich der obligaten Frage: *»Welche Lay will er?«* (und der grandiose Harpunenvirtuose Queequeg erhält die neunzigste Lay!) – was für Binnenländer übersetzt bedeutet, dass jedes Besatzungsmitglied einen Anteil am Erlös des Fangs bekommt, der als Bruchteil des Ganzen ausgedrückt wird – an Bord der »Pequod« stattfindet, bleibt der für die Fahrt verantwortliche Kapitän einstweilen verborgen. Ismael möchte ihn gerne kennenlernen, erhält aber von Peleg den Bescheid, der sei *»anders als*

gewöhnliche Leute, er war auf der Universität und bei den Menschenfressern, ist an Wunder gewöhnt, die tiefer sind als die Meereswogen, und hat seine gewaltige Lanze auf mächtigere, seltenere Feinde verschleudert, als es Wale sind. Seine Lanze! Ja, die schärfste und sicherste unserer ganzen Insel! Oh, das ist kein Kapitän Bildad und auch kein Kapitän Peleg. Das ist A h a b, mein Junge, und Ahab, das weißt du doch, war in alten Zeiten ein gekrönter König!«
»Und zwar ein ganz niederträchtiger! Als dieser gottlose König erschlagen wurde, haben da nicht die Hunde sein Blut aufgeleckt?« Zwei Dinge sind jetzt schon deutlich: Dieser Roman wird von Seefahrt handeln und die Sprache der Seefahrt, die ganz eigene Vokabeln kennt, sprechen; und dieser Roman wird von den letzten Dingen handeln und auch deren Sprache sprechen, zum Beispiel die des Alten Testaments, als in Israel Könige regierten. Dazu passt, dass vor der Abfahrt noch der allfällige Prophet namens Elias auftritt und in übler Weise unkt. Die Abschiedspredigt hält indes Kapitän Bildad, ehe er als Lotse von Bord geht: *»Vorsichtig beim Fang, ihr Maate, und ruiniert die Boote nicht unnütz, ihr Harpuniere. Gutes weißes Zedernholz ist um drei Prozent gestiegen letztes Jahr, und vergeßt nicht zu beten. Mister Starbuck, achtet darauf, daß der Küfer keine Ersatzdauben verschwendet. Ja, und die Segelnadeln liegen in dem grünen Spind. Jagt nicht zu oft am Tag des Herrn, Männer, aber laßt euch keine gute Gelegenheit entgehen, das hieße ein Geschenk des Himmels verschmähen. Achtet etwas auf das Melassefäßchen, Mister Stubb, es war ein bißchen leck, wie mir schien. Wenn ihr eine Insel anlauft, dann hütet euch vor Unzucht, Mister Flask. Lebt wohl, lebt wohl!«*

Das Personal ist weitestgehend vorgestellt, nun kann es losgehen. Aber erst in Kapitel 28 erscheint Ahab. *Seine hohe breite Gestalt schien ganz aus Bronze und wie Cellinis Perseus in eine unwandelbare Form gegossen zu sein. Aus seinem grauen Haar hervor über eine Seite seines braungebrannten Gesichtes und Halses zog sich gerade herunter, bis sie in seiner Kleidung verschwand, eine dünne, gertengleiche Narbe von bläulichweißer Färbung. Sie glich jener senkrechten Spur, die bisweilen in den aufrechten Stamm eines großen Baumes eingezeichnet ist, wenn der Blitz, ehe er in die Erde schlägt, an ihm herunterfährt, ohne einen einzigen Zweig zu knicken, die Rinde vom Wipfel bis zum Boden abschürft und den Baum so noch lebendgrün brandmarkt. Sein linkes Bein ist* durch ein kunstvoll gedrechseltes Stück Pottwalkiefer ersetzt, wozu der zweite Harpunier, der Indianer Taschtego, bemerkt: »*Ja, an der japanischen Küste ist er entmastet worden, aber wie sein entmastetes Schiff hat auch er sich einen neuen Mast aufgesetzt, ohne dafür erst nach Hause zu fahren. Einen ganzen Köcher voll hat er davon.*« Auch das wäre geklärt.

Bevor noch der erste Wal in Sicht ist, kommt es zum Schwure. In einer Walpurgisnachtszene erklärt Ahab den Männern, dass sein einziges Interesse der Weiße Wal ist, ein Albino-Pottwal, der ihm einst sein Bein zerschmetterte. Eine Golddublone für den Mann im Krähennest, der ihn als erster sieht! Die Harpuniere kennen ihn schon, sein Steckbrief: gefurchte Stirn und schiefes Maul, drei Löcher in der Steuerbordschwanzfinne und Harpunen in der Seite, die wie Korkenzieher verdreht sind. »*Moby Dick!*«, schreit Ahab. Starbuck, der erste Offizier, getraut sich einzuwenden, dass der Tran des weißen Wals nicht mehr einbringe als anderer und die Männer sich für Ahabs Rache nichts kaufen könnten. Über diesen Einwand setzt der wilde Kapitän sich hinweg, indem er die ganze Mannschaft in einem Schwur vereint, über gekreuzten Harpunen und mit Rum begossen: »*Tod für Moby Dick!*«

Aus dem Walfangbericht spricht der Respekt vor der Kreatur. Beim Whalewatching hoffentlich genauso.

Nach den Erschütterungen dieser Szene werden die Hauptdarsteller im inneren Monolog vorgeführt; Starbuck hin und her gerissen zwischen Verantwortung und Gehorsam bei der Erkenntnis, dass der Kapitän wahnsinnig ist; Ahab besessen von seiner Rache; Stubb und die übrigen schicksalergeben und abenteuerlustig: insgesamt Basis für das Theaterstück, das der unvermeidliche und unvergleichliche Orson Welles eines Tages aus diesem Roman machen wird – die Verfilmung mit Gregory Peck stammt von John Huston.

Die eigentliche Jagd erfolgt von Booten aus, die das Walfangschiff zu Wasser lässt, sobald Beute in Sicht kommt. Diese Boote werden von den Offizieren kommandiert, die Mannschaft rudert es an das Opfer heran, der Harpunier wirft die Lanze … Dramatisch und drastisch

Der Schwur   Die Jagd   51

sind die Einzelheiten. Schon bei der ersten Jagd allerdings gibt es eine
Überraschung: Zu den drei von Starbuck, Stubb und Flask befehligten
Booten gesellt sich ein von Ahab gelenktes, mit einer Besatzung, die
den anderen bisher unbekannt war, lauter gelbhäutige, dem Kapitän
offenbar blind ergebene Männer unter der Führung des Parsen[8] Fedallah, der Ahab wie ein Schatten begleitet.
    Zwei Dinge unterbrechen die Eintönigkeit der Walfangreise. Ein-
mal die wissenschaftlichen Exkurse des Autors zur Geschichte des
Walfangs und anderen Themen wie etwa dem, warum ›Weiß‹ für uns
eine besondere Farbe ist. Man wäre nicht gleich darauf gekommen,
dass einem gerade diese Frage auf den Nägeln gebrannt hätte. Aber es
ist das Genie Melvilles, genau das interessant zu machen, wovon man
es nicht für möglich hält. Zum anderen sind da die seltenen Schiffs-
begegnungen. Ahab nutzt sie, um Erkundigungen über den Weißen
Wal einzuholen, der offenbar gerade wieder die Meere unsicher macht;
die Mannschaft erhofft sich Kontakt mit dem Rest der Welt. Denn für
die Zeit der Reise gibt es sonst keine Möglichkeit, Verbindung mit anderen aufzunehmen. Das Schiff ist eine Welt für sich.
    Ahab ist keineswegs ein vor Kraft strotzender Held, der auszieht,
das Abenteuer seines Lebens zu bestehen. Das liegt schon hinter ihm.
Ahab ist ein alter, übellauniger Mann, der den Respekt vor dem Leben
und seinen Mitmenschen verloren und an seine Stelle den Rache-
gedanken gesetzt hat. Starbuck, der das erkennt, denkt an Meuterei,
daran, das Kommando zu übernehmen. Aber in der Seefahrt ist Meuterei das schändlichste Verbrechen, Treue nicht nur ein Wort. Durch
Sturm und Sankt-Elms-Feuer und manche Unbilden fährt die »Pequod« auf ihr letztes Abenteuer zu. Der erste Mann stirbt. Die »Pequod« begegnet der »Rachel«; sie hat den Weißen Wal getroffen – die
Söhne des Kapitäns sind seitdem verschollen. Ahab verweigert die
Mithilfe bei der Suche, kaltherzig hetzt er dem Wal nach. Ein letztes
Verschnaufen, eine letzte Begegnung mit einem Schiff, das der Weiße

8   Das ist ein persischer Christ.

Wal demoliert hat, dann ruft Ahab höchstpersönlich aus: »*Da bläst er!*
Da bläst er! Ein Buckel wie ein Schneeberg! Das ist Moby Dick!« Sogar die
Golddublone verdient sich der Besessene selbst.

Drei Tage wird die Jagd auf den Wal gehen. Am ersten Tag zerschmettert das dämonische Tier ein Boot, am zweiten Tag zwei andere, und der Parse geht unter. Ahab erneuert den Schwur auf den Tod
des Wals und zwingt auch Starbuck zur Gefolgschaft: »*Die ganze Sache
ist unabänderlich beschlossen. Es war von dir und mir durchgeprobt, eine Billion
Jahre, ehe dieser Ozean zu wogen begann. Narr! Ich bin des Schicksals Stellvertreter. Ich handle auf Befehl. Sieh zu, du Untergebener, daß du mir gehorchst.*«
Aber am dritten Tag wendet sich das Blatt. Zu seinem Schrecken sieht
der Kapitän die Leiche seines treuen Fedallah, in den Wald von Harpunen auf des Wales Rücken verstrickt. Ahab erkennt das Vorzeichen
des eigenen Untergangs. Umso wütender attackiert er seinen Dämon.
Nur noch ein Boot ist einsatzfähig, der Rest der Mannschaft schaut
von der »Pequod« aus dem Kampf zu. Ahab wirft die Harpune, die
daran befestigte Leine verheddert sich. *Ahab beugte sich vor, um sie klar-
zubekommen, es gelang ihm, aber die sausende Schlinge flog ihm um den Hals,
und lautlos, wie stumme Türken ihr Opfer erdrosseln, riß es ihn aus dem Boot,
und verschwunden war er, ehe die Mannschaft sich dessen versah.* Aber auch
das Schiff sinkt, vom Wal gerammt, und reißt im Strudel des Untergangs alles mit.

Und einer überlebte? Ja, der aus dem Boot geschleuderte Ismael beobachtet den Untergang der »Pequod« und kann sich an dem offenbar
gut kalfaterten Sarg Queequegs, der aus dem Strudel wieder auftaucht,
anklammern, bis die »Rachel« auf der Suche nach den verschollenen
Kindern des Kapitäns ihn auffischt.

Was macht die Qualität dieses Buches aus? Auf den ersten Blick besticht die Spannung der Handlung in ihrem denkbar einfachen Aufbau. Das Ziel, uns in dieser Spannung zu erhalten, behält der Erzähler
im Auge, auch wenn er in einem Meer von Abschweifungen unterwegs ist. Jede Arabeske ist funkelnder Schmuck am Gebäude des
Werks. Alle Stile beherrscht er, den epischen Grundton, die milde Belehrung des Wissenschaftlers, die biblische Strenge, shakespearesche

Dialoge – und vergisst darüber nie die humoristische Würze, die die Lektüre so kurzweilig macht. Und einen Mythos erzählt Herman Melville, der uns seit dem Erscheinen des Werkes beschäftigt, weil er so fremd und gleichzeitig vertraut klingt.

Nichts wollte ihm in seinem Leben recht gelingen. Der Konkurs des Vaters trieb Melville früh aus dem Haus und er machte die seemännischen Erfahrungen, von denen *Moby Dick*, aber auch seine anderen Seefahrtromane ihr Gerüst haben. Männer-Romane über Männer-Abenteuer. Einige Zeit desertierte er von Bord und lebte in der Südsee, was Stoff für das realistische, aber in märchenhaften Kulissen spielende *Taipi* und seine Fortsetzung *Omoo* lieferte. Das Publikum wurde aufmerksam, Melville jedoch unterlief jeden Versuch seiner Leser, ihn zu lieben, indem er mit seinem rätselhaftesten Werk *Mardi und eine Reise dahin* aus Südseeabenteuern Rausch- und Fieberphantasien machte, in denen die verführerische Yillah sich über tausend Seiten allen Anstrengungen des (liebe-)trunkenen Taji entzieht, ihrer habhaft zu werden. Die Leser wandten sich ab und Melville versuchte es mit bürgerlichem Broterwerb. In der Sesshaftigkeit einer Zollstation, wo er eine vielköpfige Familie ernährte, hielt er es jedoch nur schwer aus. Keine Anerkennung zu Lebzeiten hatte seine literarische Arbeit außer der durch den Freund Nathaniel Hawthorne, der treu zu ihm hielt. Einen ruhelos-dämonischen Zug zeigt tatsächlich sein Porträt. Das üppige dunkle Haar mit der weißen Strähne gescheitelt, darunter feurig blickende dunkle Augen und ein voller Mund: ein schöner Mann. Auch *Pierre*, ein Großstadtroman mit so etwas wie einer Liebesgeschichte, blieb ohne Beachtung, genauso wie *Ein vertrauenswürdiger Herr und seine Maskerade*, das von einem Betrüger auf einem Mississippi-Dampfer handelt. Dann getraute er sich noch, ein Epos zu liefern zu einer Zeit, als kein schlimmeres ›Kassengift‹ denkbar war. *Clarel* unternimmt eine Reise ins Heilige Land, wo sich alsbald Gegenwart und biblische Vergangenheit zu vermischen beginnen. War das zu altmodisch oder zu modern? Die Antwort liegt im Werk Melvilles selbst, denn mit *Bartleby der Schreiber* und dessen Ausspruch »*Ich würde vorziehen, es nicht zu tun*« schuf er d a s Porträt des neuen Menschen, der in und mit der

Verweigerung lebt und vergeht wie ein Hauch, und gerade seine letzte Erzählung *Billy Budd, Vortoppmann* hat ein Echo in die Moderne hinein geworfen, vertonte doch Benjamin Britten die Geschichte aus der Männergesellschaft eines Kriegsschiffs und um den Matrosen »Billy Budd«, der seinen schikanösen Vorgesetzten erschlägt und demütig dafür das Todesurteil von seinem über alles verehrten Kapitän Vere entgegennimmt, zu einer ergreifenden Oper. Jeder Gedanke Melvilles zielt direkt auf uns, und nicht zuletzt sein eigenes Leben, wie er Spott und Misserfolg trug um seiner Kunst willen, lässt ihn jederzeit ganz nahe bei uns sein.

Kapitel 2

Abenteuer!

Die »Pyrenees«, deren eiserne Planken von ihrer Weizenlast tief ins Wasser gedrückt wurden, rollte träge und machte es dem Mann leicht, der aus einem kleinen Auslegerkanu an Bord kletterte. Als er die Reling in Augenhöhe hatte, sodaß er an Bord sehen konnte, schien es ihm, als sähe er einen schwachen, kaum wahrnehmbaren Nebel. Mit dem ersten Satz werden wir schon ganz in die Situation gestellt: Ein Schiff mit brennender Ladung fährt durch einen Südsee-Archipel auf der Suche nach einem Ankerplatz. Der Kapitän will Schiff und Mannschaft retten, die Ladung ist verloren: Wenn Luft an das schwelende Getreide im Laderaum kommt, gibt es ein Feuerinferno. Auf das Notsignal des Kapitäns hin kommt ein älterer, bedächtiger Mann an Bord, ein Nachfahre der »Bounty«-Meuterer und Bürgermeister auf deren Insel. Der Kapitän: »Wir haben seit mehr als vierzehn Tagen Feuer. Jeden Augenblick kann die Hölle losbrechen. Deshalb hab' ich auf Pitcairn gehalten. Ich will das Schiff hier auflaufen lassen oder anbohren, um den Rumpf zu retten.« »Da haben Sie einen Fehler gemacht, Kapitän«, sagte McCoy. »Sie hätten nach Mangareva fahren sollen. Dort ist ein prachtvoller Strand und eine Lagune, still wie ein Mühlteich.« »Aber wir sind doch nun einmal hier, nicht wahr?« sagte der Erste Steuermann. McCoy, der Bürgermeister von Pitcairn, bleibt auf dem Schiff und lotst es nach Mangareva. Durch die Ungeschicklichkeit des Kapitäns, der die Meeresströmungen und Windverhältnisse nicht kennt und daher unterschätzt, verfehlen sie die Insel und treiben mit dem Passat weiter durch den Archipel. Insel um Insel zieht an ihnen vorbei. Die Schiffsplanken werden immer heißer, Kapitän und Mannschaft immer ungeduldiger, und kein geeigneter Ankerplatz in Sicht. Rauch umhüllt sie, Angst vor dem Ausbrechen des Brandes begleitet sie, aber McCoy widerrät jedem Versuch, das Schiff auf Grund zu setzen. Er ist die Ruhe selbst. Sie treiben. Nichts passiert.

Die Mannschaft verzweifelt zuletzt an der Rettung und meutert. *McCoy sprach zu den Matrosen, und beim ersten Laut seiner taubengleichen, girrenden Stimme hielten sie inne, um zuzuhören. Er teilte ihnen seine eigene unaussprechliche Heiterkeit und Ruhe mit. Seine sanften Worte, seine einfachen Gedanken flossen in einem magischen Strom zu ihnen und besänftigten sie gegen ihren Willen. Lange vergessene Dinge fielen ihnen ein, und einige dachten an Wiegenlieder aus der Kindheit, an die Ruhe und die Zufriedenheit, wenn die Mutter sie zu Bett brachte.*

Die Meuterei auf der Bounty ist ganz großes Abenteuer: der Zauber der Südsee, ein Schurke aus Notwendigkeit, der Kampf um Menschlichkeit, Rettung und Verdammnis.

Die Reise geht also weiter, das Schiff ist unmanövrierbar geworden. In der quälenden Untätigkeit unterhalten sich Kapitän und Bürgermeister über die Geschichte von Pitcairn seit der Ankunft der Männer von der »Bounty«. *»Es gab Unruhen«,* erzählt McCoy, *»es waren schlechte Menschen. Sie stritten sich gleich um die Frauen. Einer der Meuterer, Williams, verlor seine Frau. Da nahm er einem Eingeborenen die Frau weg. Die Eingeborenen wurden dadurch alle sehr aufgebracht, und sie töteten fast alle Meuterer. Dann töteten die Meuterer, die entkommen waren, ihrerseits alle Eingeborenen. Es waren schreckliche Menschen. Nach zwei Jahren waren alle Eingeborenen und alle Weißen bis auf vier ermordet. Sie sehen, Gott hatte sein Antlitz abgewendet.«* Damit endet McCoys Bericht von der Geschichte Pitcairns. Sie hört sich an wie die vom Trojanischen Krieg oder jeder anderen Auseinandersetzung, wo Mensch gegen Mensch um Besitz und Überleben kämpft.

Insel um Insel zieht vorbei und McCoy erklärt sachlich, warum keine für die »Pyrenees« geeignet ist. Tückische Riffe und gefährliche Strömungen machen die Landung unmöglich. In seiner Verzweiflung brüllt der Kapitän: »*Ich lasse das Schiff treiben und immer weiter durch die Paumotu-Inseln bis nach China, aber ich will einen Platz dafür finden. Und wenn die ganze Mannschaft desertiert, ich bleibe. Ich will es den Paumotus schon zeigen. Sie sollen mich nicht zum Narren halten. Der Kasten ist gut, und ich bleibe auf ihm, solange noch eine Planke hält. Hören Sie?*« »*Und ich bleibe bei Ihnen, Kapitän*«, sagte McCoy. So geht es also weiter. Das Deck ist so heiß, dass man darauf nicht mehr still stehen kann, ohne sich die Füße zu verbrennen. Dann erreichen sie Fakarava, die vom Lotsen verheißene Insel. Das Schiff kann aus eigener Kraft nicht mehr die Einfahrt in die Lagune schaffen, mit dem Ruderboot schleppen sie es hinein. »*Wir haben noch viel Zeit*«, verkündet der Pitcairn-Mann, während eine Flammenzunge vom Deck in die Segel springt und die Takelage in Brand setzt. Es folgt die übliche Prozedur nautischer Manöver, die dem Steuermann Brandblasen vom Bedienen des Steuerrades einträgt. »*Weicher weißer Sand. Nicht besser zu wünschen. Ein prachtvoller Platz*«, stellt McCoy fest, als das Schiff auf den Strand läuft.

Du willst also Abenteuer? Richtige Abenteuer? Dann dürfte das wohl das Richtige für Dich sein. Es ist schon in Ordnung, ein paar Bände Karl May zu lesen, sozusagen als Vorbereitung auf echte Herausforderungen. Aber wenn May ein Abenteuerautor ist, dann bin ich Karl der Große. Was May schreibt, sind k e i n e Abenteuergeschichten. Ich rate, stecke sie zu den Erbauungsbüchern, den Sonntagsfibeln und Moralfabeln. Hast Du gemerkt, wie papieren alle diese angeblichen Abenteuer sind, wie es aus allen Zeilen trieft von Betulichkeit und Schwadroniererei? Erst wenn Dir Kara Ben Nemsi nichts mehr bringt, dann bist Du reif für eine r i c h t i g e Abenteuergeschichte. Ein Abenteuer hat einen Helden und einen ungewissen Ausgang. Der Held hat einen Charakter mit guten Eigenschaften und anderen, eventuell auch schlechten, möglicherweise mit Abgründen, und auf keinen Fall ist er ein Abziehbild. Am besten ist es, wenn das Abenteuer auch noch Ursachen und Motive hat, die Beteiligten sich also nicht ohne Not in Gefahr bringen, aber keine notwendige Voraussetzung. Am allerbesten: Wenn im Verlauf der Geschehnisse ein Missverhältnis zwischen der ursprünglichen Motivierung des Abenteuers und dem zu erwartenden (schlechten) Ausgang der Sache in Erscheinung tritt, also das heroische Element. Das muss aber so dezent eingebaut werden, dass es uns nicht auf den Wecker geht. Jeder, auch Du und ich, möchte gern zum Helden werden, aber jeder möchte auch die Feier des glücklichen Ausgangs noch erleben. Vor allem muss Abenteuer direkt geschildert werden, als wäre man selbst dabei oder zumindest jemand anders, der genau zugeschaut hat. Bei manchen Schriftstellern, die sich selbst für große Abenteuergeschichtenschreiber halten, hat man das Gefühl, sie hätten Tinte statt Blut in den Adern. Immer wenn es spannend werden soll, sitzt einer am Kamin und erinnert sich vage, was passiert ist, oder das ganze Abenteuer findet in einem Nebel statt, durch den keiner hindurchsieht und man nicht genau erkennen kann, was geschehen ist und wer überlebt hat. Deshalb gehören diese Geschichten (ich meine vor allem die von Joseph Conrad, aber auch andere) nicht hierher. Ich berichte davon später mehr.

Von dem Abenteuerroman schlechthin habe ich schon erzählt. Das Meer, in dem sich auch *Moby Dick* tummelt, ist natürlich der ideale Ort für echte Abenteuer, und kleine Inseln in der Südsee sind dementsprechend der richtige Platz, damit sich Leben in seiner prallsten Form entfalten kann. Das wusste niemand besser als Melville selbst, dessen Roman *Taipi* mit der Fortsetzung *Omoo* dem überraschten Leser des Neunzehnten Jahrhunderts die Lebenswelt von Südsee-Eingeborenen zeigte. Sie sind frühe Beispiele dokumentarischer Erzählkunst, in der eigenes Erleben, Melvilles Aufenthalt in der Südsee, umgesetzt wird in ein literarisches Erzeugnis mit entsprechenden Übertreibungen der Spannung und Dramatik. Melville kannte sich mit dem rauhen Leben der Seeleute gut aus, davon zeugen sein mit Herzblut geschriebener, herbe Kritik an den Zuständen auf einem Kriegsschiff der US-Marine enthaltender Roman *Weißjacke* und seine beiden kleineren Werke *Redburn* und *Israel Potter* über einen alten Kapitän und seinen letzten Kampf mit den Elementen beziehungsweise das harte Schicksal eines Jungen, der zum Seedienst gepresst wird und erst nach fünfzigjähriger Irrfahrt als alter Mann die Heimat wiedersieht. Auch einige seiner bedeutenden Erzählungen profitieren von Melvilles Erfahrungswelt: *Benito Cereno* über die Meuterei auf einem Sklavenschiff oder *Die Encantadas, Capriccios* über unwirtliche Inseln im Pazifik, an denen sich Melvilles Phantasie entflammt.

Aber es gibt Abenteuergeschichten, in denen so gut wie nichts passiert und die man doch vor lauter Spannung nicht wieder aus der Hand legen kann, bevor nicht die letzte Zeile verschlungen ist. Zu diesen Prachtstücken von Geschichte gehört für mich die, deren Handlung ich gerade erzählt habe. Die insgesamt vierzig Seiten geben nicht viel her an spektakulärer Aktion, aber so wie das Schiff raucht und schwelt, glüht das Buch unter den Händen beim Lesen. Was macht *Feuer auf See* (aus *Südseegeschichten*) von Jack London zur Abenteuergeschichte par excellence? Die klar umrissene Ausgangssituation mit dem brennenden Schiff, der Lebensgefahr für die Besatzung und dem fehlenden Hafen; die sich steigernde Dramatik der Fahrt mit hoffnungsloser Suche bis zum feurigen Höhepunkt, der in nichts anderem besteht, als dass ein Kiel knirschend auf Sand aufläuft. Ökonomie der Mittel und Verdichtung der Atmosphäre schaffen

Den Vorgang des Goldschürfens, das Aufspüren und Auswaschen einer ergiebigen Tasche, kann auch der beschreiben, der nie eine gefunden hat. Hauptsache, er hat's versucht.

die bedrohliche Spannung, die den Leser atemlos werden lässt. Die größte Sorge des Helden dagegen ist, wie er wieder zurück nach Pitcairn kommt. Die ganze Fahrt der »Pyrenees« mit dem Ziel, Schiff und Besatzung zu retten, ist der Kampf des Kulturmenschen gegen die Macht der Naturgewalt. Nirgendwo besser als auf hoher See kann dieser Kampf ausgetragen werden und keiner ist geeigneter als der Nachfahre der »Bounty«-Unholde, in dessen Stammlinie dieser selbe Kampf ebenso gekämpft worden ist. Erd- und Menschheitsgeschichte in kürzester Form: ein Lieblingsmotiv des Autors Jack London, und eine kurze Erzählung wie diese gibt ihm die schönste Möglichkeit, sein Wissen vom Kampf ums Dasein auszubreiten.

Wie bei Melville beruht auch bei London die packende Direktheit der Schilderung auf eigenem Erleben. Er w a r mit einem Segelboot in der Südsee und er w a r mit zentnerschweren Säcken voller Lebensmittel, mit Sieb und Spitzhacke auf dem Chilkoot-Pass in Alaska unterwegs, um am Klondike nach Gold zu schürfen. Nur dem glücklichen Zufall, dass er keins fand, verdanken wir seine Erzählungen. Wie die Helden seiner Goldrausch-Geschichten war er besessen vom Traum, über Nacht reich zu werden! Sie quälen sich bis an die Grenze des Menschenmöglichen, kämpfen um das nackte Leben, verteidigen mit allen Mitteln ihren goldträchtigen Claim – und für gewöhnlich scheitern sie. Das hat Jack London selbst erlebt. Ohne Gold, aber mit Stoff für unzählige Geschichten, kam er zurück. Wie so viele Schriftsteller war er ein schlechter Geschäftsmann; hatte er Geld, war es gleich wieder weg. Er investierte in eine Eukalyptus-Plantage: Die Bäume gingen alsbald ein. So war er ganz auf das Sprudeln seiner Phantasie angewiesen und musste sein Leben lang – er wurde nur vierzig Jahre alt – schreiben, um zu überleben. Die übliche Not im Reich der Literatur. Und Glück für Generationen von Lesern!

Von seiner Zeit in der Südsee inspiriert sind eine Menge grellbunte, häufig auch vor Grausamkeiten nicht zurückschreckende Geschichten. Auf einem Photo sieht man Jack London an Bord seiner eigenen Segelyacht, bekleidet mit einer Öljacke, Notizheft und Stift in der Hand, mit jungenhaftem Charme in die Kamera schauen. Die Haare strubbelig, Drei-Tage-Bart, wache Augen: das pralle Leben. Die Yacht »Snark« hat er für einen sagenhaften Preis bauen lassen, seine gesamten Einkünfte hat er darangesetzt; er ist auf Weltumseglungstour mit seiner Frau. Bis in die Südsee sind sie gekommen, weiter wird es nicht gehen. Durch vitaminarme Ernährung werden sie krank und müssen aufgeben. Aber egal, die Erlebnisse in der Südsee sind für ihn, wie für viele andere Künstler bis hin zu den Expressionisten der »Brücke«, überwältigend und prägend.

Alle Eindrücke sofort verarbeiten, in erzählerische Energie umsetzen: So sind die vielen knalligen, kurzen Geschichten entstanden. Mit der längeren Form, dem Roman, ging es Jack London schwerer.

Wo er viel und langatmig moralisiert, schwindet alsbald das Interesse von uns Lesern. Erfährt man zuviel von seinen Helden, fangen sie gar an zu schwadronieren, bekommen ihre Züge fatale Ähnlichkeit mit Kara Ben Nemsi. Am besten gelungen ist ihm noch die Figur des *Seewolfs*. Hier wird Londons Lieblingsthema, Intellekt gegen Natur, in großem Stil abgehandelt und mündet in die Lösung, dass der Stubenhocker Humphrey van Weyden, erfolgloser Schriftsteller und Schiffbrüchiger, die Rolle seines vermeintlichen Retters, des fürchterlichen Kapitäns und Hobbyphilosophen Wolf Larsen, übernimmt und selbst zum Abenteurer wird. In ähnlicher Form behandeln auch die Romane *Martin Eden* und *Meuterei auf der Elsinore* den Urkonflikt des denkenden Menschen mit den Kräften der Materie.

Von all dem wäre nicht mehr viel zu reden. Aber Jack London hat drei Genres geschaffen, denen er die gültige Form gegeben hat, worin er die Nr. 1 ist und für die wir ihn ewig lieben werden. Erstens die Tiererzählung: keine Geschichten m i t Tieren, sondern in denen Tiere d i e Hauptpersonen, die Helden sind. Da gibt es den alten Elch, der sich in einem abschließenden Kampf gegen ein Rudel Wölfe vom Leben verabschiedet; den Wolf, der nicht sterben will; aber vor allem die Romane *Ruf der Wildnis* und *Wolfsblut*. Die zusammengehörenden Geschichten schildern die Auswilderung eines Hundes in Alaska und dann die Rückkehr von »Wolfsblut« in die Welt der Menschen. *Buck gehörte nicht zu denen, die täglich ihre Zeitung lesen, sonst hätte er gewußt, daß Unheil im Gange war, nicht nur für ihn selbst, sondern für jeden Hund, der starke Knochen und langes, dichtes Haar hatte.* So beginnt Bucks großes Abenteuer. Aus der Bequemlichkeit des sonnigen Kalifornien verschlägt es ihn zu den Goldsuchern in Alaska, und dort hört er den ›Ruf der Wildnis‹: Er wird zum Wolfshund. Die Tiere werden nie vermenschlicht, sie behalten eine eigene Würde, mit unvergleichlicher Einfühlung begleitet Jack London ihr Leben im Kreislauf der Natur. Dieses Terrain, der Tierroman, gehört ganz ihm, zeigt ihn im Glanz seines Talents. Da verzeihen wir ihm manchen literarischen Ausrutscher anderswo. Mit *Jerry der Insulaner* und *Michael, der Bruder Jerrys* verpflanzt er sein Thema dann auch noch an die Schauplätze der Südsee.

Zweitens hat er die Welt der Herumtreiber und Aussteiger literaturfähig gemacht in den reportagehaften Erzählungen *Abenteurer des Schienenstrangs*. Hobo ist der korrekte Name für die Leute, die auf der Achse eines Waggons Eisenbahn fahren – ohne Fahrkarte, versteht sich. Die Beschreibung dieser Art von zweckfreiem Reisen und der Kampf der Vagabunden gegen die listigen und teils sadistischen Schaffner, die versuchen, sie von der Achse in den Tod zu stürzen, sind würdige Themen eines Homer der Neuzeit. Das Buch beginnt mit einer Verbeugung vor Mark Twain, der sich hier auch als Ahnherr der Abenteuerliteratur erweist: So wie Tom Sawyer als Mädchen verkleidet heimlich die Mississippiinsel verlässt und sich bei der einsam wohnenden Lehrerin in seinen Lügen verheddert, so muss sich Jack im rhetorischen Kampf mit einem alten Seebären seine neuerfundene Existenz ›verdienen‹. Bei aller naturalistischen Schlichtheit der Erzählung hat London immer den Geschmack des fortgeschrittenen Lesers im Blick.

Dann wäre da drittens noch ein dickes Buch, das ganz dem Trinken gewidmet ist: *König Alkohol*. Die amerikanische Literatur ist in ehrfurchtgebietender Weise auf hochprozentige Destillate gegründet, jedoch hat keiner der Konsumenten es gewagt, schonungslose literarische Rechenschaft darüber abzulegen. Bis Jack London kam.

»Hatte Jack London einen Gott?« Beim besten Willen nicht! Nicht mal die Natur hat er gottgegeben oder gottdurchdrungen gesehen, stattdessen ein freies Spiel der Kräfte, bei dem der Tüchtigste gewinnt. Wie erstaunt es da zu hören, dass die ersten Abenteuerromane dazu gedacht waren, die Existenz und Macht Gottes zu erweisen. Nimm den Globus oder einen Atlas zur Hand. Schau Südamerika an, betrachte Chile und den Pazifik und sieh auf zwei kleine Flecken, Hunderte von Kilometern vor seiner südlichen Küste. Alexander Selkirk und Robinson Crusoe heißen die beiden Inseln. Sehr merkwürdig. Erstens waren Selkirk und Crusoe ein und derselbe, zweitens erlebte Selkirk/Crusoe seinen Schiffbruch ganz woanders, nämlich vor der Mündung des Orinoco, und der fließt drittens nicht in den Pazifik, sondern in den Atlantik. »Was hat das alles mit der Suche nach Gott zu tun?«, lautet die nächste Frage. Nun ja, gar nichts. Aber der *Robinson Crusoe* des Engländers Daniel Defoe schildert, wie ein Mann, der sich aus einem Schiffbruch auf eine menschenleere Insel rettet und dort über zwanzig Jahre verbringt, zu Gott findet. Gott hat die Welt so zweckmäßig eingerichtet, dass für den Gestrandeten Kokosnüsse vom Baum fallen und wilde Ziegen umherlaufen, für Nahrung und Kleidung gesorgt ist. Und Robinson selbst wird zum Werkzeug der Bekehrung des Wilden, den er Freitag nennt, weil er ihn an diesem Wochentag aus den Händen von Kannibalen befreit hat. Mit der Rettung von der Insel haben die Abenteuer noch kein Ende, es schließt sich noch eine komplette Weltreise an, die auch wieder zeigt, wie wohl der Schöpfer alles geordnet hat. Defoe benutzte bei der Niederschrift die Erlebnisse des Seemanns Alexander Selkirk als Vorlage, der Jahre auf einer einsamen Insel zugebracht hatte, sowie ein arabisches Buch, *Der Naturmensch* von Ibn Tufail, in dem die Einblicke eines einsamen Inselbewohners in das Wesen der Schöpfung geschildert werden. Aus diesen zwei Komponenten setzte Daniel Defoe den ersten Abenteuerroman zusammen, der auch ein Erbauungsbuch ist. Und wir können uns, rund dreihundert Jahre später, an den spannenden Abenteuern des *Robinson Crusoe* erfreuen.

Mit der *Moll Flanders* schrieb Defoe ein Buch über den Lebensweg einer Dirne und Verbrecherin in die Ehrbarkeit, außerdem eine *Geschichte der Piraterie* und ein Buch über die *Pest von London*. Mit jedem dieser Werke wurde er literarisches Vorbild für ganz Europa. Sein als Flugschrift veröffentlichter Lebensbericht des Schurken *Jonathan Wild* machte diesen zum Strang verurteilten Verbrecher so populär, dass er später in einem Roman Henry Fieldings, der *Lebensgeschichte des Mr Jonathan Wild, des Großen*, als skrupellose Heldenfigur der Zeitgeschichte gefeiert und in John Gays *Bettleroper* (mit der Musik von Johann Christoph Pepusch) als Mr Peachum karikiert werden konnte. Wenn in der »Dreigroschenoper« von Kurt Weill (auf den Text von Bertolt Brecht) Mackie Messer sein »Lied vom angenehmen Leben« singt: »*Dann löst sich ganz von selbst das Glücksproblem: / Nur wer im Wohlstand lebt, lebt angenehm!*«, klingt auch daraus immernoch Defoes barocker Stil über die Jahrhunderte hinweg in unseren Ohren, denn Mackie Messer, der Räuberhauptmann Macheath, ist einem anderen Verbrecherhelden Defoes, dem berüchtigten *John Sheppard*, nachgebildet. Alle seine guten Ideen brachten ihm außer Ärger nicht viel ein, neben allen anderen großen literarischen Erfindungen hat Defoe auch den armen Poeten in Szene gesetzt – in eigener Person.

»Klugscheißer!« Das stimmt. In diesem Moment spreche ich tatsächlich nicht rein subjektiv von meinen Leseerlebnissen. Aber ich spreche davon, wie alles mit allem zusammenhängt. Dafür kann man sich in Büchern informieren, die Sekundärliteratur heißen oder besser: Bücher über Bücher, in denen die Einflüsse nachgewiesen werden, denen einzelne Werke ausgesetzt waren und die sie selbst wieder auf andere Werke genommen haben. Eine Welle von Robinsonaden schwappte über Europa – schon damals bedienten sich Scharen von Nachahmern bedenkenlos bei den Ideen der paar Originellen. Und eine Welle von Lebensgeschichten gefallener Mädchen. Und eine Welle von Katastrophenberichten. Und so weiter. Das wenigste davon hat für uns den Reiz der literarischen Überraschung. In Deutschland schrieb Johann Gottfried Schnabel *Die Insel Felsenburg*. Ein Robinson-Roman kombiniert mit einem utopischen Roman, denn die Schiffbrüchigen – es sind eine ganze Menge – gründen ein Staatsgebilde, das dem Autor viel Platz für seine Träume von Freiheit, Gerechtigkeit und manch anderem lässt. Vielleicht der größte Fan des *Robinson* war Jules Verne, der Schiffbruchgeschichten in verschiedenster Ausformung erdacht hat: *Zwei Jahre Ferien* schildert, wie für die Zöglinge eines Jungeninternats ein harmloser Segeltörn durch Sabotage zum Hochseeabenteuer wird und sie nach ihrem Schiffbruch auf einer unbewohnten Insel den Traum aller Jungen verwirklicht bekommen: (fast) ohne Störung Erwachsener einen funktionierenden Kinderstaat zu errichten. In völligem Gegensatz dazu wird der Nobelpreisträger William Golding, irritiert durch die Erfahrungen der Gegenwart, in *Herr der Fliegen* schildern, wie eine alleingelassene Gruppe Kinder auf einer Insel verroht und nicht einmal zur Vernunft kommt, als das erste Blut fließt. Von solch einem Einbruch des Unterbewussten ist Verne noch weit entfernt: *Die geheimnisvolle Insel* wird zum Exil von fünf Männern und einem Hund, die in letzter Minute mit einem Fesselballon aus dem Wüten des amerikanischen Bürgerkriegs fliehen konnten. Dank ihrer Ingenieurkunst erschaffen sie sich binnen kurzer Zeit ein technisch fortschrittliches Inselparadies, bis eines Tages Kapitän Nemo alles durcheinanderbringt. *Die Schiffbrüchigen der »Jonathan«* spielen dieselbe Konstellation durch, als ihr Auswandererschiff vor Feuerland strandet. *Die Schule der Robinsons* schließlich nimmt unser modernes

> Die Welt ist voll von Robinsons, es gibt gar nicht genug leere Inseln für sie alle.

Survival-Training für Führungskräfte vorweg und stellt die äußerste Übertreibung der Robinson-Situation dar: freiwillig Robinson sein!

Ein Robinson steckt in uns allen, was noch heutigentags entsprechende -Clubs oder -Listen legitimiert, die wir zum Ausdruck unserer Individualität benötigen. Die Literatur, besonders die von Einzelgängern geschriebene, hat den Champion der Einsamkeit und Abenteuersehnsucht nie vergessen. Drei Beispiele:

Sicher hätte sich Henry David Thoreau nicht träumen lassen, dass er mit seinem beschaulichen Büchlein und den kleinen Erlebnissen, die er darin beschrieben hat, tief ins nächste Jahrhundert hineinwirken würde. Er lebte als Kulturrobinson zwei Jahre lang in einer Waldhütte am Ufer eines *Walden* benamten Sees; dort erlebte er – fast nichts. Aber seine Idee, sich von der Zivilisation fern zu halten, hat dann hundert Jahre später richtig gezündet: bei ›Aussteigern‹ mit Kulturhintergrund. Eindrucksvoll ist die Schilderung, wie der Waldensee im Winter ganz zufror und sein Eis zu Blöcken gesägt wurde, um nach einer weiten Reise in Bürgerhäusern die Kühlschränke mit Kälte aus der Natur zu versorgen.

Der große Meaulnes ist der älteste Schüler in der kleinen Dorfschule von Monsieur Seurel. In die Beschaulichkeit der Provinz trägt er den Traum vom großen Abenteuer. Eines Tages büxt er aus und kommt erst nach einiger Zeit, zerlumpt und zerzaust, wieder zurück. Er hat eine Traumwelt entdeckt, ein kleines Schloss, wo eine Hochzeit gefeiert wurde und er ein wunderschönes Mädchen gesehen hat, aber er kann nicht wieder dorthin zurückfinden. Jahre gehen dahin, und endlich scheint sich dann alles glücklich zu wenden, obwohl Frantz, der streunernde Bruder der schönen Yvonne, ihr Glück mit dem vom Ich-Erzähler so geliebten großen Meaulnes zu ruinieren versucht.

Alain-Fournier nannte sich der Autor dieses seines ersten und einzigen Romans, der kindliche Abenteuer und herbsüße Liebesgeschichte so traumschön miteinander zu verbinden verstand. Vor Verdun fiel er gleich am Beginn des Ersten Weltkriegs, nicht mal achtundzwanzigjährig.

Hätte der große Meaulnes einen kleinen Bruder gehabt, wäre es *Der kleine Prinz* gewesen. Und auch für dessen Erfinder Antoine de Saint-Exupéry brachte der Krieg den Tod. Das Abenteuer seines Lebens war die Fliegerei, als Fliegerei noch ein Abenteuer war, und seine Romane *Südkurier* aus Friedens- und *Flug nach Arras* aus Kriegszeiten benutzen die Einsamkeit des Cockpits als Auslöser für Gedanken der heroischen Solitude. Sein bestes Buch *Wind, Sand und Sterne* enthält den ganzen Menschen Saint-Exupéry sowie Bilder der Wüste, wie sie uns erst das Kino wieder – etwa im »Englischen Patienten« nach der Vorlage des Romans von Michael Ondaatje – gezeigt hat: Bilder von gleich grandioser wie bedrohlicher Monotonie. Französisch heißt der Roman *Terre des Hommes*. Nach ihm wurde die Organisation benannt, für die – wie für seinen Autor – Menschlichkeit den obersten Wert darstellt. Von einem Aufklärungsflug (für die Alliierten) ganz am Ende des Zweiten Weltkriegs kam Antoine de Saint-Exupéry nicht zurück.

> Das Glück der Kindheit. Man wird es nie wiederfinden, außer in guten Büchern.

Gibt es auch weibliche Robinsons? Aber natürlich, und nicht nur in Gestalt jener Mrs Robinson, die für Dustin Hoffman »Die Reifeprüfung« darstellte und aus den Kehlen von Simon and Garfunkel mit dem musikalischen Schmelz der späten Sechziger überzogen wurde. Nein, eher so: Eine Frau, deren glückliche Jahre schon zurückliegen, erwacht eines Morgens in den Bergen und ist der letzte Mensch. *Die*

Wand umgibt die Namenlose, dahinter ist der Tod, auf dieser Seite ein Leben im Einklang mit der Natur, das sich die Stadtpflanze erst erfinden muss. Die Katze, der Hund, die Kuh begleiten sie durch die Jahreszeiten, zweieinhalb Jahre dieses neuen Lebens beschreibt die Frau in ihrem Bericht, bis ein Ereignis eintritt, das mit einem Schlag alles zerstört – und das Buch für die Frauenbewegung interessant gemacht hat. Marlen Haushofer findet eine einzigartige Sprache der Einfachheit, genauen Beobachtung und Ehrfurcht den Tieren gegenüber, die dieses Werk zu etwas ganz Besonderem macht. Für das Seelenleben der Katzen hat niemand eine Einfühlung wie sie. Wer davon nicht genug kriegen kann, für den gibt es von der Österreicherin, der die Literatur das Leben ersetzte, noch *Bartls Abenteuer,* eine wundervolle Geschichte von einem tapferen kleinen Kater, die zeigt, dass es keine Kinder- und Erwachsenenbücher gibt, sondern nur schlechte oder gute, in diesem Fall: sehr, sehr gute.

An den *Robinson* meines großen Bruders kann ich mich noch gut erinnern. Er hatte wenige Seiten und viele bunte Holzschnitte, von denen einer den einsamen Insel-Herrscher mit selbstgebasteltem Sonnenschirm und im zotteligen Ziegenfellkostüm zeigte, das Gesicht über und über mit Bart bewuchert. Für den jugendlichen Leser wurde alles weggelassen, was den Abenteuercharakter des Buches hätte beeinträchtigen können: die Suche nach Gott, die langwierige Bekehrung Freitags, die Betrachtungen des Einsamen über das Moralische an seinem Schicksal. Was übrig bleibt, ist immernoch beeindruckend genug, denn die Grundkonstellation, dass ein Mensch, völlig isoliert und allein, sein ganzes weiteres Leben von Grund auf neu erfinden muss, ist natürlich unüberbietbar simpel und zwingend. Diese ›Laborbedingungen‹ sind typisch für die aktuelle Literatur zu Defoes Zeit. Man versuchte der Mechanik auf den Grund zu kommen, die den Menschen antreibt.

Auch wenn sich das eventuell langweilig anhört: Solche Bücher, auch wenn sie dick sind, muss man g a n z lesen. Nur so können sie ihre Eigenart entfalten. Mag das bei Defoe schwerfallen, bei einem anderen sogenannten Jugendbuchklassiker ist das kein Problem: *Die*

Schatzinsel. Hundertfünfzig Jahre jünger als Defoes Buch, will sie nichts anderes sein als eine Abenteuergeschichte. Seien wir uns klar darüber, dass der Autor Robert Louis Stevenson das alles nicht ernst gemeint hat. In einer Epoche, als stählerne Dampfschiffe in Rekordzeit über den Atlantik jagen, lässt er glorreich den Schoner »Hispaniola« die Weltmeere durchpflügen mit dem Ziel der auf einer obskuren Schatzkarte eingezeichneten Insel. Der Erzähler weist uns in die entgegengesetzte Richtung, die in den Werken Vernes eingeschlagen wird. Seine Uhr geht rückwärts. Er spielt mit dem Genre, mit dem Leser: Der junge, unbedarfte Ich-Erzähler Jim Hawkins (dessen Gesicht für uns ältere Kinder immer das von Michael Ande sein wird, in einem der ersten Weihnachts-Vierteiler der Fernsehgeschichte) ist natürlich der literarische Doppelgänger von Stevensons Stiefsohn Lloyd Osbourne, zu dem er ein inniges Verhältnis hatte. So gönnt er Jim am Ende auch das viele Gold, das der alte Käpt'n Flint auf der Insel vergraben ließ; und alle schrecklichen Abenteuer um den als Koch mit dem Holzbein auftretenden Piraten Long John Silver gehen gut aus – die *Schatzinsel* indes bleibt uns in Erinnerung als geheimer Ort eines Erwachsenwerdens, so schön und aufregend beschrieben, wie es nur sein kann.

Das Aufregende am Schatz war schon immer die Suche. Hat man ihn erst, was dann? Die einzige weiterhelfende Lektüre sind die Börsenberichte; und die interessieren auch erst wieder, wenn die nächste Blase platzt.

In einzigartiger Weise arbeitete Stevenson mit Osbourne zusammen. Mehrere Romane verfassten die augenscheinlich ungleichen Partner gemeinsam, und nicht die schlechtesten. *Die falsche Kiste* enthält entweder die sterblichen Überreste des Gewinners einer Tontine und damit eines Vermögens oder einen Broadwood-Flügel von außergewöhnlicher Klangfülle, aber leider mit kaputtem E'''; auf jeden Fall jagt eine Schar Erbschleicher ihr emsig nach. In diesem Buch erfährst Du etwas über die schwärzeste, makaberste Ausprägung angelsächsischen Humors und über eine Lebensver-

sicherung, in die anfangs alle einzahlen und am Ende nur der letzte
Überlebende etwas herausbekommt – eine Lösung unseres Renten-
problems? Auf jeden Fall hat sie der italienische Arzt Lorenzo Tonti
seinerzeit schon dem französischen Staatslenker Kardinal Maza-
rin ans Herz gelegt. Und der war entzückt. *Die Ebbe* spielt ebenso
wie *Der Ausschlachter* in der Südsee. Beide Werke bringen spannende
und blutrünstige Abenteuer um Perlen und Opiumschmuggel, letzteres nach einem zeitgenössischen Kriminalfall konstruiert. Stevenson war schwindsüchtig oder, um es medizinisch klar zu sagen: litt
unter der damals noch nicht heilbaren Tuberkulose. Robert Koch, der
berühmte Doktor, entdeckte die Tuberkelstäbchen etwa zu der Zeit
unter seinem Mikroskop, als Stevenson an ihnen starb, und es dauerte noch einmal fünfzig Jahre, bis ein wirksames Antibiotikum gefunden war. Schwindsucht geht mit Fieberzuständen einher, und so
ist es nicht verwunderlich, dass diese Krankheit durch ihren typischen, tragischen Verlauf jahrhundertelang die schöpferischen Kräfte
der durch ihre sitzende Arbeitsweise für die Infektion besonders an-
fälligen Literaten angeheizt hat.

Stevensons Porträt zeigt ein ausgezehrtes, aber schönes, längliches Gesicht, umrahmt von auf die Schulter fallendem, gewelltem
Haar und einem Spitzbärtchen. Das wirkt entweder altmodisch oder
hypermodern, als wäre der Autor, wie viele seiner Werke, aus der
Zeit gefallen. Die Augen liegen tief in den Höhlen, um seinen Mund
aber spielt das Lächeln, hervorgerufen von einem seiner skurrilen bis
dämonischen Einfälle, und schon ist er bereit, ihn zu notieren: Das
Schreibwerkzeug ist zur Hand. Sein Stil ist immer direkt, packend,
kurz heraus, als wisse er um seine begrenzte Lebenszeit. Kaum je hält
er sich lange mit Abschweifungen auf.

Seine folgenreichste Erfindung ist *Die seltsame Geschichte von Dr. Jekyll und Mr Hyde*. Stevenson möchte uns mit der Erzählung vom Arzt,
der sich durch den Trunk eines in Wasser gelösten Pulvers vom
stattlichen Gentleman in den gedrungenen Halunken verwandeln
kann – und zurück –, nicht die Banalität vor Augen führen, dass es so
etwas wie gespaltene Persönlichkeiten gibt, sondern dass in j e d e m

Menschen eine dunkle Seite angelegt ist, die bei Gelegenheit ans Licht gebracht werden kann. Die Science-Fiction-Methode, die Jekyll anwendet, konkretisiert noch die aktuellen Bezüge der Geschichte. Er nutzt die Erkenntnisse der neuen Wissenschaft der Biochemie.[9] Sie wird der Menschheit Fluch und Segen bringen: die Medikamente und die Drogen.

Zu Stevensons Zeiten glaubte man noch an klimatische Ursachen für die Schwindsucht. Als Therapie begab sich der Autor sein halbes Leben auf Reisen; die letzten Jahre verbrachte er mit Frau und Stiefsohn in tropischen Breiten. *In der Südsee* ist der Tatsachenbericht, spannend wie ein Roman, den wir dieser Zeit verdanken. Während der französische Maler Paul Gauguin zur selben Zeit auf Tahiti Mystik und Grazie findet, kann Stevensons nüchterner Blick nur halbzivilisierte Wilde entdecken, denen beim Anblick eines Langschweins (in der Landessprache der übliche Begriff für: Mensch, der nicht zu uns gehört, essbar) das Wasser im Munde zusammenläuft. Überraschenderweise sind diese gefährlichen nackten, ausnehmend schönen Heiden allesamt Philosophen, von denen sich manche Lebensweisheit lernen lässt. Auch sie aber kannten kein Mittel gegen Infektionskrankheiten (die meisten von ihnen wurden durch Masern und Syphilis, eingeschleppt von Captain Cooks Leuten und deren Nachfolgern, dahingerafft), und Robert Louis Stevenson, dieser lebenspralle Erzähler, erlag seiner Krankheit dort, nicht einmal fünfzigjährig.

Englische Schriftsteller im Zeitalter der Königin Victoria konnten ihre Leser an typisch englischen Abenteuern am anderen Ende der Welt teilhaben lassen, das British Empire machte es möglich. Einer seiner erfindungsreichsten Lobredner war Rudyard Kipling, der seine

---

9   Goethe hatte auf die erstmalige Synthese einer organischen Substanz durch Friedrich Wöhler – ihm gelang es in seiner Retorte, den Harnstoff herzustellen – noch reagieren können, indem er im Zweiten Teil des *Faust* den Famulus Wagner den Homunculus (das ›Menschlein‹) in einer Phiole erschaffen ließ. Der begrüßt Mephisto als seinen wahren Schöpfer mit den Worten: *Du aber, Schalk, Herr Vetter, bist du hier / Im rechten Augenblick? Ich danke dir.* Hellsichtig hat Goethe, der Liebhaber des ›Bedeutenden‹, das zukünftige Feld der neuen Wissenschaft abgesteckt.

Jugend in Indien verbracht hatte und von dort mit den Motiven für die zwei *Dschungelbücher* zurückkam. Der tapfere Mungo Rikki-Tikki im Kampf gegen die zwei Königskobras kuschelt sich ebenso ins Gedächtnis wie Mowgli und seine Gefährten sowie sein schrecklicher Gegner, der Tiger Shir Khan. Oder erst die Schlange Kaa, die selbst in der Disney-Verfilmung mit ihrem psychodelischen Blick überzeugt. In äußerst einfühlsamer Weise wird hier der ewige Gegensatz zwischen der unberührten Natur und dem kulturverbreitenden Menschen besungen. Auch in den originellen *Genau-so-Geschichten* macht Kipling aus diesem Konflikt Poesie. Meisterhaft versteht er es, lyrische Elemente in seine Prosa zu schmuggeln – als Dichter war er moderner denn als Erzähler, demnach als erster Engländer nobelpreiswürdig. Spannende (Spionage-)Abenteuer um einen aufgeweckten kleinen Waisenjungen, den alle für einen Inder halten, bringt der Roman *Kim*.

Was Kipling für Indien, ist Henry Rider Haggard für Afrika. Weniger romantisierend, eher rauschhaft beschreibt er die schönen Schrecken des damals noch wilden Kontinents, mal in der Ausmalung einer matriarchalen Extremkultur in *Sie,* mal verbrämt mit den unerhörten Abenteuern seines Superhelden Alain Quatermain in *König Salomos Schätze.* Das Empire konnte aber auch ohne poetische Übersteigerungen ganz schön dramatisch sein. In Khartum endete gewaltsam das Leben des Generals Gordon, der nach dem Krimkrieg und anderen Greueln noch Gelegenheit bekam, als sentimentaler Held und Märtyrer den Widerpart des Mahdi-Aufstandes im Sudan zu verkörpern, in dessen Mittelpunkt einer der unendlich vielen falschen Propheten der Weltgeschichte stand. In seinen *Tagebüchern* berichtet Gordon nüchtern von seiner Passion für den afrikanischen Kontinent und die bis heute unterdrückten Sudanesen. Nüchternheit war nicht das Markenzeichen von Thomas Edward Lawrence, den man getrost »Lawrence von Arabien« nennen kann. Wie bei Gordon war sein Lebenswerk von Sympathie für die Herren der Wüste geprägt, und er machte eindrucksvolle Literatur daraus. In *Die sieben Säulen der Weisheit* schildert er schwärmerisch seine Erlebnisse mit Fürst Faisal in der arabischen Wüste und die Organisation des erfolgreichen Beduinen-Aufstandes gegen die Osmanen im Ersten Weltkrieg. Wirkung hinterließen beide, Gordon und Lawrence, ausschließlich als moralische Persönlichkeiten, die Politik vermochte es mühelos, ihr Lebenswerk alsbald zu ruinieren.

Geheimdienstliche Abenteuer rund um Englands Glanz und letzte Größe beschreibt auch John Buchan (sprich: Backen); am bekanntesten sein Spionageroman vom Vorabend des Ersten Weltkriegs, *Die neununddreißig Stufen*, dem Alfred Hitchcock einige Motive für seinen Leinwandklassiker gleichen Namens entlieh. Er fügte der eleganten Atmosphäre des Buches vor allem eine obsessive, sadistische Note hinzu – der Held Richard Hannay verbringt einen Großteil der Filmhandlung in Handschellen –, wo Buchan die Auseinandersetzung der Guten mit den Bösen eher als Spiel beschreibt, als sportliche Rivalität, wobei die bösen Deutschen sich als gute Verlierer zeigen. Mit dem Ende des Ersten Weltkriegs war die Zeit solch chevaleresker Auseinandersetzungen vorbei. Spionage wurde fortan vor allem als schmutziges Gewerbe gesehen; man denke zum Vergleich an Fritz Langs Film »Ministerium der Angst« nach der Vorlage von Graham Greene, einen Weltkrieg später.

Noch einen Kalten Krieg weiter ist die Menge an Spionageromanen bereits inflationär; schwierig, hier die guten von den brauchbaren und überflüssigen zu unterscheiden. Vielleicht probierst Du es mit einem Ted Allbeury, den ich als interessanten Autor von raffinierten Geschichten in Erinnerung habe. Vielleicht irre ich mich auch, dann nimm einfach was anderes. Das Wesen all dieser zwei- bis dreihundert Seiten langen Romane ist ja, dass man nicht viel verkehrt macht, wenn man sie liest – höchstens, dass sie Langeweile oder Skrupel erzeugen, das Zeug in der grünen Tonne zu entsorgen ...

Der deutsche Abenteuerroman (und wenn ich zukünftig deutsch sage, meine ich damit die Sprache, nicht die Nationalität) beginnt mit den Greueln des Dreißigjährigen Krieges, dem Hessen Hans Christoffel von Grimmelshausen und seinem *Abenteuerlichen Simplicissimus*. Sein Romanheld ohne Namen weiß von der Welt noch nichts, als der Hof der Eltern von marodierenden Truppen gebrandschatzt wird und nur er sich retten kann. Voltaire wird später seinen *Candide* mit einem ähnlichen Gemetzel beginnen lassen, diesmal in einem erfundenen Westfalen, um seinen naiven Philosophenhelden Panglosse in die Verlegenheit zu setzen, diesen Unfall in der besten aller möglichen Welten zu erklären. Ein Einsiedler – es stellt sich heraus, dass er einer der Kriegsherren war, der sich, wie heute unsere überreizten Manager, in den Wald zurückgezogen hat – bringt dem Bauernkind die Grundzüge von Bildung und Lebenskenntnis bei. Darauf wird Simplicius (das Wort ist der deutsche ›Simpel‹), wie er bei seiner Rückkehr in Leben und Krieg vom Vorgesetzten mangels Eigennamens genannt wird, selbst zum großen Kriegshelden. Dabei benennt der Autor die Schrecken des Krieges drastisch und mit den richtigen Worten, es handelt sich hier auch um den ersten Anti-Kriegs-Roman, den wir kennen. Grimmelshausen ist kein naiver Erzähler, für den er um sein Leben gern gelten möchte, sondern unangenehm berechnend: Er zielt auf ein gehobenes Lesepublikum, er ist literarischer Vollprofi; das macht die Lektüre nervig, wenn er sich in Episoden verzettelt, die er aus ›Volksbüchern‹, wie die Unterhaltungsliteratur damals hieß, einfach abgekupfert hat. Denn unser Held entkommt, nachdem er mehrfach die Seiten gewechselt hat, den Kriegswirren, um die ganze damals bekannte Welt – und einige dazuerfundene Landstriche – zu umrunden und erkunden; auch märchenhafte Episoden dürfen nicht fehlen, bis sich Simplicius schlussendlich erschöpft selbst als Einsiedler zur Ruhe setzt. Ganz anders der niedliche *Schelmuffsky* von Christian Reuter. Das ist die Geschichte von einem Saufaus und Bramarbas, der die allerunglaubwürdigsten Abenteuer im Stile eines jugendfrischen Münchhausen durchlebt und dazu lakonisch bemerkt: »Der Tebel hol mer!« Lustig ist das zwar, aber auch nicht viel mehr als ein gelungener Studentenulk.

Ein Spaziergang nach Syrakus wäre auch heute ein Abenteuer. Im Jahre achtzehnhundertzwei war er das auf jeden Fall. Johann Gottfried Seume war der Mann, der dieses Unternehmen wagte und uns davon berichtet hat. Er sieht die Schätze Italiens im Prunk völliger Verfallenheit und beobachtet, wie die Nachfahren der Römer sich darin eingerichtet haben. Bis heute ist Syrakus dafür ein prächtiges Beispiel mit seinen antiken Resten, die als Kirchen und Wohnhäuser weiterbestehen. Kleine Abenteuer fürwahr, aber der entspannte, vertraulich gestimmte Ton der Erzählung entschädigt uns dafür, dass nur ein paar unbedeutende Wegelagerer zur Verfügung standen, um diesen wackeren Wandersmann zu schrecken.

Syrakus! Metropole der Antike, Heimat von Künstlern und Gelehrten, eine der größten Städte der Welt. Dann hört man nichts mehr. Aber Syrakus lebt! Wer es heute besucht, möchte am liebsten gleich dableiben.

Ein Sonderfall von Abenteuer ist der Mann, der sein ganzes Leben zu einem Gesamtabenteuer und -kunstwerk stilisiert hat: Hermann Fürst von Pückler-Muskau, und das nicht nur in Form einer Erdbeer-Vanille-Schokoeisbombe. Sein Vermögen ruinierte er durch seine Leidenschaft für den Gartenbau – noch heute kann man die von ihm geplanten Parkanlagen in Muskau (»Weltkulturerbe«) bewundern oder sein bahnbrechendes Buch *Andeutungen über Gartengestaltung* lesen – und ausgedehnte Reisen, nach England beispielsweise, um reich zu heiraten. Statt einer Braut brachte er die *Briefe eines Verstorbenen* zurück, das Buch, das ihn zur Tagesberühmtheit machte, das Goethe mit Vergnügen las. Er fuhr in die Levante (das damalige Riesenreich der Osmanen), nach Ägypten und in den Sudan. Von dort kam er mit der äthiopischen Prinzessin Machbuba wieder, die er auf einem Sklavenmarkt erworben hatte. Er nahm das junge Mädchen mit nach Muskau, wo sie alsbald starb. Die Geschichte dieser skurrilen Liebe ist sehr schön und seltsam herb, vor allem die Eifersucht der ›Gesellschaft‹, die erst durch den Tod der armen kleinen, stets frierenden Machbuba zufriedengestellt wurde in ihrem frühen Ausbruch von Ressentiment gegen das Fremde, das mit der dunkelhäutigen Schönheit in ihre Kleinstaaterei eingebrochen war.[10] Pückler verkörpert den Typ

10 Das Ganze einfühlsam beschrieben in Eckart Kleßmanns *Pückler und Machbuba*.

des Dandy, vermögenvergeudend, dekadent, überheblich. Aber auch: hellsichtig, sensibel, auf einsamer Höhe der Wahrnehmung. Dieser Typ wird uns noch anderswo begegnen. In seinem exzentrischen Standpunkt zu jeder Form von Gesellschaft und Normalität ist er zum beobachtenden Chronisten ideal begabt, wie die Beispiele von Lord Byron, Oscar Wilde, Harry Graf Kessler zeigen. So wenig man dem Verfall des Adels in Europa nachzutrauern braucht, bezeichnenderweise trieb er im Absterben solche allerschönsten Blüten.

Noch einer, der sein Lebensabenteuer in Literatur verwandelte: der Konstanzer Drogist, Kunstmaler und Dichter Fritz Mühlenweg. *Fremde auf dem Pfade der Nachdenklichkeit* ist die kleine und feine, *In geheimer Mission durch die Wüste Gobi* die große und jugendliche Ausführung dieses Abenteuers, das ihn mit dem Forscher und Reisenden Sven Hedin in der Mongolei und Zentralasien verband; ein handfestes Lesevergnügen mit transzendenten Einsprengseln! Auf dem ›Pfad der Nachdenklichkeit‹ befand sich Mühlenweg, als er für die Hedinexpedition Nachschub beschaffen sollte und auf dem Kamel, mit zwei einheimischen Begleitern, einsam durch die Gobi zog. *Transhimalaya* heißt die Weltgegend, die Hedin entdeckte und kartographierte, genauso wie das mehrbändige Werk, das er über seine beschwerlichen Expeditionen dorthin schrieb. Zu Beginn des letzten Jahrhunderts gab es noch weiße Flecken auf der Landkarte. *In Nacht und Eis* ist der Bericht von Fridtjof Nansen, wie er mit dem Schiff »Fram« mithilfe der Packeisdrift den Nordpol zu erreichen versuchte. Nansen erfand einen Pass für Staatenlose und erhielt den Friedensnobelpreis. Den Pol, den sportliche Zeitgenossen heutzutage in ihren Sommerferien zu Fuß ›machen‹, hat er nie gesehen. Dieses Schicksal teilte er mit Ernest Shackleton, der es mit britischer Zähigkeit auf den Südpol abgesehen hatte. Sein Schiff, die »Endurance«, scheiterte im Packeis; Shackleton gelang es zumindest, alle Männer zu retten. Die Verlierer beim Wettlauf zu den Polen waren allemal die interessanteren Gestalten, vor allem der tragische Robert Falcon Scott, der am Südpol um wenige Tage zu spät kam und auf dem Rückmarsch erfror. Wer waren denn überhaupt die Ersten am Pol? Ich kann mich garnicht erinnern ...

Ein nach Amerika ausgewanderter Abenteuerschriftsteller, dessen Geschichten zwar altbacken wirken, aber die Prärie mit stifterscher Naturintensität aufladen und zum Leuchten bringen, nannte sich Charles Sealsfield (hieß aber eigentlich Karl Postl). Sein *Kajütenbuch* kann einiges Interesse für sich beanspruchen, weil es seltenes Beispiel für eine Synthese deutscher und amerikanischer Eigenheiten bietet. Die kleine Erzählung *Die Prärie am Jacinto* inmitten dieses Buches ist ein Meisterwerk der Naturschilderung im Dienste einer Abenteuerhandlung. Mag auch die Betulichkeit in Sealsfields Erzählung dominieren, so finden wir hier erste Ansätze einer kulturellen Synthese, eines Stils der heraufdämmernden Epoche der Internationalität, in der Grenzen nur noch dazu gut sind, überwunden zu werden.

Auch Friedrich Gerstäckers *Regulatoren von Arkansas* und ihre Fortsetzung *Die Flußpiraten des Mississippi* atmen, bei aller Unbeholfenheit, die Luft der Freiheit. Mögen sie auch mehr auf Karl May als Traven vorausweisen, so stellen sie ein wichtiges Bindeglied in der Kette der Entwicklung des Abenteuerromans dar. Und das vor allem dadurch, dass Gerstäcker tatsächlich d a war, eigenes Erleben verarbeitet zu Literatur – das merkt man seinen Büchern an.

Nachdem auch Theodor Fontane, der n i c h t da gewesen war, mit dem kleinen Werklein *Quitt* seinen Beitrag zum internationalen Abenteuer geleistet hatte – ein preußischer Mord wird in Amerika der Sühne zugeführt –, hatte dieses Genre in deutscher Sprache erstmal Pause. Einsam steht dann ein großer phantastischer Erzähler vor uns, der äußerst spannende und nebenbei auch erfolgreiche Romane schrieb. Er heißt Leo Perutz. So stellt man sich den Abenteuerschriftsteller vor: mit Nickelbrille und Intellektuellenschädel, gegen die berufliche Ödnis der Versicherungsmathematik anschreibend. Prag und Wien sind seine Heimatstädte; in Berlin macht er die Leute hysterisch mit dem Fortsetzungsroman *Wohin rollst Du, Äpfelchen* ... Wenngleich dies nun keins seiner ganz geglückten Bücher ist, die Geschichte eines österreichischen Kriegsheimkehrers, der aus sportlichem Ehrgeiz noch einmal nach Sowjetrussland zurückgeht, so wird eins klar, dass unser Autor den Nerv des Publikums trifft. Selbst diese kleine

Idee wird unzähligen Nachahmern genügen, Spannung in ihre aufgebauschten Agententhriller zu bringen, und Filmklassiker wie »Der Spion, der aus der Kälte kam« von Martin Ritt nach dem Roman von John le Carré mit Richard Burton und Oskar Werner schlagen aus dieser Glut neue Funken. Perutz hat nichts erlebt, schüttelt aber die tollsten Ideen aus dem Ärmel: *Der Meister des Jüngsten Tages, Der Judas des Leonardo, St. Petri-Schnee* und vor allem der Alptraum *Zwischen neun und neun* (sehr hitchcockhaft) sind äußerst spannende Romane in äußerst eigener Stilistik, ›Kaffeehaus meets suspense‹, sozusagen; deshalb sei vom Inhalt auch nichts weiter verraten.

Die Abnabelung von der Vorstellung eines ›deutschen‹ Abenteuerromans geht einher mit dem mysteriösen Namen B. Traven. An seiner wahren Identität wurde ein Journalistenzeitalter herumrecherchiert – und noch weiß man nicht so recht, was das B. bedeutet und ob er mit Ret Marut oder Otto Feige identisch war; ist uns auch schnuppe. Seine Bücher jedenfalls sind ganz und gar authentische Abenteuerliteratur. Sie bringen exotische Schauplätze, realistische Gestalten und politische sowie soziale Konflikte von aktueller Brisanz. Travens großes Werk ist der sechsteilige *Caoba*-Zyklus. Er spielt im Dschungel Mexikos und verknüpft die engagierte Beschreibung des Elends der Ureinwohner mit einer spannenden Polit- und Abenteuerhandlung.

Das Totenschiff, ein Seelenverkäufer namens »Yorikke« (nach Hamlets verblichenem Spaßmacher Yorick?), fährt Staatenlose, Kriminelle und Deklassierte direkt in Dantes Inferno. Untergehen ist für die Geschundenen dieser Erde ein würdigerer Ausgang, als sich irgendwie über Wasser zu halten. *Der Schatz der Sierra Madre* wurde von John Huston verfilmt mit Humphrey Bogart in der Rolle des zwielichtigen Dobbs, der im bürgerlichen Leben scheitert, Goldsucher wird und durch den spektakulären Fund Schaden an seinem letzten Rest Moral nimmt. Er versucht, seinen Kameraden umzubringen. Travens Erzählung erinnert an die großen Alaska-Geschichten Jack Londons, noch um eine Nuance eingedüstert. Gemeinsam ist ihnen der Grundton eines pessimistischen Humanismus plus Sozialpathos, und so ist es kein Wunder, dass das Werk beider Autoren von der Büchergilde

Gutenberg über Jahrzehnte gepflegt worden ist. An dieser Stelle ist es Zeit, das Loblied auf die lange Jahre gewerkschaftseigene Büchergilde zu singen, die seit je gute Literatur in schönen Ausgaben an die Leser gebracht hat. In einer Welt, in der Leineneinband und Lesebändchen zum Bauernopfer der Verlage für niedrige Produktionskosten geworden sind, setzte einzig die Büchergilde Gutenberg unverdrossen auf buchherstellerische Qualität im Kampf um Käufer, und das zu konkurrenzlosem Preis. Möge sie uns erhalten bleiben!

Der außergewöhnliche Autor stirbt nicht, er verschwindet. Diese Pointe eines Lebens, dem eigenen Werk verpflichtet, gilt nicht nur für Traven, sondern genauso für den vielleicht sonderbarsten Zyniker unter den Abenteuerschriftstellern: Ambrose Bierce. *Allein in schlechter Gesellschaft* könnte, nach seinen eigenen Worten, sein Lebensmotto gewesen sein. Der amerikanische Bürgerkrieg bietet den Hintergrund für viele seiner Geschichten, die mit grimmiger Lakonik und ätzender Satire die Schwachpunkte am Menschen, Feigheit, Habsucht, Hinterlist, freilegen. In hohem Alter wurde Bierce des Schreibens und Lebens überdrüssig und stürzte sich in die Wirren des mexikanischen Bürgerkriegs, in dessen Pulverdampf er sich, Äquivalent seines schwarzgalligen Humors, auflöste.

Nur wenige Zahnärzte haben es zum Helden eines Abenteuerromans gebracht, und wäre es auch nur ein negativer. Zahnärzte schleichen eher als sadistische Quälgeister durch alptraumhafte Thriller, wie in John Schlesingers »Marathonmann« der schaurig-schöne Laurence Olivier, der Dustin Hoffman mit dem Bohrer auf den Nerv fühlt. So dürfte wohl *McTeague* einzig dastehen, der erst im Lachgasrausch ein Mädchen missbraucht und später neben ihren Weisheitszähnen auch noch an ihren Lottogewinn ran will, bevor ihn im Showdown mitten in der Wüste sein Schicksal in Form von Handschellen ereilt. *Gier nach Gold*, wie der Titel einer der beiden deutschen Übersetzungen lautet, von Frank Norris ist zwar eine krude Geschichte, aber McTeague, da sind wir froh, auch kein echter Zahnarzt. Sei's

drum, als Stummfilm von Erich von Stroheim wäre »Greed« in seinem
Hyperrealismus ein ›Blockbuster‹ geworden, hätte es das Wort schon
gegeben oder der Regisseur nicht versucht, das Buch Wort für Wort
zu verfilmen – eine einsame Entscheidung, dafür aber heute Kult auf
jeder Filmkunstveranstaltung. Norris harrt als amerikanischer Zola
mit seinem Epos über Eisenbahn und Weizen *(Octopus)* der Wiederentdeckung, von Stroheim kennt man noch als kahlen, wortkargen
Diener von Gloria Swanson in Billy Wilders »Sunset Boulevard«, aber
was ist eigentlich ein Blockbuster? Dieses heute
leicht über die Zunge gehende Wort bezeichnete
im Luftkrieg die Sorte Bomben, die als erste Welle   Zwei Zahnärzte in
ins Häuserviertel geworfen wurden und alle   einem Buch? Das
Fensterscheiben zerbersten ließen; danach konn-   hier ist der erste.
ten die Brandbomben wesentlich wirksamer ihr   Auf den zweiten
Werk tun …[11]   muss der geschätzte
    Damit wären wir endgültig im gelobten Land   Leser nerven-
der Abenteuer, in Amerika angekommen und   zerfetzende fünf-
wenden uns dem Ahnherrn des Nervenkitzels   hundert Seiten
zu. Edgar Allan Poe hat garantiert nichts von dem   warten.
erlebt, was den Zündstoff seiner phantastischen
Erzählungen ausmacht. Nicht körperlich jedenfalls, seelisch erscheint er uns dafür mit jedem
seiner Helden wie durch Magnetismus verbunden. *Der Goldkäfer* handelt von etwas, was er weiß, und hier wissen wir, wovon er spricht:
Poe betreute die Rätselecke einer Zeitung und schloss in dieser Eigenschaft mit der Leserschaft die größenwahnsinnige Wette ab, dass er in
der Lage sei, jeden ihm eingesandten Sprachcode zu knacken. Nach
allem, was wir wissen, war er sogar so wahnsinnig, die Wette zu gewinnen! Im *Goldkäfer* wird in knapper Form berichtet, wie jemand zufällig eine solche geheime Botschaft findet, sie entschlüsselt und mit

---

11   Diese Information verdanke ich dem ebenso aufschlussreichen wie erschütternden
    Buch *Der Brand* von Jörg Friedrich; vielleicht sollte man zum Kassenfüller doch wieder
    Kassenknüller sagen.

ihrer Hilfe einen Seeräuberschatz hebt. Wie üblich bei Poe, balanciert die Handlung auf dem Drahtseil zwischen satirischer Übertreibung und spannungsgeladener Extravaganz; neben der knappen Berichtsform sticht hervor, dass kein Gedanke auf die Verwendung des Schatzes verschwendet wird. Poe, selbst ein Leben lang knapp bei Kasse, bricht die Erzählung ab, bevor die Phantasie den Leser und ihn selbst mit der quälenden Frage beunruhigt, was man mit einem frisch erworbenen Vermögen alles anfangen könnte. Ein Reflex auf diese Erzählung erscheint in *Tom Sawyers Abenteuern*, wenn dort nicht nur die Schatzsuche als prima Abenteuer für zwei Lausejungen geschildert, sondern anschließend auch die öffentliche Darbietung des Reichtums und seine weitere Verwaltung liebevoll ausgemalt wird. »Mensch bleiben!«, müssen sich diese zwei Jungmillionäre immer wieder sagen.

Lebendig begraben oder eingemauert, unter Untoten, bedroht von Unholden, verkleideten und echten Affen oder dem Tod persönlich: Die Angstphantasien Poes sind unüberboten vielfältig und gleichzeitig monoman. Es empfiehlt sich, sie dosiert zu genießen und Gegengift, zum Beispiel einen Liebesroman mit allerglücklichstem Ausgang, bereitzuhalten. Das Meisterstück des Schauerlichen, Gipfel spannungsvollen Grusels, der dem atemlosen Leser Angstschweiß austreibt und die Nackenhaare aufstellt, ist, so wie ich es selbst erlebt habe, *Die Grube und das Pendel*. Wie so oft bei Poe erleidet ein Ich-Erzähler die denkbar größte Raffinesse an Torturen, diesmal durch die katholische Inquisition zu Toledo. Das Historische ist aber erkennbar nur beliebige Kulisse, Spannung erzeugt einzig die Ausgeliefertheit des Opfers. Durch Fesselung aller Handlungsfreiheit beraubt, kann nur der Geist noch agieren, einerseits um die Qualen intensiv zu erleben, aber auch um fieberhaft an der unmöglich scheinenden Rettung zu arbeiten. Diese ganz kurze Erzählung feiert den Triumph des Denkens über die Mechanik der Unmenschlichkeit. Allerdings müssen ein paar hungrige Ratten helfen. Rote Ohren sind beim Lesen garantiert!

Typisch für Poe der knappe und detailarme, auf das Innenleben der Personen konzentrierte Erzählstil, der entsprechend viel Raum für des Lesers eigene Imagination schafft. Die Szenerie bleibt in der Regel schemenhaft. Die Handlungsideen hingegen sind so stark und bildmächtig, dass die Filmindustrie schon einjahrhundertlang Poes Visionen ausbeutet, ohne dass sich die Schätze seiner Phantasie erschöpfen ließen. Wo Wände gefährlich zusammenrücken, abgestorbene Herzen erbarmungslos pochen und der Held in namenlosem Schrecken erstarrt, feiert bis heute jeder Hollywoodstreifen Edgar Allan Poes ehrwürdigen Namen. Selbst dort, wo gar nichts zu verfilmen wäre, wie bei seinem großen und höchst modernen Gedicht *Der Rabe* (Das lyrische Ich quält sich über den Verlust der geliebten Lenore, hofft gar auf ein Wiedersehen. Doch der gefiederte Besucher macht jede Hoffnung zunichte – *quothe the raven: »nevermore!«*), wurde noch etwas Lichtspielkunst davon abgezapft. Poe, selbst kein Beispiel für literarischen Erfolg – er starb arm und einsam –, war einer der großen Anreger und Weichensteller.

Der Schauer- und der Kriminalroman

Mit der Mitteilung, dass Edgar Allan Poe das Genre der Kriminalgeschichte begründet hat, kann ich niemanden hinterm Ofen vorlocken. Er erfand den Detektiv-Helden. Zur selben Zeit aber entwickelte Honoré de Balzac den politischen (Kriminal-)Roman mit *Die Königstreuen,* einer Geschichte vom Widerstand gegen die Revolution. Für *Eine dunkle Affäre* – eine Verschwörung gegen Napoleon Bonaparte, als der noch Erster Konsul war – stand nicht nur ein zeitgenössischer Entführungsfall Modell; mit den ebenso schlechtgekleideten wie scharfsinnigen Herren Peyrade und Corentin betritt auch der Typ des skrupellosen Ermittlers die literarische Szene. Gewalt gegen Frauen und intrigante Perfidie setzen sie zugunsten des Polizeistaats von Minister Fouchés Gnaden gegen reaktionäre Kräfte und Verschwörer ein, mögen die auch noch so sympathisch sein. Die Pointe – wie sie in Zukunft jeder Krimi brauchen wird – besteht in der Beantwortung der Frage, w e r eigentlich die Verschwörer gewesen sind, die allerdings erst nach zweihundert Seiten dazu kommen, ihr Verbrechen zu verüben – das muss zukünftig schneller gehen. Bei der Auflösung hat der Meister der gesellschaftlichen Ränkespiele einen außergewöhnlichen Clou parat …

Die Schauergeschichte hatte schon einige Tradition, als Poe kam und ihr die perfekte Gestalt gab. Die Idee zu *Grube und Pendel* stammt beispielsweise aus dem Roman *Arthur Mervyn oder Die Pest in Philadelphia* von Charles Brockden Brown, dem Gründervater der amerikanischen Literatur. Brown, der früh starb, war umtriebig und erfolgreich. *Wieland oder Die Verwandlung* ist sein bestes Buch über einen Bedauernswerten, der vom Bauchredner Carwin in den Wahnsinn getrieben wird. Sein Stil ist hölzern, dramatische Unwahrscheinlichkeiten stören ihn kein bisschen, aber seine Spur wird sich durch die amerikanische Literatur ziehen; Seltsames wie die schauerlichen Erzählungen von Howard Phillips Lovecraft, für die nur das Attribut ›strange‹ passend erscheint und von dem ich *Der Fall Charles Dexter Ward* kenne (brrr …), und spätere einfallsreiche Gräuslichkeiten, bis hin zu Stephen King und seiner Erzählung *Das Mädchen* von einer Verirrten im Indian Summer Neuenglands, verdanken sich seinem Vorbild.

Geschichten von Verbrechen oder mit Verbrechern gab es schon immer, angefangen mit den Novellen in Herodots Geschichtsschreibung und den biblischen Verbrechen in Kainsmanier. Von Poe und Balzac an gibt es den Zweikampf zwischen dem Verbrecher und dem Ermittler. Dieses ungleiche Paar belauert und bearbeitet sich nach Kräften, und in dieser Auseinandersetzung liegt der ganze Reiz des Kriminalromans. Deshalb ist der Name des Detektivs meist wichtigstes Erkennungsmerkmal des Krimis. In der großen Poe-Ausgabe des Walter-Verlags werden in der Rubrik ›Detektivgeschichten‹ vier Titel genannt. Zum *Goldkäfer*, von dem wir schon sprachen und der ja sicher eher eine Rätsel- als eine Detektivgeschichte ist, kommen: *Die Morde in der Rue Morgue, Das Geheimnis um Marie Rogêt* und *Der stibitzte Brief*. In allen drei Geschichten, die wir um ihrer Spannung willen hier nicht erörtern wollen, spielt der aus bestem Hause stammende, verarmte C. Auguste Dupin die Hauptrolle des Verbrechensaufdeckers. Dieser Ermittler ist noch nicht Detektiv von Beruf. Darin folgt ihm später *Sherlock Holmes*, der in seiner Wohnung in der Baker Street so regelmäßig beim Geigespiel von seinem Freund Dr. Watson gestört wird und von Arthur Conan Doyle in die Welt gesetzt wurde. In Frankreich tritt der Meisterdieb *Arsène Lupin*, auf den Maurice Leblanc das Copyright hat, in die Fußstapfen des Meisterdetektivs aus dem nebligen London. Lupin hat Esprit und Leichtigkeit, allerdings fehlt ihm dadurch auch jeder Tiefgang. Der dritte große Weise der Verbrechensbekämpfung hat weder Adresse noch Verwandte, kommt sozusagen aus dem Nichts. Immer ist er aber gerade am richtigen Ort, um in über fünfzig kurzen Geschichten, teils im Team mit seinem zum Detektiv bekehrten Einbrecherfreund Flambeau, seine aufklärerische Kunst der Verbrechensanalyse mit abschließender Überführung des Übeltäters zu präsentieren. Er trägt schwarz, ist klein und katholisch, in zwei Worten: *Father Brown*. Sein literarischer Schöpfer Gilbert Keith Chesterton war ein bemerkenswerter Mann. Gegen alle Widerstände vertrat er seine grundkatholische Haltung im anglikanischen England, schrieb mit *Ketzer* und *Orthodoxie* zwei Klassiker der Theologie für Laien. Nur ein Argument gebe es gegen das Christentum, behauptet er darin, und das seien – die Christen. Man muss anschließend *Das Wunder des Theismus* vom Australier John Mackie lesen, um den Kopf wieder frei zu bekommen für die Möglichkeit einer Welt ohne einen Gott.

Über den Glauben zu schreiben ist leichter, wenn man selbst nicht glaubt. Dann muss nicht alles wahr sein, was da steht.

Chesterton jedenfalls wurde auch von seinen Gegnern für seine Kompetenz und Intelligenz sowie umfassende Bildung geschätzt – bis in die massige Statur ein englisches Pendant zu Egon Friedell. Father Brown ermittelt, wie Poes und Doyles Detektive es vormachen, unblutig. Die Aufklärung des Verbrechens ist eine rein geistige Anstrengung im Verfahren der Deduktion durch eine geschlossene Indizienkette. Dem setzte die amerikanische Krimitradition von Anfang an den ›tough guy‹, den echten Privatdetektiv mit Knarre und linkem Haken entgegen. Raymond Chandler, auch als Drehbuchautor in Hollywood erfolgreich, kreierte den Philip Marlowe *(Tote schlafen fest)*, dessen Zynismus durch ein paar Ohrfeigen noch keine Beulen bekommt. Der Sam Spade von Dashiell Hammett (Der Malteser Falke) ist aus noch härterem Holz geschnitzt, bei ihm sitzt der Revolver locker. Die unübersehbare Zahl von Leichen in Rote Ernte bedeutete einen Rekord, der von Späteren kaum noch zu überbieten war. Das gefalle wem will. In Dutzenden Romanen, Erzählungen und Verfilmungen gingen diese Ermittler auf Verbrecherhatz. Subtileren Schrecken verbreiten dagegen die Romane von Cornell Woolrich, deren Titel allesamt um das Adjektiv ›schwarz‹ kreisen, wie Der schwarze Engel. Daraus wurde Hollywoods ›schwarze Serie‹ von Krimis düsterster Machart. Auch Hitchcocks großartiger Klassiker um professionellen Voyeurismus »Das Fenster zum Hof« – James Stewart spielt den aus Langeweile neugierigen, vorübergehend eingegipsten Photographen, der mehr zufällig einen Mord aufdeckt und sich selbst sowie Grace Kelly dadurch in Lebensgefahr bringt – entstand nach einer Vorlage von Woolrich, dessen trauriges Lebensschicksal mit Drogen und Vereinsamung von allem literarischen Erfolg nicht gemildert werden konnte.

Dass ein Schweizer der authentischste Krimiautor Europas – und einer der ersten – sein könnte, lässt zunächst stutzen. Herumliegende Leichen gehören auf keinen Fall ins Straßenbild der vor Sauberkeit blitzenden Alpenrepublik. Auch der Name des Ermittlers, Wachtmeister Studer, hört sich noch nicht nach rasanter Unterhaltung an. Ist es auch nicht, denn die Romane von Friedrich Glauser sind leise Umkreisungen des Schreckens, dabei große Kunst in einfacher, spezieller Sprache mit präzisen Milieustudien. Als Einstiegsdroge aus der geschlossenen Abteilung empfehle ich Matto regiert.

Teuflische Einfälle hatte das Autorengespann Boileau-Narcejac, mit Aus dem Reich der Toten schufen sie die Vorlage für Hitchcocks »Vertigo«. Flavières soll auf die manisch-depressive Frau seines alten Bekannten Gévigne aufpassen, die sich prompt vom Kirchturm stürzt. Der Aufpasser, der sich bereits sterblich in seine Schutzbefohlene verliebt hat, kann es wegen seiner Höhenangst nicht verhindern. Jahre später begegnet ihm eine Frau, die frappierende Ähnlichkeit mit der Toten hat. Er zwingt sie, deren Rolle einzunehmen. Die Motive sind Nekrophilie und die vage Hoffnung, einen Schuldkomplex loszuwerden. Dabei ergibt sich jedoch, dass es sich um ein und dieselbe handelt: Gévigne wollte seine reiche und gesunde Ehefrau loswerden, engagierte ein Double, das die erfundene Todessehnsucht zu spielen hatte. Die Leiche war dann die echte Ehefrau, und die Höhenangst von Flavières wurde ausgenutzt, um ihn zum hilflosen Zeugen der Ereignisse zu machen. In leidenschaftlicher Raserei ermordet er nun die Doppelgängerin – für ihn war sie ja ohnehin schon tot. Pierre Boileau und Thomas Narcejac schreiben knapp und zynisch, bereits die Buchtitel wie *Mord bei fünfundvierzig Touren* knallen wie ein Revolverschuss. Überhaupt werden die Titel eine immer größere Rolle spielen in diesen Sechziger- und Siebzigerjahren, als die schwarzen rororo[12] und die gelben Goldmann, die schwarzgelben Diogenes und andere Reihen um die Gunst der Krimileser buhlten. Der schlichte Krimi im Taschenbuchformat, den man ungestraft knicken, zerfleddern und mit Eselsohren zieren durfte, für die Bahnfahrt, freie Bürostunden, unter der Schulbank und ähnlich günstige Gelegenheiten, bereitete den Boden für die Wertschätzung, die das Genre mittlerweile erfährt. Gebunden, mit Schutzumschlag und Lesebändchen kommen sie jetzt daher, feine Pinkel eben. Wer sagt da noch, dass sich Verbrechen nicht auszahlt?

Und immer geht es darum, der Gewalttat ein Motiv zu geben. Beginge ein Mörder seine Handlung ohne Sinn und Zweck, entstünde das Gegenteil eines Kriminalromans. Und genau damit haben wir es bei *Kaltblütig* zu tun, dem Meisterwerk des gelernten Journalisten Truman Capote, den wir ansonsten vor allem als Schöpfer des entzückenden Partygirls Holly Golightly aus *Frühstück bei Tiffany* kennen. Aber *Kaltblütig* ist das Buch, das man gelesen haben muss – wenn man beim Thema Krimi mitreden will. Zwei junge Burschen ermorden eine Farmerfamilie bei der vergeblichen Suche nach deren Vermögenswerten; Herr Clutter hatte nie Bargeld im Haus. Wie Capote

---

12   Rowohlts Rotations-Romane erschienen zuerst im Format und in der Ausstattung einer Tageszeitung. Der Fan erinnert sich, das Motto der Krimi-Reihe lautete *A faint cold fear thrills through my veins* und stammt von Shakespeare, *Romeo and Juliet*, Act IV, Scene 3.

das Verbrechen und die Lebensumstände der Mörder Perry und Dick schildert – von denen uns der erste, ein Krüppel und Halbblut, aber auch Zeichner und Tierfreund, immer sympathischer, der andere, ein Tunichtgut von Aufschneider aus der weißen Unterschicht, immer widerwärtiger wird –, wie er die Geschichte der Opfer, der Aufklärung des zunächst mysteriösen Falles und von Prozess und Hinrichtung der Täter erzählt, das ist neu und spannend wie – eben wie ein Krimi, obwohl es der mitleidlos sachliche, den Leser umso mehr aufwühlende Bericht über ein reales Verbrechen ist, das Amerika erschütterte. Eines der großen Bücher des Jahrhunderts!

Ein Autor zeigt: Auch die Wirklichkeit kann einen spannenden und erschütternden Krimi ergeben. Das ist aber die Ausnahme, nicht die Regel.

Mord und Totschlag zu psychologisieren unternahmen viele, die bedeutendsten Namen sind Patricia Highsmith für Amerika und Georges Simenon, der Belgier, der als produktivster Autor des Zwanzigsten Jahrhunderts in Erinnerung bleibt. Mit dem *Kommissar Maigret* machte er einen Staatsbeamten zum berühmtesten Krimihelden, dessen Lebenswerk gerade durch eine neue Gesamtausgabe geehrt wird. Darüberhinaus provozierte er den vielleicht spektakulärsten Ehekrach der modernen Literatur in *Der Kater* – das Paar, das sich nichts mehr zu sagen hat, sich aber gegenseitig noch die Haustiere vergiften mag, wird im Film eindrucksvoll von Jean Gabin und Simone Signoret verkörpert. Nicolas Freelings *Kommissar van der Falk* kommt Maigret am nächsten, bevor die Schweden die Mordkommission als ideale Brutstätte für soziale und kriminalistische Spannung entdeckten. Ich denke da vor allem an die Romane von Maj Sjöwall und Peer Wahlöö rund um ihren Kommissar Beck, die mit großer Authentizität und politischem Anspruch daherkommen, in *Die Terroristen* auch noch beängstigend zeitgemäß.

Ich war Jack Mortimer ist einer der seltenen frühen Beiträge zum Krimigenre in deutscher Sprache, ein atemloser Roman vom Österreicher Alexander Lernet-Holenia, dessen Handlung in wenigen Stunden erledigt ist. Das hübsche Büchlein ist ein Produkt der Halbherzigkeit: Die bewusste Abhängigkeit von englischsprachigen Vorbildern zeigt bereits der Name des schnell gemeuchelten Titelhelden. Lernet-Holenia, ein spätes Äpfelchen am Zweig der Kaffeehauskultur, schrieb ansonsten sehr stimmungsvolle *Gedichte* und zwei Kriegsromane: *Die Standarte* mit dem Ende des Ersten, *Mars im Widder*[13] mit dem Beginn des Zweiten Weltkriegs als Hintergrunddonner für österreichisches Untergangssäuseln; ganz zu schweigen von der fulminanten *Auferstehung des Maltravers*, einem Krimi-Essay über das Boxen und das Gespenst eines adeligen Zuhälters. Landsmann Wolf Haas lädt die zurzeit kurzweiligsten Verbrechen auf sein Gewissen, allerdings hat er seinen Kommissar Brenner – dann quittiert er den Dienst und ermittelt als Detektiv weiter – mittlerweile in der siebten Folge *Das ewige Leben* sterben lassen. Nur das Vorspiel für eine Auferstehung Erster Klasse (auch im Kino!). Beste Episode: *Komm, süßer Tod*, ein Umbringen in Lebensretterkreisen, immer nach dem Rezept der Wiener Melange von Geistesglanz und moralischer Verrottung. Die härtesten Sachen der Saison verpasst uns der Amerikaner James Ellroy, der in *Schwarze Dahlie* ein historisches Frauenschicksal als Aufhänger nimmt; *Die Rothaarige* erzählt von seiner eigenen ermordeten Mutter. Immer schon unverzichtbare Ingredienz des Krimis war das Lokalkolorit; erregend mag die Vorstellung sein: Es passierte in meiner Nachbarschaft! Jetzt kann man auch seinen Urlaub in diesem Sinne gestalten, zum Bei-

---

13 Es ist mehr Stil als Haltung, was Lernet-Holenia auszeichnet. Den Großen Krieg hatte er – neben der *Standarte* – auch noch als passenden Aufhänger für die erotisch-sportiven *Abenteuer eines jungen Herrn in Polen* genommen; die unfreiwillige Teilnahme des österreichischen Leutnants der Reserve Wallmoden am Überfall auf Polen im September neununddreißig kulminiert immerhin schon im unheimlichen Bild der nächtlich wandernden Krebse, das *Mars im Widder* zu einem so beunruhigenden Buch machte, dass es, bereits gedruckt, noch vor Auslieferung verboten und selbst zum Kriegsopfer wurde: Eine wohlgezielte Phosphorbombe vernichtete die gesamte Auflage, sodass es nur zufällig (in den Korrekturfahnen) erhalten blieb. Nach dermaßenem Kriegsunglück wurde Lernet-Holenia endgültig zum Pazifisten. Wie sagt ein lateinisches Sprichwort? *Habént sua fáta libélli – Büchlein haben so ihre Schicksale.*

spiel die Schauplätze von Andrea Camilleris sizilianischen Krimis wie *Der Hund aus Terrakotta* besuchen und sogar die Lieblingsgerichte des Kommissars Montalbano im »Leon d'oro« in San Leone bei Agrigent bestellen – auf Slow-food-Niveau. Am besten: Pasta con le sarde, ein Gericht mit jahrhundertelanger Tradition. Vorsicht: enthält Fenchelsamen und Rosinen, zwar keine tödliche Mischung, aber dennoch nicht jedermanns Sache.

Mit dem Kino hatte der Krimi von Anfang an Blutsbrüderschaft geschlossen. Auf dem Theater hingegen lassen sich Verbrechen nur schlecht zeigen, Handgreiflichkeiten unter Mimen oder gar eine sacht atmende Leiche auf der Bühne wirken schnell lächerlich. So kreisen Tragödien auch stets, wenn nicht um die Enträtselung, dann um die Vorgeschichte des gewaltsamen Todes, der in der Regel flink zum Fallen des Vorhangs abgehandelt wird. In der Oper sieht das schon besser aus: Da kann der Vorgang des Sterbens zu einem Höhepunkt der Melismatik werden. In allen Verdi-Opern (bis auf den burlesken, satyrspielhaften Abschluss des »Falstaff«, als wäre der Meister seiner selbst überdrüssig geworden und wollte einen Fingerzeig für einen Neuanfang geben) wird inbrünstig gestorben. *Verdi – Roman der Oper* heißt die Liebeserklärung, die Franz Werfel diesem Lieblingsamüsement des Neunzehnten Jahrhunderts geschrieben hat. In der Figur des alten Opernkenners und seiner Sammlung zigtausender von Programmzetteln, die dann spektakulär in Flammen aufgeht, hat er gleichzeitig den Abschied gestaltet, der sich anbahnte. Die Begeisterung des breiten Publikums wandte sich dem Lichtspiel zu, und hier wurde nicht nur gestorben, sondern vor allem stil- und kunstvoll g e m o r d e t. Der größte Hexenmeister der Leinwand: Alfred Hitchcock. Die Bibel aller Filmbegeisterten: François Truffauts Interview *Mr Hitchcock, wie haben Sie das gemacht?* Der Cineast wird hier Grundwissen erwerben, vor allem aber erfährt er, wie die bisher nicht ›kunstfähigen‹ privaten Obsessionen eines Einzelnen, des Regisseurs, die im dunklen Kinosaal atemlos starrende Menge in den Würgegriff nehmen. Angst heißt der Schlüssel zur Ästhetik der Gegenwart.

Eine Lieblingswahnvorstellung von Edgar Allan Poe: lebendig begraben sein. Hier handelt es sich erkennbar um etwas sehr Persönliches, eine Phobie, die er mit einem anderen großen Phantasten der Weltliteratur (und vielen anderen nicht so bekannten) teilte: Nikolaj Gogol – dem es denn auch wirklich widerfahren sein soll. Wieder bietet Mark Twain das geeignete Gegengift, indem er von der Freude erzählt, an der e i g e n e n Beerdigung teilzunehmen. *Tom Sawyer* und seine Kumpane genießen es erst als Riesenspaß, sind nachträglich aber beschämt, als sie feststellen, wie sehr ihr Ableben betrauert wird. Oder in der Kurzgeschichte *Das Interview*, dort lautet die Frage: *Bei welcher Gelegenheit trafen Sie Aaron Burr?* Antwort: *Bei seinem Begräbnis. Er bat mich, daß ich mir die Nase doch etwas leiser putzen sollte* ... Auch dies eine Antwort auf den Großmeister der Schrecken.

Drei abenteuerliche Reisen hat Poe beschrieben. *Hans Pfaall* macht eine Ballonfahrt (wie kurz danach auch Adalbert Stifters *Condor*, fünfzig Jahre später die Afrikaexpedition in Jules Vernes Erstling *Fünf Wochen im Ballon*). *Julius Rodman* durchquert die Rocky Mountains. Sein einziges längeres Prosawerk, *Die Erzählung des Arthur Gordon Pym aus Nantucket* – hier geht zwanzig Jahre vor Ismael und Queequeg schon einer von der Walfängerinsel aus, um Abenteuer zu erleben –, täuscht naturalistisch vor, ein fragmentarischer Bericht zu sein von einer Reise ans Ende der Welt. Die Schilderungen sind getragen von wissenschaftlicher Präzision und der Einwirkung des menschlichen Faktors, seelischer Vorgänge, die den Ablauf der Geschehnisse überlagern. Das ist Poes neuer Beitrag zur Kunst des Erzählens. Ehe Pyms Bericht zum Höhepunkt der Ereignisse kommt, bricht das Manuskript ab. Kein Wunder, dass Jules Verne sich in seinem Spätwerk *Die Eissphinx* genötigt fühlte, die Geschichte zu Ende zu erzählen, in Verehrung für Meister Poe und im verständlichen, aber banalen Wunsch, handfeste Tatsachen an die Stelle feiner Andeutungen zu setzen. Dabei hatte doch Poes Erzählung *Der Maelstrom* schon ausgemalt, worum es sich bei einer Reise ans Ende der Welt handeln muss: nämlich um einen Blick auf die Rückseite unserer eigenen Existenz. Wer den tut, bekommt über

Nacht weißes Haar! Mit seiner Fortsetzung hat Verne die Kunst seines Vorbildes gründlich missverstanden. Für ihn bedeutet ein Abenteuer: der Mensch im Vollbesitz neuzeitlicher Erkenntnisse siegreich im Kampf mit den domestizierten Gewalten der Natur. Nur verrückte Wissenschaftler sind zum Untergang verurteilt, nicht der Ingenieur, der seine Formelsammlung im Kopfe parat hat. Leider trübt die simple Einteilung der Menschheit unsern heutigen Genuss an Vernes heiliger Einfalt. Deutsche trinken viel Bier, sind stumpfsinnig und verschlagen, nur der noble Engländer ist ein angemessener Gegner für den Vertreter des auserwählten Volkes, den Franzosen – alle anderen sind ›Eingeborene‹ und zählen nicht. Aber immer wieder spannend ist die Frage: Wie bekommt die Geschichte ihre – häufig zukunftshellsichtig hypertechnisierte – Pointe? Sein Publikum lechzte nach solcher Art von Unterhaltung, immerhin ist Jules Verne rares Beispiel eines Autors, der von seinem Beruf ein blendendes Auskommen hatte. Nicht so sehr durch seine Romane, sondern vor allem durch die Umarbeitung seines *Kurier des Zaren* zu einer Theater-Revue! Ein sensationeller Ausstattungsschinken, den auch der junge Frank Wedekind bei seinem ersten Parisaufenthalt zu sehen bekommt. An seinen Bruder schreibt er: … *mit einem Ballett, über das ich weiß Gott schweigen will. Ein solches Sichüberbieten von Geschmack und Grazie hätte ich nie für ausführbar gehalten* … Viel beißende Ironie für den mäßigen Eintrittspreis von drei Francs. Nun, Verne wurde reich damit und seiner Reputation hat es nicht geschadet. Wie sehr hatte sich Balzac fünfzig Jahre zuvor nach solch einem fragwürdigen Erfolg verzehrt und musste stattdessen wie ein Bagnosträfling an zigtausenden von Manuskriptseiten schuften – zu schweigen von all den anderen, die schreiben nicht reich und dabei noch unglücklich gemacht hat.

Jules Vernes abenteuerliche Reiseberichte kann man getrost lesen, einer ist wie der andere. Geboten werden exotische Kulissen, sorgfältig aus Fachliteratur abgeschriebene Landschaftsbeschreibungen, eine Handlung mit Schmiss, aber stets schablonenhaften Charakteren und meist erträglichem Nationalpathos – für dessen Verständnis es wichtig ist zu wissen, dass Verne zur Generation derer gehörte, die am verlorenen Krieg gegen Preußen litten –, viele gelungene Kindergestalten als wichtige Handlungsträger, dafür völliges Fehlen erotischer Verwicklungen. Die Naturwissenschaften bilden das Rückgrat jeden Plots, seltener werden auch geschichtliche Ereignisse oder Konstellationen einbezogen, und immer geht Verne vom Möglichen aus, um das Unwahrscheinliche, meist auch den abgebrühten Leser Überraschende, zu bieten. An Einfällen mangelt es ihm nie! Drastische Schilderungen von Gewalt schrecken ihn nicht, wie es etwa der *Kurier des Zaren* vormacht: *Jedesmal, wenn Michael Strogoff anlegte, biß ein Usbeke ins Gras.* Nur e i n e deutschsprachige Ausgabe bringt den ungekürzten Text modern übersetzt, die Diogenes-Edition, in der insgesamt sechzehn Romane (von dreiundsechzig) erschienen sind, und dazu die tollen Bilder der französischen Erstausgabe, die für die phantastische tschechische Verfilmung von »Die Erfindung des Verderbens« durch Karel Zeman als Vorlagen dienten. Für meine jugendliche Begegnung mit dem Mann, der die Mondreise und das U-Boot, Kinoprojektor und Wohnmobil vorhergesehen hat, waren allerdings jene zwanzig, jeweils im Schutzumschlag farbgleiche Paare bildenden Bärmeier&Nikel-Bände prägend, die mein Bruder geschenkt bekam, aber in mir stets ihren ersten Nutzer hatten. Im Text extrem gekürzt und sprachlich aufgepeppt (daraus auch obiges Beispiel mit den Usbeken, das mir immer im Ohr ist, wenn es um Jules Verne geht), bringt diese Ausgabe fast vierzig Werke und viele Originalillustrationen, die mir damals – ich war sechs, als die ersten Bände erschienen – das Lesen ersetzten. Aber wie haben diese Bücher meine Phantasie beflügelt! Auch dafür werde ich dem Autor und den Bänden mit der Ästhetik der Sechzigerjahre stets dankbar sein. Es gab noch eine umfangreiche, behutsam geglättete Edition

> Reiseschriftsteller können von zu Hause die ganze Welt umspannen, vorausgesetzt sie verfügen über gute Quellen. Es sollte schon ein anderer da gewesen sein, wo die eigene Imagination auch gerne hinmöchte.

für junge DDR-Leser mit modernen, geschmackvollen Illustrationen (Verlag Neues Leben, über dreißig Bände). Im direkten Vergleich kann moderne Kunst jedoch nichts ausrichten gegen die schlagende Authentizität der französischen Stiche: Sie sind wie ein Kinobesuch!

Verrückte Wissenschaftler kurbeln bei Jules Verne häufig durch ihre weltbedrohenden Erfindungen, die regelmäßig in die falschen Hände geraten, die Handlung an. Von den *500 Millionen der Begum* erbt ein bierbäuchiger Deutscher die eine Hälfte und versucht, mithilfe seiner Riesenkanone den französischen Rivalen auszuradieren, der mit der anderen Hälfte eine Gesundheitsstadt erbauen ließ. Der Plan scheitert an technischer Unzulänglichkeit. *Die Erfindung des Verderbens* ist eine Art handliche Atombombe, die der Erfinder statt zur Weltvernichtung – bei wiederkehrendem klaren Verstand – rücksichtsvollerweise nur gegen sich selbst zum Einsatz bringt, und in den *Erstaunlichen Abenteuern der Expedition Barsac* hat sich im unerschlossensten Zentralafrika ein hochtechnisierter Schurkenstaat eingenistet, der sich mitsamt seinem Chefentwickler schlussendlich selbst pulverisiert. Delikater ist der Fall des Kapitäns Nemo, der mit seinem U-Boot Nautilus *Zwanzigtausend Meilen unter den Meeren* zurücklegt. Er ist ein früher ökologischer Pionier, ein Rebell zum Schutz der Weltmeere mit unerschöpflichen Ressourcen, der dem ganzen zivilisierten Globus die Stirn bietet und ein Leben in völliger Selbstversunkenheit führt. Auch er kommt zu den Paumotu-Inseln – wie Jack Londons qualmender Frachter: *An diesem 11. Dezember kamen wir bis in die Nähe des Archipels, dessen Inseln in langsamer Arbeit aus Korallenablagerungen entstanden sind. Und ich sagte zum Kapitän Nemo: »Eines Tages werden all diese Inselgruppen mit Neu-Kaledonien und Neuseeland zusammenwachsen, und ein neuer Kontinent erhebt sich aus dem Meer.« »Neue Kontinente braucht die Erde nicht«, antwortete er, »sie braucht nur neue Menschen.«*

Vernes mit Abstand sympathischster Reisender ist der Gentleman Phileas Fogg; mit seinem peniblen Zeitsinn und dem gerade frisch eingestellten Kammerdiener Passepartout macht er sich auf eine *Reise um die Erde in 80 Tagen*. Very british ist die Manier, in der ihm das un-

Verrückte Wissenschaftler   Phileas Fogg   93

möglich Scheinende gelingt, und für seinen verwaisten Hausstand
bringt er gleich noch die knusprige[14] Witwe Aouda aus Indien mit.
Nicht die Technik von übermorgen, sondern die von gestern bewegt
die Reisegruppe voran, Fogg verschmäht weder Elefant noch Draisine
zum Weiterkommen. Um ein Haar macht der diensteifrige Detektiv
Fix durch seine Inkompetenz alles zunichte, aber zum Schluss erfährt
man in sehr einprägsamer Weise, was es mit der Datumsgrenze auf
sich hat – nur ihr verdankt Fogg es, dass er die im Reformclub ab-
geschlossene Wette gewinnt und nicht völlig ruiniert aus dem Abenteuer hervorgeht. Aber auch das hätte der Stoiker mit manierlichem
Gleichmut ertragen.

Einen brandaktuellen Aspekt bekommt die *Reise zum Mittelpunkt
der Erde*, die der cholerische, wahnverfallene Professor Lidenbrock aus
Hamburg ohne Damenbehinderung durchführt: Durch den Krater
des Sneffelsjökull steigt er in die Eingeweide unseres Mutterplaneten
hinab und begegnet dort lebenden Dinosauriern und anderen Gefahren, bevor die Reisegesellschaft auf ihrem Asbestschiff im Lava-
strom zum Stromboli wieder ausgespien wird ... Ja, wer außer Verne
hätte gedacht, dass uns isländische Vulkangletscher einmal schicksalhaft nahekommen könnten?

Ganz und gar nicht verrückt sind die Herren vom Kanonenclub
in Baltimore, die den Bau der ultimativen Abschussrampe austüfteln,
eines Mörsers, der auf den Mond gerichtet ist. Mit präziser Berechnung saust das Projektil zum Erdtrabanten, darinnen drei
abenteuerlustige Raumfahrer. Apollo dreizehn lässt grüßen, als sie
durch unvorhersehbare Einflüsse vom Kurs abkommen. *Von der Erde
zum Mond* zeigt Verne auf der Höhe seines wissenschaftlich basier-
ten Erzählstils. Alle Details einer Weltraumfahrt hat er analysiert
und in die Handlung eingebaut. Die noch gar nicht praktisch er-
probte Schwerelosigkeit verwertet er selbstverständlich als erster li-

---

14 Höhepunkt des Buches, wie der vielseitige Kammerdiener Passepartout die Ärmste
    vom Scheiterhaufen ihres Gatten rettet. Witwenverbrennungen kommen in Indien bis
    heute vor.

terarisch – wie immer fallen ihm dazu tolle Sachen ein. Dank des Zwischenfalles landet man nicht auf dem Mond wie geplant. Sogar hier lag Verne goldrichtig, als er sich diesen Ort denkbar öde und lebensunfreundlich vorstellte. Stattdessen kehren die Astronauten in der *Reise um den Mond* auf dieselbe Weise zur Erde zurück, wie Wernher von Braun, der Vater der amerikanischen Weltraumfahrt, es für die Raumkapseln moderner Bauart berechnet hat: Man landet im Pazifik!

So wie einst Balzac alle seine Romane und Erzählungen zu einem Kosmos geordnet hatte, der *Menschlichen Komödie*, sammelt Jules Verne sein Gesamtwerk zum Zyklus. Er nannte ihn *Bekannte und Unbekannte Welten – Abenteuerliche Reisen*. Am Ende ist die Reihe fast hundert Bände lang. Als er von einem aufkommenden Rivalen in der Gunst der Leser Kenntnis bekam, der sich höchst außergewöhnliche Abenteuer jenseits der Gesetze der Physik ausgedacht hatte und damit großen Publikumserfolg einheimste, rief er entrüstet aus: »Das ist aber nicht wissenschaftlich!« Seine eigenen Erzählungen sah er als Visionen des technisch Möglichen und naturwissenschaftlich Realistischen, die Erfindungen des Konkurrenten, eines gewissen Herbert George Wells, waren in seinen Augen Hirngespinste. Damit hatte er völlig recht. Sein Ausspruch zeigt aber auch die Enge seines eigenen Vorstellungsvermögens. Wo dieses endet, muss die Utopie zu Hilfe kommen. In der Tat gehen die Phantasien des Engländers weit über das Vernes Einbildungskraft Erreichbare hinaus. Beim Franzosen gibt es satirisch gezeichnete Figuren, bei Wells ist die ganze Stoßrichtung der Fabel gesellschafts- und moralkritisch. Seine *Ersten Menschen auf dem Mond* benutzen kein genau berechnetes Quantum Schießbaumwolle, sondern schwingen sich mit Hilfe der Antischwerkraftlegierung Cavorit empor zum bleichen Himmelskörper. Und statt der zu erwartenden Öde treffen sie dort die muntere Gesellschaft lunarer Intelligenzen an.

Der früheste Kinofilm zeigt eine Reise zum Mond. Zwei Kunstformen begegnen sich und bilden ein Paar bis heute.

Bekannte und unbekannte Welten 95

Es geht Wells aber gar nicht um Science-Fiction, also Ausmalen einer technischen Vision. Es geht um den Einbruch des Fremden, Außerordentlichen in den Alltag angelsächsischer Gemütlichkeit. Seine spießbürgerlichen Astronauten sind nur Pantoffel-Helden. Und entsprechend kehrt einer von ihnen brav nach Hause zurück, während der andere wider Willen auf dem Mond bleiben muss und zum Opfer seiner verschlagenen Bewohner wird.

Wells' größter Bucherfolg, *Die Zeitmaschine*, schildert die Erlebnisse eines Erfinders, der mit Hilfe seines Fahrzeugs eine zukünftige Zivilisation besucht. Unter dem Einfluss politischer und ökologischer Katastrophen hat sich die Menschheit in zwei Richtungen entwickelt: Die agilen, in Untergrund und Dunkelheit lebenden Morlocks halten sich die in einem sonnenbestrahlten Scheinwohlleben befangenen trägen Eloi als Futter. So weit, so schlecht. Die Weiterreise in noch fernere Zukunften ergibt dann den wieder beruhigenden Befund, dass auch dies nur eine Zwischenstufe bis zum völligen Aussterben allen intelligenten Lebens auf der Erde war. Der Planet, in fahles Sonnenlicht getaucht, ist zum Untergang verurteilt. Den Zeitreisenden kann das nicht mehr schrecken; der enttäuschenden ›Gegenwart‹ zieht er eine ›Zukunft‹ mit dem Eloi-Mädchen Weena vor. Vielleicht hat die Zukunft ja doch eine Zukunft. Hintergrund von Wells' Pessimismus war die Erwartung der Menschheit, dass unserer Sonne der Brennstoff ausgehen könne, wie seriöse Berechnungen seinerzeit befürchten ließen, die von Verbrennungsvorgängen auf der Sonnenoberfläche ausgingen. Durch die Entdeckung des Mechanismus der Kernfusion wurde diese Angst zwar einige Jahre später als unbegründet erkannt, doch das Gespenst des Energiemangels wird noch in alle Zukunft durch unsere Träume geistern.

Brandgefährlich sind die Experimente, die auf der *Insel des Dr. Moreau* stattfinden. Der Doktor ist ein früher Molekulargenetiker und erzeugt bedenken- und gewissenlos Monsterwesen, halb Mensch, halb Tier. Dass ihm das über den Kopf wächst, ist erstens klar und zweitens ein Segen. Spannend ist es allemal und endet verdientermaßen tragisch; erstaunlicherweise liegt auch diese Insel mitten in der idyllischen Südsee. Der einzige Roman von Wells, der ganz auf die Effekte des Science-Fiction-Genres setzt, kurz und pur.

Der Unsichtbare gehört zu der Sorte verrückter Wissenschaftler, die sympathischerweise ihre Erfindungen zuerst am eigenen Leib ausprobieren. In dieser Konstellation gelingt es dem Autor umso überzeugender, das Umschlagen von theoretischer Neugierde in die Perversion der Allmachtsphantasie zu zeigen. Es ist eine moralische Herausforderung, die Quantität des wissenschaftlichen Fortschritts in Qualität des Denkens und Lebens umzuformen. Bemerkenswerterweise gibt es zu diesem misslungenen Experiment ein Gegenstück aus der Feder Jack Londons. Bei ihm haben gleich zwei Naturwissenschaftler im Selbstversuch das Problem der Unsichtbarkeit gelöst, allerdings beide nicht perfekt. Der eine wirft einen Schatten, der andere funkelt im Sonnenlicht. Da sie zudem noch erbitterte Rivalen sind, nutzen sie den Mangel der jeweils gegnerischen Entwicklung, um sich nicht zu übersehen oder zu verfehlen. Sie erledigen sich und ihre Erfindungen gegenseitig im tödlichen Showdown (*Der Schatten und das Funkeln*).

Der Blick auf die Verformungen der Bürgerlichkeit geht Wells über alle Phantasieentfaltung. Sein Ton ist verständnisvoll, aber die Diagnose messerscharf: Die Epoche des ausgehenden Neunzehnten Jahrhunderts ist das Endstadium einer Fehlentwicklung. Nur die wenigsten merken es schon, aber mit der behaglichen Welt der Klassentrennung, des Dünkels und der Allgewalt des Geldes geht es zu Ende.

Utopien

Abenteuerliche Reisen führten schon immer nicht von uns weg, sondern zu uns hin, hinein in unser Innerstes, zum Sitz unserer Ängste und Hoffnungen. Das gilt bereits für den Namengeber einer ganzen Richtung, die *Utopia* des Thomas Morus, verfasst in Latein, wie es sich für einen Mann von Bildung der Renaissance gehörte, der von London aus in innigem Kontakt mit der ganzen gelehrten Welt stand, insbesondere dem listigen, verdeckt agierenden Erasmus von Rotterdam[15], der wiederum von seinem Studierzimmer aus das Oberhaupt der Humanisten seiner Generation war. Beide hat der große Porträtkünstler Hans Holbein mit unbestechlich scharfem Pinselstrich auf die Leinwand gebannt – markante Intellektuellenköpfe im Kampf gegen den Unverstand ringsum.

Utopia ist eine Insel, auf der Morus – eigentlich hieß er More und latinisierte seinen Nachnamen, durch welchen Vorgang wir heute noch Mitmenschen mit so funkelnden Namen wie Sartorius oder Textor als Nachbarn haben können (die sonst Pfleger oder Weber hießen) – seinen Idealstaat ansiedelte. Die *Utopia* ist allerdings noch kein Roman, hat keine Handlung, sie ist vielmehr eine Streitschrift. Das Schema der Satire ist einfach: Alles, was der fiktive, dafür sehr gelehrte Herr Raphael Hydtlodius über die friedliche Insel Utopia vorträgt, musst Du nur in sein Gegenteil verkehren, um die aktuelle Lage im England zu Mores Zeiten vor Augen zu haben. Zweihundert Jahre später wird es Jonathan Swift noch nicht viel anders machen, wenn er seines Käpt'n *Gullivers Reisen* beschreibt. Swift war nicht der Kinderbuchautor, zu dem mancher ihn verniedlichen will, sondern Satiriker, der alle Boshaftigkeit, zu der er fähig war – und das war 'ne Menge – in die vier Teile seines Buches legte, die eben Gulliver nicht nur nach Lilliput und Brobdingnag führen, sondern auch auf die üble fliegende Insel Laputa[16] und am Ende zu den stinkenden Yahoos, die wie Menschen aussehen, und den gelehrten Houyhnhnms, sittsamen und klug denkenden Pferden. Swift benutzt die Satire als Hammer, der Mensch liegt auf seinem Amboss; mit dem professionell harten Schlag des Kessel-

---

15 *Adagia*, eine Erklärung von Sprichwörtern, und *Lob der Torheit* sind Werke von ihm, die man mit Lust und Gewinn zur Hand nehmen kann. Da die Torheit griechisch ›moria‹ heißt, hat er letzteres seinem Freund More gewidmet – so neckte man sich damals. Als Bewegung hat der Humanismus die allergrößte Bedeutung, stellt er doch die Abkehr vom mittelalterlichen Prinzip dar, Gott ins Zentrum allen Denkens zu stellen. Dorthin gehört seitdem: der Mensch. Erasmus sei Dank!

16 Die Namengebung Swifts erreicht Thomas Mann'sche Dimensionen, was die einfallslose Drastik angeht. La puta ist spanisch, in jedem Wörterbuch nachzuschlagen.

schmieds will er etwas Einsicht in die Köpfe seiner Leser klopfen – so ist die Lektüre nichts für empfindliche Schädel. Ganz im Stil des galligen Iren bereiste später Samuel Butler in leichter Verkleidung das Land *Erewhon*, besser rückwärts Nowhere wie Nirgendwo zu lesen, hinter den sieben Bergen, wo ihm dieselben Probleme begegneten, die er auch zu Hause vor der Nase gehabt hätte. Mutiger geht Butler in seinem nachgelassenen Roman *Der Weg allen Fleisches* zu Werke, der mit einiger psychologischer Raffinesse die Auseinandersetzungen zwischen den Generationen der Familie Pontifex darstellt. Der jüngste der Sippe heißt Ernest, und da er sich mit der Bevormundung durch Vater und Staatskirche abquält, hat er so wenig zu lachen, wie sein Vorname schon andeutet.

Cyrano de Bergerac, der streitlustige Gascogner, macht höchstpersönlich, angetrieben von Mark aus Rinderknochen, eine *Reise zu den Mondstaaten und Sonnenreichen*. *Nils Klims unterirdische Reise*, beschrieben vom Dänen Ludvig Holberg, geht ins Innere der Erde. Alle diese Reisen zu extravaganten Orten führen nicht einen Schritt weiter als direkt vor unsere eigene Haustür, und in den exotischen Verkleidungen erkennen wir Leser nur immer wieder uns selbst. Insofern ist die Neugier auf diese Art von Abenteuergeschichten stark eingeschränkt: Kennst Du eine, kennst Du alle. Meist ist in aller Verfremdung der Orte und Personen die parodistische und pädagogische Absicht leicht zu durchschauen. Das Lesevergnügen muss dadurch aber nicht getrübt werden. Uns Heutigen, gesättigt mit aller Art von ätzendem Humor, kann es auch Spaß machen, den Autor bei seinen Bemühungen zu beobachten, seine ehrenwerten Absichten in eine Hülle zu packen, die den argwöhnischen Blicken von Zensur, Tugendwächtern und Moralpäpsten unverdächtig erscheinen sollte. Nicht ärgerlich werden, weil der Autor mit seiner Botschaft nicht klar herausrückt. Bedenke, dass früher viel mehr auf dem Spiel stand als das Wohlwollen der Leserschaft. Bücher konnten auch Schicksal werden – für ihre Schöpfer. Deswegen häufig der leisetreterische Ton. Sehnsüchtig hat das Publikum den Erlöser erwartet, der sich traute, die Wahrheit laut auszusprechen. Thomas More wurde allerdings nicht seine *Utopia* zum Verhängnis, sondern die Heiratswut seines Monarchen Heinrich VIII. Der sorgte dafür, dass man Thomas heute als Heiligen Märtyrer der Katholischen Kirche und Schutzpatron der Regierenden und Politiker verehren kann – wenn man das denn will.

Utopie bedeutet auch, dass unsere eigene Welt aus den Fugen geraten ist. In der frühen Sowjetunion wurde das als der Beginn von etwas Neuem gefeiert, aber Jewgenij Samjatin entlarvt in seinem Zukunftsroman *Wir* das, was kommt, als das schlechtere Jetzt. Menschen sind Nummern, Raumfahrt ist Ablenkung vom irdischen Elend, Zukunft Illusion. Die pessimistische Utopie ist das Thema des Jahrhunderts. Die Strugatzki-Brüder werden sie fünfzig Jahre später in *Picknick am Wegesrand*[17] noch weiter verfremden und verschärfen: Die Welt ist ein Müllplatz Außerirdischer, wir sind inkompetente Müllmänner.

Die Romane des Polen Stanisław Lem sind für ungezählte Fans – die das Genre schon lange mit SF wie Science-Fiction abkürzen – Höhepunkte der Auseinandersetzung mit der Zukunft. Seine Szenarien sind gekennzeichnet von perfekter theoretischer Durchdringung des vielleicht Möglichen. *Solaris* ist eine seiner tiefsten Schöpfungen: ein Planet, dessen oberflächenbedeckender Ozean geistige Fähigkeiten besitzt und die um ihn kreisenden Sternenforscher unterbewusst manipuliert. Das eigentlich nicht Darstellbare wurde von Andrej Tarkowskij in seinem Film bewundernswert in Bilder der Einsamkeit, der Verletzlichkeit, der Ratlosigkeit übertragen. Um es nur gleich zu sagen, e i n e n überlegenen Rivalen musste Lem, der ansonsten gerne die Kollegen wie etwa die Strugatzkis schulmeisterte, anerkennen, auch was die Kinotauglichkeit seiner Stoffe angeht: den Amerikaner Philip K. Dick. Seine unzähligen Romane und Erzählungen zeigen ein Superhirn bei der Arbeit, von den Verfilmungen sei nur an den »Blade Runner« von Ridley Scott nach dem Roman *Träumen Androiden von elektrischen Schafen?* erinnert. Nicht die Erschaffung zukünftiger Welten ist

17 Auch ein grandioser Tarkowskij-Film: »Stalker«!

sein Thema, sondern die Wirkung des Zukünftigen, seien es Fortschritt oder atomare Vernichtung, auf unsere Seele. Dicks beste Romane gehen bisweilen von einer Alltagsrealität aus, wie in *We can build you (Die Lincoln-Maschine)*, um im Wahn einer verwandelten Welt zu enden, brillant und beängstigend mit unseren Phantasien und Ängsten spielend.

In der Kontinuität der bürgerlichen Welt kommt der Schock von außerhalb. Seit Fernrohre auf der Oberfläche des Mars, unseres nächsten Nachbarplaneten, Strukturen erkennbar gemacht hatten, die alsbald geschäftige Phantasie zu Kanälen deutete, war die menschliche Vorstellungskraft auf die Existenz Außerirdischer vorbereitet. Wie wird der erste Kontakt mit solch hochentwickelten Wesen aussehen? Diese Urfrage hat vielfältige Kreativität in Gang gesetzt, und das nicht erst seit Voltaires *Mikromegas*, ein vornehmer Herr von einem Planeten des Sirius, erst Besuch auf dem Saturn und dann bei uns gemacht hat. Die Begegnung mit fremder Intelligenz kann der Anfang von etwas ganz Großem oder vom Ende sein, wenn überlegene Kräfte uns wahlweise vaporisieren oder zu Frischfutter verarbeiten. Was bleibt? Nacktes Überleben, nackte Gewalt, nichts würde den Kulturbürger mehr bemänteln. Dieses Bild zeigt H. G. Wells im kurzen, virtuosen *Krieg der Welten*, der durch seine Bearbeitungen, vor allem das legendäre Hörspiel von Orson Welles, das bei der Live-Ausstrahlung die ganze Ostküste der USA in Panik versetzte, sowie mehrere Kinofassungen bis hin zur Parodie »Mars attacks!« ständig im öffentlichen Bewusstsein blieb. Unter dem Stichwort Biologismus schlägt der Eroberungsdrang der Invasoren auf sie selbst zurück. Ihre Überlegenheit ist nicht die der Körper, sondern des konsequent grausamen Denkens. Irdische Bakterien, unbelastet von philosophischem Gepäck, machen ihren infektionsanfälligen Gewebshüllen und damit auch ihren hochfliegenden Herrschaftsansprüchen den Garaus.

Im selben Jahr wie Wells hat ein deutscher Philosophieprofessor

> Der Mars ist ein rötlich gefärbter Fleck am Nachthimmel mit der Kraft, unsere Phantasie zu entflammen.

(ganz unabhängig von ihm) dieselbe Frage gestellt und damit einen Beitrag zur klassischen Science-Fiction geleistet. *Auf zwei Planeten* stellte sich Kurd Laßwitz die Auseinandersetzung mit den Außerirdischen vor. Diese endet nach etwa neunhundert nicht immer leichtverdaulichen Seiten, getreu seinen philosophischen Vorgaben (er schrieb ansonsten fleißige *Kantstudien*), mit Frieden und Freiheit für alle.

Zwei deutsche Utopisten, wie sie unterschiedlicher kaum sein konnten, und ihre fast gleichzeitig veröffentlichten Werke: Der Arzt Alfred Döblin und der Ingenieur Hans Dominik. *Berge Meere und Giganten* ist Döblins Traum einer Weltumwälzung, die mit einer afrikanischen Völkerwanderung nach Europa beginnt und am Schluss den Menschen überwältigt, wenn Gigantenwesen die neuen Herren des Erdballs sind, als Folge fehlgeleiteten Bio-Engineerings. Das Versiegen des Golfstroms, die Nachfolgeangst des Europäers zum Erkalten der Sonne, darf auch nicht fehlen. Genausowenig wie in *Atlantis*, dem dynamisch-spekulativen Reißer von Dominik. Hier ist ein verwegener Neubau des Panama-Kanals schuld, der das Unterste zuoberst kehrt und Atlantis wiedererscheinen lässt. Döblin, der Expressionist und Märchenerzähler, überschüttet den Leser mit einem kühnen Wortschwall ohne ›und‹ oder Komma, Dominik schreibt im Ton der Neuen Sachlichkeit, verbreitet dabei aber auch massiv kleinbürgerlichen Mief, der uns die Zukunft gar nicht so rosig erscheinen lässt.

In England machen Aldous Huxley und George Orwell dort weiter, wo Wells' *Zeitmaschine* aufhört. *Schöne neue Welt* schildert eine Überwachungsgesellschaft mit künstlicher Fortpflanzung und Verlust der sozialen Identität. Für Huxley, der als Forscher und Essayist brillierte, war der kleine Roman sichtlich nur eine Fingerübung; seinen Schreckensbildern eignet daher eine gewisse unverbindliche Leichtigkeit. Im Jahr *1984* regiert mit dem ›Großen Bruder‹ ein allerweltsgesichtiger Diktator über ein Drittel der Erde, in dessen Namen ständig Krieg an fernen Grenzen gegen die restlichen zwei Drittel geführt und damit der permanente heimische Ausnahmezustand begründet wird. Widerspruch ist Schwäche, Individualität Verrat, Einsicht führt zum Tod. Orwell, wie viele Intellektuelle von Sowjetrussland enttäuscht, wendet sich gegen jede Art von Totalitarismus und prangert vor allem dessen scheinbar menschenfreundliche Attitüde an. Das Gegenstück dazu ist die Utopie *Farm der Tiere*. Wenn die Tiere an die Macht kommen, führen kluge Schweine die Geschäfte und das unverwüstliche Arbeitspferd Boxer sorgt für die notwendige Produktivkraft; ist diese doch einmal verbraucht, bringt er beim Abdecker immerhin noch ein paar Flaschen Schnaps ein. Als der Esel Muriel die Zusammenhänge erkennt, kommt auch für die Schweine der Tag der Abrechnung.

Ray Bradbury bearbeitet das Thema Kultur der Zukunft mit der düsteren Pointe: Zukunft ohne Kultur. Das Buch ist als Störenfried des harmonischen Zusammenlebens erkannt worden und wird von der Feuerwehr systematisch bekämpft. *Fahrenheit 451* ist die Temperatur, die aus Papier Asche macht. Doch der menschliche Geist ist in der Lage zu triumphieren. Was braucht es Bücher, wenn der Mensch und der Text eine Einheit geworden, zu Buchmenschen verschmolzen sind. Wunderbar zeigt dies die Verfilmung von François Truffaut mit Oskar Werner als Feuerwehrmann Montag, der das Lesen anfängt wie ein anderer das Trinken. Gleichzeitig ist die Fabel eine derbe Satire auf das Fernsehen, den geborenen Feind des Kinos – und des Bücherlesens.

Der Historische (Abenteuer-)Roman

Abbotsford House am Ufer des Tweed macht mit seinen Zinnen, Türmchen, Erkern und Söllern einen putzigen Eindruck. Was auf den ersten Blick wie echtes Mittelalter oder das Titelbild von »Scheußlich wohnen« aussieht, erweist sich bei genauerem Hinsehen als Puzzle aus Einzelteilen der Architekturgeschichte. Der Auftraggeber zu diesem Bau wollte nichts ausgelassen wissen, was je ein Eigenheim unpraktisch und ungemütlich gemacht haben könnte. Er hieß Walter Scott. Durch die Kinderlähmung ans Haus gefesselt, verbrachte er hier einen großen Teil seines Lebens. Vorher schon hatte er begonnen, Goethe zu lesen und zu übersetzen – später kam aus Weimar das Lob zurück. Anschließend, er war knapp bei Kasse, erfand er mit *Waverley oder Vor sechzig Jahren* den historischen Abenteuerroman.[18] Er produzierte, lange Zeit unter dem nom de plume »Der Verfasser von Waverley«, massenweise Lesefutter für ein darbendes Publikum, das nach seinem neuesten Werk griff wie der Marathonläufer zur Wasserflasche. Bevorzugter Hintergrund für die Romanhandlung war die schottische Historie – es konnten aber auch die Schweizer Alpen sein wie in *Anna von Geierstein*. Scott wurde, erst recht als er sein Inkognito lüftete, ein weltweit gefeiertes Idol und gutverdienender Star der Literaturszene. Auf seine Werke bezieht sich praktisch alles, was danach an Erzählungen in geschichtlichem Rahmen veröffentlicht wurde. Als bahnbrechend galten seine Genauigkeit der Recherche, also die präzise Einfügung einer erfundenen Handlung in ein Umfeld der realen Vergangenheit, der Unterhaltungswert des Abenteuers und die moralische Grundhaltung. Seine Figuren *Ivanhoe*, *Quentin Durward* oder Lucie Ashton, *Die Braut von Lammermoor*, kennt die Welt, jedoch eher aus dem Kino oder von der Opernbühne in der Vertonung Gaëtano Donizettis; Scotts Bücher werden kaum mehr gelesen. Der Grund liegt auf der Hand oder vielmehr: Er lässt sich an der Gestaltung seines Wohnsitzes, den er sich von den Tantiemen seiner Werke leisten konnte, ablesen. Was für Scott historisches Erzählen war, erscheint uns als mutwilliges Romantisieren, als Bemühung, alte Zeiten wiedererstehen zu lassen im Licht eines nachrevolutionären Humanismus. Will heißen: Breiten Raum nehmen so-

> Von seinem Schreibtisch aus lässt der Künstler ferne Zeiten und Länder erstehen, die seinem Publikum ganz real erscheinen.
>
> Er ist ein Magier.

---

18 Was für ein Rezept: Wenn das Portemonnaie leer ist, eine Idee aus dem Ärmel ziehen. Großmeister dieser Kunst war der bedeutende Physiker und Theoretiker Henry A. Rowland, ein Verächter materiellen Wohlstands. Als aber die Ärzte bei ihm Diabetes – damals noch nicht behandelbar – diagnostizierten, erfand er flugs etwas Sinnvolles (den Typentelegraphen) und schaffte es so noch, seine frisch angetraute Gattin als steinreiche Witwe zurückzulassen! Das sind wahre Helden des Geistes, die im entscheidenden Moment sich auch auf die widrigsten Bedingungen einzustellen in der Lage sind.

ziale Zustandsschilderungen ein, Scott prangert Leibeigenschaft und
Judenhass an und hebt mächtig den pädagogischen Zeigefinger. Das
geht häufig auf Kosten des Erzählflusses, der Handlungsentwicklung
und Spannung, schlicht der Lesbarkeit. Auch vor absichtlichen Ana-
chronismen, wenn beispielsweise in seiner Version des Mittelalters
manierlich mit Messer und Gabel statt einfach mit der Hand gegessen
wird, schreckt der Autor in seinem Eifer nicht zurück, vergangene Zeiten n e u erstehen zu lassen. Das erinnert an Kirchenräume, die im
Neunzehnten Jahrhundert im Stil der Gotik ausgemalt wurden. Je
näher man hinguckt, desto enttäuschender ist der erzielte Effekt. Danach steht unser Geschmack heute nun einmal nicht. Es sieht n e u
aus, ist gleichzeitig durch und durch altbacken. Wer den Film »Ivanhoe« mit Robert und Elizabeth Taylor gesehen hat, bekommt von
Scott bereits ein ausreichendes Bild. Mehr haben seine Romane nicht
zu bieten als den Schauwert eines prächtigen Kinofilms. Bemerkenswert an *Ivanhoe* allerdings bleibt zweierlei: Die Handlung stellt die
Figur des Leibeigenen Wamba, der als Zeichen seiner Entrechtung
einen Ring um den Hals trägt, gemeinsam mit dem Ritter ins Zentrum des Kampfes der Angelsachsen um Gleichberechtigung mit dem
normannischen Adel. Und Scott gibt in den Figuren Isaaks von York
und seiner Tochter Rebecca – der er die Züge einer zeitgenössischen
amerikanischen Philanthropin verlieh – Beispiele für positive jüdische Helden, als sonst niemand das tat und bevor Dickens das Gegenteil tun konnte. Aufmerksamkeit verdient er auch als schottischer
Lokalpatriot. Er beschwört eine Zeit herauf, als Schottland frei und urwüchsig war und im Kampf mit dem südlichen Nachbarn lag. Die end-
gültige Niederlage gegen die Engländer in diesem Ringen bestimmt
den Trauerton vieler seiner Romane, etwa in *Rob Roy* oder *Heart of Midlothian*. Von all dem gibt es keine neueren deutschen Übersetzungen.
Es sollte sich mal jemand daranmachen und die Spinnweben von
Scotts Prosa wegpusten, vielleicht glänzt sie dann wieder in matt-
goldenem Schimmer.

Robert Louis Stevenson, der *Schatzinsel*-Stevenson, war ein Landsmann Scotts. Dessen Schema fügte er den tagespolitischen Bezug

hinzu und subtrahierte den moralischen Zeigefinger. Heraus kamen vier prachtvolle, kurze Romane mit dem Hintergrund schottischer Historie. *Die Entführung* und *Catriona* schildern zusammenhängend die Abenteuer des David Balfour. Der Versuch, sein Erbe anzutreten, bringt ihn in lebensbedrohliche Umstände. Er wird auf einen Segler verschleppt, rettet sich nach abenteuerlicher Irrfahrt an einsame schottische Gestade, trifft in Alan Breck eine der großen Rebellengestalten Schottlands im Kampf gegen die englischen Invasoren und wird Augenzeuge eines politischen Mordes, der tatsächlich stattgefunden hat. Stevenson stellt uns schottische Separatisten und Kollaborateure vor und vergisst nicht die Liebe, die David mit der geheimnisvollen und undurchschaubaren Catriona zusammenführt. *Der Junker von Ballantrae* (auch: *Die feindlichen Brüder*) ist Stevensons finsterste Gestalt. Der einsiedlerische, verschlagene Junker verweigert dem eigenen Bruder Erbteil und Heirat und treibt ihn in die Wildnis. Erst der Tod bringt die beiden wieder zusammen. *Weir von Hermiston* war sein letztes Werk. Die Art, wie hier der Knoten geschürzt wird, der gesellige Jugendfreund Frank Innes dem arglosen Archie die geliebte Katie wegnimmt, ließe noch einiges erwarten. Nun, der Tod nahm Stevenson die Feder aus der Hand. In Erinnerung bleibt er uns als Meister der kosmopolitischen Folklore, für seine Erfindungskraft und den knappen, reportagehaften Stil. Im Blick zurück zeigen seine Werke bereits alle Züge einer neuen Kunst, die uns als Inbegriff modernen Schreibens erscheinen wird.

Scotts amerikanischer Kollege James Fenimore Cooper steht mit seinen Werken für den Anfang des historischen Bewusstseins in der Neuen Welt. Durch seine Figuren Lederstrumpf, Chingachgook und Uncas wurde er weltberühmt, nicht aber mit dem Großteil seiner Bücher, die es allesamt neu zu entdecken gälte. Wieder ist es Mark Twain, der in seiner Satire *Fenimore Coopers Verstöße gegen die Literatur* anprangert, was faul ist: *In Sachen Intelligenz gibt es zwischen dem Cooper-Indianer und dem hölzernen, der für gewöhnlich vor Tabakläden anzutreffen ist, wenig Unterschied.* Aber so papieren auch die Abenteuer seiner Helden sind, den Büchern Coopers eignet doch ein hohes Maß an Authentizität. Er lebte in Cooperstown im Staat New York, in der Stadt, die sein eigener Vater gegründet hatte, als sich die britische Kolonie noch ganz auf die Ostküste Amerikas beschränkte. Im ersten Teil des *Lederstrumpf*-Quintetts, *Der Wildtöter*, zeigt Cooper diese Weltgegend, bevor Zersiedelung und intensive Landwirtschaft begannen. Harmlose Indianer und weiße Jäger und Fallensteller durchstreifen die unberührte, paradiesgartengleiche Landschaft. Netty Bumppo, der Wildtöter, gehört zu diesen Vorposten der bereits aus dem engen Bereich der Küstenstädte und Handelsstützpunkte vorbrechenden Zivilisation. Er ist jung, hässlich, scheu und noch im paradiesischen Zustand, keinen Menschen getötet zu haben. Das ändert sich alsbald, als seine friedlichen Indianerfreunde, die Delawaren, mit kriegslüsternen, aus den kanadischen Wäldern zugewanderten Indianern, den Huronen, zusammentreffen. Im zweiten Teil der Erzählungen, *Der letzte Mohikaner*, verschärft sich dieser Konflikt, als die Indianer in den Krieg zwischen Engländern und Franzosen als Hilfstruppen auf beiden Seiten hineingezogen werden. Vom Stamm der Mohikaner bleibt nur Bumppos treuer Freund, der Häuptling Chingachgook (*gesprochen: Chicago, wenn ich mich nicht irre*, vermutet gehässig Mark Twain) übrig, nachdem sein einziger Sohn Uncas im Bruderkrieg der Indianer getötet worden ist. Bumppo erweist sich in den weiteren Abenteuern als tapferer Kriegsheld in den Auseinandersetzungen mit den Indianern rund um die großen amerikanischen Seen, er ist *Der Pfadfinder* der britischen Truppen. Doch ein bürgerliches Glück, dargeboten in Gestalt der holden Mabel, ist für ihn weder erreichbar noch wirklich erstrebenswert. Er entzieht sich allen denkbaren erotischen Verwirrungen durch die Flucht in Neuland. Bumppo und Chicago, Verzeihung: Chingachgook, richten sich in Templeton, Coopers Fiktionalisierung für das väterliche Cooperstown, häuslich ein. Im vierten Teil *Die Ansiedler* werden sie als schon ältere Herrschaften gezeigt, wie sie mit dem sesshaften Leben nicht zurechtkommen, mit der Justiz der Siedler Bekanntschaft machen und bürgerlich versagen. Chingachgook stirbt. Im abschließenden Band *Die Prärie* betrauert Cooper das stete Vordringen der Zivilisation Richtung Westen mit dem Verschwinden von Büffelherden und Indianerkultur. Der alte Bumppo und sein junger Schützling, Indianerhäuptling Hartherz, singen den Abgesang auf den wilden Westen. Als Mahnmal des Verlusts dieses Paradieses bleibt Wildtöters Grab zurück.

Coopers Romane kann man als Geschichtsdokumente besser lesen denn als künstlerische Schöpfungen. Arno Schmidt hat ihn, auch ein Akt der Gehässigkeit, über Adalbert Stifter gestellt, aber der Vergleich ist doch sehr richtig, wenn man vor allem die zentrale Bedeutung der Natur als Gestaltungs-, gar Handlungselement sieht. In seiner Penetranz zeigt sich Cooper aber als der weniger stilsichere Künstler. Dafür ist seine Romanwelt voller interessantester Mitteilungen und Beobachtungen. Sein Held Netty Bumppo oder Wildtöter oder Falkenauge oder Lederstrumpf (oder ›La longue carabine‹, wie ihn sein französischsprechender indianischer Widersacher ›Le subtile‹ Magua nennt) war in Wirklichkeit jener Daniel Boone, mit dessen Namen die Erschließung des mittleren Westens so eng verbunden ist, und alle Unwahrscheinlichkeiten an Handlung und Charakteren werden reich vergolten durch den authentischen Trauerton, der uns sagt, dass schon zu Coopers Lebzeiten die Ära der Abenteu(r)er vorbei war. Durch altbackene Übersetzungen wird das Lesevergnügen leider unnötig getrübt. Gerade die Lederstrumpf-Bände hätten mehr Mühe und Geschick verdient und nötig, wie sie derselbe Arno Schmidt (der in diesem Buch immer mal wieder auftauchen wird und der sich um etliche sprachliche Entgleisungen, aber auch um Poes Werke gemeinsam mit Hans Wollschläger verdient gemacht hat) den *Bildern aus der amerikanischen Vergangenheit* hat angedeihen lassen. In ihnen wird die Geschichte von Cooperstown erzählt – inklusive der politischen Rankünen jener Gründerzeit, als derjenige das Gesetz machte, der die Waffe in der Hand hielt und die Gewalt zu seiner Durchsetzung besaß. Eine andere schmidtsche Übersetzung betrifft den Roman *Conanchet oder Die Beweinte von Wish-Ton-Wish*, ein Werk über die früheste amerikanische Geschichte und einen der ersten Indianerkriege.

Dass es auch ein französisch (sowie ein spanisch) dominiertes Amerika gegeben hat, erfahren wir aus den Werken von Ferry de Bellemare, der sich als Schriftsteller Gabriel Ferry nannte. *Der Waldläufer* ist sein populärster Roman – von Gustave Doré verschwenderisch phantasievoll illustriert. Warum uns Name und Werk, trotz ihrer authentischen Verwurzelung in Amerikas früher Besiedlungsgeschichte, nichts mehr sagen, liegt auf der Hand: Anders als bei Cooper ist der Wilde bei Ferry wild (bösartig sogar), der Gute ein aus altem Adel stammender Kolonisator oder vierschrötiger Kanadier und die Natur das Hindernis, das es zu überwinden gilt.

Wie rasch in Amerika Geschichte voranschritt, lässt sich daran ermessen, dass die Gegend, in der sich Ferrys Waldläufer herumtreibt, wenige Jahre zuvor erstmalig von Weißen erforscht worden war. Das *Tagebuch* der Soldaten Meriwether Lewis und William Clark[19] schildert, wie diese beiden Nationalhelden, geführt von der Indianersquaw Sacagawea, mit einer kleinen Expedition vom Mississippi aufbrechen und zum Pazifik vorstoßen, damit den Weg eröffnend, dem sofort Prozessionen von Planwagen folgen werden. Unromantisch beschreiben sie sowohl die Pracht der Landschaft und Vegetation wie auch die Begegnung mit den Ureinwohnern; wie Cooper im Osten, so sehen Lewis & Clark im Westen die letzten Augenblicke einer Welt im Naturzustand. Zusammen mit dem *Logbuch* von Christoph Columbus, dem von Kapitän James Cook und den wissenschaftlichen Reisen Alexander von Humboldts nach Cuba, Mexiko und Südamerika und Charles Darwins zu den Galapagos-Inseln bildet dieses Tagebuch die Handvoll Dokumente, die die Neugierde des Menschen auf seinen Lebensraum inklusive der Erforschung seiner intimsten Fältelungen und verborgensten Geheimnisse gültig beschreiben.

---

19 Lewis & Clark, war da nicht noch was? Richtig! Al Lewis und Willy Clark, auch bekannt als *The Sunshine Boys*. In der Komödie von Neil Simon sind sie nicht nur die Nachfahren des Entdeckerpaares, sondern auch die Enkel von Tom Sawyer und Huckleberry Finn. Wie diese zerstrittenen Lebensgefährten auch im Unruhestand nicht ohneeinander sein können, mimen auf der Leinwand unvergleichlich Walter Matthau und George Burns. Mit diesen Zweien ging allerdings auch eine Ära der Komik zu Ende, der wir nur hinterhertrauern können. Burns, der im Arztsketch den Patienten gibt, starb vor nicht so langer Zeit in seinem hundertsten Lebensjahr.

Von hier ist es nur noch ein Schritt bis zu den Geschichten vom kalifornischen Goldrausch, die Bret Harte erzählt. Eine Horde wilder Burschen, staaten- und gesetzlos, macht sich dort breit in der Hoffnung, mit reichen Schätzen in die zivilisierte Welt zurückzukehren. Es bleibt, wie in allen aufrichtigen Schatzsuchergeschichten, beim Traum. *Das Glück von Roaring Camp* lässt die fortschreitende Verwahrlosung der Männer einen Moment lang innehalten, als ein Baby im Goldgräberlager geboren wird. Auch der unverwüstliche Mark Twain ging auf den Spuren der Schatzsucher. *Durch Dick und Dünn* ist sein journalistischer Bericht über die Kinderjahre Kaliforniens und seine politische Organisation, als der Westen soeben der amerikanischen Union beigetreten war. Dem satirisch-kritischen Beobachter kommt dieser Moment gerade recht, um seinen Landsleuten im Osten vorzuführen, aus welch zweifelhaften Zutaten ihr Staatswesen zusammengebraut ist. Satirischer Höhepunkt von Twains Bericht ist die Gründung der Mormonensekte und ihr Zug nach Utah an den Großen Salzsee – eine einzige Verkettung von Lug, Trug und Verbrechen.

> Ärmel hochgekrempelt und loserzählt: Der historische Abenteuerroman ist eine Spielwiese für literarische Abenteurer.

Alexandre Dumas (der Ältere) verkörpert für Frankreich wie Cooper für Amerika oder Puschkin für Russland das authentische Element in der Literatur. Wie bei Puschkin, dessen Urgroßvater als Sklave aus Äthiopien nach Russland und an den Zarenhof gekommen war und dem Urenkel den Sinn für das Außerordentliche mitgab, ist Dumas vom Kreolenblut seines Vaters, eines napoleonischen Generals, geprägt. Auf einer alten Photographie kannst Du ihn sitzen sehen, mit Ringellöckchen auf dem Kopf und Ring im Ohr, dickem Schnauzbart, der Statur eines Preisboxers und dem selbstzufriedenen Lächeln eines Mannes, der es zu etwas gebracht hat. Der Zauber alter Zeiten, klirrende Degen und machtbesessene Kirchenfürsten, Amouren und Staatsgeschäfte sind die Zutaten seiner Kunst; mit einfachen Mitteln versteht er es mühelos, den Leser über tausend Seiten hinweg zu unterhalten. Speziell der Blick in das politische Räderwerk gibt seinen Romanen einen neuartigen Reiz, auf der Strecke bleibt leider eine feinere Zeichnung von Charakteren und Schicksalen. Sein Sohn Alexandre wird dann in seine *Kameliendame* – die halbauthentische Geschichte der schwindsüchtigen Lebedame Marguerite Gautier wurde von Verdi zur »Traviata«[20] veredelt – jene Spur Dekadenz, Verruchtheit und Rebellion gegen bürgerliche Werte legen, die beim Vater, durchdrungen von Patriotismus und Bürgerstolz, noch fehlen. Stark entwickelt bei beiden der Geschäftssinn; jeder Roman wurde alsbald in eine bühnentaugliche Version umgearbeitet, denn es galt seinerzeit die in Erz gegrabene Regel: Ein Schriftstellervermögen wird auf dem Theater gemacht!

Für die Prostitution hat man immer schon viel schönere Namen gefunden. Neben der Dirne (Porná) gab es im geistsprühenden Athen des Perikles die Gefährtin (Hetäre), und seine kluge Beraterin Aspasia soll zu ihnen gehört haben. Die Franzosen gar eröffneten dem Gewerbe glanzvolle Möglichkeiten, spätestens im Rokoko. Kurtisanen und Mätressen wie die Pompadour und du Barry herrschten im Staat, nebenbei hielt sich der Regent noch einen ›Hirschpark‹ von Konkubinen, die ihm für horrende Summen zugeführt wurden. Es handelt sich um ein ›pikantes‹, also ganz französisches, auch ganz männliches Thema. Die Herren sprechen aus Erfahrung. Am Anfang eines Jahrhunderts der Kokottenromane, in dem es für Aufrichtigkeit bei der Benennung der Mechanismen noch keinen Platz gab, steht *Manon Lescaut* aus der Feder des ›Abbé‹ Prévost. Fast wider Willen tut er einen Blick auf die ausbeuterischen Verhältnisse, unvermerkt wächst sich aber zum Abenteuerroman mit klirrenden Degen, falschen Karten und einem Ende in der Wüste aus, was als sentimentale Liebesgeschichte Manons mit dem Chevalier des Grieux begonnen hat, einem jungen Mann, der von Anfang an mit seiner Rolle überfordert ist. Aber wie schön das klingt, wenn Auber, Massenet oder Puccini die Geschichte

---

20 ›Die vom Weg Abgekommene‹ Violetta Valéry; ihr Vorbild in der Wirklichkeit hieß Marie Duplessis.

des betrügerischen Pärchens bis zum tragischen Ende nach der Deportation in die amerikanischen Kolonien mit Melismen umranken. Das Thema ist wie gemacht für die Oper und ein genussvoll im Halbdunkel der Loge mitleidendes Publikum, Abscheu, Gänsehaut und ein gewisses Prickeln inbegriffen! Balzac kannte sich mit der Materie aus und hat uns neben der heroischen Gestalt der rothaarigen Esther Gobseck auch mit der Vorstellung vertraut gemacht, dass im Corps de Ballet die Keimzelle der käuflichen Unzucht stecke. Aber was sind sie auch alle niedlich, diese Ballettratten! Vor der *Kameliendame* des Sohnes hatte Vater Dumas die bigamistische Lady de Winter als Gegenspielerin der *Drei Musketiere* kreiert; die Undercover-Agentin des Kardinals Richelieu und zeitweilige Gattin des Musketiers Athos trägt an der Schulter das Brandzeichen des Gewerbes, eine Lilie.[21] So geht die Karriere der literarischen Freudenmädchen immer weiter. Erst in den Romanen des Charles-Louis Philippe ist die Hure eine ebensolche und teilt mit ihrem Zuhälter *Bubu vom Montparnasse* die Tageseinnahmen und die tödliche Seuche. Als dann eine Frau, la Colette, das Thema für sich entdeckt mit dem opportunistischen *Chéri* samt Fortsetzung, ist es plötzlich um den Glanz des Kokottenromans geschehen. Wir sind in der Realität angekommen.

Die drei Musketiere sind jedermanns Lieblinge, sehr menschliche Helden, die im Netz der vom Kardinal gesponnenen Intrigen ein ums andere Mal hängen bleiben, am Ende aber doch triumphieren. D'Artagnans Klepper und sein rostiger Degen, bekanntlich ihm von seinem Vater als einziges Gut mitgegeben auf den Weg von der Gascogne ins

---

21 Das wird der Liebhaber sakraler Kunst kaum glauben wollen, ist die Lilie doch Zeichen der Reinheit und darf auf keiner ›Verkündigung‹ fehlen, wenn der Erzengel Gabriel – derselbe, der Mohammed den Koran diktierte – Maria ihre alsbaldige Empfängnis des Erlösers mitteilt. Wie so oft heben sich auch hier die absoluten Gegensätze auf. Im Italien der Renaissance war dieses Fruchtbarkeitsthema besonders beliebt, vielleicht am schönsten dargestellt von Leonardo da Vinci, heute in den Uffizien in Florenz zu besichtigen – wenn man eine Eintrittskarte vorbestellt hat! – mit einem dynamisch heranrauschenden Engel. Die weiße Lilie gehört natürlich auch ins Wappen der Bourbonenkönige.

glanzvolle Paris Ludwigs des Dreizehnten, erinnern an Rosinante und das Rasierbecken auf dem Kopf des edlen Ritters Don Quixote. Aber gewitzter als sein literarischer Vorfahre und durch weniger Belesenheit belastet, nutzt der Gascogner seine Talente zum raschen Aufstieg. Selbst dass ihn gleich drei Offiziere des Königs an seinem ersten Tag in Paris zum Duell fordern, kann ihm die Lebensfreude nicht trüben. Und statt durchlöchert auf der Fechtwiese zurückzubleiben, macht er sich die drei Musketiere Athos, Porthos und Aramis auf Anhieb zu unverbrüchlichen Kameraden, indem er ihnen gegen die Schergen Richelieus beisteht, die bereits im Hintergrund gelauert haben. Denn, man glaubt es kaum: Zweikämpfe sind im Frankreich jener Zeit verboten! Mit dieser unvergesslichen Eingangsszene beginnen die verzwickten Abenteuer der Freunde im Dienste von König und vor allem Königin. Zwei Fortsetzungen, *Zwanzig Jahre später* und *Der Marquis von Bragelonne,* wandeln das Erfolgsrezept nur unwesentlich ab, auch wenn unsere Helden merklich altern. Dagegen erscheint Edmond Dantès, *Der Graf von Monte-Cristo,* in seinem verfolgungssüchtigen Hass als weniger sympathische Heldennatur. Seine Flucht aus dem Château d'If nach achtzehn Kerkerjahren galt bereits Tom Sawyer als Inbegriff des Abenteuers und wird von ihm deswegen bei der Befreiung des Sklaven Jim akribisch naturalistisch nachgespielt. Meisterlich die Inszenierung der Rache des Grafen an den durch und durch korrupten Provinzchargen, die mittlerweile Schlüsselstellungen in Paris besetzt haben. Da traut sich Dumas einiges, indem er den Übergang von Napoleonverehrung zu Königstreue zum Thema erhebt. Mit den *Memoiren eines Arztes* macht sich Dumas an eine weitere geschichtliche Analyse; die äußerst weitschweifigen Erinnerungen drehen sich um die ›Halsbandaffäre‹ mit Marie Antoinette und Joseph Balsamo, der sich Cagliostro nannte, im Zentrum, also jenen Skandal, der unmittelbar zur Vorgeschichte der Großen Revolution gehört. Das alles wird hier im üppigen Panorama geboten: Dumas erzeugt pfiffige Unterhaltung auf hohem Niveau.

Dumas' großer Rivale auf dem Gebiet der Historie hieß Victor Hugo. Sein eigentliches Betätigungsfeld lag jedoch auf der Bühne.

Pompöse Stücke mit romantischen Zutaten kamen aus seiner Feder wie *Hernani* oder *Lucretia Borgia*. Früher trotz haarsträubender Handlung viel gespielt, haben sie nur als Opern von Verdi und Donizetti bei uns überlebt. Das Theater wurde zum Austragungsort von Konflikten aller Art, die auf der Bühne dargebotenen vermischten sich mit den politischen und sozialen im Parkett. So entstand das Gewerbe der Claque, die gegen Bezahlung für Erfolg oder Untergang einer Premiere einstand. Und Hugo verstand es, alle diese Kämpfe mit seinen Produktionen nach Kräften anzuheizen. Das Gemeinsame mit Dumas: Auch sein Vater war napoleonischer General gewesen. Den Unterschied zum Schöpfer der Musketiere zeigt bereits das Porträtbild: Das Haupt mit der ergrauten Löwenmähne in die Hand gestützt, schaut uns Hugo grüblerisch und weltschmerzlich an. Fast zwanzig Jahre verbrachte er im freiwilligen Exil auf der Insel Guernsey im Ärmelkanal für seine radikal-demokratische Gesinnung, als sich Louis Napoléon zum zweiten Kaiser der Franzosen aufwarf. *Die Arbeiter des Meeres* sind Ergebnis dieses Lebens auf der Klippe, die Beschreibung des existentiellen Kampfes der Fischer mit dem Urelement. Statt des Wals ist diesmal der Krake dämonischer Gegenspieler des Menschen. Hugos folgenreichstes Werk, *Notre-Dame de Paris* oder auf Deutsch: *Der Glöckner von Notre-Dame,* spiegelt seine Weltanschauung und zeigt ihn auf einem ganz anderen Weg als Dumas. Das Historische ist nicht Kulisse für Abenteuer, das Historische ist der eigentliche Gegenstand des Romans. Exakt und liebevoll wird die mittelalterliche Stadtsilhouette von Paris gezeichnet und das Treiben der Mächtigen kontrastiert mit dem Leiden der Unterdrückten und aus der Gesellschaft Ausgeschlossenen: Bettler, Zigeuner, Krüppel, Benachteiligte aller Art. Daraus ergibt sich aber auch die Schwäche der Konstruktion, die im Groben, Holzschnitthaften der Beschreibungen, dem Verwelkten der Charaktere und der Schwäch-

Geschickt versucht der Autor die viele Arbeit vor dem Leser zu verstecken, die er in die Vorbereitung investiert hat. Denn das Ergebnis soll kein Bergwerk sein, sondern ein geschliffener Edelstein.

lichkeit der Abenteuerhandlung liegt. Erkennbar geht ein Märchenton durch die Erzählung, verbunden mit pädagogischer Überdeutlichkeit, und das strapaziert unsere Geduld. Die wissenschaftliche Behandlung des Themas, das Einarbeiten von Gesellschafts-, Kunst- und Architekturgeschichte hingegen waren bahnbrechend. Hugo nannte sich einen Sozialisten, seine Religion war Menschlichkeit, seine Werke setzen das große Lamento über die Niedertracht der Unterdrückung gleichberechtigt neben die dramatische Handlung.

Auch Gustave Flaubert wird sich am historischen Abenteuerroman abarbeiten. *Salammbô* ist eine Priesterin im Karthago während der ›Söldnerkriege‹, kurz bevor Hannibal mit seinen Elefanten loszieht. Der Meister nutzt die Gelegenheit, Macht, Pracht und blutige Riten der Handelsstadt als exotischen Rahmen einer verzweifelten Liebesgeschichte zu zeigen. Allerdings geraten die Bilder dürftig wie manche Bühnendekoration, wo eine zerbrochene Säule für die ruinierte Größe von Rom, Athen oder Alexandria steht; *Salammbô*, das Schmerzenskind flaubertscher Einbildungskraft, ist der von Fieberschüben geschüttelte Traum einer Antike, wie sie seinerzeit auch manches andere Werk vorführte. Ursprünglich diente die Verkleidung der Figuren in Peplos oder Toga dazu, tagespolitische Botschaften zu schmuggeln; allein Christoph Martin Wieland hat seine Leser ein Dutzend Mal ins alte Griechenland geschickt, um ihnen so zu zeigen, wie es vor der eigenen Haustür aussah. Später wurde diese Art historischer Exotik zu einem speziellen literarischen Erwerbszweig – da konnte man dicke Bücher schreiben. Es ist schwierig, von Werken wie *Die letzten Tage von Pompeji* des Engländers Edward Bulwer-Lytton oder *Ben Hur* vom Amerikaner und Bürgerkriegsgeneral Lewis Wallace ungekürzte, unbearbeitete Ausgaben zu bekommen. Das gilt selbst für *Quo vadis* von Henryk Sienkiewicz, der durch Romane mit dem Hintergrund der bewegten Geschichte seines polnischen Heimatlandes, etwa *Wirren*, berühmt wurde und den Nobelpreis erhielt. »Quo vadis, domine?« – »Wohin gehst Du, Herr?«, fragt in der legendenhaften Erzählung über das frühe Christentum zur Zeit Kaiser Neros Petrus auf seiner Flucht den ihm erscheinenden Jesus. »Nach Rom, um mich noch einmal kreuzigen zu lassen.« Daraufhin kehrt der Apostel um und geht seinem Martyrium entgegen. Die Stelle wird heute noch an der Via Appia gezeigt.

In der Regel werden wir Leser durch starke Striche bevormundet, die zu Abenteuerromanen machen sollen, was eigentlich als gelehrte Unterhaltung, christlicher Erbauungsroman oder historische Fleißarbeit mit vagen tagespolitischen Analogien gemeint war. Für einen vergnüglichen Nachmittag sind die Verfilmungen dieser Stoffe gerade so gut wie die Kurzfassungen der Romane. Einem verfeinerten Lesegeschmack genügt aber nur das Buch von Sienkiewicz, immerhin wird hier die Frage behandelt, wie der freie Geist des Menschen in Zeiten einer Gewaltherrschaft bestehen kann. Alle diese Werke zeichnen sich durch das Bemühen aus, antike Lebenssituationen möglichst ›richtig‹, also archäologisch und historisch korrekt, wiederzugeben, und in der Regel kann man aus der Lektüre einiges lernen. In dieser Hinsicht gibt es noch eine Fülle spannend geschriebener und faktenreicher Romane wie z.B. *Sinuhe der Ägypter* vom Finnen Mika Waltari – mit einer naiv-überphantastischen Handlung, aber genau recherchiertem Hintergrund des pharaonischen Ägyptens.

Gab es auch einen deutschen Historienroman? Ja und Nein. Ja: Wilhelm Hauffs *Lichtenstein* machte den Anfang. Nein: Die deutsche Literatur kam gut ohne ihn aus. Aber wo wir gerade bei Hauff sind: Es gibt da ein Phänomen, das er uns aufs schönste in einem Experiment demonstriert hat. Es handelt sich um das literarische Paralleluniversum. Wenn wir hier über Bücher plaudern, dann sind wir uns doch sicher, von einem einheitlich empfundenen Geschmacksurteil, über ›gute Literatur‹ zu reden. Dem ist beileibe nicht so. Es gibt auch andere Literatur, die von der Fachwelt als ›trivial‹ bezeichnet wird, schlechte Literatur also, die aber zu allen Zeiten ihre Verehrer hatte. Zu Hauffs Zeiten, als Goethe ein alter Mann war, hieß der offenbar sehr unterhaltsame Trivialschriftsteller der Saison H. Clauren alias Geheimer Hofrat Carl Heun. Der veröffentlichte seine seichten Romänchen in Fortsetzungen in Zeitschriften der Art, wie die »Gartenlaube« eine war, in der die unvergessene Eugenie Marlitt ihre Baronessen unter die Haube brachte. Diese Zeitungen waren die bevorzugte Lektüre der lesenden Klasse und machten erfolgreiche Autoren reich und berühmt, andere wie Theodor Fontane nachdenklich und depressiv.[22] Hauff nun usurpierte das Pseudonym Heuns und veröffentlichte *Der Mann im Mond von H. Clauren*, einen Super-Trivialroman von knappen zweihundert Seiten Umfang mit Liebe und Entsagung bis zum Abwinken. Die Kritik war sich schnell einig: der beste Clauren, den es je gab. Das wurde dem Hofrat zu viel und er strengte einen Prozess an, in dem er sich als der wahre Clauren zu erkennen gab und Hauffs Verleger auf Unterlassung der Benutzung seines Schriftstellernamens verklagte. Er bekam recht. Das geschah gerade zu der Zeit, als ›Autorenrechte‹ erstmals einforderbar wurden. Soweit war der Ausgang des Prozesses gerecht. Hauff aber zeigte: Der wahre Künstler kann alles gut, auch das Triviale besser als jeder Trivialschriftsteller.

Wie sehr der Historienroman bereits zur Grundausstattung jugendlicher Phantasie gehörte, zeigt die Selbstverständlichkeit, mit der Mark Twain ihn in seine Einzelteile zerlegt und neu zusammengesetzt hat. Drei Werke, entsprechend drei Entwicklungsstufen, sind aus diesem Recycling hervorgegangen. Am Anfang steht *Der Prinz und der Bettelknabe*, eine Geschichte für junge Leser. Twain entführt uns in die Zeit, als Heinrich der Achte, der König mit den vielen Frauen, dem dicken Bauch und der Abneigung gegen alles Katholische, stirbt. Seine Tochter Elisabeth wird später Britannien zu früher Größe führen und die Weltmacht begründen, aber Thronfolger war

22 In Krummhübel, in der Sommerfrische, sitzt Fontane in der Pension an seinen Versen, am Nebentisch liest man in der Hauszeitschrift den neuesten Romanvorabdruck. Ob es wohl seine »L'Adultera« ist? Er spitzt ein Ohr, das ist genau sein Publikum, ein Anwalt mit Frau, sie ist begeistert, will das Werk noch ein drittes Mal lesen. Aber die Enttäuschung folgt auf dem Fuß, statt seiner subtilen Ehebruchsgeschichte bevorzugt die Bürgersgattin »Ein armes Mädchen« der Wilhelmine Heimburg, der Nachfolgerin der Marlitt. Gut, wenn man einen Busen zum Ausweinen hat: *Ich glaube nicht, daß jemals ein Ehepaar irgendwo gesessen und über irgend was, das ich geschrieben, auch nur annähernd mit solcher Begeisterung gesprochen hat*, klagt Fontane postalisch seiner Emilie in Berlin. Des Widerspruchs der treuen Ehefrau konnte er sicher sein. Wenigstens ein Trost.

ein Sohn, der aus weltgeschichtlicher Sicht nur Episode war. Nach dem Tod des Vaters soll der junge Edward König werden, und Twain erzählt uns mit allem Pomp und Witz die Geschichte, wie dieser Edward, ein ganz normaler Junge, mit einem Bettlerkind die Kleidung tauscht, wobei sich die Ähnlichkeit der zwei fatal auswirkt: Der Prinz, der sich probeweise in Lumpen hüllt, wird von den Wachen aus dem Palast geworfen und der überraschte Tom Canty soll statt seiner zum König gekrönt werden. Ich will auch gar nicht mehr verraten, denn die Geschichte ist sehr spannend, sentimental und schön und löst nebenbei auch das Rätsel, warum ein junger Mann aus kleinem Adel namens Miles Hendon vor dem König sitzen darf.

Eines meiner absoluten Lieblingsbücher ist *Ein Yankee aus Connecticut an König Artus' Hof.* Durch einen Schlag auf den Kopf wird ein Ingenieur des Neunzehnten Jahrhunderts, der Erzähler der als Memoiren getarnten Geschichte, beschlagen mit allem Know-how und frei von allen Illusionen, in einer kombinierten Zeit- und Raumreise an die Tafelrunde des mythischen Königs Artus versetzt, der als Kelte eine Art ›Ureinwohner‹ Britanniens war und sich gegen die vordringenden Sachsen (sowie ein paar Angeln) zu wehren hatte. Dort mischt er mithilfe seiner geistigen und technologischen Überlegenheit in kürzester Zeit die uns aus Sir Thomas Malorys ehrwürdigem Epos von *Artus' Tod* vertrauten Verhältnisse auf und setzt sich als ›Der Boss‹ an die Spitze des Ritterstaates. Den Verlauf der Ereignisse vermag unser Held aber nicht zu ändern. Es kommt trotz menschenfreundlicher Versuche, das Mittelalter zu zivilisieren – erfolglos wie die Bemühungen, Huckleberry Finn in einen Anzug zu zwängen –, zum abschließenden Gemetzel Gut gegen Böse, Artus gegen seinen Sohn Mordred, alle gegen den Boss aus Amerika, und pessimistischen Ende. Mark Twain zieht alle Register seines satirischen Könnens und die Vorbilder des Historienromans durch den Kakao, gleichzeitig gelingen ihm bewegende Episoden reinster Menschlichkeit. Lachen und Weinen sind die Pole, zwischen denen sich der ganze Roman bewegt. Musst Du lesen!

Die *persönlichen Erinnerungen an Jeanne d'Arc* zeigen Twain am anderen Ende der Skala seiner Ausdrucksmöglichkeiten. Mit Hingabe zeichnet er ein glaubwürdiges Bild der Ereignisse, die das Bauernkind Jeanne zur Heldin des Hundertjährigen Krieges mit England machten. Die legendenhafte Erzählweise hat viele Skeptiker auf den Plan gerufen, ob es sich hier um einen ›echten‹ Mark Twain handelt. Zusammen mit den beiden vorher beschriebenen Büchern ergibt sich ein Dreiklang, der die harmonische Meisterschaft des Autors ausweist. Er ist eben Virtuose in allen Tonarten. Mal verspielt kindlich, dann satirisch und hier innig menschlich. Die *persönlichen Erinnerungen* muss man aber nicht unbedingt mit den beiden anderen Büchern zusammen lesen, man kann sich auch noch ein paar Jährchen Zeit lassen. Dazwischen lohnt es sich immer wieder, noch einmal *Tom Sawyer* und den unvergleichlichen *Huckleberry Finn* hervorzuholen. Je öfter man diese Bücher liest, desto mehr gibt es zu entdecken, weil man in der Zwischenzeit auch noch anderes kennengelernt hat. Mark Twain verarbeitet nämlich seine eigenen Leseerfahrungen, er schreibt ›Bücher über Bücher‹, parodiert Dumas, setzt sich mit Melville, aber auch mit Shakespeare, der Bibel und der Tagespresse auseinander. Alles hat in diesem Kosmos seinen Platz, alle Literatur passt in diese zwei Lausbubengeschichten hinein.

Der Legendenton des *Jeanne d'Arc*-Buches ist eine Reverenz Twains an den Altmeister Nathaniel Hawthorne und Nachklang der Ehebruchgeschichte *Der scharlachrote Buchstabe*. Diese Ikone der noch jungen Literatur des Kontinents versucht bis in das Sprachliche hinein die frühen Jahre Amerikas heraufzubeschwören, als die Pilgerväter gerade erst von der »Mayflower« an Land gestiegen waren und Salem frisch gegründet dastand. Das ist nicht immer leichtverdaulich und die Handlung, sagen wir: etwas verquast; aber ein staunenswertes literarisches Denkmal ist das Buch allemal. Das A, in Scharlachrot auf die Brust von Hester Prynne gestickt, steht für ›Adultery‹ und das schwarze Loch im Zentrum der Geschichte, das der Erzähler pausenlos umkreist. Das Ur-Verbrechen des Gesellschaftsromans führt die so Stigmatisierte jedem Passanten wie uns Lesern grell vor Augen. Nicht nur das erscheint uns an diesem Buch befremdlich.

Mit seiner schmalen Produktion deckt Hawthorne fast alle Genres ab: *Das Haus der sieben Giebel* ist ein ›schräger‹ Familienroman, *Die Blithedale-Maskerade* berichtet ultramodern, satirisch und selbstironisch von seinen eigenen schlechten Erfahrungen in einer Kommune, *Der Marmor-Faun* führt in das Italien echter und eingebildeter Künstler. *Rappaccinis Tochter* ist das süßeste Gift im verbotenen Garten eines Schwarzkünstlers und die schönste seiner kleineren Erzählungen. Hawthorne war der gute Geist der amerikanischen Literatur und einfühlsamer Kritiker, einfacher und herzlicher Freund seiner schwierigen Kollegen Melville, Poe & Co.

Die klassische russische Literatur schenkt uns begeisterten Lesern historische Abenteuergeschichten von völlig eigener, überragender Qualität. Der Gründervater einer an westlichen Vorbildern gewachsenen literarisch selbständigen Schule, der früh gestorbene Alexander Puschkin, und dann Nikolaj Gogol – der auch nicht älter wurde – lassen Ereignisse der slawischen Geschichte in die frei erfundene Fabel einfließen. Ein junger Mann aus gutem Hause, Grinjow – der Erzähler –, gerät auf dem Weg, seinen Militärdienst anzutreten, in einen Schneesturm und wird von einem geheimnisvollen Fremden gerettet, dem er zum Dank einen Pelzmantel schenkt. So beginnt Puschkins *Hauptmannstochter*. Dieser Fremde ist der Aufrührer und Donkosake Pugatschow. Im Zuge des Kosakenaufstandes begegnen sich die beiden wieder, und Pugatschow begnadigt den jungen Offizier, ihn wiedererkennend, vom Tode bei der Eroberung seiner Garnison. Später hilft er ihm sogar, Marja Iwanowna, die Tochter des Kommandanten und Titelheldin, aus den Händen eines Rivalen zu befreien. Allerdings bringen Grinjow diese Beziehungen zum Rebellenführer ein Militärgerichtsverfahren ein. Die Zarin Katharina die Große persönlich begnadigt ihn und ermöglicht seine Heirat mit Marja. Pugatschow wird gefangen und hingerichtet. Puschkin hat den vom zeitgenössischen Lesepublikum geforderten ›nationalen Ton‹. Unsentimental, direkt und mit freiem Blick auf alle menschlichen Regungen wird die Geschichte vorgetragen. Typisch für ein Jahrhundert russische Erzählkunst ist eine Passage wie diese, als der junge Grinjow seine Einberufung zum Militär erhält: *Der Gedanke der baldigen Trennung von mir überraschte die Mutter so, daß sie den Löffel in den Kessel fallen ließ und Tränen über ihre Wangen flossen. Dagegen läßt sich mein Entzücken schwer beschreiben. Der Gedanke an den Dienst verschmolz mit dem Gedanken an vollkommene Freiheit, an die Vergnügungen des Petersburger Lebens. Ich sah mich als Gardeoffizier, was nach meiner Meinung den Höhepunkt menschlicher Seligkeit bedeutete.* Die Emotionen der Mutter werden in einem zu Herzen gehenden, simplen Bild beschrieben; dagegengesetzt die höchst konventionellen, eitlen Träume des Sohnes. Sie stellen gerade das dar, was jedem russischen Roman zuverlässig einbeschrieben ist: Moskau und Petersburg als Namen für den Traum von Aufstieg, Glanz und Glück – das Landleben ist die triste Realität. Und auch die Träume Grinjows werden sich nicht erfüllen. Typisch für Puschkins knappen Stil das kalte Nichtbeachten der mütterlichen Gefühle. Erst in den kommenden Abenteuern wird Grinjow zum Mann, der die Seelennot der anderen höher stellt als seine kleinlichen Ambitionen. Und Puschkin wird der erste souveräne Stilist in russischer Sprache.

Nikolaj Gogol: *Die Photographie zeigt ihn im Dreiviertelprofil, und er hält jenen schlanken Stock mit Elfenbeinknauf zwischen seinen feingliedrigen Fingern (ganz als wäre der Stock eine Schreibfeder). Das lange, aber wohlgebürstete Haar ist auf der linken Seite gescheitelt. Ein sauberes Schnurrbärtchen sitzt über seinen unangenehmen Lippen. Die Nase ist groß und läuft spitz zu, im Einklang mit seinen scharfen Gesichtszügen. Ein dunkler Schatten, ähnlich dem, der die Augen romantischer Helden in alten Kinofilmen zu umgeben pflegte, gibt seinem Blick einen hohlen und leicht ›spukigen‹ Ausdruck. Er trägt eine Jacke mit weiten Kragenaufschlägen und eine schmucke Weste. Könnte der dunkle Druck der Vergangenheit farbig ausschlagen, so sähen wir das orange- und purpurgepunktete*

Die Hauptmannstochter   Taras Bulba   121

Flaschengrün dieser Weste, auf der außerdem sehr hübsche winzige dunkelblaue
Augenflecken saßen – ganz wie die Haut eines exotischen Reptils. Diese intensive, im Seelenleben des Porträtierten bohrende Bildbeschreibung
verdanken wir dem Literaturprofessor Vladi-
mir Nabokov, der uns noch als Autor wichtiger   Krieg ist an sich schon
Romane begegnen wird. Im Text klingt an, was   ein interessantes Thema,
Gogol einerseits war: einer der großen Phan-
tasten und Wahnverfolgten der Weltliteratur,   bereits die frühesten
bei dem Obsession und Märchen in eins gehen,   Dichtungen berichten
wie in *Der Wij* oder *Mainacht.* Andererseits war davon. Aber erst die
er Erzähler lebenspraller Geschichten. *»He, dreh* Wirkung der Gewalt
dich einmal um, Sohn! Ach, wie lächerlich du aus- auf die Menschen
siehst! Was habt ihr da für Popenkutten an? Und so macht ihn zum
laufen alle in der Akademie herum?« Mit diesen Wor-
ten begrüßte der alte Bulba seine beiden Söhne, die an Menschheitsthema und
der Kiewer Burse studiert hatten und zu ihrem Vater den Schlachtenbericht
nach Hause zurückgekehrt waren ... Mit diesen   zum Dokument der
Worten beginnt die große Abenteuererzählung   Menschlichkeit.
Taras Bulba. Im Balladenton schildert sie vor
dem Hintergrund der Kriege zwischen Ukrai-
ner Kosaken und Polen die tödliche Auseinandersetzung zwischen
dem alten Kosakenataman Taras Bulba und seinem aus Liebe zum
Feind übergelaufenen Sohn Andrej. Nabokov hielt Gogols frühe Erzählung für wertlos. Wir erkennen das souveräne Spiel mit ur-
wüchsiger Erzählweise und naiver Schwarz-Weiß-Malerei und sagen:
Auch Weise können irren. Wie kaum irgendwo wird hier der ›natio-
nale Ton‹ lebendig, in *Taras Bulba* lässt Gogol die Erinnerung an das
volkstümliche Heldengedicht aufleben, die Byline. Aber der qualvolle
Tod des zweiten Sohnes Ostap und schließlich Taras' eigenes Ende auf
dem Scheiterhaufen bilden den Abgesang auf alles Heldentum. Die
Zeit der wilden Kosaken ist vorüber. Der tschechische Komponist
Leoš Janáček hat »Taras Bulba« zu einem aufwühlenden Tongemälde
verarbeitet, denn tatsächlich kommt hier alles auf den richtigen Klang
an: ein Echo von Waffengeklirr und Prahlhanserei aus alter Zeit. Über

Gogol an anderer Stelle mehr, wenn wir zu seiner satirischen und humoristischen Seite kommen.

Der größte russische Roman dem Umfang und Erzählpanorama nach ist *Krieg und Frieden*. Lew Tolstoi schildert die Entwicklung Russlands unter dem Einfluss der napoleonischen Kriege, das Eindringen westlicher Tendenzen und Lebensart in eine auf Grundbesitz und Leibeigenschaft gegründete Gesellschaft, die drohende Vernichtung durch Napoleons Aggression, die Schicksalsschlachten von Smolensk und Borodino und die Wende des Krieges nach dem Einzug der Franzosen in Moskau, die einsame Entscheidung des Zaren, die Hauptstadt in Brand zu setzen, den debakulösen Rückzug von Napoleons Truppen durch den eisigen russischen Winter. Der Roman endet hoffnungsvoll mit zwei Hochzeiten. Wie in einem Film montiert Tolstoi die verschiedenen Szenen gegeneinander, indem er das Schicksal der Hauptpersonen Andrej Bolkonski und Pierre Besuchow, der eine Militär, der andere Zivilist, durch die Jahre verfolgt. Die große Geschichte spielt ständig in die Lebensläufe hinein und eine Unzahl von Figuren wird am Auge des Lesers vorbeigeführt. Eine fast wissenschaftliche Beschreibung der geschichtlichen Ereignisse kontrastiert mit dem leibhaftigen Agieren von Napoleon und seinem Widersacher, General Kutusow, sowie lebendigen Detailszenen. Meisterhaft die Schlachtenschilderung, wenn aus der Perspektive des Pazifisten Besuchow die Grauen der Gemetzel gezeigt werden. Erst im Tod verwandelt sich der Soldat wieder in den Menschen zurück. Hier und an vielen anderen Stellen flicht Tolstoi in die Erzählung mit typischer Bekennerhaltung seine persönlichen Glaubensvorstellungen von einer überkonfessionellen Menschlichkeit ein.

Krieg und Frieden hat durch die Neuartigkeit des Ansatzes und die Monumentalität der Darstellung – eine Mischung aus Präzision und Fiktion – Vorbildfunktion für die Weiterentwicklung des historischen Romans erlangt. Nicht mehr wie bei Walter Scott Unterordnung des Geschichtlichen gegenüber der erfundenen Handlung, die durch romantische Zutaten vom realen Hintergrund abgelöst wird, sondern im Gegenteil: Die Handlung wird schlüssig in den authentischen historischen Ablauf eingepasst, sozusagen durch die Fakten der Geschichte beglaubigt. In diesem Sinne funktionieren historische Romane seitdem. Als Fortschreibung von *Krieg und Frieden* hatte Maxim Gorki seinen monumentalen Roman vom Leben des *Klim Samgin* geplant, *Der stille Don* von Michail Scholochow, den Untergang der Donkosaken vor dem Hintergrund des Ersten Weltkriegs und der russischen Revolution schildernd, und *Leben und Schicksal* von Wassilij Grossman über die Schlacht um Stalingrad im Zweiten Weltkrieg führten die Tradition fort. Scholochow bleibt uns Lesern unvergesslich durch seine Eigenart, alle Szenen durch Geruchseindrücke zu parfümieren. Nirgendwo seit *Gargantua und Pantagruel* hat die Nase eine so wichtige Rolle in der Literatur gespielt. Das großangelegte Panorama beginnt in der ländlichen Abgeschiedenheit der Kosaken, die den Bauern und den Soldaten in einer Person vereinigen. Begeisternd die Lebhaftigkeit der Schilderungen, die Lebendigkeit der handelnden Personen, die Klarheit der Beschreibung der vertrackten Verhältnisse in Russland nach der Kapitulation im Ersten Weltkrieg, die unmittelbar in Bürgerkrieg und Revolution mündete. Grossmans Roman leidet unter der Abhängigkeit von Tolstois Vorbild, eine sozialistische Blässe liegt über den Schilderungen. Als Höhepunkt treten aber Hitler und Stalin leibhaftig auf. So verdient das Buch Aufmerksamkeit, insbesondere durch seine Auseinandersetzung mit dem allgegenwärtigen Antisemitismus.

Napoleon

Napoleon war vieles, eben auch das verkörperte Abenteuer. Wie Hannibal überquerte er die Alpen, um Italien zu erobern. Mit einer Flotte war er in Ägypten, ließ sich die denkwürdigen Worte einfallen: »Soldaten! Vier Jahrtausende blicken auf Euch herab«, als er den Mameluken die siegreiche Schlacht am Fuße der Pyramiden lieferte, um danach Hals über Kopf aus Ägypten zu fliehen – was seinem Nimbus der Unbesiegbarkeit erstaunlicherweise nicht geschadet hat. Spanien hielt er besetzt und zwang die freiheitlich Gesinnten in den Untergrund –

die Guerilla entstand. Millionen Soldaten, ganze Völker hetzte er aufeinander, ihm schien die Sonne von Austerlitz und von seinem russischen Feldzug kam er (ohne Heer) in der Postkutsche zurück, um zu erklären, dass einen Mann wie ihn das Schicksal von Hunderttausenden nicht schere. Als Befreier wurde er begrüßt und als Herrscher auch von denen verehrt, die er mit Zwang beherrschte. Gehasst wurde er mit Maßen, und als alles verloren war, erlosch er wie ein Vulkan, dem das Magma ausgegangen ist. Selbst sein Ende auf einem Felseiland im Südatlantik wurde durch das vielbändige, nur im französischen Sprachraum populäre *Mémorial de Sainte-Hélène* seines letzten Begleiters Las Cases zum Mythos, der den Kampf gegen Hudson Lowe, den unbestechlichen britischen Kerkermeister, über den Tod des Exilkaisers hinaus fortsetzte.

Dass in *Krieg und Frieden* Napoleon leibhaftig auftritt, spricht, handelt, ist der Spezialfall einer Fiktion. Denn er hat nicht so gesprochen und nur annäherungsweise so agiert. Er tut es, um die Glaubwürdigkeit der dargestellten Handlung mit seinem Erscheinen zu beurkunden. Die Authentizität des Kaisers überträgt sich auf den Roman, wie er auch jedem Kinofilm Glanz und Würde verleiht. Nicht zum ersten Mal spielt der korsische Usurpator in persona in einem Abenteuerroman mit, geschweige zum letzten. Wenn Du über diese Zusammenhänge mehr erfahren willst, hilft Dir ein großartiges Nachschlagewerk, das auch ich natürlich in diesem Augenblick konsultiere. Es heißt *Stoffe der Weltliteratur* und ist von Elisabeth Frenzel. Darin kann man Stichwörter wie ›Napoleon‹, aber auch ›Adam und Eva‹ oder ›der bayrische Hiesel‹ nachschlagen und erfährt, wie diese Namen literarisch be- und verarbeitet worden sind; dass Heinrich Heine[23] Napo-

---

23 *Nach Frankreich zogen zwei Grenadier, / Die waren in Rußland gefangen. / Und als sie kamen ins deutsche Quartier, / Sie ließen die Köpfe hangen. // Da hörten sie beide die traurige Mär: / Daß Frankreich verloren gegangen, / Besiegt und zerschlagen das große Heer – / Und der Kaiser, der Kaiser gefangen. // Da weinten zusammen die Grenadier / Wohl ob der kläglichen Kunde. / Der eine sprach: »Wie weh wird mir, / Wie brennt meine alte Wunde.« // Der andre sprach: »Das Lied ist aus, / Auch ich möcht mit dir sterben, / Doch hab ich Weib und Kind zu Haus, / Die ohne mich verderben.« // »Was schert mich Weib, was schert mich Kind, / Ich trage weit beßres Verlangen; / Laß sie*

leon für die Gleichstellung der Juden geliebt hat und Alessandro Manzoni für die zeitweilige Befreiung (Nord-)Italiens, dass Lord Byron ihn schon während des Elba-Intermezzos mit dem titanischen Menschenfreund Prometheus verglich,

Or, like the thief of fire from heaven,
Wilt thou withstand the shock?
And share with him, the unforgiven,
His vulture and his rock?[24]

dass Madame de Staël ihn gehasst hat und mancher andere, und dass der Philosoph Hegel ihn als den *Weltgeist zu Pferde* bezeichnete. Goethe erhielt von Napoleon den Orden der Ehrenlegion und trug ihn auch nach dem Sturz des Kaisers zu festlichen Gelegenheiten, sehr zum Unmut seiner deutschen Landsleute. Bei einer persönlichen Begegnung in Erfurt – nach der Vernichtung der preußischen Armeen bei Jena – hatte Napoleon Goethe mit den Worten »Voilà un homme!« (Sieh da, ein Mann!) begrüßt. Goethe hatte seinem Blick standgehalten und mit dem Kaiser über den *Werther* parliert, den der in seiner Jugend viele Male gelesen hatte.

Der Widerstand gegen das menschenverschlingende Ungeheuer fand zunächst nur in den Köpfen statt. Auf der Bühne hätte die Zen-

betteln gehen, wenn sie hungrig sind – / Mein Kaiser, mein Kaiser gefangen! // Gewähr mir Bruder eine Bitt: / Wenn ich jetzt sterben werde, / So nimm meine Leiche nach Frankreich mit, / Begrab mich in Frankreichs Erde. // Das Ehrenkreuz am roten Band / Sollst du aufs Herz mir legen; / Die Flinte gib mir in die Hand, / Und gürt mir um den Degen. // So will ich liegen und horchen still, / Wie eine Schildwach, im Grabe, / Bis einst ich höre Kanonengebrüll, / Und wiehernder Rosse Getrabe. // Dann reitet mein Kaiser wohl über mein Grab, / Viel Schwerter klirren und blitzen; / Dann steig ich gewaffnet hervor aus dem Grab – / Den Kaiser, den Kaiser zu schützen.« Unvergleichlich hat Heine in Die Grenadiere den Geist der alten Garden eingefangen, die bei Waterloo zum letzten Sturm antraten. Robert Schumann hat die ebenso unvergleichliche Vertonung besorgt – die Ballade schlechthin.

24 Oder willst Du, wie der Dieb des Himmelsfeuers, dem Stoß widerstehen? Und mit ihm, dem Unversöhnten, seinen Geier und seinen Felsen teilen? Byron hat in seiner Ode an Napoleon Bonaparte dessen weiteres ›romantisches‹ Schicksal vorausgefühlt.

sur ein realistisches Auftreten des Welteroberers verhindert, bei nur einssiebenundsechzig Körpergröße wäre jeder Anflug von Heroismus im amüsierten Prusten des Publikums untergegangen. Historische Verkleidung war vonnöten, wie sie der Napoleonhasser Heinrich von Kleist benutzte: *Die Hermannsschlacht* zeigt einen Moment deutscher Frühgeschichte, als erst Uneinigkeit der Stämme und dann der Verrat von Thusnelda um ein Haar den Sieg über die Römer verhindert hätten. Natürlich muss man an die Stelle des Varus und der verlorenen Legionen des Augustus Napoleon und seine stets siegreichen Heere setzen, um die Stoßrichtung des Dramas zu verstehen. Kleist erlebte die Befreiung nicht mehr, dementsprechend wurde die *Hermannsschlacht* zu seinen Lebzeiten nie aufgeführt. Ein anderer hybrider Kriegsherr, dessen Maske er dem Antlitz des verhassten Mannes aufzusetzen unternahm, verweigerte sich so erfolgreich der Dramatisierung, dass Kleist das Manuskript des *Robert Guiskard* ins Feuer warf. Nur durch glückliche Umstände kennen wir ein Fragment des Stücks, das den ins Gleichnis gesetzten Normannenherzog beim Scheitern seiner Mittelmeerwelteroberungspläne vorführen sollte. Nachdem alles ausgestanden war, wurde das Angebot an *Napoleon*-Dramen sogleich inflationär und die Ehrerbietung vor der historischen Figur von Versuch zu Versuch größer. Christian Dietrich Grabbe zeigt in seiner Version die hundert Tage von Elba bis Belle-Alliance als bunten Bilderreigen mit viel Volk, Murmeltieren und einer Dronte[25] auf der Bühne sowie dem Kaiser als Spielball des eigenen Schicksals – er wäre am liebsten auf seiner kleinen Insel geblieben. Ein tolles Stück Theater!

Bei Stendhals kindlichem Helden Fabrizio del Dongo in der *Kartause von Parma* geht die Napoleonverehrung so weit, dass er vom Comer See auf das Schlachtfeld von Waterloo eilt – hier gelingt Sten-

---

25 Ich musste es nachschlagen: Es handelt sich um den zum Ende des Siebzehnten Jahrhunderts auf der Insel Mauritius ausgestorbenen Dodo, einen wahrlich seltsamen Vogel. Der originelle Grabbe verlangt für seine Menagerie davon ein Exemplar – kein Wunder, dass *Napoleon oder die hundert Tage* zu seinen Lebzeiten unaufgeführt, weil unaufführbar, blieb.

Die Hermannsschlacht   Oberst Chabert   127

dhal eine einzigartig packende Darstellung der blutigen Ereignisse –,
um seinem Idol nahe zu sein. Allerdings trifft er nur den Marschall
Ney, verpasst seinen natürlichen Vater, einen französischen Offizier,
und erahnt den Kaiser lediglich in der Ferne
im Schrapnellfeuer. Stendhal wäre nicht er
selbst, wenn anschließend nicht seine beiden Lieblingsthemen ins Zentrum rückten,
Italien und die Liebe, beide in allen ihm
denkbaren Variationen.[26] Aber von dieser
Ausgangssituation her entwickelt sich sein
ganzes weiteres Schicksal, das Fabrizio in
den Kerker und in die Arme der Kerker-
meisterstochter Clelia wirft. Dort wird er
zum Mann. Balzacs *Menschliche Komödie*
stellt die napoleonische Epoche aus der
Rückschau – Balzac war zweiundzwanzig
Jahre alt, als Napoleon (an Magenkrebs) auf
St. Helena starb – in den Brennpunkt der Beobachtung und verbindet den verehrungs-
vollen Blick auf seine Leistungen: Staats-

Sein ganzes Leben
einer Aufgabe
unterordnen. Man
hält das beim
Gewaltmenschen für
selbstverständlich,
aber auch der hat
Entbehrungen
inkaufnehmen
müssen und gelitten.
Mitgefühl haben wir
da keins.

reform, Gesetzgebung, Frankreichs Glanz und militärische Größe,
mit dem Mitgefühl für seine Opfer: die Veteranen, die Exilierten, die
Ruinierten. *Oberst Chabert* schildert ein Spätheimkehrerdrama aus den
europäischen Feldzügen, frühes Beispiel für einen Kriegsteilnehmer,
der sich im bürgerlichen Leben nicht wieder zurechtfindet; im *Landarzt* kommen die aller Hoffnung beraubten und untröstlichen Veteranen der großen Kriege zu Worte, die lange nach dem Tod ihres Idols
auf eine Wiederkehr der alten Zeiten hoffen, und die *Dunkle Affäre*, an
deren schicksalhaftem Höhepunkt Bonaparte leibhaftig auftritt, ist

---

26 Und mit einiger künstlerischer Freiheit: Weder gibt es eine Kartause in Parma noch das
    furchteinflößende Staatsgefängnis mit dem riesigen Turm, den man über die ganze Po-
    ebene sehen kann. Aber der große Individualist Stendhal amalgamiert Phantasie und
    Wirklichkeit zu s e i n e m Italien, so schön und welthaltig wie das wirkliche.

eine der vielen Verschwörungen, der er – wie manch anderer Diktator – knapp entging, um sich von da an noch vernichtender als Werkzeug irgendeiner ›Vorsehung‹ in Szene zu setzen.

Für Joseph Conrad war Napoleon der große Auslöser von Geschichte wie Geschichten. Ohne dass der Korse in eigener Person mitspielen würde, gibt seine Existenz den beiden letzten Romanen aus Conrads Feder ihren Hintergrund, die Aufstieg und Fall verbinden. *Der Freibeuter* Peyrol[27] ist ein idyllisch sesshaft gewordener Pirat, der als letzte Tat der Flotte des aufstrebenden Konsuls hilft, die britische Blockade zu durchbrechen; im unvollendeten Roman *Spannung (Suspense*: Der Film kündigt sich an und eines seiner wesentlichsten Stilmittel) gerät der Engländer Cosmo Latham in eine Verschwörung rund um die Flucht des Exilkaisers von Elba und sein Wiedereingreifen in die Weltgeschichte. Conrad gestaltet politisch entscheidende Momente, im Vordergrund aber stehen folkloristisch getönte Abenteuer im Dunstkreis der Häfen von Toulon beziehungsweise Genua. Das Fragment gelangt über das Knüpfen einiger vielversprechender Handlungsfäden nicht mehr hinaus – zur Einlösung des im Titel gemachten Versprechens kam es so nicht. Noch Eric Amblers Roman *Schirmers Erbschaft* beginnt mit den Umformungen und Zerrüttungen im Europa von des Kaisers Gnaden. Bis auf den Balkan reichen die Erschütterungen. In dem besten seiner drei historischen Romane, *Wesire und Konsuln*, schildert der Bosnier Ivo Andrić, wie Napoleon in der Nachfolge der Venezianer die Kontrolle jenseits der dalmatischen Küste, auf der Grenze zum Osmanenreich, zu übernehmen trachtete und am passiven Widerstand der Landesbewohner scheiterte. In scheinbar harmlosen Anekdoten, ganz in der Tradition großer slawischer Erzählkunst, wird das Bedrohliche und Beunruhigende gezeigt,

---

27 Der herkunftslose Filibuster kommt durch dieselbe Schlamperei des Zufalls zu seinem Namen wie später der kleine Vito Andolini aus dem sizilianischen Corleone, der bei der Einwanderung in die USA den Namen seines Geburtsorts verpasst bekommt und den Mario Puzo in *Der Pate* sowie Robert De Niro/Marlon Brando als Obermafioso Don Corleone, »The Godfather«, im Film zum Verbrecherhelden der Zeitgeschichte machten.

Spannung   Eroica 129

das die kultivierten Mitteleuropäer, etwa den rührend unbeholfenen
französischen Konsul Daville, in diesem archaisch herben Land verstört. Ihm bleibt nur Verharren in Resignation. Andrić erhielt für den
tiefen Einblick, den er ins Wesen seiner Landsleute gewährte, den
Nobelpreis. Mit den beiden anderen ebenfalls in seiner Heimat spielenden Romanen *Die Brücke über die Drina* (Vorsicht, enthält extrem
grausame Szenen!) und *Das Fräulein* über eine Kaufmannstochter, von
der der Geiz Besitz ergreift, schlägt er gleichzeitig den Bogen vom
Mittelalter bis zum Weltkrieg und zeigt: Der Balkan bleibt sich immer
gleich.

Auch musikalisch kann man sich dem Korsen nähern. Beethoven hatte das mit seiner Dritten Symphonie getan, der »Eroica«, die
er erst dem *Andenken eines großen Mannes* gewidmet sehen wollte, bevor er die Zueignung wieder tilgte, nachdem Napoleon seine politischen Erwartungen enttäuscht hatte. Aber immer dann, wenn er in
seine triumphale Lieblingstonart Es-Dur[28] verfällt, erinnert Beethoven an die Hoffnung, die sich für ihn mit dem Namen verbunden
hatte. Dem Klang dieses Werkes nach, dessen Eingangsthema jeder
zwischen den Fetzen sonstiger musikalischer Erinnerungsbruch-
stücke mit sich herumträgt, hat Anthony Burgess seine *Napoleon-Symphonie* geschrieben. Höchst originell, wie jedes seiner Werke, formt er
das Leben des Schlachtenlenkers in vier Sätzen, samt Ouvertüre und
abschließender gereimter Epistel an den Leser. Die kleinen privaten
Malheurs des Empereurs, wie ein Satz Hörner, den er von Josephine
verpasst bekam, werden genauso liebevoll in Worte gesetzt wie die
großen Momente. Und mit einer Menge lyrischer Einlagen wird das
Werk angemessen verfremdet zur Napoleon-Revue. Völlig zu Unrecht
ist der Brite Burgess, der einst mit der *Uhrwerk-Orange* die Vorlage für
Stanley Kubricks Kino-Gewaltorgie geliefert und davor schon in *Ein-
Hand-Klatschen* ein kleines Virtuosenstück hingelegt hatte, in seinen
Werken kaum bekannt; na ja, da steht er zumindest nicht alleine da.

---

28 So beginnt und endet auch Richard Wagners »Ring des Nibelungen«, also eine Art Welt-
    erlösungstonart.

Theodor Fontane ging auf die Sechzig, als er seinen ersten Roman veröffentlichte – und es würden noch viele folgen. Bezeichnenderweise nahm er sich für seinen Erstling Walter Scott als Vorbild und die Wende in Preußens Kampf gegen Napoleon zum Thema. Fontane hatte als Berichterstatter den preußisch-französischen Krieg von achtzehnsiebzig/einundsiebzig mitgemacht. *Vor dem Sturm* ist ein Rückblick von diesem triumphalen Sieg zu der deprimierenden Situation des Winters von achtzehnhundertzwölf. Die durch Niederlagen demütig gewordenen Preußen beginnen noch kaum an die Möglichkeit zu glauben, Napoleon aus dem Land zu vertreiben, während die hochmütigen verbündeten Polen mit dem Verlust von Freiheit und Unabhängigkeit für die Illusion zahlen, Frankreich gegen Russland ausspielen zu können und damit sicher auf der Seite des Siegers zu stehen. All dies spiegelt sich in der auf Gut Hohen-Vietz bei Frankfurt an der Oder spielenden Handlung, in der Landschaft Brandenburgs, die Fontane so wohl vertraut war. Der gerade scheiternde russische Feldzug ist der Auslöser, der die politische Revolte in Gang setzt. Wie in manch anderem Frühwerk Fontanes wird die Liebeshandlung brutal abgewürgt – die Braut des Helden Lewin türmt mit dem polnischen Rittmeister in den Untergang. Substanziell für den Roman ist die nüchterne bis satirische Darstellung der Situation in den Köpfen der bis dahin zum Zuschauen und Stillhalten verurteilten Leute auf dem Lande; erst deren Bereitschaft zu schrecklichen Opfern wird den Befreiungskrieg gegen Napoleon allen Widerständen zum Trotz möglich machen.

> Es gibt das jugendliche Genie, den Frühvollendeten. Und ganz offenbar Männer, die ihre Kräfte einteilen und im Alter das Beste leisten. Beim Klaviervirtuosen selbstverständlich, kommt es auch beim Schriftsteller vor.

Die Greuel des Krieges erreichten durch Napoleons Strategien neue Dimensionen, was die Präzision der Menschenvernichtung und die Verachtung des Individuums als ›Einsatz im Spiel‹ angeht. Früh schon wurde diese ›moderne‹ Komponente des napoleonischen Denkens literarisch gegeißelt. *Der Rekrut* – geschrieben von dem elsässisch-französischen Autorenteam Erckmann und Chatrian –, ein körperlich schwacher junger Mann aus einem Dorf im Elsass, erlebt die heimische Reaktion auf die Niederlage in Russland am eigenen Leibe. Er wird ›ausgehoben‹, eingezogen, kurz auf Kriegsverwendbarkeit gedrillt und dann in die große Schlacht von Leipzig, die ›Völkerschlacht‹, geworfen, um Napoleons Schicksal doch noch wenden zu helfen. Gebrochen an Körper und Seele kehrt er mit einem Verwundetentransport heim ins Idyll. Bis in die letzten Winkel Europas hinein ist der Wille eines Mannes Fleisch geworden. Moderne – totalitäre – Zeiten brechen an.

Sosehr die Literatur des Neunzehnten Jahrhunderts das Thema Napoleon umkreist, so unversöhnlich bleiben die Widersprüche in seiner Figur. Er war der große Menschenverächter, Menschenschlächter, Räuber von Kunstschätzen, Urtyp des Ehrgeizlings, des Parvenü, alles in allem: Tyrann. Er war Staatsreformer von bis heute bleibender Fundamentalität, gab dem Bürgerlichen Gesetzbuch, nicht aber der Einteilung der Rotweinsorten des Bordeaux – das tat sein kaiserlicher Nachfolger –, die jetzt noch gültige Form. Nach ihm ist alter Cognac benannt und eine Süßkirsche, die bei mir im Garten steht. Und er hat Frankreich zu dem gemacht, wovon der Sonnenkönig geträumt hatte. Er wurde verehrt und geliebt, war eben auch: der größte Mann seiner Zeit.

Aber Größe bedeutet genauso, einen langen Schatten zu werfen. Zwei Nebenfiguren stehen im Halbdunkel hinter dem glänzenden Korsen und für das Doppelgesichtige der Macht in diesen Zeiten. In seinen angeblichen, auf jeden Fall sehr unterhaltsamen *Memoiren* schildert François Vidocq sein Leben als Ganove, seine Gefängniszeit und seinen Aufstieg zum Polizeichef von Paris unter Napoleon. Nur wer das Verbrechen kennt, kann es bekämpfen! Vidocq war mit Balzac befreundet und Vorbild für seine zwielichtigste Figur, den Intriganten und Dunkelmann Vautrin, der gerne in Verkleidung und immer dann auftritt, wenn an einer Stelle der *Menschlichen Komödie* besonders unsaubere Machenschaften im Gange sind. Sein Auf und Ab ist mit dem Geschick Napoleons untrennbar verbunden. Die

132 Kapitel 2 Abenteuer!

Zerschlagung des Kaiserreichs bringt zwar nicht das Ende der Sûreté, aber Vidocqs immer zahlreichere Feinde triumphieren – er muss seinen Rücktritt einreichen. Für ihn folgt noch ein langes Leben in Verbitterung. Ganz anders entwickelt sich das Schicksal des *Joseph Fouché*: Er war blutrünstiger Revolutionär der ersten Stunde, der berüchtigte ›Mitrailleur von Toulouse‹, dann unentbehrlicher Berater des Kaisers mit Adelstitel (›Herzog von Otranto‹, man denkt an Horace Walpoles ganz frühe Schauergeschichte *Die Burg von Otranto* und erkennt: der Titel passt zu seinem Träger!), Polizeiminister und nach Waterloo sogar Regierungschef, allerdings bereits im Dienst von Napoleons Gegnern, kurz: skrupellos, wendig, unersetzlich. Stefan Zweig hat seiner charakterlichen Beweglichkeit in einem schlanken Büchlein über sein Leben nachgespürt. Napoleon war eben auch ein Biotop, und so sahen die Läuse aus, die ihm im Pelz saßen. Es gibt da keine gerechte historische Bewertung. Es gibt nur das Zusammentragen möglichst vieler Fakten, den Blick auf Nuancen und Facetten, der das Bild rundet.[29] Lassen wir in dieser Angelegenheit dem Weisen das letzte Wort. *Liebes Kind,* wird Goethe im Rückblick zu Eckermann sagen, *ein Name ist nichts Geringes. Hat doch Napoleon eines großen Namens wegen fast die halbe Welt in Stücke geschlagen!*

Geschichte ist Kulturgeschichte

In der Darstellung, was Lesen für das Verstehen von Geschichte und unserer kulturellen Identität leistet, stehen wir jetzt an der Weggabelung, wo erfundene Geschichte, also Fiktion, und wissenschaftliche Geschichtsschreibung sich trennen und in verschiedene Richtungen weiterführen. Der Unterschied ist nicht immer leicht zu erkennen. Geschichtsschreibung ist ja eine uralte Sache, aber mit den Tatsachen nahm man es seit jeher nicht so genau. So blieb die Differenz zwischen

29 Die beste *Napoleon*-Biographie stammt vom Niederländer Jacques Presser, dessen kritische Haltung sich schon im Untertitel *Das Leben und die Legende* zu erkennen gibt.

Geschichtswissenschaft und Roman für den antiken Leser unmerklich. Sollten die unentbehrlichen Zutaten der Abenteuergeschichte, wie oben angedeutet, im Helden mit Charakter, möglicherweise mit Abgründen, bestehen, der in aufregende Situationen gerät, die Ursachen und Motivationen haben, sodass die Beteiligten nicht ohne Not in Gefahr kommen, und in einer möglichst direkten Schilderung, als wäre man selbst dabei gewesen oder zumindest jemand anders, der genau zugeschaut hat, dann kann manches Geschichtsbuch für sich in Anspruch nehmen, in das Kapitel der Abenteuerliteratur zu gehören. Ich werde demnächst Beispiele dazu bringen. Die frühen Geschichtsereignisse, der Antike oder des Mittelalters, haben die Besonderheit, in der literarischen Darstellung weniger grauenerregend zu wirken, die Schlachten weniger menschenopfernd und -verachtend, der Verrat weniger niederträchtig und der Mut überlebensgrößer, als wir es von Geschichtsereignissen der jüngeren Vergangenheit im Ohr haben. Die Heldenverehrung hatte noch nicht den Beigeschmack der Anbiederung. Insofern haben die Klassiker der Antike einen gemeinsamen Ton, der die Ereignisse entfernt und im Detail auch mal märchenhaft erscheinen lässt. Je näher die Epoche, umso roher die Fakten. Schon bei Friedrich dem Großen erhebt sich der Vorwurf, wenn der Schweizer Ulrich Bräker alias *Der arme Mann im Tockenburg* seine Desertion in der Schlacht von Lobositz beschreibt, und dann mehr und mehr, von Napoleon bis zu den Gewaltherrschern des Zwanzigsten Jahrhunderts, wie man dem Machtstreben Einzelner Leben und Glück so Vieler opfern kann. Trotzdem ist eine Lehre aller Literatur, dass der Mensch sich in seinem persönlichen Verhalten als Konstante der geschichtlichen Ereignisse erwiesen hat. Immer ist es der Einzelne, der – so oder so – Geschichte gemacht hat. Das zieht sich als roter Faden durch alle schriftliche Fixierung von Menschheitsereig-

> Das größte Abenteuer von allen: Wie wurde der Mensch so, wie er ist? Das ist die Fragestellung der Kulturgeschichte. Dem Menschen ist der Mensch ein Wolf, aber er tanzt und lacht auch gern dabei.

nissen der Antike, von den Geschehnissen bei den Thermopylen bis zu des Hunnenkönigs Attila, der Geißel Gottes, letztem Ritt zu den Katalaunischen Feldern. Und mit dem Paladin Karls des Großen wird die Tradition im *Rolandslied* erneuert, wenn sein Schicksal sich am Pass von Roncesvalles erfüllt. Neue Quellen der Historiographie beginnen zu sprudeln, aus denen sich ein breiter Strom von Literatur speisen wird. Nicht zuletzt kündet jeder Roland von der neuen Kontinuität, der in Stein gehauen und gewappnet auf Marktplätzen, etwa vor dem Bremer Rathaus, steht und über Stadt und Reich wacht.

Geschichtsschreibung aller Zeiten hat den Stoff geliefert, der Literatur (möglich) machte. Schiller schrieb die *Geschichte des Abfalls der Vereinigten Niederlande von der spanischen Regierung*, Goethe den *Egmont* als bühnenwirksames Kondensat daraus, und im *Don Karlos* ließ wiederum Schiller die Ereignisse nochmals in ganz anderer Beleuchtung erscheinen. Shakespeare entnahm den alten Historikern jede Menge Dramenstoffe und selbst Torquato Tassos Epos *Das befreite Jerusalem*, in dem die historischen Ereignisse des Ersten Kreuzzuges von einer Phantasiehandlung um Hexen, Zauberer und liebestolle Ritter überwuchert werden, konnte nicht ohne Quellen der Geschichtsschreibung gedichtet werden. Allerdings handelte es sich um trübe Quellen oder, anders gesagt, man durfte auch den mittelalterlichen Geschichtsschreibern nicht alles glauben, was sie vortrugen. Ihre Darstellungen waren mehr der Wirksamkeit als der Wirklichkeit verpflichtet. Seit jedoch die Historiker ›wissenschaftlich‹ zu arbeiten begannen, ging ihnen das Lesepublikum stiften. Je akribischer geschichtliche Wahrheit von den Verkrustungen der Legende und Verfälschung befreit wird, desto mehr Gefahr läuft das gedruckte Ergebnis dieser Bemühungen, ungelesen zu bleiben. Wenige Werke des Historikerfleißes aus der frühen Neuzeit sind zu unserem Bewusstsein vorgedrungen. Der Gedanke der Universalgeschichte ging verloren. Dieser für jeden ambitionierten Gelehrten unbefriedigenden Tendenz stellten sich im Neunzehnten Jahrhundert Fachleute entgegen, die es unternahmen, historische Richtigkeit und literarische Lauterkeit miteinander zu verbinden. Vier Namen kann ich nennen: Leopold von

Ranke, Johann Gustav Droysen, Theodor Mommsen und Ferdinand Gregorovius. Ranke bietet am meisten Stoff, er häuft eine gigantische Menge von Unterlagen wie Urkunden, Vertragstexten, Briefen und Augenzeugenberichten an. Darunter leiden der Erzählfluss und die sprachliche Eleganz, er verbreitet in seiner Prosa den sterilen Charme eines Chirurgen. Durch lange, schwierig zu verfolgende Satzperioden wird es gerne mal mühsam, seinen Darlegungen zu folgen. Dafür entzückt ein Detailreichtum, der etwa seine *Geschichte der romanischen und germanischen Völker von 1494 bis 1514* so interessant macht. Schon der Titel zeigt allerdings Rankes Problem, leicht verständlich zu formulieren: In diesem Werk geht es nämlich um den Konflikt zwischen Franz I. von Frankreich und dem deutschen Kaiser Karl V., der wesentlich in Norditalien ausgetragen wurde und über das vor allem kulturelle Schicksal Mitteleuropas bis heute entschied. Hätte er das nicht sagen können? Wer die lombardische Renaissance liebt oder diese gleichermaßen herbe wie liebliche Weltgegend bereist, kann aus Rankes Buch herrliches Grundlagenwissen beziehen. Zum Beispiel erfährst Du, woher die Löcher in der Stadtmauer von Pavia stammen, wenn Ranke den Weg von Landsknechthorden in Schlitzhosen und bunten Wämsern verfolgt, die marodierend durch die fruchtbare Po-ebene ziehen, blinkende Hellebarden tragen – und ab und an mit der neuen Errungenschaft des Schwarzpulvers hantieren. Im Dunst des Ticino liegt die Kartause von Pavia; Ranke weiß alles über die Geschichte dieses eindrucksvollen Monuments spiritueller Baukunst und der bedürfnislosen Mönche, die hier in Schweigen, Arbeitsamkeit und nächtlichem Gebet[30] hausten, sowie den Prunk des künstlerischen Schmucks ihrer einsamen Klause – der dann übrigens von Napoleon geklaut wurde. Zum Schmökern eignen sich seine großangelegten Geschichtswerke leider trotz allem nicht. Von einfacherem Zuschnitt

---

30 Für diese gemeinsame Übung saßen sie auf Chorstühlen, die statt Sitzflächen nur kleine Knäufe, schmaler als Fahrradsättel, boten. Wer einschlief, plumpste auf den Boden – zum Gaudium der Mitbrüder. Heute leben noch drei Mönche in der Klause, von denen wir hoffen, dass sie einfühlsamer miteinander umgehen.

ist da schon Droysens Geschichte Alexanders des Großen und seiner Zeit in drei Bänden, die als *Geschichte des Hellenismus* zusammengefasst werden: Nach den antiken Erzählungen über das Heldenleben Alexanders von Arrian, Curtius Rufus und dem darauf aufbauenden, bereits stark märchenhaft ausgesponnenen *Alexanderroman,* der im Mittelalter größte Popularität genoss und in Gestalt des *Iskandarname* von Nizami wieder nach Persien zurückgelangte, legt Droysen den Kern der Geschichte frei. Alexander schrumpft auf Menschengröße, seine Leistungen geben genauso zu Bewunderung wie Kopfschütteln Anlass. Ein ganz spezieller Mensch eben, gemacht aus den üblichen Zutaten, aber befähigt, seine Talente in allergrößtem Maße zu nutzen. So einfach sich die Devise Alexanders ausnimmt: Immer vorwärts gehen, nie zurück schauen!, so verwickelt werden die Verhältnisse nach seinem Tod. Die *Diadochen,* das sind Alexanders Generäle, teilen die Macht und werden unversöhnliche Rivalen im Spiel um die Weltherrschaft; unter ihren Nachfahren, den *Epigonen,* zerfasert und zerspleißt das Machtgewebe des Makedonenreichs, bis die römische Militärmaschine dem Spuk ein Ende bereitet und Alexanders Erbe antritt. Opfer dieser tödlichen Auseinandersetzung war Griechenland, das von den Makedonen unterworfen, von den Römern zur bedeutungslosen Provinz gemacht wurde. Unzerstörbar hingegen blieb der Glanz griechischer Kultur und Bildung. Hunderte von Jahren nach der römischen Okkupation eroberte die griechische Sprache die neue römische Welthauptstadt Konstantinopel.

Den Literaturnobelpreis erhielt Theodor Mommsen für seine *Römische Geschichte.* Seine Gesamtschau nutzt auch die Kenntnis von Spezialgebieten wie der Wirtschaftsgeschichte und der Rechtskunde. Mit seinen Forschungen zum römischen Staats- und Strafrecht öffnete er nicht nur die Augen für diese originären Leistungen der Römer, sondern verbreitete auch (Examens-)Angst und Schrecken bei allen Jurastudenten, und das bis heute. Seinerzeit machte man sich über den Umfang eines Werkes noch keine Sorgen, niemand hätte den Autor in seinem Elan bremsen wollen; aber nach dreitausend Seiten, Mommsen war gerade am Ende der römischen Republik angekommen und hatte damit den für ihn selbst interessantesten Teil seiner Untersuchung abgeschlossen, blieb der Koloss halbfertig liegen. Das ist nicht so schlimm, weil man beim Lesen ohnehin mehr die brillante Methode als den großen Bogen schätzen lernt – so reicht es vielleicht, wenn Du von diesem Höhepunkt analytischer Geschichtsschreibung einmal eine Kostprobe genommen hast.

Am elegantesten kommen die Werke des Ferdinand Gregorovius daher. Sein Blick auf Geschichte ist der betrachtende eines Spaziergängers, der historische Orte besucht und dazu das Wissen um entlegene und vergessene Daten, Dokumente und Anekdoten ausbreitet. Seine Sehnsucht ist Italien und Griechenland, seine Trauer gilt dem Verfall von Athen und Rom. Die monumentale *Geschichte der Stadt Rom im Mittelalter* bringt Licht und Farbe in einen dunklen Abschnitt europäischer Zivilisation. Sie führt uns in der tragischen Figur des angeblichen Kaisersprosses Cola di Rienzo[31], der in Wahrheit Schankwirtssohn war, einen von romantischen Ideen geleiteten, wenn auch erfolglosen Erneuerer von Roms Glanz und Größe vor. Inhaltlich ist sie das monumentale Bindeglied zwischen dem geschichtswissenschaftlichen Vorgänger Edward Gibbon, dem großen Engländer des Achtzehnten Jahrhunderts, mit seinem bahnbrechenden Werk *Verfall und Untergang des römischen Imperiums,* und der Wiederaufnahme der Geschichtsschreibung in der italienischen Renaissance, beispielsweise durch Niccolò Machiavellis *Geschichte von Florenz* und ähnlich gelehrte Werke des Humanismus.

Die italienische Kulturlandkarte

Italien ist das schönste Land der Welt. Das kann ich deswegen so frech behaupten, weil Du es mir eh nicht unbesehen glauben wirst. Wir leben in der gesegneten Zeit, die jedem ermöglicht selbst nach-

---

31 Als *Rienzi, der letzte der Tribunen* Romanheld Bulwer-Lyttons und Opernheld Richard Wagners.

zuprüfen, wo es am schönsten ist.[32] Ich habe meine Entscheidung getroffen, auch wenn der Gesamteindruck getrübt wird durch die fehlende Vorstellung des Italieners davon, was ein ›Frühstück‹ sein soll. Wer mit Cappuccino und süßem Teilchen unzufrieden ist, stehe erst zum Pranzo, dem bereits auf der vollen Höhe unvergleichlicher Esskultur stehenden Mittagessen, auf.

Nirgendwo wie in Italien sind Landschaft, Architektur, Kunst, Literatur, Musik und Geschichte unlöslich miteinander verwachsen. Dabei sind die großen schöpferischen Köpfe präzise in der Landkarte dieses so abwechslungsreichen und naturschönen Landes festzumachen. So wie auf jeden Hügel eine Stadt oder zumindest ein Dorf gehört – nur Rom kann bekanntlich sieben davon für sich reklamieren –, so gehört in jede größere Ansiedlung ein großer Deuter, ein Weiser, ein witziger Kopf, mindestens aber ein berühmter Komponist oder Sänger. Machiavelli repräsentiert das bürgerstolze Florenz, in dem schlichte Kaufleute wie die Medici zu Herzögen aufsteigen konnten, denen die durchtriebenen Ratschläge von *Il principe – Der Fürst* zur Durchsetzung ihrer Machtinteressen dienen sollten. Dabei war es der skrupellose Spanier Cesare Borgia, der Sohn von Papst Alexander VI., der für den ›Fürsten‹ Modell gestanden hatte. Der geistvolle Staatssekretär begnügte sich aber nicht mit solchen tiefen Einblicken in realpolitische Zusammenhänge, in seinen Mußestunden gab er sich ganz ›humanistisch‹, indem er das noch vom Hörensagen bekannte antike Genre der Charakterkomödie frisch belebte mit der *Mandragola* über einen alten, närrischen Ehemann auf der durch nur zu berechtigte Eifersucht ausgelösten, selbstverständlich vergeblichen Suche nach der Liebeswurz.

Eigenartig und einzigartig ist die Physiognomie jeder italienischen Stadt, und das gilt nicht nur für so spektakuläre Blicke wie den auf Mantua, wenn man sich vom See her nähert. Und das Gesicht der

---

32 Was im Zeichen des Klimawandels sicher so nicht bleiben wird. Darum schaffe sich jeder beizeiten Maßstäbe und jammere nicht, wenn das freie Reisen zu Vergnügungszwecken weltweit eingeschränkt werden wird.

Städte spiegelt sich in dem ihrer Dichter. Der verspielte Giambattista Basile, der erste große Märchenerzähler, gehört nach Neapel, der strenge Alessandro Manzoni, der eine *Ode auf Napoleon* dichtete, die Goethe übersetzte, mit seiner Mailänder Chronik *Die Verlobten*, dem berühmtesten italienischen Roman, in die Hauptstadt der Lombardei. Die nicht kurze, aber kurzweilige Geschichte, wie Renzo und Lucia sich verlieren und wiederfinden, lässt er vor dem Hintergrund von Hungersnot und spanischer Fremdherrschaft im Dreißigjährigen Krieg ablaufen, mit bis dahin nicht gekannter Anteilnahme für die Opfer von Gewalt und Unterdrückung. Ugo Foscolo schuf mit den *Briefen des Jacopo Ortis* eine italienische Version des *Werther*. Er passt zur Morbidezza Venedigs wie Cesare Pavese mit seiner Trilogie der *Turiner Romane* in die Hauptstadt des Piemont; im Milieu der kleinen Leute sucht er nach den Wurzeln von Lebensfreude und -überdruss. Alberto Moravia[33], spezialisiert auf noch mehr ›Milieu‹, steht für Rom und Giorgio Bassani für Ferrara. In dieser oberitalienischen Kleinstadt, wo die Poebene am ebensten ist, choreographiert er ein Ballett von Distanz und Nähe, das der Ich-Erzähler mit seinen geliebten und verehrten Figuren aufführt. *Die Gärten der Finzi-Contini* sind eine wehmütige Erinnerung an die kurze Spanne, als es ein jüdisches Bürgertum in Italien gab. Die schmachtende Liebesgeschichte mit Micòl endet in Desillusionierung, bevor mit der Deportation der Familie Finzi-Contini in die deutschen Vernichtungslager die brutale Realität alle Poesie zerstört. *Die Brille mit dem Goldrand* spiegelt eine zarte homoerotische Leidenschaft und zeigt Bassani als italienischen Turgenjew – Meister der leisen Töne mit Vorliebe für ausweglose Situationen.

---

33 Wie so häufig nicht der beste von diesen, erhielt Moravia den Literaturnobelpreis für kalkuliert skandalöse Episoden aus dem Leben der ›einfachen Leute‹ in *Die Römerin* oder *La noia – Die Langeweile*. Den harten und grausamen Alltag auf Sardinien beschrieb die eingeborene Grazia Deledda in *Schilf im Wind*, die dafür ebenfalls mit dem Preis geehrt wurde; allerdings handelt es sich nicht um tourismusfördernden Lesespaß unter azurblauem Himmel, sondern um die dürre Geschichte von ein paar alten Schwestern, bei denen die Zeit stehengeblieben ist.

Und natürlich wandelt auf den grünen Wällen des luftigen Lucca der Sänger seiner Stadt, es ist der Melismatiker Giacomo Puccini.[34] Ippolito Nievo sitzt im Caffè Pedrocchi im ehrwürdigen Padua gleich neben Stendhal, der an seiner *Kartause* arbeitet, während Italo Svevo – der Strohhut schützt ihn vor der Adriasonne – nichtstuerisch durch Triest schlendert. Ihre Lieblingsplätze und -lokale sind noch zu sehen, ihre Spuren unlöslich mit der Aura ›ihrer‹ Stadt verbunden. Die Trauer der Exilanten von Dante und Petrarca bis Ignazio Silone bekommt so ihren tiefsten Sinn. Nur wenige Autoren wie Aldo Palazzeschi – *Der Doge* – wandern zwischen Florenz, Venedig und Rom unruhig hin und her.

Wie die römischen Kaiser schon ihre Hofdichter hielten, haben die großen Städte ihre Lokalpoeten, die den Dialekt und die Eigenheiten der Bewohner in ihren Gedichten festhalten. Manchmal dringt ihr Ruhm nicht übers Viertel hinaus, einem wie Trilussa dagegen wird von seinem Verleger eine reichkommentierte Dünndruckausgabe im Ledereinband zuteil, zweitausend Seiten stark. Aber selbst in diesem Fall eines im ganzen Land, jedoch nicht darüber hinaus Bekannten erst postum. Über seine häufig in Fabeln gehüllte Schelte an Papst und Duce lachte ganz Rom und bewunderte seine Elfsilbler; ein italienischer Stiefsohn von Wilhelm Busch oder Neffe von Morgenstern, der auch noch Illustrationen zu seinen uns harmlos anmutenden Reimereien lieferte. Für einen Eindruck reicht diese von mir verfertigte ›Nachdichtung‹[35] aus dem Zyklus *Die Wölfe und Lämmer* sicher aus:

---

34 Erfolgreiche Musiker leb(t)en meist ausschweifender als ihre schreibenden Künstler-Vettern. Um so dringender ihre Ehrenrettung, wie auch im Fall Puccini. Wer der Ansicht war, dass er ein treuer Ehemann und sorgender Vater gewesen ist, brauchte nur in Luccas ehrwürdiger via Fillungo das Traditionscaffè »di Simo« aufzusuchen und sich in die dort ausliegende Liste einzutragen. Schlechte Nachrichten für Puccini: Liste und Lokal sind seit neuestem geschlossen.

35 Bevor der Verlag mit Protestschreiben von Romanisten bombardiert wird, hier das Original zur Ehrenrettung des Dichters: *L'Arrivismo* // *Un giorno 'na Lumaca forastiera* / *che venne a Roma in mezza a la verdura* / *trovò un Grillo e je disse: – So' sicura* / *che faccio una bellissima cariera,* / *ché qui qualunque fregno se presenta* / *diventa granne subito, diventa …*

Groß rauskommen

'Ne Weinbergschnecke kam in 'nem Salat vor
und so nach Rom. Dort traf sie eine Grille.
Sie sprach zu ihr: »Es ist mein fester Wille,
dass ich hier sowas werde wie Senator.
Der Typ wird groß, dem geht man auf den Leim, er
ist ganz genau wie ich: ein echter Schleimer ...«

Am anderen Ende der Landkarte erscheint zunächst die ana-
chronistische Figur des Fürsten Salina, er ist *Der Leopard* und residiert
auf Sizilien. Diesen glanzvollen Roman schrieb der altadlige und sich
als Literaturprofessor durchschlagende Giuseppe Tomasi di Lampedusa; sein Thema ist der Verfall der eigenen Familie, der Aufstieg des
Bürgertums und vor allem die Einigung Italiens – der Fürst verzichtet
lächelnd darauf, bei solchen Tollheiten mitzumachen. Genauso di-
stinguiert verzichtete der Autor auf seinen Ruhm, der Roman erschien erst nach seinem Tod. Die gerade zu Salinas Zeit entstandene
Mafia fand in Leonardo Sciascia ihren furchtlosen Ankläger. *Der Tag
der Eule* – eindringlich auch als Film des ebenso couragierten Damiano
Damiani – schildert naturalistisch das Gebaren der sinistren ›ehrenwerten Gesellschaft‹. In *Das Verschwinden des Ettore Majorana* beschreibt
Sciascia, wie der eigentliche Erfinder der Atombombe, ein junger Physiker aus Sizilien, eines Tages von der Bildfläche verschwand und
nie wieder auftauchte: eine wahre Geschichte, trotzdem gut. Während Mafia, Sciascia und Lampedusa in den archaischen Westen dieser uralten Kulturinsel gehören – Luchino Visconti ließ Burt Lancaster
als »Der Leopard« sich mit Claudia Cardinale im Ballsaal eines alten
Adelspalasts in Palermo im Walzertakte drehen –, ist Catania, lava-
grau unter dem Abhang des Ätnas liegend, das quirlige Zentrum des
Ostens. Hierher gehört der größte Romantiker der Oper, der charmante Vincenzo Bellini. Seine Villa ist die schönste der Stadt. Wenn in
einem Salon seine Arien am Klavier erklangen, etwa die »Casta diva«
aus der »Norma« – dem Glanzstück der Callas –, klopfte er nicht nur
begeistert den Takt dazu, er konnte auch jedesmal bitterlich weinen

bei den herzergreifenden Stellen. Dieser blonde Engel starb, da die medizinische Kunst der seinen noch nicht gewachsen war, mit kaum vierunddreißig Jahren.

Geschichtsschreibung als Darstellung von politischen Abläufen, Reden, Versammlungen, Wahlen sowie Gewaltsamkeiten, Schilderung[36] entscheidender Schlachten, Beschreibung von Aufstieg und Untergang bedeutender Männer: Das ist eine uralte Disziplin der Literatur. Dem verfeinerten Geschmack vieler Leser war das aber zu wenig. Sie interessierte, und ich meine damit: u n s interessiert, wie haben die Menschen gelebt? was hatten sie an? was aßen sie? welche Beschäftigungen vertrieben ihnen die Langeweile, wie sah ihr familiäres Leben aus, wie erzogen sie ihre Kinder? Das sind die Fragen der Kulturgeschichte. Als ihr Ahnherr gilt der umfassend gebildete Plutarch, obwohl der noch nicht das große Ganze im Auge gehabt hat, als er im Ersten Jahrhundert seine unter dem Sammelnamen *Moralia* zusammengefassten etwa einhundert monographischen, also nur ein Thema behandelnden Schriften über *Kindererziehung* (*Peri paidon agogäs* / *Pädagogik*, ein Jahrtausendthema scheint auf), *Isis und Osiris* und alles Mögliche verfasste. Immerhin ließ er auch in sein Hauptwerk diese Fragestellungen bewusst einfließen, um ein volles Panorama der Zeit zu erzielen. Wir nennen seine Sammlung biographischer Abrisse *Große Griechen und Römer*.[37] Dabei geht es Plutarch weniger um die großen Taten, die er bei seinen Lesern als bekannt voraussetzen durfte. Die Lebensgeschichten seiner Helden setzt er vielmehr in das Umfeld ihrer Zeit, er zeigt die Bedingungen, unter denen sie sich entwickelten, ihre Ziele und Träume und die Begrenzungen ihres Charakters. Mit jeder weiteren Lektüre bekommt man also ein immer umfassenderes

---

36 Schild ist im Niederdeutschen gleich Bild, schildern bedeutet also zunächst ›malen‹.

37 Viele aus der Antike überlieferte Werke tragen so unspezifische Überschriften – meist aber gar keine, die uns bekannt geworden wären –, dass spätere Generationen sich bemüßigt fühlten, griffigere Titel zu erfinden.

Bild von Zeitläuften, Schauplätzen und Gesellschaften. Bei Plutarch
wird die Antike lebendig wie nirgendwo sonst. Diese Fähigkeit, einen
Zirkel zu schlagen und so einen Horizont zu öffnen, schätze ich an der
Kulturgeschichte.

Wenn mit Plutarch die Kulturgeschichte beginnt, dann hat sie anschließend fast zweitausend Jahre im Tiefschlaf gelegen, denn erst
im Neunzehnten Jahrhundert wurde sie als Wissenschaft wiederentdeckt und erst seit kurzem ist uns klar, dass politische Geschichte in Wirklichkeit nur ein Spezialfall von Kulturgeschichte ist. Im Wesentlichen
sind es die Wendepunkte der Weltgeschichte, an
denen Kräfte freigesetzt werden, die für die Zukunft bestimmend sind. Diese Zeitenwenden muss
man benennen, die Kräfte beschreiben, und das
Geheimnis der kulturellen Entwicklung liegt vor
uns. So etwa sieht der Ansatz des Schweizer Gelehrten Jacob Burckhardt aus, dessen Forscher-
ehrgeiz zwei solchen Wendepunkten galt. Einmal
der Zeit Kaiser Konstantins des Großen, als das
Christentum römische Staatsreligion wurde, was
bekanntlich schnurstracks den Zerfall des Reiches

> Begriffe sind lediglich
> Namen, die wir
> den Dingen geben.
> Renaissance ist kein
> festgelegtes Datum
> oder ein Stil, es ist
> ein Lebensgefühl.
> Der Geist erhält den
> verdienten Platz ganz
> oben, denn er sitzt im
> Kopf, und der Körper
> ist nur sein Sklave.

zur Folge hatte, im Geistesleben aber eine bedeutende Spätblüte, speziell einer heidnisch-römischen Kultur, brachte. Zum anderen ist das
der Untergang der von eben diesem Kaiser zur Residenz gemachten
Stadt Konstantinopel, die vorher Byzanz hieß, elfhundert Jahre später, als die Bedingungen zur Wiederbewusstwerdung der individuellen Kreativkräfte des Menschen gegeben waren und das Zeitalter
von Renaissance und Humanismus möglich machten. Im Jahre vier-
zehnhundertdreiundfünfzig eroberte der Osmanenherrscher Mehmed II. die Hauptstadt und letzte Bastion des Oströmischen Reiches mit der Amtssprache Griechisch. Wer konnte, floh und nahm
die Reste der uralten kulturellen Basis des Staatswesens ins Exil mit.
So erreichte mit den Überlebenden von Konstantinopel die griechi-

sche Kultur und Literatur erst Italien, dann das übrige Europa. Die packende Schilderung dieses für die Weiterentwicklung unserer gesamten Geisteswelt entscheidenden Ereignisses findest Du in Steven Runcimans *Geschichte der Eroberung Konstantinopels.*

Kulturgeschichte bei Burckhardt ist nicht die Geschichte eines kulturellen Fortschritts, sondern einer Ermöglichung von Kultur gegen die Kräfte des Zerfalls und der Barbarisierung. Neben seine große Vorlesungsreihe über *Griechische Kulturgeschichte* treten mit der *Zeit Konstantins des Großen*, der *Kultur der Renaissance in Italien* sowie seinem *Cicerone* mit dem Untertitel *Anleitung zum Genuß der Kunstwerke Italiens* die Dokumente seiner Italienbegeisterung. Hier erkennt der Basler Professor Kristallisationspunkte der abendländischen Entwicklung. Die Verquickung römischer Kaisermacht und päpstlicher Unfehlbarkeit ist in den Augen des skeptischen Protestanten das Menetekel der antiken Welt, das Signal zum Untergang in monumentaler Größe, wiederbeschworen durch die kulturelle Neugier des ausgehenden Mittelalters. Im Gegensatz dazu hat Peter Brown in seinem unscheinbaren Bändchen *Macht und Rhetorik in der Spätantike* die Verhältnisse neu beschrieben. Im Osten des nach wie vor riesigen Römerreichs gab es ein Bildungsbürgertum, das der christlichen Staatsreligion ablehnend gegenüberstand. Brown berichtet von Antiochia, wo sich in der verhaltenen Abwehr gegen das als ›barbarisch‹ empfundene Christentum eine Tendenz zeigte, die tausend Jahre später in der Renaissance wieder hervortreten sollte.

Oswald Spengler war ein wilder, unkonventioneller Denker. Er entwickelte die Theorie einer nichtlinearen, in Einzelzyklen zerfallenden Geschichts- und Kulturentwicklung. Speziell aus dem Schicksal frühgeschichtlicher Völkerschaften abstrahierte er das Muster von Kulturen, die sich in einer Art Lebensschema vom Keim über Reife zum Absterben entwickeln, und von kulturellen Zentren, die sich im geographischen Lauf von Ost nach West, vom Zweistromland nach Amerika, verschieben. An China dachte er noch nicht; welch ein Triumph seiner Theorie, wenn demnächst Peking zur Weltmachtzentrale aufsteigen wird. Gemeinsam mit Burckhardt ist der pessimistische An-

Jacob Burckhardt Oswald Spengler 145

satz, der sich bei Spengler bereits im geflügelten Wort des Buchtitels findet: *Der Untergang des Abendlandes.*

So brillant die Idee, so gusseisern das Korsett, in dem sie eingeschnürt ist. Spengler und Burckhardt waren Universitätslehrer mit literarischer Ambition, ihre Bücher lesen sich flüssig, aber ihr Blickwinkel ist nicht der eines unbefangenen Betrachters. Wann wäre ein Professor schon unbefangen gewesen? Um den Blick der Neugierde, der Begierde und Begehrlichkeit auf Kultur werfen zu können, muss man Dilettant sein, und zwar im besten Sinne des Wortes: Liebhaber. Dabei kommt es darauf an, sich diesen Titel redlich zu verdienen. Einem Mann ist dies in besonderem Maße gelungen. Er lag in seinem Bett – nicht aus Hinfälligkeit wie Proust, sondern weil es für ihn der geeignetste Ort zum Schreiben war – und verfasste dort in aller Bequemlichkeit eines der unterhaltsamsten und dabei gleichzeitig belehrendsten[38] Bücher, die ich kenne. Dazu trank er viel Bier und musste manchen Abend aufstehen, um als Schauspieler – bei Max Reinhardt, dem Theaterfürsten der Epoche – seinen Lebensunterhalt zu verdienen. Die Rede ist von Egon Friedell und seiner *Kulturgeschichte der Neuzeit.* Mit der Schwarzen Pest im Vierzehnten Jahrhundert beginnt sie, beschreibt Lebensweise: Bräuche, Ernährung, Bekleidung, Sprache, Tänze, Gesten der Menschen von dieser Zeit bis zur Gegenwart und stellt die entscheidenden politischen und kulturellen Daten und Errungenschaften dazu und bewertet sie. Ein unvergleichliches Panorama entsteht. Viel hat man an Friedells Darstellung kritisiert, vor allem den radikalen Subjektivismus. Friedell sagt: Das ist gut, jenes besser. Mancher empfindet es anders. Aber das ist gleichgültig. Wenn niemand mehr sagt, was er mag und was nicht, wird unser aller Geschmack auf die Stufe umfassender Abstumpfung zurücksinken. Bei aller Distanz kann man so auch die Bedeutung eines Literaturkritikers wie Marcel Reich-Ranicki beschreiben. Friedells Urteile sind so abgewogen, dass es sich immer lohnt, sie nachzuprüfen. Mit seinen

---

38 Das muss nichts Schlimmes sein.

146   Kapitel 2 Abenteuer!

eigenen Kritikern hatte Friedell Geduld. Als der Österreicher in Berlin
auftrat und von der antisemitischen Presse mit dem Titel ›versoffener
Münchner Dilettant‹ bedacht wurde, antwortete er in einem offenen Brief, über seinen Alkoholkonsum könne man schlecht denken
ebenso wie über seine Befähigung zur Schauspielerei. *Aber das Wort
›Münchner‹, das wird ein gerichtliches Nachspiel haben!* Umgekehrt ging die
Langmut nicht so weit. Unmittelbar nach dem ›Anschluss‹ Österreichs
erschienen an seiner Wiener Wohnungstür zwei SA-Männer. Friedell
springt aus dem Fenster im dritten Stock, nicht ohne vorher die Passanten zum Beiseitetreten aufgefordert zu haben. Bis in den Tod sich
treu bleibend, setzte er das Außerordentliche gegen die Banalität brutalen Schergentums. Exemplarisch sein Schicksal für die Verfolgten,
Entrechteten, Ermordeten unter den Dichtern. Kennzeichnend für die
Kulturgeschichte Friedells ist die Liberalität des Denkens. Er lässt alles
gelten, prüft jede Möglichkeit menschlicher Entwicklung und gelangt
durch diese Unvoreingenommenheit zu Schlüssen glänzender Hell-
sicht (bei gelegentlichen Entgleisungen). Er stellt auch nicht die Forderung auf, dies solle die einzig denkbare Kulturgeschichte der Menschheit sein. Es ist und bleibt aber die beste. Sie inspiriert.

  Die Zeitmaschine hat Friedell als Symbol der Gegenwart erkannt und
ihren literarischen Schöpfer H. G. Wells[39] durch eine Fortsetzung in
Capriccioform geehrt. Das Faszinierende an der Zeitreise ist nicht die
Aktion, sondern die Möglichkeit. Sie spielt sich in Wahrheit im Kopf
ab. So war es ihm auch möglich, sich in die *Kulturgeschichte Griechen-
lands* und die *Ägyptens und des alten Orients* einzufühlen. Anders als sein
Vorbild Jacob Burckhardt entwirft er kein zielgerichtetes Geschichts-
bild, sondern stellt Helden in das Zentrum von Entwicklungen. Dieser
Typus wurde erstmals vom Schotten Thomas Carlyle analysiert, dessen
Schriften, insbesondere die sechs Vorlesungen *Über Heldenverehrung* –

---

39 Auch Wells selbst gehört in diesen Abschnitt des Kapitels, hat er doch eine *Weltgeschichte*
    in drei dicken Bänden geschrieben, die seit langem nur noch in einer Kurzform greifbar
    ist. Interessant und unterhaltsam ist seine Sicht auf die Entwicklung unseres Globus –
    selbstverständlich ist das British Empire in seiner Darstellung der Anfang vom Ende.

Heroes and Heroes-worship, er übersetzte und im deutschen Sprachraum neu bekannt machte. Der Held macht die Epoche, sagt Carlyle, und die Epoche den Helden, vollendet Friedell. Durch Befugnis wird man zum Helden, durch Disposition und Talent. Und die Situation verlangt nach der Figur, die sie löst, beherrscht, vorwärtstreibt: im Künstlerischen wie im Politischen. Mit Alfred Polgar bildete Friedell lange Zeit ein kreatives Gespann. Gemeinsam ist ihnen die Bildung, Polgar hat mehr Distinktion, Friedell mehr Kraft und Urwüchsigkeit. Von dieser Blüte der Kaffeehauskultur demnächst eine Kostprobe.

Herbst des Mittelalters heißt das Lebenswerk des Niederländers Johan Huizinga. Es ist ein weiteres frühes Beispiel, wie man scheinbar versiegte Quellen zum Springen und stumme Zeitzeugnisse zum Sprechen bringt. Anders als Friedell, der den mittelalterlichen Menschen als ebenbürtigen Vorgänger des modernen sieht, zeigt Huizinga das Trennende. Das Mittelalter ist voller Pracht und Grausamkeit und muss zu Ende gehen, damit ein geläuterter, demütiger Mensch in eine neue Welt eintreten kann, in die der bürgerlichen Verantwortung und religiösen Distanz, hervorgerufen durch die Ernüchterungen wissenschaftlicher Erkenntnisse. Die Neuzeit wirft den Menschen inmitten dieser Demütigungen auf sich selbst zurück. So entsteht das moderne Bewusstsein. Ohne Psychiater ist es fast nicht zu ertragen.

Huizinga zeigt dagegen eine Welt im Zustand göttlicher Ordnung, wie frühe Chronisten in Burgund und anderswo mit so klangvollen Namen wie Froissart oder Chastellain sie beschrieben haben; eine hierarchische Ordnung, an deren Spitze Karl der Kühne oder Philipp der Gute steht und unten die Bürger, die sich zum Vergnügen des adligen Publikums auf dem Duellplatz gegenseitig totschlagen müssen, wie der niederländische Gelehrte, der selber zum Opfer der SS wurde, in einer besonders blutrünstigen Anekdote erzählt.

Wie konnte der Mensch nur werden, wie er ist?, lautete die Frage der Neuzeit an ihre Theoretiker. Bei ihrer Beantwortung stellen sich leicht ungute Gefühle ein. Charles Darwin und Karl Marx waren dabei, das lässt sich jetzt wieder konsensfähig sagen, Arbeiter im selben Weinberg. Während der Engländer mit der Feststellung kommt, dass der Homo sapiens es am besten verstanden habe, auf die ständigen Herausforderungen seiner Lebenswelt angemessen zu reagieren, mit Knappheit an Nahrung und widrigen Klimabedingungen fertig zu werden und seine Umwelt zu bemeistern, beklagt der Wahlengländer Marx, dass der vorhandene Überfluss an Ressourcen und Errungenschaften nicht zu gleichen und gerechten Lebensbedingungen innerhalb der Spezies geführt habe. Den Menschen der Zukunft sieht Darwin als Anpassungskünstler, der mit den sich weiter verändernden Bedingungen immer wieder fertig werden will, Marx hingegen als Genießer, der nach Menschenaltern der Unterdrückung die neugewonnene Freiheit zum Jagen, Fischen und Debattieren nutzen wird.

Was stutzig macht: Beide waren verheiratet. Im Jahrhundert der zölibatären Denker ist das suspekt. Nicht zuletzt durch die Existenz von Lenchen Demuth zeigte Marx, dass er die Ideale der Bürgerlichkeit mehr verinnerlicht hatte als die seiner eigenen Theorie. Von Darwin ist immerhin überliefert, dass er Pro und Contra im Vorfeld der Verehelichung abgeklärt hat. Gegen den Vorteil, im Alter nicht allein zu sein, machte ihm der Nachteil nichts aus, weniger Geld für Bücher zur Verfügung zu haben.

Ausgehend von Burckhardts und Huizingas Leistungen öffnet der Gang durch eine kulturgeschichtliche Bibliothek den Ausblick auf die Stellung des Menschen in seiner Welt. Besondere Aufmerksamkeit verdient dabei die Fragestellung, wie und warum die innige Beziehung des Menschen zu seinem Gott, zu Göttern überhaupt, ins Wanken geriet und nach jeder Erschütterung neu errichtet wurde. Steven Runciman schildert in *Häresie und Christentum* die mit der Orthodoxie konkurrierenden Strömungen von Glauben, die, aus dem Osten kommend, hier besonders Persien und Syrien, Europa im späten Mittelalter infiltrierten. Die Zahl ihrer Bekenner war hoch und sie setzten sich in Norditalien als Waldenser, in den Pyrenäen Südfrankreichs als Albigenser oder Katharer fest. Durch einen Kreuzzug wurden sie dort im Vierzehnten Jahrhundert vernichtet und aller Besitz der französischen

Krone einverleibt. Was übrig blieb, beschreibt Emmanuel LeRoy Ladurie in dem Buch *Montaillou – Ein Dorf vor dem Inquisitor*. Hier erfährt man, dass die Ketzerei nicht ausgerottet wurde, sondern im Untergrund überlebte, durch Wanderprediger weitergetragen wurde. Die Spuren sind noch heute sichtbar. *Montaillou* ist ein Beispiel für das lebensbunte Bild, das aus peniblem Studium jahrhundertealter Akten gewonnen werden kann. Wir erfahren die Namen der Ketzer, wie sie aussahen, ihre Lebensgewohnheiten, ob sie mürrische oder herzensfrohe Leute waren. So wie der Müller Menocchio aus dem Friaul in Nordostitalien, dessen erstaunliche Ansichten über Religion oder die Entstehung der Welt (jedenfalls nicht durch ›Schöpfung‹) uns

Ketzerei ist auch eine Form des Glaubens.

Carlo Ginzburg in seinem ungewöhnlichen Bericht *Der Käse und die Würmer* mitteilt. Menocchio bot der Inquisition die Stirn, er wurde für seine Überzeugungen zweimal wegen Ketzerei verurteilt und am Ende hingerichtet. Bahnbrechend ist die Ausschöpfung entlegener Quellen, die schließlich zu einem eindrucksvollen Bild zusammenfließen, was ein einfacher Mann um sechzehnhundert wusste, dachte, glaubte.

Die Methodik schärft den Blick so sehr, dass Ginzburg sie auch einsetzen konnte, um eines der größten Rätsel der Kunstgeschichte zu lösen. Ein Bild voller geheimnisvoller Zeichen und Symbole, die »Geißelung Christi« von Piero della Francesca, aufbewahrt im Herzogspalast in Urbino, fängt unter seiner Befragung zu sprechen an. Die berühmte kleine Tafel gehörte zum Besitz von Federico da Montefeltro, dem einäugigen Herrscher der kleinen Stadt in den italienischen Marken, der sich die Wurzel seiner Nase abschnitt – was ihm ein unverwechselbares und von Piero mehrfach dargestelltes Profil gab –, um sein Sehfeld zu erweitern.[40] Auf dem Geißelungsbild

---

40 Die Anekdote ist so prägnant wie – erfunden. Ich erzähle sie trotzdem. Man soll sich nicht jedes Vergnügen versagen. Der kühne Federico da Montefeltro aus dem unbedeutenden Urbino ist ein Beispiel für den damals vielgefragten Typ des Condottiere: ein gebildeter und politisch versierter Mann, dessen militärische Stärke man sich

ist die auch sonst häufig dargestellte Szene aus der Passion Christi zu sehen, wie der Heiland ausgepeitscht wird, an eine Säule gefesselt. Dies wird beobachtet von einem Mann, der sich bei näherem Hinsehen als der vorletzte oströmische Kaiser Johannes VIII. Palaiologos – der den Untergang seiner Stadt nicht mehr miterleben musste – zu erkennen gibt. In Distanz zu diesem Geschehen steht eine Dreiergruppe von Männern, unter ihnen der gelehrte Kardinal Bessarion, ebenfalls vom Bosporus, und der zum Zeitpunkt der Ausführung des Bildes bereits tote, barfüßig dargestellte Bruder des Federico. Das bis dahin völlig mysteriöse Gemälde wurde von Ginzburg in seine inhaltlichen Bestandteile zerlegt und neu zusammengesetzt – plötzlich gibt es seine Botschaft preis. Und zwar sagt es, dass der große Meister der frühen Renaissance zur Rettung des Abendlandes aufruft durch Befreiung Konstantinopels von der osmanischen Bedrohung, und er beruft sich dabei auf den jüngst verstorbenen Markgrafen von Urbino, Oddantonio da Montefeltro. Piero konnte den Fall der Stadt mit der Kraft seiner Palette nicht rückgängig machen. Das Büchlein *Erkundungen über Piero* indes ist ein Triumph der Methodik des Historikers Ginzburg. Dieses Konzept der Befragung von Dokumenten hat die französische Historikerschule rund um die Zeitschrift *Annales* entwickelt. Marc Bloch und Lucien Febvre hießen ihre Begründer. Bloch verfasste das Buch über *Die wundertätigen Könige* Englands und Frankreichs, die anlässlich ihrer Krönung berufen waren, die Skrofeln durch Handauflegen zu heilen. Später schrieb er noch eine Attacke auf die Indifferenz seiner Landsleute angesichts der militärischen Niederlage Frankreichs im Zweiten Weltkrieg (*Die seltsame Niederlage: Frankreich 1940*) und griff selbst zur Waffe, ging in den Untergrund und wurde von der Gestapo verhaftet und hingerichtet, ein Mann von siebenundfünfzig Jahren. Febvre seinerseits schrieb

---

mieten konnte, wenn der Preis stimmte. Er stammt aus der Zeit, als der deutsche Kaiser mit dem Papst um die italienische Vormacht rang: kaiserliche Ghibellinen (Waiblinger) gegen Guelfen (papsttreue Welfen). Es konnte nur einen Sieger geben zu einer Zeit, als die Kirche alle Macht auf Erden hatte.

eine Kulturgeschichte des *Rheins* und inspirierte damit vielleicht eines der elegantesten Bücher, die ich kenne, *Die Donau* von Claudio Magris. Eleganz ist bekanntlich eine Spielart des Überflüssigen, und der Autor wird mir nicht böse sein, wenn ich gleich gestehe, dass die Handlung und alle Informationen in diesem Buch v ö l l i g überflüssig sind. Anders wäre sein Reiz gar nicht zu erklären. *Die Donau* handelt von einer Promenade, einem lässigen Flanieren entlang ihrer Ufer von Donaueschingen bis zum Schwarzen Meer. Bei dieser langsamen Art des Reisens fliegen die Eindrücke nicht an einem vorbei, man hat Zeit und Gelegenheit, seiner Neugier zu folgen, hinter Fassaden und in krumme Gassen zu schauen, unbeleuchtete Winkel in Augenschein zu nehmen und nahe Hügel zu erklimmen. Magris, der vielsprachige Professor aus Triest, mithin an einer Wegkreuzung der Moderne geboren, interessiert sich für Ketzerei, das Privatleben der Diktatoren und die Lebensleistung eines Ingenieurs, der die Donau am Reißbrett gebändigt und bezwungen hat, des Herrn Neweklowsky. An einer langgezogenen Porträtgalerie führt uns Magris in diesem Buch vorbei, einige sind vergilbte und zerknickte Photographien, andere prächtige Gemälde in schweren goldenen Rahmen, Strichzeichnungen sind dabei und frühe Daguerreotypien, manche so klein, dass man

Beim Nobelpreis trifft es immer die Falschen, und das ist ganz richtig so: Ist die Wahl auch falsch, weil ungerecht, so ahnt man doch, dass der Richtige gemeint war. Warum hätte Graham Greene sich grämen sollen, dass er nicht erwählt wurde? Er war einer der erfolgreichsten Schriftsteller seiner Zeit. Wird es Claudio Magris anders ergehen? Wir hoffen es für ihn, aber bleiben skeptisch.

sehr nahe herantreten muss; immer jedoch ganz ohne Mühe, dieses Buch ist federleicht und man fühlt sich beim Lesen fast so, als könne man fliegen.

Mit *Mutmaßungen über einen Säbel* (auf Italienisch klingt das tausendmal eindrucksvoller: *Illazioni su una sciabola*) hat Magris ein anderes kleines Meisterwerk geschaffen, eine wiederum an der Historie festgemachte Erzählung über den letzten Kosaken-Ataman Krasnow, der sich der deutschen Wehrmacht angeschlossen hatte und durch britischen Verrat in die Hände der Roten Armee fiel, eine sehr, sehr traurige Geschichte ... Als Literaturwissenschaftler hat Magris noch weitere Werke über *Triest* und seine Rolle als kulturelle Drehscheibe, über den Triestiner *Italo Svevo* (oder Schmitz) und den *Habsburgischen Mythos in der modernen österreichischen Literatur* geschrieben und seit neuestem auch Romane. Ich verspreche: Magris langweilt seine Leser nie!

Noch ein Italiener, dessen Bücher bei aller wissenschaftlichen Integrität höchsten Unterhaltungswert haben: Roberto Zapperi. Das dekadente Italien von Gegenreformation und Barock – und darin das originelle, zuweilen abgelegene Thema – ist seine Domäne, und er macht es so zu einer Herzensangelegenheit, dass es nicht kalt lässt. In drei Büchern hat Zapperi eine entscheidende Phase der Kirchen- wie Kunstgeschichte untersucht und durch die erhellende Kombination neuer Fakten beleuchtet, und zwar den Beginn der Gegenreformation und die Erneuerung der darstellenden Künste in Rom. Papst Paul III. aus dem Hause Farnese, von Tizian mehrmals als dämonischer Greis porträtiert, war die zentrale Gestalt jener Zeit, und sein Grabmal zu St. Peter in Rom nimmt Zapperi zum Anlass, über *Die vier Frauen des Papstes* nachzudenken, die als Skulpturen auf seinem Grab hocken und die sein Leben begleiteten – seine Mutter, seine Geliebte, seine Schwester und seine Tochter. Viele Frauen für einen Papst. *Der Neid und die Macht* verbindet die Familien der Aldobrandini und Farnese im frühbarocken Rom. Die einen lechzen nach der Vorrangstellung, die die anderen innehaben, also ein vierhundert Jahre alter Vorläufer von »Dallas« und »Denver«. Und schließlich ist *Annibale Carracci* aus Bologna der Künstler, der den Machtanspruch einer Familie in Rom in Fresken von neuer Prächtigkeit fasst – im monumentalen Palazzo Farnese mit der klotzigen Michelangelo-Fassade – und dabei nebenbei das Barock erfindet.

Zapperis Kunst besteht nun darin, einen bereits bekannten Geschichtsraum neu zu dekorieren, ihn mit Möbelstücken, Tapeten und Gegenständen behaglich einzurichten und dem Leser das Ge-

Roberto Zapperi Dichterkrönung 153

fühl zu geben, darin zu Hause zu sein. Nach dieser Methode ist auch *Das Inkognito* gefertigt, sein Buch über Goethes Italienreise. Nicht nur, dass er nachweist, unter welchen Voraussetzungen sich Goethe tatsächlich auf seiner Reise bewegt hat, Zapperi bringt auch Licht ins Dunkel der goetheschen Italien-Erotik, und Du sollst nicht denken, das wäre etwas Unwichtiges oder vielleicht mit Diskretion zu Übergehendes. Er selbst hat ja in seinen *Römischen Elegien* beschwärmt, dass er in Rom zum Mann geworden sei, und eine große psychoanalytische[41] – trotz dieses kleinen Mangels interessant zu lesende und augenöffnende – Studie zu *Goethe*, nämlich die von Kurt Eissler, beruht auf der Annahme, dass Goethe in Rom seine Unschuld verlor. Dies alles verweist Zapperi ins Reich der Legende. Seine Dokumente beweisen unumstößlich, dass Goethe von Anfang an um seine Reise ein Mysterium gemacht hat und damit spezielle Ziele verfolgte, vor allem das, sich als Künstler ›klassischer‹ Prägung zu stilisieren, der seine Weihe, die ›Dichterkrönung‹, in Italien, in Rom empfängt. Dieses Zeremoniell hat es wirklich gegeben, wie im Dom von Siena zu sehen ist, im Seitenraum der Bibliothek, wo Pinturicchio das Leben von Enea Silvio Piccolomini, dem späteren Papst Pius II., in prächtigen Fresken erzählt, inklusive dessen Dichterkrönung in Frankfurt durch den Deutschen Kaiser, in Anerkennung seiner äußerst weltlichen Novellen und antikisierenden Komödien, auch wenn er uns eher als Bauherr der Phantasiestadt Pienza, südlich von Siena, in der Erinnerung geblieben ist. Für Goethe war diese Art der Legitimierung des Künstlers wichtig, um darzutun, über welche Tradition man gerade hinauszuwachsen im Begriff war.

41 Ahnfrau der psychoanalytischen Biographie ist die splendide Prinzessin von Griechenland Marie Bonaparte – Freudpatientin, -schülerin und -retterin – mit ihrer bahnbrechenden dreibändigen Studie über *Edgar* Allan *Poe*, bis heute Kronjuwel des Genres. An Poe gibt es, angefangen mit seinen tatsächlich sehr merkwürdigen Beziehungen zu Frauen, jede Menge zu studieren, was ihn zum idealen Patienten gemacht hätte.

Rembrandt oder Kunst im Buch

Als das Fernsehen sich noch in drei Programmen erschöpfte, hatten wir einen Diaprojektor und eine Leinwand. Darauf erschien hin und wieder das mürrische Gesicht eines alten Mannes, die misstrauisch blickenden Augen stark beschattet von einem Helm. Auf dieser seltsamen, prachtvoll ziselierten Kopfbedeckung von antiker Form sammelte sich alles Licht. Dieses viele Licht strahlte und leuchtete, dass einem die Augen übergingen davon. Das war das Bild »Der Mann mit dem Goldhelm«. Der Maler hieß Rembrandt, sagte man, und ich liebte ihn. Warum eigentlich? Wo doch sonst das Gewimmel von Albrecht Altdorfers »Alexanderschlacht« mein Fall war – und geblieben ist. Bei Altdorfer ist die Sache klar: der köstlich gemalte Himmel mit Sonne und Mond gleichzeitig darin, die grandiose, heroische Landschaft, alles auf meine Lieblingsfarbe Blau gestimmt; verloren darin die Schlacht zwischen Abend- und Morgenland mit dem zentralen Thema des auf dem Pferd anreitenden Alexander und des sich mit seinem Prachtstreitwagen zur Flucht wendenden Dareios.[42] Die in unendlichen Sturmkolonnen antretenden Soldaten beider Heere erfüllen das Tal mit dem Glanz der Rüstungen und der Pracht ihrer Gewänder. Altdorfer entlehnt sie, wie in der Kunst des Mittelalters üblich, seiner eigenen Zeit. Er ist kein Archäologe und Altphilologe wie sein norditalienischer Zeitgenosse Andrea Mantegna, für den bereits die Renaissance angebrochen war und der liebevoll (als erster!) antike Bauten und Kostüme rekonstruierte wie etwa in dem monumentalen zehnteiligen »Triumph Caesars«, den heutigentags Königin Elisabeth II. in einem ihrer Schlösser verwahrt. Doch alle Vielfalt der Figuren – viele Soldaten wissen noch gar nicht, dass sich gerade im Augenblick die Schlacht ent-

---

42 Ein Déjà-vu: Altdorfer konnte, im Gegensatz zu uns, das in Pompeji gefundene Mosaik noch nicht kennen, das dieselbe Szene sozusagen in Nahaufnahme zeigt: Alexander mit dem übergroßen Auge auf seinem Schlachtross, dem Bukephalos; beim Anblick des heranpreschenden Helden ist der Schrecken ins Gesicht des sich bis zu diesem ›Augenblick‹ für unbesieglich haltenden Perserkönigs geschrieben.

scheidet, oder sind froh, nicht im Zentrum des Kampfes zu stehen, und bewegen sich dementsprechend entspannt – ist nur eine Fußnote im Glanz der wahrhaft kosmischen Darstellung, die das Bild von der Entscheidungsschlacht des Westens gegen den Osten bietet.

Kehren wir zur intimen Darstellung des Mannes mit dem goldenen Helm zurück. An diesem Bild entlang ließe sich eine ganze Geschmacksgeschichte schreiben sowie ein Abriss der kunstgeschichtlichen Literatur entwickeln. In Frankreich wurde Mitte des Neunzehnten Jahrhunderts der Wert Rembrandts wiederentdeckt.[43] Das bedeutet nicht, dass Rembrandt vergessen gewesen wäre, es heißt, dass man ihn nicht mehr (nach Gebühr) geschätzt hat. Charles Dickens hatte in seiner *Italienischen Reise* geschildert, wie der weltläufige Dandy, auf der großen Europatour, bei der Besichtigung italienischer Kunstschätze selbst zum Pinsel griff, um Werke aus Renaissance und Barock zu ›verbessern‹ – etwa so wie Jack Nicholson als ›Joker‹ in »Batman«. Bilder, die zu hell und frisch erschienen, wurden künstlich nachgedunkelt, gefirnisst, verdreckt. Alles nur eine Geschmacksfrage. Dem Direktor des damals so benannten Kaiser-Wilhelm-Museums in Berlin – auf der Museumsinsel, die als seine Schöpfung gilt – Wilhelm von Bode wird so ein verschmutztes, als verdorben geltendes Bild angeboten, das er für eintausend Pfund kauft unter der Bedingung, dass es sich restaurieren lässt. In seinen Erinnerungen *Mein Leben* hat er es so geschildert. Einhundert Jahre lang ist dieses Bild, »Der Mann mit dem Goldhelm«, der Star der Berliner Sammlungen; nach dem Krieg hängt es in Dahlem. Der finster blickende Mann wird mit Rembrandts Bruder identifiziert, der dicke, ›pastose‹ Farbauftrag, der den Helm so plastisch erscheinen lässt, als Inbegriff barocker Mallust interpretiert. Im Jahr neunzehnhundertein-

Das Kind malt alle Menschen so wie sich selbst. Viele Maler machen es genauso. Denn nur wer sich selbst genau beobachtet, kann das auch mit anderen.

---

43 Durch Eugène Fromentin; Näheres in Kapitel 4.

undneunzig, die Mauer war frisch gefallen, stand ich im Berliner Regen in einer langen Schlange von Menschen, die die Schau »Rembrandt – Der Meister und seine Werkstatt« sehen wollten. Drinnen war der Behelmte nicht mehr an der Wand. Er war gerade abgehängt und im Depot eingemottet worden. Meine Enttäuschung: riesengroß.

Unser Geschmack ist keine selbständige Größe, sondern wird ständig geformt und verändert durch äußere Faktoren.

Was war geschehen? Seit über vierzig Jahren wird der Bestand an Bildern, die von Rembrandts Hand sein könnten, das sind weltweit etwa vierhundert, von einer Gruppe Fachleuten gemustert und bewertet. Es geht darum, ›echte‹ Rembrandts herauszusieben und den Rest Schülern, der Rembrandt-Fabrik oder Nachahmern zuzuweisen. Ja, eine Fabrik soll er gehabt haben, wo nach seinen Anweisungen gemalt wurde und er nur noch die Signatur auf die Leinwand setzte; diese Erkenntnisse stammen von der brillanten Svetlana Alpers in *Rembrandt als Unternehmer*. Etwa die Hälfte der vermeintlichen Originale wird nun mit modernsten Mitteln wie Röntgen und anderen Durchleuchtungsmethoden[44] entlarvt und abgeschrieben, um dem Maler, der dreiundsechzig Jahre alt wurde, ein angemessenes Lebenswerk zuweisen zu können. Warum ist das so interessant?

Weil über Rembrandt so viel geschrieben worden ist wie wahrscheinlich über keinen anderen Maler. Der erste brauchbare Werkkatalog seit der optimistischen Aufstellung von Bredius stammt von Horst Gerson und bietet die vierhundert Werke, die man damals gerne für Originale halten wollte. Die großen Kunsthistoriker und Kunstschriftsteller Otto Pächt und Theodor Hetzer, die so begeisternd

---

44 Original ist beispielsweise ein Bild, an dem vom Künstler während des Schaffensprozesses Änderungen der Komposition vorgenommen wurden (›pentimenti‹, die Sprache der Wissenschaft ist italienisch), nachgemalt eins, das keine Vorzeichnung oder Veränderungen während des Malvorgangs erkennen lässt, also nötig hatte, usw.

über ihr Thema zu schreiben wussten, legten große Untersuchungen zum Phänomen des genialen Barockmalers vor[45], speziell zur Eigenart seines Stils. Christian Tümpels Katalog ist schon kritischer, bietet aber immernoch etwa dreihundert Stücke. Dann kommt Gary Schwartz, der aktuell beste Kenner der Materie, und zeigt mit enormer Einfühlung, wie das Umfeld aussah, aus dem Rembrandt Harmenszoon van Rijn hervorging, wie er den guten Rat seines Lehrers Pieter Lastman in den Wind schlug, um über ihn hinauszuwachsen, sich von seinem Jugendfreund Jan Lievens trennte, um seinen eigenen Stil zu vervollkommnen, und seinen Nachahmer Govaert Flink abschüttelte durch seine einzigartige Technik. Anschließend eroberte er Amsterdam; das befand sich damals in einem religiösen Ausnahmezustand, hier fand Rembrandt den erforderlichen Stamm an Kundschaft für die vielen Porträtaufträge und vor allem biblischen Geschichten, deren Darstellung er stets fein auf die unterschiedlichen Wünsche der Auftraggeber abzustimmen wusste. Es ging darum, den Bedarf von Sektierern verschiedenster Couleur zu erfüllen an Repräsentation und Akzeptanz, um einen ausreichenden Kundenkreis für die Bestellung von Einzel- und Gruppenporträts sowie religiöser und anderer Darstellungen zu gewinnen. Rubens war noch der große (Hof)Maler des Katholizismus, Rembrandt sind die Glaubensansichten seiner überwiegend bürgerlichen Auftraggeber egal. Jedem Geschmack hat er etwas zu bieten. Schwartz' Buch ist spannend geschrieben, so spannend wie Rembrandts Lebensgeschichte. Sein Aufstieg ist märchenhaft, sein Bankrott legendär, seine Beziehungen zu Frauen sind exemplarisch für das Zeitalter, und in der ganzen Spanne seines Lebens entwickelt er seinen malerischen Stil weiter, bleibt nie stehen. Was macht seine Bilder einzigartig? Die Auswahl der Themen, in der Regel kleine Szenen mit wenigen Personen[46], verbunden mit dem Clou

45 Leider heißen alle Bücher, die ich hier nicht namentlich erwähne, *Rembrandt*, sind also an ihren Titeln nicht zu unterscheiden.
46 Ausnahmen sind seine Gruppenporträts: die »Nachtwache«, das ist die nicht ganz naturgetreue Darstellung einer Schützengilde, die beiden »Anatomien« (zu sehen sind

spezieller Beleuchtungstricks und starker Psychologisierung der Dargestellten. Denke an den »Belsazar«, er hängt in London. Ge›schildert‹ wird die Szene, die Heine im Gedicht beschreibt:

Und sieh! und sieh! an weißer Wand
Da kam's hervor wie Menschenhand;

Und schrieb, und schrieb an weißer Wand
Buchstaben von Feuer, und schrieb, und schwand.

Der übermütige Perserkönig hat Jehova geschmäht und herausgefordert. Die subtile Antwort des rachsüchtigen Gottes sieht man auf dem Bild. Es ist das mysteriöse M e n e t e k e l *u-pharsin* der biblischen Erzählung, dessen Bedeutung man bis heute nicht enträtselt hat. Menetekel ist ein MacGuffin, wie ihn sich Alfred Hitchcock für seine besten Filme ausgedacht hat. Was ist ein MacGuffin? Dasselbe wie das Menetekel. Etwas ohne Bedeutung und Inhalt, das aber alles sein könnte, zum Beispiel auch sehr gefährlich. Oder ein Kochrezept. In dem Film »Der unsichtbare Dritte« geht Cary Grant – der als Mörder gejagte, eigentlich ganz harmlose Werbefachmann Roger Thornhill – mit dem Geheimdienstchef über die Rollbahn eines Flughafens zum auf sie wartenden Turboprop. Jetzt, nachdem zwei Drittel des Filmes vorüber sind, soll Thornhill erfahren, warum er als Köder für den gefährlichen Verbrecher van Dam benutzt wurde. Der will Mikrofilme außer Landes schmuggeln. Was darauf zu sehen ist? Die Erklärungen des Geheimdienstmannes gehen im Lärm der laufenden Flugzeugpropeller unter. Sie sind unwichtig. Ein MacGuffin[47], ein Geheim-

---

Männerclubs zur Erforschung des menschlichen Körperbaus, die von einem Professor in die Besonderheiten der vor ihnen liegenden Leiche eines Hingerichteten eingewiesen werden) sowie die »Staalmeesters«, das ist der versammelte Vorstand der Tuchmacherzunft – allesamt ›Spezialaufträge‹ für den großen Menschenkenner Rembrandt.

47 Eigentlich, so erzählt Hitchcock seinem neugierigen Interviewer François Truffaut, ist der MacGuffin ein Hilfsmittel, um in den Adirondaks Löwen zu fangen – wo es sie seit schätzungsweise einer Million Jahren nicht mehr gibt.

nis ohne Bedeutung. Es reicht, dass es existiert. – Der mitten in seiner weinseligen Feierlaune durch die Erscheinung, Jehovas MacGuffin, düpierte Potentat macht ein Gesicht von müder Blödigkeit. Die Augen treten ihm aus dem Kopf: Mit solch prompter Reaktion hatte er bei seiner Gotteslästerung nicht gerechnet. Der Kreis seiner Höflinge, der ›Knechte‹ bei Heine, ist gerade noch mit Saufen und den prächtig gewandeten Frauen beschäftigt, aber schon gucken die ersten argwöhnisch: Ist es mit der Macht des großen Königs doch nicht so weit her? Hören wir uns den Schluss der Ballade an:

Der König stieren Blicks dasaß,
Mit schlotternden Knien und totenblaß.

Die Knechtenschar saß kalt durchgraut,
Und saß gar still, gab keinen Laut.

Die Magier kamen, doch keiner verstand
Zu deuten die Flammenschrift an der Wand.

Belsatzar ward aber in selbiger Nacht
Von seinen Knechten umgebracht.

Also: Schwartz hat Rembrandt, Leben und Werk, in das rechte Licht gesetzt. Er ist Gegner der rigiden Methoden des *Rembrandt Research Project*.[48] Er ist für die Qualitäten des »Mannes mit dem Goldhelm«. Das Bild wird inzwischen wieder gezeigt. Von Rembrandt ist es wohl trotzdem nicht.

---

48 Dessen Aktivitäten werden mehr und mehr zum Paradigma, wie ›Wissenschaft‹ eben auch funktioniert. Nach den vielen Abschreibungen von Rembrandtgemälden fangen die Fachleute jetzt an, ihre eigenen früheren Urteile ›wissenschaftlich‹ zu untersuchen – und zu revidieren – unter dem Motto: Irren ist menschlich.

Wieder stehen wir an einer Weggabel; diesmal zweigt etwas ab, was sich ›Fachliteratur‹ nennt. Das ist natürlich ein unverschämter Etikettenschwindel, denn es handelt sich bei diesen Büchern, die eine verstümmelte und vor unverständlichen Wort- und Satzungetümen strotzende Sprache führen, keinesfalls um Literatur; deswegen wollen wir diesen Weg auch nicht weiter beschreiten. An der Gabelung jedoch finden wir einzelne Denker und Werke, die vor etwa hundert Jahren noch nicht den unüberwindlichen Graben zum ›Fachbuch‹ aufgerissen haben, sondern uns Laien goldene Brücken bauen wollten. Einigen wie Theodor Mommsen sind wir gerade begegnet, für alle anderen stellvertretend nenne ich seinen Schüler Max Weber und *Politik als Beruf* sowie *Wissenschaft als Beruf*. Weber machte seinen Wohnsitz Heidelberg und dessen Universität in aller Welt zum Synonym für deutschen Geist; seine Vorstellung davon, dass alle Wissenschaft dem Menschen zu dienen habe, strahlte in das gerade beginnende Jahrhundert aus, während seine Anforderungen an die moralische Integrität des Politikers ganz offenbar erst von einem Gemeinwesen der Zukunft erfüllt werden können. In diesen beiden Vorträgen erklärt er jungen Leuten in einfachen Worten, auf was sie sich einlassen, wenn sie den Fuß in das Gebiet der professionellen Weltgestaltung setzen. Willst Du Wissenschaftler (geschweige Politiker) werden, lies Weber und sieh dann weiter!

Sind schon Wissenschaft und Schöngeistigkeit einander verfeindet, so bilden Politik und Literatur bereits einen unauflöslichen Widerspruch. Das vergangene Jahrhundert hat uns überreich mit Beispielen versorgt. Miteinander können sie nicht, sodass die Aufgabe des Schriftstellers in dem Staat, der ihn und den er nicht toleriert, nur darin bestehen kann, präzise zu konstatieren und gegen Ignoranz und Vergessen anzuschreiben. Unversehens wird Geschichte zur Zeitgeschichte, nähern wir uns nur genug der eigenen Lebensspanne. Literatur wird hier umso mehr zum Erlebnis, je mehr Erlebnis zu Literatur wird. Walter Kempowskis Werke verdanken ihre Bedeutung dieser Tatsache. *Tadellöser & Wolf* ist die in Literatur überführte tragikomische Geschichte seiner eigenen Jugend im Dritten Reich – später machte er auch noch Bekanntschaft mit dem ›anderen‹ Deutschland. Dieses Buch hatte das Glück, kongenial verfilmt zu werden. Den Namen des Drehbuchautors und Regisseurs gilt es zu rühmen, es ist Eberhard Fechner, Meister des ruhigen Flusses von Wort und Bildern, die gerade dadurch Tiefe gewinnen. Sein einzigartiges Meisterwerk ist »Comedian Harmonists«. Fechners Verdienst ist nicht nur, die zwischenzeitlich vergessenen Mitglieder dieser ersten Boy Group (»Veronika, der Lenz ist da!«, »Ein Freund, ein guter Freund ...«) wieder entdeckt zu haben, er entlockt ihnen Geschichten, die unseren Begriff von Geschichte der jüngsten Vergangenheit einzigartig mit Leben erfüllen. So wird er zu einem Herodot für das Zwanzigste Jahrhundert. In Sofia sitzt Ari Leschnikoff, dessen spinnwebdünner Tenor jeden Hit der Sechs mit Spitzentönen umrankte, lebensfroh und freundlich lächelnd neben seiner x-ten Flamme auf dem geblümten Sofa, entsagungsvoll den vielen schönen Frauen und dem vielen Geld seiner Jugendzeit hinterhersinnend; in Bochum grantelt einzelgängerisch der Pianist Erwin Bootz, seit je ein Fremdkörper des Ensembles. Der Bass Robert Biberti in Berlin versucht Jahrzehnte später zu entschuldigen, warum er sich zum Kopf der Gruppe und zu ihrem Zerstörer aufgeschwungen hat, als die Nürnberger Rassengesetze ein weiteres Auftreten in Deutschland unmöglich machten und die jüdischen Ensemblemitglieder Roman Cycowski[49], der sanfte Bariton und später viele Jahre Kantor des Beth-Israel-Tempels von San Francisco, Erich Collin, der zweite Tenor, und der Gründer und künstlerische Genius Harry Frommermann, Buffo – die beiden letzteren waren in der Zwischenzeit verstorben –, nur noch in der ›freien Welt‹ auftreten konnten. Tatsächlich gab es eine Zeitlang zwei Nachfolgesextette, aber der alte Schwung und die alte Freude waren ein für allemal dahin. Auch für den, der den Film schon kennt, bietet Fechners Buch *Comedian Harmonists* noch einmal viel Neues und Lesenswertes, etwa wie Collin als Kind in Berlin der Kaiserin auf der Straße begegnet. Die eindringlichste Leistung Fechners

---

49 Eine eindrucksvolle, in ihrer milde altersweisen Heiterkeit ehrfurchtgebietende Erscheinung. Er verstarb als letzter der sechs in ›biblischem‹ Alter.

bleibt sein Film »Der Prozeß« aus dem Jahr neunzehnhundertvierund-
achtzig über das Düsseldorfer Verfahren gegen die SS-Leute von Maj-
danek. Kommentarlos werden die Aussagen von Überlebenden und
die durch Schuld entstellten Gesichter der alt gewordenen Schergen
gegeneinandergestellt. Die Todesstrafe wäre für sie eine unverdiente
Gnade gewesen. Wer diesen Film sieht, bekommt weiche Knie.

Zentrale Frage unserer jüngeren Vergangenheit ist: »Wie konnte das
passieren?« Diese *Meine deutsche Frage* hat sich auch Peter Gay, der einst
Fröhlich hieß, gestellt. Als er fünfundzwanzig Jahre später erstmals
wieder aus Amerika nach Deutschland zurückkehrt, lautet seine Antwort: Weil dieses Land durch und durch schlecht ist. Mit dieser Feststellung muss man sich zufriedengeben. Gay wurde durch seine große
fünfteilige Studie über *Die bürgerliche Erfahrung* in der zweiten Hälfte
des Neunzehnten Jahrhunderts berühmt. Er analysiert darin die An-
triebskräfte des bürgerlichen Seelenlebens wie Liebe, Gewalt, Sexualität, aber auch Kultur, und nutzt seine Ausbildung als Psychoanalytiker,
um dem viktorianischen Zeitalter den Spiegel vorzuhalten. Auch vor
sich selbst hat er nicht haltgemacht und findet zu seiner deutschen
Frage die Antwort hinter der Antwort: Die Nazis haben mich gezwungen, das Land, das ich liebe, zu hassen. Mit dieser Analyse einer
Zerrissenheit zeigt er treffend das, was so vielen Verfolgten und Ge-
quälten geblieben ist, nämlich der Scherbenhaufen eines Traumes von
Heimat.

Ähnlich tief geht der Psychiater Hans Keilson bei seiner Verarbeitung
des Geschehenen. Sein kleines Buch *Der Tod des Widersachers* zeigt das
Opfer und den Schergen in ihrer ganz persönlichen Beziehung – sie
kommen voneinander nicht los.

Andere außergewöhnliche Werke zum Thema: Lotte Paepcke, *Ein
kleiner Händler der mein Vater war,* über die Verletzungen, die so tief sind,
dass auch die Überlebenden des Schreckens nicht überleben können.
Victor Klemperer, dem Romanisten und Diaristen seiner Dresdener
Leidenszeit, bot sich, durch die Ehe mit einer ›Arierin‹, die zu ihm hielt,
geschützt, die Möglichkeit des Überdauerns in Deutschland, als
Zwangsarbeiter und unter schrecklichsten Bedingungen. Minutiös

hielt er alles in seinen *Tagebüchern* fest, wissenschaftliche Arbeit war ihm ohnehin untersagt. Daneben verfasste er insgeheim die Sprachanalyse der Nazibarbarei *LTI* gleich *Lingua Tertii Imperii,* deren Korruption bis in den alltäglichen Wortgebrauch vorgedrungen war. Klemperer legt die Hohlheit und Verkommenheit des ›Dritten Reichs‹ bloß, indem er die Hohlheit und Verkommenheit seiner Sprache beschreibt. Er konnte nicht wissen, dass zur selben Zeit am anderen Ende der Welt einen größeren Künstler dasselbe Problem umtrieb. Charlie Chaplin als »Der große Diktator« Adenoid Hynkel erfand sich ein Demagogenesperanto, dessen unvergesslichste

Darf man über das Leiden anderer lachen?

Zutaten *flütensack* und *wienerschnitzell* sind. Die ›Vorsehung‹ war es sicher, die ›den größten Feldherrn aller Zeiten‹ mit dem Vornamen Adolf bedachte (Adenoid ist eine Wucherung, ein Tumor); nicht auszudenken, hätte dieser Mann Peter oder Christian geheißen. Dem Terror die weltbewegende Kraft des Lachens entgegenzusetzen war eine der größten kulturellen Leistungen des vergangenen Jahrhunderts – neben Chaplin hat auch Ernst Lubitsch mit »Sein oder Nichtsein« eine Fiktion der Lachhaftigkeit des Demagogischen geliefert, die ewigen Angedenkens würdig ist und immernoch Spaß macht.

Das sah mancher anders. Die Philosophin Hannah Arendt hat den Prozess gegen den Deportationsorganisator Adolf *Eichmann in Jerusalem* besucht und konstatiert, dass in der Person dieses diensteifrigen Verwaltungsmannes ›die Banalität des Bösen‹ zu besichtigen sei. Das ist so nicht richtig. Das Böse ist weder eine organisierte Bande noch banal, schon gar nicht, wenn es Millionen von Toten produziert. Es existiert, nüchtern betrachtet, nicht einmal. Aber eine unserer wenigen Chancen, mit so viel Leid umzugehen, besteht darin, das System der Lächerlichkeit preiszugeben, das darin bestand, seine Bösartigkeit mit hohler Banalität zu bemänteln.

Der Ungar Imre Kertesz war Überlebender des Vernichtungslagers. Sein *Roman eines Schicksallosen* beschreibt, wie er als Kind aus der Normalität in den namenlosen Schrecken geworfen wurde und warum es unmöglich ist, als derselbe daraus hervorzugehen. Er erhielt den Nobelpreis. Aber nur stellvertretend für eine Präzision des Erinnerns, die der Serbe Aleksandar Tišma wie keiner in eine Kunstform überführt hat. Seine Heimatstadt Novi Sad beherbergt Täter und Opfer und führt sie immer wieder zusammen, auch nachdem der Schrecken scheinbar vorüber ist, wie in *Kapo* oder in Stalins langem Schatten: *Treue und Verrat*. Allen Aspekten des Terrors kann man auch so nicht gerecht werden. Die jedes bekannte Maß übersteigenden Greuel des Zweiten Weltkriegs bedurften außerordentlicher literarischer Gestaltungen, damit sie nie vergessen werden, wie *Schlachthaus 5* des Amerikaners Kurt Vonnegut über den Bombenangriff auf Dresden oder Gert Ledigs wiederentdeckte Roman-Trilogie *Die Stalinorgel – Vergeltung – Faustrecht* über Schuld, Vernichtung und das Nichtwiedergutzumachende. Viele weitere großartige Werke sind im Versuch geschrieben worden, das Unsagbare in Worte zu bannen, diese mögen stellvertretend stehen.

Kapitel 3

Scherz, Satire,
Ironie und
tiefere Bedeutung

Der Schelmenroman

Das wird ein R i e s e n spaß: An der Sorbonne zu Paris, damals auch schon ehrwürdige zweihundertfünfzig Jahre alte Alma Mater der französischen Gelehrsamkeit, immatrikuliert ein neuer Student. Sein Problem ist, er passt in keinen Hörsaal. So nimmt er, ein Prinz von Geblüt – Gustave Doré hat es wunderbar bebildert –, als ›externer‹ Hörer mit Federhut auf dem gewaltigen Haupt an den Vorlesungen teil, indem er sein Gesicht von außen gegen alle Fensterscheiben gleichzeitig presst. Auch die Universitätsbibliothek nutzt er, wie ein guter Student tun sollte. Unter anderem findet er in den wohlsortierten Regalen *De pavianis et mandrillibus* des gelehrten Affenschwanzius, das Standardwerk *Der Lackmeier bei Hofe* sowie *De modo faciendi blutwurstios* von Majoran. Der größte Fresser, Rülpser und Pupser der Literaturgeschichte, Pantagruel, Sohn Gargantuas, Enkel Großgoschers, hat an dieser Universität schnell ausstudiert. Nachdem er seinen Herzensbruder Panurge kennen- und liebengelernt hat, ziehen die beiden in die Welt und bestehen allerhand Abenteuer, allen voran das mit der Flasche. Der Verfasser des Ganzen nennt sich Meister Alcofribas Nasier. Mit ihm beginnt die Neuzeit der Literatur.

166   Kapitel 3 Scherz, Satire, Ironie und tiefere Bedeutung

Dieser einzige Unterleibsscherz und gleichzeitig bedeutendste Roman seit Erfindung des Griffels erschien in Lyon. Das Werk ist so altehrwürdig, dass uns von der Erstausgabe nur ein Exemplar erhalten geblieben ist, dem überdies noch das Titelblatt fehlt. Sein Autor, Doktor med. François Rabelais (der erfundene Verfassername ergibt sich als Anagramm, wenn man die Buchstaben tüchtig durchschüttelt), hat etwas ganz Neues probiert und damit einen Erfolg gehabt, der mittlerweile fast fünfhundert Jahre anhält. *Gargantua und Pantagruel* sind volkstümlich und sprichwörtlich, Erzkomiker und Saufbrüder, die größten Fresshälse aller Zeiten und Riesen von Geburt. Sie stammen aus der Touraine, einer lieblichen französischen Landschaft, und bewirtschaften dort ihr kleines, gleichwohl völlig irreales Königreich. In einem Krieg, den ihnen der übellaunige Nachbar Pikrocholus oder Bittergall aufzwingt, wehren sie sich nur halbherzig; aber: Wer könnte ihnen schon widerstehen? Ansonsten widmen sie sich ganz friedlich ihren Staatsgeschäften, wie oben beschrieben. Im Verlauf des Romans, der insgesamt aus fünf Teilen besteht, wächst Pantagruel immer mehr aus seiner Verwurzelung in der Provinz heraus. Die letzten zwei Bücher schildern die phantastische Reise mit seinen Lieblingsspießgesellen zum Orakel der großen Flasche. Doch, Hand aufs Herz, die Handlung ist völlig nebensächlich. Auch die Größenunterschiede zwischen Riesen und Menschen verschwimmen mitunter, es geht darum, mit Wortwitz und Fabulierlust alles durch den Kakao zu ziehen, was der Zeit heilig war. Gargantua gründet etwa die Abtei von Thelem, die in Einrichtung und Zielsetzung allem entgegensteht, was klösterliche Einfachheit darstellt. Ein eigenes Wörterbuch ist nötig, um alle rabelaisschen Witze und Spracherfindungen zu erfassen. Eine erste erfolgreiche deutsche Nachdichtung von Johann Fischart, die *Affentheurlich Naupengeheurliche Geschichtklitterung*, erschien bereits wenige Jahre später, die noch alle Merkmale eines Sprachlabors trägt – witzig, aber nicht lesbar. Der Übersetzer Walter Widmer starb über der Riesenaufgabe

Der Riese ist von Natur aus einsam. Schön, wenn er trotzdem lustig sein kann.

einer modernen Fassung, Karl August Horst führte sie dann zu Ende. Es gibt alternativ zu dieser Edition mit den doréschen Illustrationen auch noch eine in der älteren Übersetzung von Gottlob Regis mit Holzschnitten der Rabelaiszeit, die der Erzählung eine ganz andere, mittelalterliche Atmosphäre verleihen.

Aus so weiter Ferne trifft uns auch der Blick Rabelais' auf dem alten Porträt. Er trägt eine Tracht, die ihn halb als Mönch, halb als Arzt zu erkennen gibt. Die Stirn ist hoch, das Gesicht hager, das Lächeln unter dem schicken Bart wirkt gequält – es war sicher nicht einfach seinerzeit, Humorist zu sein.

Die Sprache und Lebenswelt der Bettler und Herumtreiber ist ein wesentlicher Bestandteil von Rabelais' Roman, genauso wie die Welt umfassender humanistischer Bildung. Vorbild für den Panurge könnte François Villon gewesen sein, der Freigeist, Dichter und Trinker, Kleinkriminelle, zum Tode Verurteilte und im letzten Augenblick Begnadigte. Klaus Kinski hat den deutschen Nachdichtungen des *Großen Testaments* durch Paul Zech eine Stimme gegeben. Die Verse

Ich bin so wild nach deinem Erdbeermund,
ich schrie mir schon die Lungen wund
nach deinem weißen Leib, du Weib!

bleiben jedenfalls im Ohr, auch wenn sie nichts mit Villon zu tun haben; sie sind Zechs ureigenste Erfindung. Aber eventuell ist auch Villon nur erfunden, nom de plume oder nom de guerre eines Advokaten vielleicht, der mal tüchtig über die Obrigkeit herziehen wollte.

Lazaro steht nicht auf der Sonnenseite des Lebens. Sein Vater, ein Müller, hat Korn unterschlagen und fällt auf dem zur Buße unternommenen Kriegszug gegen die Mauren. Die nun alleinerziehende Mutter lässt sich von einem maurischen Stallknecht aushalten und bekommt ein Kind von ihm. Die Nachbarn in Salamanca zerreißen sich das Maul. Hier kannst Du einen Blick in eine ganz normale Fami-

168   Kapitel 3 Scherz, Satire, Ironie und tiefere Bedeutung

lie im Spanien Philipps II.[50] tun, die unter dem Druck der Verhältnisse auseinanderbricht. So legt der Verfasser bloß, wie schmal der Grat war, auf dem der Bürger damals wandelte. Ein Schritt vom Wege, und alle zeigen mit Fingern auf Dich. Aufregend, dass soviel Realismus damals möglich war, und toll, wie er beim Publikum ankam. Es wird wie heute gewesen sein, dass zwar ein Teil der Leser sich durch die Lektüre einfach wegträumen wollte aus dem Hier und Jetzt, beflügelt durch edle Ritter und schöne Fräulein, wahre Seifenopern eben; dass der andere Teil aber gesagt bekommen wollte, wie es wirklich ist, das ungeschminkte Leben eben. Und das wird in den fingierten Memoiren des *Lazarillo von Tormes* reichlich geboten. Als Diener versucht er sich durchzuschlagen, immer bemüht um das Wohl seiner Herrschaft; Lazarillo versteht dabei aber die Kunst, es niemandem recht zu machen. So verwundert es, dass am Ende des schmalen Lebensberichts noch ein kleines Glück herausspringt, Lazaro einen öffentlichen Posten ergattern kann, der ihm ein auskömmliches Leben gestattet.

Seine Lebensgeschichte aufzuschreiben ist ein löblicher Vorsatz, den viele bedeutende Köpfe dann leider in der Form ausgeführt haben, keine Details zu verschweigen. Das eigene Leben, für seinen Besitzer in der Regel auch seine wichtigste Angelegenheit, wird häufig überschätzt, was Inhaltsfülle und Qualität der Erlebnisse angeht. Oder anders gesagt: So genau hätten wir es gar nicht wissen wollen.

Solchen Gedanken hing wohl auch der ehrenwerte Laurence Sterne nach, als er über seinem *Tristram Shandy* brütete. Es sollte eine Lebensbeschreibung werden, die sich von den anderen unterschied; und offenbar sollte sie auch parodieren, was in England damals auf dem Buchmarkt so angeboten wurde. Das ist ihm gelungen.

Schnell kommt der Autor zur Sache, ohne Scheu davor, seinem

---

50 Formell regiert noch sein Vater, Kaiser Karl V.; erst zwei Jahre nach Erscheinen des Buches übernimmt Philipp, der sich bald den Escorial bauen wird, die Regentschaft und bekommt die üblichen Probleme mit seinem missratenen Spross Don Carlos.

Leser die Schamröte auf die Wangen zu treiben, und da sie so bahnbrechend dargestellt wird, will ich die ›Stelle‹ in voller Länge wiedergeben: *Ich wünschte, entweder mein Vater oder meine Mutter, oder fürwahr alle beide, denn von Rechts wegen oblag die Pflicht beiden zu gleichen Teilen, hätten bedacht, was sie da trieben, als sie mich zeugten; hätten sie gebührend in Betracht gezogen, wieviel von dem abhing, was sie gerade taten; – daß es dabei nicht nur um die Hervorbringung eines vernünftigen Wesens ging, sondern daß womöglich die glückliche Bildung und Beschaffenheit seines Körpers; vielleicht sein Genie und just die Färbung seines Gemüts; – und gar, denn Gegenteiliges war ihnen nicht bekannt, die Wohlfahrt seines ganzen Hauses ihre Wendung nach den Säften und Dispositionen nehmen könnten, die gerade obenauf waren: – Hätten sie all dies gebührend in Erwägung und Betracht gezogen und wären demgemäß verfahren, – ich bin wahrhaftig überzeugt, ich würde in der Welt eine ganz andere Figur vorgestellt haben, als die, in der mich der Leser wahrscheinlich erblicken wird. – Glaubt mir, gute Leute, die Sache ist so unbeträchtlich nicht, wie viele von Euch denken mögen; – Ihr habt wohl alle schon von den Lebensgeistern gehört, wie sie vom Vater auf den Sohn transponiert werden &c. &c. – und dergleichen mehr: – Nun, mein Wort darauf, neun Zehntel von eines Mannes Verstand oder Unverstand, seiner Erfolge und Fehlschläge in dieser Welt hängen ab von den Bewegungen und Aktivitäten ebenjener Lebensgeister und den verschiedenen Gängen und Bahnen, in die man sie schiebt; sodaß, sind sie einmal in Schwung gekommen, ob richtig oder nicht, zählt keinen roten Heller, -- sie wie außer Rand-und-Band dahinpoltern; und indem sie immer wieder in derselben Spur laufen, bahnen sie sich bald einen Weg daraus, der so eben und so glatt ist wie ein Gartenpfad, von dem sie, sind sie erst daran gewöhnt, bisweilen nicht einmal der leibhaftige Teufel wird abbringen können.*

»Ei, mein Guter«, sprach meine Mutter, »hast du auch drangedacht, die Uhr aufzuziehen?« – *»Guter G–!« rief mein Vater im Eifer, aber zugleich bemüht, seine Stimme zu mäßigen, – »Hat wohl jemals seit der Erschaffung der Welt eine Frau einen Mann mit einer so dummen Frage unterbrochen?«* Mit Verlaub, was hatte Euer Vater denn sagen wollen? – Nichts.

Das müssen wir kurz auf uns wirken lassen. Offenbar befinden wir uns im Zeitalter der Aufklärung, das erstmals eine umfassende Kritik des göttlichen Schöpfungsplanes erlaubte und dessen Kampf um die geistige Freiheit des Individuums in der französischen Revolution gipfelte. Diese Kritik wird gnadenlos ausfallen, was den Gentleman Tristram Shandy betrifft, und ansetzen schon beim Moment seiner Zeugung, der, wie gerade gehört, vom Uhrproblem überschattet wurde, da Vater Shandy gewöhnt war, *mit eigener Hand am ersten Sonntagabend eines jeden Monats eine große Hausuhr aufzuziehen, die wir auf dem oberen Absatz der Hinterstiege stehen hatten: – Und da er zu der Zeit, von der ich gesprochen habe, von den Fünfzig auf die Sechzig zusteuerte, – hatte er allmählich gewisse andere Familienobliegenheiten gleichfalls auf diesen Termin geschoben, um sie, wie er oft zu meinem Onkel Toby zu sagen pflegte, alle auf einen Streich vom Hals zu haben, und den Rest des Monats über nicht weiter damit geplagt und geplackt zu sein.*

Um es nun mit einem Wort und rundheraus zu sagen: Dieses Buch ist der Ahnherr alles Drumherumredens, aller Andeutungen und Umständlichkeiten und so köstlich, wie man sich ein Buch nur wünschen kann. Die Lebensgeschichte des Tristram wird nämlich über den oben geschilderten Punkt nie entscheidend hinauskommen, auch wenn noch siebenhundert ergötzliche Seiten auf uns Leser warten. Stattdessen werden ein Pfarrer namens Yorick, ein entfernter Verwandter des Hofnarren, mit dessen Schädel sich der arme Dänenprinz Hamlet einst so angeregt unterhielt, und den Sterne bald auf eine *Empfindsame Reise* schicken wird, und der schon erwähnte Onkel Toby mit seinem äußerst delikaten körperlichen Gebrechen, das ihn gegen die unausgesetzten erotischen Attacken der Mrs Wadman so unempfindlich macht wie ein Stück Holz, den ganzen Schwall von Witz und Gelehrsamkeit abbekommen, den der Autor noch über sie auszugießen gedenkt. Lies selbst!

Was ist am Humoristen so komisch? Nun, Sterne verzieht beim Erzählen keine Miene. Egal wie haarsträubend lustig seine verwickelten Ausführungen sind, dem Autor entgleist kein Gesichtszug dabei. Das ist nicht nur very british, es ist die Grundlage guten Witzeerzählens. Auf die Dankbarkeit von uns Lesern kann der Humorist sowieso vertrauen: Unbeschwert genießen wir die Lektüre, unbelastet von drohenden Schicksalswolken, die eine dramatische Entwicklung der Handlung voraussendet. Der Tragiker muss sich ständig bei uns entschuldigen, für die Härte und Grausamkeit, die seine Geschichte erst möglich machen, für die Enttäuschung jeder Hoffnung, die der Leser bis zuletzt für seine Helden hegen mag. All dies bleibt dem Humoristen erspart. Er hat nur ein Amt: komisch sein.

Gargantua und Pantagruel, Lazarillo von Tormes, Tristram Shandy: Hier haben wir die drei wichtigsten humoristischen Romane der Weltliteratur beieinander. Sie sind Ausgangspunkt für alles, was danach geschrieben werden wird, um uns Leser zum Lachen zu bringen. Dabei sind alle Kombinationen von Humor möglich, die aus diesen drei Grundzutaten gemixt werden können, aber niemand hat es geschafft, je über das hinauszugehen, was Rabelais, ein namenloser Spanier und Sterne begründet haben.

Bei Laurence Sterne laufen zwei Stränge bereits ehrwürdiger Tradition zusammen: einmal das literarische Geplauder, das so eigentlich von Michel de Montaigne mit seinen *Versuchen*, den *Essais*, begründet worden ist. Dieses Werk von beträchtlicher Ausdehnung stellt ein Sammelsurium von Einfällen, Geistesblitzen und Erörterungen dar, das als unerschöpflicher Ideenquell für spätere Generationen gedient hat und weiteste Verbreitung fand. Montaigne erlaubt sich, dem Strom seiner Gedanken freien Lauf zu lassen. Das widerspricht allen ›ernsthaften‹ Geistes- und Wissenschaftsbemühungen, die genau auf das Gegenteil aus sind, nämlich die Verknappung und Verschärfung des Denkansatzes, möglichst in Form einer These oder einer Formel, bis zum Extrakt des Denkens, den der Wiener Ludwig Wittgenstein so eindampfte: *Wovon man nicht sprechen kann, darüber muß man schweigen.*[51] Nicht so Montaigne: Zweckfreies Denken, fließende Gedanken, An-

---

51 Der abschließende Satz 7 seines ohnehin lakonisch kurzen *Tractatus logico-philosophicus – Logisch-philosophische Untersuchungen*, den er in seinem *Tagebuch* so vorbereitet hatte: *Was man sich nicht denken kann, darüber kann man auch nicht reden.* Schon Hamlet war mit den Worten abgetreten: *Der Rest ist Schweigen.*

näherungen – ganz neuartige Erkenntniswege beschritt der zeitlebens von seinen Nierensteinen geplagte Franzose.

Der andere Strang, der zu Sterne führt, wurde in Spanien zu Montaignes Zeiten geknüpft. Der Schelmenroman, oder ›pikareske‹ oder burleske, ganz wie man will, entstand hier. Er stellt ein Gegengewicht dar zu den gängigen Helden- und Schäferromanen, die das Bedürfnis der Leser nach Unterhaltung nicht stillen konnten. Der Schelm oder spanisch: picaro ist ein Deklassierter, der sich nach Kräften gegen sein Schicksal stemmt. Urtyp dieser Schlingel ist *Lazarillo von Tormes*, dessen fingierte Memoiren noch etwas früher als der *Don Quixote* das spanische Lesepublikum erfreuten. Cervantes selbst trug zum Genre eine kleine, muntere Novelle über die beiden Gauner aus der Unterwelt von Sevilla *Rinconete und Cortadillo* bei. Philosophen können Bettler sein und Bettler Philosophen. Getreu diesem Motto schickte einer der interessantesten Köpfe der Epoche namens Francisco Quevedo seinen Landstreicher Pedro Buscón auf die Reise. Quevedo belebte die Tradition seit Lukian, dass Narren oder Träumer die Wahrheit sagen dürfen, in der Sammlung seiner *Träume* neu. Es handelt sich um einen Spiegel der spanischen Gesellschaft, vorgehalten von einem Schlafenden. Der Traum der Vernunft, das hat sein Landsmann Goya in einem eindrucksvollen Blatt seiner »Caprichos« – »Launen« illustriert und literarische Siebenschläfer wie Washington Irvings *Rip van Winkle* oder Mark Twains *Yankee aus Connecticut* haben es am eigenen Leib erlebt, gebiert bisweilen Ungeheuer. *Das Leben des Buscón* erzählt Pedro selbst, eine verfolgte Unschuld. Dieser Typus von moralischer Handlung, dass da jemand, Mann oder Frau, unverdient ins Unglück gerät und sich dort durch Festigkeit der Haltung bewährt, bis der Handlungsknoten sich löst und der Erniedrigte in seine alten Rechte wiedereingesetzt wird, wurde so lange abgenutzt, bis der Marquis de Sade in seiner *Justine*, wie es seine Art war, den Bogen überspannte und damit das ganze Genre ruinierte: So bald würde sich niemand mehr an dieser billigen Art der Spannungsliteratur vergreifen. Erst mit dem Kriminalroman kam das Thema wieder in Mode. Durch Cornell Woolrichs Thriller taumelt der unschuldig Verfolgte in verschiedensten Ver-

Die verfolgte Unschuld

mummungen, der auf eigene Faust den Täter ausfindig machen muss, der für sein Unglück verantwortlich ist.

Baltasar Gracián ist durch Arthur Schopenhauers Übersetzungen als bester Trost des Misanthropen für den deutschen Leser wiederentdeckt worden. Das *Hand-Orakel und Kunst der Weltklugheit* preist die erfreulichste Gesellschaft, die es gibt: die eigene, und ist Ratgeber, falls man auf andere Exemplare der Spezies trifft: *Nichts setzt den Menschen mehr herab als wenn er sehen läßt, daß er ein Mensch sei.* Wer noch mehr Ermutigung für das tägliche Aufstehen brauchte, für den gab es *Der kluge Weltmann* oder *El discreto* mit einer Anleitung für unauffälliges Verhalten bei Hofe. Graciáns umfangreicher Roman *Das Kritikon* handelt von einem Schiffbruch vor St. Helena und den daraus resultierenden Reisen zweier Unschuldskinder um die (bekannte) Welt. Die eigentliche, mit aller Gelehrsamkeit auf tausend Seiten ausgeführte Reise führt durch den Dschungel menschlicher Triebe und in die Abgründe ihrer Herzen.

Der Siebenschläfer hat die Möglichkeit, in einer anderen Zeit zu erwachen. Aber er wird sich wundern, dass er in diese Zeit nicht hineinpasst. Es ist nicht erstrebenswert, seine Lebenszeit zu überdehnen.

Auch der Schelmenroman beginnt zu reisen, zunächst durch Europa, bald über den ganzen Globus. Der *Springinsfeld* ist Grimmelshausens picaro. Als Nebenfigur im *Simplicissimus* eingeführt, beginnt er ein Eigenleben in anderen Erzählungen zu führen. Er ist der wuselige Glückspilz, dem das Butterbrot nie auf die bestrichene Seite fällt. Johann Beer hieß einer der Nachahmer Grimmelshausens, dessen gelungenste Werke die *Teutschen Winter-Nächte* und *Kurzweiligen Sommer-Täge* sind, in denen ein Ritter gleichzeitig Schelm ist. Nach Frankreich gekommen, heißt der Meister der Auf- und Beutelschneider *Gil Blas von Santillana*. Sein Erfinder Alain René Lesage hebt die Wirkung der Gegensätze, indem er Gil aus der Verworfenheit in höchste Kreise, bis in die Umgebung des Königs, steigen und dann wieder fallen lässt. Durch ständigen Wechsel der Perspektive werden alle Erscheinungen der Gesellschaft, scheinbar der spanischen, in Wahrheit aber der französischen aus Lesages eigener Anschauung, Gegenstand seines spöttischen Beobachterblicks. Dieser Schelm war so bekannt, dass Goethe ein Büchlein mit den nicht übermäßig originellen Abenteuern eines durchschnittlichen Deutschen, des Bibliothekars Johann Christoph Sachse, mit dem Ehrentitel eines *deutschen Gil Blas* ausstattete. Überhaupt ist Deutschland humoristisches Entwicklungsland; mit dem satirischen Buch über den Kleinstfürsten *Siegfried von Lindenberg* eines Johann Müller und der tragikomischen Schulmeistergeschichte *Spitzbart* des Johann Schummel sind schon die amüsantesten Romane des Rokoko mit Namen genannt.

In England ist der Schelm eine Frau. Der vielgewandte Daniel Defoe schildert das eindrucksvolle Schicksal der *Moll Flanders*. Aus Not wird sie zum Freudenmädchen, das dann zur Reue bekehrt und zum Lohn – zur Bürgersfrau – erhöht wird. *Tom Jones* ist ihr männliches Pendant. Diese *Geschichte eines Findlings* ist immerhin so populär, dass sich ein walisisches Goldkehlchen mit üppiger Brustbehaarung nach ihrem Helden benannte (während David Copperfield es nur zum Zauberlehrling brachte). Henry Fielding ist der größte Moralist und Ästhet, den man zu seiner Zeit nur finden kann, sieht sich selbst allerdings als Pädagogen, nicht als Realisten. In diesem Sinne verwirrt er die Fäden der komplizierten Handlung so sehr, dass sich niemand mehr auskennt, um sie im letzten Augenblick eigenhändig wieder auseinanderzuklamüsern. Sein Buch richtet er an wie eine appetitliche Mahlzeit, mit einer schön geschriebenen Menükarte und wohlgewürzten Gerichten, die sich zu einem Feuerwerk der Sinnenfreude aneinanderreihen. Die Handlung des *Tom Jones* verlangsamt sich im Fortlauf des Diners immer mehr, je dramatischer die Geschehnisse werden, und kommt mit dem Nachtisch schier zum Stillstand: Das Findelkind Tom Jones ist in Wahrheit der Sohn von Squire Allworthys Schwester, der ihn am Anfang als Säugling in seinem Bett liegend gefunden hatte. So kommt alles in schönste Ordnung und wir reiben uns den Bauch, satt vom Lesen. Die Zutaten zu diesem Fest des Erzählens kommen uns bekannt vor: Nach dem Rezept des *Tom Jones* wurden seither zahllose Romane über den Weg junger Menschen ins Leben zusammengerührt.

In der *Geschichte der Abenteuer des Joseph Andrews* und der *Lebensgeschichte des Mr Jonathan Wild, des Großen* nutzt Fielding die Charaktere dubioser Tunichtgute und historischer Finsterlinge zur satirischen Schilderung tatsächlicher Missstände im England Georgs II., als Robert Walpole[52] allmächtiger Minister war. Originell war Fielding auch mit seinem letzten Roman *Amelia*, der Geschichte einer durch Intrigen und heftige Flirts bedrohten Ehe. Selten durfte man bis dahin davon lesen, wie spannend es sein kann, schon verheiratet zu sein, wo doch Hauptaufgabe der sentimentalen Literatur war, die jugendlich Verliebten zu Paaren zu treiben. Eines der speziellsten Dokumente, das ein Schriftstellerleben bieten kann, ist das *Tagebuch einer Reise nach Lissabon*, von der sich Fielding Heilung von seinem tödlich verlaufenden Leiden versprach. Wie dem Autor der Lebensatem ausgeht und er dabei schildert, wie heitere Gelassenheit in seine Seele einkehrt, macht den Mann, der unter der langen Allongeperücke und seiner noch längeren Nase ein so freundliches Lächeln versteckte, zu einem der sympathischsten Literaten, dem wir auf unserer Wanderung begegnen können.

Die angemessene Illustration für Defoes Werke ist der grobe Holzschnitt; meine Ausgabe von Fieldings *Tom Jones* ist geschmückt mit den zierlichen Illustrationen, zu denen Georg Christoph Lichtenberg so einfallsreiche *Erklärungen der Hogarthischen Kupferstiche* schrieb. Zu den *Abenteuern des Peregrine Pickle* schuf Daniel Chodowiecki die passende, ein wenig ungelenke Bebilderung. Peregrine, wie sein Bruder im Geiste *Roderick Random*, ist ein junger Mann aus gutem Hause auf der Suche nach seinem Platz in der Welt. Den verschafft er sich einmal durch das Anecken bei Groß und Klein, Arm und Reich, zum anderen durch emsiges Umherstreifen in halb Europa. Das Ende von

---

52 Dessen Sohn Horace erfand für seinen Wohnsitz Strawberry Hill die Neogotik und nebenbei den Schauerroman, wobei *Die Burg von Otranto* zwar mysteriös, aber eigentlich nicht wirklich schauerlich ist.

Peregrines Irrfahrten bildet seine Hochzeit – die Hörner hat er sich abgestoßen. So ähnlich werden es nun alle Entwicklungsromane machen: uns die Zähmung eines jungen Wildfangs vorführen. Tobias George Smollett, der Erfinder von Peregrines und Rodericks Abenteuern, war Schotte und zeigt in seinen Werken entsprechend eine Vorliebe für die Provinz und die Unverdorbenheit des Landlebens. In seinem letzten und liebenswürdigsten Werk *Die Reisen des Humphry Clinker* taucht der Titelheld erst zur Halbzeit auf und ist ein talentierter Bedienter, der dem an guter Verdauung und Agrikultur interessierten Herrn Matthew Bramble, einem umgänglichen und angemessen britisch schrulligen Reisenden in Gesundheitsfragen, geschickt zur Hand geht. Am Ende erweist er sich zur Überraschung aller, auch des Lesers, als dessen Sohn. Smollett nahm es mit der Mühsal einer genau konstruierten Handlung und deren innerer Logik nicht besonders genau, ihm genügte das alles als Hintergrund für seine unermüdlichen Sticheleien gegen das Junkertum und den überheblichen Engländer. In diesem Sinne führte er emsige Kontroversen mit seinem Zeitgenossen Fielding, der zur Strafe Smolletts Bücher verriss. Herrliche Zeiten, als die Dichter auch Kritiker und Scharfrichter in Personalunion waren, Literaturpotentaten eben. Wer auf dem Poetenthron saß, machte mit Usurpatoren kurzen Prozess – schon nach der ersten Rezension wuchs da kein Gras mehr. Schotten, lernen wir hingegen bei Smollett, sind hässlich, rechthaberisch und jähzornig, haben dabei aber ein goldenes Herz. Er verzieh Fielding. Und Schottland muss das schönste Land auf der Welt sein. Das glauben wir ihm gerne, dem Smollett, auch wenn er, Hypochonder wie alle seine Helden, auf einer Badereise in Livorno verschieden ist. Auch die schlimmste Hypochondrie hat wenigstens einmal einen guten Grund.

Die Werke von Dickens und Thackeray, die im folgenden Jahrhundert den Geist der großen Vorgänger auffrischen werden, bleiben verbunden mit der Liebenswürdigkeit zeitgenössischer bzw. eigenhändiger Illustrationen. Darin wird auch die ganze Tendenz dieser Art Literatur deutlich, der bei aller Verfeinerung immer etwas ›Holzschnitthaftes‹ bleibt. Es ist bezeichnend, dass für die Romane von Jane

Austen keine Bebilderungen überliefert sind. Hier entsteht tatsächlich etwas Neues: Statt Figuren agieren erstmals Menschen aus Fleisch und Blut, deren sprunghaftes, von Launen, Zweifeln und fehlerhaften Einschätzungen getriebenes Verhalten die Autorin begleitet und kommentiert, anstatt wie ein Gott aus den Wolken die Geschicke ihres Personals zu lenken. Es kündigt sich eine Zeit an, die mit dem Schelm nichts mehr anfangen kann.

Jahrhunderte französischer Literatur haben dem *Gil Blas* nichts wirklich Humoristisches mehr an die Seite gestellt außer einem Kuriosum, das ausgerechnet der Feder des so ernsthaft wirkenden Gustave Flaubert entfloss. Die Abenteuer von *Bouvard und Pécuchet* sind in der Tat schreiend komisch, obwohl die zwei traurige Schelme sind, mehr Laurel und Hardy als Pat und Patachon. In der Aussicht auf eine Erbschaft kündigen sie ihre sicheren Posten hinterm Schreibtisch und betätigen sich als Beglücker der Menschheit. Sie erfinden die Landwirtschaft, Handwerk und Industrie sowie die Kindererziehung neu, angeregt durch ihre theoretischen Studien. Dabei bleibt als Resultat allerdings nichts übrig als eine Anhäufung von Missgeschicken. Als alles Geld vertan ist, kehren die zwei kleinlaut an ihre Schreibtische zurück. Du brauchst eiserne Nerven und ein guttrainiertes Zwerchfell, um all diese komischen Katastrophen aushalten zu können.

Flaubert erscheint uns im Glanz seiner wenigen Werke als Meister der Vielseitigkeit. Sein Freund Guy de Maupassant, der ihm einen Nachruf hinterherschicken wird, eher nicht. Aber er entwickelt den Typ der flott geschriebenen, schelmisch-satirischen Novelle, etwa im *Tugendjüngling der Madame Husson*. Die Rahmenhandlung beginnt mit einem der ersten Eisenbahnunglücke der Literaturgeschichte, um anschließend eine Provinzposse vorzuführen: wie die reiche Mäzenin bei der schwierigen Aufgabe, eine tugendhafte und dafür preiswürdige Jungfrau zu finden, scheitert und die fünfhundert Francs schließlich dem tumben Jüngling Isidore zuerkennt. Der fährt von dem Segen nach Paris und kommt als Hurenbock und Trunkenbold zurück, um alsbald im Delirium tremens dahinzugehen. Und das alles wird im belanglosesten Parlando vorgetragen vom Dorfquacksalber.

178   Kapitel 3 Scherz, Satire, Ironie und tiefere Bedeutung

So funktioniert also die Unverdorbenheit der Provinz – und der Witz Maupassants.

In einer Zeit großer Umwälzungen ist den Schelmen der Nerv gezogen. In die Welt revolutionärer Heilserwartung wollen sie nicht mehr recht passen. So ist auch der Verfasser der *Memoiren des Herren von Schnabelewopski* schelmischer als sein Roman, den er überdies nach fünfzig Seiten unfertig liegenlässt. Heinrich Heine hat sicher viel getan, mit Satire die verstaubten Köpfe durchzupusten. Sein polnischer Edelmann allerdings hat dazu wenig beigetragen. Danach wird erst wieder einer kommen, der noch weniger als Satiriker bekannt wurde, dem Genre indes mit den *Bekenntnissen des Hochstaplers Felix Krull* einigen Glanz gab. Wie schwer es Thomas Mann fiel, schelmisch, antibürgerlich zu denken, kannst Du daran ermessen, dass er seinen Felix vierzig Jahre links liegen ließ und auch dann nur einen ›Ersten Teil‹ fertigbrachte. Allerdings enthält der solche Pretiosen wie die Musterungsszene oder Krull als Tennisspieler: ein Troststück für alle Sportverächter; im *Krull* hat Thomas Mann viel von sich selbst gegeben – sicher eine Konstante des Schelmenromans, der immer unterschwellig auch den Künstler als Anti-Bürger enthält. Humor allerdings war nicht die Stärke des Hansestädters. Immer haben seine Anfälle von Lustigkeit einen Stich ins Ungute, etwa die Bemühungen der entsetzlich ungebildeten Frau Stöhr[53] im *Zauberberg*, geistreich zu sein. Und wenn es gar ins Persönliche geht – brrr! Im *Doktor Faustus* tritt ein Sänger auf, der das Oratorium des vom Teufel mit der Syphilis beglückten Komponisten Adrian Leverkühn aus der Taufe hebt und der »Erbe« heißt – neben solchen kruden Schöpfungen wie Meta Nackedey ein weiterer Blindgänger im Arsenal der mannschen Phantasie. Damit war nämlich leicht wiedererkennbar der damals weltberühmte Ravensburger Sänger Karl Erb gemeint, ein jovialer Charakter. Aber

---

53   Man hat sie gerade als eine ebenfalls ungebildete Frau Plühr identifiziert; wieder ein Triumph der Germanistik! Thomas Manns Humor arbeitet sich stets an wehrlosen Opfern ab, nie hat er einen satirischen Blick auf Großwild gerichtet – demütig huldigt er Wilhelm II. und Goethe in *Königliche Hoheit* und *Lotte in Weimar*.

wie lässt sich Thomas Mann über ihn aus? Einen ›Tenoristen eunucha-
len Typs‹ nennt er ihn, und auch wenn er sich hinter der Maske des Erzählers Serenus Zeitblom versteckt, so ist diese Mitteilung desavouie-
rend und geschmacklos. Komisch ist daran nichts.

Wieder ein Enthaltsamkeitsprediger mit Flasche erwischt! Moral-
apostel führt Doppelleben! Schlagzeilen, wie man sie in Amerika
alle Tage lesen kann, falls man sich dafür interessiert. Was dem bemüht komischen Sinclair Lewis noch einen Roman wert war – *Elmer
Gantry,* verfilmt mit Burt Lancaster als schmierigem
Wanderprediger und Weiberhelden –, macht uns im
alten Europa nur ein müdes Schulterzucken. Wir mit
unseren dreitausend Jahren Kultur auf dem Buckel
haben schon ganz anderes erlebt: Päpstinnen, die im
Rinnstein gebären, Kaiser, die ihr Lieblingspferd (»Incitatus«) zum Konsul ernennen, das konnten wir hier
schon vor Zeiten bieten. Wie Amerika einmal schel-
misches Entwicklungsland war und dann alle anderen überholt hat, weil man dort ohnehin alles besser

Wenn man
alles kann, kann
man dann auch
komisch sein?
Im Prinzip ja!

kann, dafür ist Mark Twain mein Kronzeuge. *Tom Sawyer* und *Huckle-
berry Finns Abenteuer* sind keine Kinderbücher – schön, dass auch s i e
sie lieben! –, sondern schelmische Chroniken eines pubertierenden
Kontinents. Neben der Handlung bieten die zwei Bücher auch einen
Kommentar zur Entwicklung der amerikanischen Literatur, hat Mark
Twain doch alle seine Vorläufer von Brockden Brown und Irving über
Cooper und Hawthorne bis Poe für den aufmerksamen Leser in die
Abenteuerhandlung eingebunden. Die wahren Schelme sind natürlich der ›König‹ und der ›Herzog‹, zwei abgerissene Schauspieler, die
sich die Kenntnis der europäischen Mythen zunutze machen, um den
kindlichen Hinterwäldlern Amerikas Lektionen in Moderne – und
das heißt: Verarschung (Pardon, aber so ist es ja wirklich!) des Publikums und Gaunerei – zu erteilen. Allein wie sie sich gegenseitig ihre
›Ernennungsurkunden‹ ausstellen, ist ein Glanzstück. Der arme ent-
laufene Sklave heißt ›Nigger‹ Jim. Ist der Fingerzeig nötig, dass Mark
Twain mit dieser Bezeichnung nicht auf seinen eigenen Rassismus

180   Kapitel 3 Scherz, Satire, Ironie und tiefere Bedeutung

hinweist? In Amerika, dem Land der Freien, hält man es mittlerweile für nötig, solche ›Stellen‹ stillschweigend zu ›verbessern‹ – dem Autor hätte solches Getue gewiss zugesagt, hätte es doch wieder Stoff für weiteren Hohn geboten. Wer so handelt, dem sind die Feinheiten eines Textes naturgemäß verborgen geblieben. Mark Twain erzählt von den ›minstrel-shows‹, die über die Dörfer tingeln: Weiße, die sich die Gesichter schwarz schminken und so getarnt vermeintliche ›Negermusik‹ zum besten geben zur Ergötzung eines ländlichen Publikums. Jim dagegen, von Frau und Kindern gewaltsam getrennt, singt traurige Lieder seiner afrikanischen Heimat – bald sollen sie als Blues die Grundlage unserer heutigen Populärmusik bilden.

Schelmereien hat Mark Twain in vielen seiner Geschichten erzählt. *Der berühmte Springfrosch von Calaveras* war sein erster großer Erfolg – mit tierschützerischer Gebärde würde mancher sich vor den armen, mit Schrot beschwerten und dadurch hüpfuntauglichen Ochsenfrosch stellen. Bei *Kannibalen auf der Eisenbahn* geht das nicht so leicht, denn dass der Mensch dem Menschen zum Wolf wird, davor will uns keiner schützen. So geht das zwerchfellerschütternd immer weiter bis zum *Mann, der Hadleyburg korrumpierte* (durch einen ausgesetzten Tugendpreis, ganz ähnlich der maupassantschen Idee). Die Selbstzufriedenheit des Menschen greift Twain mit allen Mitteln an: Er ist nie in Zufriedenheit erstarrt. Im Gegenteil, durch finanzielles Ungeschick zwang er sich immer wieder dazu, kritischen Spott zum Mittel des Broterwerbs zu machen. Seither kann man gut davon leben. Auch er musste vom Kelch des Leids kosten – erst starb seine Frau, dann seine kleine Tochter Susy, deren *Tagebuch* der liebevolle Vater postum herausgab. Sie war immer so stolz auf sein üppiges weißes Haar gewesen, das der Besitzer täglich ausführlich pflegte. Die Photographie zeigt ihn in seiner Pracht: Ein hagerer, aufrechter Greis mit funkelnden, gütig-wachen Augen unter wildgeschwungenen Brauen, hängender Schnurrbart, markante Züge. Auf geschäftliche Dinge verstand er sich nicht, machte im Alter noch bankrott und musste auf Weltreise gehen *Entlang dem Äquator,* um mit Vorträgen seine Schulden abzustottern. Und auch da bleibt er noch Großmeister der tiefgründig-humoristischen Beobachtung, wenn er etwa die hunderttausend Inder beschreibt, die in Neu-Dehli seiner Lesung andächtig lauschen, obwohl nur ein Bruchteil ihn hören und davon nur ein Bruchteil ihn v e r s t e h e n kann. Der gute Geschichtenerzähler aber wird überall auf der Welt hoch geachtet.

Ein Humorist ist nicht auf Knopfdruck komisch. So wird noch keine gute Literatur aus der Begabung, andere lachen zu machen, und das ist auch der Grund, warum dieses Kapitel so kurz ist: Der Humorist verfügt über die rarste Gabe, nämlich den ›komischen Moment‹ zu schaffen als eine spezielle Ausprägung des normalen Lebens. Auch hier hat Mark Twain Besonderes geleistet in seiner *Autobiographie*. Seinem wahrlich schon interessanten Leben setzt er durch seine vis comica Glanzlichter auf. Der Humor ist aber ganz nahe der Tragik; eine ergreifende Episode ist das Dampferunglück, bei dem sein Bruder zu Tode kommt. Wie das geschildert ist, macht den großen Schriftsteller jenseits aller Kategorien aus, in die man ihn einordnen möchte.

Den Humoristen wird man sich nie als übellaunigen Charakter vorstellen wollen, obwohl auch das mühelos möglich ist.

Mark Twain[54], der Homer des Mississippi, war der Lotse der amerikanischen Literatur, in dessen sicherem Fahrwasser sich alle Satiriker und Humoristen seitdem bewegen. Die Schelme von *Tortilla Flat*, einem Kaff im Irgendwo, bei John Steinbeck erinnern nicht nur an das uralte Epos des Thomas Malory vom *Tod des Königs Artus*, sondern auch gleich an Twains Veralberung im *Yankee aus Connecticut*; mit der *Straße der Ölsardinen* schrieb Steinbeck seine Schelmensaga fort. *Von Mäusen und Menschen* schließlich, die bittersüße Geschichte von George und dem zurückgebliebenen Lennie, der so gern Mäuse und anderes streichelt, bietet jedem Creative Writer besten Anschauungsunterricht. Ja, so müsste man es machen!

54 »Mark Twain!« ist der Ausruf des Mannes am Lot, dass noch zwei Faden Wasser unter dem Kiel des Mississippidampfers sind. So schnell läuft man also noch nicht auf Grund.

Bis heute wird in Amerika fleißig am Schema des Schelmenromans, unbeschwert und scheinbar unbelastet, nach europäischen Modellen und eigenem Gutdünken gebastelt. Wollen wir nur, für alle Junggebliebenen, an den prallen *Tabakhändler* von John Barth erinnern. Ehrenwertester Nachfahre Twains war James Thurber, der mit seinen kleinen Geschichten und *Fabeln* – selbst illustriert – dessen Humor in die Tonlage einer unwirtlich gewordenen Welt transponierte.

Der geborene Schelm ist natürlich der *Till Eulenspiegel,* dessen Treiben früh schon Gegenstand eines Volksbuches war. So ein Volksbuch wurde preiswert hergestellt und von fliegenden Händlern unter die Leute gebracht, die Verfasser blieben anonym; behandelt wurden Personen und Geschehnisse der Zeitgeschichte, die Aufmerksamkeit beanspruchen durften, wie der Doktor Faust, der Doktor Eisenbart oder eben der Till. Aus Mölln stammt er unserer Überlieferung nach; Charles de Coster, ein in München geborener flämischer Literat und ziemlich genau Zeitgenosse Flauberts, schuf einen flämischen Till und versetzte ihn in die Zeit des Freiheitskampfes gegen die spanischen Besatzer, als Philipp II., der Sohn Kaiser Karls V., dort König war und der grausame Herzog von Alba sein Statthalter. Entstanden ist *Die Legende und die heldenhaften, fröhlichen und ruhmreichen Abenteuer von Ulenspiegel und Lamme Goedzak im flandrischen Lande und anderswo,* ein Kunstbuch in jeder Hinsicht, ein schöner Bilderbogen über Not und Würde der einfachen Leute in Zeiten der Unterdrückung. Till ist Narr, starker Held und Märtyrer, gemeinsam mit seinem Kumpan Lamme auch noch ein Don Quixote mit seinem Sancho Pansa, seine Dulcinea heißt Nele. Zusammen mit den Holzschnitten von Frans Masereel wird daraus Lesespaß und Augenfreude! Ein Volksbuch ist d i e s e r *Till* nie geworden, bekannt wurde de Coster erst postum.

Seit der *Prosa-Edda* des Snorri Sturluson ist *Die Islandglocke* von Halldór Laxness das erste Wort eines Isländers, das die literarische Welt vernimmt. Sein Schelm Jon Hreggvidsson ist wie Costers Till ein Kämpfer gegen unterdrückerische Besatzer, diesmal die Dänen auf Island. Trotz seiner Verschleppung und langjährigen Verfolgung durch die Justiz kehrt er ungebrochen als Held in die Heimat zurück, vital und voller Witz wie am ersten Tag. Die Glocken wiederum sind der einzige Besitz der armen Isländer, und die sollen ihnen weggenommen werden. Nicht ganz der einzige, denn es gibt da noch die Handschriften aus alter Zeit, die keiner mehr versteht und die zum Heizen verwendet werden. Und den Forscher Arnas Arnaeus, der diese Dokumente alter Größe sucht und Islands Ruhm wiedererrichten will. Das alles wird erzählt in einer kantigen, kargen, modernen Sprache. Und Laxness erhielt den Nobelpreis dafür.

Der Schelm bewegt sich stets an der Grenze zum Widerstand. Im modernen Europa heißt das vor allem, dass er zu Regimen und deren Aggressionsgebaren quer liegt, sich mit der Bürgerlichkeit erst recht nicht anfreunden kann. *Die Abenteuer des braven Soldaten Schwejk* schildern, wie ein einfacher Mann, der immer im richtigen Augenblick alles falsch macht, fast allein den Großen Krieg verliert. Sein Autor Jaroslav Hašek starb über der Abfassung jung dahin, nicht ohne neunzehn Bände *Werke* zu hinterlassen.

»Passen Sie auf, was ich Ihnen jetzt erzählen werde!« In Bohumil Hrabal hat er einen würdigen Nachfolger gefunden. *Ich habe den englischen König bedient* spielt, wie es in totalitären Zeiten sein muss, in einer Phantasiewelt, einem imaginären Prag zu ungewisser Stunde; erst wenn SS-Männer durch die Kulissen huschen, ahnt man den Hintergrund von Bedrohung und Verfolgung. Was immer bleibt: Der Rückzug in die Intimität. Darüber hat in einem Jahrhundert, für das es keine Hemmungen und Tabus mehr gab, niemand einfühlsamer und mit mehr Charme geschrieben als Hrabal; dieser Roman enthält die schönste erotische Szene, die ich kenne. Er ist das Meisterwerk eines Autors, der selbst liebenswerter Schelm gewesen ist. Der selbsternannte ›Weltmeister des Erzählens‹ und begnadete Biertrinker Hrabal starb, als er beim Taubenfüttern aus dem Fenster fiel.

Der Narr ist klug genug, gegen die Verschwörung der Dummheit um ihn herum zu bestehen. Aber wehe, wenn ihm einer auf die Schliche kommt!

184   Kapitel 3 Scherz, Satire, Ironie und tiefere Bedeutung

Der Schelm kommt im Underground an. Und dort macht er erneut Karriere. In der *Reise ans Ende der Nacht* von Louis-Férdinand Céline flüchtet der Ich-Erzähler aus dem Pariser Milieu nach Afrika – in denselben Kongo, wo gerade erst Joseph Conrads Herr Kurtz verschwunden war –, erlebt dort burleske Abenteuer und kehrt am Ende zurück, um wiederaufzutauchen ... als Erzähler seiner Londoner Abenteuer in *Guignol's Band,* dem Buch mit den anerkannt meisten Auslassungspunkten: Sie machen etwa ein Drittel des Textes aus ... Das ist über weite Strecken faszinierend, klingt neu und irgendwie gefährlich. Céline, der sich selbst als verzweifelten Hasser sah, wurde eher als Literatur-Clown gefeiert; dadurch konnte man seine durch und durch fragwürdigen Standpunkte übersehen und ihn zum Propheten der Postmoderne erhöhen. So sehen wir ihn heute. Zusammen mit Georges Simenon präsidiert er im exquisiten Club der schriftstellernden Erotomanen. Bedarf: eine Dame täglich. Mindestens.

In Polen nimmt der Schelm die Gestalt eines schriftstellernden Kindes an im *Ferdydurke* von Witold Gombrowicz, einem der großen intellektuellen Späße der Zwischenkriegszeit. Man muss wieder Kind werden, um das alles ertragen zu können.

Oder für immer Kind bleiben. Dem Desaster des Nationalsozialismus folgen Schelme, die die ›Gnade der späten Geburt‹[55] zu ihrem Wesen machen: Hans Schnier, *Ansichten eines Clowns,* und Oskar Matzerath, *Die Blechtrommel.* Böll ist vielleicht nicht der größte Schriftsteller, aber ein begnadeter Satiriker. Grass ist auch kein großer Schriftsteller, aber er findet ein betörendes Mittel, der Vergangenheit beizukommen: in Form eines halbauthentischen Märchens. Oskar weigert sich zu wachsen, das ist der erste, aber bei weitem nicht äußerste Widerstand, den er leistet. Im Inferno von Danzig, das dem Ausbruch des Zweiten Weltkriegs entgegentaumelt, sabotiert er mit seiner Spielzeugtrommel den Aufmarsch der braunen Horden und erlebt den Angriff

---

55   Dieses Wort, von einem unserer Altbundeskanzler auf sich selbst gemünzt, gibt der
Erleichterung darüber Ausdruck, dass er sich während der Herrschaft des Nationalsozialismus aufgrund seiner Jugend noch nicht in Schuld verstricken konnte.

auf die Westernplatte. Dazwischen gibt er die Nummer mit dem im Bauchnabel explodierenden Brausepulver, eine ganz fortgeschrittene Sauerei – aber gut gemacht, muss man sagen. Nach Kriegsende allerdings erlebt er rein gar nichts mehr, was uns Leser bewegt. Sobald Grass sich vom Terrain des Selbsterlebten wegbewegt auf das weite Feld der Phantasie, nicht mehr authentisch klingt, langweilt er mich. Böll wiederum kommt über das Wort ›katholisch‹ nicht hinweg. So interessant es auch ist, dass der Clown Schnier seiner Vätergeneration eine Nase dreht und sich dabei das eigene Leben wegvernünftelt, so entnervend ist das ewige Herumreiten auf den eigenen Wurzeln. Jawoll, Böll ist Rheinländer und kritischer Katholik, aber das kann doch noch nicht alles sein im Leben.

Erst *Jakob der Lügner* ist wieder einer, der zeigt, wozu der Schelm fähig ist. Nicht Widerstand, sondern Trost ist sein Metier, und eine guterfundene Lüge kann mehr bewirken als eine Heldentat. Jurek Becker hat einen Roman über das jüdische Getto in Kriegszeiten im Indikativ des Präsenz geschrieben, in einer Grammatik, in der aus Illusionen Wirklichkeit wird. Soll man am Untergang der DDR etwas betrauern, dann den Untergang des dortigen Literatur-Biotops; der republikanischen Beton-Ödnis des Westens setzte die sozialistische Buchkultur emsigen Philologenfleiß sowie den Einfallsreichtum ihrer besten Schriftstellerköpfe entgegen. Die Zeiten solchen Naturschutzes sind vorbei.

Das andere Deutschland – eine Erinnerung

›Sozialistischer Realismus‹ sollte in der Kultur des anderen Deutschlands produziert werden, hieß die Direktive. *Das siebte Kreuz*, der Prototyp des neuen Romans, erschien schon Jahre vor Gründung der ›Demokratischen Republik‹ und zeigte die Richtung an, in die es gehen sollte: Die Verfasserin Anna Seghers, Ahnfrau des Autoren-Kollektivs, übererfüllte ihr Plansoll, schuf mehr als antifaschistische Erbauungsliteratur, nämlich einen veritablen Spannungsroman. Und berichtete darin vom Grauen der Konzentrationslager, lange bevor die meisten behaupten konnten, noch nie etwas darüber gehört zu haben. Auch auf der Bühne zeigte man Leistung. Hier ging es lustiger zu als anderswo, wenn Peter Hacks *Ein Gespräch im Hause Stein über den abwesenden Herrn von Goethe* veranstaltete – ein riesiger gesamtdeutscher Theatererfolg; oder als viel später Ulrich Plenzdorf *Die neuen Leiden des jungen W.* wie Werther vorführte. Dieses Stück im Slang neuerworbener Jugendlichkeit wurde dann in der Prosafassung zur unentbehrlichen Schullektüre beidseits des Todesstreifens. Zweimal Goethe, das lässt stutzen: Tradition wurde großgeschrieben im Osten, als man erkannt hatte, welche Kraft in der Beschwörung einer kulturellen Kontinuität lag, die anderswo nach Kräften verleugnet wurde. Der Meister der Bühnen Heiner Müller schaffte sogar den Spagat zwischen Bildersturm und Heiligenverehrung mit seinem *Philoktet* und der unverwüstlichen *Hamletmaschine*. Die gesamtdeutschen Spielpläne nach dem Mauerfall zeigen den kreativen Verlust seither am erschreckendsten.

Die Figur der Zerrissenheit zwischen den beiden deutschen Welten war Uwe Johnson, der mit jahrzehntelanger Schreibhemmung für seine Heimatlosigkeit bezahlte. Die *Jahrestage*, zwischen Mecklenburg und Manhattan ablaufend, führen seine Heldin Gesine Cresspahl durch ein Jahr und den Leser durch alle Wellentäler der Weltgeschichte des Zwanzigsten Jahrhunderts. In diesem Koloss von Buch bleibt der Geist der Siebzigerjahre lebendig, als der ›Prager Frühling‹ schon vorbei und des Lebens bunte Vielfalt nur aus einem der neumodischen Farbfernsehgeräte erhältlich war.

Ist es mit den Schelmen, ihren Streichen und ihren Geschichten nun vorbei? Nein! Sie vermögen sogar zu Helden einer Auferstehung zu werden. Zweitausend Jahre hatte die Schreibkunst in Griechenland in Totenstarre gelegen, und von den ersten zarten Zeichen einer Wiedererweckung, den *Liebesgedichten* des noch in der Diaspora des ägyptischen Alexandria lebenden Konstantinos Kavafis, den *Geheimen Gedichten* von Giorgos Seferis, Nobelpreisträger, und dem *To axion esti* – *Gepriesen sei* des anderen Preisträgers Odysseas Elytis wurde die Welt nicht aufgerüttelt. Als aber Anthony Quinn im Film »Alexis Sorbas« den eigens für seine ungelenken Beine erfundenen und von Mikis Theodorakis komponierten »Sirtaki« tanzte, war Griechenland mit dem Meisterschelm von Kreta und dem Roman von Nikos Kazantzakis mit einem Hüpfer in den Reigen der Kulturnationen zurückgekehrt. Im Buch steht Sorbas, eigentlich ein Mazedone, zwischen der archaischen Bauerngesellschaft auf der Insel, die weiland König Minos regiert hatte, und dem ersten Sendboten der modernen Welt, einem Schriftsteller in der Krise, dem Erzähler. Erst der Film macht aus diesem harten Aufeinanderprall etwas auch für Tagestouristen Verdauliches, nämlich Folklore. Kazantzakis, der zuvor schon mit einer gigantischen Fortsetzung der *Odyssee* die alten Mythen wiedererweckt hatte, musste das nicht mehr erleben. Schwer fällt die Weissagung nicht, dass den Schelmen allgesamt hingegen von den Göttern Unsterblichkeit beschieden sein wird.

Vom Humor

Über Humor ist bekanntlich schwer zu schreiben. Sicher haben die Menschen immer schon gerne gelacht. Über Homer, der die olympischen Götter so herzhaft lachen ließ, dass man deren Gelächter nach ihm ›homerisch‹ nannte, dachten die Späteren gerne, er hätte auch im Komischen Großes geleistet haben müssen. So schoben sie ihm die *Batrachomyomachia* unter, den *Froschmäusekrieg*. Die *Ilias* wird in einem Tümpel nachgespielt. Da war allerdings schon die Fabel des Äsop von den Fröschen im Teich und ihrer Suche nach einem König lustiger. Sogar eine Witzsammlung ist aus der Antike bekannt, der *Philogelos* oder *Lachfreund*. Der erreicht immerhin schon präzise das Niveau, das die vorletzte Seite jeder Programmzeitschrift auch nicht überschreitet. Speziell der zerstreute Professor, von dem man denken sollte, dass er eine Neuzüchtung sei, gab schon den Alten Stoff für müdes Gekicher.

Unbestrittener Star unter den Humoristen war Lukian von Samosata; so mächtig schwillt ihm die satirische Ader, dass er den Käufer schlechter Literatur mit Du anredet: *Die Verleger, die das Glück haben, mit Dir bekannt zu werden, opfern dem Hermes, nicht anders, als wenn sie einen Schatz gefunden hätten; denn eine bessere Chance, ihren allerübelsten Mist in gutes Geld zu verwandeln, könnten sie sich nicht wünschen,* wirft er dem *Ungebildeten Büchernarren* an den Kopf. Ich stelle mir Lukian wie einen Dean Martin des Altertums vor, als Meister des absurd-angetrunkenen Geplauders, auf einem Barhocker mit einem halbvollen Glas in der Hand. Wahrscheinlich konnte er auch toll singen.

Ansonsten ist aus der Alten Welt wenig bekannt, was als humoristisch bezeichnet werden könnte. Der persönliche Angriff wurde kunstvoll gepflegt in der Form der Invektive oder des Epigramms, allerdings trugen diese Attacken eher einen melancholischen Zug: Bei der üblichen Härte der politischen Auseinandersetzung richteten ein paar Gelegenheitsverse nichts aus gegen die Überzeugungskraft scharfgeschliffener Schwerter.

> Dem Humoristen werden selten Kränze gewunden. Wenn er versagt, ist das Publikum gelangweilt, trifft er, ist es gekränkt.

Die Satire war eigentlich gar nichts Komisches, sondern dem Wortsinn nach ein ›Mischmasch‹. Schade, dass sie wohl außer einer Namensähnlichkeit nichts mit der komischsten Einrichtung der Antike zu tun hat, den Saturnalien. Sie würden so gut zueinander passen. Diese Festtage, die etwa zum Zeitpunkt unseres Weihnachten gefeiert wurden, stellen eine Absonderlichkeit dar, die für die Welt der Sklavenhalter überraschend sympathisch daherkommt: Hauptbestandteil der Feiern war die Umkehr des Verhältnisses zwischen Herrn und Knecht: Die Hohen bedienten die Niedrigen und ertrugen deren Spott, man trank und würfelte zusammen. Aus dieser Wurzel erwuchs nicht nur der Schelmenroman, das Erniedrigen des Hohen und Erhöhen des Niedrigen ist die Quelle allen Lachens.

Der Beruf des Humoristen ist ein gänzlich undankbarer. Wirklich anerkannt wird er weder bei Kollegen noch Lesern; entweder gilt er als zu seicht oder zu verkopft. Luigi Pirandello wollte so gerne Professor in Rom werden. Für einen Sizilianer sicher von vornherein kein leichtes Unterfangen, an die Fleischtöpfe der Hauptstadt zu gelangen. *Der Humor* sollte der Schlüssel zur Stadt sein: seine Habilitationsschrift. Irgendwie hat er es von vornherein falsch angepackt, war doch sein wichtigster Kronzeuge ausgerechnet Giacomo Leopardi – ein Erzmelancholiker. Dabei aber einer der eindrucksvollsten Köpfe zu Beginn des Neunzehnten Jahrhunderts, halb Poet, halb Philosoph – falls es diese Trennung gibt, denn eigentlich sollte jeder Künstler beides sein. In seinem *Zibaldone di pensieri* oder *Gedankenbuch* hatte der stets kränkelnde Einzelgänger aus Recanati seine Unzufriedenheit mit der Gegenwart und ein Rezept für die persönliche Flucht in die Welt der Ideen kundgetan. Pirandello feiert seinen Landsmann als Befreier des Geistes aus dem Kerker der Lebenszwänge; allerdings: Als Komiker taugt er nicht. So bleiben ihm *Don Quixote* und Jean Paul als Quellen des Lachens – damit konnte Pirandello keinen Blumentopf gewinnen. Zu seinem Leidwesen, uns zur Freude, musste er sich wieder ganz auf seine Tätigkeit als Theaterleiter und -autor werfen.

Wie sich das Galgenkind die Monatsnamen merkt:
Jaguar,
Zebra,
Nerz,
Mandrill,
Maikäfer,
Pony,
Muli,
Auerochs,
Wespenbär,
Locktauber,
Nasenbär,
Zehenbär.

190   Kapitel 3 Scherz, Satire, Ironie und tiefere Bedeutung

Das komische Gedicht gehört zu den erhabensten Schöpfungen. Wie schwer ist es gemacht, wie leicht konsumiert! Dass gereimt werden muss, versteht sich: Selbst dieses sehr komische Gedicht von Christian Morgenstern kommt nicht ohne die Erlösung des künstlichen Endgleichklangs aus, freilich nur, wenn sich der Leser in das Hirn des Galgenkindes versetzt und neben die tierischen Monatsverballhornungen die gewohnten Namen stellt.

Die höchste Stirn der literarischen Welt und brennende Augen sind Morgensterns Kennzeichen, ein Dostojewskij des komischen, da absurden Gedichts. Nichts und niemand kommt ihm gleich, obwohl es an Vorläufern, Edward Lear zum Beispiel, dem Schöpfer der *Limericks*, nicht gemangelt hat. *Die Galgenlieder* heißt die Sammlung, darin die Herren Palmström und Korff umgehen oder auch die Palma Kunkel. Sie sind in der Lage, die Welt neu zu erfinden, ohne darin Spuren zu hinterlassen. Ein Hang zur philosophischen Abschweifung liegt über allem Dichten Morgensterns, richtig gut wird er nur dann, wenn er diesem Hang n i c h t nachgibt, der irrationale Gedanke spontan formuliert erscheint. Sein großer Rivale – aber nicht in meiner Gunst – nannte sich Joachim Ringelnatz; als Hans Böttcher stand er im Taufregister. Mit seinen *Turngedichten* und ähnlichem Schnickschnack, aber auch mit den Gesängen seines unvermeidlichen Seebären *Kuttel Daddeldu* kommt er verstaubt daher, wenn er nicht gerade morgensternisch singt:

Es waren zwei Schweinekarbonaden,
Die kehrten zurück in den Fleischerladen
Und sagten, so ganz von oben hin:
»Menéh tékel úpharsin.«

Der Schüttelreim gilt deswegen als Königsdisziplin der Poesie, weil er sich in perfider Weise jedem Versuch widersetzt, ihn mit Sinn auszufüllen. Im folgenden Beispiel – als Vierzeiler ein Rarissimum! – handelt es sich um eine Ausnahme, für die der Wiener Wagner-Dirigent Felix Mottl und eine offenbar nicht völlig geglückte »Tristan und

Isolde«-Aufführung auslösend waren. Gleichzeitig erfährt die Theaterkritik hier einen Höhepunkt an Verschärfung und Verknappung, der nicht einmal von Gerhard Stadelmeier wieder erreicht wurde:

Was gehst Du auch zu Mottls »Tristan«
und hörst Dir dieses Trottels Mist an?
Schaff lieber Dir ein Drittel Most an –
Trink Dir mit diesem Mittel Trost an!

(Verfasser leider unausforschbar, ich hätte ihn gerne kennengelernt.)

Ich kenne tatsächlich wenige ausgesprochen humoristische Bücher, die ich Dir empfehlen könnte oder möchte. Einer der größten Späße meiner jungen Jahre aber waren die *Maghrebinischen Geschichten* des Gregor von Rezzori samt ihren Fortsetzungen. Rezzori, selbst aus dem mythischen, untergegangenen Czernowitz in der Bukowina gebürtig wie der Tenor Joseph Schmidt und der Lyriker Paul Celan, war der einzige reale Bewohner von Maghrebinien. Es handelt sich um ein Phantasieland der Sehnsucht und Wehmut, und Rezzori hat in dem bittersüßen Roman *Ein Hermelin in Tschernopol* gezeigt, dass dieses Land ganz nahe an eine erschreckend harte Wirklichkeit grenzt. Das Hermelin ist ein reinliches Tier, es stirbt, wenn sein Fell befleckt wird. Diese Lehre befolgt der Held der Geschichte, der Husarenmajor Nikolaus Tildy. Die freundlichen Gestalten des Hodscha Nasr ed Din Effendi und des Rabbi Schalom Mardochai begleiten Dich, hast Du sie erst kennengelernt, wohlgemut ein ganzes Leben. Auch der Räuberhauptmann Terente hat eine spezielle Ausstrahlung, dieses ganze Maghrebinien, das so seltsame Ähnlichkeit mit dem Südosten des alten Österreich-Ungarn hat, ist ein Land der Träume und Sehnsüchte – in dem es brüllend komisch zugeht.

Ganz in der Nähe von Maghrebinien liegt Kaffeehaus. Der Geograph dieser Weltgegend war Friedrich Torberg. Seine Anekdoten- und Welterklärungsbücher von der *Tante Jolesch* bewahren den Charme einer Epoche, die sich ihrer Vergänglichkeit bewusst war wie keine andere. Weisheit diente ebenso der Lösung der Welträtsel wie dem Überstehen des nächsten Tages. Wie sagte die Tante? *Was ein Mann schöner is wie ein Aff, is ein Luxus.* Diesem Motto folgten die Kaffeehausbewohner Anton Kuh, Peter Altenberg und – mit Abstrichen – der elegante Alfred Polgar. Ihr Metier war die kurze Form, alle drei sind als Originale zu feiern und unbedingt in Massen zu konsumieren. Als Appetithappen diene Polgars *Rechenstunde* vom siebenundzwanzigsten Februar neunzehnhundertsiebenunddreißig: *Die neue deutsche Reichsgesetzgebung unterscheidet: Volljuden, Dreivierteljuden, Halbjuden,*

Das Land
Maghrebinien
existiert in den
Herzen derer,
die an den
guten Ausgang
von Märchen
glauben.

Vierteljuden und Achteljuden. Weiter geht die arithmetische Unterteilung vorläufig nicht. Aber sie ist schon jetzt ungeheuer kompliziert, und insbesondere die Vermischung dieser Bruchteil-Juden untereinander stellt die rassische Bestimmung der Nachkommen vor äußerst schwierige Aufgaben. Wenn zum Beispiel ein ¾-Jude eine ⅛-Jüdin heiratet, bekommt das Kind aus solcher Ehe als rassisches Erbgut mit: ½ plus ⅛, also ⅞ jüdisches, und ⅛ plus ⅞, also ⁹⁄₈ arisches Blut, was per saldo, netto Kassa, einen Reinbetrag von ¼ arisch für das Kind ergäbe, womit es im Dritten Reich nicht viel anfangen könnte; es wäre ja wieder ein ¾-Jude. Hätte der ¾ jüdische Vater aber statt der ⅛-Jüdin eine komplette ½- oder ²⁄₄-Jüdin geheiratet, so ergäbe die Blutbilanz des Kindes ¾ oder ¹⁰⁄₈ jüdisch und ⁶⁄₈ arisch, also einen Überschuß von ⁴⁄₈, id est ½ jüdisch, und das Kind wäre ein ½-Jude, stünde also besser da als jenes, dessen ¾-Vater eine ⅛-Jüdin geheiratet hat. Diese Kalkulation mag ja gewiß einen Haken haben, aber bei der rassischen Arithmetik wird man so konfus, daß Irrtümer kaum zu vermeiden sind. Vielleicht wäre es leichter, wenn die Bruchteilwirkung aufgegeben und lieber der Dezimalpunkt in die Judenausrechnung eingeführt würde. Bitternis in das Gewand des Lachens kleiden, auch das ist eine der Maskeraden der satirischen Attacke. Immer aber gilt es, das Hohe zu erniedrigen und das Niedrige zu erhöhen. In diesem Sinne hören wir noch den behaglichen Meister der k. u. k.-Kaffeehausseligkeit, Roda Roda. Naturgemäß wurde er als Sándor Friedrich Rosenfeld im mährischen Drnowitz geboren, bevor er seiner literarischen Existenz diese Rechtfertigung geben konnte: *Man wirft mir vor, ich pro-*

duziere zuviel, zu wahllos, und schade dadurch meinem Ruf. Unsinn. Ich halte mich an das Beispiel Gottes: was hat Gott nicht alles geschaffen – wieviel Mist ist darunter – und was hat Gott für einen Namen!

War Österreich-Ungarn schon das Traumland der Operette, so waren jedenfalls seine schöpferischsten Geister Träumer. Ein Ehrenplatz in dieser Galerie gebührt dem bei Lebzeiten nur bescheiden hervorgetretenen Fritz von Herzmanovsky-Orlando. Er träumte sich eine barocke Jetztzeit, in die auf jeden Fall der Kaiser und sein Leibzwerg gehören, in seiner *Österreichischen Trilogie: Der Gaulschreck im Rosennetz* behandelt die Erlebnisse des Hofsekretärs von Eynhuf, der in seiner Freizeit die größte Milchzahnsammlung der Erblande aufgebaut hat – eine stolze Leistung. Das Glossar wienerischer Ausdrücke (*bunkert* – vollschlank) umfasst drei Seiten, die Liste der auftretenden oder erwähnten Zeitgenossen ist bereits fünf Seiten lang; Herzmanovsky nahm regen Anteil an den Erregungen der Saison. Helmut Qualtinger und André Heller gemeinsam sorgten für eine Bühnenfassung des Werks: wahrlich eine Wiener Melange. *Rout am Fliegenden Holländer* heißt der zweite Teil, über die hochkomplexe Handlung sei nur so viel verraten, dass Kaiser Franz Joseph Frankfurter Würstchen isst und Gabriele d'Annunzio einen kahlen Felsen für Italien annektiert – später wirst Du noch erfahren, was es damit auf sich hatte. *Das Maskenspiel der Genien* schließlich führt in das Reich der Tarocke, der Nörgler, denen nie etwas recht ist. Da alle Werke stark fragmentiert zurückblieben, erlaubte sich der agile Torberg, sie mit eigenen Zusätzen herauszugeben und aus der Tarockei ›Tarockanien‹ zu machen. Allzu deutlich ist die Parallele zu Musils ›Kakanien‹ und tatsächlich ist beider Trauer über den Untergang des Habsburgerreichs groß – aber Gerechtigkeit muss sein, Herzmanovskys Phantasie reicht unendlich viel weiter und darüber hinaus macht er sich eines unverzeihlichen Verbrechens schuldig: Er ist richtig komisch.

Eine erste bös-satirische Zeitung, der »Simplicissimus«, eroberte von Bayern aus das intellektuelle Publikum. In ihr spielte die Karikatur eine wichtige Rolle, die erstaunlicherweise keineswegs neues, sondern ehrwürdig altes Ausdrucksmittel frecher Unzufriedenheit war: Schon Napoleon musste sich in ganz Europa gefallen lassen, als kleines dickes Strichmännchen verhohnepipelt zu werden. In Berlin wurde die »Weltbühne« zum Maß für antiautoritäres Denken. Siegfried Jacobsohn hieß ihr Begründer, nach ihm übernahmen Peter Panter und Theobald Tiger die Geschäfte. Nicht im Ernst – der promovierte Jurist Kurt Tucholsky hatte sich diese Namen bei seinem Professor ausgeliehen. In den sicher sehr unterhaltsamen Vorlesungen dieses Lichts der Rechtswissenschaften trugen die Streithähne der fiktiven Zivilprozesse (statt der üblichen A's und B's) solch klangvoll alliterierende Tiernamen. Tucholsky hielt seine Pseudonyme in Ehren – er war die moralische Instanz der Weimarer Republik und wirkt etwa mit seinem Diktum von den Soldaten, die Mörder seien, bis in unsere heutigen Debatten hinein. Das Prädikat und die Leitung der Zeitung gab er bald an Carl von Ossietzky weiter, der als geschworener Gegner des Nationalsozialismus sofort nach der Machtergreifung ergriffen und in einem Konzentrationslager zu Tode gequält wurde. Von Ossietzky erhielt – dies ein Ruhmesblatt in den Annalen – als schon Internierter den Friedensnobelpreis. Hitler war so empört, dass er jedem Deutschen fortan verbot, einen solchen Preis anzunehmen!

Not und Elend fordern den Humoristen, fressen ihn aber dann. Denn er ist auch Humanist.

Tucholsky schuf ein Riesenwerk aus kleinen und kleinsten Stücken: Feuilletons, Kritiken, Essays. Daneben bleibt er mit zwei Petitessen für immer in liebender Erinnerung seiner Leser; zunächst zeigt er sich als Mitverschworener aller Frischverliebten in *Rheinsberg – Ein Bilderbuch für Verliebte* über das muntere Paar Claire und Wölfchen; alsdann erweist er sich als Mitwisser aller bereits Fortgeschrittenen in *Schloß Gripsholm*, das schon in Tucholskys neuer Heimat Schweden spielt. *In der heutigen Zeit Liebe? Wer liebt denn heute noch?*, lässt er sich selbst im Vorspiel zum Roman an seinen Verleger schreiben. Ja, das ist es eben, mögen die Zeiten noch so schwarz sein, der Bedarf an Liebe – aber auch an guter Literatur – kann dadurch nur steigen. Gegen Bekenner dieses Kalibers wirkt Erich Kästner zurückgenommen, distanziert, auf sich fixiert. Selbst mit der Liebe tut er sich schwer, ihm reicht stattdessen Geschlechtsverkehr. *Herz auf Taille* hieß seine erste Gedichtsammlung, Eleganz war ihm zeitlebens Programm. Im dunklen Anzug tritt er uns vor Augen, markante Züge, markanter Haaransatz, markante Brauen – ein bemerkenswerter Herr. Er war der Meister des leicht Gereimten für unsere Zeit:

Ein Pessimist ist, knapp ausgedrückt, ein Mann,
dem nichts recht ist.
Und insofern ist er verdrießlich.
Obwohl er sich, andrerseits, schließlich
(und wenn überhaupt) nur freuen kann,
gerade weil alles schlecht ist.
Einer von ihnen hat mir erklärt, wie das sei
und was ihn am meisten freute:
»Im schlimmsten Moment, der Geburt, sind die Leute«
(hat er gesagt) »schon dabei.
Doch gerade das schönste Erlebnis
erleben sie nie: ihr Begräbnis!«

Da er sich mit seinen Kinderbüchern, allen voran dem herzzerreißend schönen *Doppelten Lottchen*, unsterblich gemacht hat, hat er seine eigene Beerdigung sicher sehr genossen.

Die Dinge, die mir Marie gab,
schwor ich: sind gut bis an mein Grab.
Die Tasse und die Hose und
der Ring zu meinem Schlüsselbund.

Die Tasse, die mir früh schon brach.
Die Hose hielt den Frost nur schwach.
Den Ring zu meinem Schlüsselbund
gab ich dem Nachbarn für den Hund.

196   Kapitel 3 Scherz, Satire, Ironie und tiefere Bedeutung

So klingt knackige Liebeslyrik heute, in diesem Fall von Peter Maiwald mit dem Titel *Guter Dinge*.

Doris
kleiner Hertzens=Dihb
hastu mich auch würcklich lihb?
Würcklich? Gantz wahrhafftig?
Und sie küßt mich
daß es knallt
durch den dikken Dannen=Wald
Himmel
war der safftig!

So klang es wohl im Barock. Oder? Nein, das ist eine Parodie, der *Daphnis* von Arno Holz[56], zu Beginn des letzten Jahrhunderts verfasst und eine reine Herzensfreude für alle, die reinen Sinnes sind. Zur Travestie wiederum wird Literatur, wenn die alten Vorlagen zeitgemäß aufgebrezelt werden; der tragische Höhepunkt der *Aeneis* klingt dann – in der Version von Aloys Blumauer – so:

Das Ende von dem Liebsroman
Ist nun in Didos Händen:
Sie kann mit einem dritten Mann
Ihn recht gemächlich enden;
Allein der Herr Virgilius
Befiehlt ihr, daß sie sterben muß:
Nun gut, so soll sie sterben!

---

56 Er hätte mehr Raum verdient für seine Gedichtsammlungen *Phantasus* und *Blechschmiede* oder als Überwinder eines ›Bühnennaturalismus‹ im *Papa Hamlet*, zusammen mit Johannes Schlaf – aber vergessener als Arno Holz könnte man heutzutage nicht sein. Nur in gelber Reclam-Uniform ist etwas von ihm beschaffbar. Ein Jammer!

Es ist zwar freilich oft ein Graus,
Wenn Dichter, die doch fühlen,
Wie eine Katze mit der Maus
Mit ihren Helden spielen:
Erst putzen sie mit vieler Müh'
Den Helden auf, dann metzeln sie
Ihr eigen Werk danieder.

Was auf Hochdeutsch vielleicht noch der letzten Würze entbehrt, bekommt diese durch die Verwendung des Dialekts. Beschränken wir uns, da es für jeden Zungenschlag der Republik eigene Fachleute gibt, auf das Mecklenburger Platt und da wiederum auf zwei seiner virtuosen Interpreten: Rudolf Tarnow, der mit den niedlich gereimten *Burrkäwers* meine Großmutter entzückte, und Fritz Reuter, der zwei Generationen zuvor entferntere Vorfahren von mir mit den Geschichten vom ›Enspekter‹ Onkel Bräsig zum Lachen brachte. Wer *Meckelnborg is en schön Land, 't is en rik Land, un för allen kann't den Landmann woll gefallen* nicht auf Anhieb versteht, für den gibt es von seinem voller Weisheit und Wehmut steckenden historischen Roman *Ut mine Stromtid* wie von seinen anderen Werken auch eine hochdeutsche Übersetzung. Nicht nur für Thomas Mann war Reuter einer der größten Erzähler des vorvorigen Jahrhunderts, ihn zu lesen lohnt und erheitert allemal: *Ut de Franzosentid* gibt einen lokal gefärbten Rückblick auf die napoleonische Besatzungszeit, *De Urgeschicht von Meckelnborg* ist mein reuterscher Favorit, eine liebevolle Adaption der Bücher *Genesis* an die Bedingungen der norddeutschen Querköppigkeit.

Mit fremden Federn schmücken sich manche Literaten. Schreiben kann mit ihnen nur einer: Robert Neumann, der Champion der Parodie auf noch lebende Kollegen oder solche, die sie nicht überlebt haben. Dazu gehört handwerkliche Meisterschaft sowie Augenmaß – nur an Würdigen soll der Parodist sich vergehen, ansonsten wirkt er flegelhaft. Gleichsam als Zusammenfassung der vorangegangenen Themen möge dieses gänzlich unbekannte Meisterwerk Gottfried Benns stehen:

198 Kapitel 3 Scherz, Satire, Ironie und tiefere Bedeutung

Frühling, adipocyre
Batrachomyomachie,
heut greif auch ich zu der Lyre – aber wie?
…
Was bleibt von Venus, der Putte,
wenn ich sie lyrisch zerstück?
'ne nymphomanische Nutte! –
Kommt ins Kaffeehaus zurück!

Neumann gibt mit der berufstypischen Hellsichtigkeit des Humoristen bereits eine Vorschau auf die lyrischen Entgleisungen der Nachkriegszeit. Tabubruch plus Bildungstrester gleich Müll.

Das nördliche Gegenstück zu Maghrebinien heißt Masuren. Siegfried Lenz hat diese Gegend in seinen Erzählungen *So zärtlich war Suleyken* bekannt-geliebt gemacht. Wenn Amadeus Loch nach Oletzko ein Kilochen Nägel kaufen fährt, dann fahren alle mit, ist doch klar.

Nicht nur zur Weihnachtszeit und *Doktor Murkes gesammeltes Schweigen* sind kleine satirische Köstlichkeiten, die vergessen machen, dass sich Heinrich Böll mit der großen Form schwer tat. Wer sich einen Professor Bur-Malottke und die Formel von *Jenem höheren Wesen, das wir verehren* einfallen ließ, kann kein ganz schlechter Schriftsteller gewesen sein.

Eines Abends saß ich im Dorfwirtshaus vor (genauer gesagt: hinter) einem Glas Bier, als ein Mann gewöhnlichen Aussehens sich neben mich setzte und mich mit gedämpft-vertraulicher Stimme fragte, ob ich eine Lokomotive kaufen wolle. Nun ist es zwar ziemlich leicht, mir etwas zu verkaufen, denn ich kann schlecht nein sagen, aber bei einer größeren Anschaffung wie dieser schien mir doch Vorsicht am Platze. Obgleich ich wenig von Lokomotiven verstehe, erkundigte ich mich nach Typ, Baujahr und Kolbenweite, um bei dem Mann den Anschein zu erwecken, als habe er es hier mit einem Experten zu tun, der nicht gewillt sei, die Katze im Sack zu kaufen. Ob ich ihm wirklich diesen Eindruck vermittelte, weiß ich nicht; jedenfalls gab er bereitwillig Auskunft und zeigte mir Ansichten, die das Objekt von vorn, von hinten und von den Seiten darstellten. Sie sah gut aus, diese Lokomotive, und ich bestellte sie, nachdem wir uns vorher über den Preis

Robert Neumann Wolfgang Hildesheimer 199

geeinigt hatten. Denn sie war bereits gebraucht, und obwohl Lokomotiven sich bekanntlich nur sehr langsam abnützen, war ich nicht gewillt, den Katalogpreis zu zahlen. Wolfgang Hildesheimer hat der absurden Komik zu höchstem Glanz verholfen. *Lieblose Legenden* heißt die Sammlung makelloser Sprachkunstwerke, und da Hildesheimer sich einmal beklagte, dass seine Geschichte *Eine größere Anschaffung* aus dem Lesebuch des Kantons Innerrhoden (oder so) gestrichen worden sei, wollte ich hier an sie erinnern. Mit seinen gleichfalls brillant absurden *Mitteilungen an Max* (Frisch) hat Hildesheimer ein weiteres Kleinod des Komischen geschaffen. Das Niedrige erhöhen, das Hohe erniedrigen bleibt die Formel, die uns lachen macht.

Eine neue Ausdrucksform der Satire wurde zur Jahrhundertwende das Kabarett. Mit dem »Überbrettl« in Berlin fing es an, Christian Morgenstern lieferte die ersten Texte. Gesucht wurde ein Künstler, der Mut zur politischen Aussage und zum öffentlichen Auftritt, Eleganz in der Form der persönlichen Attacke und eigenwilligen Vortrag miteinander vereinen konnte. Erster Meister dieses Stils war Frank Wedekind, der im Münchener Kabarett »Die elf Scharfrichter« seinen Bänkelgesang mit der Laute begleitete. Später machte »Die Pfeffermühle«, in der Erika und Klaus Mann, Kinder des arrivierten Großschriftstellers Thomas, federführend waren, ebenfalls von dort aus Rabatz. Die eigenwilligste Erscheinung im Schatten des Hofbräuhauses war Karl Valentin, dessen hagere Silhouette mit der Cyrano-Nase und dem gekrümmten Rücken sein Markenzeichen wurde. Mit seiner Partnerin Liesl Karlstadt schraubte er den absurden Dialog auf das Maximum seiner Möglichkeiten. Die kleinen, allzukurzen Schallplatten, die ich als Kind von den beiden hatte, boten beim Immer-wieder-Hören unerschöpflichen Stoff zum sich Kringeliglachen. Ob die *Semmelnknödeln* oder die regenschweren Mibrollen und Vibromen, was so harmlos in der Nachfolge Morgensterns daherkommt, hat bis heute nicht aufgehört zu wirken, speziell auf dem Gebiet der Sprachkritik. Zwölf Germanisten wiegen gerade einen halben Valentin.

Direkt nach Kriegsende suchte Deutschland Identität und Identifikation. Auch hier konnte die Satire, das Kabarett helfen. In dem Film »Berliner Ballade« spielte Gert Fröbe den Kriegsheimkehrer Otto Normalverbraucher, eben den, der nicht aus der Norm dessen fällt, was man normalerweise braucht und auf Bezugsschein bekommt, falls man nicht schwanger, verwundet oder krank ist. Diese Figur hatte sich der Kabarettist Günter Neumann ausgedacht, der auch das Drehbuch schrieb, und diese Figur begleitet uns seitdem: Wir sind O. N. in allem, was wir tun.

Mit seinem Werk *Über das Volksvermögen* hat Peter Rühmkorf, der Nachkriegslyriker schlechthin, den Normalverbraucher zwischen zwei Buchdeckel gepresst. ›Jeder ist ein Dichter‹ – um eine abgedroschene Phrase des Jahrhundertendes abzuwandeln –, wenn eventuell auch nur in Abzählversen, verballhornten Werbebotschaften und Slogans. Politische Korrektheit ist die natürliche Feindin des literarischen Untergrunds und seiner Spontandichtungen. In meiner Ausgabe des *Volksvermögens* steht noch der Kinderreim *Allah ist groß, Allah ist mächtig* ... Wie lange noch?

Dringender als Chronisten braucht die Gegenwart den Humoristen. Nur Loriot ist in der Lage, den gefährlichsten Feind des Lesens mit angemessener Grausamkeit zu bekämpfen. Und dafür können wir Vicco von Bülow gar nicht genug danken. *Frau:* »*Wieso geht der Fernseher denn grade heute kaputt?*« *Mann:* »*Die bauen die Geräte absichtlich so, daß sie schnell kaputt gehen.*« *F:* »*Ich muß nicht unbedingt fernsehen.*« *M:* »*Ich auch nicht. Nicht nur, weil heute der Apparat kaputt ist, ich meine sowieso, ich sehe sowieso nicht gerne Fernsehen.*« *F:* »*Es ist ja auch wirklich nichts im Fernsehen, was man gern sehen möchte.*« *M:* »*Heute brauchen wir, Gott sein dank, überhaupt nicht erst in den blöden Kasten zu gucken.*« *F:* »*Nee, es sieht aber so aus, als ob du hinguckst.*« *M:* »*Ich?*« *F:* »*Ja.*« *M:* »*Nein, ich sehe nur ganz allgemein in diese Richtung. Aber du guckst hin. Du guckst da immer hin.*« *F:* »*Ich? Ich gucke dahin? Wie kommst du denn darauf?*« *M:* »*Es sieht so aus.*« *F:* »*Das kann gar nicht so aussehen, ich gucke nämlich vorbei. Ich gucke absichtlich vorbei. Und wenn du ein kleines bißchen mehr auf mich achten würdest, hättest du bemerken können, daß ich absichtlich vorbei gucke. Aber du interessierst dich ja überhaupt* nicht für mich.« M: »Jajajaja.« F: »Wir können doch einfach mal ganz woanders hingucken.« M: »Woanders? Wohin denn?« F: »Zur Seite, oder nach hinten.« M: »Nach hinten? Ich soll nach hinten sehen? Nur weil der Fernseher kaputt ist, soll ich nach hinten sehen? Ich laß mir doch von einem Fernsehgerät nicht vorschreiben, wo ich hinsehen soll.« F: »Was wäre denn heute für ein Programm gewesen?« M: »Eine Unterhaltungssendung.« F: »Ach.« M: »Es ist schon eine Unverschämtheit, was einem so Abend für Abend im Fernsehen geboten wird. Ich weiß gar nicht, warum man sich das überhaupt noch ansieht. Lesen könnte man statt dessen, Karten spielen oder ins Kino gehen oder ins Theater. Statt dessen sitzt man da und glotzt auf dieses blöde Fernsehprogramm.« F: »Heute ist der Apparat ja nu kaputt.« M: »Gott sei dank.« F: »Ja.« M: »Da kann man sich wenigstens mal unterhalten.« F: »Oder früh ins Bett gehen.« M: »Ich gehe nach den Spätnachrichten der Tagesschau ins Bett.« F: »Aber der Fernseher ist doch kaputt.« M: »Ich lasse mir von einem kaputten Fernseher nicht vorschreiben, wann ich ins Bett zu gehen habe.«

Kapitel 4

Labor und Treibhaus: ein Jahrhundert des französischen Romans

Paris! Die Boulevards, die Häuser mit den gebuckelten zink- und schiefergrauen Dächern, die Straßencafés, der Gang der Frauen, der Eiffelturm, das ganze Aroma einer Metropole. Paris vor gut zweihundert Jahren: Ein von Ochsen gezogener Karren rollt durch die Gassen, johlendes Volk säumt den Weg. Einer von denen, die auf dem Karren zusammengedrängt stehen und gleich den Kopf verlieren werden dank der Erfindung des menschenfreundlichen Arztes Guillotin, ist der Aristokrat und Wissenschaftler Antoine de Lavoisier. Während sich das Gefährt rumpelnd der Place de la Concorde nähert, wo schon der König Ludwig XVI. hingerichtet wurde, denkt er über das Ende nach. Aus Kohlenstoff, Wasserstoff und Sauerstoff und ein paar anderen unbedeutenden Zutaten ist er gemacht, in diese Elemente wird er wieder zerfallen. Kein Platz für einen Gott, kein Schöpfungsakt, sondern die Verbindung von Atomen und ihr allmähliches Sich-wieder-Lösen. Der Trost des Atheisten, die letzte Tröstung für den Begründer der modernen Chemie. Vielleicht erinnerte er sich an seine Begegnung mit dem frühen Sozialisten Saint-Simon (einem Hauptanreger von Karl Marx) einige Jahre zuvor. *Gerade damals kam die Revolution der Chemie mit prachtvoller Gewalt zum Durchbruch. Sie hatte, ebenso wie die andere Revolution, ihre*

Gläubigen und Fanatiker. Saint-Simon hing beiden Revolutionen mit glühender Seele an; er legte Namen und Titel ab und wurde der Bürger Simon. Die politische Revolution mußte diesem großen Geiste wie eine höhere Chemie erscheinen, die aus dem toten Boden lebendiges Erdreich schaffen konnte, indem sie den Müßigen das Land nahm und es den Fleißigen gab.

Das schien so gerecht, einfach und natürlich, daß er in seinem großen Vertrauen auf die Weisen ohne weiteres zu Lavoisier, dem größten von allen, ging und ihm vorschlug, sich mit ihm zusammenzutun zu diesem menschheitbeglückenden Werk. ... Aber Lavoisier, der die Wohltaten des ancien régime genossen hatte, hätte es rücksichtslos gefunden. Als Generalpächter und als Leiter der Pulverfabriken hatte er sich für das Königtum bloßgestellt. Er fürchtete, sich nun auch für die Revolution bloßzustellen und in die von seinen Freunden so genannte »Schwarze Bande« zu geraten. So lehnte er Simons Vorschlag ab, der ihn vielleicht gerettet hätte. So schildert es Jules Michelet in seinem monumentalen, manchmal ermüdenden, meist aber erregenden Werk *Geschichte der französischen Revolution.* Sein Stil ist ebenso antiquiert wie kraftvoll; stets lässt er auch den Gegnern des geschichtlichen Fortschritts Gerechtigkeit widerfahren, erweist ihrer Position Achtung und gibt ihrem Verhalten Würde. Lavoisier also entschied sich aus Rücksicht gegen seine Gönner für den Tod. Vorher aber hatte er ganz Frankreich in ein Labor verwandelt. Diese Lust zur Analyse, dem Zerlegen in die Bestandteile, und zur Synthese, zum Neuaufbau aus den Grundzutaten, lag seinen Landsleuten im Blut. Denken wir nur an die Kochkunst, in der sich Frankreich seit jeher das Zentrum der Welt nennen konnte. Wer schon einmal selbst eine Mayonnaise gerührt hat – die durch das Zusammenwirken von Eigelb, Öl und etwas Zitronen- oder Essig-Säure entsteht –, dem ist der Zusammenhang zwischen Chemie und Haute Cuisine bewusst.

Um die Entwicklung der Literatur in Frankreich, den Fundus ihrer Themen und ihr Personal, richtig zu verstehen, sind einige Worte über

Chemie: Ihr Vokabular ist Grundlage der neuen Romane. Anziehungskräfte, Verbindungen, Reaktionen, Abstoßungen und Zerfall werden mit immer gesteigerter Präzision beschrieben.

politische Ereignisse unerlässlich. 18. Brumaire, Juli- und Februarrevolution, Dezemberputsch, das sind Daten, die im Bewusstsein
der Nation und im Inneren der großen Romane gespeichert sind, ihr
Rückgrat bilden. Gegen meine Gewohnheit und auf die Gefahr hin zu
langweilen, hier in Kürze das kalendarische Material: Am 14. Juli 1789,
dem heutigen Nationalfeiertag, erstürmte das Volk die Bastille, das
ehemalige und bereits nahezu leerstehende Gefängnis der Staatshäft-
linge, und leitete damit die Große Revolution, ihre Umwälzungen und
Gewalttätigkeiten ein. Ihre Symbole waren Marseillaise und Trikolore. Doch schon 1794 begann die Jeunesse dorée, die verwöhnte groß-
bürgerliche und adlige Jugend, nach der Vernichtung Robespierres
und seiner Terrorherrschaft wieder ihre eigenen Lieder zu singen. Napoleon Bonaparte stürzte am 18. Brumaire des Jahres VIII oder 9. November 1799 nach unserem Kalender das Revolutionsdirektorium und
machte sich zum Ersten Konsul. Am 2. Dezember 1804 krönte er sich
zum Kaiser der Franzosen Napoléon I. So endete auch formell die
Erste Republik. Anschließend eroberte er Europa, scheiterte mit seinem Russlandfeldzug 1812 und ging 1814 ins Exil. Zurück kamen Adel
und König Ludwig XVIII. Dann das Intermezzo der Hundert Tage
von Elba über Waterloo bis St. Helena und die zweite Rückkehr Ludwigs 1815. Mit dem Wiener Kongress, der Europa nach Napoleon neu
ordnete, wurde das Rad der Geschichte zurückgedreht. Die Restauration der Bourbonenherrschaft – auf Ludwig folgte 1824 Karl X. – ging
bis 1830. Durch die ›Juliordonnanzen‹: Abschaffung der Pressefreiheit,
Entmachtung des wahlberechtigten Bürgertums, wurde die liberale
Revolution vom 27. Juli 1830 ausgelöst, die halbherzig und kapital-
gesteuert den Orléans Louis-Philippe (dessen Visage sich bestens für
Karikaturen, Stichwort: ›Birne‹, eignete) zum König machte. Eine Zeit
wirtschaftlichen Aufschwungs folgte, Behaglichkeit richtete sich ein.
In der nächsten Krise fegt die basisdemokratische Februarrevolution
von 1848 die Julimonarchie hinweg. Im Dezember 1851 wird das wieder
errichtete republikanische System durch den Staatsstreich von Louis
Napoléon, Neffe des ersten Kaisers, beseitigt, der seit 1852 als Napoléon III. (Nr. II, der leibliche Sohn Napoleons, der ›König von Rom‹,

Die französische Geschichte 205

war in der Zwischenzeit jung gestorben) regiert. Seine Zeit trägt den
Stempel trägen, korrupten Wohllebens und der Umgestaltung von
Paris zur modernen Metropole – erzwungen von Baron Haussmann[57],
dem Stadtpräfekten – und geht bis zum Konflikt mit Preußen und
Napoleons Gefangennahme bei Sédan 1870. Die militärische Niederlage bringt die Zeit der Dritten Republik, durch Arbeiteraufstände
ausgelöst – die Kommune – und changierend zwischen Imperialismus und Sozialismus. Ab 1894 hielt die Dreyfus-Affäre die Nation
in Atem und spaltete sie in Anhänger und Gegner des jüdischen
Artilleriehauptmanns, der angeblich Spionage für Deutschland betrieben haben soll. Erst 1906 kam seine Rehabilitierung. Die Zeit bis
zum Ende des Ersten Weltkriegs wurde geprägt von der Persönlichkeit des liberalen, dominanten, weltmännischen Ministerpräsidenten
Georges Clemenceau, lebensnah dargestellt in dem frühen Klassiker
der politischen Heldenverehrung *Clemenceau spricht*.

In diese Zeitläufte fügen sich die unsterblichen Leistungen der Poeten, sie begleitend, kommentierend, kritisierend. Wie in keiner anderen Literatur wird hier jede Nuance des öffentlichen Lebens zu Kunst
in einem Konzert kostbarer Stimmen. Zunächst geht es um die genialen Werke Einzelner, wohlgemerkt, auf die wir zurückblicken, nicht
um aufeinander aufbauende Leistungen oder literarische Zirkel. Die
entstanden zusätzlich und erfüllten die Luft mit dem Summen ihrer
Vielstimmigkeit. Die großen Neuerer – eine Plejade, ein Sieben-
gestirn, das ich jetzt vorstellen möchte – kamen aus der Peripherie
zum Sängerwettstreit von Paris, dem Zentrum der literarischen Welt.
Jede Stimme einzigartig, unvergleichlich, und doch verschmolzen sie
zum wohltönenden Chor. Jeder Stil unverwechselbar, aber die einzelnen Werke fügten sich wie Noten in eine Partitur. Ihr Titel: Glanz und
Größe des französischen Romans.

---

57 Beim Blick in das Gesicht dieses Ehrgeizlings auf der alten Photographie mit dem vor-
gereckten Kinn und Zügen voller Niedertracht wird Dir schlagartig klar, wie die Zerstörung des ›alten‹ Paris und die Zerstörung Frankreichs durch Napoleon III. Hand in
Hand gingen.

206 Kapitel 4 Labor und Treibhaus

Es ergibt sich nicht zufällig, dass wir einen Ausländer als den ersten großen Literaten des ›französischen‹ Jahrhunderts zu feiern haben. Es ist Giacomo Casanova, der ›Chevalier de Seintgalt‹. Jawohl, d e r Casanova. Er wurde natürlich in Venedig geboren, ausgestattet mit den gottgegebenen Vorzügen seiner Landsleute: Stil, Haltung, Modebewusstsein, Scharfsinn. Das war zu jener Zeit, als die Serenissima, die »Durchlauchtigste Republik«, noch das Mittelmeer beherrschte. Die große Seeschlacht von Lepanto, in der Don Juan de Austria, ein entfernter Verwandter von mir[58], über die Türken triumphiert hatte, eine weitere Rettung des Abendlandes, lag gerade hundertfünfzig Jahre zurück. Die Geheimpolizei war allgewaltig. Nach der spektakulären, filmreifen Flucht aus deren Gewahrsam in den Bleikammern des Dogenpalastes kurz hinter der Seufzerbrücke zog es Casanova in die damalige Welthauptstadt der Kultur. Paris bildet den Fluchtpunkt aller Biographien. Die Dichter kommen von überallher, um hier zu scheitern oder zu reüssieren, zu leben und zu sterben. In diesem Schmelztiegel werden ihre literarischen Produkte geläutert und von Schlacken befreit, hier haben sie gehungert und gelitten, hier triumphiert.

Casanova war auf diese Art Erfolg noch nicht angewiesen. Neben seinem Talent verfügte er auch über außergewöhnliches Glück im Spiel sowie reiche Gönnerinnen. Schön war er wohl eher nicht zu nennen: Sein Porträt zeigt weiche Züge, eine prominente Nase, ein zurückweichendes Kinn und viel Perücke. Er operierte eben hauptsächlich

---

58 Mein Großvater, der mit einer Jüdin verheiratet war, benötigte zur Weiterführung seines Geschäfts – er war Kunsthändler mit eigenem Verlag – nicht nur einen ›arischen‹ Geschäftsführer, sondern selbst auch eine Abstammung, die reinblütiger als die des ›Führers‹ zu sein hatte – Hitler tat sich bekanntlich mit dem Nachweis von ›Ariern‹ in seiner Verwandtschaft nicht leicht. Ohne Mitgliedschaft in der »Reichskulturkammer« gab es keine Papierzuteilung, ohne Papier keine Kunstdrucke wie das vielgeliebte »Muttis Herzblättchen«. In Berlin befand sich die »Reichsstelle für Sippenforschung«, die dem Innenministerium unterstand. Im Überschwang, hervorgerufen durch mehrere diskret überreichte Briefumschläge mit Valuta-Füllung, wurde dort für meine Familie ein Stammbaum synthetisiert, der bis zu jener legendären Barbara Blomberg zurückreichte, mit der Karl V. ebendiesen Don Juan gezeugt hat.

mit dem, was unter diesem gepuderten Haarteil emsig wirkte: Esprit.
Das literarische Tagesgeschäft betrieb er mit gedämpftem Eifer – er
schrieb einen theologisch-utopischen Roman *Eduard und Elisabeth* und
eine Reihe philosophischer Versuche, etwa über Selbstmord –, sein
Leben war sein Kunstwerk! Zu unserem Glück hatte er auf seine alten
Tage reichlich Zeit als Bibliothekar auf Schloss Dux in Böhmen, es aufzuschreiben. Natürlich enthält die *Geschichte meines Lebens* viele für Casanova typische ›Episoden‹, die es erst im Jahr 1960 möglich machten,
das Manuskript – es gehörte seit 1820 dem Brockhaus-Verlag – ohne
verschämte Auslassungen zu veröffentlichen. Dabei hat es alle Aufmerksamkeit verdient. Zum Beispiel schildert Casanova, wie er sich
mit sechs Jahren selbst aufgeklärt hat. Er stellte nämlich in diesem zarten Alter fest, und zwar auf einer Bootfahrt auf der Brenta von Venedig
nach Padua, bei Betrachtung der Bäume, die am Ufer vorüberzogen,
dass die Erde sich um die Sonne dreht. Das wussten damals noch wenige. Seinen kritischen Geist schulte er später in der persönlichen
Auseinandersetzung mit Rousseau und Voltaire; sein scharfes Auge
setzte ihn in den Stand, die Zerfallserscheinungen seiner Zeit präzise
zu konstatieren. Seine unbefangene Beobachterposition erlaubte ihm
Einblicke in alle gesellschaftlichen Zusammenhänge und Zugang zu
den geistigen Tendenzen des Augenblicks. Aber vor allem: Casanova
konnte lieben. Nicht nur körperlich, und er führte darüber auch keine
Strichlisten wie weiland Leporello für seinen Don Giovanni (»*Cento in
Francia, in Turchia novent'una, ma in Ispania son già mille e tre!*«[59]). Nein,
seine Lebenserinnerungen machen fühlbar, wie sehr er Frauen geliebt
hat und von ihnen geliebt wurde, und dabei meine ich gar nicht Episoden wie die mit der schönen Irin Marie-Louise Morphy (O-Morphi
oder ›Louison‹), deren entzückende Formen François Boucher so
appetitlich in Öl anrichtete[60], dass Ludwig XV. sie alsbald für seinen

---

59 Also: »*Hundert in Frankreich, in der Türkei einundneunzig, aber in Spanien schon tausendunddrei!*«
   Und in Deutschland, man höre und staune, immerhin zweihunderteinunddreißig!
60 Wir befinden uns im galanten Zeitalter, in dem Kunstmaler gleichzeitig als Kuppler
   tätig sein konnten.

»Hirschpark« einforderte – in natura. Es geht um den Plural. Casanova hat ›Beziehungen‹ zu Frauen aus allen Ständen und Altersgruppen, und er hat heftige und intensive Liebesverhältnisse mit M.M. und C.C. und anderen, bei denen körperliches und seelisches Erleben eine Einheit bilden; Liebesromane, die meist unglücklich, manchmal tragisch enden: Es gilt noch, dass eine junge Frau schnell hinter Klostermauern (oder auch an schlimmeren Orten) verschwindet, die ein selbstbestimmtes Leben führen will. Und darum geht es, Casanova ist kein Verführer wie Don Juan, der im Sturmschritt erobert und ›Abenteuer‹ sucht, er ist ein Connaisseur, der Bedürfnisse und Wünsche erkennt und befriedigt. Es geht um eine bereits gewandelte Realität: Hatte die sentimentale Literatur ihren Lesern weismachen wollen, dass Liebe ein einmaliges und rein seelisches Ereignis zwischen präzise zwei Menschen sein muss, das mit der Eheschließung nicht nur den Höhepunkt, sondern auch gleich seinen Abschluss erfährt, so lernen wir von Casanova, dass Liebe ein Universum von Möglichkeiten ist. Es gibt das eine, aber auch alles andere.

Viele halten sich für einen Casanova. Aber zum Meister bringt man es nur, wenn man das Geheimnis der Liebe kennt. Nun, wie lautet es? Das körperliche Erlebnis muss ein geistiges werden ... und hier kommt die Literatur ins Spiel.

Erst seine literarischen Nachfahren werden die teils bequemen, teils hässlichen Seiten der neuen Verhältnisse als Selbstverständlichkeit betrachten. Balzacs Herzoginnen bewohnen einen Schlaftrakt für sich allein, in dem sie gelegentlich den Herzog, lieber aber geistreiche junge Herren der Literaturszene empfangen. Ein Schelm, wer Böses dabei denkt.

»Überschätzt Du da den alten Schwerenöter nicht gewaltig?« Kann schon sein, aber ich kenne bedeutende Fürsprecher der Ansicht, dass Casanova d e r Augenzeuge des Epochenwandels gewesen ist, im Kostüm des Rokokokavaliers die revolutionären Zeiten vorausahnend. Er wurde nämlich zur Zeit eines anderen Epochenwandels ›wiederentdeckt‹, als Throne wankten und Blut floss, in Wien am Vorabend des Großen Krieges. Hugo von Hofmannsthal, ohnehin fasziniert von

Venedigs morbidem Charme, benutzte Casanovas Memoiren für sein Lustspiel *Cristinas Heimreise*, und sein Freund Arthur Schnitzler antwortete wenig später mit der ihm besonders wichtigen Novelle *Casanovas Heimfahrt*. Stefan Zweig gar erhob ihn zu einem seiner *Baumeister der Welt*. Das eigenwilligste Dokument dieser Wiedererkennung ist wohl die *Mozart-Novelle* des Kommunisten und Komponisten Louis Fürnberg. Darin imaginiert er ein Treffen Mozarts mit dem greisen Casanova anlässlich der Uraufführung seines »Don Giovanni« in Prag. Tatsächlich war Giacomo mit Lorenzo da Ponte, dem Librettisten, gut befreundet und hat sich wohl wirklich in das Textbuch der Verführeroper eingemischt. Hier hätten wir nun die Vorbereiter der Krise beieinander, den ›Revolutionär‹ der Musik und den der Liebe – auch wenn Fürnberg Casanova dabei denkbar schlecht aussehen lässt. Das ist einerlei, entscheidend ist: In seiner Person bündeln sich die Tendenzen der Epoche, wie das Brennglas alles Licht in einem Punkt vereint.

Das berühmte Bild »Die Freiheit führt das Volk« von Eugène Delacroix zeigt inmitten grimmig kampflustig sich gebärdender Männer auf einer Barrikade eine Frau, die durch die phrygische Mütze auf dem Kopf und die Trikolore in der einen Hand als Allegorie der Freiheit gekennzeichnet ist und ihre Brüste bar trägt. Ihre Nacktheit ist ohne Scham, ihr revolutionärer Elan ohne Furcht – in der anderen Hand hält sie ein Gewehr mit aufgepflanztem Bajonett. Delacroix zeigt uns eine ›moderne‹ Frau im Eifer, die Barrieren der Konventionen niederzureißen. Allerdings malte er das Bild als Reflex der Julirevolution, ein Menschenalter nach Casanova, sozusagen im unpassendsten Augenblick. Es gab zwar den erhofften Skandal, bei helleren Köpfen holte sich der Meister allerdings den verdienten Spott ab – und wer wäre heller gewesen als Heinrich Heine? »Papa!« *rief eine kleine Karlistin,* »wer *ist die schmutzige Frau mit der roten Mütze?«* »Nun freilich«, *spöttelte der noble Papa mit einem süßlich zerquetschten Lächeln,* »nun freilich, liebes Kind, mit der Reinheit der Lilien*[61] hat sie nichts zu schaffen. Es ist die Freiheitsgöttin.«* – »Papa,

---

61 Drei weiße Lilien führten die Bourbonen im Wappen.

sie hat auch nicht einmal ein Hemd an.« – »Eine wahre Freiheitsgöttin, liebes Kind, hat gewöhnlich kein Hemd, und ist daher sehr erbittert auf alle Leute, die weiße Wäsche tragen.«

Für Casanova gab es diese Art von Schmutz noch nicht; Nacktheit bedeutete ihm Rückkehr in den Naturzustand. Doch während die anderen davon träumten und rot dabei anliefen, handelte er und sprach auch noch darüber. Die Französische Revolution bahnt sich in keinem Werk der galanten Zeit unbedingter an als in seiner *Geschichte meines Lebens.*

Die Entwicklung der Revolution selbst bis hin zu Napoleons Machtergreifung ist von der Zeitgenossenschaft literarisch nicht gültig bearbeitet worden. *Wer heute Berichte aus dieser Zeit liest, wird niemals verstehen, welche ungeheuren Schritte das öffentliche Denken zwischen den scheinbar so nahe beieinanderliegenden Ereignissen jener Zeit zurückgelegt hatte. Das allgemeine Bedürfnis nach Frieden und Ruhe, das jeder nach so heftigen Erschütterungen verspürte, führte ein vollkommenes Vergessen selbst der früher schwerwiegendsten Handlungen herbei.*[62] Am ehesten der Aufgabe gerecht werden noch die *Tagebücher der Henker von Paris.* Dieses furchteinflößende Amt war in der Familie Sanson über sieben Generationen vererbt worden und eindrucksvoll schildert der jeweilige Amtsinhaber, wie immer häufiger wechselnde Auftraggeber ihn für die immergleiche Prozedur anfordern. Die literarische Form des Selbsterlebensberichts erfreute sich in Frankreich höchster Beliebtheit seit der Zeit des Sonnenkönigs her, als der Herzog von Saint-Simon, ein Vorfahre des jakobinisch gesinnten Bürgers Simon, in seinen *Memoiren* mit erstaunlicher Distanz das Treiben am Hofe reportiert hatte. Aber es würde noch fünfzig Jahre seit dem Sturz Robespierres brauchen, bis Michelet dann die Aufgabe, den Geschehnissen gültige Form zu geben, im historischen Ansatz bewältigte. Im Ausland, aus der

---

62 Früher Fall von ›kollektivem Vergessen‹ also. Daraus ergab sich indes wieder Romanstoff von Dumas bis Balzac – von dem auch diese Einschätzung stammt.

Distanz, erkannte man die Größe des Augenblicks besser; besonders in Deutschland setzte der Sturz von Königtum und Kirche dichterische Energie frei. Im »Sturm und Drang« wurde er antizipiert. Goethes *Werther* war die Sensation der Stunde, drückte das Gefühl aus, das die Herzen bewegte, eine unbestimmte Sehnsucht nach Vollkommenheit und Tod. Das Buch erfreute sich in Frankreich allergrößten Interesses. Mit einigem zeitlichen Abstand dichtete Georg Büchner hellsichtig *Dantons Tod* über die Korruption der Revolution. Bis hin zu dem in Vergessenheit geratenen Dramatiker Fritz Hochwälder reicht die Welle der Erregung durch das Jahrhundertereignis. Den furchtbaren Staatsanwalt der Republik und Arbeitsbeschaffer des Henkers, Fouquier-Tinville, bringt der Österreicher, der sich selbst nur durch den Rhein schwimmend vor der hereinbrechenden Naziherrschaft retten konnte, in seinem Stück *Der öffentliche Ankläger* samt seiner nicht weniger schaudernmachenden Widersacherin Theresia Tallien auf die Bühne. Nur weibliche Malice vermag es, den Blutsauger im eigenen Netz zu fangen.

Frankreich allerdings erstarrte kurzfristig. Zu schwer die Wunden, zu groß das Leid. Ähnlich wie unter anderen Schreckensherrschaften verstummte die Kreativität. Es gibt trotzdem ein Dokument von treffender Präzision und künstlerischer Güte: das Werk des Malers Jacques-Louis David, heute gesammelt im Louvre zu sehen. Im Auftrag von Ludwig XVI. entwickelte David den klassizistischen Stil, aber er wendete ihn zum politischen Fanal gegen den Bourbonenkönig. Er zeigte in antikisierender Pose römisch-republikanische Tugenden wie Einfachheit, Treue und Opferbereitschaft (»Schwur der Horatier«; »Brutus mit der Leiche seines Sohnes«), gegen die das dekadente Königtum schlecht bestand. In dieses Schema passte er erst den »toten Marat« in der Badewanne als Höhepunkt revolutionären Heroentums, später den ›Konsul‹ Bonaparte ein und wurde sein willfährig malender Chronist, angefangen mit dem kleinen General auf dem wild sich bäumenden Pferd vor der Schlacht bei Marengo bis hin zur monumentalen Selbstkrönungsszene auf sechzig Quadratmetern Leinwand; dass der deutsche Historienmaler Anton von Werner siebzig Jahre später die Krönung Wilhelms I. zum Deutschen Kaiser im Spiegelsaal von Versailles – statt Notre-Dame, und mit Bismarck anstelle von Papst Pius VII. – als Gegenstück malte, kann als kunstgeschichtlicher Witz gelten und als schlagendes Argument gegen alle Arten von Verherrlichungsartistik. Seine üppig bemessene Lebenszeit ersparte es David nicht, nach dem Sturz Napoleons immer weiterzumalen und noch zehn lange Jahre kraftlose Bilder im Namen der Restauration zu pinseln.

Mit der Desillusionierung der Franzosen durch Napoleon, aber auch der Freisetzung des Bürgertums aus jahrhundertelanger Rechtelosigkeit, verbunden mit seinem wirtschaftlichen Aufstieg, ist der Boden für den realistischen Roman bereitet, der die Funktionsmechanismen des Menschen und der Gesellschaft bloßlegt und analysiert. Honoré de Balzac – den Adelstitel hat er sich selbst zugemessen; nach gründlichem Studium meinte er aristokratische Wurzeln an seinem Stammbaum entdeckt zu haben – aus Tours hat dies am umfassendsten ins Werk gesetzt. Er begann als Schundromanautor unter zahlreichen Pseudonymen und hatte als bereits erfahrener Schriftsteller die völlig neuartige Idee, seine Produktion zu einem Kosmos zu ordnen. In einen Rahmen, gebildet aus drei Kategorien: Sittenstudien, philosophischen Studien und analytischen Studien, und bei den Sittenstudien in sechs Unterordnungen: Szenen aus dem Privatleben, Szenen aus dem Provinzleben, Szenen aus dem Pariser Leben, Szenen aus dem politischen Leben, Szenen aus dem Soldatenleben und Szenen aus dem Landleben[63], gedachte er etwa einhundertfünfzig Romane und Erzählungen einzupassen. Knapp hundert bekam er fertig. Für das Ganze suchte er nach einem universellen Titel und verfiel auf Dante, der genau fünfhundert Jahre vor ihm in der *divina commedia* das Universum des spirituellen Lebens geordnet hatte. So nannte Balzac sein Lebenswerk *Die Menschliche Komödie*. Die Neuartigkeit des Kompositi-

---

63 Was ist bei Balzac der Unterschied zwischen Provinzleben und Landleben? Wer in der Provinz lebt, will nach Paris und kann es nicht, wer auf dem Land lebt, kann nach Paris und will es nicht.

onsgedankens bestand nicht nur in der thematischen Zusammenfassung der Einzelwerke, er verzahnte die Romane untereinander noch, indem er eine Vielzahl von Figuren immer wieder erscheinen ließ und ihre Schicksale weiterverfolgte. Vom undurchsichtigen Vautrin, der auch Collin oder Herrera heißt – alias Vidocq –, war schon die Rede. Andere Nebenfiguren, der Arzt Horace Bianchon etwa, ein Engel der Armen und Bedrückten, bilden den menschlichen Faktor in einem Sumpf von Ehrgeiz und Intrige, oder sie übernehmen Statistenrollen zur Auffüllung des szenischen Hintergrundes wie der nimmermüde Salonlöwe Maxime de Trailles. Das soziale Leben sah Balzac als Knetschüssel für schwache, selbstsüchtige Charaktere. Geld ist das Triebmittel, das den Teig zum Gehen bringt, Liebe wie eine Prise Salz darin. Balzacs Gesellschaftssicht ist so angelegt, dass alle Aspekte im Panorama erfasst werden. Vor allem die politischen Verhältnisse und Entwicklungen, wie ich sie am Anfang des Kapitels andeutete, werden in die Handlung eingearbeitet und innig mit ihr vermengt, sodass von Napoleon Bonapartes Machtergreifung bis zum Putsch seines Neffen eine komplette Zusammenschau der französischen Historie entsteht. Sie wird dabei nicht so sehr dargestellt, als dass sie, wie ein gut gemachtes Bühnenbild, ständig unaufdringlich präsent ist, wenn sich die großen menschlichen Dramen vor ihrer Kulisse abspielen. In seiner *Suche nach der verlorenen Zeit* wird Marcel Proust in dieser Dekoration gleich weiterspielen lassen, geschichtlich schließt sich die Handlung fast nahtlos an. Selbst in seinen idealtypischen Gestalten (dem Maler Elstir, dem Dichter Bergotte oder dem Komponisten Vinteuil) bezieht er sich fraglos auf die von Balzac geschaffenen Prototypen. Diese versetzt er in die Welt seiner subjektiven Sicht, aber er benutzt Lupe statt Fernglas. Was bei Proust ein Aquarium, das ist bei Balzac ein Ozean.

Sein Lebensprinzip war, sich lustvoll am Schreiben zu Tode zu arbeiten.

Von mächtiger Statur, doch nicht sehr groß, ein breites Gesicht mit einem Berg von Nase inmitten, den Schwall dunkler Haare stets nach hinten gebürstet, sodass sie ihm im Arbeitsrausch ins Gesicht fielen, in der Nacht schreibend und dabei von vierzig Tässchen Mokka wach gehalten, nur von einer Mönchskutte bedeckt: So müssen wir uns den Literaturathleten Balzac vorstellen und so hat Auguste Rodin ihn später als Apostel der Moderne in einer vielfach verbreiteten Skulptur dargestellt. Seine animalische Robustheit warf er in den Kampf um sein Lebenswerk, der schleichenden Koffeinvergiftung gedachte er durch den Verzehr Dutzender von Birnen entgegenzuwirken – der Fruchtsaft durchtränkte für gewöhnlich Bart und Kutte. Auf diese Weise rang er seiner Natur fünfzig prallvolle Jahre ab, bis sein Lebensmotor jäh versagte. Berüchtigt war er bei den Setzern für seine Korrekturwut in den Satzfahnen. Regelmäßig war die erste Druckfassung nur ein Rohentwurf; der wurde dann in vielen Stufen der Durcharbeitung und Erweiterung, direkt auf den Fahnen, entwickelt und vorangetrieben. Mit diesem Verfahren produzierte er Unmengen von Material, Unmut bei Verlegern und Buchherstellern sowie unglaublich hohe Kosten; für die praktische Seite seiner Profession zeigte er völliges Unverständnis – als Folge blieb der produktivste Arbeiter der Literaturgeschichte zeitlebens, was er am meisten fürchtete: ohne gesichertes Einkommen und vermögenslos. Er lebte von der Hand in den Mund.

Im Roman *Verlorene Illusionen* zeigt Balzac das Milieu der Literaten und Journalisten und gibt Einblick in seine eigene Entwicklung: In der Provinz wachsen die Talente heran, die vom literaturdurstigen Paris wie von einem Schwamm aufgesogen werden. So stürzt sich auch Lucien Chardon – später wird er sich de Rubempré nennen – aus der Langeweile der Kleinstadt ins gefährliche Abenteuer des Pariser Kulturlebens, in dem er fast umkommt. Nur mit Hilfe Vautrins übersteht er einen Selbstmordversuch und geht lebend, aber gebrochen aus dem Versuch hervor, Paris mit seinem Esprit zu erobern. Autobiographische Aspekte sind hier zum Greifen: speziell in der erhofften Bedeutung des Adelspartikels ›de‹ für eine Karriere! Im Kontrast dazu steht das Schicksal von Luciens bestem Freund, dem Drucker David Séchard, einem praktischen Genie ohne Fortune: Er erfindet eine revolutionär neue Maschine, muss das Patent aber wegen Luciens finanzieller Akrobatik weit unter Wert verkaufen. Immerhin reicht es für ein bescheidenes

Glück auf dem Lande. In der Fortsetzung seiner Lebensgeschichte, *Glanz und Elend der Kurtisanen*, schildert Balzac, wie de Rubempré in einer Mischung aus Verzweiflung und Langeweile zugrunde geht, begleitet von der aufopferungsvollen Liebe von Esther, der großen Kokotte, Tochter des rechtschaffenen jüdischen Pfandleihers *Gobsec*. *Vater Goriot* bietet zu diesen beiden großen, fast tausendseitigen Romanen die Vorgeschichte, indem die Figuren Vautrin und Eugène de Rastignac, ein zwar ehrgeiziger, aber unbestechlicher Charakter, hier noch ein junger Student, eingeführt werden. Rastignac wird in der Gesamtschau derjenige sein, der aus den verschlungenen Wegen der *Menschlichen Komödie* als einziger unbeschadet an Leib und Seele hervorgeht, zu Ehre und Reichtum gelangt, ohne die Selbstachtung zu verlieren. Seine Strafe wird die Einsamkeit sein. Goriot seinerseits ist der Vater zweier der vielen stark gezeichneten Frauenfiguren des Zyklus, der sich – ohne Not – für den gesellschaftlichen Aufstieg seiner Töchter (durch Heirat) opfert, ohne Dank und Gegenliebe zu erfahren. Balzac entwickelt hier den Typus der glanzvollen, ehrfurchtgebietenden, gesellschaftlich dominanten Pariserin mit athletischer Ausstrahlung von Geist und Körper. Allein schon ihr Name, etwa: Diane (nach der jungfräulichen Göttin der Jagd) de Maufrigneuse, ist Programm und Versprechen und versetzt das Blut des Lesers in Zirkulation. Sie nutzt ihren Salon als Laufsteg und Schaltzentrale, spinnt Intrigen, um die völlige Kontrolle über ihre Umgebung auszuüben. Diese selbstbewussten Frauen sind etwas Neues in der Literatur. Sie sind gebildet und interessant. Den Untergang ihrer Welt, der *Welt der Guermantes*, erleben wir dann am Ende von Prousts Romanzyklus mit Beginn des Ersten Weltkriegs. Ihr Verstand macht sie berechnend, aber nicht unbedingt gefühlskalt. Mit Vergnügen lässt Balzac sie Fehltritte begehen und gönnt ihnen die Scham über unstandesgemäße Liebeswallungen. Als Wiedergutmachung handeln sie dann schikanöse Eheverträge für ihre Töchter aus, die sie in arrangierte Verbindungen mit ungeliebten Männern schicken. Hier und anderswo zeigt sich der Autor als ebenso versierter Fachmann in Rechts- und Vermögensfragen wie trittsicher auf der Grenze zu Kitsch und Schund.

Eigennamen von Qualität sind und waren immer schon schwer zu beschaffen. Simenon soll das Telefonbuch benutzt haben, um sich mit Material für seine vierhundert Romane zu versorgen. Diese Methode war Balzac noch vorenthalten. In dem für den Aficionado unentbehrlichen Werk *Balzac in Pantoffeln*, geschrieben von seinem Freund Léon Gozlan, voller Anekdoten und skurriler Geschichten über den Schwerarbeiter des Schreibens, berichtet der Gefährte von einem Spaziergang, auf dem ihm der Meister die Handlung seiner neuesten, noch ungeschriebenen Novelle erzählt – Gozlan argwöhnt gleich, allerdings zu Unrecht, dass sie sich zu einem veritablen Roman ausweiten wird. Im Mittelpunkt steht *ein genialer Mann, der von Leuten ausgenutzt wird, die nichts als Ehrgeiz und Intrige kennen. Jedesmal, wenn er einem dieser eigennützigen Streber den Weg gebahnt hat und von dem Betreffenden an die Wand gedrückt wird, verkriecht er sich in seiner elenden Dachstube. Schließlich stirbt er dort, mehr von menschlichen Enttäuschungen als von Elend und Hunger erschöpft. »Solch einem ungewöhnlichen Menschen muß ich einen seinem Schicksal gemäßen Namen geben, einen Namen, der ihn charakterisiert und profiliert – ein Name, wie für ihn geschaffen und für keinen anderen passend.«* So weit, so gut. Ein solcher Name will Balzac aber partout nicht einfallen, und so nutzen die zwei die Gelegenheit, um die Namensschilder den Straßen entlang zu studieren. Es wird ein langer Spaziergang. Schließlich, am Ende der Rue de la Jussienne, *geschah es, daß Balzac – ich werde es mein Lebtag nicht vergessen – angesichts einer nachlässig ins Mauerwerk eingelassenen kleinen, schmalen Tür plötzlich erblaßte und dermaßen zusammenzuckte, daß es von seinem Arm in den meinen übersprang. Es entfuhr ihm ein Schrei, und er rief: »Da … da! Da! Lesen Sie! Lesen Sie nur!« Vor Erregung brach ihm die Stimme. Und ich las den Namen »Marcas«. »Marcas! Nun, was sagen Sie jetzt? Marcas! Welch ein Name! Marcas!!!«* Die Anekdote braucht noch eine Pointe, um das Genie Balzac voll zu beleuchten. Er schwärmt also seinem Freund vor, dass der Name »Marcas« sicher für einen Philosophen, Schriftsteller, großen Politiker und verkannten Dichter stehen müsse. Das lässt sich nachprüfen – man klingelt. Herr Marcas ist ein harmloser Schneider. Nur eine Sekunde ist Balzac enttäuscht, dann reckt er wieder sein Haupt empor. *»Er verdient zwar ein besseres Los«,* *rief er, »aber das tut nichts! I c h werde ihn unsterblich machen. Das ist schließ-lich mein Beruf.«* So entstand die kleine Novelle *Z. Marcas.*

Der Komponist Giuseppe Verdi schrieb gegen sein künstlerisches Gewissen jahrelang eine Menge Opern als Ohrenfraß für ein ver-wöhntes, aber geschmacksunsicheres Publikum, sie hießen »Der Kor-sar« oder »Alzira«. Diese Zeit nannte er seine ›Galeerenjahre‹. Der Be-griff soll das Verhalten nimmersatter Opernimpresarios geißeln, die ihm solche Art von Arbeit in Sklaventreibermanier regelrecht ab-pressten – der Künstler rudert im wahrsten Wortsinn um sein Leben. Ganz ähnlich hatte Balzac seine jungen Jahre mit dem Schreiben von minderwertigen Fort-setzungsromanen für Zeitungen verbracht – unter an-derem produzierte er eine ›verbesserte‹ Fassung der Tagebücher der Henker von Paris, natürlich schriller und saftiger als das Original – und dabei seine Fähig-keit zur Komposition großer Panoramen geschult, sein Talent für Effekte gezeigt, aber auch die zweifelhaften Qualitäten eines Vielschreibers entwickelt. Einige die-ser frühen Manuskripte hat er in überarbeiteter Form in die *Menschliche Komödie* übernommen, etwa aus den ›Henkertagebüchern‹ *Eine Episode aus der Zeit der Schreckensherrschaft.*

Dieser Veredelungsprozess ist ganz typisch für die künstlerische Tendenz der Zeit. Der Abbé Franz Liszt tourte damals durch die Pariser Salons, verehrt und ge-feiert auch von Balzac. Er lieferte sich Wettkämpfe im Laut- und Schönspielen mit andren Klaviervirtuosen wie Sigismund Thalberg, trug eine Soutane und liebte die Gräfin d'Agoult. Ihre ge-meinsame Tochter Cosima heiratete später erst den Dirigenten Hans von Bülow, dann – Richard Wagner. Liszt wandelte mit wechseln-dem Erfolg auf dem schmalen Grat künstlerischer Integrität. So eig-neten sich etwa »Les Préludes« später bestens, um die Sonderberichte des Oberkommandos der Wehrmacht im Radio anzukündigen. Seine Kompositionen – aber sicher auch sein Spiel, leider war das

Der Künstler wird zum Star – in den Pariser Salons, am Klavier, an der Staffelei, an der Feder. Der Größte von allen: ein Geistlicher aus Ungarn!

Grammophon noch nicht erfunden – waren knallig, herzergreifend, unkonventionell und auf der Höhe absoluter technischer Perfektion. Hemmungslos schlachtete er Werke von Kollegen aus, deren Namen heute ohne Liszts Bearbeitungen niemand mehr kennen würde, und machte Futter für Tastenlöwen daraus. Auch darin liegt eine Parallele zu Balzacs Methode, der unbedenklich Kollegen imitiert, persifliert und als Inspirationsquelle benutzt. In den *Verlorenen Illusionen* gibt er das offen zu erkennen, wenn sein Alter Ego Lucien mit einer Schmonzette »Der Bogenschütze Karls IX.« den Durchbruch schaffen will, die nichts weiter als ein Plagiat eines Walter-Scott-Romans ist.

Von Balzacs opus maximum gibt es zwei sehr gute deutschsprachige Fassungen. In vierzig niedlichen Dünndruckbändchen hat der Rowohlt-Verlag, später auch im Taschenbuch wieder aufgelegt, den Zyklus in klassischen Übersetzungen herausgebracht. Der Ausgabe bei Goldmann gebührt aber der Vorzug mit der von Ernst Sander in zwölf schönen, leider nur ›kunst‹ledernen Bänden komplett, modern und kommentiert herausgegebenen Edition, inklusive der großartigen *Vorrede* Balzacs zu seinem Werk. In dieser Ausgabe wirst Du nach kurzer Zeit schon zu Hause sein, Paris mit allen Schauplätzen der Romane durchwandern, sehen, wie es war, wuchs und wurde (im Anmerkungsteil wird jeder verschwundene Straßenzug, jeder Durch- und Abbruch minutiös dokumentiert), und die ganze Kultur des beginnenden Neunzehnten Jahrhunderts atmen. Balzacs Werk ist eben auch ein Lexikon für Literatur, Kunst, Musik, Feinschmeckerei und Architektur, genauso wie für Politik und Naturwissenschaften. Nicht umsonst ist gerade jener Lavoisier, mit dem dieses Kapitel begann, einer seiner Helden, der dem Autor den Optimismus gab, dass der Fortschritt des Menschengeschlechts, trotz der ihm innewohnenden charakterlichen Mängel, nicht aufzuhalten sein würde.

Im Stile von Rabelais und Boccaccio, als literarischen Spaß und Persiflage, in der auch der göttliche Dante verhohnepipelt werden darf, verfasste Balzac eine Serie schlüpfriger, derb-komischer Erzählungen, die physiognomisch gut zu seiner Schriftstellergestalt passen und Dir manche Lesestunde versüßen werden. Die *Tolldrastischen Geschichten* sind mit den köstlichen Illustrationen von Gustave Doré gerade noch einmal so komisch.

Der Ruhm Balzacs, wie weniger Schriftsteller, verbreitete sich noch zu Lebzeiten durch ganz Europa. Da ereignete es sich, dass er einen Brief aus der Ukraine erhielt. In diesem damals entlegenen Winkel der Welt saß eine glühende Verehrerin, Madame Eva Hanska, die seine Romane verschlang und den Meister unbedingt persönlich kennenlernen wollte. Ein reger Briefwechsel mit der steinreichen Großgrundbesitzersgattin hob an, bevor es zur Begegnung kam. Die *Briefe an die Fremde* sind ein berührendes Dokument: Den Künstler holt das Leben ein, er verliebt sich unsterblich in die Unbekannte. Sie kommt – als Witwe – nach Paris und die beiden können tatsächlich heiraten, Balzac bereits vom Tod gezeichnet. Der Mann, der über die Anbetung des Geldes schrieb, ohne es je in nennenswerter Menge zu besitzen, der Propagandist der verzehrenden Liebe, ohne vorher je geliebt zu haben, starb in den Armen der Frau, die an die Wahrheiten seiner Romane geglaubt hatte.

Henri Beyle war dem Phänomen der Liebe zeitlebens auf der Spur. Er schrieb ein durch seine eigenen praktischen Erfahrungen angereichertes, sonst sehr theoretisches Werk *Über die Liebe,* in dem er sich seine Erfolglosigkeit bei Frauen – er war hässlich, tapsig und rechthaberisch, ersteres verzeihlich, zweiteres bedenklich, das letztere der Tod jeder Zuneigung – schöngeredet hat. Zu viel Backenbart, würde man aus heutiger Sicht bei Betrachtung seines Porträts meinen. Vielleicht aber auch der verkniffene Zug um den Mund. Die Augen jedenfalls schauen klug, milde, resigniert: Sie wissen vom Leben. Aber wie dieser dicke, rundum von zerzaustem Haupt- und Barthaar umgebene Kopf ohne Hals im zu hohen Kragen auf einem pummeligen Körper sitzt, wirkt das, als fühle sich diese Person sehr unwohl in ihrer Haut. Er war ein großer Zergliederer des eigenen Seelenlebens und führte den Begriff des ›Egotisten‹ in die Schriftwelt ein, eine Figur, die wir aber bereits, ohne den Namen, beim Russen Lermontow im *Held unserer Zeit*

Petschorin sehen – die *Erinnerungen eines Egotisten* erschienen erst lange nach dem Ableben ihres Autors und zündeten seine Ruhmesrakete, wie er es vorausgesagt hatte, zu seinem hundertsten Todestag. Er war ein wenig älter als Balzac, ein wenig unabhängiger, kam ebenfalls aus der Provinz, diesmal aus Grenoble und aus großbürgerlichen Verhältnissen, wie seine Autobiographie *Das Leben des Henry Brulard* beschreibt, und immer nur besuchsweise nach Paris. Seine Werke waren zu Lebzeiten Ladenhüter und Ruin jeder Buchhandlung, obwohl Balzac ihm eine lobende Kritik widmete, mit der er selbst- und, wie immer, erfolglos versuchte, den Absatz der Bücher des Kollegen zu fördern. Mit Napoleon, den er glühend verehrte, war er in Russland gewesen, lange Jahre verbrachte er auf einem unbedeutenden Diplomatenposten in Rom, die Folgen der Syphilis ruinierten früh seine Gesundheit. Als Schriftsteller nannte er sich Friedrich von Stendhal und er schrieb den Roman, der seine Epoche wie ein Pulverfass erscheinen lässt, an dessen Lunte er die Fackel hält: *Rot und Schwarz*.

Julien Sorel ist einer der großen jugendlichen Helden der Literaturgeschichte, Rebell, Dulder und unglücklicher Liebhaber. Als Zögling einer geistlichen Anstalt kommt er in das Haus von Madame de Rênal, um ihre Kinder zu unterrichten. Mit ihr verbindet ihn alsbald eine nicht erfüllbare Liebe. Der soziale Graben zwischen dem jungen Mann aus kleinen Verhältnissen und der Frau des Bürgermeisters ist zu tief. Er kämpft um Anerkennung, sie um Gefühle. Der betrogene Ehemann zwingt Julien zur nächtlichen Flucht – aus der Provinz direkt nach Paris. Hier erlaubt sich der große Theoretiker Stendhal den Kunstgriff, eine scharfe Zäsur zu machen und eine völlig neue Handlung beginnen zu lassen. Julien erwirbt das Vertrauen des ›großen Mannes‹ Marquis de la Mole. Er wird sein Sekretär und gesellschaftsfähig. Er wirft ein Auge auf de la Moles Tochter Mathilde. Die ist eigenwillig, extrem in ihren Schwankungen, hinreißend, kurzum: Sie verlieben sich. Nun flicht Stendhal als Höhepunkt einen tatsächlichen, aktuellen Gesellschaftsskandal in die Handlung ein. Als Julien das Ziel aller seiner kleinkarierten Träume erreicht hat – Mathilde geschwängert und zur Heirat bereit, er das Adelspatent in der Tasche –, wird er von Frau Rênal bei de la Mole denunziert. Er rächt sich, indem er auf sie schießt. Obwohl er sie nur verletzt, verurteilt ein Schwurgericht ihn zum Tode. Beide Frauen, die ihn geliebt haben, gehen in der Heldenverehrung des Hingerichteten auf.

Die Stoßrichtung der Kritik in *Rot und Schwarz*, verknüpft mit dem Hinweis auf »1830« im Untertitel, das Jahr der kläglichen Revolution, ist klar: Die Einflussnahme durch die Kirche und ihre Institutionen ist für die negativen Handlungselemente verantwortlich und die politische Ausgangssituation verhindert das Glück der Hauptpersonen. Die pessimistische Grundhaltung der Darstellung wird nur durch die zwei verschiedenen Arten aufgewogen, mit denen Mathilde und Frau Rênal ihren Julien gegen jede Chance geliebt haben, Aufopferung einerseits und Hingabe auf der anderen. Er aber ist auch im Augenblick, als er sich der Rettung vor der Todesstrafe verweigert, der einsame Egotist geblieben, der w i r k l i c h nur sich selbst geliebt hat.

Stendhals Gebiet ist damit schon abgesteckt. An vielen Ecken des Werks schimmern Motive seines eigenen misslungenen Lebens durch. Auch in *Lucien Leeuwen* geht es um den jungen Mann, der die Liebe einer stolzen Frau erzwingen will durch Unnatürlichkeit, Verstellung, Borniertheit – und als Alternative nur Öde und Langeweile des Stutzerdaseins kennt. Das Besondere an diesem unvollendeten, sehr umfangreichen Roman ist, dass der Held seine jüdische Herkunft in die Waagschale wirft: Reichtum, kultureller Schliff und elegantes Außenseitertum sind gleichwertige Waffen im Kampf mit der hermetischen Selbstzufriedenheit und Kleingeistigkeit des Erbadels und der ›besseren‹ Gesellschaft der Provinz.

Scheitern der Liebe ist auch das Grundthema der kürzeren Romane *Armance* und *Lamiel*. Wieder sticht an Stendhals Darstellung die Stärke der weiblichen Charaktere sowie eine gewisse Lieblosigkeit in der Behandlung aller äußeren Ereignisse ins Auge. Er gibt der Entwicklung der inneren Auseinandersetzung einen solchen Vorrang, dass er damit die Ansprüche des Lesers an eine ausgefeilte Handlung und Kontinuität des Geschehens enttäuscht. Auch da bleibt er sich treu in der Rolle des schreibenden Egotisten.

Wie Balzac war auch Stendhal großer Opernliebhaber. *Rossini* hieß auch sein Held. Beide, der Komponist und sein Biograph, vergifteten sich ihr Leben wortwörtlich im Kampf gegen wiederholte venerische Infektionen. Das Allheilmittel der Zeit für Syphilis hieß Quecksilber[64], eine sichere, aber mörderische Kur. Rossini scheint es indes besser bekommen zu sein, denn er überlebte Stendhal um viele Jahre. Allerdings sagte der Komponist der Opernbühne mit seinem letzten Werk »Wilhelm Tell« schon als junger Mann von siebenunddreißig Lebewohl. Von da an widmete er sich – steinreich!, er hat eben nicht geschrieben – dem Kochen und Komponieren ›just for fun‹. Auch Rossini starb, wie die meisten großen Geister in diesem Kapitel, in Paris. Seine weiland bahnbrechenden Werke waren da aber schon dem Vergessen anheimgefallen: Man tanzte lieber Cancan!

Geistvolle Reiseberichte über *Florenz und Neapel* oder *Spaziergänge in Rom* zeigen Stendhal als einsamen Flaneur oder mit seiner *Geschichte der italienischen Malerei* auf der Suche nach kulturellem Genuss zu Verdrängungszwecken. In zwei Essays über *Racine und Shakespeare* arbeitet er die Distanz zwischen Kunst und Leben, zwischen der verhassten Klassik und der Romantik heraus, wobei natürlich der bewunderte Engländer für letztere steht. Zwischen Casanova und Balzac, zwischen erotischer Neugierde und Chronik des Zerfalls, zwischen Rokoko und Realistik ist der Platz für diesen Ruhelosen.

Dass ein Mann Schulden macht und sich nicht zu helfen weiß als aus dem Leben zu gehen, nannte man früher ›die Konsequenz ziehen‹. So etwas empfahl sich für Leutnants, Junker, Tunichtgute und ins Unglück Geschlitterte. Dass auch eine Frau dazu fähig ist, hat die festgefügte Welt des Romans erschüttert. Große Kaltblütigkeit oder ein brodelndes Gefühlsleben durfte man jemandem zutrauen, der so etwas ins Werk setzte. Auf jeden Fall muss wieder einer aus der Pro-

---

64 Casanova bevorzugte Schwitzen, ein naturheilkundlicher Ansatz. Zu Beginn des Zwanzigsten Jahrhunderts fand dann Paul Ehrlich das Salvarsan, das erste Medikament, das der Krankheit und nicht dem Kranken den Garaus machte. Dafür gab es einen Nobelpreis.

vinz kommen, um Paris mit einem Roman aufzurütteln. Die Rede ist von Gustave Flaubert und seiner *Madame Bovary*.

Emma Bovary ist leidlich unglücklich verheiratet mit einem Landarzt nahe Rouen (woher auch Flaubert stammt). Sie haben eine kleine Tochter. Wie der Don Quixotes wird auch ihr Verstand durch schlechte Lektüre benebelt, die ihr ›romantische‹ Vorstellungen eingibt. Sie lässt sich von einem Fachmann auf diesem Gebiet, einem Gutsbesitzer, verführen, der sie jedoch fallenlässt. Rodolphe will keinen Ausbruch aus den Verhältnissen, sondern nicht mehr als gelegentliche Treffen. Aus Langeweile nimmt sie sich einen anderen Geliebten, diesmal in Rouen, und stürzt sich dort in Schulden. Als das Geld zurückgefordert wird und der Betrug am Ehemann aufzufliegen droht, macht Emma ihrem Leben mit Gift ein qualvolles Ende.

Mit diesem Autor verbindet sich der Gedanke, dass der Prozess des Schreibens eine körperliche Arbeit ist.

Flaubert geht in der Bewältigung dieses heiklen Stoffs über seine Vorgänger hinaus, indem er das ›Gesellschaftliche‹ aus seiner Darstellung ausblendet. Stattdessen steht das Subjektive im Vordergrund, Gefühle und Erlebnisse werden in einem nüchternen, naturwissenschaftlichen Stil ganz aus der Sicht der Personen geschildert. Die Rolle des Erzählers, bei Balzac noch der Souverän, der Alleswisser, verändert sich hin zum Begleiter der handelnden Personen. Moral ist nur eine Attitüde von zweifelhafter Wertigkeit, dafür Natur mehr als Staffage. In ihr spiegelt sich der Seelenzustand der Akteure, sie wird akribisch und verschwenderisch beschrieben und in den Handlungsverlauf einbezogen. Und erst die Zeit: Sie behandelt der Autor nach Belieben, vor allem aber virtuos; mal rafft er sie, wenn Emmas ungeliebte kleine Tochter mit dem perfiden Vornamen Bertha plötzlich schon herangewachsen ist, mal dehnt er sie zum Zerreißen, wenn es zum grausamen Ende geht, sie ist der Spannungsträger der Erzählung. Mit mathematischer Präzision teilt Flaubert die Handlung in gleiche Abschnitte, exakt in der Mitte ist die komische Szene plaziert, wie Emma sich in der Kathedrale von Rouen, um den Nachstellungen des lokalen Fremdenführers zu entgehen, in die Arme ihres neuen Liebhabers Léon und damit geradenwegs in die Katastrophe stürzt.

Flaubert ist der große Verwerfer, der sich ein Leben lang an einer Handvoll Stoffen abgearbeitet hat, immer wieder verändernd, variierend, modulierend. Wie in den Legenden über andere große Einfache – Kleist, Kafka, Hemingway – wird berichtet, welche Berge an Manuskripten Flaubert vernichtet hat, bevor ein Drucktext entstand. Unterstützt wird dies Verfahren durch ständigen, vor allem brieflichen Austausch mit Kollegen und Anregern. Dazu gehörten wieder zwei Frauen: Louise Colet und George Sand, die neben ihrer emsigen eigenen Schriftstellertätigkeit schon andere Koryphäen, darunter bereits Balzac, als Muse begleitet hatte. Zum Dank widmete der ihr seine *Memoiren zweier Jungvermählter.*

Die Sturheit seiner Arbeitstechnik steht Gustave Flaubert ins Gesicht geschrieben. Kahlköpfig und aufgedunsen vom vielen Sitzen, die müden Augen beschattet von geschwollenen Lidern, schaut er erschöpft an der Kamera vorbei. Der Schnauzbart hängt traurig. Das Schwergewicht hat gerade Ringpause im Kampf über fünfzehn Runden mit seinem neuen Roman.

Erziehung des Gefühls bringt uns die Begegnung mit dem jungen Mann Frédéric Moreau, einer Art Reinkarnation des verstorbenen Julien Sorel unter den veränderten Vorzeichen eines veränderten Frankreichs. Auch Frédéric kommt aus der Provinz nach Paris, diesmal in die aufgeheizte Atmosphäre, die sich in der Februarrevolution entladen wird. Seine noch ungerichteten Neigungen werden von der Frau des Kunsthändlers Arnoux absorbiert. Die Verehrung dieser Frau wird sein Lebensschicksal. Nicht Liebe, nein: Was Sorel an Elan der Leidenschaft zuviel hatte, fehlt Moreau gänzlich. Der Schwung seiner Gefühlsbegeisterung ist genauso lahm wie der Veränderungswille seiner revolutionären Freunde. Alles verläuft in Resignation und dem vagen Versuch, den Schaden in Grenzen zu halten. Am Schluss erscheint uns Frédéric als Versager, der nicht einmal in der Lage war, irgendeine ›Konsequenz zu ziehen‹. Frau Arnoux hingegen ist sich selbst treu geblieben und bleibt die einzig positiv gezeichnete Figur des Romans.

Diese kurze Beschreibung führt uns zur eigentlichen Neuerung Flauberts. Wegen seiner pessimistischen Sicht auf den Lauf der Dinge müssen seine Hauptpersonen mit Fortschreiten der Handlung ohne das mitfühlende Interesse des Lesers auskommen, eine kritische Distanz stellt sich ein. Jede Anteilnahme ist überflüssig, sie machen ja doch, was sie wollen! Und dabei folgen sie wie hypnotisiert dem Zweiten Newtonschen Gesetz und sinken, so tief sie nur können. Was bleibt, ist die Bewunderung für den Autor, seinen Stilwillen, die Strenge der Konzeption. Ein Jahrhundert der schwachen, weichen Charaktere in der Literatur nimmt hier seinen Anfang.

Ein Papagei ist die Hauptperson von Flauberts dichtester Komposition. *Ein einfaches Herz* ist Félicité, die Magd. Ihr Leben verläuft ereignislos. Aber der Papagei Loulou erinnert sie daran, dass auch ein anderes Leben, eines voller Buntheit, Freiheit, Liebe, möglich gewesen wäre. Auch ausgestopft bleibt er ihr bester Freund und ihr Trost im Sterben. – Um Flaubert kennen- und seinen Pessimismus schätzenzulernen, lies diese kaum dreißig Seiten!

Als die Kassiererin ihm auf sein Hundertsousstück herausgegeben hatte, verließ Georges Duroy das Restaurant. Da er von Charakter wegen und als ehemaliger Unteroffizier gern den Schneidigen spielte, drückte er die Brust heraus, zwirbelte den Schnurrbart mit einer soldatischen, ihm geläufigen Geste und warf auf die noch verweilenden Speisenden einen raschen Rundblick, einen jener Blicke, die eine Eigentümlichkeit hübscher Kerle sind und die wie die Schnabelhiebe eines Sperbers wirken.

Das wäre schon alles. Mehr kann er nicht, als Wirkungen erzielen, Posen zeigen, die vor dem Spiegel einstudiert sind. Folglich war mehr als ein Unteroffiziersrang auch nicht drin im bisherigen Leben von Georges Duroy. Er ist nach Sorel und Moreau der nächste junge Mann, der nach Paris kommt und nach Glück sucht. Seine Chancen stehen schlecht, ist er doch der untalentierteste und faulste der drei. Dafür hat er schon was erlebt, war beim Militär in Algerien, hat Erfahrung mit Frauen und ist arbeitslos.

Als er auf die Schwelle gelangt war, gewahrte er die zusammengescharte Menge, eine schwarze, brausende Masse, die um seinetwillen hergekommen war, um Georges du Roys willen. Das Volk von Paris betrachtete und beneidete ihn. Dann hob er die Augen und sah hinten, jenseits der Place de la Concorde, die Abgeordnetenkammer. Und ihm war, als müsse er hinüberspringen, in einem Satz, vom Portikus der Madeleine zum Portikus des Palais-Bourbon.

So endet die Geschichte. Aus einem Georges Duroy ist ein du Roy geworden (das Motiv ist mittlerweile vertraut), der gerade in der schönsten Kirche von Paris in die beste Gesellschaft eingeheiratet hat. Die Place de la Concorde hat ihren Schrecken verloren. Jetzt erscheint hinter ihr die Gralsburg aller Ambitionierten, das Parlament. Aber wie konnte das passieren? Ganz einfach. Frauen haben ihn erhöht, Frauen haben ihn dahin gebracht, wo er jetzt ist, denn er ist *Bel-Ami*, der Liebling der Frauen.

Dieser Roman ist ein Geniestreich. Er parodiert seine Vorgänger, er exekutiert deren Welt der Gefühlsduselei und setzt an ihre Stelle die der Zweckmäßigkeit. Du hast kein Talent? Du sollst für eine Zeitung einen Artikel schreiben? Dann lasse ihn dir gefälligst schreiben von der Frau deines besten Freundes, die gerade nichts Besseres zu tun hat und für die du als Gegenleistung den Schnurrbart zwirbelst, wie nur du es kannst, Bel-Ami! Verstoße sie, die dich auf die erste Stufe der Erfolgsleiter brachte, für die Dame der Gesellschaft, die dich ganz nach oben bringt in die Welt des Glanzes und des Geldes. Und dort suchst du ein unschuldiges Mädchen, das reich und verwöhnt ist und in seiner tiefsten Seele noch an Märchen glaubt. Verschleppe und missbrauche sie und erzwinge dir die Heirat, die wahrscheinlich nur den vorübergehenden Höhepunkt dieser erstaunlichen Karriere bildet, du Bild von einem Mann, Bel-Ami!

Naturgemäß war der Protest groß, als dieser Roman die Behaglichkeit der durch blanken Imperialismus zu protzendem Wohlstand gelangten Dritten Republik erschütterte. Leider war er brillant geschrieben und wahnsinnig unterhaltsam, sodass die Kritik an der faulen Oberflächlichkeit von Handlung und Charakteren nicht verfing. Der Absatz war reißend, sein Autor Guy de Maupassant ein gemachter Mann. Selten war einer Gesellschaft ein Spiegel vorgehalten worden, in dem sich eine so gemeine Fratze zeigte. Und in einem Vorgang, der an Francisco Goyas Porträts von Karl IV. und seiner Familie gemahnt – die bei ihm allesamt ausschauen wie Dorfdeppen und Hysteriker –, riefen alle hässlich Porträtierten:»wie schön!« *Stark wie der Tod* zeigt dieselbe Grundkonstellation in anderer Beleuchtung. Der erfolgreiche Kunstmaler Olivier Bertin hat die Freuden des sozialen Aufstiegs und des Ehebruchs mit der Frau seines Gönners schon lange hinter sich. In der Tatsache, dass die Tochter der Frau, die sich ihm hingab, für ihn gesellschaftlich unerreichbar bleibt, muss er die Grenzen seiner parasitären Existenz erkennen. Die einzig mögliche Buße seines unverdienten Glücks ist das sanfte Verdämmern in Melancholie.

Der größte Schnurrbart der Literaturgeschichte prangt im Gesicht des Normannen Maupassant. Er wirkt eitel, straff, sein Blick ist energisch in eine nahe Zukunft gerichtet. Glücklicherweise kann er dort nicht seine eigene erblicken, denn ausgelaugt von wenigen Schaffensjahren bricht er eines Tages zusammen und verliert den Verstand, vierzigjährig.

Stil ist es nicht, der Maupassant auszeichnet. Er schreibt schnell, journalistisch, für den kleinen Lesehunger zwischendurch. Seine Manuskripte sind nicht vom Skrupel angefressen, der jedes Wort in Zweifel zieht. In Schönschrift, ohne jegliche nachträgliche Korrektur, können sie als perfekte Druckvorlagen herhalten und erfreuen so alle Setzer. Ohnehin ist der Roman nicht das Terrain, auf dem er sich zu Hause fühlt. Seine eigentliche Stärke ist das Bergwerk von Einfällen, das er ausbeutet. Hunderte von Novellen, in der Regel auf die witzige Pointe angelegt, fördert er dabei zu Tage. Wie das *Fettklößchen*, eine seiner ersten Geschichten und sogleich von reifer Könnerschaft. Zur Zeit der preußischen Invasion fährt eine Postkutsche durch feindliches Gebiet. Die Insassen sind ehrbare Bürger und eine Prostituierte, das ›Fettklößchen‹. Man darf nicht passieren, man fürchtet Übergriffe, man bekommt Durst und Hunger. Die Hure versorgt ihre Reisegefährten mit Essen und Trinken; und in der höchsten Not gibt sie sich auf das Drängen der anderen für den Passierschein dem preußischen Offizier

hin. Alle diese Taten christlicher Nächstenliebe bestrafen die hoch-
wohllöblichen Mitreisenden mit der Verachtung der sozialen Überlegenheit. Sie weigern sich nun, i h r e n Proviant mit ihr zu teilen: Sie
schämen sich für das gefallene Mädchen. Und Fettklößchen weint.

Die Ehe der Lerebours ist in die Jahre gekommen. Madame ist unzufrieden mit ihrem Gatten, der ihr nichts recht macht. Eines Nachts
weckt die zwei ein Geräusch: Einbrecher! Monsieur,
mit dem Revolver bewaffnet, stapft in den Garten. Im

Die Gefahr
des Treib-
hauses ist, dass
die Phantasie
wuchert.
Der Nutzen?
Es wächst
etwas, das
sonst verdorrt.

Treibhaus beobachtet er etwas, aber es sind keine Einbrecher ... Das Dienstmädchen Céleste hat ein Stelldichein. Als er zu seiner Frau zurückkommt, findet sie
sein Verhalten merkwürdig. Er lacht und ist vergnügt.
»Wenn Du wüßtest ...« Am nächsten Morgen kann Céleste die beiden kaum aus dem Schlaf bekommen.
Auch Madame ist vergnügt ... und Céleste bekommt
eine Lohnerhöhung.

Das Treibhaus ist Synonym des letzten Aufputsch-
mittels, des abwegigsten Aphrodisiakums für die er-
schlaffte Gesellschaft der dritten Republik. Der Bürger
hat Speck angesetzt, stolpert der Vergreisung entgegen. Noch sind Bodyshaping und Anti-Aging unbekannt. War die
Retorte Lavoisiers das Symbol für die theoretische Neugierde einer
Epoche in den Kinderschuhen, so ist das Treibhaus dasjenige für den
letzten verzweifelten Versuch, die entschwundene Jugendkraft wieder
heraufzubeschwören.

Aus jedem Verfall entsteht etwas Neues. Das Ende der Malerei
etwa, häufiger einmal beschworen, kam auch dann nicht, als
der Mann des Tages Paul Cézanne hieß. Cézanne könnte dafür bekannt sein, dass er jedem Akt zwei Rippen zuviel malte oder stets
unterschiedlich lange Arme; von denen behaupteten dann erst nachgeborene Kunstkritiker, so schön gemalte Arme könnten unmöglich
z u lang sein. In den Ausstellungen der ›Salons‹, in den Zirkeln akade-

mischer Künstler hatte er nichts zu suchen. Aber es gab da Schalen mit Früchten, die unter seinem Pinsel duftender, atmender und glühender erstanden als naturgewollt sein konnte; und da war ein Gebirge, dem er eine Physiognomie, Leben und Charakter gab, je nachdem, zu welcher Tages- und Jahreszeit er es malte. Dieser Cézanne war ein Held für eine Generation Künstler, die sich von der Akademie und den Salons abwandten, er inspirierte den Impressionismus. Zu seinen Freunden rechnete sich auch Émile Zola. In der Gestalt des Claude Lantier zeigt uns Zola einen Maler, der sich dem Kunstbetrieb verweigert. Er will *Das Werk* schaffen, das große, allegorische, universelle Bild seiner Zeit. Er scheitert an dieser ihn in autistische Zustände stürzenden Aufgabe. Er ruiniert seine kleine Familie und bringt seine liebevolle Ehefrau zur Verzweiflung. Eines Morgens findet sie ihn aufgehängt neben seinem immernoch unvollendeten Meisterwerk.

Lantier trägt die Züge Cézannes, der Zola alsbald nach Erscheinen des Buches die Freundschaft aufkündigte. Dabei hatte der es doch nur gut gemeint. *Das Werk* ist der vierzehnte Roman aus der zwanzigteiligen Serie der *Rougon-Macquart*. Zola gedachte der Chronist des zweiten Kaiserreichs zu werden wie Balzac der der Restaurationszeit. Er war ein routinierter Vielschreiber mit Vorliebe für üppige Tableaus, farbige Schilderungen, und wurde so zum Star einer neuen Bewegung, die wir als Naturalismus kennen: Alles dampft, pulsiert, vibriert, sondert seine Säfte ab, nicht nur die belebte Welt, sondern auch die unbelebte. Und alles will Liebe, die Zola in drastischer Deutlichkeit in Szene setzt. Dabei sieht es so aus, als ›riskiere‹ er etwas, als überschreite er die Grenzen des guten Geschmacks. Aber seine expliziten Schilderungen müssen sich nicht den Vorwurf der Schlüpfrigkeit gefallen lassen, der bei Maupassant so nahe liegt. Die geschlechtliche Liebe ist nur die unmittelbarste Ausdrucksform des Naturgesetzes vom ›Stirb und Werde‹, dem sein Figurenreigen unterworfen ist. Denken, Essen, Verdauen, Lieben sind gleichwertige Leistungen des Körpers, eine ohne die andere nutzlos. So will der Romanzyklus auch alle Ausdrucksformen der menschlichen Existenz umfassen, wobei die einzelnen Teile völlig in sich abgeschlossen und nur schwach untereinander verklammert sind. *Doktor Pascal,* der letzte Rougon, gibt die gänzlich unbefriedigende Erklärung, dass der Zyklus eine Analyse der Vererbung von Eigenschaften in dieser verzweigten Familie sein soll. Schade, dass der Autor sich in eine abwegige Theorie verrannt hat, denn am Beginn gibt *Das Glück der Familie Rougon* in der kleinen Stadt Plassans an der Côte d'Azur zu der schönen Hoffnung Anlass, dass hier die Analyse der Zeit des Zweiten Kaiserreichs geschrieben werden sollte, vom revolutionären Beginn über die politische Erstarrung in *Seine Exzellenz Eugène Rougon* und die Aufteilung der Pfründe an Kirche *(Die Eroberung von Plassans)* und korrupte Immobilienhaie *(Die Beute)* bis zum verzweifelten Tanz ums Goldene Kalb *(Das Geld). Der Zusammenbruch* im Krieg gegen Preußen und in der Schlacht von Sedan wäre die logische Konsequenz und wird erbarmungslos beobachtet. Dazwischen aber wird ausführlich das Leben der Kleinbürger beschrieben, die nun in Paris angekommen sind und vom kleinen Glück im eigenen Laden träumen. *Der Totschläger* ist der Schnaps, der stattdessen den Abstieg in die Gosse besiegelt, wo es sich die Kinder wie etwa Nana gemütlich machen. Damit gleitet die Analyse in die Beschreibung der bürgerlichen Todsünden ab: Ob Konsumgeilheit im *Paradies der Damen,* eine Hymne auf die Fresslust in *Der Bauch von Paris* oder das Hohelied der käuflichen Wollust in *Nana* (Manets Bild gleichen Titels in der Hamburger Kunsthalle enthält schon die ganze Geschichte), jedes Thema treibt Zola an den Rand der Übersättigung. Erst *Germinal* mit der Schilderung eines erfolglosen Bergarbeiterstreiks im nördlichen Kohlenrevier zeigt ihn wieder in der Pose des Streiters für Gerechtigkeit. Ansonsten gilt: Seine Romane sind literarische Sahnetorten. Davon kann einem auch schnell mal schlecht werden!

Besser als jede Photographie hat der Maler und Freund Édouard Manet sein Porträt erfasst. Es entspricht der Beschreibung, die Zola in *Das Werk* von sich gibt: *Dunkle Erscheinung, kräftig gebaut, aber nicht fett – auf den ersten Blick. Der Kopf rund und eigenwillig. Kinn eckig, Nase eckig. Sanfte Augen in energischer Maskierung. Ein schwarzer Bart als Halskrause.* Manet gibt den sanften Augen noch etwas Grüblerisches und lässt seinen Freund mit dem blassen Gesicht ernst und geistesabwesend in die Ferne schauen. Dreißig Jahre später wird dieser ernste junge Mann Frankreich spalten, indem er mit seiner Schrift *J'accuse!* Partei für den jüdischen Hauptmann Dreyfus nimmt. War Zola vielleicht nicht einer der allergrößten Schriftsteller, so doch einer der wichtigsten und wohlmeinendsten Propagandisten von Humanität und sozialer Anteilnahme.

Empfindungen sind das Persönlichste, was wir haben. So leicht es uns fallen mag, Gedanken zu formulieren und mitzuteilen, so schwer wird dasselbe Vorhaben, wenn es um die Reize geht, die von unseren Sinnen dem Gehirn zuströmen. Abgesehen von Unvermögen, Schamhaftigkeit und Verschwiegenheit, die uns beim Vorgang der Beschreibung in die Quere kommen können, gibt es das Problem, Worte für das zu finden, was ohne den Umweg der Sprache so direkt zum Bewusstsein kommt. Das Privileg, diesen Umweg lesbar gemacht zu haben, Worte für das gefunden zu haben, was wir doch alle erleben, ohne uns je diese Rechenschaft abgelegt zu haben, gebührt Marcel Proust. Natürlich ist sein epochales Werk *Auf der Suche nach der verlorenen Zeit* mehr als ein Kaleidoskop der Sensualität, nämlich eine gesellschaftliche Chronik der Jahrzehnte vor dem Ersten Weltkrieg. Diese Chronik indes hätte auch ein anderer schreiben können. Die Empfindungswelt des Marcel jedoch, die im Zentrum des mit viertausend Seiten längsten und zugleich größten Romans steht, den ich kenne, konnte nur der große Dichter Marcel Proust in Worte fassen. Leben und Werk kommen sich sehr nahe, aber nie zur Deckung. Der Marcel des Romans ist eine literarische Figur, die große Ähnlichkeit mit dem Schriftsteller Proust hat.

Es ist überflüssig, auf den Inhalt in der Form einzugehen, dass man die Handlung nacherzählt. Es gibt nämlich eine Handlung! Marcel macht eine Entwicklung vom Kind zum jungen Mann durch und die scheinbar so festgefügte Gesellschaft aus überkommenem und verkommenem Adel und bürgerlichen Aufsteigern, repräsentiert im geschäftigen und eklen Salon der Madame Verdurin, taumelt der

Pulverisierung zwischen den alles zermalmenden Mühlsteinen des Weltkriegs entgegen. Auf dieser Ebene zeigt der Roman nicht mehr als ein, allerdings groß angelegtes und großartiges, Zeitpanorama. Zum Erlebnis wird die Lektüre erst durch den Filter, den Proust allen Beschreibungen vorschaltet: seine Wahrnehmung. Sein Sensorium ist von unvorstellbarer Feinheit und er versteht es, die Gefühlserlebnisse so in Worte umzusetzen, dass man bei der Lektüre immer wieder denkt: Ja, so ist es! Das habe ich auch geschmeckt, gesehen, getastet, gehört, gerochen, aber ich habe mir bis jetzt nicht wirklich Rechenschaft darüber abgelegt. In dem Moment aber, in dem Proust es in mein Gedächtnis zurückruft, erscheint es mir vollkommen richtig beobachtet und darüber hinaus: ungeheuer wichtig! Das Erlebnis, einst verlorengegangen, kehrt wieder in meinen Besitz zurück, gesteigert und wertvoll. Bei welchem anderen Buch könnte man so ein Gefühl der Beglückung empfinden?

Auf der Suche nach der verlorenen Zeit ist auch ein Buch über Bücher. Prousts Stil und Methode setzt die Kenntnis der Weltliteratur voraus, enthält bereits alles, was seine Vorgänger an schöpferischer Form möglich gemacht haben. Gleichzeitig sind Bücher das ständige Thema des Buches, etwa gleich am Anfang. *Lange Zeit bin ich früh schlafen gegangen. Manchmal fielen mir die Augen, wenn kaum die Kerze ausgelöscht war, so schnell zu, daß ich keine Zeit mehr hatte zu denken: ›Jetzt schlafe ich ein.‹ Und eine halbe Stunde später wachte ich über dem Gedanken auf, daß es nun Zeit sei, den Schlaf zu suchen; ich wollte das Buch fortlegen, das ich noch in den Händen zu haben glaubte, und mein Licht ausblasen; im Schlafe hatte ich unaufhörlich über das Gelesene weiter nachgedacht, aber meine Überlegungen waren seltsame Wege gegangen; es kam mir so vor, als sei ich selbst, wovon das Buch handelte: eine Kirche, ein Quartett, die Rivalität zwischen Franz dem Ersten und Karl dem Fünften. Diese Vorstellung hielt zunächst noch ein paar Sekunden nach meinem Erwachen an; meine Vernunft nahm kaum Anstoß an ihr, aber sie lag wie Schuppen auf meinen Augen und hinderte mich daran, Klarheit darüber zu gewinnen, daß das Licht nicht brannte.* Die Bücher sind mit Marcel untrennbar verschmolzen. Und Prousts Werk wiederum mit weiteren Büchern. Diese enge Beziehung zum Buch im Buch, Basis jeder ›Sekundärliteratur‹, ist im Zwanzigsten Jahrhundert in innigster Weise gepflegt worden. Bücher über Bücher haben Autoren zu Helden von Prosa und Wissenschaft gemacht, Nabokov für Russland, Arno Schmidt in Deutschland, James Joyce im englischsprachigen Raum und natürlich Proust. Bibliotheken beschäftigen sich mit seinem Werk (etwa die berühmte des Dr. Speck in Köln) und die hellsten Köpfe sind den Rätseln des Textes auf der Spur. Einer der allerhellsten: Michael Maar, der Spezialist für Rätsel, wie sie besonders Vladimir Nabokovs Werke aufgeben. Er wurde bekannt durch seine Erkenntnis, dass Thomas Mann viele Motive, vor allem des *Zauberberg*, den Märchen Hans Christian Andersens verdankt (*Geister und Kunst – Neues aus dem Zauberberg*). Das ist deswegen so bemerkenswert, weil natürlich auch der *Zauberberg* einen Schweif von Sekundärliteratur hinter sich her zieht, dieses wesentliche Konstruktionsprinzip aber bis vor kurzem unerkannt blieb – Maar ist ein Altersgenosse von mir. Ein späteres Buch von ihm heißt *Die falsche Madeleine*. Die ›falsche‹ Madeleine ist ein Schmetterling, den Nabokov fing, als neue Spezies entdeckte und nach dieser Nascherei benannte. Leider war der Schmetterling unvollständig und die Taufe damit ungültig. Romanistische Seminare weltweit sind mit Madeleines gefüttert worden, Prousts mystischem Gebäck. Worum geht es? Schlicht um die berühmteste ›Stelle‹ der modernen Literatur, und wir wollen nicht verfehlen, sie voll auf uns wirken zu lassen:

So ist es mit unserer Vergangenheit. Vergebens versuchen wir sie heraufzubeschwören, unser Geist bemüht sich umsonst. Sie verbirgt sich außerhalb seines Machtbereichs und unerkennbar für ihn in irgendeinem stofflichen Gegenstand (oder der Empfindung, die dieser Gegenstand in uns weckt); in welchem, ahnen wir nicht. Ob wir diesem Gegenstand aber vor unsrem Tode begegnen oder nie auf ihn stoßen, hängt einzig vom Zufall ab.

Viele Jahre lang hatte von Combray außer dem, was der Schauplatz und das Drama meines Zubettgehens war, nichts für mich existiert, als meine Mutter an einem Wintertage, an dem ich durchfroren nach Hause kam, mir vorschlug, ich solle entgegen meiner Gewohnheit eine Tasse Tee zu mir nehmen. Ich lehnte erst ab, besann mich dann aber, ich weiß nicht warum, eines anderen. *Sie ließ darauf eines jener dicken ovalen Sandtörtchen holen, die man ›Madeleines‹ nennt und die aussehen, als habe man als Form dafür die gefächerte Schale einer Jakobsmuschel benutzt. Gleich darauf führte ich, bedrückt durch den trüben Tag und die Aussicht auf den traurigen folgenden, einen Löffel Tee mit dem aufgeweichten kleinen Stück Madeleine darin an die Lippen. In der Sekunde nun, als dieser mit dem Kuchengeschmack gemischte Schluck Tee meinen Gaumen berührte, zuckte ich zusammen und war wie gebannt durch etwas Ungewöhnliches, das sich in mir vollzog. Ein unerhörtes Glücksgefühl, das ganz für sich allein bestand und dessen Grund mir unbekannt blieb, hatte mich durchströmt.*

Die Analyse der Empfindungen erweist sich als das Kardinalthema des Zwanzigsten Jahrhunderts. So langweilig es sich anhört, so sehr betrifft es jeden: Rechenschaft ablegen über unsere fünf Sinne macht das Denken erst sinnvoll.

Mit einem Schlage waren mir die Wechselfälle des Lebens gleichgültig, seine Katastrophen zu harmlosen Mißgeschicken, seine Kürze zu einem bloßen Trug unsrer Sinne geworden; es vollzog sich damit in mir, was sonst die Liebe vermag, gleichzeitig aber fühlte ich mich von einer köstlichen Substanz erfüllt: oder diese Substanz war vielmehr nicht in mir, sondern ich war sie selbst. Ich hatte aufgehört, mich mittelmäßig, zufallsbedingt, sterblich zu fühlen. Woher strömte diese mächtige Freude mir zu? Ich fühlte, daß sie mit dem Geschmack des Tees und des Kuchens in Verbindung stand, aber darüber hinausging und von ganz anderer Wesensart war. Woher kam sie mir? Was bedeutete sie? Wo konnte ich sie fassen? Ich trinke einen zweiten Schluck und finde nichts anderes darin als im ersten, dann einen dritten, der mir sogar etwas weniger davon gibt als der vorige. Ich muß aufhören, denn die geheime Kraft des Trankes scheint nachzulassen. Es ist ganz offenbar, daß die Wahrheit, die ich suche, nicht in ihm ist, sondern in mir. Er hat sie dort geweckt, aber er kennt sie nicht und kann nur auf unbestimmte Zeit und mit schon schwindender Stärke seine Aussage wiederholen, die ich gleichwohl nicht zu deuten weiß und die ich wenigstens wieder von neuem aus ihm herausfragen und unverfälscht zu meiner Verfügung haben möchte, um entscheidende Erleuchtung daraus zu schöpfen. Ich setze die Tasse nieder und wende mich meinem Geiste zu. Er muß die Wahrheit finden. Doch wie? Eine schwere Ungewißheit tritt ein, so oft der Geist sich überfordert fühlt, wenn er, der Forscher, zugleich die dunkle Landschaft ist, in der er suchen soll und wo das ganze Gepäck, das er mitschleppt, keinen Wert für ihn hat. Suchen? Nicht nur das: Schaffen. Er steht vor einem Etwas, das noch nicht ist, und das doch nur er in seiner Wirklichkeit erfassen und dann in sein eigenes Licht rücken kann.

Befragend schaut Marcel Proust Dich an, große dunkle Augen unter langen, das Auge halb beschattenden Oberlidern, Erbteil von der jüdischen Mutter. Die Züge sind rundlich und weich; das ganze Gesicht ein bohrender Blick, der korrekte Mittelscheitel und das trübsinnig hängende Schnurrbärtchen reine Dekoration. Balzacs triumphale Selbstgewissheit ist aus der Literatur gewichen. Wo er noch die Allgewalt des Erzählers verkörperte, sitzt jetzt ein Zweifel, eine Doppeldeutigkeit, eine Zweigesichtigkeit. Zweifel über den Wert seiner Wahrnehmungen. Dieser Zweifel (den der Philosoph Edmund Husserl, Lehrer Heideggers, mit seiner »Phänomenologie« genannten Beschreibungstechnik wieder aus der Welt zu schaffen gedachte, die das wissenschaftlich genaue Gegenstück zu Prousts Methode darstellt) erhält im Madeleine-Text seine Rechtfertigung. Die Wahrnehmung wird durch das, was wir schon wissen, überlagert und verfälscht. So antwortete denn auch ein berühmter Philosoph am Ende des Zwanzigsten Jahrhunderts auf die Frage: Was ist Ihr größter Fehler? – *Nicht genau genug sagen zu können, was ich sehe.* Sein Lieblingsschriftsteller hieß Proust, und dessen Problem ist noch nicht gelöst.

Die Doppeldeutigkeit liegt im Objekt der Betrachtung selbst, so wird der Dichterphilosoph Paul Valéry diese Theorie weiterverfolgen. Die eigentlich zugedachte Funktion, bei der Madeleine etwa die des wohlschmeckenden Gebäcks, wird überlagert von der Funktion als Gedächtnisträger. In dem Augenblick, wenn man die Madeleine zum Mund führt, verwandelt sie sich in Erinnerung. Je öfter man das tut, desto mehr verwandelt sie sich wieder zurück in ein Gebäck. Diese Zweitfunktion ist nicht nur verborgen, sie kann auch nicht willentlich freigesetzt werden. So verliert der Träger des Gedächtnisses die Freiheit, darüber nach seinem Wunsche zu verfügen.

Proust selbst ist als Autor seines Romans doppelgesichtig. Wie der Januskopf am Jahresbeginn schaut er als Gesellschaftsanalytiker in die Vergangenheit einer verdämmernden Epoche, zukunftsgerichtet blickt der Analytiker seiner selbst auf die Entwicklung des kleinen Marcel, behorcht seine Herztöne, belauscht die Arbeit seines Denkapparats. Kein m o d e r n e r Roman wird mehr vorstellbar sein, ohne dass sein Autor auf diesen verdoppelten Blick und die optischen Hilfsmittel Prousts zurückgreift.

Die Berufung des Künstlers – eine Abschweifung

Arion von Lesbos war der erste Sänger des Dithyrambos, des Kultgesanges zu Ehren des Dionysos. Als er auf Sizilien seine Kunst vorführt, überhäuft man ihn mit Ehrungen und Preisen. Reich beschenkt macht er sich auf den Heimweg. Die Schiffsleute allerdings wollen nur sein Geld und ihn loswerden. So gehen sie daran, ihn unterwegs über Bord zu schmeißen. Erst singt Arion, dann springt er freiwillig – und reitet trockenen Fußes übers Wasser: Ein Delphin hat ihn, unter der Zauberwirkung seiner Sangeskunst, auf den Rücken genommen und setzt ihn wohlbehalten an der griechischen Küste ab. Herodot erzählt diese schöne Novelle im Ersten Buch seiner *Historien*. Der Künstler gebietet über Kräfte, sich die Natur zum Verbündeten zu machen. Pygmalion ist Bildhauer und schafft eine Skulptur, die er Galathea nennt und in die er sich verliebt. Aphrodite erfüllt seinen Wunsch und lässt das Elfenbeinidol lebendig werden: Pygmalion und Galathea heiraten und haben einen Sohn namens Paphos. Diese oft wiederholte Episode setzt Ovid im Zehnten Buch der *Metamorphosen* in wohlklingende Verse. Dieser Künstler vermag die Götter zu rühren und dadurch Unmögliches möglich zu machen. Priester und Opferkult hat derjenige nicht nötig, der es schafft, direkt zu den Unsterblichen zu sprechen. Die Zwillinge Amphion und Zethos wiederum, Söhne des Zeus, waren die mythischen Erbauer der Stadt Theben in Böotien, westlich von Athen. Amphion erfand die siebensaitige Leier und dazu die lydische Tonart; durch seine Kunstfertigkeit sparte er sich eine Menge Arbeit, denn aufgrund des ausgefeilten Spiels auf seinem Lieblingsinstrument fügten sich die Steine von alleine zur gewaltigen Mauer der siebentorigen Stadt. Im Dritten Buch seiner *Bibliotheke* oder *Götter- und Heldensagen* erzählt das Apollodoros von Athen. Dieser Künstler ist ein besserer Ingenieur und Naturwissenschaftler dank der Kraft seines Spiels. Es gibt noch einige ähnliche Fabeln, deren Moral immer dieselbe ist: Künstler sind allen anderen Professionen gleichwertig, wenn nicht überlegen.

War dies schon in der Antike Zeichen des hohen Selbstwertgefühls des Artisten, so steigerte sich das noch in der Renaissance. Diese Epoche ist in unserem kollektiven Bewusstsein weit mehr durch Kunst, Künstler und die Welt des Geistes verankert als durch ›weltgeschichtliche‹ Ereignisse. Reden und schreiben wir über Kunst, über Malerei, dann wissen wir, dass wir von einer seit tausend Jahren ungebrochenen Tradition sprechen. Eine Generation Künstler steht auf den Schultern der vorhergehenden. Solch eine Art Legitimationsurkunde des schöpferischen Aktes ist *Die Legende vom Künstler*, über die uns die Herren Ernst Kris und Otto Kurz in ihrem kleinen Büchlein berichten. Der Artist steht außerhalb der gesellschaftlichen Struktur und dank seiner Geisteskraft ein wenig über ihr, auch wenn man's ihm nicht ansieht. Erkannt hat das der Florentiner Staatsbedienstete und äußerst mittelmäßige Pinselschwinger Giorgio Vasari. Sein Verdienst ist es, durch *Das Leben der größten Maler und Bildhauer* diese Vorstellung in unseren Köpfen fixiert zu haben. Gerade ist eine neue deutsche, vollständige und erschöpfend kommentierte Ausgabe dieser monumentalen Biographiensammlung erschienen. Der Amerikaner Paul Barolsky hat darauf hingewiesen, wieviel an Vasaris Lebensgeschichten Erfindung und Mythisierung ist. In *Warum lächelt Mona Lisa?* und der Fortsetzung *Giottos Vater* weist er Vasaris Verklärungs- und Verschleierungstechnik nach, die bis zur Erfindung von Künstlern samt Lebensläufen reicht. Vasaris erster Star der Kunstszene, der Florentiner Maler Giotto di Bondone, hütete gerade die Schafe, als sein Maltalent ›entdeckt‹ und er so zum Begründer

der Tradition wurde, die vorerst bis zum göttlichen Michelangelo reichte. Giotto erfindet die ›natürliche‹, also das Gesehene abbildende Malweise, M. Buonarroti übertrumpft die Natur, indem seine Figuren Heroen- und Halbgottstatur erreichen – an der Decke der Sixtinischen Kapelle präsentiert er uns sogar, was nur die Renaissance zu zeigen sich traut: Gottvater in Aktion. Die Gesetzmäßigkeiten der Malerei sind erforscht, alles wird möglich. Zum Beispiel gewagte perspektivische Experimente, extreme Verkürzungen von Figuren oder einzelner Gliedmaßen, Farbexperimente wie das Gegeneinandersetzen komplementärer Töne zur Steigerung der Bilddramatik und vieles mehr. Die Malkunst bildet einen Kosmos, eine Welt für sich, die mit der erlebbaren, der ›Lebens‹-Welt in Konkurrenz steht und überraschenderweise diesen Wettstreit gewinnt: In der Kunst ist mehr möglich als in der Wirklichkeit. Vasari stirbt im Vertrauen darauf, dass die Entwicklung der Malerei mit seinem Landsmann und Zeitgenossen Michelangelo vollendet ist.

Aber nichts da. In Bologna und gleich darauf in Rom entsteht aus der drohenden Stagnation heraus die nächste Welle von malerischem Erfindungsreichtum. Der großartige Roberto Zapperi schildert dies in seinem Buch über die Welt des *Annibale Carracci*. Und Michelangelo Merisi, dessen Künstlername nach seinem Geburtsort *Caravaggio* lautet, entwickelt die Technik, aus lebendiger Dunkelheit, schimmernden graphit- oder anthrazitfarbenen Flächen ein grell illuminiertes Geschehen hervorglühen zu lassen. Roberto Longhi, der italienische Kunsthistoriker, hat das beschrieben als Triumph des ›chiaroscuro‹ oder: der Hell-Dunkel-Malerei. Hier erleben wir direkt das erregende und anregende Sprudeln der Inspirationsquelle der Barockmalerei, und diese Quelle sprudelt, bis Francisco Goya y Lucentes seine ›schwarzen Bilder‹ malen wird, Dokumente der Verwirrung eines Genies vielleicht, aber auch des Abgesanges auf eine Welt der Bildlichkeit. So wird den Zusammenhang hundert Jahre später der Zusammenschauer und nüchterne Analytiker Jacob Burckhardt an seinem Schreibtisch im heimatlichen Basel sehen. Im *Cicerone* oder *Genuß der italienischen Kunstwerke* wird er viele gültige Urteile fällen und durch einige krasse Geschmacksentgleisungen klarmachen, wie zeitgebunden alles Urteilen ist. Als Burckhardt in Bergamo, am Fuß der Alpen nahe Mailand gelegen, weilte, fand er über die auf einem Hügel thronende Stadt nichts Berichtenswertes. Wenn ich heute Bergamo besuche – von der dort auf den Gipfel getriebenen Kunst der Speiseeisbereitung einmal ganz abgesehen –, erscheint mir der alte Stadtkern als Ensemble von Werken weltläufigen Kunstsinns, aristokratischer Repräsentation und gemütlicher Stadtbürgerkultur. Dazu passt nicht nur, dass der unvergleichliche Opernkomponist Gaëtano Donizetti Bürger Bergamos war, sondern auch, dass eine der schönsten privaten Kunstsammlungen der Welt dort beheimatet ist, so unbekannt, dass nur ganz wenige Enthusiasten sich in die Accademia Carrara verlaufen …

Wie wird man Künstler? Die Wahrheit ist, keiner weiß es. Talent hilft weiter, aber auch nur bis zu einem kritischen Punkt: Der Künstler will erkannt werden.

Auch Mark Twain begab sich einst auf die Große Tour durch Europa, um seinen Mississippilotsenhorizont durch die unvergesslichen Eindrücke des alten Kontinents zu erweitern. *The Innocents abroad* nannte er seinen Reisebericht, *Die Arglosen im Ausland*. Dort angekommen bediente er sich, Geld spielt fast keine Rolle, der Dienste eines Cicerone, eines aus Fleisch und Blut, der sollte ihm die Wiege des modernen Menschen, Italien, in allen Facetten zeigen. Und er tat, wie ihm geheißen. Nicht alles, speziell die kolossalen Vorräte an barocken Prachtschinken in blattvergoldetem Akanthusgerank, mochte dem Gast aus der Neuen Welt gefallen. Immer wieder zeigte er auf Dinge, denen er mehr Beachtung gegönnt hätte. Die Antwort des kundigen Führers: *»Bah, das ist nichts, das ist Renaissance!«* Als sich diese Rede beständig wiederholt, platzt dem Bestsellerautor der Kragen: *»Jetzt möchte ich aber doch wissen, w e r ist dieser Renaissance? Wo kommt er her, wann hat er gelebt und wer hat ihm erlaubt, das ganze Land mit seinen Schmierereien zu überziehen?«* So ändern sich Ansichten und Geschmäcker. Burckhardt konnte sich jedenfalls noch nicht im Grab herumdrehen.

240 Kapitel 4 Labor und Treibhaus

Und nun kommt Balzac mit seiner fulminanten kleinen Novelle *Das unbekannte Meisterwerk* von kaum vierzig Seiten und ändert damit alles. An der Figur des fiktiven Malers Frenhofer[65], den er zu einem Schüler des realen Jan Gossaert, genannt Mabuse, macht, also auf dem Höhepunkt der nordischen Renaissance angesiedelt, handelt er das Scheitern des künstlerischen Schöpfungsaktes ab; s e i n Künstler ist kein Heroe, der die Leinwand bezwingt, sondern ein greiser Mann, der die Quintessenz eines lebenslangen Ringens abliefern will. Das große Altarbild, schon im Entstehungsprozess von Kennern bewundert, leistet seinem Bemühen um Vervollkommnung allerdings entschieden Widerstand. Am Ende bedeckt eine Kruste Farbe die Maloberfläche, ohne Gestalt und Form, eine Hieroglyphe der Artistik, die niemand entziffern kann. Das Ende der Malerei wird hier nicht nur beschworen, sondern handgreiflich vor Augen geführt. Wer genau hinschaut, entdeckt auf den Leinwänden der Jetztzeit, dass dieses Ende immernoch andauert.

Für die Literatur gilt das Beispiel der Malerei ohne Veränderung. Dem Poeten ist es kraft seines göttlichen Amtes erlaubt, nach dem Höchsten, der Vollendung in Leben und Kunst zu streben – wenngleich sein Publikum nicht immer in der Lage ist, ihm da zu folgen. Wer anders als Goethe könnte uns den Schlüssel zum Selbstverständnis des Dichters liefern? Auch er nimmt sein Beispiel aus der Blütezeit der Künste, der Renaissance, als vieles, aber eben doch nicht alles, möglich war. Im *Torquato Tasso* arbeitet er in der Manier seines Freundes Schiller einen historischen Vorfall in Ideengeschichte um, im Stil eines Kammerspiels. Auch Tasso stammt aus Bergamo, aus einer vornehmen Familie; als Hofdichter in Ferrara verliebt er sich in die Prinzessin Leonora d'Este. Das ist eine Unmöglichkeit, aber für den stürmischen Dichter der *Gerusalemme liberata* sind Leben und Kunst eins – Betätigungsfeld des freien Geistes: »*Erlaubt ist was gefällt*« ist seine Maxime. Die Prinzessin reagiert reserviert auf seine Liebeserklärung: »*Erlaubt ist was sich ziemt.*« Sie weiß, dass sie Tasso nicht lieben d a r f .

---

65 Im Film »Die schöne Querulantin« von Jacques Rivette virtuos verkörpert von Michel Piccoli.

Das unbekannte Meisterwerk 241

Die Standesschranken zwischen ihnen sind unüberwindlich. Und der alsbald verdüsterte Geist Tassos vermag nicht mehr die Grenze zwischen realen Zwängen und dichterischer Freiheit zu erkennen. Am Beginn des schönen Frühlingstages, an dem die Handlung des ganzen Stücks abläuft, steht Tassos Dichterkrönung: Es ist aber eben nur ein Lorbeerkranz auf seinem Haupt! Später erteilt ihm sein Herzog Alfons Hausarrest, zum Schluss begibt er sich freiwillig in Pflege. Nur Nötigung vermag den Höhenflug des Dichters zu bremsen – oder aber nicht erwidertes Gefühl.

Was der französische Roman an Substanz vorweisen kann, ist im Gedicht als Experiment vorbereitet: das Spiel mit Sinneseindrücken, der Neutralität oder Subjektivität des Beobachters. Wie kaum sonstwo wird der Laborcharakter der Poesie in diesem französischen Jahrhundert manifest. Charles Baudelaire heißt der Leiter der Versuchsanordnungen. *Die Blumen des Bösen* sind sein Meisterwerk. In der Verschwendung seines Vermögens, seinem Rauschgiftkonsum – mit Distanz beschrieben in *Die künstlichen Paradiese* –, seiner Geschlechtskrankheit zeigt er Möglichkeiten auf, der drohenden Langeweile des bürgerlichen Wohllebens zu entrinnen. Eine andere lohnende Beschäftigung: die Musik Richard Wagners hören. Mit dem »Tannhäuser« hatte der einen prächtigen Skandal an der Pariser Oper erregt, und wo Skandal, da alsbald Bewunderung. Baudelaire macht den Vorreiter. Gleich die erste Szene der Oper zeigt den Minnesänger im Venusberg, einer Lasterhöhle. Opiumkonsum war schon aus der Antike bekannt, aber erst Thomas DeQuincey hatte in seinen *Bekenntnissen eines englischen Opiumessers* angedeutet, wozu dem modernen Schriftsteller der Saft des Schlafmohns gut sein könnte.[66] Für Baudelaire bedeuteten Haschisch und Opium die Genussmittel des Sinnenmenschen, der so seine Phantasie stimuliert – er wurde siebenundvierzig Jahre alt.

66 Natürlich ›England first‹, beherrschten die Briten doch auch die Handelswege des Opiums aus Afghanistan und Indochina.

Paris, wo er geboren und gestorben ist, war Wurzel seiner Kreativität. *Der Spleen von Paris* heißt folgerichtig seine Sammlung von Gedichten in Prosa. D a s Weib wuchs ihm immer diabolischer zur großen Gegenspielerin, da war es wichtig, nach Alternativen Ausschau zu halten:

Komm, meine schöne Katze, an mein verliebtes Herz;
Zieh nur die Krallen deiner Tatze ein
Und laß mich tief in deine schönen Augen tauchen,
In deren Glanz Metall sich und Achat vermischen …

Die *Fleurs du mal* hatte er Théophile Gautier gewidmet; der ist weniger um seiner Werke willen bemerkenswert – er schrieb Novellen im romantischen Geschmack und Gedichte, die es nicht einmal mehr in eine großangelegte Anthologie französischer Lyrik schafften –, als vielmehr seiner Attitüde wegen. Kunst war ihm Provokation und Selbstzweck, l'art pour l'art. Selbst aus dem Zirkel um Victor Hugo, Gérard de Nerval und Alfred de Musset entsprungen, sammelte Gautier Talente wie Baudelaire und Stéphane Mallarmé um sich und erfüllte sie mit dem Geist der Zweck- und Regelfreiheit der Kunst. »Parnasse« hieß die Gemeinschaft der wahren Dichter nach dem mächtigen Berg am Golf von Korinth, an dessen Fuß das Apollon-Heiligtum Delphi liegt und auf dem der Gott mit den von ihm geführten Neun Musen residiert. Nicht für ein Publikum wollten diese Gotterwählten Kunst machen, sondern das Publikum für ihre Kunst würde sich finden, erwachsen aus einer Bildung des Geschmacks. Am besten verstanden hatten diese Anweisung die Maler, die den so erfolgreichen Impressionismus auf den Weg brachten. Die dadurch hervorgerufene Geschmacksbildung hält bei uns Betrachtern ja noch bis heute an. Impressionismus: Das ist nach wie vor die erfolgreichste malerische Stilrichtung, an den endlosen Schlangen am Eingang jeder Schau abzählbar.

Die Poesie der Zukunft braucht kein Publikum. Ihre Botschaften schaffen sich ihre Zuhörer nach Bedarf und nach ihrem Bilde. *Die Ge-*

sänge des Maldoror sind eine Anhäufung wüster Träume des Weltekels und der Verderbtheit. Trifft Maldoror ein zartes Kindlein im Park, fühlt er sogleich die edle Aufgabe in sich wachsen, es zu ausschweifenden Gedanken zu verführen. Dieser Sänger des Bösen nannte sich programmatisch und onomatopoetisch Comte de Lautréamont. Dass er in Wirklichkeit Isidore Ducasse hieß und ein Jüngling von nicht mehr als vierundzwanzig Jahren war, ist schon fast alles, was wir von ihm wissen. Und dass seine Gesänge in Prosa, fünfzig Jahre ungehört, einer neuen Generation süß in den Ohren klangen und urplötzlich die verkehrten Welten der Surrealisten möglich machen würden: brennende Giraffen und tote Esel auf Konzertflügeln.

Verglichen mit Malen ist Dichten ein spröderes und so meist härteres Geschäft. Stéphane Mallarmé begann mit gereimten Einsichten wie dieser:

Des ewigen Azur gelassne Ironie,
sie lähmt wie Blumen, schön und teilnahmslos und kalt,
den Dichter, dessen Not dem eigenen Genie
aus trockner Wüste flucht, aus Schmerzen tausendfalt.

Dann schuf er den *Nachmittag eines Fauns*, ein zunächst harmlos erscheinendes Hirtengedicht. Der Komponist Claude Débussy wandelte es in sirrende, sensuelle Musik: »Prélude à l'après-midi d'un faune«. Der Gott des Tanzes, Vaclav Nijinsky, machte zu dieser Musik ganz erstaunliche Sachen (manche glaubten da noch mehr zu sehen) auf der Bühne – es war die Stunde der »Ballets Russes«. Selbst als Untermalung eines Zeichentrickfilms sorgt diese Musik noch für heiße Ohren. Mallarmés ureigenste Leistung war es dann aber, das Gedicht aus dem Zwang von Reim und Vers zu befreien. Satzgedicht hieß bei ihm, dass der Setzer einen Bandwurm von Gedicht über viele Seiten zu setzen hatte: *Un coup de dés jamais n'abolira le hasard – Ein Würfelwurf wird niemals den Zufall abschaffen,* das nur aus einem einzigen Satz bestand. Mallarmé wagte sich an Grenzen heran, die – und das ist wahrhaftig eine Leistung – bis heute nicht überschritten worden sind.

Außerdem war er ein geselliger Bursche und versammelte dienstags um sich: die Symbolisten Maurice Maeterlinck und Joris-Karl Huysmans; die Iren William Butler Yeats und Oscar Wilde, die Klangmagier Stefan George und Rainer Maria Rilke sowie die jungen analytischen Geister Frankreichs Paul Valéry und André Gide.

Maeterlinck, aus Belgien, gab den Bühnen endlich wieder etwas Neues zu spielen. *Pélleas und Mélisande* handelt vom urgewaltigen Liebeskonflikt in einem düsteren Kunstkönigreich und schuf Claude Débussy die Gelegenheit, Wagners »Tristan und Isolde« ins Impressionistische zu übersetzen; der Spielverderber im Reich Allemonde heißt nun Golo, ein schöner Name in Fin-de-siècle-Welten. *Der blaue Vogel* ist ein Märchenstück, wie es der Symbolismus liebt, von zwei Kindern, die einer Elfe zuliebe ausziehen, ihr dieses sonderbare Tier zu bringen. Ein sprechendes Brot fordert ständig gute Manieren ein, krakeelt aber selbst mit vollem Mund.

Huysmans, um auf das Geheimnis dieses ›Symbolismus‹ zu kommen, schrieb mit dem Roman *À rebours – Gegen den Strich* dessen Bibel. Darin beschwört er eine Gegenwelt zur Realität. Folgerichtig verschanzt sich der ›Held‹ Des Esseintes in seiner Wohnung, lässt weder Tageslicht noch Störer ein und berauscht sich an diversen Produkten seiner Phantasie, wie etwa einer kunstvoll bemalten, lebenden Schildkröte. Das kann zwar nicht gutgehen, aber Huysmans setzt die Schlagworte Baudelaires konsequent in Literatur um: den Spleen, den Drogenrausch und das Böse. Das steht in seinem anderen Roman *Tief unten* im Vordergrund. Durtal vertieft sich so in seine Studien über den mittelalterlichen Kinderschänder Gilles de Rais, dass die Beschäftigung mit dem Satanismus zur Obsession wächst. Das ›Volk‹, der Pöbel, so Durtals Schlusswort, ist in seinen grobschlächtigen Vergnügungen um nichts besser als die Meister subtiler Verbrechen.

Das Elitäre – und dessen Konsequenz, die Verachtung – erlebt einen kurzen Moment der Vergöttlichung. Auch die Gosse kann elitär sein. Das Vagabunden-Duo Paul Verlaine und Arthur Rimbaud zeigt das. Dieses dramatische Liebespaar steigerte die Ausdrucksmöglichkeiten des Gedichts, lud es mit Musikalität auf:

Der Symbolismus   Valéry   245

Les sanglots longs
Des violons
De l'automne
Blessent mon cœur
D'une langueur
Monotone.

Man muss gar nicht wissen, was es heißt, um zu wissen, dass es schön ist.[67] Und so viele o's und u's hat die deutsche Sprache gar nicht, um diese paar Worte angemessen zu übertragen. Verlaine, der sanfte, schießt im (Liebes-)Rausch auf Rimbaud, den unglaublich modernen; der hört als erstes mit Dichten auf, neunzehnjährig!, zweitens wird er Waffenhändler und verschwindet drittens dann ganz von der Bildfläche.

Mit Paul Valéry kommt auch die Poesie bei jenem Endpunkt an, den Proust für die Prosa gesetzt hat. Das lange Gedicht *Der Friedhof am Meer,* vor allem aber *Die junge Parze* drücken seine endzeitlichen Gefühle aus:

Geheimnisvolles ICH du, du lebst, du lebst,
du lebst noch immer!

Valéry interessiert sich für das, was nicht zu sehen ist. Seinem Leonardo da Vinci schreibt er zu, in jedem Abgrund die Möglichkeit einer Brücke erschaut zu haben, und so ist auch das *objet ambigu* zu verstehen, das Sokrates in dem Platon nachgebildeten Dialog *Eupalinos* am Strand findet: Es könnte alles Mögliche sein, eben alles, was m ö g l i c h ist.

---

67 Auch der Filmfreund kennt diese Verse. Doch wo hat er sie gehört? Paralysierte so der großmächtige Fantômas seine Gegner? Brachte Jean Gabin mit ihnen Simone Signoret auf die Palme? Bettete Django seine Opfer zur letzten Ruhe, diese Zeilen rezitierend? Nein, im Streifen »Der längste Tag« trägt der Nachrichtensprecher von BBC Europe sie vor, um die französische Résistance auf die bevorstehende Invasion der Alliierten in der Normandie vorzubereiten. Weltgeschichte im Tonfall melodischer Herbstdepression. Bravo!

Wie stark die französische Poesie die Welt beeindruckte, ist an der Wahl des ersten Literaturnobelpreisträgers ablesbar. Er hieß Sully Prudhomme und war ein Spätgeborener der Parnasse-Generation. Dass seine Gedichte schulbuchtauglich waren, spricht zwar gegen ihn. Dass er völlig vergessen ist, dagegen nicht unbedingt. Wie viele große Vergessene hat die Literaturgeschichte gesehen, die dann mit entsprechendem Tamtam ›wiederentdeckt‹ wurden! Solche Vorgänge sagen indes mehr über unser aller Geschmacksunsicherheit aus als über die Qualitäten der teuren Verblichenen. Es gibt nur ein sicheres Hilfsmittel, sich in diesem von Werbung und Geschäftsinteressen vernebelten Bezirk zurechtzufinden: den Kompass des eigenen Urteils, von Mal zu Mal präziser justiert durch die Lektüre wegweisender Bücher.

Wie die Planeten in einem wohlgeordneten Sonnensystem sind die größten Autoren des französischen Literaturkosmos an uns vorübergezogen. Mal erscheinen sie eindrucksvoller, wenn sie in aller Pracht dicht vorbeikommen, dann auch wieder geringer oder werden vom Glanz anderer verdeckt. So wird es auch bei der Lektüre sein, und manches wird ein anderer in anderem Licht sehen als ich es tat. Auf jeden Fall sind ihre Schöpfungen unvergänglich und bestimmend für ihr Zeitalter. Generationen von Lesern und Nachahmern haben die Hälse gereckt, um dieses Himmelsspektakel zu bewundern oder zu vermessen und daran ihre Uhren neu zu stellen. In ihrem Hintergrund aber befindet sich noch ein Fixsternhimmel voll von Dichtern: Sterne verschiedener Größe und Helligkeit, Sternbilder und Konstellationen.

Wieder wandert der erste dieser Sterne über die Grenze nach Frankreich hinüber. Der Regensburger Melchior Grimm, der vierzig Jahre in Paris verbrachte und schrieb, schuf das Genre des feuilletonistischen Briefs, der regelmäßigen Zustandsbeschreibung des kulturellen und gesellschaftlichen Lebens bis zum Höhepunkt der Großen Revolution. Unter dem Titel *Paris zündet die Lichter an* sind diese Depeschen gesammelt.

Aus den scheinbar unbeschwerten Tagen des Rokoko waren die Leser an Produkte ausschweifender erotischer Phantasie gewöhnt, und auch revolutionäre Geister wie der Graf Mirabeau verfehlten nicht, das Publikum weiterhin mit Einschlägigem wie *Lauras Erziehung* zu versorgen. Moral und Pornographie gingen in den besten Werken dieser Art eine unlösliche Verbindung ein. Für den Erwerb von Büchern dieses speziell französischen Genres musste man noch im deutschen Buchhandel der neunzehnhundertsiebziger Jahre ein Revers unterschreiben, dass man sie nicht Minderjährigen zugänglich machte; zuletzt wurde dies für Pierre Klossowskis *Die Gesetze der Gastfreundschaft* nötig – ein philosophisches Werk, wie man es von dem Bruder des Hocherotikers unter den Malern, Balthus alias Balthazar Klossowski, erwarten konnte.[68]

Ein besonders emsiger Arbeiter in diesem Weinberg war Restif de la Bretonne, von Beruf eigentlich Buchdrucker, der den Handel mit eigenen Produkten enorm in Schwung brachte. Immer an den Grenzen des Erlaubten, versorgte er in unruhigen Zeiten die gierigen Leser mit hunderten Büchern der oben beschriebenen Art von zum Teil sozialutopischem Charakter. Sein Meisterwerk ist der *Verderbte Landmann*, aber auch die *Galanten Damen* und die *Nächte von Paris* könnten Begeisterung für die Sonnenseite der Revolution wecken. Mit einer *Anti-Justine* wandte sich Restif direkt gegen die Schreckens- und Gewaltvisionen à la de Sade. Der unglückliche Marquis saß zu dieser Zeit in der Bastille und schrieb ausschweifende und außerordentlich langwierige Phantasien über ein junges Mädchen namens *Justine* und deren bestrafte Tugend sowie die belohnten Laster ihrer Schwester *Juliette*, bevor er vom Kerker in die Irrenanstalt überwechseln durfte.

Bei Pornographen verpönt ist eine andere Spielart der Erotik, die gelebte Zweierbeziehung. Der Fachmann hierfür: Der Schweizer Benjamin Constant, der einige Jahre in Deutschland verbracht hatte wie seine langjährige Lebensgefährtin, Madame Germaine de Staël; er kam

---

68 Die beiden einander würdigen Brüder, deren Mutter mit Rilke befreundet war, starben erst vor einer Weile, nach erfülltem, fast hundertjährigem Leben.

aus der Sphäre der Politik und betrieb Literatur nebenher, begeisterte sich für die Ideale der Revolution, wurde Franzose und veröffentlichte zwei Romane, *Adolphe* und *Cécile*, die ein breites Echo fanden, mittlerweile aber völlig vergessen sind. Nicht ganz zu Recht, denn in *Adolphe* liefert Monsieur eine mutige Zustandsbeschreibung seiner Beziehung zu Germaine, nur unwesentlich dramatisch überspitzt, die stets aktuelle ›Szenen einer Ehe‹ bietet. Dagegen ist Frau de Staël, die Tochter des populären Finanzministers von Ludwig XVI., Jacques Necker aus Genf, noch heute wegen ihrer Freundschaft mit dem Kreis um die Schlegel-Brüder und wegen ihres Widerstandes gegen Napoleon bekannt. August Wilhelm Schlegel war der Hauslehrer ihrer Kinder. Ihr Buch *Über Deutschland* zeugt von dieser Begeisterung für die Romantik. Auch Goethe stattete sie einen Besuch ab, wie alle. *Nach der Begegnung berichtete Goethe seinen Freunden: Es war eine interessante Stunde. Ich bin nicht zu Worte gekommen; sie spricht gut, aber viel, sehr viel. – Ein Damenkreis wollte inzwischen wissen, welchen Eindruck unser Apoll auf die Fremde gemacht habe. Auch sie bekannte, nicht zu Worte gekommen zu sein. Wer aber so gut spricht, dem hört man gerne zu – soll sie geseufzt haben.*

> Die Rivalität der durch den Rhein getrennten Länder wurde selten produktiv. Die Avantgarde stand (wie stets) links (vom Rheinufer aus gesehen). Erst das Zwanzigste Jahrhundert zündete die Spannung zwischen Paris und Berlin zum Blitz, im Guten wie im Schlimmen.

Sie schrieb einen Roman *Corinna oder Italien*, der von Dorothea Schlegel übersetzt wurde. Oswald, wieder einmal so ein unmotiviert daherkommender reisender Schotte, erlebt mit seiner Corinna a l l e touristischen Höhepunkte Italiens, also die Grand Tour des Bildungsreisenden, bevor ihre Beziehung tragisch wird.

Der Offizier und Liberale Choderlos de Laclos hatte mit seinen *Gefährlichen Liebschaften* einen Sensationserfolg im Genre des Briefromans, der bis heute anhält. Es ist ein Traum jeder Filmschauspielerin, als Marquise de Merteuil eine hochgeschnürte Brust, ein Schönheitspflästerchen sowie verruchten Scharfsinn zu zeigen. Von der Revolution mit dem Tode bedroht, ereilte Laclos das Schicksal erst als General unter Napoleon. Das Arrangement der Intrige in seinem einzigen erfolgreichen Roman erinnert an die Theaterstücke von Pierre Carlet de Marivaux, die stets unter den bekannten ›Labor‹bedingungen spielen und deren Konstruktion mehr überzeugt als die Ausführung. Die Schilderung verdorbener Charaktere in herrschaftlichem Ambiente hatte schon bei Erscheinen des Romans der Leserschaft den morbiden Charme eines im Untergang begriffenen Zeitalters vorgeführt.

Das Besondere am Lebenslauf des Generals und Schriftstellers Xavier de Maistre war, dass er erst zum Ende hin in Paris eintraf. Vorher hatte er eine militärische Karriere gegen Frankreich gemacht, zuletzt in russischen Diensten, wie viele Emigranten.[69] Und ein winziges Werklein geschaffen, *Die Reise um mein Zimmer* mit der Fortsetzung *Die nächtliche Reise um mein Zimmer*. Heute sind wir an die Pointe des Buches, dass die im Titel versprochene Handlung trotz deutlich spürbarer Bemühungen des Autors niemals stattfindet, zur Genüge gewöhnt. De Maistre aber macht aus der Grundidee, dass ein platonisch denkender Mensch eigentlich aus zwei Individuen besteht, nämlich dem in jeder Hinsicht beweglichen Geist und der roboterhaften, triebgesteuerten Materie des Körpers – *Der Mensch eine Maschine,* das kleine Meisterwerk der Rokokophilosophie von La Mettrie lässt hier grüßen –, eine witzige Komödie der Unmöglichkeit im Stile des *Tristram Shandy*. Köstliche Unterhaltung für einen kurzen Abend im Schaukelstuhl! Es gibt einen General mit einem noch schmaleren Œuvre. Napoleon ergriff die Feder, um Befehle zu fixieren – oder Frauen den Hof zu machen. Josephine Beauharnais muss mit ihrem speziellen Charme: be-

---

69 Bedenkenswert ist, wie Frankreich erst mit den Hugenotten, später mit dem königstreuen Adel auch zwei Generationen von Kulturträgern, Dichtern, Denkern ins Ausland jagte, und doch der Quell der Inspiration nicht zum Versiegen kam; wer heute über das Benehmen russischer Rubelmilliardäre an der Côte d'Azur lächelt, erinnere sich bitte, wie reich das Kulturleben der Sowjetunion gewesen ist, nachdem auch dort mit Adel und Junkertum wesentliche Bildungsschichten ausgerottet worden waren. Der menschliche Geist, scheint es, verweigert sich jedem Versuch der Zurückzüchtung, Einengung, Verwaltung. Das sollten wir auch für die Zukunft bei allen Arten von Manipulationen des Geistes im Auge behalten.

rechnend, brillant, maliziös, dem kleinen Bonaparte genausoviel zu schaffen gemacht haben wie die preußisch-russische Koalition, denn er verwendete auf beides gleiche Konzentration. *Die Briefe an Josephine* bezeugen, wie der Welteroberer von einer Frau dressiert wurde.

Die »Wasserspiele der Villa d'Este« in Tivoli bei Rom sehen heutigentags wieder imponierend aus, inspirierend waren sie auch früher schon, etwa für die Tonmalerei Franz Liszts. Wenn das Klavier perlt, trillert und glissiert, laufen mir Wonneschauer den Rücken hinunter. Der Park der Villa d'Este, Urbild für fünfhundert Jahre Gartenbaukunst und kühle Oase im staubtrockenen latinischen Sommer, ist für mich das schönste Ereignis jeder Romreise. Kaiser Hadrian, dieser große Kulturmensch der Antike, wusste wohl, warum er sich dort, ganz in der Nähe, ansiedelte. Der heute wieder zu besichtigende Kanopus inmitten seiner Riesenvilla lässt mit seiner Schwerelosigkeit und ägyptischen Mystik vergessen, dass die Römer das Bauen mit Beton erfunden haben. Das »Vallée d'Oberman« ist neben den »Wasserspielen« ein weiteres köstliches, beschreibendes Stück Musik aus Liszts »Pilgerjahren«; *Oberman* ist das wie ein Musikstück gearbeitete, in Briefen verfasste Manifest der französischen Romantik von Etienne Pivert de Senancour. Ein Roman ohne Dialoge, voller Betrachtungen, auf der Suche nach Liebe und Gerechtigkeit im Menschengeschlecht.

François-René de Chateaubriand schätzen wir als Kreateur eines gebratenen Stückes Rindfleischs exquisiter Herkunft mit Gemüsebeilage. Über seine *Lebenserinnerungen von jenseits des Grabes* kann ich weniger Gutes, weil gar nichts, sagen. Ich habe sie hier in der Hand, aber nicht die geringste Lust, hineinzuschauen. Chateaubriand war ein beweglicher Geist, der alle Wechselfälle der Politik von rollenden Köpfen bis zu rauchenden Kanonen schadlos bestand. Höchstens sein Charakter wurde befleckt, sein Diplomatenfrack blieb blütenrein. So vermag er uns auch nicht durch seine zwei Erzählungen mit einem Haufen ›Wilder‹ in exotischen Kulissen beziehungsweise weltschmerzwunden Künstlergenies, *Atala* und *René*, zu überzeugen, die seine katholische Grundhaltung – eine französische Konstante in hundert Jahren großer Romane – spiegeln. Wenn es um Haltung im Umkreis Napoleons geht, erinnern wir uns gern an das Beispiel Goethes, der bewunderte, ohne sich anzubiedern. Letzteres tat auch Alfred de Vigny, Vertreter der Reaktion. Er schrieb mit *Cinq-Mars* den ersten historischen Roman in Frankreich mit der Zielsetzung, Walter Scott zu übertreffen und zu verbessern. Statt historischer Randgestalten, Scotts berühmter ›mittlerer Charaktere‹, machte er sich anheischig, die großen Helden der Geschichte selbst agieren zu lassen – wie es ja auf dem Theater seit je üblich war –, hier also den unglücklichen Verschwörer Cinq-Mars und seine Gegner, den Kardinal Richelieu und Ludwig XIII. Außer mit *Fron und Größe der Soldaten,* einer Sammlung Geschichten, die in zweifelhafter Weise literarische Heroisierung des Militärhandwerks betreiben, ist Vigny vor allem mit *Stello* interessant geblieben: ein Buch über Bücher, das endlich auch den Dichter in der Heldenpose zeigt. Vigny lässt die interessante historische Figur des Dichters und Literaturfälschers *Thomas Chatterton* auftreten, dessen kurzes Leben viele Spätere beschäftigt hat bis zu Hanns Henny Jahnn, der aus dem Fall ein packendes Theaterstück machte.

Ein leidenschaftlicher Pamphletist war Claude Tillier, der in seinen wenigen Lebensjahren ein schmales Œuvre zustande brachte. Unter den gemütlichen Titeln *Mein Onkel Benjamin* und *Schönblatt und Cornelius*[70] hielt er der kleinbürgerlichen Welt seines Heimatortes den Spiegel vor. Da er Paris mied, blieb Tillier in Frankreich vergessen. Seiner Leistung an humoristischer Zuspitzung und klarer Weltsicht tut das keinen Abbruch. Der Onkel – eigentlich der trink- wie sinnenfreudige Großonkel des Erzählers – ist eine Rokokogestalt, in das nachrevolutionäre ländliche Frankreich versetzt. Der weinselige Räsonneur gegen die sozialen Verhältnisse zeigt sein Format, als ihn ein tollwütiger Landadeliger zwingt, ihm den … zu küssen. Diese Schmach

---

70 Am Schluss erhebt sich Cornelius in einem wasserstoffgefüllten gelenkten Ballon – Jules Verne wird grünlich um die Nase vor Neid, wir denken aber auch an LZ 129 und die Tragödie von Lakehurst – und entschwindet in die Unsterblichkeit. Sein Autor tat es ihm alsbald nach.

lässt Benjamin Rathery nicht auf sich sitzen; im Handumdrehen vergilt er Gleiches mit Gleichem und lässt sich seinerseits den … küssen, der dadurch sozusagen geadelt wird. Tillier schafft es, im Ton zurückgenommener Beschaulichkeit seine beißende Kritik vorzutragen: ein Wolf im Schafspelz.

Die Karikatur erlebte zu dieser Zeit eine Blüte, weil große Künstler danach drängten, tagesaktuell zu sein. Honoré Daumier schuf für den »Charivari« – Vorbild aller satirischen Zeitungen über »Simplicissimus« bis »Titanic« – eine Serie von Bildgeschichten, zusammen mit dem Texter James Rousseau, die *Robert-Macaire* zum Volkshelden machten. Diese Figur des Spießers und Opportunisten geht aus einem von Balzac entwickelten Genre hervor, der literarischen *Physiologie*, der ›wissenschaftlichen‹ Beschreibung von Lebenszusammenhängen. In kleinen Szenen werden Eheleben, Parlamentsarbeit oder Gesellschaftsklüngel satirisch bloßgestellt. Bis die Zensur einschritt, putzten sich diese ›Physiologien‹ frankreichweit zu Publikumslieblingen heraus, besonders, wenn illustriert.

Gekreuzte Rebhuhnkeulen als Illustration waren der schönste Schmuck für *Die Physiologie des Geschmacks* von Jean Anthèlme Brillat-Savarin. Er ist der Begründer der modernen Küche, nicht als Koch, sondern als Sachverständiger (›Kritiker‹). Erst schuf er die Grundlagen für das Verständnis dessen, was uns schmeckt. Danach produzierte Alexandre Dumas père, von dessen imponierender Leiblichkeit schon die Rede war, *Das große Wörterbuch der Kochkunst*. In dem ist Savarin schon als Kuchen verewigt: *Etwas Bierhefe und Obers werden miteinander verrührt, drei Eier, ein Viertelkilo Zucker, siebenhundertfünfzig Gramm zerlassene Butter, ein Liter Mehl und sehr wenig Salz hinzufügen. Alles gut verkneten und so viel Obers (für alle Nichtösterreicher: Schlagsahne!) dazugießen, daß der Teig weich bleibt. Eine Torten-Springform buttern und den Boden mit geschälten, fein gehackten Mandeln bestreuen. Die Form zu drei Vierteln mit dem Teig füllen und in einen sehr schwach beheizten Ofen schieben, um den Teig steigen zu lassen. Wenn er hoch genug ist, wie eine Brioche backen. Den fertigen Kuchen aus der Form nehmen und mit einer Mischung aus Kirschwasser und Zuckersirup, der bis zum starken Flug gekocht wurde, einer Messerspitze*

Karikatur   Kochkunst   253

Vanillepulver und etwas Mandelmilch vorsichtig übergießen, sodaß der Kuchen
den Sirup gut aufsaugen kann. Diese Mischung verleiht dem Kuchen das ex-
quisite Aroma. Sie können ihn heiß oder kalt servieren. Eine Nation hatte ihr
Thema gefunden. Ein Hoch auf den Savarin!

Victor Hugo, der als Genie begann und als großer Einsamer endete,
fing die Arbeit am Charakter des Jean Valjean an, als er noch ganz von
der Kraft der romantischen Bewegung mitgerissen war. Fünfzehn
Jahre brauchte er für sein Großwerk *Die Elenden,* in dem seine ganze
Enttäuschung über die politische Entwicklung enthalten ist. Mit Valjean stellt sich ein Einzelner dem Getriebe der Menschenvernichtung
und Sinnlosigkeit des Staatsapparates entgegen. Es ist nicht schwer,
ihn sich mit den Zügen Lino Venturas vorzustellen, also angesiedelt
zwischen Grübler und Preisboxer. *Die Elenden* sind ein äußerst umfangreiches und bekennerhaftes Werk. In fataler Weise ähnelt aber das
Schicksal Valjeans den Erlebnissen des *Grafen von Monte-Cristo,* die mit
ungleich größerem Schmiss farbigere Abenteuer mit demselben moralischen Appell bieten, ohne von ihrem Erfinder Alexandre Dumas
mit einer Soße von christlich-demutsvollem Sozialschmalz über-
gossen zu sein. Nur in Literaturgeschichten vermögen die *Elenden* als
Ganzes zu überzeugen, die Lektüre ermüdet. Was bleibt, ist das Gesicht Lino Venturas.

Die männerverschleißende George Sand schrieb Romane über
Frauenschicksale wie *Flavia, Pauline, Lélia, Die kleine Fadette* und noch
viele andere, die einige Aufmerksamkeit verdient hätten. Ihr Pseudonym entlieh die als Aurore Dupin Geborene dem Namen ihres ersten Geliebten. Ihre Zeit mit Frédéric Chopin ist in dem Bericht *Ein*
Winter auf Mallorca beschrieben, aber Hans Traxler bringt die Sache als
Comicstrip präziser auf den Punkt: »*Kaputt ist nur Dein Psychosoma!*« –
Chopin, der liegt schon halb im Koma ... Die wichtige und offenbar ebenso
erschöpfende Beziehung mit Alfred de Musset analysierte sie kalt in
dem kurzen Briefroman *Sie und Er.* Musset seinerseits schrieb zum
selben Thema, über seine Zeit mit dieser ihn überwältigenden Frau,
das *Bekenntnis eines Kindes seiner Zeit,* gleichzeitig ein Reflex der nachnapoleonischen Ära der gesellschaftlichen Leere und Langeweile, war

aber vor allem als Autor effektvoller Bühnenstücke im Geschmack der Romantik erfolgreich.

Die Welt der Kunst verdankt Eugène Fromentin die neue Wertschätzung des Genies *Rembrandt*, den er mit Essays feierte, die zu den frühen Höhepunkten der kunstgeschichtlichen Literatur gehören, außerdem eine Menge Bilder mit exotischen Themen. Als Schriftsteller brachte er uns den *Dominique*, als Mensch war er der nimmermüden George Sand, der er den Roman auch widmete, freundschaftlich verbunden. Sein einziges Erzählwerk preist die Urwüchsigkeit der bäuerlichen Normandie als Gegenwelt zum kalten, unpersönlichen Paris und die bewusste Entsagung des Helden, der seinen Platz in der Gesellschaft als ehrenwerter Landmann statt als Salonlöwe einnimmt.

Gérard de Nerval, der Poet der Fieberträume und *Traumschlösser*, war als Reiseschriftsteller in aller Welt und berichtete davon feuilletonistisch für Zeitungen. Bis zu Jules Verne und Karl May, die sich ja auch als (zu Hause gebliebene) Reiseschriftsteller sahen, blühte dieses Genre in Einklang mit dem immer größer werdenden Fernweh des Publikums. Nerval trug mit *Aurelia* Entscheidendes zur Entwicklung der Romantik in Frankreich bei. Romantik, im Deutschland um achtzehnhundert als Reflex auf die große Revolution und ihre verpuffende Wirkung erfunden, bedeutete überall sonst auf der Welt nicht so sehr die konzise Sprache der kleistschen Novellen oder die kalte Ekstase seiner Dramen, sondern vor allem E. T. A. Hoffmanns Hirngespinste und Koboldwelten.

Der Name Feydeau steht in Frankreich für munteres Treiben auf der Bühne, Vaudevilles oder spritzige Komödien. Dafür verantwortlich war Georges, der Sohn von Ernest Feydeau, der seinerseits mit Flaubert befreundet war und als Schriftsteller nur dilettierte. Allerdings ist ihm dabei mit *Fanny* eines der intensivsten Bücher zum Thema Eifersucht geglückt. Eifersüchtig ist nicht Fanny, sondern ihr Liebhaber, das Erzähler-Ich; unerträglich ist ihm, dass die Verheiratete auch den Ansprüchen ihres Ehemanns gerecht wird. Dieses Thema erscheint so recht pariserisch; aber wie Feydeau es gestaltet, das ist großes Kino! Auf einem Balkon stehend muss der Liebende, vorher noch großspurig und die Ruhe selbst, in immer größer werdender Zerrüttung mitansehen, wie seine Angebetete ... nun ja, so intim wie Feydeau möchte ich hier nicht werden. Alphonse Daudet ist der Poet Südfrankreichs. *Tartarin von Tarascon* samt zweier Fortsetzungen und *Briefe aus meiner Mühle*, eine Sammlung von Feuilletons, heißen seine großen literarischen Erfolge, mit denen er sich den Beinamen eines ›Dickens der Provence‹ verdiente. Wenn Du seine kleinen Geschichtchen aus einer Welt der Mittagshitze und Blütenpracht zur Hand nimmst, hast Du gleich Lavendelfelder vor Augen oder die wie ein warmer Windstoß daherkommenden »Chants d'Auvergne« von Joseph Canteloube im Ohr. Befreundet war Daudet mit den Brüdern Edmond und Jules de Goncourt, zentralen Gestalten des literarischen Lebens im Zweiten Kaiserreich, die gemeinsam als Romanciers mit Werken wie *Madame Gervaisais* oder *Renée Mauperin*, vor allem aber in ihren *Tagebüchern* als kritische Chronisten auftraten. Dieses Tagebuch ist nicht nur ein wissenschaftliches Dokument, ein Protokoll der gesellschaftlichen Zermürbungen der Epoche, es ist auch ein erschütterndes Zeugnis der Bruderliebe, wenn Edmond darin das Sterben seines jüngeren Bruders minutiös festhält; ähnlich wird es bald darauf in berührenden Skizzen der Maler Ferdinand Hodler bei seiner Gefährtin Valentine machen. Die Kunst setzt sich über letzte Empfindlichkeiten hinweg. Später zeigt Edmond dann noch die Schauspielerin *Juliette Faustin*[71] in geselligem Umgang mit der Demimonde und wie sie sich mit einem Griechischprofessor subtil auf ihre Rolle als Phädra vorbereitet. Wieder die *Phädra!*, die Schicksalsrolle des französischen Theaters.

Auch die Goncourts waren der Wissenschaft verfallen, ihre Lehrmeister hießen Auguste Comte, der Begründer der Gesellschaftslehre oder Soziologie, und Hippolyte Taine, dem wir den Begriff des ›Milieu‹ verdanken. Die Goncourts machten aus den Gewissheiten der

---

71 Nachtigall, ick hör Dir ... Wenn eine Schauspielerin *Faust*-in heißt, dann hat das ganz bestimmt etwas zu bedeuten. Wieder einmal zeigt sich hier das Phänomen, dass Namen sprechen.

Theorie Literatur; jeder ihrer Romane beschreibt ein besonderes Milieu, bis in die Welt des Zirkus (*Die Brüder Zemganno*) und der Gosse (*Das Mädchen Elisa*) reichen die Erkundungen. Für ihr bestes Buch *Germinie Lacerteux*, das von der sexuellen Hörigkeit handelt, stellten sie sogar ihrem eigenen Stubenmädchen nach. Das war nicht ihre einzige Unart. Eine andere bestand darin, den Publikumsgeschmack der Zeit zu manipulieren. Ihre Spezialität war es, Kollegen zu lancieren oder – deren Karrieren zu vernichten. Zur Buße stiftete Edmond vor seinem Tod den bis heute bedeutendsten Literaturpreis Frankreichs, der ihren Namen trägt.

Das ›Milieu‹ hat in der französischen Literatur Tradition, seit Eugène Sue dem verblüfften Lesepublikum im erfolgreichsten Fortsetzungsroman aller Zeiten *Die Geheimnisse von Paris* gelüftet hatte. Die Welt der Kokotten und Lebedamen, Schauspielerinnen und Modistinnen sowie ihrer männlichen Bekanntschaften füllte seither Bände; den Begriff der *Bohème*[72] machte Henry Murger durch seine amüsante Studie über die Freunde Rudolf, Schaunard, Colline und Marcel zu Literatur – aber erst Puccini durch seine gefühlvolle Oper weltberühmt, in der Rudolf fürs erste schüchtern nach Mimis ›eiskaltem Händchen‹ tastet. Über die Romane und Geschichten voller intimer Kenntnis der Halbwelt von Charles-Louis Philippe wie *Marie Donadieu* reicht die Ahnengalerie der Bohèmeliteratur bis zur Colette und ihrem unverwüstlichen *Chéri*. Bei Besetzungsproben zu ihrem Musicalhit *Gigi* entdeckte die Greisin die blutjunge Audrey Hepburn – die die Rolle bekam, Karriere machte, aber wenig später nur noch Nonnen und Heilige spielte. Die Zeit der skandalösen und dadurch literaturfähigen Schauspielerin war damit Geschichte, genauso wie die wilde Unbeschwertheit der Bohème.

---

72 La Bohème klingt nicht nur nach böhmischen Dörfern, gemeint ist die vermeintliche Freiheit und Ungebundenheit des Zigeunerlebens, das Murger in dieser Weltgegend lokalisieren zu können meinte.

La Bohème   König Ubu 257

Marcel Jouhandeau, noch von Klabund[73] mit Proust auf eine Stufe gestellt, hat mit diesem nicht nur den Vornamen gemeinsam. Auch seine Technik ist der Erzählstrom, der über einzelne Geschichten und bis zu fünf Bände hinweg fließend eine völlig eigene Welt von Personen und Geschehnissen trägt. Etwas für ganz ruhige Stunden am Kamin. Wie da die Zeit vergeht, erlebte Jouhandeau am eigenen Leib, denn eines Tages erschienen vor seinem Fenster Vertreter der Studentenrevolte, um ihn für seinen Revisionismus zur Rechenschaft zu ziehen. Seine Antwort:»Macht, dass ihr fortkommt, in zehn Jahren seid ihr alle Notare!«

Dass sich die neuen Zeiten nicht aufhalten lassen, führt der clowneske Alfred Jarry vor, der sich mit Zola die ersten Fahrradrennen der Literaturgeschichte lieferte. Der *König Ubu* ist sein Alter Ego auf der Bühne, der mit einem krähenden *»Scheitze!«* vorstürmt und damit den so auch erwünschten Skandal provoziert. Zu Lebzeiten kaum bekannt[74], ist Jarry mit seinen Stücken und Romanen heute Underground und Kult zugleich, Vorbild für Clowns und Nobelpreisträger wie Beckett und Fò.

›Schonungslos‹ geben sich manche Werke und ihre Urheber, ein stilistisches Attribut von hoher Aktualität. So war auch Félix Vallotton. Vor allem war er aber Maler aus der Umgebung der»Nabis« Bonnard und Vuillard, die ihn wegen seines einzelgängerischen Wesens den›nabi étranger‹ nannten. Das Temperament seiner Kunst ist Kühle; klare Flächen füllt er mit präziser Form und kräftigen bis knalligen Farben. Dabei vermag er aber in dieser Reduziertheit perfide Geschichten zu erzählen. Mann und Frau in einem Zimmer: Bei ihm ist das der routinierte Verführer, der eine noch zurückhaltend verschleierte Dame zum Schäferstündchen empfängt – nebenan ist das Bett schon aufgeschlagen. Vallotton ist witzig, und dieses seltene Göttergeschenk

---

73 Dieser Alleswisser hat – neben kleinen Romanen über *Störtebecker* oder die *Borgias* – eine *Literaturgeschichte* im Stenostil geschrieben. Wer darin vorkam, hatte es geschafft – oder ist trotzdem inzwischen komplett vergessen.
74 Die Kollegen kannten ihn wohl: In André Gides *Falschmünzern* tritt er leibhaftig auf!

hat er auch mit seiner anderen Begabung genutzt. Er schrieb zwei Romane, die Dich interessieren werden, nicht nur wegen des Zynismus, der sich auch in den Holzschnitten spiegelt, mit denen Vallotton selbst seine Werke garniert hat. *Das mörderische Leben* führt ein Mann, der wie Midas alles verwandelt, was er berührt. Beim mythischen König von Phrygien, von dem Herodot und Ovid erzählen, wurde es Gold, bei Jacques Verdier Tod. So macht er gleich am Beginn des Romans dem eigenen Leben ein Ende, um weiteres Unheil zu verhindern; seine haarsträubende Geschichte ist sein Vermächtnis an den Leser.[75] *Corbehaut* schildert das merkwürdige Erlebnis eines Horrorschriftstellers, der feststellen muss, dass in seinem Städtchen viel horrendere Dinge vor sich gehen als in seinen kühnsten Phantasien.

Das Jahrhundert des französischen Romans geht janusköpfig zu Ende mit zwei Männern, zwei Nobelpreisträgern, zwei völlig verschiedenen Entwicklungsrichtungen. Anatole France schwelgt in der Pracht des Untergangs. *Thaïs* ist dafür geschaffen wie keine andere. Die Kurtisane aus dem blattgoldenen Alexandria einer zerbröckelnden Antike, die den Mönch Athanaël, der aus der Wüste gekommen ist, sie zu bekehren – die Wüste war voll von solchen Leuten, die auf Säulen standen oder in Höhlen lebten und sich nur von wildem Honig nährten –, ihrerseits zum Leben bekehrt, verkörpert ideal die Stimmung des Fin de siècle mit ihrem Duft nach Moschus und Moder. Jules Massenet hat daraus eine betörende Oper gemacht, deren Klänge man nicht wieder aus dem Ohr bekommt. Bezeichnend, dass die Premiere im neuen Babylon der Reichen, in Monte Carlo, stattfand. Morbidität kennzeichnet den Erzähler France. *Die rote Lilie* stellt den Abschied von der Liebe dar. *»Es ist also aus?« Er schwieg. Die Dämmerung verwischte schon die Konturen. Sie sagte: »Was soll nun aus mir werden?« Er antwortete: »Und was wird aus mir?«*

75 Die Idee hat was. Und gute Ideen kommen wieder: *Der Schrei der Eule* heißt der Roman von Patricia Highsmith, in dem ein Blick in ein fremdes Leben ausreicht, damit alle sterben müssen, die Robert Foresters Weg kreuzen. Er macht einen Krimi daraus.

André Gide steht ganz auf der Seite des neuen Jahrhunderts. Er kennt keine Gefühlsduseleien; seine Autopsie der Sowjetunion – früh bewundert, spät abgelehnt –, sein Umgang mit der Homosexualität, zunächst noch verschlüsselt in der Erzählung *Der Immoralist*: Zeichen für einen Neuanfang. Die sexuelle Orientierung der Poeten – und sie sind höchst different orientiert – gerät zum Thema, das neben ihr Werk, bisweilen auch davor tritt. Der Roman für ein neues Zeitalter heißt *Die Falschmünzer*. Der Abiturient Bernard entdeckt, dass die Verhältnisse in seiner Familie zerrüttet sind, und büxt aus; was als Pennälerstreich beginnt, wächst zu einem Lebensbeginn heran, der mit dem des scheuen Olivier über Kreuz geht. Bernard wird Begleiter von Oliviers Onkel, dem Schriftsteller Édouard, der gerade an einem Roman namens »Die Falschmünzer« arbeitet und sich so als Gides Stellvertreter im Buch zu erkennen gibt. In dem die Handlung begleitenden Tagebuch gibt Édouard preis, wie er in Liebe zu seinem Neffen entbrennt, der wiederum zur Clique des Dandy-Schriftstellers Robert[76] gehört. In der Schule treibt eine Bande Falschmünzer und jugendlicher Hehler ihr Unwesen und den kleinen Boris in den Selbstmord, während die Elterngeneration moralische Falschmünzerei betreibt: Sie tut so, als wäre alles in Ordnung. Die eigentliche Handlung erscheint jedoch belanglos neben der Zielsetzung Gides, Symptome zu benennen und als verantwortungsbewusster Arzt die Diagnose zu stellen: Ist auch das Alte zum Absterben verurteilt, so wird doch etwas Neues kommen. Und das wird gut.

---

76 Titel seines jüngsten Erfolges: »Das Reck«! Sein Motto: »Die Wirklichkeit ist mir im Weg.« Bernards Replik: »Wie schade.«

Kapitel 5

Wie alles anfing

Tief ist der Brunnen der Vergangenheit, raunt es bei Thomas Mann gleich zu Beginn von *Joseph und seine Brüder*. Wie tief er ist, hatte sich der alte Meister bei den sorgfältigen Vorarbeiten zu seinem opus maximum von einem Stab von Fachleuten erklären lassen und durch intensives Literaturstudium ausgelotet. Wie immer ging er bestens vorbereitet an die Arbeit, die bei einem täglichen Pensum von zwei handgeschriebenen Seiten langsam genug voranschritt. Zweitausend Druckseiten werden es später sein. Für einen Schriftsteller, gesättigt von Bildung gediegen altmodischen Zuschnitts, musste es den Gipfel von Anmaßung und Herausforderung bedeuten, das Buch der Bücher, die *Bibel* (vom griechischen Wort biblos: Buch), zur Vorlage des eigenen Werkes zu machen. Der Josephsroman geht von der alttestamentarischen Handlung aus und stellt sie in ein Panorama des alten Orients, das nicht weniger sein will als ein umfassender Blick auf u n s e r e kulturelle Herkunft, deren Wurzeln der altmodisch-allweise Erzähler dabei behutsam freilegt. Die Frage »Wer bin ich?« ist in literarischem Gewand oft gestellt, aber nie so anrührend beantwortet worden wie hier. Die Bibel liefert den Vorrat an Begebenheiten und Konstellationen, der für den großen Familienroman benötigt wird. Es ist die Geschichte des Hauses Abraham, die hier erzählt wird, und auch wenn die Farben, die der Dichter Thomas Mann verwendet, unvergleichlich anders sind, tut es gut, die Bilder Rembrandts zu dieser Geschichte vor Augen zu haben: Abraham bewirtet die drei

Joseph und seine Brüder   261

Fremden, Abraham will seinen Sohn Isaak opfern, Isaak begegnet Rebekka, Jakob kämpft mit dem Engel, Joseph verweigert sich Frau Potiphar, Joseph erzählt seine Träume, Jakobs Segen für seine Enkel Ephraim und Menasse wird von Joseph vertauscht.[77] Den Maler mit dem analytischen Blick und dem kühlen Verhältnis zum Geschäft hatten diese Geschichten auch schon begeistert und inspiriert zu seinen besten Werken. Keine Frage, dass diese Bilder auch im Kopf des Kulturmenschen Mann vorhanden waren. Gott schließt einen Vertrag mit dem Haus Abraham. Senator Buddenbrook macht ein Termingeschäft in Mecklenburger Weizen. Hier findest Du einen weiteren Ansatzpunkt für das Interesse des Autors an seinen Figuren. Die alttestamentliche Handlung zeigt mit schamloser Offenheit die Entstehung eines Menschheitsgeschäfts: Wie Gott sich sein Volk suchte und um welchen Preis es auserwählt wurde. Den Nachfahren Lübecker Kaufleute musste das fesselnd interessieren. Und beim Blick auf Angebot und Nachfrage zeigt sich, dass da noch andere Gottheiten und Kulturen ihr Geschäft machen wollen. Auch auf sie fällt der umfassende Blick Thomas Manns bei der Beschreibung dieses vorgeschichtlichen Glaubensbazars. Baale und Moloche bieten ihre zweifelhaften Dienste an, Krethi und Plethi mischen sich in den Handel. Gestalten aus Emil-Nolde-Bildern treten auf, mit assyrisch geflochtenen Bärten, ekstatischen, wilden Gebärden, wallenden Kaftanen, aufgerissenen Augen und Mündern. Augenbrauen wie Brombeergestrüpp. Nachdem der Vertrag gemacht ist, Abrahams Familie in der Sicherheit des monotheistischen Schoßes ruht, beginnt das Intrigenspiel. Um die Vormacht in der Firma, Nachfolgestreitigkeiten, pfiffige neue Geschäftsideen des Großbauern Jaakob und natürlich: die Verschwörung der Brüder gegen Joseph. Sein Verkauf an die Karawanenleute, die ihn nach Ägypten bringen, öffnet den Vorhang zum nächsten Akt. Die

> Man braucht nichts zu glauben, um die Wahrheiten der Bibel zu begreifen.

---

77 Dieses Bild, das schönste von allen, befindet sich in Kassel, im Schloss Wilhelmshöhe – das auch sehenswert ist durch den monumentalen und urwüchsigen Schlosspark.

gottgegebene und heilsbringende Selbstgewissheit des verschleppten Hirtenkindes trifft auf die geordnete, schon uralte Kulturwelt Ägyptens. Sie steht auf steinernen Fundamenten für die Ewigkeit – statt den Beduinenzelten Kanaans – dank des Reichtums und der Fruchtbarkeit aus Nilschlamm. Sich dort zu behaupten heißt auch den Kredit in voller Höhe zu beanspruchen, den der neue Gott den Seinen gewährt gegen die materielle Übermacht von Isis und Osiris. Es bleibt nicht aus, dass im Prozess der Selbstbehauptung auch eine Anverwandlung des Fremden stattfindet. Joseph der Ernährer sieht jetzt wie ein Ägypter aus, unkenntlich für die in ihrer Not als Bittsteller eintreffende Verwandtschaft; aber als Versöhner mit Gott und Erneuerer des Vertrages überlässt er Ägypten seinem Schicksal – nicht unterzugehen, sondern zu veröden im Glanz seiner Götzen. Die *Buddenbrooks* noch einmal schreiben, keinen Schlussstrich unter die Geschichte setzen wie dereinst der kleine Hanno, sondern im Sonnenuntergang seines Schriftstellerlebens die Morgenröte der Menschheitsgeschichte aufschimmern lassen, das wollte und erreicht der große Schriftsteller Thomas Mann. Dass er nach dem Exil in Pacific Palisades den Blick auf den Zürichsee wählte statt einer Rückkehr in seine Heimat, macht ihn in der Geste der strengen Versöhnung mit seiner Vergangenheit zum Ebenbild des Nicht-Heimkehrers Joseph. Deutscher Schriftsteller blieb er sein Leben lang, Deutscher wollte er nicht mehr sein noch werden.

Mit seinem größten Werk trat Thomas Mann in direkte Konkurrenz zu einem großen Zeitgenossen. Im Londoner Exil waren sie sich noch einmal begegnet, und Sigmund Freud hatte wieder die dickeren Zigarren geraucht. *Der Mann Moses* des zwanzig Jahre Älteren war soeben erschienen – nach den *Geschichten Jaakobs*, *Der junge Joseph* und *Joseph in Ägypten* stand der *Ernährer*-Band von Manns Roman in vier Teilen noch aus. Der eigentliche Religionsstifter des Volkes Israel war ja dieser Moses gewesen, der die Nachkommen Josephs aus Ägypten geführt und dem sich auf dem Berg Sinai aus dem Dornbusch ein Gott zu erkennen gegeben hatte: »Ich bin, der ich bin!« Das hieß in der Sprache, die beide benutzten: Jahve. Zwar hatte auch Thomas Mann festgestellt, dass der Gott, der mit Abraham Vertrag schloss, nur einer unter vielen war. Freud allerdings identifiziert Jahve als einen lokalen Schlechtwetterdämon vulkanischen Ursprungs, dem die Maske einer ägyptischen Gottheit übergestülpt wurde und der in dieser Verkleidung der Gott Israels wurde.[78] Von daher sind die seltsamen Handlungen des Moses bis zum Zerschmettern der Tafeln, auf denen die neuen Gebote dieses Gottes verzeichnet waren, gar nicht als kontinuierliche Taten e i n e s Gottvertrauten zu verstehen. Es gab mehrere Führer der Israeliten, die unter dem einen großen Namen zusammengefasst wurden, ist die kühne Folgerung. Der erste Moses war ein Ägypter, der den universalen Sonnengott Aton mitnahm auf die Reise nach Judäa; dort machte ein zweiter daraus den Pakt mit Jahve und schuf das auserwählte Volk, das ihn zum Dank umbrachte. Was man heute Dekonstruktion nennen würde, ist Freuds Anspruch; er entblößt die Wurzeln des Judentums in einem schmerzhaften Prozess und deutet so gleichzeitig die Grundlagen des Judenhasses als Reaktion auf den der mosaischen Religion einbeschriebenen Ödipus-Komplex. Der Meister der Analyse führt sich selbst in der Pose des Ungläubigen vor, während er in Wahrheit gerade dabei ist, seine Verbundenheit mit dem Glauben der Väter zu bezeugen.

Die Bibel ist zwar ein Beispiel für sehr frühe Literatur, beileibe aber nicht die früheste. Schon aus einer der ersten Hochkulturen, Sumer im Zweistromland, kennen wir fröhliche Lieder und Liebesgedichte. Keilschrift, Hieroglyphen, Piktogramme, Silbenschrift, Knotenschrift: gedichtet wurde mit allen vor- und frühalphabetischen Hilfsmitteln, die wir kennen, auf Tontafeln, Fels, Holz und Wachs, wo noch

78 Freud hatte erkannt, dass der Monotheismus eine ägyptische Erfindung gewesen sein muss, und zwar präzise jenes Pharaos Amenophis IV., der die alten einer Unzahl Göttern gewidmeten Kultstätten entweihen und in der Wüste die neue Hauptstadt Achet-Aton oder Amarna errichten ließ, wo er mit seiner schönen Frau Nofretete den einzigen Sonnengott Aton anbetete. Obwohl schon sein Sohn Tutenchamun wieder zu den alten Riten zurückgekehrt und das Andenken an Amenophis, der sich selbst Echnaton genannt hatte, vernichtet worden war, liegt hier die Wiege aller Verehrung eines einzigen Gottes. Die ganze Geschichte beschreibt der Ägyptologe Jan Assmann in *Moses der Ägypter* sehr schön als ›Gedächtnisspur‹, die bis zu uns führt.

kein Papier und Pergament zur Hand war. Papier, aus Papyrusstreifen hergestellt, wurde im Altertum für die gewerbliche Bücherproduktion seitenweise oder auf Rollen verwendet. Der römische Kaiser Claudius verbesserte persönlich die Buchqualität durch Erfindung einer neuen Sorte Blätter aus Papyrusgewebe. Daneben wurden Tierhäute, pergamena, als Schreibgrund präpariert. Das Pergament ist besonders haltbar und leider auch gut wiederverwendbar. Unersetzliche Werke der antiken Literatur gingen für immer verloren, weil sie – in der Regel in Klosterschreibstuben – als Palimpseste neu beschriftet wurden. Gewiss verschwand so auch viel Überflüssiges. Latein- und Griechischschüler zünden sicher gerne eine Kerze für die frommen Mönche an, die den Bestand antiker Klassiker derart dezimiert haben. Detektivischer Gelehrtenfleiß hat den alten Dokumenten aber bis jetzt immer wieder Fragmente der ursprünglichen Texte abgerungen, zur Freude, Unterhaltung und Arbeitsbeschaffung aller, die ihr Herz an Altphilologie verloren haben.

Als Textsammlung trägt die Bibel die Spuren einer reichen literarischen Tradition. Die Geschichte des Volkes Israel ist spannende Geschichtsschreibung, mit lebendigen, spektakulären und teils erschreckend blutrünstigen Szenen, gewürzt und belebt mit einem Haufen Anekdoten. Wie der überhebliche und unglückliche Absalom an seinen herrschaftlich langwallenden Haaren im Dornbusch hängenbleibt, David vor Saul Harfe spielt oder Urias seinen Brief empfängt, diese und viele andere Episoden zeigen urtypische Situationen von oft unzureichender moralischer Werthaltigkeit. Das macht gleichzeitig die Stärke dieser Erzählungen von Menschen aus, die uns so ähnlich sind. Auch das hocherotische Gedicht auf den Körper der Geliebten, bekannt als *Hohelied Salomonis*, fand einen Platz, genauso wie die schönen Psalmen *(Der Herr ist mein Hirte, mir wird nichts mangeln …)*, die teilweise die Geschliffenheit von Dichtern aus frühen Literaturmetropolen wie etwa der Stadt Ugarit in der Nähe des heutigen Beirut ahnen lassen. Und in Bonn, viertausend Jahre später, sitzt ein verträumter Jüngling in einer langweiligen Vorlesung von August Wilhelm Schlegel und erinnert sich dabei der ugaritischen Poesiewelt. Im Rhythmus ihrer Strophik reimt er:

Die Mitternacht zog näher schon;
In stummer Ruh lag Babylon.

Nur oben in des Königs Schloß,
Da flackert's, da lärmt des Königs Troß.

Dort oben in dem Königssaal,
Belsatzar hielt sein Königsmahl.

Diese auffallenden Wortwiederholungen, der Binnenreim auf identische Wörter, sind das Vermächtnis Ugarits an die Balladenkunst Heinrich Heines.

Gedichtet wurde auch anderswo. Das *Gilgameschepos* aus Babylon enthält uraltes sumerisches Erzählgut. Es handelt vom ersten mythischen Gottkönig von Uruk und seinen Abenteuern mit dem Kumpan Enkidu. Wie später Orpheus steigt Gilgamesch in die Unterwelt hinab, um Enkidu zurückzuholen, auch er vergeblich. Und irgendwo in Kleinasien, an der Küste des Mittelmeeres, singt ein blinder alter Mann von der Geschichte eines Krieges, gewaltigen Helden und schönen Frauen. Er ist blind, geführt von einem Knaben tritt er bei fröhlichen Festen auf, einen Lorbeerkranz auf dem greisen Haupt. In einer stark stilisierten, musikalisch rhythmischen Sprache erzählt er, wie die größte Flotte ausfuhr von Aulis in Griechenland, um Helena, die Schönste von allen und Frau des Königs Menelaos, zurückzuholen, die der trojanische Prinz Paris bei einem Staatsbesuch gesehen und entführt hatte. Streng ist der Gesang gebaut in Versen mit sechs Hebungen; die Erzählung beginnt mit dem Streit im Heerlager vor der belagerten Stadt Troja, als der stärkste Held, beleidigt vom Oberkommandierenden Agamemnon, sich weigert, weiter am Krieg teilzunehmen:

Maénin aeíde theá, Peléiadió Achilléos
úlomenaén hos muéri Achaíois álge ethaéken …
Zorn singe, Göttin, des Peleussohns Achilleus,
den vernichtenden, der unzähligen Griechen Schmerz brachte …

So beginnt die *Ilias*, das erste Monument der europäischen Literatur. War der Dichter auch kein blinder kahler Sänger, sondern vielleicht lockiger Jüngling oder bebrillter Professor, er war ein Künstler von hohen Graden und Begründer einer Tradition von Kunst, die heute noch lebt, auch wenn keine Heldenepen mehr gesungen werden. Mit Homer beginnt keine literarische Schule bei einem Erstklässler, da steht gleich ein Nobelpreisverdächtiger vor uns, dessen Leistung von allen Späteren mit Ehrfurcht anerkannt wurde.

Dieser erste Ost-West-Konflikt der Literaturgeschichte wurde entschieden durch die List des Odysseus, der ansonsten als unsympathischer Karrierist in Erscheinung tritt. Erst stiehlt er das wundertätige Bild der Athene, dann erfindet er noch das hohle Pferd, in dem die mordgierigen Griechen mit Unterstützung der verblendeten Trojaner in die Stadt gelangen. Nach dem Tod des Achill verlangt er dessen berühmte, von Hephaistos, dem Schmiedegott, persönlich auf die Bitten seiner Mutter, der Meergöttin Thetis, hin angefertigte Rüstung als Preis dafür, dass er angeblich den Leichnam des Helden aus der Schlacht geborgen hat – der in dieser Auseinandersetzung unterlegene Ajax nimmt sich, von Odysseus seines verdienten Ruhmes beraubt, das Leben. Dafür wird der König von Ithaka noch büßen müssen. Die Beschreibung der Pracht der Waffen, insbesondere des Schildes, auf dem eine ganze Welt von Bedeutsamkeit abgebildet ist, gehört zu den wunderbarsten Leistungen der Dichtkunst.

Homer beschränkt sich in seiner Erzählung auf das zehnte und letzte Jahr der Belagerung Trojas. Das Geschehen enthält aber noch jede Menge weiteren Stoff, der von Nachfolgern und Nachahmern immer mehr angereichert und verdichtet wurde, bis ein Bergwerk von Mythen entstand, das bis heute in immer neuen Flözen abgebaut und ausgebeutet wird. Die Geschichte des Philoktet etwa, der eine nicht heilende Wunde hat und auf der Insel Tenedos ausgesetzt wurde, bevor die Griechen das asiatische Festland an der Mündung des Skamander erreichten. Ohne Philoktet mit seinem eklen Wundbrand kann Troja nicht eingenommen werden. Wieder ist Odysseus unterwegs, um den Aussätzigen zur Teilnahme zu bewegen. Ein feines Stück Psychologie über Ausgestoßensein

Die Ilias   267

und die Skrupellosigkeit der Mächtigen. Oder die bewegende Geschichte
der Amazonenkönigin Penthesilea, herbeigeeilt um Troja zu helfen und
in plötzlicher Liebe entbrannt zum blonden Helden Achilleus, der sie
töten muss. – Richard Wagner dichtete mehr recht als schlecht. Aber
er war ein Meister der Stoffsuche und Bearbeitung. Seine Musikdramen
sind bewegende, große Bühnenkunstwerke, die auch durch kalauer-
trächtige Stabreimereien nicht kleinzukriegen sind. Das Philoktetmotiv
sehen wir mit der Figur des Gralskönigs Amfortas in die *Parsifal*welt versetzt, die Amazonenkönigin begrüßt als Brünnhilde ihren *Siegfried* mit
den schönen Worten: *Ewig war ich, ewig bin ich.*

Im Deutschen bleiben *Ilias* und *Odyssee* auf immer mit dem Namen
Johann Heinrich Voß verbunden, der Nachdichtungen im besten
Sinne schuf, im Versmaß Homers. Wolfgang Schadewaldt hingegen
gebührt das Privileg, als erster wörtliche Übersetzungen beider Epen
vorgelegt zu haben, in denen wieder das erdig Herbe der Originale ungekünstelt vortönt. Zwischen diesen beiden Polen bewegt sich alles,
was sonst noch in den letzten dreihundert Jahren an Eindeutschung
versucht wurde. Überboten wurden diese zwei nicht.

Nach der Eroberung Trojas sind die Männer tot. Die Trojaner gefallen,
die Griechen werden spätestens die Heimkehr nicht überleben. Nur Aeneas, den greisen Vater Anchises auf der Schulter und den Sohn Ascanius an der Hand, rettet sich aus der brennenden Stadt. Er wird nach Irrfahrten und der schrecklich schönen Liebesaffäre mit der Königin Dido,
die der Engländer Henry Purcell zu einem kleinen Edelstein der frühen
Barockoper geschliffen hat, von Karthago mit einer Handvoll Überlebender[79] nach Italien gehen, den Rutulerfürsten Turnus töten und
durch die Heirat mit Lavinia das Reich Latium gewinnen, in dessen Mitte
heute Rom liegt. Seine Nachfahren Romulus und Remus gründen die
ewige Stadt am Tiber. So wird es das Heldenepos der lateinisch-
sprechenden Welt, die *Aeneis* des Publius Vergilius Maro, in formaler

---

79 Viele besonders vornehme Städte der Apenninhalbinsel werden sich rühmen, von Tro-
   janern gegründet zu sein, beispielsweise Padua von Antenor, der schon in der *Ilias* nam-
   haft gemacht wird.

Anlehnung an Homer erzählen, um den ersten Kaiser der Römer, Octavian den ›Erhabenen‹, den ›Augustus‹, als Vollender und Vollstrecker der
trojanischen Geschichte zu feiern. Vergil schaffte es nicht, die *Aeneis* zu
vollenden, stattdessen wünschte er sich die Vernichtung des Manu-
skripts. Doch der Kaiser bestand auf der Fertigstellung und setzte sie bei
Vergils Nachlassverwaltern Tucca und Varius durch.

Das Zwanzigste Jahrhundert hat die Antike als Projektionsfläche seiner Konflikte und Sehnsüchte wiederentdeckt. Ein Dreigestirn an Büchern, weniger historisch, eher allegorisch zu nennen,
leuchtet da: *Ich zähmte die Wölfin* heißen die fiktiven Memoiren des Kaisers Hadrian; die in Belgien geborene

Das große
Epos ist die
Meisterleistung
der antiken
Welt und
das Vorbild
des Romans
bis heute.

Amerikanerin Marguerite Yourcenar (eigentlich: de
Crayencour) lässt dieses gebildete, rastlose und monumentale Vorbild an herrscherlicher Größe in im-
pressionistischer Manier Rückschau auf sein Leben
halten, wobei bunte Reflexe sein Innerstes beleuchten;
natürlich steht im Zentrum der sentimentalen Erinnerungen seine große Liebe, der Knabe Antinoos,
der sich für das Wohl des Potentaten dem Nil zum
Opfer bringt. Thornton Wilder, immer auf der Suche

nach dem Sinn von Sein, gibt in dem Briefroman *Die*
Iden des März den Geschehnissen rund um die Ermordung Caesars im
Jahr siebenhundertneun nach Gründung der Stadt Rom Gestalt, als
mit dem Diktator auch die Republik zu Grabe getragen wurde. Und
die gerade geschilderten Ereignisse um die Vollendung der *Aeneis* bilden den Kern des Romans *Der Tod des Vergil* von Hermann Broch, in
dem sie beispielhaft zum Konflikt des Künstlers mit der Staatsmacht
erhöht werden. Natürlich ist Vergil der Schwächere. Sterbend setzt er
der irdischen Kleinlichkeit der anderen seine große kosmische Vision
entgegen: das Privileg des mit der Gabe der Hellsichtigkeit Bedachten.

Die Wertschätzung des Dichters aus Mantua beruht zum Teil auf
einem Missverständnis. In seiner Ekloge (eigentlich ›Auswahl‹, hier
aber: Hirtengedicht) Nummer vier hatte er die Ankunft eines Kindes
prophezeit; diese Vorhersage war früh auf Jesus gemünzt worden, was

Vergil den Respekt der Christenheit eintrug und die Verehrung seiner Werke. Wieder zeigt sich der hohe Stellenwert des Künstlers und seiner Fähigkeiten, ohne weiteres traute man ihm seherische Gaben zu. Dabei hatte er eigentlich mehr für den Landmann übrig, dem er in seinen *Georgica* eine Menge praktische Tips gab. Staatstragender Dichter blieb er allerdings sogar mit Werklein wie *Culex – Die Mücke:* Sie weckt durch ihren Stich den Hirten gerade, als die Giftschlange ihn beißen will. Undankbar zerquetscht dieser den lästigen kleinen Blutsauger, der sich darüber noch aus der Unterwelt bitter beklagt, woraufhin der Hirte der Mücke ein prächtiges Grabmal errichtet. Dieses wurde erst vor kurzem mit dem Mausoleum des Augustus identifiziert, das man in Rom direkt am Tiberufer noch heute sehen kann, und das ganze Gedicht als politische Allegorie. Der Name Vergils bleibt untrennbar mit dem des ersten römischen Kaisers verbunden, dessen Adoptivvater Gaius Julius Caesar sich die Abkunft von der Liebesgöttin Venus – als Aphrodite war sie ja die Mutter des mythischen Staatsgründers Aeneas – hatte in den Stammbaum schreiben lassen. So begründet dieser gewaltige, zehnjährige Trojanische Krieg sinnstiftend auch den Übergang der Weltmacht von Griechenland auf Italien.

Der erste Zusammenstoß zwischen Genie und Gewalt des Staates: Vergil erliegt Augustus. Ergebnis ist ein Epos.

Doch wer bleibt übrig, wer sind die wahren Verlierer so eines Krieges? In der ergreifenden Tragödie Die Troerinnen zeigt uns Euripides, der dritte der großen athenischen Theaterdichter, das Leiden der überlebenden Frauen. Die greise Königin Hekabe hat die fünfzig Söhne des Priamos für Troja sterben sehen. Mit ihrer Tochter Kassandra, die mit der Gabe unheilvoller Hellsichtigkeit gestraft ist, trauert sie um die in Trümmern liegende Stadt und findet Worte weiser Wut für die übermütigen Eroberer. Die Opferung ihrer lieblichen Tochter Polyxene, der ›Vielfreundlichen‹, auf dem Grab des Achilleus musste sie noch mitansehen. Es ist das letzte Blut, und wieder Frauenblut, das um Troja vergossen wird, wie das Iphigeniens das erste war, um die

270 Kapitel 5 Wie alles anfing

Abfahrt der Flotte aus Aulis zu bewerkstelligen. Erst dann ist das Maß ihrer Leiden voll. Sie ist d i e trauernde Mutter, das letzte Opfer, wenn der Krieg schon vorbei ist.

Noch ein Mann hat überlebt. Der König von Ithaka will nichts als nach Hause, zurück zu seiner treuen Ehefrau. Mit zwölf Schiffen sticht er in See. Aber der wütende Meeresgott Poseidon verhindert für weitere zehn Jahre die Heimkehr. Die *Odyssee* ist das zweite große Epos der griechischen Frühzeit. Ob von demselben Dichter wie die *Ilias:* unklar. Wieviele noch daran arbeiteten: unklar. Entstehungszeit: auch unklar. Jedenfalls ist sie märchenhafter, weniger streng als die *Ilias* durch die Abenteuer des ersten Seefahrerhelden Odysseus, der aus dem zehnjährigen Krieg nach Hause eilen will in die Arme seiner Penelope. Andere Frauen kreuzen seinen Weg: Bei der Zauberin Kirke bleibt er ein Jahr, bei der Nymphe Kalypso sieben. Die Phäakenprinzessin Nausikaa stellt die letzte erotische Gefährdung seiner Heimkunft dar. Unterwegs hatte er alle Gefährten eingebüßt, die ihm von Troja her gefolgt waren; zum schlimmen Schluss musste er mit dem einen verbliebenen Schiff noch durch die Straße von Messina. Auf der sizilianischen Seite wohnt Charybdis. Sie saugt dreimal täglich Meerwasser ein samt allem, was darin schwimmt: Kein Schiff kann ihr entkommen. Also muss man steuerbord halten, dort lauert Skylla. Heute erhebt sich auf dem Felsen ganz im Süden Kalabriens das lauschige Städtchen Scilla, und bequem kann man die Stelle betrachten, an der Odysseus vorbeimusste. Das Ungeheuer, eine Krake mit Mädchenkörper, aus dem Tentakel mit Haifischköpfen vorragen, beugt sich über das Schiff und reißt auf einmal sechs Ruderer von den Bänken. Ganz ohne Opfer hätte die Durchfahrt nicht abgehen können, ungeschoren kommt keiner zwischen Skylla und Charybdis hindurch. Kaiser Tiberius in seiner Höhle oder spelunca (heute heißt der Ort deshalb: Sperlonga, bei Neapel) besaß eine Marmorskulptur, die diesen Moment darstellte, von denselben Kopisten geschaffen wie die Laokoon-Gruppe[80], von der ich anderswo

---

80 Die hellenistischen Bronze-Originale aus Rhodos sind nicht erhalten. Und jeder neue Fund kann die Welt der Archäologie umkrempeln.

Die Odyssee

erzählen werde; in diese Höhle hatte sich der griesgrämige Herrscher
zurückgezogen, um ... wir wollen es gar nicht so genau wissen. Der
Archäologe und Ausgräber von Sperlonga Bernard Andreae jedenfalls hat herausgefunden, dass der Kaiser sich bei der Einrichtung seiner Sommerfrische vom Dichter Ovid hat leiten lassen, bei dem die
Motive aus Homer umgeformt wiederauftauchen; später stürzte die
Höhlendecke über dem Kaiser ein und hätte ihn erschlagen, wenn
sein Prätorianerpräfekt Sejan sich nicht über ihn geworfen hätte. Ein
Dachschaden blieb trotzdem zurück, der gemütskranke Kaiser verzog
nach Capri. Andreae hat die Skylla-Skulptur aus unzähligen Bruch-
stücken zusammengesetzt und dabei gleich noch ein weiteres Abenteuer des Odysseus, in Marmor gemeißelt, gefunden: Gleich zu Beginn
seiner Irrfahrten geriet der Listenreiche mit seinen Leuten in eine andere Höhle und in die Gefangenschaft des zentraläugigen Kyklopen
Polyphem[81]; dem furchterregenden Schafzüchter stellt sich Odysseus
als Herr Utis (Niemand) vor; dann blendet er ihn, nachdem er ihn be-
trunken gemacht hat, und kann mit seinen Gefährten, versteckt unter
Schafsbäuchen, aus der Höhle fliehen. Seinem Lieblingswidder klagt
der Riese anschließend sein Leid; utis habe ihm das angetan, sagt er:
der erste literarische Wortwitz.

Ein wenig Langmut brauchen wir Leser hingegen bei den ein-
geschobenen Episoden mit dem Sohn Telemachos, der seinen Vater
suchen geht, als der Jahr um Jahr nicht auftauchen will – sie stammen
vermeintlich von einem anderen, weniger auf die Unterhaltung seines
Publikums bedachten Sänger. Und am Ende das Urdrama des Spät-
heimkehrers: Das Haus ist voll mit fremden Leuten, die Odysseus den
Wein aussaufen und die Frau wegnehmen wollen. Er, gealtert und gezeichnet vom Fluch des Poseidon, der ihn so lange nicht zurückkehren

---

81 Ärgerlich für Odysseus: Der Wohnsitz des Polyphem am Fuße des Vulkans Ätna ist nur
   einen Katzensprung von der Straße von Messina entfernt; für diese Distanz brauchte
   der Irrfahrer Jahre. Dafür konnte er aber als einer der ersten die Schönheiten der
   »Zyklopenküste« genießen; hier liegt Taormina, legendärer Rückzugsort von Giganten
   der Feder wie Oscar Wilde, Tennessee Williams oder auch Winston Churchill – noch
   ein Nobelpreisträger für seine *Weltgeschichte*.

ließ, wird zunächst nur vom Hirten erkannt, der ihm die Schweine treu gehütet hat. Erst als die Freier zum Wettkampf um Penelope antreten und den Bogen spannen sollen – und es nicht können –, gibt er sich in seiner schrecklichen Rache zu erkennen. E r kann den eigenen Bogen spannen und erschießt damit die Freier ohne Gnade. Die Szene zwischen den Eheleuten kommt erst noch. Wieviel hat Penelope um ihren Mann gelitten, welche Werte hat er über seine Verpflichtung der Frau gegenüber gestellt? Die Versöhnung der Gatten macht den Beschluss des Menschheitsdramas vom Trojanischen Krieg.

Die Wirkung Homers kann man nicht überschätzen. Noch die Tatsache, dass es Troja wirklich gegeben hat und dort ein Krieg stattfand, wie es auch die aktuellen Grabungen vor Augen führen, löst Erstaunen aus; Heinrich Schliemann, der die *Ilias* wörtlich genommen hatte, war auch in Mykene und Tiryns erfolgreich und legte prächtig ausgestattete Gräber frei, die er mit den Brüdern Agamemnon und Menelaos in Zusammenhang brachte. Damit schoss er zwar übers Ziel hinaus, das monumentale Löwentor in Mykene und die anderen Funde geben aber Kunde von einer frühen griechischen Hochkultur.

Die Heldensaga, ein Erfolgsmodell des Erzählens. Kennzeichen des Helden ist seine Schwäche, hat er die nicht, kommt Langeweile auf.

Die Faszination der Menschheitsepen *Ilias* und *Odyssee* wirkte weiter in die Literatur hinein. Drei Beispiele: *Der rasende Roland – Orlando furioso* von Ludovico Ariosto beginnt mit einer Verbeugung vor dem blinden Ionier. Ariost dichtet in gereimten Strophen ein großes Epos von der Zeit Karls des Großen. Dessen zwölf Paladine waren selbst Gegenstand mythischer Überhöhung geworden, und speziell der Opfertod des Roland in Roncesvalles, erlitten im Rückzugsgefecht gegen baskische Ureinwohner, machte diese Figur zum Gegenstand eines persönlichen Kultes. Ariost vermischt diesen Teil der Überlieferung mit der burlesken Suche nach Rolands durch die Liebe zu Prinzessin Angelica verlorengegangenem Verstand, der sich sinnigerweise auf dem Mond wiederfindet, und mit

Der rasende Roland   Das befreite Jerusalem   273

einem fiktiven Krieg Karls gegen den Sarazenenkönig Agramante. In einem Schlussduell, das wiederum der *Aeneis* Vergils nachgebildet ist, lösen sich alle Konflikte im Sieg von Karls Lehensmann Rüdiger gegen den wilden Rodomonte auf.

Ariost lebte zufrieden als Hofdichter in Ferrara, südlich von Venedig, bei der Familie d'Este. Sein Nachfolger hieß Tasso, Torquato Tasso. Auch er schrieb ein iliasmäßiges Gedicht, *Das befreite Jerusalem* – *La Gerusalemme liberata*. Der erste Kreuzzug, auf dem Gottfried von Bouillon und seine Ritter tatsächlich Jerusalem eroberten, bot bereits in der Darstellung zeitgenössischer Geschichtsschreiber, von denen mancher selbst Augenzeuge der Geschehnisse gewesen war, vielfältigen Stoff für Literatur, wie etwa die ebenso dramatische wie fingierte Auffindung der Heiligen Lanze, mit der der Erlöser am Kreuz verwundet worden war und deren Besitz über das Schicksal der Stadt entscheidet. Steven Runciman hat in seiner *Geschichte der Kreuzzüge* die historischen Ereignisse aus der Hülle von erzählerischem Überschwang herauspräpariert und gleichzeitig ein Panorama mittelalterlicher Geistesgeschichte geliefert, die sowohl Taten wie Überlieferung erst möglich machte; ein in jeder Hinsicht großes Buch, in dem auch die arabische Seite, vor allem in der Person des ebenso brillanten wie vorbildlichen Sultans Saladin, ihre angemessene Würdigung erfährt. Bei Tasso liefert der Kreuzzug nur den Hintergrund für eine märchenhafte Handlung, in deren Zentrum der christliche Ritter Tancredi und seine Gegenspielerin, die schöne Zauberin Armida, stehen. Ohne Tankred kann Jerusalem nicht genommen werden, und so bezirzt Armida ihn und hält ihn mit Zauberbanden dem Kampfgeschehen fern. Am Schluss wird das kunstvolle Gewebe um den verliebten Ritter zerrissen und er kann Gottfried helfen, die Stadt der drei Religionen für die Christenheit zu erobern. Ariost und Tasso benutzten gereimte Strophen, die Stanzen, für ihre Dichtungen. *Der* Reim war der Antike als Gestaltungsmittel unbekannt. Von seiner dennoch früh entwickelten Bedeutung zeugt die Übersetzung von *Tausendundeine Nacht*, die Enno Littmann vor hundert Jahren erstmals nach den Quellen vorgelegt hat: In der arabischen Dichtung kommen Reime nicht nur in Gedichten, sondern auch innerhalb von Prosatexten, als Substruktur sozusagen, vor. Durch sie werden Passagen hervorgehoben oder wiederkehrende Formeln, etwa die Lobpreisung Gottes, kenntlich gemacht.

Derek Walcott hat für *Omeros* den Nobelpreis erhalten. Damit hat er das antike Epos in seine Heimat, die Karibik, und in die Gegenwart transportiert. Achilles und Philoktetes und die anderen sind nun schwarze Fischer auf St. Lucia, ihre Geschichte handelt von Rassismus und der Zeit der Sklaverei. In vierundsechzig Kapiteln singt Walcott von der Missachtung der Afrikaner, die gegen ihren Willen hierher gebracht worden waren, und wie sie um ein bisschen Würde in ihrem Leben kämpfen. Dafür benutzt er dreizeilige Strophen mit verwaschenen Reimen, Salut und Abgesang auf das Zeitalter des Heldenepos.

Wesen des Kunstwerks ist seine ihm innewohnende Spannung zwischen Gut und Böse, Freude und Leiden, Schwarz und Weiß, Dur und Moll.

Früh haben die alten Griechen erkannt, dass die Balance von Leid und Freude das Kunstwerk rundet. Die Spannung jedes Konflikts muss aufgelöst werden, um den Zuschauer, Betrachter, Hörer oder Leser befreit zu entlassen. Sehr früh wurde dieses Prinzip im Theater zu gültiger Form gebracht. Der erste der großen Tragödiendichter, der mit seinen Werken uns präsent ist, war der Athener Aischylos. Er hatte bei Marathon und vor Salamis selbst in den Kriegen gegen die Perser mitgekämpft. Die Ursprünge der Theaterkunst wurden von den Griechen mit dem Nebel des Mythos umgeben, aus dem der Name Thespis und die Vorstellung einer Kleinbühne, untergebracht auf einem Karren, schemenhaft hervorlugen. Die Stücke wurden zu Ehren des Dionysos – des Gottes des Weinrauschs und der in ihm frei werdenden Emotion und Erkenntnis – in dem ihm geweihten Theater am Fuße der Akropolis vor der versammelten Bürgerschaft aufgeführt. Das Halbrund des Zuschauerraums mit den aufsteigenden Reihen der Sitzbänke, in der Mitte die runde Spielfläche, die Orchestra, dahinter das Rechteck des

Die Tragödie   275

Bühnenhauses, die Skene[82], aus der die Schauspieler auftraten und wo
die immer ausgefeiltere Maschinerie (von deren ›Schnürboden‹ am
Ende bisweilen der ›deus ex machina‹ herabschwebte) der Bühnentechnik verborgen war, ist heute noch perfekt erhalten. Man saß auf
Marmor, die Dionysospriester und Ehrengäste in Marmorsesseln in
der ersten Reihe. Die Aufführungen wurden von einer Jury bewertet.
Reiche Athener rechneten es sich zur Ehre an, den Chor, der von Anfang an die tragende Rolle im Schauspiel hatte, auszustatten und an-
zuführen. Aischylos entwickelte aus dem ursprünglich von Chor,
Einzelsänger oder beiden gemeinsam vorgetragenen Kultgesang, dem
Dithyrambos, das Spiel mit zwei Darstellern, dem Protagonisten und
dem Deuteragonisten, plus Chor, der die Handlung unterbricht, kommentiert und weiterführt. Gegeben wurde nicht ein einzelnes Stück,
sondern ein Set von vieren, eine Tetralogie. Und den Lorbeerkranz erhielt der Dramatiker, der drei zusammengehörende Tragödien und
ein burleskes Satyrspiel als Ausklang in froh-ausgelassener Stimmung
am formvollendetsten darbot: Er führte auch selbst Regie.

Wagner hat für die neuere Zeit den monumentalen Versuch gewagt
und glanzvoll bestanden, solch einen vierteiligen Zyklus auf die Bühne
zu bringen. Das in vielen Details mild-burleske, gar ironische[83] *Rheingold*

---

82 Das Vokabular der Antike hat sich bis heute in jede ›Szene‹ hinein erhalten. Auch der Be-
    ruf des Schauspielers stammt aus dieser Zeit; Aischylos hatte noch selbst die führende
    Rolle übernommen, schon Sophokles arbeitete mit Profis, von deren Extravaganzen –
    speziell der Darsteller der Frauenrollen (als Gegenspieler des Protagonisten häufig die
    ›Antagonisten‹) – sich eine Menge Anekdoten erhalten haben.

83 Du glaubst mir nicht? Dann hör mal: Wotan ist der Chef eines Clans obdachloser, bettel-
    armer, dafür aber präpotenter Germanengötter. In Verkennung der prekären Situation
    hat er auf Drängen seiner Frau Fricka, der Hüterin von Heim und Ehe, für die ganze Fa-
    milie eine Villa errichten lassen mit dem hochtrabenden Namen »Walhall« (Wagners
    eigene Bleibe hieß dagegen ganz bescheiden »Wahnfried«) von der Baufirma der Riesen
    Fafner & Fasolt – schlüsselfertig. Die Finanzierung ist, wie schon zu Wagners Zeiten üb-
    lich, höchst wackelig, als Kaufpreis ist Wotans Schwägerin Freia vorgesehen, eine reiz-
    volle Wellnessexpertin mit eigener Obstplantage. Aber Wotan spielt falsch; heimlich
    hat er seinen alten Kumpan Loge, den umtriebigen Feuerkopf, losgeschickt, den Rie-
    sen irgendeinen wertlosen Plunder als Bezahlung anzudrehen. Dabei hat Loge entdeckt,
    dass der Zwerg Alberich, von den Rheintöchtern als Freier abgewiesen, aus Rachsucht

ist der Auftakt zum *Ring des Nibelungen*, der Geschichte vom Untergang der alten Götter, die sich im Netz ihrer verzwickten Geschäfte verfangen haben und ohnmächtig dem Zwerg Alberich gegenüberstehen, der das Naturgesetz der Liebe verworfen und sich zum Herrn einer Gegenwelt aufgeschwungen hat. Die Macht der Liebe, in der *Walküre* verkörpert durch das Geschwisterpaar Siegmund und Sieglinde, ist groß genug, diese ganze korrupte Bagage von Zwergen, Göttern und Menschen hinwegzufegen, vermag aber deren Sohn *Siegfried* und seine Brünnhilde auch nicht zu retten, die sich gegen ihren Vater Wotan gestellt und damit seinen Untergang eingeleitet hat. Im ›Liebeszauber‹ wird zwar diese Urmacht noch einmal von den beiden beschworen, doch im intriganten Kampf aller gegen alle gibt es nur Verlierer. Die Welt muss neu anfangen, sagt uns das Ende der *Götterdämmerung*.

Die *Orestie* des Aischylos ist das besterhaltene und in jeder Hinsicht bis heute aktuelle Beispiel einer solchen Festspielserie. Die Heimkehr des *Agamemnon* aus dem Trojanischen Krieg – er war der Oberbefehlshaber der griechischen Invasoren – bringt ihm alsbald die Ermordung in der

deren Gold geklaut und sich unter Verfluchung aller schönen und guten zwischenmenschlichen Gefühle einen höchst machtvollen Ring geschmiedet hat, der seinem Willen alles untertan macht. Massenweise Schätze hat er so aufgehäuft. Loge verführt die Riesen, diesen Nibelungenhort als Bezahlung anzunehmen – nur wegnehmen muss man ihn dem als Bergbaudirektor tätigen Alberich noch. Zu diesem Behuf fahren Wotan und Loge (und zwar durch die Schwefelkluft – nicht durch den Rhein!) nach Nibelheim hinunter, nehmen den leichtgläubigen Nibelungen fest und ihm anschließend alles ab, nur um es umgehend an die Riesen weiterzureichen; die sind von Loge bereits für das Thema Macht und Kaufkraft sensibilisiert und geben Freia – von der die Götter mittlerweile gespürt haben, dass sie ihnen unentbehrlich ist durch ihre täglichen, verjüngend wirkenden Apfellieferungen – erst frei, nachdem Wotan auch Alberichs Ring rausgerückt hat, den er so gerne für sich behalten hätte. Aber Erda, die weise Erdmutter, rückt ihm gerade noch rechtzeitig den Kopf zurecht. Der arme Fasolt erfährt die Macht des Ringes umgehend am eigenen Leib, denn sein Bruder schlägt ihn darum gesundheitsschädigend mehrmals auf den Kopf und zieht mit dem Schatz übern Harz. Die Götter dagegen ziehen, bereits mit einem mulmigen Vorgefühl, in Walhall ein, die Rheintöchter gehen vorerst leer aus und Loge fragt sich, warum er bei solch einer Fülle von Straftaten mitgewirkt hat. Vorhang, aus – aber nur bis morgen, wenn die *Walküre* Brünnhilde ihren großen Auftritt hat.

Badewanne von Hand der eigenen Gattin Klytämnestra, die ihrerseits samt Liebhaber Ägisth vom Sohn Orestes gerichtet wird. Solche Verbrechen rufen die verschiedenen Gottheiten auf den Plan, die die Ehe schützen, Rache gebieten, zur Versöhnung auffordern und so weiter. Dies der Inhalt der *Hiketiden* oder *Opfernden*. Unter dem Druck der göttlichen Einflussnahme muss Orestes Buße tun, um seinen weltlichen Frieden wiederzufinden. Mit den *Eumeniden*, das sind die besänftigten Rachegöttinnen oder Erinnyen, endet die dreiteilige Tragödie. Das abschließende Satyrspiel *Proteus* ist nicht erhalten geblieben. Es erzählte aus der Vorgeschichte die Episode, wie Menelaos, der Bruder Agamemnons, dem vielgestaltigen und dadurch schwer fassbaren Meergott Proteus eine Weissagung über sein Schicksal abringt. Ein einziger Vers dieses Stückes ist auf uns gekommen: *Ein unentrinnbar Mordgewebe, aussichtslos …* Das hört sich schon wie Shakespeare an und zeigt gleichzeitig, dass das Satyrspiel keineswegs nur als komische Nummer anzusehen ist, sondern dem unentrinnbar mörderischen Gewebe der Haupthandlung einen Nebenstrang bunterer Färbung beimischt. Im Jahre vierhundertachtundfünfzig vor Christus gewann Aischylos mit der *Orestie*, seinem letzten Werk, den Wettbewerb. Sein strenger Nachfolger und tiefster Denker der attischen Theaterwelt war Sophokles, ein Melancholiker. Aus seiner durch den Konflikt zwischen Staat und Individuum ewig aktuellen *Antigone* stammt das geflügelte Wort

pólla ta deína koúden án-
thrópou deinoterón pelei
Vieles an Schrecken, nichts aber schrecklicher als den Menschen gibt es.

Er führte zur Belebung des Geschehens einen dritten Schauspieler, den Tritagonisten, ein. Alle Akteure trugen Gesichtsmasken, lateinisch persona, und Hochplateauschuhe, den Kothurn. Auf der Bühne agierten ausschließlich Männer, die auch die Frauenrollen übernahmen. Meisterwerk des Sophokles ist die Serie der Stücke um den unbewusst ins Unglück taumelnden *König Oedipus*. Dem Kind des Königs von Theben

Laërtes wird vorausgesagt, dass es seinen Vater um den Thron bringen wird. Daraufhin entschließen sich die Eltern, den Kleinen mit durchstoßenen Füßen (Oedipus gleich Schwellfuß) auszusetzen zum sicheren Tod. Jedoch überlebt er im benachbarten Korinth, trifft als Herangewachsener zufällig den Vater auf einer Landstraße und erschlägt ihn im Streit um die Vorfahrt, ohne dass es ein Wiedererkennen gegeben hätte. Nach Theben kehrt er zurück, indem er das Rätsel des Ungeheuers löst, das die Stadt mit Vernichtung bedroht: Wer geht morgens auf vier, mittags auf zwei und abends auf drei Beinen? Das verführerische Monster mit Löwenleib und Mädchenantlitz wurde von Gustave Moreau eindrucksvoll und immer wieder auf Leinwand gebannt: Es ist die Sphinx. Sie ist ebenso wie die tanzende Salome oder Judith, die dem babylonischen Hauptmann Holofernes den Kopf abschlägt, um die Heimat vor der Zerstörung durch seine Truppen zu retten, Verkörperung weiblicher Macht und Bedrohlichkeit – und gleichzeitig männlicher Schwäche – in allerzartester, zerbrechlicher Hülle. Sie stürzt sich selbst in den Abgrund, als Oedipus antwortet: Es ist der Mensch, krabbelt er doch zuerst und braucht zum Lebensende hin einen Stock, um sich fortzubewegen. Oedipus gewinnt zum Lohn die Hand der Königinwitwe, seiner Mutter Iokaste. Durch den alten Seher Teiresias, dem einst das interessante Götterexperiment zuteil geworden war, eine Zeitlang Frau zu sein, wird die verhängnisvolle Geschichte aufgeklärt. Iokaste erhängt, Oedipus blendet sich. Er muss weiterleben, um das Maß der göttlichen Genugtuung für all diese Frevel voll zu machen. Er wird zum verstoßenen, demütig und weise gewordenen *Oedipus auf Kolonos*.

Der demokratische Geist, der das antike Theater durchweht, bleibt uns als die erfreulichste Erscheinung der antiken Dichtkunst in Erinnerung. Wie schon die Tragiker zum Gefallen des nach Tausenden zählenden Publikums dichteten, so war erst recht die Komödie ein Gaudium für alle. Tagesberühmtheiten und Hochgestellte wurden durch den Kakao gezogen. Der – nicht erste, aber größte – Meister dieser Kunst hieß Aristophanes. In den *Wolken* zeigte er den Zeitgenossen Sokrates, den spinnerigen Philosophen, mittels der ausgeklügelten

König Oedipus   Die Komödie 279

Bühnentechnik im Himmel, in den *Vögeln* machte er sich über die athenische Demokratie insgesamt lustig. Seine reifste Leistung ist die *Lysistrate*, in der es darum geht, dass die Frauen vom ständigen Kriegspielen ihrer Männer ein für alle Mal genug haben. Das war die Reaktion eines Dichters auf den schon seit Jahren tobenden Krieg gegen Sparta! Um ihrer Forderung nach Frieden Nachdruck zu verleihen, verweigern sie kollektiv die eheliche Gemeinschaft – mit dem gewünschten Erfolg. Aristophanes, das ist seine Stärke, ist nichts heilig, vor der Würde des Alkibiades macht seine Spottlust nicht halt und der militärische Untergang Athens kann seinen Einfallsreichtum nicht zum Versiegen bringen. Wahrscheinlich sehnte sich bereits der antike Zuschauer nach purer Ablenkung vom grauen Alltag. Aber vergessen wir nicht: Das Publikum, für das all diese raffinierten Zerstreuungen erdacht waren, bestand aus Bürgern, ein paar Bauern und der Aristokratie, für alle anderen gab es keinen Zutritt zu den Spektakeln. Sowohl Athen als auch Rom waren Staatsgebilde, die auf Sklaverei und Unterdrückung aufgebaut waren. Demokratie nach unserem Verständnis war das nicht.

Die Nachfolger des Aristophanes in der Kunst, ein Theaterpublikum zu unterhalten und tüchtig zum Lachen zu bringen, dass es die Bäuche durchrüttelte (die sich die Schauspieler vorschnallten, um den ›Dicken‹ zu markieren. Auch wurden membra virilia aus Leder getragen), brachten statt lächerlicher Staatsaktionen Situationen aus dem Alltag auf die Bühne, also eine Form der Gesellschaftskomödie, wie es sie noch bis zu Oscar Wildes und Carl Sternheims Zeiten gab, als das Wort Gesellschaft gerade aufhörte, einen guten Klang zu haben. Ihr Begründer hieß Menander, von dem zwei halbwegs komplette Stücke auf uns gekommen sind, und gezeigt wurden *Dyskolos* oder der *Menschenfeind*, der lächerlich verliebte Greis, der misstrauische Geldsack, der Prahlhans und andere typische Charakterfehlbildungen, wie es sie zu allen Zeiten gab und gibt. Diese Form der genuin griechischen Komödie ist uns am besten konserviert in den lateinischen Nachdichtungen des Plautus und des Terenz. Der Esprit der Originale schimmert noch durch die plumpen römischen Überpinselungen. Eine kleine Vorstellung von dieser Art Komik gibt Dir der Film mit dem scheußlichen deutschen Titel »Toll trieben es die alten Römer«, in dem Zero Mostel und der als Running Gag erscheinende Buster Keaton ein Potpourri der Derbheiten aus Plautus, vom *miles gloriosus* bis zu den *menaechmi*, und des feineren Witzes von Terenz in den *adelphoe* geben. Aristophanes ist zotig und satirisch, wenn er Zelebritäten angreift, die persönlich bei der Aufführung zugegen waren, fast schon Politkabarett; bei Menander und den folgenden hat sich das gewandelt und gemäßigt in das parodierende Hervorheben allgemein menschlicher Schwächen. An Terenz loben die Fachleute bereits die Gediegenheit seines Lateins: für einen Komiker ein vernichtendes Urteil.

Die Blüte der griechischen Bühnenkunst, die Klassik der griechischen Literatur, dauert hundert Jahre. Dann ist bis auf ein paar Burlesken und Hirtengedichte alles gesagt, vorerst. In einer Zeit, die das Studium des Griechischen und der Klassiker wieder hochstellt, in der römischen Kaiserzeit, wird man dann erneut danach lechzen, Theater wie zu Athens Blüte zu genießen. Der Philosoph und Kaisererzieher Lucius Annaeus Seneca aus Córdoba in Spanien, verantwortlich für die Aufzucht des erst hoffnungsvollen, später durchgeknallten Nero, dichtet Tragödien ganz im Stile des Sophokles. Das scheinbar so blinde Schicksal, das jedoch nichts ungeahndet lässt, verzeiht es dem Philosophen nicht, dass er den gebildeten und milde regierenden, wenn auch durchsetzungsschwachen Vorgänger Neros, dessen Onkel Claudius, nach seiner Ermordung auch noch mit einer Schmähschrift namens *Apokolokýntosis* oder *Verkürbissung* (statt: Vergöttlichung) verspottet hat. Diesem Claudius, dem Namen nach ›Hinkemann‹ und dazu Stotterer, hat dann auch Robert Graves, englischer Urgroßneffe des deutschen Historikers Leopold von Ranke, mit dem Roman *Ich, Claudius, Kaiser und Gott* etwas Schönes angetan, indem er ihn zum Geheimgeschichtsschreiber seiner eigenen Familie machte – eine einzige Abfolge von Abmurksen, Ausschweifungen, Verrätereien und anderen Verbrechen, höchst amüsant zu lesen und seinerzeit von der BBC fürs Fernsehen kongenial umgesetzt.

Seneca wird trotz solcher plumpen Anbiederung an den neuen Gewaltweltherrscher selbst einer derjenigen sein, die in Ungnade fallen, und kann dann zeigen, wie ein Weiser stirbt: in heiterer Gelassenheit, sich in der Badewanne die Pulsadern öffnend. Theater gespielt wird weiterhin; im Mittelalter in Kirchen oder auf Marktplätzen Weihespiele und Schwänke, von deren Schöpfern und Inhalten wir nur vom Hörensagen wissen, in der Renaissance[84] bereits wieder im verfeinerten Stil der Antike und in festen Theaterbauten[85], im Barock auch nach ihren Regeln, besonders am Hofe Frankreichs in Stücken von Racine oder Corneille, jedoch ohne ihren Geist. Erst die deutsche Klassik, Goethe voran, erschließt in neuer Vollkommenheit die Welt des athenischen Theaters für das große Publikum. Seine *Iphigenie auf Tauris*, der Schönheit ihrer Jamben (viersilbige Versfüße mit dem Ton auf jeder zweiten Silbe, die schon die Basis der griechischen Tragödie bildeten) wegen gerühmt, leitet eine Phase der Besinnung auf Griechenland ein. Seit Jahrhunderten wird Athen von den Osmanen beherrscht und unterdrückt. Nun melden sich Intellektuelle aus ganz Europa zu Wort, um den Freiheitskampf der Griechen zu unterstützen, Goethe wieder voran. Hingehen wird er allerdings nicht, wie er auch seinem Sohn August alles verbot, was nach Spaß und Freiheitsstreben aussehen konnte. Losziehen werden stattdessen nur ein paar Abenteurer und Lebensmüde wie Lord Byron mit einer Handvoll Freunde. Das reichte zwar nicht für ein Heldendenkmal, aber ihr Beispiel gab den Ausschlag, dass die Befreiung Griechenlands gelang – und ein Bayer dort König wurde. Für das ohnehin geschundene Erbe aus Athens großer Zeit kam diese Tat zu spät. Die Türken hatten auf

---

84 Der wackere Nürnberger Schuhmachermeister Hans Sachs kennt schon seinen (gerade erstmals ins Deutsche übersetzten) Plutarch und entnimmt ihm Stoffe für seine Tragödien, etwa *Die Königin Kleopatra*, er kann aber auch in Fastnachtsspielen munter reimen: »Wo will da hin Euer Genad?« / »Da will ich hin in ein Wildbad, / ob mir drin möchte geholfen werden.« / »Was habt Ihr am Leib für Beschwerden? / Habt Ihr etwan ein offnen Schaden?« / »Nein ich zwar, von den Gottes Gnaden!« So die Konversation des regenerationsbedürftigen Abtes mit dem Edelmann in *Das Wildbad* nach einer Novelle aus dem *Decamerone*.

85 Der Stararchitekt dieser Zeit, Andrea Palladio, schuf in Vicenza (zwischen Verona und Padua gelegen) mit dem »Teatro Olimpico« das Schmuckkästchen von Theater, das zum Vorbild aller solcher Bauten bis jetzt wurde. Noch heute stehen dort die Renaissancekulissen für den *König Oedipus*. Da kann man Theater spielen!

der Akropolis, im Athene-Tempel, dem Parthenon, ein Pulverdepot eingerichtet. Bei einer Beschießung durch die Venezianer war es samt dem Bauwerk in die Luft geflogen. Und wenige Jahre vor der Kapitulation hatten die Türken dem tüchtigen englischen Botschafter Lord Elgin erlaubt, den Friesschmuck des Tempels, der heil geblieben war, mit nach London zu nehmen, wo er heute im British Museum zu bewundern ist. Diese ›Elgin Marbles‹ zeigen uns in erstaunlicher Frische das Festtreiben anlässlich der Panathenäen mit der Übergabe des neuen Gewandes, das die jungen Mädchen der Stadt für die Patronin Athena Parthénos (die Jungfräuliche) und ihr riesiges Standbild, geschaffen vom Architekten des Parthenon und Bildhauer Phidias, gewebt haben. Für das übrige Land und seine Monumente kam diese Rettung zu einer Zeit, als Schafherden und Unkraut sich zwischen den Trümmern alter Größe breitgemacht hatten. Parischer Marmor wurde von den Einheimischen zu Kalk gebrannt und ergab 1a-Mörtel für ihre bescheidenen Hütten; antike Prachtbauten dienten als Steinbrüche für Stützmauern und Hafenanlagen. Wer bewahren oder entdecken wollte, hatte etwas zu tun und musste schnell handeln. Man gräbt aus, man orientiert sich an den Berichten des großen griechischen Reiseschriftstellers der Antike, Pausanias, der im zweiten Jahrhundert die heiligen Stätten und prächtigen Städte noch gesehen und in seiner ausführlichen *Beschreibung Griechenlands* geschildert hatte, bevor germanische Wüstlinge und christliche Eiferer alles demolierten. Oder man nimmt die *Ilias* zur Hand wie der Kaufmann Heinrich Schliemann, der zu diesem Zweck erst das Griechische erlernt, und einen Spaten, setzt ihn an einem unscheinbaren Hügel mit Blick auf die Dardanellen an und findet Troja. So beschreibt er es selbst in seinen *Erinnerungen*. Olympia, die antike Sportstätte, wo alle vier Jahre – dieser Zeitraum ist die Olympiade – Spiele zu Ehren des Zeus ausgetragen wurden, während denen alle Griechen einen heiligen Frieden einhielten, wird von Wilhelm Dörpfeld ausgegraben, anderes von anderen. Man wäscht und poliert den Marmor in der Vorstellung, dass die griechische Klassik Schlichtheit und Reinheit gewesen sei. Heutigentags erfahren wir, dass dem gar nicht so war. Der Marmor strahlte auf der Akropolis von

Ruinen   Bunte Klassik 283

Athen und anderswo nicht in Blütenweiß, wie er von der Insel Paros
kam, sondern wurde bunt bemalt. Tempelfriese sahen aus wie Comic-
strips. Bronzestatuen, die aus dem Meer vor Sizilien gefischt wurden,
die beiden Heroen von Riace, deren prachtvolle Leiblichkeit jetzt in
Reggio di Calabria zu bestaunen ist, beweisen dies durch Bemalungs-
spuren am ganzen Körper sowie Einlegearbeiten, die Zähne in Silber
und Augen in Elfenbein und Edelstein naturalistisch hervortreten ließen. Der griechische Künstler war ein ganz anderer, als Generationen ihn sehen wollten. Die großen Werke des Phidias, die mit dem
Goldschatz des attischen Seebundes behangene Athene auf der Akropolis und der sitzende Zeus aus Gold und Elfenbein in seinem Tempel in Olympia, der, wenn er mal aufgestanden wäre, zwanzig Meter
Körpergröße erreicht und mit dem Kopf die Kassettendecke des Aller-
heiligsten durchstoßen hätte, aber auch alle Tempelfassaden und jeg-
licher Bauschmuck, prunkten in augenblendender Farbenlust. Nicht
streng war diese Kunst, sondern heiter. Johann Joachim Winckelmann, der erste bedeutende Archäologe, prägte das Wort von der
edlen Einfalt und *stillen Größe*. Damit beschrieb er treffend das damalige Verhältnis zur antiken Klassik. Wir Heutigen lassen ihr aber am
ehesten Gerechtigkeit widerfahren, wenn wir nur beschreiben, was
wir sehen. Unsere Gefühle, das steht nach dieser Erfahrung fest, formen und bestimmen unseren Geschmack und damit unser Urteil. Es
ist nicht verbindlich; es kommt vom Herzen. Und es wird in jeder Generation wieder moduliert durch die großen Interpreten, die für uns
die Sprache der Kultur in die Sprache des Herzens übersetzen.

Kaum eine Wissenschaft wurde von Laien und Dilettanten so geprägt wie die Archäologie. Viele Geschichten von Ausgrabungen sind
spannend wie ein Krimi. Die Eroberung Mexikos und Südamerikas
durch die Spanier erzeugte gar erst Archäologie, indem lebende Kulturen und Völker ausgerottet wurden, von denen nur noch Museums-
stücke übrig blieben. Auch diese traurigen Kapitel erzählt der Klassiker des Genres *Götter, Gräber und Gelehrte* packend und ausreichend
korrekt. Typischerweise ist der Autor, C.W. Ceram, der eigentlich
Marek hieß, ebenfalls nicht vom Fach, aber der journalistische Stil

dieses und seiner anderen Werke schadet nicht, wenn es darum geht, tote Materie literarisch zu beleben.

Auf dem Gebiet des großen Versgedichts oder Epos blieb das ewige Vorbild Homers ein für alle Mal unerreicht. Allerdings gab es in jeder Generation Herausforderer, die versuchten, es ihm gleich zu tun. *Die Fahrt der Argo* mit dem Kapitän Jason, der in Kolchis das goldene Vlies erringt und die Liebe der Königstochter Medea, der Zauberin, wurde vom fleißigen Apollonios von Rhodos in Hexameter gebracht. Der vielfach bearbeitete Stoff fand eine aufregende moderne Version in Hans Henny Jahnns Theaterstück, in dem die dunkelhäutige *Medea* als die Fremde in Jasons griechischer Heimat gebrandmarkt und verstoßen wird und sich durch den Mord an den eigenen Kindern grauenvoll rächt. Der späte Grieche Nonnos dichtete eine originelle *Dionysíaka* (aber auch Paraphrasen über das Neue Testament) mit der Gestalt dieses fremdartigen Rauschgottes im Zentrum. Die Kultgesänge der dionysischen Riten, die Dithyramben, faszinierten seit je und wirkten bis zu Nietzsche, dem Ungarn Karl Kerényi, dem großen Kenner antiker Religionskulte und Berater Thomas Manns, und dem aktuellen Champion des Pinsels Markus Lüpertz, der seinen eigenen Malstil ›dithyrambisch‹ nennt. Kerényi schrieb nicht nur eine Bio- und Mythographie des *Dionysos*, in der er die beunruhigende Andersartigkeit dieses Nicht-Olympiers unter den Göttern aus seinen Ursprüngen erklärt; er verfasste auch ein Werk über die *Mythologie der Griechen,* mit dem er die populären *Sagen des Klassischen Altertums* von Gustav Schwab, später Martin Beheim-Schwarzbach, in ein strengeres Gewand hüllte. Der Weingott wurde von seinem Vater Zeus bekanntlich in der Wade ausgetragen, nachdem er die schwangere Mutter Semele durch seinen Blitz erschlagen und ihre Leibesfrucht gerettet hatte. Sie wollte den Göttervater, der in Verwandlung zu ihr gekommen war, einmal in seiner ganzen göttlichen Pracht erleben: Der Anblick war nicht zu ertragen.

Solche Mythen machten nicht nur den Griechen Spaß. Der Held

Perseus, der das Haupt der Gorgone Medusa – das den zu Stein erstarren ließ, der es anblickte – abschlug und dann mit sich führte und den Pegasus ritt, wurde vom Oberolympier gezeugt, indem er die Danaë in Gestalt eines Goldregens beglückte. Tizian, der Mann der kontrollierten Farbekstase, machte aus dieser Danaë den Inbegriff einer Hure, den Goldregen – zu prasselnden Goldstücken. Ein delikates Thema, das dem weisen Meister der venezianischen Malerei offenbar besonders lag.

Der Philosoph Titus Lucretius Carus, auf der Suche nach der Glückseligkeit Epikurs und den Atomen des Demokrit, verfasste eine *Naturgeschichte – De rerum natura* in Hexametern, heute noch lehrreich und anregend in ihrem Streben nach wahrhaftiger Tiefe; Lukrez war Zeitgenosse Ciceros und Erfinder einer typisch römischen, das Materielle betonenden Philosophie in seiner Ablehnung der Vorstellung von einer unsterblichen Seele und allen religiösen Brimboriums. Der Caesarengegner und Tyrannenmordverherrlicher Marcus Annaeus Lucanus, ein Neffe Senecas, schrieb im Versmaß Homers die *Pharsalia* oder *Der Bürgerkrieg*. Im Mittelpunkt dieses blutrünstigen Epos steht die Vernichtungsschlacht des Octavian gegen die Mörder seines Adoptivvaters Gaius Julius Caesar bei Pharsalus, das Ganze ist ein Meisterwerk an Manieriertheit.

Grausamkeit und Urchristentum
(Nichts für zarte Gemüter)

Dieser Lukan hat eine Begeisterung für Grausamkeiten, die an die Exzesse auf der Theaterbühne erinnern, wenn Webster oder Jahnn gespielt wird, und natürlich an die realen Exzesse in den Arenen und Amphitheatern der römischen Welt. In einer liebevoll ausgemalten Episode schildert er die Heldentat eines Soldaten, dem im Laufe eines Gemetzels bereits ein Auge und zahlreiche andere Organe und Gliedmaßen abhandengekommen sind – trotzdem bleibt er Herr der Lage. Das ist wohl nicht nur ein Merkmal dichterischer Überspanntheit, es ist ein Merkmal einer Epoche: Lust an Grausamkeit. Stanley Kubrick hat in »Spartacus« eindrucksvoll gezeigt, wie in der Fechterschule des Batiatus – wunderbar zimperlich: Peter Ustinov – aus Training für vier Gladiatoren urplötzlich tödlicher Ernst wird, wenn Sir Laurence Olivier als Crassus seinen Damen mal was bieten will. Kirk Douglas oder Woody Strode, wer wird überleben? In der Vorbereitungszelle sitzen sie sich gegenüber; kein Wort können sie, die gerade angefangen hatten, sich zu mögen, mehr wechseln, ihre Blicke weichen einander aus. Vor ihnen ist schon ein anderes Fechterpaar dabei, sich wechselseitig ans Leben zu gehen, man ahnt hinter dem fadenscheinigen Vorhang das grausige Geschehen in der kleinen Arena: Da stirbt ein Mensch zum Gaudium von ein paar anderen.

Was zählt ein Menschenleben? Diese Frage ist dem antiken Menschen nie nahe gewesen. Genozid oder Völkermord, traurig das zu sagen, ist keine Erfindung der Wannseekonferenz. Stämme und Völkerschaften verschwanden in der Antike, ohne irgendein Zeichen ihrer Existenz zu hinterlassen. Den Römern war es selbstverständlich, auf der Völkerwanderung befindliche Germanentrecks zu vernichten, samt Frauen und Kindern; ob Kimbern und Teutonen oder Vandalen und Ostgoten, es hieß ›besser sie als wir‹. Nur als Sklaven, später als Soldaten, waren Germanen zu etwas nütze, oder wenn ihre strohfarbenen Haare gerade in Mode waren als Perücken. Das Volk Israel, das ›auserwählte‹ Volk, wurde schon in biblischer Zeit ausgerottet. Und als im Jahre siebzig Titus, damals noch nicht Kaiser, für seinen Vater Vespasian Jerusalem erobert und den Tempel Salomonis geschändet und zerstört hatte – was noch heute auf dem Titusbogen in Rom zu besichtigen ist, mit der Beute des Siebenarmigen Leuchters im Mittelpunkt –, belagerte er alsbald die letzten widerständigen Juden in der aufragenden Felsenfestung Masada. Schon Alexander der Große hatte es verstanden, uneinnehmbar scheinende Bastionen zu stürmen. Die Römer schütteten eine gigantische Rampe auf – die Eingeschlossenen waren verloren. Durch kollektiven Selbstmord entzogen sie sich der Versklavung. Flavius Josephus, jüdischer Historiker in römischem Dienst, schildert die Episode im *Bellum iudaicum*.

»Lewwer doad üs slav!« Als der Amtmann von Tondern, Henning Pogwisch, nach Sylt hinüberfährt, will er den rebellischen Bauern das letzte Hemd wegnehmen. Die Hütte von Pidder Lüng hat er jedoch kaum betreten, als dieser seinen Kopf packt und in die dampfende Kohlschüssel tunkt, die gerade auf dem Tisch steht, bis er keinen Mucks mehr tut. Auch in Detlev von Liliencrons Ballade *Pidder Lüng* hat sich der Bauer für Tod statt Sklaverei entschieden, denn die Schergen rächen alsbald ihren Amtmann. Über alle geschichtliche Zeit hinweg spricht Pidder Lüng das uralte Dilemma der Unterdrückten aus: »Lewwer doad üs slav!« – Lieber tot als Sklave.

Leid war dem Menschen des Altertums allerdings wohlbekannt. Aber wie sollte er der alltäglichen Gewalt ringsum begegnen? »Liebe Deinen Nächsten!« Diese Forderung der Bergpredigt traf auf offene Ohren. Gewaltverzicht und Enthaltsamkeit wurden die Grundlagen des Vertrauens, das die Gläubigen der neuen Religion entgegenbrachten. Peter Brown hat diese Geschichte in dem Buch *Die Keuschheit der Engel* geschrieben: In Kleinasien beruhte der Erfolg des jungen Christentums in vielen Gemeinden darauf, dass es eine Lösung für das quälende Problem der hohen Kindersterblichkeit parat hatte, nämlich keine mehr in die Welt zu setzen. Und gegen die Gewalt der Römer hatte Jesus den Spruch gesetzt: »Gebt dem Kaiser, was des Kaisers ist!«

Es ging aber auch anders. Wenn man sich vorstellt, dass unsere Welt die schlechteste aller möglichen sei, muss alles andere besser sein als das hier. So wurde in Gemeinden gedacht, die sich vom Urchristentum abgespalten hatten. Nach ihrer Vorstellung thront Gott unerreichbar und unberührt über den Welten, während die Erde von einem lokalen, bisweilen als Rivalen dämonisierten Schöpfergott, dem Demiurgen oder ›Handwerker‹, später auch mit Satan identifiziert, verwaltet und bewirtschaftet wird. Da es nun zwei Götter gibt, heißen diese Glaubensrichtungen dualistisch. Ihre Begründer waren der Perser Mani (dessen Gefolgsleute die Manichäer) und der syrische Kaufmann und Bischof *Marcion*, dessen erstaunliche Wirkungsgeschichte der protestantische Dogmatiker Adolf von Harnack – er kam nach Berlin, kurz nachdem dort Leopold von Ranke gestorben war – geschrieben hat. Allgemein werden die frühen Ketzer, die der orthodoxen Überlieferung eine Fülle von phantasievollen Mythen entgegenstellten von Kämpfen zwischen Gut und Böse, Verbrüderungen zwischen Göttern und Menschen und so weiter, Gnostiker, auf Deutsch ›Wissende‹, vielleicht aber besser: Geschichtenerzähler genannt. Gegen ihren Einfluss führten die ersten Konzile der Kirchenväter erbitterte Kämpfe. Später wurden Kreuzzüge veranstaltet, um Albigenser, Katharer, Waldenser, Bogumilen und wie sie alle hießen auszurotten – und sich ihre weltlichen Güter unter den Nagel zu reißen. Nicht umsonst also, aber vergebens blieben diese Bemühungen. Wir wissen, Ketzerei war ein ›Erfolgsmodell‹ des Christentums, bis auf den heutigen Tag. Kirchenausschluss und Todesurteil, das an Johann Hus auf dem Konstanzer Konzil und noch an Giordano Bruno, der zweihundert Jahre später auf dem Campo di Fiori in Rom verbrannte, exekutiert wurde, waren probate Mittel im Glaubenskampf. Die Lehre Jesu erwies sich als karg. Er hatte wenig, vielleicht nicht genug gesagt, wonach seine Anhänger sich hätten richten können. Von Anfang an war das Geschäft des Auslegens, die Exegese, die Hauptbeschäftigung der Geistlichkeit.

Einen wie Jesus hätte die Welt des antiken Geistes gut brauchen können. Aus Asien kamen, wie man wusste, ständig neue Magier, Glaubensfanatiker und Heilige. So ein Wundermann muss auch *Apollonios von Tyana* gewesen sein, ein Kappadozier. Seine Lebensgeschichte, die in der Nachfolge des Pythagoras stand und bis in die glückliche Regierungszeit des Kaisers Hadrian reichte, hat der Schriftsteller Philostrat hundert Jahre später umfangreich und phantastisch ausgesponnen. Weissagungen und Wunder begleiten den Weg dieses Sektengründers, er konnte Tote auferstehen lassen und Ereignisse wie die Ermordung des Tyrannenkaisers Domitian vorhersehen, seine Geburt und sein Tod sind märchenhaft. Unverkennbar die Parallelen zur Jesusvita, Apollonios hatte eine große Schar von Bekennern um sich versammelt, er hätte ein Erlöser der heidnischen Philosophie werden können. Genau umgekehrt sieht das der aufgeklärte Schwabe Christoph Martin Wieland in seinem gebildeten Schabernack *Agatho-*

dämon, mit dem er Religionskritik treibt. Unter diesem Namen stellt er uns den altgewordenen Apollonios vor, der in idyllischer Abgeschiedenheit lebt, seinen eigenen Ambitionen abgeschworen hat. Stattdessen prophezeit er den Abfall des Urchristentums von dessen ureigenen Werten und wie der Mann aus Galiläa von seinen Verehrern, die immer mehr zu blinden Eiferern mutieren, verraten wird. So geht die alte Welt der Glaubens- und Meinungstoleranz unter und in die Tyrannei des Katholizismus über.

Wann kam der Sündenfall der Christenheit? Es konnte nicht sein, dass sich die Kirche die Unschuld von Jesu Gnaden bewahrte. Die Geschichte der abendländischen Kultur wäre sonst anders verlaufen. *In hoc signo vinces – Unter diesem Zeichen wirst Du siegen.*

Das Kreuzeszeichen wurde Kaiser Konstantin vorangetragen, als er gegen seinen Rivalen Maxentius zur Schlacht bei der Milvischen Brücke vor die Tore Roms zog, und die Legende dazu hat Piero della Francesca in Arezzo[86] in unvergängliche Bilder gebannt; er gewann, der Usurpator ertrank auf der Flucht und das Christentum wurde Staatsreligion des Römischen Reiches. Zum Dank verlegte Konstantin seinen Herrschaftssitz nach Byzanz, das er Konstantinopel nannte, und machte Rom so zu einem Provinzstädtchen. Spätestens mit der ›Pippinschen Schenkung‹ dann wieder, einer Urkundenfälschung des Mittelalters, die dem Papst weite Gebiete Italiens zusprach, die es teils erst noch zu erobern galt, wucherte die weltliche Macht des Kirchenstaates. Die Grausamkeit, von der Christen in der Antike sich abgewandt hatten, kehrte in das Bewusstsein des modernen Gläubigen zurück als Machtanwendung des Glaubens gegen seine Skeptiker.

Mythen sind der Inhalt der Schatzkammer unseres Selbstbewusstseins. Die Realität ist nur eine Nachahmung.

---

86 In der dortigen Franziskanerkirche, nach der Piero auch seinen Künstlernamen erhielt; eigentlich hieß er Pietro di Benedetto.

Das wirkungsmächtigste Versgedicht der römischen Literatur sind die *Metamorphosen* des Publius Ovidius Naso. Im bunten, nur lose verknüpften Reigen führt er in fünfzehn Büchern *Verwandlungen* vor, wie etwa mythische Gestalten von den Göttern zu Sternbildern erhoben oder von liebestollen Göttern verfolgte Mädchen zu Pflanzen werden. In Rom, in der Villa Borghese, kann man sehen, wie der große Barockkünstler Giovanni Lorenzo Bernini die flüchtige Daphne, vom verliebten Apoll verfolgt, zu einem marmornen Lorbeerbaum erstarren lässt, wie die Glätte ihrer Haut zu rauher Borke wird und jedes Haar an ihrem Körper zu Blatt: So wirst Du Ovids Episode nie vergessen. Weiter erlebt der Leser, wie Orpheus Eurydike verliert, der Narziss beim Bewundern seines Spiegelbildes in den Teich fällt, der Künstler Pygmalion sich in sein Kunstwerk verliebt und unendlich viel mehr. Ovid zu lesen macht Spaß. Er ist elegant, gebildet, erotisch, unterhaltend. Das vor einiger Zeit zum Sensationserfolg gewordene Buch *Die letzte Welt* des Österreichers Christoph Ransmayr verknüpft einfühlsam Ovids trauriges Lebensschicksal – er wurde von Augustus, wahrscheinlich wegen beleidigender Äußerungen, von Rom nach Tomi ans Schwarze Meer verbannt und nie begnadigt; dort starb er an Langeweile – mit den Gestalten seines Epos, die sich als Personen in der Umgebung des Exilierten wiederfinden und doch Hirngespinste des Dichters bleiben. Ovid verfasste noch eine Menge zum Teil schlüpfriger (*Liebesgedichte* und *-elegien* sowie eine Fibel der *Liebeskunst*), belehrender (*Römischer Festkalender*) oder berührender Werke (*Briefe berühmter Frauen, Tristia und Briefe aus der Verbannung*). Er erscheint als der vielseitigste und glänzendste Dichter der Alten Welt – und keiner außer Julius Caesar hat sich soviel mit sich selbst beschäftigt. Sein Werk ist einzigartig, schon weil dem Geschmack seiner Zeitgenossen eigentlich die sentimentale Ader abging; Ovid ist die Ausnahme in einer Welt, die auf der Suche nach Erkenntnis, ›Fakten‹ war und der unseren damit so erstaunlich ähnlich.

Die Geschichtsschreibung war seit je Wissenschaft und schöngeistige Übung in einem. Die *Neun Bücher Geschichte* erhielten zur Ehre der Kunstfertigkeit ihres Verfassers Herodot die Namen der neun

Musen. Eine davon ist Klio, die Muse der Geschichtsdichtung. Im Grunde beginnt der historische Roman mit dem Mann aus Halikarnassos, dem türkischen Bodrum gleich gegenüber von Rhodos. Er empfand sich selbst als Forscher; sein Thema waren die Kriege zwischen Griechen und Persern mit dem Höhepunkt des Sieges von Themistokles über Xerxes bei Salamis. Vieles hat Herodot selbst erlebt oder in Augenschein genommen, was er berichtet. Bei den Skythen, einem nomadischen Reitervolk im heutigen Südrussland, ist er gewesen und erzählt von ihnen Kurioses und Bemerkenswertes. Von dort stammt die Figur des ›edlen Wilden‹: Anacharsis, ein Skythenprinz, bereiste Griechenland zu Solons Zeiten und stach durch seine Neugier und zottelige Erscheinung hervor. Seitdem irrlichtert er durch die Literatur; wenig später tauchen schon Briefe von ihm auf, in denen er angeblich seine Reiseeindrücke festgehalten hat. In Wirklichkeit wird er immer dann ins Spiel gebracht, wenn man jemanden mit klarem, ›unverbildetem‹ Blick braucht, der in einfachen Worten die Missstände um ihn herum beim Namen nennt. So blieb der polemische Anacharsis bis ins letzte Jahrhundert hinein brandaktuell. Herodot geraten immer wieder Novellen und Märchen in seine Abhandlung, Abenteuer- oder Wundergeschichten wie die von Polykrates, dem Herrscher von Samos. Der wirft seinen Staatsring ins Meer, um einmal im Leben Unglück zu spüren. Ein paar Tage später bringt ihm ein Fischer seinen Fang, einen wunderbaren, eines Herrschers würdigen Fisch. Und im Bauch des Fisches findet sich – der Ring! Nichts vermag der Wille des Menschen gegen die Fügung der Götter. Herodot erzählt das wie Geschichte. W i r wissen, dass es sich um eine der allerersten Novellen handelt, die künstlerisch die Beschränktheit des Menschen bearbeitet.

Die Geschichte des Peloponnesischen Krieges des Thukydides gilt als begründende Leistung einer rein auf die Sachlage gestützten Geschichts-

Geschichtsschreibung von wissenschaftlicher Präzision in künstlerischer Ausformung, eine griechische Kreation, Maßstab bis heute.

schreibung. Fabeln fehlen, aber eben auch Dokumente, die dem Autor hätten nützen können als Gerüst seiner Erzählung. Deswegen ist immernoch alles reine, aber gute Imagination, was dieses Werk an unmittelbarer Handlung enthält. Alle Dialoge und Begegnungen werden so geschildert, wie sie sehr wohl hätten stattgefunden haben k ö n n e n. Thukydides war Augenzeuge von Athens Größe und Niedergang. Die prächtige Stadt an der Südspitze Attikas, unüberwindbar dank der Langen Mauern zum Piräus und der Kriegsflotte, die der Attische Seebund unterhielt, schlug sich selbst durch die katastrophalen Auswirkungen ihrer pseudodemokratischen Strukturen. Unfähige, dafür durch Wahl legitimierte Feldherren schickten ihre Truppen ins Verderben; die Katastrophe der Expedition nach Sizilien[87] schließlich, die dem Tyrannen Dionysios von Syrakus Tausende von kriegsgefangenen Zwangsarbeitern für seine Steinbrüche bescherte, gab der Stadt den Rest im Kampf gegen Sparta, damals wie heute ein Kuhdorf, das nicht einmal über Mauern zur Verteidigung verfügte.

Bei den von Thukydides aufgestellten Regeln für Geschichtsschreibung blieb es auch bei seinen Nachfolgern wie dem literarisch schlichten Xenophon in seinen *Hellenika,* die das Werk des Thukydides mit dem weiteren Niedergang der griechischen Stadtstaaten fortsetzen. Der detailverliebte Polybios war als Geisel nach Rom und als Erzieher zum unschlagbaren Scipio gekommen und brachte in seinen Haushalt den geistigen Glanz des philosophisch geschulten Historikers. Sein *Geschichtswerk* schildert den Aufstieg Roms zur ersten Macht des Globus in den Punischen[88] Kriegen. Dabei berichtet er etwas Merkwürdiges. Die Römer waren, obwohl Italien die längste Küste der

---

87 Als Goethe Sizilien besuchte und hier seine ›Urpflanze‹ fand, schwärmte er dazu, *hier ist der Schlüssel zu allem.* Syrakus ist heute eine mäßig quirlige Provinzstadt; mit seinen zwei Häfen war es eine der belebtesten und wehrtüchtigsten Metropolen der Antike. Ein Besuch lohnt sich unbedingt, nicht nur, weil man das ›Ohr des Dionysios‹, eine besonders furchterregende Grotte innerhalb des Staatsgefängnisses, heute noch besuchen kann. Das direkt daneben liegende herrliche Theater zeigt eindrucksvoll die übliche Verquickung von Kultur und Grausamkeit in der Antike.

88 Punier: nur ein anderer Name für die Bewohner Karthagos.

Thukydides   Sallust 293

antiken Welt besaß, kein Seefahrervolk. Das Zusammentreffen mit
den Karthagern, denen als Verwandten der kaufmännischen Phöni-
zier Salzwasser durch die Adern floss, machte ihnen ihre Unterlegen-
heit in Sachen Nautik als schicksalhaften Mangel deutlich – Karthago
beherrschte das Mittelmeer und damit alle Quellen der Macht. Innerhalb kürzester Zeit wendeten die Römer das Blatt. Ein karthagisches
Kriegsschiff, das durch Zufall in ihre Hände fiel, benutzten sie als Muster zum Aufbau einer Flotte; sie entwickelten alsbald einen eigenen
Kampfstil, und bei der ersten Seeschlacht des Krieges trafen sie gleich
den Gegner entscheidend.[89] Von da an waren s i e die Beherrscher der
See. Dieser Vorgang bedurfte keines Helden, es war ein kollektives
Umdenken. Diese Fähigkeit der Anpassung machte die Römer einzigartig, zur Nation und zu Herrschern der Welt.

Doch auch für sie kam der Niedergang; und sie hatten die Männer, die ihn kommentierten. Gaius Sallustius Crispus verherrlichte
die Republik, als sie zu existieren aufhörte, und das sogar durch seine
altertümliche Sprache, die bereits den Zeitgenossen seltsam im Ohr
geklungen haben dürfte. Er vervollkommnete dabei aber immerhin die monographische Geschichtsschreibung, die sich mit Einzel-
ereignissen beschäftigt, wie der *Verschwörung des Catilina* – die Schrift
hatte vor allem das Ziel, Cicero zu diffamieren – oder dem *Krieg mit
dem Afrikaner Jugurtha*. Sein alter Freund und Spießgeselle war Caesar
selbst, der in unnachahmlicher Selbstverliebtheit seine *Kriegsabenteuer
in Gallien* – Plage jedes Pennälers: *Gallia est omnis divisa in partes tres, qua-
rum unam incolunt Belgae* … –, in *Alexandria* und im *Bürgerkrieg* gegen
Pompeius Maximus schildert. Titus Livius in seiner *Ab urbe condita* –
hundertzweiundvierzig Bücher über *Roms Geschichte von der Gründung
bis zur Regierung des Augustus* (von denen die ersten fünfundvierzig mit
Lücken erhalten sind) – hatte immerhin schon das römische Staats-

89 Die kahlen Hänge des Libanongebirges gemahnen noch heute an den antiken Schiffs-
    bau, als das Herkunftsgebiet der seefahrenden Phönizier und der stolzen Zeder – des
    schönsten aller Bäume – im wahrsten Wortsinn ›verwüstet‹ wurde. Auch Umweltzer-
    störung ist ein Erbe der Antike.

archiv als Quelle zur Verfügung; an den Fakten entlang wollte der Mann aus Padua Geschichte schreiben und schuf so das umfassendste Geschichtswerk der Alten Welt. Liebevoll blickt er auf die Anfänge der Stadt zurück, als zunächst Könige herrschten. Erst deren Vertreibung machte anschließend fünfhundert Jahre republikanischer Größe möglich. Wie bescheiden nehmen sich unsere demokratischen Traditionen dagegen aus! Aber am Ende versank das Staatswesen in den blutigen Auswirkungen permanenten Bürgerkriegs; verständlich, dass Augustus dem Autor als Retter erschien. Die zähe Wehrhaftigkeit der Römer ist Livius' Thema. Wie Polybios erkannte er in dem Karthager Hannibal das Kriegsgenie seiner Zeit und beschwor noch einmal die Gefahr herauf, in der die Republik nach der Katastrophe von Cannae geschwebt hatte. Anschließend beschreibt er, wie mit dem Makedonenkönig Perseus der letzte Rivale Roms im Osten ausgeschaltet wurde. Allerdings vertraut Livius nach wie vor mehr einem Orakel und der Lage der Gedärme im Opfertier als dem gesunden Menschenverstand. Das ändert sich erst mit dem grimmigen Publius Cornelius Tacitus, der unseren Ansprüchen an klare Urteile und felsenfeste Fakten in seinen *Annalen* und *Historien* am nächsten kommt. Erstere beschreiben in der Fortsetzung des Livius die Kaiserzeit seit dem Tod des Augustus, letztere die selbst erlebte Geschichte der Wirren nach dem Tode Neros, des letzten Verwandten Caesars auf dem Thron, bis zur Wiedererrichtung eines starken Kaisertums durch das neue Herrscherhaus der Flavier mit Vespasian und Titus. Tacitus schrieb zur Zeit des großen Trajan, der dem Reich die maximale Ausdehnung und Machtfülle verschaffte und so großzügig war, dem knorzigen Historiker seine Träume von einer wiedererstehenden römischen Republik zu lassen. *Sine ira et studio, ohne* dass seiner Arbeit *persönliche Interessen* dazwischenkommen sollten, wollte er Geschichtswissenschaft betreiben. Tacitus, dem Namen nach ›der Schweiger‹, beschäftigte sich intensiv, historisch und aktiv, mit der Redekunst, schrieb indes ein Latein, das schon die Römer nicht recht verstanden und das später wegen seiner manierierten Kürze beanstandet wurde. Erst heutzutage erfreut man sich wieder an dieser Art von persönlichem Stil und

goutiert Werke wie seinen *Dialog über die Redner* und das Büchlein über
›Germanien‹ dem Hörensagen nach‹. Die Germanen galten Tacitus als
Bewahrer einer Ursprünglichkeit, die nach seinem Empfinden den Römern völlig verlorengegangen war. Allerdings sind seine Nachrichten
eher vage; immerhin nicht so verlogen wie die, die Gaius J. Caesar von
seinen Feldzügen mitgebracht hatte. Unverfroren erzählt der den Zu-
hausgebliebenen ›Jägerlatein‹, wenn er beispielsweise behauptet, im
›Herkynischen Wald‹ – irgendwo hinter Bottrop – gebe es Einhörner,
denen die Kniegelenke fehlen, sodass sich die armen Tiere zum Schlafen an Bäume anlehnen müssen. Das nützten die bauernschlauen
Germanen, indem sie alle Bäume des Waldes ansägten: Lehnt sich das
Einhorn an, fällt es mit dem Baum um und kann vom Jäger bequem
eingesammelt werden. Armer Caesar!

Zur Kultursprache des Imperiums wurde die Sprache der gebildeten
Sklaven, das Griechische. So dachte und schrieb auch der Senator Cassius Dio Cocceianus, der von Nikaia bei Byzanz herstammte und wie
Livius eine *Universalgeschichte* bis zu seiner eigenen Lebenszeit in acht-
zig Büchern herausgab, die wichtig, weil konkurrenzlos ist. Dio erlebte selbst mit, wie das römische Reich sich zur dauernden Militär-
diktatur wandelte. Nur was Uniform trug, hatte Macht und Einfluss.
Und er sah mit eigenen Augen, wie Commodus, der degenerierte
Sohn des Philosophenkaisers Mark Aurel, als Gladiator in der Arena
auftrat, dort hundert Bären auf einmal mit Pfeil und Bogen erlegte: der
Anfang vom Ende. Und an diesem Ende der Tradition römischer
Geschichtsschreibung steht der wackere Beamte Ammianus Marcelli-
nus aus Antiochia. Er übernahm die traurige Aufgabe, das Werk des
Tacitus fortzusetzen und die *Geschichte* vom Untergang des römischen
Reiches, ja der antiken Welt im Angesicht der Völkerwanderung zu
schreiben, die die Lebensbedingungen von Grund auf änderte. Sein
Werk enthält als Höhepunkt das Angedenken an den ›letzten Heiden‹
und seinen Helden, den Kaiser Julian. Schon regte sich Neues: Paulus
Orosius aus Spanien, vom Kirchenvater Augustin beauftragt, deutete
die *Geschichte* theologisch als Vollstreckung des göttlichen Heilsplans.
Damit wollte er beweisen, dass es im christlichen Imperium nicht

unbedingt schlechter zuging als zu Zeiten der alten Römer. Wenige Jahre später hörte das Römische Reich auf zu existieren. Nur im Osten bestand es weiter, innerlich verdorben, aber noch mit Scheinblüten. Prokopios von Caesarea war der Geschichtsschreiber dieses letzten Aufbäumens, als Justinian Kaiser war und seine Gattin Theodora sich bei den Pferdeställen herumtrieb. Das schilderte er in seiner *Geheimgeschichte*, den *Anekdota*, während er offiziell von der regen *Bautätigkeit* berichtete, der Vernichtung der *Vandalen* und dem Kampf gegen die *Perser*. Aus Prokops *Gotenkrieg* bezog der Professor Felix Dahn die wichtigsten Nachrichten über Witichis und Belisar, Narses und Totila für seinen Knabenherzen höher schlagen lassenden Roman *Ein Kampf um Rom*. Eine der letzten literarischen Leistungen, und nicht die schlechteste, Ostroms ist *Alexias*, die Biographie, die Anna Komnene ihrem Vater, dem Kaiser Alexios I. widmete. Die verhängnisvolle Schlacht von Mantzikert war schon geschlagen, durch die den Seldschuken ganz Kleinasien zugefallen war, aber noch herrschte das griechische Hofzeremoniell über Konstantinopel; Alexios war ein bedeutender Kaiser, der dem Oströmischen Reich weitere dreihundert Lebensjahre einzuhauchen in der Lage war. Bisweilen erschienen Normannen vor den Toren, Nomadenhorden aus dem Nordosten wurden gemeldet und die Kreuzritter unter Gottfried von Bouillon galoppierten Richtung Jerusalem vorbei, doch es fanden weiterhin die beliebten Wagenrennen der Grünen gegen die Roten, Weißen und Blauen statt und das Leben ging seinen gewohnten Gang. Venedig war die neue Herrscherin im Mittelmeer, aber an dem Fleckchen Erde zwischen Bosporus und Goldenem Horn schien die Zeit stillzustehen. Schließlich kam doch noch das Ende durch die Kanonen der Osmanen, aber erst im Zwanzigsten Jahrhundert wurde Konstantinopel offiziell in Istanbul (immernoch ein griechisches Wort: ›In-die-Stadt‹) umbenannt.

Was könnte nun eine in Trümmern liegende Epoche lebendiger ma-

Immer wieder überrascht die Antike als Fundstätte für Stoffe, die uns noch heute packen. Am allgemein Menschlichen hat sich nichts geändert.

chen als das gesprochene Wort? Das im Alltag gesprochene Wort, nicht auf dem Theater, wo ja Kunstfiguren ihren Rollentext zugewiesen bekommen.[90] Da haben die alten Griechen eine Disziplin zur Vollkommenheit entwickelt, die sie zum Exportschlager in alle Welt machten: die Rhetorik. Die Kunst, frei, laut und nach festgelegten Regeln zu sprechen, verbreiteten griechische Lehrer überall da, wo Platz für Kultur war. Für Geld konnte man sich die Kunst erkaufen, das schwache Argument zum starken zu machen durch die Macht der Überredung. Es wäre aber ganz falsch, in der Rhetorik ein verdammenswürdiges Blendwerk zu sehen. Es handelt sich vielmehr um eine Fertigkeit mit ausgesprochen praktischem Nutzen. J e d e Position kann durch Rhetorik nach besten Kräften vertreten werden, das Duell der Argumente wird in den Stand einer edlen Kunst erhoben. Bereits in der Geschichtsschreibung des Thukydides nehmen die von ihm anhand der Faktenlage nachempfundenen, nicht frei e r - fundenen Reden entscheidende Stellen im Werk ein. Mit keinem anderen Mittel kann so unmittelbar die Situation einer Person oder Partei beschrieben werden, als wenn sie selbst das Wort ergreift. Noch die Dialogromane eines Dostojewskij oder Henry James beziehen sich auf dieses Modell. Und von der Bedeutung der Rhetorik künden die Monumente, die uns aus der Antike erhalten sind. Demosthenes war der Inbegriff des antiken Redners. Die Anekdoten über ihn, er hätte sich Kieselsteine unter die Zunge gelegt oder gegen die Brandung angebrüllt, um sich vom Stottern zu kurieren und seine Stimme zu kräftigen, belegen den heroischen Aspekt seiner Kunst: Diese Leute trainierten wie Athleten! Demosthenes hielt seine sprichwörtlichen *Philippiken,* um Athen vor der Übermacht der Makedonen zu warnen, Lysias die ersten authentischen Anwaltsplädoyers. Was sagte der Ältere

---

90 Erstaunlicherweise war der ›Dialog‹ nie die Domäne der Bühne. Das erregte Hin und Her der Rede, die ›Stichomythie‹, war zwar unvermeidliches Beiwerk jeden antiken Theaterstücks, im Zentrum standen aber immerschon die Glanzleistungen der ›Monologe‹, bis zum *Sein oder Nichtsein* des lebensmüden Dänenprinzen Hamlet. Der Dialog gehörte die längste Zeit ganz dem Roman; erst seit neuerem wurden die Verhältnisse wieder geradegerückt, mit dem ›inneren Monolog‹ der Prosa und dem zwanglosen Gespräch im Konversationsstück.

Cato? »*Übrigens meine ich, daß Karthago zerstört gehört!*« Unvergesslich, nicht nur dem Lateinschüler. Marcus Tullius Cicero, immer bereit, sich größer zu machen, als er eigentlich war, fragte: »*Quo usque tandem abutere, Catilina, patientia nostra?*« – *Wie lange noch willst Du, Catilina, unsere Geduld strapazieren?* und dramatisierte so weit möglich die Gefahr, die von diesem patrizischen Tunichtgut ausging. Immerhin beschäftigte Cicero einen Schreiber namens Tiro, der seine Reden in einer eigens entwickelten Kurzschrift mitschrieb und dafür sorgte, dass einige dicke Bände (genau sieben in der von Manfred Fuhrmann so prägnant übersetzten Artemis-Ausgabe) auf uns gekommen sind. Seine Anklage gegen den korrupten Statthalter Siziliens, einen gewissen Verres, ist fünfhundert Seiten lang. Noch heute kennt man in Enna, der Stadt in der Mitte Siziliens, die genaue Stelle, an der Cicero damals saß und an seiner Rede feilte. Ich weiß das, weil man dort eine Tafel aufgestellt hat. Die dankbare Erinnerung an ihren Anwalt, der sie vom blutsaugerischen Beamten befreit hat, lebt auf der durch die ganze Geschichte ausgebeuteten, ebenso fruchtbaren wie naturschönen Insel unverbrüchlich fort. Übrigens hatte Cicero perfekten Blick auf den Ätna. Hundertfünfzig Jahre nach Cicero war der Grieche Dion, er kam aus Prusa am Marmarameer, mit dem sprechenden Beinamen Chrysostomos oder ›Goldmund‹ Inbegriff der geschliffenen Rede. Er konnte zu jedem Thema die passenden Worte finden, betätigte sich als politischer Redner und nach seiner Verbannung als Wanderphilosoph. Kein Wunder, dass unter seinem Namen auch eine Menge Strafarbeiten verbrochen wurden, die unartige römische Schüler ›im Stil Dions‹ zu schreiben hatten – der antike Unterricht war anspruchsvoll! – und die später unversehens in seinen Werkkatalog schlüpften, unsinnige ›sophistische‹ Erörterungen darüber, dass der Trojanische Krieg nicht (so) stattgefunden habe oder ob eine Glatze genauso begeistern kann wie üppiges Haupthaar. Dass er aber ein Redner von Graden und in allen Stilen gerecht war, zeigt sein Meisterstück der *Euböischen Idylle*. In der Verkleidung der zu seiner Zeit bereits historischen Gedichtform der Naturidylle, erfunden von Theokrit aus Alexandria vierhundert Jahre zuvor, mit Schäfern und Jagdszenen, setzt er uns eine Parabel über den Nutzen von Rhetorik und die Macht des gesunden Menschenverstandes vor. Ein köstliches Stück poetischer und zugleich sehr politischer Prosa. Denn es handelt sich erst um die Einleitung einer Rede, die für eine Besserbehandlung der Armen und die Abschaffung der Prostitution eintritt. Dion bleibt uns als Meister der Praxis in Erinnerung, erreichte er doch mit seiner Redekunst tatsächlich eine Menge Verbesserungen und Erleichterungen für das Leben seiner Schutzbefohlenen in einer römischen Provinz der Kaiserzeit. Einiges später hielt sich die Stadt Antiochia – benannt nach Antiochos, dem Vater des Dynastiegründers Seleukos, der General unter Alexander dem Großen gewesen war, also eine griechische Gründung –, im Zwickel zwischen Anatolien und Syrien gelegen, einen Rhetor (Professor für Redekunst) namens Libanios, dessen parfümiertes, zäh wie Honig tropfendes Gerede den Untergang der Alten Welt notwendiger erscheinen lässt als jedes andere Zeichen von Degeneration und Erschlaffung. So wurde die Rhetorik zum ungeliebten der Musenkinder und führt bis heute ein klägliches Schattendasein, bei jeder Bundestagsdebatte wieder schmerzlich zu erleben. Kalliope, ihre Schirmerin, weint.

In einem kleinen Aufsatz ließ Heinrich von Kleist die alte Liebe wieder lebendig werden. Er schildert, wie beim lauten Reden eigentlich der treffende Gedanke sich einstellt, belegt dies mit eigenem Erleben und einem Beispiel aus der französischen Revolution, dem ›Donnerkeil‹ des Grafen Mirabeau, der dem König vom Ballhaussaal aus, den er mit der Ständeversammlung räumen soll, entgegenschleudert, nur durch die Gewalt von Bajonetten ließen sich die Repräsentanten der Nation vertreiben – mächtiger Vorbote der bald danach eintretenden Ereignisse. *Über die allmähliche Verfertigung der Gedanken beim Reden* heißt die Schrift, ein frühes Dokument der Hermeneutik oder Dolmetscherkunst des Geistes, mit der Kleist von der über Jahrtausende hinwegreichenden Macht der Rhetorik kündet.

Es gibt auch antike Romane. Der aus Afrika stammende Römer der mittleren Kaiserzeit Apuleius schrieb die *Metamorphosen oder Der goldene Esel,* ein Werk derber Phantastik, in dem die Verwandlung eines jungen Mannes in einen – Esel im Mittelpunkt steht: Der *Sommernachtstraum* lässt grüßen, inklusive allerhand erotischer Zumutungen. Xenophon, der athenische Soldat und Schüler des Sokrates, veröffentlichte einen romanhaften Bericht seiner Teilnahme am Feldzug des persischen Prinzen Kyros, der seinen Bruder Artaxerxes vom Thron zu stoßen gedachte: die *Anabasis – Der Weg hinauf.* Das ging schief, und die Aufgabe des jungen, unbedarften Xenophon bestand plötzlich darin, die zehntausend griechischen Söldner des Kyros nach der verlorenen Schlacht von Kunaxa bei Babylon und dessen Tod in die Heimat zurückzuführen. Alle Offiziere der Griechen waren von den Persern meuchlings ermordet worden. Mit dem Ruf »Thalassa, Thalassa« (Das Meer!) begrüßten die Griechen nach monatelangem Marsch über tausende Kilometer und vielen Entbehrungen die Ankunft am Schwarzen Meer. Dort waren griechische Siedlungen, von dort ging es nach Hause! Später hat Xenophon mit der *Kyrupädie* den Erziehungsroman eines Prinzen und Thronanwärters – nämlich des toten, mittlerweile verklärten Kyros – geschrieben. Auch ein Lehrbuch der *Reitkunst* und politische Schriften unter dem Motto: Disziplin ist alles! sind von ihm erschienen.

Der Liebesroman ist ein klassisches Thema der Antike. *Hero und Leander, Daphnis und Chloe, Aithiopika – Die Abenteuer der schönen Chariklea* (das ausgefeilteste und besterhaltene dieser Werke, aus der Feder eines phantasievollen Mannes namens Heliodor) sind einige der einschlägigen Titel. Der Römer Petronius, möglicherweise identisch mit dem eleganten Flaneur, nach dem Peter Ustinov als Nero im Film »Quo vadis« so betörend schreit, weil er sich ihm gerade durch das Öffnen seiner Pulsadern entzogen hat, sorgte mit den *Satyrica* (von Federico Fellini in Bilder des verdorbenen Lebens umgesetzt) für den ersten Schelmenroman und hat dieses Genre sogleich hoffähig gemacht. Das Werk ist nur fragmentarisch erhalten, im Mittelpunkt des Überlieferten stehen das Gastmahl, das der Emporkömmling Trimalchio für seine Saufkumpane gibt, und die Frechheiten, die sich seine Sklaven dabei erlauben.

Nur einige Bemerkungen zur antiken Lyrik. Von allen Kunstformen verliert sie durch Übersetzung naturgemäß am meisten. Die frühen

Gedichte schillern in der bunten Vielfalt der Versmaße, wiegen sich im Rhythmus ihrer Musikalität, ihrem schönsten Schmuck. Das macht sie so schwierig zu lesen und zu verstehen, dass Laien wie ich an den Originalen wenig Spaß haben. Erstaunlich ist diese musikalische Qualität deswegen, weil es auch Rekonstruktionen antiker Musik gibt, Stücke von uninspiriertem Missklang. Gerade Dichter deutscher Zunge haben immer wieder eigene Übersetzungen aus dem Griechischen vorgelegt, von Wieland, Goethe und Schiller bis Rudolf Alexander Schröder, und so finden sich wunderbare Beispiele solcher Gedichte in vielen Klassikerausgaben.

Wahrlich, zuallererst entstand
Die gähnende Leere,
Alsdann aber die Erde mit ihrer breiten Brust,
Fort und fort sicherer Sitz von allen,
Und Eros, der der schönste ist
Unter den todfreien Göttern, der Gliederlösende,
Aller Götter und aller Menschen
Sinn und verständige Absicht
Bezwingt er in ihrer Brust.

So besingt Hesiod, ein jüngerer Zeitgenosse des Dichters von *Ilias* und *Odyssee* – nach der *Legende von Homer* soll er ihm sogar begegnet sein –, den Beginn der Welt. Seine Sprache hat dieselbe ernste Kraft, die auch das *Buch Genesis* auszeichnet. *Bibel* und *Theogonie*, das sind beides Werke voll göttlicher Inspiration. Gegen diesen frühen Höhepunkt lyrischer Verfeinerung, nimmt man noch die herbsüßen *Gedichte* der Sappho, die *Oden* auf muskelbepackte Olympiasieger des Pindar und die so folgenreiche Erfindung der *Naturlyrik* durch einen Herrn namens Anakreon, von dem fast nichts überdauert hat, hinzu, erscheint die römische Liebeslyrik häufig derb und reizlos. Hier lechzen junge Männer, der Properz, der Tibull, nach den Reizen einer Delia, einer Cynthia … Immerhin Catull: Er war der erste Dichter, der sich ausdrücklich den Lorbeer aus der Hand der Mächtigen verbeten hat:

Níl nimiúm studeó, Caesár, tibi vélle placére

sagte er:

Kein bißchen strenge ich mich an, Caesar, Dir zu gefallen!

Was kann ein Poet erwarten, der das sagt? Für wen mag er geschrieben haben? Das Wort von den *happy few*, den paar Glücklichen, die Kunst, Qualität, Lebensart zu schätzen wissen, stammt von Shakespeare. So nennt Henry V. seine Soldaten. Von Catull kennen wir etwa einhundert kleine *carmina (Gedichte)*, exquisite Perlen der Dichtkunst, in denen er die Geliebte Lesbia, aber auch seinen Wohnort Sirmione im Gardasee[91] schwärmerisch besingt. Wenig wissen wir, was das Dichten für ihn war: Beruf, Freizeitvergnügen, Berufung – das bleibt ein für allemal dunkel.

Quintus Horatius Flaccus aus Venosa in Apulien machte sich um die typisch römische und im Grunde republikanische Form der *Satire* verdient, die von seinem Vorgänger Gaius Lucilius zu früher Blüte gebracht worden war. Das Wort satura meint eine mit allerlei Sachen gefüllte Schale, also einen literarischen Eintopf. Lucilius nannte die Gemeinten beim Namen und brandmarkte ihr unrömisches Verhalten:

vívite lúrconés, comedónes, vívite véntris.

In Hexametern plaudert er aus dem Nähkästchen, hier mokiert er sich ›satirisch‹ über die Mitesser:

Hoch! Euch Fressern, Schlemmern! Ein Hoch Euren Wänsten!

---

91 Die ›Grotten des Catull‹, eine riesige Villenanlage, die in eindrucksvoller Weise in den See hinausragt, sicher einer der schönsten Plätze der Welt, hat er aber nicht bewohnt. Das überstieg selbst die Vermögensverhältnisse eines Modepoeten. Die imposanten Ruinen, wenige Schritte abseits der Touristenströme, sollte man gesehen haben!

Bei Horaz klingt das dann schon raffinierter, nur den Hexameter behält er bei, zum Maßhalten. In *Oden* und *Epoden* versuchte er sich mit Eleganz an der kleinen Gedichtform und in der letzten seiner *Epistulae* oder *Briefe*, die *Ars Poetica* – *Dichtkunst* genannt wurde, an zeitgenössischer Literaturkritik. Der glänzende Horaz, dessen höfische Geschmeidigkeit bisweilen den Schimmel der Geschwätzigkeit ansetzt[92], ist auf jeden Fall in einer Disziplin der erste: der erste Dichter mit Sponsor. Der reiche Maecenas (Namenspatron aller uneigennützigen Künstlerfreunde) unterstützte ihn ein Leben lang und schenkte ihm sogar ein Landgut, damit er sich besser aufs Verseschmieden konzentrieren konnte. Näher stehen uns die Produzenten kleiner Alltagsdichtungen, die viel über Wandel und Handel im alten Rom preisgeben, allen voran Marcus Valerius Martialis, der in hunderten meist giftig spöttischen *Epigrammen* seine Zeitgenossenschaft dem Gelächter preisgibt. Schon damals hatte der Autor ständig Knatsch mit seinem Verleger:

Éxigis út nostrós doném tibi, Túcca, libéllos,
nón faciám: nam vís véndere, nón legeré.
Du verlangst, daß ich dir meine Büchlein schenke, Tucca,
Ich werde es n i c h t tun: Du willst sie ja verkaufen, nicht lesen.

Von da zu den lebhaften Kritzeleien auf den Hauswänden des antiken Rom oder Pompeji (wo sie uns in lebendigster Vielfalt erhalten sind: Wahlplakate, Reklamen, Denunziationen, Adressen von Freudenhäusern, alles bedeckt von meterhoher Vesuvlava und so in jeder Hinsicht tagesfrisch geblieben), den *Graffiti*, ist es nur eine Winzigkeit der Vergröberung und Pöbelei.

Die Physiognomien dieser alten Meister bleiben uns ein für alle Mal unsichtbar. Gibt es auch aus Griechenland Büsten, die Homer oder So-

---

92 *Dúlce et décorúm est pro pátriá morí – Süß und ehrenvoll ist das Sterben für's Vaterland:* Für solchen Schmus darf der beherzt am Schreibpult skandierende und mit einem Griffel als Waffe hantierende Lyriker nur in schlechten Zeiten auf Lob hoffen; solange Kritik noch erlaubt ist, kriegt er dafür nicht mehr als 'ne Kopfnuss.

phokles darstellen (sollen), so handelt es sich keineswegs um Porträts, die vorgeben, lebensähnlich zu sein. Es sind vielmehr typische, gramzerfurchte Gesichter alter Männer. Erst die Römer schufen realistische Bildwerke, nur wenige sind erhalten. Ein Charakterkopf, der authentisch zu uns spricht, ist der Caesars mit wenig Haar und markanten Zügen: ganz Machtmensch, der so gar nichts Poetisches an sich hat.

Ein Dichter wurde jüngst im Radio gefragt, was über das Gedicht zu sagen sei. Und im ambitionierten Deutschlandfunk klang die Antwort so: »Das Gedicht ist die überflüssigste literarische Kunstform. Man kann nichts damit anfangen, es ist für nichts gut.« Dem Mann sollte man die Lizenz zum Dichten wegnehmen, daher nenne ich seinen Namen nicht. Wenn wir von den Alten lernen können, dann den Nutzen von Kunst, speziell der Dichtung. Loben, verspotten, anhimmeln, zurückweisen, all das hört sich in lyrischer Form so schön an. Und am allerbesten: Gedichte auswendig können, sie seinen Freunden vortragen oder beispielsweise uns. Womit könnte man mehr Freude machen, mehr Begeisterung wecken? *Verachtet mir die Meister nicht!*, lässt Wagner den »Meistersinger« Hans Sachs über antiquierte Kunstformen sagen.

Sagte ich gerade antiquiert? Vor Lebens- und Liebeslust überquellend präsentiert sich die Sammlung der *Lieder aus Benediktbeuren*, und etwas Papstschelte bringt sie auch. Sänger mit so ulkigen Namen wie ›Archipoeta‹ – ›Erzdichter‹, persönlich blieb er unbekannt – oder Walther von der Vogelweide haben dazu beigetragen. Die Freuden eines Kneipenbesuchs werden aufs köstlichste ausgemalt, in lateinischer Sprache, und gereimt dazu:

In taberna quando sumus,
non curamus quid sit humus …
Sind wir einmal in der Schenke,
schert uns nicht das eigne Ende …

Zum Spektakel werden die »Carmina Burana« durch die spektakuläre Vertonung Carl Orffs, der hier über Musikstundenlangeweile hinauswächst, dem Mittelalter einen elektrisierenden Klang verpasst und uns alte Sprachen modern erscheinen lässt.

Einige Andeutungen über antike Philosophie

Mit nichts ist uns die griechische Antike so lebendig und nahe geblieben wie mit der imaginären Galerie ihrer philosophischen Köpfe und Thesen. Woran könnte das liegen? Zunächst bereits im Begriff. Fast alle Spezialdisziplinen der Wissenschaft, die heute an unseren Schulen und Universitäten gelehrt werden, wie Physik, Biologie und Medizin, waren schon in der Antike ausgeprägt. Sie galten als Techniken, um den Alltag zu beherrschen. Die ›Philosophie‹ dagegen ist schon ihrem Namen nach etwas ganz anderes. Die ›Liebe zu klugem Denken‹ setzt die Kenntnis a l l e r Wissenschaften voraus und nutzt dieses Wissen zu Gedanken über den Ursprung, den Zusammenhang und das Ziel von allem – es geht um das Streben nach universellem Weltverständnis.[93] Diese Vorstellung unterscheidet den griechischen Denker von seinen Nachbarn in der Alten Welt. Denn auch anderswo wurde gedacht. Im Orient – besonders viele Dokumente, einige sogar mit Nennung der Namen der klugen Köpfe, besitzen wir aus dem pharaonischen Ägypten – war die Vorstellungskraft ganz und gar befangen in der Furcht vor dem Unbekannten. Das geordnete und ritualisierte Alltagsleben sollte ein Bollwerk abgeben gegen die gierigen Hände der Jenseitsgötter, die nach den Seelen der Menschen griffen, um sie zu wiegen. Und alle zitterten davor, zu leicht befunden zu werden. Nur so sind die opulenten Grabanlagen zu verstehen: Das Weltwunder der Pyramiden von Gizeh stellt ja nichts anderes vor als den allertraurigsten Friedhof! Und der Glanz, den der armselige kleine Pharao Tutenchamun heute ausstrahlt, ist ihm erst nach seinem frühen

---

93 Auch Kant hat das noch so verstanden, als er, in der *Ersten Einleitung in die Kritik der Urteilskraft*, Philosophie definierte als *System der Vernunfterkenntnis durch Begriffe*. Seitdem hat das Fach den universalen Anspruch und viel von seinem Charme verloren.

Tod in Gold und Lapislazuli aufgelegt worden. Im Felsengrab von Sethos I. finden wir in Wort und Bild die ganze Reise der Seele ins Totenreich dargestellt, mit dem zentralen Ritual der Mundöffnung. Diese Mundöffnung bezeichnet den magischen Akt des Künstlers, den Bildnissen und Geschichten von Göttern und Menschen Realität zu geben, Leben einzuhauchen, damit das Dargestellte auch wirklich der Seele des Toten geschieht, in diesem Fall also: die Fahrt der Seele von Sethos als Ruderer auf der Sonnenbarke des Re in die Gefilde der Seligen im Westen. Neben dieser magischen Aufgabe von Literatur gibt es zwar auch praktische Texte, etwa des Inhalts: *Reinige Dich selbst, paß auf, daß nicht ein anderer Dich reinigen muß!*, wie es Djedefhor, der jüngste Sohn des Pharao Cheops – dem die größte und spitzeste Pyramide von allen gebaut wurde – in seiner *Weisheitslehre* vor viertausendfünfhundert Jahren niederschreiben ließ, darüber geht die ägyptische Philosophie aber nicht wesentlich hinaus. Alles Spekulative ist ihr fremd.

Das nun ist die Lieblingsbeschäftigung der Griechen. Sie schenkten der Gemeinde der Denkenden die ›Theorie‹, das Zaubermittel der Weltbewältigung. Das Wort bedeutet schlicht: Anschauen. Der Theoretiker betrachtet die Erscheinungen der Welt, die ›Phänomene‹, und zieht seine Schlüsse daraus – im besten Fall schreibt er ein Buch darüber. Dieses Verfahren des übertragenden, ›metaphorischen‹ Denkens ist spätestens seit Immanuel Kant auch Grundlage unserer heutigen philosophischen Tradition. *Die leichte Taube,* so schreibt er in seiner *Kritik der reinen Vernunft,* um diese Methode zu illustrieren, *indem sie im freien Fluge die Luft teilt, deren Widerstand sie fühle, könnte die Vorstellung fassen, daß es ihr im luftleeren Raum noch viel besser gelingen werde.* Nicht jede Theorie muss richtig sein, um uns weiterzubringen. Was bereits für die alten Griechen galt, entwertet auch das sprachschöne kantische Gleichnis keineswegs. Zwar würde jede Taube instinktiv luftarme Regionen meiden, um nicht in Atemnot zu geraten, aber erstaunlicherweise gilt für unsere heutigen Langstreckenflugzeuge genau das, was Kant schon seinen klugen Vogel erspüren ließ: Sie fliegen in großen Höhen am besten.

Für das, was man Lebensphilosophie nennen könnte, praktische

Ratschläge für sozialverträgliches Verhalten, hatten die Griechen ihre Sieben Weisen, halbmythische Gestalten aus der frühesten geschichtlichen Zeit Griechenlands um das Jahr sechshundert vor Christi Geburt, deren Goldene Worte in Spruchform überliefert sind. Thales soll Ägypten bereist und Einflüsse von da, vor allem die Grundlagen der Geometrie und Mathematik, ins griechische Denken eingeführt haben; er war der erste Naturphilosoph und nahm das Wasser als Urstoff an, aus dem alles andere entstanden sei. Volkstümlich wurde er durch seine astronomischen Experimente: Um die Sterne besser beobachten zu können, stieg er in einen Brunnen hinab. Aus der Brunnentiefe kann man Sterne sogar am Tage sehen! Der neidische Platon machte daraus später die listige Geschichte, Thales wäre gestolpert und in den Brunnen *gefallen*. Dort hätte ihn eine thrakische Dienstmagd (*hübsch und gewitzt*, wie Platon noch hinterlistig anmerkt) entdeckt und mit der Bemerkung verspottet, Thales hätte nach den Sternen gegriffen und dabei übersehen,

> Ich weiß, dass ich nichts weiß. Wer das weiß, weiß eine Menge, wusste schon Sokrates.

was vor seinen Füßen lag. Der Typus des trotteligen Wissenschaftlers war geprägt. Der populärste der sieben war Solon, der alte Gesetzgeber von Athen, dessen praktischen Verstand man überall auf der Welt schätzte: Er soll seinen Lebensabend beim Großkönig der Perser verbracht haben.

In den Schulen der kritischen Denker ging man weit über Regeln zum richtigen Leben hinaus. Um ihre Entwicklung beschreiben zu können, ist ein Blick auf die Landkarte hilfreich. Großgriechenland oder Magna Graecia heißt die Küste Süditaliens und Siziliens, die dicht mit den Stadtgründungen griechischer Kolonisatoren, ihrer Herkunft nach Dorer, bepflanzt war (übrigens sprechen noch heute manche Kalabresen das dorische Griechisch ihrer Vorväter). Hier entwickelte sich eine rege Geistesaktivität in den ›Think Tanks‹ von Kroton und Elea. Pythagoras wurde auf Samos geboren und wanderte nach Kroton am Golf von Tarent aus; seine Schule war ein Orden mit Regeln für sittliches Verhalten und wissenschaftliche Arbeit, der Jahrhunderte lang

308   Kapitel 5 Wie alles anfing

am ›Mythos Pythagoras‹ strickte. Neben der Beschäftigung mit Mathematik, die im $a^2 + b^2 = c^2$ noch gar nicht ihren Gipfel erreicht hatte, glaubten die Pythagoreer an Seelenwanderung und wie heute die Hindus an die daraus resultierende notwendige Toleranz gegenüber allen Lebewesen.

Der beste Dichter unter den antiken Philosophen war zweifelsohne Parmenides aus Elea, dessen auf einem Hügel über dem Meer thronende Ruinen man noch heute ein Stück südlich von Neapel besuchen kann. Er verfasste ein prächtiges *Lehrgedicht*, von dem der Anfang erhalten ist:

Die Pferde, die mich fahren, soweit nur der Wille dringt,
zogen voran, da sie mich auf der Göttin vielkündenden Weg
gebracht hatten, der den wissenden Mann
durch alle Städte führt.

Parmenides verkündet die Schönheit der Schöpfung und die erstaunliche Wahrheit, dass Nichtseiendes nicht existiert. Das parmenideische Gedicht wird direkt bis zu Martin Heidegger durchstrahlen. Seine eleatische Schule widmete sich handfester naturwissenschaftlicher Forschung und Astronomie. Empedokles aus Akragas, heute Agrigent, an der Südküste Siziliens führte diese Lehren weiter aus, für ihn waren Feuer, Wasser, Erde und Luft die Urstoffe, aus denen alles entstanden und gemischt ist. Er engagierte sich auch politisch, kämpfte in seiner Heimatstadt gegen antidemokratische Bestrebungen. Sein Leben, vor allem aber *Der Tod des Empedokles* im Krater des Ätna, waren schnell sagenumwoben. Friedrich Hölderlin erwählte sich den Unbequemen und Ungeselligen als Lieblingshelden seiner Gedankenspiele. Die Sandale des Empedokles, die nach dem Todessturz des Philosophen am Kraterrand zurückblieb, ist sprichwörtlich geworden.

Am anderen Ende der griechischen Welt lag Ionien, die dichtbesiedelte Westküste Kleinasiens. Thales, der erste Philosoph, kam aus ihrer Metropole Milet. Seine Schüler waren Anaximander, der erste philosophische Schriftsteller – Thales hat nichts Schriftliches hinterlassen –, und Anaximenes. Man beschäftigte sich mit der Entstehung der Welt. In seinem leider verlorengegangenen *Naturgedicht* besang Anaximander ein stabilisierendes Gleichgewicht der Kräfte, die die Vielfalt des Universums formen, und schuf daraus die Vorstellung einer perfekten, sehr schönen Ordnung aller Dinge, die er Kosmos, ›Schmuck‹ nannte. Dieser Begriff hielt unser Denken gefangen, bis Albert Einstein die Wirkmechanismen neu erkannte, die Urkräfte – außer der Lichtgeschwindigkeit – als veränderliche beschrieb und damit uns alle bis heute komplett verwirrte. Anaximenes hingegen beschränkte sich darauf, seine Zeitgenossen mit der Idee durcheinanderzubringen, Luft sei das Urelement, aus dem alles andere hervorgegangen sein muss. Eine interessante Erscheinung wird Xenophanes aus Kolophon bei Ephesus gewesen sein, der später nach Elea ging. Sein Anliegen war die Bekämpfung der griechischen Vielgötterei – der Olymp wurde immer voller mit der Zeit durch ständige Hinzuerfindung von Gottheiten und Mythen. Originellerweise war Xenophanes für Monotheismus, für die Figur eines Schöpfergottes, dem das ganze Reich des sinnlich Wahrnehmbaren sowie die Jenseitswelt untersteht. Diese Idee, aus Ägypten eingeschleust, war mehr und mehr im Kommen. In Abdera an der Nordküste der Ägäis kamen Leukippos und sein Schüler Demokritos auf einen anderen guten Gedanken. Auf der Suche nach dem Urstoff, der die Vielfalt der Dinge möglich macht, verfielen sie auf die Annahme, es gebe eine feststehende Menge an Grundbausteinen, aus denen alles Seiende zusammengesetzt ist. Die nannten sie Atome – ›Unteilbare‹. Zwar war das nicht dasselbe wie unser heutiger chemischer Begriff der Atome, aber Demokrit hatte einen Schlüssel zum Verständnis der Vielfalt der Welt gefunden. Irgendwann begann man ihn den ›lachenden‹ Philosophen zu nennen. Im Andenken an diese positive Gestalt wird Karl Julius Weber, Autodidakt und Eigenbrötler sowie fröhlicher Zeitgenosse Schopenhauers, seine umfangreiche und vergnügliche Sammlung von Gedanken und Anekdoten *Demokritos oder Hinterlassene Papiere eines lachenden Philosophen* nennen. Als Grabspruch hatte er sich gewünscht:

Hier liegen meine Gebeine,
Ich wollte, es wären deine.

Der ›weinende‹ Philosoph war Herakleitos aus Ephesos in Kleinasien, etwas älter als sein abderitischer Kollege. Seine ersten Hörer hatten ihn eigentlich den ›Dunklen‹ genannt, weil seine Äußerungen so schwer verständlich schienen. Heraklit beschäftigte sich weniger mit dem Aufbau der Welt – gleichwohl meinte er, dass Feuer das Urelement sei –, sondern mit ihrem Sinn. Und dazu fand er so markige und eingängige *Sprüche* wie: *Der Krieg ist der Vater aller Dinge, Man steigt nie zweimal in denselben Fluß* oder: *Esel lieben Spreu mehr als Gold.* Nebenbei wurde Heraklit so auch Stammvater aller Aphoristiker oder Spruchweisen seitdem, vom mathematischen Gottsucher Blaise Pascal über den Gottesmörder Friedrich Nietzsche bis zum gottlosen Émile Cioran.[94] Der bekannteste aller seiner Sprüche, *panta rhei – alles fließt*, wurde ihm allerdings erst viel später in den Mund gelegt. Zwischen den Dorern im Westen und Ioniern im Osten steht einsam die Figur des mythischen Sängers Orpheus. Von seiner Liebe zur frischverstorbenen Gattin Eurydike, der er in die Unterwelt folgt und mit der er auch zurückgekehrt wäre, hätte er sich nicht im letzten Augenblick verbotswidrig nach ihr umgesehen, hat die ganze Welt gehört. Opern von Monteverdi über Gluck bis Haydn und die Operette von Jacques Offenbach erzählen die Geschichte. Sein Klagegesang bezwang die wilden Tiere und sogar unbelebte Gegenstände. Dieser Orpheus gehört nach Thrakien, in eine wilde Gegend im äußersten Nordosten Griechenlands. Dem Namen nach ist er der Bringer von Licht und Heil, und in dieser Funktion wird er von den Dichtern nie vergessen werden. Im Paris der anbrechenden Moderne ersteht Orpheus wieder auf, um im Orphismus seinen Anhängern die Wonnen geistiger Klarheit zu verschaffen.

---

94 Seit das Genre endlich wissenschaftlich erforscht ist, gelten weder Heraklit noch Pascal weiter als Aphoristiker, da ihre Wahrsprüche (wörtl.: ›Abgrenzungen‹) nur eine Blütenlese bzw. Extrakte ungeschriebener Großwerke darstellen. Es gilt aber weiter, was Elias Canetti gesagt hat: *Die großen Aphoristiker lesen sich so, als ob sie einander gut gekannt hätten!*

Sein Ende, dass weibliche Fans ihn in ekstatischer Verzückung zerrissen, kennzeichnet Orpheus gleichzeitig als Widerpart des ›lärmenden‹ Dionysos, dessen Kult ebenso in Thrakien beheimatet war. Aus allen Städten Griechenlands gibt es Mythen, dass der Weingott auf den Vertreter der Staatsgewalt, wenn der sich gegen ihn stellt und ihn verfolgen lässt, seine Anhängerinnen hetzt, die Mänaden oder ›Rasenden‹. In Theben traf es den armen König Pentheus; er wird sogar von der eigenen Mutter Agaue zerfleischt, die anschließend seinen Kopf auf ihren Thyrsosstab steckt. Euripides schildert das grausige Treiben in den *Bakchen* und Bruno Ganz hat den Pentheus auf der Berliner Schaubühne verkörpert, unüberbietbar – nackt. So wohnt dem Dionysos ein urwüchsig anarchisches Element inne. Orpheus dagegen wurde eine Reihe von Schriften zugewiesen sowie die Erfindung der Magie. Hier spiegeln sich ganz ungriechische Einflüsse, die in der orphischen Lehre bewahrt wurden als Zeichen dafür, dass neben das kritische Bewusstsein auch noch die Einflüsterungen des Unbewussten, des Rausches und des Traumes treten, um das Ganze des Menschen zu beschreiben.

In Athen haben dorisch und ionisch geklungen wie bayrisch und sächsisch im Ohr des Berliners. Zweihundert Jahre lang war die Stadt im Süden der Landschaft Attika die Metropole (›Maßstadt‹) der antiken Welt, auch was korrektes Griechisch anging. Hier gehörte kluges Denken und Argumentieren zum Handwerkszeug des Städters, Rhetorik in den Alltag des demokratischen Staatswesens. All das konnte man lernen, indem man einen der im Straßenbild auffallenden Gelehrten anheuerte, die gegen gute Bezahlung ihre Kunstfertigkeit weitergaben. Erkennungszeichen waren modische Kleidung und ihre parfümierten Rauschebärte. Sie hießen Sophisten oder Weisheitsverkäufer. Protagoras, Gorgias, Hippias, wie auch ihre Namen waren, sie mussten damit rechnen, bei ihrem täglichen Kundenfang auf eine skurrile Erscheinung zu treffen, der sie gerne aus dem Weg gegangen wären. In einem von seiner übellaunigen Gattin Xanthippe schlecht gebügelten Chiton, dem wie ein gefältetes Bettlaken aussehenden Gewand, und ohne Mantel, die Chlamys, selbst bei Wind und Wetter, schlurfte der

Hobbyphilosoph – über einen Hauptberuf wissen wir nichts – Sokrates durch die Gassen Athens. Er war Bürger mit Leib und Seele, hatte als Soldat an Schlachten des Peloponnesischen Krieges teilgenommen und sich durch Rettung eines Kameraden – ausgerechnet des jungen Alkibiades! – ausgezeichnet. Er erregte sich über die Kunst der Sophisten, dieser Lehrer für den rhetorischen Missbrauch von Wahrheit, die ihren Schülern beibrachten, durch Wortgeklingel anderen Schwarz für Weiß zu verkaufen; entsprechend mühte er sich ein Leben lang, diese gut bezahlten und arrogant auftretenden Scharlatane lächerlich zu machen, wo er nur konnte. An ihren Wortgefechten kann sich erfreuen, wer die Dialoge *Hippias, Gorgias* oder *Protagoras* aus der Feder des Platon zur Hand nimmt, des Meisterschülers des Sokrates – er selbst hinterließ nichts Schriftliches. Da beschreibt der schlichte Sokrates zuerst, wie Protagoras, der viel Unheil anrichtete durch seinen stolz klingenden, eigentlich aber demütig gemeinten Spruch, der Mensch sei *das Maß aller Dinge,* in einer Art Trainingscamp den Schülern beim Marschieren in Reih und Glied (man kann sich die Erbitterung des Veteranen vorstellen, wie hier militärische Tugenden pervertiert werden) seine technischen Kniffe vermittelt; anschließend wird die prunkvolle Fassade seiner hohlen Phrasen von der simplen Frage- und Antworttechnik des Sokrates und durch seine Fähigkeit zur präzisen Definition von Begriffen niedergerissen. Maieutik nannte er selbst diese Technik nach dem Beruf seiner Mutter: Hebamme. Erfolgreich sein, was Protagoras als Ziel sieht, ist eben nicht moralisch gut sein, wie es Sokrates als höchste Tugend vorschwebt. Aber machen wir uns nichts vor: Auch Sokrates nutzt die Macht der Rhetorik, nur andere ihrer vielen Möglichkeiten, um zu zeigen, wie schwach die Mittel des Protagoras in Wirklichkeit sind. Die Redekunst bekam so aber von Anfang an den Beigeschmack, der Tatsachenverdrehung zu dienen. Mit diesem das Persönliche und die Verantwortung in den Vordergrund stellenden Erziehungsideal kann man in einem Staat, der den Ehrgeiz des Einzelnen zur Grundlage des Gemeinwohls nimmt und gleichzeitig argwöhnisch beäugt, leicht missverstanden werden. So verwundert es nicht, dass Sokrates als Verführer der Jugend (und wegen

Gottlosigkeit, doppelt hält besser) zum Tode verurteilt wurde. Seine Verteidigungsrede in dem Prozess, der eine Farce war, die *Apologie*, ist eines der anrührendsten Stücke Rhetorik. Natürlich verschmähte er auch die Möglichkeit zur Flucht aus dem Kerker und trank den tödlichen Schierlingsbecher. Seinen Abschied von den Schülern und seine bewunderungswürdige Haltung beschreibt Platon im *Phaidon*, dem großen Werk über den Tod und die Unsterblichkeit der Seele. Das war im Jahr dreihundertneunundneunzig. Seltsamerweise fällt dieses Datum mit der Niederlage seiner Heimatstadt Athen im Peloponnesischen Krieg und ihrem unaufhaltsamen Niedergang zusammen.

Platon, der Schüler, hat in der heiter-weinseligen Atmosphäre des *Symposion* (›Trinkgelage‹) seinem Lehrer das schönste Denkmal gesetzt. In der Rede des Alkibiades erscheint Sokrates als Inbegriff männlicher Tugenden. Er selbst schwärmt von seiner Begegnung mit der geheimnisvollen Diotima von Mantinea, einer ebenso gelehrten wie liebenswürdigen Dame. Der Komödiendichter Aristophanes, dessen Spott ja auch vor Sokrates nicht haltgemacht hatte, erzählt den Mythos von den Kugelwesen, die in männliche und weibliche Hälfte gespalten worden sind und wieder zu einem Ganzen zu werden trachten; dadurch erklärt er die ewige Anziehung der Geschlechter, den Eros.

Platons Leistung besteht in der Entwicklung der Dialogtechnik und der daraus sich ableitenden Spannung von Frage und Antwort als Methode für das Aufwerfen und Klären von Erkenntnisproblemen. Außerdem hat er mit handlichen Begriffen und Bildern – er erzählt gerne Gleichnisse wie der biblische Jesus – sein Denken plastisch und verständlich gemacht. In seiner *Politeia*, dem *Staat*, beschreibt er das ideale Gemeinwesen, das von Philosophenkönigen geführt wird. Eingepackt in diese ebenso schwer verdauliche wie schwer nachvollziehbare Utopie – es ist sicher noch schwieriger, aus Philosophen Könige zu machen als aus Königen Philosophen! – hat Platon sein Höhlengleichnis, durch das er seine Ideenlehre illustriert. Sicher kennst Du es schon: In einer dunklen Höhle sitzen Menschen, die ihr ganzes Leben gefesselt dort verbracht haben und auf eine Wand starren. An der sind die Schatten von Dingen zu sehen, die hinter ihrem Rücken vor einem

Feuer vorbeigetragen werden. Das sind die Ideen. Sie als höchste Güter sind uns unerreichbar, aber jeder unserer Blicke erhascht etwas, was diesen Vorbildern ähnlich sieht wie ihr Schatten. Damit müssen wir uns zufrieden geben. Wenn wir gar aus der Höhle ans Licht geführt werden nach unserer lebenslangen Haft, sind wir zunächst schmerzhaft geblendet; dann dämmert uns, dass alles Vorherige nur ein Schatten der Wahrheit gewesen ist.

Sokrates lehrte die Genügsamkeit. Im Jahr seines Todes wurde Diogenes von Sinope geboren, der diese ideal verkörperte. Sein einziger Wunsch, als Alexander der Große ihn in Athen besuchte: »*Geh mir aus der Sonne!*« In Ablehnung zivilisatorischer Zwänge wurde er neben allem anderen Schabernack, den er trieb – trotzdem: In einer Tonne lebte er wohl nicht –, auch zum Falschmünzer, um den zweifelhaften Wert von ›Kaufkraft‹ zu erweisen. Seine Geisteshaltung spiegelt den Zustand der Stadt nach der Niederlage gegen Sparta und dem Abstieg zu völliger Bedeutungslosigkeit durch das Emporkommen des Makedonischen Reiches. Den Athenern war er suspekt wegen seiner ungepflegten Erscheinung, und um seiner unzivilisierten Angewohnheiten willen schimpften sie ihn einen Hund, kyon. Diese Haltung machte Schule, Diogenes war der erste Kyniker.[95]

Akademie hieß die Lehranstalt des Platon (der ›Breitschultrige‹), weil sie beim Heiligtum des attischen Heroen Akademos lag. Sie bestand neunhundert Jahre lang, bis Kaiser Justinian sie schließen ließ. Hier ging auch der kleine Aristoteles zur Schule, der aus Stagira in der finstersten griechischen Provinz stammte, wo es heute nur ein paar Athos-Mönche gibt. Er war der neugierigste Geist und fleißigste Methodiker der Antike und ertrank, als er das Phänomen des Gezeitenwechsels untersuchte, das sich zwischen der Insel Euböa und dem Festland besonders eindrucksvoll zeigt. Den Menschen nannte er zoon politikon, das ›staatlich organisierte Wesen‹; die Natur eines

---

95 Dass der Kynismus der Vorläufer unseres Zynismus, keinesfalls aber sein Gegenteil ist, wurde zuerst von Heinrich Niehues-Pröbsting in seinem Buch *Der Kynismus des Diogenes und der Begriff des Zynismus* dargelegt.

jeden Lebewesens ist durch seine Entelechie festgelegt, also die ihm einbeschriebene Bestimmung. Politik, Biologie (tatsächlich dachte Aristoteles, dass aus Lumpen und Abfällen Mäuse entstehen, anders konnte man sich seinerzeit die biologischen Wirkmechanismen noch nicht erklären), Literatur, Moral und die nach der Abfolge seiner Schriften so genannte ›Metaphysik‹ oder philosophische Theologie[96] fanden in ihm den ersten kritischen Geist des Altertums; niemand, auch Platon nicht, hat auf Mittelalter und frühe Neuzeit so eingewirkt wie Aristoteles. Entsprechend auch die Menge dessen, was auf uns gekommen ist: Wenn Platon Bände füllt, dann Aristoteles Regale. Ein Großteil der unter seinem Namen geführten Schriften sind in Wirklichkeit Vorlesungsmitschriften seiner aufmerksamen Schüler. Solche Mitschriften machen seitdem einen Gutteil des Bestandes an philosophischen Grundlagenwerken aus. Es gibt sie von Kant und Hegel bis Heidegger. Ein authentisches Werk des Aristoteles ist die *Nikomachische Ethik*, die er seinem Sohn Nikomachos gewidmet hat und in der er das im Leben zu erstrebende höchste Gut definiert, die perfekte Moralität, die er Eudaimonie nannte.

So eignete er sich auch bestens zum Erzieher des makedonischen Königssohnes Alexander. Seine eigene Schule in Athen hieß aus ähnlichen Gründen wie die Platons das Lykaion (Lyzeum). Dort lustwandelten Professoren und Schüler beim Lehrgespräch, weswegen sich für sie der Beiname Peripatetiker oder ›Schlenderer‹ einbürgerte. Mit Theophrast endet die Reihe der bedeutenden Schulleiter aus dem Geiste des Sokrates. Von ihm stammt eine Serie kleiner, zum Teil boshafter oder satirischer Skizzen, die *Charaktere,* die wie eine Beschreibung der Charakterköpfe von Franz Xaver Messerschmidt wirken; zwei davon, zu sehen im Stuttgarter Museum, zeigen die eindrucksvollen Gesichter des lachenden und weinenden Philosophen. Jean de La Bruyère übersetzte und erweiterte das Werk des Theophrast und machte einen Höhepunkt der französischen Moralistik daraus.

---

96 Diese Schriften kamen ›meta‹, nämlich: ›nach‹ denen zur Physik oder ›Belebten Welt‹.

Wie sehr diese Ballung von Geisteskraft auf die Phantasie der Nachwelt gewirkt hat, ist bei einem Besuch im Vatikan zu erleben. Raffaele Sanzio malte auf dem Höhepunkt der italienischen Renaissance die Gemächer von Papst Julius II. aus und schuf dabei das monumentale Fresko der »Schule von Athen«. Vor einer idealen Architekturkulisse sind dort unter allen anderen versammelt Heraklit, Euklid, Platon und sie tragen die Züge der größten Renaissancekünstler: von Michelangelo, Bramante und Leonardo da Vinci. Nur Raffael ist auch auf diesem Bild niemand anders als Raffael, der gutaussehende Bengel. So weit ging der Künstlerstolz in einer Epoche, die sich als Wiedergeburt des goldenen Moments der Antike empfand.

Von der Insel Samos kam Epíkouros nach Athen, dessen Schule ihrer idyllischen Lage wegen schlicht ›der Garten‹, käpos, genannt wurde. Dieser Epikur ist mein liebster Philosoph. Nicht nur, weil von ihm fast nichts Schriftliches erhalten blieb. Nein, liebenswürdig macht Epikur seine Sicht des Lebens, er kann so recht als ›Lebensphilosoph‹ gelten. Götter stellte er sich als abwesend vor. Ataraxie und Eudaimonie sind die Begriffe, die seine Nacheiferer, die Epikureer, zu Lebensmaximen erhoben. Ersteres bedeutet, dass man sich durch nichts die gute Laune verderben lassen soll. Das letztere ist, anders als bei Aristoteles, eine Aufforderung, nach völliger Zufriedenheit, Einklang mit sich selbst zu streben bei allem, was man tut. »*Lathe biosas!*« war sein Wahlspruch, also: *Lebe im Verborgenen*. Das bedeutete vor allem, öffentliche Ämter und Verpulvern von Lebensenergie zu meiden, alle Kraft stattdessen auf das Erreichen höchster Lebenslust zu konzentrieren.

Eskapismus würden das die Stoiker genannt haben, hätten sie diesen Ausdruck gekannt. Zenon von Kition, als Kaufmann von Phönizien nach Athen gekommen, hatte selbst Vorlesungen Epikurs besucht und begann im Widerspruch dazu in der Stoa poikile, einem prächtig mit Gemälden geschmückten langgestreckten Geschäftsgebäude mitten im antiken Athen, seine Vorstellungen von der Bestimmung der Welt zu formulieren. Alles hat Sinn und Zweck, sagte er, der Mensch ist dazu geschaffen, seinen tätigen Platz in dieser Ordnung einzunehmen. Lange Zeit später formulierte Poseidonios aus

Apameia endgültig die Grundlagen des Stoizismus. Er war von da an die mächtigste Geistesströmung der antiken Welt, vor allem in Rom kamen seine Lehren gut an. Cicero in seiner Schrift *De officiis – Über die Pflichten*, Seneca in den *Epistulae ad Lucilium – Briefe an Lucilius* und der gelehrte Kaiser Marc Aurel – er dachte in Griechisch *Eis heauton* oder: *An sich selbst* – machten den Stoizismus zur Instanz der privaten Lebensführung, politischen Ordnung und praktischen Vernunft und schrieben in seinem Sinne Werke, deren Kennzeichen der persönliche Zug war: Mit dem Stoizismus konnte man sich identifizieren, er war eine Geisteshaltung für alle Lebenslagen.

Plotinos, der Ägypter, war der letzte große heidnische Denker der Antike. Bezeichnenderweise kam er aus Alexandria, der Stadt im Nildelta mit der einzigartigen Bibliothek, gegründet seinerzeit von Alexander dem Großen auf seinem Eroberungszug um die halbe Welt. Von dort ging Plotin nach Rom und eröffnete daselbst seine Schule des Neuplatonismus. Ziel war die Wiederbelebung der Gedankenwelt Platons, im Zentrum stand die Beschäftigung mit der Seele, die auf mehreren Stufen vorbereitet und zum Träger der Ideen veredelt werden sollte.

Platons Denken war dem jungen Christentum weniger fremd als das der anderen griechischen Philosophen. So kam es im Christlichen Platonismus zu einer Aussöhnung der beiden Systeme. Diese bei römischen Gelehrten wie Marius Victorinus entwickelte Verknüpfung der Ideenlehre und des Monotheismus baute die Brücke zur Wiederbelebung der platonischen Gedankenwelt in der Renaissance. Während Platon und Aristoteles im Abendland dazwischen aber tausend Jahre in Vergessenheit geraten waren, wurden ihre Werke bei den Arabern eifrig studiert und diskutiert. Der wichtigste Fürsprecher des Aristoteles und gleichzeitig sein größter Kritiker hieß Averroes oder einfach: Ibn Ruschd aus Córdoba im maurischen Spanien. Raffael verewigte auch ihn in seiner »Schule von Athen«. Im Hauptberuf

> Lebens-
> philosophie
> bedeutet,
> sich durch
> keine äußeren
> Einflüsse
> vom einmal
> als richtig
> erkannten Weg
> abbringen
> zu lassen.

war er Arzt, und das ist keineswegs zufällig oder unwichtig. Die Lehren des Griechen richten sich an das praktische Leben. Sie helfen jedem, der bereit ist, sowohl sein Denken wie sein Handeln auf die Probe zu stellen. In diesem Sinne brachte Averroes mit seinem *Kommentar des Aristoteles* Botschaft von einer vergessenen Zeit und wirkte unmittelbar erhellend auf alle, die nach Wahrheiten suchten und die griechische Tradition des Denkens nicht kannten, wie etwa Dante Alighieri in Florenz. Schon einige Zeit zuvor hatte Ibn Sina, den die Europäer Avicenna nannten, auch er Arzt, aber aus dem asiatischen Buchara am anderen Ende der arabischen Welt gebürtig, die Werke von Platon und dem Stagiriten einem interessierten Kreis von Lesern vorgestellt. Die Araber wurden die wahren Träger der Tradition und Aristoteles das wichtigste Beispiel für die völkerverbindende Kraft des Denkens.

Diese Potenz hatten auch die Werke der Naturwissenschaftler, ihre Sprache war universell verständlich: Die *Elemente* des Euklid zeigen, auf welcher Höhe die Mathematik im Zeitalter des Platon gewesen ist; in Syrakus tötet – ein Menschenalter später – ein römischer Soldat den Archimedes, der ihn doch gebeten hatte, seine Zeichnungen nicht zu ruinieren: »*noli turbare circulos meos!*« Archimedes war der geniale Wissenschaftler und Erfinder der Antike, dem viele praktische Dinge einfielen; überliefert sind von ihm nur kleine Fingerübungen zur Geometrie. Etwas später legte Marcus Vitruvius Pollio die Grundlagen der vielleicht immernoch praktikabelsten aller antiken Wissenschaften nieder in den *Zehn Büchern über Architektur* (wobei das letzte allerdings von Kriegsgeräten handelt). Jeder Architekt muss die klassischen Ordnungen an Säulen, Giebeln und Gesims sowie den ›goldenen Schnitt‹ kennen. Das bekannteste Lehrstück Vitruvs ist der Proportionenmensch, den Leonardo da Vinci in seiner zeichnerischen Umsetzung als nackten Mann darstellte, der sowohl einem Kreis als auch einem Quadrat einbeschrieben ist. So hängt Vitruv heute als Poster an vielen Wänden.

Klaudios Ptolemaios, wie Euklid aus Alexandria, schrieb in seinem *Almagest*, dem Hauptwerk der antiken Astronomie mit dem von den Arabern verballhornten griechischen Titel, über seine Vorstellung von der Konstruktion des Sonnensystems mit der Erde im Zentrum. Das ptolemäische Weltbild hielt sich ein Jahrtausend. Im *Tetrabiblos* handelt er über die Grundlagen der Astrologie oder: die Wirkung der Gestirne auf unsere Welt. Diese beiden Wissenschaften waren bis in die Renaissance ebenbürtige Geschwister, wobei der Astrologie große praktische Bedeutung beigemessen wurde. Wie allgegenwärtig astrologische Bezüge und Fingerzeige gerade in der Kunst der Renaissance waren, zeigt das erhellende Buch von Erich von Beckerath *Geheimsprache der Bilder*. Verblüffend ist besonders, welche neue Deutung so ein bekanntes Gemälde wie Tizians »Himmlische und irdische Liebe« aus der Galleria Borghese in Rom bekommt, wenn man die Sprache der Sterne versteht: Die beiden schönen jungen Frauen, eine prächtig gekleidet, die andere nackt, die auf den zwei Schmalseiten eines antiken Sarkophags ruhen, verkörpern – den Planeten Venus als Abend- und als Morgenstern.

Altmodische Geister teilen vergangene Epochen gerne in die Abschnitte Aufblühen – Reife – Verfall und man könnte versucht sein, gerade die Antike nach diesem Muster zu bewerten (im nächsten Kapitel werde ich eine andere, auch für die Literatur gültige Einteilung vorschlagen). Aber mit Homer steht am Anfang schon einer fertig da, dessen packende Kunst der Schilderung in den nächsten mehr als tausend Jahren vorbildlich blieb. Speziell sein Wortschatz ist bereits unüberbietbar bildmächtig, sodass wir nur staunen können. Die *kuhäugige* Hera, der *Blitzeschwinger* Zeus und wie die Rede *dem Gehege der Zähne entflieht*, das ist so einprägsam, einfach – wunderschön. Und geheimnisvolle Episoden gibt es, für die man ein Leben braucht, um ihren Sinn zu ergründen. Der glänzende Held Glaukos, der ›Meergrüne‹, tritt für Troja in die Schranken des ungleichen Kampfes und trifft auf den Griechen Diomedes, den schrecklichen Rossebändiger und Kriegsmann aus Argos, der nicht einmal davor zurückgescheut war, die Liebesgöttin Aphrodite zu bekämpfen, als die für ihren Sohn Aeneas in die Schlacht zog. Was machen die zwei? Erst verkünden sie sich Tod und Vernichtung, dann erkennen sie, dass sie von ihren Großvätern her Gastfreunde (xeinoi, das Wort meint im Griechischen Fremde und gleichzeitig Freunde!) sind: Oineus hatte einmal in Argos drei Wochen lang Bellerophon, den lykischen Heros, beherbergt. In Erinnerung daran tauschen sie, mitten im Kampfgetümmel, ihre Rüstungen – die des Glaukos ist von purem Gold, die des Diomedes aus Eisen. Was will uns Homer sagen, wenn er uns dies berichtet und das Handeln des Glaukos ›von Zeus verblendet‹ nennt? Wer ist eine Krämerseele in dieser Geschichte, der Held, der Sänger – oder der Gott? Ich bin vielleicht noch nicht alt genug, um es ganz zu verstehen. Glaukos jedenfalls, der prächtige Recke, mit dem ich gezittert habe, fällt. Diomedes dagegen ist der einzige Achaier, der ohne Leiden nach Hause zurückkehrt; nur seine Frau, die ist ihm in der Zwischenzeit davongelaufen.

Nichts Gleichwertiges hat die Welt der Literatur gesehen an Fabulierlust bis zu *Tausendundeiner Nacht*, wo der Bauchnabel der Schönen eine Unze Öl zu fassen vermag oder der Wesir so lange lachen muss, bis er auf den Rücken fällt, und sicher sind Homers Werke nie übertroffen worden. Gegen die exquisite Hauptmahlzeit seiner Epen sind Ovids *Metamorphosen* Naschwerk, kleine appetitliche Hexameter-Häppchen, und vieles andere wirkt im Kontrast grob und undichterisch, wie Eintopf.

Von einem einzigartigen Werk wollen wir jetzt sprechen. Der Admiral Plinius, zuletzt stationiert in Misenum nahe Neapel, muss sich sehr gelangweilt haben. Das Flaschenschiff war wohl noch nicht erfunden, an dem der abgetakelte Seebär heutiger Tage bastelt. So begann der neugierige Gaius Plinius Secundus – wir nennen ihn den Älteren oder Maior, da er auch noch einen gleichnamigen Neffen hatte, den Minor, der mit Kaiser Trajan im Briefwechsel stand und andere interessante *Korrespondenz* hinterlassen hat, zum Beispiel mit dem Historiker Tacitus, dem er die weiter unten geschilderten Ereignisse mitteilte –, unser alter Plinius begann also das Wissen seiner Zeit zu sammeln. Das g a n z e Wissen. Dieses Kompendium ist unter dem Namen *Naturalis historia* oder *Naturkunde* in siebenunddreißig Büchern auf uns gekommen. Beschreibung der Erde und des Himmels, von Mensch und Tier, aller bekannten Bäume und Pflanzen und der Wissenschaft von Ackerbau und Fruchtwirtschaft, der Medizin und Arzneimittel, der Mineralien und der Voraussetzungen des Kunstschaffens sind die Disziplinen, zu denen Plinius ihm vorliegende Literatur ausgewertet und eigene Erfahrungen hinzugefügt hat. Eine letzte große Erkenntnis über die Kräfte der Natur hatte das Schicksal noch für den wissensdurstigen Mann parat. Er war dabei, als am vierundzwanzigsten August des Jahres neunundsiebzig der Vesuv, ganz in der Nähe seiner Villa, ausbrach und Wolken von Staub, Gasen und Gestein über die Gegend ausschüttete. Zuerst fuhr Plinius zu näherer Beobachtung des Phänomens in den Golf von Neapel aus; als er die bedrohliche Lage erkannte, bemühte er sich mit seiner ganzen Flotte um die Rettung Überlebender aus Pompeji und Herculaneum und starb tags darauf an den erlittenen Verletzungen, nicht ohne vorher dem Schreiber seine Beobachtungen von diesem Naturschauspiel diktiert zu haben.

Der Ausbruch des Vesuvs, ein antikes Drama, das sich nach zweitausend Jahren wiederholen kann.

Die Biographik ist von jeher eine eigene Sparte gewesen. Über *Alexander* den Großen wurden dicke Romane geschrieben. Von Mal zu Mal wuchsen dabei seine Heldentaten ins Übermenschliche. Schon Xenophon hatte seinem Lehrmeister Sokrates in den *Memorabilien* gehuldigt und Nachrichten aus dem privaten Leben des Denkers mitgeteilt. Der späte Diogenes Laërtius sammelte sogar Stoff über alle ihm bekannten *Philosophen* der alten Zeit, eine unentbehrliche Quelle. Tacitus verfasste eine Biographie seines Schwiegervaters *Agricola*, der Britannien zu zivilisieren versucht hatte. Gaius Suetonius Tranquillus schuf Herrscherporträts von Caesar bis Titus, immer auf der Suche nach saftigen Stories. Ganz im Gegensatz zu seinem Beinamen ›der Ruhige‹ interessiert ihn alles Schrille, boshafter Tratsch und Skandal. Wie Nero seine eigene Mutter um die Ecke zu bringen trachtet – und die vielleicht auch ihn –, dafür ist Sueton in seinem *Leben der Caesaren* genau der richtige Berichterstatter. Die originelle Idee der *Parallelbio-graphien* stammt von dem Griechen Plutarchos, der in der frühen römischen Kaiserzeit das bescheidene Dasein eines Privatgelehrten fristete. Er war ein großer Moralist und Pädagoge, ohne jedoch in seinen Anschauungen sehr gefestigt zu sein. Für Aberglauben aller Art war er jedenfalls empfänglich und für Schabernack, wie seine kleine Schrift *Das Mondgesicht* deutlich macht, in der er das zu erklären vorgibt, was wir von hier aus beim Anblick des Erdtrabanten erkennen können. Aber er schuf eine neue Sicht auf historische Abläufe, er führte den Helden in die Geschichtsliteratur ein. Angefangen mit Theseus und Romulus bis zu Demosthenes und Cicero stellt er je einen Griechen und einen Römer einander gegenüber und vergleicht abschließend ihre Lebensläufe. Die Renaissance begeisterte sich für Plutarchs Doppelbiographien; in der Kindererziehung des Hauses Medici zu Florenz waren sie Pflichtlektüre. Mit den umfassend erhalten gebliebenen Werken Plutarchs, diesem perfekten Bindeglied zwischen Griechenland und Italien, endet die antike literarische Klassik, während in seinem Zeitgenossen Sueton bereits ein manieristisches Zeitalter sich Bahn bricht.

Aber im Verfall treibt's manchmal doch die schönsten Blüten. Mein Liebling aus der antiken Welt, dessen weitschweifiges Œuvre von seinem aufklärerischen Alter Ego Christoph Martin Wieland liebevoll in ein wunderbar lesbares Rokokodeutsch übertragen und auch noch kundig kommentiert wurde, ist Lukian von Samosata. Auf Reisen und als umfassend interessierter philosophischer Kopf hat er sich den Schliff verschafft, der in der Spätantike so bedeutsam wurde. Wer schreiben, oder besser noch: reden konnte, dem gehörte die Welt! Lukian kann nun dies alles. Zunächst kann er uns wunderbar Geschichten erzählen, Lügengeschichten zum Beispiel, dass sich die Balken biegen. *Die wahre Geschichte* in zwei Büchern ist die munterste Erzählung der Antike, die auf uns gekommen ist, und Vorbild für Heerscharen von Lügenbolden und Schwadronierern, angefangen mit dem unsterblichen Doktor Rabelais bis hin zum Baron Münchhausen. Wer beim Lesen, vielleicht bei der Episode, wie der Erzähler vom großen

Fisch verschluckt wird – eine komische Variante der Wanderanekdote, die durch den wieder ausgespienen Jonas in die Bibel geriet und sich bis zu Carlo Collodis entzückendem *Pinocchio* frisch gehalten hat –, ganz alleine ist, darf sich vor Vergnügen auf die Schenkel klatschen (aber auch nur dann). Was für ein origineller Kopf, dieser Lukian! Er hatte die Liberalität des Gottlosen, lebte aber gerade in der Epoche, in der das Christentum vehement den Atheismus hinwegfegte. An etwas zu glauben wurde Bürgerpflicht und die Lehre Christi Staatsreligion. Bald hieß es: Wer nicht für uns ist, ist gegen uns, und Atheismus wurde als die blässliche Attitüde des Lebemanns und Tunichtguts verdammt. Erst Voltaire wird diese Verhältnisse wieder umkehren und wagt offen auszusprechen: immernoch besser nichts glauben als das. Lukian führt uns die Götter vor, wie sie sich selbst um ihre Macht betrügen. Epikur hatte seinerzeit gelehrt, dass sie sich in die endlosen Räume zwischen den Welten zurückgezogen hätten. Wir gingen sie nichts an. Bei Lukian wundern sie sich in ihren *Göttergesprächen*, dass sie uns nichts mehr angehen.

Kein größerer Kontrast könnte bestehen als zwischen Lukian, der aus dem Osten des römischen Riesenreichs stammte, und Aurelius Augustinus, dem Bischof von Hippo in Nordafrika. In meinen ehrfurchtgebietend in schwarzes Schweinsleder gebundenen lateinischen Augustinus, zwölf dicke und schwere Bände, habe ich, ehrlich sei's gestanden, noch nie einen Blick geworfen – ich habe ihn geerbt. Es gibt auch Handlicheres: Anderthalbtausend Seiten macht allein der *Gottesstaat* aus, eine von rhetorischer Geschliffenheit und reinster Vertrauensseligkeit getragene Verteidigung der Bibel und des christlichen Glaubens gegen die wiedererstarkte Herausforderung des römischen Heidentums. Noch handlicher wird es, wenn man diesen sympathischen alten Sünder in seinem volkstümlichsten Werk kennenlernen will, in seinen *Confessiones – Bekenntnissen,* einer der frühesten Autobiographien. In rührender Schlichtheit schildert er sein inniges Verhältnis zur Mutter Monnika (die später zur Hl. Monika wird), einer überzeugten Christin. Der zukünftige Kirchenvater dagegen gab sich erst einmal zweifelhaften weltlichen und gefährlichen geistlichen Ausschweifungen wie dem äußerst ketzerischen Manichäismus hin. In Mailand hatte Augustinus dann sein Damaskus-Erlebnis (in Syrien wurde seinerzeit aus Saulus Paulus) und ließ sich vom Bischof Ambrosius, einer anderen geistlichen Autorität jener Zeit, taufen. Sehr nahe kommt uns der Kirchenvater aus Afrika in seiner entwaffnenden Offenheit. Mit seinen so ganz anderen *Conféssions* nahm Jean-Jacques Rousseau Maß am großen Heiligen – und diese *Bekenntnisse* gerieten zu kleinmütig. Seine Arme-Sünder-Pose empfinde ich als abstoßend, statt Offenheit bietet er Schlüpfrigkeit, statt reiner Tor ist er kalkulierender Grübler. Augustinus zu begegnen enttäuscht nie, selbst sein Grabmal, eine wunderschöne Steinmetzarbeit in der alten Langobardenkirche San Pietro in Ciel d'Oro zu Pavia, ist eine Reise wert.

Die vielleicht interessanteste Gestalt der Spätantike und der letzte große Widersacher des Christentums wurde der römische Kaiser Julian, der dafür den Beinamen Apostata, der Abtrünnige, erhielt. Die Intensität, mit der das Christentum den Glaubenden einforderte, war ihm zuviel, lenkte den Bürger zu sehr von der Erfüllung seiner Pflichten ab. Die allfälligen Bilderstürme, mit denen die heilsgewisse neue Religion die Spuren aller anderen so erfolgreich zu tilgen bedacht war, machten den Neffen des zum Christentum übergetretenen Kaisers Konstantin melancholisch. So versuchte er die alten, praktischen, versöhnlich in einem religiösen Mix nebeneinander existierenden Kulte wieder zu installieren. Als kluger und gebildeter Mann wollte er durch Überzeugung und Toleranz das Rad der Geschichte zurückdrehen, wie uns seine reichlich überlieferten *Briefe* belehren. Zum Zeichen seiner humanistischen Gesinnung trug er den Bart nach Art der alten Philosophen um Kinn und Backe und verteidigte dies in der nicht humorlosen Schrift *Der Barthasser* gegen die Anpöbelungen aus seiner Provinzhauptstadt Antiochia. Nach eineinhalb Regierungsjahren starb er auf einem Feldzug gegen die Perser. Es kann nur ein Gedankenspiel sein, was passiert wäre, wenn Julian mehr Zeit für die Umsetzung seiner Reform geblieben wäre, welches Aussehen die antike Welt im Zeichen der Toleranz erhalten hätte. Wir sind gewöhnt, Zeitenwenden nach großen, zumeist kriegerischen Ereignissen zu setzen; die uns literarisch gut bezeugte Existenz des Kaisers Julian steht für die Zufälligkeit, mit der scheinbar zwangsläufige historische Entwicklungen zustande gekommen sind. Ehre seinem Angedenken.

Das Christentum triumphierte im römischen Reich und machte sich alsbald daran, alle Spuren anderer Kulte zu tilgen. Statuen und Tempel wurden zertrümmert (oder doch zumindest umgewidmet) und schriftliche Zeugnisse vernichtet. So brach denn der westliche Reichsteil unter dem Ansturm illiterater, wenn auch bekehrter Germanenhorden zusammen. Das oströmische Reich mit der Hauptstadt Konstantinopel entwickelte zwar eine eigenständige griechisch-orthodoxe Kultur, die wir heute noch in den prächtigen Bauten wie der Hagia Sophia bewundern. Dieses Wunderwerk des Architekten Anthemios von Tralleis wurde Vorbild der großen Moscheen des osmanischen Stararchitekten Sinan. Ihre Errichtung unter Kaiser Justinian hat der beflissene Prokop beschrieben. Und auch Bildwerke wie die überwältigenden Mosaiken von Ravenna zeugen noch von der Größe ihrer schöpferischen Kraft, selbst wenn hier die verderbte Theodora als Heilige erscheint. Aber diese Epoche hat erstaunlich wenige und wenn, erstaunlich wenig hochrangige schriftliche Zeugnisse hinterlassen. Man versackte in akademischem Palaver, verfasste Lexika[97] und Literaturgeschichten; eine eigentlich schöpferische Kraft hatte diese Kultur nicht mehr. Immerhin wurden die Klassiker geehrt: Was die christliche Zerstörungswut an Buchschätzen verschont hatte, befand sich in der Bibliothek von Alexandria, diesem Hort des antiken Wissens, gepflegt von einem Heer von Professoren, die unermüdlich Kommentare und Kritiken zu den Werken von Homer und Aischylos bis Vergil und Ovid verfassten. Hier fand die erste katastrophale Berührung der alten Mächte mit der neu aufkommenden, jugendfrischen Kraft des arabischen Islam statt. Als die Krieger unter Kalif Omar Alexandria eroberten, stand das Schicksal der antiken Überlieferung kurz auf der Kippe. Omar ließ sich von seinen Beratern die Be-

---

97 Ein Name ist zu merken: die *Su(i)da*, das erste Konversationslexikon.

deutung der Bibliothek erklären, viele kluge Köpfe wünschten die Erhaltung der unermesslichen Schätze an Literatur und Wissen. »*Steht es im Koran, sind sie überflüssig, steht es nicht darin, schädlich!*« soll Omar ausgerufen haben, als er die Fackel in die Stapel von Manuskripten warf.[98] Das war im Jahr sechshundertzweiundvierzig nach Christi Geburt oder besser: im zwanzigsten Jahr des islamischen Kalenders seit der Hidschra, dem Auszug des Propheten Mohammed aus Mekka nach Medina.

Die Bibliothek von Alexandria brennt!

Damit war die Antike unwiderruflich zu Ende.

Das in dieser Hinsicht wirklich dunkle Mittelalter hat uns den freien Blick auf das Altertum genommen. Nur schemenhaft erkennen wir Entwicklungslinien, die von Athen und Rom in ihrer Blüte direkt bis zu uns führen, sowie einige, die den Umweg über den islamischen Kulturkreis genommen haben, und manche Zeitgenossen wollen leugnen, dass diese Kontinuität für den heutigen Menschen noch prägenden Charakter hat oder bedeutsam sei. Jede neue Reform der deutschen Rechtschreibung entfernt wie mit einem Radiergummi die Spuren der Antike aus unserer Sprache – und ersetzt sie durch blühenden Unsinn. Bald wird es einen Speziali-

---

98 In seinem Werk über *Abstieg und Fall des römischen Reichs* hat Edward Gibbon diese Anekdote wiedergegeben mit der Quellenangabe des islamischen Geschichtsschreibers Abulpharagius und der Änderung, mit den Manuskripten hätte man sechs Monate lang die Öfen Alexandriens geheizt; sogleich übt der große englische Historiker des Achtzehnten Jahrhunderts aber an der Quelle und dem Inhalt Kritik und legt dar, dass wahrscheinlich in Alexandria nicht mehr viel zu zerstören übrig war. Vielleicht war auch gar nicht Heizperiode. Die Bibliothek führte nur noch ein Schattendasein. Das wird so gewesen sein. Mich interessiert mehr das Symbolische an der Geschichte, das der islamische Referent offenbar erkannt hat und in den Vordergrund stellen wollte: Auch wenn kaum etwas Brennbares zur Verfügung stand, Ziel Omars war es, der kulturellen Kontinuität der Antike ein Ende zu bereiten und eine eigene, andersartige dagegenzustellen. Anekdote bedeutet in meinem Verständnis nicht historische Wahrheit, wohl aber Gestaltung einer typischen Situation. Mohammed selbst hatte alle Religionen unter Schutz gestellt, die eine schriftlich fixierte Tradition vorweisen konnten. Wer eine Bibel oder ähnliches zur Hand hatte, wurde weder bekehrt noch seines Glaubens wegen massakriert.

sten brauchen oder vielleicht auch niemand mehr da sein, der uns zu erklären vermag, woher unsere Kultur und ein zentraler Teil unserer Sprache kommen. Auf der Insel Syra im Ägäischen Meer gab es einen Papagei, der sehr alt war. Er hatte in Athen die Zeit des Perikles, Phidias, Anaxagoras und Euripides erlebt und nach vielen Abenteuern und Jahrhunderten hatte es ihn auf die Sitzstange am Tresen der Hafenkneipe verschlagen. Der Archäologe, Altphilologe und Übersetzer Ernst Buschor kam einige Male dort vorbei, tuschelte mit dem Tier angeregt und berichtete bei Gelegenheit, viele wichtige Details des antiken Lebens erfahren zu haben. Als Jahre später der Philologe und der Papagei gestorben waren, versuchten Buschors Schüler das Geheimnis der Gespräche herauszufinden und befragten den immernoch kreglen Kneipenwirt dazu. Der bestätigte das Vorgefallene, schränkte aber bedauernd ein, den Inhalt der Gespräche habe er nicht verstehen können – die beiden hätten sich auf Altgriechisch unterhalten.

Anderswo

Sollte durch meine Darstellung der Verdacht aufkommen, es gäbe da eine kulturelle Kontinuität von Adam und Eva über die alten Griechen bis zu uns, einen Königsweg kultureller Entwicklung, so ist dieser Verdacht unbegründet. Ausdrücklich sagen möchte ich, dass es sich hier um meine eigene kulturelle Identität handelt, die sich solcherart definiert. Die meisten Menschen auf dieser Erde haben eine völlig andere. Arthur Schopenhauer lernte eigens Sanskrit, um die umfangreichen Texte der spirituellen und philosophischen Überlieferungen der Inder, die vier *Veden* und die Texte der *Upanishaden*, lesen zu können (und tat sich mächtig was darauf zugute): *Vom Dunkeln wandere ich zum Bunten, vom Bunten wandere ich zum Dunkeln.* Hiervon verstehe ich nichts.

In China hat Literatur immerschon eine große Rolle gespielt. Bildung war Macht; das über Jahrhunderte unveränderte Examen der Beamtenanwärter schrieb detaillierte Kenntnis der Klassiker vor. Was wissen wir? Konfuzius sagt: »Ich habe einmal einen Tag lang nicht gegessen und eine Nacht lang nicht geschlafen, um nachzudenken. Das hat nicht geholfen – besser ist es, stattdessen zu lernen!« Viele meiner Altersgenossen haben die *Mao-Bibel* oder Essays des Großen Vorsitzenden gelesen, in denen dem Rebellen nahegelegt wird, sich wie ein Fisch im Wasser der Massen zu bewegen. Schon seinerzeit habe ich beides ohne rechte Begeisterung zur Kenntnis genommen.

Dafür gefielen mir einige große Romane der klassischen chinesischen Literatur. Ihr Kennzeichen ist das Neben- und Ineinander von realistischer Handlung – wie in einem Gesellschaftsroman unseres Neunzehnten Jahrhunderts –, Geistergeschichten, die das Publikum offenbar besonders faszinierten – sie fehlen nie –, und derben erotischen Episoden bis zu expliziten Schilderungen nimmermüder sexueller Aktivitäten. Oder anders ausgedrückt: Der chinesische Roman bemühte sich, alle Bereiche des lebensweltlichen Interesses zu vereinigen. Schöne Beispiele sind *Der Traum der Roten Kammer, Die Räuber vom Liang Schan-Moor* und die Geschichte von Hsi Men und seinen sechs Frauen, genannt: *Kin Ping Meh.*

Schon bei der Schreibweise der Namen begegnet dem Laien das Problem, dass man bei so fremden Kulturen auf Gedeih und Verderb dem Fachmann, dem Übersetzer ausgeliefert ist. Für die chinesische Literatur hat Franz Kuhn Anfang des letzten Jahrhunderts Wichtiges geleistet und Unmengen von bis dahin unbekannten Werken ins Deutsche übertragen. Ein weiterer Gelehrter, der unsere Kenntnis Chinas bereichert hat, war der Holländer Robert van Gulik. Nach alten Quellen ließ er die historische Gestalt von *Richter Di* auferstehen als Detektiv in zahlreichen Kriminalfällen. Sehr hübsch flicht van Gulik Nachrichten über das China der Ming-Zeit in die spannende Handlung ein – gleichwohl, der wahre Di amtierte in der Tang-Zeit, tausend Jahre früher. Auch wenn vieles an den Erzählungen so holzschnittartig ist wie die Illustrationen, die Multitalent van Gulik nach alten Vorlagen höchstselbst zu seinen Büchern geschaffen hat, die Welt des Richters, eines Inbegriffs männlicher Tugenden, mitsamt den Umtrieben seiner Assistenten Wachtmeister Hung, Ma Jung und Tschiao

Tai sowie des Undercover-Agenten Tao Gan mit dem langen Barthaar, kann den geneigten Leser leicht in ihren Bann ziehen.

Inzwischen sind einige klassische Werke, insbesondere das *Kin Ping Meh*, auch in aktuelleren Fassungen greifbar. Der ambivalente Held des Romans, Hsi Men oder Simen oder wie auch immer, ist ein Wüstling, wie er im Buche steht. Als wichtiger Mann in der Provinz verdient er sich mit Korruption und Erpressung eine goldene Nase. Dazu ist er geistreich und gebildet. Sein wahres Hobby ist jedoch die körperliche Liebe, deren Schilderung in dem Werk breiten Raum einnimmt. Mit Genugtuung lesen wir, dass auch der gestresste Chinese ohne leistungssteigernde Pharmaka nicht auskam. Was unsere Zeit an Viagra® hat, wurde dort schon vor fünfhundert Jahren selbstverständlich eingesetzt – so wie die Chinesen alles früher hatten, ohne dass wir es gemerkt hätten: das Papier, den Buchdruck mit beweglichen Lettern, Personalausweise und was sonst das Leben bereichert –; allerdings fehlte wohl der Beipackzettel über Risiken und Nebenwirkungen, denn an einer letzten Überdosis seines Präparates geht Hsi Men jämmerlich zugrunde und fährt stracks zur Hölle. Seine Frauen trauern, aber der Gerechtigkeit konfuzianischer Prägung ist Genüge getan.

Alle schreiben. Es handelt sich um einen der urwüchsigsten Triebe des Menschen, sich im Wort zu verewigen. Und eine gute Reaktion darauf ist das Lesen.

Die Räuber vom Liang Schan-Moor befinden sich in Rebellion gegen die Provinzadministration. Es handelt sich weniger um berufsmäßige Wegelagerer, zumeist sind es ehemalige Soldaten und Beamte, die hier in Divisionsstärke und Robin Hood-Manier ihr Outlawdasein genießen. Anerkannt wird in diesem subversiven Meisterwerk nur die Zentralgewalt des Kaisers in Peking.

Der Traum der Roten Kammer ist ein Werk der Dekadenz, chinesische *Buddenbrooks*. Geschildert wird, wieder mit allen Ingredienzien von Erotik und Grusel bis Philosophie, der Zerfall einer Herrscherfamilie aus dem Geiste des Gefühlsüberschwangs.

Die Nachrichten aus dem Reich der Mitte, die die Amerikanerin Pearl S. Buck ihrer blütengleichen Ich-Erzählerin Kuei-lan in den Mund legte, wurden so begierig vom Rest der Welt aufgenommen, dass *Ostwind – Westwind* inzwischen in jedem zehnten Haushalt verbreitet ist und die Urheberin den Nobelpreis erhielt. So erübrigt es sich wohl, über dieses unterhaltsame Stück Kunstgewerbe noch ein weiteres Wort zu verlieren, außer: Auch ich habe es damals gerne gelesen.

Japan und seine kulturellen Schätze blieben, gemessen an ihrem Alter, bis vorgestern unserer Neugierde verschlossen. Diese ganz eigene Welt kann man lesend für sich gewinnen mit so bezaubernden Werken aus zarter Damenhand wie der *Geschichte des Prinzen Genji,* der opulenten Geschichte eines natürlichen Sohnes des Tenno, von Frau Murasaki oder dem *Kopfkissenbuch* der Dame Sei Shonagon mit moralischen Belehrungen und Etikettetips und vielen anderen Werken aus längst vergangener Zeit.

Bei näherem Zusehen entdecken wir immer neue literarische Schauplätze, Gestalten, Figuren und Geschichten, die neugierig machen. Die Azteken und Maya hatten eine buchstäbliche Überlieferung, die Hopi-Indianer vielleicht auch, die Inkas sowieso. Auf den Oster-Inseln war was los, auf Timor, Java und Sumatra langweilten sich die Leute ohne ihre Lieblingslektüre, auf Ceylon und im Oman ging niemand ohne Buch ins Bett …

Auch in den Steppen Asiens gab es eine schriftliche Kultur. Mongolische Gelehrte schrieben die *Geheimgeschichte* ihres Volkes von Dschingis-Khan her auf, und was Meuchelmord und Herrscherweisheit angeht, waren die Mongolen mindestens so weit wie alle anderen. Hier schließt sich nun der Kreis: Diese Mongolen, die dann auch China eroberten und als Mogule in Indien herrschten, zogen mit einer Riesenstreitmacht nach Westen. Sie unterwarfen Persien und den Vorderen Orient mit ungekannter Grausamkeit und waren dabei, in das Ringen zwischen Kreuzrittern und Sarazenen um das Heilige Land einzugreifen (und keine Frage, s i e wären die Sieger gewesen). Das war keine Anekdote der Weltgeschichte, sondern ein Schock, ähnlich dem, den der Angriff der Araber auf Europa fünfhundert Jahre zuvor ausgelöst hatte und der den Aufstieg des Frankenreiches zur Zentralmacht Europas, verkörpert in der Gestalt von Kaiser Karl dem Großen, zur Folge hatte und damit eine Kontinuität bis zu Napoleon. Oberflächlich gesehen verpuffte die mongolische Attacke, als innere Gründe dieses Riesenreich ins Wanken brachten. Die Eroberer zogen sich zurück. Auch aus Russland, das die Goldene Horde in weiten Teilen unterworfen hatte; deren Spuren finden sich noch in der Heldengeschichte des »Alexander Newskij« und im Film von Sergej Eisenstein mit der Musik von Sergej Prokofjew. In Ungarn hatten die Mongolen in der Schlacht bei Mohi das von Árpád frischgegründete Magyarenreich vernichtet und damit für eine Sprachverwirrung gesorgt, die bis heute anhält. Und Spuren hinterlassen: Mitten in den Roman *Die Geschichte des jungen Noszty mit der Mari Tóth* aus der Feder des Kálmán Mikszáth platzt eine echte Mongolenprinzessin, die Tante Máli, die sich als äußerst verschlagen in – Liebesdingen erweist. In diesem Roman wird der Untergang Kakaniens als erotische Katastrophe um wenige Jahre vorweggenommen.

> Außerhalb der Science-Fiction gibt es nur einen Gang der Geschichte. Die Mongolen hätten ihn verändern können und Tausendundeine Nacht wäre nie zu uns gekommen.

Die Mongolen wurden zum Missing Link zwischen Ostasien und Europa und erzeugten den kulturellen Druck, der in Asien, Arabien und Mitteleuropa neue schöpferische Kräfte freisetzte. Das aus dem Sanskrit ins Persische und von da ins Türkische übersetzte *Papageienbuch* wanderte von Ost nach West. Die Inder waren große Märchenerzähler und begeisterte Zuhörer, und viele Motive ihrer Geschichten machten eine Tour durch die Welt und landeten in ganz neuer Umgebung wie etwa *Der Arzt wider Willen*, der aus dem *Papageienbuch* direkt auf die Schlossbühne von Versailles hüpfte. Hauptdarsteller und Autor ein gewisser Poquelin, besser bekannt als Molière. Der kluge Papagei hindert seine Besitzerin am Verlassen des Hauses – und dadurch auch daran, ihren Ehemann zu betrügen –, indem er ihr ständig neue, spannende Geschichten vorsetzt. Diese Art, Erzählungen durch eine Rahmenhandlung zu verbinden, wurde schick, wie bei Boccaccio, Chaucer und Basile zu sehen sein wird. Auch *Alf laila walaila* oder: *Die Erzählungen aus Tausendundeiner Nacht* bekamen so ihre heutige Gestalt. Diese Sammlung von Märchen, Abenteuer- und Liebesromanen unterschiedlichster Herkunft wird folgendermaßen zusammengehalten: Der König von Samarkand ist von seiner Frau betrogen worden. Nun hegt er Groll und Misstrauen gegen das weibliche Geschlecht insgesamt, heiratet jeden Abend eine Neue und lässt sie – fast wie Blaubart oder Heinrich der Achte – gleich morgens wieder hinrichten. Bis er an die Tochter seines Wesirs gerät, die ebenso betörende wie unterhaltsame Sheherazade: Die Geschichte, die s i e zu erzählen beginnt, hört nie wieder auf, der König, von Spannung und Neugier gefesselt, vergisst von Morgen zu Morgen den tödlichen Befehl; er will doch erfahren, wie es am Abend weitergeht. Stattdessen werden sie ein glückliches Paar, in den Erzählpausen hat Sheherazade sogar noch Zeit und Muße, ihrem König ein paar Thronfolger zu schenken. Nie ist Schöneres erfunden worden ...

Bis zwölfhundertfünfzig war außer den Klampfen von ein paar Troubadouren und Minnesängern in europäischen Wäldern allein der Schrei des Auerhahns zu vernehmen. Dürfte man nur ein Werk aus jener Zeit lesen – und es gibt gute Gründe, da nichts zu übertreiben –, müsste es nicht das *Nibelungenlied* sein, das Epos der Völkerwanderung,

Uns ist in alten mæren   *wunders vil geseit*
von helden lobebæren,   *von grôzer arebeit,*
von fröuden, hôchgezîten,   *von weinen und von klagen,*
von küener recken strîten   *muget ir nu wunder hœren sagen.*

oder die politische *Lyrik* Walthers von der Vogelweide,

Ich saz ûf eime steine,
und dahte bein mit beine:

dar ûf satzt ich den ellenbogen:
ich hete in mîne hant gesmogen
daz kinne und ein mîn wange.
dô dâhte ich mir vil ange,
wie man zer welte solte leben: ...

obwohl sie geradezu zeitgenössisch anmutet. Auch der weltgewandte
Oswald von Wolkenstein aus Südtirol mit den markanten Gesichtszügen des Einäugigen hätte da keine Chance; auf dem Konzil von Kon-
stanz half er die Gräben innerhalb der Christenheit zu vertiefen, ihn
plagte schon die Unruhe des modernen Menschen:

Es fügt sich, do ich was von zehen jaren alt,
ich wolt besehen, wie die werlt wer gestalt.

Nein, d a s Buch des Mittelalters ist der *Parzival* des Wolfram von
Eschenbach, ein dicker Versroman in sechzehn Büchern.

Swer ruochet hœren war nu kumt
den âventiur hât ûz gefrumt,
der mac grôziu wunder
merken al besunder.

Der dumme Junge, der tollpatschig ein Verbrechen an das andere reiht,
wird am Ende König. Parzivals Naivität steht für das, was den mittelalterlichen Menschen gerade vom modernen unterschied; zum Lohn
erlangt er, was keinem Sterblichen vorher und dann auch später keinem mehr zuteil ward: den Gral. Was aber ist nun der Gral? In der
Unmöglichkeit, eine sinnvolle Antwort zu geben, liegt die Stärke des
mittelalterlichen Geistes, der uns so fremd ist. Der Gral ist Glauben.

Die bedeutendste denkerische Leistung dieser Zeit blieb das Problem des Anselm von Canterbury, der eigentlich aus Aosta im Piemont
stammte, *Cur deus homo? – Warum Gott Mensch geworden ist.* Mit seiner
Lösung *quia voluit – weil er es wollte* setzte er immerhin die Scholastik

in die Welt, die für Jahrhunderte bestimmende akademische Methode der denkenden Auseinandersetzung mit Gott und der Welt. Und dann erscheint die Lichtgestalt des Thomas von Aquin. Der Doctor angelicus aus dem Städtchen in der Nähe von Rom stellte mit seinen Grundlagenwerken *Summa contra gentiles – Summe gegen die Heiden* und *Summa theologica – Summe der Theologie* den christlichen Glauben auf die von Aristoteles errichteten Fundamente. Dadurch öffneten sich seinen Lesern nicht nur die Augen neu für das Göttliche, auch eine schärfere, erweiterte Wahrnehmung aller Lebensphänomene drang in die Pupillen des trübsichtig gewordenen mittelalterlichen Menschen. Es war Zeit für ihn, nach seiner Bestimmung, seinem Platz in der Welt zu fragen, und es würde das geschriebene und seit Gutenbergs Erfindung auch massenhaft gedruckte Wort sein, das ihm darauf Antworten gab.

Kapitel 6

Helden, selbst wenn sie versagen —
die klassische Literatur

Die Darstellung des Menschen in plastischer Formung seines Muskelspiels war eine Spezialität der alten Griechen. Sie hatten Spaß daran, die Vollkommenheit eines nackten Körpers in strotzender Jugendkraft zu zeigen. Wer ein Museum besucht, das solche Meisterwerke ausstellt, etwa die Glyptothek in München, deren Schätze vom kunstsinnigen Wittelsbacher-König Ludwig I.[99] zusammengetragen wurden, der für Bayerns kurze Zeit von Pracht und Größe steht, oder wer gar in Athen, wo nach der Türkenherrschaft sein Sohn Otto König war, die Möglichkeit hat, im Nationalmuseum den Glanz des alten Griechenland zu erleben, der wird zunächst lebensgroße Skulpturen sehen von jungen Männern mit ausdruckslosen Gesichtern, die Haare streng gelockt, die Beine durchgedrückt in steifer Schrittstellung. Diese Kouroi (kouros: Jüngling) stehen seltsam starr da, als seien sie mit dem Boden verwachsen. Schlendert man weiter durch die Räume, dann kommt man zum bronzenen Poseidon, der gerade seinen Dreizack schleudert. Alles an ihm ist kontrollierte

---

[99] Großvater des wirrsinnigen Ludwig II., der sich zum einen um Richard Wagner verdient gemacht hat, andererseits aber auch ein wahrlich manieristisches Micky-Maus-Schloss namens Neuschwanstein baute, das Geschmacklosigkeitsfanatikern aus aller Welt als in Stein gehauenes Mittelalter gilt.

Kraft und geschmeidige Bewegung; das vorgestemmte Bein trägt die Spannung des Körpers, der in seiner Drehung vorbereitet, dass der weit ausholende und leicht gewinkelte Wurfarm nach vorne schnellt und die tödliche Waffe aus der vor Sehnen und Adern schwellenden Hand entlässt. Dabei wirkt er unangestrengt und zeigt das Antlitz des streng, aber gerecht strafenden Unsterblichen. Einige Schritte weiter trifft man auf einen seltsamen Bengel mit fröhlich verzerrtem Gesichtsausdruck. Im wilden Galopp hält er sich auf dem Rücken seines Renners und scheint ihn mit herausfordernder Miene zu noch höherem Tempo anzustacheln. Allerdings ist seine Haltung ganz extrem, die kurzen Beinchen des Jockeys liegen zurückgewinkelt dem Rücken des Pferdes an, sodass er jeden Augenblick zu stürzen droht. Unverfroren, mit vom Wind verstrubbeltem Haar und aufgeworfenen Lippen, nimmt er das triumphierend in Kauf.

Was ich damit sagen will? Die drei beschriebenen Skulpturen entsprechen drei Stadien der Entwicklung der griechischen Kunst. Der Kouros steht für die Archaik oder Frühzeit einer unindividuellen Kunst, die das allgemeine Prinzip des Lebens zum Ausdruck bringen will, Stärke und Jugendkraft feiert. Der Poseidon – oder ist es ein Zeus, der seinen Blitz schleudert? – repräsentiert die Reifezeit dieser Kunst. Sie heißt Klassik. Der Künstler ist im Vollbesitz der technischen Möglichkeiten; seiner Skulptur wohnen göttliches Ebenmaß und ebensolches Selbstbewusstsein inne. Er weiß, was er tut, keine unbewusste Regung überwuchert seinen wachen Sinn.[100] Und der

---

100 Der größte Meister dieser Kunst hieß Polyklet. Er lebte und arbeitete in Argos, einem kleinen Kaff am Nordostrand der Peloponnes. Aber gerade hier formulierte er ein für allemal die Gesetze der Klassik als Meister der plastischen Gestaltung des Menschen. In seinem Buch *Kanon* oder *Richtschnur* (das genau wie alle seine Bronzeskulpturen verlorengegangen ist, erhalten haben sich nur römische Kopien bzw. lateinische Zitate) machte er deutlich, dass der Mensch, und nur der Mensch, Maß aller Kunst sein muss. Aufgabe des Künstlers hingegen ist, ihm göttliches Leben einzuhauchen. Polyklet erlöste das Standbild aus seiner Starre, typisch für seine Skulpturen ist die locker fließende Bewegung, die Spannung und Entspannung in ein Gleichgewicht bringt. An diesem Ideal und an Polyklets Proportionslehre hat sich bis heute kein Falsch gezeigt. Platon nennt ihn den perfekten Künstler und Michelangelos David wäre ohne Polyklets Vorbild nur ein Strichmännchen geworden.

Archaik   Klassik   Manierismus   337

kleine Reitersmann verkörpert die Übertreibungen des Wollens und
den Verlust des inneren Gleichgewichts. Aus fatalem Ehrgeiz droht
ihm der tödliche Sturz, durch keine körperliche Balance mehr gehalten. Diese Phase der griechischen Kunst war der Hellenismus, zeitlich verknüpft mit der Heldengestalt Alexanders des Großen, des Eroberers der halben Welt. Ihr Höhepunkt ist die Laokoon-Gruppe,
gefunden unter Rebstöcken in einem Weinberg bei Rom im Jahre
fünfzehnhundertsechs und heute im Vatikan zu sehen. Sie zeigt den
Todeskampf des trojanischen Poseidon-Priesters und seiner zwei
Söhne mit den Schlangen, die die Götter schickten, um die Entdeckung der griechischen Kämpfer in ihrem hölzernen Pferd zu verhindern. Die Künstler, die sie bildeten, sind, im Gegensatz zu fast
allen anderen Schöpfern antiker Kunstwerke, namentlich bekannt:
Sie signierten ihr Werk. Ein anderes großes und in diese Epoche passendes Beispiel: der Pergamon-Altar im Berliner Museum. Er stellt die
Gigantomachie dar, den Kampf der Olympier mit ihren Rivalen aus
der vorhergehenden Göttergeneration. Alles windet sich, taumelt,
droht zu stürzen, während doch in Wirklichkeit der kalte Marmor
alles über Jahrtausende unverrücklich in Position gehalten hat. Ein
Maler der späteren Renaissancezeit, Giulio Romano, der Mitarbeiter
von Raffael bei dessen Fresken im Vatikan war, hat den Giganten-
kampf in Mantua in dem von ihm selbst entworfenen Sommerpalast
der Gonzagaherzöge, dem Palazzo Té, malerisch wiederholt. Schon
der Raum selbst ist asymmetrisch, ohne rechte Winkel und Kanten,
und die Malerei: schrill, unproportioniert, extravagant, kolossal. Mit
einem allgemeineren Namen nennt man diese Tendenz zum Über-
triebenen, Überdrehten, Gefährdeten auch: Manierismus. Eigentlich
war damit die ›maniera‹ von Künstlern der Spätrenaissance gemeint:
Pontormo mit seiner »Kreuzabnahme Christi«, auf der das Kreuz
durch eine Menschenpyramide ersetzt ist, Parmigianino und El Greco
mit ihren überlängten Proportionen, Architekturen wie von ebendiesem Giulio Romano, dessen Bauwerke stets einsturzbedroht aussehen. Der Name ist jedoch so treffend, dass er inzwischen zur Kenn-
zeichnung jeder hyperindividuellen Stilrichtung in der Kunst steht.

Auch der Hellenismus war also eine Ausprägung von Manierismus. Die Themen sind ausgefallener, bisweilen skurril, die Ausführung gewagter, aber auch die Sehweise stärker mit der Person des einzelnen Künstlers verbunden. Manierismus ist keine Schule, wird nicht vom Lehrer auf den Schüler vererbt, sondern eine Entscheidung: gegen das Überkommene, das in seine Einzelteile zerlegt oder zerschlagen und aus dessen Scherben etwas Neues zusammengesetzt wird. Für die Literatur, denn auch hier gibt es ihn, möchte ich Dir ein Beispiel geben. André Gide lebte auf der Zeitenwende von der alten Ordnung Europas zum Chaos in den Köpfen nach dem Ersten Weltkrieg. In seinem ›ironischen‹ Roman *Die Verliese des Vatikan*, veröffentlicht am Vorabend des Großen Krieges, hat er diese Entwicklung beiläufig nachvollzogen. Im Gang der Erzählung verweigert er dem Leser alles Glück an kontinuierlicher Handlungsentwicklung, Glaubwürdigkeit der Charaktere, innerer Logik des Geschehens. Selbst die Moral geht den Bach runter, nachdem doch alles mit der Bekehrung eines Atheisten zum Katholizismus begonnen hat. Am Ende aber steht ein Mord ohne Motiv, eine Tat ohne Grund. Dieser ›acte gratuit‹ wird Thema einer neuen Literatur für ein neues Jahrhundert werden. Dabei ist das Werk äußerlich das Musterbild eines Romans. Und die Lektüre äußerst vergnüglich. Der Zerfall zeigt sich erst beim näheren Zusehen, wenn etwa die Sprache von der Höhe epischer Erzählkunst zu der Bemerkung herabfällt, der angeblich von Freimaurern in Kerkerhaft gesetzte Papst Leo XIII. sei ›baff‹ gewesen, als man ihn ergriff. Der zu seiner Befreiung aufbrechende Held und Spießbürger wiederum wählt ein Bahnbillett dritter Klasse für seinen Weg nach Rom und ficht seinen heroischsten Kampf gegen die Wanzen, Flöhe und Mücken aus, die ihn nacheinander drangsalieren. Das Werk könnte auch als Schelmenroman durchgehen – leicht nachvollziehbar, dass dieses Genre mit seinen Zweideutigkeiten an Moral,

> Klassik ist ein dynamischer Zustand zwischen Stehen und Stürzen, die Position kann nicht für lange Zeit gehalten werden.

Charakteren und gesellschaftlichen Zuständen in eine Umgebung des politischen Zerfalls passt.

Archaik – Klassik – Manierismus: Diese Dreiteilung ist ein Modell der Entwicklung von Epochen, Stilen, Richtungen; nicht nur in der bildenden Kunst, sondern in allen Künsten, überall, wo der menschliche Geist nach Vollendung strebt. Nur sticht gerade in der Literatur solch ein Entwicklungsschema keineswegs besonders ins Auge, im Gegenteil. Dem Wort gegenüber ist unsere Geschmackstoleranz viel höher als bei Formen, Farben, Gerüchen, Tönen. Papier ist eben geduldig. Durch den weitschweifigen Vergleich mit der Antike möchte ich andeuten, dass die großen Werke der Weltliteratur auf präzise zugewiesenen Plätzen im Verlauf von Entwicklungsbögen stehen. Meist kennen die Literaten ihre Vorbilder und Vorläufer, beziehen das Neue auf das Alte, schöpfen bildungssatt aus dem Brunnen des schon Gewesenen, formen um, formulieren neu. Unbewusste Kunstwerke, die der schreibfreudige Dilettant einfach so aufs Papier wirft, hat es zwar immer gegeben, sie bilden aber die bemerkenswerten Ausnahmen.

Die ›Alten‹ – so war früher die heimelig-familiäre Bezeichnung für Griechen und Römer – waren unmittelbar zu Gott, oder der Vielfalt ihrer Götter, um der Menge gerecht zu werden. Das hieß für die Antike in Literatur und Leben, dass die Einbeziehung des Göttlichen allgegenwärtig war. In den Staatsgeschäften geschah das über die selbstverständlich notwendigen Opfer an die Olympier – oder wer gerade zuständig war –, die jeder Entscheidung voranzugehen pflegten, im Privaten über die persönliche Zuständigkeit von Schutzgottheiten für das Wohl des Einzelnen; vielleicht in der Liebe noch am wenigsten: Kommt Catull in Ekstase, hat er den Schutz von Venus und Cupido nicht nötig. Bezeichnenderweise war die Liebesgöttin dann wieder beim Glücksspiel gefragt, hieß der höchste Würfelwert doch ›Venuswurf‹.

Als die heidnischen Götter durch den einen, aber immernoch dreigeteilten Christengott ersetzt wurden, änderte sich nicht viel. Aller Skeptizismus reduzierte sich auf die Frage, wie direkt unsere menschlichen Angelegenheiten von Gott gelenkt werden. Das Mittelalter trug diese Debatte gelehrt, zunehmend spitzfindig und weitschweifend aus, Renaissance und Barock, die eben auch – und hierzulande vor allem, sogar wenn gerade der Dreißigjährige Krieg tobte – Zeitalter von Reformation und Gegenreformation waren, drückten ihr Gottvertrauen unter anderem in prächtiger Sakralarchitektur aus: In Rom siehst Du die Kathedrale von Sankt Peter oder die Jesuitenkirche von San Andrea als erste Werke ihrer Zeit. In Literatur und Malerei entstanden neue Möglichkeiten der Auseinandersetzung mit den Verhältnissen. Aber vieles an weltlicher Kunst ist verlorengegangen. Als im Jahr vierzehnhundertachtundneunzig in Florenz der Mönch Savonarola vor dem Palazzo Vecchio verbrannt wurde, waren erst kurze Zeit zuvor auf derselben Piazza della Signoria unter seinem fundamentalistischen Einfluss künstliche Zöpfe, profane Bücher und anstößige Bilder zu Scheiterhaufen getürmt und angezündet worden – nur durch die Folgen solchen Bildersturms entsteht heute der Eindruck, die Renaissance hätte vorrangig Kirchenkunst zuwege gebracht.

Dass der Mensch auf seinem Planeten nicht im Zentrum himmlischer Bedeutsamkeit steht, sondern gottverlassen im Weltall kreist, die Erde vielleicht nur eine Randerscheinung im Universum ist, war eine Ernüchterung, die Folgen hatte. Zum ersten Mal in der Geschichte des Denkens kam das Gottvertrauen, das so schwer erworbene, wieder abhanden. Die freigewordene Stelle besetzte – der Mensch selbst. So kam es zur ›Aufklärung‹. Nur die Könige mochten noch an einen ungerechten Gott glauben, denn von dem hatten sie ihre Macht empfangen. Sie träumten nicht einmal davon, deswegen je zur Rechenschaft gezogen zu werden. Aber je mehr es mit dem Gottesgnadentum den Bach runter ging, desto imposanter wurde der *Mensch* wieder zum *Maß aller Dinge*. Diesen Satz, lateinisch *homomensura*, hatte der Dir bereits vorgestellte Protagoras in Athen geprägt, allerdings damals auf die beschränkte Wahrnehmungs- und Urteilsfähigkeit des Individuums gemünzt. Auf dieses Selbstverständnis in seiner stolzen Verkürzung gründete sich nun die ›Klassik‹. Klassische Phasen sind ihrer Natur nach kurz, da der Mensch nichts weniger ertragen kann als Vollkommenheit. Sofort erstand in der ›Romantik‹ eine Gegenbewegung mit der Tendenz zur manieristischen Aufweichung. Sie stellte die Schatten- und Nachtseite des Menschen in den Vordergrund, immer bereit zur Übertreibung als Karikatur oder Monstrosität. Aus der Klassik hervor ging, nach einigen revolutionären und reaktionären Zwischenspielen, die »Vormärz« oder »Biedermeier« hießen, der »Realismus«. Er bewahrte ihre Grundwerte. Anstelle des Verses, der Poesie und des Theaters wurden Erzählung und Roman wichtigste literarische Formen. Es handelte sich um eine solide und aufrichtige künstlerische Einstellung mit hundert Jahren Haltbarkeit.

In dieser Zeit politischer und gesellschaftlicher Erstarrung wurden die Grundlagen unseres Zusammenlebens, die sozialen Faktoren, erforscht und wissenschaftlich beschrieben. Aus dieser Bewusstmachung ergaben sich utopische Ideen wie Sozialismus und Kommunismus oder auch die Lehre von der Ökonomie, der Macht der Märkte. Dieselben lebensweltlichen Zuspitzungen indes, die den Ersten Weltkrieg zur Folge haben sollten, ruinierten auch die Schlichtheit des Realismus. Zunächst rauhte seine Oberfläche auf, er wurde zum ›Naturalismus‹. Der interessierte sich für soziale Verhältnisse und Zustände, die bis dahin nicht literaturfähig gewesen waren. Die Deklassierten und Entrechteten bekamen eine Stimme, Gesicht und Charakter. Dadurch verschob sich die Optik, der Naturalismus war ein mit einem Brennglas bewaffneter Realismus, der auch die dunklen und intimen Bezirke des menschlichen Lebens zu beleuchten trachtete. Wer statt des Brennglases einen Weichzeichner verwendete, erhielt dafür die Sichtweise des ›Impressionismus‹. Dann, im Gefolge des Ersten Weltkriegs, zerlegte sich die Literatur wie in einem Kaleidoskop in unzählig viele Richtungen oder besser: explodierte, wie die Welt rundherum. ›Expressionismus‹, ›Dadaismus‹, ›Futurismus‹, ›Surrealismus‹, halluzinatorische Strömungen, intuitive, extrem individuelle waren die Splitter dieser Detonation; mit einem Wort, da ein allgemeiner Stil abhandenkam, begann die ›Moderne‹ oder: die Herrschaft des Ichs.

Archaik – Klassik – Manierismus. Die erste Phase steht für Statik, für Reduktion und Abstraktion. Der Künstler zeigt wenig von sich, bleibt zumeist namenlos. Selbst wenn wir seinen Namen kennen, können wir ihn nur schwer mit einer Lebensgeschichte verknüpfen; inhaltlich bereitet er aber die weitere Entwicklung seiner Epoche vor. Der rare Moment des Klassischen, kurz im Verhältnis zum Vorausgegangenen, wird im Rückblick wie von den Zeitgenossen als Höhepunkt erlebt und wahrgenommen. Man erzählt, dass die Bürger von Florenz vor Begeisterung Beifall klatschten, als sie die Baufortschritte an der Alten Sakristei der Kirche von San Lorenzo zu Gesicht bekamen, dem kleinen Meisterwerk des Architekten Filippo Brunelleschi. Warum? Der Wunsch nach einer Vollendung in der Form hatte für die Renaissance eine Gestalt bekommen, eine nicht steiger- oder verbesserbare, eben eine klassische.

Wir sprechen unter bestimmten Bedingungen von einem ›klassischen Gesicht‹. Ist es besonders schön? Diese Frage kann ich nicht beantworten. Eine gerade Nase ist vielleicht ›klassisch‹, aber nicht schöner als die geschwungene, gebogene, hakenförmige oder gar als die Stupsnase, nämlich je nachdem wie sie in das Gesicht passt. Die Stupsnase würde Pippi Langstrumpf stehen, zu Greta Garbo hingegen nicht passen. Und ohne Gesicht ist jede Nase hässlich. Eben nur ein Knorpel, der gerade zum Anwärmen und Reinigen der Atemluft taugt. Für die Kunst wiederum bedeutet dies, dass die Perfektionierung von Form wie Inhalt im Streben besteht, eine bestimmte sich anbahnende Entwicklung zu einem nicht mehr steigerbaren Höhepunkt zu führen. So wie bei der Alten Sakristei: Ihr Innenraum besteht aus lauter geometrischen Grundformen, die Wände sind quadratisch, der Raum bildet einen Kubus, die Decke eine Halbkugel, der Halbkreis und das Dreieck verbinden die Teile miteinander. Würden nun alle Bauwerke diesem Vorbild nacheifern, wäre das nicht nur höchst langweilig, es ist auch sofort einsehbar, wie unpraktisch, wie wirklichkeitsfremd das wäre. Die in der Klassik kristallisierten Erkenntnisse drängen danach, als Steinbruch für künftige Umformulierungen, vielleicht Weiterentwicklungen, vielleicht Irrungen, zu dienen. Im Zuge der Umarbeitung wird verzerrt, vergröbert, ironisiert, mit neuen Formen experimentiert. Der rechte Winkel verschwindet, die Kugel wird zum Sphäroid, die Geraden zur

Die Klassik   Fraktale   343

S-Kurve, mit einem Wort: Manierismus entsteht. Vom Gipfel weg geht
es zwar nur in eine Richtung, bergab nämlich, so wie es vom Nordpol
aus nur Süden gibt; der weitere Weg ist dadurch allerdings noch nicht
vorgegeben. Verschiedene sind möglich, beim Verlassen der hehren Regionen des Klassischen eröffnen sich gleichzeitig Aussichten auf ganz
neue Gefilde der künstlerischen Betätigung. Die Enge und Beschränktheit eines Formenkanons weicht der Freiheit neuer, unerprobter und
ungebändigter Ausdrucksmöglichkeiten.

Nun könnte es uns so vorkommen, dass dieses Entwicklungsschema nicht nur auf die Gesamtgeschichte von Kunst, sondern auch
auf den Ablauf einzelner Kunstepochen, vielleicht sogar auf die Biographien einzelner Künstler anwendbar sei. Ich glaube, dem ist auch
so. Als Beleg für diese Vorstellung, dass sich im Einzelnen die großen
Entwicklungen widerspiegeln, so wie etwa ein menschlicher Embryo
die ganze Entwicklungsgeschichte des Lebens ab ovo nachvollzieht,
denke ich an die neue Wissenschaft von den Fraktalen. Es handelt sich
dabei um eine mathematische Beschreibung eines Unendlichkeits-
phänomens. Eine uns sichtbare Oberfläche besteht bei starker Vergrößerung genauso wie in der Verkleinerung, wenn man sozusagen
aus der Vogelperspektive darauf schaut, aus lauter Oberflächen derselben Beschaffenheit, die bei wiederum extremer Vergrößerung oder
Verkleinerung dasselbe Phänomen nochmals zeigen und so immer
weiter. Beispiele sind etwa die Küstenlinien der norwegischen Schä-
ren oder die sich überschlagende Welle im Holzschnitt des Hokusai, die ihrerseits aus vielen kleinen sich brechenden Wellen besteht,
die … Du hast verstanden. Diese Überlegungen entnehme ich dem
in wesentlichen Teilen allgemeinverständlichen Buch *Die fraktale Geometrie der Natur* von Benoît Mandelbrot, dem Entwickler dieser Theorie.
Übertragen auf die Literatur: Das Lebenswerk eines Schriftstellers und
jedes einzelne seiner Werke wären die Verkleinerung der Epoche, in
der er lebt und schreibt; die Epoche wiederum stünde an einem sozusagen anhand ihrer Form bestimmbaren Platz im Ablauf größerer Zusammenhänge, immer erkennbar am Aufeinanderfolgen archaischer,
klassischer und manieristischer Elemente.

Auch die Abschweifung gehört zu einem Buch, das sich tendenziell kurz fassen will, und ich bitte um Verzeihung, wenn ich gelangweilt habe. In diesem Fall war es das Recht des Lesers, auch mal ein paar Seiten zu überspringen. Kommen wir also zum Thema zurück, genauer zu jenem Moment, als der Künstler anstelle des Göttlichen den Menschen in den Mittelpunkt seiner Gedanken und Mühen setzte. Diesen Augenblick kann man präzise fassen. Es geschah am ersten Tag des November im Jahre des Heils siebzehnhundertfünfundfünfzig, dass die Stadt Lissabon durch ein Erdbeben völlig zerstört wurde. Das war für alle Skeptiker ein Zeichen des Himmels, dass nach der Abdankung der olympischen Götter nun auch der Christengott die Verantwortung für das Geschick der Erde niedergelegt hatte. Wie hätte er den Tod von vielen zigtausend Menschen gewollt haben können? François Marie Arouet, der sich Voltaire nannte, erzählt diese Geschichte in seinem kleinen Roman *Candide oder Der Optimismus*. Der Philosoph Panglosse, ein treuer Propagandist der Formel, dass wir in der besten aller möglichen Welten leben, wie sie der deutsche Philosoph und Mathematiker Gottfried Wilhelm Leibniz aufgestellt hatte, und der bisher jedes Missgeschick zu erklären in der Lage war, ist beim Anblick der Verheerung von Lissabon überfordert mit der Entschuldigung seines Gottes; die Inquisition hängt ihn dafür an den Galgen. Das ist keineswegs als Tragödie gemeint, zumal Panglosse als Syphilitiker wiederaufersteht, sogar alles andere als das; Leonard Bernstein, der geniale Komponist der »West Side Story«, mit der er Romeo und Julia in die Bronx verpflanzte, und großartige Dirigent von Beethoven und Mahler, machte »Candide« zu einer komischen Oper mit lebenssatten Szenen und einem Feuerwerk zündender Melodien in Ohrwurmqualität.

Literarisch, das meint: was Feinheit des Ausdrucks angeht, bleibt das Zeitalter uns manches schuldig. Bei allem Eifer des Aufklärens musste das Ringen um künstlerische Gestaltung zurücktreten. Es wurde mit leichter Hand geschrieben, tagesaktuell produziert. So sind vor allem Satiren das Mittel der Wahl, Voltaires Schriften können insgesamt als großer satirischer Angriff auf die alten Bastionen des Denkens und Glaubens gesehen werden.

Die ungleich feinere Klinge führten die ›Moralisten‹. Diesen Ehrentitel trägt zusammengefasst eine Epoche von Denkern und Schriftstellern, die vom Geist der Renaissance in ihrer Bewunderung für die Philosophie der Antike und ihrer Begeisterung für die Erkenntnisse der Naturwissenschaften und Gesellschaftslehre berührt waren. Paris war für sie nicht der Nabel der Welt, sondern ein Geschwür, für das sie keine Heilung wussten, als es mit Ironie zu behandeln. Sie alle hielten sich fern vom Hof der Sonnen- und anderer Könige und schätzten die Ruhe der Zurückgezogenheit. Die Verantwortung des geselligen Wesens Mensch stand im Mittelpunkt ihrer Sorge. Ihre Ahnenreihe beginnt mit Blaise Pascal, dessen Verdiensten um Mathematik und Naturwissenschaft zu Ehren die physikalische Einheit des Drucks sowie eine Programmiersprache benannt wurden. Seine *Pensées* sind eine große Sammlung von *Gedanken*splittern – speziell über die Versöhnung des Menschlichen mit dem Göttlichen –, mit denen er Mode macht. Aphorismen gehören von da an zur Ausdrucksweise des eleganten Denkers. Sein Zeitgenosse La Rochefoucauld mit seinen *Maximen* und der Vicomte de Montesquieu (*Meine Gedanken*, in einer neuen Ausgabe des großen Kenners Henning Ritter greifbar) werden es ihm nachmachen. Montesquieu ist insofern besonders aktuell, als er mit seinen *Persischen Briefen* eine alte Form der Kritik, nämlich die durch die Augen des Fremden geübte, hier des Persers Usbek, neu belebte. Das entspricht dem, was der Ire Jonathan Swift als Ursituation der satirischen Attacke in *Gullivers Reisen* beschrieben hatte. Im Fremden, durch optische Tricks extrem vergrößert oder verkleinert, können wir mühelos unsere eigene Situation wiedererkennen. Swifts Waffe war allerdings der schwere Säbel. Unvergessen die Szene im *Gulliver*, wie der Staatsgefangene im Lande Lilliput den Brand des Königspalastes mit einem kräftigen – Urinstrahl löscht. Auch in seinem *Tonnenmärchen*, einem rüden Angriff auf kirchliche

Wenn jemandem Deine Nase nicht passt, ist das ein qualitatives Geschmacksurteil mit weitreichenden Auswirkungen.

Indoktrination und staatliche Bevormundung, zeigt Swift, wes Geistes Kind er ist: eher der Typ des Aufklärers als der des Moralisten.

Die *Fabel* ist die eigentümlichste Ausdrucksweise des Moralisten, enthält jede doch bereits eine ›Moral‹ (im antiken Vorbild hieß das: Epimythion) an ihrem Ende. Jean de La Fontaine ließ sie wiederauferstehen und schuf den reichsten Schatz – gereimt, und später dann von Grandville köstlich illustriert mit Tieren, die Menschen zum Verwechseln ähnlich sehen. Die Fabel und der Moralist, das passt zusammen bis zu Erich Kästner und seiner *Konferenz der Tiere*.

Der Stammbaum der französischen Moralisten endete mit Nicolas Chamfort, erlebte der doch noch den Beginn der Revolution als Katastrophe; da er auf der falschen Seite stand, machte er seinem Leben ein Ende, bevor es jemand anders tun konnte. Er hinterließ einen Vorrat an Sentenzen, die dem resignierten Charakter seines Denkens Ausdruck verliehen: »*Das Glück«, sagte Herr ***, »ist eine schwierige Sache. In uns finden wir es nur schwer und außer uns gar nicht.*« Das stimmte zwar, half aber dem Unglücklichen nicht, wie er jetzt Gestalt und Stimme bekam. Ins bürgerliche Jahrhundert gelangten nur noch einige Partikel des moralischen Denkens, etwa eingebettet in die *Lundis* oder *Montagsplaudereien*, mit denen der Literaturkritiker Charles Augustin Sainte-Beuve über Jahrzehnte die Zeitungswoche eröffnete. In den Werken Stendhals und Balzacs, später auch Zolas, blieb der Geist der Moralisten lebendig als Prüfinstanz der gesellschaftlichen Zerfallserscheinungen. Auch den Schlusspunkt setzt ein echter Moralist: Angelehnt an La Fontaines Fabel von *Grille und Ameise*, aber im Telegrammstil, zeigt Jules Renard ungeschminkt das Gesicht der parasitären Existenz. *Der Schmarotzer,* der sich auf seiner Visitenkarte lapidar Henri nennt und an der Familie des Fabrikbesitzers Vernet festsaugt, verzichtet bewusst auf Eigenständigkeit des Lebens und der Meinung, offenbar also ein schon ganz und gar moderner Charakter.

Denis Diderot war der große und scharfe Geist der Aufklärung. Jugendlich, im Schmuck seines eigenen, nur leicht gepuderten Haupthaars, angetan mit einem bequemen, doch modischen Rock, gerötete

Die Fabel   Diderot 347

Wangen und frischer Blick, die unvermeidliche Feder zur Hand, so
schaut er aus dem Bild des Louis-Michel van Loo. Unsterblich machte
er sich durch die *Encyclopédie*, den umfassenden Wissensschatz seiner Zeit. Mit ihr, die er in achtundzwanzig Bänden, mit hervor-
ragenden Illustrationen, herausgab, begann das Zeitalter der Lexika,
der Wissenssammlungen. Das Universalgenie Diderot schrieb auch
Romane wie *Die indiskreten Kleinode* und *Die Nonne:* Der erste verbindet
Exotik mit Erotik nach dem damaligen Publikumsgeschmack, indem
er die schlüpfrige Handlung – die indiskreten Kleinode sind weibliche Geschlechtsorgane, die zauberhafterweise zum Sprechen gebracht werden – in das imaginäre Land Kongo verlegt; im zweiten erzählt die unglückliche Heldin, unter wie gewaltsamen Umständen sie
als Ordensschwester rekrutiert und wie schlecht sie anschließend behandelt wurde; am Ende verlässt sie das Kloster, ihr weiteres Geschick
bleibt ungewiss. Der kleine Dialog *Rameaus Neffe* mit tagesfrischen Ge-
hässigkeiten – bei dem Gesprächspartner des Philosophen handelt es
sich wahrhaftig um den Verwandten des großen Komponisten Jean
Philippe Rameau, eine verkrachte Existenz – verdankt seine Bekannt-
heit bei uns der Tatsache, dass Goethe ihn übersetzte und liebevoll
kommentierte. *Jacques der Fatalist und sein Herr* ist ein weiterer Dialog,
der an eine Episode aus Sternes *Tristram Shandy* anschließt. Mit Sympathie wird der Charakter des naiven Dieners gezeichnet. Die absurden
Machtverhältnisse nehmen das Paar Pozzo und Lucky in Samuel Be-
cketts *Warten auf Godot* vorweg.

Diderots konnte man in dieser Zeit überall gut brauchen. Und überall standen Männer seines Schlages auf, um Licht ins Dunkel zu bringen. In England machte dies Samuel Johnson, wegen seiner Gelehrsamkeit gerne ›Doktor‹ genannt. Die Perücke schlampig in die Stirn
gedrückt, sitzt er da und hält sich eine Zeitung, vermutlich den von
ihm selbst herausgegebenen »Rambler«, direkt vor die Augen, denn
Kurzsichtigkeit ist häufig der Preis für Scharfsinnigkeit. So hat ihn Joshua Reynolds porträtiert. Seine Verdienste waren das erste brauchbare Lexikon der englischen Sprache, die erste angemessene Würdigung Shakespeares und ein Leben voll witziger Gedanken in Abwehr

348   Kapitel 6 Helden, selbst wenn sie versagen

all der tauben Nüsse um ihn herum. Zum Glück hatte er einen treuen
Begleiter und Kampfgefährten in James Boswell, der *Das Leben Samuel
Johnsons* zur Mutter aller modernen Biographien – zumal von Geistesgrößen – machte. Der Verstandesheros verfügt nicht etwa über Kräfte
in Hirn und Bizeps, sondern ausschließlich in dem auf möglichst zarten Schultern sitzenden Zentralorgan des Denkens.[101] Auch charakterlich muss er keineswegs glänzen, unverzichtbar dagegen ist ein
Stich ins Sonderlingshafte und Einzelgängerische. *Johnson hat zwar
etwas Grobes in seinem Benehmen, aber kein lebender Mensch hat ein weiche-
res Herz. Er hat nichts vom Bären an sich als sein Fell.* So sprach sein Freund
Oliver Goldsmith, selbst Aufklärer mit seinem Werk *Der Weltbürger*
und Meister des sentimentalen Romans mit dem wirklich rührenden
Vikar von Wakefield, der ganz Europa heiße Tränen über harmlose Un-
glücksfälle in einer netten Familie vergießen ließ.

Die Liberalität, die England im Religiösen fehlte, seit Heinrich der
Achte sich zum Kirchenoberhaupt aufgeschwungen und der
Anglikanismus die Pilgerväter in die Neue Welt gezwungen hatte,
zeichnete das Land im praktischen Denken aus. Kein Wunder, dass
hier mit Thomas Hobbes, der das Gemeinwesen als furchterregende
Körperschaft, als *Leviathan* beschrieb, und Isaak Newton, dem der
sprichwörtliche, der Gravitation folgende Apfel aufs Haupt fiel, die
Leuchten der Physik und der Staatslehre strahlten. John Aubrey hat
die Galerie kluger, häufig auch skurriler Köpfe, die in England dachten, in seiner *Lebensentwürfe* genannten Sammlung kleiner biographischer Skizzen vorgeführt; Samuel Pepys, ein Beamter, gibt uns

---

101 Als besondere Zierde werden beim Denker körperliche Gebrechen angesehen: Johnson etwa ist seit frühester Kindheit fast blind durch die Einwirkung der Skrofeln. Hier
nun präsentiert uns Boswell, der auch noch mit seiner Reiselust und dem dadurch er-
möglichten Besuch bei Goethe vorbildlich wurde, seine köstlichste Pointe, denn diese
Skrofeln, die seit undenklichen Zeiten von den (wundertätigen) Königen durch Handauflegen geheilt wurden, gerieten auch in die Therapie der gerade zuständigen Queen
Anne. Und siehe da, am künftigen Aufklärer versagte die Kunst der Königin! Das war
zwar ein schöner Beleg für seine Resistenz und Renitenz gegen irdische Autorität, leider aber auch der Grund, warum Johnson zeit seines Lebens auf starke Sehhilfen angewiesen blieb.

in seinen lebensprallen *Tagebüchern* einen Eindruck vom in vieler Hinsicht anregenden Klima der Zeit – er ist neben seiner Vorliebe für Predigten und Braten auch hinter jedem Rock her. Bernard Mandeville machte in der *Bienenfabel* eine glänzende Analyse der sozialen Zugleich Missstände. Erst die Arbeit dieser kritischen Geister bereitete den Boden für den Gesellschaftsroman, der die literarische Umsetzung des theoretisch Gewonnenen bringen würde.

Aus Norwegen musste Ludvig Holberg kommen, um die Dänen zu erleuchten. Das probate Mittel dafür war sein Humor, er schuf Komödien nach dem Vorbild des italienischen Stegreiftheaters mit aktuellen Inhalten, die bis heute lachen machen, *Der politische Kannengießer, Jeppe vom Berge* und die *Maskerade*. Mit ihr attackierte er das Verbot der beliebten Maskenbälle – von Carl Nielsen wurde der dankbare Stoff zur schwungvollen Oper verarbeitet. Verdis »Maskenball« nach dem historischen Vorbild der Ermordung des schwedischen Königs Gustav III. bei einem Mummenschanz hatte gezeigt, wie gefährlich für gekrönte Häupter es sein konnte, sich unters Volk zu mischen. Prompt wurde der »Maskenball« überall von der Zensur verboten. Erst als Verdi die Handlung ins potentatenfreie Amerika verlegte, durfte die sprengstoffhaltige Oper aufgeführt werden. So leicht ließ sich die Behörde austricksen, wenn man geschmeidig genug agierte. Holberg gab uns auch interessante *Nachrichten aus meinem Leben;* dass die Dänen neugierig waren, zeigt uns Jens Baggesen, der seine verwirrenden Eindrücke von einer Europatour in *Das Labyrinth* schildert. Derartige Reiseberichte wurden ein beliebtes Lesefutter für die Daheimgebliebenen.

Der Moralist will niemanden treffen, nur seinen eigenen Standpunkt klarmachen. Er hält sich fern von der Möglichkeit, etwas verändern zu können oder zu müssen. Aber er wird von anderen gehört, die das ganz anders sehen.

Was den Franzosen ihr Diderot, soll uns Georg Christoph Lichtenberg aus Göttingen sein. Sein Werk, in der Breite überschaubar, ist in der Tiefe nicht auszuloten. *Wenn ein Buch und ein Kopf zusammenstoßen, und es klingt hohl, ist das allemal im Buch?* Solcherart ist Lichtenbergs

Witz und Verständnis seiner Aufgabe. Ein Funkenflug von Einfällen sind seine täglichen Notizen, *Sudelbücher* genannt, für deren Erwerb jeder Neugierige seine letzte Hose geben sollte. Verstand bedeutet bei ihm vor allem, dass er von allem etwas verstand. Er war Philosoph, Mathematiker und Astronom; das mit dem Fernrohr bewaffnete Auge setzte er im Kampf um die Erhellung der Köpfe seiner Zeitgenossen ein. In der Galerie deutscher Denker mit Vorliebe für Ehelosigkeit ist Lichtenberg bereits die zweite Gestalt voller Eigenwilligkeit und Seltsamkeit – im nächsten Jahrhundert werden weitere dazukommen. Die erste war Immanuel Kant. Der Königsberger Philosoph, übergroßer Kopf mit Zopfperücke auf einem winzig kleinen Körper, war für diverse Absonderlichkeiten bekannt; man pflegte in Königsberg nach seinem Tagesablauf die Uhren zu stellen, und als er seinen langjährigen Diener Lampe, an den er sich so gewöhnt hatte, wegen eines Diebstahls entließ, kommandierte er sich selbst auf einem Spickzettel: *Lampe vergessen!* Lichtenberg, dessen ebenso zarter Körper unter der Verkrüppelung durch die Rachitis litt, war Galanterie und Menschenfreundlichkeit angeboren; sein lächelndes, breites Gesicht schaut uns unter einer seltsam schief sitzenden Zweitfrisur aufmunternd an – solange wir atmen, haben wir noch die Chance, klug zu werden.

Am Aufklärer versagt der Zauber des Absoluten. Dafür lebt er mit Gebresten und bevorzugt alleine.

Diderot versuchte sich auch auf dem Theater, mit dem Erfolg, dass heute nichts aus seiner Produktion mehr gezeigt wird. Der Meister der Bühnen hieß stattdessen Pierre Carlet de Marivaux. In seinen Stücken stehen die menschlichen Beziehungen auf dem Prüfstand. Die Ausgangssituationen haben häufig den Charakter einer Versuchsanordnung, wenn etwa eine Gruppe Kinder auf einer Insel ausgesetzt wird und der Autor die Entwicklung ihres Gefühlslebens beobachtet. *Das Spiel von Liebe und Zufall*, im bürgerlichen Milieu angesiedelt, bleibt sein größter Theatererfolg bis heute; unter einer dünnen Schicht Konventionalität – Herrschaften und Diener tauschen die Rollen, um die gegenseitige Liebe zu prüfen[102] – verbirgt Marivaux die Schärfe seiner Satire, in der er die Frage nach den Triebfedern unseres Handelns stellt. Sein Vorgänger in der Publikumsgunst war ja kein Geringerer als Molière (bürgerlich Jean Baptiste Poquelin) gewesen; der hatte Typen auf die Bühne gebracht, und zwar auf die Hofbühne des Sonnenkönigs. Seine realistischste und zugleich boshafteste Schöpfung: der *Tartuffe*, der (religiöse) Heuchler aus Eigennutz. Über seine Zeit, seine Angewiesenheit auf die Gunst Ludwigs XIV., kann man in dem kleinen historischen Roman *Das Leben des Herrn de Molière* von Michail Bulgakow viel Interessantes erfahren; Bulgakow seinerseits bildete darin schlampig kostümiert sein eigenes Verhältnis zu Stalin nach – davon anderswo. Die Figuren Molières ergeben ein psychopathologisches Kabinett: der *Habgierige*, der *Eingebildete Kranke*, der *Menschen-* und der *Weiberfeind* – die er als versierter Schauspieler auch allesamt selbst verkörperte. Hier reiben sich Außenseiter an den Klippen des wahren Lebens die Finger (wenn nicht die Herzen) wund; Marivaux dagegen zeigt Konstellationen, gesellschaftliche Stresssituationen und ihre Bewältigung, wobei es selten ohne blutige Nasen abgeht. Da bleibt das Lachen schon mal im Halse stecken.

Das Leben der Marianne zeigt Marivaux' Theaterstil in Prosa übersetzt. Die Heldin Marianne, ein Findelkind, wird in diesem üppig ausgeschmückten Roman immer wieder in Prüfungssituationen gestellt, die sie glänzend besteht. Typisch für das ausgehende Rokoko, dass ihr trotzdem ein Happy End verweigert wird. *Der Bauer im Glück*, Gegenstück zur *Marianne* und wie sie unvollendet geblieben, ist ein ehrenwerter Vorfahre von Maupassants Bel-Ami: Über die Zuneigung von Frauen steigt der Held die Stufenleiter des gesellschaftlichen Erfolges empor. Das Geschehen wird allerdings immer wieder von theoretischen Einschüben gebremst und selbstverständlich knarrt das Gerüst der Handlung in den Balken vor Überkonstruiertheit.

---

102 »Così fan tutte« heißt Mozarts ganz ähnlich angelegte Feuerprobe der Herzen. Die Musik ist eigentlich zu schön geraten für eine so desperat herbe Handlung, denn Standhaftigkeit der Liebe kann man schlichtweg nicht beweisen – vortäuschen aber mit Leichtigkeit.

352   Kapitel 6 Helden, selbst wenn sie versagen

Jean-Jacques Rousseau, aus Genf gebürtig, aber lange Jahre in Frankreich zu Hause, war ein Multitalent, das auch Opern komponieren
konnte. Diese Art von Vielseitigkeit wurde seinerzeit mit der Mutter-
milch eingesogen; in der *Encyclopédie* beschrieben Diderot, Rousseau,
Voltaire und die anderen Mitarbeiter schließlich sämtliche bekannten
Phänomene ihrer Welt, also auch technische, naturwissenschaftliche
usw., und brauchten für ihre Arbeit die universelle theoretische Neugierde. Rousseaus wichtigstes Spezialgebiet war die Sozialforschung.
Als Staatstheoretiker setzte er den *Gesellschaftsvertrag* auf. Es geht darum,
den Menschen mit der Natur, mit den Gesetzen der Biologie zu ver-
söhnen. Er verfasste den Traktat *Émile oder Die Erziehung;* so wurde er
zum Pädagogen des Jahrhunderts – seine fünf eigenen Kinder ließ er
allerdings im Findelhaus aufziehen. Mit dem Roman *Julie oder Die neue
Heloïse* schuf er ein Muster für die Epoche der Empfindsamkeit; er erinnert im Titel an die mittelalterliche Liebestragödie des Mönches und
bedeutenden Theologen Abälard und der Heloïse – das heimliche Paar
wird gewaltsam getrennt, Abälard von Heloïses Onkel zur Sühne der
lästerlichen Beziehung entmannt, die Liebenden aber bleiben ein Leben
lang geistig vereint –, deren Schicksal die verheiratete Julie und Saint-
Preulx als unglücklicher Dritter nacherleben. Es handelt sich um einen
Roman im Stile von Samuel Richardsons Riesenschmökern wie der *Pamela* über ein belohntes, standhaftes Dienstmädchen oder der *Clarissa,*
dem großen Bestseller der Epoche, in Briefform wie diese beiden und
später Goethes *Werther,* die nächste Geschichte einer unerfüllten, tragisch endenden Liebe. Das Publikum leidet mit, hier sind die größten
Bucherfolge eines ganzen Jahrhunderts beisammen.

Ein neues literarisches Betätigungsgebiet ist die Exotik. Voltaire
fügte mit dem *Ehrlichen Huronen* den edlen Wilden in das Figuren-
kabinett der Aufklärung ein. Dieser Wilde ist näher zu Gott (gleich: zur
Natur, einen anderen Gott gibt es nicht mehr), auch wenn er keinen
Rosenkranz am Lendenschurz festgemacht hat; Bernardin de Saint-
Pierre beschreibt in seiner Idylle *Paul und Virginie,* die hauptsächlich auf
Mauritius spielt, wie die Entfremdung vom Naturzustand den Men-
schen unglücklich macht und eine herzzerreißende Tragödie herauf-

beschwört. Von dorther führt diese Entwicklungslinie über Figuren wie George Sands Kreolin *Indiana* weiter zu allen Zusammenstößen zwischen exotischer Anmut und europäischer Grobschlächtigkeit, die danach folgen sollten. Erst der Kolonialismus, dann der Tourismus würden dafür verantwortlich sein.

Seine Kritik an der katholischen Kirche zwang Voltaire zur Auswanderung in die Schweiz; auch den Islam diskreditierte er mit der Tragödie *Mahomet,* in der er den Propheten als Betrüger mit einem Hang zu mörderischer Gewalttätigkeit beschreibt. Gleichzeitig war er auf der Höhe aller naturwissenschaftlichen Entdeckungen der Zeit; mit seiner Freundin Madame de Châtelet stellte er Newtons Gravitationsexperimente und Galileis Fernrohrerkundungen nach, mit Friedrich dem Zweiten und Katharina, den großen Herrschergestalten Preußens und Russlands, war er zeitweilig eng befreundet und in regem Briefaustausch.

Bei aller schuldigen Bewunderung ihrer Geistesgröße und ihres persönlichen Mutes, den drei großen Figuren der französischen Aufklärung – Diderot, Rousseau und Voltaire – haftet insgesamt das Besserwisserische und Querulantische als Makel an. Auf den zeitgenössischen Porträts erscheint Voltaire entweder mit der oberhalb des durchdringend blickenden Augenpaares sich türmenden Allongeperücke als Weltmann oder mit einer Art Nachtmütze auf dem Kopf, unter der er seine spitze Nase vorreckt: So werden die zwei Seiten seines Wesens augenfällig.

Keiner der drei erlebte den Ausbruch der Französischen Revolution. Ein gnädiges Schicksal ließ sie zu Vorbereitern werden, die nicht mitansehen mussten, wie ihre Hoffnung auf Freiheit und Gleichheit von Wohlfahrtsausschüssen zerredet und von einem korsischen General liquidiert wurde. Der Mann, dem dies widerfuhr, war der Autor der revolutionärsten, zündendsten Theaterstücke der Epoche und hieß Pierre Augustin Caron de Beaumarchais; er hat durch seine Figaro-Trilogie einige der schönsten Opern der Musikgeschichte möglich gemacht, zuallererst: Rossinis »Barbier von Sevilla« und Mozarts »Hochzeit des Figaro«. Der dritte Teil *Ein zweiter Tartuffe oder Die*

354   Kapitel 6 Helden, selbst wenn sie versagen

Schuld der Mutter war dann ein weniger durchschlagender Erfolg. Im vorrevolutionären Paris war die Demaskierung eines adligen Verführungsathleten und die Vorstellung, wie er von seiner Dienerschaft genasführt wird, Theatersprengstoff, der nicht nur die Kassen klingeln ließ, sondern selbstverständlich auch Zensur und Geheimpolizei auf den Plan rief – und Beaumarchais ein Held. Später musste er für längere Zeit Frankreich verlassen, allerdings mehr zwielichtiger Geschäfte als seiner politischen Einstellung wegen, denn der Unterhaltungswert seiner literarischen Produktion war so hoch, dass wichtige adlige Gönner die Hand über ihn hielten. In der Person Beaumarchais' zeigen sich der intellektuelle Glanz der Revolution und zugleich ihre korrupte Schattenseite.

Gehen wir wieder zurück in die Zeit Diderots. Überall in Europa wurde nun aufgeklärt, und das hieß zunächst einmal: über das Wesen der Religion erbittert gestritten. Die Verbesserungen der Buchdruckerkunst, des Transports und Vertriebs trugen dazu bei, dass Druckerzeugnisse wie Bücher, Zeitungen und Flugblätter jetzt im Meinungskampf die stets aktuellen Waffen wurden. Die meisten der damals ausgetragenen Fehden gehen uns von ihrem Inhalt her heute nichts mehr an. Der Stil der Auseinandersetzung beruhte auf Bildung: Man wusste, wovon man redete, und das in allen lebenden und toten Sprachen von Belang. Hinter der Fassade der Wohlerzogenheit allerdings ging man sich derart scharf ans Leder, dass manchem Kombattanten die Lebensfreude ein für allemal ausgetrieben wurde.

In einem solchen Klima arbeitete Gotthold Ephraim Lessing, der bedeutendste Mann der Epoche von deutscher Muttersprache, in Braunschweig und Wolfenbüttel (von dort kam immerhin die älteste Wochenzeitung des Landes) und an vielen anderen Orten. Das Problem der Geistesmenschen seiner Zeit: Sie hatten meist kein Geld und waren so von der wechselnden Gunst Höhergestellter abhängig und auf diese Weise zu ständiger Mobilität verdammt. Auch waren sie dauernd mit ›Brotarbeit‹ befasst wie dem Katalogisieren und Übersetzen von Urkunden, Betreuen von Bibliotheken und dergleichen, um die Familie zu ernähren. Den Beruf des Schriftstellers gab es noch nicht in der Form, dass da einer von seinen Büchern leben konnte, er war ja auch gerade erst erfunden worden. Umso bewunderungswürdiger die Aufrichtigkeit und Unbestechlichkeit, mit der sich Literaten und Wissenschaftler auf die Suche nach Wahrheit machten, Lessing voran. Er war weniger aggressiv als seine französischen Kollegen, hatte aber einen mindestens ebenso stark ausgebildeten Forscherdrang. Das Zeitalter, das bei uns ›Aufklärung‹ heißt, also ein passivisches bis negatives Element enthält, dass da einer über die wahren Zusammenhänge aufgeklärt wird oder werden muss bzw. dass ›sich‹ etwas klärt, heißt im Englischen ›age of enlightenment‹ oder im Französischen ›siècle des lumières‹, was den viel positiveren Aspekt betont, dass da einer Licht ins Dunkel bringt. Künstliche Beleuchtung war ja dringend notwendig, um die naturgegebene Lesezeit der Tageshelle in die Nacht hinein zu verlängern und so den stetig wachsenden Berg von Druckerzeugnissen bewältigen zu können. Mit den unterschiedlichen Begriffen werden vermutlich auch die unterschiedlichen Erlebnisweisen zutreffend beschrieben. In Deutschland wurde aufgeklärt, zum Glück zuallererst von Männern vom Schlage eines Lessing.

Wie später Napoleon steckt er die linke Hand zwischen zwei Knöpfe seiner Weste; so gehört es sich für einen Eroberer der Geisteswelt. Zeitgemäß schaut ein Spitzenkragen, das Jabot, unter ihr hervor. Glatt und freundlich lächelnd strahlt das Gesicht, bekrönt von einer dezenten Stutzperücke. Er war wohl doch ein zufriedener Mann, nimmt man alles in allem. Glänzend an ihm war sein umfassendes Interesse. In der Auseinandersetzung mit Johann Joachim Winckelmann entstand die Archäologie als exakte Wissenschaft. Dabei war Winckelmann in Italien vor Ort tätig, während Lessings Aufgabe in der kritischen Begleitung bestand. Sein *Laokoon* gibt die erste Beschreibung einer Kunstgeschichte der Antike.

Als Mittel der Aufklärung entdeckte Lessing auch die Fabel für sich. Im Protest gegen die seiner Meinung nach allzu muntere Art der La Fontaineschen *Fabeln* schuf er den kritischen Typ der Tiererzählung als Angriffswaffe im Meinungskampf, gezielt gegen die stets rückständigen Geister seiner Umgebung; ab und zu war das auch schon einmal persönlich gemünzt, das gehört dann zum herben Charme seiner Dichtkunst. *Der Esel sprach zu dem Aesopus: »Wenn du wieder ein Geschichtchen von mir ausbringst, so laß mich etwas recht Vernünftiges und Sinnreiches sagen.« »Dich etwas Sinnreiches!« sagte Äsop; »wie würde sich das schicken? Würde man nicht sprechen, du seist der Sittenlehrer, und ich der Esel?«*

Das Genre, in dem neben ihm noch Christian Fürchtegott Gellert exzellierte, belebte Lessing dadurch neu, genauso wie die Literaturkritik, die man damals noch gereimt anbringen durfte:

Wer wird nicht einen Klopstock loben?
Doch wird man ihn auch lesen? – Nein.
Wir wollen weniger erhoben,
Und fleißiger gelesen sein.

Sogar einen deutschen Voltaire hatten wir, aber wenn man aus Sondershausen kommt – und dort auch stirbt –, darf man sich nicht über ausbleibende internationale Aufmerksamkeit beklagen. So musste ihn erst der Vielleser Arno Schmidt als Meister des *ehrwürdigsten Gott-, Welt- und Menschenhasses* anpreisen, damit dieser frühe Erfolgs- und Berufsschriftsteller in das Gedächtnis der literarischen Gemeinde zurückkehren konnte: Johann Carl Wezel. Sein Roman *Belphegor* ist allerdings ein Gegenstück zum *Candide* und behandelt die Frage, wie der Titelheld, ein harmloser Privatgelehrter, unterstützt von seinen Kumpanen Fromal und Medardus, mit der Ungerechtigkeit in der Welt fertig werden soll, deren erste Ausprägung der Tritt in den Hintern ist, den die geliebte Akante ihm versetzt. Ich verrate nicht zuviel, wenn ich die Antwort vorwegnehme: Er kann es nicht.

Auf dem Gebiet der geistlichen Dichtung war dieser Friedrich Gottlieb Klopstock, der in Hamburg und Kopenhagen lebte, die erste Instanz. Zum Lachen ging er immer in den Keller. Allgemein anerkannt als Meisterwerk wurde aber sein *Messias*, er war das erste deutsche Versepos der neueren Zeit, und Klopstock Held und Vorbild der kommenden Dichtergeneration. Nur zufällig ist die Titelgleichheit mit Georg Friedrich Händels so wunderbarem Oratorium »Messiah« – zu Klopstock und nach Hamburg hätte eher eine Vertonung durch Georg Philipp Telemann gepasst. Händels Werk entstand schon einiges früher und zeigt uns, auf welch hohem Stand sich in England der Chorgesang befand. Nach Bach ist keine so schöne geistliche Musik mehr komponiert worden, und erst Joseph Haydn mit seiner »Schöpfung«, in der alles jubiliert und tiriliert zu Ehren des Höchsten, erfreut uns wieder mit dieser Inbrunst und Naivität, die jedes gesungene Glaubensbekenntnis erfüllen sollte.[103] Im anschließenden Zeitalter des theologischen Zweifels brauchte es schon einen Freigeist wie Gioacchino Rossini, um wieder ein gleich bedeutendes Werk zu schöpfen. Nachdem er sich von der Opernbühne zurückgezogen hatte, widmete sich Rossini der Kochkunst als Produzent genauso wie als Rezipient und verfasste Musik nur noch zum privaten Gebrauch und persönlichen Vergnügen. Dieser Konstellation entsprang die »Petite Messe Solenelle«, das beglückendste Stück Kirchenmusik des ganzen Jahrhunderts.

> Warum interessieren uns Menschenhasser? Man sollte auch seine Feinde kennen.

Bretter, die eine Welt bedeuten können

Lessings geistiger Beweglichkeit und Umtriebigkeit verdankt die deutsche Literatur das erste bürgerliche Trauerspiel mit *Miss Sara Sampson*: Sara, ein behütetes Mädchen aus gutem Hause, entflieht diesem mit dem Geliebten Mellefont, der ein ›Vorleben‹ hat, das ihn einholt in Gestalt seiner früherer Geliebten Marwood samt gemeinsamer kleiner

---

103 Sage niemand, Händel ginge uns nichts mehr an. Jede Fussballübertragung der höchsten, der »Champions-« Liga wird eingeleitet von seiner Krönungshymne »Zadok the Priest«.

Tochter. Aus Eifersucht vergiftet die Sitzengelassene die arme Sara. Mellefont büßt das von ihm angerichtete Unglück, indem er sich ersticht. Der alte Vater Sampson bleibt untröstlich zurück. Später schuf Lessing mit der *Emilia Galotti* die Tragödie des Vaters, der seine eigene Tochter umbringt, um ihre Tugend vor den Nachstellungen des Prinzen Gonzaga zu bewahren. Mit dem Marinelli tritt die Figur des eiskalten Höflings auf, der über Leichen geht, um die Wünsche seines Herrn umzusetzen. Die erste bedeutende Komödie über ein Gegenwartsthema wurde *Minna von Barnhelm*, in der Lessing seinen guten Bekannten Ewald von Kleist, selbst Dichter, in der Figur des Major von Tellheim auf die Bühne brachte. Es geht um einen Offizier außer Dienst, der so abgerissen ist, dass er glaubt, seine Braut, eben Minna, nicht heimführen zu dürfen. Erst der schmierige Franzose Riccaut de la Marlinière, weniger Soldat als Taschenspieler mit der Devise ›corriger la fortune‹, sowie die beherzte Initiative der Heldin mithilfe des einst dem Major gegebenen Verlobungsrings bringen Tellheim dazu, zu tun, was er von Anfang an hätte tun sollen, nämlich Minna heiraten. Neben den wenigen komischen Aspekten ist das Stück eher eine Kriegsheimkehrertragödie: Tellheim hat unter Friedrich dem Großen den Siebenjährigen Krieg mitgemacht und zeigt sich als von den Schrecken Gezeichneter, zu Unrecht aus dem Dienst Entlassener, Gekränkter, dem seine Ehre alles ist. Sehr fraglich bleibt dem Zuschauer, ob diese Ehe glücklich werden kann.

Besonders aber verdanken wir Lessing d a s bis heute überzeugendste Religionsdrama *Nathan der Weise*. Hinter dem Titelhelden verbirgt sich niemand anderes als sein alter Freund Moses Mendelssohn, der Großvater des Komponisten Felix Mendelssohn-Bartholdy. Im Jerusalem der Kreuzzüge leben Juden, Christen und Moslems dank der Regierung des toleranten Sultans Saladin, der soeben die Kreuzritter aus der Stadt verjagt hat – sie werden, Richard Löwenherz hin, Friedrich der Staufer her, nie wieder die Macht erlangen –, friedlich nebeneinander. Nathan, der alte Jude, hat allerdings das Christenmädchen Recha an Kindesstatt aufgenommen und im Zeichen der Versöhnung großgezogen, welches Verbrechen der christliche Patriarch mit den Worten kommentiert: »*Tut nichts! Der Jude wird verbrannt.*« Ein junger Tempelritter, der sich als ihr Bruder erweisen wird, rettet Recha aus dem brennenden Haus Nathans, als der auf Reisen ist, und verliebt sich in sie. Nathan wird herausfinden, dass der Ritter gleichzeitig Saladins Neffe ist, sodass am Ende eine große Verschwisterung alle Figuren miteinander verbindet. Vorher aber stellt Saladin, gerade in Geldnöten, dem herbeibeorderten Nathan in offensichtlich niedriger Absicht, um nämlich Geld von ihm zu erpressen, die Frage nach der einzig wahren Religion. Schließlich berufen sich ja Islam, Juden- und Christentum auf dieselben Wurzeln, beten aber zu offenbar verschiedenen Göttern. Nathan antwortet mit der ›Ringparabel‹ vom König und den drei gleich geliebten Söhnen, von denen er e i n e m den Ring der Herrschaft vermachen muss. Da er sich nicht entscheiden kann, lässt er zwei weitere Ringe anfertigen, sodass bei seinem Ableben jeder Sohn einen Herrschaftsring vorweisen kann. »*Der rechte Ring war nicht erweislich.*« Diese Geschichte vom rechten Ring hat Lessing dem unerschöpflichen Ideenvorrat des *Decamerone* entnommen. Aus dieser und anderen ähnlichen Novellensammlungen hatte sich schon Shakespeare bedient.

Im dramatischen Gedicht *Nathan* benutzt Lessing den fünffüßigen Jambus, den Blankvers, den Schiller und Goethe in *Don Karlos* und *Iphigenie* zum Versmaß des klassischen Theaterstücks machen werden. Neben dem gereimten Knittelvers, wie er am Anfang des *Faust* steht:

Habe nun ach! Philosophie,
Juristerei und Medizin,
Und leider auch Theologie
Durchaus studiert, mit heißem Bemühn

und der Prosa der *Miss Sampson* bildete er die Grundlage für das neue Sprachgefühl auf der Bühne. Lebhaftigkeit und Lebensnähe zogen mit ihm dort ein. In Hamburg wurde Lessing zum Dramaturgen des Nationaltheaters ernannt. Aus dieser Tätigkeit entstand mit der *Hamburger Dramaturgie* eine Theorie des Theaters, die bis Brecht gültig

360 Kapitel 6 Helden, selbst wenn sie versagen

geblieben ist. Theater bedeutete damals noch kein Massenvergnügen. Feste Spielstätten hatten Residenzstädte vorrangig zur Unterhaltung der Regierenden; vor allem gab es aber keine Stücke, die ein breites Publikum interessiert hätten. Die Art der Stoffe und Vorlagen hatte sich seit des Euripides Zeiten nicht verändert. Neben der Königstragödie, die auch aus Gründen der Zensur, um den aktuellen Herrscher nicht in Zusammenhang mit Meuchelmord und Thronsturz zu bringen, stets allegorisch zu sein hatte – und diese Vorgabe der Zensur würde sich bis zum Ersten Weltkrieg erhalten! –, gab es nur noch das Rüpelspiel, eventuell in der verfeinerten italienischen Form der Commedia dell'arte mit Harlekin und Pulcinella, bei dem so feste wie möglich aufeinander eingeprügelt wurde, sofern nicht gerade ein Dialog störte.

Lessing war der eigentliche Entdecker Shakespeares für Deutschland. Ihn sah er als Vorbild für eine lebendige Handlung und individuelle Charakteristik der Personen und regte die nun entstehenden Übersetzungen der Stücke an, zuerst durch Wieland, später Schlegel und Tieck, die unser Theater bis jetzt beherrschen. Auf der Strecke blieb dabei die französische Barockschule, repräsentiert durch die höfischen Dramatiker Jean Racine und Pierre Corneille. Die *Phädra* des Racine, sein Meisterwerk, blieb in Frankreich unvergessen und erscheint in Marcel Prousts *Suche nach der verlorenen Zeit* als Symbol des unwiederbringlich Vergangenen. Wie eine Klammer verbinden zwei große Auftritte der Schauspielerin Berma alias Sarah Bernhardt als Phädra – ihre Lebensrolle – Anfang und Ende des Riesenbuches. Phädra, Gemahlin des Athenerkönigs Theseus (nach Herakles der zweitgrößte mythische Heros der Griechen), verliebt sich in ihren Stiefsohn Hippólytos, der sie zurückweist. Brüskiert und in ihrem weiblichen Stolz verletzt, verleumdet Phädra den Sohn beim Vater. Hippolytos verlässt daraufhin das Elternhaus und stirbt als Held in der Fremde, Phädra nimmt sich, ihre Schuld eingestehend, das Leben – eine monumentale Rolle für die größte Schauspielerin ihrer Zeit.

Die Barockdichter beriefen sich mit ihren Regeln direkt auf die Gebote des Aristoteles, dass die Bühnenhandlung nur einen Tag umfassen dürfe, an einem Ort spielen und in sich geschlossen sein müsse;

das Drama solle Furcht und Mitleid des Zuschauers wecken und dadurch eine reinigende Wirkung erfüllen. Ihre Erzeugnisse litten aber vor allem unter der Schwerfälligkeit der Verse; das war in der Regel der ellenlange Alexandriner, geeignet für eine getragene Sprache, nicht aber für lebhafte Rede. So verschwand diese höfische Kunstform von den Bühnen. Publikum und Fachleute wünschten sich lebensechtere, spannendere und wildere Aktion auf dem Theater. Das alles gab es schon, nämlich bei dem viel älteren Shakespeare – ich gehe hier davon aus, dass es ihn wirklich gegeben hat, was nicht so ganz sicher ist. Immer wieder kommt der Verdacht auf, dass auch ein Höfling Elisabeths I., vielleicht der Herzog von Vere, unter diesem Pseudonym gedichtet haben könnte. In solch einem Zwielicht liegt die Zeit, als aus Amerika die ersten Kartoffeln zu uns kamen.

Eben war schon zu erfahren, dass die Dramen Shakespeares aus dem Fundus an Stoffen schöpfen, den Antike, Renaissance und britannische Historie bereithielten. Um den größten Genius der Theaterwelt zu ehren, folgen hier die Titel seiner Stücke mit einer Miniaturinhaltsangabe. Es ist genauso leicht, diesen Teil zu überspringen wie ihn bei Gelegenheit zu nutzen, etwa wenn das Theater in der Nähe mal wieder einen Klassiker spielt.

1. *Die Komödie der Irrungen* ist eine nach den *Zwillingen* des Plautus gefertigte Komödie. Ein Vater trifft in höchster Not seine Zwillingssöhne wieder, die ihrerseits getrennt worden waren; das Publikum ergötzt sich an der Situation, dass einer kommt und alle denken, er wäre schon da.

2. *Liebes Leid und Lust*. König Ferdinands Vorsatz, mal richtig zu studieren, wird von der Prinzessin von Frankreich ad absurdum geführt. Zur Strafe für seine Realitätsferne muss Ferdinand dann ein Jahr auf seine Prinzessin warten.

3. *Die beiden Veroneser* Valentin und Proteus treffen sich in Mailand als Rivalen um die schöne Silvia wieder. Valentin entsagt aus Freundschaft und erhält Silvia zur Belohnung.

4. *Heinrich VI.* Shakespeares längstes Stück in drei Teilen am Anfang der York-Tetralogie, die Rosenkriege und Englands Niederlage in

Frankreich behandelnd als Fortsetzung der Lancaster-Stücke – die Jungfrau von Orleans tritt als Hexe und Hure auf.

5. In *Richard III.*, dem letzten Teil der York-Tetralogie, beginnend mit den Schüttelfrost verursachenden Versen *Nun ward der Winter unsers Mißvergnügens / Glorreicher Sommer durch die Sonne Yorks*, wird der Aufstieg des bösesten aller Shakespeare-Schurken (Laurence Olivier spielte den Buckligen am buckligsten) einschließlich des Mordes am Herzog von Clarence in einem Weinfass bis zur Niederlage: *Ein Pferd! ein Pferd! mein Königreich für'n Pferd!* und Tod gezeigt.

6. Der greise römische Feldherr *Titus Andronicus* stürzt sich selbst ins Unglück, indem er seiner Tochter den Geliebten wegnimmt, einen Sohn umbringt und dem falschen Kaiser huldigt. Seine übrigen Kinder werden grausam getötet und eine Gewaltorgie setzt ein, die in der Rache des Titus gipfelt, der seiner Widersacherin, der Gotenkönigin Tamora, deren eigene Kinder als Pastete vorsetzt.

7. *Der Widerspenstigen Zähmung.* Petruchio zähmt das wilde Käthchen (»Kiss me Kate«), damit sich die Schwester Bianca als der wahre Satansbraten erweisen kann.

8. *Romeo und Julia.* Die Fehde der Capulets und Montagues in Verona ist aus italienischen Renaissancenovellen bestens bekannt. Shakespeare gibt der Geschichte, nicht zuletzt durch so effektvolle Szenen wie der auf Julias Balkon – der noch heute in der Stadt zu sehen ist –, den letzten Schliff. *Es war die Nachtigall und nicht die Lerche* (die Liebesnacht ist also noch nicht vorbei) ist das vielleicht zärtlichste Wort der Theaterwelt und der Tod, zunächst der vorgetäuschte der Julia, dann der echte des Romeo, schließlich der verzweifelte der Julia, der dramatischste Liebestod zwischen zwei fallenden Vorhängen.

9. *Richard II.* Erster Teil der Lancaster-Tetralogie. Der gute Richard wird zur Abdankung gezwungen und von Lord Bolingbroke ermordet.

10. Vom Zauber des Theaters und den Wechselfällen der Liebe: *Ein Sommernachtstraum.* Elfenkönig Oberon und sein putziger Diener Puck ärgern Königin Titania mit einem Liebeszauber, der ausgerechnet den Handwerksburschen Zettel trifft, der für diese Rolle aus durchsichtigen Gründen einen Eselskopf tragen muss, eigentlich jedoch ein

Stück zu Ehren von König Theseus' Heirat mit Hippolyta proben sollte. Jetzt wird es ganz schön schwer für die beiden, alles wieder in die richtigen Bahnen zu lenken, damit die Versöhnung am Schluss noch klappt. Ein Bühnenkracher, für den Felix Mendelssohn-Bartholdy unsterbliche Musik schrieb und den Max Reinhardt Anfang des letzten Jahrhunderts unvergleichlich inszenierte.

11. *König Johann.* Der üble Johann ohne Land, Bruder von Richard Löwenherz, muss sich den Papsttreuen beugen; erst sein Nachfolger wird Englands Größe wiederaufrichten.

12. *Der Kaufmann von Venedig* Antonio leiht sein Geld Bassanio, damit der die schöne Portia gewinnen kann, wofür er ein Rätsel lösen wird, an dem zwei blöde Prinzen verzweifeln. Antonio seinerseits leiht Geld beim ansonsten verachteten Shylock aus dem venezianischen Judenviertel, dem ›Ghetto‹, der sich als Sicherheit ein Pfund von Antonios Fleisch ausbedingt. Der zu allem Überfluss noch von seiner Tochter Jessica verlassene Shylock kann seinen Wechsel nicht einlösen, darf dafür aber die Worte sprechen: *Wenn ihr uns stecht, bluten wir nicht? Wenn ihr uns kitzelt, lachen wir nicht? Wenn ihr uns vergiftet, sterben wir nicht?*, die nicht erst in Ernst Lubitschs Hollywood-Tragikomödie »Sein oder Nichtsein« zum Synonym für das Leiden des jüdischen Volkes wurden.

13. *Heinrich IV.* in zwei Teilen, die Teil zwei und drei der Lancaster-Tetralogie bilden. Der Königsmörder Bolingbroke regiert als Heinrich IV. Mit Prinz Heinz (eigentlich: Hal, später Heinrich V.), der den munteren Saufkumpan Sir Falstaff im Schlepptau hat, kündigt sich jedoch schon die nächste, volksverbundene Herrschergeneration an.

14. *Die lustigen Weiber von Windsor.* Ritter John Falstaff auf Freiersfüßen wird von den Bürgersfrauen von Windsor tüchtig hergenommen, die ihn als Hirsch verkleiden und dann durch den Wald jagen. Köstlich auch als Oper von Verdi oder Otto Nicolai.

15. *Viel Lärmen um nichts.* In Messina liebt Graf Claudio seine Hero, Don Pedro wirbt für ihn; dessen Bruder Don Juan versucht sie zu trennen. Umgekehrt geht es »Beatrice und Benedikt«, die wider Willen zum Paar gemacht werden (vertont von Hector Berlioz).

16. *Heinrich V.* Letzter Teil der Lancaster-Tetralogie. Die Schlacht von

364   Kapitel 6 Helden, selbst wenn sie versagen

Azincourt, mehrfach Höhepunkt von Verfilmungen des Stoffs, bedeutet Heinrichs Triumph über Frankreich, der durch die Heirat mit der schnippischen Prinzessin Katharina besiegelt wird. In der York-Tetralogie wird dann die anschließende Niederlage Englands im Hundertjährigen Krieg geschildert.

17. *Julius Caesar.* Hören wir, in diesem rhetorischsten aller Politdramen, mal in das Original hinein. In der Mitte des Stücks ist der Titelheld schon tot, obwohl er doch mit seinem ersten Auftritt gefordert hatte: *Let me have men around me that are fat, / sleek-headed men and such as sleep a-nights.* Marc Anton nutzt die Leichenfeier, *Friends, Romans, countrymen, lend me your ears, / I come to bury Caesar, not to praise him,* um das vom Tyrannen befreite Volk gegen seine Mörder, seine Wohltäter, aufzuhetzen: *But Brutus says he* (sc. Caesar) *was ambitious, / And Brutus is an honourable man.* Marlon Brando hatte einst diese Paraderolle des jugendschönen Demagogen. Nach der Schlacht bei Philippi heißt es für die Verschwörer: *The sun of Rome is set. Our day is gone, / Clouds, dews, and dangers come, our deeds are done.* Auch der letzte Republikaner Brutus ist tot und Caesar gerächt.

18. *Wie es euch gefällt.* Im Ardennerwald trifft sich eine Horde Aussteiger rund um den verbannten Herzog und die schöne Rosalinde zu höfischen Schäferspielen.

19. *Was ihr wollt.* Orsino von Illyrien und Olivia können vorerst nicht zueinander kommen. Kompliziert wird es, nachdem die als Mann verkleidete Viola aufgetaucht ist und Olivia verwirrt. Der lächerliche Höfling Malvolio erreicht auch nicht ihr Herz, obwohl er sich gelbe Strümpfe anzieht (einst was für Schauspieler vom Kaliber eines Josef Meinrad).

20. *Hamlet.* Erster Eindruck: *Etwas ist faul im Staate Dänemarks.* Dann tritt der zimperliche Dänenprinz selbst vor und spricht das geflügeltste aller Shakespeare-Worte: *Sein oder Nichtsein* ...[104] Der Geist seines ge-

---

104 Erich Fried übersetzt weiter: ... *dann, das ist die Frage: / Was ist das Edlere, im Geist zu dulden / Schleuder und Pfeil des rasenden Geschicks, – / Oder sich waffnen, einem Meer von Plagen / Trotzen und so sie enden? Sterben, schlafen, / Nicht mehr; wir sagen Schlaf, um so zu enden / Das Herzweh und des Lebens tausend Stöße, / Die Fleisches Erbteil sind. Eine Vollendung, / Aufs innigste zu wünschen. Sterben, schlafen / Schlafen, vielleicht auch träumen: Ah, da hakt sichs!* –

meuchelten Vaters geht um, Onkel und Mörder Claudius liegt mit der Mutter im Bett, Rosenkranz und Güldenstern umschleichen ihn, aber Hamlet zögert immer noch. Die Schwester Ophelia ertränkt sich, der Prinz vergnügt sich mit Schauspielern und Yoricks Schädel, ersticht zwar den Polonius ›hinter der Tapete‹, im Duell am Schluss aber töten sich er und dessen Sohn Laertes gegenseitig. Der Norweger Fortinbras eilt herbei, um lauter Leichen in Helsingör vorzufinden. Vorhang, Schluss.

21. *Troilus und Cressida.* Der trojanische Prinz wird von seiner Geliebten getrennt. Im weiteren Verlauf wird der Krieg um Troja in brutaler Abwandlung fortgeführt, besonders Achilles ist ein niederträchtiger Schwächling.

22. *Ende gut, alles gut.* Helena heilt den König und darf Bertram von Roussillon heiraten, der sie zunächst nicht liebt. Sie erweist sich seiner dann aber würdig; die Vorlage stammt aus dem *Decamerone.*

23. *Othello.* Ist der Mohr von Venedig Shakespeares sympathischste Gestalt? Durch den intriganten Jago wird der Außenseiter, von Beruf Kriegsheld, seiner geliebten Frau Desdemona entfremdet. Ein Taschentuch suggeriert ihm eine Affäre mit Leutnant Cassio, schließlich würgt er die Gattin; alsbald von seinem Irrtum kuriert, richtet er sich selbst. Verdis Antwort auf »Tristan und Isolde« mit dem verzweifelten Kuss am Schluss: »*un bacio!* «

24. *Maß für Maß.* Herzog Vincentio von Wien ergreift ungewöhnliche Maßnahmen, um dem Sittenverfall in seiner Stadt entgegenzuwirken. Undercover beobachtet er das Treiben seines Stellvertreters Angelo und rettet den zum Tode verurteilten Claudio. Selbst erhält er dessen keusche Schwester Isabella zum Lohn.

25. *König Lear.* Der greise König will seine Macht an diejenige der drei Töchter abgeben, die ihn am meisten liebt. Regan und Goneril täuschen ihn durch Lippenbekenntnisse, Cordelia enttäuscht ihn. Alsbald ist Lear alles los und zieht einsam und wahnsinnig durch die Gegend, nur vom klugen Narren begleitet. Sein hilfsbereiter Freund Gloster wird geblendet. Mit einem Heer kommt Cordelia, um den Vater zu rächen, wird besiegt und von den Schwestern ermordet. Lear stirbt aus

Gram darüber, und auch Regan und Goneril müssen Platz machen für eine bessere Welt. Der *Lear* ist die ultimative Herausforderung für jeden Giganten der Theaterwelt. Thomas Bernhard wird sein Stück *Minetti* sowohl dem großen Mimen Bernhard Minetti als auch dem Lear widmen, dem Mount Everest unter den Rollen.

26. Der schottische Feldherr *Macbeth* tötet König Duncan heimtückisch, von seiner ehrgeizigen Frau angestachelt: Lady Macbeth ist die vollendetste Schurkin der Theaterwelt. Ihr Gatte, von der Macht korrumpiert, tötet Mitwisser wie Banquo und Unschuldige; am Ende verliert er Herrschaft samt Leben.

27. *Antonius und Cleopatra.* Die beiden lieben sich und bringen dadurch das römische Volk gegen sich auf. Marc Anton verlässt das Triumvirat mit Lepidus und Octavian und wird dessen Gegner. In der Seeschlacht von Actium verliert er Macht und Reich, kehrt mit Cleopatra nach Alexandria zurück. Erst bringt er, dann sie sich um.

28. *Timon von Athen.* Der reiche Bürger Timon bringt sich um Hab und Gut durch übertriebene Großzügigkeit, beschuldigt seine Mitmenschen der Undankbarkeit und verbringt den Rest seines Lebens als Einsiedler, unversöhnlich. Alkibiades, der gegen Athen zu Felde zieht, ausgestattet von Timon, versöhnt sich hingegen mit seinen Landsleuten.

29. *Coriolanus.* Kriegsheld Coriolan widerstrebt es, dem römischen Volk die Anerkennung seiner Taten zu danken. Das nimmt man ihm übel; er wird als Volksfeind verbannt und kehrt als Gegner mit einem Heer zurück, um Rom zu vernichten. Seine eigene Mutter bringt ihn zur Einsicht. Er zieht den Tod der Schmach vor.

30. *Perikles.* Der König von Antiochien jagt den Bewerber um die Hand seiner Tochter, Perikles von Tyrus, davon. Stattdessen erringt er Prinzessin Thaisa zum Weib, von der er grausam getrennt wird, gerade als sie eine Tochter zur Welt bringt. Dieses Kind trifft der Vater dann in einem Bordell wieder und später auch die Mutter.

31. *Cymbeline.* Imogen, die prächtige Tochter des britannischen Königs Cymbeline, hat heimlich Posthumus geheiratet, der daraufhin verbannt wird. Imogen muss sich gegen Hofintrigen behaupten und wird

erst nach der Schlacht der Briten gegen die Römer mit dem Gatten wiedervereint.

32. *Das Wintermärchen.* König Leontes von Sizilien ist krankhaft eifersüchtig auf seine Gattin Hermione und ruiniert so sein Glück. Die gemeinsame Tochter Perdita lässt er aussetzen. Sie wächst bei Schäfern in Böhmen auf und heiratet am Ende Florizel, den Sohn des böhmischen Königs, der am Anfang Grund der Eifersucht des Leontes gewesen war.

33. *Der Sturm.* Auf einer Insel lebt Prospero, früher Herzog von Mailand, mit seiner Tochter Miranda und den Wesen Caliban und Ariel, die er für seine Rache am Bruder Antonio benutzt, der in einem von Prospero entfachten Sturm an der Küste scheitert; für Miranda ist unter den Schiffbrüchigen der nette Ferdinand dabei. Wer Prospero sagt, denkt an das Gesicht von Sir John Gielgud in Peter Greenaways Verfilmung.

34. *Heinrich VIII.* ist der Vater der zu Shakespeares Zeit regierenden Elisabeth. Entsprechend devot fallen die dramatischen Aspekte seiner Regierungszeit aus. Bei der Uraufführung brannte Shakespeares Globe Theatre ab, weil zu vehement Salut geschossen wurde.[105]

Die beiden Versepen *Venus und Adonis* und *Die Schändung der Lukrezia*, ein paar längere Gedichte sowie die Serie der *Sonette* runden das Gesamtwerk des Schwans von Stratford-on-Avon ab. Diese Sonette, in denen eine Liebesgeschichte mit einer uns unbekannten Frau, der Dark Lady, eine wichtige Rolle spielt, gehören zum geheimnisvollen privaten Shakespeare und zum Besten, was er zu geben hatte.

Shakespeares Stücke quellen über von prallem Leben, vor allem ist er in der Lage, den leidenden Menschen glaubwürdig auf seine Bühne zu bringen. Aber er kennt dabei auch kein Zurückschrecken vor den

---

105 Alle Zitate folgen den Übersetzungen von August Wilhelm Schlegel und dann Ludwig Tieck, der sich dabei von seiner Tochter Dorothea und dem Grafen Baudissin helfen ließ; sie entstanden später als die von Christoph Martin Wieland. Erich Fried hat für unsere Zeit eine umfassende Neuübersetzung vorgelegt, härter und straffer als die Vorgänger, aber wenn man einen Shakespeare-Ton im Ohr hat, dann ist es der von Schlegel/Tieck getroffene.

größten Grausamkeiten. Der alte Horrormime Vincent Price gibt uns in dem Film »Theater des Grauens« eine Lehrstunde des Schreckens, wenn er die Kritikerrunde, die ihm einst den Preis für den besten Shakespeare-Darsteller vorenthielt, nach den Vorbildern von *Richard III.* bis *Titus Andronicus* meuchelt – very british, indeed.

Zur Ausstattung fast jeden Stücks gehört aber auch ein Liebespaar, und hier zeigt sich der Meister unerschöpflich in seinem Vorrat an Konstellationen und Abwandlungen der e i n e n Situation, dass zwei sich lieben und am Schluss auch kriegen. Zwischen der lieblichen Julia und der kratzbürstigen Käthe liegt eine weite Spanne von möglichen weiblichen Rollenbildern, die ein modernes Selbstbewusstsein auszeichnet. Ein weiteres unverzichtbares Accessoire ist der Narr, der in der Regel so verrückt ist, dass er als einziger die Wahrheit spricht, die er unter einem Haufen von Albernheiten zu verstecken pflegt. Die Bühne im Globe Theatre müssen wir uns karg vorstellen, Ausstattung gehörte nicht zum Prunk der Inszenierungen, dafür war das Publikum ganz dicht dran am Geschehen. Die vielfach wechselnden Schauplätze wurden meist nur durch ein Hinweisschild bekannt gegeben, das war alles. So ließ sich bühnentechnisch der Reichtum der Stücke an Umschwüngen und Nebenhandlungen bewältigen. Und – immer noch gab es keine Frauen als Darsteller auf der Bühne.

Das führt uns zu Shakespeares geheimnis- und dadurch vielleicht wirkungsvollster Arbeit. Seine Serie der einhundertvierundfünfzig *Sonette* hat bisher noch jeden herausgefordert, der sich berufen fühlte, zu großer Dichtung seinen Senf dazuzugeben. Das ist auch gut so, weil es um so glänzender das dilettierende Originalgenie des Oscar Wilde hervortreten lässt, der in seinem romanhaften Essay *Das Porträt des Mr W. H.* vorgibt, das Geheimnis zu lüften, wem Shakespeare mit dieser Dichtung huldigt. Mit hohepriesterlicher Lüsternheit stellt uns Wilde den Schauspieler Will Hughes vor, der womöglich die Julia und Imogen und Portia verkörpert hat und für den Will Shakespeare so entbrannte, dass die Episode mit der Dark Lady, von der alle anderen Interpreten dachten, sie hätte das Herz des Schwans von Stratford bezirzt, zum abgeschmackten Alibi schrumpft. Der Essay und die Dichtung hingegen verschmelzen zu einem Gesamtkunstwerk von höchstem Reiz, sich gegenseitig in ihrer Wirkung hebend.

Sonett oder zu Deutsch Klanggedicht, zur Erinnerung: zwei Quartette, zwei Terzette, vier Strophen mit insgesamt vier oder fünf verschiedenen Reimendungen, oder: Alles was vierzehn Verszeilen hat, könnte dringend ein Sonett sein. Altehrwürdig wirkt die Form, und in der Tat hat sie einen langen Weg hinter sich, seit der Italiener Petrarca sie in seinem *Canzoniere* erstmals massenhaft nutzte. Das war in der Hochgotik, von der Du gleich mehr hören wirst. Andreas Gryphius im Lamento über den nicht endenwollenden Krieg, der dann dreißig Jahre dauerte, August Wilhelm Schlegel, der Kathedergelehrte der Romantik, Rainer Maria Rilke zur Zeit unserer Großväter und der Trinker, Nationalsozialist und Sprachkünstler[106] Josef Weinheber haben mit wechselndem Glück damit gespielt. Shakespeare hat das Sonett für seine Zwecke umgebaut. Auf drei Quartette folgen zwei gereimte Schlussverse, die eine Moral, eine Botschaft, am ehesten: ein Rätsel enthalten.

Das größte Sprachgenie aller Zeiten, was war das wohl für ein Mensch? Es macht uns Spaß, ihn wenigstens menschlich vorzustellen.

Shakespeare war keineswegs der extremste Dramatiker seiner Zeit. John Webster mit seiner *Herzogin von Malfi* war verderbter, Christopher Marlowe, der auch einen *Doktor Faustus* schrieb, sinnlicher. Und Ben Johnson mit seinem *Volpone* lustiger. Aber Shakespeare, dessen Porträt so bieder wirkt mit dem eckigen Krägelchen und dem mittelgescheitelten Haar, war verrückter als sie alle zusammen; er mischte Prosa und Blankvers, allerhöchsten Ton und Straßenjargon – mit dem überwältigenden Erfolg, dass seine Stücke so unverwechselbar leben-

---

106 *O, wird da mancher denken, ein Sonett / auf eine kleine, schlanke Zigarette? / Auf Mimi, Lilly oder Juliette / täts niemand wundern, daß man Verse dreht. // Und dennoch – ihr gebührt es mehr, denn seht: / Nichts gleißt verheißend auf der Etikette, / das ihre Seele nicht gehalten hätte. / Und ihre Glut ist innig, echt und stet. // Sie ist die Trösterin, wenn du betrübt / und deiner langen Weile süß Betören / sie ist das Opfer, das sich selbstlos gibt, // das Spiel, das man Verlegenheiten unterschiebt / und will ganz bis zum Ende dir gehören / gleich einem Mädchen, das dich ehrlich liebt.*

dig klingen. Das muss ein intellektuelles Reizklima gewesen sein im London der Queen Elizabeth, materiell angeheizt durch den florierenden Handel und die militärische Stärke der englischen Flotte. Es hätte immer so weitergehen können, aber nur fünfundzwanzig Jahre nach Shakespeares Tod ließen die Puritaner das Globe und sämtliche anderen Theater schließen für – ja, fast für immer.[107]

So wie der große Rivale Englands in jenen Tagen das Spanien Philipps II. war, bis die Große Armada im Sturm unterging, genauso war auch das spanische Theater tonangebend auf dem Kontinent. Die Meister hießen Lope de Vega und Pedro Calderón de la Barca. Vor allem verdanken wir dem spanischen Theater aber aus der Feder von Tirso de Molina einen Teufelskerl, der die Phantasie Europas bis heute in Gang hält: den *Verführer von Sevilla*.[108] Mit so einer Figur kann Shakespeare nicht aufwarten; es braucht eine heiße Sonne, feurigen Wein, eine glutäugige Doña – besser aber noch: mehrere –, damit ein *Don Juan* vor uns ersteht.

Das spanische Theater, ebenso wie das italienische, das nach ihm Europa inspirierte, bietet weniger Schauwert, weniger Abwechslung innerhalb des Stücks als das shakespearesche. Dafür gibt es jede Woche ein neues. Kein Wunder, gegen die mickrige, skrupulöse Produktion des Engländers nehmen sich die je etwa vierhundert Bühnenwerke von Tirso und Lope recht eindrucksvoll aus. Auch sind die Charaktere zwar tief ausgelotet, aber nicht so reich aufgefächert, die Gedanken geistreich, aber nicht so schweifend und spruchweise formuliert wie bei Sir William. Nach ihrem Vorbild werden dann bei den Italienern und Franzosen die T y p e n die Bühne beherrschen, jeder

---

107 Noch in meiner Jugend wurde das Herren-Finale von Wimbledon am Samstag ausgetragen, aus religiösen Gründen. Heute erinnert daran immer noch, dass der erste Sonntag des vierzehntägigen Tennisturniers spielfrei bleibt – wenn es bis dahin nicht zu viel geregnet hat!

108 Oder: *Der steinerne Gast*, wie das Stück mit vollem Namen heißt.

ein Grundmuster des Menschlichen: Der komische Alte, der eifersüchtige Ehemann, der Leichtgläubige, der Verführer: Don Juan ist der erste, und ein ganz mieser Charakter dazu, mies aber glänzend. Denn Don Juan Tenorio hat alle Anlagen und Eigenschaften, um Frauenherzen schwach werden zu lassen. Vor allem die Skrupellosigkeit, jeder zu sagen, dass gerade sie die schönste und begehrenswerteste sei. Und die Eitelkeit, die Einladung des von ihm ermordeten und zu Stein (nämlich zum Denkmal des Komturs) gewordenen Vaters der Doña Anna, die er gerade entehrt hat, anzunehmen zu einem Abendessen unter Gespenstern. Das wird er nicht überleben und, an dem Händedruck des steinernen Gastes verglühend, geradenwegs zur Hölle fahren. So sehr man spanisches Theater auch mit dem in einen steifen Kragen gezwängten Barock in Verbindung bringt, speziell die Fronleichnamsspiele Calderóns wie *Das große Welttheater* oder *Das Leben – ein Traum* im Hinterkopf, der *Don Juan* des Tirso ist ungezügeltes Leben. Als Doña Anna feststellt, dass ihr nächtlicher Liebhaber nicht der erwünschte Marquis gewesen ist (dem sie ihre Ehre gern hingegeben hätte), sondern nur der smarte Don, brüllt sie ihren herbeieilenden Erzeuger an: »*Erstecht ihn, Vater!*« Es kommt dann umgekehrt. Und am Ende zeigt der Bösewicht das Selbstbewusstsein eines Helden und Charakter, als er dem steinernen Gast nicht ausweicht, sondern in voller Erkenntnis der Konsequenzen die Einladung annimmt und, innerlich gefasst, die verdiente Strafe auf sich nimmt. Das trägt tüchtig anarchische Züge – und führte dazu, dass der Don Juan seither mindestens fünfhundert literarische Auferstehungen gefeiert hat, bei Mozarts Librettisten Lorenzo da Ponte als *Don Giovanni* bis Max Frischs *Don Juan oder die Liebe zur Geometrie*, einer mit dem Zirkel durchgepausten Variante des Stoffes.

Die spanische Bühne ist noch simpler zu denken als die shakespearesche. Wanderschauspieler treten in den Innenhöfen von Gasthäusern auf, die geistlichen Spiele werden auf fahrbaren Bühnenkarren gegeben, Kostüm und Schminke weitgehend entbehrlich; die Halbwertszeit eines neuen Stücks währte wenige Tage. So war ständige Neuproduktion erforderlich. Daraus ergab sich eine schematische

Erstarrung; das beliebte »Mantel- und Degenstück« zeigte immer wieder den Ritter, der seine Ehre höher hält als Liebe oder weltlich Gut.

Lope de Vega mit Werken wie *Brunnenkur* und *Der Stern von Sevilla* sowie der aus Mexiko zugereiste Juan Ruiz de Alarcón, der *Die verdächtige Wahrheit* schrieb, einen Lustspielklassiker, der wenig später als *Der Lügner* des Pierre Corneille auf der französischen Bühne auftauchen wird, bedienten das kritische, aber auch dankbare Publikum in Schenken und am Wegesrand, wie es nötig war; Calderón war der Dichter für einen anspruchsvolleren Kreis von Kennern. Seine Schauspiele *Dame Kobold*, *Der Richter von Zalamea* und *Der Arzt seiner Ehre* zielen auf den gebildeten, verwöhnten Geschmack bei Hofe.

Aus den Trümmern der Antike war einige Zeit zuvor in Italien, wo sonst, das Theater wiedererstanden. In einer Atmosphäre herrscherlichen Glanzes und bildungssatter Intellektualität und in der Konkurrenz zu reimenden Päpsten und Philosophen hatte der Dichter Torquato Tasso sein kleines Schäferspiel *Amyntas* in Ferrara zur Aufführung gebracht. Als Nebenprodukt dieses darstellerischen Furors entstand auch noch die Oper; »Euridice«, ein bereits voll ausgereiftes, anmutiges Werk des Komponisten Jacopo Peri, gelangte in einem kleinen Saal des Palazzo Pitti zur Aufführung anlässlich der Hochzeit der Maria Medici mit König Heinrich IV. von Frankreich zu Florenz. Kommen die gerade erwähnten Stücke bei uns auch nur noch selten auf die Bühne, die großangelegten Opernwerke des Claudio Monteverdi wie »Die Krönung der Poppäa« und »Die Heimkehr des Odysseus ins Vaterland«, von seinem »Orfeo« ganz zu schweigen, fesseln heute wieder ein Massenpublikum – und die Barockoper von Vivaldi bis Händel ist erst recht d e r Kassenmagnet vieler untersubventionierter Häuser. Die andersartige Tradition Italiens, wo das Stegreifspiel die Leute stets begeisterte mit den immer gleichen Truffaldinos, Pulcinellen und Pantalones (der dämliche Alte, angeblich benannt nach dem Hl. Pantaleon, in Wahrheit aber nach den pantaloni, der Hose, die er sich in der Hektik statt der Mütze über den Kopf zieht), brachte als Höhepunkt die Komik des Venezianers Carlo Goldoni hervor; mit rokokohafter Anmut reißen sich pfiffige Bedienstete zum Wohl ihrer Herrschaften

Das italienische Theater   373

mehr als ein Bein aus, keifen Fischer und Fischfrauen miteinander und
dreht die wackere, selbständige und attraktive Frau allen Männern
eine Nase (in den Stücken *Ein Diener zweier Herren, Viel Lärm in Chioggia,
Mirandolina*). Goldonis Komödien sind die letzten künstlerischen Blüten, die Venedig trieb. Nach vielen glanzvollen Bühnenerfolgen verließ Goldoni seine Vaterstadt und ging nach – Paris. Und wenige Jahre
nach seinem Tod brach von dort ein Heer unter der Führung des Generals Bonaparte auf, um mit der Selbständigkeit und Größe der Serenissima Schluss zu machen. Es handelt sich hier nicht nur um ein
Datum von sentimentaler Bedeutung. Venedig war fünfhundert Jahre
lang Herrscherin des Mittelmeeres gewesen; dabei war die Staats-
verfassung der »Republik von San Marco« – eine Adelsoligarchie mit
dem Dogen an der Spitze und einer Geheimpolizei im Rücken – sicher nicht zur Nachahmung empfohlen. Die völlige Ausrichtung
auf wirtschaftlichen Erfolg aber sicherte der Handelsmacht Venedig
eine ausreichende Zufriedenheit ihrer Bürger. Halb Geschichtsbuch,
halb Abenteuerroman, schildern die *Bekenntnisse eines Achtzigjährigen*
des als Dreißigjähriger verschollenen Ippolito Nievo die Ereignisse
der französischen Eroberung und des Untergangs der venezianischen Republik als Hintergrund einer romantisch-abenteuerlichen
Liebesgeschichte des Erzählers mit seiner schönen, erst unerreichbaren, dann früh dahingerafften Cousine *Pisana*. So lautet der alternative Titel des umfangreichen, ebenso lehrreichen wie unterhaltsamen Abenteuerromans, der als *Bekenntnisse eines Italieners* gerade neu
erschienen ist. Dieser Titel spielt auf die Bedeutung Garibaldis, dieses
berufsmäßigen Freischärlers im roten Hemd, für das Leben des Ich-
Erzählers Carlo Altoviti an, denn erst Garibaldi machte es möglich,
dass die Bewohner der Appeninhalbinsel sich als ein Volk, als ›Italiener‹, fühlen durften. Den ganzen Roman durchzieht eine wehmütige
Grundstimmung, der Autor trauert dem Untergegangenen mit eben-
solcher Inbrunst nach, wie er das Neue begrüßt: das von fremden Be-
satzern befreite Italien.

Der etwas schwerblütigere Carlo Gozzi, Goldonis glückloser Rivale
in Venedig, ist uns durch das Märchenstück *Turandot* in Erinnerung,

374 Kapitel 6 Helden, selbst wenn sie versagen

das die Vorlage für Giacomo Puccinis letzte, unvollendete Oper abgab. Die unsympathische chinesische Prinzessin lässt die Köpfe der
Bewerber um ihre Hand, die ihr Rätsel nicht lösen können, auf Stan-
gen spießen. Wie kann der arme Prinz Kalaf in einer Nacht diesen Eis-
berg zum Schmelzen bringen?

Anschließend ereignete sich weder in Spanien noch Italien auf
den Bühnen etwas von Belang; das Sprechtheater, zu anderen Zeiten
immer wieder Motor des künstlerischen Fortschritts, erstarrte in Ge-
fälligkeit. Die Oper wurde zum Medium der Stunde bis hin zur Potenz,
Revolutionen auszulösen. Die Bürger Brüssels, die gerade im »Théâ-
tre de la Monnaie« eine Aufführung der Oper »Die Stumme von Portici« von Auber sahen, stürmten, aufgestachelt von einer besonders
mitreißenden Szene, direkt aus dem Opernhaus auf die Straßen und
erzwangen die Abdankung ihres Königs. Wagners »Tannhäuser« in
Paris erregte die Massen bis zum Tumult; die Rivalität zwischen Verdi
und Wagner bewegte ganz Europa, jedermann ergriff Partei. Und der
in Italien aufkommende Verismo – »La Bohème« von Giacomo Puccini, »Cavalleria Rusticana« von Pietro Mascagni, »Der Bajazzo« von
Ruggero Leoncallo, jede dieser Opern handelt von ›einfachen Leuten‹ und ihren dramatisch zugespitzten Liebesnöten – ist ein besserer
Gradmesser für die Temperierung des damaligen Geschmacks als die
Theaterproduktionen der Zeit.

Aber dann bekamen Italien wie Spanien je ein Genie geschenkt,
das durch seinen jeweiligen unverwechselbaren Tonfall den Klang
der Moderne wesentlich färbte. In Spanien war das Federico García
Lorca. Seine Stücke, erdig, glühend von der andalusischen Sonne seiner Heimat, bestimmt von starken Frauenfiguren, haben einen herben Klang, wie ihn auf seine Art und in seiner ganz anderen Sprache
etwa Ernst Barlach erzeugt hat: ein artifizieller, verlockender, leicht
märchenhafter Urton – von dem im Falle Lorcas Fachleute allerdings
behaupten, dass er mutwillig vom jahrzehntelang einzig autorisierten
Übersetzer verfälscht worden sein soll. Es gibt erst seit kurzem neue
Übersetzungen, um das zu überprüfen. *In seinem Garten liebt Don Perlimplin Belisa, Bernarda Albas Haus, Bluthochzeit, Yerma*: allesamt Bühnen-

klassiker von erregender Intensität. Lorca wurde während des spanischen Bürgerkrieges von den Faschisten ermordet.

Sein Antipode Luigi Pirandello aus dem Dörfchen Caos an der Südküste Siziliens, im heutigen Industriegebiet zwischen den eindrucksvollen Tempelruinen von Agrigent und Selinunt gelegen, hat in seinem Lebenswerk genau diesen Zwiespalt zwischen Archaik und Technik wiedergegeben. Er schuf für Rom ein radikal neues Theater der Desillusionierung, am eindrucksvollsten dargestellt in *Sechs Personen suchen einen Autor*. Es passiert genau, was der Titel andeutet: Die Personen des unfertigen Stücks treten an die Rampe und fordern ihr Bühnenleben ein. In Stücken wie *Die Riesen vom Berge,* aus dem Zyklus der *Mythen* zwischen Traum und Wirklichkeit, und *Heinrich der Vierte,* einem Spiel um die Möglichkeit, dass der Deutsche Kaiser, der barfuß nach Canossa ging, entweder wahnsinnig war oder es vielleicht auch nur vortäuschte, arbeitete Pirandello seine Methode des Infragestellens der Personen weiter aus. Gerne wäre er Professor geworden. Aber schon seine Mutter hatte ihm gesagt, es wäre für ihn besser gewesen, nicht so intelligent zu sein. Dieses Schicksal ertrug er dennoch gelassen; gleichzeitig mit seinen frühen Stücken trat er auch als bedeutender Prosaiker hervor. In Dutzenden von Novellen führt er durch seine Vorratskammern der Ideen; gerade erst beginnt man, deren Originalität richtig zu würdigen, wie etwa in dem Film »Kaos« der Brüder Taviani, der aus dem Arsenal seiner *Novellen für ein Jahr* die besten Stücke verwertet. In dem Roman *Die Ausgestoßene* zeigt Pirandello die hoffnungslose Lage einer jungen Frau in einer sizilianischen Familie, in der ein Patriarch regiert, solange er noch kann. Dann allerdings wagt die Tochter einen Ausbruch ins kleine Glück. Zu früh, denn auf Sizilien gehen die Uhren nach. Mit dem Nobelpreis wurde Pirandellos neuer Blick belohnt, genauso wie die Farcen seines späten Nachfolgers in Mailand, Dario Fò, dessen Columbus Amerika nicht entdecken will. Für ihn ist auch die Ehe nichts als eine Farce: *Offene Zweierbeziehung,* und sein Theater erneuert sich, wie von Pirandello gewünscht, aus dem Moment, aus der spontanen Begeisterung des Publikums an der komischen oder tragischen Situation: *Heute abend wird aus dem Stegreif gespielt* hatte die Ermunterung des alten Meisters für ein junges Theater geheißen.

Das französische Theater, im Barock mit dem Dreigestirn Molière, Racine und Corneille und den Opern von Lully – einem weiteren nach Paris ausgewanderten Italiener – und Rameau stilangebend für Europa, verkümmerte auf der Jagd nach dem Publikumsgeschmack der Stunde. Kunst und Kommerz wurden im nach-

Theater: einer spielt etwas vor, einer schaut zu, die älteste Kunstform.

napoleonischen Frankreich zur geisttötenden Allianz zusammengeschmiedet, aus der höchstens noch die Vaudevilles von Georges Feydeau oder Eugène Labiche und die Operetten von Jacques Offenbach (von Köln an die Seine gewechselt) herausfielen, die zur Feier der Epoche ihren fadenscheinigen Glanz zeigten. Auf dem Theater dominierten Victor Hugos Geschichtsdramen, wie der abstruse *Hernani,* der immerhin für einen Skandal gut war, weil oder obwohl der Geist von Karl V. und sein debiler Enkel Don Carlos mitspielen, oder *Le roi s'amuse,* das auch die Vorlage für die funkensprühenden Melodien von Verdis »Rigoletto« abgab. Die leichten Dramen von Alfred de Musset, etwa *Wovon die jungen Mädchen träumen,* zeigen thematisch, wohin das zielte: Versöhnung des Ideellen mit dem Gesellschaftlichen auf niedrigem Niveau. So funktionierten auch die handwerklich perfekten Komödien und Stücke von Eugène Scribe. *Das Glas Wasser* spielt am Hofe von Queen Anne. Gustaf Gründgens lieh dem Lord Bolingbroke (s)ein blasiertes Gesicht. Die Verfilmung stammt freilich bereits aus der Farbfilmzeit, als es ihm längst vergangen war, »*Die Nacht ist nicht allein zum Schlafen da*« zu singen. Die beste französische Komödie der Verfallszeit verwandelte sich in Johann Strauß' *Fledermaus.* Die Vorlage für diese Operette, in der Champagnerkorken knallen und Gefängnistore quietschen, als wär's ein Stück von unserer letzten Börsenrally, schuf das routinierte Librettisten-Duo Meilhac & Halévy; sie steht beispielhaft für brillante Theaterunterhaltung am äußersten Rande des guten Geschmacks und des von der Zensur Erlaubten. Halévys Onkel komponierte selbst. Mit seiner

»Jüdin«, die auf dem Konstanzer Konzil spielt, deutete er dem erstaunt tuenden Opernpublikum an, dass es so etwas wie Ressentiments und Vorurteile auch in Paris gab – und zwar sowohl im Parkett wie auch in den Logen.

Das meiste, was da gespielt und gefeiert wurde an kleinen Gesellschaftsdramen und anderen Sachen, konnte man getrost schon wieder vergessen, bevor man es auch nur gesehen hatte; Ballett und Ausstattung wurden immer wichtiger, Inhalte überflüssig. Nach dem gegen Preußen verlorenen Krieg und dem Untergang des Kaiserreichs blühte Paris als Kulturmetropole neu auf, sichtbar an der Erneuerung der Malerei, die von hier ihren Ausgang nahm, und zwar als Gegenwelt zum ›guten Geschmack‹. Dieser wurde in den Ausstellungen der »Salons« den Kunstbeflissenen dargeboten. Die Connaisseure, Begeisterten gingen in die Ateliers der Impressionisten; man traf sich bei Monet und Degas, später besuchte man Picasso und Braque, dann Robert Delaunay und Max Ernst. Erstes Lebenszeichen auf der Bühne: *Cyrano de Bergerac* von Édmond Rostand. Der schöne Film von Jean-Paul Rappeneau verwendet den Text des Dramas und übersetzt ihn in opulente Bilder, Gérard Depardieu ist ein wunderbarer Cyrano. Unvergesslich das stegreifgedichtete Duell mit dem arroganten Stümper: *»Denn beim letzten Verse stech' ich!«* Er trägt seine überdimensionale Nase wie einen edlen Wappenschild vor sich her, gleichzeitig leidet seine Eitelkeit so schrecklich unter dem ihn entstellend dünkenden Zinken. Seinen Mut und seine poetische Kraft setzt er zum Ausgleich dieses Makels ein; dabei erkennt er nicht, dass ein Aufwiegen nicht sein kann – lieben kann die schöne Roxane ohnehin nur den Mann, der auch geistreich ist. Jedes Verdienst, jeder Mangel in dieser Welt zählt einzeln. Am Ende, nachdem er sich mit Gott und der Welt angelegt hat – wie mancher große Spötter –, und gedungene Mörder ihm den Schädel eingeschlagen haben, stirbt er den poetischen Heldentod, im Sessel die letzte seiner Lügengeschichten erzählend. Das ist sehr schön und sehr altmodisch. Der wirkliche Cyrano ist uns als Literat nach wie vor bekannt, schrieb er doch die satirischen *Reisen zu den Mondstaaten und Sonnenreichen*, nachzuerleben in moderner

Übersetzung, und diese wunderbaren Liebesbriefe, die auf Deutsch *Herzstiche* genannt wurden.

Das Ballett »Parade« ist das – ausgerechnet zum Ende des Großen Krieges fertig gewordene – Monument der Lebenslust der Kunstmetropole Paris: Erik Satie, Pablo Picasso und Igor Stravinsky arbeiten mit. Im Guten wie im Bösen geriet die Parade zum Sinnbild einer glücklich überstandenen Gegenwart, egal ob zur Mondlandung Konfetti geworfen oder zur Einschüchterung eine Mittelstreckenrakete über die Champs Elysées gezogen wurde. Erlöst wird die Welt der französischen Bühne aus den Schrecken durch die Inbrunst des sehr katholischen Paul Claudel. *Der seidene Schuh* ist sein barockes Welttheater, mit dem er gegen die gottlosen Verlockungen des Nihilismus anschrieb. André Gide brachte Kafkas *Prozeß* an die Rampe, während Jean Anouilh in *Jeanne oder die Lerche* einen lyrischen Theaterton traf und Jean Giraudoux uns überzeugte: *Der Trojanische Krieg findet nicht statt.* Für Jean Cocteau war der mythische Sänger *Orpheus* das Symbol des Künstlers schlechthin, Orpheus, der die Steine zum Weinen brachte und schlussendlich von seinen eigenen Anhängern zerrissen wird. Cocteau, wieder so ein Multitalent, benutzte wie die Surrealisten Dalí und Buñuel früh den Film als gleichberechtigtes künstlerisches Medium. Sein »Orphée« und »La belle et la bête« mit ihrer überbordenden Lust am Schauen weisen dem Jahrhundert des Auges den Weg. Eugène Ionesco, der Meister des Absurden, zerrte *Die kahle Sängerin* und *Die Nashörner* am Nasenring vor ein düpiertes Publikum; übertrumpft wurde er noch von Samuel Beckett, dessen Wladimir und Estragon ebenso ausdauernd wie aussichtslos ihr *Warten auf Godot* vorführten. Albert Camus zeigte im *Belagerungszustand* allegorisch die Schrecken des Vichy-Regimes, Jean-Paul Sartre in *Bei geschlossenen Türen*, wie es in der Hölle aussehen könnte sowie den Mythos vom Widerstand in *Die Fliegen*; zum großen Klassiker der Moderne und Bühnendauerbrenner werden *Die Zofen* von Jean Genet.

Aus der klassizistischen Erstarrung wurde das deutschsprachige Theater erlöst durch ein nordeuropäisches Sturmtief: Sein Vorläufer hieß Friedrich Hebbel aus Wesselburen. Im Auge des Orkans stand erst Henrik Ibsen, darauf sein Bühnennachfolger August Strindberg. Hebbel kam aus allereinfachsten Verhältnissen und schuf sich seine Geisteswelt selbst. Seine *Tagebücher* voller Beobachtungen und Überlegungen beschreiben das eindrucksvoll. Mit *Maria Magdalene* brachte er eine Frau auf die Bühne, die ein uneheliches Kind erwartet. Das war die Normalität der Zeit, auch Hebbel selbst hatte ohne Trauschein mehrere Kinder, aber über diese Normalität ohne sexuelle Aufklärung oder geeignete Verhütungsmethoden sollte besser nicht gesprochen, geschweige gedichtet werden. Hebbel tat es. Er macht dabei als Krisenherd der sozialen Beziehungen die Familie aus, die im Schema ihrer Äußerlichkeiten erstarrt ist. Mitgefühl und Wärme: Fehlanzeige. Das Ich steht auf der Bühne so einsam da, dass es friert. Die Romantiker hatten die Einsamkeit auf Bergeshöhen geliebt und so auch ins Theater gebracht; immer ging es dabei um die Einsamkeit des Ausnahmemenschen fern von zivilisatorischem Zwang. Das Theater der bürgerlichen Entfremdung zeigt, wo die Kältezone beginnt, dass die Krise mitten unter uns stattfindet.

Hebbels Arbeit, den Menschen aus seiner sozialen Hülle zu pellen, führten die großen Skandinavier weiter. Wie groß die Sensation gewesen sein muss, lässt noch die Inszenierung von Ibsens *Peer Gynt* ahnen, die Peter Stein vor Jahren an der Berliner Schaubühne zeigte: Peer siebenfach gespalten, der ein Leben lang sein wahres Leben sucht, erst bei den Trollen, später sogar in Ägypten; der darüber Mutter und Mädchen zu Hause vergisst – Edvard Grieg schuf mit »Solveigs Lied« und anderen Ohrwürmern die kühle und doch betörend sinnliche Bühnenmusik, Werner Egk machte viele Jahre später eine herbe Oper daraus. Am Ende beißt Peer in eine Zwiebel und erinnert sich wieder, als er sie häutet, wonach er gesucht hat. Die Zwiebel hat Schale über Schale, aber keinen Kern. »*Geh außenrum, Peer! Mach einen Umweg!*«, hatte ihm der Krumme am Anfang zugerufen. Dass dieser Umweg bereits das Leben selbst ist, hatte er da noch nicht wissen können.

Gott hat abgedankt, das Gesellschaftliche eignet sich nur noch zur Satire, der Mensch und sein Leben werden das neue Jahrhundert bestimmen. Dass da das Jahrhundert heraufzieht, in dem der Mensch dem Menschen ein Wolf sein wird, weiß noch keiner. Die großen Ibsenstoffe zeigen erst einmal das Scheitern des alten Zeitalters: *Die Stützen der Gesellschaft* sind morsch, in der *Wildente* und der *Nora* geht erst die Familie kaputt, die Ehe aber schon gar; im *Baumeister Solness* erwischt es den Ehrenmann, *Hedda Gabler* ist die Generalstochter mit dem fatalen Hang zu Schusswaffen, bei den *Gespenstern* regiert die Syphilis, der *Volksfeind* Dr. Stockmann widersetzt sich dem, was die anderen für Fortschritt halten, Pastor Rosmer auf *Rosmersholm* ist schon vom Glauben abgefallen und *John Gabriel Borkmann* glaubt nicht mehr an die Macht des Geldes. Wenig Personal auf der Bühne, wenig Handlung, dafür der Konflikt in übermenschlicher Größe im Zentrum aller Aufmerksamkeit.

Thesentheater kann öde, aber auch erregend sein. Nicht die Thesen sind schuld, sondern die Autoren.

August Strindberg, der Schwede, grenzte das Kampffeld noch enger ein. Es ist die Ehe wie im *Totentanz*: eine einzige Schlacht. Aber vor allem ist es die Isolation und Entfremdung des Einzelnen. Der Zeitgenosse Edvard Munch hat dazu die Bilder gemalt von verzweifelten und zerrütteten Menschen und einander eklig gewordenen Paaren; sein »Schrei« liegt Strindbergs Figuren auf den Lippen. *Der Vater* wird zu seinem Glück wahnsinnig, *Fräulein Julie* ist es schon. In der *Gespenstersonate* macht sich Verwesung breit. Die Bürger, noch das wichtigste Publikum, weigerten sich einstweilen, ihr privates Elend einzusehen. Das würde aber nur ein vorübergehender Zustand sein.

Während Ibsen der Bühne Intimität und Ruhe verordnet, wenige Personen auftreten lässt, deren Beziehungen genüsslich zergliedert werden, ist Strindbergs Vorbild Shakespeare: häufiger Ortswechsel, kurze, mit prägnanter Aktion geladene Szenen – nur die Monologe lässt er weg. Dazu sind seine Menschen nicht mehr in Stimmung.

Eine Grimasse zur gesellschaftlichen Situation darf man aus Skandinavien nicht erwarten. Peer Gynt im Schatten der Sphinx schwitzend, das ist schon das äußerste Zugeständnis an Situationskomik. Bis heute, da wir die Katastrophen eines Lars Norén kennen, geht es auf dem nordischen Theater grimmig ernst und unterkühlt zu. – Dem vielfältigen Oscar Wilde ist auch deswegen nicht genug zu danken, weil er dem Motto *Einen Lacher sollst Du nie verachten!*[109] für die Bühne neue Geltung verschaffte. *Lady Windermeres Fächer, Ein idealer Gatte* und *Bunbury oder Ernst und seine tiefere Bedeutung* sind so heitere Kommentare zur Wirklichkeit in den Salons und Clubs, dass man auch einfach nur draufloslachen kann – die Kunst dahinter wirkt im Verborgenen. Mit J. B. Priestley, *Ein Inspektor kommt,* und der zornigen Generation übernahm England wieder literarische Verantwortung. John Osborne in *Blick zurück im Zorn* zeigt, wo es lang geht: bergab mit den erstarrten Konventionen. Schon steht Harold Pinter mit seinem unverwüstlich orientierungslosen *Hausmeister* vor der Tür, der schnell durch die ruinösen Stücke der Sarah Kane (*4.48 Psychose,* die Uhrzeit, zu der die mit Medikamenten Zugedröhnte sich aufhängen wird) an die Wand gespielt wird. Für ihn gab's einen Nobelpreis, für sie leider nicht.

Der erfolgreichste Dramatiker in Deutschland, als auch der Kaiser ab und zu seinen Logenplatz einnahm, war Gerhart Hauptmann, der in jungen Jahren als strahlender Held die Bühnen mit den *Webern* und den *Ratten, Fuhrmann Henschel* und dem Skandaldebüt *Vor Sonnenaufgang* eroberte. Der Naturalismus erreicht die unteren Schichten. Dabei führte er die einfachen Menschen vor in ihren komplizierten Nöten und Freuden. Hauptmann war der Mann der Stunde; später versuchte er wie Goethe auszusehen, schrieb wortreiche Romane, die keiner lesen wollte, und akzeptierte die Anbiederung der Nazis in seinen letzten Lebensjahren. Aber auch das zeigt, wie wichtig der Dichter seiner Zeit geworden war. Kunst spaltete die Nation. Wer Hauptmann nicht sehen mochte, war reaktionär; Theater wurde zum

---

109 Im besetzten Warschau spielt eine Schauspieltruppe Hitler und seine Terrorschranzen überzeugender, als es die Originale sein könnten: So versucht Ernst Lubitsch in »Sein oder Nichtsein« dem Schrecken mit der Kraft des Lachens beizukommen. Extempores sind dabei erlaubt, wenn sie Heiterkeit im Publikum verursachen – daher das Motto.

382 Kapitel 6 Helden, selbst wenn sie versagen

Tagesgespräch, die Theaterkritik zur wichtigen Waffe im Kulturkampf. Anders als heute – uns beschäftigen Inszenierung und Schauspieler, kaum aber die immer gleichen Stücke – stand seinerzeit noch das Werk selbst im Zentrum der Kritik, so viel Neues gab es jede Saison auf den Bühnen zu sehen. Die Tageszeitung verdankte den taufrischen Theaterrezensionen einen großen Teil ihrer Bedeutung. Und da gab es eine Menge zu tun. Die ersten großen Kritiker: Theodor Fontane, der selbst keine Stücke schrieb, immerhin aber den *Hamlet* übersetzte; Otto Brahm, der selbst auch Regie führte; später der unvergleichliche Alfred Kerr, der seine Kritiken gleich auch noch als Bühne für Sprach- und Formexperimente nutzte; zusammen machten sie Berlin zur Theaterhauptstadt Europas – aber nur für eine Zeit des Übergangs, denn der Naturalismus hatte nichts Zukunftsweisendes, er arbeitete lediglich die literarischen Versäumnisse der vorangegangenen Jahrzehnte auf oder die Schrecken des Krieges ab wie der *Hinkemann* von Ernst Toller.

Frank Wedekind schockierte Bürger und Zensur mit seinen gewagten Stücken, die auch reale Gesellschaftsskandale zum Thema nahmen, wie *Musik:* Ein Professor verführt seine naive Gesangsschülerin; oder der Geschichte des hochstaplerischen *Marquis von Keith,* der nach dem Motto agiert: Habe nichts, aber dafür lasse ich es mir verdammt gutgehen. Carl Sternheim zeigte den Spießbürger in seiner Lächerlichkeit: *Die Hose.* Oder den neuen Charakter der Saison: *Der Snob.* Georg Kaiser ließ das heraufkommende Technologiezeitalter in seinen beiden *Gas*-Stücken blubbern. Beim blutjungen Hans Henny Jahnn fließt viel roter und anderer Saft in *Pastor Ephraim Magnus* oder der *Krönung Richards III.* Wie kurz diese Epoche der Entschlackung und Erneuerung gewesen ist, dokumentiert das Lebensschicksal des Malers Max Liebermann. Als junger Mann und bedeutendster Künstler des deutschen Impressionismus führte er die Sezession, also die aus der Akademie und ihrem ›akademischen‹ Trott ausgescherten Kollegen, ins Zwanzigste Jahrhundert und war mit Gerhart Hauptmann befreundet. Ihn beneidete er nicht um seinen Ruhm, sondern nur um – seine Schönheit. Später war der Jude Liebermann selbst Präsident der Akademie der Künste. Er erlebte als alter Mann die Machtergreifung der Nazis. Sein Kommentar: »Ich kann gar nicht so viel fressen, wie ich kotzen möchte!« Dann wurde er sogar noch gezwungen, alle Ehrenämter niederzulegen, bevor ein gnädiger Tod ihn erlöste. Sein berühmtes Stadthaus am Pariser Platz, direkt neben dem Brandenburger Tor, wurde alsbald konfisziert, seine Frau Martha nahm sich das Leben, um der Deportation zuvorzukommen.

In Wien gingen die Uhren anders. Franz Grillparzer war der Dramatiker der Stunde nach Ende der Goethezeit. Mit historischen, als kunstvolle Allegorien auf das Zeitgeschehen gemeinten Stoffen wie *König Ottokars Glück und Ende* über Aufstieg und Niedergang eines Machtmenschen, *Die Ahnfrau,* einer wüsten Gespenstergeschichte, *Die Jüdin von Toledo* über den tödlichen Zwiespalt von Liebe und Macht oder auch *Weh dem, der lügt,* einer Komödie in gedeckten Tönen aus der Zeit des Bischofs Gregor von Tours, lüftete er die Hofbühne aus, ohne allzu viel Wind zu machen; Grillparzers Stoffe stammen bevorzugt aus der österreichisch-böhmischen Historie wie beim *Bruderzwist in Habsburg,* in dem der melancholische Held Kaiser Rudolf II. die Macht an seinen unfähigen Bruder Matthias verliert. Der

Alle paar Jahre wechselt der Stil der Bühnenkunst zwischen Realismus und Traumtheater: Wir wollen Abwechslung!

sensible und moralische Grillparzer war aber kein Hofdichter, verweigerte sich der Anbiederung an seinen Kaiser und zog sich deshalb sogar beleidigt vom Burgtheater zurück. Seine Stelle übernahm später der philosophische Friedrich Hebbel, dessen Tragödie *Gyges und sein Ring* nach der Novelle im Geschichtswerk des Herodot und das freundliche Märchenspiel *Der Rubin* dort uraufgeführt wurden. Aber das Leben tobte im Theater in der Josefstadt, wo erst Ferdinand Raimund, dann Johann Nestroy selbst die Hauptrollen in ihren Farcen, Schwänken und Märchenstücken spielten (in denen später Karl Paryla, Josef Meinrad, Otto Schenk oder Helmut Lohner singend und spielend Triumphe feierten). Typisch für Raimund und Nestroy sind die musikalischen Einlagen, die Couplets, von denen viele zu Gassen-

384   Kapitel 6 Helden, selbst wenn sie versagen

hauern und allgemeinem Liedgut wurden. Raimund war der schwie-
rigere Charakter der beiden; seine Leistung besteht darin, dem Genre
des Zauberspiels, wie es etwa Mozarts »Zauberflöte« repräsentiert,
die Tiefe eines Kammerspiels gegeben zu haben. *Der Verschwender* und,
vor allem: *Der Alpenkönig und der Menschenfeind* sind Beispiele seiner
Kunst. Die Stücke entwickeln unter dem Mantel des einfachen Märchens anspruchsvolle, moralische Handlungen im Geiste des Zeitalters der Restauration. Nestroy war handfester, aufmüpfiger; seine
Stücke sind Zeit-Stücke, bringen lebensechte Figuren auf die Bühne,
den Handwerksgesellen und Lehrbuben, den Winkeladvokaten und
Einschmeichler – und jede Menge süße Wiener Madln. So verstand
er es, den immensen Erfolg des Älteren noch zu übertrumpfen – was
Raimund zur Verzweiflung brachte. Kennzeichnend für ihn, viel mehr
aber noch für Nestroy ist das innige Beieinander von Schwach- und
Tiefsinn, wie man es noch von dem Münchener Original Karl Valentin im Ohr hat. Nach einer tiefschürfenden Betrachtung über die Welt-
läufte kommt ganz sicher ein Vers von dieser Dimension:

Ich bin Dein Vater Zephises,
Und habe Dir nichts zu sagen als dieses.

Dieses Raimund-Diktum aus *Der Diamant des Geisterkönigs* über-
bietet Nestroy leicht. Dem Schustergesellen Knieriem in *Der böse Geist*
Lumpazivagabundus, seiner Lieblingsrolle, dichtete er auf den Leib:

Mein Rausch hab' i jahraus jahrein,
Es wird doch heut' kein' Ausnahm' sein.

Zu ebener Erde und erster Stock finden auf der Bühne zwei Parallelhand-
lungen statt, wobei im Parterre der arme Schlucker, in der Beletage
der Herr von Goldfuchs logiert, sich im Laufe der Handlung die Stockwerke aber immer näher kommen. Bis zu dreißig sprechende Rollen
in einem Stück sind für Nestroy nichts Ungewöhnliches, meist ist die
Bühne dicht bevölkert von Wiener Leben. Die Volksbühne als mora-

lische Anstalt wurde noch von dem streitbaren Ludwig Anzengruber mit seinem besten Stück *Das vierte Gebot* über falsche Erziehungsideale bedient, das den Kritiker Fontane begeisterte. Mit Karl Schönherr und *Erde* mündete das Mundartstück dann in die breite europäische Strömung des Naturalismus.

Die Theaterarbeiten Hugo von Hofmannsthals verbinden die alte mit der neuen Zeit. Die »*Jedermann!*«-Rufe, die jedes Jahr durch Salzburg gellen, bezeugen Hofmannsthals Ambitionen als Tragiker und Festspielgründer; in der Komödie hat er aber sein Bestes geleistet. *Der Schwierige* Hans Karl Bühl und *Der Unbestechliche* Diener Theodor sind Männer von altem Schrot und Korn, die sich dem Untergang ihrer Zeit, dem Verfall ihrer Herrschaftssitze und dem Ablaufen aller Uhren gewachsen zeigen. Groteskerweise hat gerade die Republik Österreich alle Spuren von Adelsvergangenheit getilgt und selbst ein Nachfahre des Kaiserhauses darf dort nicht anders als Otto Habsburg heißen, während jeder Hochschullehrer immer noch als ›Hofrat‹ firmiert – aber das nur am Rande. Hofmannsthal arbeitete in kongenialer Weise mit dem Bayern Richard Strauss zusammen. *Der Rosenkavalier* ist große Musik, großes Theater und melancholisches Untergangsgesäusel. Der verarmte Landadlige Ochs von Lerchenau will sich durch die Heirat mit der bürgerlichen Sophie Faninal sanieren. Der jugendschöne Günstling der Marschallin, Octavian, macht ihm mithilfe ihrer Protektion und einer Verkleidungsintrige einen Strich durch die Rechnung. Die eigentliche Verliererin der Partie ist aber die in die Jahre gekommene Marschallin selber, die am Ende ihren Liebhaber an eine Jüngere, in erster Blüte Stehende abtreten muss. Dazu schuf Strauss eine abwechselnd auftrumpfende und dann wieder lasziv-elegante Abenddämmerungsstimmung verbreitende Musik, praktisch das letzte Stück direkt aus der Tradition geformter klassischer Oper. Andere Beispiele für die Zusammenarbeit von Hofmannsthal und Strauss sind *Ariadne auf Naxos* und *Arabella,* zwei weitere Meilensteine des Melismatischen. Strauss lernte so viel von Hofmannsthal, dass er sich das Libretto für *Capriccio* dann einfach selber schrieb – im Hofmannsthal-Stil. Darin geht es um den Vorrang von Wort oder

Musik in der Oper: Da man sich naturgemäss nicht einigen konnte, weihte man diese herrlichste aller Künste, fünfzig Jahre zuvor noch Lieblingsunterhaltung von Volksmassen, als Kompromiss dem Untergang in Bedeutungslosigkeit. In der *Ariadne* wird auf nonchalante Weise das Thema der Abhängigkeit des Künstlers behandelt. Ein junger Komponist (*»Musik ist eine heilige Kunst«*) hat eine schwermütige Oper über Ariadne, die von Theseus verlassene Tochter des Königs Minos von Kreta, komponiert, den sie aus dem Labyrinth des Minotaurus geführt hatte – und die dann von Dionysos in so überzeugender Art getröstet wird. Aus einer Laune des reichen Auftraggebers soll dieser Geniestreich g l e i c h z e i t i g mit einem Rüpelstück italienischer Art gezeigt werden, für das bereits eine Truppe von altgedienten Hanswursten parat steht. Die Verzweiflung des Musikus ist verständlich, auch wenn Strauss die Gelegenheit nutzt, die Stile zu mischen und uns Zuhörer mit der hypervirtuosen Zerbinetta-Arie zu verwöhnen, dem letzten Bravourstück, das für die geläufigen Gurgeln von Koloratursopranen geschrieben wurde. Keine Diva kann sich ihrem Reiz entziehen.

Eine aktuelle Wendung bekam noch einmal *Ein Brief* des Lord Chandos an Francis Bacon. Dieses wieder neu diskutierte Gedankenspiel Hofmannsthals handelt vom Verstummen des Geistesmenschen angesichts der Rohheit der Welt. Geschrieben zur Jahrhundertwende vor den tatsächlichen Greueln der Weltkriege, nimmt es Adornos Verdikt vorweg, dass es barbarisch sei, nach Auschwitz noch Gedichte zu schreiben. Wir wünschen uns den Künstler skrupulös, seiner Verantwortung als kreativer Instanz bewusst – zum Schweigen indes ist er nicht gemacht.

In einer Zeit der kalkulierten Theaterskandale, als Adele Sandrock mal den Hamlet spielte oder ein nacktes Mädchen auf der Bühne lispelte: »Ich komme von Lesbos!«, schaffte Arthur Schnitzlers *Reigen* es tatsächlich, die Gerichte zu beschäftigen. Und das, weil die Situation suggeriert, dass die Personen des Stücks der Reihe nach miteinander Geschlechtsverkehr haben und die einzelnen Szenen jeweils das Vorher und Nachher dazu zeigen – was dann Max Ophüls auch stilvoll verfilmte. Allerdings war Schnitzler zum Zeitpunkt dieser Provokation kein junger Wilder mehr, sondern schon ein alter von fast sechzig Jahren und die Zensur in Österreich mit dem Ende der Monarchie abgeschafft. Der Theaterskandal stellt geradezu die Essenz der Jahrhundertwendezeit dar. Die Provokationen waren so dosiert, dass der Bürger gleichzeitig begeistert seine Abonnementsvorstellung besuchen, den Skandal genießen u n d sich in Gesellschaft angewidert darüber äußern konnte; also genau das Gegenteil von heutigen Skandalen, bei denen der einzige Genuss des Abonnenten darin besteht, seinen Platz frühzeitig und lautstark zu räumen: Das Theater gibt dem Spießer kein Erlebnis mehr. Dagegen scheint kein Kraut gewachsen.

Von Schnitzlers unbestechlichem Auge ging eine ganz besondere Wirkung aus, weil er – auch im nebenbei ausgeübten Hauptberuf Arzt – ein begnadeter Diagnostiker war. Obwohl von Grund auf bürgerlich, hielt er als Literat Kontakt zur Avantgarde. So verwandelte er sich die neuesten Stilrichtungen an und überführte sie in lebenssatte Dichtung. *Anatol, Der grüne Kakadu, Professor Bernhardi* sind nur eine schmale Auswahl seiner vielen Bühnenerfolge. Zu seinen wichtigsten literarischen Äußerungen gehören seine lebenslang intensiv geführten *Tagebücher*. Aus ihnen erhellt einmal, dass der Erotiker Schnitzler durch und durch authentisch war, zum anderen, dass er mit höchster Empfindlichkeit die gesellschaftlichen Erschütterungen seiner Zeit registrierte und, obwohl er kein Neuerer war, in genialer Weise in Kunst umsetzte.

Das Wiener Reizklima bedurfte in besonderem Maße des Kritikers. Er war das nüchterne, staubtrockene Korrektiv für die in der Luft liegende Schwüle des Jugendstils. Vom Musikkritiker Hanslick gibt es die schöne Feststellung, dass er das Violinkonzert Tschaikowskijs stinken hören konnte; derartige Sensibilitäten waren damals an der Tagesordnung. Für Literatur und Theater hieß der Vermittler zwischen dem begeisterungsfähigen, bisweilen aber unverständigen Publikum und den genialen Protagonisten der Bühne Karl Kraus. In seiner Zeitschrift »Die Fackel«, deren feuerrote Hefte, wenn sie in zwangloser Folge erschienen, jedes Mal das Straßenbild beherrschten, war dieser Mann Untersuchungsbeamter und Scharfrichter in Personalunion.

388   Kapitel 6 Helden, selbst wenn sie versagen

Neben der Bühne war die Sprachkritik sein Steckenpferd. Dort hat
er auf satirische Weise Großes geleistet. Und vergessen wir ihn nicht
als Dichter: *Die letzten Tage der Menschheit*, einen Bühnen-Weltuntergang, konzipierte er als nichtaufführbares Theaterstück; dass dies inzwischen doch möglich wurde, kann als einer der wenigen Triumphe
unserer Postmoderne gelten, der Zeit, in der uns alles langweilt, weil
alles möglich geworden ist. Auch sein Nachfolger Alfred Polgar versah
das Amt des Großkritikers mit Eleganz und Würde.

Die triumphale Rückkehr des Adolf Hitler auf den Wiener Heldenplatz neunzehnhundertachtunddreißig machte mit der letzten Blüte
der deutschen Sprache auf der Bühne des nahegelegenen Burgtheaters
kurzen Prozess. Ebenso mit der Artistik der Rezensenten, beginnend
mit dem Verbot der Nachtkritik, also der direkt nach Ende der Aufführung geschriebenen und sogleich für die Nachtausgabe der Zeitung
gedruckten Theaterkritik. Das Regime, das vor Kritik ganz allgemein
Angst hatte, ertrug die spontan geäußerte Meinung schon gar nicht.

Kehren wir ins Rokoko zurück und vergegenwärtigen wir uns,
dass auch Gotthold Ephraim Lessing den Ausbruch der großen
französischen Revolution nicht mehr erlebte. Näher an diesem
Wendepunkt der Weltgeschichte stand bereits der in Biberach unweit
des Bodensees geborene Christoph Martin Wieland; allerdings atmete
er noch ganz den Esprit der alten, graziösen Zeit. Seine Spezialität war
die souveräne und umfassende Kenntnis der Antike; seine *Übersetzungen*, des Horaz und besonders des witzigen Lukian von Samosata, sind heute noch aktuell und erreichen den Geist des Originals.
Als Dichter war Wieland äußerst produktiv. Seine Romane, Verserzählungen und Epen wurden begeistert aufgenommen, mit der *Alceste* schuf er das früheste deutschsprachige Opernlibretto für den
Komponisten Anton Schweitzer.[110] *Die Geschichte des Agathon*, sein er-

110 Hübsches Stück Musik, selbst schon gehört!

ster großer Roman, spielt in allen Winkeln des antiken Griechenlands und schildert vordergründig die Demütigung eines hoffnungsvollen jungen Mannes, der es als Sklave bei einem demagogischen Philosophen und einer Lebedame auszuhalten hat, bevor ihm am Ende, obwohl Standhaftigkeit nicht seine Tugend war, die am Anfang versprochene Jugendliebe zuteil wird. Bei der Besichtigung verschiedener misslingender Lebens- und Gesellschaftsformen ergeben sich zwanglos Parallelen zu zeitgenössischen Missständen. Ähnlich hintergründig sind auch seine anderen Romane, deren Kennzeichen die sich im Plauderton entwickelnde, in historischer Kulisse angesiedelte und von subtiler Kenntnis der Antike getragene Handlung ist. *Die Abderiten* sind die Bewohner der Heimatstadt so berühmter Denker wie Demokrit oder Protagoras und in Wahrheit die reinsten Gimpel. An Scharfsinn und Geistreichigkeit können nicht einmal die Bürger von Schilda ihnen das Wasser reichen. Da wendet sich der brave Philosoph mit Grausen und beantragt die Ausbürgerung, was die Abderiten durch die Selbst-

> Am eigenen Musikgeschmack erkennt man am besten, dass nicht die Moden sich ändern, selbst wenn die Mode sich ändert, sondern dass man es selbst ist, der sich ändert.

auflösung ihres Gemeinwesens prompt noch übertrumpfen. Sie räumen die Stadt zugunsten ihrer heiligen Frösche, deren Quaken sie nicht mehr ertragen können. *Aristipp und einige seiner Zeitgenossen* schreiben sich emsig Briefe, vor allem mit der schönen Lais versteht sich der Schüler des Sokrates im Schriftverkehr blendend und entwickelt ihr sein philosophisches System vom Wert der Dinge. Das ist alles sehr verspielt, putzig, mit versteckten Widerhaken, die der Leser wie Gräten bei einem delikaten Fischessen (der Hecht hat bekanntlich die schlimmsten) geduldig und sorgsam herauskasseln muss, um den vollen Genuss zu erhalten.

Die Freundin seines Herzens war Sophie von La Roche, deren Enkeln, den Geschwistern Brentano, wir im Zentrum der romantischen Bewegung wiederbegegnen werden. Sie schrieb *Das Fräulein von Stern-*

390   Kapitel 6 Helden, selbst wenn sie versagen

heim, einen kleinen Briefroman, der ein schönes Beispiel für das Zeitalter der Empfindsamkeit ist. Mit Werken dieser Art wurde dem
Roman eine neue Aufgabe zuerkannt, nämlich Gefühle und innere
Entwicklung von Menschen zu schildern. Die Handlung ist nicht
mehr als ein Mittel, dieses Geschehen zum Vorschein zu bringen.

Wieland wurde später zum Alten von Oßmannstedt (bei Weimar),
zu einer Art Orakel für die junge Dichtergeneration, die ihm gerade
noch die Übersetzung der Werke Shakespeares zugute hielt. Denn
diese Feuerköpfe waren aus anderem Holz geschnitzt und wollten
es, wie der Sammelname *Sturm und Drang* ankündigt, allen
zeigen. Der stammt von einem Drama von Friedrich Ma-

In jeder
denkbaren
Verkleidung
steckt noch
immer
derselbe
Mensch.

ximilian Klinger, das in Amerika spielt und in dem ein
Herr Wild am Ende seine Caroline aus der Hand von Lord
Berkley bekommt. Der Belanglosigkeit dieses Stücks zum
Trotz: Sein Name ist ausdrucksstark für eine Bewegung,
die dem Alten an den Kragen wollte. Prometheus war ihr
Idol. Jener Titan also, aus der Vorgängergeneration der
olympischen Götter stammend, der den Menschen aus
einem Klumpen Lehm schuf, ihm Leben einhauchte und
ihm später, aus Mitleid mit seiner Kreatürlichkeit, auch

noch das Feuer spendierte – das er dafür Zeus entwenden musste. Sein
Bruder Epimetheus allerdings öffnete die Büchse der Pandora, dieses
perfide Geschenk der Olympier an die niegeliebten Menschen, und
bescherte den Sterblichen so Alter, Krankheit und Hinfälligkeit; die
Büchse schloss er gerade, bevor auch noch die Hoffnung, der Boden-
satz, daraus entweichen und dem Menschen zuteilwerden konnte.[111]
Auch dem *Prometheus* erging es schlecht. Auf Befehl des Zeus zur Strafe
seiner Eigenmächtigkeiten am Kaukasus angeschmiedet, wurde ihm
jeden Tag die Leber von einem Adler zerfleischt.

---

111 Im Jahr 1920 konnte man mit solchen Alfanzereien noch einen Blumentopf gewinnen:
     Der Schweizer Carl Spitteler bekam den Literaturnobelpreis für seine allegorischen
     Epen, darunter ein *Prometheus und Epimetheus*. Er bedankte sich, indem er noch ein Spät-
     werk *Prometheus der Dulder* nachlegte.

Bedecke deinen Himmel, Zeus,
Mit Wolkendunst
Und übe, dem Knaben gleich,
Der Disteln köpft,
An Eichen dich und Bergeshöhn;
Mußt mir meine Erde
Doch lassen stehn,
Und meine Hütte,
Die du nicht gebaut,
Und meinen Herd,
Um dessen Glut
Du mich beneidest.

Der *Prometheus*, der so spricht, ist nicht der Unterlegene, im Gegenteil: Er ist sich seines endgültigen Triumphes gewiss, auch wenn der Göttervater ihn persönlich mit seiner Rache verfolgt. Die Zeit der Götter ist passé, die des Menschen bricht an.

Der junge Rebell, der das dichtet, heißt Johann Wolfgang Goethe[112], Jurist aus gutem Hause; mit den *Leiden des jungen Werther* schreibt er d a s Buch der Epoche, verschlungen von den Jungen, begeistert aufgenommen im Ausland; einen ›kornblumenblauen Frack und gelbe Weste‹ à la Werther zu tragen wird zum Erkennungszeichen und sich eine Kugel durch den Kopf jagen zum Programm. Mit den Worten *Wie froh bin ich, daß ich weg bin!* beginnt der kurze Roman der Liebe Werthers zu (Char)Lotte, die mit Albert verlobt ist und ihn später heiraten wird. Er erzählt ihn in seinen Briefen an Freund Wilhelm, die aber eher den Charakter eines Tagebuchs haben. Werther, der Ruhe und Ablenkung sucht, trifft im Forsthaus zufällig auf Charlotte S.: *Ich ging durch den Hof nach dem wohlgebauten Hause, und da ich die vorliegende Trep-*

---

112 Ebenso wie Schiller, Herder und die Schlegel-Brüder wurde Goethe, er allerdings kaum dreißigjährig, für seine Verdienste in den erblichen Adelsstand erhoben (in dem sich die Humboldts schon geburtshalber befanden) und hieß seitdem von Goethe – ein Äquivalent zu heutigen Preisverleihungen.

392   Kapitel 6 Helden, selbst wenn sie versagen

pen hinaufgestiegen war und in die Tür trat, fiel mir das reizendste Schauspiel in die Augen, das ich je gesehen habe. In dem Vorsaale wimmelten sechs Kinder von eilf zu zwei Jahren um ein Mädchen von schöner Gestalt, mittlerer Größe, die ein simples weißes Kleid, mit blaßroten Schleifen an Arm und Brust, anhatte. Sie hielt ein schwarzes Brot und schnitt ihren Kleinen rings herum jedem sein Stück nach Proportion ihres Alters und Appetits ab, gab's jedem mit solcher Freundlichkeit, und jedes rief so ungekünstelt sein Danke! indem es mit den kleinen Händchen lange in die Höhe gereicht hatte, ehe es noch abgeschnitten war, und nun mit seinem Abendbrote vergnügt, entweder wegsprang, oder nach seinem stillern Charakter gelassen davonging nach dem Hoftore zu um die Fremden und die Kutsche zu sehen, darinnen ihre Lotte wegfahren sollte. – Ich bitte um Vergebung, sagte sie … Was ist an dieser so berühmten Szene so besonders? Gerade die Tatsache, dass nichts Besonderes daran ist. Im *Werther* bricht sich die Natürlichkeit Bahn, Kinder sind Kinder und keine kleinen Erwachsenen und man liebt nicht den, dem man versprochen ist, sondern den, der einem gefällt. Im Konflikt mit den Konventionen allerdings geht alle Natur zum Teufel, es fehlt das erlösende Gewitter, das diese Spannung mit Blitz und Donner vernichtet. In der Französischen Revolution wird es kommen. Wie bei keinem anderen unserer Schriftsteller ist es bei Goethe sinnvoll, sich seine Lebensdaten zu vergegenwärtigen. *Am Achtundzwanzigsten August Siebzehnhundertneunundvierzig, mittags mit dem Glockenschlage zwölf*[113]*, kam ich in Frankfurt am Main auf die Welt. Die Konstellation war glücklich; die Sonne stand im Zeichen der Jungfrau, und kulminierte für den Tag; Jupiter und Venus blickten sie freundlich an, Merkur nicht widerwärtig …* schreibt Goethe, dieser Freund von Bedeutsamkeit, zu Beginn von *Dichtung und Wahrheit*, seiner großen, in vielen Punkten, nicht nur diesem, geschönten Lebensrückschau. In seine Jugend fällt sowohl das Erdbeben von Lissabon, das ganz Europa erschreckt, als auch die Krönung Josephs II. zum Kaiser des Heiligen Römischen Reiches Deutscher Nation, die er in Frankfurt miterlebte und zu einer der schönsten Episoden seiner Lebensbeschreibung

---

113 Die symbolträchtige Stunde, nebenbei, zu der Werther und der Heiland sterben!

macht. Ein Gretchen ist seine erste erotische Erfahrung; er studiert Jura in Leipzig und Straßburg (Friedrike Brion-Episode), trifft in Wetzlar auf die Ur-Lotte, Charlotte Buff und ihren Bräutigam Johann Georg Kestner und verliebt sich unglücklich; als Folge entsteht der *Werther*, daneben schreibt er sein erstes furioses Theaterstück. An dieser Stelle bricht *Dichtung und Wahrheit* ab. Gerne würde man über das Leben eines Künstlers am Fürstenhof noch mehr erfahren. Was Goethe verschweigt, das plaudert Wilhelm von Kügelgen, der später als Maler in Düsseldorf einige Karriere machte, in seinen *Jugenderinnerungen eines alten Mannes* unprätentiös aus. Dieses Werk besticht durch den Erzählton eines Menschen, der sich nicht zu wichtig nimmt, dabei aber die offenen Augen eines Kindes hat, das mit gleicher Neugier die gewaltsamsten politischen Umbrüche wie das Alltagstreiben an einem Kleinstaatpotentatenhof irgendwo im alten Deutschland miterlebt. Eines meiner schönsten Leseerlebnisse!

Mit dem *Götz von Berlichingen* erobert Goethe auch das Theater; das Stück macht Furore wegen seiner offenen, Shakespeare nachempfundenen Form genauso wie der Aufmüpfigkeit des Titelhelden und der Derbheit seiner Sprache wegen. Für alle, die es nachlesen wollen: Im dritten Akt, in der Jaxthausen-Szene, Götz ist in kaiserliche Acht getan, da schlägt er seinen Häschern ein Schnippchen und bricht bei deren Aufforderung, sich zu ergeben, aus: *Mich ergeben! Auf Gnad und Ungnad! Mit wem redet ihr! Bin ich ein Räuber! Sag deinem Hauptmann: Vor Ihro Kaiserliche Majestät hab ich, wie immer, schuldigen Respekt. Er aber, sag's ihm, er kann mich im Arsch lecken.* Den Ausspruch entnahm Goethe Götzens eigener *Lebensbeschreibung*, wo der es noch unwesentlich harmloser formuliert hatte: *da schrie ich wider zu ihme hinauf, er sollte mich hinten lecken.* Wie auch immer, es sollte Schule machen.

Da Goethe alles konnte, konnte er auch lustiger (und beleidigender) sein als alle anderen. Das bekam der alte Wieland zu spüren, dem der

Die deutsche Kleinstaaterei wird belächelt. Aber der Fürst kannte seine Untertanen persönlich und sie ihn. Das würde man heute als Vorteil sehen.

Junge von Frankfurt aus mit seiner Farce **Götter, Helden und Wieland**
zusetzte. Die stolze Selbstgewissheit unseres Ritters der Feder erblicke
man im Anagramm seines eigenen Namens im Titel. *Ein Fastnachtsspiel
vom Pater Brey* und das *Jahrmarktsfest zu Plundersweilern* sind kleine
Schwänke, die heute noch frisch wirken. Einem anderen bewunderten
Kollegen ging er tragisch zuleibe: Den Erfinder des *Figaro*, Beaumarchais, lässt er als Intriganten im *Clavigo* auftreten.

Der nächste Held, der und den Goethe packte, weitete diese Art von
Respektlosigkeit noch auf ein anderes Feld aus, das der Religion. Dr. Johann Faust muss ein unerschrockener Forscher
und Gottesleugner gewesen sein, der im Sech-
zehnten Jahrhundert gelebt hat; schon bald wurde
er in einem Volksbuch zum abschreckenden Beispiel für mangelnde Pietät und übertriebene Wiss-
begierde. Es handelt sich um ein Wandermotiv,
das über Lessing auch bei Goethe ankam. Und
was machte er daraus! Faust übt Fundamental-
kritik an den Errungenschaften der sogenannten
›Wissenschaften‹. Ihm haben sie keine Ruhe der
Erkenntnis gebracht. Der Teufel Mephistopheles
zeigt ihm zunächst, warum: Die selbsternannten
›Wissenschaftler‹ sind trunksüchtige Hohlköpfe.
Das wahre Leben besteht in der liebevollen Zuneigung einer Frau! Die erscheint, kaum dass der
verhängnisvolle Pakt geschlossen ist, mit der naiven Margarethe, die Faust verführt und schwängert; im Kerker, wo sie wegen Mordes an ihrem
Neugeborenen auf die Hinrichtung wartet, ent-
scheidet sie sich für Glauben und Tod und gegen ihren verführten Verführer Dr. Faust. Diese als *Urfaust* bekannte Fassung schrieb Goethe
noch in Frankfurt. Der Stoff wird sein ganzes weiteres Leben prägen.

Ebenfalls früh taucht in Goethes Werk die Figur des Wilhelm Meister auf, der als ein harmloser Zwillingsbruder des Faust dem Schriftsteller jahrzehntelang im Nacken sitzt. Beide, Faust und Meister, sind

Ein Doktor
war noch nie
geheuer. Bei diesem
ist es wie vermutet,
er nutzt seinen
Titel für gefährliche
Experimente
und versucht
die Menschen
zu blenden. Bei
Margarethe gelingt
es, beim Teufel hat
er keinen Erfolg.

Sucher nach Sinn und Bestimmung ihres Lebens. Heraus kommt der Roman von der Entwicklung und Bildung des jungen Meister, den es zum Theater zieht (der Ur-Meister heißt folgerichtig *Wilhelm Meisters theatralische Sendung*), der dort Shakespeares Stücke und die kleine »Mignon« kennenlernt (die in der gleichnamigen Oper von Ambroise Thomas so schön *Kennst Du das Land, wo die Zitronen blühn?*[114] singen darf, bevor sie aus unerfindlichen Gründen stirbt). Nach großem Lesespaß, zugegeben, hört sich das noch nicht an. Aber Goethe wäre nicht erselbst, wenn er nicht zu überraschen vermöchte: Die ersten neun Kapitel führen uns gleich Meisters Amoure mit der Schauspielerin Mariane vor, saftig, drastisch und direkt – ein Romanbeginn wie kaum einer! Allerdings wendet sich Meister alsbald vom Theater ab und dem sozialen Aufstieg zu. Viel Geduld des Lesers braucht Goethe mit dem nach eigenem Erleben gestalteten Bemühen Meisters auf, in der Welt von Duodezfürsten Fuß zu fassen. Auf *Wilhelm Meisters Lehrjahre* folgen fünfzig Jahre nach den ersten Entwürfen seine *Wanderjahre*, in denen eine eigentliche Romanhandlung nur noch mit dem Mikroskop gefunden werden kann; seine ganz auf das Bloßlegen einer reichen Gedankenwelt angelegte Form könnte allerdings ›modern‹ genannt werden. In Goethes Leben und Werk erfüllt sich im kleinen, was ich anfangs mit dem historischen Ablauf künstlerischer Entwicklungen angedeutet habe. Sein manieristischer Altersstil ist gleichzeitig der Beginn von etwas Neuem.

Mit dem *Wilhelm Meister* griff Goethe in eine Diskussion ein, die alle klugen Köpfe der Epoche beschäftigte: Welche Rolle soll der Künstler

---

114 *Im dunkeln Laub die Gold-Orangen glühn, / Ein sanfter Wind vom blauen Himmel weht, / Die Myrte still und hoch der Lorbeer steht, / Kennst Du es wohl? / Dahin! Dahin / Möcht' ich mit Dir, o mein Geliebter, ziehn!* Mit diesen schönen Versen, die Goethes Italiensehnsucht stilisieren und über die sich bereits Fontane lustig machte, beginnt Thomas Wolfe hundertfünfzig Jahre später seinen monumentalen Roman *Von Zeit und Strom*, die Fortsetzung von *Schau heimwärts, Engel*. Gerne denken wir uns die amerikanische Literatur als roh, atavistisch, allem Bildungs›ballast‹ abhold. Das Gegenteil ist der Fall: So wie Goethe sich nach Italien sehnte, genauso groß ist die Sehnsucht von Eugene Gant alias Thomas Wolfe nach den Wurzeln unserer gemeinsamen kulturellen Tradition.

in seiner Zeit, seiner Gesellschaft spielen; welche ist ihm angemessen? Gerade die Romantiker, von den Weimaranern aus und mit Distanz beobachtet, machen den Künstler zum Helden und Thema. Ludwig Tieck hatte zusammen mit Wilhelm Heinrich Wackenroder in den *Herzensergießungen eines kunstliebenden Klosterbruders* die Renaissance-künstler gefeiert und als Vorbilder herausgestellt. In seinem Roman *Franz Sternbalds Wanderungen* greift er nun die Frage nach der Bedeutung von Kunst auf – hier die Malerei, Sternbald ist ein Schüler Albrecht Dürers und bereist in seiner Nachfolge Italien. Sein Fazit: Kunst hat wie nichts anderes die Macht, das Leben zu bereichern, aber auch zu beherrschen; der Grat zwischen Kunstgenuss und -besessenheit ist schmal. Zu einer Zeit, in der die kulturelle Entwicklung des Abendlandes als Ereignis gefeiert wurde, dachte man natürlich gerne wieder an das alte Motiv von der ›Berufung‹ zum Künstler. Kunst hat allerdings immer den Bezug zu ihrem Betrachter und Konsumenten; nur in dieser Zwiesprache wird aus dem Wollen des Künstlers das Gelingen des Kunstwerks durch seine Aufnahme beim Publikum.

Der andere junge Wilde, der auch heute noch unser Interesse hat, war Jakob Michael Reinhold Lenz, gebürtiger Balte; seine seltsame Existenz und seine Geisteskrankheit, sogar sein zeitweiliges Wandeln auf den Spuren Goethes waren schon den Zeitgenossen merkwürdig. Mit den Theaterstücken *Der Hofmeister* über einen Privatlehrer, der sich aus Scham über seine Triebhaftigkeit entmannt, und *Die Soldaten* ist Lenz auch heute noch in den Spielplänen präsent. In den *Soldaten* geißelt er die moralische Verkommenheit des Offizierskorps – im Stück Franzosen, gemeint sind aber Preußen –, insbesondere die Tatsache, dass Offiziere ungestraft ihre Bräute oder auch von ihnen geschwängerte Frauen sitzen lassen durften; das taten sie im Namen eines seltsamen Ehrbegriffs, den man verdammen, sich aber auch immer wieder vor Augen führen sollte, wie sehr er zum Gesamtbild der Epoche gehört. Lenz fand man eines Tages auf einer Moskauer Straße – tot.

Abseits von diesem kraftvollen Treiben stand Karl Philipp Moritz aus Göttingen. Dieser originelle, bildungsbeflissene Geist ist noch gar nicht mit allen seinen Werken entdeckt. Sein *Magazin zur Erfahrungs-*

seelenkunde spiegelt die Neugierde der Zeit für die Vorgänge hinter den Stirnen der Zeitgenossen. Im *Anton Reiser* hat uns Moritz ein lebendiges Bild von seinen kärglichen Lebensverhältnissen und seinem geringen Selbstwertgefühl gegeben. Dass es sich um einen ›psychologischen‹ Roman handelt, wie der Untertitel verspricht, ist nun aber zuviel an Mysterium. Es handelt sich eben um die Jugend eines mittelmäßigen Charakters, die mit außergewöhnlicher Schlicht- wie Direktheit erzählt wird.

Ganz sein Gegenteil war der Thüringer Wilhelm Heinse, ein Kraftmeier der Sprache und Inhalte. Zu Fuß reiste er nach Italien und brachte von dort die Anregungen mit für seinen Roman in Form eines Tagebuches *Ardinghello und die glückseligen Inseln* über einen fiktiven Renaissancekünstler. Das Buch mischt Beschreibungen der selbsterlebten italienischen Schauplätze und Kunstschätze mit einer pralllebendigen Handlung. Heinse weitet das von Winckelmann angeregte Interesse an der antiken Kunst aus auf die Zeit Michelangelos und Tizians, die jetzt in das Blickfeld der Kenner rückte. Der Begriff ›Renaissance‹ wird erst in einigen Jahrzehnten aus dem Französischen in den deutschen Sprachgebrauch einsickern; einstweilen bildet sich die Vorstellung von einer Epoche künstlerischer Helden, wie sie dann Goethe in seiner Übersetzung der *Lebensgeschichte des Benvenuto Cellini* (von Hector Berlioz auch monumental vertont) vorführen wird. Cellinis Meisterwerk ist der »Perseus«[115], heute in Florenz in der Loggia dei Lanzi vor dem Palazzo Vecchio, dem alten Rathaus, zu sehen. Höhepunkt der Memoiren und der Oper, wie Cellini im entscheidenden Moment des Gusses erkennt, dass es ihm an Material für die Schmelze fehlt – ohne zu zögern, wirft er seine in der Werkstatt herumstehenden Skulpturen in den Tiegel, damit der Guss seines Perseus gelingen kann. Das sind die Männer, die die Goethezeit braucht. Der Held der Stunde

---

115 Dass es nicht immer monumental zugehen muss, zeigt Cellinis anderes chef d'œuvre, die Saliera: ein Salzfass, aber eben ein ganz großartiges. Wurde vor einer Weile spektakulär aus dem Kunsthistorischen Museum in Wien geraubt, ist aber inzwischen wieder da. Passt in jede Damenhandtasche.

darf keinen Augenblick zaudern, wenn es gilt, alles auf eine Karte zu setzen, und muss bereit sein, sich von allem alten Gerümpel zu trennen – mag es auch von ihm selbst stammen.

Johann Gottfried Herder, der wie später Goethe in Weimar beamtet war, ist der Motor der Bewegung. Er erhob Literaturgeschichte und Philologie zu eigenständigen und wichtigen Disziplinen der Literatur. Er forderte dazu auf, dem Volk aufs Maul zu schauen, noch genauer als weiland Luther. Sein größtes Werk heißt *Ideen* – erst seit kurzem ist es wieder in einer modernen Ausgabe greifbar. Herder suchte nach dem, was ich den ›nationalen Ton‹ nenne – an sich nichts Schlimmes. Bezeichnend ist aber sein Verhalten, als die Gesänge des keltischen Barden Ossian (im gälischen Original-Ton!) sich als schöne und poetische Erfindungen eines schottischen Zeitgenossen namens Macpherson herausstellten. So mancher zog sein begeistertes Lob der Dichtungen zurück oder erklärte sie, wie der pfiffige ›Doc‹ Johnson, von vorn herein für Humbug; nur Herder hielt an seiner Meinung fest, dass etwas so schön ursprünglich Klingendes unmöglich falsch sein könne. Persönlich war er ein eher unangenehmer Typ, und so verbrauchte er sich später in seiner neidigen Rivalität zu Goethe. Charakteristisch für Weimar und das dort herrschende Klima war die Emsigkeit, mit der Literatur gelebt wurde. Ständig bearbeitete man sich gegenseitig mit Lob und Tadel, kleinen Sticheleien vom Typ der *Xenien* und anderen Produkten der Feder, die heute als Gelegenheitsarbeiten bezeichnet und damit abgewertet werden. In Wirklichkeit war ein Mann wie Goethe fast nur Gelegenheitsarbeiter in literarischen Dingen. Seine Theaterstücke, seine Gedichte reagieren wie Seismometer auf die momentanen Erschütterungen in seiner Umgebung. Die Ausschläge reichen bis in die Gegenwart:

Über allen Gipfeln
Ist Ruh',
In allen Wipfeln
Spürest Du

Weimar, für ein paar Jahre der Nabel der Geisteswelt.

Kaum einen Hauch;
Die Vögelein schweigen im Walde.
Warte nur! Balde
Ruhest Du auch.

Dieses wie ein Text zu einem Bild von Caspar David Friedrich wirkende kleine *Nachtlied* bewegt noch Künstler wie Hermann Hesse und Thomas Bernhard, die es zum zentralen Angriffspunkt ihrer Auseinandersetzung mit Dichtung überhaupt machen werden.

Wie viele träge Literaten bedurfte auch Goethe eines ständigen Antreibers. Was für die Moderne Verleger von der Statur eines Siegfried Unseld leisteten, das war für Goethe der Schwabe Friedrich Schiller, der am Ende seines kurzen Lebens ebenfalls nach Weimar kam und zu seinem Zirkel stieß. Er stammte aus Marbach am Neckar, wo heute das Deutsche Literaturarchiv viele Stockwerke tief in den Fels gerammt steht, d i e Bewahranstalt für Dichternachlässe und Dokumente zur deutschen Geistesgeschichte. Seine Liebe gehörte dem Theater; einerseits hatte er die Fähigkeit, dramatische Stoffe für seine Stücke zu finden, andererseits verfügte er über die größten technischen Fertigkeiten, einem guten Stoff auch wirkliches (Bühnen)Leben einzuhauchen. Sein Erstling *Die Räuber* ist sofort ein Kracher, der Begeisterung und Tumulte auslöste. Das Thema der Rebellion der Söhne gegen ihre Väter wird tiefenpsychologisch und bühnenwirksam ausgeschlachtet: *Franz heißt die Kanaille!* Schiller beschäftigte sich in wissenschaftlicher Tiefe mit Geschichte; er machte aber nicht den Fehler, Geschichte auf die Bühne zu bringen. Historische Korrektheit opfert er gerne dem dramatischen Effekt, sehr zum Vorteil des Zuschauers. Die Auseinandersetzung zwischen *Maria Stuart* und Königin Elisabeth hat natürlich nichts mit einem realen Wortgefecht zu tun, man wünschte sich aber, dass ›Literatur‹ auch sonst einmal diesen Grad an Lebensechtheit erreichen würde. Auch in der Oper Donizettis nach Schillers Stück erzeugt der Aufeinanderprall der beiden prachtvollen Königinnen soviel Reibungsenergie, dass der Saal davon knistert und es den Hörer elektrisiert – so muss Theater sein!

Die Räuber, »Luisa Miller« – besser bekannt als *Kabale und Liebe* –, und dann der *Don Karlos.* Drei Theatererfolge, die zu drei Opern Giuseppe Verdis wurden, die Familientragödie im spanischen Königshaus (»Sie hat mich nie geliebt!«) gar zu seinem besten Werk, einem Triumph gesungener Bühnendramatik. Dazu noch *Die Verschwörung des Fiesco zu Genua.* Das ist Schillers Jugendwerk. Allerdings dauert es nicht lange bei ihm bis zur *Braut von Messina* und dem Fragment des *Demetrius*[116], mit dem sein Schaffensfuror jäh endet. Der letzte Bühnentriumph Schillers, *Wilhelm Tell,* wurde auch zum gloriosen Abschluss von Gioacchino Rossinis Opernschaffen. Aus Italien war er nach Paris gekommen, um dort seiner Karriere eine letzte, entscheidende Wendung zu geben. Er erfand die ›Große Oper‹, indem er seinen »Guillaume Tell« an der Opéra Garnier aus der Taufe hob: Nur große Stimmen können diese heroischen Rollen bewältigen, das Orchester übernimmt aber die Führung, dessen Klangteppich die gesamte Handlung trägt. Ein Ballett darf nicht fehlen, Pracht der Ausstattung ist unerlässlich. Für hundert Jahre ist ein neuer Maßstab an Bühnenspektakel gesetzt, kein Verdi, kein Meyerbeer, kein Wagner ohne Rossinis »Tell«; dieser Art von Opium fürs Volk wird erst der Expressionismus mit kleinen, experimentellen Formen wie der ›Kammeroper‹ Paroli bieten.

Neben den wirkungsmächtigen Theaterstücken verdanken wir Schiller noch die Vervollkommnung einer dichterischen Gattung, die dank ihm und nach ihm schönste Blüten trieb: die Ballade. *Der Taucher, Die Bürgschaft, Der Handschuh* sind kleine Meisterwerke an aufregenden Geschichten, die am Gegensatz von gemütlicher Gereimtheit und lebensbedrohlicher Gefährdung der Akteure ihre spezielle Spannung aufbauen. Ein Balladenbuch solltest Du unbedingt zu Hause haben, und am schönsten ist es, laut daraus vorzulesen, sich selbst oder anderen, oder sich vorlesen zu lassen. Oder – vorsingen (Ballade wörtlich übersetzt: Tanzlied, definitionsgemäß: Handlungsgedicht), wie Fonta-

---

116 Die gespenstische Geschichte vom falschen Dmitrij, der den Zaren Boris Godunow vom Thron stößt, wollte ihm nicht recht gelingen – dafür später Puschkin und Mussorgskij umso besser.

nes zu Tränen rührenden »Archibald Douglas« in der Vertonung von Carl Loewe oder Heines tollen »Belsatzar« von Robert Schumann oder, noch intensiver, Franz Schuberts »Winterreise«, diesen allerherzzerreißendsten Kunstliedzyklus. Die Ballade, seltsamerweise ein sehr deutsches Stück Dichtung (seltsam für die Nation der Hüftsteifen), wurde von den Romantikern gepflegt, von Eichendorff im *Waldgespräch:*

»Jetzt kenn ich dich – Gott steh mir bei!
Du bist die Hexe Lorelei.«

»Du kennst mich wohl – von hohem Stein
Schaut still mein Schloß tief in den Rhein.
Es ist schon spät, es wird schon kalt,
Kommst nimmermehr aus diesem Wald!«

Uhland mit seiner *Schwäbischen Kunde:*

»Die Streiche sind bei uns im Schwang,
Sie sind bekannt im ganzen Reiche,
Man nennt sie halt nur Schwabenstreiche.«

und Chamisso, der *Die alte Waschfrau* besang:

Du siehst geschäftig bei dem Linnen
Die Alte dort in weißem Haar,
Die rüstigste der Wäscherinnen
Im sechsundsiebenzigsten Jahr.

Heinrich Heine hat ihr Glanzpunkte aufgesetzt, vor allem mit der *Lorelei:*

Ich weiß nicht, was soll es bedeuten,
Daß ich so traurig bin;
Ein Märchen aus alten Zeiten,
Das kommt mir nicht aus dem Sinn.

402 Kapitel 6 Helden, selbst wenn sie versagen

Und gar der letzte vom alten Schlage, Theodor Fontane, hat mit so gegensätzlichen Stücken wie der birnenbraven Geschichte vom *Herrn von Ribbeck auf Ribbeck im Havelland*, dem teuflischen Zwischenfall bei der *Brück' am Tay*:

> *Tand, Tand*
> *Ist das Gebilde von Menschenhand!*

und der wahrhaft gruseligen Liebesballade *Barbara Allen*:

> *»Ich ließ dich rufen, ich bin im Herbst,*
> *Und die rotgelben Blätter fallen –*
> *Hast du kein letztes Wort für mich?*
> *Ich sterbe, Barbara Allen.«*

die in die Jahre gekommene Kunst weitergeführt, die zudem in Gefahr war, zu Kitsch[117] und noch Schlimmerem zu verkommen. Im *Echtermeyer*, einer Gedichtsammlung, die zuerst achtzehnhundertsechsunddreißig erschien und dann immer wieder ›aktualisiert‹ wurde, benannt nach dem ersten Herausgeber und Germanisten Theodor E., aus der Schulzeit meiner Mutter, Ausgabe neunzehnhundertsechsunddreißig, kommt nicht nur der ›verstrickte‹ Börries Freiherr von Münchhausen mit seiner ›Lederhosensaga‹ zu Wort, sondern auch ›Reichsjugendführer‹ Baldur von Schirach. Der dichtete für einen Propagandafilm der Ufa auf sein Idol, den echten ›Führer‹, *daß seine Seele an die Sterne strich, / Und er doch Mensch blieb, so wie Du und ich* (was mich immer wieder zu Lachtränen reizt). Das hätte das Ende der Ballade sein müssen; das Gegengift kam zur

Die deutschen Tugenden: Singen und Reimen.

---

117 Jede Kunst, alles Dichten unterliegt Gefährdungen. Es ist wie eine Schraube in weiches Holz eindrehen. Falls Du es schon einmal gemacht hast, kennst Du das Gefühl, wenn sie hält – etwas zu weit gedreht bedeutet, dass sie alle Fassung verliert und sich ständig weiterdrehen lässt, ›hohldreht‹: Das tut der Kitsch auch.

selben Zeit aus Hollywood, wo Bertolt Brecht in der Emigration von dieser heimatverbundenen Dichtungsform nicht lassen wollte. Auf ein zentrales Körperteil eines großen Schauspielers fiel ihm etwa ein:

Sie alle verschleppen ihre Bäuche
Als wäre es Raubgut, als würde gefahndet danach
Aber der große Laughton trug ihn vor wie ein Gedicht
Zu seiner Erbauung und niemandes Ungemach.
Hier war er: nicht unerwartet, doch nicht gewöhnlich
Und gebaut aus Speisen, ausgekürt
In Muße, zur Kurzweil.
Und nach gutem Plan, vortrefflich ausgeführt.

Um den Reiz der Gattung richtig zu würdigen, sollte man sich die Situation aus der *Ballade vom blutigen Bomme* (von Christa Reinig, der Frau, der wir auch »Du hast nicht alle Tassen im Schrank!« verdanken) vor Augen führen: Ein Jahrmarktschreier hat eine Bildertafel vor sich, auf der er mit einem Zeigestock die einzelnen Stationen der Handlung abgeht, dramatisch auf jedes einzelne Bild klopfend, um die Bedeutsamkeit zu erhöhen:

hochverehrtes publikum
werft uns nicht die bude um
...
möge ihnen nie geschehn
was Sie hier in bildern sehn.

Bis heute hat die Ballade höchste Bedeutung, von Franz Joseph Degenhardts Gesellschaftssatiren zur Gitarre (*Spiel nicht mit den Schmuddelkindern*) bis zur politischen Sprengkraft des krächzenden Gesangs von Wolf Biermann:

Ach Sindermann, du blinder Mann,
Du richtest nur noch Schaden an.

Du liegst nicht schief, du liegst schon quer!
Du machst mich populär!

Archaik – Klassik – Manierismus. In der Beschreibung der Entwicklung der Dichtkunst in Deutschland bin ich bei dem Augenblick angekommen, in dem die Französische Revolution als Ereignis zu wirken begann; dass sie vorausgeahnt wurde, steht außer Frage. Es hat aber seine besondere Bedeutung, dass Goethe, der nun in Weimar bei ›seinem‹ Großherzog Karl August als Mitglied des Staatsrates amtierte, für die öffentlichen Wege und später auch die Universität von Jena zuständig war, ihn auch auf dem Feldzug begleitete, den die alliierten Fürsten, die ›Koalition‹, durch adlige Flüchtlinge, vornehmer: Emigranten, verstärkt, gegen das revolutionäre Frankreich führten. Es zeigte sich nach einigen Anfangserfolgen, dass die zwangsverpflichteten Koalitionssoldaten dem französischen Freiwilligenheer nicht gewachsen waren; die als ›Kanonade von Valmy‹ bekannte Episode, mit der der Rückzug der Alliierten begann, erlebte auch Goethe mit. *»Von hier und heute geht eine neue Epoche der Weltgeschichte aus, und Ihr könnt sagen, Ihr seid dabeigewesen!«*, soll er in diesem Moment zu Offizieren seiner Umgebung gesagt haben. Einer von ihnen hat seinem Tagebuch allerdings folgende Feststellung anvertraut: Goethe *hörte sich auch zu gern selbst sprechen und hielt wohl mitunter auch Reden, die zwar sehr schön klangen, aber ihrem eigentlichen Inhalte nach doch nur leer waren, über Dinge, die er unmöglich verstehen konnte.* Da komme ich nun zu einer Eigenschaft unserer Klassiker, die man getrost einzigartig nennen darf: ihrer Fähigkeit, ›geflügelte Worte‹ zu produzieren. In dem von Georg Büchmann begründeten Zitatenschatz der *Geflügelten Worte*, unentbehrlich für den, der nach der Herkunft einer Wendung sucht, nehmen allein Goethe und Schiller fast fünfzig Seiten ein, mit Evergreens wie *»Du sprichst ein großes Wort gelassen aus«* (Iphigenie, 1. Akt, 3. Szene), *»Die Botschaft hör' ich wohl, allein mir fehlt der Glaube«* (Faust I, Nacht) – oder *»Die Axt im Haus erspart den Zimmermann«* (Wilhelm Tell, 3. Akt, 1. Szene), *»Donner und Doria!«* (Fiesco, 1. Akt, 5. Szene). Besonders Schiller erfreut mit einer geballten Ladung Spruchgut, das unser tägliches Leben infiltriert hat und gerne auch mal den Charme unfreiwilliger Komik entfaltet, wahre ›Klassiker‹ eben. Das Gegenstück zum Büchmann ist der Röhrich, *Lexikon der sprichwörtlichen Redensarten,* in dem Ursprung und Bedeutung von Allerweltswendungen zu erfahren sind wie ›Wo Bartel den Most holt‹ oder ›Jemanden über den Löffel balbieren‹. Im Laufe eines Lebens wird der Nachforschungs- und Vergewisserungsbedarf in sprachlichen Dingen immer größer. Die Skrupel bei der Benutzung besonderer Wendungen steigen im Maße der Unsicherheit, ob man mit seiner Muttersprache angemessen pfleglich umgeht.

Wie fand Schiller Goethe? *Sein erster Anblick stimmte die hohe Meinung ziemlich tief herunter, die man mir von dieser anziehenden und schönen Figur beigebracht hatte. Er ist von mittlerer Größe, trägt sich steif und geht auch so; sein Gesicht ist verschlossen, aber sein Auge sehr ausdrucksvoll, lebhaft, und man hängt mit Vergnügen an seinem Blicke … Er ist brünett und schien mir älter auszusehen, als er meiner Berechnung nach wirklich sein kann.* Und Goethe Schiller? *Alles Übrige an ihm war stolz und großartig, aber seine Augen waren sanft.* Oder, wie ein anderer Zeitgenosse für uns beobachtet hat: *Seine Stirn war breit, die Nase dünn, auf Papageienart gebogen und spitzig; dunkelgraue Augen: diese Partie hatte sehr viel Ausdruck und etwas Pathetisches. Der Mund ebenfalls voll Ausdruck, die Lippen dünn, das Kinn stark. Die Wangen blaß, eher eingefallen und mit Sonnenflecken*[118] *besät.*

Daraus ist zu schließen, dass diese Titanen einerseits titanengleich aussahen, andererseits aber auch wie Du und ich; entscheidend war und ist immer das Auge des Betrachters, verbunden mit seiner Sehrinde im Hinterhaupt, wo die wirkliche Erscheinung mit der Aura der Persönlichkeit zum ›Eindruck‹ amalgamiert wird. Heraus kommen zwei Prachtburschen: Goethe das Allroundgenie, gleich tüchtig in praktischen Dingen wie amourösen und geistigen, der Einflüsse sen-

---

118 Sommersprossen.

sibel aufnimmt und verarbeitet. Wenn er mit seinen dunklen Augen blitzt, wirkt er wie Zeus persönlich. Auf geistigem Gebiet scheint er jeder Herausforderung gewachsen, sein Hausgott ist der Philosoph und Linsenschleifer Baruch Spinoza aus Amsterdam, der in seinem *Tractatus theologico-politicus* eine fundierte Kritik der Bibel vorgetragen, einen sorgenden Gott für überflüssig erklärt und infolge den menschlichen Verstand zum Zentralorgan des Universums erhoben hatte. Solche geistigen Allmachtsphantasien führten Goethe etwa zum fehlgeleiteten Projekt der *Farbenlehre;* auch duldete er keine Denker neben sich. Den jungen Arthur Schopenhauer, der mit dem Meister etwas experimentieren und diskutieren durfte, ertrug er nur kurze Zeit. Als er anfing, selbst zu denken, war es mit dem Wohlwollen des Weimaraners vorbei. Schiller ist der wilde und strenge Denker, Schüler des Meisterphilosophen der Epoche, von Immanuel Kant, wohnhaft in Königsberg. Dessen drei *Kritiken,* die *der reinen Vernunft, der praktischen Vernunft* und *der Urteilskraft,* bilden seit je das Rückgrat der ›preußischen‹ Philosophie mit ihren höchsten Ansprüchen an moralisches Verhalten im Gemeinwesen. Nicht dass er völlig humorfrei gedacht hätte. Wer die Ehe als eine *Verbindung zweier Personen verschiedenen Geschlechts zum lebenswierigen wechselseitigen Besitz ihrer Geschlechtseigenschaften* definiert, darf sich schon einiges auf seine komische Ader einbilden. Am meisten Eindruck macht uns Kant mit seinem kategorischen Imperativ, der in einer seiner Formeln lautet: *Handle so, daß du die Menschheit sowohl in deiner Person, als in der Person eines jeden anderen jederzeit zugleich als Zweck, niemals bloß als Mittel brauchst.* (Aus der *Grundlegung zu einer Metaphysik der Sitten*) Daran wirst Du denken, wenn Du Schillers Meisterwerke, den monumentalen *Wallenstein, Maria Stuart* oder die *Jungfrau von Orléans* liest. Er schuf Dramen von höchster Bühnenwirksamkeit und Intensität, deren Handlungsknoten stets geschürzt wird durch den Widerspruch zwischen dem Glück des Einzelnen und staatlicher Räson. Was auch kommen wird, seit Sophokles und Shakespeare hat niemand Bühne und Zuschauer so im Griff gehabt wie er.

Grundlage der Klassik war die souveräne Beherrschung der Mittel. Humanistische Bildung war kein Grund zu selbstzufriedenem Prunken und Protzen, sondern Basis, auf der sich ein dichterisches Werk gründete. Umfassende Neugierde allen Gebieten der Forschung, der Politik und Kunst gegenüber lieferte unendlichen Stoff für allfällige Auseinandersetzungen. Und nicht zuletzt das weite Feld der persönlichen Vorlieben, Freundschaften sowie Abneigungen: da wurde geschafft, gerangelt und gespöttelt, dass es eine Freude war. Fern solcher Lustbarkeiten lebte und dichtete der Schwabe Friedrich Hölderlin, der die meiste Zeit seines Lebens im Wahn verbrachte, gepflegt in Tübingen von der wackeren Schreinersfamilie Zimmer im »Hölderlinturm«. Zuvor hatte er mit der Bankiersgattin Susette Gontard kurz die Freuden der platonischen Liebe gekostet. Sie war ihm die »Diotima« aus dem *Symposion*. Diesen Namen gab er auch der Busenfreundin des unglücklichen Helden in seinem vielfach begonnenen und wieder liegengelassenen Meisterwerk *Hyperion*, dessen letzte Fassung einen Brief- und Reiseroman darstellt, in dessen Verlauf dem frohgemut aufgebrochenen Helden das Scheitern der Suche nach Harmonie und Lebensglück immer deutlicher vor Augen tritt. Zuletzt wird Hyperion in den erfolglosen Aufstand der Griechen gegen die Türken verstrickt. Als Diotima stirbt, zieht es ihn nach – Deutschland, um über die dortigen Verhältnisse zu räsonieren. Revolutionärer Elan steht gegen die Resignation des Scheiterns, die extreme Skala der Stimmungen spiegelt sich in einer extremen Sprache des Lamento, wie sie erst das letzte Jahrhundert wieder gehört hat: *O ihr Armen, die ihr das fühlt, die ihr auch nicht sprechen mögt von menschlicher Bestimmung, die ihr auch so durch und durch ergriffen seid vom Nichts, das über uns waltet, so gründlich einseht, daß wir geboren werden für Nichts, daß wir lieben ein Nichts, glauben an's Nichts, uns abarbeiten für Nichts, um mälig überzugehen in's Nichts – was kann ich dafür, daß euch die Knie brechen, wenn ihr's ernstlich bedenkt? Bin ich doch auch schon manchmal hingesunken in diesen Gedanken, und habe gerufen, was legst du die Axt mir an die Wurzel, grausamer Geist? und bin noch da.*

Hölderlin hat die antiken Gedichtformen mit neuen Inhalten erfüllt; Rhythmus ist sein Dichten, der Reim seine Sache nicht. Dafür ist er Meister des Ausrufezeichens:

Menschen, Menschen! was ist euer Leben,
Eure Welt, die tränenvolle Welt,
Dieser Schauplaz, kann er Freuden geben,
Wo sich Trauern nicht dazu gesellt?
O! die Schatten, welche euch umschweben,
Die sind euer Freudenleben.

Einsamkeit und Göttlichkeit sind Hölderlins Themen, verkörpert im sizilianischen Philosophen *Empedokles*, dessen Suche nach höchster Erkenntnis und Abkehr von der Welt der Kultur zum Tanz auf dem Vulkan wird. Nur ein Schuh kann davon nachträglich noch Zeugnis ablegen. Hölderlin, zu Lebzeiten wenig beachtet, ist der ewige Sucher nach Sinn im Sein, wiederentdeckt von Philosophen der jüngeren Gegenwart.

Männerfreundschaft, unter Dichtern ohnehin eine Seltenheit, kann der Anstoß zu etwas Großem sein. Und fürchterlich schiefgehen.

Schiller, der Anreger, starb jung und ließ Goethe für seine letzten fast dreißig Lebensjahre zurück, der aus seiner Zeit bereits herausgewachsen, herausgefallen war. Aber er hatte noch die starken Themen. Mit den *Wahlverwandtschaften* schrieb er den ersten Eheroman. Die Frage, was nach der Liebe übrigbleibt, tritt hier ganz und gar ins Zentrum der Handlung. Baron Eduard und seine Frau Charlotte, beide schon erprobt in Liebe und Leid, leben behaglich und zufrieden miteinander, Ottilie und der Hauptmann würden ihnen aber besser gefallen. Ihre höchst gegensätzliche Verfasstheit zeigt sich zunächst lediglich in der unterschiedlichen Passion für Gartenbau. Aber dann bringt Charlotte ein Kind von Eduard zur Welt, das dem Hauptmann wie aus dem Gesicht geschnitten ist und Ottilies dunkle Augen hat – ein Fall telepathischen Ehebruchs! Während für Eduard Ottilie unerreichbar ist – das junge Mädchen ertrinkt, wohl nicht ganz unwillentlich – und er an gebrochenem Herzen stirbt, bleibt Charlotte als vom Leben Betrogene zurück, untröstlich. Im Roman wechseln Szenen buntester Lebhaftigkeit mit solchen, die nur wie mit einem Bleistift hinskizziert sind. Das Interesse des Autors bestand spürbar nicht darin, dem Publikum dieses Buch als schlichtes Lesefutter vorzuwerfen.

Obschon Goethe der (auch finanziell) erfolgreichste Dichter seiner Zeit war, sehnte sich die Leserschaft neben soviel geistiger Rührigkeit und selbstgerechtem Poetenstolz nach schlichter Unterhaltung. Dafür eigneten sich kurze Formen des Erzählens, ganz auf pointierte Handlung und das Erstaunen über das Ende, selbst auf Kosten höchster Unwahrscheinlichkeit des Geschehens, ausgerichtet: die Anekdote, die Novelle. Eine ganze Epoche der Literatur verschrieb sich dieser Aufgabe, die wir als Romantik bezeichnen. Ein weiteres typisches Produkt des romantischen Dichters: das Märchen. Statt der Fabel, dem Instrument der Aufklärung, die im Gewand einer kindgerechten Erzählung den Zeigefinger der Belehrung für Erwachsene reckt, bietet das Märchen in ähnlicher Verkleidung die Befreiung von den Fesseln der Vernunft. Alles wird möglich, Kalife verwandeln sich in Störche, Koffer fliegen herum, Menschen fallen in hundertjährigen Schlaf. Das Märchen ist die Domäne der romantischen Literatur, wird ihr Markenzeichen.

Den Stoff für diese ›Kindergeschichten‹ finden die Romantiker beim Volk, dem sie nach Herders Anweisung aufs Maul schauen. Allen voran die Gebrüder Jacob und Wilhelm Grimm aus Hanau, die daraus nicht nur die Sammlung der *Kinder- und Hausmärchen* gewinnen, sondern auch den Grundstock für ihr *Deutsches Wörterbuch*, von dem sie nur das Erscheinen der ersten drei Bände noch erleben; da waren sie zwar schon beim Buchstaben F, aber es brauchte noch Generationen von Germanisten und dreißig weitere Bände, bis das Z erreicht war. Das grimmsche Wörterbuch macht Spaß. Es ist keineswegs nur ein trockenes Nachschlagewerk, sondern verschafft beim Blättern im Handumdrehen komische Momente bei einem so obskuren Lemma (oder: Stichwort) wie *BIERMÖRDER: potator, der das Bier mordet, tilgt, aufzehrt;* oder *ABTHUN: und fragt die magd, »wo ist der han«? / »ich mein, ihr habt ihn abgethan«.* Hier ergänzt und beschreibt der *Grimm* den altmodischen

410 Kapitel 6 Helden, selbst wenn sie versagen

Ausdruck für ›töten‹ mit einem Fundstück aus vergessener Literatur und Volksmund. Das Wort BUCHSTABILIST scheint nur einmal literarisch vorzukommen, bei Luther: *Folge ich den Eseln und Buchstabilisten,* schrieb er, *so musz ichs also verdeudschen.* Das war wohl sein Schicksal.

Die Technik der Grimms schuf eine ganz neue Wissenschaft, die Volkskunde. Von nun an würden Wissenschaftler und Dilettanten die Lande durchstreifen, alte Mütterchen befragen und Schätze an Volkswissen und -weisheit zusammentragen. Wie dringend das nötig war, erkennen wir selbst in unserer Umgebung: Was für Geschichten, schöne, erschreckende, aufregende, haben Eltern und Großeltern uns erzählt. Werden wir sie weitererzählen?

Dabei sind Märchen keineswegs nur harmlose Kinderunterhaltung. Die Anprangerung sozialer Missstände – in vielen Märchen, angefangen bei *Hänsel und Gretel,* geht es um das Elend der armen Leute – und der Kälte der Mächtigen und Besitzenden ist hier gestattet und möglich in einer Form, die uns alle schon einmal zu Tränen gerührt oder zum Lachen gebracht hat. Dem subtilen Forscher Roberto Zapperi ist es gelungen, in seinen *Geschichten vom schwangeren Mann* das Subversive der volkstümlichen Märchen und Schwänke eindrucksvoll herauszuarbeiten. Der Schwangere – in der Regel ein Vertreter des Klerus – ist Symbol einer verkehrten Welt, nämlich der, in der alles vom Kopf wieder auf die Füße gestellt wird. Ein besonders lesenswertes und unterhaltsames Werk über die untergegangene Welt der mündlichen Überlieferung.

Auch die neuen Verhältnisse spiegeln sich im Märchen. Im *Aschenbrödel* oder *-puttel* ergibt sich die interessante Konstellation, dass das Kind aus erster Ehe zur Magd erniedrigt wird und unter der Kellertreppe wohnt, während sich die neue Mutter Hoffnungen macht, dass eine ihrer zwei Töchter, die wir uns gerne unförmig und mit einem Wimmerl auf der Nase vorstellen dürfen, die Aufmerksamkeit des Prinzen erregt – jeder weiß, wie es weitergeht. Das Märchen war in ganz Europa mit nur unwesentlichen Abwandlungen bekannt und offenbar so zeitgemäß, dass es als Vorlage für ein Jahrhundert der Oper diente: Rossini schuf seine »Cenerentola«, beißenden Humor in jedem der so charakteristisch säuselnden und ins Crescendo wirbelnden Ensembles versprühend; Jules Massenet unterlegte die Begegnung des nach Liebe suchenden Prince Charmant mit seiner »Cendrillon« mit betörenden Melodien; Massenet, als ›Eklektiker‹ (der eine ›Auslese‹ dessen präsentiert, was vor ihm Einfallsreichere ersonnen haben) gebrandmarkt, ist in Wahrheit der erfolgreiche Typ des Künstlers, der den Publikumsgeschmack im Auge behält, ihn gleichzeitig aber selbst formt. Ein neues Zeitalter stand bevor, als Hugo von Hofmannsthal und Richard Strauss ihre *Arabella* schufen: Der leicht versoffene Graf Waldner steckt in schrecklicher Geldnot und kann seine Töchter nicht standesgemäß für eine Ehe ausstatten. So wird »Arabella« einem Wildfremden auf einem Ball ›angeboten‹, während man ihre Schwester als Jungen verkleidet. Ob man gerade mit diesem Speck damals Mäuse fing, egal, jedenfalls entdeckt der spröde Mandryka sein Aschenputtel und führt es heim. In dieser Version wird deutlich, dass es nicht mehr das Problem der gesellschaftlichen Barrieren sein kann, das einem Liebesdrama Brisanz verleiht. Stattdessen wird ein neuer Antrieb nötig: Psychologie. Hieß bisher die Frage: Wie kommen die Liebenden zusammen?, muss es jetzt lauten: Warum sollen sie sich eigentlich liebhaben?

Die Romantik führte Wort und Musik zusammen. So wurde das Kunstlied zur Ausdrucksform, die ganz der Zeit angehört. Diese deutscheste aller künstlerischen Gattungen ist so deutsch, dass sich ›il lied‹ beispielsweise im Italienischen als Fremdwort erhalten hat, im Gegensatz zur ›canzone‹, die der verliebte Gondoliere singt. Auch die damals entstehenden Gesangsvereine und Liedertafeln gehören zur Welt des Kunstgesangs, der zu Herzen geht. Franz Schubert, der fast tausend Lieder schrieb, hat den Horizont der Gattung abgesteckt mit den Zyklen *Die schöne Müllerin* und vor allem *Die Winterreise*, beide auf Gedichte von Wilhelm Müller:

Am Brunnen vor dem Tore
Da steht ein Lindenbaum:
Ich träumte in seinem Schatten
So manchen süßen Traum

aber auch:

Fremd bin ich eingezogen,
Fremd zieh ich wieder aus.

Müller gehörte zu der Kolonie der Deutsch-Römer, die im Caffè Greco saßen und bei einem Gläschen Frascati den lieben Gott einen guten Mann sein ließen. Auch ihn konnte Goethe nicht ausstehen, diesmal war der Grund, dass der blonde Schlaks Müller Brillenträger war.

Der nicht wesentlich unproduktivere Carl Loewe ist mein Favorit; dem Ausdruck extremer Emotionen gab er ganz neue Möglichkeiten. Bei meinem geheimen Liebling, dem Lied vom kühnen Held »Harald«, der von Elfen bezwungen wird, hab' ich immer einen Kloß im Hals. Robert Schumann, Johannes Brahms und Hugo Wolf haben die Tradition bis an die Schwelle des letzten Jahrhunderts getragen. Das Lied schleppt den üblen Leumund der Langeweile mit sich herum; dabei ist es die subtilste, vielleicht künstlerisch komplexeste Ausdrucksform des lyrischen Gedankens und dauert nie länger als sieben Minuten. Schnell bildeten sich eigene und eigenständige Schulen des Kunstgesangs auch in Frankreich, Italien und England – wo musikalische Darbietungen besonders gern zur Repräsentation der bürgerlichen Welt genutzt wurden –, dann überall auf der Welt. Romantischer Geist weht durch die zarten Kompositionen von Gabriel Fauré oder Benjamin Britten, Modest Mussorgskij und Charles Ives.

Die Novelle und die Anfänge unserer Literatur

Verlassen wir kurz das romantische Deutschland; begeben wir uns in die Nähe von Florenz. Es ist ein schöner Frühlingstag, genauer: der achte April dreizehnhundert, Vormittag des Karfreitag. Der fast fünfunddreißigjährige Dante Alighieri steigt mit Vergil als Führer durch das Höllentor, über dem in dunkler Farbe geschrieben steht:

Lasciate ogni speranza, voi ch'entrate ...
Laßt jede Hoffnung fahren, die ihr hier eintretet ...

hinab in die Unterwelt. Die Geburtsstunde der neuzeitlichen Literatur.
Dante durchwandert die Hölle und begegnet von Kreis zu Kreis
absteigend den Verdammten, die ihre ausgeklügelten ewigen Strafen erdulden. Sein Führer ist ortskundig, hatte er doch bereits seinen Helden Aeneas in die Unterwelt geschickt, um dort den Schatten von Vater Anchises die Glorie des Caesarenstammes weissagen
zu hören. Aus dieser Quelle nährt sich auch Dantes Vision. Es wird
immer kälter, je tiefer er kommt, bis er bei den drei eingefrorenen
Erzverbrechern im Zentrum des Infernos angekommen ist, die in Luzifers drei Mäulern stecken: Judas, Brutus und Cassius. Durch ihren
Verrat an Jesus beziehungsweise Caesar verbinden die drei den theologischen mit dem politischen Anspruch der Dichtung: Treue ist das
höchste Gut, besonders in den bewegten Tagen der Dantezeit. Von da
geht es zur Erdoberfläche der Antipoden, den Läuterungsberg hinauf.
Hier mühen sich edlere Gestalten, im Purgatorium die ewige Seligkeit zu erlangen. Den beiden Jenseitswanderern begegnen Könige,
Gelehrte, Mäzene und Bürger auf dem Weg himmelwärts. Auf dem
Gipfel – man wird nie müde, Bergsteigen als literarisches Motiv zu
verfolgen – wartet Beatrice auf Dante, während der Dichter der *Aeneis* sich verabschiedet: Vergil kann als Heide das Elysium nicht erreichen. Beatrice (wahrscheinlich hieß sie in Wirklichkeit Bice Portinari) ist die früh verstorbene Jugendliebe Dantes, die er hier, an der
Pforte des Paradieses, endlich wiedertrifft. Sie geleitet ihn auf einem
Flug durch die Weiten der Neun Himmel und macht ihn mit weiteren interessanten Persönlichkeiten bekannt, bis er endlich, zuerst gespiegelt in ihren Augen, dann in der Herrlichkeit des Empyreums, die
Allmacht Gottes sieht. Mit der Anrufung der Liebe als Bewegerin des
Alls endet die Fahrt.

Dantes *Göttliche Komödie* – von fremder Hand so betitelt – ist nächst
der *Bibel* das größte Bergwerk an Episoden und Geschichten, das ausgebeutet wurde von Künstlergenerationen; erzählerisches Erz, weiter-

414 Kapitel 6 Helden, selbst wenn sie versagen

verarbeitet zu Romanen, Novellen, Opernlibretti, Programmmusiken, Gemälden, Wandmalereien. Francesca da Rimini, sie schmort im zweiten Kreis der Hölle, gleich oben bei den Sündern der Fleischeslust, erzählt Dante selbst die Geschichte ihrer Liebe zu Paolo, dem Bruder ihres Ehemanns:

>*Wir lasen eines Tages, uns zur Lust,*
Von Lanzelot, wie Liebe ihn durchdrungen;
Wir waren einsam, keines Args bewußt.

Obwohl das Lesen öfters uns verschlungen
Die Augen und entfärbt uns das Gesicht,
War eine Stelle nur, die uns bezwungen:

Wo vom ersehnten Lächeln der Bericht,
Daß der Geliebte es geküßt, gibt Kunde,
Hat er, auf den ich leiste nie Verzicht,

Den Mund geküßt mir bebend mit dem Munde;
Galeotto war das Buch, und der's geschrieben:
Wir lasen weiter nicht in jener Stunde.«

Wenig später begegnet den Wanderern der gruselige Ugolino, der im Kerker, rasend vor Hunger, die eigenen Söhne verspeist hat. An Drastik spart Dante nichts, aber auch gar nichts aus.

Die Struktur des Epos: Hundert Gesänge, in die drei Teile der Reise – Hölle, Läuterungsberg, Himmel – geteilt, jeder Gesang aus etwa hundertfünfzig Versen bestehend, die in Strophen zu dreien, die Terzine, eingeteilt sind. Der gereimte Vers ist ein Elfsilbler. Das alles hatte der Dichter neu ersonnen. Aber: Dante kommt nicht aus dem Nichts. Auch er schöpft bereits aus Quellen wie hier dem mittelalterlichen *Lanzelot-Roman*, in dem Galeotto als Kuppler zwischen dem Ritter Lanzelot und der Gemahlin des Königs Artus, Ginevra, fungiert und ihren Ehebruch vorbereitet, so wie das Lesen im Buch den Liebes-

Die Göttliche Komödie   415

akt zwischen Paolo und Francesca. Dante ist der erste Schriftsteller, der bildungssatt aus dem Fundus schöpft und daraus ein Kunstwerk formt mit einer Thematik, die den Leser ›brennend‹ interessiert: In welchen Kreis der Hölle gehöre ich? Dazu hat er eine Sprache benutzt wie keiner vor ihm, nämlich statt des Lateinischen die Hochsprache der gebildeten Toskaner, die dadurch erst zum heutigen Italienisch geworden ist, so wie Luther mit seiner Bibelübersetzung zum ersten Mal unser Deutsch benutzt und damit popularisiert hat. Es lohnt sich, die *Göttliche Komödie* in einer ausführlich kommentierten Ausgabe zu lesen, wie sie etwa Hermann Gmelin bietet.

Was Dante für die Literatur, war Giotto di Bondone, nach Vasaris Bericht ein Hirtenjunge aus der Nähe von Florenz, in der Malerei. Aus den vorhandenen Möglichkeiten der mittelalterlich-byzantinischen Kunst formte er, der entgegen Vasaris Fiktion natürlich Berufsmaler mit ›klassischer‹ Ausbildung beim damals Größten, Cenni di Pepi, genannt Cimabue – dem ersten namentlich bekannten Maler der italienischen Gotik – war, die neue erzählende Technik seiner großen Freskenzyklen in Padua, Florenz und Assisi mit der typischen, heute so naiv erscheinenden Perspektivik, die noch nichts mit den Errungenschaften der Renaissance zu tun hatte. Brunelleschi wird die uns heute so selbstverständlich erscheinende Zentralperspektive erst hundert Jahre später zur Grundlage aller darstellenden Malerei machen. Aber Giotto schuf die Voraussetzungen, ein neues Sehen nimmt von ihm seinen Ausgang; die von ihm begründete Schule kann man als eine Vorrenaissance bezeichnen.[119] Das lässt sich nun in der Literatur auf Dante übertragen, der – ich erinnere an den Kapitelanfang – über die Stellung des Menschen zu Gott hinaus in der *Göttlichen Komödie* die Stellung des Menschen in der Welt zum Thema macht, indem

---

119 Der Begriff einer ›Protorenaissance‹ ist schon vergeben. Jacob Burckhardt bezeichnete damit einen an antiken Vorbildern angelehnten Baustil, der um das Jahr tausend in der Toskana im Schwange war. Das beste Beispiel ist die Kirche San Miniato al Monte hoch über dem Arno und der Piazzale Michelangelo in Florenz. Brian de Palma nutzte ihr charismatisches Äußeres als weichgezeichnetes ›Liebesmotiv‹ in seinem perfiden Thriller »Obsession (Schwarzer Engel)«.

er ihn als moralisches Wesen mit freier Entscheidung zu Gut und Böse darstellt.

Von Dante gibt es noch einige kleinere Schriften, wie die *Vita nova*, seine erste Liebeserklärung an Beatrice, das philosophische *Convivio* oder *Gastmahl*, nur dem Namen nach angelehnt an jenes aus Platons kühner Phantasie, bei dem der weinselige Sokrates den strahlend schönen Athener Helden und Aristokraten Alkibiades und auch den Komiker Aristophanes unter den Tisch getrunken hatte, sowie politische Werke wie die *Monarchia*, die im Zusammenhang mit seiner Verbannung aus Florenz zu sehen sind. Sein erster Biograph war sein Landsmann Giovanni Boccaccio, der Autor des *Decamerone*, ein halbes Jahrhundert jünger als Dante und mit erstaunlicher Phantasie begabt. Die setzte er sogleich für die Mythe ein, er selbst sei in Wahrheit in Paris geboren, Spross einer illegitimen Beziehung in höchsten Kreisen. Der Titel seines großen Buches zeugt jedenfalls von humanistischer Gelehrsamkeit, das Wort Dekameron kommt aus dem Griechischen und bezeichnet einen Zeitraum von zehn (deka) Tagen (hämérai). In dieser Spanne erzählt sich eine Gesellschaft von zehn jungen Leuten, die aus der Stadt Florenz vor der Schwarzen Pest geflohen sind, in der Idylle eines Landgutes, um die Langeweile zu bekämpfen und die Trägheit der heißen Nachmittage zu überwinden, gegenseitig Geschichten. Da jeder jeden Tag eine beizusteuern hat, ergibt das eine Gesamtzahl von einhundert Novellen. Der unterschiedlichsten Art und Herkunft: Helden- und Abenteuergeschichten, Schelmenstreiche, Historisches, Erotisches bis zu derben sexuellen Eskapaden. Darunter die *Falkennovelle*, die Paul Heyse zum Muster alles pointiert Erzählten erhob: Ein verarmter Ritter bietet seiner Angebeteten, da ihm sonst nichts mehr verblieben ist, seinen Liebling, seinen Falken, als Braten an. Sie ist von soviel Opferwillen

Wie aus dem Nichts kommt eine Generation von Künstlern, die Mensch und Welt neu sieht. Und damit etwas begründet, was bis heute anhält, nämlich das moderne Lebensgefühl. Vielleicht war das Erlebnis der Schwarzen Pest schuld an diesem Aufbruch in die Neuzeit.

fasziniert und erhört nun sein Werben, macht ihn reich und glücklich.[120]

Das *Dekameron* ist die bekannteste Sammlung dieser Art, nicht die einzige. Da gibt es *Il Novellino* aus der Dantezeit, wo schon viele – es sind insgesamt ebenfalls einhundert – Geschichten erzählt werden, die Boccaccio wiedererzählt und die von da aus weitergetragen wurden durch die Welt der Dichtung. Und nach Boccaccio schrieben Franco Sacchetti, Masuccio Salernitano, dessen Sammlung von fünfzig Episoden ebenso *Il Novellino* genannt wird, woraus sich Shakespeare Stoff für den *Kaufmann von Venedig* sowie *Romeo und Julia* borgte, Matteo Bandello und viele andere Zeitgenossen fleißig auf, was an unerhörten Begebenheiten berichtet wurde. Diese Tradition wird bis zum originellen *Pentamerone* (penta gleich fünf) des Giambattista Basile reichen, der die Grenze von der Novelle zum Märchen überschreitet. In seiner Sammlung taucht erstmals *Der gestiefelte Kater* auf, begleitet von *Aschenbrödel* und dem *Froschkönig*. Verbunden wird das durch ein Rahmenmärchen, sodass sich das *Märchen der Märchen* ergibt. Aber die verschiedenen Formen des Dichtens sind durch keine natürlichen Schranken getrennt, sondern fließen frei ineinander. Das werden die Romantiker wieder beherzigen.

Wie weit die Florentiner ihrer Zeit voraus waren, zeigen die *Canterbury Tales*, die ein Menschenleben nach Boccaccio der einzigartige Geoffrey Chaucer ersann: Für eine Wallfahrt zum Grab des Heiligen Thomas Becket, den noch Herman Melville im *Moby Dick* be-

---

120 Diese Zeiten klingen uns nun wahrlich weit entfernt und sagenhaft: So ein Falke, da wette ich drauf, ist ein zähes, ungenießbares Ding. Wäre es nicht praktischer für den armen Ritter Federigo degli Alberighi gewesen, seinen Falken beim nächsten Araber zu versilbern, für sein ›perfektes Dinner‹ bei einem guten Fachhändler einzukaufen und ein Steinpilzrisotto oder ähnlich Schmackhaftes zuzubereiten? Nein, wäre es nicht, denn sonst hätten wir heute keine plastische Vorstellung von der ›symbolischen Handlung‹, die in drastischer Verkürzung und Zuspitzung das eigentlich Gemeinte überhöht, in diesem Fall: Liebe geht durch den Magen.

418   Kapitel 6 Helden, selbst wenn sie versagen

schwört und dann T. S. Eliot in *Mord im Dom*, kommen dreißig Pilger in London zusammen. Und da Reisen immerschon seinem Wesen nach mit Langeweile verbunden war, egal ob man auf Maultieren sitzt oder im Charterflieger, erzählen sie sich längs der dreitägigen Route (immerhin: 51 Meilen!) Geschichten, die das tatsächliche Leben zu Chaucers Zeiten in allen Facetten spiegeln sollen. Allerdings reimt der Dichter in fünfhebigen Versen und verwendet eine Sprache, das Mittelenglische, die bereits Shakespeare nicht mehr richtig verstand – der jedoch die chaucersche Erfindung nutzte und zum Blankvers seiner Dramen vereinfachte, indem er den Reim, diesen Spannungstöter, einfach wegließ. Chaucer ist lustig, derb, aber nicht zotig. Selbst wenn er schildert, wie man einen Furz bequem in zwölf gleichgroße Teile zerlegen kann – wozu allerdings ein komplettes Domkapitel notwendig ist –, bleibt er ganz auf dem Boden dessen, was damals an lebensweltlichen Erscheinungen interessierte. Aber er schneidet aus der Gesellschaft, die ihm so unmittelbar vor Augen stand, ein gutbürgerliches Tortenstück heraus, das mit Rittern und Nonnen verziert ist; alles andere lässt er weg. So ergibt sich in seiner Sicht der mittelalterlich verengte und getrübte Blick auf das Leben, der uns heute nur noch wehmütig berührt – wegweisend war das nicht.

Und so stelle ich Dir, um unseren Gang durch die Vorrenaissance abzurunden, gerne noch das Dichtergenie der Zukunft, den Universalgelehrten Francesco Petracco vor, der sich selbst lieber Petrarca nannte, aus einer Florentiner Familie wie Dante, nur eine Generation jünger. Sein Vater wurde verbannt und musste die Heimatstadt verlassen; also wuchs Petrarca in Südfrankreich auf, wo der Anblick des Mont Ventoux zu seinen Jugenderlebnissen gehörte. Dabei entwickelte sich etwas Neues: das Ich-Gefühl. Dieser Subjektivismus treibt Petrarca, den Berg zu ersteigen[121] und sich, oben angekommen,

---

121 Am 26. April 1336. Er hat das Erlebnis in einem Brief beschrieben, den er dem Bischof von Monopoli (in Süditalien) Francesco Dionigi schrieb. Der stammte aus San Sepolcro in der Toskana, wo in einigen Jahren das größte malerische Genie der Frührenaissance das Licht der Welt erblicken wird: Piero della Francesca.

seiner selbst und der Welt um ihn her vom Gipfel des windumtosten Bergmassivs im Alpenvorland aus zu vergewissern. Beim Panoramablick ringsum fühlt er diese Welt auf sich zukommen, sie ist nur für ihn und nur in diesem Augenblick da. Das wird der Ausgangspunkt eines dichterischen Gefühls sein, das die Poeten bis heute umtreibt: In ihnen und ihren Werken wird das Welterlebnis ständig erneuert, konzentriert und einem mitleidenden Lesepublikum spürbar gemacht.

Wie viele, die fern der Heimat zu leben gezwungen sind, führte Petrarca ein unstetes Wanderleben zwischen Frankreich, Deutschland und Norditalien. Sein Held war der spätantike Bischof und Kirchenvater Augustinus, dessen *Bekenntnisse,* wir sprachen schon darüber, eine Augenöffnung zeigen: Wie einem jungen Mann der Pfad des rechten, richtigen Lebens gewiesen wird. So etwas reklamiert Petrarca auch für sich. Auch er betete eine junge Dame an – seine hieß Laura –, der er einen Kranz von Liebesgedichten widmete, den *Canzoniere.* Auch er trat in den geistlichen Stand ein. Auch er schrieb Epen, die uns heute vielleicht nicht mehr so kitzeln; er war der erste Büchernarr, den die Neuzeit gesehen hat, mit einer erlesenen Bibliothek. Deren Bände ließ er sich von befreundeten Künstlern verzieren und illustrieren, wie dem Sieneser Maler Simone Martini. Eine andere, vielleicht noch größere Leistung war es, dass er eine Übersetzung der Werke Homers anfertigen ließ, wie sein Freund Boccaccio ihm geraten hatte. *Ilias* und *Odyssee* waren dem Namen, nicht aber dem Wortlaut nach bekannt – selbst so große Lichter und interessierte Geister wie Petrarca konnten kein Griechisch. Die Entwicklung, die im Fall und Untergang Konstantinopels ihr Fanal erhielt, dass man sich nämlich wieder für das Erbe der Antike interessierte, wurde von den in die Welt versprengten Florentiner Köpfen des Trecento[122] in Gang gesetzt.

---

122 Dreihundert: Die vertrackte italienische Zählweise der Jahrhunderte lässt die ›eins‹ am Anfang weg; gemeint ist also der Zeitraum zwischen dreizehnhundert und vierzehnhundert.

420   Kapitel 6 Helden, selbst wenn sie versagen

Groß ist die Sammel- und Umformungsleistung der Grimms; vor ihnen hatte bereits Johann Karl Musäus die *Volksmärchen der Deutschen* herausgebracht, in deren Mittelpunkt die Sagengestalt des Rübezahl steht. Musäus versucht sich nicht in einem ›Volkston‹. Sein Merkmal ist eine höchst ausgefeilte Unterhaltungskunst voller komischer Elemente, seine ›Volksmärchen‹ sind Kunstmärchen reinen Verstandes. Ludwig Bechstein, einige Zeit nach den Grimms, sammelte in seinem *Deutschen Märchenbuch* hauptsächlich thüringische Volksmärchen und erschloss hier eine eigene Welt der Sagen und Legenden. Ihnen gegenüber stehen die Meister des selbsterfundenen Kunstmärchens, allen voran der blutjunge Wilhelm Hauff aus Stuttgart mit den Sammlungen *Die Karawane* – darin die mehr phantastische als märchenhafte (und sehr grausame!) *Geschichte vom Gespensterschiff* und die *von der abgehauenen Hand,* aber auch die liebenswürdige *vom kleinen Muck* mit seinen Sieben-Meilen-Pantoffeln, über den die Kinder sich nicht lustig machen sollen – und *Der Scheik von Alessandria und seine Sklaven* mit dem wundervollen *Zwerg Nase*. Für mich hat Hauffs Erzählkunst große Ähnlichkeit mit den Bildern von August Macke: die starken Farben, der Sinn für schlichte Schönheit, die fröhlich-freundliche Grundstimmung, die arabische Welt als Thema. Macke machte mit Paul Klee und Louis Moillet kurz vor Ausbruch des Ersten Weltkriegs eine Tunisreise und brachte Berge von Aquarellen und haufenweise Impressionen von dort mit. Dann zog er als Freiwilliger in der uns heute völlig unverständlichen Verblendung[123] gegen den ›Erbfeind‹ Frankreich los und starb in einem der ersten Scharmützel des Krieges.

Hauff hatte die gerade für die deutsche Literatur entdeckte Welt des Orients, wie sie in der damals neuen Übersetzung von *Tausendundeine Nacht* durch Joseph von Hammer-Purgstall bunt aufleuchtete, in ein von der eigenen Phantasie gewebtes Kleid gehüllt. Sein eigentliches Vorbild aber war die haarsträubende Geschichte des verruchten Kali-

---

123 Stichwort: Langemarck, ein fauler Mythos.

fen *Vathek* aus der Feder des englischen Wunderkindes William Beckford, deren Mischung aus Schauder und Märchen bereits eine ferne Zukunft andeutet, die des Fantasy-Romans. Beckford war als Person mindestens so interessant denn als Autor, verstand er doch das größte Vermögen Englands zu vergeuden und, als Vierjähriger!, dem achtjährigen Mozart, der ihm Kompositionsunterricht gab, einige schöne Ideen für »Figaros Hochzeit« einzuflüstern.

Beckford war Orientalist, prägend aber wurde auch auf diesem Gebiet der Laie Goethe. Für seine Theaterversion des *Mahomet*, kurz nach und unabhängig von Voltaire, hatte er den Koran in einer soeben erschienenen Übersetzung studiert, der Prophet des Islam ist für ihn ein inspirierter Schwärmer. Mit seinem *West-Östlichen Diwan*, der sich konkret auf persische Vorbilder wie die *Ghaselen* (*Gedichte*) des Hafis bezieht, öffnete er den Zeitgenossen die Augen für die Welt der orientalischen Dichtung. Was wir noch nicht so lange wissen: Der *Diwan* wurde zu einem Zwiegesang mit der Bankiersgattin Marianne von Willemer, einer faszinierenden Frau, deren eigene poetische Beiträge Goethe in die Sammlung einschmuggelte. Marianne überlebte den Meister um dreißig Jahre und wurde noch bei Lebzeiten Objekt der verehrenden Forschung nachgeborener Generationen – ähnlich wie Katia Mann, die in ihrem Haus in Kilchberg am Zürichsee Schulklassen aus Deutschland empfing, die Thomas-Mann-Wallfahrten veranstalteten. Darunter waren auch noch meine beiden ältesten Geschwister.

Die Philologien des Orients freilich, vor allem die so notwendigen Übersetzungen, stammten von Dichter-Gelehrten wie Friedrich Rückert, der dazu bemerkte:

Zwei sehr verschiedne Schwestern,
Die liebe ich seit gestern;
Und fraget ihr, wie heißen sie?
Persisch-arabische Poesie.

422   Kapitel 6 Helden, selbst wenn sie versagen

Rückert bleibt unvergessen durch seine von Gustav Mahler vertonten *Kindertotenlieder:*

Oft denk' ich, sie sind nur ausgegangen …

In der Trauer um die toten Kinder vereint sich das Leid der Väter Rückert und Mahler zu einer das Herz bewegenden Klage, die in der ganzen Geschichte unserer Trauerkultur nicht ihresgleichen hat. Später hat auch August von Platen im Stil eines Rumi[124] oder Firdusi gedichtet. Zusammen mit Hafis sind dies die großen Namen Persiens, das mit Nizami, der die Liebespoeme *Leila und Madschnun* sowie *Chosrau und Schirin* schrieb, auch einen bedeutenden Epiker zu bieten hatte. Bekannt geblieben ist der Graf von Platen-Hallermünde allerdings durch einen Literaturskandal, auf den ich gleich kommen werde. Die Persien-Begeisterung flaute wieder ab; auf der Suche nach Anregungen flog die Phantasie der Künstler weiter, der Japonismus kam en vogue, die Holzschnitte eines Hokusai wurden Vorbild für Malerei und Mode Europas.[125]

Hauff hat noch einen dritten, schwerblütigeren Märchenzyklus veröffentlicht, *Das Wirtshaus im Spessart;* der enthält *Das kalte Herz* mit den romanhaften Abenteuern des Kohlenmunk-Peter. Die Produktionen von Ludwig Tieck, seine *Märchen aus dem Phantasus* wie *Der blonde Eckbert, Der getreue Eckart* oder *Die Elfen,* nehmen sich gegen Hauffs bunte und drastische Geschichten pastellfarben und herbstgetönt aus; sie sind indes ein genuines und sehr frühes Produkt romantischen Geistes, angeregt durch die Brüder Friedrich und August Wilhelm

---

124 Er stiftete auch den Orden der tanzenden Derwische, den sogar Karl May kannte und prompt verwurstete. Rumis Grab gehört zu den Höhepunkten der Reise, die der englische Orientalist Robert Byron unternahm und in *Der Weg nach Oxiana* beschrieb. Es handelt sich um nichts weniger als das Meisterwerk der Reiseliteratur des Zwanzigsten Jahrhunderts.

125 Ein schönes Beispiel literarischer Japanbegeisterung sind die *Acht Gesichter am Biwasee* des Würzburgers Max Dauthendey, ein Novellenreigen, der die ostasiatische Vorliebe für gestaltete Landschaft mit einer bewusst ›holzschnitt‹-haften Handlung verbindet.

Schlegel, die überragenden Theoretiker der Bewegung. Friedrich hat das kleine Werk *Lucinde* geschaffen, dessen spröder Charme sich uns Lesern nicht auf den ersten Blick erschließt; die *Bekenntnisse eines Ungeschickten*, wie Schlegel den ersten Teil dieses Fragments nannte, schildern den Traum einer Liebe, den Schlegel mit dem Adjektiv ›dithyrambisch‹ bezeichnet. Erstmals erscheint hier das Motiv des dionysisch-weinseligen Gesanges, dem wir noch wiederbegegnen werden, dann allerdings weniger leicht geschürzt.

Typisch für Tieck das Siebenschläfermotiv, dass jemand verschwindet, ein ›anderes‹ Leben führt und nach vielen Jahren wiederauftaucht und nicht fassen kann, wie sich seine Umwelt verändert hat. Der Amerikaner Washington Irving, der viel in Europa reiste und neben seinen Initialen an der *Alhambra* auch andere literarische Spuren hinterlassen hat, transportierte in der Figur des *Rip van Winkle* aus seinem *Skizzenbuch* dieses sehr alte, schon aus frühchristlichen Wundererzählungen bekannte Thema zurück in die Heimat. Daneben figuriert auch eindrucksvoll sein kopfloser hessischer Reiter der *Legende von Sleepy Hollow*. Irving als Schriftsteller indes macht mit seinem bescheidenen Talent weniger Effekt. Auch von Clemens Brentano (*Gockel, Hinkel, Gackeleia*), Ernst Moritz Arndt (*Der starke Hans*) und sogar Goethe selbst (*Märchen* heißt sein Märchen und schildert die verwickelten Erlebnisse zweier Irrlichter) stammen unterhaltsame Beiträge zum Genre. Welch ein seltenes Talent diese Kunstform erfordert, zeigt sich im Dänen Hans Christian Andersen, der die allerschönsten und -traurigsten *Märchen*, *vom tapferen Zinnsoldaten*, den *sieben Schwänen* oder dem *Mädchen mit den Schwefelhölzern* erdachte, unsterbliche Schöpfungen, während seine zahlreichen Romane dagegen verblasst sind. Höchstens als emsiger Reisender – Fernweh war eine seiner unstillbaren Sehnsüchte – bleibt er noch in Erinnerung. Bis zu Theodor Storm (*Der kleine Häwelmann*) und zum Elsässer Otto Flake reicht die Tradition dieser Kunst, dessen *Mann im Mond* auf elsässischen Geschichten beruht, die der Dichter seinem eigenen Kind zur guten Nacht er-

> Der Orient rückt in den Blick, später Japan, dann die Südsee. Wir haben Fernweh.

zählte. Und sie reicht mindestens bis zu Peter Rühmkorf, wenn der seine *Märchen* vorträgt, von denen man nur sagen kann: ganz schön abgefahren!

Der sich aufdrängende Eindruck, dass der Hang und Drang zu Harmonie und Süßlichkeit in der Luft lag, ist nichtsdestotrotz falsch. Weniger Weltflucht war die Märchensehnsucht als Ausbruch aus den Fesseln der Realität. Die sah trüb genug aus, egal ob Napoleon im Land stand oder anschließend die alte Ordnung wiederaufgerichtet wurde. Lassen wir einen Kronzeugen zu Wort kommen. Ernst Theodor Amadeus[126] Hoffmann aus Königsberg war als Jurist nach Berlin gekommen und sprach dort am höchsten Gericht höchst kluge Urteile. In seiner Freizeit frönte er zwei für ihn in engster Verbindung stehenden Vergnügen: dem Saufen und dem Schreiben. Ersteres sollte bald seinen Tod herbeiführen, letzteres ihn fast vorher noch den Kopf kosten. Hoffmann war ein phantasiebegabter Geist und schuf aus einer literarischen Gattung, die ein ehrenwertes Schattendasein fristete, der aus England importierten Schauergeschichte (gothic novel), etwas Neues, das die Welt erobern sollte: phantastische Literatur. Ludwig Tieck hatte mit seinem *William Lovell* einen (Brief-)Roman in der englischen Manier geschrieben, in dem Unwahrscheinliches, Grausamkeiten und etwas Grusel dem Leser die Zeit vertrieben. Statt Empfindungen bot er Erregungen, Ungereimtheiten statt Mysteriösem. Ähnlich seine *Vittoria Accorombona* über Leben und Ermordung einer dichtenden Renaissanceschönheit. Tieck lotet die Untiefen der Ästhetik aus und balanciert dabei unsicher haarscharf am Abgrund jeglichen Geschmacks. Die Mordszene: *Folgsam wie ein gehorsames Kind, warf sie das Nachtleibchen ab, denn sie hatte sich schon zum Schlafen aus- und angekleidet. – »Auch das Busentuch!« – rief jener: – sie tat es – er zog hierauf selbst das letzte Leinengewand von der Brust zurück und die herrliche Gestalt stand in ihrer glänzenden Schönheit, nackt bis …* nein, das soll reichen; nur noch dies: Tieck bediente sich beim englischen Skandaldramatiker Webster, um uns das anzutun.

---

126 Diesen Vornamen hat er sich selbst gegeben statt des eigentlichen: Wilhelm, in Verehrung für W. A. Mozart – er war selbst ein talentvoller Komponist!

Die Romantik   425

Mit seinen *Elixieren des Teufels* zeigte Hoffmann, dass er das alles besser konnte. Die monströse Geschichte des Mönches Medardus, der
von dem verbotenen Elixier genippt und dadurch seine Seligkeit verloren hat, um sich stattdessen zu verdoppeln (ein Heer von Doppel-
gängern wird durch die Weltliteratur hasten, von diesem Medardus
angeführt) und haarsträubende Abenteuer zu bestehen, die ihn bis
zum Papst nach Rom treiben, bleibt indes lediglich ein Probestück.
In seinem zweiten Roman *Lebensansichten des Katers Murr* führt Hoffmann erst so recht virtuos seine Originalität vor: Durch ein Versehen
der Buchdruckerei wird die Geschichte des skurrilen Kapellmeisters
Kreisler vermischt mit den Memoiren einer seltsamen Katze – bis sich
erst zum Ende hin herausstellt, dass beide Geschichten zusammen-
gehören und ineins zusammenfließen: Murr ist Kreislers Schmusetier.
Eine sowohl poetisch wie technisch höchst anspruchsvolle Erfindung,
einzigartig köstlich zu lesen. Zu allen anderen Talenten hatte Hoffmann auch das malerische, sodass wir ihm sein eigenes Porträt verdanken. Eingefallene Wangen unter hohen Backenknochen, krauses
dunkles Haar, extralange Koteletten rahmen ein längliches Gesicht;
ein stechender Blick trifft uns aus tiefliegenden dunklen Augen. Dä-
monisch hat er sich dargestellt, Kapellmeister Kreisler oder ein
Teufelsgeiger könnte so ausgesehen haben, unverkennbar ist eine
Ähnlichkeit mit seinem nicht minder dämonischen Zeitgenossen Paganini.

Die *Serapionsbrüder* können als Urbild jedes ›literarischen Quartetts‹
gelten. Vier junge Leute lesen sich gegenseitig vor, was sie geschrieben
haben, und kritisieren es sogleich. In diesem Novellenkranz stecken
so schöne Stücke wie der *Rat Krespel*, woraus ein Menschenleben später Jules Barbier den Kern des Librettos zu Jacques Offenbachs Oper
»Hoffmanns Erzählungen« formen wird, die schönste Huldigung, die
dem Vater der Phantastik zuteil geworden ist. Aber auch *Nußknacker
und Mäusekönig*, Vorlage für Tschaikowskijs bestes Ballett. Oder *Das
Fräulein von Scuderi*, eine Kriminalnovelle um den Goldschmied Cardillac, der seine Werke ungern aus der Hand geben mag, deswegen ihre
Käufer ermordet, um sie sich zurückzuholen. Paul Hindemith machte

daraus eine Oper, Jules Verne lieh sich die Idee für seine Erzählung *Meister Zacharius.*

Ein Schatz an Ideen – erst recht in den *Fantasie-* und den *Nachtstücken* – ist das Werk Hoffmanns ohnehin, aber erzählen will ich Dir zum Abschluss unserer Beschäftigung mit diesem Originalgenie eine wahre Geschichte: Mit der Zensur focht Hoffmann ständige Sträuße aus; seine Reputation als preußischer Beamter gab ihm wenig Schutz, seine Gegner waren – Nichtpreußen (in diesem Fall: Mecklenburger!) in der Berliner Administration. Jede Äußerung Hoffmanns wurde belauscht, jedes Produkt seiner Feder argwöhnisch beäugt. Nun ergab es sich, dass in seinem letzten Werk, dem von ihm als ›Märchen‹ bezeichneten *Meister Floh,* der höchst satirische Passagen über die Rechtspflege in einem Lande enthält, das der geneigte Leser unschwer mit Preußen identifizieren konnte, ein tatsächlicher Fall aus Hoffmanns juristischem Alltag durch den Kakao gezogen wird. Bei der Suche nach politisch unzuverlässigen Elementen in der Studentenschaft hatte man einem jungen Mann nachgestellt (im *Meister Floh* heißt der Anzeiger Knarrpanti, in der Realität war es Polizeidirektor von Kamptz), dessen einziges Verbrechen darin bestanden hatte – mit seinem eigenen Wort, das im *Floh*-Manuskript genauso wiederkehrt –: *mordfaul!* gewesen zu sein und nicht auf das Examen gelernt zu haben. Trotzdem versuchte man ihn mit Aktivitäten gegen die preußische Regierung in Verbindung zu bringen und betrieb seine Relegation oder Vertreibung von der Universität. Das rief Hoffmann und seinen Sinn für Gerechtigkeit auf den Plan.

Die Zensur entdeckte die Stelle bei der Drucklegung; der Verleger Wilmans in Frankfurt (in jenen Zeiten lebten auch Verleger gefährlich) wurde vor die Behörde zitiert, dann Hoffmann selbst. Man versuchte ihn nach vielen vorangegangenen Querelen nun endlich auf ein Dienstvergehen festzunageln, nämlich aus Akten eines schwebenden Verfahrens Details veröffentlicht, sogar im Weinkeller von »Lutter & Wegner« zu Berlin vor seinen Freunden ausgeplaudert zu haben, um ihn so aus dem Amt entfernen zu können. Über dieser für seine Existenz gefährlichen Affäre verschlechterte sich Hoffmanns ohnehin angegriffener Gesundheitszustand; schließlich fiel er ins Leberkoma und starb, ohne dass seine Rehabilitierung betrieben worden wäre. Besonders der preußische Minister Hardenberg machte hier schlechte Figur.

Die tragische Geschichte hat ein, wie könnte es bei diesem großen Phantasten anders sein, burleskes Nachspiel. Bei der Testamentseröffnung stellte sich heraus, dass Hoffmann sein ganzes Vermögen sowie die Mitgift seiner Frau der Trunksucht zum Opfer gebracht hatte. Speziell der Weinhandlung mit Ausschank der Herren Lutter und Wegner schuldete er darüber hinaus den Gegenwert eines Wohnhauses, sodass die Witwe das Erbe auszuschlagen gezwungen war. Nun aber trat der Wirt Lutter, der mit seinem leibhaftigen Erscheinen in »Hoffmanns Erzählungen« ein würdiges Denkmal erhalten hat, höchstselbst vor das Nachlassgericht, um zu bekunden, dass er auf das ihm zustehende Geld verzichte, weil Hoffmann *den Schaden durch die vielen Gäste, die er zu ihm gezogen, mehr als gutgemacht habe.*[127] Der vielleicht begnadetste Trinker der Literaturgeschichte hatte einen Wirt, der seiner würdig war.

> Trinken und schreiben. Das Genie braucht Inspiration – egal wie.

Wie bei Hoffmann Märchen und Novelle nebeneinanderstehen und ineinandergehen, so wichtig ist die kurze Erzählung über eine ›unerhörte Begebenheit‹ für die Literatur der Epoche. Diese Definition der Novelle stammt von Goethe[128], der selbst mit der *Novelle* seinen bescheidenen Beitrag zur Gattung lieferte, als wollte er damit zeigen, wie widerwillig er den Moden und Strömungen der Zeit folgte, genauso wie er e i n Märchen sowie e i n e Fabel, *Reineke Fuchs* (die allerdings monumental wie Homer, in zwölf Gesängen), abgeliefert hat.

---

127 Ich zitiere diese erhabene Passage und habe die Informationen zur ›Meister-Floh-Affäre‹ aus der großartigen Edition von Hoffmanns Briefwechsel durch Hans von Müller und Friedrich Schnapp.

128 Wer vom apodiktischen Gehabe des Geheimrats bereits genug hat, freut sich vielleicht daran: ›Novelle‹ bedeutet, *reife Schicksale in ihren Höhepunkten von einem leidenschaftslosen Erzähler berichtet.* So definierte Hermann Hesse.

428   Kapitel 6 Helden, selbst wenn sie versagen

Auch inhaltlich kann die kleine Erzählung um das Kind, das dem aus-
gebrochenen Löwen den Dorn aus der Tatze zieht, nicht überzeugen.

Die vollendetste Form gab der Novelle Heinrich von Kleist, den
selbst man einen Schwärmer eher als einen Romantiker nennen darf.
Einem Ideal von Liebe, Freundschaft und Freiheit jagte er voll Hast
und Unruhe nach, ohne sie in seinem kurzen Leben zu erreichen.
Stattdessen finden wir all das in seinem Werk, das ich im Einzelnen
vorstellen will:

Michael Kohlhaas ist die Geschichte des Pferdehändlers, dessen be-
leidigter Gerechtigkeitssinn ihn zum Räuber und Landstörzer werden
lässt und der, nachdem ihm Genugtuung geschehen, bereitwillig sein
Haupt dem Henker darbietet.

Die Marquise von O … sucht und findet mit Hilfe einer Zeitungs-
annonce den Mann, von dem sie – bewusstlos – ein Kind empfangen
hat. Der will sie dann auch heiraten, aber das macht die allergrößten
Schwierigkeiten, bis es zu einer freundlichen Wendung kommt.

Das Erdbeben in Chili befreit den jungen Jeronimo, der mit einer
Nonne ein Kind hat, aus dem einstürzenden Kerker. Doch der Mob,
von einem Priester aufgestachelt, beschuldigt die beiden, die Naturkatastrophe durch ihr gottloses Verhalten ausgelöst zu haben. Ein Blut-
bad ist die Folge, das nur ihr kleiner Sprössling Philipp überlebt, der
vom heldenmütigen Sohn des Statthalters adoptiert wird.

Die Verlobung in St. Domingo. Der Sklavenaufstand von Haïti führt in
einer Nacht Gustav und Toni im Hause des schrecklichen schwarzen
Aufrührers Hoango zusammen. Sie verlieben sich und lieben sich und
am Morgen erschießt er sie und dann sich selbst. Warum? Nur Lesen
lüftet das Geheimnis!

Das Bettelweib von Locarno. In seinem Schloss verschuldet der hoch-
mütige Marchese den Tod eines alten Bettelweibs; Jahre später rächt
sie sich spukend, der Marchese stirbt im Wahnsinn. Und das alles auf
drei Seiten.

Der Findling. An Kindes statt nimmt der römische Kaufmann Piachi
den kleinen Nicolo an, da sein eigener Sohn gerade an der grassierenden Seuche gestorben ist. Nicolo wächst zu seinem Nachfolger heran,

will jedoch vom Lotterleben nicht lassen. Als er seine Stiefmutter zu verführen trachtet, ermordet Piachi ihn kaltblütig und nimmt unversöhnt die Todesstrafe auf sich.

Die heilige Cäcilie oder die Gewalt der Musik. Eine Horde (protestantischer) Bilderstürmer überfällt das Kloster der Hl. Cäcilie zu Aachen zur Stunde der Messe. Schwester Antonia ist krank, trotzdem leitet sie die Aufführung des Musikstücks, die so stark wirkt, dass die Rädelsführer, vier Brüder aus Antwerpen, ohnmächtig niederstürzen; das Kloster bleibt unversehrt. Später stellt sich heraus, dass Schwester Antonia bewusstlos im Bett lag – die Heilige Cäcilie höchstselbst hatte die so mächtige Musikdarbietung angeführt.

Der Zweikampf. Ein Attentat, ein Gottesgericht, zwei zum Scheiterhaufen Verurteilte – hier wird alles geboten. Der vermeintliche Sieger, der das Attentat bestellte und die schöne Littegarde verleumdete, stirbt wenig später an einer unscheinbaren Wunde, die er im Zweikampf erlitt. Der Unterlegene, in seinem Blut vom Platz getragen, genest und erhält zum Schluss die Schöne.

Auf kaum zweihundert Seiten öffnet sich dieser Schatz vor des geneigten Lesers Augen; besser ist auf Deutsch nicht geschrieben worden. Knapp, bisweilen in altertümelnder oder origineller Eigenheit, und präzise kommt diese Sprache zur Sache. Das hatte Kleist unter anderem beim Zeitungmachen gelernt, schließlich hatte er die »Berliner Abendblätter« aus der Taufe gehoben und alsbald wieder zu Grabe getragen. Die ungewöhnlichste Besonderheit kleistscher Dichtung ist die Bedeutung von Ohnmachten oder Trancezuständen, die in fast allen Werken vorkommen. Aus der Entrücktheit heraus gewinnen die Heldinnen – meist sind es Frauen, denen das zustößt – Tatkraft und Zielstrebigkeit: Erst die Bewusstlosigkeit verbindet sie mit dem Kraftwerk des Transzendenten. Nicht unbedingt sympathisch sind uns diese Charaktere, besonders der ehrpusselige und selbstzerstörerische Kohlhaas, genau

> Die Novelle hat die innere Abgeschlossenheit einer Handlung zur Bedingung. Das widerspricht unserem Gefühl, dass nichts je vorbei ist.

wie Kleist selbst den meisten Zeitgenossen erschien, aber sie sind viel-
schichtiger und zerrissener als damals zuträglich war, sehr heutige,
aktuelle Persönlichkeiten. Mit Goethe ist Kleist auch durch seine Theaterstücke in unglücklicher Weise verbunden. Die Romantiker, die bei Shakespeare aller-
höchste Bühnenwirksamkeit kennengelernt hatten, schufen ihrerseits
die völlig neue Kategorie des (vermeintlich) ›unspielbaren‹ Stücks,
das im äußersten Fall im kleinen Kreis vorgelesen werden konnte.
Höchste Vollendung gab Kleist diesem Genre mit seiner *Penthesilea*.
Bis deren Gefühlseruptionen spielbar wurden, untermalt vom Gebell
blutgieriger Hundekoppeln, musste noch ein Jahrhundert vergehen;
das mochte speziell dem Geheimen Rat mit seinem Sinn fürs Praktische nicht schmecken. Außerordentliches gelang Kleist indes ge
rade auf dem Gebiet des Lustspiels. *Der zerbrochne Krug* kann mit Fug
und Recht als d i e deutsche Komödie gelten. Und nach e i n e r Aufführung in Weimar sorgte Goethe, der für die herzoglichen Bühnen
verantwortlich war, dafür, dass von Kleist nichts und nie wieder etwas
gespielt wurde. Urteile jeder selbst, ob Neid oder Sachverstand diesen
Entschluss diktierten. Fest steht: Goethe konnte Kleist nicht leiden.

Der Dorfrichter Adam ist der ins Komische gewendete König Ödipus, bis hin zu beider hinkender Fortbewegungsweise. Als Frau Marte
Rull ihm den Fall ihres zerbrochenen Krugs vorträgt, forscht er unter
dem Druck des gerade anwesenden Gerichtsrats Walter so lange, bis
er sich selbst als Täter entlarvt hat. Das Bestechende der Komposition
liegt in ihrer Einfachheit, und seit Emil Jannings haben sich alle großen
Schauspieler darum gerissen, den Adam spielen zu dürfen. Dass die von
ihm verfolgte Unschuld Eve heißt, deutet an, wie universell Kleist seine
Komödie angelegt hatte. Zu Recht witterte Goethe hier einen gleichwertigen Rivalen zu seinem Faust und schmetterte ihn routiniert ab.

Der *Amphitryon*, sehr frei nach dem Vorbild des Plautus und weit
näher bei der Version Molières, behandelt eine ähnliche Tragik des Komischen: Alkmene, die Frau des thebanischen Feldherrn Amphitryon,
wird um ihrer Schönheit willen von Zeus (aufgrund des römischen
Originals heißt er hier: Jupiter) besucht – in Gestalt des abwesenden

Gemahls; so zeugt er mit ihr den Herakles. Der wahre Amphitryon, der alsbald zurückkehrt, muss mit dem Missverständnis aufräumen, er wäre bereits da gewesen; ähnliches widerfährt in einer Spiegelung dem Diener Sosias, der von Hermes (Merkur) fachkundig vertreten wurde. Die Beglückung über den göttlichen Besuch hält sich da bei den Menschen in Grenzen.

Die *Penthesilea* ist Kleists gewagteste Komposition. Vor den Mauern Trojas treffen die Amazonenkönigin Penthesilea und der Griechenheros Achilles aufeinander zum Kampf – und verlieben sich. Doch die Verblendungen der Liebe enden tödlich:

Sie zog dem Jüngling, den sie liebt, entgegen,
Sie, die fortan kein Name nennt –
In der Verwirrung ihrer jungen Sinne,
Den Wunsch, den glühenden, ihn zu besitzen,
Mit allen Schrecknissen der Waffen rüstend.

Den anderen besitzen zu wollen geht in der Liebe nie gut, so tötet sie Achilles (ganz gegen die antike Erzählung, wo sie das Opfer ist) und stirbt, als sie das Schreckliche der Tat erkennt, an gebrochenem Herzen. Der ekstatische Ton der Liebesduette ist einzigartig und völlig außergewöhnlich. Von anderer Art ist der *Prinz Friedrich von Homburg*. In der Schlacht von Fehrbellin hat der Prinz die Befehle missachtet und angegriffen statt stillzuhalten; er hat Preußen gerettet und wird zum Tode verurteilt für seinen Ungehorsam. Erst das Anerkenntnis seiner Schuld kann seine Begnadigung bewirken. Bruno Ganz, wer sonst, hat den Prinzen als traumverzückten Idealisten wieder bühnentauglich gemacht. Das *Käthchen von Heilbronn* ist ein durch und durch romantisches Ritterspiel mit dem Grafen Friedrich Wetter vom Strahl und seinem somnambulen Käthchen. Die *Familie Schroffenstein*, eine Familientragödie, bei der Agnes und Ottokar umkommen, war Kleists erster Versuch für die Bühne, die ihm zu Lebzeiten die kalte Schulter zeigte. Er hat mit der dramatischen Form gerungen, erst heute erkennen wir in ihm den Meister des Theaterfachs.

Als hätte er sich schon endgültig von uns abgewandt, mit einem letzten träumerischen Blick zurück, erscheint Heinrich von Kleist auf dem einzigen Bildnis, das es von ihm gibt. Die Haare fallen ihm tief in die Stirn, alles an seinem Gesicht ist rundlich, jugendfrisch, die Augen freundlich. Dies entspricht ganz dem sanften Charakterbild, das wir von ihm haben. Aus der reichlich erhaltenen Korrespondenz mit seiner Schwester Ulrike und den Freunden, Zschokke in der Schweiz oder dem treuen Rühle von Lilienstern, scheint es auf. Trotzdem gibt es einen ›Fall Kleist‹: Sein wahres Leben mag sich uns nur aus seinen Werken offenbaren.

Rätselhaft ist manches Poetenleben und -sterben. Gehören Seltsamkeiten zur Aura des Außergewöhnlichen oder sind sie Stilisierungen eines Wichtigtuers? Das Genie ist uns wohl in mancher Hinsicht nicht völlig verständlich, es entzieht sich der Beurteilung.

Dieser Titan mit dem knabenhaften Gesicht stand literarisch auf den Schultern zweier Großer, die eine Generation vor ihm geboren waren und ihn dennoch überlebten. Der eine ist Johann Peter Hebel aus Basel. Sein Metier ist die Kürzestprosa, *Kalendergeschichten* oder Perlen aus dem *Schatzkästlein des Rheinischen Hausfreundes.* Patrick Roth, dieser moderne Mystiker, erinnert in einem Festvortrag an die Geschichte *Unverhofftes Wiedersehen* und rühmt ihre sprachliche Brillanz. Zu Recht. *In Falun in Schweden küßte vor guten fünfzig Jahren und mehr ein junger Bergmann seine junge hübsche Braut …* so fängt dieser allerkürzeste Lebens- und Liebesroman an; der Bergmann stirbt noch am selben Tag bei einem Grubenunglück, wird aber erst viele Jahre später zufällig gefunden. Die geborgene Leiche ist durch die chemische Einwirkung des Stollens unverändert, nur die Braut von damals geht inzwischen an der Krücke. »*Es ist mein Verlobter*«, sagte sie endlich, »*um den ich fünfzig Jahre lang getrauert hatte, und den mich Gott noch einmal sehen läßt vor meinem Ende. Acht Tage vor der Hochzeit ist er unter die Erde gegangen und nimmer heraufgekommen.*«

Vom entgegengesetzten Ende des deutschen Sprachraums kommt Matthias Claudius oder *Asmus* oder der *Wandsbecker Bote*, wie belieben.

Bei seinem Werk handelt es sich um eine Mischung aus literarischen Plaudereien und lyrischen Stücken, darunter etwa das *Abendlied*. Um die vielen Missverständnisse zu charakterisieren, die Claudius umgeben, erinnere ich an die Szene aus dem Film »Rosen für den Staatsanwalt« von Wolfgang Staudte, in der Martin Held, der den korrupten und durch seine Nazivergangenheit kompromittierten Staatsanwalt spielt, erbittert über den Widerstand seines Stiefsohnes gegen seine Autorität, der aus den Fugen geratenen Familie mitteilt: »Jetzt les' ich ein Gedicht vor!« Die brennende Zigarre überreicht er der Komplizin von Ehefrau, stülpt die Brille über die Nase und beginnt:

> *»Der Mond ist aufgegangen*
> *Die goldnen Sternlein prangen*
> *Am Himmel ...«*
> Pause –
> *»hell ...«*
> Pause und ein bedeutsamer Blick –
> *»... und klar;*
> *Der Wald steht schwarz und schweiget*
> *Und aus den Wiesen steiget*
> *Der weiße Nebel wunderbar.«*

Der Zigarrenrauch steigt auf und umnebelt die Gesichter. Die Gattin wiederholt: »Wunderbar!« So war das also mit Matthias Claudius, dem Feiertagspoeten und Spezialisten für Besinnlichkeit. In Wahrheit war Claudius, wie Kleist, Zeitungsmann mit Sinn für Prägnanz und Kürze. Und in seinem ungekünstelt naiven Ton erinnert er an die große Tradition protestantischer Kirchenlieder, wie sie Bach zu unvergänglichen Chorälen gesetzt hat, *O Haupt voll Blut und Wunden*, oder, näher an Claudius: *Geh aus mein Herz und suche Freud*, beides von Paul Gerhardt vom Anfang des Siebzehnten Jahrhunderts.

Mit seinen Novellen befindet sich Achim von Arnim ganz nahe bei Kleist. *Isabella von Ägypten*, eine Geschichte von der Zigeunerin, die mit Kaiser Karl V. verbunden war, *Der tolle Invalide auf dem*

Fort Ratonneau über den Kommandanten, der durch eine Verletzung wahnsinnig wird und ein Feuerwerk abbrennen lässt, oder *Fürst Ganzgott und Sänger Halbgott*, eine Burleske aus den Badeferien, zeugen von seiner Kunst. Arnim trat ähnlich wie Ludwig Tieck auch mit einer Vielzahl von Gedichten und Theaterstücken hervor, die heutigentags uns Lesern und Abonnenten sorgfältig vorenthalten werden. Er schrieb aber auch zwei Romane, die eher konventionelle *Gräfin Dolores* und die aufregende, abenteuerliche Geschichte der *Kronenwächter*. Die wuchernde Handlung, im geschichtlichen Umfeld der Staufer um eine imaginäre Kronenburg am Bodensee angelegt, wuchs dem Autor dermaßen über den Kopf, dass das Buch nach sechshundert Seiten halbfertig liegenblieb. Aber was für eine prächtige Leiche! Es lohnt sich, die geheimnisvoll im Verborgenen agierenden *Kronenwächter* lesend zu entdecken. Arnims Frau hieß Bettina, geborene Brentano. Zwischen Kinderaufzucht und Alltagsnöten schrieb sie ein schönes Buch über ihre unglückliche Dichterfreundin Karoline von *Günde(r)rode*. Den *Briefwechsel mit einem Kinde* führte Goethe mit der überaus phantasiebegabten zweiundzwanzigjährigen Bettine, die sich früh zur literarischen Skandalnudel entwickelte. Ihre Begeisterung für Goethe wie ihre Eifersucht auf dessen Christiane nahmen beängstigende Formen an, bis es zum Bruch zwischen den beiden kam. Doch wird sie, wie gleich zu hören, für eine Versöhnung jenseits des Grabes sorgen.

Arnims Schwager war Clemens Brentano, der als fröhlicher Märchenschreiber begann und später, wohl durch seine unglückliche (zweite) Ehe gebeugt, ein ernsthafterer Geist wurde, der sich mit dem Mysterium der die Leidensmale Christi tragenden Nonne Anna Katharina Emmerick beschäftigte. Ihm verdanken wir den verworren-verspielten Roman *Godwi*, der allerdings einige der schönsten literarischen Schliche der Romantiker feilbietet, wenn etwa der Romanheld den Autor in wichtigen Details verbessert. Ähnliches hatte auch Ludwig Tieck auf dem Theater veranstaltet, wo sein *Gestiefelter Kater* von der Bühne aus in erregte Debatten mit Herrschaften aus dem Publikum gerät. Bevor Achim von Arnim nach Berlin ging und Brentano sein Schwager wurde, hatte er mit ihm zusammen in Heidelberg für das Volkslied das geleistet, was die Grimms dem Märchen antaten: In *Des Knaben Wunderhorn* vielerlei gesammelt, dabei mehr oder weniger behutsam nach- und umgedichtet und einen Ton gefunden, der dauerhaft faszinierte. Auch hier hat Gustav Mahler mit üppiger Jugendstil-Orchestrierung erreicht, dass uns diese so simpel klingenden Lieder immer noch und wieder im Ohr sind. Sein Name ist mit Arnim, Brentano und dem »Wunderhorn« unlöslich verbunden.

In Berlin ansässig waren ebenso Adelbert von Chamisso und Friedrich de la Motte *Fouqué*, dem der unermüdliche Arno Schmidt eine große, erhellende Studie gewidmet hat. Chamisso, eigentlich – schöner geht's nimmer! – Louis Charles Adélaïde de Chamissot de Boncourt, war mit seiner Familie vor den Verfolgungen im Zuge der französischen Revolution geflohen, während Fouqué einer Hugenottenfamilie entstammte, also Nachfahre protestantischer Franzosen war, die den Greueln der Bartholomäusnacht in die preußische Religionsfreiheit entronnen waren. Das Mittelalter wurde Fouqués Leidenschaft; mit dem *Zauberring* erträumte er sich eine Welt von Rittertum und Heldenmut im Roman. *Undine*, die Nixe, die einen Menschen liebt und dafür vom Wassermann schrecklich bestraft wird, ist seine bekannteste Schöpfung – ein klassisches Opernsujet, vielfach vertont, unter anderem von E. T. A. Hoffmann und Albert Lortzing; Fouqué, mit dem Großteil seiner Werke vergessen, schrieb solche hübschen, harmlos erscheinenden Erzählungen, die, wie grimmsche Märchen, erst in der Tiefendeutung ihre schwarzen Rachen aufreißen. Chamisso, ein kühlerer Verstand, der auch für sein soziales Empfinden und seine Hinwendung zu naturkundlicher Erkenntnis unsere Neugierde verdient, erfand die Figur des *Peter Schlemihl*[129], eine Art Faust im Taschenformat

---

129 Der Mann, der seinen Schatten verkauft hat, taucht in »Hoffmanns Erzählungen« im Venedigakt auf, kurz nachdem die unsterbliche »Barcarole« verklungen ist; so macht Offenbachs Oper wieder gut, dass E. T. A. Hoffmann, der Mann mit den tausend Einfällen, sich einmal die Schlemihl-Idee bei Chamisso ausgeborgt hatte für seine *Geschichte vom verlorenen Spiegelbilde.*

oder auch vaterlandsloser Geselle nach des Autors eigenem Vorbild. Als Naturforscher ist Chamisso weniger bekannt. Über seine Erlebnisse verfasste er den faszinierenden Bericht einer *Reise um die Welt*.

Das lag in der Luft. Wieder einmal haben wir da etwas, das notwendig wurde, nur noch die ausführende Hand und Feder brauchte. Während die Aufklärung von den hellen Geistern gefordert hatte, zu Hause zu bleiben und dort für Licht zu sorgen, stürmen nun die Wissbegierigen in alle Richtungen der Windrose los, um die letzten verborgenen Winkel auszuleuchten und dem staunenden Publikum zu Hause kund zu tun, wie es in der Welt aussieht. *Kosmos* heißt folgerichtig und programmatisch das Monumentalwerk des größten Universalgelehrten des Zeitalters, Alexander von Humboldt. Neben den toten übt und beherrscht man jetzt auch (fast) alle lebenden Sprachen sowie den eigenen Körper durch entsprechendes Training und nutzt das alles zur Welterkundung; so dringt Humboldt bis an den Gipfel des Chimborazzo vor und bringt von dort sein anderes Großwerk mit: *Forschungsreise in den Tropen Amerikas.* Doch schon zuvor war Georg Forster nicht nur zum *Niederrhein,* sondern gleich um die Welt gereist, hatte mit Käpt'n Cook speziell die Schönheit der Südsee kennengelernt und dem neugierigen deutschen Leser davon in s e i n e r *Reise um die Welt* alles Wissenswerte mitgeteilt. Romantik ist nicht nur die Liebe zur Natur, sondern auch das Bemühen, sie zu verstehen, um sie damit zu einem Bestandteil des eigenen Lebens zu machen. Unser Hunger nach (Urlaubs-)Erlebnissen weltweit hat hier seinen Ursprung. Romantik bedeutete andererseits auch ein alchimistisches Labor, in dem literarische Rezepte für kommende Generationen ausprobiert wurden.

In dieser Hinsicht einzigartig war und blieb Johann Paul Friedrich Richter aus Wunsiedel, damals zum Fürstentum Bayreuth gehörig, ein poetischer Erzschelm. Er verkörpert die sonnig-heitere Seite der Epoche, eine Art literarischer Spitzweg voller skurriler Figuren und Einfälle, mit denen er groß angelegte Romane spickte. Seine Herkunft aus Provinz und Kleinstaaterei machte er zum Markenzeichen, Orte wie Kuhschnappel zum Nabel der Literaturwelt. Der schrulligen Gestalten ist Legion, da gibt es den geräuschempfindlichen Armenadvokaten

Firmian Stanislaus *Siebenkäs*, der von seiner putzwütigen Gattin drangsaliert wird, bis er sich ihr durch Scheintod entzieht, das *vergnügte
Schulmeisterlein Maria Wutz in Auenthal*, der sich die Bücher, deren Titel
er aus dem Leipziger Messekatalog entnimmt, in Ermangelung der
Originale selber schreibt, und *Quintus Fixlein* hat Angst davor, zwei-
unddreißig Jahre alt zu werden. *Der Komet* begleitet den Aufstieg des
schwarzkünstlerisch veranlagten Nikolaus Marggraf vom Apotheker,
der in seiner Freizeit Diamanten backt, zum Markgrafenlehrling, *Des
Feldpredigers Schmelzle Reise nach Flätz* wird zu einer Expedition in die
Angstregionen der menschlichen Seele mit glücklichem Ausgang, in
den *Flegeljahren* errichtet ein hinterlistiger Notar das gemeinste Testament aller Zeiten und was dergleichen Grillen und Schnurrpfeifereien
sonst noch sind. Statt ausgefeilter Handlung zeigt er Typen, auch uns
ganz zeitgemäß erscheinende wie den *Jubelsenior*. Und ihm gebührt
das Verdienst, die gespaltene Persönlichkeit literaturfähig gemacht zu
haben. Jeder Charakter aus einem seiner Werke ist eine Abspaltung
seines eigenen Charakters und zugleich weiter, mindestens in zwei
Teile, gespalten. Mit Siebenkäs und dessen Busenfreund Leibgeber
hatte er schon ein solches Pärchen aus seinem Geiste geschaffen, in
den *Flegeljahren* treibt er die Spalterei auf die Spitze mit den Zwillingen (Gott)Walt und Vult, die sich zwischendurch verlorengehen – das
glückliche Ende des auf mehrere tausend Seiten berechneten Werks
erlebten weder die Getrennten noch der Autor. Unter Tränen zu lachen ist eine Fähigkeit, die seinen Lesern Not tut.

Die Weiblichkeit lag ihm besonders am Herzen, ihr galt seine ganze
Einfühlung, sie war seine treueste Leserschaft und liebte ihn – wie es
auch heutigen Popstars ergeht – vor allem, solange er Junggeselle blieb.
Aber auch er, der Ehescheue, ward schließlich eingefangen. Der frühe
Tod des Sohnes indes geriet ihm noch zum tragischen Wendepunkt
des eigenen Lebens.

Meisterstück des Jean Paul – wie er sich als Schriftsteller franzö-
sisierend in Verehrung der großen Aufklärer nannte – wurde sein
Titan, den auch Gustav Mahler liebte und zum Namengeber seiner
Ersten Symphonie machte. Er spielt in höfischen Kreisen und ist ein

438   Kapitel 6 Helden, selbst wenn sie versagen

Erziehungs-, Reise-, Schauer- und Liebesroman, indem er mit der
Aufzucht des Deutsch-Spaniers Albano de Cesara aus Blumenbühl
dessen transalpine Erlebnisse und verwirrenden erotischen Abenteuer verbindet. Sein subversiver Widerpart heißt Karl Roquairol und
stellt dem italophilen Jüngling das Prinzip der französischen Vernunft entgegen. Das kann nicht gutgehen. Die Lektüre seines Meisterwerks macht uns der Sprach- und Gedankenartist Richter nicht
einfach, sein Metier ist die Arabeske, mit Myriaden von Vergleichen,
Bildern, Gleichnissen und Parabeln schmückt er die Fassade seines
Werks. Ein eigenes Lexikon füllen die Schwanzsterne, Mantelfische,
Donneresel und anderen Worterfindungen allein, die seinem witzigen Kopf entspringen; Zoologie und Metaphorologie schießen stets
durcheinander, auch wenn eine Dame einen Gibbon zur Hand nimmt.
Dann läßt der Autor offen, ob sie sich mit einem langarmigen Prima-
ten oder einem Werk des bahnbrechenden britischen Historikers abgibt. Für die kokette Leichtigkeit, mit der selbst politisch brisante Aspekte paraphrasiert werden, stehe folgendes Beispiel: Der Minister in
Blumenbühl hat einen vortrefflichen Mitarbeiter namens Bouverot
(ein verbissener Franzmann im Kampf gegen die vorherrschende Ita-
lianità), *der mit seiner klebrigen Spechts-Zunge das Gewürm aller Geheimnisse
ungesehen aus allen mürben Thron-Ritzen leckte* ... Und dann feiern wir
noch ein Wiedersehen mit Stanislaus Siebenkäs, unter dem Falsch-
namen Schoppe der rauhbauzige Prinzenerzieher, der zum Schluss in
geistiger Umnachtung endet; sein Alter Ego Leibgeber übernimmt seinen Platz – ein erzählerischer Kniff, der bis heute sitzt. Jean Paul brennt
ein tausendseitiges Feuerwerk von blendhellen Sprach-Raketen ab,
das seinen Lesern aber leider das Tragen einer Sonnen-Brille ernö-
tigt. Im *Komischen Anhang zum Titan* kann man nicht nur seitenlang
blättern, ohne ein Wort zu verstehen, dort findet sich auch *Des Luftschiffers Gianozzo Seebuch.* Der Luftraum wird als Spielwiese des Geistes
entdeckt und lockt, dem traurigen Ende des avantgardistischen Avia-
tikers zum Trotz, der samt Flugapparat vom Blitz auf die Erde zurück-
geschickt wird, mit unendlichen Weiten. Ein gutes Zeichen für herauf-
ziehende Zeitalter.

»*Nein, ich will s e i n, nicht h a b e n*«, resümiert Albano höchst modern als Quintessenz der ihm angediehenen fürstlichen Erziehung. Jean Paul transportiert in seinen großen, langen – bis langatmigen – Werken sein philosophisches System als Konterbande mit. Den seiner Zeit suspekten Individualismus und seine ungemütliche Antibürgerlichkeit schmuggelt er so geschickt, dass bei aller guten Laune nur wenige seiner Leser stutzig wurden. Dabei liegt das Erproben von Systemen in der Luft; der Feier des Geistes bei Descartes (*cogito sum*) und Spinoza sowie der Schöpfung bei Leibniz, dessen Monade das göttliche Universum spiegelt, folgte die Monumentalisierung der (preußisch geprägten) Staatsräson erst bei Kant, dann bei Fichte, Idealismus genannt. Mit Georg Wilhelm Friedrich Hegel erreicht dieser Ansatz der Weltbewältigung seine Vollendung. Hegel war der größte Systematiker von allen und entwickelte sein für hundert Jahre als unantastbarer Maßstab geltendes Theoriengebäude, in dessen Fundament der Begriff der ›Dialektik‹ eingelassen ist, während den bei seinen Studenten teuer geschätzten Vorlesungen.[130] Gefährlich war nur, in den ersten Reihen zu sitzen, denn Hegel liebte es, während des Kollegs zu schnupfen; er feuerte wahre Tabakkanonaden auf seine Hörer ab. Bis heute ist dieser Beschuss auf den Blättern ihrer Mitschriften deutlich erkennbar. Hegels Weltklugheit ermöglichte ihm die Heirat mit der Brauereibesitzerstochter Marie von Tucher, die ihm den Rest seines Lebens Brotarbeit überflüssig machte. So klug er auch gewesen sein mag, sein Porträt trägt erschreckende Züge, zeigt ein ausgemergeltes, langnasiges Gesicht mit, pardon, irre blickenden Augen.

Romantisches Denken stand zu all dem quer. Liebe, Glaube und Naturbezug waren seine entscheidenden Werte, ideal verkörpert in der Person des Georg Friedrich von Hardenberg, der sich Novalis nannte. Neben seiner Betätigung als Denker im Kreis um die Brü-

---

130 Damals und bis nach dem Zweiten Weltkrieg zahlten die Studenten dem Professor als Hörgebühr für seine Vorlesung das ›Kolleggeld‹. Aber das ist noch gar nichts. Damals zahlten auch Lehrlinge dem Meister ein ›Lehrgeld‹. So fremd sind uns diese Zeiten geworden.

der Schlegel und Ludwig Tieck schuf er als Dichter die *Hymnen an die Nacht*, Preislieder von Licht und Schatten, und die fragmentarischen *Lehrlinge zu Sais*, keine Handlungs-, sondern Gedankenliteratur. Die ›blaue Blume‹, an der sich nächtens die Phantasie seines jugendlichen Romanhelden *Heinrich von Ofterdingen* entflammt, das Sinnbild der Romantik, bleibt als Novalis' Erfindung in Erinnerung. Er starb mit nur neunundzwanzig Jahren.

Goethe lebt immernoch. Er arbeitet, zahnarm geworden und grau, mit staunenswerter Vitalität an seinem Nachleben, seinem Nachruhm. Und findet für diesen Zweck einen jungen Mann, den er zu seinem Werkzeug macht. Johann Peter Eckermann suchte zunächst Goethes Nähe, wollte ihm dienen – und wurde sein wandelnder Notizblock. In den *Unterhaltungen mit Goethe in seinen letzten Lebensjahren* liefert er Stichwörter, zu denen der alte Dichterfürst dann monologisiert, über Gott und die Welt, sozusagen. Aber gerade auf diese Weise entstand ein einmaliges Dokument, wie wir es nicht einmal heute erhalten, wenn bei einem Interview die Kamera mitläuft: Eckermann begleitete Goethe tatsächlich fast rund um die Uhr. Er war von seiner Aufgabe so in Anspruch genommen, dass er seine langjährige Verlobte erst heiraten konnte, als Goethe dann endlich doch starb.

Nicht sterben zu können ist ein Vorwurf, der gegen lästige Alte gerne erhoben wird, seit je.

Aber er starb im Triumph, vorher sein Lebenswerk abgeschlossen zu haben – wie er tatsächlich kaum etwas Unvollendetes liegenließ. Der *Faust* hatte ihn sein ganzes Dichterleben lang begleitet, und Goethe war ängstlich, seine Arbeit dem Publikum zu offenbaren – auch der Tragödie *Zweiten Teil* ließ er versiegelt zurück. Doch war er überzeugt, mit diesem Stück das Beste geleistet zu haben, wozu Dichtung fähig ist, ein Menschheitsdrama mithin.

Mit dem Vers

Ihr naht euch wieder, schwankende Gestalten

hatte Goethe die unterbrochene Arbeit an Teil I wiederaufgenommen. In Teil II führt er (als Mephisto) Faust aus der Enge von Studierstube und Kerker in die Weiten von Raum und Zeit. Er begegnet Helena, der schönsten aller Frauen, dem Kaiser in seiner Pfalz und den Philosophen Thales und Anaxagoras in der Klassischen Walpurgisnacht. Der stets enttäuschte Sucher Faust, erblindet durch den Anhauch der Sorge, erlahmt in seinem Kampfeseifer gegen die Ordnung der Welt, entsagt seiner Unsterblichkeit und erlebt das Spatenklirren, als bereits sein Grab geschaufelt wird, als Tat letzter Nützlichkeit: Er vermeint, ein Sumpf werde trockengelegt. Anstatt dass Mephistopheles am Ende triumphiert und mit Fausts Seele in die Hölle fahren kann, wird sie in einer mystischen Schlussszene in den Himmel erhoben:

Das ewig Weibliche
Zieht uns hinan.[131]

Die Musik kam auch zu Goethe als Trösterin. Mit dem Komponisten und vormaligen Maurermeister Carl Friedrich Zelter, dem die unvergleichlich stimmige Vertonung seines Gedichtes

Um Mitternacht

… ging ich, nicht eben gerne,
Klein, kleiner Knabe, jenen Kirchhof hin
Zu Vaters Haus, des Pfarrers, Stern an Sterne
Sie leuchteten doch alle gar zu schön;
Um Mitternacht

gelang, verband ihn eine Altersfreundschaft der Väter, denen die Kinder schon dahingegangen waren. Die Verbundenheit der beiden war so stark, dass sie einen der schönsten *Briefwechsel* in deutscher Spra-

---

131 Ich wage es kaum zu sagen, aber wieder Gustav Mahler hat die adäquate Vertonung besorgt, in seiner Symphonie Nr. VIII, wegen ihres enormen Personalbedarfs auch »Symphonie der Tausend« genannt.

che führten und dass Zelter, kaum hatte er die Nachricht vom Tod des Freundes erhalten, die eigenen Augen für immer schloss.

Und auf Goethes Knien ritt der kleine Felix Mendelssohn-Bartholdy, der fleißig »Lieder ohne Worte« komponieren würde, vor allem aber Wiederentdecker des größten aller musikalischen Genies war, von Johann Sebastian Bach, und dessen allergrößtes Meisterwerk, die »Matthäuspassion«, neu herausbrachte. Ja, auch der musste wiederentdeckt werden, nie hat es in Geschmacksdingen so etwas wie einen ›Kanon‹ gegeben. Jede Generation muss alles, im Guten wie im Schlechten, neu sich aneignen, es einordnen und bewerten.

Goethe hatte das Ende seiner Epoche lange überlebt, hatte aber wie kaum ein anderer Dichter je das Vergnügen, seinen eigenen Nachruhm zu genießen, fleißig unterstützt von seinem kongenialen Verleger Cotta, der für das Aufblühen des Buchhandels insgesamt, aber auch für die wichtige Aufgabe und Verantwortlichkeit des Verlegers im Besonderen rühmend zu nennen ist. Er gab Goethes Werke in der Form heraus, die der Meister wünschte, und übernahm das wirtschaftliche Risiko dafür. Mit dem *Werther* und dem *Faust* hatte Goethe sich unsterblich gemacht und Cotta wohlhabend. Den Titel eines Europameisters im Dichten musste er sich jedoch mit Walter Scott, dem Schotten, teilen, der allerdings ein eigenes Betätigungsfeld beackerte, das des historischen Romans; gemeinsam waren sie die größten Berühmtheiten ihrer Zeit.

Goethes Tod steht für eine Zeitenwende. Eine neue Dichtergeneration hatte nichts Eiligeres zu tun, als seine Lebensleistung zu annullieren. Auf Besuch beim greisen Weimaraner hatte ein junger Dichter voller Selbstvertrauen verkündet, er arbeite selbst an einem *Faust;* zufrieden konnte er konstatieren, wie der Alte zusammenzuckte. Der vielversprechende Jüngling hieß Heinrich Heine. Zeichen für den Umbruch ist die erbitterte Fehde, die Heine gemeinsam mit Karl Immermann – der eine aus Düsseldorf, der andere von Magdeburg her dorthin zugezogen – gegen den altmodischen und verarmten Grafen August von Platen austrug. Der hatte in seiner Komödie *Der romantische Ödipus* des Juden Heine Konversion zum Protestantismus zum Anlass einer rüden Attacke genommen, ihm den ›Makel‹ der Beschneidung vorhaltend. Heine, wenig skrupulös, machte in den *Bädern von Lucca*, im dritten Teil seiner auch sonst vorbildlos originellen *Reisebilder*, Platens schwächste Stelle zum Ziel s e i n e r Späße. Originalton Heine: … *der Graf Platen werde Mönch und ginge ins Kloster. Böse Zungen meinten, daß ihm das Gelübde der Armut und die Enthaltung von Weibern nicht schwerfallen werde* … Assistiert wurde ihm von Immermann, der den Grafen als *Im Irrgarten der Metrik umhertaumelnden Kavalier* präsentierte. Das Publikum jubelte über solch handfeste Späße: Das spottlustige Duo obsiegte, der beschämte Platen fiel auf dem Blachfeld der literarischen Ehre – in die Ungunst der Leser.

Als Jude und politischer Aktivist, gelernter Bänker und promovierter Jurist und später Emigrant steht Heine für ein neues Selbstbewusstsein in der Literatur. Konsequent geht er, dem alle Türen offenstehen, seinen eigenen Weg – als Künstler. Dazu gehört genauso das Auslüften überkommener Formen. Das Naturgedicht? Liquidiert. Der empfindsamen jungen Dame, die den Sonnenuntergang bewundert, teilt er mit:

Mein Fräulein! sein Sie munter,
das ist ein altes Stück.
Hier vorne geht sie unter
und kehrt von hinten zurück.

Für den Liebeskranken hat er genausowenig Verständnis:

Er hat verloren seinen Schatz,
Drum ist das Grab der beste Platz,
Wo er am besten liegen mag,
Und schlafen bis zum Jüngsten Tag.

So leicht ist Heine, der selbst im Pariser Exil viele Jahre bettlägerig von seiner Frau Mathilde gepflegt wurde (er nannte das seine Matratzengruft) und an Krankheit, Geldnot und ausbleibender Anerkennung litt, nicht zu packen. Er konnte auf allen Klavieren spielen, schrieb mit

444   Kapitel 6 Helden, selbst wenn sie versagen

dem *Rabbi von Bacharach* eine die Tradition hochhaltende Novelle, traf mit der *Lorelei:*

> *Ich glaube, die Wellen verschlingen*
> *Am Ende Schiffer und Kahn;*
> *Und das hat mit ihrem Singen*
> *Die Lorelei getan.*

den Volksliedton wie kein anderer zuvor oder danach, schuf große Abrechnungs- und Sehnsuchtspoeme wie *Atta Troll – Ein Sommernachtstraum* und *Deutschland – Ein Wintermärchen.*

> *Denk ich an Deutschland in der Nacht,*
> *Dann bin ich um den Schlaf gebracht,*
> *Ich kann nicht mehr die Augen schließen,*
> *und meine heißen Tränen fließen.*

Seine *Nachtgedanken* galten von Paris aus auch der politischen Lage jenseits des Rheins, mehr aber der dort zurückgelassenen alten Mutter. Und todkrank noch gelang ihm das entzückende *Bimini:*

> *Kleiner Vogel, Kolibri!*
> *Kleines Fischlein, Brididi!*
> *Fliegt und schwimmt voran und zeiget*
> *Uns den Weg nach Bimini!*

Dioskuren nannten die Griechen die Zwillinge Kastor und Polydeukes, weil ihre Freundschaft ewig währte und Zeus ihr Vater war. Als Sterne erster Größe stehen Castor und Pollux im Winter horizontnah an unserem Himmel. *Dioskuren* hieß die Zeitschrift des »Jungen Deutschland«. Goethe und Schiller bezeichnet die verehrende Germanistik gerne so. Kein Dioskurenpaar waren Heinrich Heine und Ludwig Börne. Dabei waren sie sich – außer im Äußeren: der eine blond und sonnig lächelnd, der andere dunkel und vergrübelt, mit hängenden

Tränensäcken – so ähnlich. Auch Börne war konvertiert, studiert und erst in Frankfurt ansässig, wo sie sich auch kennenlernten, bevor beide die französische Metropole zu ihrem Lebensmittelpunkt machten. Auch er warb für Gleichberechtigung und Freiheitlichkeit, verstand sich besser mit Frauen, schrieb mit spitzer Feder und scharfem Witz gegen Unterdrückung und Zensur. Und wie Heine dem Grafen Platen, so rückte Börne dem Fürsten Pückler satirisch zuleibe in *Menzel der Franzosenfresser*[132] – und legte sich das Fell des erlegten Salonlöwen vor den Kamin. Seinem ersten Biographen Gutzkow galt er als Jean Pauls legitimer Erbe. Und zunächst hatten sie sich auch gemocht, im jeweils anderen den herausragenden Kopf erkannt. Aber zwei so Gleiche an einem Ort, das konnte nicht gutgehen. *Lutetia* wie der Römername für die Hauptstadt Frankreichs hießen Heines Feuilletons, *Briefe aus Paris* waren Börnes Beobachtungen und Eindrücke, die er der Freundin Jeanette Wohl schrieb und in denen er Heine Selbstüberschätzung vorwarf. Heine rächte sich – post mortem – mit seiner *Denkschrift* über und an *Ludwig Börne*, seiner hitzigen Art getreu persönlich und beleidigend werdend. Börne aber war ein Kämpfer für eine bessere Welt. So wollen wir ihn,

Das Dichter-Team, immer wieder hat es das gegeben. Man sollte es kaum glauben, hält man doch das Verseschmieden für ein einsames Geschäft. Mehr noch als die Freundschaften pflegen die Reiter des Pegasus aber stets ihre Fehden mit verhassten Rivalen der Feder; wichtig nur, dass es dabei Publikum gibt.

132 Mit dieser Schrift attackierte Börne seine Gegner in Deutschland, voran Wolfgang Menzel, Gutzkows Lehrmeister und zeitweiligen Freund, einen Literaturkritiker aus Stuttgart. Der ist eine blasse Figur geblieben, auch wenn er den Spruch von den Deutschen tat, die es liebten ›zu denken und zu dichten‹. Der splendide Fürst Pückler war damals und ist auch heute wieder viel interessanter. Das hatte Börne gleich gemerkt und knöpfte sich ihn und seine Laissez-faire-Haltung vor, mit Erfolg. Als ›Kotsassen‹ der *Allgemeinen Zeitung* beschimpfte er ihn (was immer das zu bedeuten haben mag; zu diesem Organ aus dem Hause Cotta war immerhin auch Heinrich Heine ein wichtiger Beiträger)!

nach dem ein aktueller Preis für politische Journalistik benannt ist, in Erinnerung behalten.

Die Epigonen nannte Karl Leberecht Immermann seinen Roman zur Nach-Goethe-Zeit (die Epigonen waren die Nachfahren der Diadochen, der Generäle Alexanders des Großen, die sein Riesenreich unter sich aufgeteilt und alsbald sein Erbe vertan hatten), in dem das Aufeinandertreffen der überkommenen Adelswelt mit der Wirtschaftsmacht des neuen Bürgertums geschildert wird. Er schrieb noch einen zweiten Roman, den burlesken *Münchhausen* mit dem eingebildeten Enkel des Lügenbarons als großmäuligem Helden, in dessen Geschichte geschickt Fäden der idyllisch verklärten *Oberhof*-Novelle vom schönen Landleben verwoben sind. Am lebendigsten ist Immermann mit seinen *Memorabilien* geblieben. In ihnen setzt er dem im Suff gestorbenen Freund Christian Dietrich Grabbe, dem genialen Dramatiker und Menschenhasser, einen angemessenen Gedenkstein. Grabbe, der zu den größten Hoffnungen berechtigt hatte – auch e r schrieb einen *(Don Juan und) Faust* –, kam zeit seines Lebens nicht aus dem Dunstkreis seiner Heimatstadt Detmold heraus; viele seiner besten Werke blieben unaufgeführt. Sein bekanntestes Stück *Scherz, Satire, Ironie und tiefere Bedeutung* beginnt mit dem am Tisch sitzenden Schulmeister. Er schenkt sich aus einer großen Flasche ein Glas nach dem andren ein und sagt dazu: »*Utile cum dulci, Schnaps mit Zucker!*« Ein kleiner, schöner Trinkspruch auf das Genie Grabbe.

Mit Joseph von Eichendorff und Ludwig Uhland sterben die letzten Romantiker. Der Schwabe wirkt bis heute als Philologe nach mit seiner *Geschichte der Deutschen Poesie im Mittelalter*. Der Preuße Eichendorff hatte nicht viele Einfälle. Sein Roman *Ahnung und Gegenwart* enthält das banale Verkleidungsmotiv der Frau als Mann, das ich schon in der ansonsten anmutigen und schön naiven Novelle *Aus dem Leben eines Taugenichts* fade finde. Der Taugenichts erlebt auf einer Italienreise allerlei, was zu lesen Freude macht, und kommt als ein anderer zurück. Vor allem aber singt er fröhliche Lieder.

Wem Gott will rechte Gunst erweisen,

dafür bin ich Eichendorff auf jeden Fall dankbar und singe es vergnügt mit. Auch für *Das Marmorbild*, die Handlung spielt in der schönen Stadt Lucca, und *Das Schloß Dürande* danke ich ihm, auch wenn er in seiner Monomanie darin wieder auf das verdammte Verkleidungsmotiv zurückgegriffen hat, womit er uns dazu noch in *Dichter und ihre Gesellen* quält. Gemessen an seiner Entstehungszeit ist dieser Roman Romantik jenseits des Verfallsdatums. Drei Schicksale von hoffnungsvollen jungen Männern, die das Dichten anfangen, entwickeln sich ganz verschieden, je nachdem, mit welcher Frau sie sich zusammentun. Das wirkt schematisch und völlig unecht, so halt, wie mancher ›Romantik‹ verstehen will, und dazu war es bereits damals hoffnungslos altmodisch.

Otto Ludwig, den heute nur wenige kennen, war der erste literarische Realist bei uns, nur wenige Jahre jünger als Eichendorff. *Zwischen Himmel und Erde* heißt sein bestes Werk. Es spielt in Dachdeckerkreisen und schildert das Beziehungsdreieck einer zwischen zwei Brüdern stehenden Frau. Mit der Doppelgeschichte *Die Heiterethei* und *Aus dem Regen in die Traufe* gab er nebenbei dem Heimatroman seine bewährte Gestalt.

Aufwiegler oder Biedermann, das waren die Optionen für den Literaten der nachnapoleonischen Ära, als Revolutionen und Restaurationen aufeinander folgten wie Ebbe und Flut. Möge jeder selbst entscheiden, wer wohin gehört. Georg Büchner aus Darmstadt jedenfalls, wo heute der nach ihm benannte wichtigste deutsche Literaturpreis verliehen wird, schrie nicht nur »*Friede den Hütten! Krieg den Palästen!*«[133], sondern schrieb mit dem *Woyzeck* das erste moderne Drama. Die Frage des Doktors, ob der arme Woyzeck seine Hülsenfrüchte schon gegessen habe, gellt jedem im Ohr, der eine Aufführung des Stücks oder auch der Oper »Wozzeck« von Alban Berg gesehen und gehört hat. Die weitaufgerissenen Augen Klaus Kinskis erscheinen mir mit der Figur verschmolzen, wie er zum Schluss im Wasser nach dem Messer sucht, mit dem er gerade seine Marie erstochen hat. *Dantons Tod* über die Perversion der Revolution und *Leonce und Lena*, eine empfindsame

---

133 Den Slogan hatte er sich beim französischen Moralisten und Revolutionsopfer Nicolas Chamfort ausgeliehen.

448   Kapitel 6 Helden, selbst wenn sie versagen

Staatsaktion im Reiche Popo, sind ebenfalls Repertoirestücke jedes
Stadttheaters geworden. Mit der Erzählung *Lenz* tut man sich da schon
schwerer. Die Episode aus dem Leben des Sturm-und-Drang-Dichters
beginnt so einmalig schwerelos *Den 20. ging Lenz durch's Gebirg.* Aber
Dichter und Erzählung enden im Wahnsinn. Büchner kannte sich aus,
immerhin hatte er *Über das Nervensystem der Barben* in Zürich promoviert. Von allen Frühvollendeten ist Büchner der früheste geblieben. Er
starb mit dreiundzwanzig Jahren.

Stelle ich mir Lenz im Gebirge vor, denke ich unwillkürlich an Bilder von Caspar David Friedrich wie seinen »Wanderer über dem Nebelmeer«. Einsame Figuren, hermetische Situationen, die Gewaltsamkeit
der Natur – erinnere Dich nur an die wie Wolkenkratzer aufragenden
zackigen Schollen im »Eismeer«! –, das entbehrt völlig der Gemütlichkeit, die wir dem Begriff ›Romantik‹ gerne beigesellen möchten, im
Gegenteil: Hier wird das Ungeborgene, die Unbehaustheit des Menschen dargestellt. Sein »Mönch am Meer« ist so modern, als wären
Nolde und Feininger von der Muse geküsst. Auch hier ist die Malerei
mit ihren kühnen Möglichkeiten bereits weiter als die Kunst des Wortes, Friedrichs Bilder deuten in eine ferne Zukunft, in unsere.

Büchner war die Vorhut des ›Vormärz‹, also der Zeit, die noch
bis zur Deutschland umformenden Märzrevolution von achtzehn-
hundertachtundvierzig vergehen wird; Männer namens Weerth, Herwegh (der schön wie Antinoos war und dessen Witwe Frank Wedekind in Paris kennenlernt, ein Anekdotenschatz vergangener Zeiten)
und Freiligrath machen Gedichte, die anklagen und aufrütteln. Und
ein Land der Zukunft beschreiben,

Wo nur der Eintracht Fahnen wehen,
wo uns kein Hader mehr zerstückt!
Wo der Mensch von der Menschheit Höhen
unenterbt durch die Schöpfung blickt![134]

---

134 Das Versmaß holpert, wenn man *Ça ira!* (Das wird gehen!), wie von seinem Autor Ferdinand Freiligrath gefordert, auf die Melodie der Marseillaise singen soll. Im französi-

Das journalistische Tagesgeschäft übernehmen Heinrich Laube und Karl Gutzkow. Ganz nebenbei schreibt dieser Gutzkow zwei der zumindest unterhaltendsten, wenn schon nicht erstaunlichsten Romane, und die dicksten dazu: *Die Ritter vom Geiste* und – weniger gelungen – *Der Zauberer von Rom*, vieltausendseitige, kühne Phantasieprodukte, mit denen er je ein Panorama der protestantischen und katholischen Welt, gemischt aus einer großen Verschwörungsaktion, Gesellschaftlichem und spannenden Abenteuern, zu bieten unternahm.[135] Sie nennen sich »Junges Deutschland« und träumen, die neuen Goethes zu sein. Mit dem alten sind sie nämlich fertig, Börne rezensiert ihn in Grund und Boden, der gute Gutzkow fühlt sich gar bemüßigt, ihn in einem Essay zu ›loben‹. Etwas später ist er dann bereits ›vergessen‹. Aber: Die Tochter Bettina von Arnims, Gisela, mit der zusammen sie so ausfabulierte Märchen wie *Das Leben der Hochgräfin Gritta von Rattenzuhausbeiuns* schrieb, heiratet Herman Grimm, den Sohn des Germanisten und Märchensammlers Wilhelm Grimm. Und dem wird es ein Anliegen sein, fünfzig Jahre nach Goethes Tod die Begeisterung für dessen Werk wieder neu zu entfachen. Eine Goethe-Renaissance! So schließt sich der Kreis.

Annette von Droste-Hülshoff, die Münsteranerin, verbrachte lange Jahre in Meersburg am Bodensee in einem ungeheizten Burgzimmer, aber mit Seeblick. *Die Judenbuche*, eines ihrer wenigen Prosastücke, spielt im platten Westfalen, und zwar merkwürdigerweise *in seinen gebirgichten Teilen*. Friedrich Mergel, der negative Held der Novelle, ermordet aus Rachsucht einen Juden, kann sich aber der Strafverfolgung entziehen. Als er viele Jahre später in seine Heimat zurückkehrt und eigentlich ›Gras über die Sache gewachsen‹ ist, zieht

---

schen Vorbild, dem Revolutionslied von 1790, heißt es noch: *Die Adligen an die Laterne!* Davon will F. schon nichts mehr wissen.

135 Bei Gutzkow fährt schon die Eisenbahn, gibt es ›Proletarier‹ und Kommunisten, aber auch Tempelritter und zum Schluss die Vision eines Papstes aus Deutschland, der die Gegensätze versöhnt.

450   Kapitel 6 Helden, selbst wenn sie versagen

ihn die Judenbuche zur Rechenschaft. In ihren Stamm ist die Verfluchung des Mörders durch die jüdische Gemeinde geritzt, an ihr
erhängt er sich.

Das lyrische Werk der Droste, etwa *Das geistliche Jahr*, ist in weiten
Teilen von gelebtem Katholizismus geprägt. Es erschließt sich nur dem,
der bereit ist, ihr in das Fegefeuer[136] der Spiritualität zu folgen. Da sie
aus ihrem Meersburger Fenster dasselbe sah, was ich gerade jetzt von
meinem Schreibtisch aus sehe, will ich sie mit ihren Versen über den
Säntis, den Berg des Appenzeller Landes, ehren:

O Säntis, Säntis! läg' ich doch
Dort, – grad' an deinem Felsenjoch,
Wo sich die kalten, weißen Decken
So frisch und saftig drüben strecken,
Viel tausend blanker Tropfen Spiel;
Glücksel'ger Säntis, dir ist kühl!

Über den Roman *Maler Nolten* des Schwaben Eduard Mörike hätte ich
gern etwas Freundliches gesagt. Dafür hat der Pfarrer von Cleversulz-
bach[137] vielerlei gedichtet, wozu Schumann, Brahms, dann Hugo Wolf
schöne Melodien einfielen. Sein am leichtesten wiederzuerkennendes
Gedicht trägt den Titel *Er ist's* und beginnt:

Frühling läßt sein blaues Band
Wieder flattern durch die Lüfte …

Schön ist auch seine Novelle *Mozart auf der Reise nach Prag*. Und seine
Idylle vom Bodensee sowieso, ein kleines Versepos, das vom Schabernack
eines Fischers handelt. Als sein gelungenstes Prosawerk könnte die
märchenhafte Novelle *Der Schatz* vom unaufhaltsamen Aufstieg des

---

136 Leider von einem realen deutschen Papst unlängst abgeschafft.
137 Achthundertundvier Einwohner, 2008; eingemeindet zu Neuenstadt am Kocher.

Herrn Arbogast[138] gelten, wenn sie vor lauter Phantasie nicht so zerfahren wäre. Und *Maler Nolten?* Der steckt im Zwiespalt fest zwischen der Berufung zum Künstler und bürgerlichen Hemmnissen wie etwa der Liebe. Mit seinem Freund Mertens, den es zum Schauspiel zieht, erlebt er einiges, dann kommt da noch eine Zigeunerin[139] dazwischen und es wird tragisch, na ja, wie ein Pfarrer sich das eben so vorgestellt hat, damals.

Das Gedicht bleibt das Markenzeichen der Epoche und Aushängeschild jeder Nationalliteratur. Wenn es auch nicht die Macht hatte, reich u n d berühmt zu machen, so doch wenigstens letzteres. Carl Michael Bellman gab seine Dichtungen in Stockholmer Kneipen zur Laute zum besten und wurde gerufen, wenn sein König Gustav III. trüben Gedanken nachhing. Mit seinen gesungenen Geschichten über das Treiben der kleinen Leute, über Liebe und Wein munterte er ihn stets wieder auf. Als Gustav ermordet wurde, war es mit Bellman vorbei. Von einem Aufenthalt im Schuldgefängnis erholte er sich nicht mehr. Im Herzen aller Schweden aber hat er nach wie vor seinen festen Platz und sie feiern jeden Hochsommer, wenn die Sonne nicht untergehen will in Stockholm, den Bellman-Tag. Welches andere Talent hätte so dankbar machen können?

Die gerade aufgezählte Pracht deutscher Reimeskunst könnte zu der Annahme verleiten, hier sei die Spitze an lyrischer Qualität erreicht und versammelt – globusweit. Da wird Widerspruch laut. Er ist gerechtfertigt. Werfen wir nur gemeinsam einen Blick über den Ärmelkanal hinein in britische Versschmieden und werden wir gewahr, dass dort eine ganz eigenständige Tradition in Blüte stand, weder besser noch schlechter, eben unvergleichlich. John Donne hieß der Mann

---

138 So heißt auch der spürsinnige, aber glücklose Privatdetektiv in Alfred Hitchcocks »Psycho«.

139 Ja!, auch Mörike hat geliebt, und Spuren dieser jugendlichen Eskapade ziehen sich durch sein Werk. Immer wenn eine heißblütige Frau mit geheimnisvoller Ausstrahlung auftaucht, erinnert sich der Dichter an s e i n Abenteuer. Und leider ist bei vielen Dichtern tatsächlich die Gleichung so einfach: Erscheint ihr papierenes Gefühl e c h t, dann ist es auch selbsterlebt.

452 Kapitel 6 Helden, selbst wenn sie versagen

nach Shakespeare, der in eine finstere Zeit puritanischer Prüderie hineindichtete. Seinem Motto *Love-slain, lo, here I lie* treu schuf er funkelnde Liebeslyrik und blieb gleichzeitig papsttreu im anglikanischen England. Als es wieder heller wurde um Albion, war Robert Burns der nächste leuchtende Name. Der Schotte schuf so archaisch eindringliche Lieder, dass noch der vom Schicksal verfolgte James Stewart in Frank Capras Film »Ist das Leben nicht schön?« ihrer Tröstung gewiss sein darf, wenn er *Auld Lang Syne* im Kreise seiner treuen Freunde anstimmt. Mit William Blake tritt ein Seher auf, der seine Visionen in die Verse der *Songs of Innocence and Experience* bannt und dazu noch comichaft illustriert. Die Romantik erreicht England im Werk der Freunde William Wordsworth und Samuel Taylor Coleridge. Die gewalttätige Geschichte vom alten Seemann *The Rime of the Ancient Mariner* verheißt ungebärdige Charaktere in wilder Natur, die zum Besonderen der englischen Romantik werden sollten. Statt mit Bier und Genever wie deutsche Kollegen ermunterte Coleridge seine Phantasie bereits mit Opiumdämpfen, in denen er das Lustschloss des Mongolenherrschers sah:

> *In Xanadu did Kubla Khan*
> *a stately pleasure-dome decree:*
> *Where Alph, the sacred river, ran*
> *through caverns measureless to man*
> *down to a sunless sea.*

Wem das bekannt vorkommt, der hat »Citizen Kane« gesehen, das Meisterwerk von Orson Welles über einen fast realen Medienmogul. Melancholischer Meister von Vers und Form war John Keats, der sein Glaubensbekenntnis an den Anfang der Verserzählung vom ewig im Mondschein schlafenden *Endymion* setzte:

> *A thing of beauty is a joy for ever:*
> *Its loveliness increases; it will never*
> *Pass into nothingness; but still will keep*

English Poetry   Die Schweiz   453

A bower quiet for us, and a sleep
Full of sweet dreams, and health, and quiet breathing.

Anschließend begann die Herrschaft Königin Victorias – und den Poeten gerann für geraume Zeit die Tinte im Federkiel.

Unsicher schwankt das Schiffchen mit Namen »Geschmack und Stil« auf den Wellen des Zeitgeistmeeres. Die neue Richtung, die den Literatur-Biedermeier der Bravheit und Gemütlichkeit in Rente schickt, ist der Realismus. Themen der Zeit anpacken, in echten Kostümen, mit Schilderung wirklicher Lebensumstände, das stellt er sich als Aufgabe. Überall wird daran gearbeitet – nur nicht in deutscher Sprache.

Von der anderen Seite des Bodensees her hätte auch der Schulmann Albert Bitzius aus Bern den Säntis, den die Droste gerade besang, gut sehen können. Lieber aber blickte er auf Eiger, Mönch und Jungfrau und nicht viel darüber hinaus. Er gab sich den Schriftstellernamen Jeremias Gotthelf und schrieb bodenständige Romane über *Uli (der Knecht, der Pächter)*. In Erinnerung bleibt er mit seinen Novellen *Die schwarze Spinne* (ein ziemlich ekliges kleines Stück Literatur), *Elsi die seltsame Magd* und *Der Besenbinder von Rychiswyl*. Gotthelfs Ton hält sich berechnend unentschlossen zwischen Naivität und Raffinesse. Überhaupt ergäbe die alpenländische Literatur ein eigenes Kapitel, mit Ludwig Anzengrubers *Sternsteinhof*, Peter Roseggers *Waldheimat*, Wilhelmine von Hillerns *Geierwally* (auch als Oper toll: »La Wally« von Alfredo Catalani mit der Arie *Ebben? … Ne andrò lontana*, die Maria Callas unsterblich machte und den Film »Diva« interessant), John Knittels *Via mala*, Ludwig Ganghofers *Edelweißkönig* bis hin zu Pier Paolo Pasolini, der das Drehbuch zu dem Luis-Trenker-Film »Flucht in die Dolomiten« geschrieben hat; die Titel nenne ich in absteigender Reihenfolge der künstlerischen Qualität, die Aufzählung ließe sich beliebig verlängern. Ich verstehe aber zu wenig davon. Stellvertretend lasse ich den Tiroler Karl Schönherr zu Wort kommen, dem neben

454   Kapitel 6 Helden, selbst wenn sie versagen

Andreas Hofer-Romantik mit der Komödie *Erde* der Bühnenschlager
des Naturalismus gelang. Das Wesen des Alpinismus hat er in der kleinen Sammlung *Bergsteigermarterln* auf die Kürzestformel gebracht:

Aufigstiegn
Spöck gössn
Abigfalln
Hingwösn.

Dem ist nichts hinzuzufügen.

Alpines gibt es auch im Werk des Adalbert Stifter reichlich; jedoch
sprechen wir hier von Dichtungen aus einer Zeit der gesellschaftlichen Erschlaffung zwischen den großen Umwälzungen der Jahr-
hundertwenden – und Stifter, der sich, unterstützt von seiner treu-
sorgenden Gattin, zu Tode gegessen hat, war der Schlaffste von allen.
Im Leberdelirium griff er zum Rasiermesser und kürzte dadurch noch
etwas ab, was ihm ohnehin eine Last geworden war: sein Leben. Er
verkörpert in Person und Werk die Resignation der Zeit mit ihrer politischen Stagnation und Perspektivlosigkeit und zugleich den Höhepunkt des darin poetisch Möglichen. Ich spreche weniger vom kolossalen *Nachsommer*, den ein anderes Zeitalter so sehr geschätzt hat als
meisterliche Idylle, an dem ich aber die Sprachlosigkeit der Figuren,
dieses Ausspielen von Naturschönheit gegen menschliche Kälte, gar
nicht mag. In dem rosenumgebenen Asperhof, dessen Räume nur in
speziellen Filzpantoffeln betreten werden dürfen und der eine sterile
Klinikatmosphäre ausstrahlt, kann sich kein Mensch wohlfühlen. Je
länger Du liest, macht sich das Gefühl einer Beklemmung breit; vielleicht hat eben Stifter beim Schreiben gar nicht an Idylle, sondern an
die Trostlosigkeit seiner Lehrerexistenz auf dem Abstellgleis gedacht.
In dieser Hinsicht könnte der *Nachsommer* interessant, auf keinen Fall
aber künstlerisch befriedigend sein.

Auch nicht der *Witiko*, sein anderer Roman und ein kläglicher Versuch im historischen Genre. Sondern ich spreche von Erzählungen,
die wie ruhige Flüsse majestätisch dahingleiten und dabei gefährliches

Die Alpen   Stifter 455

Treibgut mit sich führen. *Der Hagestolz* ist die großartige Umsetzung
aller stifterschen Resignation. Ein junger Mann besucht seinen Onkel
im Gebirge. Der wohnt auf einer Insel im Bergsee.[140] Es handelt sich
um die Herstellung einer künstlichen Extremsituation von Einsamkeit, schon der Aufstieg des Neffen wird als Expedition an die Grenzen
der Lebenswelt geschildert. Der Onkel empfängt seinen Verwandten
zunächst schroff, lässt ihn nämlich gar nicht in seine Blockhütte ein.
Dann aber kommen sie doch zusammen – und das Lebensdrama des
alten Einsiedlers enthüllt sich. Er war seinerzeit drauf und dran, die
(Pflege-)Mutter des Jünglings zu heiraten, wurde aber abgewiesen zugunsten seines Bruders – der dann doch eine andere nahm (dies eine
für Stifter typische Wendung der Totalenttäuschung). Diese Zurückweisung hat er nie verwinden können. Er entlässt seinen Neffen zurück in die Welt mit dem Ratschlag, nicht ins Berufsleben einzutreten,
dafür aber schnell zu heiraten.

Stifters Erzählungen zu lesen wird den nie enttäuschen, der weiß,
was ihn erwartet. Er gehört zu den großen Sprachartisten; er bevorzugt die großen Symbole, wie zum Beispiel *Die Narrenburg* eines darstellt, ein gigantischer architektonischer Scherz, der für die Neigung
des Menschen zur Überheblichkeit steht, oder die Fahrt mit dem Ballon *Condor* für den Ausbruch aus dem Verlies der Wirklichkeit. Seine
umfangreichen Erzählungsbände, die *Studien, Bunte Steine, Die Mappe
meines Urgroßvaters,* sind auf jeden Fall Vorrat für ein ganzes Leseleben.

Franz Grillparzer grüßte eben schon aus dem Burgtheater, von der
Gipfelstation deutschsprachiger Schauspielkunst. Seine wichtigste erzählerische Leistung ist *Der arme Spielmann.* Der begegnet ihm auf
einem Jahrmarkt und erzählt seine Lebensgeschichte, wie er als Sohn
aus gutem Hause beim Eintritt ins Leben versagt und sich mehr und
mehr aufs Geigenspiel zurückgezogen hat. Allerdings wurde er geliebt,
aber die Stärke dieser Liebe zeigt sich dann erst Jahre später an seinem

---

140 In der Realität nicht leicht zu finden; es wird sich hier wohl eher um eine seelische Land-
    schaft handeln, wie man sie bei genauem Hinsehen öfter dargestellt finden kann, bei
    Stifter und anderswo.

Sterbebett, wo nur der Erzähler und Barbara dem toten Musiker die letzte Ehre erweisen.

Der Züricher Gottfried Keller muss eine furchterregende Erscheinung gewesen sein. Zeitgenossen berichten von seinem rauhbauzigen Wesen, seiner Misanthropie; auf jeden Fall war er sehr klein, sehr bärtig und hatte eine ausgeprägte Menschenscheu. Als Schriftsteller aber bot er allerfeinste Ware in perfekt traditioneller Technik feil; zu Unrecht in den Hintergrund gedrängt ist seine lyrische Produktion. Bekannt ist und bleibt er als Novellist, als würdiger Nachfolger Kleists, dabei mit ausgesprochenem Sinn für Humor und einem Ton, der, auch wenn er ganz realistisch sein will, stets das Märchenhafte streift. Da sind die *Zürcher Novellen,* da gibt es die *Leute von Seldwyla,* die *Legenden* und den Novellenkranz des *Sinngedichts.* Jede der Geschichten ist wohldurchdacht, präzise erzählt und sprachlich reich. Sicher bekannt sind Titel wie *Romeo und Julia auf dem Dorfe – Spiegel, das Kätzchen – Kleider machen Leute – Pankraz, der Schmoller* oder das *Tanzlegendchen.* Erinnern möchte ich vor allem an den *Sinngedicht*-Zyklus, und dort speziell an die *Regine* betitelte Geschichte. Hier erzählt Keller das Schicksal einer jungen Frau aus einfachen Verhältnissen, der Dienstmagd Regine, die ihr wesentlich älterer Bräutigam sich zum Muster einer Bürgerfrau zu ›erziehen‹ gedenkt. Durch diese Prozedur aber wird sie so entselbstet, dass sie nach einiger Zeit stirbt, wie ein welkes Blatt vom Baum fällt. Die Geschichte geht zu Herzen – wie Keller es überhaupt vermag, ins Herz seiner Leser zu zielen –, zeigt seine Skepsis gegenüber Bürgerlichkeit und führt in der sympathischen Regine eine moderne Frauengestalt vor.

Nicht alles, was unsere Eltern mochten, muss uns gleichermaßen gefallen. Aber es wird schon etwas dran sein, und wenn nicht im Guten, dann entdeckt man wenigstens die Anfälligkeit jeder Generation für Täuschung und daraus entstehende Enttäuschung. Das gilt auch für uns selbst.

Merkwürdig ist insbesondere, dass Keller das Motiv der ihrer Natur beraubten Frau auch an anderen Stellen so sehr interessiert. Diese Einfühlung für die Brüche im Geschlechterleben seiner Zeit ist ganz

Gottfried Keller

etwas Besonderes: Mit der Behutsamkeit eines erfahrenen Arztes studiert und beschreibt Keller die Symptome.

Im Roman *Der grüne Heinrich* hat er sich selbst die Diagnose gestellt. Das stark im eigenen Leben verankerte Werk – für das Keller zwei Versuche brauchte und das leider in Seminaren und Kursen bis zum Überdruss auf seine Haltbarkeit als Musterbeispiel des ›Entwicklungsromans‹ getestet wurde – über die Hoffnungen und das Scheitern des phantasiebegabten jungen Malers Heinrich Lee, der gerne ein grünes Jöppchen trägt, aber auch noch ganz grün hinter den Ohren ist, handelt von der Unvereinbarkeit der Träume des Künstlers mit der harten Realität des eigenen Lebens. Dabei erweist sich Keller als das Gegenteil eines ›Realisten‹: Er setzt seinen Roman aus Märchen, Novellen und Anekdoten zusammen. So gibt er sich als später Romantiker zu erkennen, dem wie seinem Heinrich die Realität im Wege ist. In der ersten Fassung hatten den talentlosen Landschaftsmaler Lee noch die deprimierenden Erlebnisse an der Kunstakademie einer Residenzstadt umgebracht. Dass es sich um München handelt, würde man nicht leicht erraten, und Keller verschweigt es uns raffiniert; wir ahnen aber zumindest, dass es um seine eigenen Träume geht, die da zerplatzen. Im zweiten Anlauf und unter dem sanften Druck des Verlegers trifft der arg heruntergekommene Heinrich einen reichen Gönner und alles könnte gut werden. Aber die sich zu Hause für den Sohn aufopfernde Mutter weist durch ihren Tod Heinrich den Weg zurück in die Heimat und in die Entsagung; da hilft auch die Liebe der stärksten Romangestalt nicht, der geheimnisvollen Judith. Die hatte ihm schon anfangs damit gedroht, er müsse bei ihr schlafen. Es wird zu seiner größten Herausforderung, genau das die nächsten fünfhundert Seiten zu vermeiden. Dem armen Heinrich sitzt die Schwäche in allen Gliedern.

Gleich zu Beginn macht Keller eine Konstante seines Kulturverständnisses deutlich: Heinrichs Vater, aus der ländlichen Schweiz stammend, erhebt sich über seine Verhältnisse, indem er das Hochdeutsche verwendet. Keller misstraut der eidgenössischen Gemütlichkeit und der Pflege von Dialekten, die, lautlich transkribiert, optische Ähnlichkeit mit dem Finnischen annehmen: *öpis fiins* = etwas

458   Kapitel 6 Helden, selbst wenn sie versagen

Feines.[141] Gegen so etwas verwahrt sich Keller, dessen Sprache die Präzision einer Uhrmacherarbeit hat, entschieden. Hellsichtig erkannte er, dass die provokante Überbetonung des Hinterwäldlerischen der Sprachkultur schaden würde. Tatsächlich ist die Schweizer Literatur – seit den altmeisterlichen Zeiten eines Hermann Burger, der in den Erzählungssammlungen *Diabelli* und *Blankenburg* ein Fest der Sprache veranstaltete und im *Tractatus logico-suicidalis* der eidgenössischen Depression den Ausschlupf in Aphorismen zeigte – auf dem Weg ins innere Exil der linguistischen Tristesse.

Von der Schwelle der Moderne her schaut Kellers zweiter Roman *Martin Salander* in aller Breite mit pessimistischem Blick zurück auf das politische Leben in der Schweiz. Der alte Salander gehört wie der alte Keller zur aussterbenden Gattung der charakterfesten Traditionalisten; die schon begonnene Fortsetzung mit den Erlebnissen von Salanders Kindern hat Keller liegen lassen. Er wird gewusst haben, warum.

Der Pessimismus war das philosophische Thema der Zeit, verkörpert in Arthur Schopenhauer, der voll Verachtung seinen Pudel »Mensch!« und seine Leser »Esel!« rief. *Die Welt als Wille und Vorstellung* ist zunächst eine Auseinandersetzung mit dem Vorbild Kant unter dem Eindruck der von Napoleon angerichteten Katastrophe und reduziert alle Fragen nach dem Sinn auf die Formel: *Nichts ist ohne Grund warum es sei.* Schopenhauers Lebenswerk, anfangs wenig beachtet, zündete um so mächtiger nach einiger Verzögerung. Plötzlich wurden Philosophen als Helden des Geistes erkannt und gefeiert, bis hin zum anschließend vergessenen Rudolf Eucken, der als neunter den Literaturnobelpreis verliehen bekam. Seither hat ihr Marktwert stark gelitten, und es ist kaum auszumachen, ob der Verschleiß bei Publikum oder Produzenten größer war: Mit Philosophie kann man jedenfalls keinen Blumentopf mehr gewinnen.

Kant hatte das Feld mit seinen vier Fragen abgesteckt: *Was kann ich wissen? Was soll ich tun? Was darf ich hoffen? Was ist der Mensch?* Schopen-

---

141 Das Beispiel stammt aus Thomas Manns *Doktor Faustus*, nur orthographisch leicht aktualisiert.

hauer verbannt den metaphysischen Aspekt, die Gottfrage, aus seiner Betrachtung und teilt die Welt in den von Platon her bekannten Bereich der Vorstellung, die der noch Ideen genannt hatte, und den übergeordneten freien Tummelplatz des Geistes, den Willen. Der spielt bei Schopenhauer zunächst nur die Rolle, dass es ohne ihn keine Welt gibt. Erst Nietzsche wird dem Willen eine umfassend unheilvolle Macht zuschreiben. Die Philosophie der Ehelosen und Verschrobenen setzt sich auch in diesem Jahrhundert fort: Schopenhauers Porträt zeigt einen verbittert dreinblickenden alten Mann, dessen schlohweiße Haare, als hätte er an eine Leidener Flasche gefasst, zu den Seiten abstehen.

Friedrich Nietzsche aus Röcken will uns mit seinem gewaltigen Schnauzbart erschrecken; seine sanften Augen immerhin schauen gedankenverloren in die Weite. Erst musste er feststellen, dass Gott tot sei, um dem *Übermenschen* eine Chance zu geben, sein Wesen ausleben zu können. Nichts würde dem dann mehr im Irrweg stehen können. Nietzsche war Dichter. *Also sprach Zarathustra* beginnt mit den Worten *Als Zarathustra dreißig Jahre alt war, verließ er die Heimat und den See seiner Heimat und ging in das Gebirge.* Dort predigt Zarathustra seinen Jüngern so, wie Jesus es getan hätte, wenn er Nietzsche gewesen wäre. Nietzsche war Aphoristiker. *Menschliches, Allzumenschliches – Morgenröte – Die fröhliche Wissenschaft* und *Jenseits von Gut und Böse* sind seine vier gewaltigen, aus Fragmenten oder Gedankensplittern zusammengesetzten Ideenschriften. Viel Belehrendes und manch Unterhaltendes kommen hier zusammen. Nietzsche war Altphilologe. Sein zentrales Thema: *Die Geburt der Tragödie* und deren Schutzgott Dionysos. Die dämonische Seite der alten Griechen kehrt er ungeschminkt[142] hervor unter der Voraussetzung, dass sie neben dem strengen Denken (Logos genannt, vertreten durch Philosophen vom Schlage eines Thales von Milet) das rauschhafte Sichverlieren in einen Zustand der Inspiriertheit kannten, verkörpert im Gott des Weines. Nietzsche war

---

142 Soweit er darüber schon bescheid wusste. Wer mehr über die grausamen Einzelheiten wissen will, lese das Buch von Walter Burkert *Homo necans* über die wahrlich heidnischen Zeremonien im alten Athen.

460 Kapitel 6 Helden, selbst wenn sie versagen

Kulturkritiker: *Der Fall Wagner* hieß sein Exempel aufs Säkulum. An dessen Opern, den ›Gesamtkunstwerken‹, bei denen ihr Schöpfer in Personalunion Komponist, Textdichter und Regisseur war, meinte er zunächst eine Kunst der Zukunft ausmachen zu können.[143] *Richard Wagner in Bayreuth* war ihm mit Aischylos und Alexander dem Großen vergleichbar. Aber dann erkannte er, dass Kunst und Charakter im unversöhnlichen Kontrast stehen können. Später nannte er seinen Helden von einst dekadent und begeisterte sich stattdessen für »Carmen« von Georges Bizet, der sich sein Libretto nach der Novelle von Prosper Mérimée hatte schreiben lassen. Über Geschmack wollen wir nicht streiten.

Noch etwas später wollte Nietzsche nurmehr zeigen, *Wie man mit dem Hammer philosophiert,* träumte von *Götzen-Dämmerung* und vom Übermenschen – dem folgte der Zusammenbruch, nachdem er in Turin ein Pferd geküsst hatte. Für viele meiner Altersgenossen ist die Berührung mit Nietzsches Gedankenwelt ein prägendes Jugenderlebnis gewesen. Allerdings nicht für mich. Nietzsche lebte noch einige Jahre in geistiger Umnachtung, was seine verwitwete Schwester Elisabeth Förster in den Stand setzte, die Macht im Haus an sich zu reißen und schwerwiegende Retuschen an seinen Manuskripten vorzunehmen.[144] Damit schaffte sie es jedenfalls, berüchtigt zu werden.

Der Däne Søren Kierkegaard, der immerhin eine Zeitlang verlobt gewesen war und an dem Bruch mit Regine Olsen ein kurzes Leben lang litt, führte den völlig vergessenen Begriff der Erotik wieder in die Philosophie ein und setzte ihn in denkbar spannungsvollen Kontrast zu den

---

143 So unrecht hatte er nicht. Besonders die Entwicklung des ›Leitmotivs‹ zur musikalischen Erinnerungsfigur bleibt Wagners geistiges Eigentum und wegweisend für ein Jahrhundert des ständigen Selbstbezugs und -zitats. Im »Ring des Nibelungen« gibt es davon mehr als hundert Stück, sie charakterisieren und evozieren Figuren, Stimmungen, Eigenschaften oder auch Begriffe wie etwa die Liebe.

144 *Du gehst zu Frauen? Vergiss die Peitsche nicht!* Seiner eigenen Maxime aus dem *Zarathustra* gehorchte ihr womöglich an der Syphilis erkrankter Schöpfer nicht, was ihm immerhin auch noch die Bekanntschaft der wunderbaren Lou Salomé eintrug. Über den fatalen Heiratsantrag kam die Beziehung nicht hinaus.

Ausdrucksmöglichkeiten der Gottesfurcht. Was heute jeder zu können meint: Lebensphilosophie, das konnte er tatsächlich. Er war ein brillanter Schriftsteller. *Entweder – Oder* heißt sein Hauptwerk, noch schöner dänisch: *Enten – Eller;* darin enthalten ist *Das Tagebuch des Verführers,* die Studie eines jungen Mannes, der aus theoretischer Lust ein Mädchen ruiniert. Das Ganze ist eine Verquickung von künstlerischer Prosa und philosophischer Streitschrift zu der Frage, wie in der Existenz des Menschen Ethik und Ästhetik gegeneinanderstehen. An den fiktiven nachgelassenen Werken zweier A und B genannter Personen werden diese Möglichkeiten durchgespielt. Obwohl pseudonym erschienen, ahnten alle Kopenhagener, dass sie dieses beunruhigende Buch dem jungen Mann ganz in Gelb zu verdanken hatten, der scheinbar selbstbewusst durch ihre Straßen flanierte, aber gerade mit seiner einzigen Liebeserfahrung Schiffbruch erlitten hatte. *Der Begriff Angst* wurde dem Pfarrerssohn zum Prüfstein der menschlichen Existenz, verbindet er uns doch mit dem Göttlichen ebenso wie mit unseren Nächsten. Durch seine bohrende Befragung der Konventionen mit dem Ziel, echte Normen für moralisches Verhalten erkennen zu können, deutet Kierkegaard gleichzeitig unsere neuzeitlichen Ängste. *Die Krankheit zum Tode* heißt daher folgerichtig seine Schrift über die Sünde.

Muss man vor Werken der Philosophie ehrfürchtig sein? Nein. Die meisten Philosophen waren skurrile Burschen, die im Leben nicht beherzigten, was ihnen als Maxime dafür doch so klar vorschwebte. Respekt für jeden, der sein Leben und seine Idee davon in Einklang zu bringen vermag. Der ehrliche Seneca gab immerhin zu, er sei nur der Wegweiser, den Weg gehen müsste immer noch jeder selbst.

Preußen führte Krieg mit Dänemark, mit Österreich, mit Frankreich. Und gewann. Auf die Qualität der heimischen literarischen Erzeugnisse wirkte sich das keineswegs positiv aus, während bei den Verlierern eine kulturelle Blütezeit anbrach. Gerne würde ich über Willibald Alexis und seinen tausendseitigen Roman *Ruhe ist die erste Bürgerpflicht*

462   Kapitel 6 Helden, selbst wenn sie versagen

oder Gustav Freytag, sein Theaterstück *Die Journalisten,* seinen bösen
Kaufmannsroman *Soll und Haben* oder *Die verlorene Handschrift* – ein
Professor findet statt eines Tacitus-Kodexes die große Liebe –, vielleicht noch seine vergilbten *Bilder aus der Deutschen Vergangenheit* Rüh-
mendes sagen. Es fällt mir aber unendlich schwer. Trotzdem sind sie
bereits die Spitzenprodukte der preußischen Litera-
turindustrie. Ich möchte Dir nur ein Beispiel geben,

Wie Leuchtfeuer   was zur selben Zeit nebenan schon möglich war.
in diffusem   Der Niederländer Eduard Douwes Dekker war Be-
Dämmer   amter auf Sumatra und Java, wo er die ausbeuteri-
zeigen außer-   schen Methoden seines als Kolonialmacht stüm-
gewöhnliche   pernden Vaterlandes erlebte. Angewidert quittierte
er den Dienst und schrieb über seine Erlebnisse den
Werke den Weg,   aufregenden Roman *Max Havelaar oder Die Kaffeever-*
der zu unserem   *steigerungen der Niederländischen Handelsgesellschaft* un-
Lebensgefühl   ter dem Künstlernamen Multatuli (Du hast oder
führt.   hasst Latein? Multa: vieles, tuli: ich habe getragen).
Dieses vergessene Meisterwerk ist nicht nur eine
mutige Anklage des allfälligen Imperialismus, es ist
künstlerisch spektakulär. In einer vierfach gebrochenen Erzähloptik
wird Dekkers eigene Geschichte als Distriktsverwalter in Niederlän-
disch-Indien geschildert: Sein historischer Bericht findet sich unter
den Papieren eines verwahrlosten Literaten namens Schalmann, die
vom Kommis[145] Stern, einem Deutschen, im Auftrag von dessen Chef,
dem üblen Charakter, aber ehrenwerten Geschäftsmann Droogstop-
pel – dem Ich-Erzähler der Rahmengeschichte – zu einer poetischen
Biographie Havelaars verarbeitet werden. Durch diese kunstvolle Ver-
schachtelung wird die eigentliche soziale Anklage des Buches ständig
konterkariert durch die spießigen, unfreiwillig komischen und entlar-

---

145 Ladengehilfe; diesem ausgestorbenen Berufsstand wird speziell in den hermetischen
Werken des Schweizers Robert Walser wie *Der Gehülfe* literarische Bedeutung verliehen,
wobei Walser den Arbeitseifer seines Kommis zwischen dem von Melvilles Bartleby
und Kafkas Landvermesser K. einpegelt.

venden Bemerkungen des Erzählers, der von Beruf Kaffeemakler ist, wodurch auch der Alternativtitel des Romans seinen Sinn bekommt. Multatuli war auch sonst eine interessante Erscheinung, seine Biographie ein einziger Kampf mit bürgerlichen Konventionen; er beendete sein Leben im deutschen Exil, also den umgekehrten Weg nehmend wie etwas später Kaiser Wilhelm II.

Das Jahrhundert, in dem Klassik und Romantik, Biedermeier und Realismus die aktuellen Stilrichtungen gewesen waren, verabschiedete sich mit dem Naturalismus in ein neues Säkulum. Die Zeit der Novelle war vorbei. Aber nicht, ohne Glanz und Elend ihrer Möglichkeiten noch einmal in verschiedenen Ausprägungen vorgeführt zu haben. Theodor Storm aus Husum verknüpft das Naturerlebnis der norddeutschen Landschaft mit den neuen Errungenschaften der Bürgerlichkeit. So kamen fast hundert Novellen zusammen: *Immensee – Aquis submersus – Hans und Heinz Kirch – Der Schimmelreiter*. Lyriker und Novellist wie Storm war Conrad Ferdinand Meyer aus Zürich. Sein Blick: rückwärtsgewandt, sein Augenmerk: ganz auf das Feilen an der Form gerichtet. Kein Wunder, dass seine Gedichte, wie *Der römische Brunnen*, in jedem Schulbuch stehen. Meiner Mutter gefiel:

In der Sistine dämmerhohem Raum,
Das Bibelbuch in seiner nervgen Hand,
Sitzt Michelangelo in wachem Traum,
Umhellt von einer kleinen Ampel Brand.

Das ist sprachlich schön; der Geniekult war gerade angesagt – aber uns sagt es nichts über die Malerei in der Sixtinischen Kapelle, höchstens viel über Conrad Ferdinand Meyer, der in Kilchberg am Zürichsee ganz in der Nähe von Thomas Mann begraben liegt. Zwei eindrucksvolle Köpfe pflegen die Novelle in Österreich zum sanften Tode. Ferdinand von Saar, Grundhaltung: resigniert, schreibt dunkel gestimmte Geschichten über eine durch und durch faule, nämlich die k. u. k.-Gesellschaft namens *Innocens, Die Steinklopfer* oder *Schloß Kostenitz*, auf dem ein arroganter Rittmeister das späte Glück des Grafen mit seiner leicht irritierbaren Klothilde ruiniert. Gerade von so einem Schloss stammt Marie von Ebner-Eschenbach; mit *Krambambuli* schuf sie ein rares Beispiel der Tiergeschichte von einem treuen Jagdhund zweier Herren. *Das Gemeindekind* ist ihr Roman über die zwei Kinder eines Gehenkten, die sich ganz verschieden entwickeln. Das ›Gemeindekind‹ ist der Bruder, der als Taugenichts der Allgemeinheit zur Last fällt, während die schöne Schwester von den Nonnen erzogen wird. Durch ihren Einfluss wird er doch noch das, was die Gesellschaft mit ihren Strafen nicht erreicht hat: ein guter Mensch. *Er laßt die Hand küssen* und *Bozena*, zwei kurze Novellen mit Gruselfaktor, schildern beklemmend Schicksale von Mägden und Dienern in Adelsdiensten, wie es sie im Neunzehnten Jahrhundert, und nicht nur damals, wohl gab.

Einen Ausblick auf das Jahrhundert der Psychoanalyse gewährt der kleine Roman *Venus im Pelz* von Leopold von Sacher-Masoch. Es ist die Geschichte der Unterwerfung des Dilettanten Severin. Wanda, die er in der Kur kennenlernt, erfüllt seine heimlichen Wünsche, indem sie ihn demütigt, ihm sogar – die Peitsche gibt. Das wäre nicht weiter schlimm, sogar originell, und wies voraus auf den Symbolismus von Huysmans' *Gegen den Strich*, wenn nicht der Wissenschaftler Richard von Krafft-Ebing in seinem Lehrbuch *Psychopathia sexualis* das gerade erschienene Werk als vorbildliche Beschreibung einer Abwegigkeit erkannt hätte, die er Masoch zu Ehren benannte, so wie die entgegengesetzte nach dem Marquis de Sade. Der war schon lange tot; Masoch hingegen wehrte sich gegen die zweifelhafte Auszeichnung vehement, doch eindeutig erfolglos. Spötter würden behaupten, das hätte ihm auch noch Spaß gemacht. Mit diesem Eklat begann jedenfalls die offene Auseinandersetzung um die Freiheit der Sexualität mit ihren frühen Märtyrern wie Oscar Wilde.

Wie das Märchen durch Andersen, so wurde auch die Novelle durch einen Dänen, Jens Peter Jacobsen, zu letzter Blüte gebracht. Nimmt man den Philosophen Kierkegaard und den großen Romancier Herman Bang hinzu, bilden sie ein nordisches Viergestirn, das durch das seltsame Phänomen der sexuellen Sublimation verbunden ist. Es erübrigt sich, hierauf näher einzugehen: Die Biographien der vier sind außergewöhnlich und betreffen das wichtige Thema der Persönlichkeitsentwicklung, das unsere Zeit so beschäftigt, und wenn das interessiert, so gibt es über jeden von ihnen eine Menge interessantes Material. Die Stellung Jacobsens an der Schwelle zur Moderne hebt die Tatsache, dass der Komponist Arnold Schönberg, später für seine entscheidende Rolle bei der Weiterentwicklung der Harmonik, Stichwort: Zwölftonmusik, bekannt geworden, seine »Gurrelieder« auf einen Gedichtzyklus des Dänen schuf – ein Monument des musikalischen Jugendstils; im Thema der verbotenen Liebe und der Süße des Klangs an Wagners »Tristan und Isolde« anschließend, den Liedzyklen Gustav Mahlers und Theaterstücken Maurice Maeterlincks seelenverwandt, bezeichnen die »Gurrelieder« exakt die Trennlinie der Stile und Jahrhunderte. Jacobsens Werk, das man als literarischen Impressionismus bezeichnen kann, ist ein Vorgeschmack auf Marcel Proust und besonders Thomas Mann, den er persönlich mit seinem *Niels Lyhne* gepackt hatte. Der *Tonio Kröger* wird die Antwort auf diese Anregung sein und die Entwicklungsgeschichte eines jungen Menschen zum Künstler schildern, mit ihrem Ursprung in einer Zurückweisung. Für Tonio kam die blonde Inge *keines Weges*. Jacobsen schildert in pastellenen Farben Stationen aus dem Leben eines zum Künstler berufenen Träumers, natürlich im Hintergrund auch Jacobsens eigene Träume und poetischen Hoffnungen. Niels wird geprägt von seiner unerfüllten Liebe zur eindrucksvollen Frau Boye, einer Witwe, für die er zu ›grün‹ ist, und der ebenso glücklosen Neigung zur naiven Fennimore, für die es nicht einmal Hoffnung gibt, als ihr Erik bei einem Unfall stirbt. Er bleibt an Gerda hängen, bei der er wie einst der Doktor Faust mit den Worten eingeführt wird: »*Liebe Gerda! Du weißt doch, er geht nie in die Kirche.*« Die Gründung einer Familie scheitert mit dem frühen Tod von allen dreien, seiner Gerda, dem Kind und schließlich Niels selbst. Er fällt als Freiwilliger im Dänisch-Preußischen Krieg; als letzte Handlung weist er die Tröstungen der Religion zurück. *Niels Lyhne* ist kein Buch über Literatur; dass der Held Dichter ist, erscheint mehr zufällig. Es ist ein Buch über jene Krankheit zum Tode, die manchem Menschen in die Wiege gelegt ist. Mystik und Determinismus treffen sich bei Jacobsen, der erstmals die Gene verantwortlich macht für den Lebensweg

466   Kapitel 6 Helden, selbst wenn sie versagen

seines Helden, als früher Anhänger Darwins, der er war. Sein anderes
längeres Werk, *Frau Marie Grubbe*, schildert das eigenwillige Lebensschicksal einer Frau, die erst mit dem Königssohn der Norweger verheiratet war und nach anderen Episoden der Leidenschaft schließlich
den Fährmann Søren ehelicht. Eine schöne und liebesfähige Frau, die
von rohen Männern gebrochen wird, aber noch ein spätes Glück erfährt, bevor dann alles an den Verhältnissen zerbricht. Als Moral der
Geschichte lässt Jacobsen am Ende Dänemarks großen Aufklärer Ludvig Holberg auftreten – das Schicksal von Frau Marie kann auch er
nicht wenden. Das schmale Werk Jacobsens, das viel zu schnell ausgelesen ist, bietet noch eine Handvoll kürzerer Novellen, darunter *Die
Pest von Bergamo* und den *Mogens*, eine kleine Geschichte vom Suchen,
Finden und Verzweifeln an der Liebe.

Für fünfzig Jahre war Dänemark zum ersten Mal seit Prinz Hamlets
Zeiten wieder Mittelpunkt der literarischen Welt. Symbolhaft dafür
erhielten ausgerechnet Karl Gjellerup, ein Buddhismus-Spezialist
und ziemlich unerträglicher Symbolist, und Henrik Pontoppidan gemeinsam den Literaturnobelpreis. Auch in der Musik hatte Dänemark
einen Star, den Komponisten Carl Nielsen, der vor allem als Sym-
phoniker zum Wegweiser für einen ›skandinavischen Klang‹ wurde.
Dessen Höhepunkt war dann mit der unvergleichlichen Melancholie
und Elegik von Jean Sibelius (Mein Lieblingsstück: »En Saga«; schöner
haben trübe Gedanken nie geklungen) erreicht. Ausläufer schwingen
noch heute im Werk des Finnen Einojuhani Rautavaara nach, der für
mein Ohr die ›attraktivste‹ Musik der Gegenwart macht. Er hat eine
wunderbare Oper über den begnadeten Säufer und Schriftsteller »Alexis Kivi« komponiert, der wiederum mit den *Sieben Brüdern* über das
selbstzufriedene und gewalttätige Leben einer elternlosen Bande im
einsamen Forst den Klassiker Finnlands geschrieben hat. Saufen, sich
prügeln und saunieren sind die Disziplinen des finnischen Triathlon
nach Kivi.[146] Um an dieser Stelle gleich den Bericht über Literatur aus

---

146 Nichtolympisch. Alle Teilnehmer sind aufgefordert, sich streng an die Reihenfolge zu
halten, sonst droht Disqualifikation!

Suomi abzurunden: *Kalevala* heißt das finnische Nationalepos, das der Arzt Elias Lönnrot nach alten Quellen verfasste, *Ilias* und *Odyssee* in endlosen Wäldern:

Mich verlangt in meinem Sinne, mich bewegen die Gedanken,
An das Singen mich zu machen, mich zum Sprechen anzuschicken,
Stammesweisen anzustimmen, Sippengesang nun anzuheben.
Worte schmelzen mir im Munde, es entstürzen mir die Mären,
Eilen zu auf meine Zunge, teilen sich an meinen Zähnen.

Exakt zwischen Homer und Richard Wagner liegt diese Sammlung alter Motive. Carl Spitteler, Schweizer und Nobelpreisträger für seine heute völlig anachronistisch wirkenden Versepen über Griechenlands einstige Größe und ähnliches, schrieb die Novelle über eine Flößerfamilie *Ei Ole*. Hier gibt Spitteler auf fünfzehn Seiten eine auf eigener Anschauung aufbauende, treffende Charakteristik des finnischen Wesens. Bei dieser Gelegenheit will ich jedem an Neuem Interessierten Spittelers Novelle *Conrad der Leutnant* ans Herz legen. Darin sieht er alle Ereignisse der sich dramatisch entwickelnden Handlung mit Conrads Augen. Chapeau, Herr Spitteler, das ist kühn! Allerdings stirbt der Held dem Autor kurz vor Schluss weg – das literarische Experiment wird mit ihm zu Grabe getragen. Für mehr Konsequenz war Spitteler nicht kühn genug. Finnlands Literatur indes bekam noch einen Nobelpreisträger geschenkt namens Frans Eemil Sillanpää. Außer dem sehr finnischen Namen kann ich noch nichts über ihn vortragen, allerdings werden gerade Werke von ihm neu übersetzt herausgebracht. Mich als Leser beruhigt die Vorstellung, dass hinter dem Horizont des Bekannten noch literarische Welten auf den Fuß des Entdeckers warten, sie zu betreten.

Die Entwicklung einer kulturellen Atmosphäre mit erregten Debatten, kühnen Visionen und herben Kritiken erfordert das Zutun eines Katalysators, der bewegt, ohne selbst dabei aufgerieben zu werden. Für Dänemark war er verkörpert in einem Mann: Georg Brandes, ein Jude wie so viele der kosmopolitischen klugen Geister. Sein Name

468   Kapitel 6 Helden, selbst wenn sie versagen

taucht häufig auf, wenn es um die neuen Ideen der zweiten Hälfte des Neunzehnten Jahrhunderts geht. Brandes lebte längere Zeit in Deutschland und gehört zu denen, die zuerst die Bedeutung Nietzsches erkannten und feierten. Was ein Jahrhundert früher Lessing, Herder, Schlegel waren: wichtige Anreger, das war jetzt er. Ihm verdankt Dänemark seine literarische Blüte.

Bereits Brandes beklagte, und zwar in einem Brief an Henrik Pontoppidan, dass die schwedische Akademie, die den Nobelpreis vergibt, aus abgedankten Bischöfen und tugendhaften alten Professoren bestände. Sollten diese Herrschaften auch für ihren Job denkbar ungeeignet gewesen sein und ihre Nachfolger noch in dieser Untugend verharren, eins muss man den Prämiierungen lassen: In der Tendenz waren sie immer richtig. Schließt man die Augen und träumt davon, dass statt des Harlekins Dario Fò der Pierrot Friedrich Dürrenmatt den Preis erhalten hätte, die kraftstrotzende Sarah Kane statt des schlaffen Harold Pinter, der wütende Thomas Bernhard statt der keifenden Elfriede Jelinek, der große Graham Greene statt all der anderen (amerikanischen) Romanciers der Nachkriegszeit, dann liegt die Akademie goldrichtig und alles andere im Rahmen einer minimalen Streuung. Vor allem sind immer wieder Lyriker ausgezeichnet worden, also diejenigen Dichter, die es heutigentags am schwersten haben, mit ihren Produkten ein Publikum und ein Auskommen zu finden.

Lykke-Per heißt der massige Roman Pontoppidans, in dem mit der Vorstellung, es gebe eine Art von Lebensentwurf oder ein Rezeptbuch zum Glücklichwerden, aufgeräumt wird. Per Sidenius, dem *Hans im Glück*, gelingt alles, was er anpackt. So entwickelt sich sein Leben über hunderte von Seiten perfekt – langweilig. Das merkt er sogar selber und verlässt das sichere Fahrwasser, in dem er sich nach den Anweisungen eines klugen Juden bewegt hat, der dem realen Georg Brandes enorm ähnlich sieht. Per wird zum Aussteiger, und erst im Verzicht findet er seinen Frieden. Eine herbe Geschichte, nicht so sehr auf das Märchen der Gebrüder Grimm bezogen, in dem Hans mit dem Klumpen Gold loszieht und mit einem Stein zurückkehrt, sondern im Gegensatz zu Hans Christian Andersens kleinem Roman vom *Lykke-Peer* gedacht. Dieser Peer stammt aus einfachen Verhältnissen, seine Talente werden aber früh entdeckt und von einem philanthropischen Juden selbstlos gefördert. Erst geht er zum Ballett, dann wird er Gesangsstar, schließlich komponiert er seine erste Oper. Bei deren Uraufführung rast das Publikum vor Begeisterung, eine junge, offenbar auch gleich heiratswillige Baronesse wirft Peer einen Lorbeerkranz zu – da rührt ihn der Schlag, er stirbt im schönsten Augenblick. Pontoppidans Geschichte macht in der bürgerlichen Beengung und der kirchlichen Bevormundung die Gefahren für das Gelingen eines Lebensbeginns aus, sind es doch die Pfarrer, die seinem Lykke-Per das falsche Glück versprechen. Einer davon erhängt sich zur Strafe im Kleiderschrank. Eine ungewöhnliche Geschichte, ein außergewöhnlicher Roman. Vielleicht wird auch er ›wiederentdeckt‹.

So wie Herman Bang, der letzte der großen Dänen. Seine Figuren sind sensible Randgestalten der Gesellschaft, die natürlich durch die Macht des Kapitals und der Herkunft verkörpert wird. Die Außenseiter setzen dem ihre individuelle und intellektuelle Einzigartigkeit entgegen. Meist steht eigenes Erleben hinter den Charakteren, die äußerlich noch aus der klar strukturierten Gegensatzwelt stammen, wie sie für Émile Zolas Romane typisch ist; innerlich sind diese zarten Persönchen aber schon wesentlich weiter, gehören schon ganz dem neuen Jahrhundert des Ins-Innere-Horchens an. *Das weiße Haus* und *Das graue Haus* schildern beglückende und verstörende Episoden aus Bangs Kindheit. In *Stuck* dampft, vibriert, schillert ganz Kopenhagen und amüsiert sich im »Victoria«, einem Vergnügungstempel, den die Söhne mit gefälschten Wechseln ihrer Väter finanzieren.[147] Der Großstadtroman wird von jetzt an zeigen, wo der Puls unseres

---

147 Der Generationenkonflikt im Wandel. Schiller hatte in den *Räubern* den Abfall der Söhne vom Patriarchat gezeigt; bei Bang betrügen die Jungen nurmehr die Alten, die ratlos und erschüttert zuschauen, aber bereit sind, für den missratenen Nachwuchs noch ihr letztes Hemd zu geben. Die Zeit der gegenseitigen Vorwürfe kommt erst nach dem Zweiten Weltkrieg, wenn die Verständnislosigkeit zwischen den Generationen in die Revolte mündet.

470   Kapitel 6 Helden, selbst wenn sie versagen

Soziallebens schlägt, auch wenn der schöne Schmuck der Fassaden
nur aus Gipskarton besteht.

Das Jahrhundert der Semitophobie

Joseph Süß Oppenheimer wuchs im Heidelberger Judenviertel auf
und wurde später Finanzminister des Württembergischen Herzogs
Karl Alexander. Dessen Verschwendungssucht bediente der Bankier Oppenheimer durch Erhöhung der Staatseinnahmen mit den
seit je üblichen Methoden. Als Karl Alexander früh und unerwartet
starb, rächte sich die Camarilla am Aufsteiger. Es wurde ihm der Prozess gemacht, für fingierte Verbrechen verurteilte man ihn zum Tode,
auf dem Pragsattel in Stuttgart wurde er hingerichtet. Diese an sich
schon scheußliche Geschichte bekam eine infame Drehung durch
die Art, wie der Film »Jud Süß« von Veit Harlan sie umdeutete zu Propaganda gegen das jüdische Volk. Auf Details soll verzichtet sein, es
reicht die Tatsache, dass der Film in Deutschland nicht öffentlich aufgeführt werden darf. Vorlage für das von Joseph Goebbels persönlich in Auftrag gegebene Machwerk war die Novelle gleichen Namens
von Wilhelm Hauff. Der Begriff des Antisemitismus war zu Hauffs
Zeiten gerade erst geprägt worden. Er bedeutet eine feindliche Haltung den Juden insgesamt gegenüber mit der Begründung, sie hätten
einen bestimmten – schlechten – Nationalcharakter, und leitet daraus
die Berechtigung zu ihrer Herabwürdigung ab. Das ist ein absurdes
Gedankengebäude, das sonst nur als Grundlage für Scherze taugt,
wenn man etwa von den geizigen Schwaben behauptet, sie stammten eigentlich aus Schottland und seien dort vor Zeiten wegen Verschwendungssucht des Landes verwiesen worden; oder ähnlicher,
humoristischer oder ernst gemeinter Unsinn über Nationen, Völker,
Gruppen oder auch Religionen. Was jedenfalls auf die Grundhaltung
eines Jahrhunderts passt ist die Feststellung einer Angst gegenüber der
Berührung mit der jüdischen Kultur, mit Juden allgemein, eine Abwehrhaltung: die Semitophobie.

Ein Typ hielt Einzug in die Literatur: der hässliche Jude. Viele Schriftsteller haben sich durch ihre Äußerungen als Judenfeinde zu erkennen gegeben. Die Novelle *Jud Süß* muss man aber selbst lesen, um urteilen zu können. Sicher ist der jüdische Minister als Blutsauger geschildert, seinen Untergang hält Hauff für eine gerechte Sache. Aber mit dessen Schwester Lea, die sich in den Sohn von Landschaftskonsulent Lanbeck verliebt und nach dessen Liebesverrat Selbstmord begeht, hat er die sympathische Figur einer treu liebenden Frau danebengesetzt. Und die Verschwörung der Altsassen gegen Oppenheimer wird als Verrat gebrandmarkt.

Lion Feuchtwanger war für einige Jahre großer Erfolgsautor. Er war befreundet mit Brecht, beackerte höchst ergiebig das Feld des historischen Romans mit so unterschiedlichen Helden wie dem Geschichtsschreiber Flavius *Josephus* (in einer *Trilogie*) und dem Maler Francisco *Goya*, lebte auf großem Fuß und hinterließ mit Marta die schönste und eindrucksvollste Witwe des Literaturjahrhunderts. Immer noch aktuell ist er mit seiner *Wartesaal-Trilogie* über die Schrecken des Dritten Reichs und der Emigration, bestehend aus *Erfolg* (in dem erstmals Adolf Hitler einen literarischen Schatten wirft), *Die Geschwister Oppermann* und *Exil*. Im letzten Teil lässt er den jüdischen Doktor Wohlgemut auftreten, einen Spezialisten für ästhetische Zahnheilkunde. Damit erkundete er zugleich hellsichtig eines unserer aktuellsten Probleme, nämlich: dass wir uns selbst nicht mehr leiden mögen und nur Chirurgie uns noch helfen kann. Dreißigtausend Franken waren schon damals genau der richtige Preis dafür. Feuchtwanger nun hat ebenfalls einen *Jud Süß* geschrieben. Er glaubte sogar, s e i n Roman sei die Vorlage zum Harlan-Film gewesen. Bei Feuchtwanger ist Rache der Antrieb für die Handlungsweise des Juden und der entscheidende Moment – der in Hauffs Novelle ausgespart wird – der Prozess mit den verleumderischen Beschuldigungen gegen Oppenheimer. Feuchtwanger hat besonders imponiert, dass der Angeklagte es ablehnte, sein Leben zu retten, indem er seiner Religion abgeschworen hätte und zum Christentum übergetreten wäre. Solche Standhaftigkeit im Angesicht des Galgens hätte jedem Christenmenschen zum Ehrentitel eines Märtyrers verholfen. Die Schicksale des Regisseurs Harlan und des Darstellers des Süß, Ferdinand Marian, haben selbst Stoff für Bücher (und ein exzellentes Dokumentarstück) geliefert. Bis heute ist die Diskussion über die Geschichte des ›Jud Süß‹ in vollem Gange.

Es entstand in den letzten zweihundert Jahren eine literarische Galerie von zumeist einzelgängerischen jüdischen Gestalten; einige davon habe ich bereits geschildert. Ist aber bei jedem unsympathischen Juden in einem Werk des Neunzehnten Jahrhunderts der stereotype Ruf »Antisemitismus!« gerechtfertigt? Die nämliche Debatte ist vor einiger Zeit um Wilhelm Busch entbrannt, dessen wenig erfreulichen Schmulchen Schievelbeiner wir alle aus *Plisch und Plum* kennen. Niemand anders als Buschs Alter Ego der Gegenwart, Robert Gernhardt nämlich, hat die Frage erörtert, ob aus dieser Figur Buschs Gesinnung abzulesen sei. In der Tat hat sich Busch nur dieses eine Mal an dem Typus des ›hässlichen Juden‹ vergriffen. Gesinnungstäterschaft ist ihm schwer nachzuweisen. Bei der Beschäftigung mit den Kronjuwelen der Literaturgeschichte stößt man mit Leichtigkeit auf deutlichere Zeichen für eine Bereitschaft zum Rassenhass bei vordergründig ganz unverdächtigen Zeitgenossen.

Genau wie Oppenheimer war auch Gerson Bleichröder Bankier und Jude. Sein Förderer und zugleich Zuchtmeister hieß Otto Graf Bismarck, der Reichsgründer. Bleichröder wurde, ein ungeheurer Präzedenzfall, für seine Verdienste um den Aufstieg Preußens und des Reiches in den Adelsstand erhoben, was nichtgetauften Juden grundsätzlich verwehrt war. Aber auch Bleichröder erlangte dadurch nicht die gesellschaftliche Gleichstellung, schon gar nicht die Achtung, die er sich verdient hatte. Die Geschichte dieser Partnerschaft hat Fritz Stern in dem Buch *Gold und Eisen* geschrieben, das ich empfehlen möchte. Stern hat später noch eine subtile Studie über ›dezente‹ Formen des Antisemitismus vorgelegt mit *Das feine Schweigen*. Darin geht es um das häufig unkollegiale Verhalten von Wissenschaftlern, Forschern, Geistesmenschen gegenüber ihren jüdischen Amtsgenossen. Hier lernt man jenseits dessen, was im Schulunterricht über das Thema mitgeteilt wird, viel Neues über die tägliche Herabwürdigung von Juden in Deutschland, lange bevor es zu ihrer offenen Verfolgung kam.

Das Zusammenleben in den Städten seit dem Mittelalter und der Umgang mit den Juden dort trug Züge einer Groteske. Bürgerrecht und Aufnahme in Gilden und Innungen zur Ausübung eines Handwerks wurden ihnen verwehrt, stattdessen der als unsittlich abgestempelte Geldverleih als Gewerbe zugewiesen; gelangten sie so zu Wohlstand, wurde ihnen gerade das als Makel vorgehalten; wohnen mussten sie in Judengassen und -vierteln. Gleichzeitig führte genau dies zu aberwitzigen Verleumdungen; man argwöhnte, sie missbrauchten ihre Finanzmacht, im Ghetto würden sie sich gegen die Bürgerschaft zusammenrotten, geweihte Oblaten schänden und geraubte Kinder. Verständnis oder Respekt: Fehlanzeige. In der religiösen Kunst der Gotik und Renaissance findet man immer wieder das Motiv des frevelnden Juden, als kleine Fußnote zu großen Altarbildern etwa.[148] In meiner Stadt Ravensburg und sicher auch anderswo hatten die Häuser, deren Fassaden zur Judengasse hin gingen, apotropäische Fratzen am Giebel, die den Bürger vor der mosaischen Gefahr schützen sollten.

Als Vor-Denker des Nationalsozialismus in Bezug auf den Judenhass fallen immer wieder die Namen Nietzsche und Wagner. Wagner war judenfeindlich, ohne Wenn und Aber. Nietzsche das Gegenteil, der Bruch mit Wagner vollzog sich sogar über diesen Streitpunkt. Die Figur des Zwergen Alberich im »Ring des Nibelungen« stellt Wagners Vorstellung vom Wesen der jüdischen Gefahr dar. Nachdem die Rheintöchter ihn ihrer Zuneigung, seiner Hässlichkeit wegen, als nicht würdig erachtet haben, raubt Alberich ihnen das bislang völlig nutzlose Rheingold und schmiedet daraus unter Verfluchung der Liebe – oder übersetzt aus der Symbolsprache Wagners: durch Verzicht auf die moralischen Prinzipien der bürgerlichen Welt – den Ring. Nun ist ihm alles käuflich, seine Macht unbegrenzt. Das Ende der Weltordnung naht, wenn Wotan diesen Ring nicht in seine Kon-

---

148 Nicht umsonst heißen die frühen Maler solch ›holzschnittartiger‹ Themen in Italien i primitivi.

474 Kapitel 6 Helden, selbst wenn sie versagen

trolle bringt. Durch ein System von Verträgen, das bis dahin seine Herrschaft erhalten hat, sind ihm die Hände gebunden; nur ein gänzlich unabhängiger Held kann Götter und Menschen retten, indem er Alberichs Macht bricht. Dieser Held soll Siegfried sein, Wotans eigener Enkel von den Wälsungen-Geschwistern Siegmund und Sieglinde. Der tötet auch alsbald Mime, Alberichs unleidigen Bruder, sowie Fafner und erringt den Ring, wird dann aber durch die Entdeckung der Liebe, und zwar zur abtrünnig gewordenen Wotanstochter Brünnhilde, den Zielen des Göttervaters entfremdet. Am Ende – Siegfried liegt auf dem Scheiterhaufen, Walhall brennt – wäscht eine Sündflut die Erde rein für ein neues Geschlecht von Göttern und Menschen. Diese Konzeption Wagners wäre unerträglich durch die überdeutliche Gleichsetzung Alberichs mit der Geldmacht des jüdischen Großbürgertums, wenn das Kunstwerk nicht s o bedeutungsvage angelegt wäre, dass die Bilder von Dichtung und Musik auch mit anderen Vorstellungen und Deutungen besetzt werden könnten. Regisseure wie Patrice Chereau in Bayreuth haben allen Ehrgeiz daran gesetzt, dies zu zeigen. Fest steht jedoch: Wagner dachte in Kategorien der ›Rasse‹ – Nietzsche nicht. Woher kam aber dieser Rassenwahn? Der Graf Arthure Gobineau, ein mäßig inspirierter Literat, schrieb den Roman *Die Plejaden;* durchaus lesbar, aber auch nicht mehr, handelt er von einer Gruppe von ›Wahlverwandten‹, die sich gegenseitig ihr Lebensschicksal klagen und der Ansicht sind, sie seien etwas Besseres. Leider hat Gobineau diese Idee zum Kern einer auf tausend Seiten ausgewalzten Rassentheorie gemacht, in der er den Wahn einer besonders edlen und entsprechend bedrohten ›arischen‹ Rasse entwickelte. Das hat nun tatsächlich Folgen gehabt.

Das unbesiegbare Preußen, ganz in Eisen gerüstet, griff mit Zensur und Repression grausam in den schöpferischen Akt ein und ließ so den künstlerischen Ideenstrom versiegen. Die Literatur erstarrte in den alten Formen. Detlev von Liliencron, aus Kiel kam der Ärmste!, schuf, als lebte der alte Byron noch, ein verschroben-verstaubtes Epos in mindestens neunundzwanzig Gesängen namens *Poggfred:*

Dies ist ein Epos mit und ohne Held,
Ihr könnts von vorne lesen und von hinten,
Auch aus der Mitte, wenn es euch gefällt.

Er konnte aber auch so dunstig Eingetrübtes machen wie:

Schläfrig singt der Küster vor,
Schläfrig singt auch die Gemeinde,
Auf der Kanzel der Pastor
Betet still für seine Feinde.

In diese Epoche der Humorlosigkeit hinein, in der neben ihm gerade noch für Wilhelm Busch[149] Platz zu sein schien, schrieb der Norddeutsche Wilhelm Raabe. Man hielt ihn für einen Nachfolger Jean Pauls – er selbst kannte den allerdings kaum dem Namen nach. ›Betulichkeit‹ lautet ein unfreundliches Attribut, das schnell der Raabeschen Kunst angeheftet wurde, und mit seinem Erstling und größten Erfolg *Die Chronik der Sperlingsgasse* aus der Welt seiner eigenen Anschauung als Student in Berlin schien er dem auch gerecht werden zu wollen. Aber der Vielschreiber zum Broterwerb Raabe hat ein äußerst vielfältiges Werk hinterlassen. *Der Hungerpastor* mit dem sprechenden Namen Hans Unwirrsch lässt sich auch durch einen knurrenden Magen nicht unterkriegen. *Unseres Herrgotts Kanzlei* ist ein historischer Roman aus der Zeit der Religionskriege und spielt in Magdeburg, das Raabe gut kannte. »*Ich verstehe die Welt wohl noch, aber sie versteht mich nicht mehr*«, lautete seine resignierte Reaktion auf das stetig nachlassende

---

149 Der nun tatsächlich mit dem *Schmetterling* auch eine großartige Novelle in der ihm eigenen Tonart der grausamen Humoristik geschrieben hat, bemerkenswert, weil Busch hier an der Odyssee Maß nimmt und seinen Helden bei der Jagd auf ein bildschönes Kerbtier eine Lebensirrfahrt erleiden lässt. Erschütternd komisch!

Interesse an seiner Produktion. Indes ließ er sich nicht entmutigen, über achtzig Romane und Erzählungen auf den Markt zu werfen. Auswanderung war eines seiner wichtigsten Themen, und Raabe hätte sicher mit Ergebenheit hingenommen, dass er damit heute wieder brandaktuell dasteht. In *Stopfkuchen – eine See- und Mordgeschichte* beschreibt er die Rückkehr eines erfolgreich Ausgewanderten, der sich in den heimischen Verhältnissen nicht wieder zurechtfindet, die zudem durch ein Verbrechen durcheinandergeraten sind. Die Auflösung des Rätsels um den toten Kienbaum ist höchst spannend erzählt, ein richtiger Kriminalroman, aber die eigentliche Pointe ist, dass der enttäuschte Auswanderer gleich danach seine Sachen packt, um in das liebgewonnene Afrika zurückzukehren – immer noch besser als das dezenterweise namentlich nicht genannte Heimatstädtchen mit seinen horriblen Honoratioren.

Paul Heyse pflegte die aussterbende Kunst der Novelle sachgemäß; dafür gab man ihm den Nobelpreis. Dabei erinnern seine kleinen Episoden aus Italien wie etwa *Das Mädchen von Treppi* an längst Verdorrtes aus dem Steingarten der Literatur, zum Beispiel die rührende Geschichte *Graziella* von Alphonse de Lamartine aus den goldenen Tagen der französischen Romantik, die wie Heyses Novelle *L'arrabiata* den Golf von Sorrent bei Neapel als Schauplatz hat. Als Modedichter residierte Heyse in München. Mit seinem vaterländischen Drama *Kolberg* über den Widerstand der kleinen Stadt gegen Napoleons Truppen hatte er sich reich geschrieben – spätestens der gleichnamige Durchhaltefilm von Harlan nach Goebbels' Willen hat das Stück unmöglich gemacht. Mehr danken wollen wir ihm für das *Spanische* und das *Italienische Liederbuch,* die Hugo Wolf zu den schönsten Gesangszyklen der Epoche veredelte. Oder für seine Freundschaft zu Fontane, dem das Privileg zukommt, der letzte Klassiker genannt zu werden.

Theodor Fontane aus Neuruppin in Brandenburg stammte aus einer Hugenottenfamilie, wie sein französischer, aber schon eingepreußischter Name (Fontaine) noch erkennen lässt. Er lernte was Vernünftiges, nämlich Apotheker, kam weit herum und dichtete in seiner Freizeit Balladen und anderes Zeug ganz in der Tradition, aber schon mit einem ganz eigenen Ton. Viel Eigenartiges gibt es da zu erblättern, etwa die Nachklänge seiner Spaziergänge in Schottland. Schließlich wurde er Journalist und ging für die »Kreuzzeitung« als Kriegsberichterstatter an alle preußischen Fronten; später nahm er regelmäßig seinen Kritikerplatz im Theater ein und berichtete für die »Vossische« von unzähligen (Ur-)Aufführungen; besonders den jungen Gerhart Hauptmann erkannte er als herausragendes dramatisches Talent. Als Zeitungsmann bekam er viel zu sehen und eine geschärfte Beobachtung; Weltläufigkeit und Einblick ins ›Milieu‹ sind bei ihm zwei Seiten derselben Medaille. Seine lebenslangen *Wanderungen durch die Mark Brandenburg* zeigen, wie eine große körperliche in eine riesengroße geistige Leistung überführt wird. Sie ergaben am Ende etwa viertausend Seiten Material voller Anschauung von Plätzen und Landschaften, voller Anekdoten, Erlebnissen und Porträts. Der aus allen Metropolen schon bekannte Typ des Flaneurs betritt hier den ländlichen Lebensbezirk. Fontane entdeckt für uns Leser, dass die Erde Brandenburgs satt ist an Geschichte und Geschichten. Erst als verheirateter Mann im reifen Alter – sein Sohn Friedrich wurde zu seinem Verleger – begann er mit der Romanproduktion. Sein ganzes Schriftstellerleben begleitete ein reger Briefwechsel den diszipliniert zu arbeiten gewohnten Fontane. Theodor Storm und Paul Heyse waren seine besten Freunde, Tochter Mete seine Vertraute, Ehefrau Emilie unterstützte ihn häufig aus der Distanz; im »Tunnel über der Spree«, einer Künstler- und Intellektuellenvereinigung in Berlin, stand er mit den Größen der Zeit in ständigem Kontakt. Betrachtet man die deutsche Literatur als Gebirge und tritt weit genug zurück für einen Panoramablick, dann wird man hinter den Gipfeln ihrer Zeit, Lessing, Schiller, Kleist, Goethe und Heine, eine Lücke erkennen, Vorgebirge, Endmoränen, Felszacken, und dann das Massiv Fontane.

Vor dem Sturm, schon vorgestellt, war sein erster und gleich umfang-

> Der Wanderer, später der Flaneur, entdeckt die Langsamkeit des Erzählens neu. Entscheidend wird die Ruhe zur Betrachtung.

478   Kapitel 6 Helden, selbst wenn sie versagen

reichster Roman. Nie wieder hat er so hoch gegriffen und Historie so
in den Vordergrund der Handlung gestellt. *Grete Minde* ist eine kleine
Novelle um die Brandstifterin von Tangermünde. *L'adultera* oder zu
Deutsch: »Die Ehebrecherin« heißt ein Gemälde von Tintoretto (der
damals eben höher geschätzt wurde als sein Lehrmeister Tizian!), dessen Betrachtung das Unglück des Ehepaares Van der Straaten einleitet.
Ellerklipp, typisch für Fontane: eine Erzählung wie eine Ballade, handelt von der tödlichen Eifersucht des Vaters auf den eigenen Sohn.
Stine behandelt zum ersten Mal Fontanes Lieblingsthema von der un-
standesgemäßen Liebe zwischen der Näherin und dem Grafen Wal-
demar. *Schach von Wuthenow* ergänzt die Aussage von *Vor dem Sturm*:
Das alte Preußen war zum Untergang verurteilt, wie der kritische von
Bülow in dieser Novelle aus der Zeit vor der Schlacht von Jena und
Auerstedt meint. Das Eliteregiment Gensdarmes macht sich tüchtig
lächerlich, Schach zieht die Konsequenz und erschießt sich. *Cécile* lebt
in einer unglücklichen Ehe; ihr Gatte tötet den Liebhaber im Duell –
das bricht ihr das Herz. Der alte *Graf Petöfy* heiratet die junge Schauspielerin Franziska. Dann bringt er sich um. Die Geschichte spielt
in Wien. *Unterm Birnbaum* liegt das Geheimnis des kleinen Kriminalromans nicht vergraben, es liegt, wo Leichen hingehören, im Keller.
Und weil's so schön war, schrieb Fontane mit *Quitt* gleich noch eine
Kriminal- und Abenteuergeschichte hinterher; das Schicksal von
Wilderer Lehnert erfüllt sich in der Wildnis Amerikas. Da der Hund
»Uncas« gerufen wird, glauben wir an eine Hommage an James Fenimore Cooper. *Irrungen, Wirrungen* heißt einer der fröhlichen Romane
mit viel ›Milieu‹. Lene aus der Gärtnerei und Baron Botho lieben sich
einen Sommer, kehren dann zur gesellschaftlichen Vernunft zurück.
Die junge *Effi Briest* trudelt in die Ehe mit dem viel älteren Baron von
Innstetten; da kommt Crampas als Aufmunterer gerade recht. Erst
später entdeckt Innstetten das Verhältnis, tötet den Liebhaber im
Duell und lässt sich scheiden; als ihr auch die Tochter entfremdet wird,
erkrankt Effi und stirbt, heimgekehrt bei den Eltern. Denen schwant
eine Mitschuld; Briest spricht die Schlussworte: »*Laß, Luise ... das ist
ein zu weites Feld.*« *Unwiederbringlich* ist das Glück für den Landadligen

Graf Holk und seine tugendstrenge Ehefrau Christine. Sie haben sich auseinandergelebt – er fühlt sich berechtigt, mit der pikanten Hofdame Ebba in Kopenhagen eine Ehe linkerhand zu führen. Christine quittiert das mit ihrem Freitod. Hier benutzte Fontane als Vorlage eine damals stark diskutierte Begebenheit vom dänischen Hofe. Allerdings, die gänzlich unromantische Liebeshandlung bildet nur die durchsichtige Folie, durch die das Seelenleben der Akteure sichtbar gemacht wird. Das Elend der Ehekonvention zeigt der Roman zwingend; die Stimmungen sind beklemmend, das Thema der erstarrten Liebesbeziehung wird ausgelotet bis auf den Grund. Der nächste Roman *Mathilde Möring* ist weniger gelungen. Die ehrgeizige Mathilde promoviert am Traualtar. *Frau Jenny Treibel* ist das Lustigste, wozu Fontane fähig war. Auch Jenny, jetzt Kommerzienrätin, hat ›nach oben‹ geheiratet und sorgt sich, dass die Tochter ihres Jugendfreundes Professor Schmidt nun mit ihrem Sohn dasselbe vorhat. Doch Corinna wägt klug Ambition gegen Emotion ab und entscheidet sich für den schlichten Archäologen Marcell. Das Berlin der kleinen und gernegroßen Leute bekommt atmosphärische Präsenz. *Die Poggenpuhls* sind verarmte Landadelige, eine Mutter mit drei Töchtern, die lernen, sich durchzubringen. Eine Perspektive haben sie nicht. Aber Haltung zeigen ist das, was der Adel kann.

Damit wären wir beim Höhepunkt und Abschluss von Fontanes epischem Schaffen angekommen. Von Werk zu Werk hatte er die Mittel verknappt, die Handlung reduziert, auch die grotesken Überzeichnungen gemildert. Nun ist das Minimum des Erzählbaren erreicht. *Der Stechlin* heißen ein Mann und ein kleiner See irgendwo in der Mark Brandenburg. Der ergraute Dubslav von Stechlin ist ein Landadeliger von altem Schrot und Korn. Sein Sohn Woldemar mit seiner Freundesschar bringt die aus Berlin kommenden neuen Ideen in die Provinz. Er wird die reiche Gräfin Armgard heiraten, die das gesellschaftliche Selbstverständnis der neuen Zeit verkörpert mit ihrer Sehnsucht nach Welt. Deren Schwester Melusine hingegen, schon dem Namen nach ein Wassergeist, ist sowohl dem alten Heiden Dubslav als auch dem See geheimnisvoll zugetan. Pastor Lorenzen und

Dubslavs Schwester, die in einem evangelischen Nonnenkloster Äbtissin ist, machen den geistlichen Einspruch gegen beide Welten geltend. Heimliche Hauptperson des Geschehens ist der See, ein Verwandter des psychoaktiven Meeres aus Stanisław Lems *Solaris*, der in Verbindung zum Erdinneren und zur seelischen Verfassung der Personen steht. Mit dem Tod des alten Stechlin bricht das Fragment ab in Erstarrung der ohnehin raren Handlung. Das wesentlich in Dialogen brillierende Werk ist der in meinen Augen beste Roman in deutscher Sprache.

Als wenn es nichts an ihm zu beschreiben gebe, schaut Fontane auf der Photographie ins Weite. Alles sitzt an seinem Platz, Frisur und Bart sind korrekt und grau, Kragen und Binde schwarz und weiß; Individualität leistet er sich allem Anschein nach nicht, gerade einmal zwei Falten unterm Auge zeigen, dass auch er Gram kennengelernt hat in seinem Leben, sein Lieblingssohn George schon lange tot ist. Diese Neutralität der Erscheinung ist seine Verkleidung, um unbemerkt in das Getriebe seiner Zeit blicken und präzise konstatieren zu können, was da untergegangen ist mit seinem Jahrhundert, dessen Ende er nicht mehr erleben musste. Er bleibt der letzte aller Klassiker.

Kapitel 7

Mit den Augen einer Frau ...

Reiterheere mögen die einen, andre
halten Fußvolk oder ein Heer von Schiffen
für der Erde köstlichstes Ding, – ich aber
das, was man lieb hat.

Das ist die Stimme der Dichterin Sappho von der Insel Lesbos. »*Meiner wird man gedenken!*«, hat sie gesagt, und tatsächlich ist dies die erste authentische Stimme einer Frau in der Literatur. Von Liebe, Blumen und schönen Mädchen lispelt die Stimme, betört mit fremdem Rhythmus und Seltsamkeit. Sie tönt aus einer Zeit und einer Welt her, von der wir sonst fast nichts wissen; aber junge Frauen erhielten eine sorgfältige Erziehung im Internat der Sängerin von Lesbos, der unvergleichlichen Sappho. Wenn man einen Unterschied zwischen dem, was ein Mann schreibt, und der Literatur von Frauen machen will, kommt man schnell zum Begriff der Innerlichkeit. Wo Frauen anders schreiben, schreiben sie von gefühlten Welten, für deren Aufbau sie ein völlig eigenes Gespür haben. *Die innere Burg* der Theresa von Ávila ist das erste Buch einer Frau der Neuzeit, das sich dieser Fähigkeit verdankt. Nun mag es völlig überflüssig sein, dieses Buch gelesen zu haben, weil es Ausdruck einer Zeit ist, als man versuchte, dem Glauben einen neuen, persönlicheren Inhalt zu geben, und der Gehalt des Buches geht darüber nicht hinaus. Die Vorsteherin eines Nonnenklosters Theresa beschreibt ihre Seele in der Durchdringung durch Glauben als

Burg mit sieben Festungsringen und einem diamantenen Innern, das dem vollkommenen, weil nicht begründeten oder begründendem, Glauben entspricht. Die Abkehr von weltlichen Dingen, dem ›Leben‹, wird von Ring zu Ring stärker, die Zuwendung zur Spiritualität intensiver. Soweit die Konstruktion von Theresas Burg, die uns Weltenbürgern eben doch sehr fern liegt. Bezaubernd allerdings, wie schön und intensiv sie in der Lage ist, ihre Seele zum Sprechen zu bringen. Das Thema des Buches zwingt ja eigentlich zum Umschreiben, zum Theoretisieren, aber das Wunder dieser Gedankenwelt liegt darin, dass uns die Innerlichkeit der Theresa daraus so stark und natürlich entgegenkommt.

Dieses Wunder der Innerlichkeit lässt niemand leichter geschehen als die Frau mit dem einfühlsam betrachtenden Blick. Dieser Blick kommt aus den übergroßen Augen in dem Gesicht eines altgewordenen Kindes. Die hohe Stirn ist von einem Fransenpony halb bedeckt, um den Mund spielt ein mokantes Lächeln. Und in einer der hinter dem Kopf verschränkten Hände hält sie die verhängnisvolle Zigarette, selbstgedreht. Sie wird bald sterben. Doch noch hat sie Kraft für eins ihrer Wunder von Büchern: Carson McCullers, die vollendetste Schriftstellerin, die ich kenne. Ihr erstes Meisterwerk schrieb sie mit zweiundzwanzig Jahren, begleitet von der Freundschaft und Anerkennung von Erika Mann, der Tochter und unentbehrlichen Helferin des deutschen Exilschriftstellers. Aus abgeklärter, weiser Distanz schaut die Amerikanerin auf ihre Figuren, denen sie Würde und ein erhebliches Maß an Mystik gibt. Sogar mystische Nahrungsmittel gibt es bei ihr, angefangen mit den rituellen Toddys (die schon bei Kate Chopin eine Rolle spielten: heißes Wasser mit Rum und Gewürzen, eine Art Südstaatengrog also) mittags um zwölf bei Richter Clane bis hin zu Dosenkaviar, mit dem sich der blauäugige und schwarzhäutige Sherman ein lässiges Mahl bereitet. Die *Uhr ohne Zeiger* ist zunächst Bild dafür, dass die Lebenszeit des Apothekers Malone abgelaufen ist. Nur dem alten Clane offenbart er sein unheilbares Leiden. Aber in dem Örtchen, wo

Der nach innen gerichtete Blick entdeckt eine neue Welt.

sein Laden das gesellige Zentrum eines demoralisierten Haufens von Südstaatlern mit dem Richter an der Spitze ist, die noch fast hundert Jahre später den Ausgang des Bürgerkriegs nicht wahr haben wollen, ist die Zeit ohnehin aus den Fugen geraten. Der Enkel des Richters, Jester, nimmt Flugstunden, vielleicht um eines Tages fliegend entfliehen zu können, und hat sich insgeheim in Sherman verliebt, den skandalösen Mischling aus einer Beziehung, die einst Jesters Vater in den Selbstmord trieb. Und deshalb hat der Richter Sherman in seine Dienste genommen, als Privatsekretär (›Amanuensis‹ wird er beharrlich bezeichnet) und Faktotum, wie man eben schwarze Dienstboten hat im Süden der realen Rassentrennung. Die Geheimnisse, die alle Personen mit sich herumtragen, hüllen sie ein wie die Würde eines Gewandes oder wie Rüstungen. Werden sie offenbar, sind sie schutzlos; wird sie verletzt – müssen sie sterben.

Das burleske Gegenstück zur Melancholie von *Uhr ohne Zeiger* sind die skurrilen Figuren in der *Ballade vom traurigen Café*; als wären Huck Finns Enkel zu Besuch gekommen. Das wehrhafte Mannweib Amelia erwacht aus einer jahrzehntelangen Unbewusstheit mit dem Auftauchen ihres buckligen Vetters. An ihn verschwendet sie alle Fürsorge, deren sie fähig ist. Zum Zeichen ihrer erwachten mütterlichen Instinkte eröffnet sie ein Lokal, in dem sich die einfachen Leute der Gegend, Verlierer und Verlorene, ein Stelldichein geben und von Amelias Fürsorge profitieren. Aber als der Vetter sich mit ihrem Exmann, einem Taugenichts, verbündet zu einer Art Entscheidungsschlacht, einem Harmagedon des Boxens und Ringens, und Amelia besiegt im Staub liegt, ist die Geschichte des traurigen Cafés vorbei, schnell wie sie begonnen hat. Der Süden versackt wieder in staubiges Vor-sich-hin-Brüten.

In dieser kurzen Erzählung gibt die Autorin eine Theorie der Liebe, die dem großen Essay Stendhals *Über die Liebe* gleichberechtigt zur Seite steht, der – Gott hab' ihn selig – ja etwa fünfhundert Seiten für seine schwierigen Konstellationen und verquasten Exkulpationen benötigte und bei seinen sechs Sorten von Liebesverlangen trotzdem nicht auf diese eine Möglichkeit gestoßen ist. McCullers gibt hier gleichzeitig eine Poetologie ihres so schmalen Gesamtwerks. *Die Liebe ist erstens einmal ein gemeinsames Erlebnis zweier Menschen; die Tatsache jedoch, daß es ein gemeinsames Erlebnis ist, bedeutet noch nicht, daß es für die beiden Beteiligten ein ähnliches Erlebnis ist. Es geht immer um den Liebenden und den Geliebten – doch stammen die beiden aus verschiedenen Landen. Oftmals löst der Geliebte nur all die aufgespeicherte Liebe aus, die bis dahin so lange im Liebenden geschlummert hat. Und irgendwie ahnt das auch jeder Liebende. Er fühlt es in seinem Herzen, daß seine Liebe ihn vereinsamt. Er erlebt eine neue, seltsame Einsamkeit, und er leidet unter dieser Erfahrung. Es bleibt dem Liebenden also nur eins zu tun: er muß seine Liebe nach besten Kräften in sich beherbergen; er muß sich eine vollständige, neue Welt in seinem Innern aufbauen, eine starke und eigentümliche Welt, die an sich selbst Genüge hat. Und dieser Liebende, das mag hier hinzugefügt werden, braucht nicht unbedingt ein junger Mann zu sein, der für seinen Trauring spart – es kann Mann, Frau oder Kind, einfach irgendein menschliches Lebewesen auf unserer Erde sein.* ›Einsamkeit‹ und ›Leiden‹ der Liebe liegen wie ein staubiger Schleier über dem Land; sie bilden den Grundton von Melancholie auf dem Bild des amerikanischen Südens, das McCullers zeichnet. Niemand wird von hier oder von sich selbst je wegkommen. Und wer hat schon die Kraft zu bleiben?

Irgendwie ahnt das Geheimnis der Liebe auch die naseweise Göre *Frankie*, die neben ihrer Alt- auch noch Weltklugheit besitzt und die Du gleich ins Herz schließen wirst. Nicht die Handlung spielt hier die Hauptrolle, die ist in Carsons eigenen Worten schnell erzählt: *Frankie ist in die Braut ihres Bruders verliebt und will bei der Hochzeit mit von der Partie sein,* sondern die Stimmung eines Erwachens, eines In-die-Welt-Gehens, einzigartig in ihrer erwartungsfrohen Frische.

In ihrem Erstling *Das Herz ist ein einsamer Jäger* sind schon gleich die großen Themen der McCullers da: die Einsamkeit, die Verirrungen der Liebe, das Sichverlieren bis in den Tod, alles eingehüllt in die Wärme, die in der Persönlichkeit dieser jungen Frau lag. Die Debütantin machte sich sogleich an das denkbar schwierigste Thema, die Schilderung einer hoffnungslosen Liebesbeziehung zwischen zwei Taubstummen, dem Griechen Spiros, der alsbald in die Anstalt muss, die er nicht wieder verlassen wird, und dem weltweisen John Singer,

Frankie   Das Herz ist ein einsamer Jäger   485

einer der großen Dulderfiguren der Weltliteratur, Dostojewskijs Fürsten Myschkin vergleichbar. Für seine Nachbarn und Freunde ist er der Tröster in der dumpfen Atmosphäre einer Südstaaten-Kleinstadt mit Rassentrennung und wirtschaftlicher Depression. Der schwarze Arzt Dr. Copeland und die kleine Mick bewundern ihn und kämpfen weiter um Würde und Gerechtigkeit, während Singers Lebenskraft verbraucht ist. Er erschießt sich.

Nimmt man noch die herbe (Liebes-)Geschichte unter Soldaten *Spiegelbild im goldnen Auge* und eine Handvoll kleinere Erzählungen hinzu, steht schon Carson McCullers Gesamtwerk vor uns. In ihrer erst kürzlich auf Deutsch erschienenen *Autobiographie* beschreibt sie, wie hart jede Zeile ihrem störrisch kränkelnden Körper abgerungen war. So wenig und doch so viel!

In der erschreckenden kleinen Story *Wer hat den Wind gesehen?*, die schildert, wie das Leben des schreibgehemmten Dichters Ken entgleist und seine Ehe in die Brüche geht, gibt Carson McCullers eine Beschreibung des Schriftstellers als junger Mann, *da ein Lied an der Straßenecke, eine Stimme aus der Kinderzeit und der Rundblick der Erinnerung die Vergangenheit verdichtete, sodaß Zufälliges und Tatsächliches in einen Roman, in eine Erzählung umgewandelt wurden –, und es hatte einst eine Zeit gegeben, da das leere Blatt die Erinnerungen heraufbeschwor und sichtete und er die geisterhafte Schaffenskraft seiner Kunst verspürte.* Ausdrücklich bezieht sich diese Stelle auf Marcel Proust und seine Kunst der Erinnerung. Wir glauben Carson McCullers, dass ihre eigene Kunst aus so einfachen Zutaten in der Lage war, so reiche Phantasiewelten zu schaffen. Trotzdem: Sie war keine Hinterwäldlerin. Auf einem Photo in der *Autobiographie* sehen wir Carson McCullers sich angeregt mit Tania Blixen unterhalten, während Arthur Miller und seine damalige Ehefrau Marilyn Monroe interessiert zuschauen; Baronin Blixen erzählt gerade von ihrem Geliebten Denys Finch-Hatton.[150] Mit Edith Sitwell, der Verkörperung englischer Ex-

---

150 Für Tania war Kenia zum Ort ihrer Befreiung geworden nach den Schrecken der Ehe mit Baron Blixen. In dem Buch *Afrika, dunkel lockende Welt* hat sie diesen Vorgang beschrieben, in denkbar schärfstem Kontrast zu Geschichten wie Hemingways *Schnee am*

zentrizität, verband sie eine Freundschaft genauso wie mit den Komponisten Aaron Copland (sehr amerikanisch, eines seiner Hauptwerke ist das Ballett »Billy the Kid«) und Benjamin Britten oder mit John Huston, der *Spiegelbild im goldnen Auge* mit Marlon Brando verfilmte; aber die enge Welt der Südstaaten, der Verschrobenen und Zurückgebliebenen war ein für alle Mal ihr literarisches Zuhause.

Auch mit der Irin Elizabeth Bowen war Carson McCullers befreundet. *Die kleinen Mädchen* heißt einer ihrer vielen neu zu entdeckenden Romane. Er handelt von dem Versuch, Lebenserinnerungen so authentisch zu konservieren, dass sie stets unverfälscht bleiben. Zu diesem Zweck sammelt Dinah Delacroix Andenken an das, was war; als ihr handgreiflich klar gemacht wird, dass ihre eigene Kindheit trotz dieser Art von Tatsachenbeweis zu einem Nebel des Unbewussten verschwommen ist, bricht ihre Welt wissenschaftlicher Rekonstruktion des Nicht-Gewesenen zusammen. Die Bowen erzählt erfrischend altmodisch, ohne Rücksicht auf den Trend. Es wäre kaum möglich, aus dem Text ein Entstehungsdatum der Erzählung abzuleiten; das kritisiere wer will und finde gut, wer's mag.

Der Tod kommt in den kleinen Geschichten der Katherine Mansfield aus Neuseeland häufig zu Gast. Auch das *Gartenfest* wird überschattet von einem tödlichen Unfall, der sich im benachbarten Armenviertel ereignet hat, und die kleine Laura Sheridan bittet ihre Mutter, doch das Fest abzusagen. Aber das geht natürlich nicht. Immerhin wird Laura mit den Resten vom Büffet zur Witwe geschickt, die sechs Mäuler zu stopfen hat. Dabei erhascht sie einen Blick auf den aufgebahrten Toten. Wie jung er ist, wie schön. *Und das Leben ist ...* geht es Laura durch den Kopf. Aber wie das Leben ist, das kann sie sich noch nicht erklären. Die Geschichten der Mansfield sind Stimmungsbilder, nicht pointiert, aber zwingend. Und bevor sie selbst ganz ergründet hatte, wie das Leben ist, war ihres mit nicht fünfunddreißig Jahren wieder vorbei.

Kilimandscharo. Robert Redford spielt in Sidney Pollacks Film »Jenseits von Afrika« den Finch-Hatton.

Schnodderig ist die Sprache von Dorothy Parker. Originell sind ihre Kurzgeschichten wie *Eine starke Blondine*, auch wenn es nur um eine Durchschlafstörung geht, die nicht mal der feste Gedanke an den französischen Moralisten La Rochefoucauld beheben kann. Was könnte sonst helfen, wenn nicht das?

Halten wir uns beschämt vor Augen, dass alle diese wunderbaren Erzählerinnen bisher nicht sehr tief in unser Bewusstsein gedrungen sind, beispielsweise nicht mit dem Literaturnobelpreis ausgezeichnet wurden. Die Langweilerin Doris Lessing, ja, die Afroamerikanerin Toni Morrison – sicher zu Recht, ist es doch ihre große Stärke, die ethnische Tradition in die Literatur der Moderne eingebracht zu haben mit Büchern wie *Menschenkind*, das von einem toten Baby handelt, das im Haus Nr. 124 spukt und damit verhindert, dass die Erinnerung an die Zeit der Sklaverei verlorengeht. Aber wir haben gerade über Frauen geplaudert, die für die literarische Entwicklung unserer Gegenwart Entscheidendes geleistet haben. Behalten wir sie, Preis hin oder her, in würdiger Erinnerung.

> Meisterinnen der kleinen Form. Der Sprintchampion wird stets mehr verehrt als der Marathonsieger.

Doch es gibt noch Gerechtigkeit. Die Kanadierin Alice Munro hat sich auf das Erzählen kurzer Geschichten spezialisiert und dafür den Preis erhalten. Mit Energie wirft sie den Leser in die Situation einer Episode. Die von Liebe handelt, vom Klarkommen im Leben, von der Banalität des Alltags. *Der Mond über der Eisbahn* heißt ihre beste Geschichtensammlung.

Aber halten wir uns auch dies vor Augen: Nicht von Frauen, sondern von Männern wurde das neue Bild der Frau in den Künsten am Anfang des Zwanzigsten Jahrhunderts gestaltet. Etwa durch Gustav Klimts Porträt der »Goldenen Adele«, für einige Zeit das teuerste je verkaufte Kunstwerk. In diesem selbstbewusst strahlenden Gesicht mit den aggressiv aufgeworfenen Lippen spiegelt sich eine ganze neue Welt, die soeben von der starken, unabhängigen, gleichwertigen Frau betreten wurde. Die glitzernde und glänzende Adele verkörpert die moderne Frau. Die Literatur hat das ihre getan. In den zusammengehörenden Theaterstücken *Erdgeist* und *Die Büchse der Pandora* schuf der in der Schweiz aufgewachsene, als deutscher Weltbürger lebende Frank Wedekind die Figur der Lulu, schillernd zwischen herrischem Kind und Verführerin, die natürlich Zensur und Publikum zunächst weit überforderte – nur in Privatvorstellungen betrat sie die Bühne. Am Ende wird sie nach dem Willen ihres Schöpfers Wedekind von Jack the Ripper entleibt. Ein ähnliches Schicksal – ihr Stiefvater Herodes schreit gellend: *Tötet dieses Weib!* – widerfährt der *Salome* des großen irischen Wort- und Lebenskünstlers Oscar Wilde. Du siehst also: Am Anfang zahlte die Frau den denkbar höchsten Preis für die neue Rolle, die sie in der Welt einnehmen sollte. Beide Bühnenwerke wurden flugs vertont. Der sinnenschwere Klangrausch geht nicht aus dem Ohr, den Richard Strauss für den ›Tanz der sieben Schleier‹ seiner »Salome« entfesselt, oder die kühle Dramatik, die Alban Bergs »Lulu« im Kampf mit Dr. Schön, dessen Sohn Alwa und dem alten Lüstling Schigolch um Unabhängigkeit und Zuwendung entwickelt. Eine »Salome« befindet sich auch als Jugendstil-Ikone in der Villa Stuck in München; das aufgesetzte Pathos des Gemäldes entspricht jedoch in keiner Weise der Darstellung in Wildes faszinierendem Theaterspiel. Die Prinzessin Salome ist kein schwül lasziver Traum vom Orient. Sie ist ein Tiger, der sich, einmal gereizt, nicht mehr bändigen lässt. Daher das schreckliche Urteil, das ihr Stiefvater über sie spricht. An dem Propheten Jochanaan (= Johannes der Täufer), der bis dahin friedlich in der Wüste wilden Honig gegessen und sich in ein Tierfell gekleidet hatte, leckt die Tigerin Blut und kann nicht eher Ruhe geben, bis sein Haupt endlich auf einem silbernen Teller liegt.

Verweilen wir kurz bei Oscar Wilde, hat sein eigenes Schicksal doch in irritierend irrsinniger Weise Ähnlichkeit mit dem der Salome, seinem letzten Werk. In dem erschütternden Brief, der den Namen *De profundis (Aus den Tiefen* schreie ich zu Dir, oh Herr!) erhalten hat und an seinen geliebten, gehassten Gespielen ›Bosie‹, Lord Alfred Douglas, gerichtet ist, breitet Wilde die Einzelheiten der tragischen, schmutzigen, grotesken Geschichte vor uns aus. Bosie stiftet Wilde an, nachdem er bereits dessen Vermögen durchgebracht hat – und zu Hause saß geduldig Wildes Ehefrau mit den zwei Söhnen –, Vater Douglas wegen Verleumdung zu verklagen. Dieser Vater, ein dubioser Tunichtgut von Lord[151], hatte versucht, Oscar und Alfred auseinanderzubringen, indem er in der Londoner Gesellschaft entsprechende Gerüchte streute. Aus dem Kläger wird alsbald der Angeklagte. In einem Skandalprozess wird Wilde wegen ›widernatürlicher‹ Beziehungen (nicht nur zu Douglas) zu zwei Jahren Zuchthaus verurteilt. Aus dem Gefängnis, das er in der *Ballade vom Zuchthaus zu Reading* beschreibt, tritt Wilde mit dem großen, bekennerhaften Schreiben zum letzten Mal an die Öffentlichkeit. Er ist an Leib und Seele gebrochen und stirbt kurze Zeit nach der Haftentlassung.

Sein einziger Roman *Das Bildnis des Dorian Gray* deutete bereits früh die Ambivalenz des eigenen Lebensentwurfes an. Der unschuldige Jüngling Gray wird von dem skrupellosen Verführer Lord Henry Wotton gegen den Widerstand des Künstlers Basil Hallward, Grays ›Entdecker‹, zum Roué, dem nur seinen Gelüsten untertanen Wüstling, ausgebildet. Grays Hang zu übelsten Ausschweifungen verselbständigt sich und führt ihn bis zum Mord an Hallward, den er ›perfekt‹ ausführt, indem er das Opfer in Säure auflöst. Alles könnte gutgehen, wäre da nicht das Bildnis, an dem der Maler gleich zu Beginn des Romans gearbeitet hat. Während Gray in ewig strahlender Jugend scheinbar ohne sichtbare Spuren seiner Laster bleibt, zeigt sie das Bild in schonungsloser Klarheit: Es verändert sich im Maße der Entartung des Porträtierten, zeigt die Niedertracht Grays so schonungslos, dass dieser den Anblick nicht mehr erträgt: Beim Versuch, sein Bild zu vernichten, tötet er sich selbst.

Statt eines ›Enthüllungsromans‹ bietet das *Bildnis des Dorian Gray* eine tiefe Analyse der Menschenseele, gefangen in einer ihr (noch) nicht gemäßen Zeit. Denn Hallward, Wotton und Gray sind die drei

---

151 Nur die Boxer verdanken ihm etwas. Es ist nicht der Tiefschlag, wie man mit Fug vermuten dürfte, sondern das bis heute gültige Regelwerk ihres Sports.

Seiten **e i n e r** Persönlichkeit, der des Autors selbst natürlich. Oscar
Wilde, dessen Leben und Geist völlig der Brillanz geweiht waren, sah
in sich alles angelegt. Im allerelegantesten Gehrock, ein naturgemäß
völlig überflüssiges Stöckchen feinster Machart in der Hand, schaut er
freundlich in die Kamera. Sogar der Mittelscheitel gehorcht nicht dem
Attribut ›korrekt‹ – grandios teilt er die Woge des nach beiden Seiten glatt fallenden langen Haars. Die weichen Formen des länglichen
Gesichts betonen die Zartheit, der Empfindung wie Verletzung offene Haltung dieses Großen. Nicht von ungefähr ersann er auch *Märchen*, etwa das vom *Selbstsüchtigen Riesen,* aber auch Erzählungen wie
die von *Lord Arthur Saviles Verbrechen,* das dieser in vorauseilendem Gehorsam begeht; er verfasste *Gedichte* und Essays, in denen er das neue
Jahrhundert deutet: *Der Sozialismus und die Seele des Menschen.* Wie Martin Luther und Hitler neigte er bei Tisch zum Monologisieren, aber
im Gegensatz zu der Gesellschaft des appetitlosen Vegetariers amüsierten sich Wildes Tischgenossen bestens an seinen improvisierten
Phantasien, die in dem Band *Herberge der Träume* zusammengetragen
sind. Wilde bleibt in Erinnerung als Geist, dem alles möglich war, in
einer Gesellschaft, die ihm alles schuldig blieb.

Mit dem Tod auf Du und Du

In vielen seiner Filme konnte sich Alfred Hitchcock auf die Qualität der
Romanvorlage verlassen, und nie hat er aus einem guten Buch einen
schlechten Film gemacht (»Die Vögel« und »Rebecca«: Daphne du
Maurier; »Fenster zum Hof«: Cornell Woolrich; »Vertigo«: Pierre Boileau & Thomas Narcejac, nächst Simenon die größten Krimiautoren
französischer Sprache). Als er die Filmrechte am Erstling einer blutjungen Autorin kaufte und zu einem Riesenerfolg machte, konnte er
noch nicht wissen, dass er gleichzeitig am Start der Karriere einer der
größten Krimiautorinnen, aber das ist ja ganz falsch: einer der größten psychologischen Romanautorinnen mitgeholfen hatte. Die Rede

ist von »Zwei Fremde im Zug«, die Schriftstellerin heißt Patricia Highsmith.

Nicht alles gefällt mir bei ihr. Das viele Gesaufe schon am frühen Nachmittag hüllt das Geschehen bisweilen in einen hochprozentigen Nebel und lässt die Akteure als Opfer eines leberschädigenden Gruppenzwangs dastehen. Die Geschichten um *Ripley*, den Amateur-Verbrecher, sind mir zu konstruiert: Die Autorin Highsmith duelliert sich mit dem großen Vorbild Henry James, dessen für kontinental-europäischen Geschmack (und ganz gegen seine übliche Attitüde) bemüht humoristische *Gesandte* im angelsächsischen Raum für den ewigen Streit zwischen England und Amerika um die Kulturhoheit stehen und die bei ihr hinter jeder Straßenecke hervorlugen. In James' Roman geht es darum, dass ein junger Amerikaner die Reize Europas entdeckt, vor allem kulturelle, aber auch die kulinarischen und dann erst noch die erotischen, und trotz der Lockungen der Neuen Welt mit dem Üblichen: Geld, Macht und standesgemäßer Heirat, nicht zur Rückkehr zu bewegen ist. Der ›Gesandte‹ selbst ist ein Mann fortgeschrittenen Alters; seine letzte Chance, es im Leben zu etwas zu bringen, besteht darin, bei Erfüllung des Auftrages, den Sohn zurückzubringen, dessen reiche Mutter ehelichen zu dürfen. In einer Art freudiger Resignation verzichtet er am Schluss auf solche Aussicht. In dieses von Henry James vorgebildete Schema passt zunächst Dickie Greenleaf, der verwöhnte Reedersohn aus *Der talentierte Mr Ripley* (im Film »Nur die Sonne war Zeuge«: Maurice Ronet, und Alain Delon als ›Gesandter‹ Ripley), der in Mongibello (›der Berg der Berge‹, eigentlich ein Beiname des Ätna auf Sizilien) allzu tüchtig ausspannt. Italien, und noch spezieller: Venedig – ein Buch, das schon in der verstümmelten Fassung begeistert hatte und jetzt neu zu feiern ist: *Venedig kann sehr kalt sein* –, stillt die amerikanische Sehnsucht nach altehrwürdiger Verkommenheit, nach dem matten Glanz abblätternder Vergoldungen und dem Modergeruch von uralten Kanälen und feuchten Gemäuern; ein Lieblingsschauplatz von James und Highsmith. Durch die ersten beiden Morde erhält Ripley die Legitimation, in Europa zu bleiben, eine Art Ritterschlag; hier erlebt er die Fortsetzung seiner Abenteuer in *Ripley's*

492   Kapitel 7 Mit den Augen einer Frau ...

Game (und drei weiteren Folgen), als »Der amerikanische Freund«
wunderbar verfilmt von Wim Wenders mit Dennis Hopper als Ripley
und dem Ifflandringträger[152] Bruno Ganz als Jonathan.

Auch auf Patricia Highsmith selbst trifft das von Henry James in
Leben und Werk repräsentierte Thema der amerikanischen Europa-
sehnsucht zu, verbrachte sie doch ihre späten Jahre in einer Art Bun-
ker von Bungalow im Tessin. Dass der Mörder Ripley seinen Schergen
stets entkommt, ist ein Running Gag, der einem nach einer Weile auf
den Wecker geht. Man wünscht sich den Polizisten herbei, der sich die
Prämie auf seinen Kopf verdient. Andere Sachen wie *Ediths Tagebuch*
finde ich einfach nur scheußlich, wenn nicht eklig. Aber die Pranke
der Tigerin (Tiere spielen bei ihr eine wichtige Rolle: Highsmith ist
studierte Zoologin) zeigt sich überall, und gerade in Kleinigkeiten am
stärksten.

Ein seltsames Tier lugt aus dem Vogelnistkasten hinterm Haus.
Bald wird dieses Tier, ein Etwas zwischen Eichhörnchen und Ratte,
zur Bedrohung des jungen Ehepaares. Sein Anblick löst Schuldgefühle
aus, s i e hat ihre Schwangerschaft nicht ertragen und eine Fehlgeburt
provoziert, e r hat einen Arbeitskollegen in den Selbstmord getrieben
und dessen Stelle ergattert. Sie leihen bei Freunden eine Katze, die tatsächlich das Yuma, wie sie es inzwischen genannt haben, zur Strecke
bringt. Tot und kopflos liegt es vor ihnen, und befriedigt geben sie die
Katze zurück. Eine Weile später lugt das Yuma wieder aus dem Nistkasten, und die Katze taucht auch wieder auf ... Die Bedrohlichkeit

---

152 Der Ifflandring ist die klassische Auszeichnung für den größten Theatermimen deutscher Zunge, benannt nach dem Dramatiker und Schauspieler des späten Achtzehnten
Jahrhunderts, der für die Aufhebung der Trennung von Hofbühne für hochgestellte
Herrschaften und Schaubühne für ein breites Publikum steht. Der Ring zeigt sein Bild.
Werner Krauss, berühmt für seine Darstellung Nathans des Weisen, war der Träger
des Rings über den Zweiten Weltkrieg hinaus und konnte angeblich auf dem Sterbebett – der Ringträger bestimmt seinen Nachfolger selbst – gerade noch sagen: »Mein Rat
ist ...«, woraufhin der großartige Wiener Nestroy- und Raimunddarsteller Josef Meinrad den Ring erhielt – eine selbstverständlich böswillig erfundene Anekdote. Meinrad
seinerseits vererbte den Ring in weisester Weisheit, die ihn allein durch diese Tat würdig
erscheinen lässt, an den großen Schweizer Schauspieler Ganz.

des Alltags und die Unabwaschbarkeit von Schuld werden in der Kurzgeschichte *Der leere Nistkasten* (aus dem Erzählungsband *The snail-watcher – Der Schneckenbeobachter*) zur Grundlage von Kälte, Schrecken und Abkapselung; Zeichen für die Unmöglichkeit von Normalität, die Unerträglichkeit des Lebens schlechthin.

Wer würde das der einladend lächelnden Dame mit dem sehr korrekten Seitenscheitel zutrauen, die mit hochgezogenen Schultern im peruanischen Wollpulli vor uns sitzt, dunkles Haar, dunkle Augen, mäßig verlebte Gesichtszüge? Ein Jugendphoto zeigt sie uns als strahlende, heitere College-Schönheit, und schon arbeitet es in diesem Kopf, wie man ein perfektes Verbrechen planen könnte: Man tut sich mit einem Zweiten zusammen, und während der den eigenen Mord begeht, den verhassten Vater tötet – und dafür ja gar kein Motiv hat und man selbst ein Alibi –, erweist man dem anderen denselben Gefallen, indem man seine scheidungsunwillige Gattin erwürgt.[153] Kompliziert wird es erst, als der andere nicht mitmachen will, und die erste Leiche liegt schon auf der Liebesinsel … So die Geschichte der *Zwei Fremden im Zug*. Erst nach Highsmith' Tod wird die Bedeutung ihres Werks ganz überschaubar durch die schöne Gesamtausgabe des Diogenes-Verlags.[154] Als man ihre Bücher noch als reine Krimis las und nicht als tiefgründige soziologische Fallstudien, wurden die Übersetzungen gekürzt und geglättet nach Belieben.

Kriminalromane kann nicht jeder, glaubt aber fast jeder zu können. Auch hier gilt, dass die Meister den Standard setzen.

---

153 »*Criss-cross*«, sagt der mörderische Bruno dazu; in »Strangers on a Train« spielt ihn Robert Walker, vielleicht der grandioseste Schurke, den die Kinoleinwand gesehen hat; es fällt ihm schwer, seine stets würgebereiten Hände stillzuhalten. Das Drehbuch schrieb übrigens kein Geringerer als Raymond Chandler.

154 Mit dieser Edition setzte Verleger Daniel Keel der langjährigen Freundschaft zur Autorin ein Denkmal. Über die meist interessanten, häufig stürmischen Beziehungen der Schriftsteller zu ihren Verlegern informieren *Verlagschroniken* besonders gut, wie es sie im deutschen Sprachraum etwa für Suhrkamp, S. Fischer und eben auch Diogenes gibt. Das Highsmith-Kapitel ist lesenswert!

494   Kapitel 7 Mit den Augen einer Frau ...

Jetzt, in der kompletten Neuedition, zeigt sich ihre Lebensleistung in überwältigender Monomanie.

Die eindrucksvollsten Bücher von Patricia Highsmith schöpfen aus einem nie versiegenden Vorrat an Hermetik und Verlorenheit: *Der süße Wahn* beschreibt das Hinübergleiten eines ganz gewöhnlichen Lebenslaufs in Selbsttäuschung und Verbrechen. Liebe ist das Motiv, aber eine kranke, besitzergreifende Liebe – der wahre Motor der Brutalität und Zwanghaftigkeit ist Kälte. *Der Stümper* ist die Geschichte eines zufrieden und zurückgezogen lebenden Gattenmörders, der durch einen tölpelhaften Nachahmer in größte Gefahr gebracht wird (von Maurice Ronet und Gert Fröbe perfekt verkörpert in dem Film »Der Mörder«).

Äthanol und Literatur, eine winzige Beschwipstheit

Können Sie mir fünf amerikanische Autoren seit Poe nennen, die nicht an der Trunksucht gestorben sind? Dieses Motto und viele Einsichten stehen in Donald Goodwins Studie *Alkohol & Autor*, die das ganze Problem erschöpfend darstellt. Der Eindruck, dass das flache Land und ein tüchtiger Schluck aus der Pulle[155] in Amerika die literarischen Talente wachsen lassen, ist dennoch verkehrt. Sowohl McCullers als auch Highsmith kommen zwar aus der hintersten Provinz, haben sich aber frühzeitig mit Literatur beschäftigt, Bildungshintergrund und in Kursen für ›kreatives Schreiben‹ ihre Imagination gestählt. Wichtiger war, dass ihr Talent früh erkannt wurde und sie Gelegenheit zu Veröffentlichungen hatten, in literarischen Zeitschriften oder »Ellery Queen's Mystery Magazine«.

---

155 Alkoholismus und Protestantismus: Nur noch eine Fußnote der Literaturgeschichte ist die Ahnherrin und erste Nobelpreisträgerin Selma Lagerlöf, geehrt für ihr Schulbuch vom Däumling *Nils Holgersson* und die berechnend naiven Geschichten rund um *Gösta Berling*, den strahlend schönen Pfarrer, der mit Billigung der ganzen Gemeinde zum Schnapsglas greift.

Eine hübsche junge Frau im Faltenrock, nett geschminkt und mit Dauerwelle: Perfekt kommt die Amerikanerin Sylvia Plath daher (sie erwähnt gelegentlich ihre österreichische Großmutter und deren Mehlspeisrezepte). Ihre kleinen Erzählungen – es sind nur eine Handvoll – leben von der Komposition aus sanfter Oberfläche und erschreckenden Abgründen, zusammengehalten von subtiler Grausamkeit. Der *Sonntag bei den Mintons* bringt einen ganz normalen Tag. Seit die Geschwister alt geworden sind, ist Elizabeth wieder zu ihrem Bruder gezogen und führt ihm den Haushalt, unverdrossen gegen Henrys ständige Nörgeleien anschweigend. Beim Abendspaziergang allerdings passiert etwas Besonderes. Sie verliert am Badesteg die Brosche, die sie von der Mutter geerbt hat. Und als ihr Bruder hinuntersteigt, um sie zwischen den Felsen des Wellenbrechers zu holen, kommt eine enorm hohe Welle ... Indes: Es war nur der flüchtige Glücksmoment eines Tagtraums.

Sylvia Plath traut sich, »ich« zu sagen, uns an ihren frisch gemachten Erfahrungen teilhaben zu lassen, uns in innere Welten zu führen. Das tut auch die Erzählerin in ihrem einzigen Roman *Die Glasglocke*. Sie erzählt, als hätte ein munteres Collegegirl zuviel Mark Twain gelesen, die lustigsten Katastrophen und alptraumhaftesten Krisen aus ihrem noch jungen Leben. Heiteren Sinns gleitet Esther Greenwood aus der Normalität. Sie gerät unter die ›Glasglocke‹, Sinnbild für ihre Isolation und Verlorenheit, und wird in eine Irrenanstalt nach der anderen eingeliefert. Nicht einmal hier verlässt sie ihr frischer Mut, den sie unter anderem auch für verschiedene Suizidversuche nutzt. Erst mit ihrer Entjungferung, dem letzten Anschlag der Welt auf ihr Leben (sie verblutet daran um ein Haar), kehrt sie in die Gesellschaft der bedauernswerten Normalen zurück. So weit, so gut. Doch Esther ist Sylvia, und mit dem Slapstick ist es vorbei, als Sylvia Plath, diese hübsche erfolgreiche Frau, die mit dem fabelhaften Lyriker Ted Hughes verheiratet ist und zwei Kinder hat, ihrem Leben mit dreißig Jahren ein Ende macht ...

Eine Einschlaf-Zigarette zuviel im Bett des Palazzo Sacchetti: Die früh verstorbene Ingeborg Bachmann aus Klagenfurt ist die brillanteste Erscheinung der deutschsprachigen Nachkriegsliteratur. Eine

Poetin. Gebildet, vielsprachig, analytisch, musisch – kaum ein Attribut, das ihr und ihrem Schreiben nicht angemessen wäre. *Todesarten* nannte Ingeborg Bachmann ein monumental angelegtes Romanwerk, das naturgemäß unvollendet blieb. Die umfangreichen Vorarbeiten in vier dicken Bänden wurden erst vor einer Weile aus dem Nachlass herausgegeben. Den Roman *Malina*, das Herzstück des Zyklus, kennt man schon länger. Die blonde Erzählerin lebt in der Ungargasse in Wien in einem Dreieck mit Ivan und Dr. Malina. Alle Personen kommen schier körperlos daher, sind schwebende Erscheinungen wie aus einem Opernlibretto, so wie das ganze Buch einen musikalisch-lyrischen Tonfall hat. Im zweiten Teil erscheint der Vater in den Träumen des Erzähler-Ichs: ein einziger Alptraum. Mal als Krokodil und mal als SS-Scherge setzt er ihr zu und – missbraucht sie. *Die Gesellschaft ist der allergrößte Mordschauplatz.* Dieser Satz beherrscht die Gespräche mit Malina in der Idylle des dritten Teils. Als Ivan wieder in den Liebesreigen eintritt, fehlt plötzlich die Erzählerin. War es Mord? Insgesamt nimmt der Roman die Form eines Musikstücks, einer Sonate, an mit den Sätzen allegro – furioso – andante amoroso. Die Kategorien verschwimmen, mal Erzählung, mal Dialogstück, mal Essay, was bleibt ist der Eindruck einer verwehenden, sehnsuchtsvollen Melodie.

Der Fall Franza hätte Malina vorausgehen sollen. Franz(isk)a flieht mit ihrem Bruder Martin vor Dr. Jordan, ihrem Ehemann, genannt ›das Fossil‹, einem üblen Zeitgenossen, nach Ägypten. Dort stirbt sie endlich, indem sie sich den Kopf an einer Pyramide in Gizeh einrennt. Das Kriegsende in der Oststeiermark, überlebende Nazis wie Jordan oder der KZ-Arzt in Kairo, der Franziska die Erlösung durch Euthanasie verweigert, bilden die fragmentarischen Schrecken dieses durch Mark und Bein gehenden Romans.

Ich sammle nur die Geschichten, die nicht bekannt werden, und nur Geschichten mit letalem Ausgang. Aus einem *Malina*-Fragment stammt diese Maxime der Ich-Erzählerin; auch *Requiem für Fanny Goldmann*, ein dritter Teil der *Todesarten*, dessen Handlung den österreichischen Kulturbetrieb aufs Korn nimmt, endet naturgemäß mit dem Ableben der Titelheldin – per Lungenentzündung. Die geniale Schwester Malinas,

Maria, Schauspielerin wie Fanny, stirbt gar durch eine Haiattacke. In den langen, sich zu Tiraden steigernden Sätzen und mancher Monomanie der Wiederholung und Insistenz zeigt Bachmann ihre Nähe zum anderen großen österreichischen Zeitgenossen, Thomas Bernhard, ohne mit dessen beklemmender Verbohrtheit in Hass und Widerwillen wettzueifern. Ihr Thema ist nicht die Einsamkeit des denkenden Menschen, sie zeigt die Katastrophe des Nationalsozialismus als Stigma der Zeitgenossen und überschweren Ballast der Nachgeborenen, unter dem sie zusammenbrechen müssen.

Die Ahnherrin: George Sand rauchte Zigarren, trug Anzüge und benahm sich auch sonst wie ein Kerl. Das wäre nicht weiter verwunderlich, wenn George nicht Aurore und eine Frau gewesen wäre. Als vielfache Freundin sowie Lebensgefährtin hat sie eine wichtige und darüber hinaus verbindende Rolle im Kulturleben der Zeit gespielt. Aus ihren zahlreichen, meist kurzen Romanen wird jedenfalls nicht deutlich, warum sie eine frühe Ikone der Frauenbewegung sein sollte. Auch in *Indiana* sind die Charaktere holzschnittartig, die Handlungsmotive grob gestrickt; feine Wendungen sucht man vergebens. Erst als der impotente Ehemann die arme, am Boden liegende Indiana auf den Kopf tritt, erhebt sie sich, um – mit dem Falschen durchzubrennen. Und der unerträglich bieder-steife englische Hausfreund ist am Ende derjenige, der nach einem missglückten Suizidversuch Indianas kleines Glück auf einer tropischen Insel ermöglicht. Denke man darüber, wie man will, weder Einfühlung noch Realistik sind Stärken dieser Autorin. Dafür hat sie einige besonders schöne Märchen geschrieben, überhaupt ist sie in dieser Tonlage am stärksten. Ihr wichtigstes Kunstwerk indes war ihre anregende Präsenz, ihre zweieinhalbtausend Seiten starke *Geschichte meines Lebens* ist dafür beredtes Zeugnis.

Mit *Orlando* ist der Engländerin Virginia Woolf ein hinreißendes kleines Buch gelungen. Mit dem Titel einer Biographie muss es sich genausowenig begnügen wie mit dem eines Schlüsselromans über

498   Kapitel 7 Mit den Augen einer Frau ...

Woolfs Liebe zu Vita Sackville-West, die für den Orlando Modell stand. Vielmehr erscheint es als leichter, luftiger Essay – ein Versuch im besten Sinne, und der Essay war die Spezialdisziplin Virginias – über die Möglichkeiten des Lebens, die Ambivalenz der Geschlechter und die Bedeutungslosigkeit von Zeit – immerhin verfolgen wir Orlandos Leben über vierhundert Jahre hinweg –, oder in den Worten der Autorin: Lady Orlando *hatte eine große Vielzahl von Ichs, die sie rufen konnte, weit mehr, als wir haben unterbringen können, da eine Biographie schon als vollständig gilt, wenn sie nur sechs oder sieben Ichs berücksichtigt, wohingegen ein Mensch gut und gerne ebenso viele Tausend haben mag.* Nebenbei wird der englische Literaturbetrieb seit Shakespeares Zeiten gelinde persifliert, nicht zuletzt in Gestalt eines Herrn Green, eines literarischen Flickschusters, der über die Jahrhunderte die poetischen Selbstquälereien des Helden begleitet. Dieser Orlando ist also zunächst ein hoffnungsvoller Jüngling aus bestem Haus zu Zeiten Königin Elisabeths der Ersten, bevor eine unglückliche Liebesgeschichte mit der russischen Prinzessin Sascha während eines unwirklich strengen englischen Winters ihn in eine seelische Starre versetzt, aus der Orlando hundert Jahre später als Frau erwacht. So wird sie noch Esq Shelmerdine heiraten und einem Knaben das Leben schenken, vor allem aber den sinnentrügerischen Verlauf von Zeit erleben und, immer noch jung, auch den elften Oktober neunzehnhundertachtundzwanzig[156], an dem Virginia Woolf das Wort *finis* unter das Manuskript setzt.

Der Mut zum ›schwierigen‹ Thema kennzeichnet Woolfs Bücher, das mit gemessenem Ernst angegangen wird. Jane Austens Lachen ist ihr wie mancher Kollegin vergangen, wenn es um die Schilderung familiärer Missstände und des Klimas eines einstweilen noch unterdrückten Aufbegehrens geht. Auch Virginia selbst beklagt die Ernsthaftigkeit vieler ihrer Werke. Orlando aber ist ein Meisterwerk, schwebend in himmlischer Heiterkeit; die Winterszene am Anfang beispielsweise ist eine Parodie auf die Wanderlügengeschichte vom stren-

156 Orlando's day?

gen Frost, der selbst das gesprochene Wort, und anderes schon gar, in der Luft erstarren lässt (im Sommer taut es dann wieder auf; erstmals seit der Antike bringt Rabelais diesen Spaß im *Pantagruel*). Orlando beobachtet auf dem Grund der Themse eine Apfelverkäuferin, die mit ihrem Kahn versunken und in der Geste des Feilbietens eingefroren ist. Solche, aber auch weniger makabere, literarischen Scherze gibt es die Menge, unterschiedlich schwer zu entziffern. Natürlich sind das beglückende Momente für Leser, wenn wir uns im innigen Einverständnis mit dem Autor wähnen. Hier bedeutet das Schlüsselwort ›Bildung‹ nichts anderes, als auf der Stufenleiter der Erkenntnis immer weiter voranzuschreiten, die minderen Druckwaren hinter sich zu lassen, aufzusteigen zum Verständnis der Großen und zuletzt zu rühren an die ewige Weisheit Goethes, Shakespeares, der Bibel. Weder steil und anstrengend noch mehr oder weniger lang ist dieser Weg; Bildung ist eine Lebensaufgabe wie Essen und Trinken, ohne das unsere Organe verkümmern. Ohne Bildung verkümmert unsere Seele.

Flush heißt eine andere Form der Parodie auf das literarische Genre der Biographie von Virginia Woolf. Das Buch steht allerdings den Tiergeschichten Jack Londons näher als den Literaturgeschichten des Viktorianismus. Immerhin ist Flush der Hund von Elizabeth Barrett-Browning, der Dichterin und Ehefrau Robert Brownings, aus deren Ehebriefen Woolf die spärlichen Fakten dieser Geschichte zusammengesammelt hat. Bewunderungswürdig die feine Einfühlung in eine Tierseele; bemerkenswert die Verbeugung vor Charles Dickens, wenn in die Handlung die Figur ›Mr‹ Taylor eingeführt wird, Chef der Hundeentführermafia von Whitechapel. Diese Bande war darauf spezialisiert, nicht angeleinte Hunde zu kidnappen und gegen ein horrendes Lösegeld den Eigentümern zurückzuerstatten, wenn man Glück hatte, in einem Stück. Wie das aus Sicht des Entführungsopfers Flush erzählt ist, macht dem großen sentimentalen Sozialankläger Dickens alle Ehre.

Die Wellen, die vom Sonnenaufgang bis zum Verlöschen des letzten Lichts an den Strand laufen, umrahmen den Zusammenklang von sechs Stimmen. Erst finden sie sich im abgehackten Stakkato, dann steigern sie ihre Intensität in einem formal perfekt ausgeführten Crescendo. Allerdings ist das auch schon der ganze Inhalt des Romans. Das trieb nicht nur die Autorin in eine Nervenkrise, es überfordert auch die Langmut des gewöhnlichen Lesers; erleichtert schlagen wir das Buch zu, oder, um im Bild zu bleiben: verlassen wir das Konzert, wenn die Stimmen mit dem Seufzer »*Oh Tod*« verklingen.

Die Beschäftigung mit der handwerklichen Seite von Literatur hat im Werk Virginia Woolfs, wie wir jetzt bemerkt haben, intensive Wirkung gemacht, nicht zuletzt in den vielen Aufsätzen über Dichtung. Mit einem Essay speziell aber hat sie ins Jahrhundert ausgestrahlt. *A Room of One's Own – Ein Zimmer für sich allein* postuliert die Forderung: Eine Frau braucht ein eigenes Zimmer und eigenes Geld, um schreiben, um künstlerisch tätig sein zu können. Da darf sich neunzig Jahre später Kritik regen. Wenn wir über literarische Produktion sprechen, sprechen wir von Qualität, nicht von Geschlecht. Und für die Qualität eines Buches gibt es keine fördernden oder hemmenden Bedingungen; die Qualität, wie sie auf uns wirkt, das ist nur die Kunst seines Schöpfers. Alle Bedingtheiten der Zeit, der Herkunft, der Sprache haben wir gelernt in unser Lektüreerlebnis miteinzubeziehen. It matters not. Der Urheber eines Werks stellt sich vor uns zur Schau, sobald wir sein Buch in die Hand nehmen, sichtbar bis in die Druckerschwärze hinein, und liefert sich unserer Durchdringungsfähigkeit, unserem Urteilsvermögen aus. Nichts kann er mehr hinzufügen, nichts weglassen, wenn das Buch einmal in Umlauf gebracht ist. Wir haben bereits jetzt Schriftsteller aus allen sozialen Klassen, ausgestattet mit den unterschiedlichsten Gaben des Glücks, in den verschiedensten Lebenssituationen kennengelernt; sogar Poeten, die selbst weder lesen noch schreiben konnten, hat es gegeben, oder denen man das Papier weggenommen hat, auf dem sie gerade den auf der Zunge liegenden Einfall notieren wollten. Geld und ein Zimmer? Schön, warum nicht. Den Gang der Entwicklung von Literatur und unseren Geschmack daran hätte beides nicht ändern können.

Wäre eine Axt greifbar gewesen, ein Schürhaken oder sonst irgendeine Waffe, die ein Loch in die Brust seines Vaters gerissen und ihn auf der Stelle getötet hätte,

James hätte sie ergriffen. Derart extrem waren die Empfindungen, die Mr Ramsay durch seine bloße Gegenwart in der Brust seiner Kinder auslöste ... Kein Zweifel, h i e r haben wir es mit einem Schlüsselroman zu tun. *Zum Leuchtturm* will die Familie Ramsay fahren, doch der tyrannische Vater versteht es zunächst, den Ausflug mit allerlei Ausflüchten zu hintertreiben. Kein Wunder, dass sich da bei den acht Kindern Widerstand regt. Herr Ramsay soll übrigens große Ähnlichkeit mit Virginias Vater haben.

Die misshandelten Kinder

Das Zwanzigste Jahrhundert wurde von der schwedischen Pädagogin Ellen Key zum Jahrhundert des Kindes ausgerufen. Das kam für viele zu spät und wurde von wenigen beachtet. Adeline Virginia Stephen war sechs Jahre alt, als sie das erste Mal von einem ihrer Halbbrüder sexuell missbraucht wurde. Später, als berühmte Schriftstellerin, schuf sie viele Kinderfiguren in ihren Romanen, die auf ihr eigenes Schicksal zurückverweisen. Das ist Gegenstand der Forschung, und ähnliche Beobachtungen wie bei Virginia Woolf gibt es auch im Werk der Djuna Barnes, die ihre Erfahrungen mit ›Familie‹ in dem vor allem sprachlich ungewöhnlichen Roman *Ryder* verarbeitet hat. Eine Vielzahl von misshandelten Kindern irrt durch die englischsprachige Literatur des Neunzehnten und beginnenden Zwanzigsten Jahrhunderts. Die angelsächsischen Erzähler trauten sich an dieses Thema heran und schufen damit eine Art ›viktorianisches Phänomen‹: Das Waisenkind *Oliver Twist*, dessen charmante Zutraulichkeit immer aufs Neue ausgenutzt wird, führt diese Gruppe bedauernswerter Geschöpfe an; *David Copperfield* ist der nächste, dessen Schicksal – er wächst vaterlos auf – auch nicht viel besser ist. Er gerät in die pädagogische Mühle des bigotten Stief-

Das seelische Erleben von Kindern darzustellen ist eine neue Qualität. Wir waren alle mal klein, aber viele haben das später komplett vergessen.

502   Kapitel 7 Mit den Augen einer Frau ...

vaters. Allerdings wird es auch nicht besser, als er in ein Internat kommt, und damit erreichen wir – es tut mir leid, allen Harry-Potter-Fans das antun zu müssen – eine unerschöpfliche Quelle viktorianischen Leidens: die Schule. Auf den ersten Blick eine Humoreske, auf den zweiten ein Horror ist *Stalky & Co.* (früherer Titel: *Staaks und Genossen*) von Rudyard Kipling. Dieser durch seine beiden *Dschungelbücher* in alle Kinderherzen eingedrungene Autor war als geistige Stütze des British Empire ebenso geachtet wie verrufen. Rassismus und Klassendünkel lauteten die Vorwürfe. Im Buch vom smarten Stalky und seiner Gang erzählt Kipling nur geringfügig verschleiert seine eigenen Jugenderlebnisse auf einem englischen Provinzinternat. Tägliche Übung: Quälen der Mitschüler, Folter und Sadismus in allen Schattierungen, vom Autor ungefiltert an den Leser weitergegeben. Sich selbst stellt er als schwächlichen, kurzsichtigen Mitläufer dar, während Stalky und Turkle die treibenden Kräfte der Abscheulichkeiten gewesen sein sollen. Zwischendurch gibt es einige hübsche Episoden, manche langweilige Pennälerstreiche, aber vor allem pure Gewalt, augenscheinlich ganz ohne Reue. Dieses Stalky-Buch also war Joanne K. Rowlings Inspiration für *Harry Potter*: Da kann etwas nicht stimmen.

> Guter Grusel erfordert beim Autor eine sadistische Ader. Man muss wissen, wie man seinen Leser am erlesensten quälen kann und dabei unterhält.

Vielleicht ist es d a s, was nicht stimmt auf Gut Bly: Zwei kleine Kinder, Flora und Miles, der gerade wegen Bösartigkeit vom Internat geflogen ist, verweigern sich in mysteriöser Weise den Bemühungen der neuen Erzieherin. Sie stehen unter dem Einfluss von Toten, der ›verworfenen‹ Miss Jessel und dem ›Windhund‹ Quint, und pädophile Hintergründe sind nur allzu wahrscheinlich. Das ist die Situation der *Daumenschraube*, einer wirklich sehr erschreckenden Geschichte von Henry James. Bezeichnenderweise hat Benjamin Britten (mit seinem Lebensgefährten, dem berühmten Tenor Peter Pears, hatte er in England die homosexuelle Partnerschaft hoffähig gemacht) daraus eine subtil wirkungsvolle Kammeroper mit dem (Original-)Titel »The Turn of the Screw« gemacht. Der sorgfältig verschleierte sexuelle Hintergrund steht für all das Unausgelebte im Viktorianismus, kombiniert mit der Ungeheuerlichkeit des Erahnbaren im Umgang zwischen Kindern und ihren Vertrauenspersonen – die für gewöhnlich nicht ihre Eltern waren. Eine teuflische Konstellation. Ebenso bezeichnend ist die Konstruktion der Geschichte mit einer lahmen Rahmenhandlung: Der Erlebnisbericht der namenlosen Erzieherin wird in einer geselligen Runde vorgelesen, nachdem den Herrschaften andere Gruselgeschichten zu lasch gewesen waren. Die eigentlich kritische Schärfe der Fabel stumpft Autor James zu einem Amüsement für gelangweilte Sommerfrischler ab; ein nervender Kunstgriff, wie ihn ähnlich Joseph Conrad gern benutzte. Dann würde ich mir wenigstens noch ein Echo auf das tragische Ende wünschen, wenn Quint so sehr Besitz vom kleinen Miles ergreift, dass der in den Armen der Erzieherin stirbt (und diese kurz nach Abfassung ihrer Niederschrift) – aber gerade hier lässt mich der Autor ganz allein. Er aalt sich in der Sonne seines altmeisterlichen Könnens. Es wird kalt um mich herum.

In seinem einzigen Roman *Mine-Haha oder Über die körperliche Erziehung der jungen Mädchen* gibt Frank Wedekind, auch sonst, vor allem durch seine Schülertragödie *Frühlingserwachen*, als einfühlsamer Gestalter von Kinderseelendramen ausgewiesen, eine Anweisung zur Förderung jugendlichen Talents in der Abgeschlossenheit einer Art Klosterschule. Die in programmatischer Weise theoretisierenden Ausführungen dieses kleinen Werks brechen leider am kritischen Punkt ab, als die moralische Erziehung der jungen Mädchen sich am Leben beweisen soll. Mit diesem Werk löst Wedekind, ganz zwanglos, das pädagogische Vorbild eines Pestalozzi aus dem Rahmen, um sein eigenes Konterfei mit dem Machtmenschenkind, dem Quadratschädel und der skeptisch gelupften Braue hineinzuklemmen. Aber leider, keiner hat's gemerkt.

Zwei Nationalkulturen, die Kinder besonders wertschätzen und in den Mittelpunkt des geselligen Lebens stellen, haben deswegen auch keine unglücklichen Kinderfiguren im Schatz ihrer jeweiligen Literatur. Sicher waren russische und italienische Kinder nicht weniger schwierig, vielleicht ging der Blick der Autoren in jenen Jahren schriftstellerischer Blüte einfach über ihre Köpfe hinweg. Vielleicht erschien es gerade in diesen Ländern besonders heikel, das Motiv des unglücklichen Kindes gültig zu gestalten – und vielleicht liegt es genau daran, dass Fjodor Michailowitsch Dostojewskij *Njetotschka Neswanowa* unvollendet ließ; der Roman über ein Kinderschicksal, den er in bereits weit fortgeschrittenem Zustand und bei riesigem Umfang liegengelassen hat, stellt uns eine der größten Herausforderungen an das Genie dieses Autors vor, der ansonsten nicht besonders als Spezialist für die Schilderung von Kinderseelen in Erscheinung getreten ist. Ja dies ist geradezu eine Einmaligkeit in seinem Œuvre: die Geschichte des kleinen Mädchens Njetotschka aus einfachsten Verhältnissen, Stieftochter eines wahnsinnig gewordenen Teufelsgeigers.[157] Nach dem Tod des Vaters wird Njetotschka von vornehmen Leuten aufgenommen und – verliebt sich prompt in die gleichaltrige Tochter des Hauses. Diese Liebesgeschichte unter Zwölfjährigen wird mit äußerster Einfühlung und Delikatesse erzählt, sie ist sicher ein Höhepunkt von Dostojewskijs Kunst, auch in der Art, wie er hier an die Grenze des Sagbaren geht, auf dem schmalen Grat zwischen pubertärer Schwärmerei und sinnlichem Ausnahmezustand. Der Vater beendet die Affäre durch Trennung der beiden Mädchen. Njetotschka beginnt noch ihr weiteres Lebensschicksal zu erzählen; sie schlittert in eine banale Dreiecksgeschichte hinein, da aber verliert auch der Autor das Interesse an ihrer Geschichte ...

Iwan Turgenjew, Fachmann für entsagungsvolle Beziehungen, hat sein Lieblingsthema mit einer überraschenden Volte versehen in der Novelle *Erste Liebe*. Hier ist der Ich-Erzähler ein pubertärer Knabe, der sich heillos in das so viel reifere, wenn auch nicht viel ältere Nachbars-

---

157 So ein wahnsinniger Teufelsgeiger trillert durch viele Geschichten, etwa auch Jules Vernes *Gestrandete*, stets besoffen, gern aus deutschen Landen ... Wäre schon interessant zu erfahren, wo die Wanderanekdote vom daueralkoholisierten und erst dadurch genialen germanischen Spielmann herkommt: vielleicht zu viel E.T.A.-Hoffmann-Lektüre?

mädchen verliebt. Sie tändelt herum, verhält sich kokett. Aber in der Nacht beobachtet der Knabe seinen eigenen Vater – er ist ein eleganter Lebemann –, der zur kleinen Nachbarin schleicht. Und Vorsicht! Er hat eine Peitsche dabei ... So erzwingt der Alte die demütige Hingabe der Vielumworbenen. Erschreckt und verstört wie den Jungen lässt Turgenjew, der elegante Meistererzähler, auch uns Leser zurück.

Wenn uns das Kind in der deutschen Literatur fest verwurzelt erscheint, so gewiss zuerst deswegen, weil Kinder in unseren Märchen eine wichtige Rolle spielen, mehr als in anderen Kulturen. Besonders die grimmschen Märchen sind prallvoll von Kindern in ›Schlüssel‹-Rollen. Seitdem der tiefenpsychologische Kern von *Hänsel und Gretel* freigelegt ist, tun wir uns leicht, Ursituationen der Eltern-Kind-Beziehung oder der sexuellen Entwicklung junger Leute im literarischen Gewand wiederzufinden. Die Romantiker haben da Bedeutendes geleistet, indem sie ihrer Phantasie den Lauf ließen; in der Zuspitzung wird plötzlich der Blick frei auf Szenarien des Unbewussten, deren Beschreibung vorher nicht denkbar gewesen wäre.

An zwei Kinder im bürgerlichen Roman möchte ich besonders erinnern. Den Schritt vom Wege tut auch Fontanes *Effi Briest;* durch die Worte »*Oh gewiß, wenn ich darf*« aus dem Mund ihrer Tochter Annie erfährt sie, dass das gemeinsame Kind zur Geisel im erbitterten Kampf von Innstettens gegen die untreue Gattin geworden ist. Resigniert nimmt Effi dieses Symbol ihrer Ohnmacht und preußischer Kinderdressur zur Kenntnis. Wenig später liegt sie unter der weißen Marmorplatte, sanfte und ruhige Verliererin des ungleichen Kräftemessens. Kinder stellen in Fontanes Vorstellung höchstens Störfaktoren des Handlungsablaufs dar; seltsam, wo er doch selbst mit seiner Tochter Mete und dem Sohn Theo ein inniges Verhältnis über ein ganzes Leben hinweg gehabt hat ...

Erst im Werk Thomas Manns sehen wir wieder, wie dem kindlichen Charakter Gerechtigkeit zuteilwird. Der kleine Hanno, letzter Spross der Kaufmannsdynastie der *Buddenbrooks,* hat eigenhändig den Schlussstrich unter die Familienchronik gezogen. Zart und ohne Arg ist er, der exotischen Mutter nachgekommen, und ohne Tüchtigkeit zum Leben in dieser veränderten Welt, die auf Tradition so gut verzichten kann wie auf die weiche Verträumtheit dieses sonderbaren Knaben. Eine ganze Galerie von Kinderfiguren bis hin zum Jungen Tadzio im *Tod in Venedig* wird Thomas Mann, selbst Patriarch einer Großfamilie, noch schaffen. Das Kind ist für ihn Symbol der Ambivalenz, der Möglichkeiten, die im Leben stecken und sich vielleicht erfüllen werden.

Meine liebsten Kinder? Holden Caulfield, der *Fänger im Roggen*, und seine kleine Schwester Phoebe. Es verwundert nicht weiter, dass J.D. Salinger literarisch verstummte, kurz nachdem er als junger Autor dieses Meisterwerk vorgelegt hat. Obwohl die geschilderte Welt uns befremdet – der frühreife und etwas tumbe Holden büxt aus dem Internat aus, um mit Phoebe die Mumien im Museum zu begucken, landet zwischendurch in Puff und Flüsterkneipe und erlebt allerlei Erniedrigendes, ohne Schaden an seiner Seele zu nehmen –, sitzt hier jede Phrase, jeder Kniff. Nie war Erwachen einer Persönlichkeit aus Kinderträumen schöner als in diesem traumhaft stimmigen kleinen Buch.

Der Gesellschaftsroman angelsächsischer Prägung und sein Untergang

In dem Roman *Die Brücke von San Luis Rey* lässt Thornton Wilder den Klosterbruder Juniper einen Unfall im Dschungel von Peru erforschen, an dem er das Walten der göttlichen Vorsehung ablesen will: Fünf Personen sind beim Reißen der berühmten Inka-Hängebrücke in den Abgrund geschleudert worden. Eine von ihnen war Doña Maria, die Marquesa de Montemayor, deren Porträt Wilder kunstvoll mit dem der berühmtesten aller Briefeschreiberinnen, der Madame de Sévigné, verschmelzen lässt. Diese hatte zum Ergötzen und zur Belehrung ihrer Tochter *Briefe* aus Paris in die Provence und später auch anderswohin geschickt, so wie es die Marquesa von Lima aus auch tut. Darin beschrieb sie in aller Ausführlichkeit und Lebhaftigkeit das Treiben bei Hofe und in der Residenzstadt, durchsetzt mit Sentenzen und Reflexionen sowie gegebenenfalls auch etwas Erbaulichem. Madame zeigt dabei nicht nur einen scharfen Blick, sondern versteht es durch ihren perfekten Stil, die Briefempfängerin aufs Beste zu unterhalten. Gemeinsam mit einer anderen klugen Frau, der Meisterin des Salontratsches Ninon de Lenclos, schafft Madame de Sévigné durch ihre kühle und klare Beobachtung die Grundlagen für das, was dann als Gesellschaftsroman die Welt erobern soll. So fing es an.

Zurück zu Virginia Woolf. An der Gelatinenase von Nicole Kidman im Film »The Hours« kann man sie leicht erkennen. In Spiel und Maske wunderbar einfühlsam verkörpert die große Schauspielerin die große Autorin. Nur war in Wirklichkeit die Nase noch länger. *The Hours* – das Läuten von Big Ben –, das ist der Arbeitstitel des bedeutendsten Romans der Woolf mit dem unsterblichen Anfang *Mrs Dalloway sagte, sie wolle die Blumen selber kaufen*. Es geht um einen Tag in ihrem Leben, an dessen Ende die Abendgesellschaft steht, die sie aus Gründen gibt, die sie selbst nicht genau kennt und an der teilzunehmen sie alle Freunde und Bekannte verdonnert. Davon begegnen ihr einige an diesem Tag, dessen Ablauf von Big Ben mit metronomischer Präzision bestimmt wird. Dessen Läuten begleitet auch die letzten Stunden von Septimus Warren Smith, einem kleinen Angestellten, und den Ausbruch seines Wahnsinns. Er macht seinem Leben durch den Sprung aus dem Hoffenster seines Hauses in Bloomsbury (eine makabre Referenz der Autorin an ihren eigenen Zirkel, den Bloomsbury-Kreis) ein Ende. Sein dramatisches Schicksal wird verschränkt mit der bizarren Ereignislosigkeit von Mrs Dalloways Leben, dessen Höhepunkt hätte sein können, statt Mr Dalloway den reizenden Taugenichts Peter Walsh zu ergattern, der nun stattdessen in Indien für Unruhe in Beamtenehen sorgt. Durch eine ungeschickte Namensverwechslung kriegte sie den einen für den anderen.[158]

---

[158] Ein ähnliches Schicksal also, wie es auch schon den bedauernswerten *Zeno Cosini* in Italo Svevos Roman getroffen hatte. Also Leute, konzentriert euch bei der Partnerwahl, nennt den richtigen Namen! Wieder einmal ein wichtiger Appell der Literatur an das wirkliche Leben.

Virginia Woolfs Erzählung liegt vor uns wie ein glattes Gewässer, und daraus tauchen die Romangestalten abwechselnd auf und verschwinden, ohne etwas zu hinterlassen als ein paar Ringe auf der sich kräuselnden Oberfläche. Der eine Tag der Handlung: erinnert an Joyces *Ulysses;* die Galerie der Bekannten: erinnert an Prousts *Recherche.* Die Montagetechnik: erinnert wieder an Joyce, und die wässrige Klarheit der Erzähloberfläche erneut an Proust. Das ist das Dilemma des so modern daherkommenden Romans *Mrs Dalloway,* dass er uns altmodisch, wie aus zweiter Hand erscheint. Die Gesellschafts- und soziale sowie politische Kritik ist nicht mehr als ein Abgesang auf ein bereits untergegangenes System; sie berührt nicht. Übrig bleibt die grandiose Figur der ratlosen Mrs Dalloway, die auf ihre Abendgesellschaft zurauscht wie ein steuerloses Dampfschiff auf die Niagara-Fälle.

Auf diese Art und Weise zieht Virginia Woolf nun ihren Schlussstrich unter das Kapitel »Gesellschaftsroman« – eine anglo-amerikanische und eine weibliche Spezialität. Ihr Bildnis befindet sich am Ende einer glanzvollen Ahnengalerie von Autorinnen, die einen ganz bestimmten Stil entwickelten und ausprägten. Die Ereignisse sind mehr oder minder belanglos, in der Regel geht es um Eheschließungen mit all ihren Mühen und Verwicklungen, später kamen auch heiklere Themen wie moralische, politische und wirtschaftliche Korruption hinzu, die aber nur eine Abwandlung des Grundschemas bedeuten. Wichtig ist die kunstvolle Einfädelung einer Intrige; sie wird vor unseren ungläubig aufgerissenen Augen entwickelt in langen Gesprächen der miteinander plaudernden Personen, gewürzt mit einer Menge Bosheiten und, wenn der Leser Glück hat, einer Prise Humor; im Zentrum der Handlung stehen die verzwickten Fragen rund ums Heiraten, natürlich zuvorderst: wen? Aber auch: warum? und stets drängend: zu welchem Preis? Die Bosheiten werden in der Ausbildung und Verfeinerung des Genres immer raffinierter und die Intrigen spinnwebdünn, sodass man höllisch aufpassen muss, ihre Fäden zu fassen zu kriegen. Jede Geste kann von entscheidender Bedeutung sein, jedes Wort ein Meuchelmord. So wird der Leser über fünfhundert bis tausend Seiten bei Laune gehalten.

Nehmen wir ein Beispiel, um das Schema mit Leben zu erfüllen. Die Amerikanerin Edith Wharton ist nur wenig älter als Virginia Woolf und verbrachte ein Schriftstellerleben mit der Darstellung immer neuer Abwandlungen des einen Themas. Auch Lily Bart sollte dringend unter die Haube kommen, geht sie doch auf die Dreißig. Aber sie lebt im *Haus der Freude* und hat es nicht wirklich eilig. Wen sie nicht will, weiß sie schon. Lawrence Selden ist anziehend, aber arm – nach den Begriffen der Gesellschaftsschicht, bei der wir hier zu Gast sind: der oberen, der des New Yorker Geldadels –, Percy Gryce ist reich und doof, und Simon Rosedale ist reich und gefährlich, weil Jude und damit Außenseiter, der da hin will, wo die anderen schon sind, nämlich in die ›Gesellschaft‹, und vor so unedlen Hilfsmitteln wie Erpressung nicht zurückschreckt. Ist da ein Hauch Antisemitismus zu spüren? Könnte schon sein, aber dann merkt man: So unedle Anwandlungen hat diese große Autorin nicht nötig. Sie braucht diese Kontraste lediglich, um die Grundaufstellung einer Schachpartie zu skizzieren, die mit dem wenig originellen Zug (aber so ist der Anfang jedes Schachspiels) eröffnet wird, dass Lily diese drei Männer nacheinander zufällig über den Weg laufen. Und mit der Erkenntnis, dass die schöne Lily ein Biest ist. Sie spielt um Geld, kauft sich verschwenderisch teure Klamotten. Zu unserer Überraschung hören wir, dass sie sich das alles nicht leisten kann, Miss Bart nichts besitzt außer ihrer Schönheit, dem sichersten Stammkapital im Poker um die Gunst blasierter, übersatter Salonlöwen. Von denen allerdings will sie auch nichts wissen und stürzt so überraschend ins Unglück, als sie sich Geld von einem ihrer reichen Freunde besorgt und dafür nicht ›zahlen‹ will. Die Sprache Edith Whartons ist noch nicht die direkte, die wir heute gewohnt sind und in der uns unmissverständlich mitgeteilt wird, welchen Preis eine junge Frau von dreißig für neuntausend ›aus Freundschaft‹ geborgte Dollar zahlen muss. Jedenfalls wird Lily zum Mittelpunkt des Gesellschaftstratsches und damit zum Opfer übler Nachrede, der süßen Rache all der Hässlichen und Impotenten, die auf ihre Stunde gewartet haben. Sie, die Schönheit der Saison, eben noch in Monte Carlo unterwegs, stürzt ab. Von Stufe zu Stufe geht es hinab für sie, die erhoffte Erbschaft geht flöten, Gelderwerb hat sie nie gelernt. Ihrem unabhängigen Charakter indes bleibt sie treu, indem sie in der Not weder die Hand von Selden noch von Rosedale ergreift, die leicht helfen könnten. Der Leser reibt sich die Augen und hält es bis zuletzt nicht für möglich, aber die schöne Lily Bart wacht eines Morgens von einer gut gewählten Dosis Chloral nicht mehr auf.

Im Zentrum der Geschichte, im Zentrum der beschriebenen Gesellschaftsschicht steht die Verehrung des Geldes; wieviel ist eine junge Frau wert, für wieviel gibt man sie weg und sie sich hin? So absurd uns das heute erscheint, hundert Jahre lang waren diese Fragen ausreichend, um eine Romanhandlung in Gang zu setzen.

Anne Elliot ist eine frühe Schwester im Geiste von Lily Bart. Ihr wird der Geliebte von den fürsorglichen Verwandten ausgeredet, die ihr eine bessere Partie zuschanzen wollen. Über diesem Vorhaben ist auch Anne fast dreißig geworden – nach damaligem Begriff eine alte Jungfer. Denn im letzten Roman von Jane Austen geht es einmal anders herum. Nicht wie in *Stolz und Vorurteil* oder *Verstand und Gefühl*, wo die Paare für einander gemacht sind und der Reiz in den Stufen der Verzögerung oder vorübergehenden Unmöglichmachung der Vereinigung der Liebenden liegt. Oder dass die naseweise *Emma* nicht wahrhaben will, dass ihre kupplerischen Talente endlich doch auf sie selbst zurückschlagen müssen. In *Überredung* geht es um eine schon gescheiterte Liebe, die nach einigem Tanzen auf den Wellen von Glück und Zufall doch noch in den Hafen findet – nicht umsonst ist die ganze Handlung im nautischen Milieu festgemacht. Das Zusammenführen der Paare bildet nur oberflächlich den Reiz des Halbdutzends Romane, die sie schrieb. Jane Austen ist vor allem eine Meisterin des schrägen Tones. Das soll hier den virtuosen Umgang mit Stilen bezeichnen, die gelegentlich, und dann wird es sehr komisch, in eine falsche Umgebung, in schlechte Gesellschaft geraten. Vielleicht ein Beispiel. Annes erstes Wiedersehen mit ihrer Jugendliebe findet auf einem Sofa statt und wird dadurch beeinträchtigt, dass zu ihrem Verdruss zwischen den künftig Wiedervereinten die korpulente und gutgelaunte Gastgeberin Platz genommen hat. Das regt die Autorin zu folgender Überlegung an: *Körperlicher Umfang und seelischer Schmerz stehen natürlich nicht unbedingt in einem bestimmten Verhältnis zueinander. Eine umfangreiche, üppige Figur hat das gleiche Recht auf tiefen Seelenschmerz wie das graziöseste Ensemble von Gliedern. Aber, ob recht und billig oder nicht, es gibt unvorteilhaftere Kombinationen, für die sich der Verstand vergeblich einsetzt – die der Geschmack nicht dulden kann …* Das ist nun wirklich komisch, nicht nur wegen des ›Ensembles‹, als würde gerade ein Ballett empfindsamer Körperteile aufgeführt, sondern wegen des hohen Tons, der in so krassem Missverhältnis zu der simplen Tatsache steht, dass die dicke Frau Musgrove Anne Elliot gerade das Wiedersehen mit Kapitän Wentworth verdirbt.

Ironie ist die angemessene Reaktion der Autorin auf die Unvollkommenheit der von ihr erfundenen Charaktere.

Die Stärke dieser hübschen Romane liegt also sicherlich nicht im Gerüst der Handlung. Die ist eher ein notwendiges Übel – auch das eine maßgebliche Neuerung und zugleich Grundlage dieser Form von Literatur. Schön ist der warme Grundton, entzückend der entwaffnende Humor, großartig die Schilderung wankelmütiger, ihrer selbst nicht sicherer Charaktere, die aber aufgrund der ihr innewohnenden Würde nicht verfehlen, von der Autorin am Ende zu passenden Paaren getrieben zu werden. Diese Meisterin der Psychologie bleibt selbst schemenhaft; nur ein einziges Porträt, eine Zeichnung von der Hand der Schwester, ist überliefert. Da schaut sie ein wenig angespannt drein. Vermutlich hat sie gerade wieder einen famosen Einfall.

Für circa zwei Dutzend Heiratsanträge, zusammengedrängt in einer Handvoll wohlproportionierter Romane, muss man Jane Austen verantwortlich machen. Aber harmlos kann man diese Kunst nicht nennen. In *Mansfield Park* wird am schroffsten dargestellt, dass eine Herkunft aus wenig begütertem Hause an einer jungen Frau des Austen-Zeitalters als Makel, wie eine körperliche Behinderung, angesehen wurde und sie der Chancen auf eine Liebesheirat beraubte. Fanny Price hat immerhin das Glück, im Haushalt ihres reichen Onkels aufgenommen und geduldet zu werden. Als sie jedoch das Herz von Henry Crawford erobert, wird sie zur gefährlichen Rivalin von jungen Damen, für die Henry die große Chance darstellt, gesellschaftlich aufzusteigen. Fanny verzichtet und entlarvt dabei zugleich seinen höchst mittelmäßigen Charakter; sie zieht den biederen, aber aufrechten Edmund vor und fällt damit gleichzeitig ein Urteil über die blasierten, gelangweilten, faulen und nutzlosen Mitglieder der Oberschicht, denen sie den Rücken zuwendet.

Immer wieder wirkt auch die ökonomische Ungerechtigkeit zwischen den Geschlechtern als Motor der Verwicklungen. Frauen steht kein Erbteil zu, sodass beim Ableben des Vaters plötzlich entfernte männliche Verwandte in den Besitz dessen kommen, was die kleine Existenz glücklicher Familien ausmachte, die ausschließlich aus Frauen bestehen: So geht es den Damen Dashwood; oder wo nur noch der alte Vater Bennet zwischen einstiger Wohlhabenheit und zukünftiger Dürftigkeit steht.

Jane Austen hat zwei Grundtypen der weiblichen Heldin in ihr Schema des Gesellschaftsromans eingepasst. Zum einen gibt es da die starken Charaktere, wie etwa Fanny Price oder Elinor Dashwood in *Verstand und Gefühl*, die den vermeintlichen Verlust von Ferars' Zuneigung und die schwindende Aussicht auf eine Liebesheirat verkraftet und in der Sorge für ihre Schwestern aufgeht. Sie hat die Kraft, es mit den Widrigkeiten des Lebens aufzunehmen, an der es später Lily Bart mangeln wird, und bewährt sich durch ihre Gradlinigkeit und Aufrichtigkeit. Und andererseits gibt es da wankelmütige und beeinflussbare junge Frauen wie Lizzy Bennet in *Stolz und Vorurteil* oder Anne Elliot, die an der Störung und Verzögerung des klar vorhersehbaren Handlungsablaufs durch ihr störrisches Wesen und ihr mangelndes Vertrauen in die Aufrichtigkeit der eigenen Gefühle selbst schuld sind. Allen jungen Ladies in Austens Romanen gemeinsam ist aber die Stärke und Bereitschaft, für ihr Denken und ihre Handlungen einzustehen, sie verkörpern das neue, erwachende Selbstbewusstsein der Frau, dem im Falle von Miss Bennet etwa Mr Darcy mit vorsichtiger Scheu, die zunächst als Dünkel missverstanden wird, begegnet.

Die *Clarissa* von Samuel Richardson galt bis dahin als Maßstab für die sentimentale Darstellung einer dramatisch sich entwickelnden Liebesgeschichte. Ein Briefroman, in dem also die eigentliche Handlung kunstvoll getarnt in der Korrespondenz der Figuren versteckt ist, von zwei- bis dreitausend (!) Seiten, in dessen Verlauf der ebenso empfindsame wie skrupellose Lovelace die naive Clarissa Harlowe verführt und entehrt und am Ende dafür zur Rechenschaft gezogen wird. Bis in die (wesentlich unterhaltsameren) *Memoiren zweier Jungvermählter* von Balzac hat dieses Schema hineingewirkt; es ist Jane Austens größte schöpferische Leistung, mit Richardsons Vorbild und Weltsicht aufgeräumt und ihren eigenen unverwechselbaren Stil an deren Stelle gesetzt zu haben; aus der Bedrängung durch die Konventionen und Verhältnisse lösen sich die Figuren zur Entwicklung individueller charakterlicher Kraft. Das machte ein glückliches Jahrhundert des Gesellschaftsromans möglich. Besonders in England war man dafür empfänglich und dankbar. Noch der Krimiautor Edmund Crispin setzt Jane Austen in seinem kleinen, munteren Roman *Der wandernde Spielzeugladen* ein literarisches Denkmal, indem er in einer Kneipe in Oxford einen Janeïsten, also einen wissenschaftlich fundierten Verehrer der Austen, auftreten lässt, der im milden Ale-Rausch dem Detektiv Gervase Fen in die Parade fährt: *»Sir, sicher habe ich Sie da nicht eben despektierlich von der unsterblichen Jane sprechen hören? Ich möchte Sie eindringlich ersuchen, von allen despektierlichen Äußerungen über Miss Austen Abstand zu nehmen. Ich habe ihre sämtlichen Romane viele, viele Male gelesen. Ihre Vornehmheit, ihr Fluidum einer höherstehenden und bewunderungswürdigen Geistesbildung, ihr immenser psychologischer Scharfblick –«;* während der Wissenschaftler noch einen Schluck nimmt, um seine Rede zu befeuchten, verabschieden wir uns von unserer Autorin und diesem skurrilen Zeichen der Verehrung in der englischsten aller Literaturformen, einem Kriminalroman.

Genau wie anfangs Jane Austen konnten auch die Schwestern Brontë zu Beginn des Neunzehnten Jahrhunderts ihre Romane nicht unter ihrem eigenen Namen veröffentlichen. Sie benutzten männliche Pseudonyme. Etwas anderes wäre für junge Damen aus gutem Haus nicht möglich gewesen. Damals war es gängige Praxis, den wahren

Namen des Verfassers, unter Umständen auch des Verlegers sowie des Druckorts, oder die korrekte Jahreszahl der Drucklegung nicht preiszugeben. Das konnte, wie hier, gesellschaftliche Gründe haben. Oder politische, die meist auf der Hand lagen: Jeder Staat Europas verfügte seinerzeit über mehr oder weniger agile Zensurbehörden, und es erforderte Anpassung oder Verschleierung, in jedem Fall Taktik, um schlauer als der Zensor zu sein und kritische Inhalte an den Leser zu bringen. Am häufigsten führten rechtliche Probleme zur Fälschung des Impressums. Die Rechte des Autors waren zu Beginn des Neunzehnten Jahrhunderts noch ungeschützt; Raubdrucke von Erfolgsbüchern die Regel, und allerorten wurden Fortsetzungen zu beliebten Werken auf den Markt geworfen, die sich ungeniert des Verfassernamens bedienten. Darunter hatte schon Cervantes zu leiden gehabt. Während der Autor noch über dem zweiten Teil des *Don Quixote* grübelte, wurden in den Gassen bereits dutzendweise billige Sequels feilgeboten. Große Verdienste darum, dem Autor die heute üblichen Rechte verschafft zu haben, erwarb sich kein geringerer als der Geheime Rat Goethe; als studierter Jurist kannte er sich mit der Materie aus. Nicht immer zahlte der Verleger ein Autorenhonorar, ließ auf eigene Kosten drucken und übernahm auch den Verkauf des Buches als »Verlagsbuchhandlung«. Viele Schriftsteller mussten Geld mitbringen, um ihre Werke publik machen zu können. Wurden sie ein Erfolg, fanden sich schnell Nachdrucker, die den Markt mit billigen Kopien überschwemmten; der Autor ging dabei leer aus, aber auch der rechtmäßige Verleger wurde geprellt. Das hatte Goethe als junger Mann bei Veröffentlichung des *Werther,* der auch als Raubdruck ein Riesenerfolg war, schmerzlich erfahren müssen. Immerhin war kein anderer Dichter seiner Zeit so kommerzorientiert und wurde durch sein Talent so wohlhabend wie er. Aus diesen Erfahrungen klug geworden, setzte er ein kaiserlich österreichisches sowie ein bundesweites Privileg durch, das seine späteren Werke landauf, landab schützte. Dieses erste Copyright machte nicht nur Raubdrucker arbeitslos – ihre Hochburg war damals Wien –, es stand auch Pate für den heutigen Schutz des geschriebenen Wortes. In *Goethe und seine Verleger* hat Siegfried Unseld, selbst fünfzig Jahre lang

Herr des Suhrkamp-Verlages, dieses spannende Kapitel Buchgeschichte erzählt.

Den Schwestern Brontë, um aufs Thema zurückzukommen, lag die Fabulierlust im Blut. Emily brillierte mit dem dramatischen Roman *Sturmhöhe* um Liebesverrat und Naturdämonie – das unglückliche Paar Heathcliff und Cathy kennen auch die mit Namen, die sonst von diesem seltsam vierschrötigen, mehr parodierten als gelesenen Werk nichts wissen; Charlotte hatte mit ihrem als Autobiographie getarnten Erstling *Jane Eyre*, dem Entwicklungsroman einer jungen Frau, die ihre einfachen Lebensverhältnisse überwindet, einen Sensationserfolg. Wie bei Jane Austen sind die Schauplätze im ländlichen England und im gesellschaftlichen Umfeld von Bürgertum und Landadel angesiedelt. Elisabeth Gaskell, Zeitgenossin und selbst Romanautorin (*Cranford*, Geschichten aus einer Kleinstadt, sowie das umfangreiche Loblied auf die Freuden des Landlebens *Frauen und Töchter*), hat das *Leben der Charlotte Brontë* voller Kampf gegen gesellschaftliche Widerstände und Krankheit – sie und ihre Geschwister litten allesamt unter Tuberkulose – in einer Biographie aus eigenem Erleben eindrucksvoll geschildert. George Eliot – auch dies ein Pseudonym für eine Schriftstellerin; sie hieß Mary Ann Evans – macht die Provinz zum Schauplatz ihrer Romane, die bereits in das Industriezeitalter überleiten: *Silas Marner oder Der Weber von Raveloe*, die kurze Geschichte eines Epileptikers, der sich durch Schicksalsschläge, die Ächtung der Mitmenschen und die Erfindung des Dampfwebstuhls nicht unterkriegen lässt, sowie die breit angelegten *Middlemarch*, *Die Mühle am Floss* und *Adam Bede*, in denen soziale Probleme der Zeit mit der Handlung verwoben werden.

> Das soziale Gewissen beginnt sich zu melden. Es ist noch kein wissenschaftlich fundierter Verdacht der Ungerechtigkeit, sondern ein mulmiges Gefühl.

D e r große Dichter jener Zeit, das Gewissen Englands und gleichzeitig seine ganze Freude, war Charles Dickens. Er verstand überzeugend die soziale Anklage in eine künstlerische Form zu bringen und damit sein Publikum zu fesseln, zu begeistern und zu unterhalten – und wurde auch noch reich damit. Die gewaltige Lebensleistung des Mannes aus Portsmouth am Ärmelkanal besteht in fünfzehn sich üppig entfaltenden Romanen, die ihren verwickelten Aufbau der Tatsache verdanken, dass sie zuerst als Fortsetzungen in Zeitungen erschienen, jede einzelne Folge mit einem Knalleffekt endend; unter dem Journalistenkurznamen Boz erschienen seine frühen *Londoner Skizzen*, später schrieb er Geschichten für seine eigene Gazette *Meister Humphreys Wanduhr*. Hochberühmt sind seine *Weihnachtserzählungen*, in denen unter anderem der hartherzige Ebenezer Scrooge in der Weihnachtsnacht durch einige eigens für ihn aufgebotene Geister bekehrt und zum Liebling aller Kinder wird.

Kinder: Sie sind die vielleicht originärsten Schöpfungen im dickensschen Figurenuniversum. So einfühlsam, individuell und gemäß hat kein anderer Dichter Kinder in den Mittelpunkt des Leserinteresses gestellt, wobei sie regelmäßig auch am erbarmungslosesten unter den Verhältnissen zu leiden haben. Die Anklage der Zustände verknüpft sich bei ihnen mit der Hoffnung auf eine bessere Zukunft.

Lass mich kurz der Reihe nach die Werke des Charles Dickens charakterisieren. Am Anfang stehen die *Pickwickier*, dieser Club übergewichtiger Junggesellen, dessen Vorstand eine Reise durch England mit dem Ziel soziologischer Studien unternimmt und dabei in immer neue Verwicklungen in Herzensangelegenheiten gerät, die auch in haarsträubende Abenteuer ausarten können. Als die kurzatmigen Herren endlich unter der Haube sind, muss der Club aufgelöst werden. *Oliver Twist*, der Waisenknabe, kommt durch seine sanfte Forderung nach einem zweiten Teller Grütze (bis auf den heutigen Tag ein geflügeltes Wort im Englischen) in Schwierigkeiten. Den skandalösen Zuständen im Waisenhaus mit heiler Haut entronnen, schlittert er in die Fänge einer Jugendbande, die vom jüdischen, bösartig beschriebenen Hehler Fagin kommandiert wird. Aber der staatliche Strick richtet ihn, wie den Mörder Sikes das eigene Seil – ein gravierender Unterschied –, und für Oliver wird noch alles gut in der Obhut von Herrn Brownlow. *Nicholas Nickleby,* der schneidigste aller Di-

Charles Dickens 517

ckens-Helden, beugt sich nicht der Autorität eines Lehrkörpers und
buckelt nicht vor der Unantastbarkeit eines Hochwohlgeborenen; er
schlägt zurück, wo immer sich die Gelegenheit bietet. In diesen frühen Romanen versöhnt unser Meisterautor stets das Packende mit
dem Sentimentalen. Herzige und komische Figuren tauchen auf, um
die Härte der Haupthandlung zu mildern, Lemuren und Schurken lauern am beschwerlichen Weg der jugendlichen Helden in die wenig erstrebenswert gezeichnete Welt der Erwachsenen. *Der Raritätenladen:*
Nelly Trent pflegt ihren Großvater und wird von ihrem Bruder um
die Aussteuer betrogen, begibt sich mit dem alten Trent auf Wanderschaft und stirbt am Ende einen rührseligen Tod. *Barnaby Rudge* ist
Dickens' erster historischer Roman rund um einen Londoner Aufruhr gegen die katholische Minderheit, noch ganz im Geiste Walter
Scotts gesehen. *Martin Chuzzlewit,* Opfer einer drolligen Schar von Erb-
schleichern, wandert nach Amerika aus und erlebt dessen Schatten-
seiten, genau wie sein Urheber auf seiner ersten großen Lesereise. Man
muss ihm da einen Tort angetan haben, denn hier rächt er sich lustvoll an den Amerikanern, allesamt Hohlköpfe und Dummschwätzer.
Dombey & Sohn erzählt vom reichen Unternehmer und seiner Kälte und
Herzlosigkeit ausgerechnet im Umgang mit den beiden eigenen Kindern. *David Copperfield,* dessen Erinnerungsstrom stark von Dickens'
Jugenderlebnissen gespeist wird, schildert uns seine harte Kindheit
höchstpersönlich; er wird von Stiefvater Murdstone gequält, im Internat gehänselt und vom Liebediener Uriah Heep drangsaliert; dann
aber erfährt er bei Herrn Strong eine gute Erziehung und von Tante
Betsey[159] viel Zuneigung und wächst zum liebenswürdigen jungen
Mann – und erfolgreichen Schriftsteller – heran. Nur die Ehe bringt
ihm kein Glück. Im *Bleakhaus* und im Londoner Nebel verheddern sich
die Hauptpersonen im Dschungel der Paragraphen. Der Prozess Jarndyce vs. Jarndyce wird noch vor dem Jüngsten Gericht in Berufung

159 Ganz nebenbei führt Dickens mit der Tante die starke, selbstbewusste und unabhängige
Frau in die Literatur ein. Wie sie dem ollen Murdstone den Marsch bläst – da ist ihr juch-
zende Zustimmung sicher.

518   Kapitel 7 Mit den Augen einer Frau ...

gehen. Entsprechend dröge die Handlung, die zum Ausgleich viel-
stimmig präsentiert wird, unter anderem erzählt auch die nette Esther
Summerson aus ihrem jungen Leben. Eine charmante Französin begeht einen Mord, der von einem Detektiv ganz uncharmant aufgeklärt
wird. *Harte Zeiten* für die Geschwister Tom und Louisa Gradgrind, die
unter den Erziehungsmethoden ihres Vaters zu leiden haben. *Klein
Dorrit*, die kleingebliebene zwanzigjährige Amy, die schon im Schuldgefängnis[160] geboren wurde, hat ein düsteres Schicksal, das aus der
Ferne auch vom »Amt für Fortschrittsverhinderung« beeinflusst wird.
Die Geschichte zweier Städte, wieder eine Historie, spielt im revolutionären Paris und in London. Charles St. Evrémonde geht nach England,
wird später in Paris trotz seiner Abwendung von der Adelspartei aufgrund des Hasses der scheußlichen Madame Defarge zum Tode verurteilt und kann dramatisch entkommen, ich verrate nicht wie. *Große
Erwartungen* hat Pip, der seine eigene Lebensgeschichte erzählt; aber
das erwartete Erbe stammt von einem Verbrecher und am Ende muss
er es aus eigener Kraft schaffen. *Unser gemeinsamer Freund* John Harmon
kehrt inkognito nach England zurück, um seine Braut zu prüfen und
am Ende sein Erbe anzutreten. Dieser letzte vollendete Roman mit viel
Düsternis und Zügen eines Krimis zeichnet ein pessimistisches Bild
der sozialen Entwicklung. *Das Geheimnis des Edwin Drood* schließlich
hat Dickens nicht mehr aufklären können, obwohl es eventuell nur
darin bestand, wie der im Titel Genannte ein so wenig sympathischer
Jüngling geworden ist. Das Fragment endet mit seinem spurlosen Verschwinden, nachdem er seine Verlobung mit Rosa Bud oder ›Rosebud‹
gelöst hat. Ist er ermordet worden? War es der Opiumraucher? Für
Hobbydetektive gibt es in der neuesten Edition die Auflösung!

Charles Dickens versteht die Kunst, stets am Rand des guten Geschmacks zu balancieren und nie abzustürzen. Unflätige Dialoge in
Cockney setzt er neben exquisite Charakter- und Milieuschilderungen.

---

160 Ein Schicksalsort der englischen Literatur, wo sich die durch Naivität in Not Geratenen
treffen, schon bevölkert vom *Vikar von Wakefield*, *Tom Jones* oder *Barry Lyndon*. Und just
dort, wo Amy geboren wird, saß bereits Dickens' eigener Vater ein.

Wenn eine seiner Episoden mal versagt, langweilig oder unlogisch ist, bezaubert flugs die nächste aus der Feder dieses unerschöpflichen Erfindergenies. Die Romane von regelmäßig präzis tausend Seiten Länge lassen sich nicht auf ein Genre festlegen. Wird es mal sehr sentimental bis schmalzig, unterbricht sicher bald ein Kriminalfall die Seligkeit. Bekommt eine Figur bösartige Züge (unvergesslich in ihrer zynischen Güte Mr Murdstone und seine perfide Schwester), stehen daneben sicher die rührendsten Kinderfreunde und uneigennützigsten Philanthropen auf, wie die wirklichkeitsfremden Mr und Mrs Micowber, die David Copperfield das Vertrauen ins Leben zurückgeben und die Dickens nach dem Bild seiner eigenen Eltern geformt hat. Dabei befolgt er die Regel, vor keiner Verschärfung und Dramatisierung der Handlung zurückzuschrecken; dadurch, dass auch im Negativen alles möglich wird, wachsen die Geschichten über ihren Kern als Märchen für fortgeschrittene Leser hinaus zu Studien gesellschaftlicher Extremzustände. Mir persönlich sind die *Pickwickier* zu albern, ich kenne aber kritische Geister, die gerade sie besonders schätzen.[161] Mein Herz hängt an den Büchern, in denen junge Menschen durch die Schinderei sogenannter ›Erziehung‹ nicht gebrochen werden, sondern deren Entwicklung zu Güte und Wert gerade von da ihren Ausgangspunkt nimmt, zu Männern, die gleichzeitig die Titelhelden ihrer spannend erzählten Lebensgeschichten sind.

Die Behandlung der jüdischen Mitbürger war auch in der englischen Literatur ein Thema. Während Dickens im *Oliver Twist* dazu seinen unfreundlichen Kommentar gab – Fagin hängt zum Schluss am Strick –, entstanden zwei große Dokumente in Romanform für das, was wir heute ›Integration‹ nennen, aber eigentlich ein Miteinander sein sollte. *Daniel Deronda* von George Eliot und *Tancred oder Der neue Kreuzzug* des späteren Premierministers Benjamin Disraëli zeigen, dass

---

161 Nicht zuletzt die Mediziner, denen die wohlgenährten Herren als Namengeber für das Fettleibigkeitssyndrom herhalten müssen, nachzulesen in der Bibel aller Hypochonder, dem *Pschyrembel*, einem klinischen Wörterbuch, das gerade in der 267. Auflage greifbar ist.

die Besinnung auf die alten Werte gleichzeitig die Grundlage eines neuen Denkens sein kann. Verständnis und Versöhnung machen zwar meist keine ganz große Literatur, aber Hoffnung auf das, was möglich wäre.

Wo Profit, da Konkurrenz. Dickens, der selbst auf den Schultern von Fielding und Smollett stand, hatte einen Rivalen (der gleichzeitig auch Freund war) auf Augenhöhe, der seinerseits noch über das Talent verfügte, seine Werke eigenhändig zu illustrieren: William Makepeace Thackeray. Weder so sentimental noch so anklägerisch wie der andere, ist er ganz auf die Darstellung gesellschaftlicher Zerrüttung im Stil Fieldings gestimmt, stets den Blick eher zurück als voraus gewendet: *Barry Lyndon* beginnt als vielversprechender Jüngling, nach einem bewegten Leben und dem Verprassen seines Vermögens schreibt er seine Geschichte im Schuldturm, gequält vom Delirium tremens – inadäquat, aber sehr schön verfilmt von Stanley Kubrick. Dann gelingt Thackeray der Wurf, für den ihn heute noch die Welt kennt und liebt: *Vanity Fair.* *Jahrmarkt der Eitelkeit* ist der *Roman ohne Helden* – nämlich schon dem Titel nach die moralische Geschichte zweier junger Frauen. Sie entkommen der kleinen Hölle des Internats und mit knapper Not den Erziehungsversuchen einer Miss Pinkerton. Doch eine von beiden spielt falsch. Während die sanfte Amelia Sedley nicht recht vom Fleck kommt, hilft Becky (Rebecca) Sharp ihrem Glück auf die Sprünge – mit bedenklichen Mitteln zwar, aber der Erfolg gibt ihr recht. Im thackerayschen Reagenzglas finden dann allerdings durch das Hinzusetzen eitler, selbstsüchtiger und tumber Männer Reaktionen statt, die zu mehrfachem Umschlag im Lebensglück der beiden jungen Damen führen, ganz zu schweigen vom Eingreifen der Weltgeschichte. In der Mitte des Romans steht die Schlacht von Waterloo, grandios geschildert aus der Sicht der in Brüssel zurückgelassenen Familien der britischen Soldaten, die das pausenlose Donnern der Kanonen mitanhören müssen. Am Ende gönnt der gottgleiche Erzähler Amelia zynisch eine Handvoll Glück mit dem

Schreiben beginnt sich zu lohnen. Und der Autor beginnt, auf sein Publikum zu schielen.

linkischen Dobbin, dem einzigen halbwegs sympathischen Mann, ge-
spendet von der schillernden Becky. Das Rezept des Buches war so
erfolgreich, dass weitere großangelegte gesellschaftssatirische Werke,
etwa *Die Newcomes* oder *Pendennis*, folgten sowie die Serie kleiner Karikaturen *Das Snobsbuch*, bis den Hünen Thackeray, geboren in Kalkutta
unter der Sonne Indiens, das englische Wetter vorzeitig dahinraffte.

Diese Epoche des Übergangs vom Feudal- zum Industriezeitalter
hat eine Vielzahl von Romanciers hervorgebracht, die sich an der
Spannung zwischen alt und neu abgearbeitet haben, dabei aber häufig
Probleme thematisierten, die uns heute gar nichts mehr angehen. An
erster Stelle ist der Vielschreiber Anthony Trollope zu nennen, von
dem ich den *Septimus Harding* kenne. Dieses Buch halte ich für eine
Schmonzette, freilich gut gemacht. So ist die Fangemeinde Trollo-
pes, der wie später Hardy eigene Landschaften erfand, in denen er
die Handlung seiner Werke ansiedelte, in stetem Wachstum und bei
fast hundert Romanen, die er geschrieben hat, kommt da wohl noch
manches auf uns zu. Kein Zehntel davon ist bislang auf Deutsch erschienen. George Meredith schrieb bittere Bücher, durch die von ihren
Frauen verlassene Männer geistern, genauso wie es ihm selber passiert
ist. *Richard Feverel* ist der ungetreue Sohn, der zum Unwillen des (ver-
lassenen) Vaters eine Katholikin heiraten will. Das kann nur in einer
Katastrophe enden, lässt uns aber trotzdem kalt. Zum Glück gibt es
von einem Zeitgenossen, der sogar mit Meredith befreundet war, eine
wirklich berührende Schilderung einer Generationen-Beziehung. In
den Erinnerungen *Vater und Sohn* beschreibt Edmund Gosse seinen
eigenen Vater als besessenen Wissenschaftler und religiösen Fanatiker,
der dem Sohn sozusagen nebenbei das Leben zur Hölle macht. Ein
Menschenalter muss vergehen, bis Edmund begreift, dass der Vater in
seinem Eifer nicht gegen ihn gewesen war, sondern er nur im Weg gestanden hatte bei der Suche des Vaters nach ewigen Wahrheiten. Das
lässt uns nicht kalt, denn solch eine Auseinandersetzung mit den eigenen Wurzeln hat bis heute nichts an Aktualität verloren. Vaterliebe
findet nur der, der bereit ist, sie zu sehen.

Meredith schrieb auch Untersuchungen über das Komische und ist als Poet hervorgetreten. In einer Anthologie der Viktorianischen Lyrik lese ich von ihm:

Schau dorthin, wo der drängende Wind
sein Schattengerippe einem Wurfspieß gleich
auf die breitrückige Woge wirft!

Kein Wunder, dass wir uns mit dieser literarischen Epoche schwertun. Der Vergleich – ein Meisterwerk der unfreiwilligen Komik, zweifelsohne –, den Meredith uns hier vorsetzt und der in ein gänzlich misslungenes Bild eingebaut ist, erscheint uns so (wind)schief, wie man es keinem Primaner durchgehen lassen würde. Auch der müsste mit anderem um sich werfen lernen als mit Skeletten. Wie modern dichtete zur selben Zeit die Amerikanerin Emily Dickinson! Ihre Metaphern funkeln und blitzen:

Behutsam müssen die Chirurgen
Das Skalpell bewegen!
Unter ihren feinen Schnitten
Bebt der Halunke – Leben!

Das sitzt, das wird später auch Gottfried Benn nicht viel anders machen.

Der weltläufige George Moore, geschult am französischen Roman der Zeit, schrieb *Ein Drama in Musselin* und *Esther Waters*, Romane über den Eintritt der Debütantinnen ins Gesellschaftsleben bzw. eine junge Frau, die den Schritt vom Wege tut und die Härte der Konventionen am eigenen Leibe zu spüren bekommt. Arnold Bennett, der in allen Disziplinen schriftstellerte, war auch der humoristische Vorläufer von Jerome K. Jerome (*Drei Männer in einem Boot*, haha) und P. G. Wodehouse – der den pfiffigen Butler (*Der unvergleichliche Jeeves*) literarisch salonfähig machte und der t a t s ä c h l i c h komisch sein kann. Bennett konnte noch ganz anders, er verfasste mit *Lebendig begraben* einen Roman hart am Rande des Nervenzusammenbruchs. Ein junger und erfolgreicher Maler nutzt den plötzlichen Tod seines Kammerdieners, um in dessen Rolle zu schlüpfen und endlich ein durch und durch normales, gutbürgerliches Leben zu führen, mit heiraten und zwei warmen Mahlzeiten täglich und so. Waren das die geheimen Träume der künstlerischen Crème de la Crème jener Zeit?

Mein Lieblingsautor der Epoche: Thomas Hardy, strenger Meister des Gesellschaftsromans, der bei ihm zum Schicksalsroman wird. Wie Balzac versuchte er, einen eigenen literarischen Kosmos zu schaffen – zumindest eine eigene Landkarte. So erfand er die Landschaft Wessex an der Südwestküste Englands, rund um das reale Kelten-heiligtum von Stonehenge gelegen, in der seine Romane spielen: *Der Bürgermeister von Casterbridge* schildert mit archaischer Härte Aufstieg und Fall eines charakterlich beschränkten Menschen, *Im Dunkeln – Jude the Obscure* den Untergang eines intellektuellen Emporkömmlings in der geistigen Enge einer fiktiven Universitätsstadt, die Oxford zum Verwechseln ähnlich sieht. *Tess von d'Urbervilles* (Untertitel: *Eine reine Frau*) erlebt eine Tragödie in den Ausmaßen eines Sophokles, die dann auch tatsächlich im Steinkreis von Stonehenge endet, während sich *Die Rückkehr* von Clym Yeoubright aus der großen Welt in der Heide von Egdon abspielt. Seine Gefährtin Eustacia Vye und viele andere müssen sterben, während auf Drängen des Verlegers, der bei einem solchen Maß an Tragik auch die Leser schwinden sah, Clym ein bescheidenes Glück im Heideginster und als Wanderprediger finden darf. Stets wird die Tragödie der Helden von den Versprechungen des Lebens ausgelöst, denen sie vertrauen und an deren Einlösung sie zugrunde gehen. Exemplarisch erscheint mir die kleine Erzählung *Zwei aus einer Stadt*, die von der Rückkehr eines Mannes handelt, der einst die einfache, entzückende Lucy geliebt hat und doch das reiche Mädchen nahm, eine Zicke. Nun kommt Mr Barnet zurück, als reifer Witwer und wohlhabend, und auch seine Lucy ist nach einer Vernunftehe wieder frei, endlich frei für ihn – und verschmäht ihn. Als sie es sich dann doch noch anders überlegt, ist er bereits fort – für immer. Das musst Du lesen, weil es toll erzählt ist, auch wenn der Plot vielleicht abstößt, weil die Konstruktion in den Gelenken knarrt vor Altersschwäche; zigmal ist sowas schon erzählt worden. Interessant dabei ist aber, dass sich in dieser kurzen Geschichte Hardys Vorstellung von ›Schicksal‹ zeigt, das hart und unerbittlich für jeden Fehler den denkbar höchsten Preis verlangt.

Eine Blutauffrischung hat der englischsprachige Gesellschaftsroman nötig, und die kommt aus den Kolonien, mit Autorinnen wie den Amerikanerinnen Kate Chopin und Edith Wharton oder dem in England heimisch gewordenen Henry James. Mit ihnen kommt der Gesellschaftsroman endgültig in der Moderne an. Genauso neunundzwanzig Jahre alt wie Lily Bart (damals: alt, nach heutigem Begriff würde man jung dazu sagen) ist Edna, verheiratet mit einem noch wesentlich älteren Mann und Mutter zweier Söhne, und sie ist Nichtschwimmerin. In der Sommerfrische nahe ihrer Heimatstadt New Orleans löst die Begegnung mit Robert Lebrun *Das Erwachen* der Edna Pontellier aus. Sie verliebt sich und lernt schwimmen. Sie schwimmt sich so frei, dass sie ihre Familie verlässt und in ein eigenes Haus zieht, wo sie von ihrem Vermögen, Malerei und Pferdewetten lebt; auch gönnt sie sich weitere Affären. Die Zurückweisung durch Robert aber, dessen Lebensplan keine Liebe zu Edna mehr vorsieht, treibt sie in die Katastrophe. Dort, wo sie wenige Monate zuvor gelernt hatte, sich freizuschwimmen, schwimmt sie ins Meer hinaus, um nicht wieder zurückzukehren.

Neben der Befreiungsmetaphorik bietet dieser kleine Roman der Amerikanerin Kate Chopin aus St. Louis, die selbst in ihrem kurzen Leben lernte, unabhängig zu sein, eine weitere, neue Sicht auf die Wurzeln der Liebe. Warum liebt Edna Robert? »*Weil sein Haar braun ist und von seinen Schläfen nach hinten wächst, weil er die Augen öffnet und schließt und seine Nase ein wenig verzeichnet ist, weil er zwei Lippen hat und ein kantiges Kinn und einen kleinen Finger, den er nicht ganz ausstrecken kann, seit er in seiner Jugend einmal zu ungestüm Baseball gespielt hat. Weil …*« »*Kurzum, weil Sie ihn lieben*«, fasst ihre beste Freundin bündig zusammen. Edna ist eine der ersten Frauengestalten, die etwas tut, schlicht weil sie es will – und dann erst zeigt sich, dass sie es auch kann.

Edith Wharton schildert in ihren frühen Romanen wie *Zeit der Un-*

schuld (mit dem nötigen Glanz verfilmt von Martin Scorsese) die New Yorker High Society vor dem Ersten Weltkrieg. Zwar gibt es hier keinen Adel des Geblüts – es sei denn als Importware, wie etwa eine echte Gräfin aus Polen –, aber den des alten Geldes, dessen snobistische Steifigkeit zunehmend weichgespült wird durch das Eindringen von Newcomern bisweilen zweifelhaftester Provenienz, die mit frischem Blut & Geld den Infarkt der Anciennität verhindern. Dieser Art Therapie verdankt Whartons *Haus der Freude* genauso seine Lebendigkeit wie auch die längere Erzählung *Eine gewisse Frau Headway*[162] von Henry James. Bei den von ihren Müttern gegängelten jungen Gesellschaftslöwen ist die aus dem immer noch wilden Westen kommende Mrs Headway die Sensation der Saison. Aber ihr Glanz und ihr Vermögen sind mindestens vier Ehemännern abgetrotzt, die sie bereits verschlissen hat. Über eine solche Dame darf man Bemerkungen machen, sich in ihrer Aura bewegen, sogar sich in sie verlieben. Mehr verbietet die Etikette. Gesellschaftlich verkehren mit so einer, einer …? No, Sir! Henry James weiß zum Glück nicht einmal eine passende Bezeichnung für ein solches Skandalweib, das sich dermaßen prächtig zu amüsieren versteht.

> Schreiben zum eigenen Vergnügen und als geistige Konkurrenz: Nie war Snobismus angenehmer für uns zu ertragen.

Diese Gesellschaft stirbt nicht, sie überlebt sich. Nur wenige Jahre später wird Francis Scott Fitzgerald in *Der Große Gatsby* den Zustand nach dem Wechsel der Geschäftsführung zeigen. Niemand hat mehr was, keiner kann mehr was, aber alle amüsieren sich zu Tode. Auch in Amerika hat der Erste Weltkrieg entscheidende Veränderungen der Gesellschaftsordnung gebracht. Gatsby ist ein Aufsteiger zwielichtigster Herkunft, ein neuer Mann (wie schon die alten Römer den Emporkömmling nannten: homo novus) aus dem Nichts der amerikanischen Prärie, aber er versteht den New Yorkern die Annehm-

---

162 *The Siege (Belagerung) of London* mögen die Übersetzer nicht, die neueste Fassung heißt *Eine Dame von Welt*, keine wirkliche Verbesserung gegenüber der ersten Version.

lichkeiten von damals zu bieten: ein stets offenes Haus, große Partys, nichtstuerisches Leben. Der Ich-Erzähler gerät in dieses schwindelhafte Treiben und erlebt, wie die Fassade Gatsbys in sich zusammenfällt, als er einer Jugendliebe wiederbegegnet, die er um jeden Preis zurückerobern will, und dabei ganz nebenbei alles verliert, sogar das eigene Leben.

Und noch einen Schritt näher zum Abgrund befindet sich die Gesellschaft, die John Dos Passos in dem formal bahnbrechenden Roman *Manhattan Transfer* zeigt. Reportagehaft lässt er alle Bewegung von der Fähre ausgehen, die die südliche Spitze New Yorks mit dem Festland verbindet. Seine Helden und Versager betreten Manhattan als Nichts. Wer es wieder verlässt, ist ein Verlierer, wer bleibt, ist tot oder hat es geschafft. In einer neuen, dem Film abgeschauten Technik überblendet Dos Passos kleine Episoden aus den so verschiedenen Lebensläufen der von ihm beobachteten, begleiteten Figuren, die sich flüchtig oder intensiv begegnen, sich zum Schicksal werden oder achtlos aneinander vorbeigehen. Durch alle Schichten geht sein Schnitt ins Gebein der New Yorker Gesellschaft, es ist das Messer des Filmcutters und gleichzeitig des Pathologen, der das tödliche Geschwür freilegt und seine erbarmungslose Diagnose stellt.

Von der Mischung der Schichten und Klassen ist England noch so weit entfernt, wie das Empire sich endlos über den Globus dehnt. Die Benutzung der Begriffe freilich bedeutet schon die Ahnung ihrer Verbrauchtheit und Überlebtheit. Merkwürdigerweise glaubt Edward Morgan Forster in der Rebellion gegen das Kastendenken eine Verbindung zu deutschem Geist zu sehen: Bei seinem *Wiedersehen in Howards End* bringen die Schwestern Margaret und Helen S c h l e g e l – eine Verbeugung vor Shakespeares wichtigsten Botschaftern auf dem Festland – frischen Wind in viktorianisch vernagelte Köpfe. Sie hat es von der Oder an die Themse verschlagen, und sowohl ihre Tierliebe als auch ihre Bereitschaft, einem Versicherungsvertreter jeden Wunsch zu erfüllen, treibt der Upper Class den Angstschweiß auf die steife Oberlippe. Ganz nahe an Kitsch und Kunsthandwerk, bildeten Forsters Romane wie *Zimmer mit Aussicht, Maurice* – ein *Lady Chatterley-*

Drama unter Männern – oder *Reise nach Indien* die Grundlage für die opulenten Filme von James Ivory, mit denen das Genre seine Rückkehr ins Blickfeld der Kinogeher schaffte, obwohl die geschilderten Situationen nur oberflächlich gesehen von kritischem Bewusstsein zeugen, eher die Mentalität eines Märchenerzählers spiegeln.

Das Geheimnis für die Wiedergeburt des Gesellschaftsromans aus den Trümmern des Krieges ist die Entdeckung des Dialogs als wichtigstes, ja alleiniges Darstellungsmittel. Spitzer als tausend Dolche sind die Zungen der Oberen Zehntausend, und ein Wort zuviel kann schon ein Rufmord sein. In den Romanen von Henry James wird dieses Mittel bereits meisterhaft eingesetzt, und trotzdem gibt es noch Steigerungen. Ivy Compton-Burnett verzichtet auf die dramatischen Zuspitzungen, die die jamesschen Romane nach fünfhundert Seiten erlösen. Bei ihr passiert buchstäblich nichts – der Dialog ersetzt die Handlung vollkommen. In *Eine Familie und ein Vermögen* belauert sie die Mitglieder einer Sippe bei deren Auseinandersetzung um eine Erbschaft und lauscht ihnen den unterschiedlichen Grad an Enttäuschung ab, als Dudley, der Außenseiter, alles kriegt. Doch Dudley erweist sich als gut und lässt alle Verwandten am unverhofften Segen teilhaben. Eigentlich bleibt alles, wie es ist, aber jedes dieser faulen Früchtchen hat sich beim Gerangel um das Geld bis auf das Kerngehäuse entblößt und dabei seine wahre Natur preisgegeben; nichts wird wieder sein, wie es war.

Nach dem Krieg stehen die Herrenhäuser immer noch, die zum Schauplatz distanzierter Rückschau werden, Charme und Unschuld jedoch verloren haben. Henry Green schreibt Dialogromane im traditionellen Schema, sie heißen *Schwärmerei*, *Lieben* oder *Dämmerung*, die die Auflösung des ›Gesellschaftlichen‹ zum Thema machen. In sein Dienstbotengeschwätz spielen Kafka und George Orwell hinein. Eine lange Tradition klingt da unspektakulär aus; was Jane Austen aus sentimentalen und satirischen Einzelteilen zusammengefügt hatte, verlor mit der Entlassung des letzten Kammerdieners und seit Madam das Essen selber kocht sein Fundament. Was sagen wir? Schade.

In Evelyn Waughs *Wiedersehen mit Brideshead* geht es um das wechselvolle Verhältnis von Hauptmann Ryder zu einer um den Katholizismus ringenden, dabei aber einem guten Schluck nie abgeneigten Familie der höchsten Kreise, deren Heim Brideshead den Verfall nicht mitmacht. Nur in den Köpfen hat er schon stattgefunden. Als Ryder Brideshead wiedersieht, lungern dort abgerissene Gestalten herum. Sein Adjutant bemerkt dazu: *»Dafür hat Hitler seine Gaskammern.«* Wie zwiespältig die englische Reaktion auf den Nationalsozialismus war, darauf erlaubt sich der japanische Brite Kazuo Ishiguro im kino- wie nobelpreistauglichen *Was vom Tage übrigblieb* hinzuweisen. Appeasement oder die Kunst des Wegschauens hatte das geheißen. Auch eine Epoche der Beschäftigung Englands mit Deutschland endet hier. Ihre letzte Vertreterin ist Sybille Bedford. *Das Vermächtnis* stellt klar, dass Trübsinn nicht nur in der guten englischen Gesellschaft, sondern auch in der besten preußischen angesagt war; *Ein Liebling der Götter* ist Constanza, Tochter einer extravaganten Frau mit Drang nach Unabhängigkeit, dem auf ausgedehnten Reisen und Fluchten stets nachgegeben wird. Auch für Bedford war Reisen der Traum von Freiheit und Italien ihr Traumland. Aber Mexiko vermochte ebenfalls zu entzücken, komisch unterhaltsam und nervös beobachtet in *Besuch bei Don Ottavio*.

Kaiser Wilhelm II. war der Enkel von Queen Victoria. Sein imperialer Wahn war ganz auf die Rivalität zu Britannien gerichtet. Die Literatur nahm davon sogleich Notiz. Erstes Dokument: *Das Rätsel der Sandbank* von Erskine Childers, in dem wir die Ostfriesischen Inseln und die Tricks der Spionage im Rahmen des Flottenwettrüstens der verwandten Rivalen kennenlernen. Es werden aber starke Frauen sein, die dem Thema Nahrung geben. Neben den schon bekannten Schlegels vor allem die Richthofen-Schwestern Frieda und Else, die sich um neue Spielarten der Libertinage, den genialen Soziologen Max Weber, vor allem aber den armen D. H. Lawrence verdient machten. Und Winifred Wagner, Schwiegertochter des Komponisten aus dem geschichtsträchtigen Hastings, begrüßte als Herrin des Grünen Bayreuther Hügels ihren ›Führer‹ mit Deutschem Gruß und mehr zu den Festspielen. Nach dem Krieg wurde die deutsch-englische Hassehe schuldig geschieden. Sybille Bedford, ihr letzter Spross, starb vor kurzem, vierundneunzigjährig.

Aber ganz zum Schluss noch eine Sensation. Für die ewige Faszination des Gesellschaftlichen, verkörpert in Englands oberster Schicht, steht *Ein Tanz zur Musik der Zeit* des mit dem Ende seines Jahrhunderts verstorbenen Anthony Powell, ein Zyklus, der auf Deutsch soeben mit dem zwölften Band rund geworden ist. Der Ich-Erzähler Nicholas Jenkins, ein Doppelgänger des Autors, erlebt aus der Deckung seiner neutralen Beobachterposition, wie anpassungsfähig der Adel Britanniens auf die Herausforderungen der Zeit reagiert, man kann es auch opportunistisch nennen. Als Running Gag wird der in Zeitlupe auf seinem Lebensweg vorwärtskommende Nicholas, er ist Literat und mit seiner Liebe zu abseitigen Themen mehr schlecht als recht unterwegs, ständig von einem fetten Muttersöhnchen mit erstaunlicher Zähigkeit im Kampf um die besten Posten namens Widmerpool überholt, der es überall ganz nach oben schafft. Dabei ist Powell weniger Aufklärer als Humanist, unter seinem freundlich prüfenden Blick versinken die Fassaden der Herrensitze zwar im Matsch, aus dem aber ständig neues Leben entsteht. So hat der Gesellschaftsroman Zukunft.

Liebe

Man sollte mit »Ich« anfangen, wenn man über die Liebe spricht. In einem Meinungsaustausch zu diesem Königsthema der Literatur sind nur Experten zugelassen.

»Weißt Du, was Liebe ist?«, fragte mich das Mädchen, für das ich als erstes ein wirkliches, verzehrendes Gefühl entwickelt zu haben meinte – ich war sechzehn. »Ein Kribbeln im Bauch!«, lautete meine prompte und ehrlich empfundene Antwort. Sie war selbstverständlich der abrupt gesetzte Schlusspunkt hinter eine gerade erst im zarten Keimen befangene Beziehung zweier Herzen. So etwas will eine Frau, egal unter welchen Umständen, auf gar keinen Fall hören. Heute würde ich alles besser machen (wollen). Aber von mir ist jetzt nicht weiter zu reden.

Wortmeldungen hatten wir genug. Wir glaubten uns dem Kern

des Problems schon stark genähert zu haben, seit uns Sappho anvertraut hat, wie hoch sie das Objekt ihrer Emotion über den Anblick von Reiterschwadronen und Flottenverbänden stellt. Die Heilige Theresa von Ávila ist von Giovanni Lorenzo Bernini in Marmor festgehalten worden, wie sie gerade von Gottesliebe durchdrungen wird. Dieses Kunstwerk, aufbewahrt in der Cornaro-Kapelle der römischen Kirche Santa Maria della Victoria, zeigt in seltener Drastik die Ineinssetzung religiösen Gefühls mit purer Fleischeslust. Dass etwas an dieser Gleichung ist, halte ich für gegeben, allerdings ist hier nicht der Platz, das Phänomen ausführlicher zu analysieren. Einen anderen Aspekt hebt mein Gewährsmann in Geschmacks- wie Theaterfragen Egon Friedell hervor, wenn er die Gruppe, in der ein Engel die arme Theresa mit einem Pfeil durchbohrt, beschreibt als ein Werk, *das zugleich ewig denkwürdig bleiben wird durch die sublime Kunst der raffiniertesten Illusionswirkungen, wie sie sonst nur die Bühne erreicht. Es ist ganz ohne Zweifel eine tief religiöse Konzeption; und doch spürt man überall, in der Gesamtkomposition wie im Arrangement jeder Einzelheit, geheime Schminke und Rampe.* Mag es uns beiden genügen, dass der originellste aller Barockbildhauer hier sein Meisterstück abgeliefert hat.

Statt beim griesgrämigen Stendhal und seinen sechs Sorten Liebe zu verweilen, wollen wir uns besser gleich der so unscheinbar, verhuscht wirkenden Jane Austen widmen. Das weiter oben[163] schon erwähnte Porträt zeigt ein kleines Ding mit rundem Gesichtchen; das dunkle Haar, vorne zu zwei, drei Löckchen gebrannt, wird hinten von einem groben Tuch zusammengehalten, als hätte es sie gerade beim Staubwischen gestört. Für Jane selbst gab es nur wenig unterhaltsame Lektüre, Erbauung war der Zweck guter Literatur damals. Aber ihre neugierigen blanken Äuglein hatten die mehrere tausend Seiten

---

163 Ich gebe zu: eigentlich gibt es in diesem wie in allen Büchern weniger ein oben und unten als vielmehr ein vorn und hinten. Trotzdem sagt man so, weil die ›klassische‹, antike Form des Buches die Schriftrolle war, die den ganzen Text in einem Zug von oben bis unten brachte. Und das wirkt selbst für diejenigen heute noch nach, die von der Antike als Lehrmeisterin der Moderne so gar nichts mehr wissen wollen.

eines jeden Samuel-Richardson-Romans eifrig studiert und darin einen grundlegenden Fehler festgestellt: Richardson behauptet, dass es seinem Verführer Lovelace gelingen könne, durch intensivste und ausdauerndste Heuchelei die arme Clarissa dahin zu bringen, ihn zu l i e b e n. Das kann nicht sein, weil Liebe bedeutet, den anderen in seinem Kern zu erkennen – und gerade d e n zu lieben. Im Protest gegen solchen Unfug schuf Jane das neue Frauenbild, dessen schönste Seite uns Lizzie Bennet in *Stolz und Vorurteil* präsentiert.

Der Kampf um die weibliche Tugend, eigentlich ein ganz und gar unmoralisches Thema, steht beim Moralisten Richardson im Vordergrund. Pamela verweigert sich ihrem Dienstherrn, bis der sie endlich geheiratet hat, und die arme Clarissa stirbt, nachdem sie sich hingegeben hat, weil nun alles bürgerliche Glück dahin ist. Solches Dilemma ist Jane Austen viel zu banal. An Nebenfiguren wird eine derartige Alltäglichkeit abgehandelt, ihre Heldinnen schweben n i e in der Gefahr, von ihrer Schöpferin im Stich gelassen zu werden und zu fallen.

Hier nun kommt ihr ein wirklicher Rivale in die Quere, dessen Liebeskonzeption mit der austenschen lange im Clinch lag – mal war der eine obenauf, mal die andere. Giacomo Casanova hat nichts Neues erfunden, wie etwa de Sade oder Apollinaire in den *Elftausend Ruten;* diese beiden wollten in ihren ›sadistischen‹ Sexualphantasien den Begriff der Liebe gleichsam mit einem glühenden Eisen ausbrennen. Ganz im Gegenteil: In Casanovas Lebensbericht spiegelt sich nur die neue Wirklichkeit. Er bietet beide Seiten der Liebe an, die seelische und die körperliche. Und nicht nur er will, seine Partnerinnen wollen auch. Hier bahnt sich im intimen Bereich eine wahrlich umwälzende Entwicklung an, deren Beginn der Leser der *Geschichte meines Lebens* hautnah miterlebt, die ›sexuelle Revolution‹ – übrigens versteht Casanova auch etwas von Verhütung. Er ist Partner, nicht Eroberer. Zwischen körperlicher und seelischer Liebessensation steht bei ihm nicht eine unüberwindliche Barriere, sodass man beides beliebig trennen und bei Bedarf wieder zusammenführen kann. Diese Einheit ist bei ihm Voraussetzung des Erlebnisses.

532   Kapitel 7 Mit den Augen einer Frau ...

Im *Werther* hatte Goethe frei nach eigenem Liebesleid ein Beispiel für die echte, tiefgehende Passion gegeben und aufgrund der Tatsache, dass zwischen Lotte und Albert kein Platz für den Liebhaber bleibt, seinen Helden mit Kopfschuss abtreten lassen. Mit dem Unglück dieses einen ist das Glück der zwei anderen aber nicht erkauft. Casanova weiß von dieser Binsenweisheit und wäre hier anders verfahren; und es ist kaum vorstellbar, dass seine Herangehensweise mehr Unglück angerichtet hätte.

Irgendwann ist die tiefempfundene Liebe in Vergessenheit geraten. Das Zwanzigste Jahrhundert, völlig in der Erforschung des Ichs befangen (und damit nicht zum Abschluss gekommen), hatte kein Interesse an so altmodischen Emotionen. So kann es denn auch keinen einzigen Roman vorweisen, der sich mit diesem Phänomen gültig beschäftigt hätte. Jane Austen lehrt uns, im Liebesdenken den anderen in seine eigene Sinneswelt hineinzunehmen, nun für zwei anstatt für einen zu sehen, zu sprechen, zu fühlen und zu denken.

Kapitel 8

Russische Zustände

Auf seinem Sofa ruht Ilja Iljitsch und hält die Augen geschlossen. Er ist mit sich und der Welt im Reinen … Seit zwölf Jahren lebt er in Sankt Petersburg und hat in dieser Zeit seinen Schlafrock – eine Art Kaftan asiatischen Zuschnitts – kaum einmal abgelegt. Auch das Haus, in dem er eine Wohnung hat, verlässt er selten. Aber er träumt gerne und ausschweifend. Zum Beispiel von seiner Kindheit auf einem Landgut, von der flirrenden Hitze der Sommertage, den fischreichen Teichen, in die man nur die Angel zu werfen brauchte, um einen dicken Fang herauszuziehen, dem sanft sich wiegenden Weizen, der fetten Erde unter den nackten Füßen, der fürsorglichen Liebe der Mutter. *Oblomows Traum* ist dieses neunte Kapitel überschrieben, es ist das einzige des ganzen Buches, das einen Titel hat, und es ist eine allerschönste Idylle – die Mutter aller Idyllen, sozusagen. Wenn man nach einer Konstanten sucht in der russischen Literatur, dann sind es die liebenden Mütter und die Freuden an der Pracht der Natur. Was auch immer das Leben an Schrecknissen bringen wird, das bleibt: das Glück der Kindheit. So wie es beispielhaft Sergej Aksakow in dem sentimentalen Meisterwerk *Bagrovs Kinderjahre* geschildert hat, dem letzten Teil seiner Familiengeschichte und Anfang einer tränenseligen und zu Tränen rührenden Beschreibung seines eigenen Lebens.

Das ist der volle Name unseres schläfrigen Helden: Ilja Iljitsch *Oblómow* – am Vaternamen erahnt man, dass alle Oblomows bisher Ilja geheißen haben. Sein Erfinder Iwan Gontscharow hat neben ein paar Er-

zählungen und seinem Erlebnisbericht von der Fahrt auf der *Fregatte*
»Pallas« in fünfundzwanzig Jahren als Schriftsteller drei Romane zustande gebracht, die man gerne als fortlaufenden Kommentar zum
Unglück des Lebens nimmt. Sein Erstling *Eine*
alltägliche Geschichte gibt den Tonfall vor, für den
er berühmt wurde: eine unterhaltsame Plappe-
rei der Ereignislosigkeit, hinter der sich eine pessimistische Analyse von Leben und Gesellschaft
verbirgt. Es ist die Geschichte von verlorenen Illusionen. Alexander Fedoritsch Adujew, der
vom Land nach Petersburg kommt und glaubt,
Talent und Tatkraft zu besitzen, landet auf dem
Boden der Tatsachen und geht, einzig seine
Sehnsüchte im Gepäck, wieder zurück zu Mama,
so wie es sein Onkel und Einflüsterer Peter vor-

Eine Möglichkeit,
auf die Heraus-
forderungen des
Tages zu reagieren,
besteht darin, im
Bett liegen
zu bleiben.

hergesehen hat. Immerhin wird Alexander nicht untergehen, sondern
heiraten, nicht der Liebe, sondern dem Geld folgen.

Oblomow, von seinem ebenso frechen wie treuen Kammerdiener Sachar gelenkt, schafft nicht mal das. Da gibt es eine junge
Frau, die sich für ihn interessiert, Olga Sergejewna. Auch er ist halb
entschlossen, ihr einen Antrag zu machen, sich zu überwinden; er
müsste nur die Brücke über die Newa beschreiten, um zu ihr zu gelangen – allein er schafft es nicht. Er ist sich selbst das größte Hindernis. Sein alter Freund Stolz, halb Deutscher mit den sprichwörtlichen
Tugenden, aber zur besseren Hälfte ›der gute Russe‹, macht es richtig
und Olga glücklich. Auch für Oblomow könnte noch alles gut werden: Stolz rettet ihm sein Vermögen und Ilja schwängert, ganz der Bequemlichkeit gehorchend, die Haushälterin. Aber dann ist er tot, ehe
der Leser sich's versieht; sein Leben verlöscht wie eine blakende Kerze.

Gontscharows letzter Roman ist sein längster, nicht sein ge-
lungenster. *Die Schlucht* birgt ein schauriges Geheimnis, für das es dem
aufgeklärten Geist an Schreckhaftigkeit fehlt, aber auch einen Ort
der Leidenschaft, für die er nicht genug Herzblut hat. Dieser Schön-
geist, der Möchtegernkünstler und Intellektuelle Boris Pawlowitsch

Raiski, entdeckt, als er aufs Landgut seiner Tante kommt, dort eine Welt fremdartiger Sinnlichkeit. Zuvor haben wir ihn als Petersburger Salonlöwen mit manikürten Pranken kennengelernt; auf dem Land wird er von seiner Cousine Vera mit dem verhangen-abwesenden Blick im Nu dressiert. Raiski wird zum Sklaven seines Begehrens und zum unterlegenen Rivalen des virilen Outlaws Volochow. Gontscharow ist der Dichter der Schmächtigkeit; er singt von stolzer Größe und vitaler Üppigkeit als den unerreichbaren Idealen und von Schlafrock und Eisbein als dem, was ihm und seinen Lesern übrig bleibt.

Als überall auf der Welt sich schon eine literarische Kultur entwickelt hatte, selbst in Amerika, war Russland immer noch ein weißer Fleck auf der Landkarte der Dichtung. Es gab Heldengesänge, die *Bylinen*, *Märchen* (gesammelt von Alexander Afanasjew, einer Art russischer Bruder Grimm) und *Fabeln*, nämlich das kleine Buch des Iwan Krylow, also alles, was eine mündliche Überlieferung leisten kann, und es gab einen Riesenvorrat an Phantasie in diesem Land, dessen Sprache so vieldeutig und dessen Klima so schroff ist. Peter der Große, Zar und Zimmermann in einer Person, ging selbst nach Holland und brachte von dort die Kenntnis des Schiffsbaus und die Neugierde auf die Welt in die Abgeschlossenheit seines Riesenreichs mit. Dann entdeckte Zarin Katharina die Große persönlich – wie es sich für eine S e l b s t herrscherin schickt – die *Selbsterlebensbeschreibung*, allerdings noch auf Französisch, für die russische Literatur. Dem gemeinen Russen wurde das Selbstdenken erst später gestattet. Zunächst war alles Nachahmung geschmuggelter Importwaren, besonders französischer Machart: der Gebrüder Diderot, Voltaire & Cie. Aber dann wurde innert weniger Generationen der geistige Rückstand wettgemacht und reichlich vergolten, was an Anregungen empfangen worden war. Bewunderungswürdig und bedenkenswert zugleich, wie die Geister immer wieder von den schwierigen Bedingungen befeuert wurden. Weder zaristische Unterdrückung noch die Revolution konnte der Experimentierfreude und dem Ideenreichtum der jungen Russen Riegel vorschieben, und nur mit Mühe schaffte das Stalins Schreckensherrschaft.

536 Kapitel 8 Russische Zustände

Der ernste Zwist ist gut bekannt, zumindest aus dem Musikunterricht: »Das mächtige Häuflein«, nämlich Nikolaj Rimskij-Korssakow, Igor Borodin, Miletij Balakirew, Modest Mussorgskij und César Cuj, wollte genuin heimatliche Musik komponieren und erklärte speziell Peter Tschaikowskij zum Abweichler, zum ›Westler‹ (schlimmes slawisches Schimpfwort!). Für meine Ohren – mit Verlaub – klingt das alles sehr autochthon, ich vermag die Substanz der Vorwürfe nicht mehr zu erkennen.[164] Aber es ging um nichts Geringeres als einen unverwechselbar r u s s i s c h e n Ton. Der wurde in der Musik, zuerst und vor allem aber in der Literatur gefunden. Trotzdem ist der Kampf um eine slawische Identität und gegen die Einflüsse von außerhalb ebenso altehrwürdig wie aussichtslos. Nur im Nehmen und Geben kann der Sinn von Entwicklung liegen, und auch den erzslawischsten Erzeugnissen des Geistes merkt man stets die Berührung mit dem Westen an.

Wie war es in der Literatur? Französisch war Trumpf bis zum Ende des Achtzehnten Jahrhunderts, man schrieb und dachte französisch im Reich des Zaren. Michail Wassiljewitsch Lomonossow, ein anderer Bruder Grimm in Petersburg, schuf die Basis einer russischen Schriftkultur. Als Begründung diente ihm das Bonmot, der deutsche Kaiser Karl V. – in dessen Reich die Sonne nie unterging – hätte sich mit Gott spanisch, mit Freunden französisch, mit Feinden deutsch und mit Frauen italienisch unterhalten. Wäre er des Russischen mächtig gewesen, hätte er für all das nur eine Sprache gebraucht! Nikolaj Karamsin formulierte in seinen *Briefen eines reisenden Russen* als Erster die Sehnsucht nach Welt in der Muttersprache. Dann machte sich Alexander Sergejewitsch Puschkin ans Werk. Er erweckte die russische Dich-

---

164 Vieles in der klassischen russischen Musik mag eher Folklore als genuine ›Volksmusik‹ sein. Volkskundliches Bemühen ist in der Musik wesentlich jünger als in der Literatur, wie überhaupt die Musik alle Epochenentwicklungen mit teils erheblichen Verzögerungen mitmachte. Einer der ersten und gleich der berühmteste Volksliedsammler, Béla Bartók, auf regelrechten Expeditionen unterwegs mit Phonograph und Notizblock durch ganz Südosteuropa, brachte Anfang des letzten Jahrhunderts über zehntausend Melodien zusammen, hundert Jahre nach den märchensammelnden Brüdern Grimm – noch eine Rettung des Abendlandes in seiner kulturellen Identität.

tung zum Leben. Er formte aus Mythe, Legende und Geschichte eine Nationalliteratur. *Der Mohr Peters des Großen* steht symbolhaft am Beginn. Dieser Mohr hieß Hannibal, kam aus Äthiopien und war Puschkins Urgroßvater; Peter aber ist der Mann, der Russland dem Westen öffnete. Aus Puschkins komischem Versepos *Ruslan und Ludmilla* entsteht die russische Nationaloper des Michail Glinka. *Boris Godunow*, die erste große Tragödie über den unglückseligen Despoten, der vom falschen Dmitrij, dem Doppelgänger des von ihm ermordeten Bruders, in den Wahnsinn getrieben wird, machte Mussorgskij zur heute weltweit bekannten typisch russischen Oper mit ihren wirkungsvollen Massenszenen und bassgewaltigen Monologen. Puschkins Werk ist der Steinbruch, aus dem die Quader einer russischen Sprachkultur gehauen wurden. Sein Werkzeug ist die fundierte Bildung, die ihm das Lyzeum von Zarskoje Selo mitgegeben hatte. Sein Tonfall kann sowohl realistisch sein als auch satirisch sowie voll romantischen Überschwangs, chamäleongleich verwandelt er sich allen Möglichkeiten der Dichtung an. Hunderte Gedichte, der Roman in Versen *Eugen Onegin* und gereimte Märchenepen wie *Der Goldene Hahn* – vertont von Rimskij-Korssakow – sowie die eleganten Erzählungen und der Abenteuerroman *Die Hauptmannstochter* sind die Ausbeute weniger Jahre der Produktivität. Puschkin stirbt archaisch grausam – an den Folgen eines Duells mit dem eigenen Schwager.

> Die russische Literatur beginnt mit einem gelangweilten jungen Mann, der seinen besten Freund totschießt. Das ist insofern programmatisch, dass Freundschaften und deren Annullierung ein großes Thema werden, in Büchern und unter Autoren.

Noch ein Blick auf *Eugen Onegin* und seinen Schöpfer. Die russische Literatur beginnt hier gleich mit dem Meisterwerk der Gefühlsartistik. Onegin macht auf blasiert, dabei fehlt es ihm an Mut, sich so zu geben, wie er ist. Natürlich wird er von Tatjana, der liebenden Frau, durchschaut. Onegin aber durchkreuzt alle Bemühungen, ihn zu normalisieren, indem er den ›romantischen‹ Freund und Hobby-Dichter Lenski eifersüchtig macht, sodass der ihn fordert, und erschießt. Als er später bereit zur Umkehr ist, kommt das für die Geliebte zu spät – sie hat sich anderweitig orientiert.

Peter Tschaikowskij machte daraus seine schönste Oper mit der musikalischen Eiseskälte der Duellszene und den Walzern der prachtvollen Bälle. Höhepunkt der Oper ist die Vorbereitung zum Duell. Die beiden Hitzköpfe zeigen sich im Angesicht des plötzlich bevorstehenden Todes völlig unterschiedlich im Temperament; Lenski erkennt und beklagt, um welch geringen Preis er sein kaum begonnenes Leben aufs Spiel setzt, Onegin – cool in seiner Selbstfremdheit – sieht im Zweikampf eine willkommene Abwechslung vom täglichen Einerlei. Der Roman hingegen macht die große Wende Onegins beim Anblick des toten Freundes zum Zentrum der Handlung:

In Reue und Gewissensqualen
sieht unser Held den strengen Tod
auf Lenskis Stirn sein Zeichen malen.
Sarezki sagt nur: »Der ist tot.«
Getötet! … Und Onegin schaudert,
indes der Sekundant nicht zaudert,
den Schlitten holt, den Leichnam dann
auf Decken legt und das Gespann
nach Hause fährt. Die Pferde wittern
den Toten ängstlich, weißer Schaum
benetzt die Zügel und den Zaum,
durch ihre Mähnen läuft ein Zittern;
sie fliehn und fliegen wie ein Pfeil,
als wär die Flucht der Weg zum Heil.[165]

---

[165] Eindrucksvoll die Schilderung der animalischen Reaktion auf das tragische Geschehen. Diese ›Gleichgewichtung‹ menschlicher und tierischer Regungen macht eine unvergleichliche Besonderheit der russischen Literatur aus; Höhepunkt sicher Tolstois Novelle *Der Leinwandmesser*, in der ein alter Wallach den anderen Pferden auf dem Gestüt

Für einen Kenner wie Vladimir Nabokov war der *Onegin* des erst vier-
undzwanzigjährigen Puschkin das Meisterwerk der Tradition. Als
Professor in Amerika arbeitete er deshalb an einer englischen, reich
kommentierten Fassung. Sein bemitleidenswerter Briefpartner Edmund Wilson hatte das Pech, eine eigene Meinung zur Übersetzung
des in Jamben gereimten Romans vorzutragen: Da kündigte Nabokov
die Freundschaft! Puschkins *Onegin* ist auch der Höhepunkt eines ganzen Genres. Das Versepos hat immer wieder die Dichter gereizt, seit
Homer es in die Welt setzte. Ende des Achtzehnten Jahrhunderts verließ das bis dahin ganz auf Staatsaktion und Krieg gestimmte Epos
in Deutschland die Schlachtfelder (verscheucht von der Revolution
und der Niederlage gegen Napoleon), wurde bürgerlich und betrat
die Salons und Wohnzimmer, mit Goethes *Hermann und Dorothea* als
Spitzenleistung. Wenig später begeisterte George Gordon Noël – oder
schlicht: Lord Byron – ganz Europa mit seinen wildromantischen
Phantasien. Schlösser auf hohen Klippen, Piraten auf hoher See, Einsame auf hohen Gipfeln, das waren seine extravaganten Träume, in die
Verse der Epen *Lara* und *Der Korsar* und das Drama *Manfred* gegossen.

Heute sind wir gewohnt, an Schauspieler und Fernsehstars zu denken, wenn von der schönsten Frau, dem schönsten Mann der Welt
die Rede ist. Seinerzeit konnte noch ein Schriftsteller diesen Titel beanspruchen: Byron war dieser schöne Mann – mit einem Hinkefuß! –,
umweht von Gerüchten über einen, sagen wir: unkonventionellen,
Lebensstil, auf jeden Fall von einer Aura der Verkommenheit. Folgerichtig ist sein großes Versepos ein *Don Juan*, der die nicht nur amourösen Abenteuer des Helden zu einem Bilderbogen in Zeit und Raum
spannt. In diesem Werk und seinem anderen großen Epos, *Childe Harolds Pilgerfahrt*, zeigt Byrons Dichtkunst das Doppelgesicht von zu-
packender Kühnheit und weltverachtendem Sarkasmus. Genauso

---

sein Leben erzählt, das voller Wendungen und Seltsamkeiten war. Nun holt ihn der
Abdecker. – Die neue deutsche Nachdichtung des *Onegin* von Ulrich Busch klingt bis-
weilen wie Wilhelm Busch, hebt aber gerade dadurch die ironischen Brechungen des
Textes angemessen hervor.

540   Kapitel 8 Russische Zustände

war sein Leben. England verließ er und lebte mit dem Dichter-
kollegen Shelley, dessen Partnerin Mary[166] und deren Stiefschwester
Claire Clairmont am Ufer des Genfer Sees. Mary schrieb den Briefroman *Frankenstein*, das Meisterwerk der Gothic Novel[167], über den
verblendeten Wissenschaftler und das von ihm belebte und von ihm
betrogene und enttäuschte Monster, das sich schrecklich rächt. Der
Lebenswandel in der Villa Diodati war träge und skandalumwittert.
Dann raffte der Held sich zu seiner großen Tat auf: In Griechenland
tobte der Freiheitskampf gegen die Osmanen, ganz Europa ergriff Partei für die Hellenen – auch Puschkin ereiferte sich; aber nur Byron ging
hin, begleitet von den guten Wünschen der anderen. Er starb, ohne gekämpft zu haben, am Sumpffieber in Missolunghi.

Mit Petschorin betritt ein weiterer Gelangweilter die literarische
Szene: *Ein Held unserer Zeit.* Ganz im Sinne Puschkins benimmt er sich
daneben, erregt Skandal und hat einen Riesenerfolg damit. Sein Erfinder Michail Lermontow wollte ein Gegenbild zum gängigen Typus
des ›romantischen‹ Liebhabers entwickeln und erfand – den Egoisten.
Um alle Erinnerungen an altbackene Sentimentalitäten zu tilgen, zerhackt er die ohnehin kurze Geschichte seines ›Helden‹ in fünf kleine
Episoden: Petschorin macht sich einen Spaß daraus, gefühlvollen
Frauen Liebe einzuflößen, um sich dann kalt zu stellen und die daraus
entstehende Verzweiflung zu genießen – ein absolut einsames Vergnügen. *Der Egoist,* vorher im Stillen von Stendhal ausgeklügelt, wird
England erst mit fünfzig Jahren Verspätung in der Figur des Sir Wil-
loughby Patterne, der allerdings an seinen drei Frauen scheitert, im
Roman von George Meredith erreichen; seither ist er eine Charge, ohne
die Literatur und Leben nicht mehr auszukommen glauben.

Der Kaukasus mit seinen beeindruckenden Landschaften und wil-

---

166 Übrigens war sie die Tochter der als frühe Kämpferin für Frauenrechte bekannten Mary
Wollstonecraft.

167 Der unvermeidliche Vasari bezeichnete als ›gotisch‹ oder eigentlich: deutsch alles
Rohe, Unelegante, was die Zeit vor der Renaissance hervorgebracht hat, eben die Gotik.
Diese negativen Eigenschaften wurden im Englischen auch auf die Besonderheiten des
Schauerromans oder ›gothic novel‹ übertragen.

den Bewohnern wird Lermontow zur Projektionsfläche der Träume von Freiheit und Ungebärdigkeit. Schon damals führten die Zaren dort einen Krieg, der nicht zu gewinnen war. Lermontow wie Puschkin, der davon in seiner *Reise nach Erzerum* erzählt, genauso wie Tolstoi entdeckten diese urwüchsige Welt als Reservat ›echter‹ Gefühle. Dass dort auch eine Wiege der Menschheit steht[168], auf dem Berge Ararat Noahs Arche landete, in Georgien die älteste christliche Kultur zu Hause ist und vieles mehr, war Puschkin bewusst; Lermontows Held ist nur für die Reize wilder Tscherkessenprinzessinnen empfänglich.

Ein schwarzer Teufel begründet die russische Literatur. Moralische Integrität war noch nie ein bedingendes Merkmal des großen Artisten.

Puschkin, von Mitmenschen ob seiner Hässlichkeit als ›kleiner schwarzer Teufel‹ beschrieben, erscheint auf dem Porträt domestiziert. Krauses Haar und etwas Backenbart rahmen ein flächig-glattes Gesicht mit einer dominierenden Nase und schmallippigem Mund. Besonders inspiriert schaut er nicht drein, offensichtlich hat er gerade frei vom Dichten und Lieben. In vieler Hinsicht ähnelt Puschkin Byron, angefangen mit der erotischen Aura, die sie um sich verbreiten, über die autobiographischen Bezüge in ihren Hauptwerken *Childe* (›Knappe‹) *Harold* beziehungsweise *Eugen Onegin* – jeweils ein gelangweilter Dandy im Zentrum der Handlung –, bis hin zur freigeistigen, ironisch-distanzierten Haltung, mit der beide bei Zensur und Zeitgenossen anecken. Der Verzweifelte, dem die Abkapselung von jeder Gesellschaft Schicksal wird, ist ihr Held, und beiden gelingen dabei Porträts von großer Eindringlichkeit. Dieser Mensch, schon im deutschen Sturm und Drang ein Liebling der Dichter, hat sich in Schuld verstrickt und führt ein Leben weiter, das bereits verwirkt ist. Das gilt für den Zaren Boris, den Kosaken *Mazeppa* und den Rädelsführer Pugatschow genauso wie für Byrons *Manfred* (eben-

---

168 Im Angloamerikanischen ist der Kaukasier das Synonym für die weiße Rasse schlechthin.

falls von Tschaikowskij zu einer Dramatischen Sinfonie verarbeitet), der am Ende auf Alpengipfeln Frieden sucht: Das vorhergeträumte Zeitalter des Alpinismus beginnt, tatsächlich von einem Landsmann Byrons, dem Briten Edward Whymper, wenige Jahrzehnte nach dessen Tod durch die Erstbezwingung des Matterhorns eingeleitet.

Mit *Onegin* nimmt Puschkin direkt Maß bei Byron und *Childe Harold*, den er ein Dutzendmal als Inspirationsquelle und Gewährsmann zugleich beschwört. Während Byron aber das Ende einer Epoche romantischen Überschwangs bezeichnet und sich bald die Gegenkräfte mit dem Ziel biedermeierlichen Rückzugs in die eigenen vier Wände formieren werden, vollführt Puschkin höchstselbst die Wende zu einem distanzierten Blick auf das Menschenleben und das darin Mögliche. Ist sein eigenes Ende im Duell – selbst Heinrich Heine wird noch mit dem Degen, lieber aber auf Pistolen!, gegen unliebsame Mitmenschen losgehen – als Spätwirkung der romantischen Neigung zur Überhöhung von Leben und Sterben zu betrachten, so weisen seine Werke bereits dem Realismus den Weg, dessen Kennzeichen es sein wird, den Menschen so zu sehen, wie er ist: lebensgroß.

Was wir glaubend annehmen, sind die Urteile von Zeitgenossen und Nachwelt über die Brillanz Puschkins als Dichter. Kaum ein anderer hat solche Anerkennung für seine Verse gefunden, im Deutschen vielleicht am ehesten mit Heine vergleichbar. Das klingt so rund und tönt so gut, wenn Puschkin reimt, dass man fast die satirischen und politischen Untertöne vergisst darüber.

> *Poet! An Volkes Gunst sei nimmer dir gelegen.*
> *Des Lobs, des Preises Lärm rauscht nur zu schnell vorbei;*
> *Dir schlägt der Dummheit Spruch, der Menge Spott entgegen,*
> *Doch du bleib stark und fest, und bleib dir selber treu.*
>
> *Du bist ein Zar: so bleib allein. Geh auf den Wegen,*
> *Die dir dein Denken weist, geh unbeirrt und frei,*
> *Und wenn du dichtest, mach, daß es vollkommen sei,*
> *Und hoff für edle Tat auf keinen andern Segen.*

Dein Lohn liegt in dir selbst. Du selbst bist dein Gericht;
Du weißt am besten, was dein Werk taugt und was nicht.
Braucht es vor deinem Spruch, du Strenger, nicht zu zittern?

Bist du zufrieden? Dann mag nur die Menge schrein
Und mag auf den Altar, wo deine Glut brennt, spein
Und mag mit Kindersinn an deinem Dreifuß schüttern.

Jeder ist Zar, der selber denken kann. Aber wenn der leibhaftige Zar in Puschkins *Weihnachtsmärchen* auftritt, verkündet er die Menschenrechte bestimmt in dem Augenblick, wenn der Märchentraum aus ist und Du erwachst.

Über die russische Geschichte bis zur Oktoberrevolution neunzehnhundertsiebzehn braucht man nicht allzuviel zu wissen. Ein einziges Datum reicht aus, aller Literatur darum herum den Platz zuzuweisen: Am dritten März achtzehnhunderteinundsechzig[169] hebt per Ukas Zar Alexander der Zweite die Leibeigenschaft auf. Auch in allen anderen Staatswesen hat es diese Form der Entwürdigung des Menschen gegeben. Aber in Russland länger als anderswo als Zeichen, dass die dortige Realität den Entwicklungen in den Köpfen oder in der Welt hinterherhinkte. Diese ›Gegebenheiten‹ waren mit dem Zarentum und der Adelswelt der ländlichen Gebiete vergesellschaftet. Im Gegensatz dazu standen die hellen Köpfe in Moskau und vor allem Petersburg[170] – und natürlich derjenigen Russen, die im Ausland gewesen und von dort zurückgekehrt waren. Am lebendigsten wird die russische Historie durch die großen, literarischen Autobiographien, wie etwa das vielbändige Werk *Erlebtes und Gedachtes* von Alexander Herzen. Als Kind hatte er noch Napoleons Einmarsch in Moskau mit-

---

169 Datum neuen Stils, es galt damals in Russland noch der altehrwürdige julianische Kalender, zehn bis elf Tage hinter der Zeit her.

170 Das ›Tor zum Westen‹, als Ostseehafen natürlich auch in direkter Verbindung zum Rest der Welt.

544   Kapitel 8 Russische Zustände

erlebt. Er gab den wichtigen Literaturalmanach »Der Polarstern« he-
raus, wurde verbannt und war doch eine feste Größe des kulturellen
Lebens in Russland. Lew Tolstoi schuf ein umfangreiches Werk von
Lebenserinnerungen. Wladimir Korolenko aus der Ukraine schrieb *Die
Geschichte meines Zeitgenossen,* von Rosa Luxemburg ins Deutsche über-
setzt. Bewegend wieder seine Schilderung einer Jugend auf dem Lande;
viele Jahre verbrachte er als Deportierter in Sibirien. Der Bogen großer
Erlebensbeschreibungen geht bis zu Andrej Sacharow und *Mein Leben:*
Ein Dissident und Friedensnobelpreisträger erzählt vom Ende des so-
wjetischen Unterdrückungssystems.

Russland war auch die Heimat einer religiösen Erneuerung – Moskau als ›drittes Rom‹ (das zweite war Byzanz gewesen) Sitz des orthodoxen Patriarchen – und von Dekabristen, Anarchisten, Nihilisten
und Terroristen, also politischen Utopisten im weitesten Sinne. Der
Zar, der die Sklaverei abschaffte, fiel der Bombe eines Nihilisten zum
Opfer. Die Dekabristen waren als erste mit ihrem Adelsaufstand gescheitert und wurden allesamt nach Sibirien deportiert, wo sie, etwa
in Irkutsk, ein neues gesellschaftliches Leben begründeten, was später
zur Heimholung der Überlebenden führte – um sie besser unter Kontrolle halten zu können. Haupt der anarchistischen Bewegung war
Michail Bakunin, eine schillernde Persönlichkeit und erster Berufsrevolutionär. Wo etwas los war zu seiner Zeit, da war er nicht fern. Im
Roman *Der Teufel auf dem Pontelungo* hat Riccardo Bacchelli seiner alten
Tage gedacht: Der ergraute Revoluzzer war nämlich auch nach Italien gekommen, als er vom Risorgimento hörte, der Befreiungs- und
Einigungsbewegung, die der sardische Premier Cavour lenkte und in
deren Dienst Garibaldi zum Volkshelden wurde. Allerdings – Bakunin
wurde dort nicht benötigt. Er starb im Tessin, ohne wesentlich zur Beglückung der Italiener beigetragen zu haben. Ein Überzeugungstäter
war Boris Savinkov; in seinen *Erinnerungen eines Terroristen* beruft er
sich ausdrücklich auf den Dekabristenaufstand, der ihn zu Attentaten
auf Großfürsten und Regierungsvertreter antrieb.

Die Welt der Junker und Sklavenhalter bildet den Hintergrund für
den abgründigsten Schabernack, den man sich als satirische Reaktion

Anarchie   Die toten Seelen 545

darauf vorstellen kann, *Die toten Seelen* von Nikolaj Gogol. Auf keinen
Fall darf man sich vom seltsam klingenden Titel abbringen lassen, diesen Meisterroman zu lesen – Du wirst ihn lieben! Der junge Tschitschikow bereist das ländliche Russland, um Großgrundbesitzern die
Rechte an ihren gestorbenen Leibeigenen abzukaufen; diese ›toten
Seelen‹ kann man beleihen und dadurch zu Geld machen! Der selbst
reiselustige Gogol lässt seinen schlitzohrigen Helden wie in einem
Roadmovie die verschiedensten Landschaften und Leute erleben,
während sich seine betrügerischen Machenschaften immer bedrohlicher gegen ihn selbst wenden – der Roman blieb sinnvollerweise unfertig und der sympathische Schelm Tschitschikow (sicher ein sprechender Name, wie so oft in der russischen Literatur – allerdings weiß
ich nicht, was er uns sagen will) darum einstweilen vom Arm des Ge-
setzes unbehelligt.

Seine Ideen bezog der Ukrainer Gogol zunächst aus dem
Geschichtsfundus seiner Heimat, dann bei Großmeister Puschkin,
mit dem er befreundet war. So entstand auch der Bühnenklassiker *Der
Revisor*. In einem Provinzstädtchen taucht Chlestakow auf, ein kleiner Beamter, blank aber pfiffig. Er macht sich zunutze, dass alles gerade auf die anstehende Prüfung durch die staatliche Aufsicht wartet
und jeder etwas Dreck am Stecken hat. Er schlüpft in die Rolle des Re-
visors und lässt sich angemessen hofieren. Gerade als der Schwindel
auffliegt, wird die Ankunft des echten Untersuchungsbeamten an-
gekündigt – die ganze Stadt erstarrt in Schrecken. Zur Darstellung
dieses Zustands hatte Gogol den Schauspielern auf der Bühne neunzig
Sekunden absoluten Stillstand verordnet, eine köstliche Spanne Ruhe
im Getöse, ähnlich der komponierten Stille in einem der abgründigen
Aktschlüsse einer Rossinioper. Leider ist die einzige mir bekannte
Vertonung des Stücks von Werner Egk nicht auf der Höhe des Vor-
wurfs; besser schon »Die toten Seelen« von Rodion Schtschedrin[171]:

---

171 Schtschedrin erinnert sich, dass nach der Uraufführung ein Sänger einer allerklein-
    sten Nebenrolle verschwand und nie wieder auftauchte. Er hatte ein Verhältnis gehabt
    mit der Tochter des damaligen Generalsekretärs des ZK der KP, Genosse Breschnew,

546   Kapitel 8 Russische Zustände

Ein Frauenchor sitzt im Orchestergraben und ersetzt die Violinen
durch eine Vokalise der Landarbeiterinnen. Der Komponist, der Gogols Absurditäten kongenial zum Klingen gebracht hat, war Dmitrij
Schostakowitsch. »Die Spieler« nach der kleinen Farce über betrogene
Betrüger mit dem Knalleffekt am Ende ist schon grandios, »Die Nase«
sein satirisches Meisterstück.

Damit sind wir bei Gogols wichtigsten Leistungen angekommen,
den Novellen *Die Nase* und *Der Mantel.* Wer sie gelesen hat, will alles
von diesem Autor kennenlernen. Die Nase kommt dem Beamten Ko-
walew abhanden. Nachdem sie in einem Brot und als Staatsrat verkleidet gesehen wurde, sitzt sie plötzlich wieder, als wäre nichts geschehen, in Kowalews Gesicht. Ist etwas geschehen? Der Mantel ist
der ganze Stolz des armen Teufels Akakij Akakijew Basmatschkin
(vermutlich wieder ein Fall von Onomatopoesie!); als der geklaut
wird, geht dieser daran zugrunde. Zur Strafe spukt es anschließend in
Petersburg. Gogol macht der kleine Vorfall unsterblich.

Auch in den *Russischen Nächten* von Fürst Wladimir Odojewskij
geht es nicht mit rechten Dingen zu, wenn die Schatten von Faust und
eines Kapellmeisters namens Beethoven an die Wand fallen. Diese
beunruhigenden Hinweise auf eine mögliche Störung gutbürger-
licher Nachtruhe blieben seinerzeit einfach unbeachtet. Denn das
Phantastische, erstmals mit dem von E. T. A. Hoffmann stammenden
Doppelgängermotiv, das für die russische Literatur so typisch werden
wird, und die in giftige Satire verpackte soziale Klage sind ganz Gogols Themen, mag er auch noch so harmlos auf dem berühmten Porträt dreinschauen, das ihn im Frack zeigt; das glatte, seitengescheitelte
dunkle Haar läuft in einer Welle aus, die Augen schauen heiter, über
dem freundlichen Mund sitzt ein keckes Bärtchen. Das verrät nichts

---

und kam dem Schwiegervater in spe wohl ungelegen, da Zigeuner. Das wäre noch
keine Fußnote wert, weil im Totalitarismus zu alltäglich – aber in den folgenden Aufführungen und für die Schallplattenaufnahme wurde die nun vakante Rolle einfach gestrichen, somit auch Name und Person des Sängers ein für alle Mal aus dem kollektiven
Gedächtnis gelöscht. Daran konnte sich Schtschedrin freilich erst wieder erinnern, als
das ganze System auch bereits annulliert und Geschichte geworden war.

von dem, was sich im Inneren dieses Zerrissenen abspielte, dessen unstetes Leben jämmerlich zu Ende ging, wie Nabokov in seiner großen *Gogol*-Vorlesung eindringlich beschrieben hat. Zeitlebens war er auch als Kritiker und Theoretiker tätig, genau wie alle anderen seiner großen Zeitgenossen. Die literarische Szene dieser Zeit muss man sich als Werkstatt vorstellen, in der alle gleichzeitig als Meister und Lehrlinge arbeiteten. Und aus Gogols *Mantel* ging alles Weitere hervor.

Iwan Turgenjew gehörte zu den vielen Auslandsrussen, die damals die Kurorte Europas und ihre Spielcasinos bevölkerten. Einige Zeit lebte er in Deutschland, zusammen mit der großen Sängerin und Komponistin Pauline Viardot-Garcia.[172] Dieses seltsame Paar – Frau Viardot war zusätzlich noch glücklich verheiratet – hat Otto Flake in seinen interessanten Roman *Hortense oder die Rückkehr nach Baden-Baden* über den Freiheitsdrang einer selbständig lebenden Frau als Nebenfiguren eingebaut und dem alternden Turgenjew, der auch mit Bakunin und Herzen sowie mit Flaubert in regem Austausch stand, einen passenden Erinnerungsort angewiesen: ein traurig blickender Herr mit grauem, mittelgescheiteltem Haupthaar und eisiger Bartpracht, ernst und erhaben in seiner Erscheinung wie seine geistig souveränen, jedoch im Praktischen – besonders: Erotischen – versagenden Helden.

Auf das Vielgestaltigste verkörpert Iwan Turgenjew in Leben und Werk das Ringen um Russlands Aufbruch in die Moderne. Sein einziger ganz gelungener Roman *Väter und Söhne* hat schon im Titel den Hinweis auf den Generationenkonflikt zwischen dem Alten und Neuen. Abseits der zärtlich grundierten Beziehung zwischen Nikolaj Kirsanow und seinem Sohn, dem Studenten Arkadi, steht dessen Kommilitone Jewgenij Barsanow, der naturwissenschaftliche, daher argwöhnisch beäugte Experimente durchführt und die neue Theorie des ›Nihilismus‹ in die tiefste Provinz einschleppt. Damit kommt er übel an, genauso wie als Liebhaber bei der reichen Witwe Anna. In einem Akt freiwilliger Entmaterialisierung steckt er sich mit Typhus

---

172 Sie war die Schwester der größten Sängerin von allen, der Malibran: Rossini schrieb seine besten Rollen für sie.

an und lässt die ländliche Welt im Umbruch ratlos zurück. Ein Gutes hat's: Arkadi macht Ernst, er heiratet die Schwester der Witwe. Damit beginnt eine neue Zeit der aufgeklärten Bürgerlichkeit.

Warum sind aber diese anderen Romane: *Rudin, Ein Adelsnest, Vorabend, Rauch* und *Neuland* nicht gelungen? Turgenjew ist einer der vollendetsten Erzähler, die ich kenne. Eine der schwierigsten Disziplinen der Literatur, die Tiergeschichte, bereicherte er um die wundervolle *Mumu*: Ein taubstummer Leibeigener wird von seiner Eigentümerin gezwungen, den niedlichen kleinen Hund zu ersäufen, der ihm in seiner Einsamkeit die einzige Gesellschaft war. Diese und andere Geschichten sind Meisterwerke, die *Aufzeichnungen eines Jägers* amüsant und die Morgenluft eines Sonnenaufgangs im Herbst, mit Hund und Flinte, atmend, die *Gedichte in Prosa* kleine geschliffene Schmucksteine, aber: Im Roman erstarrt ihm der erzählerische

> In einem Staat mit Gewaltherrschaft liegen für den Dichter die dramatischen Themen auf der Straße. Er braucht nur zuzugreifen.

Fluss zum Eisklotz, die Figuren werden Schemen und Abziehbilder, die Handlung vorhersehbar, Langeweile macht sich breit. Turgenjews schwacher Typ ist der erfolglose Liebhaber, ein blässlicher Bursche, der ›Denker‹, der er ist, aus seinem Missgeschick eine Tugend machen will (wie gerade bei Barsanow geschildert) und dabei alles an Charakter schuldig bleibt. Da hilft auch ein Suizid nicht weiter.

In die Nähe Turgenjews gehören so einfallsreiche Erzähler wie Aleksej Pisemski mit seinem Roman *Im Strudel* aus der Welt der Nihilisten und Michail Saltykow, der unter dem Pseudonym Schtschedrin in Romanen wie *Geschichte einer Stadt* und *Die Herren Golowlew* von kleinen Heuchlern und pflichtvergessenen Beamten erzählt. So diagnostiziert er die Krankheit zum Tode der abgelebten russischen Gesellschaft. In skurrile Geschichten verpackt wurde erstmals etwas wie Obrigkeitsschelte möglich, ganz aus dem Geiste Gogols.

Ein Draufloserzähler von Graden ist Nikolaj Lesskow, der von dem Ehrentitel eines russischen Zola sicher nicht begeistert gewesen wäre, denn e r war zuerst da – trotzdem ist die Ähnlichkeit unübersehbar.

Seine eindrucksvollste Erzählung ist die *Lady Macbeth von Mzensk* über die Mörderin aus Leidenschaft Katerina Ismailowa. Die Verbrechen der unglücklich verheirateten Katerina und ihre Liebe zum Knecht Sergej werden mit saftigem Realismus geschildert, zugleich gibt der Autor ihr aber die Würde der nach Glück strebenden und von Freiheitsdrang erfüllten Frau. Lesskow täuscht sich allerdings. Shakespeares Lady Macbeth ist ganz intriganter Machtmensch. Ihre Energie treibt den weichlichen Gatten voran. Unwillkürlich kommt einem die Parallele zur damals gerade regierenden Königin Elisabeth in den Sinn. Deren Umgang mit Männern war von einiger Rigidität. Ihren Liebhaber, den schwächlichen Earl of Essex, ließ sie – und das geschah wenige Jahre vor Entstehung des *Macbeth* – zum Tode verurteilen. Idealer Stoff für die Oper Donizettis »Robert(o) Devereux« (das war der Familienname des Earl) mit der zynischen Hinrichtungsszene. Ob dem Autor des *Macbeth* das Bild dieser Frau vorgeschwebt hatte? Die Lady ist im Drama um den Thronusurpator Schottlands die eigentliche Heldin, die aus geheimen Wünschen blutige Tatsachen macht. Verdi hat das erkannt und sie zur Hauptperson seiner Vertonung des Stoffes gemacht – Maria Callas hat das Dämonisch-Lauernde an dieser Frau unvergleichlich herausgearbeitet. Lesskow hingegen beschreibt ein Hörigkeitsszenario, in seiner brutalen Folgerichtigkeit auch schon unerhört genug. Seit dem ägyptischen Präzedenzfall der Hatschepsut, der alleinherrschenden Pharaonin, deren Bild und Namen ihre Nachfolger tilgen ließen, bis zu Zarin Katharina und Maggie Thatcher hat die Vorstellung der ›starken Frau‹ die Phantasien beflügelt – speziell männliche.

Die »Lady Macbeth von Mzensk« mit der animalischen Kopulationsmusik im Zentrum machte Dmitrij Schostakowitsch zu einer wahrlich ›revolutionären‹ Oper, die denn auch sogleich verboten wurde; Lesskow, der an sich selbst den Mangel an Einfallsreichtum beklagte und dessen Romane und Chroniken bei uns vergessen sind, bleibt als Geschichtenerzähler mit Ambition quicklebendig: *Der Toupetkünstler,* ein ganz modernes Genie aus der Beautybranche, wird zum bedauernswerten Opfer seines Fronverhältnisses; *Der versiegelte Engel* ist eine ebenso spannende wie spirituelle Geschichte aus der Welt der Ikonenmalerei und der Altgläubigen, die in passivem Widerstand zur Staatskirche lebten; *Der Linkshänder* lässt die Legende vom Meisterschmied zu Tula wieder erstehen, der in Konkurrenz zum Manchesterstahl einen mikroskopisch kleinen mechanischen Floh noch zu verbessern verspricht und dabei allen eine Nase dreht.

Wie in jeder sich entfaltenden literarischen Szene wurde auch in Russland die Figur des Anregers benötigt, eines hilfreichen Geistes, der sich selbst zurücknimmt und andere glänzen lässt. Solche Figuren hast Du schon anderswo kennengelernt. Hier übernahm Nikolaj Alexejewitsch Nekrassow diesen Part, der seine eigene Produktion so beschrieb:

> *Ihr Lieder mein! Lebendig Zeugnis tragt ihr*
> *Der Schmerzen ringsumher;*
> *Geboren aus der Seele Gluten, klagt ihr*
> *In Stürmen lang und schwer,*
> *Und an die starren Menschenherzen schlagt ihr*
> *Wie ans Geklipp das Meer.*

Damit ist über sein Dichten des Mitgefühls und sozialen Engagements schon alles gesagt. Seine Zeitung »Sowremennik« (»Der Zeitgenosse«) wurde zum Sprungbrett und Tummelplatz der literarischen Talente, von hier wurden die neuen Ideen verbreitet.

Zeit für den großen russischen Gesellschaftsroman. Fast hätte ihn – naturgemäß – ein Engländer geschrieben, William Gerhardie mit *Vergeblichkeit*, einem allerdings kurzen Meisterwerk über ›russische Themen‹. Aber zum Glück gibt es *Anna Karenina*. Die Eisenbahn, die schon den Fürsten Myschkin brachte, ist auch für Anna schicksalhaft. Ihr bringt sie erst den Rittmeister Wronskij, dann den Tod. Lew Tolstoi ist der Mann für den großen Bogen und langen Atem. In seinem Roman verfolgt er das Schicksal dreier miteinander verwandter Paare der besten Moskauer Gesellschaft, die verschiedene Welten verkörpern:

die nur noch aus Fassade bestehende Ehe der glänzenden, finanziell aber am Krückstock gehenden Oblonskijs, den Grübler Levin, der bei der bezaubernden Kitty die Liebe sucht und findet und sie dann mit dem festen Willen heiratet, endlich auf dem Land glücklich zu werden, und schließlich den steifen Beamten Karenin mit seiner lebenssüchtigen Frau Anna. Die beiden haben einen kleinen Sohn, der auch bereits in die falsche Richtung gelenkt wird, als Anna ausschert, um mit Wronskij neu zu beginnen. Der aber entzieht sich nach dem vielversprechenden Auftakt mit der Flucht in ein sonnendurchglühtes Italien mehr und mehr ihrem Versuch der Vereinnahmung; seine Welt sind die exklusiven Vergnügungen wie das Hindernisreiten und Duellieren. Die von ihm schwangere Anna, deren ›gesellschaftliches‹ Leben ohnehin vorbei ist, zieht die letzte Konsequenz und damit auch einen Schlussstrich unter ihre menschliche Existenz. Die zerrüttete Ehe, das adäquate Thema für den ›erwachsen‹ gewordenen Gesellschaftsroman und ein persönliches Thema Tolstois, bildet auch den Zielpunkt der Novelle *Kreutzersonate*, die große Resonanz hatte. Leoš Janáček, der böhmische Tonsetzer, der schon Gogols Kosakengeschichte »Taras Bulba« zum Ohrwurm gemacht hatte, nannte sein Erstes Streichquartett[173] nach Tolstois Novelle – welche ja wiederum nach Beethovens erotisch aufgeladener Violinsonate benannt ist, die Frau Posdnyschewa vor ihrem gewaltsamen Ende mit einem geigerisch begabten Laffen zum Klingen bringt, was ihren Mann zur Raserei treibt. Offenbar wurden viele Leser von diesem Sujet besonders angesprochen, jedoch lässt Tolstoi in der Eifersuchtsgeschichte nicht so tief in sein Privatleben blicken, wie seine Bewunderer ihm zutrauten. Die vehementen Tiraden des Gattenmörders Posdnyschew gegen die Konventionen des bürgerlichen Ehestandes klangen jedenfalls revo-

---

173 Das hört sich nach langweiliger Beflissenheit an. Den richtigen Dreh bekommt die Sache erst, wenn man erfährt, dass Janáček die unheilschwangere Geschichte ursprünglich als Klaviert r i o gedacht und auch so vertont hatte. So kommt es nun zur Pointe, dass in dem Musikstück zur verdächtigen Gattin am Klavier und dem eingebildeten Liebhaber mit der Violine der sich gehört dünkende Gatte hinzutritt, als Cellostimme!

552   Kapitel 8 Russische Zustände

lutionär, aber nicht nach den Erkenntnissen eines Familienvaters von dreizehn Kindern. Erstaunt erfahren wir Leser erst jetzt, dass Frau Tolstaja ihrem Gatten auf diese Zumutung mit dem Roman *Eine Frage der Schuld* prompt geantwortet hat, in dem die talentierte Autorin die Sache ganz anders darstellt: Nicht die Abwendung der Ehefrau löst die Katastrophe aus, sondern die unerträgliche Wichtigtuerei und Überheblichkeit des Mannes, der ihr die Luft zum Atmen nimmt. Erst in diesem Echo erhält das Lamento vom Elend der Ehe seinen vollen Sinn.

Lew Tolstoi stammte aus höchstem Adel. Mehrere seiner Verwandten schriftstellerten über geschichtliche Themen, etwa Vetter Alexej K. im Bilderbogen *Fürst Serebriany* oder dessen linientreuer Nachfahre Alexej N. mit dem unvollendeten Groß-

Eine Welt von Individualisten und Individualitäten und als Höhepunkt der überflüssige Mensch.

werk über *Peter I.* Er selbst begann seine Laufbahn als Offizier während des Krimkriegs und im Kaukasus, woran *Die Kosaken* oder *Hadschi Murat* erinnern. Zum Ende seines Lebens machte er eine große moralische Wende hin zum Beschützer der Unterdrückten und Engel der Armen. Von so einer Umkehr handelt auch der Roman *Auferstehung*, der die Gewissensbisse des Fürsten Nechljudow schildert angesichts seiner zu Deportation verurteilten Jugendfreundin Maslowa. Einst war sie Magd bei seinen Tanten und er hat sie verführt, jetzt ist sie Prostituierte und hat womöglich einen Mord begangen. Nechljudow, als Geschworener zufällig beim Prozess dabei, erkennt sie wieder und das Unrecht, das er ihr angetan hat. Nun folgt er ihr nach Sibirien, er will sie heiraten. Hier bricht der Roman, der gleichzeitig eine Sozialreportage ist, absichtsvoll ab. Die Rechte daran schenkte Tolstoi der Menschheit, was zur Folge hatte, dass das Buch noch zu seinen Lebzeiten millionenfach verbreitet wurde. Aus dieser späten Zeit stammt auch das unverwechselbare Porträt des vitalen Greises mit dem wallenden, zweigeteilten Bart und der mächtigen Denkerstirn – er trägt den folkloristisch anmutenden Bauernkittel wie alle anderen, die auf seinem Landgut Jasnaja Poljana arbeiteten.

Schärfer könnte der Kontrast nicht sein zu dem Arzt, Feuilletonisten, Satiriker und chronisch Lungenkranken Anton Tschechow. Als Zeitungsschreiber holte er sich den Schliff für die kleine Form des Erzählens, begann mit Farcen und Satiren auf die Verhältnisse und liebevollen Schilderungen aus dem Leben einfacher Leute. Mit der Zeit wurden seine Erzählungen länger, aber über hundert Seiten kam er nie wirklich hinaus. *Eine langweilige Geschichte*: Endlich ist mal ein Professor Held einer Erzählung, und schon wird's ... siehe Titel! Der *Krankensaal Nr. 6* ist schlimmer als jeder Horrorfilm: Ein Besucher wird gleich dabehalten und das Spital bis zum eigenen Ende nicht mehr verlassen.[174] *Das Duell*, meine liebste Tschechow-Geschichte, handelt von Freunden in den Ferien, die sich ›wie rivalisierende Maulwürfe‹ in die Idee eines völlig überflüssigen Zweikampfes verbeißen; aber da man sich schon bei Turgenjew duelliert, ist's halt nötig; zum Glück schießt der sonst so penible Deutsche daneben. *Die Dame mit dem Hündchen*, von vielen als d i e perfekte Erzählung empfunden, schildert die erotische Begegnung zweier ›überflüssiger Menschen‹. Auch in der Verdoppelung wird kein ganzes Leben daraus. Das Ende bleibt, wie so oft bei Tschechow, offen.

Sein einziges längeres Werk ist die Beschreibung der Reise, die ihn auf *Die Insel Sachalin* im äußersten Osten des Riesenreiches führte, wo er fremde Landschaften und die verzweifelte Situation der auf ewig Verbannten kennenlernte. Dem Spötter versagt angesichts dieses Erlebnisses die Feder, stattdessen versucht er den Hoffnungsschimmer in der Tragödie zu beschwören.

Die Krankheit war Tschechows Begleiterin sein Leben lang. Die Tuberkulose trieb ihn zu Produktivität und nötigte ihm lange Pausen der Erholung ab. Er starb in Badenweiler in der Kur. Schön war er: Freundlich verschmitzt blicken die dunklen Augen unter einer hohen Stirn; üppiges, nach hinten gebürstetes Haar und ein wenig Bart umrahmen ein ebenmäßiges Gesicht, über dem eine große Ruhe liegt.

---

174 Es hätte Tschechow sicher nicht gekränkt, dass Thomas Mann sich für seinen *Zauberberg* unbedankt an dieser Idee bedient hat. Er hatte so viele, dass er freigebig damit umgehen konnte.

554 Kapitel 8 Russische Zustände

Alles an ihm ist unaufgeregte innere Kraft, die ihn zu den allergrößten schriftstellerischen Leistungen befähigte.

Tschechows größter Bewunderer nannte sich Maxim Gorki (= bitter; eigentlich war Peschkow der harmlose Familienname). Seine Lebenszeit als Schriftsteller führte ihn im Gegensatz zu seinem Vorbild über die Schwelle der Revolution hinweg, so fühlte er sich bemüßigt, im Sinne des neuen Bewusstseins produktiv zu sein: Statt Andeutungen liefert er Fakten, statt offener Schlüsse geht bei Gorki alles auf und aus. Mit *Konowalow* führt er den neuen Menschen vor, einen Säufer, Träumer und Proleten, der sich nicht bändigen lässt, der auf keinen Fall in einem System erstarren will. Typisch russisch erscheint Gorki als begnadeter Erzähler von nicht endenwollender Produktivität bis hin zu seinem letzten Werk, dem großen, vierbändigen historischen Roman *Klim Samgin*, mit dem er *Krieg und Frieden* bis zur Revolution fortsetzte, jedoch nicht vollendete. Wie vital Gorki die alten Formen neu füllte, zeigt schon der Beginn, wenn Vater Samgin einen Namen für sein neugeborenes Söhnchen, den künftigen Titelhelden des Romans, sucht: *»Weißt Du, Wera, wollen wir ihm nicht einen seltenen Namen geben? Man hat sie schon satt, diese zahllosen Iwans, Wassilijs ... Nicht wahr?« Die von den Qualen der Entbindung erschöpfte Wera Petrowna antwortete nicht. Dann begann Samgin, mit dem kurzen und dicklichen Zeigefinger in die Luft stechend, besorgt aufzuzählen:* »Christophor? Kirik? Wukol? Nikodim?« *Jeden Namen strich er mit einer Geste gleich wieder aus, doch als er anderthalb Dutzend ungewöhnliche Namen durchgenommen hatte, rief er befriedigt:* »Samson! Samson Samgin – jetzt haben wir's! Das wäre nicht übel! Der Name eines biblischen Helden und dazu mein Familienname, der auch schon seine eigene Note hat!« »Stoß nicht immer ans Bett«, *bat seine Frau leise.*

Das freche Gesicht, das er für den Photographen aufsetzt, sowie sein ungejätetes Sauerkrautbärtchen sollen den Betrachter über sein wahres Ich im Unklaren lassen – Gorki war ganz und gar Kulturmensch, sensibler Erzähler seines eigenen Lebens in der Trilogie *Meine Kindheit – Unter fremden Menschen – Meine Universitäten*, dazu noch aufmerksamer Beobachter sogar in den Ferien, wovon seine *Italienischen Märchen* zeugen, die in Wahrheit liebevolle Skizzen mediterranen

Lebensgefühls sind; und ganz in der russischen Tradition war er Ver-
herrlicher des Familienlebens. Und ein wenig Agitator war er auch.

Aber auch Förderer: Hinter der Garde der Großen bewegte sich
eine unabsehbar wogende Masse von Schriftstellern, die auch wahrgenommen werden wollten und sollten. Ich nenne Namen: Dmitrij
Mamin, der sich »der Sibirier« – Ssibirjak – nannte, schrieb reich aus-
staffierte Romane, *Die Priwalowschen Millionen* etwa oder *Gold,* die im
Ural spielen und zeigen, dass es auch in dieser abgelegenen Gegend
ein Gesellschaftsleben gab; Iwan Kustschewskij, der sein Essen verkaufte, um sich davon die Kerzen für das nächtliche Schreiben leisten
zu können, schuf auf diese Weise sein einziges Werk: den Roman *Nikolaj Negorew oder Der glückliche Russe,* der eine originell andersartige
Version einer idyllischen Kindheit enthält; Leonid Andrejew und
Alexander Kuprin, Meister der kleinen Form, wobei sich Andrejew
besonders in den Menschen im Angesicht des Todes einzufühlen
in der Lage war, wie in den *Sieben Gehenkten;* der Spezialist für Tiergeschichten Michail Prischwin; der eigenwilligste von diesen allen:
der untergangssehnsüchtige Fjodor Sologub, ein Huysmans aus dem
russischen Volk – sein Vater war ein armer Schneider, er selbst Lehrer. Bei ihm gibt es schon Telefon und Trambahn. Er schrieb den kurzen Roman *Der kleine Teufel* über den üblen Pädagogen Peredonow,
der seinerseits von einem schleimigen Dämon gequält wird – wie der
Oblomows wurde der Name dieses Lehrers sprichwörtlich in Russland, diesmal für einen katzbuckelnden Sadisten. Sologub schuf eine
Serie von erschütternden Novellen über die dunkle Seite des kindlichen Seelenlebens. *In der Menge* ist seine allerschauerlichste Schöpfung, die klaustrophobische Schilderung einer Massenhysterie.

Ihnen allen bot Gorki Unterstützung und die Möglichkeit zu veröffentlichen. Seine schönste Leistung war es, den jungen Isaak Babel
zu fördern. Dessen lakonischer Ton geht ins Ohr, eigenwillig und besonders. Sein Kriegsbericht in Kurzgeschichten *Die Reiterarmee* ist wie
Hemingway in seinen *49 Depeschen,* nur knapper. Lapidar und genau
sind seine Schilderungen menschlicher Schicksale. Die Jugendstil-
stadt und jüdisch geprägte Metropole Odessa am Schwarzen Meer ist

556   Kapitel 8 Russische Zustände

Babels Heimat, in ihr spielen die meisten seiner Geschichten. Auch dadurch nimmt er eine Sonderstellung ein, bekommen seine Erzählungen ein eigenes Kolorit. Babel wurde in Stalins Gefängnis erschossen. Da hatte sein Förderer es besser: Nach einem hartnäckigen Gerücht soll Gorki vom Diktator höchstselbst mit Pralinen vergiftet worden sein.

Das sozialistische Literaturkollektiv Ilja Ilf und Jewgenij Petrow, aus Odessa nach Moskau gekommen und mit Amerika-Erfahrung, erfand den pfiffigen Ostap Bender aus dem Roman *Zwölf Stühle* – verfilmt u. a. mit Heinz Rühmann! – und ließ ihn auferstehen für *Das goldene Kalb,* ein parodistischer Spaß auf kapitalistische Gelüste im Reich der Arbeiter und Bauern. Gleichzeitig, denn auch das gab es, schaffte es der triviale Josef Kallinikow, neben Thomas Mann auf der Liste der zu verbrennenden Bücher in Nazideutschland zu erscheinen. Seine *Frauen und Mönche* sind literarischer Schund von allerfeinster Machart, saftig und deftig. Das Thema allerdings ist durch und durch russisch. In einer Hitparade der verderbten Klosterbrüder kommt gleich nach Kallinikows Mönchen der *Vater Sergej* Tolstois, der sich den Zeigefinger abschlägt, um so seinem Körper die Begierde auszutreiben, dahinter dann Dostojewskijs Staretz Sosima mitsamt Aljoscha Karamasow, die bereits wesentlich routinierter den Ansturm verzückter Damen an der Klosterpforte abschlagen. Und Tschechow? Bei dem gibt's keine Mönche!

Nur in einem Land mit einer kleinen intellektuellen Elite kann das Theater es übernehmen, die aktuellen Ideen zu verbreiten. In Russland ging es so. *Verstand schafft Leiden* in gereimten Versen steht am Anfang eines Jahrhunderts wirksamer Bühnenstücke. Der Autor Alexander Gribojedow schaffte es, einzig mit dieser Komödie seinen Nachruhm zu sichern – er wurde, noch jung an Jahren, als Botschafter in Teheran vom Mob zerstückelt. Getreu dem Titel sucht sich die clevere Sofia statt des brillanten Tschatskij, der ihr sicher nur Scherereien gemacht hätte, einen beschränkten Burschen als Ehemann; Tschatskij geht leer aus und kann an seinen menschlichen Tugenden arbeiten. Äußerst produktiv war Alexander Ostrowskij, der Meister des realistischen Theaters. *Eine Dummheit macht auch der Gescheiteste* heißt seine bekannteste Komödie in Prosa, die schon im Titel auf Tschatskijs Leiden anspielt; allerdings kann sich Glumow, sein Nachfolger im Geiste, Hoffnung darauf machen, nach der Bestrafung von der reizvollen Kleopatra getröstet zu werden. *Der Wald* und *Tolles Geld* und vierzig weitere Stücke, Komödien, Schauspiele und Tragödien, behandeln die – vornehmlich finanziellen – Nöte des Landadels und seinen Niedergang. Wenn ein Wäldchen verkauft werden muss, denkt man allerdings nicht an Ostrowskij, sondern an den größten Dramatiker Russlands, an Anton Tschechow. *Der Kirschgarten* ist nur eines seiner Stücke, die heute weltweit gespielt werden und in denen die Sonnenuntergangsstimmung der Jahrhundertwende unvergleichlich eingefangen ist. Die verschuldete Gutsbesitzerin Ljubow Ranewskaja muss verkaufen, ihr Seelenfreund Lopachin will es verhindern; aber ganz Kaufmann, der er ist, übernimmt er schließlich selbst das Gut. Wenn Ljubow (= Liebe) abreist, legen die Arbeiter bereits die Axt an die schönen Kirschbäume. In ähnlich resignierter Stimmung wie in diesem letzten Stück hatte Tschechow seine Theaterkarriere begonnen mit *Onkel Wanja*, ebenfalls ein Waldstück, das ursprünglich *Der Waldschrat* hieß. Die *Drei Schwestern* sehnen sich nach Moskau, das unerreichbar fern ist. *Iwanow* und *Platonow* – das lange Stück handelt von nichts als der Überflüssigkeit des Menschen für den Menschen – sowie *Die Möwe* und fast ein Dutzend Einakter wie *Der Bär* oder *Der Heiratsantrag*, lustige bis skurrile Späße, runden die Produktion des Dramatikers Tschechow zu einem bis heute gültigen Lebenswerk über die russische Seele.

Tolstoi schrieb auf Bestellung *Die Macht der Finsternis* über die soziale Frage, aber legitimer Nachfolger Tschechows auf den Bühnen war Maxim Gorki. Als ich *Die Sommergäste* an der Berliner Schaubühne sah, war ein ganzer Birkenwald auf die Bühne gestellt worden, in dem die verstörten Intellektuellen an der Wirklichkeit vorbeiliefen und -redeten. *Die Kleinbürger* und *Nachtasyl* sind Gorkis Beiträge zur aktuellen Lage der Nation. Es gärt in Russland, Gorki steht auf der Schwelle von alter Zeit und revolutionärem Aufbruch. Der findet auf der Bühne und in den Ateliers statt: Wsewolod Meyerhold schuf als Regisseur und

558 Kapitel 8 Russische Zustände

Dramaturg das neue Theater, dessen Ideen in alle Welt ausstrahlten; Sergej Eisenstein entdeckte das Zelluloid als revolutionäres Medium mit »Panzerkreuzer Potemkin«.[175] Dieser Film wird bis heute in wichtigen Sequenzen ›zitiert‹, nämlich imitiert und parodiert. Wladimir Majakowski liefert den Bühnen Stoff im Stil des von ihm perfektionierten Futurismus: Mit einem Stroboskop wird die Wirklichkeit zerhackt und zu Kunst umgeschmiedet. Und diese sogleich annulliert:

Ich sage:
das gesamte
Musengeseich
samt schönstem Dichterruhm
ist Quatsch.
Mit der schlichten
Zeitungsmeldung – kein Vergleich …

Ihm zur Seite Velemir Chlebnikov, dessen Werk bei uns erst vor kurzem bekannt wurde. Michail Bulgakow focht einen ewigen Kampf mit den Ideologen des Moskauer Künstlertheaters aus, dem fast alle seine Stücke zum Opfer fielen, unter anderem *Batum* über Stalin. An diesem Theater hatte einst Konstantin Stanislawski[176] Tschechows *Möwe* aufgeführt, hier herrschte anschließend sein Schüler Meyerhold. Und hier wurde mit den letzten Lebenszeichen der russischen Schaffenskraft

---

175 Potemkin war ja groteskerweise jener Liebhaber und Minister Katharinas gewesen, der zu Ehren der durchreisenden Potentatin ganze Dörfer als Kulissen aufbauen ließ, um dort Wohlstand und Wohlleben vorzugaukeln, wo nur Elend herrschte – die Potemkinschen Dörfer. Auf dem nach dem augentäuschenden Grafen (der sich wohl Patjonkin spricht) benannten Kreuzer war die Revolte des Jahres neunzehnhundertfünf im Hafen von Odessa entfacht worden, im Gefolge des gegen Japan verlorenen Krieges. Daraus wurde die erste Volkserhebung, Vorbotin der Oktoberrevolution.

176 Ihm verdanken wir die Schauspiel-›methode‹, die das moderne Hollywood ermöglicht hat. Lee Strasberg brachte Stanislawskis Idee der physischen Typisierung des Schauspielers, der nun selbständig durch Identifikation mit der Rolle darüber entscheidet, was seine Figur auf der Bühne (und im Film) tut und was nicht, genannt ›Method Acting‹, nach Amerika. Paul Newman war einer seiner Meisterschüler.

auf der Bühne aufgeräumt. Später kam es noch zu solchen Possierlich-
keiten wie der *Irkutsker Geschichte* des Alexej Arbusow, aber die Gleich-
schaltung der Köpfe hatte ihre Wirkung auf die Kreativität nicht ver-
fehlt. Aus den Bühnenanweisungen sind bei Arbusow ›Vorschläge‹
geworden und er bittet alle Darsteller gleich zu Anfang, doch recht
natürlich zu agieren.

Die Revolution selbst hat wenig zerstört, viel gebracht. Den
Suprematismus beispielsweise, als dessen Maximierung Kasimir Malewitsch »Das schwarze Quadrat« malte. Es handelt sich um eine
Theorie der formalen Vereinfachung, die als Konstruktivismus in
Russland von Wladimir Tatlin und Ljubow Popowa weiterentwickelt
und durch El Lissitzky exportiert wurde; daraus entstand in Deutschland das Bauhaus. Drei andere Russen gingen nach München, um dort
ihre Ideen zu verwirklichen. Was Wassilij Kandinskij, Alexej Jawlenskij und Marianne von Werefkin, zusammen mit Gabriele Münter und
Franz Marc, in der Galerie Thannhauser zeigten, veränderte die Welt
der Kunst: Die Gruppe »Der blaue Reiter« erfand den Expressionismus. Oder sie gingen nach Paris wie Serge Diaghilew, der dort die dekadente Wollust der »Ballets Russes« mit dem Gott des Tanzes Nijins-
kij an der Spitze und den Wonneschauern des »Sacre du Printemps«
von Igor Stravinskij vorführte. Zuhause stand dagegen die neue harte
Tonsprache von Prokofjew und Schostakowitsch auf dem Programm.
Ob Bolschoi- oder Marijinskitheater: Russisches Ballett ist seit hundert Jahren unabhängig von Ideologie ein Markenzeichen, die Tradition wurde ungebrochen fortgeführt wie bei den Klaviervirtuosen von
Anton Rubinstein über Svjatoslav Richter bis Arkadi Volodos und Gri-
gori Sokolov, dem aktuellen Superstar. Mancher würde das die ›russische Seele‹ nennen, auf jeden Fall ist es die Fähigkeit zum Ausdruck,
darzustellen, was man fühlt.

Und dann gab es die Meisterleistungen der Poesie: Alexander Blok,
Anna Achmatowa und Ossip Mandelstam sowie Marina Zwetajewa,
die diese drei aus der Ferne bewunderte und mit ihnen die Gruppe der
»Akmeïsten« bildete (Akmä ist ein griechisches Wort, das ›Höhepunkt‹
bedeutet und sich bis in den amerikanischen Comicstrip vorarbeitete:

acme! Spitze!). Blok ist der Dichter des Rausches, der Stadt und des ›neuen Menschen‹:

> Seltsame Dinge sind mir anvertraut,
> Ich hüte fremder Sonnen Pracht,
> Und in der Seele hat sich aufgestaut
> Des Weins durchdringend-herbe Macht.

Achmatowa dichtet dem toten Majakowski nach:

> Wenn ein Mensch stirbt, so verwandeln
> Sich seine Bilder: anders
> Sehen die Augen; die Lippen
> Lächeln ein anderes Lächeln.
> Dies habe ich bemerkt,
> Als ich zurückkam vom Begräbnis des Dichters.
> Seither habe ichs oft überprüft,
> Und meine Vermutung hat sich bestätigt.

Mandelstam sehnt sich nach dem Naturzustand, der Einheit mit der belebten Welt, zurück:

> Wickle die Hand in das Tuch und dann tauche sie
> Ein ins bekrönte Gesträuch, und so kühn, daß es knirscht
> In dem Dickicht zelluloidener Dornen.
> Die Rose gepflückt ohne Schere!
> Sieh dich nur vor, daß die Blüten nicht alle zerfallen –
> Rosiger Kehricht – Musselin – Salomos Blütenblatt –
> Wildling, für das Sorbet nicht zu brauchen,
> Weder Aromen noch Öl gibt's aus ihm.

Zu den dichtenden Auslandsrussen gehörte Andrej Belyi, der am Goetheanum Rudolf Steiners mitbaute zur höheren Ehre der Anthroposophie und den grotesken Roman *Petersburg* schrieb, der nach wie vor im Verborgenen wirkt als eines der größten Wunder der russischen Moderne. Belyi zeigt sich auch als Romancier ganz als Dichter, seine Sprache verliert nie die Nähe zum Vers. So wirkt die Erzählung zwar zerfahren, aber die Geschichte von Apollon Apollonowitsch Ableuchow, dem betagten und völlig überflüssigen Staatsbeamten, und seinem schlaffen Söhnchen Nikolaj strahlt in den Farben funkelnder Edelsteine und genialer Einfachheit: Plötzlich hat Nikolaj die Bombe in der Hand, um den Alten – und sich selbst – hochgehen zu lassen. In diesem Dilemma finden die Generationen wieder zwanglos zueinander, die Weltrevolution muss noch etwas warten. Zentrum des Romans ist aber die Stadt Sankt Petersburg, deren Pracht sich in einer Pfütze spiegelt.

Wladislaw Chodassjewitsch war einer der vielen Russen im Berlin der Zwanziger Jahre. Sein Kürzestsonett geht so:

Die Stirn –
Kreide.
Weiß
der Sarg.

Es sang
der Pope.
Eine Garbe
von Pfeilen –

heilig
der Tag!
Die Gruft
blind.
Der Schatten –
zur Hölle!

Über russische Poesie ist schwer zu sprechen für den, der sie nicht im Original versteht. Ich bringe trotzdem Beispiele. Es geht darum zu erklären, wie begeistert das junge Russland überall aufgenommen wurde. Vor allem Sergej Jessenin.

Schimpft nicht, so ist halt mein Leben,
mit Worten handle ich nicht.
Ich kann nicht mehr halten und heben
meines goldenen Kopfes Gewicht.

...

Kein besseres Los will ich haben,
hör versunken den Schneesturm mir an,
weil ich ohne so seltsame Gaben
auf Erden nicht leben kann.

Alles an Jessenin wurde zum Kult: seine blondmähnige Schönheit, sein Genie, sein mit Alkoholexzessen verbundener Vandalismus, dem Hotelzimmer zum Opfer fielen. Und sein früher gewaltsamer Tod nach dem Ende der Beziehung zur Meisterin des Ausdruckstanzes Isadora Duncan, die auch ihrerseits später Meisterschaft im Sterben entwickelte – ihr Schal verfing sich in den Speichen eines magistralen Bugatti-Cabriolets und strangulierte sie. Was für extravagante Zeiten!

Doch mit der Revolution war der Aufbruch schon zu Ende, kaum dass er begonnen hatte. Es folgte die Erstarrung der Stalinzeit. Jewgenij Samjatin war das Haupt der »Serapionsbrüder«, einer Literatengruppe, die sich nach E. T. A. Hoffmanns literarischem Quartett benannt hatte und aus der Konstantin Fedin herausragte. Dessen Roman *Die Brüder* schildert dramatische Ereignisse um drei Kosakensprösslinge und deren Liebe zur Musik. Das war offenbar konform. Samjatin war Ingenieur und mit dem utopischen Roman in satirischer Tonlage *Wir* Anreger von George Orwells und Aldous Huxleys düsteren Zukunftsvisionen; das war nicht konform. Vielleicht wäre der Bau einer Weltraumrakete mit Namen »Integral« noch durchgegangen, aber dass der Erzähler D-503 heißt und es einen »Wohltäter« im Überwachungsstaat gibt, das war zuviel. Negative Zukunftsvisionen waren selbstverständlich nicht auf der Linie der Partei. *Der Floh*, eine komödienhafte

Bearbeitung derselben Legende, die Lesskow im *Linkshänder* benutzt hatte, wurde Samjatins größter Erfolg: Stalin gestattete ihm nach der Premiere die Ausreise! Es zeigte sich allerdings, dass Samjatin wie so viele Russen die heimische Erde brauchte. Im Exil verstummte er und starb alsbald – an gebrochenem Herzen.

Michail Bulgakow hatte es da nicht so gut. Sprechen wir über Stalin, dann stellen sich alle Nackenhaare auf beim Gedanken an Bulgakows bekritzelte Manschetten; erfindungs- und überraschend erfolgreich versuchte er so, seine Ideen und kleinen Manuskripte vor der regelmäßig auftauchenden Geheimpolizei verborgen zu halten. *Die weiße Garde* und *Die rote Krone* beschreiben die Zeit der Machtkämpfe nach der Revolution, als die ›Weißen‹ mit westlicher Hilfe versuchten, die Adelsherrschaft aufrechtzuerhalten. Die rote Krone ist das Blut, das den Kopf des im Schnee liegenden erschlagenen Bruders Bulgakows umgibt. Hier tritt auch die autobiographische Figur Alexej Turbin auf, der zwischen den Seiten steht. In dem Stück *Die Tage der Turbins* (das der Diktator sich zigmal vorführen ließ) wird er wiederkehren, von der Zensur argwöhnisch beäugt.

Das Zauberbuch über die Stalinzeit ist *Der Meister und Margarita*, in dem Bulgakow sich selbst als irren Dichter, den ›Meister‹, in der Heilanstalt sieht, der Visionen von seinem noch ungeschriebenen Roman über Pontius Pilatus hat. Im wirklich existierenden Moskau treibt ein Teufel namens Voland mit einer Entourage von Spießgesellen seine Späße; unter anderem verwandelt er eine abendliche Vorstellung in ein makaber magisches Happening – hier rächt sich Bulgakow spürbar innig für die am Theater erlittene Unbill. Margarita, die sich in Volands Dienst stellt, wird erst zur Königin eines Hexensabbats gekürt, um anschließend zum Dank in der Apotheose mit ihrem Meister wiedervereint zu werden. Die kleinkarierten Apparatschiks bleiben strafweise in der Hölle des realen Sozialismus zurück.

> Russland ist der Nährboden der Phantasie. Soll ich bleiben, kann ich, muss ich gehen? Das fragten sich viele. Wer ging, verkümmerte in der Fremde. Heimweh ist die Krankheit der russischen Seele.

564   Kapitel 8 Russische Zustände

Natürlich wurde dieses Buch nur im Samisdat, also im literarischen
Untergrund, für Sowjetbürger zugänglich. Bulgakow hatte lange Jahre
daran gearbeitet; eine erste Fassung hieß noch *Der schwarze Magier*, und
die letztgültige Version diktierte der Kranke seiner Schwägerin in die
Feder. Das Manuskript gelangte heimlich außer Landes, wo es aber unbeachtet blieb. Sich selbst vermochte er nicht außer Landes zu bringen.
Der ihm freundschaftlich verbundene Stalin versprach ihm die Ausreise, quälte ihn damit und hatte am Ende die boshafte Genugtuung,
dass Bulgakow an Verbitterung starb. In seinen Büchern gibt er uns
heute das lebendigste Bild der Terrorzeit, vom Kampf der Kreativität
mit der Tücke der Macht. Für die vielen anderen kreativen Köpfe, die
unter der Diktatur litten, stehe der folkloristische Andrej Platonow,
dessen surreal-satirische Geschichten wie *Die Kutschervorstadt* bewusst
den geforderten sozialistischen Realismus negierten.

Roman mit Kokain ist ein mysteriöser Sonderfall von Buch. Der Verfasser, der sich bescheiden M. Agejew nannte, ist nie identifiziert worden; wahrscheinlich landete er in den gierigen Tentakeln der Tscheka.
Sein Roman beschreibt ausschweifend barock und spritzig die letzten Tage der ›alten‹ Gesellschaft. Der talentierte junge Maslennikow
allerdings findet dort keinen Platz; so setzt er seinem Literatenleben
ohne Perspektive mithilfe des ihm unentbehrlich gewordenen Stoffs
ein Ende.

Alexej Remisow war einer von denen, die rechtzeitig gingen. Ohnehin Einzelgänger, lebte er in Paris. Seine Werke zeichnen sich durch
groteske Märchenhaftigkeit und vollblütige Phantasie aus. *Gang auf
Simsen* schildert sein Leben als Emigrant. Typisch für ihn die Meisterschaft der schönen Abschweifung, des Traumerlebnisses. Daniil
Charms und Konstantin Waginow bildeten die Gruppe »Oberiu«, in
der schwarzer Humor und Absurdität Trumpf waren. Dem Übersetzer Peter Urban ist vieles zu danken, etwa ein ›neuer‹ Tschechow
(der nun allerdings Čechov[177] heißt); für Charms hat er sich schon früh

---

177 Das Elend der Transkriptionen: Peking ist Beijing – vielleicht eine Verbesserung; aber
    der arme Tschechow lässt sich jetzt mit einer Normtastatur gar nicht mehr schrei-

eingesetzt und die zwei Bände *Fälle* und *Fallen* herausgegeben, in denen das Nebeneinander von Fug und Unfug im Kopf dieses Besonderen zu bewundern ist. Urban aber ist die Pflege der russischen Literatur eines ganzen Jahrhunderts zu danken! Waginows letzter Roman *Auf der Suche nach dem Gesang der Nachtigall* enthält eine Verbeugung vor Altmeister Gogol, wenn der Held Anfertjew bemerkt, dass er einen fremden Mantel anhat. Macht nichts – »*Ohnehin nur für ein Weilchen!*«, ist seine Reaktion.

Vier Nobelpreisträger umkreisen den Schrecken: Der Emigrant Iwan Bunin schrieb elegante Novellen im Stil der alten Zeit, den er um die nicht sehr originelle Pointe des regelmäßigen Freitods seiner Helden bereicherte. Seine Zuneigung galt den Leuten auf dem Land, deren traditionelle Lebensformen zum Untergang verurteilt waren, wie er es in dem kleinen Roman *Ssuchodol* aus Sicht der Besitzenden, in *Das Dorf* aus der der Besessenen beschrieb. Das stark autobiographische Meisterwerk des verhinderten Preisträgers (er wurde zum Verzicht gezwungen) Boris Pasternak *Doktor Schiwago* über einen Mediziner und Dichter zwischen Revolution und Konterrevolution und zwischen zwei Frauen durfte in der Sowjetunion gar nicht erst erscheinen. Die Stärke des Buches, das auch einen Zug ins Zuckerbäckerische hat, liegt zweifellos im Lyrischen; die Künstlersiedlung Peredelkino, wo Pasternak lebte und starb, wird durch sein ebenfalls hier angesiedeltes Alter Ego Jurij Schiwago wie Jasnaja Poljana für Tolstoi und Zarskoje Selo für Puschkin zum Erinnerungsort der russischen Literatur. Den Nobelpreis erhielt auch Michail Scholochow, der das geruchsintensive Buch *Der stille Don* über den Ersten Weltkrieg und die Revolution aus Sicht der Kosaken geschrieben hatte. Er war auch für schundige Propaganda zu haben – so wie Ilja Ehrenburg, der dafür sogar von Stalin zurück-

---

ben, auf dem C prangt nun ein Hášek! Was auch immer diese ›wissenschaftliche Transliteration‹ – in Wahrheit eine Vereinheitlichung nach angloamerikanischem Aussprachemaßstab – an Positivem gebracht hat, unserem Umgang mit Klassikern hat sie nichts hinzugefügt. Und seltsam genug: Die kyrillische Schrift kennt keine Hütchen und Bötchen als Aussprachehilfen.

gepfiffen wurde. Nach Stalins Tod erfand der einfallsreiche Ehrenburg, der sich in seinen interessanten, dazu auch noch skandalumwitterten Memoiren *Menschen, Jahre, Leben* als Geistesarbeiter, Freund von Picasso, Joyce, Brecht und Systemkritiker dargestellt hat, den Begriff *Tauwetter* (als Romantitel) für die nun etwas freizügigere Kulturpolitik Chruschtschows. Da durfte dann sogar *Ein Tag im Leben des Iwan Denissowitsch* erscheinen, ein ganz normaler Tag im Leben eines politischen Strafgefangenen, aus eigener Anschauung beschrieben vom vierten Preisträger Alexander Solschenizyn. Bald wurde das Buch wieder verboten, aber der Autor meldete sich mit der ganzen Wahrheit in *Der Archipel Gulag* und immer weiter zu Wort, bis er ausgebürgert wurde – und man weiß, was das für einen Russen bedeutet. Aber Solschenizyn blieb laut. Und eines Tages war dann der ganze Spuk vorbei.

Mit Jewgenij Jewtuschenko gibt es auch den genialen, unangepassten Konformisten, gleichzeitig Kritiker und Vorzeigepoet der Sechzigerjahre:

Nicht riechen können viele mich,
vorwerfen sie mir viel,
und Blitz und Donner fühle ich
gradwegs auf mich gezielt.
Als wärn sie selber ohne Fehl,
verlachen sie mich sehr,
und ihren Blick, voll Hohn und scheel,
spür ich von hinten her.
Doch mir gefällt all das nicht schlecht.
Bin stolz, seit ich erkannt:
Mit mir kommt sowas nicht zurecht,
mit mir kommts nicht zurand.

Das nenne ich wohltemperierte Systemkritik!

Die heutige russischsprachige Literatur bewegt sich ganz im Rahmen der Tradition, wenn sie den ausladenden Roman pflegt: Friedrich Gorenstein schrieb die private Geschichte der Nachstalinzeit. *Der*

Platz ist die illegale Unterkunft von Goscha, der um seine Wiederein-
gliederung in die Gesellschaft und um einen Platz in der Riege der ›an-
erkannten‹ Schriftsteller kämpft. Natürlich wird das alles zur Farce.
Die Moskauer Schönheit Irina ist die Lebedame, die die sozialistische
Privilegiengesellschaft verdient hat. Mit diesem Roman und dem Erlebnisbericht über die Ängste seines Vaters *Der gute Stalin* hält Wiktor Jerofejew Rückschau auf das untergegangene System. Vladimir Sorokin ist immer für eine Überraschung, allerlei Märchenhaftes und
etwas ›Splatter‹ gut. *Roman* beginnt als allerschönste Idylle, bevor er in
gewohnter Weise endet. Der erfindungsreiche Viktor Pelewin schrieb
die listige, dabei ungemein farbenfrohe Fabel *Das Leben der Insekten* und
ist vielleicht der interessanteste aktuelle Autor; mit *Generation P* beschreibt er, wie eine bestimmte Koffeinbrause für das Selbstverständnis einer Ära steht.

Wie auch immer, meine Favoritin der neuen Zeit heißt Ljudmila
Ulitzkaja. Kennengelernt habe ich sie durch *Sonetschka*. Die Novelle
handelt von einer jungen Frau, die zwischen Lesen und Leben zu
unterscheiden lernen muss. Seitdem hat sie einige Romane und Re-
portagen über den international grassierenden skurrilen Russen geschrieben. Einfach köstlich! Zur Verkörperung der zerrissenen russischen Seele wurde Joseph Brodsky, auch der fünfte und letzte
Nobelpreisträger aus Russland (und einer der jüngsten überhaupt).
Er war Dichter und Essayist, ging nach Amerika und wurde zum authentischen Ankläger des sozialistischen Antisemitismus in seinen
Erinnerungen an Leningrad und – zum Liebhaber von Venedig: Dort
liegt er auch begraben.

Dreißig Sekunden Russische Philosophie

Thomas Garrigue Masaryk, Universitätsprofessor sowie Gründer
und erster Präsident der Tschechoslowakei, schrieb das Standardwerk *Russische Geistes- und Religionsgeschichte*. Darin wird eine weitgehend fremde Gedankenwelt beschrieben. Schon ein Blick ins

Namensregister lässt staunen: Kaum eine der Herrschaften ist mir bekannt. Das Verdienst des Werks ist die Dokumentation einer Verknüpfung von Glauben und Denken in einer Art, wie sie dem Westen abhandengekommen ist. Naiv könnte man das nennen, auf jeden Fall ist es individuell. ›Schulen‹, wie sie für unsere Vorstellung von philosophischen Richtungen stehen, kommen da nicht vor, es ist der Kampf des Einzelnen mit den Mächten der Theologie und der Theorie. Der Name Wladimir Solowjew fällt ins Auge, und wer sich mit russischem Denken beschäftigen will, nehme sein Buch *Drei Gespräche* zur Hand, in dem er seine Angstvision des Panmongolismus mit Witz entwickelt. Über die unkonventionelle Struktur des russischen Denkens erfährt man so alles Notwendige. Oder er greift zur Aphorismensammlung von Wassilij Rosanow *Abgefallene Blätter:* Im Stil der französischen Moralisten rechtet hier ein einsamer Geist mit Gott, auf sehr originelle Art. Lew Schestow beschreibt in dem Essay *Spekulation und Offenbarung* seinen eigenen Entwicklungsgang, weg von Nietzsche und Kierkegaard hin zu Gott.

> Das größte Staatsexperiment der Weltgeschichte und seine Folgen für die Literaturgeschichte.

Als Lenin in einem versiegelten Zug von Zürich durch Deutschland nach Petersburg gefahren wurde, begann ein Experiment, das aus den gemütlichen Ideen von Marx und Engels, die dem Bürger der Zukunft nach dem Essen statt Schnaps und Pfeife das Kritisieren verordnen wollten, den Ernst des real existierenden Sozialismus machte. Lenin war Staatslenker und Obertheoretiker in einem, etwa so, wie Platon sich das in seiner *Politeia* vorgestellt hatte. Bald, spätestens unter seinem Nachfolger Stalin, wandelte sich der Idealstaat zum Terrorregime. Wer in der Theorie störte, musste praktisch weichen, zum Beispiel Leo Trotzki, den der Arm der Partei noch in seinem mexikanischen Exil erreichte und mithilfe eines Eispickels niederstreckte. Viele Ausländer besichtigten die Sowjetunion: André Gide fand sich in seinen Hoffnungen getäuscht, die »Comedian Harmonists« sangen vor hungernden Komsomolzen, *Genosse Don Camillo*[178] wurde in seinen finstersten Vorurteilen bestätigt. Eine geistige Auseinandersetzung mit den Zielen der Kommunistischen Partei fand vor allem unter den Abweichlern statt, deren Lebensgeschichten bisweilen den Charakter von Abenteuerromanen annahmen. Einer der eindrucksvollsten Ankläger des Unrechts, der Italiener Ignazio Silone, wurde selbst Gegenstand der stalinistischen Verfolgung, nachdem er vor dem Faschismus aus Italien in die Schweiz geflohen war. Er schildert das in seinen spannenden Erinnerungen *Notausgang*. Sein bekanntestes Werk *Brot und Wein* (später hieß es auch: *Wein und Brot!*) beschreibt, wie der Widerstandskämpfer Pietro Spina im faschistischen Italien das Elend der Menschen in den abgelegenen Abruzzen erlebt und dabei im Untergrund zum Helfer der Bedrückten wird. Sein spannendstes Buch ist *Das Geheimnis des Luca*, das in der Form eines Kriminalromans einen resignierten Blick zurück auf die Zeit der Hoffnungen und Illusionen wirft. Übrigens: Den Hinweis auf die poetische Kraft Silones verdanke ich wie so vieles meinem Freund Karl, der mir eines Tages *Brot und Wein* zu lesen gab. Wohl dem, der gute Freunde hat!

Moskau als Traum von der Menschheitsbeglückung, den Nationalsozialismus als Realität und Schicksale der vielen zwischen diesen Mühlsteinen zermalmten Menschen haben zwei gewaltige Werke in deutscher Sprache zum Thema. Wie ein Abenteuerroman erscheinen die Erlebnisse, die der Psychiater Manès Sperber aus der Komintern, dem von Lenin begründeten Weltverband der Kommunisten, mitteilt. *Wie eine Träne im Ozean* lösen sich die Hoffnungen der Partisanen und Ideologen im Strudel von Gewalt und Verrat auf. Poetisch ist *Die Ästhetik des Widerstands* von Peter Weiss, der im schwedischen Exil blieb. Seine Sprache ist musikalisch, tiefschürfend, wunderbar lesbar. Seine

---

178 Der schlagfertige Pfarrer von Brescello am Po ist natürlich nur eine literarische Figur, aber sehr schön erfunden von Giovannino Guareschi. Im Titel fehlt sein linientreuer Widersacher, Bürgermeister Giuseppe Bottazzi, genannt ›Peppone‹, der in der stimmungsvollen Filmserie der Fünfziger- und Sechzigerjahre allein im Schnurrbart Ähnlichkeit zu seinem Vorbild Stalin zeigte.

570 Kapitel 8 Russische Zustände

Arbeiterkinder entdecken die Welt des Geistes und der Kultur und dabei den inneren Widerspruch (je)des Systems.

Ein anderer Enttäuschter war der Brite ungarischer Herkunft Arthur Koestler; als Wissenschaftler schrieb er *Die Nachtwandler*, eine Geistesgeschichte der wissenschaftlichen Neugierde. Sein Roman *Sonnenfinsternis* beschreibt aus der Sicht des fiktiven ehemaligen Volkskommissars Rubaschow die Hintergründe des realen großen Schauprozesses, in dem alle noch lebenden Gründer der Sowjetunion – außer Stalin, natürlich – des Verrats angeklagt wurden. Seltsamerweise gestanden sie und forderten erfolgreich für sich selbst die Liquidation. Koestler führt vor, wie das möglich werden konnte. *Der Krötenküsser* ist Koestlers Bericht, spannend wie ein Krimi, von einem Wissenschaftsskandal. Darin enthüllt er das tragische Schicksal des genialen Biologen und eleganten Lebemanns Paul Kammerer aus Wien, der die Welt der Genetik aus den Angeln gehoben und Darwin widerlegt hat und dafür auch nach Moskau ging. Er konnte Dinge, die niemand anders konnte. Aber ein Betrugsverdacht, der über seinen sensationellen Versuchen zu spontanen Veränderungen von Erbmerkmalen bei der Geburtshelferkröte schwebte, vernichtete seine wissenschaftliche und bürgerliche Existenz.

Fehlt noch etwas? Ja, die beiden Größten zweier Jahrhunderte. In einer abschließenden Zusammenschau möchte ich Dir Fjodor Michailowitsch Dostojewskij und Vladimir (Wladimirowitsch) Nabokov näherbringen, etwa in der Art, wie Plutarch zwei Helden der griechischen und römischen Welt nebeneinanderhielt. Der Ältere: quadratischer Schädel, eingesunkene Wangen, erloschener Demutsblick, die Haltung des resignierten Grüblers. Der Junge: ebenfalls ein Quadratschädel, aber die aristokratische Attitüde der gespannten Gesichtszüge, des arroganten Blicks, des gereckten Kinns (das dann mit fortschreitender Zahnlosigkeit immer weiter vorspringen wird) und eine sportliche Straffheit des Körpers. Ähnlicher können sich zwei so Verschiedene nicht werden – oder: Verschiedener können zwei so Ähnliche nicht sein.

Dostojewskij war früh Waise geworden – der Vater wurde ermordet – und begann seine schriftstellerische Laufbahn mit dem Sensationserfolg des Briefromans *Arme Leute* über eine unmögliche Liebe. Dem folgte *Der Doppelgänger*, eine lustige und beklemmende Geschichte, stilistisch gemixt aus E. A. Poe und E. T. A. Hoffmann, die von einem kleinen Beamten handelt, der einen unüberwindlichen Rivalen bekommt: sich selbst in der ›Superman‹-Ausführung! Ein typisch russisches Thema, wie es von Gogol bis zu Remisow immer wieder angepackt wurde. Dann folgen Dostojewskijs Verwicklung in eine politische Intrige, seine Verurteilung zum Tode, Begnadigung in letzter Minute und Verbannung nach Omsk.

Nabokovs Vater hatte sich in der gemäßigten Regierung nach dem Sturz des Zaren exponiert; die Familie emigrierte nach Berlin. Dort wurde Wladimir Nabokow getötet, als er die einem Freund geltende Kugel abfing. Vladimir Nabokov wuchs mehrsprachig auf; die Beschäftigung mit Sprache durchzog sein Leben. Zuerst schrieb er russisch, später in der Sprache seiner langjährigen Heimat Amerika. Es wäre auch auf Französisch gegangen und selbst das verhasste Deutsch hätte ihm keine Mühe bereitet. Sein Typikum ist das Versteckspiel; er versteckt die Motive der Personen, sich selbst in Nebenrollen, Leitmotive wie in Wagneropern, den Sinn des Ganzen. Wie Ostereier sind verborgene Hinweise über seine Bücher verteilt, entdeckt man etwas, hat man Grund zur Freude und literarische Labsal. Die Lektüre ähnelt dadurch einem der von Nabokov so geliebten Schachprobleme, wird zum Matt in drei bis vier Zügen. Sein erster Roman ist *Maschenka*, eine Jugendliebe und -erinnerung im bewährten Idyllenstil. Es folgt *König, Dame, Bube* über ein munteres Beziehungsdreieck; *Lushins Verteidigung* handelt von den Nöten eines jugendlichen Schachmeisters. *Der Späher* tummelt sich in den Berliner Emigrantenkreisen; nach Nabokovs eigenen Worten ist das Thema des Romans *eine Recherche, die die Hauptfigur durch eine Spiegelhölle führt und damit endet, daß Zwillingsbilder verschmelzen.* Diese Bemerkung ist so typisch, da sie alle Facetten der Nabokovschen Phantasie zeigt: den Willen zur Mystifikation, das Herunterspielen der eigentlichen Handlung bis zur

572 Kapitel 8 Russische Zustände

Bedeutungslosigkeit, die Tyrannei der Symbole wie etwa des Spiegels (es kann aber auch eine Pfütze oder ein Eichhörnchen sein) bis hin zu dem Zaubertrick der Bildverschmelzung: Nabokov, der in Berlin unter dem Pseudonym Sirin (wohl wie Sirene, die singende Verlockung) schrieb, sah sich als Zauberer, seine Figuren als Gegenstand seiner Tricks.

Soll ich sagen, welcher Autor mir die aufregendsten Leseerlebnisse verschafft hat, durchwachte Nächte mit Fingern, die beim Umblättern schweißnass waren? Es war dieser. Er ist der Größte.

Dann kommt *Die Mutprobe*, in der Martin, ein braver Junge, in Cambridge auf Leute mit so beziehungsreichen Namen wie ›Darwin‹ trifft, anschließend *Gelächter im Dunkel*, ein kinoreifes Versteckspiel um einen Erblindeten, das folgerichtig zu *Camera obscura* umgearbeitet wurde, und *Verzweiflung*, eine Art Kriminalroman über ein makabres Verbrechen und eine wahrlich verzweifelte Flucht. Die *Einladung zur Enthauptung* wird Cincinnatus C. überbracht. Er selbst soll freundlicherweise die Hauptrolle übernehmen. Mit diesem kleinen Roman kommentiert Nabokov die totalitären Regimes in Deutschland und der Sowjetunion sowie sein eigenes Verhältnis zum Surrealismus. *Die Gabe* schließt die Reihe der in Berlin auf Russisch geschriebenen und teilweise Berlin zum Schauplatz machenden Romane ab. Darin feiert Nabokov sein eigenes Genie – am Rand des Größenwahnsinns balancierend – in Form der schwärmerischen Biographie des fiktiven Dichterjünglings Fjodor Godunow-Tscherdynzew auf sechshundert Seiten. Selten war sich ein Autor seines eigenen Wertes so bewusst wie dieser.

Die *Aufzeichnungen aus einem Totenhaus* sind die dichterische Umsetzung von Dostojewskijs Erlebnissen in Sibirien. Wie er in eine Gesellschaft von Verbrechern und Deklassierten hineingeworfen wurde, schildert er in der Maske des Gattenmörders Gorjantschikow. Dabei entstehen bewegende Porträts von Hoffnungslosen. Wenn er das Leid der Häftlinge schildert – insbesondere das schlimmste russische Leiden: Heimweh –, rührt das zu Tränen, deren man sich nicht zu schämen braucht. Leoš Janáček vertonte dieses Stimmungsbuch zu beklemmenden Bühnen-Klangbildern. Das Verbrechen als Ausdruck der seelischen Spannung rückt in den Mittelpunkt von Dostojewskijs Interesse. Nach *Erniedrigte und Beleidigte*, der Geschichte vom skrupellosen Fürsten und der kleinen Nelly, und den *Aufzeichnungen aus einem Kellerloch*, die einen Versager und Verweigerer vorführen, beginnt mit *Schuld und Sühne* (oder, in der präzisen, jedoch weniger singenden Sprache Swetlana Geiers: *Verbrechen und Strafe*) die Serie der fünf großen Romane. Der Student Rodion Raskolnikoff[179] ermordet eine Pfandleiherin und deren Schwester als Ergebnis seiner selbstgerechten Klügeleien um einiger Rubel willen. Sonja Marmeladowa, die ihre Familie durch Verkauf ihres Körpers ernährt, wird ihm zur Rettung – erst der Seele; aber sie wird auch auf seine Entlassung aus dem Zuchthaus warten. Das Buch, teilweise in atemloser Spannung geschrieben und zu lesen, ist Kriminalroman und erster Teil der Theodizee, die Dostojewskij von jetzt ab beschäftigen wird, also der Frage, wie sich die Existenz Gottes mit dem Schlechten verträgt, das in der Welt ist. Der Mathematiker Leibniz hatte das Problem aufgeworfen und eine erste ›Lösung‹ vorgelegt, über die bereits Voltaire im *Candide* seinen ganzen Spott ausschüttete; bis heute erregt es die Geister. Selbst Altbundeskanzler Schmidt war noch so verwirrt davon, dass er die Existenz von Auschwitz für einen sicheren Beweis der Abwesenheit Gottes hielt. Das hingegen muss nicht so sein. Eine mögliche Lösung wäre, dass Gott nicht für das Schlechte verantwortlich ist, weil er jedem Einzelnen die freie Wahl lässt und wir dadurch gegenseitig einander unterworfen sind. Die Antwort, die Dostojewskij in der Manier der Gnostiker in opulenten Geschichten bietet, lautet: Weil Gott nicht in dieser Welt ist. Sie wird vom Schlechten beherrscht. Hier gibt es nur Suchende.

179 Der Name erinnert an die ›Altgläubigen‹ oder Raskolnikij, deren eigenwillige Bräuche und Zeremonien den Unwillen des Staates auf sie lenkten. Ihre Kongregation wurde verboten und der Staatskirche einverleibt. In vielen Texten des Neunzehnten Jahrhunderts leben sie als sanfte Verweigerer weiter, denen die Kraft des Glaubens innewohnt.

574   Kapitel 8 Russische Zustände

Diese Antwort, die *Der Idiot* formuliert, liegt auch dem Ideen-roman *Die Dämonen* zugrunde. In einer Versuchsanordnung werden um den splendiden Freigeist Nikolaj Stawrogin verschiedene Figuren-gruppen arrangiert, die alle Spielarten des negativen Denkens zeigen sollen. Politisch geht es um die Ablehnung des Staates, persönlich um den ›Wert‹ von Menschen und Menschenleben. Als Höhepunkt einer Danse Macabre, in deren Verlauf er alle Frauen um sich herum ruiniert, als gelte nur ihnen sein wahnsinniger Hass auf die Verhältnisse, hängt sich Stawrogin auf. Aber damit wäre nur eine, die düstere Seite dieses vielschichtigen Werkes beschrieben, mit dem der Autor aufs Ganze geht. Es handelt sich nämlich auch um eine beißende Satire, zuallererst auf Turgenjew und dessen *Väter und Söhne*. In der Figur des aufgeblasenen Kleinschriftstellers Karmasinow macht sich Dostojewskij tüchtig über den nur unwesentlich älteren, aber viel erfolgreicheren Kollegen lustig, der ihm denn auch sogleich das Wohlwollen entzog. Im Mittelpunkt der ganzen Handlung stehen Vater und Sohn Werchowenskij, der vorzeitig gealterte, abgedankte Pädagoge Stepan und sein ebenso schlechterzogener wie skrupelloser Sohn Pjotr. Sie bilden das Gegensatzpaar der Generationen, in ihnen geißelt Dostojewskij das Versagen des ›liberalen‹ Russland nach den halbherzigen Reformen, die Turgenjew gerade erst gefeiert hatte. Stepan ist Parasit bei seiner verehrten Gönnerin, der Generalswitwe Stawrogina, deren Sohn Nikolaj er einst erzog, und verliert allen Halt durch ihren Liebesentzug, Pjotr hat eine internationale Verschwörung vorgetäuscht, durch deren Intrigen er nun das Leben vieler Unschuldiger und nebenbei auch das des Vaters vernichtet, bevor er sich ins Ausland absetzt, um dort neue Schandtaten auszubrüten. Er triumphiert durch sein Überleben, alle anderen büßen das Austreiben der *bösen Geister*[180] mit dem

---

180 So auch der Titel der Neuübersetzung, der auf eine Bibelstelle anspielt, die Dostojewskij zum Motto des Romans nahm. Wie wirksam das Werk wurde, zeigt die Bühnenfassung von Albert Camus. Sie heißt *Die Besessenen* und führt eindrucksvoll den Wirrwarr in den Köpfen vor. Für das satirische Element hatte der Franzose allerdings keinen Sinn, diesen Teil der Handlung ließ er einfach weg. Auch Heimito von Doderer ehrt mit dem Titel seines Romans über das Ende der Demokratie in Österreich Dostojewskijs *Dämonen*.

Verlust ihrer Existenz. Die Staatsgewalt erscheint in dieser ›Chronik‹, die von einem der aufmüpfigen jungen Leute geführt wird, der auch Kommentare zum Geschehen abgibt, andererseits aber allwissend geheime nächtliche Szenen und Zwiegespräche belauscht, in der Gestalt des deutschstämmigen, tumben Gouverneurs von Lemke als Opfer einer Provinzposse; eine groteske Ballveranstaltung, von seiner karrieresüchtigen Ehefrau und dem lächerlichen Schriftsteller arrangiert, stürzt ihn in geistige Umnachtung und beendet die Ambitionen dieses Gernegroß. So bitter und radikal war das alles vorher noch nie dargestellt worden, ja sogar die hinterhältigen nachrevolutionären Machtkämpfe in der Sowjetunion scheint der Autor visionär in den erregten Debatten seiner nihilistischen Sektierer vorausgeschaut zu haben. Der Leser aber muss dafür einige der schrecklichsten Szenen miterleiden, die je erdacht und zu Papier gebracht worden sind. Nur ganz starke Nerven halten dem stand!

Der Jüngling oder jetzt: *Ein grüner Junge* nimmt sich dagegen zurückgenommen aus. In den Erlebnissen des Arkadij Dolgorukij wird einerseits die überlebte Welt des Landadels geschildert, in der die unehelichen Kinder der Herrschaft – wie Arkadij – keinen Platz hatten, andererseits eine Adoleszenz vor dem Hintergrund der sich langsam ändernden Verhältnisse ganz aus der Sicht des jugendlichen Helden, der eine ›Idee‹ hat. Der Roman endet unerwartet hoffnungsvoll.

Die Brüder Karamasow haben Fjodor, den Alten, umgebracht. Nur, welcher war's? Dmitrij war sein Rivale bei Gruschenka, hat das fehlende Geld und ist auch schon verurteilt. Der war's sicher nicht. Iwan ist der Lebemann, der die Existenz Gottes leugnet und alles Geld in einer Nacht vertun kann. Alexej hingegen, der jüngste, kommt aus dem Kloster zurück in die Welt, um das Leid der Brüder zu teilen und sein Teil zu tragen. Einen vierten, unechten, gibt es noch, den Smerdjakow (wieder ein sprechender, dazu noch riechender Name), und der war's dann wohl auch. Dem Alten kann es egal sein. *Die Brüder Karamasow* sind ein Höhepunkt des literarisch Möglichen, wegen ihrer Länge (eigentlich sollte der Roman noch weiter gehen), wegen der Konstruktion praktisch nur aus Dialog und wegen der überlebensgroßen Charaktere. Nie wieder ist so etwas zwischen zwei Buchdeckeln versucht worden. Iwan erzählt seinem Bruder Aljoscha die eingeschobene Novelle *Der Großinquisitor*, in der Jesus auf die Erde zurückkehrt; hier arbeitet Dostojewskij letztgültig an seinem Problem von Schuld und Erlösung.

Das *Tagebuch eines Schriftstellers*, in dem er über mehrere Jahre seine Suche nach Stoffen und Problembewältigungen festhält, veröffentlichte Dostojewskij in Zeitschriftenform. Darin bezeugt werden die ständige Inspektion der eigenen Arbeit und seine Bemühungen, sich immer neue Themen zu eigen zu machen. So entstanden kleinere Sachen, die sich wunderbar lesen und mit satirischer Schärfe gewürzt sind, wie *Onkelchens Traum* oder *Das Gut Stepantschikowo und seine Bewohner*. In diesen Szenen aus dem Landleben lässt der Meister seiner vis comica freien Lauf. Der auf Freiersfüßen wandelnde Onkel wird nur noch von Prothesen und Schönheitspflästerchen zusammengehalten, und in Stepantschikowo triumphiert der Schein-Heilige Foma Fomitsch Opiskin über alle Versuche, ihn vom Sockel zu stoßen. Als Studie beklemmend, aber als Kunstwerk weniger gelungen ist *Der Spieler* (*Igrok* heißt das bedrohlich im Original), dafür ist es vielleicht zu sehr aus dem Herzen gerissen, auch wenn der Erzähler sich hinter einem ironischen Grundton versteckt. Dostojewskij war dem Roulette verfallen und setzte in Wiesbaden (›Rouletenburg‹ im Roman) seinen ganzen Verlegervorschuss auf zéro. Ohnehin ständig knapp bei Kasse, brachte er dadurch sich und seine Frau an den Rand des Ruins. Zur allgemeinen Überraschung ist der selbstzerstörerische Spieler des Romans ›la babulenka‹, die reiche Erbtante, die extra angereist kommt, um der bereits blanken Verwandtschaft die Leviten zu lesen, und die gleich am ersten Abend ihr ganzes Vermögen verspielt; der Ich-Erzähler kann mit solchem Tempo nicht mithalten, nach dieser Pointe verfällt der rasante Erzählgalopp in schleppenden Trab.

Der Spieler ist ein Glaubender: Da die Mathematik ihm kein Anrecht auf Erfolg in Aussicht stellt – die Bank gewinnt immer! –, begibt er sich ganz in den Schutz des Gottvertrauens. Warum sollte nicht ihm der Segen zuteilwerden? Der Spieler ist ein Verbrecher: Er ruiniert nicht nur sich selbst, sondern auch seine soziale Umgebung. Das hätte Dostojewskij von Puschkin lernen können. *Pique Dame* – auch Tschaikowskijs zweite große Puschkinoper – hieß dessen Urtyp der Spielergeschichte, in der Hermann mit Gewalt das Geheimnis der drei siegbringenden Karten beim Pharaospiel aus der alten Gräfin herauspressen will. *»Tri karti!«* gellt sein Ruf durch die Kulissen, als er sie zu Tode ängstigt. Seine Liebe zu Lisa zerbricht darüber, und statt des Asses erscheint Hermann am Schluss des Spiels die vernichtende, fratzenhafte Dame in Pik: alles verloren! – er ersticht sich.

Den *Idioten* hat Dostojewskij in Florenz geschrieben, der Kulturhauptstadt der Welt. Und zwar in einer kleinen Kammer auf der ›falschen‹ Seite des Arno, die aber immerhin Blick auf den Palazzo Pitti bot. Hier hatten die Medici standesgemäß ihren Aufstieg von Kaufleuten zu Herzögen in der trutzigen Rustikafassade eines monumentalen Brunelleschi-Entwurfs verewigt, hier wohnte seit neuestem der König von Italien. *Viva Verdi!* hatten seine Anhänger im Untergrund zur Parole erhoben, bevor es zur Reichsgründung kam; natürlich war der Komponist, der der Einheit des Landes mit dem Chor aus seinem »Nabucco« *va, pensiero* – *Flieg, Gedanke* soeben die Hymne geschrieben hatte, ein Held der Massen; aber das **VERDI** an den Hauswänden hieß **Vittorio Emanuele, Re** d'Italia. Welche Leistung Dostojewskijs, die kultursatte Atmosphäre um ihn herum so zu sublimieren, dass sie nur wie eine durchsichtige Folie über der Erzählung von seinem christusgleichen Doppelgänger liegt!

Bleibt noch *Die Sanfte.* Ein Mann erlebt vor der Leiche seiner Ehefrau nach, wie er selbst gesellschaftlich abstieg und seine Rachegelüste an dieser so harmlos Erscheinenden gestillt hat. Ihre Unterjochung hat er erreicht, ergeben hat sie sich nicht: Statt seinem neuentflammten Werben nachzugeben, stürzte sie sich aus dem Fenster. Auf den wenigen Seiten dieser Erzählung gibt Dostojewskij seine Sicht auf Liebe und Ehe und den Unterschied der Geschlechter. Wie in seinem eigenen Leben, so sieht er es als allgemeines Gesetz, dass Mann und Frau im Kampf miteinander ihre Beziehung gestalten müssen.

Dostojewskij starb, als er alles gesagt hatte.

Nabokov war ein Leben lang unspektakulär mit Vera verheiratet. Sein ›anderes Gesicht‹ war das des Lepidopterologen, des Schmetterlingsjägers und -forschers, der neue Arten entdeckte, klassifizierte und benannte. In der Doppelexistenz als Literat und Forscher ging Nabokovs Bedürfnis nach Extravaganz auf, sieht man davon ab, dass er in seiner Jugend in Berlin Trainerstunden auf dem Tennisplatz gegeben hatte. Wie er sich das Verhältnis von Leben und Literatur vorgestellt hat, zeigt er in *Erinnerung, sprich*, so etwas wie ›Memoiren‹, anhand einiger Beispiele. Etwa dem des Generals Kuropatkin, der im Arbeitszimmer von Vater Nabokow sitzt und dem fünfjährigen Vladimir den Unterschied zwischen glatter und rauher See anhand etlicher auf dem Diwan arrangierter Streichhölzer demonstriert. Am selben Tag war der General per Telegramm zum Befehlshaber der russischen Truppen im verhängnisvollen Krieg gegen Japan ernannt worden, der das Erstehen einer neuen Weltmacht mit der roten Sonne im Wimpel zur Folge hatte – und den Aufstand der Matrosen in Odessa. Das wäre noch sehr wenig Bedeutsamkeit, aber die stellt sich dann ein, als auf der überstürzten Flucht vor den siegreichen Bolschewiki fünfzehn Jahre später eine zerlumpte Gestalt Herrn Nabokow um Feuer bittet. Es ist der General, dem die Streichhölzer ausgegangen sind.

> Provokation ist ein wichtiges künstlerisches Mittel. Sie wird erst als Affront empfunden, später belächelt. Aber dazwischen kann sie im Publikum gewaltige Sprengkraft entwickeln.

Das Bastardzeichen ist Nabokovs erstes amerikanisches Werk. Es ist durch die Symbolik des Spiegels mit den vorigen verbunden. Durch die Thematik des totalitären Staates, in dem der arme Professor Krug von Diktator Paduk, der ›Kröte‹, malträtiert wird, schimmert Nabokovs eigene europäische Vergangenheit deutlich genug hindurch. *Ada oder das Verlangen* gilt vielen als sein schönstes Buch, auf jeden Fall ist es sein dickstes, die Chronik der Liebe zwischen Ivan Veen und Ada. Dass das eine ›Familienchronik‹ ist, wie der Untertitel besagt, wird erst klar wenn man erfährt, dass die beiden Geschwister sind.

Humbert Humbert, der schon etwas ältere Literaturwissenschaftler, ist völlig unspektakulär. Eigentlich ebenso wie Dolores Haze, bis eben auf die Tatsache, dass sie erst zwölf ist und Humbert um den Finger wickelt. Sie wird auch *Lolita* genannt, und ihre Geschichte ist d a s Skandalbuch der Fünfzigerjahre, das Nabokov weltberühmt und finanziell unabhängig machte. Er konnte seinen Job an der Universität an den Nagel hängen, die er in *Pnin* so unbarmherzig durch den Kakao zieht. Der obsessive Humbert also will Dolores, heiratet dafür sogar deren Mutter, aber es ist die Kleine, die ihn verführt, ohne sich ihm hinzugeben. Mit dem Rivalen Quilty, einer typischen Nabokov-Schöpfung, einer Figur ohne Substanz, mehr Dämon als Mensch, zieht sie übern Harz und in die Katastrophe. So etwas ist natürlich unverfilmbar, Stanley Kubrick hat es trotzdem unternommen, von Nabokov mit einem nicht verwertbaren Drehbuch ›unterstützt‹: Da hatte er sich mal überschätzt.

Ganz entgegengesetzt ist das Bild, das Nabokov im magischen Labor seiner *Erzählungen* abgibt. Hier probiert er neue Rezepturen für Schlaf- und Aufputschmittel, legt den Keim zur *Lolita* in die Geschichte vom *Zauberer* und entkernt seinen aufgegebenen Roman vom *Solus Rex*, bis nur noch das Schachproblem vom einsamen Schwarzen König übrigbleibt. Früh gibt er die weitere Erzeugung von Kurzprosa auf, um sich ganz der großen epischen Form zu widmen. Seine Ideen brauchen Platz.

Nabokovs amerikanische Jahre zeigen ihn auf dem Höhepunkt seines Metiers, der Mystifikation. *Das wahre Leben des Sebastian Knight* und *Sieh doch die Harlekine!*, beides fiktive Schriftstellerbiographien, letztere über einen gewissen Naborcroft oder so (wer das wohl sein mag?), umspielen sein Thema der mehrdeutigen Existenz ebenso wie *Durchsichtige Dinge*; in diesem Capriccio verfällt der Verlagslektor Hugh Person (durchsichtiger Name) den Reizen der kühlen Armande und dabei an Leib und Seele. Professor *Pnin*, ein zerstreuter älterer Herr mit auffällig falschen Zähnen, der seinem Erfinder bisweilen erschreckend ähnelt, ist das Original unter den Lehrkräften am Waindell College. Ihm passiert eine Menge Komisches, bis er die Kündigung erhält und erst in einem Nebensatz wieder auftaucht in:

Fahles Feuer. So heißt das Poem, das der ebenfalls fiktive Mei-
sterdichter John Shade verfasst hat, und so heißt Nabokovs bester
Roman. Shades trübes Dasein an der Universität wird von seinem
Kollegen Charles Kinbote ans Licht gezerrt, der sich als Herausgeber
des Werks inthronisiert hat. Shade ist soeben erschossen worden und
Kinbote auf der Flucht. Aber ist er tatsächlich dieser oder der exilierte
König von Zembla – Cineasten denken gleich an den »Gefangenen
von Zenda« mit Stewart Granger und James Mason (oder eine andere der sieben Verfilmungen), eine ebenso banale wie phantastische
D o p p e l g ä n g e r geschichte – oder der wahnsinnige Exilrusse Bot-
kin? Dafür spräche, dass auch Kinbote wie dieser homosexuell veranlagt ist und gleichgesinnte Studenten an seiner Universität beim
Tischtennisspiel versammelt – von Semester zu Semester müssen
immer neue Tische eröffnet werden! Über den Stand der Vermutung
kommt die Geschichte nicht hinaus, in einem Spinnennetz von Indi-
zien und Verweisen verwirrt sich der Geist des Erzählers ebenso wie
der stets herausgeforderte detektivische Spürsinn des Lesers. Nabokov
ist hier ein Riesenspaß gelungen und zugleich ein gültiger Kommentar
zu jeder Diskussion über Kunst: Nie kann sie auf das Kunstwerk selbst
Einfluss nehmen, denn es war zuerst da. Die Kritikerrunde: ratlos.

Nabokov entzog sich allen Diskussionen dadurch, dass er mit Vera
nach Montreux am Genfer See zog – in das Palace Hotel, wo er den
Rest seines Lebens verbrachte. Ein Exilrusse, der die Heimat stets im
Herzen bei sich trug.

Kapitel 9

Catch as catch can[181]
oder
Der Gesang vom Ich

Ich existiere nicht ... Und sollte einer so mißtrauisch, starrköpfig oder boshaft sein, um nicht zu glauben, was ich da so schlicht erkläre, oder sollte er, um mir Glauben zu schenken, noch irgendeiner eidlichen Bekräftigung bedürfen, so leiste ich Eid und Meineid darauf, daß ich nicht existiere. Zugleich verwahre ich mich feierlich gegen jede Neigung und jeden Versuch, mir die eindeutigen Attribute tatsächlicher Existenz anzudichten. Ja, nicht einmal ein Abbild bin ich, wessen immer man sich denken möge; das erkläre ich hier und verspreche, falls einer der unbelehrbaren Besserwisser darangehen sollte, Ähnlichkeiten aufzustöbern zwischen meinem Ich ohne Fleisch und Bein und einem beliebigen Individuum, das über alles verfügt, was einer Vivisektion unterzogen werden kann, daß ich aufstehen müßte zur Verteidigung meiner verbrieften Rechte auf freie Erdichtung und nach meinem Belieben unter Beiziehung von Zeugen den Beweis erbringen würde, daß ich niemand bin noch jemals jemand war oder sein werde.

Das ist, ich gebe es zu, etwas weitschweifig ausgeführt. Aber so eine Gründungsurkunde der Moderne braucht eben alles an Formelhaftig-

---

181 Sogar mein Vater ging zum Catchen, damals noch ›Freistilringen‹, und amüsierte sich über Mustafa Schikane (Technik) und Thor den Wikinger (Gewicht), die unter dem Motto antraten: *Alles ist erlaubt* – wie in der Literatur der letzten hundert Jahre. Heute heißt das Ganze »Wrestling« und ist eine ganz traurige Angelegenheit.

582   Kapitel 9 Der Gesang vom Ich

keit, was die Amtssprache des Juristen bei solchen Gelegenheiten
hergibt. Dass dieser Text mit dem ominösen Personalpronomen beginnt, gehört genauso zur Feierlichkeit des Augenblicks wie die Be-
kreuzigungen vor der Teufelsfratze der Besserwisserei – wir wissen
doch selber schon alles am besten.

Benito Pérez Galdós schrieb seinen Roman *Amigo Manso* im Jahre
achtzehnhundertzweiundachtzig, und das gerade eben waren seine
ersten Zeilen. Vielleicht kann man Galdós übertriebene Neuerungs-
sucht nicht wirklich vorwerfen – sein Roman handelt von der liebens-
wert-resignierten Sicht eines Versagers auf das Hinterhoftreiben rings
um seine letzte Rückzugsbastion –, aber intuitiv hat er die sich an-
kündigende Tendenz erfasst: Vom Ich ist zu sprechen und von nichts
anderem.

Das ist neu? So viele Romane von *Robinson Crusoe* bis *Moby Dick*
haben schon mit dem ›Ich‹-Satz begonnen. Das ist neu! Bisher wurde
dieses Ich noch nie in Frage gestellt. Denn es ging doch bisher nie
darum, Zweifel anzumelden, weder an seiner Realität noch an seiner Individualität, sondern immer wurde vorausgesetzt, dass dieses
Ich ein funktionierendes Rädchen im Getriebe des romanhaften Geschehens ist. Bis zum ersten Mal danach gefragt wurde.

In seinen beiden Romanen *Einer, keiner, hunderttausend* und *Il fu Mat-*
tia Pascal (Der verblichene Mattia Pascal) hat Luigi Pirandello, von dem ich
schon berichtete, das Ich-Problem vorgestellt. Wie, wenn ich ein anderer sein könnte? Was, wenn dieses Leben nicht das einzig mögliche
wäre? Der Sizilianer schafft es, ganz eigene Stimmungen für die Antworten auf diese Frage zu erzeugen. Mattia Pascal flieht aus seinem
Eheelend nach Monte Carlo, um dort mit einem Paukenschlag abzutreten. Stattdessen gewinnt er im Casino ein Vermögen und beginnt
ein neues Leben mit neuer Identität. Doch selbst der Besuch seines leeren Grabes gibt ihm weder Lebensfreude noch Freiheit zurück. Der
Roman *Einer, keiner, hunderttausend* rückt dem Problem von einer anderen Seite zu Leibe. Vitangelo Moscardo entdeckt im Spiegel, dass er
nicht der ist, für den er sich selbst bisher hielt. Er will seinem Vorleben
als Geldsack abschwören und gute Werke tun, aber je mehr er sich an-

strengt, desto hysterischer reagiert seine Umwelt auf ihn. Sie kann sich mit dem ›neuen‹ Moscardo nicht anfreunden. Der letzte Ausweg ist, dass er sich selbst in die Anstalt einliefert; dort findet er den kosmischen Frieden.

Der Mummenschanz ums Ich vervielfacht sich im Werk des Portugiesen Fernando Pessoa. *Das Buch der Unruhe des Hilfsbuchhalters Bernardo Soares*, gerade zum ersten Mal vollständig deutsch, enthält die Aufzeichnungen von einer der vielen Ausprägungen seiner Identität; unter mindestens vier anderen Namen ist Pessoa seinem Thema, der individuellen Unsicherheit und Verlorenheit in der modernen Stadt – Lissabon – auf den Grund gegangen.

Die Desillusionierungen des modernen Menschen bestätigen, was er insgeheim auch vorher vermutet hatte: Er ist nicht im Mittelpunkt von Gottes Plan.

Wie sehr der Persönlichkeitswechsel als Thema in der Luft liegt, ist daran zu ermessen, dass auch Thomas Mann, sicher kein Spezialist für Modernität, in seinem *Felix Krull* die große Tour des Hochstaplers durch den Identitätstausch mit dem reisemüden und liebestrunkenen Marquis de Venosta motiviert. Es würde nicht schwerfallen, das Motiv weiterzuverfolgen, bis es bei Max Frisch angekommen ist. Er wird den Faden wiederaufnehmen in seinen Romanen *Stiller, Mein Name sei Gantenbein* und *Homo Faber*. Stiller im Untersuchungsgefängnis weigert sich so gut er kann, Stiller zu sein, beim Gantenbein ist der Wechselwille schon im Titel angedeutet und Faber sieht, nachdem sein Flugzeug in der Wüste Tamaulipas notgelandet ist, dass seine Existenz auf Treibsand gebaut ist.

In Wien geht die Neuzeit[182] zu Ende. Sie war eine Zeit der Zweifel, die angemessene Reaktion auf die stolze Selbstgewissheit des Mittelalters,

---

182 Die anschließende ›Moderne‹ dauerte nur kurz; wir stehen ja schon in einer Zeit, die sich gerne als ›Postmoderne‹ ansieht. Wir sind gespannt, wie es weitergeht. Aber egal was wird, von übermorgen aus gesehen wird alles Bisherige zusammen nur wie eine endlose ›Antike‹ der Menschheitsgeschichte wirken.

584 Kapitel 9 Der Gesang vom Ich

in dem Gott das Gegebene war und der Mensch seine beste Leistung darstellte. Drei große Kränkungen waren dem Beherrscher der Erde und der wilden Tiere seither widerfahren. Zunächst hatte Nikolaus Kopernikus aus Thorn das Sonnensystem neu konstruiert, und Galileo Galilei sah in Florenz alsbald in seinem selbst entwickelten Fernrohr, dass es richtig war, was Kopernikus in *De revolutionibus orbium caelestium* postuliert und Johannes Kepler in Prag nach ihm berechnet hatte: Nicht die Erde, sondern die Sonne befindet sich im Zentrum unseres Himmelskörpersystems. So verlor der Mensch die Zentralstellung im Universum. Diese kopernikanische Wende der Anschauungsrichtung warf natürlich sofort die Frage auf, ob Gott, wenn er schon die Schöpfung nicht um den Menschen herum angeordnet hatte, womöglich den Menschen gar nicht in das Zentrum seiner Schöpfung hatte setzen wollen? Die Antwort lieferte Charles Darwin in der *Entstehung der Arten*. Er hatte in unermüdlicher Arbeit auf seinen Forschungsreisen mit dem Schiff »Beagle« herausgefunden, dass am Stammbaum des Lebens für den Menschen nur ein junger Zweig an einem seitlich, recht versteckt wachsenden Ast reserviert war. Vielfalt der Arten bedeutet im Fall des Menschen, dass seine Ahnenreihe beim Affen beginnt und bis zur Amöbe hinunterreicht. Sagt nicht der Schöpfer in der Heiligen Schrift etwas anderes, und zwar: *Lasset uns Menschen machen nach unserem Abbild, uns ähnlich?* Darwin bewies eine andere Version der Schöpfungsgeschichte. So konnte es nicht gewesen sein.

In der Berggasse Hausnummer neunzehn macht sich der Nervenarzt Dr. Sigmund Freud daran, mit der dritten ›Kränkung‹ des Menschen das Maß seiner Desillusionierung voll zu machen. Haben wir als Mittelpunkt des Schöpfungsplans, als Gottes Ebenbilder und Sorgenkinder ausgedient, so sind wir jetzt nicht einmal mehr Herren unseres Selbst – vom Unterbewussten gesteuert, vom Unbewussten geschreckt, ist der Mensch nur eine willenlose Marionette, hilflos Trieben wie Hemmungen ausgeliefert. Freud selbst erfuhr das leidvoll auf seiner verspäteten Hochzeitsreise. Als er mit Martha, geborene Bernays, Venedig erreichte, stürzte dort auf dem Markusplatz vor dem Dom der berühmte Glockenturm, der phallusgleiche Campanile, in sich zusammen. Den armen Seelenarzt, mit der Symbolsprache der Träume bestens vertraut, quälten sogleich Versagensängste ...

Ein paar Häuser weiter, Sternwartestraße Nummer einundsiebzig, da wohnte der Dr. Arthur Schnitzler. Wien, neunzehnhundert: Freuds *Traumdeutung* erscheint. Schnitzlers *Leutnant Gustl* sinniert in einem ununterbrochenen Gedankenfluss, dem ›inneren‹ Monolog, über die Notwendigkeit, am nächsten Morgen abzutreten. Der lästige Bäckermeister kommt ihm freundlicherweise zuvor und rettet so Gustls Ehre. Arthur Schnitzler, den wir bereits als Dramatiker kennengelernt haben, hat auch der Prosa ein neues Gesicht gegeben. Freuds Theorien macht er zu Literatur, bis hin zur *Traumnovelle*, in der das Paar Fridolin und Albertine auf träumerische Weise seine ausgelaugte Ehe wieder auf Touren bringt. Dazwischen liegen Erzählungen: *Fräulein Else, Spiel im Morgengrauen, Dr. Gräsler, Badearzt* und Romane: *Frau Berta Garlan, Der Weg ins Freie*, in denen Schnitzler die gesellschaftliche Erstarrung seiner Zeit inklusive des allfälligen Antisemitismus sowie Wien und Österreich vor der Katastrophe beschreibt in konventioneller Aufmachung, aber mit allerneuester Erzähltechnik. Stets eröffnet er seine Geschichte mit der Andeutung verschiedener möglicher Handlungsverläufe, um dann die Hoffnungen von uns Lesern kunstvoll zu enttäuschen, seinen Figuren Mittelmäßigkeit, Trostlosigkeit und regelmäßig den Freitod zu verordnen. Dabei sind die Inhalte weit von den neuen Themen entfernt. Der ehrenwerte Dr. Gräsler beispielsweise muss erkennen, dass er der einzige Spießer unter Menschen ist, die aufrichtig versuchen, ihr Leben mit Sinn zu füllen. Diese Ambivalenz der Charaktere, dass es eben keine Helden mehr gibt – genausowenig wie richtige Schurken –, verschafft der neuen Literatur ihr unverwechselbares Gesicht. Moral als gesellschaftlicher Imperativ hat ausgedient, der moralische Mensch ist vielmehr derjenige, der s i c h treu bleibt. In Gräslers Fall ist es das Mädchen Katharina, die sich ihm mit Unbefangenheit hingibt. Der nach wie vor allwissende Erzähler – dessen Ruf als Herr über Leben und Tod bereits schwer ramponiert ist, seine Tage sind gezählt – bewertet ihr

Verhalten nicht als ›schlecht‹ oder verderbt, sondern als natürlich und kreatürlich; das ist mehr, als Gräsler je leisten kann.

Schnitzler war im Schreiben wie im Leben ein Erotiker von Graden. Müde von so viel Ausschweifung stützt er sein Haupt in die Hand, die das Gesicht halb beschattet. Die Stirn ist hoch und schön, das blonde Haar trägt er seitengescheitelt. Die Augen blicken aus dem Halbschatten klug und intensiv, das Untergesicht ist von Schnurr- und Kinnbart verdeckt. Er hat Leid kennengelernt, das sieht man ihm an – seine Tochter nahm sich das Leben –, und er hat damit umgehen gelernt. Sein Formempfinden, sein Sinn für die Gestaltung des Stoffes erweisen ihn als großen Künstler, Wien aber wird durch ihn und nach ihm zu einem Zentrum der modernen Literatur.

Spezifischer Bestandteil der schnitzlerschen Erzählkunst ist die Todessehnsucht, der Todestrieb, ausgedrückt im Suizid. Natürlich ist der Lebensüberdruss nichts Neues unter der Sonne, aber wie da in Wien, in der Literatur und im Realen, junge Leute danach gieren, aus dem Leben zu scheiden, das muss man als Symptom erkennen: Die Zweifel der Neuzeit kulminieren im freiwilligen Verzicht auf die individuelle Zukunft. Die Moderne, das wird man noch sehen, betrachtet als zentrales Problem unser kollektives Überleben unter der Bedingung, dass wir uns selbst unsere Zukunft zunichte zu machen bereit, fähig und willens sind. Zwei große Kriege, Massenvernichtung, Wirtschaftskrisen und Umweltverbrechen lehren uns, für die nächsten Jahre mit allem zu rechnen, auch mit dem Schlimmsten.

Triest liegt da, wo die Adria zur Sackgasse wird, in einer uralten Grenzregion, heute: zwischen Italien und Slowenien, oder schon immer: zwischen romanischer und slawischer Welt. Einstmals gehörte es zur Donaumonarchie, lag hier die österreichische Flotte vor Anker, die unter dem legendären Admiral Tegethoff (dem Namen nach ein Westfale – auch sie nicht als Wasserratten bekannt) zu ihrem einzigen Sieg vor Lissa auslief. Wenig später zog hier der Literat Gabriele d'Annunzio mit seinen Freischärlern vorbei, um die Nachbarstadt Rijeka, von der er meinte, sie hieße Fiume, für Italien zu annektieren. Dabei waren das einzig Kriegerische an dem kleinen Mann seine Säbelbeine. Aber wie so viele körperlich Zukurzgekommene hatte er Mut. So gelang das Unternehmen für einen historischen Moment, allerdings wurde er so auch zum ersten Fall eines Dichters, der sich für den Faschismus prostituierte. D'Annunzio wäre zu vergessen, hätte er nicht die letzte verzweifelte Ausprägung des Dandy verkörpert und dazu auch in subtiler Form literarisch fixiert. In dem Roman *Lust* porträtiert er sich selbst in dieser Rolle, auf der Jagd nach der Frau, die seinen Ansprüchen genügt, moralisch ohne Skrupel, aber gehemmt von seiner extrem ausgeprägten Sensitivität. Schließlich gesteht er sich ein, seinen eigenen Ansprüchen nicht gerecht zu werden. Seine Heldenzeit ist vorüber. Ein interessantes Dokument aus einer überlebten Welt der Verfeinerung und Sinnlichkeit, in der die angemessene Wahl des Blumenschmucks, der Garderobe, des Parfums über das Gelingen des Tages entschied.

Die Triestiner Verhältnisse mit ihren Groteskheiten reizen zum Schmunzeln; sie haben aber für einen kostbaren Augenblick ein anregendes und fruchtbares kulturelles Mikroklima geschaffen. Einen Glücksmoment lang wird Triest zum Brennpunkt der Moderne. Ettore Schmitz arbeitete hier als Bankbeamter und führte ein beschauliches Leben. Für die Kamera hat er sich herausgeputzt, korrekt ist seine Erscheinung. Der Schnurrbart verbreitet einen Hauch von Mondänem, die Kreissäge auf dem Kopf hat er keck in den Nacken geschoben, die weit auseinanderstehenden Augen verleihen ihm den neugierigen Gesichtsausdruck eines Laubfroschs. Er nannte sich als Schriftsteller Italo Svevo: Der Vorname könnte nicht deutlicher an das Land gemahnen, dem Triest nach dem Ersten Weltkrieg zugeschlagen wurde, während der Nachname stark nach ›Schwabe‹ klingt – Schwabe ist in vielen Sprachen das Synonym für Deutscher. Sein Thema ist die Resignation. *Das Bewußtsein des Zeno* Cosini besteht darin, dass er weder etwas geleistet hat noch dass es Hoffnung gibt, dass es mit ihm je besser wird. Seine Aufgabe sieht er im Weiterleben, im Trotzdem. Die Beschreibung, wie er bei seinem künftigen Schwiegervater die Frau seiner

Träume kennenlernte, am Ende aber deren schieläugige Schwester bekam – sein existenzieller Alptraum –, gehört zum Komischsten, was zwischen zwei Buchdeckeln gedruckt zu finden ist. Zeno hat die Unbeholfenheit zum Prinzip erkoren. An ihr kann man nicht sterben, nur leiden; sein Lebensglück sieht er daher wie einen Dampfer an der Reede seiner Hoffnungen vorüberziehen.

Senilità (Ein Mann wird älter) zeigt uns die zweifelhaften Freuden des Emilio Brentani, eines älteren Herrn, mit seiner Geliebten. Allen seinen Bemühungen um ernsthafte Gefühle steht die junge Angiolina resistent gegenüber. Wie schön könnte das Alter sein, wenn man seine Triebe im Griff hätte! Eingebettet ist die fade Romanze in eine boshafte Beschreibung Triests und der Triestiner – ein Pfuhl der Verkommenheit.

Ein Leben ist der erste seiner drei Romane. Alfonso Nitti ist ein Bankbeamter mit literarischen Ambitionen und langweiligem Privatleben. Ah ha! Wie so viele hat also auch Svevo am eigenen Leben Maß genommen. Aber während das enttäuschende Dasein Nittis im Suizid ein Ende findet, wächst Svevo mit seiner Kunst über das Leben hinaus. Die Lakonie seiner Sprache, der Mut, mit dem er die Langeweile als Grundhaltung der Zeit ausmacht und sich beklagt, wie die Skepsis unser Leben vergiftet, wirken frisch wie am ersten Tag.

Svevo ist Individualist, er ist modern. Keiner Schule zugehörig, zeigt er uns Lesern in seiner Kunst nichts anderes als eine Maske seiner selbst im müden Taumel eines Triestiner Totentanzes. Wieder erweist sich die Provinz als Kraftwerk, deren Energie die literarischen Zentren Europas mit neuer Spannung versorgt: In der französischen Übersetzung wird die Geschichte von *Zeno* zum Erfolg, anerkannt und bewundert – und nachgeahmt – von Künstlerkollegen in Paris und anderswo. Da Svevo wie Zeno in die Firma seines Schwiegervaters eintritt, hat er es alsbald nicht mehr nötig, für den Lebensunterhalt zu schreiben. Er tut es zum Vergnügen. Auch seine *Erzählungen* variieren die Grundkonstellationen der Romane und spielen gleichzeitig mit bekannten Vorbildern der Literatur, wie die *Kurze sentimentale Reise* des in scharfem Konflikt mit der Realität stehenden Herrn Aghios zeigt, dem Titel nach dem Roman von Laurence Sterne huldigend, in dem ein Reverend Yorick auf seinem Trip im Stile des *Tristram Shandy* nichts erlebt, aber daraus viel Spaß bezieht.[183] Zeno Cosini liegt als erster Romanheld auf der Couch eines Psychiaters und macht sich darüber lustig – zur Strafe wird er als geheilt entlassen; nachdem eh schon alles zu spät ist, bleibt die Frage, wie er mit dem Rauchen aufhören kann, sein einziges verbliebenes Problem. *Letzte Zigarette!!!*, mancher hat sich das schon befehlen wollen, für Zeno wird die Raucherentwöhnung zur Lebensaufgabe, an der er lustvoll scheitert. Vor Svevo hatte noch keiner dieses Thema erkannt. So modern war er, dass selbst sein Tod der aktuellsten Technik verpflichtet war: Er starb bei einem Autounfall.

Für seine kaufmännischen Geschäfte und die Literatur schienen Ettore Schmitz Sprachkenntnisse hilfreich. Er lernte perfekt Deutsch und dann auch noch in der Berlitz-Sprachenschule in Triest Englisch bei – James Joyce. Der war gerade frisch angekommen und brauchte wie immer Geld. Die beiden verstanden sich gut. Auch Joyce träumt von einer Schriftstellerlaufbahn. Sein Porträt leidet an der starken Brille, die er trägt – leicht wahnsinnig schaut er hinter seinen einmachglasdeckelstarken Brillengläsern hervor. Ansonsten ist grau der vorherrschende Farbton. Das Haar streng nach hinten gekämmt, das Mäulchen von einem spärlichen Oberlippenbart überhöht, sieht man ihm nicht viel mehr als den Sprachenlehrer an. Er wird es verschmerzen können, braut sich doch hinter seiner Stirn gerade der Sturm des Jahrhunderts zusammen.

So international sein Leben – Irland wird er nicht wieder betreten –,

---

183 *Yoricks empfindsame Reise durch Frankreich und Italien* heißt Svevos Vorbild. Über der Nennung des Zielorts *Tries ...* bricht seine Erzählung und die Reise des naiven älteren Herrn ab. Fortgesetzt und zu Ende geführt wird sie von Emil Tischbein, der nicht nur wie Aghios, dessen griechischer Name ›heilig‹ bedeutet, während der Eisenbahnfahrt einschläft und wild träumt, sondern dem dabei ebenfalls sein Geld geklaut wird, obwohl es mit einer Stecknadel in der Tasche befestigt war. Er holt es sich am Schluss nach dem Willen von Erich Kästner wieder, wie der Romantitel *Emil und die Detektive* ja schon erwarten lässt, und kindliche Unbekümmertheit wird endlich belohnt.

so ganz verankert im Milieu seiner irischen Heimat, in Dublin, ist sein Werk. Der sechzehnte Juni neunzehnhundertvier, ein Donnerstag, war der Tag, an dem Joyce mit seiner Frau Nora in Dublin das Schiff bestieg, und dieser Tag wurde durch ihn zum literarischen Datum, das man getrost mit jenem Karfreitag verklammern kann, an dem Dante in die Unterwelt aufbrach. Dieser laue Sommertag ist zum Bloomsday geworden, also jenem Tag im Leben des Leopold Bloom, der im magistralen *Ulysses* beschrieben wird. Bloom ist Außendienstmitarbeiter einer Tageszeitung, ist in den besten Jahren, ist Jude und mit Marion (Molly) verheiratet.

Die Moderne. Wieder eine Initialzündung, die die besten Sachen gleich zu Beginn entstehen lässt.

Sein Tag beginnt mit den Ritualen des Morgens, dem Bereiten des Tees, Defäkation (die mit Eindringlichkeit geschildert wird) und erster Nahrungsaufnahme, zu der eine selbst gebratene Niere gehört, die dem Leser sozusagen in die Nase steigt – sie stinkt so, dass Molly sich derartige Frühstücksbarbareien verbittet und Bloom aus dem Haus jagt. Dublin bietet indes einige Abwechslung wie diverse Kneipen, eine große Beerdigungsszene, den Vorbeiritt des Vizekönigs, der die britische Majestät im unterdrückten Land vertritt, oder den nächtlichen Besuch eines Bordells. Dazwischen ist noch Platz für einen Strandspaziergang Blooms, bei dem es zu einem spontanen Liebesabenteuer mit der kleinen Gerty kommt, das die erläuternde Fachwelt die Nausikaa-Episode nennt. Denn der Tag des Leopold Bloom verläuft dem homerischen Epos vom gewitzten König von Ithaka und seinen Leiden und Freuden auf dem Heimweg von Troja parallel. Wenn Leopold Odysseus ist und Penelope Molly, die in ihrem großen Schlussmonolog ihre eigenen Vorstellungen vom Glück des Ehelebens zum besten gibt, dann braucht es auch beider Sohn Telemachos. Diesen hat Joyce sich aus seinem früheren Werk *Stephen Hero* oder *Porträt des Künstlers als junger Mann* ausgeborgt: Stephen Dedalus, so dass wir nicht daran zu zweifeln haben, wen der Meister mit dieser Figur gemeint hat. Der Autor spielt selbst mit.

Der *Ulysses* beginnt mit Stephens Erwachen und einer Parodie auf den katholischen Gottesdienstritus, und auch weiters sind in den Text eine Menge Frechheiten eingebaut, die seinerzeit für Furore sorgten, bis hin zu einer Art Hexensabbat, dessen sprachlicher Furor den Nebel in den Köpfen widerspiegelt, hervorgerufen durch erheblichen Alkoholmissbrauch. Die letzten fünfzig Seiten, die Abbildung von Mollys Gedankenwelt, nachdem Leopold neben ihr in Schlaf gesunken ist, werden dargeboten in der atemberaubenden Technik des Gedankenstroms ohne Punkt und Komma, die damals noch ganz neu und unverbraucht war. Allerdings zeigen sich auch die Gefährdungen der Moderne in einer Unart joycescher Prosa, wenn der Unterleibs- in den Herrenwitz umschlägt. Man sollte nicht alles sagen, geschweige denn aufschreiben, was einem gerade durch den Kopf geht. Generationen von Schriftstellern des letzten Jahrhunderts über Max Frisch in *Montauk* bis John Updike und Philip Roth machten aus diesen harmlosen Späßen ein unerfreuliches Genre: die Prostataliteratur über die sexuellen Nöte älterer Männer.

Ulysses ist ein Buch für Forscher; wo man es aufschlägt, steckt es voller Interessantheiten, voller Rätsel. So eignet es sich für dicke Kommentare und erfordert einen so präzisen Übersetzer wie Hans Wollschläger, der mit seiner deutschen Fassung berühmt wurde. *Ulysses* ist die 1:1-Umsetzung des homerischen Epos in die Gegenwart, es könnte ein Hauptspaß sein, alle Anspielungen herauszuarbeiten. Es ist ein Buch über Religion. Es ist ein Buch über den Menschen, dessen einzelne Organe der Reihe nach abgearbeitet werden wie in einem Anatomieatlas. Es ist ein Buch über Literatur, die Szene auf der Entbindungsstation ist eine Achterbahnfahrt durch alle Sprachzeitalter, vom Angelsächsischen (bei Wollschläger: Mittelhochdeutschen) beginnend, und im Bordell geht es zu wie auf der Theaterbühne. Es ist auch ein Buch über Dublin, man kann darin mit dem Stadtplan in der Hand herumspazieren. Mit den *Dubliners* hatte Joyce eine Serie kurzer Skizzen geschaffen, die ihm ersten Ruhm brachten. *Die Toten* bilden den grandiosen Abschluss: Impressionen von einem großen Familienessen zu Allerseelen, bei dem sich die Teilnehmer der Reihe nach die Masken der Gutbürgerlichkeit vom Gesicht reißen. John Huston machte daraus seinen letzten Film. Das schmale Œuvre von Joyce enthält noch *Gedichte* sowie sein Spät- und Großwerk *Finnegans Wake,* das weder Anfang noch Ende hat, aber immerhin um das Leben des Ehepaars Humphrey Chimpden Earwicker und Anna Livia Plurabelle herum aufgetürmt ist und programmatisch mit der Anrufung von Adam und Eva einsetzt. Es handelt sich um eine Art Schrotthalde von Roman mit einigen wiedererkennbaren Teilen und einer Menge Sprache, die, obwohl gerade frisch aus der Presse, bereits verbeult, verbogen und ein für alle Mal unbrauchbar geworden ist. Der Urheber gab als Arbeitszeit am Werk siebzehn Jahre an, ähnlich lange bräuchten wir zur Lektüre. Als späten Salut an Joyce schuf Arno Schmidt *Zettels Traum* (Zettel ist eine Figur aus Shakespeares *Sommernachtstraum,* der junge Mann, der in einen Esel verwandelt wird – aber auch die Einzahl zur gewaltigen Materialsammlung, die Schmidt angelegt hat, in Zettelkästen). Noch ein Buch, das Du auf gar keinen Fall ›lesen‹ sollst: Hineinschauen solltest Du allerdings auf jeden Fall einmal.

Irland war mit *Gullivers Reisen* und dem schrulligen Bischof von Cloyne mit seiner Lehre vom *esse est percipi* oder: Es spielt sich a l l e s in unserem Kopf ab, bereits auf der Weltkarte des Querdenkens verzeichnet. Pünktlich zur Jahrhundertwende erlebte diese wahrlich grüne Insel mit Oscar Wilde, den Nobelpreisträgern William Butler Yeats – der sich für Feen begeisterte und sie auf die Bühne brachte – und George Bernard Shaw, dann mit Autoren wie Frank O'Connor, Sean O'Faolain und Liam O'Flaherty eine literarische Blütezeit. Sie haben einen irischen Ton geprägt, der zwischen Märchenstunde und untergründigem Freiheitsdrang schwingt: frei von der Krone Englands, frei wie eine Seemöwe über der Hafenmole von Galway mit freier Aussicht bis zur Freiheitsstatue am anderen Ende des Atlantiks.

Nachdem Svevo Joyce getroffen hatte, traf dieser Proust. Was sie sprachen? »Aimez-vous des truffes?« »Yes, I'm very fond of truffles!« Oder mit anderen Worten: Über Literatur wurde in dieser Zeit nicht geredet, sie wurde gemacht. Um Joyce, den Avantgardisten, ranken sich Geschichten und Anekdoten, die ihn zum Beispiel auch mit dem Komponisten Stravinsky in Verbindung bringen, einem weiteren Vater der Moderne. Immer geht es um die Verachtung des Bürgerlichen. Diese Verachtung ist Stilmittel, egal ob sie von oben herab, aus dem Blickwinkel elitärer Zirkel, oder von unten aus der Perspektive des Proleten trifft. Der Bürger, schon lange Straßenbild und Machtmittel beherrschend, soll als parasitäres und seiner Funktion nach überholtes Wesen bloßgestellt werden.

Joyces Leben ist selbst vielfach zu Kunst und zum Objekt von einer Menge Gelehrtenfleiß geworden. Einen Teil davon verbrachte er in Zürich, wo man heute den Platz zeigt, an dem er saß, Geschnetzeltes aß (in der »Kronenhalle«) und schrieb, und wo sich sein Grab befindet. Zürich war für einen Wimpernschlag der Zeitgeschichte hip, wurde hier doch »Dada« aus der Taufe gehoben. Und das ging so: Der Begründer der Stilrichtung, Hugo Ball, der in Zürich sein »Cabaret Voltaire« für spektakuläre und provozierende Aktionen nutzte, fand den Namen durch die altehrwürdige Methode des ›Bibelstechens‹. Er stieß ein Messer, feinere Gemüter würden eine Nadel verwenden, in ein deutsch-französisches Lexikon und fand an dessen Spitze das Lemma dada = Steckenpferd kleben; so hieß dann die Bewegung. Es gibt auch andere Taufmythen, dieser gefällt mir aber so gut, weil er Bedeutsamkeit inszeniert. Ein Buch zufällig aufschlagen und die gefundene Stelle wichtig nehmen ist ein alter Ritus. Goethe, der sich selbst einen ›Glücksaufschläger‹ nannte, hat diesem Kult gehuldigt.

Das Wesen von Dada, seine Besonderheit verkörpert Kurt Schwitters aus Hannover, der Maler, Architekt, Schriftsteller und alles Mögliche war – eine Spur Größenwahn gehört zu Dada dazu. Schwitters nannte seine Kunst MERZ (aus comMERZbank) und schuf sich die imaginäre Partnerin Anna Blume, der er Elogen dieses Kalibers widmete:

Herrlichste von allen,
du bist von hinten wie
von vorne »anna«.

594 Kapitel 9 Der Gesang vom Ich

Noch heute aktuell: die *Ursonate*, die Schwitters als Sprachkomponisten zeigt und die er auch selbst aufgeführt hat:

Fümms bö wö tää zää Uu,
pögiff,
kwii Ee

(das ist erst die Einleitung!). Das führte direkt zu so etwas:

minz den gaawn
ganz den eschn
ruttl znop.

So beendet Ernst Jandl, der komische Sprachakrobat des ausgehenden Jahrhunderts, seine *szenen aus dem wirklichen leben.*

Malerei, Musik und aktionistische Darbietungen drücken die Haltung der ›Avantgarde‹, der künstlerischen ›Vorhut‹, jetzt spontaner aus als Literatur. Improvisation ist der Stil der Zeit – leider hasst Literatur die Improvisation. Deren Wesen besteht darin, die Spannung des künstlerischen Moments unmittelbar in das Werk umzusetzen; beispielsweise entstehen Serien von Ölgemälden innerhalb kürzester Zeit, sodass die Farbe kaum Zeit genug zum Trocknen hat, oder musikalische Aufführungen werden zu Live-Events, die unwiederholbar ihren Experimentalcharakter dadurch zeigen, dass nach keinem festgelegten Notentext gespielt wird.

Die meisten Dichter verweigern sich solchem Enthusiasmus. Sie trennen sorgfältig Erlebnis und Ergebnis. Auch wird nach wie vor in klassischer Manier erzählt, allerdings eine Spur raffinierter als früher. Zur Voraussetzung dafür, dass trotzdem etwas Neues herauskommt, wird die hinzugewonnene Mobilität. So ist die Überwindung großer Entfernungen, etwa die Atlantiküberquerung, inzwischen mit einem angemessenen Maß an Schnelligkeit und Bequemlichkeit möglich, aber auch Afrika und Asien liegen in einer Distanz, die den Literaten eine Autopsie ermöglicht. Zentrum für die Veröffentlichung der Ergebnisse ist London. Henry James, reicher Sohn eines amerikanischen Intellektuellen und Bruder des Erfinders des ›Pragmatismus‹[184], kommt hierher und Joseph Conrad, der in Polen geboren wurde, in der russischen Verbannung aufwuchs und schon ein Leben als Handelsschiffkapitän hinter sich hat. Mit Frauen wie Edith Wharton und Violet Hunt erweitert sich die Gruppe, ein paar Neugierige stoßen dazu. Sie alle sind Relikte des Neunzehnten Jahrhunderts, jeder Zoll ein Gentleman (oder eine Lady), und Schriftsteller alter Schule. Doch als Schmuggelware haben sie die Moderne im doppelten Boden ihrer Schrankkoffer versteckt. Conrad schickt seinem frisch zugezogenen Nachbarn James seinen neuen Roman, es ist sein dritter, *Der Nigger von der »Narcissus«*. *Cher maître!* beginnt der beigelegte Huldigungsbrief, in dem Conrad dem Kollegen das Werk mit dem besonderen Hinweis auf seine Kürze ans Herz legt. Die beiden werden sich in Zukunft auf Französisch miteinander unterhalten. Bei aller gegenseitigen Hochachtung, verschiedener als die zwei können Schriftsteller nicht mehr sein, nicht nur, weil James' Romane stets dreimal so dick sind. Sondern, weil der eine unter Abenteuer das Brechen von Masten und Menschen in Todesgefahr versteht, während dem anderen schon ein scharfes Hüsteln oder eine Übersäuerung des Magens als Anzeichen eines Extremzustandes gelten. Auch, weil der hypochondrisch veranlagte Leichtmatrose auf der »Narcissus« eine Gesellschaftsschicht repräsentiert – die unterste –, die Henry James niemals eines geschriebenen Wortes für würdig halten wird.

Dicke Romane, bei denen das Thema fast egal ist. Alles entwickelt sich aus der Stimmung der Dialoge, die Charaktere von zum Teil diabolischer Durchtriebenheit in Erscheinung setzen.

---

184 William James schuf auch den Begriff des ›Bewusstseinsstroms‹. Dessen sprachliche Fixierung als Gedanken- oder Erzählstrom sollte dem kommenden Literaturjahrhundert neue, unerhörte Möglichkeiten erschließen, das Innenleben der Akteure seiner Romane zu erforschen und davon auch Kunde zu geben. Für Bruder Henry kam das noch zu früh, James Joyce dagegen gerade recht für seinen *Ulysses*.

596   Kapitel 9 Der Gesang vom Ich

James schaut bräsig, kurzsichtig und entschieden humorlos drein –
so hat ihn sein Künstlerkollege John Singer Sargent nicht ganz ohne
Bosheit porträtiert; ausgestattet ist er mit einem Kahlkopf und einem
erheblichen Embonpoint; eins seiner Augen allerdings, man kann nicht
genau entscheiden welches, wirft unter dem müden Lid einen Blick
wie ein Pfeil. Dieser Mann verbirgt hinter der Maske der Gleichgültig-
keit einiges an Unkonventionellem. Conrad, Gesichtshaut wie allerzar-
testes Pergament, wettergegerbt, Züge mit einem Einschlag ins Kirgisi-
sche, blickt kühn in weite Fernen, wie es sich für den Kapitän auf der
Kommandobrücke schickt. Er trägt auf manchem Photo zur Tarnung
den Bowler des geschäftssinnigen Londoners auf dem Kopf. Dabei ist
er der Galeerensklave, der Schreiben als Broterwerb betreibt und sich
unter diesem Druck ein Dutzend Romane und eine Menge Erzählungen
abwringt – James hat das Schreiben nicht nötig, produziert dabei allerdings nicht weniger als fünfunddreißig Bände, von denen noch keineswegs alles auf Deutsch erschienen ist.[185] Sein Erstling *Roderick Hudson* beschreibt die Gefahren für einen Mann, der als Jungstar der Kunstszene
beginnt: Bildhauer Hudson scheitert an seiner Überheblichkeit; am
Ende stürzt er (sich) von einem Alpengipfel. Hier und anderswo gibt
uns James ›Zeichen‹, Signale für das Verständnis des einzelnen Werks
und dafür, in welcher Tradition er sich sieht. Der Alpengipfel und das
Künstlergenie sind natürlich eine Erinnerung an typische Zutaten der
Romantik, später wird die Renaissance solche ›Zeichen‹ ihres Einflusses
setzen, wenn ein Porträt aus Florenz sozusagen aus dem Rahmen steigt
oder eine kostbare Kristallschale einen verborgenen Sprung hat als
Symbol für die Mesalliance zweier Herzen. Die junge Geliebte Hudsons,

---

185 Das weckt die kritische Neugier, auf jeden Fall dessen, der die dreizehn Bände der deutschen Ausgabe bei Kiepenheuer & Witsch sowie das zerstreut Erschienene schon kennt.
Also heraus mit der Sprache: *The Awkward Age – Das ätzende Alter* ist ein Roman über die
Schwierigkeiten, junge Damen (daher der Titel) der Gesellschaft unter die Haube zu
bringen. Das erschien bislang nicht prickelnd genug, um es einzudeutschen, allerdings
hat der Meister des Salongezischels in das seichte Plätschern der Dialoge wieder einiges Gift gemischt. Bei Joseph Conrad liegt der Fall einfacher, die bewährte neunzehn-
bändige Ausgabe bei S. Fischer bringt alles, was das Herz begehrt.

Christina Light, die den Leichtfuß im Künstler erkennt, aber durch ihre Heirat mit einem öden Vertreter des Hochadels selbst durchschaubar wird in ihrer berechnenden Haltung, begegnet uns später als genauso anarchistisch wie idealistisch verblendete *Prinzessin Casamassima* wieder, in dem Roman mit der langatmigsten Einleitung, die je vor einer fehlenden Handlung stand – die Prinzessin erfreut uns erst kurz vor Halbzeit des Romans mit ihrer Gegenwart, und die von ihr huldvoll unterstützte terroristische Aktion kommt nie zur Ausführung.[186] Als Anarchistin ist die Prinzessin eine Niete.

Henry James kennt noch die Freuden der Salons, in denen Konversation und Politik gemacht sowie Ehen gestiftet werden. Hier treffen sich die im Herzen alten Europäer mit ihren Vettern aus Übersee, reichen und gelangweilten Amerikanern, die neuen Antrieb, Inspiration suchen und dabei frischen Wind in verstaubte Paläste bringen. *Der Amerikaner* Christopher Newman ist – schon dem Namen nach – der neue Mann, der aus der neuen Welt in die alte kommt, hier noch ganz im Stil eines Eroberers: Amerika hat das Geld, sich die Kultur Europas zu kaufen, und umgekehrt ist hier der Stil, der die Zugewanderten anzieht, formt und bildet. *Die Europäer* variieren das Grundmodell unwesentlich, indem sie nach Amerika zurückkehren. *Daisy Miller* sucht sich im ungesunden Salonklima auf unkonventionelle Art den attraktivsten Verehrer aus und muss dafür büßen, *Die Damen aus Boston* führen uns James' Version der modernen Frau vor. Es war die Zeit der ersten Aktivistinnen: Als ›Suffragetten‹ (suffragium gleich Abstimmung) forderten sie damals gerade das Wahlrecht für Frauen ein. James' Standpunkt ist, wie könnte es anders sein, distanziert, als böse Parodie auf diese Freiheitsbestrebungen zeigt er das *Porträt einer Dame*: Isabel Archer übt ihr Wahlrecht aus, indem sie – den falschen Mann

---

186 Es ist leicht, Boshaftes über James' Romane zu sagen. Robert Neumann hat in einer genialen Parodie seine Selbststilisierung zum ›Meister‹ lächerlich gemacht: ein Korrektiv, wenn nicht ein Gegengift, wie James es braucht. Aber je mehr man von ihm liest, je mehr man an seinen Romanen dahinaltert, desto grandioser trennen sich Masche und Majestät seiner Werke vor dem Auge des Lesers. Schließlich erkennst Du: Das hat was!

598   Kapitel 9 Der Gesang vom Ich

nimmt. Mit dem ekelhaften Gilbert Osmond quält der Autor seine Isabel und uns Leser über fünfhundert Seiten. *Die Erbin vom Washington
Square* leidet an ihrem gefühlskalten Vater, aber auch an der Habgier
ihrer Verehrer. Da endet man leicht als alte Jungfer.

Zwischen den eleganten Romanriesen sind *Die Aspern-Schriften*, gerade neu eingedeutscht, ein zwinkernder kleiner Gartenzwerg, eine
selbstironische Novelle über einen längst toten Autor, dessen Nachlass von einem glühenden Verehrer in Venedig gesucht und gefunden
wird. Allerdings ist ihm, der seine peinvolle Geschichte auch noch in
eigener Person erzählen muss, der Preis für das bisschen Papier – die
Hand der vertrockneten Miss Tina, der Nichte von Asperns einstiger
Flamme – entschieden zu hoch. Er versucht anders, nämlich mit List
und Gewalt, an seinen Schatz zu kommen; der Leser quittiert es mit
Bauchschmerzen. Die werden jedoch versüßt durch die Darstellung
der Lagunenstadt, die in einem goldenen Nebel erscheint, als wäre sie
von William Turner gemalt.

Henry James machte zehn Jahre Pause von großen Romanen
und schrieb stattdessen eine Reihe von Schauergeschichten, etwa
Owen Wingrave, von Benjamin Britten zur beklemmenden Oper gemacht. Der hoffnungsvolle, der Kunst zu- und allem Militärischen ab-
geneigte Owen lässt in einem Spukhaus bei einer Art Mutprobe sein
junges Leben. Ähnlich makaber sind einige andere Geschichten, die
das Thema vom ›ungelebten Leben‹ variieren. Die Vorliebe für Gänsehaut hatte James mit seiner Busenfreundin Edith Wharton gemein, die
ebenfalls Beiträge zum Genre lieferte.

Mit *Maisie* setzt dann wieder die Großproduktion ein; diesmal die
Geschichte eines Scheidungskindes, das Einfluss auf die weiteren Beziehungen der Eltern nimmt. Das Thema ist ganz neu und die Ver-
schiebung der Erzählperspektive auf das junge Opfer sensationell,
aber: Wenn James etwas nicht kann, dann lustig sein oder sich in Kinder hineinversetzen. *Die Schätze von Poynton* sind wieder sein eigentliches Metier. Es geht um den zähen Kampf verschiedener Generationen um ein preziöses Erbe auf einem englischen Landsitz, das als
Mitgift dienen soll. Schließlich geht alles in Flammen auf. *Die Flügel der*

Die Aspern-Schriften   Die Flügel der Taube 599

Taube gehören ebenso zu einem manieristischen Meisterwerk der Malerei[187] wie zu einem ätherischen Wesen aus Übersee. Die Geschichte hat die Qualitäten eines Kriminalromans. Ein intrigantes Pärchen, das an einem wohldosierten Maß an Armut leidet, nimmt den Kampf um ein Millionenerbe auf: Kate und Merton lieben sich mit gebremstem Schaum, wollen an das Geld der todkranken Amerikanerin Milly Theale und schrecken nicht davor zurück, ihr Gefühle vorzugaukeln. Durch die Heirat mit der wundervollen Milly – deren Schönheit mit dem Renaissancegemälde rivalisiert – soll Merton sich sanieren und ihr alsbald zu erwartendes Ende abwarten. In der ungesunden Pracht eines venezianischen Palazzo kommt es zum Showdown ... *Die goldene Schale* markiert das Maximum an Reduktion: Der großartige Fürst Amerigo heiratet die Amerikanerin Maggie, liebt aber deren Freundin Charlotte, die ihrerseits Maggies Vater ehelicht. Maggie schafft es nun, ihren Mann zurückzugewinnen; das andere Paar verlässt daraufhin Europa Richtung Amerika. Sein Konzept, alle Handlung dem Dialog anzuvertrauen, hat James inzwischen aufgegeben; an dessen Stelle tritt die symbolische Handlung, die die eigentliche ersetzt und das Geschehen erläutert: Der Kauf der Kristallschale etwa, die Hochzeitsgeschenk von Charlotte an Maggie sein soll und wegen ihres verborgenen Mangels dann (zunächst) doch nicht erworben wird, enthält das komplette Dilemma aller vier Personen. Das ist meisterlich, aber eben auch spröde wie Glas.

Lord Jim kennen auch die, die von Joseph Conrads Meisterschaft des Erzählens sonst nichts wissen. Das Thema ist die Bewährungsprobe, die ein junger Mensch nicht besteht. Als Seeoffizier

---

187 Henry James zeigt hier wie sonst auch Verstand und Geschmack. Verstand, weil er die zukunftsgerichtete Kraft des Florentiner Manierismus erkannte, die gerade erst jetzt weltweit wiederentdeckt und gefeiert wird. Geschmack, weil er Bronzino als ›Autor‹ dieses fiktiven Werkes der Malerei wählte. In den Uffizien am Arno hängen seine berühmten Bildnisse der Eleonora von Toledo: Verehrender, magischer, liebevoller ist eine Frau nie porträtiert worden!

600 Kapitel 9 Der Gesang vom Ich

glaubt er bei einem Schiffsunglück versagt zu haben; der genaue Hergang bleibt unklar. Er flieht vor der Welt in den letzten Winkel von Unberührtheit, auf der Suche nach einer neuen Chance. Auch hier, unter Malaien, holt ihn sein Problem ein, und der junge Mann zeigt seine Größe ein letztes Mal im Untergang. Das Ganze hat die nüchterne Form eines Berichts, einer bruchstückhaften Mitteilung über ein gescheitertes Leben, und im tragischen Moment verlieren wir Jim, den Helden, in einem feuchten Dunst aus den Augen.

Mit den zusammengehörenden Romanen *Der Verdammte der Inseln* und *Almeyers Luftschloß* begann Conrads Erzählerlaufbahn. Die eindrucksvolle Figur des Kapitän Lingard, der später wieder in *Die Rettung* auftauchen wird, und die Schauplätze auf Borneo kannte er bestens – der echte Lingard wurde auf der Insel nur »Lord Jim« genannt. Der depressive holländische Kolonialbeamte Kaspar Almeyer, der erst seine Frau, dann auch seine Tochter nicht bei sich halten kann, ist gleich Conrads Galions-Figur: So gelähmt und von ›des Gedankens Blässe angekränkelt‹[188] werden seine Helden sein. Im Tropenklima verfaulen ihm seine Ambitionen genauso wie die Pfeiler seines Traumhauses. In der Erzählung *Jugend* kommt wieder das Bewährungsthema, verbunden mit dem Abenteuer eines brennenden Schiffs, direkt danach erscheint *Das Ende vom Lied* über Kapitän Whalleys letzte Fahrt. *Taifun* schildert hyperrealistisch eine Naturkatastrophe in ihren Auswirkungen auf die Seelen der Opfer. Mit dem Erinnerungsbuch *Der Spiegel der See* verabschiedet sich Conrad für viele Jahre von seinem Lieblingsthema, den südöstlichen Gewässern. Es folgt *Nostromo*, sein ambitioniertestes Werk, in dem er einen zwischen Diktatur und Revolution schlingernden Phantasiestaat[189] an der Pazifikseite Südamerikas

---

188 Hamlet heißt der Ahnherr all dieser Versagertypen, und das böse Diktum kommt aus seinem eigenen Mund, kurz nach ›Sein oder Nichtsein‹, 3. Akt, 1. Szene.

189 Ein Meisterstück der Namengebung: Das obskure Land, in dem ergiebige Silberminen Imperialismusträume heißlaufen lassen, heißt Costaguana. Im Gegensatz zur Costa Rica, der fruchtbar ›reichen‹ Küste, ist diese karge Weltgegend auf Guano – aus Exkrementen von Seevögeln – gegründet, der immerhin als mineralischer Dünger (oder Grundlage für Sprengstoff) abgebaut und weiterverarbeitet werden kann. Kurz nach

vorführt; der Titelheld, ein abenteuernder Genueser, ist ›Mann des Volkes‹ und Konterrevolutionär in Personalunion; er rettet das Land und verrät seine Ideale, bevor ihm selbst der unterschlagene Silberschatz und die Liebe den Garaus machen. Nostromo bedeutet ›Unser Mann‹ und bezeichnet den Rang eines Maats; Name und Titel werden in Ridley Scotts Film »Alien« ehrenhalber dem Raumschiff verliehen, das den außerirdischen Schrecken in die Welt trägt. *Mit den Augen des Westens* über den russischen Verräter[190] Kyrill Rasumow, *Spiel des Zufalls* mit der charakterfesten Flora de Barral und erstmals dem Kapitän Marlow – sonst eine eher leicht auf den Wellen schaukelnde Geschichte –, vor allem aber *Der Geheimagent* folgen. Dieser Roman schildert die anarchistischen Umtriebe eines farblosen Herrn Verloc, der von der eigenen Ehefrau zur Strecke gebracht wird. Conrad widmete das Buch H. G. Wells, wohl weil er meinte, sich damit dessen Kunst angenähert zu haben. In Wahrheit ist er aber schon viel weiter. Hitchcock wird den *Geheimagenten* mit geringen Veränderungen verfilmen[191] und das wegweisende Thema so im Kopf aller Kinoliebhaber verankern. Mit der Südseegeschichte *Sieg* kehrt Conrad in die ihm vertrauten Gewässer zurück. *Die Schattenlinie* verläuft zwischen unbeschwerter Jugend und der durch ›Bewährung‹ eingeleiteten charakterlichen Reife. *Der goldene Pfeil* ist ein exotisches Stück aus Spaniens wilden Zeiten rund um die betörende Rita de Lastaola. Das *Duell*, das der Held ihretwegen austrägt, hat Conrad selbst in seinen jungen Tagen ausgefochten. Auch in einer Erzählung dieses Namens kommt es vor.

Das wichtigste Stilmittel von James ist der entlarvende Dialog, der unverfänglich beginnt und nach und nach die Figuren enthüllt, die

---

Freuds *Traumdeutung* (WW II/III, 408) macht Conrad hier die sinnfällige Gleichung Geld = Kot auf, die seither Stoff für Parolen liefern sollte. Bürgerlich heißt der Nostromo Gian Battista Fidanza; in seinem Nachnamen klingt die ›Treue‹ an, die Tugend, die ihn erst erhebt, um ihn dann zu vernichten. Gute Namen zu finden bleibt ein schwieriges Geschäft der Literaten, dem feinsinnigen Joseph Conrad gilt hier unser Dank; er kann's.

190 Natürlich ist auch der Verrat – in Liebe, Freundschaft und Politik – Conrads Thema, denn Verrat ist das Gegenteil von Bewährung, ihr Scheitern.

191 Bei uns heißt der Film etwas irreführend »Sabotage«.

602 — Kapitel 9 Der Gesang vom Ich

Charaktere freilegt. Bei Conrad ist es die Dämpfung. Er kocht das Abenteuer auf kleiner Flamme, liebt den indirekten Blick auf die Aktion. Je schemenhafter bei beiden die Umrisse der Handlung werden, desto deutlicher treten die seelischen Profile der Personen hervor.

Noch mehr verschwimmt alles, was man ein soziales Umfeld nennen könnte. Beide interessieren sich schlicht und einfach nicht dafür. Stattdessen konzentrieren sie all ihren Scharfblick auf das Innenleben der meist an einer Hand abzählbaren Akteure. Alle Späteren würden sonstwas darum geben, Figuren so charakterisieren zu können.

Die Seefahrt eignet sich als Thema, weil sie ganz offenbar dem Lauf des menschlichen Lebens ähnelt, bis hin zum Schiffbruch mit und ohne Zuschauer.

In ihrer Nähe ließ sich auch Stephen Crane nieder, dessen kleiner Roman *Die rote Tapferkeitsmedaille* die ernüchternden Erlebnisse von Henry Fleming im Amerikanischen Bürgerkrieg mitteilt. In der Schlacht erlebt er sich selbst von einem Moment auf den anderen als Held und Feigling. So konventionell die Thematik, in seinen hingetupften Szenen fasst das Buch die neue Art des Sehens in Worte. Auch bei Crane überlagert ein Nebel – in diesem Fall: Pulverdampf – den Blick auf die Ereignisse. In der Verfilmung von John Huston spielt ausgerechnet Audie Murphy den Fleming. Er war der höchstdekorierte amerikanische Soldat des Zweiten Weltkriegs. Cranes persönliches Schicksal erinnert an das von Robert Louis Stevenson; nach einem kurzen, abenteuerlichen Leben raffte ihn die Tuberkulose dahin.

Der Kreis um Henry James war auf den hohen Ton der Seelenentblößung gestimmt. Programmatisch passend waren die privaten Beziehungen der Literaten auf erotische Attraktion bis zu sexuellen Bäumchen-wechsel-dich-Spielen gegründet. Selbst eingefleischte Autoerotiker konnten sich dem nur schwer entziehen. Ohne kluge Frauen wie Edith Wharton oder die umtriebige Violet Hunt wäre ein solcher Reigen nicht möglich, auf gar keinen Fall aber unterhaltsam gewesen. Ford Madox Ford schuf in diesem Klima seine Tetralogie *Das Ende der Paraden*, die gerade jetzt erstmals auf Deutsch erschienen ist, um den Gentleman Christopher Tietjens und seine flatterhafte Frau Sylvia (in der er Violet verewigte) und deren verstörende Begegnung mit der gesellschaftlichen Realität im Schatten der neuen Zeit, die durch den Ausgang des Krieges geprägt ist: Mit den Herrschaften ist es genauso vorbei wie mit den freundschaftlichen Beziehungen zu Deutschland, woher auch Fords eigene Vorfahren stammten. Mit Joseph Conrad zusammen verfasste er *Bezauberung*, einen dicken Abenteuerroman über einen unfreiwilligen Schmuggler. In der *Allertraurigsten Geschichte* lässt er ein verhängnisvolles Eheviereck aus der gehobenen englischen Gesellschaft in der deutschen Kur schmoren. England und Deutschland – Königin Victoria aus dem Hause Hannover und ihr zeitweiliger Lieblingsenkel Wilhelm der Zweite –, die Spannung dieser und anderer deutsch-englischer Beziehungen entlud sich im Großen Krieg, der der nationalen Rivalität fürs erste die Grundlage entzog. Der fällige Untergang wurde dem British Empire noch ein Weilchen aufgespart.

Als Rabindranath Tagore das erste Mal nach Europa kam, wurde England endlich bewusst, dass seine Kolonie Indien, damals auch: Bengalen, eine eigene Kultur besaß. Tagore war die Sensation der Saison und erhielt den Nobelpreis. In England alsbald wieder vergessen, hat sich sein lyrisches Werk vor allem in deutschen Vertonungen bewahrt. Seine spirituelle Kraft begeisterte Komponisten wie Alexander von Zemlinsky oder Hanns Eisler, die wir beide gleich wiedertreffen werden. Tagore bot genau das Maß an Exotik, das hierzulande verträglich war:

Am Himmel rumoren die Wolken, Regen strömt herab.
Allein sitz ich am Ufer, ohne Hoffnung bin ich.
Stöße von Reisgarben überall, die Ernte ist vorbei.
Der schwellende Fluß wogt hart und gewaltig:
Regenschauer überraschen die Schnitter.

Kein Poet hat uns seitdem wieder mit einem genuin indischen Ton erreicht.

Um exotisch zu wirken, muss man nicht aus Übersee sein. Es reicht zuweilen, wenn man über die Karpaten gestiegen kommt, um die kulturellen Zentren Europas in Staunen oder Schrecken zu versetzen. Letzteres hatte ja bekanntlich der untote Graf *Dracula* in seinem Reisesarg zuwege gebracht und sich damit prompt den Gegenbesuch des Professors van Helsing mit dem Holzpflock auf den Leib geholt. Ungefähr zur selben Zeit, als der Ire Bram Stoker den, als Dokumentensammlung getarnten, schauerlichsten aller Schauerromane verfertigte, bezog auch Constantin Brancusi (Du kannst den Namen sprechen, wie man ihn schreibt; die vertrackte rumänische Aussprache wäre etwa: Brinkusch) sein neues Atelier in Paris. Er ist die erste von drei großen Gestalten, die genuinen Balkan in ihrer Kunst verkörpern werden. Brancusi wird zum größten Bildhauer des neuen Jahrhunderts. Seine Objekte oszillieren zwischen rohem Atavismus, Handschmeichlerei und der Eleganz von Raumflugkörpern, die bis dato ja nur aus der Phantasie von Jules Verne bekannt waren. Seine größte Schöpfung, die »Unendliche Säule«, werde ich wohl nicht mehr zu sehen bekommen: Sie befindet sich in Târgu Jiu, schraubt sich in zweiundzwanzigmeterhoher eleganter Monotonie in den rumänischen Himmel und hat sowohl der Witterung als auch den Anschlägen des technisierten Totalitarismus (man versuchte sie mit Hilfe eines Traktors flachzulegen, was grandios misslang) widerstanden.

Sein Landsmann Émile Cioran kam etwas später nach Paris. Er ist der Denker des ›Ohne mich‹. Bei bevorstehendem Weltuntergang wird er kein Apfelbäumchen pflanzen, sondern sich noch einmal im Bett herumdrehen. *Syllogismen der Bitterkeit* heißen seine Kommentare zur Lage des Menschengeschlechts, an dessen besten Freund er bei dieser Gelegenheit mal wieder erinnert: *Prometheus wäre heute Abgeordneter der Opposition.*

Einen noch weiteren Weg zu den Metropolen des Westens hatte der in Bulgarien geborene Elias Canetti, ein Meister der Vielsprachigkeit. Seine auf Deutsch geschriebenen Werke zeigen die Welt des Geistes im aussichtslosen Kampf mit der barbarischen Realität. *Die Blendung* des Peter Kien führt dazu, dass seine vieltausend Bücher ihm sinnlos werden: Er verbrennt sich mit ihnen. Der irreale Roman nimmt die realen Verbrennungen in Berlin und Wien vorweg. Als Zeitfigur hat Canetti seinen größten Auftritt, entsprechend sind die Erinnerungen an sein frühes Leben *(Die gerettete Zunge – Die Fackel im Ohr – Das Augenspiel)* auch seine größte Leistung. Als Kronzeuge der Unbehaustheit und Entwurzelung des Denkers in totalitären Zeiten erhielt er den Nobelpreis. Er starb als britischer Staatsbürger in Zürich.

Ezra Pound, der elegant-elitäre Dichter der *Cantos,* war ein Bewunderer des Faschismus; dafür musste er ins Irrenhaus und entging nur so der Todesstrafe. Sein weitschweifendes Werk von geplanten hundertzwanzig Gesängen ist auf den fragmentarischen Gedanken angelegt, der in ein zwischen Dante und (Walt) Disney gespanntes Netz von Bezügen und Verweisen eingebettet ist. Dafür genoss er höchstes Ansehen und erste Förderung im Kreis um James und Ford, bevor er ganz nach Italien (in den Dunstkreis des Duce) verzog. Im englischen Umfeld bewegte sich auch der Franzose Paul Bourget, gerade erst wieder ins Blickfeld gekommen mit seinem neu aufgelegten Roman *Ein Frauenherz:* ein Fest für alle, die Subtilität im Kampf um die Tugend zu schätzen wissen. Thomas Stearns Eliot, seinerseits Schützling von Pound, wie dieser aus Amerika nach England gekommen und auch als Erfinder der *Cats* bekannt, findet mit dem Poem *Waste land – Das wüste Land* die passenden Worte für das neu erkannte Problem der Einsamkeit des Einzelnen – sie sind zum Teil Richard Wagner abgelauscht. Zwei noch lebendige Theaterstücke hat er geschrieben. Der *Mord im Dom* fällt den aufrechten Erzbischof von Canterbury und katholischen Märtyrer Thomas Becket, der gegen König Heinrich II. und sich selbst standhaft geblieben war. *Die Cocktail Party,* eine Komödie in gebundener Rede, führt die bessere Gesellschaft dabei vor, wie sie sich schon zu Ende amüsiert hat, bevor die Party richtig losgeht.

Am anderen Ende der Skala sozialen Bewusstseins rangierten die Mitglieder der »Fabian Society« mit gesellschaftskritischer Orientierung: George Bernard Shaw und Herbert George Wells. Shaw be-

Jenseits der Karpaten lauern erregende Abenteuer des Geistes auf uns.

lieferte die erst vor einer Weile wieder geöffneten Bühnen Englands –
in Rivalität zu seinem Landsmann Oscar Wilde – mit den besten
Stücken der Saison: *Frau Warrens Gewerbe* über den Konflikt einer
wenig ehrenwerten Frau mit ihrer Tochter; *Caesar und Cleopatra* mit
einem rheumatischen Weltenherrscher, der erst mit dem Gesicht von
Rex Harrison die nötige Statur bekommt; und, vor allem, die unverwüstliche Eliza Doolittle in *Pygmalion*, auch als Musical »My fair lady«
ein Welterfolg: *Es grünt so grün, wenn Spaniens Blüten blühn* – steht zwar
nicht bei Shaw, ist aber trotzdem die schönste Sprechübung, wo für so
eine Göre von Blumenmädchen denkbar sein tut: *The rain in Spain stays
mainly in the plain.* Theaterabende aus der Feder des grantelig-alters-
weise sich stilisierenden Iren bieten stets pointierte Unterhaltung, alle
Geschwätzigkeit hat er in die Vorworte verlegt, mit denen er seine flotten Stücke in lahmes Thesentheater umdeuten wollte. Wells, den wir
schon als Rivalen von Jules Verne um den Titel ›Vater der Science-Fiction‹ kennengelernt haben – er war aber alles andere als das, nämlich
zuvorderst Sozialutopist –, nahm in Romanen wie *Mr Polly steigt aus*
und *Kipps* – das Buch hieß auch einmal: *Wie werde ich Millionär?* – das
Kleinbürgertum der viktorianischen Zeit unter die Lupe. Viel Gutes
hat er dabei nicht erkennen können.

Auch David Herbert Lawrence interessierte sich vehement für die
soziale Frage. Sein frühes und bestes Buch *Söhne und Liebhaber* schildert aus eigenem Erleben die Kargheit der Bergarbeitersiedlungen
Mittelenglands. Frau Morel hat einen jähzornigen und trunksüchtigen
Mann, der zum Glück meistens Flöze abteuft, und von ihm drei Söhne
und eine Tochter. Immer am Existenzminimum balancierend, zieht
sie alle groß zu verantwortungsbewussten, sensiblen Individuen. Aber
nur zu Paul hat sie eine besondere, ein Leben lang auch gegen die erotischen Versuchungen durch junge Frauen haltende Beziehung. Mit
größter Einfühlung wird die Unsicherheit Pauls beschrieben, der die
Jugendliebe Miriam schroff zurückweist. Clara bietet ihm Mondäni-
tät und den Aufstieg in eine höhere ›Klasse‹; aber nach dem Tod der
Mutter bleibt er allein zurück, liebesunfähig. Durch seinen anderen
großen Roman, *Lady Chatterleys Liebhaber*, ist uns Lawrence als Eroti-

ker im Bewusstsein. Hier will er die Gewalt des sexuellen Begehrens vorführen in der Konstellation, dass sich die Lady von ihrem durch Kriegseinwirkung körperlich und seelisch verkrüppelten Gatten ab- und dem Waldpfleger Mellors zuwendet, einem Ausbund an viriler Authentizität. Woran Lawrence dachte, zeigt der Titel der Erstfassung des Romans *John Thomas und Lady Jane*. Diese beiden Namen stehen, so habe ich mich belehren lassen, in der englischen Umgangssprache für das männliche und weibliche Geschlechtsteil.

D. H. Lawrence starb jung an der Tuberkulose und ließ seine Gattin Frieda, geborene Freiin von Richthofen, zurück, die von da ab wieder frei für andere Männer war. Diese Beziehung ist eine Konstellation des Jahrhunderts der neuen Möglichkeiten: Frieda ist älter als David, anderweitig verheiratet, hat drei Kinder – für ihn gibt sie das auf. Sie führen ein karges Wanderleben auf der Suche nach gesundem Klima, Verdienstmöglichkeiten und geistig anregender Gesellschaft. Dabei ist Frieda Motor und Muse und verzichtet nebenbei auf eine eigene künstlerische Karriere, lebt dafür aber ein selbstbestimmtes Leben in zuvor ungekannter weiblicher Freiheit. Zum Dank hat Lawrence ihr Porträt (und das ihrer Schwester Else) als Ursula und Gertrud Brangwen in dem Doppelroman *Der Regenbogen* und *Liebende Frauen* verewigt. Wer sich für den neuen Blick auf ›die Frau‹ am Anfang der Moderne interessiert, findet hier anregende Lektüre. Wer allerdings auf der Suche nach sprachlichen Debakeln ist, wird ebenfalls von Lawrence verwöhnt. Nirgendwo sind die Bilder so schief und die Vergleiche so schräg wie bei ihm; was der eine als literarische Neuerung preist, wird der andere einfach peinlich finden. Lawrence ist der Dichter des speziellen Geschmacks.

William Somerset Maugham, Graham Greene und Eric Ambler haben die Nachfolge von Joseph Conrad angetreten. Dessen *Geheimagent* wird ihr symbolischer Heros der Verfallszeit. Entscheidendes Merkmal des Geheimagenten ist seine komplette Überflüssigkeit. Nichts was er tut ist von irgendwelcher Bedeutung für irgendwen, dafür ist er emsig in seiner Mission unterwegs; Höhepunkt seiner Aktivitäten ist, dass er Unruhe erzeugt und geheimnisvoll bleibt. Dafür gab es selbstverständlich keinen Nobelpreis, aber die höchsten

608 Kapitel 9 Der Gesang vom Ich

Honorare. Voraussetzung für spannende Literatur ist bei allen dreien eine rastlose Reiselust, kein Winkel der Welt ist vor ihnen sicher. Maugham war nach eigenen Angaben der erfolgreichste Dramatiker seiner Zeit. Dieser Ruhm ist längst verblasst. Dafür skizziert er in seinen *Erzählungen* mit nach wie vor eindrucksvoller Präzision, was vom Empire übrig geblieben ist: langweilige Bridgeabende beim Plätschern des Monsuns (*Regen*, eine seiner perfiden Novellen). Neben dem autobiographisch getönten Roman *Der Menschen Hörigkeit* – der klumpfüßige Held Philip Carey ist eine Art David Copperfield für seine Zeit – gibt es in seiner Prosa noch viele andere Einblicke in das Treiben von Bohème und Bürger nebenan. Sein »Geheimagent« mit Namen *Ashenden* wurde von John Gielgud in Alfred Hitchcocks Film verkörpert. Bezeichnend für Maugham, wie er sich von seinen Konkurrenten abzuheben gedenkt. In seinem *Notizbuch* erscheint Jack London genauso als Inspirationsquelle wie Joseph Conrad, die er gekonnt und ungerührt amalgamiert. Heraus kommt eine neue Art Literatur, die wenig skrupulös ganz auf das Lesepublikum ausgerichtet ist. Maugham ›will gelesen werden‹.[192]

Versager aus ethischen Gründen sind die Spezialität von Graham Greene; er war ein gleich großer Moralist wie Stilist und in meinen Augen der unterhaltsamste, zugleich aber auch wichtigste Schriftsteller, der nie den Nobelpreis bekommen hat – basta. Angesichts der vielen großen Romane, die er geschrieben hat, ist es beruhigend zu erfahren, dass er nicht gleich als Genie begann. *Orient-Express* war zwar schon aus allerhand guten Zutaten zusammengerührt, jedoch ohne dass sich Großes daraus ergäbe. Dramatisches Scheitern und Groteske liegen bereits so nahe beieinander, wie es für alle seine Bücher typisch ist. Die Frauen aufreißende Skandalreporterin, der alkoholgetränkte Geheimnisträger und ein Zug, der durch die Nacht braust, das war entwicklungsfähig, auf jeden Fall bereits verfilmbar. *Der dritte*

---

192 Da war ihm sein französischer Kollege André Gide einen Schritt voraus: Seine Ambition war es, w i e d e r gelesen zu werden. Im zweiten Lektüredurchgang bleiben eben nur noch die Bücher übrig, die wirklich zählen.

Mann war es – unvergesslich Orson Welles in den Abwässern von Wien –, *Der stille Amerikaner,* eine Geschichte aus Vietnam, als dort noch die Franzosen hausten, eingehüllt in den milden Rauch der Opiumpfeife, erst recht. *Der menschliche Faktor, Ein ausgebrannter Fall*: Studien von Leuten, die ihr Leben vergeudet haben. Die beiden intensivsten Leistungen Greenes, *Die Kraft und die Herrlichkeit* und *Das Herz aller Dinge* (im Titel ist die Verbeugung vor Joseph Conrad enthalten) schildern durch Alkohol zerrüttete Existenzen in ausweglosen Situationen. Der Schnapspriester im revolutionären Mexiko wird seiner Passion entgegenziehen und Major Scobie in Schwarzafrika den aussichtslosen Kampf um ein Leben in Würde verlieren. So schonungslos ist menschliche Schwachheit in exotischer Kulisse vorher nur im *Herz der Finsternis* von Conrad selbst beschrieben worden, und sein Herr Kurtz ist der Prototyp aller heroischen Schwächlinge bei Maugham, Greene und denen, die danach kamen. Bevor wir zu sehr an Marlon Brando in Coppolas »Apocalypse Now« denken, führen wir uns die originale Konzeption noch einmal vor Augen: Kapitän Marlow erzählt aus seiner Jugend, als er erstmals den Kongo hinauffuhr, um die Station von Handelsagent Kurtz im innersten Afrika zu erreichen – dies die härteste Annäherung an die Kategorie ›Abenteuergeschichte‹, zu der Joseph Conrad fähig war. Es hat aber trotzdem alle Merkmale eines Laborversuchs. Die Fahrt den Fluss hinauf führt gleichzeitig in die Abgründe des Menschlichen und die Wildheit seiner Ursprünge. Kurtz ist wahnsinnig geworden und hat seine zivilisatorische Verkleidung abgeworfen, sich mit den ›Wilden‹ verbündet. Als Marlow ihm begegnet, liegt er schon im Sterben. »*Das Grauen! Das Grauen!*« sind seine letzten Worte. Wer ins Herz der Finsternis vorgedrungen ist, kann nicht als derselbe zurückkommen.

Eric Ambler hat die Gegebenheiten der Politik in seine spannenden Romane eingearbeitet; besonders kannte er sich in der Levante – zugleich Kulturzentrum und Machtvakuum – aus: *Die Maske des Dimitrios.* Mord ist der Motor seiner Geschichten, aber ganz anders als die Amerikaner Chandler, Hammett und Woolrich interessiert in dieser neuen Form des Thrillers nicht die Jagd des Detektivs nach dem

Mörder, sondern die Gesamtschau des Verhältnisses von Ursache und Wirkung. So ist *Der Fall Deltschev* über einen Schauprozess in Bulgarien die erste große Aufarbeitung der inneren Mechanik des Stalinismus in der westlichen Literatur.

In New York und Umgebung tobt erst das Jazzzeitalter, dann die Depression. Der Ton dazu wird von John Dos Passos entwickelt, lapidar, journalistisch, filmisch. Außer in *Manhattan Transfer* findet sich diese Schreibe vor allem in seiner großen *U.S.A.*-Trilogie: *Der zweiundvierzigste Breitengrad – Neunzehnhundertneunzehn – Das große Geld*. Konnte man je von Romanen ohne Helden sprechen, dann hier. Die Typen zur Ära stammen von Francis Scott Fitzgerald, neben dem hochstaplerischen *Großen Gatsby* sind es *Die Schönen und Verdammten* (nämlich er selbst samt seiner mondänen Frau Zelda) und *Der letzte Tycoon*. Dieses Buch, das einzig echte Hollywood-Märchen, bekam er nicht mehr fertig, weil er mit dem Verblassen des eigenen Ruhms nicht fertig wurde, trotz Drinks schon am frühen Morgen. Dass er auf dem absteigenden Ast war, zeigte ihm sein Kumpel[193] Nathanael West, der dasselbe Thema zeitgleich in *Tag der Heuschrecke* anging. Statt schmalziger Filmklischees führt er die Verlierer, arbeitslose Drehbuchschreiber und Aktricen beim Kampf ums tägliche Überleben, vor. West, der sonst nur noch mit *Schreiben Sie Miss Lonelyhearts*, über die Welt der Tageszeitungen und wie sie ihre Leser anlügen, öffentlich wurde, aber mehr Beachtung verdient hätte, erfand dabei leider auch eine Unart des modernen Erzählens, die literarische Freakshow: Über körperliche Anomalien definiert sich die Besonderheit seiner Personen. Das hätte er uns ersparen können, ist es doch heute unabdingbare und unerfreuliche Zutat fast jeden Romans aus Nordamerika. Dafür beschenkte er uns in *The Day of the Locust* mit der Figur des Homer Simpson. Danke, Mr West!

---

193 Bis in den Tod, er starb zwei Tage nach seinem Freund, nicht im Suff, aber bei einem Autounfall: Noch ein Genie, das die Vorfahrtsregeln nicht beachten wollte.

Der Dschungel befindet sich in Chicago: Upton Sinclair[194] führt uns in den Bauch der Stadt, die Schlachthöfe, um dort seine Version des Klassenkampfs aufzuführen. Sinclair Lewis, eine Zeitlang Privatsekretär bei Jack London, blickte satirisch auf die Bürgerlichkeit des selbstbewussten Amerika, bevor er sich zu Tode soff. In *Main Street (Hauptstraße)* ist er bemüht komisch in der Beschreibung der Ernüchterung der jungen Carol Kennicott mit den großen Träumen, die irgendwo auf dem platten Land zerplatzen; mit dem missglückten Leben des Spießers George F. *Babbitt* aus der Megacity Zenith gelang ihm der große Wurf; Babbitt wurde sprichwörtlich in den USA wie Oblomow in Russland, Lewis erhielt den Nobelpreis dafür. Der wäre – wie so oft – besser bei einem anderen aufgehoben gewesen, dem ewig jungen Thomas Wolfe, der kurz nach seinem Besuch Nazideutschlands und der Berliner Olympischen Spiele an der Schwindsucht starb. In den zusammenhängenden epischen Prachtschinken *Schau heimwärts, Engel* und *Von Zeit und Strom* malte er ein Bild des erwachenden Kolosses Amerika und seiner Mythen in bunten Farben und mit visionärem Pinselstrich, dabei auch sein Selbstporträt als Eugene Gant aus der kleinen Stadt Altamont, schnoddrig bis in den letzten Sprachschnipsel hinein. Unvermutet, aber folgerichtig begegnet uns gerade hier, im amerikanischen Hinterland außer Sichtweite von Charleston und Baltimore – geschweige denn Yale und Harvard –, das Thema Bildung wieder, das die Literatur eine Zeitlang aus den Augen verloren hatte. Entwicklungs- oder Bildungsroman: Die Geschichte des heranwachsenden Sohnes Telemachos, der auf der Suche nach seinem Vater Odysseus zum Mann wird, ist Alterspräsident dieser Kategorie, von Homer oder einem anderen in die märchenhafte Welt der *Odyssee* eingebettet; *Schau heimwärts, Engel* ist der jüngste, den ich auf meinem Zettel habe. Thomas Wolfe war sich völlig bewusst, was sein Thema ist,

---

194 Chronologisch der Erste, blieb Sinclair in der Wirkung trotz knalliger Titel wie *König Kohle* oder *Öl!* hinter seinem aufklärerischen Anspruch und seinen stilistisch reiferen Kollegen zurück – doch auch für ihn kommt eine Wiederentdeckung, wenn nicht jetzt, dann später.

612   Kapitel 9 Der Gesang vom Ich

nicht nur der Hunderte von Klassikerzitaten und Lyrikfetzen wegen, die er in den Erzählfluss einspeist. *»Wozu soll das ganze Zeugs denn gut sein?«*, lässt er im Internat von Mr Leonard einen Mitschüler fragen, der wie Eugene Gant wissen will, warum sie Griechisch und Latein lernen müssen. Das ratlose Schulterzucken des Pädagogen auf diese alles entscheidende Frage wirkt bis in die Lehrpläne u n s e r e r Schulen hinein; sie wurden solange auf ›Zweckmäßigkeit‹ abgespeckt, bis nur noch ein Gerippe von Wissensvermittlung übrig geblieben ist, an dem die Abiturienten ein Leben lang nagen sollen. Wolfe hat das Problem erkannt und seine eigene Antwort darauf gegeben. Die ganze amerikanische Literatur des Zwanzigsten Jahrhunderts ist durchtränkt von Bildungshunger, Bildungsfleiß, Bildungsfreude.[195] Thomas Wolfe steht für diese Passion beispielhaft.

Die Zeit der Wirtschaftskrise findet in John Steinbeck ihren Chronisten. *Früchte des Zorns* nennt er das bleibende Ergebnis mit der in Amerika volkstümlich gewordenen Gestalt des Tom Joad, der aus dem staubigen Oklahoma aufbricht, um in Kalifornien sein Glück zu suchen. Genauso vertraut ist uns das Gesicht James Deans aus der Verfilmung von *Jenseits von Eden*, einer Geschichte in biblischen Dimensionen. Steinbeck ist im ländlichen Amerika genauso geerdet wie William Faulkner, dessen Romane meist um eine bestimmte Gegend am Mississippi herum angelegt sind, also im Süden mit seinen eigenen Problemen, wie er sie in *Griff in den Staub* benennt: Rückständigkeit, Rassenhass und Selbstjustiz. Faulkner war die erste aufregende Nachricht von neuer, spezifisch amerikanischer Literatur, die bei uns eintraf. Alle Figuren werden durch den Fleischwolf ständiger Selbstbeschau gedreht, der innere Monolog überlagert die Schilderungen, Gespräche und Träume, die archaisch grobe Handlung wird von einem leeren Himmel der Hoffnungslosigkeit überwölbt. Die Leser waren begeistert. Im Bücherschrank meines Vaters fanden

---

195 Wir erinnern uns zurück: Selbst Jack Londons grimmiger *Seewolf* hat in seiner Kajüte ein volles Bücherbord, schwärmt für Shakespeare und Poe genauso wie für Nietzsche und Darwin.

sich die Erstausgaben von *The Sound and the Fury* über *Absalom, Absalom!*[196] bis *The Hamlet* versammelt. Rauhe Männer, die so merkwürdigen Beschäftigungen wie der Schaufliegerei[197] nachgehen (*Wendemarke*), Staub in den Schuhen und in der Kehle, das war fabelhaft – anders als alles, was man von Europa hörte und las! Noch größer wurde das Erstaunen, als ein weiterer Amerikaner in Übersee Fuß fasste: Ernest Hemingway kämpfte im Spanischen Bürgerkrieg mit, aus dem er Stoff für seine *49 Depeschen* und den Roman *Wem die Stunde schlägt* mitbrachte. Frankreich und Spanien (*Fiesta*: also alles, was mit Stierkampf zu tun hat, dem höchsten Kult der Männlichkeit) faszinierten ihn wie so viele Amerikaner, die sich nach ein bisschen gewachsener Lebensart und archaischer Kultur sehnten; dafür gaben sie den staunenden Europäern Einblick in die Herzen von Männern: große Abenteurer, große Trinker und große Versager in einer Person. Afrika machte Hemingway zu einem neuen, unüberbietbar exotischen Schauplatz für aufregende Geschichten (*Schnee am Kilimandscharo, Die grünen Hügel Afrikas*). Die Kurzgeschichte, aus den Anforderungen der Tageszeitungen an schnelle Unterhaltung geboren, wurde zum neuen Medium. Ihr Clou ist der Schwebezustand, in dem alles verharrt. Die Geschichte kommt aus dem Nichts und verschwindet genauso wieder; das einzige, was zählt, ist der Augenblick. Der legendäre Arbeitsprozess Hemingways soll in der Kondensation bestanden haben: Am Morgen strich er gnadenlos zusammen, was er am Abend vorher zu Papier gebracht hatte – hochprozentiges Schreiben also. Mit Sherwood Anderson (*Winesburgh, Ohio*) und Raymond

---

196 Die Geschichte, wie immer bei Faulkner in sperriger Sprache erzählt aus verschiedenen Blickwinkeln, die sich kunstvoll und kompliziert überschneiden, was den Einstieg in die Handlung regelmäßig schwierig macht, umkreist das gewalttätige Leben des Oberst im Bürgerkrieg Thomas Sutpen, der sich und seine Brut durch die Vermischung mit den Sklaven aus Afrika zugrunderichtet. Die Frage der Reinheit des ›Blutes‹ entscheidet; so durfte der Roman in Deutschland veröffentlicht werden, zwei Jahre nach den ›Nürnberger Gesetzen‹, die dasselbe Thema behandeln. Hätten die Zensoren von Reichskulturkammerpräsident Goebbels genauer gelesen, wäre dieses subversive Buch natürlich nie in die Hände der genauso verblüfften wie dankbaren Leser gelangt.

197 Faulkner leitete eine Zeitlang einen Flugzirkus; er war ausgebildeter Flieger.

Carver wird die Short Story weitere amerikanische Champions sehen, eine Erzählform, die uns heute so selbstverständlich vorkommt, weil sie die alltägliche Belanglosigkeit des Erlebens so perfekt in Literatur überträgt.

Die Kargheit des Erzählens wurde vorübergehend Markenzeichen der amerikanischen Literatur, die Kurzgeschichten und Romane zeigten wie Kammerspiele räumlich und zeitlich gedrängte Szenen mit wenigen handelnden Personen. Natürlich erregte soviel Askese Widerspruch, ein Neobarock der Erzähllust brach an und hält bis heute vor. Der erste und gleich wichtigste Vertreter dieser Richtung heißt William Gaddis. Er ist praktisch völlig unbekannt geblieben und doch Ahnherr und Meister von dem geworden, was uns heute als amerikanischer Roman beschäftigt und großteils kräftig langweilt. Gaddis allerdings langweilt nicht – höchstens erschlägt er den Leser mit faszinierender Prachtentfaltung literarischer Meisterschaft. Sein unmittelbarer Ahnherr: Henry James. Dessen Salonsmalltalk überträgt er in die Wirklichkeit und Unwirtlichkeit der Gegenwart. Gaddis ist der Vollstrecker des Dialogromans, seine Figuren stammeln, fachsimpeln, quatschen und sinnieren authentisch. *Die Fälschung der Welt* heißt sein Erstling und Meisterwerk über Alchimie und Kunstfälschung. Es endet mit dem Einsturz einer Kathedrale in Italien – Gaddis ist der Chronist einer einstürzenden Welt, seine Romane tausendseitige Verkündigungen des Weltuntergangs.

> Die Kurzgeschichte ist kein Hot Dog, ein Snack für zwischendurch. Sie verdichtet in einer Situation eine Zustandsbeschreibung des Menschen. Sie ist wie Tomatenmark, dreifachkonzentriert.

Faulkner, Hemingway, Steinbeck. Die drei haben einiges gemeinsam. Nach dem Krieg wurden sie nacheinander mit dem Nobelpreis geehrt; ihr Thema war der Mann – und nicht die Frau; ohne Whiskey keine Inspiration. Und sie sind undenkbar ohne den unsichtbaren Vierten, den großen Vorgänger und Propheten, der ihre Kunst erst möglich gemacht hat. Sein Name ist Walt Whitman, sein Lebensbuch heißt *Grashalme*. Whitman wurde erschüttert durch seine Erlebnisse im Amerikanischen Bürgerkrieg. Seine Reaktion war die Feier des Lebens in seinen Gedichten, sei es das Naturerlebnis, sei es die Ungebundenheit des Individuums. Sein Bekenntnis lautet:

Ich singe das Selbst, den Einzelmenschen.

Auch in Prag hat das neue Jahrhundert begonnen. Der Angestellte Franz Kafka schreibt zu seinem eigenen Vergnügen Geschichten und Romane. So gut wie nichts davon wird zu seinen Lebzeiten veröffentlicht, ja er verpflichtet seinen Freund und Testamentsvollstrecker Max Brod, der selbst Schriftsteller war, alles zu vernichten. Das geschieht nicht. Stattdessen können wir heute *Der Verschollene* – Brod gab dem Fragment den Namen *Amerika* –, *Der Process* und *Das Schloss* lesen sowie einen Band voll kürzerer Geschichten. Kafkas Thema ist die Fremdbestimmtheit des Menschen, seine Ungeborgenheit und Verletzbarkeit. Im *Process* steht der harmlose Josef K. eines Tages unter Anklage. Franz, der Exekutivbeamte, erscheint schon vor dem Aufstehen an K.s Bett und teilt ihm die Verhaftung mit. Eine gesichtslose und undurchsichtig organisierte Bürokratie verfolgt ihn, selbst das freundliche Fräulein Bürstner aus dem Nachbarzimmer wird ihm entfremdet. Zunächst versucht es K. mit einem forschen Ton der Unschuld, je länger die Angelegenheit dauert, desto ergebener ist er in das Unvermeidliche. Die Verhandlung hat wenig Ähnlichkeit mit dem, was wir so aus Gerichtssälen kennen. Ein Alptraum. Morgen wird K. hingerichtet.

Kein anderer Schriftsteller hat es geschafft, in unseren Wortschatz Einzug zu halten, außer ihm, der es vermochte, ›kafkaeske‹ Situationen zu kreieren. Um einen Eindruck von seiner Kunst zu vermitteln, hier der Anfang der kleinen Geschichte *Vor dem Gesetz*:

Vor dem Gesetz steht ein Türhüter. Zu diesem Türhüter kommt ein Mann vom Lande und bittet um Eintritt in das Gesetz. Aber der Türhüter sagt, daß er ihm jetzt den Eintritt nicht gewähren könne. Der Mann überlegt und fragt dann, ob er also später werde eintreten dürfen. »Es ist möglich«, sagt der Türhüter, »jetzt aber nicht.« Da das Tor zum Gesetz offensteht wie immer und der Türhüter beiseite tritt, bückt sich der Mann, um durch das Tor in das Innere zu sehen. Als der Türhüter das merkt, lacht er und sagt: »Wenn es dich so lockt, versuche es doch, trotz meines Verbotes hineinzugehn. Merke aber: Ich bin mächtig. Und ich bin nur der unterste Türhüter. Von Saal zu Saal stehn aber Türhüter, einer mächtiger als der andere. Schon den Anblick des dritten kann nicht einmal ich mehr ertragen.«

Das Erzählerische hat ausgedient. Nicht mit einem Wort wird dem Türhüter eine Gestalt gegeben oder der Mann beschrieben, geschweige denn das Tor, obwohl die drei schon Personal und Ausstattung der Geschichte ausmachen. Warum aber soll jemand in das Gesetz eintreten wollen? Warum muss man sich bücken, um durch das Tor zu sehen? Voller rätselhafter Andeutungen ist der Text und gänzlich ohne Antworten. Dafür wird die einschüchternde Atmosphäre intensiv spürbar. Dann aber, ein paar Zeilen weiter: *als er jetzt den Türhüter in seinem Pelzmantel genauer ansieht, seine große Spitznase, den langen, dünnen, schwarzen tatarischen Bart* ... Vorsicht!, gerade hier, wo Kafka das einzige Mal konkret wird, müssen wir uns ausgerechnet mit einem Bart begnügen, einem dünnen, und einer spitzen Nase. Warum?

Die Metapher[198]

Ich erinnere mich gut an den Tag, als ich in der Schule das erste Mal von der ›Metapher‹ hörte. *Gedichte sind gemalte Fensterscheiben!*, beginnt ein Gedicht und hieß das Beispiel, für das Geheimrat von Goethe höchstselbst verantwortlich war. Wahrscheinlich ist es auch heute noch das Lieblingsparadigma jedes Deutschlehrers, oder?

Goethe wollte seine Vorstellung von der Bedeutung der kleinen dichterischen Form in ein Bild gießen und benutzte dabei die Methode der ›Übertragung‹ von einem Sujet auf ein anderes. *Parabolisch* lautet die Überschrift dieses Gelegenheitswerkleins, entsprechend launig lädt der Text ein, in die verlockende Welt der Poesie einzutreten und zu staunen.

Wenn Proust seinen Helden Marcel die Madeleine in etwas Tee auflösen lässt und dadurch ein Erinnerungsprozess eingeleitet,

---

198 Wörtlich aus dem Griechischen: Übertragung.

die Schleuse des Bilderstromes geöffnet wird, der gestaut und gespeichert war bis zu diesem Moment, dann ist der Vorgang ein umgekehrter: nicht vom Allgemeinen zum Speziellen, vom Gedicht zum Fenster, sondern vom Gebäck zur Welt, vom Einzelerlebnis zum Gedächtnis eines Lebens. Erst hier und von hier an zeigt die Metapher ihr wahres Potential. Sie ist das aktuelle Ausdrucksmuster der Neuzeit immer dann, wenn sie vom Detail, bei Kafka dem Bart, auf das Ganze, nämlich die Schrecken verbreitende Unnahbarkeit des ›Apparats‹, verweist.

Auch *Das Schloss* beherbergt eine Behörde, unerforschlich groß und wie eine uneinnehmbare Festung konstruiert. Landvermesser K. soll ja nur seinen Auftrag erledigen, doch schon das erweist sich als undurchführbar, denn die Behörde weiß nichts davon; allerdings hat sie ihm bereits zwei Gehilfen zugeteilt, Clowns zwar, aber unterhaltsam. Und in der Herberge, in der er sieben Tage logieren muss, um Näheres zu erfahren und zu warten, hat ein wichtiger Beamter des Schlosses, Herr Klamm, mehrere Geliebte. K. möchte bleiben …

Der Verschollene ist der erste der kleinen Romane Kafkas. Nur als fragmentarische Andeutung erhalten, schildert er den Aufbruch des jungen Karl Roßmann in die Neue Welt, seine Auseinandersetzung mit bürokratischen Superstrukturen und seinen Ausbruch aus diesem Zwang in eine Art Künstlerkolonie.

> Man soll den Namen des Meisters nicht unnütz im Mund führen. Lesen soll man ihn!

Die Erzählung ist Kafkas Metier – während alle drei Romane unvollendet blieben, leistet er hier das Größte seiner Kunst in Vollendung. In der *Verwandlung* erwacht Gregor Samsa als menschliches Insekt. Die Bestürzung der Familie ist verständlich. *In der Strafkolonie* wird die Unmenschlichkeit zum strafenden Prinzip erhoben. *Ein Hungerkünstler* will ewig hungern, weil ihm nichts mehr schmeckt.

Kafka versah in Prag gewissenhaft seinen Dienst bei der Arbeiter-Unfall-Versicherung. Forschend schaut er uns aus großen, dunklen

Augen an, nicht unfreundlich. Die lange, gerade Nase und der schmale Mund betonen die Ernsthaftigkeit seines Gesichtsausdrucks. Hinter der Stirn, über der viel glattes, schwarzes Haar nach hinten gebürstet ist, arbeitet es – nicht an Versicherungsarithmetik. Wir wissen sehr viel über ihn als privaten Menschen, er führte *Tagebücher*, hatte einen intensiven *Briefwechsel* mit seiner Verlobten Felice Bauer aus Berlin, zu der er trotz allen Mühens nicht kommen konnte, und mit der freigeistigen Journalistin Milena Jesenská. Ein bewegendes Dokument ist sein nie abgeschickter *Brief an den Vater*. In der von peinlicher Sorgfalt sprechenden, kantigen Handschrift schreibt er dem Vater, der seine Schriftstellerei ablehnte, von Distanz und Nähe und verzweifelter Sohnesliebe – wie normal, wie alltäglich, wie berührend.

Die Moderne sehnt sich nach Legitimation. So hat sie auch diverse Festtage im Gedenken an ihre Gründerväter im Kalender: Dem Bloomsday entspricht der Tag, an dem Kafka ernsthaft zu schreiben begann, indem er in einem Zug die Erzählung *Das Urteil* zu Papier brachte. Der zweiundzwanzigste September neunzehnhundertzwölf ist der zweite denkwürdige Tag des neuen Literaturjahrhunderts.

Wegen seiner fortschreitenden Tuberkulose verbrachte Kafka die letzten Jahre im Sanatorium, gepflegt von der geheimnisvollen Dora Diamant; auf einem alten Photo strahlt uns diese außergewöhnliche Schönheit entgegen. Ihr junges Leben endete wie das so vieler, von denen ich hier spreche – oder schweige –, in einem nationalsozialistischen Vernichtungslager.

Wenn Du von Kafka nicht genug bekommen kannst und doch schon alles kennst, greife zu Bruno Schulz. Dieser polnische Dichter seiner selbst aus dem galizischen Drohobycz schuf Erzählungen wie *Die Zimtläden*, in denen sich hinter der Beschaulichkeit staubiger Tresen und Regale die Herrlichkeit der Metaphysik öffnet, kleine Texte, die leuchten. Zur Strafe dafür, dass ein SS-Mann ihn mochte, wurde Schulz auf offener Straße erschossen.

Sprachmagie – wer ließe sich nicht gern verzaubern von Versen, die Worte zu Musik machen und aus ein paar Hebungen betörenden Rhythmus? Der rare, kostbare Augenblick der Vollendung im Gedicht, wer hat ihn uns geschenkt?

HERR: es ist Zeit, der Sommer war sehr groß.
Leg Deinen Schatten auf die Sonnenuhren,
Und auf den Fluren laß die Winde los.

Befiehl den letzten Früchten voll zu sein;
gieb ihnen noch zwei südlichere Tage,
dränge sie zur Vollendung hin und jage
die letzte Süße in den schweren Wein.

Wer jetzt kein Haus hat, baut sich keines mehr.
Wer jetzt allein ist, wird es lange bleiben,
wird wachen, lesen, lange Briefe schreiben
und wird in den Alleen hin und her
unruhig wandern, wenn die Blätter treiben.

Das perfekte Gedicht. Man sollte es auswendig können.

Es wäre banal, hier zu loben oder Einzelheiten zu kritisieren. Das Gedicht wirkt als Ganzes perfekt, weder ließe sich etwas davon wegnehmen noch hinzufügen, ohne es zu zerstören. Und das ganz Besondere: So ungekünstelt fließt die Sprache, dass man den Text auch als Prosa lesen kann. Nicht eine Wortzusammenziehung, Wortumstellung, ein Apostroph oder sonst ein typisches Zeichen der Hilflosigkeit des Verseschmiedes stört die Vollkommenheit der Zeilen.

In Prag wurde Rainer Maria Rilke, der *Herbsttag* geschrieben hat, geboren. Doch bindet ihn nichts an die Herkunft aus der Stadt, sondern alles an die Herkunft aus der Kultur, nicht nur der eigenen: Als Übersetzer hat Rilke viel für die Aufnahme französischer Lyrik bei uns getan. Die Tornister der Soldaten, die frohgemut in den Großen Krieg zogen, enthielten *Die Weise von Liebe und Tod des Cornets Christoph Rilke*, ein kleines Prosastück über die Minute des Helden, die die Mutter zu Hause weinen macht. Ganz unverbraucht klingt der Zwanzig-seitentext, wenn Oskar Werner ihn liest. *Die Aufzeichnungen des Malte Laurids Brigge*, schon dem Titel nach kein Roman, schildern in subjektiver Sicht den holprigen Karrierestart des Schriftstellers Brigge, der sich von zu Hause entfernt, um in Paris die ersten richtigen Enttäuschungen zu erleben.

Rilkes Meisterschaft zeigt sich im Gedicht: *Sonette an Orpheus, Duineser Elegien*, benannt nach seinem zeitweiligen Wohnort Schloss Duino bei – Triest, seine vielen religiös grundierten Gedichte, besonders über die Gottesmutter Maria, auch Balladen:

Hoch auf seiner Himmelswarte
über einer Sternenkarte
sitzt der Kaiser Rudolf dort,
forschend, ob der langerharrte
Flugstern, der die Weisen narrte,
streifen würde diesen Ort.

Dieser nicht benannte Ort ist Prag, auch die Geburtsstadt von Leo Perutz. Er war Jude und schaffte es, Österreich nach dem ›Anschluss‹ rechtzeitig Richtung Palästina zu verlassen. Dort wurde er nicht heimisch; er weigerte sich, die Landessprache zu benutzen, und sehnte sich in den Raum der deutschen Kultur zurück. Als die Rückkehr möglich wurde, fühlte er sich dort nicht erwünscht und wurde zum ruhelosen Pendler zwischen den Welten. Dieser schrecklichen Abstoßungskrise verdankt sich sein schönstes Werk. *Nachts unter der steinernen Brücke* führt uns ins Prag zur Zeit des skurrilen Kaisers und Künstlerfreundes Rudolf II., von dem eben auch Rilkes Ballade mit dem originell hüpfenden Rhythmus handelt, und des Rabbi Löw, dem die Erschaffung des Golem, eines belebten Klumpens Lehm, gelang. Dieser Roman, der zunächst wie eine Novellensammlung aussieht, die sich beim Lesen unverhofft zur Ringform zusammenschließt, atmet den Hauch wehmütiger Authentizität in der Beschreibung der untergegangenen jüdischen Kultur in Mitteleuropa. Prag hat nicht nur die älteste deutschsprachige Universität, es zog die Literaten des Ostens an wie Paris die des Westens. Hermann Ungar gehört zu den Vergessenen von damals; in seinen Werken, dem Roman *Die Verstümmelten* besonders, geht er weiter, als man für möglich halten sollte: Der Schalterbeamte Herr Polzer schneidet der Klara den Kopf ab. Ungar ist immernoch zu entdecken.

Rilkes bekannteste Leistung ist das Dinggedicht, etwa das vom *Panther*:

> *Sein Blick ist vom Vorübergehn der Stäbe*
> *so müd geworden, daß er nichts mehr hält.*

So könnte auch das Porträt beschrieben sein, das Paula Modersohn-Becker von Rilke malte, als er sich in der Künstlerkolonie Worpswede aufhielt. Die Augen sind matte, übergroße Scheiben zwischen geröteten Lidern in einem bleichen Gesicht, das von einem traurigen Bart in die Länge gezogen wird. Rilke pflegte freundschaftliche Beziehungen mit halb Europa, aufrechterhalten durch seine enorme Produktivität als Briefschreiber. Seine Korrespondenz legt seine körperliche Hinfälligkeit ebenso offen wie seine geistige Brillanz, und dazu seine Abhängigkeit von mütterlichen Frauen.

Ein Phänomen der Jahrhundertwende ist die geistig souveräne und körperlich attraktive Frau, umschwärmt von genialen Männern. Lou Salomé, die Tochter eines russischen Generals, war zeitlebens mit Rilke befreundet, hatte bereits einen Heiratsantrag Nietzsches hinter sich, als auch Rilke sie befragte – sie heiratete, klug wie sie war, den Archäologen Friedrich Carl Andreas. Sie wurde zur Meisterschülerin und Vertrauten Sigmund Freuds und zur Zeitzeugin schlechthin; darüber vergisst man leicht ihre Leistung und Qualität als Schriftstellerin. Alma Schindler muss jeden Mann geblendet haben, der nur halbwegs Genie in sich verspürte. Die Liste ihrer Anbeter würde den Rahmen größerer Bücher als dieses sprengen. Nur soviel: Der von ihr unzureichend erhörte Maler Oskar Kokoschka bastelte sich eine Alma-Puppe, um, was ihm in der Wirklichkeit versagt

622   Kapitel 9 Der Gesang vom Ich

blieb, im Kämmerlein lustvoll nachzustellen. Auch hier zeigte Alma
Geschmack, denn lieber als den begnadeten Pinsel Kokoschka hatte
sie den genialen Gustav Klimt gemocht, dessen Stern erst jetzt richtig leuchtet: Seine Bilder, besonders die lasziv-originellen Frauen-
porträts und die einzigartigen Waldlandschaften, sind heute die be-
gehrtesten der Welt. Alma, die vorher das erstaunlichste musikalische
Wunderkind seit Mozart, Alexander von Zemlinsky, als Lehrer und
Liebhaber gehabt hatte, heiratete Gustav Mahler, den berühmtesten
Komponisten und Dirigenten der Epoche, dann Walter Gropius, den
Stararchitekten, schließlich Franz Werfel – der nicht d e r Schriftsteller seiner Zeit wurde, immerhin aber auch einer der Großen. Alma
Mahler-Werfel wurde von ihrem Schwiegersohn Ernst Krenek – noch
einem Giganten[199] der Musikszene des Zwanzigsten Jahrhunderts –
so beschrieben: *Sie war es gewohnt, lange, fließende Gewänder zu tragen, um
ihre Beine nicht zu zeigen, die vielleicht ein weniger bemerkenswertes Detail ihres
Körperbaus waren. Ihr Stil war der von Wagners Brünhilde, transportiert in die
Atmosphäre der Fledermaus.*[200] Essen, Trinken, Sex: die Themen, über die
Frau Mahler-Werfel am liebsten sprach.

Franz Werfel, gebürtig aus Prag, sind wir schon einmal begegnet.
Sein Roman über *Verdi* bleibt in Erinnerung. Er hatte die Gabe, erfolgreich zu schreiben, ohne sich dabei untreu zu werden. Seine große
Leistung sind *Die vierzig Tage vom Musa Dagh*, der Roman über die Vernichtung des armenischen Volkes in der Türkei, geschrieben am Vorabend der Vernichtung des jüdischen Volkes in Deutschland. *Das Lied
von Bernadette* ist der Roman eines Juden über das Wunder von Lourdes.
Obwohl Werfel von Alma bedrängt wurde, blieb er seinem Glauben
treu. Er wollte sich nicht *aus den Reihen der Verfolgten fortschleichen.*

---

199 »Jonny spielt auf« heißt sein Meisterstück, zu dem er sich den Text gleich in Wagner-
     manier selbst schrieb. Der Teufelsgeiger Jonny ist zwar schwarz, aber nicht der Held die-
     ser ›Zeitoper‹, worin sich zeigt, dass in den Zwanzigern zwar viel, aber noch nicht alles
     möglich war – immerhin galt Krenek als so modern, dass er alsbald ›entartet‹ genannt
     und ins amerikanische Exil gezwungen wurde.
200 Von Johann Strauß Sohn. Diese Weltuntergangsoperette ist kakanischer als der ganze
     Mann ohne Eigenschaften.

Wir sind zurück in Wien. Zwei Nachfolger hat Schnitzler: In der Prosa den heiligen Trinker Joseph Roth; *Radetzkymarsch* und *Kapuzinergruft* bilden den würdigen Abgesang auf die k. u. k.-Monarchie – Radetzky war der volkstümliche und uralt gewordene, militärisch freilich bedeutungslose Feldmarschall, die Kapuzinergruft die uralte Grablege der Habsburger. Die Familie Trotta aus dem slowenischen Teil des Vielvölkerstaats hatte einst den Helden von Solferino[201] hervorgebracht, der dafür geadelt wurde, dass er dem Kaiser in der Schlacht das Leben rettete. Die beiden lose verbundenen Romane schildern den Abstieg des Geschlechts synchron mit dem Ende aller walzerseligen Habsburgerherrlichkeit. Roth war Journalist und arbeitete eine Zeitlang in Berlin. Seine Stärke ist die kurze, pointierte Prosa, seine Romane sind selten über zweihundert Seiten lang. In *Hiob* erträgt Mendel Singer aus dem ostjüdischen Schtetl geduldig alle Schicksalsschläge, in *Hotel Savoy* ist der alte Liftboy in Wahrheit der Hoteleigentümer, *Das falsche Gewicht* hängt dem bestechlichen Eichmeister Anselm Eibenschütz am Hals, besser: am Stiernacken von Helmut Qualtinger. *Der Leviathan* schildert den Untergang eines Korallenhändlers, der sich verleiten lässt, falsche unter die echten zu mischen. Köstliche Prosaperlen, die immer die journalistische Schulung durchschimmern lassen.

Apropos: Egon Erwin Kisch, aus Prag, wird in Berlin im Zusammenhang mit dem Reichstagsbrand verhaftet. Er ist *Der rasende Reporter,* der neue Held eines neuen Zeitalters, in dem Nachrichten sekundenschnell mit Telegraph und Telefon verbreitet werden können. *Schreib*

> Die kaiserliche und königliche Monarchie kann nicht untergehen. Zu fest ist sie in unseren Herzen verankert durch großartige Literatur.

---

201 Noch eine verlorene Schlacht: Gerade die eingeborene Verlierer-Mentalität der Habsburger hat diese erstaunliche kulturelle Blüte möglich gemacht. Solferino, eine weltgeschichtlich völlig bedeutungslose, geradezu überflüssige Auseinandersetzung der Koalition Napoleons III. und Italiens mit Österreich, angeführt vom jungen Kaiser Franz Joseph, war äußerst blutig – Henri Dunant, der zufällig Augenzeuge war, gründet unter dem Eindruck der Schrecknisse das »Rote Kreuz«.

624 Kapitel 9 Der Gesang vom Ich

das auf, Kisch! ist die Forderung der Zeit an den Zeitungsmann; wie unter Zwang stellt er sein Leben in den Dienst der Nachricht. Auf dem Theater ist der aus ungarischem Kleinadel stammende Ödön von Horváth Schnitzlers Kronprinz. Das Besondere an ihm endet erst mit seinem Ableben und beginnt bereits mit der Geburt – eigentlich hieß er Edmund mit Vornamen, und im Ungarischen ist das Adelsprädikat das ›h‹ am Ende des Nachnamens, ein ›von‹ also überflüssig, geboren wurde er in Fiume oder Rijeka, das nun auch schon bestens bekannt ist. Er arbeitete ebenfalls in Berlin. Er konnte das Proletarierstück, das Sportstück und das Jugendstück. Aber speziell das Volksstück bekommt durch ihn intellektuelle Vollendung, wie etwa die *Geschichten aus dem Wienerwald* um die junge Marianne, die statt des Metzgers Oskar – Qualtinger spielte sowohl ihn als auch Jahrzehnte später Mariannes Vater, den Zauberkönig – lieber den Alfred will und sich so um alle Hoffnungen auf ein anständiges Leben bringt. Mit *Sladek der schwarze Reichswehrmann* nahm Horváth früh Stellung gegen den aufkommenden Nationalsozialismus. In *Don Juan kommt aus dem Krieg* und *Figaro läßt sich scheiden* frischt er Bühnenklassiker auf. *Jugend ohne Gott* heißt eine der Prosaarbeiten Horváths, sie handelt von einem Lehrer, dem im Umgang mit seinen renitenten Schülern bewusst wird, dass Gott gerecht ist. Ein e c h t e r Ungar war Ferencz Molnár; mit *Liliom* brachte er den Strizzi auf die Bühne. Alfred Polgar besorgte die deutsche Fassung, und so wurde Liliom, der Junge vom Rummel, zum Bühnenhelden des Josefstadttheaters. Horváth und Roth: In Paris begegnen wir ihnen wieder, im ›Wartesaal‹ der Emigranten. Der Nationalsozialismus hat die Literatur eingeholt. Während Roth sich zu Tode säuft, wird Horváth auf dem Boulevard von einem herabstürzenden Ast erschlagen.

Wien zwischen den Kriegen, das war die Blütezeit des Kaffeehauses. Friedrich Torberg, der durch seine Übersetzungen Ephraim Kishon zum Star bei uns machte und selbst mit dem *Schüler Gerber*[202] als Ro-

---

202 Der Schüler wird zum – tragischen – Helden der Literatur. Während bei Kipling in den *Stalky*-Geschichten besonders Gewalt untereinander verharmlosend bewitzelt wird,

mancier hervortrat, hat in seinen Büchern von der *Tante Jolesch* und vom *Kaffeehaus* den authentischen Bericht über die jüdische und intellektuelle (was weitestgehend in eins zusammenläuft) Kultur in Wien zwischen den Kriegen vorgelegt. Die Kaffeehausgrößen hatten ein Stammcafé, einen Stammplatz; die Großen einen Tisch für sich, ausgerüstet mit Schachbrett und Schreibmaschine; die ganz Großen hatten sogar eine Sekretärin am Tisch – so bestritten sie Tag für Tag ihre Auftritte als Selbstdarsteller. Dabei konsumierten sie bescheiden, häufig reichte ihnen eine Tasse Kaffee und ein Glas Wasser, um ihren Sitz einen Nachmittag lang zu behaupten – Geist war stets knapp bei Kasse. Auch die Zubereitung des koffeinhaltigen Heißgetränks erklomm ungeahnte kulturelle Höhen: Es gab den kleinen Schwarzen, den Braunen, die Melange, den Kapuziner, Fiaker und unzählige weitere Varianten, den Bohnenextrakt zu veredeln. Zu denen, die sich keine zwei Fiaker leisten konnten, gehörten die genialen Originale Anton Kuh und besonders Peter Altenberg, der den liebenswürdig grantelnden Wiener unüberbietbar verkörperte.

Das Schachspiel wurde als Kaffeehaussportart gepflegt; entsprechend wäre mit Carl Schlechter um ein Haar ein Österreicher Weltmeister geworden, wenn Emanuel Lasker nicht die allerletzte Partie gewonnen hätte … Noch die *Schachnovelle* des Stefan Zweig dokumentiert, bereits im Schatten der Verfolgung, die Begeisterung für diesen Denksport. Torberg teilt mit, dass auch Wasserball, damals gerne hochtrabend als Wasserpolo bezeichnet, zu den bevorzugten Disziplinen der Kaffeehäusler gehörte – von ihm[203] aktiv, von allen anderen

---

verbindet Musil in den *Verwirrungen des Zöglings Törleß* das Gewalt- mit dem pubertären Sexualthema, das in Wedekinds *Frühlingserwachen* skandalträchtig im Vordergrund steht. Nicht so Torberg: Sein Schüler Gerber, der im Gegensatz zu Törleß einen Vornamen hat: Kurt, stirbt an Überforderung und tut es damit Hesses Hans Giebenrath gleich, der *Unterm Rad* der Klosterschule gebrochen wird. Seitdem wird jeder heranwachsenden Generation dieser Rucksack aufgebürdet, ohne dass pädagogische Abhilfe in Sicht wäre – nun droht man den Lernverweigerern auch noch mit Pisa.

203 Er soll die Meisterschaft zugunsten von Prag persönlich durch zwei Treffer entschieden haben.

passiv genossen, als Zuschauer. Gefürchtet waren speziell die Sport-
freunde aus Budapest und ihr ›ungarischer Gruß‹: Während man sich
über der Wasserlinie zur Begrüßung die Hand reichte, rammten sie
darunter dem Gegner das Knie ins Gemächt. So war das Spiel für gewöhnlich vor dem Anpfiff entschieden.

Die Zwangsräumung der Kaffeehaustische fiel naturgemäß mit der
Inbetriebnahme der Konzentrationslager zusammen.

Auch das Leben des erfolgreichsten Schriftstellers der Epoche endet
tragisch in der Fremde des Exils. Stefan Zweig ist nach Brasilien (das
er noch *Land der Zukunft* nannte) ausgewandert; mit seiner zweiten
Frau Charlotte zusammen macht er seinem so nicht mehr lebens-
werten Leben dort ein Ende. Zweig schildert in seinen Erinnerungen
Die Welt von Gestern seine *Jugend in Wien* – so hatte Schnitzler seine entsprechenden Reminiszenzen genannt. Das Problem: Diese Jugendlichen werden schon alt geboren. Intellektueller Vorwitz und Be-
fremdung gegenüber der Welt ringsum kennzeichnen ihre Frühreife.
Bei Zweig entwickelte sich daraus eine an Verschrobenheit grenzende
Begeisterung für intime Details vergangener Zeiten, die er aber auch
nutzte, um historische Stimmungen authentisch nachzuempfinden.
Dabei ist er ein Meister der Heldenverehrung. Seine *Sternstunden der
Menschheit* sind ein fürwahr herrlicher Abgesang auf die Zeit des heroischen Augenblicks. Alle seine Biographien – dieses Genre erhob er
zu literarischer Meisterschaft – sind lesenswert, weil sie uns teilhaben
lassen an Krisen der Geschichte, die mit subtilem Gespür gezeigt und
gezeichnet werden. *Magellan, Castellio gegen Calvin, Maria Stuart, Marie
Antoinette, Fouché, Balzac,* so bunt gewürfelt die Auswahl erscheint,
ein so klarer Plan erscheint dahinter: der Vergangenheit einen Sinn
geben als Legitimation der bedrohten Gegenwart. Mit Bedacht sucht
sich Zweig mittlere Charaktere, keine ›geborenen‹ Heldennaturen, für
seine Studien. Denn wie könnte man dem Leser mehr Mut machen,
ihn mit mehr Sympathie in das Geschehen verstricken, als indem man
ihm versichert, die historischen Figuren seien im Grunde Menschen
gewesen, fast wie Du und ich.

Zweig, der auf allen literarischen Gebieten tätig war, Gedichte schrieb und Theaterstücke, darunter die Bearbeitung des lustigen *Volpone* aus elisabethanischer Zeit, macht es den Lesern seiner Romane und Erzählungen mit seinem hochgestimmten Ton nicht so leicht. Sein Thema ist das Scheitern des erotischen Augenblicks; nicht jedem werden *Ungeduld des Herzens, Brennendes Geheimnis* oder *Verwirrung der Gefühle* gefallen. Aus dem Nachlass stammt der Roman *Rausch der Verwandlung,* in dem Zweig zwei Auswege aus dem Dilemma von Zurückweisung und Bedrohung zeigt: Hand an sich legen oder Anarchie. Für sich selbst hat er entschieden.

Der Fall Maurizius von Jakob Wassermann ist ein früher deutscher Kriminalroman. In einer spannenden Parallelaktion wird ein Justizirrtum aufgeklärt und eine Vater-Sohn-Beziehung vernichtet. Wassermann war der engagierteste Warner vor Antisemitismus in der Weimarer Zeit, als Schriftsteller ist er uns heute fern mit Romanen wie *Das Gänsemännchen* über ein stadtbekanntes Ehedreieck oder *Die Juden von Zirndorf,* in dem ein falscher Messias auftritt. Seine sinnigste Leistung ist die Wiederentdeckung der Geschichte des *Caspar Hauser.* Zur Erinnerung: Caspar tauchte als Siebzehnjähriger in Nürnberg auf, nachdem er offenbar sein ganzes vorheriges Leben in einem Verlies als Gefangener zugebracht hatte. Schließlich wird der erste Kriminologe Anselm Feuerbach sein väterlicher Freund, der auch Caspars Herkunft aufzuklären sich anschickt – da wird das Findelkind ermordet. Der Fall ist bis heute mysteriös, die Vermutungen schossen natürlich ins Kraut. Wassermann nähert sich dem Naturkind Caspar und seinen Beziehungen zur Welt poetisch an; dem Geheimnis, in das womöglich höchste Kreise verstrickt sind, lässt er seinen schaudervollen Reiz.

Robert Musil wirft mit seinem *Mann ohne Eigenschaften* einen versonnenen Blick rückwärts auf das untergegangene Österreich, das er Kakanien nennt. Ulrich, der MoE, und seine zunehmend geliebte Schwester Agathe führen ein Leben von geringer Sorghaftigkeit. Er erscheint gleich zu Anfang als Schürzenjäger, Bonadea heißt geheimnisvollerweise die gerade aktuelle Flamme. Im Salon von Diotima dagegen wird ganz offiziell die ›Parallelaktion‹ zur Feier des

628   Kapitel 9 Der Gesang vom Ich

Thronjubiläums Kaiser Franz Josephs I. vorbereitet, die ein alberner
Mummenschanz zu werden verspricht. Hier handelt es sich um ein
nicht ganz brandneues Motiv der modernen Literatur: Der imaginäre
Zielpunkt der Handlung bleibt zwangsläufig unerreicht, zur so minuziös vorbereiteten Parallelaktion kommt es (glücklicherweise) nie
und *Tristram Shandy* lässt schön grüßen. Der andere Hauptschauplatz
ist die Nervenheilanstalt, in der Lustmörder Moosbrugger einsitzt.
Um diesen armen Irren gruppiert sich eine Schar junger Menschen
mit anarchischer Tendenz, die dem morbiden Treiben wenigstens
eine kleine Blutauffrischung verpassen. Dass so etwas Musil liegt,
hatte er mit seinem Erstling *Die Verwirrungen des Zöglings Törleß* be-
wiesen, einer subtilen Studie über die pubertären Nöte von Jungen in
einem Internat. Gleichzeitig deutet sich aber auch hier schon das mu-
silsche Problem an: Törleß bringt es nicht einmal zu einem Vornamen,
er bleibt schemenhaft. Der Novellenkranz um die *Drei Frauen* – *Grigia,
Die Portugiesin, Tonka* zeigt Musils Prosa in Glanz und Elend: Was soll
man von einem Autor halten, der seine Figur Homo (mit Vornamen)
nennt und die Freundschaft einer anderen mit Namen Mozart Ama-
deo Hoffingott suchen lässt, während mit Grigia eigentlich wiederum nicht die bezaubernde Bäuerin, sondern ihre Kuh gemeint ist?
Und alles endet in einer Pointe, die »Aida« und den tragischen Fall des
Indianer-Joe[204] zu gleichen Teilen plündert. Solche täppischen Fehl-
leistungen hat man auch einem Thomas Mann nicht verziehen. Dass
aber Musil der große Erotiker der Ernüchterung ist, zeigt er in der
Tonka, seinem stärksten Stück, das sich als Eingangstür in seine Welt
und sein Werk bestens eignet. Musils Versuch für die Bühne sind *Die
Schwärmer,* ein Drama das neuerdings wieder aufgeführt wird: In länd-
licher Abgeschiedenheit reißen sich einige miteinander befreundete
Geistesmenschen gegenseitig die Maske vom Gesicht; kommt noch
ein erotischer Ringelreihen dazu, haben wir ein Thema, das die Thea-

---

204 *Der Schatz des Indianer-Joe* ist ein Singspieltext von Theodor Adorno nach dem Höhepunkt von *Tom Sawyers Abenteuern.* Das Libretto wäre besser als das von Verdis »Aida«,
harrte bis jetzt aber noch der adäquaten Vertonung.

ter mindestens bis zu *Wer hat Angst vor Virginia Woolf?*[205] beschäftigen
wird.

Das Unvollendete des Romans *MoE* ist Programm, Folge seiner Un-
vollendbarkeit; genau so einen Schiffbruch erleiden zur selben Zeit
auch andere Riesentanker von Romanen. Musil überfrachtet die zweitausend Seiten mit unerzählerischer Intellektualität, ähnlich dem
Zauberberg, wenn sich Settembrini und Naphta in den Haaren liegen.
Während Mann, wenn er Thesen verkündet, anderswo abschreibt,
denkt Musil originär, leider nicht originell. Blutarmut ist die Krankheit, die dem Roman zu schaffen macht. Die Figuren bleiben holz-
schnitthaft, etwa der tapsige General Stumm von Bordwehr, dem sein
Schöpfer viel zu viel Freiraum lässt; der Humor wirkt staubig, und die
Grundidee, das schon erledigte k. u. k.-Riesenreich als Kakanien zu
verspotten, nun ja: Wenn der Pathologe die Leiche vor sich hat und
verkündet: »Tot!«, flicht ihm dafür noch keine Nachwelt Kränze.

Der Rest ist Fleißarbeit für Germanisten.

Der Denker, der für Musil, Wien und den Jugendstil das Hinter-
grundrauschen erzeugte, hieß Ernst Mach. Die Schlacht von König-
grätz hatte ein Halbjahrhundert zuvor entschieden, welchem Denken
in deutscher Sprache die Führungsrolle zuzukommen hatte – doch
wer erinnert sich heute an die preußische Philosophie der Gründerzeit? Wieder zeigt sich, dass Gedanken frei sind und gerade im Unglück Flügel bekommen. Mach ist nicht nur heute in aller Munde durch
die nach ihm benannte Geschwindigkeit relativ zum Schall, sondern
er beschrieb vor allem das Wahrnehmungsproblem neu. *Die Analyse
der Empfindungen* war zu einer Zeit mehr wert als aller Neukantianis-
mus, da Gustav Klimt der Malerei und Arnold Schönberg der Musik
soeben ganz neue Möglichkeiten der Wirkung zu erschließen im Begriff waren. Mach wies den Künsten den Weg aus dem k. u. k.-Hof-
reglement direkt in die Moderne.

---

205 Edward Albee heißt der Amerikaner, der hiermit sein One-hit-wonder schuf, beeindruckend verfilmt: Liz Taylor und Richard Burton sind das Ehepaar, das im Alkohol-
dunst eine Fatamorgana namens ›Familie‹ heraufbeschwört.

630   Kapitel 9 Der Gesang vom Ich

Hermann Broch ist der Musil für Fortgeschrittene. Du kannst Dich
ihm vom Anfang oder vom Ende seines Werkes her nähern – im Zentrum steht jedenfalls der antikisierende, bereits vorgestellte kolossale
Tod des Vergil. Mit dem dreiteiligen Epochenroman *Die Schlafwandler*
hatte Broch debütiert; sein letztes Werk *Die Schuldlosen* ist auch das ak-
tuellste geblieben, rief es mir doch Jeanne Moreau an einem unvergesslichen Theaterabend wieder ins Bewusstsein, als sie in München die
Liebesgeschichte der *Magd Zerline*, eine der elf Episoden des Romans,
erzählte. Die alt gewordene Hausangestellte gibt ihren Kommentar
zur Geschlechtlichkeit der Jahrhundertwendezeit, Broch durch den
ganzen Roman seinen zu den Voraussetzungen des Nationalsozialismus. Er verkörpert den in unserem Sprachraum seit Nietzsche selig
übel gelittenen Typ des schriftstellernden Philosophen – in Frankreich
wird er bis heute hoch geschätzt. Bei uns wittert man im Autor und
jeder seiner Figuren gleich einen verkappten Weltverbesserer. Broch
starb im amerikanischen Exil.

In einer altgewordenen Welt ist die Figur des Frühvollendeten heimisch. Jünglinge mit dem wehen Wissen um die Geheimnisse des
Lebens erscheinen und treten alsbald wieder ab – der Suizid gehört
programmatisch zur Vollendung des Sehers. *Geschlecht und Charakter* heißt das genial-abstruse Werk Otto Weiningers. Es verkörpert
die Nachtseite der Kaffeehauskultur. Alle Aufregungen der Zeit,
Geschlechterkampf, Befreiung der Sexualität, Antisemitismus, sind
in diesem Moloch von Buch versammelt; Egon Schiele wäre mit seinen drastisch-ungeschminkten Darstellungen menschlicher Trieb-
gebundenheit der ideale Illustrator gewesen.

Wenn der Schnee ans Fenster fällt,
Lang die Abendglocke läutet,
Vielen ist der Tisch bereitet
Und das Haus ist wohlbestellt.

Mancher auf der Wanderschaft
Kommt ans Tor auf dunklen Pfaden.

Golden blüht der Baum der Gnaden
Aus der Erde kühlem Saft.

Wanderer tritt still herein;
Schmerz versteinerte die Schwelle,
Da erglänzt in reiner Helle
Auf dem Tische Brot und Wein.

Georg Trakl schrieb *Ein Winterabend* am Vorabend des Kriegsausbruchs, sechsundzwanzigjährig. Die letzte Strophe hatte in der ersten Fassung des Gedichts noch gelautet:

O! des Menschen bloße Pein.
Der mit Engeln stumm gerungen,
Langt von heiligem Schmerz bezwungen
Still nach Gottes Brot und Wein.

Das ist noch reiner Rilke; wenige Monate später hat Trakl den Engel verbannt und das Bild gehärtet. Der Mann mit dem Lausbubengesicht und dem kurzgeschorenen Haar verabreichte sich – er saß an der Quelle, war er doch als Militärapotheker zum Weltkriegsdienst eingezogen worden – eine Überdosis Kokain. Niemand anderer als Sigmund Freud hatte gerade erst den Extrakt der Blätter des Cocastrauchs rezeptpflichtig gemacht, indem er seine nervlähmende Wirkung erkannte. Kokain wurde durch ihn zum Urstoff für die örtliche Betäubung; jeder Zahnarztbesucher sollte Freud dafür inbrünstig danken. Freud hätte sicher auch jedem Künstler vom Gebrauch dieses Stimulans abgeraten. Gegen den Balken im eigenen Auge war er blind; gegen seine eigene Sucht nämlich, das Zigarrenrauchen, das ihm den verhängnisvollen Gaumenkrebs einbrachte, blieb er zeitlebens machtlos.

Der Sturm heult immer laut in den Kaminen
Und jede Nacht ist blutig-rot und dunkel.

Die Häuser recken sich mit leeren Mienen.

…

Die Tage zwängen sich in niedre Stuben,
Wo heisres Feuer krächzt in großen Öfen.
Wir stehen an den ausgefrornen Scheiben
Und starren schräge nach den leeren Höfen.

Du kennst mich inzwischen als Freund von Bedeutsamkeit und historischen Parallelentwicklungen. So hört sich der *Winter* bei Georg Heym im typischen Tonfall des Expressionismus an, wo rot gleich blutig ist und Feuer heiser. Heym gleicht Trakl in vielen biographischen Details, doch ihm wurde tatsächlich der Winter zum Verhängnis: Beim Schlittschuhlaufen verunglückte er tödlich, als er einem eingebrochenen Freund zu Hilfe kommen wollte, auf der Havel in Berlin.

Der Abend tost ums kahle Haus.
Der Lehrling fegt die Fleischbank aus
und schwabt und schrubbt den Hackstock rein
von Talg und Blut und Splitterbein.

Nulla dies sine linea! – Kein Tag ohne Linie! Plinius der Ältere teilt dies in seiner *Naturkunde* als Maxime des Malers Apelles mit, der tägliche Übung in seinem Metier als Pflicht ansah. Mancher hat sich das verordnet, auch unter den Dichtern. Keiner war darin so konsequent wie Theodor Kramer, den die Zeitläufte aus Niederösterreich ins Londoner Exil und danach in die Anonymität der Vergessenheit trieben. *Jeden Tag ein Gedicht!*, hat er sich befohlen und damit so etwas wie Alltagslyrik geschaffen, einen hohen Ton für niedere Dinge findend. Zigtausend Gedichte bilden sein Vermächtnis, am bekanntesten noch die Sammlung *Die Gaunerzinke*, in der sich *Abendmahl*, das Lied von der Fleischerei, findet. Die Stadt Wien holte den Juden Kramer aus dem Londoner Exil heim, und dort ist er alsbald gestorben.

Mit Heimito von Doderer und seinen sieben Romanen ist es schwierig. Einerseits war er persönlich eine fragwürdige Erscheinung, Partei-

mitglied der ersten Stunde. Zum andern erschienen seine beiden großen Werke erst in den Fünfzigerjahren, ihre Handlung jedoch
beschreibt detailverliebt die Zeit der kurzen Scheinblüte einer ersten
österreichischen Republik – gerade als sich das Lesepublikum nach
etwas Bekennermut gesehnt hätte. *Die Strudlhofstiege* klingt nach
Ganghofer, ist aber ein Roman mit einer realen
Topographie, der Treppenanlage im neunten Wiener Bezirk. Die Geschichte um den Leutnant (a. D.)
Melzer, Mary K., den Maturanten René Stangeler
und den Sektionsrat Geyrenhoff stellt eine durch
die Katastrophe des Großen Krieges wie verjüngt
wirkende Gesellschaft dar, in der Bergsteigen und
Tennisspielen die Auseinandersetzung mit dem
Existentiellen ersetzen. Einer Nummernrevue
vergleichbar folgen die Szenen aufeinander, man
amüsiert sich einstweilen köstlich. Das dicke Ende
kommt schon noch. Ausgewählte Erzählstränge

Ein Roman
kann gleichzeitig
historisch,
autobiographisch,
allegorisch und
gut sein, wie
dieses Beispiel aus
Wien uns zeigt.

werden nämlich in dem monumentalen Roman *Die Dämonen* fortgeführt, der präzise um ein zentrales Ereignis der österreichischen Geschichte angelegt ist, den brennenden Justizpalast, der den Untergang
der Demokratie beleuchtete. Die Verhältnisse zerbrechen, allein für
die feinsinnige und stets gutgelaunte Mary, der auch der Zusammenstoß mit einer humorlosen Straßenbahn nichts anhaben konnte, ergibt sich mit dem Plebejer Kakabsa eine neue Perspektive. Apropos
Humor: Wer es wagt, in meiner Gegenwart Doderer einen Humoristen zu nennen, den fordere ich, da kenne ich keinen Spaß. Ein Sprachkünstler ist er fürwahr, der in seiner Wortwahl bisweilen exquisiten
Geschmack verrät. Zum Beispiel bringt er uns den wienerischen Begriff des ›Straßenengerls‹, und das ist nichts Geringeres als der schwäbische ›Gassenlächler‹. Was das ist? Nun, jemand der in der Öffentlichkeit nichts davon ahnen lässt, wie er sich im Kreis seiner Lieben
verhält – despotisch, cholerisch, asozial. Jeder wird so ein Subjekt kennen, und gerade die Vorstellung eines Engels reißt dem vermeintlichen
Biedermann die Maske vom Gesicht. In solcher Art Sprachspielereien

exzelliert Doderer, bis hin zu so ausdrucksstarken Titeln wie *Die Peinigung der Lederbeutelchen*. Sobald er aber versucht, komisch zu sein, fühlt er sich dem Ideal des Herrenwitzes verpflichtet, den er zum Altherrenwitz zu veredeln trachtet.

Doderer vertritt keine Position, seine Sicht ist distanziert. Bereits in seinem Debütroman *Ein Mord den jeder begeht* hatte er sein Konzept vorgestellt, das später der ›totale Roman‹ heißen sollte. Seine Masche ist der Umweg, der den Romanhelden zu sich selbst führt – in diesem Fall erkennt sich Conrad Castiletz als Verursacher eines tragischen Unfalls, der bereits ein Jahrzehnt zurückliegt. In den *Erzählungen*, die auch Sprachexperimente sind, hat Doderer seine großen Werke im Keim angelegt. Sie können als Appetithappen dienen, um von diesem Besonderen etwas zu probieren.

Berlin musste sich nach Fontane als Literaturstadt neu finden, München wurde seine schicke Rivalin, Kunststadt seit jeher durch die Sammellust der Wittelsbacher. Zum Künstlerdorf gedieh sie nun in ihrem Stadtteil Schwabing. Dort erwachte zwischen Bürgerlichkeit und Bohème ein neues Lebensgefühl, nicht zuletzt geweckt durch moderne Frauen vom Schlage einer Fanny zu Reventlow, die in Leben und Werk die neue Zeit verkörperte. Beleg sind ihre *Briefe* und *Tagebücher*, aus denen auch hervorgeht, dass sie den Namen des Herrn von letzter Nacht bisweilen erst beim gemeinsamen Frühstück am nächsten Morgen erfuhr. Ricarda Huch lebte hier wie dort und eine Zeitlang in – Triest. Ihre Romane, fast vergessen, verkünden eine neue Herbheit. »*Der Frühling ist in Deutschland unerträglich, vielleicht wird er gerade deshalb von deutschen Dichtern so besonders viel besungen; man rühmt ja das, was man nicht kennt*«, lässt sie die Baronin in *Der Fall Deruga* sagen. Als Historikerin ist sie nach wie vor präsent. Ihre *Deutsche Geschichte* wurde später von Golo Mann fortgeführt, in ihrer trockenen Brillanz ein völliger Gegensatz zur gefühlsbetonten Sicht eines Stefan Zweig. Gertrud von le Fort schrieb katholisch, auf Augenhöhe mit ihren französischen Glaubensbrüdern Georges Bernanos, Paul Claudel & Co. *Die Letzte am Schafott* über standhafte Nonnen in den Revolutionsgreueln ist deshalb in Erinnerung, weil Bernanos daraus ein Theaterstück machte, das Francis Poulenc als »Dialogues des Carmélites« vertonte. Ein gruseliger Höhepunkt der Opernliteratur: Der Gesang der Karmeliterinnen verstummt erst, nachdem die letzte das Blutgerüst bestiegen hat …

Die Vorstellung vom blinden Dichter ist uns nicht fremd. Die Dramatik innerer Kämpfe, das Schauen innerer Welten erfordern nicht die Nutzung des binokularen Sehwerkzeugs. Wenn die Poesielosigkeit herrscht, erkennt er besser als andere, was Trost und Hoffnung bringt. So steht uns die Gestalt John Miltons vor Augen, der zu Zeiten einer Reformation, nämlich der puritanischen der Rundköpfe in England unter Oliver Cromwell, seinen Töchtern seine Vision vom Abfall Luzifers und der Menschen von der göttlichen Güte in die Feder diktiert hatte. *Das verlorene Paradies* ist nach Homer, Vergil und Dante das wirkungsvollste Epos des Abendlands. In den heroischen Bildern und Zeichnungen des Schweizers Johann Heinrich Füssli haben sich diese Visionen in Schwarz und Weiß – gedichtet nur ein Menschenalter nach Shakespeares praller Farbigkeit! – materialisiert.

Giorgio de Chirico, der Meister der ›Metaphysischen Malerei‹, wird seinen vom Krieg gezeichneten Freund Guillaume Apollinaire, den Dichter leichter Chansons und bedrückender Visionen, in dem berühmten Porträt als Schattenriss mit dem Attribut der schwarzen Brille ausrüsten: Auch er schaut nach innen, um dort den Stoff seiner Dichtung zu erschauen, eingegeben vom mythischen Sänger Orpheus. Und den Spezialisten für das Phantastische Jorge Luis Borges, den blinden Direktor der *Bibliothek von Babel,* stellen wir uns gerne als Seher des Übernatürlichen vor.

In München nun, auf einem kümmerlichen Stühlchen, sitzt in überflüssiger Eleganz der Graf Eduard von Keyserling.[206] Lovis Corinth, sonst für saftigere Sujets bekannt, hat das distinguierte Männ-

---

206 Der gehässige Schüttelreim *Als Gottes Atem leiser ging / schuf er den Grafen Keyserling* sollte seinen Neffen treffen, den obskuren Philosophen Hermann v. K., der tatsächlich nach einer Breitseite aus der Bordartillerie Peter Panters (alias Kurt Tucholsky) unterging, um bis heute nicht wieder aufzutauchen.

lein mit dem Vogelkinn gemalt. Auch seine weit aufgerissenen altersmatt trüben Augen schauen in eine andere Welt – aber in eine konkrete, die verlorene Welt baltischer Herrenhäuser. *Schwüle Tage*, die Geschichte einer jugendlichen Initiation, heißt seine Rückschau. Flirrende Sonnenstrahlen auf taunassen Parkwegen und bleiernen Ostseewogen sind Symbole für das Gewesene. In sein Spektrum gehört auch die Beschreibung des schmerzhaften Ausbruchs einer jungen Frau aus den Verhältnissen, wie in *Wellen*. Aber egal ob er in *Bunte Herzen* die Resignation der Komtesse Billy beschreibt oder abbröckelnde Fassaden von Konvention in *Abendliche Häuser*, der süße Ton der Erinnerung wird nie süßlich. Das erklärt sich aus seinen Anfängen, als er im reportagehaften Roman *Die dritte Stiege* Szenen aus der Redaktion einer Arbeiterzeitung in Wien vorgeführt hatte. Wehmut ist bei Keyserling nicht Attitüde, sondern Quintessenz.

An Dichter wie Richard Dehmel, Theodor Däubler oder Stefan George kann man sich gerade noch erinnern. Dehmel erregte Skandal, indem er Venus und Maria in Versen zu einer Figur verschmolz. Däubler – geboren in Triest – bereitete mit farbenprächtigen Dichtungen den Expressionismus vor. Seine kraftgeladene Statur hat Otto Dix in einen Bilderrahmen gebannt; die Italienbegeisterung kann man seinem monumentalen Rauschebart nicht ablesen, ebensowenig die Zartheit seines Poems *Das Nordlicht*. George übertrug die Errungenschaften der französischen Poesie ins Deutsche, inklusive der Gestaltung des Gedichts durch Satzspiegel und Drucktype. Seine Sammlungen *Der siebente Ring* und *Das Jahr der Seele* sind Meisterwerke einer gesamtkunstwerklichen Buchgestaltung. Welch herrliche Zumutung: fast leere Seiten, Gletscherwände von Weiß, an deren oberem Rand ein schwarzer Gedichtbrocken festhängt. So sind seine Produktionen unverwechselbar. Sein elitäres Gebaren im »George-Kreis«, der damals allergrößten Einfluss hatte, allerdings stößt genauso ab wie die Fratze, die er extra für den Photographen aufgesetzt hat. So bleibt er als eine einzigartige Randerscheinung der Jahrhundertwende und begnadeter Stilist in Erinnerung:

Komm in den totgesagten park und schau:
Der schimmer ferner lächelnder gestade –
Der reinen wolken unverhofftes blau
Erhellt die weiher und die dunklen pfade.

Poet und Arzt war Hans Carossa, der in Passau gelebt hat. Seine Haltung der bohrenden Lebensbefragung und leisen Verweigerung hat ihm eine große Verehrerschar zu Lebzeiten und alsbaldiges Vergessen eingetragen. Er gehört zu den subtilen Beobachtern und liebte eine Poesie, ganz auf den feinen Ton altmodischer Noblesse gestimmt:

Lösch aus Dein Licht und schlaf! Das immer wache
Geplätscher nur vom alten Brunnen tönt.

Wer aber Gast war unter meinem Dache,
Hat sich stets bald an diesen Ton gewöhnt.

Wenn dieser *Alte Brunnen* zu murmeln aufhört, dann nur, weil ein nächtlicher Wanderer daraus trinkt. Eine Poesie des Trostes, wie auch seine Bücher *Der Arzt Gion* und *Schicksale Doktor Bürgers* – beide natürlich mit dem Selbstbezug spielend – Trostbücher waren für heraufkommende dunkle Zeiten. Letzteres zusätzlich ein Buch über eine schwierige Ehe, ein Thema aufgreifend, das mehr und mehr die Beziehungen der Zeitgenossen beschäftigte. Was auch immer Carossa hier über seine häuslichen Verhältnisse preisgibt: Wer Carossa liebt, der tut es ganz und gar.

Dem Bürger fliegt vom spitzen Kopf der Hut,
In allen Lüften hallt es wie Geschrei.
Dachdecker stürzen ab und gehn entzwei
Und an den Küsten – liest man – steigt die Flut.

Der Sturm ist da, die wilden Meere hupfen
An Land, um dicke Dämme zu zerdrücken.

Die meisten Menschen haben einen Schnupfen.
Die Eisenbahnen fallen von den Brücken.

So tönt das neue Jahrhundert. Da geht einiges entzwei. Vielleicht sein erster bürtiger Poet: Jakob van Hoddis aus Berlin. *Weltende* ist die Spitze seines schmalen Œuvres, der Große Krieg macht ihn gemütskrank, der Nationalsozialismus tötet ihn. *Sekunde durch Hirn* heißt der thematisch passende kleine Roman von Melchior Vischer, der den Dachdecker beim Sturz beobachtet. Noch ein aufregender Sound:

Ich möchte so gern wie ein Vogel
Durch die Lüfte fliegen.
Ich möchte so gern wie ein Löwe
In der Wüste liegen.
Ich möchte so gern wie ein König
Die Langeweile besiegen.
Doch der Glanz der ewigen Sonnen
Begeistert mich heute nicht.
Ich habe Vieles begonnen,
Doch das macht noch kein Gedicht.

Paul Scheerbarts *Katerpoesie* verdankt sich nicht etwa der Tierliebe, vielmehr sind es die Nachwirkungen nächtlicher Räusche, die den Dichter umtreiben. *Rakkóx der Billionär*, im Untertitel *Ein Protzen-Roman*, heißt der beste von Scheerbarts Kürzestromanen. Die Allmachtsphantasien des superreichen Rakkóx zerschellen am Obergenie Schultze VII, der die traurigen Überreste des Protzen auf Konservendosen ziehen lässt. »*Sic transit gloria rakkóxi*«, wird von da an in Peking gesungen. Von der Art Romanen hätte das zweite Kaiserreich mehr gebraucht.

Künste und Literatur kommen sich immer näher, treiben sich gegenseitig an auf der Suche nach dem neuen Ausdruck; in manchem steckt gar eine schöne Doppelbegabung. Alfred Kubin, der geniale Illustrator und Mitbegründer des »Blauen Reiter«, ist so einer. Seinen phantastischen Roman *Die andere Seite* mit den Abenteuern des Claus Patera im Traumland illustriert er gleich noch selbst, ein Juwel der Buchkunst. Oder der Norddeutsche Ernst Barlach, der Meister der gerundeten Skulptur, des ausdrucksstarken, dabei auf das Wesentliche reduzierten Gesichtsausdrucks. Er ist auch ein Meister des Figurativen auf dem Theater, in der Tradition der Moderne immer auf der Suche nach Antworten auf das Existenzproblem: Weder *Der arme Vetter* noch *Der blaue Boll* haben eine Lösung parat, verschaffen dem Publikum dabei aber traumschwere und märchenhafte Theaterstunden. *Der tote Tag* ist Barlachs erstes und gewichtigstes Stück; zwischen Mutter, Sohn und abwesendem, sowieso unbekanntem Vater kommt das Dilemma des Wer bin ich? ans Dämmerlicht.

Der ›deutsche Beitrag‹ zum neuen Jahrhundert ist der Expressionismus. Die beiden Künstlervereinigungen »Die Brücke« in Dresden, später Berlin, und »Der blaue Reiter« in München versammeln die Namen, die für das neue Kunsterlebnis stehen: Kandinskij und Marc (die Köpfe hinter der Idee), Jawlenskij und Macke hier, Kirchner und Nolde, Heckel und Schmidt-Rottluff da. Blau, rot, grün und gelb sind die Farben der Saison, mit klarem, dickem Strich gemalt. Und abseits dieser Gruppenbildung steht er allein, der Held der neuen Zeit, mit dem Anspruch, Weltmeister des Malens zu werden: Max Beckmann aus Leipzig. Das Selbstporträt, besser: die Selbstbefragung, befindet sich im Zentrum seines Schaffens. Ein kantiger Kopf mit spärlichem, nach hinten gekämmtem Haar und eiskalten Augen taucht immer wieder aus dem Viereck der Leinwand auf, kritische Blicke werfend – Beckmann über Beckmann. In seinen *Briefen* und *Tagebüchern* wird er zur interessantesten Figur der neuen Kunst. Else Lasker-Schüler ist seine literarische Gegenspielerin. Ihr Expressionismus erlaubt dem Ich die schwärmerische Verkleidung des Orientalen, zum Beispiel als *Prinz von Theben*. In dieser Rolle, von ihr selbst in fröhlichen Vignetten dargestellt, lässt sie das Unglück an Männern hinter sich, die ihren Lebensweg begleiten, wie Herwarth Walden oder Gottfried Benn. Neben ihrer lyrischen Produktion hat sie vor allem *Die Wupper* (sie stammt aus Wuppertal) hinterlassen, ein sozialkritisches Theaterstück im heimischen Dialekt, wie es das schon seit dem Darmstädter Niebergall und seinem *Datterich* gegeben hat.

Literarisch gibt es genug Themen. Zunächst ist noch das ›zweite Reich‹, die Kaiserzeit mit dem operettenhaften Wilhelm II. am Schluss, aufzuarbeiten. *Der Untertan* und die kritische Rückschau *Ein Zeitalter wird besichtigt* erledigen dies. Sympathisch an ihrem Autor Heinrich Mann ist die bedingungslose Frankophilie, seine Hinneigung zur

> Die Liebe zur französischen Kultur oder die Anerkennung der britischen Dominanz hätte in Deutschland eine Katastrophe verhindern können, die sich dann in gesteigertem Maß noch wiederholte.

französischen Kultur, genauso wie sein Fortschrittsglaube, der sich im Hoffnungsland Sowjetunion materialisiert. Daraus folgt postwendend, dass die Naivität das große Problem dieses unglaublich produktiven Schriftstellers war. Im *Professor Unrat*, der der Diseuse Rosa verfällt und dabei aus seinem bürgerlichen Leben fällt, am Ende aber davon eingeholt wird, hat Heinrich Mann sich selbst visionär porträtiert. So ähnlich wird es ihm ergehen. Im Film »Der blaue Engel« von Joseph von Sternberg – Carl Zuckmayer schrieb das Drehbuch – spielten Emil Jannings den Lehrer und die junge Marlene Dietrich die androgyn-laszive Rosa, die jetzt ›Lola Lola‹ heißt. Heinrich Mann hat viel probiert, Schauspiel und Novelle genauso wie das historische Tableau, jede Menge Lesestoff jenseits seiner Romane um *Henri Quattre*.

Dann war da noch die Niederlage im Großen Krieg. Die Schützengräben und Drahtverhaue an der Marne bewirken die Wandlung des Ernst Toller vom Artilleristen zum Anarchisten. Im Gefängnis macht er dann aus dem Trauma Literatur. Eugen Hinkemann kommt aus seiner letzten Schlacht und ist kein Mann mehr; ein Bein fehlt auch noch. Die Tragödie *Der deutsche Hinkemann*, später nur noch: *Hinkemann*, ist das Heimkehrerdrama zwischen *Minna von Barnhelm* und *Draußen vor der Tür*, in dem der Wehrmachtssoldat Beckmann dann durch Wolfgang Borchert ein Gesicht bekommen wird. Die Entwürdigung der Rekruten durch die Schikane der Ausbilder beschreibt *Im Westen nichts Neues* von Erich

Maria Remarque[207], wie er sich selbst hochtrabend nannte. Mit schicken Autos und seiner Liaison mit der Dietrich führte er den Deutschen den Typ des mondänen Erfolgsschriftstellers vor, Auflage: 2,5 Mio. Aufrichtiger und härter waren andere, wenn es darum ging, die Schrecken des Krieges zu benennen, Edlef Köppen in *Heeresbericht* oder Arnold Zweig mit seinem Zyklus *Der große Krieg der weißen Männer.* Köppen kontrastiert das Erleben des Kriegsfreiwilligen Adolf Reisiger mit den Eckdaten der großen Geschichte; am Ende, errettet aus den Stahlgewittern, erklärt sein Soldat den Krieg zum größten aller Verbrechen und der Stabsarzt ihn für verrückt. Dem Grauen hat Köppen eine Stakkatosprache gegeben, die noch heute den atemlosen Schrecken der Vernichtung fühlbar macht. In Zweigs Großwerk markieren die lose verbundenen Teile *Junge Frau von 1914, Erziehung vor Verdun* und *Der Streit um den Sergeanten Grischa* einzelne Stadien der vor allem moralischen Zerrüttung eines ganzen Landes. Am Anfang stehen Einziehung des jüdischen Schriftstellers Werner Bertin zum Kriegsdienst, Vergewaltigung und Schwangerschaftsabbruch, die seine Freundin Lenore Wahl über sich ergehen lassen muss. Eine Gemütlichkeit des Erzählens setzt Zweig, der sich selbst für einen Expressionisten hielt, als Kontrapunkt gegen die Aktualität seiner Themen. Über den Abtreibungsparagraphen 218 des Strafgesetzbuches wird bis heute erregt debattiert. Den anschließenden Teil *Einsetzung eines Königs* widmete er seinem Freund Sigmund Freud, mit dem er auch von seinem Exil in Palästina aus in regem Kontakt blieb und den er ›Vater‹ nannte. Im Roman zeigt er seine Verbundenheit mit dem östlichen Judentum der Chassidim. Kurzsichtigkeit war das Lebensschicksal Zweigs, der aus dem ungeliebten Haifa in die DDR zurückkehrte und noch als Stalinist Karriere machen durfte.

Von Beruf Nervenarzt, ausgestattet mit einer sehr starken Nickelbrille und naturwissenschaftlicher Begabung, die sich an seinem Sohn Wolfgang, dem genialen Mathematiker, ins Tragische wenden sollte,

---

207 Frz.: Anmerkung; als Adjektiv aber auch: bemerkenswert. Eigentlich hieß er Remark.

642   Kapitel 9 Der Gesang vom Ich

dem Erzählerischen verfallen und mit Ausdauer für tausend Seiten
pro Buch: Alfred Döblin. Dem toten Sohn hat der trauernde Vater in
seinem letzten Roman *Hamlet oder Die lange Nacht nimmt ein Ende* ein
Epitaph geschrieben, wie es sich für einen Psychoanalytiker geziemt.
Auch Edward kommt als Krüppel aus dem (Zweiten Welt-)Krieg zurück in den Schoß seiner englischen Familie. Die zum Zerreißen gespannten Beziehungen untereinander werden durch die Geschichten
ausgelotet, die man sich wechselseitig abends erzählt. Angelehnt an
Shakespeares Dramenstoffe, insbesondere den *Lear*, erhalten die Personen durch ihre Erzählungen Tiefe. Ihre Probleme lösen sich so allerdings nicht.

Wumm, wumm, machte die Dampframme. Großstadtpoesie, Proleten-
prosa, das ist *Berlin Alexanderplatz*, Döblins größter Erfolg. Franz
Biberkopf kommt aus dem Gefängnis, … doch lassen wir den Autor
selbst erzählen: *wo er wegen älterer Vorfälle saß, und steht nun wieder in Berlin und will anständig sein. Das gelingt ihm auch anfangs. Dann aber wird
er, obwohl es ihm wirtschaftlich leidlich geht, in einen regelrechten Kampf verwickelt mit etwas, das von außen kommt, das unberechenbar ist und wie ein
Schicksal aussieht. Dreimal fährt dies gegen den Mann und stört ihn in seinem
Lebensplan. Es rennt gegen ihn mit einem Schwindel und Betrug. Der Mann
kann sich wieder aufrappeln, er steht noch fest. Es stößt und schlägt ihn mit
einer Gemeinheit. Er kann sich schon schwer erheben, er wird schon fast aus-
gezählt.*[208] *Zuletzt torpediert es ihn mit einer ungeheuerlichen äußersten Roheit.
Damit ist unser guter Mann, der sich bis zuletzt stramm gehalten hat, zur Strecke gebracht. Er gibt die Partie verloren, er weiß nicht weiter und scheint erledigt.
Bevor er aber ein radikales Ende mit sich macht, wird ihm auf eine Weise, die
ich hier nicht bezeichne, der Star gestochen. Es wird ihm aufs deutlichste klar-
gemacht, woran alles lag. Und zwar an ihm selbst, man sieht es schon, an sei-*

---

208 Ein Jahr nachdem Döblin diese Inhaltsangabe geschrieben hat, wird Max Schmeling
Boxweltmeister aller Klassen. Nicht Schmeling macht die Epoche des Boxens, er ist
nur der rechte Mann am rechten Ort. Das Boxen ist die angemessene Antwort auf die
wirtschaftliche Depression und allgemeine Resignation – aber nur, solange man vor
›zehn‹ wieder auf die Beine kommt.

nem Lebensplan, der wie nichts aussah, aber jetzt plötzlich ganz anders aussieht, nicht einfach und fast selbstverständlich, sondern hochmütig und ahnungslos, frech, dabei feige und voller Schwäche. Das furchtbare Ding, das sein Leben war, bekommt einen Sinn. Es ist eine Gewaltkur mit Franz Biberkopf vollzogen. Wir sehen am Schluß den Mann wieder am Alexanderplatz stehen, sehr verändert, ramponiert, aber doch zurechtgebogen. Dies zu betrachten und zu hören wird sich für viele lohnen, die wie Franz Biberkopf in einer Menschenhaut wohnen und denen es passiert wie diesem Franz Biberkopf, nämlich vom Leben mehr zu verlangen als das Butterbrot.

Literatur und Film kommen zusammen, nicht erst in Rainer Werner Fassbinders monumentaler Zelluloidversion des Romans. Döblin benutzt schon das Auge des Kinogehers, um sein Berlin in Bewegung zu versetzen. Gerade war in Paris der Futurismus[209] ausgerufen worden, der die stroboskopische Zerstückelung des Films auf die Leinwand des Malers übertrug. Ein anderer aber hat die Kraft, alle diese Stile in sich zu vereinigen in dem Medium, das in ihm erst wahrhaft erfunden ist: Charles Chaplin. »Moderne Zeiten« ist sein Malocherepos, »Lichter der Großstadt« seine Schnulze und »Der große Diktator« die erste politische Realsatire, die auch die beste und treffendste geblieben ist. Alle Welt liebt Charlie, selbst der ›Führer‹ ist entzückt.

Vor Großstadtroman und Seelenzergliederung kommen bei Alfred Döblin Romane wie Gebirge: *Die drei Sprünge des Wang-Lun* hieß sein Sensationsdebüt; auch Franz Kafka war verwundert angesichts des vierschrötigen Laientheologen, Hobbyphilosophen und Aufrührers Wang, dessen Lebensgeschichte wie eine Feuerwerksrakete explodiert in unzählige bunte Anekdoten. Immerhin entsteht dabei so etwas wie chinesisches Lokalkolorit. Später hat sich der Meister des sozialen Pathos im gigantischen Vierteiler *November 1918* auch noch mit der deutschen Revolution auseinandergesetzt; natürlich endet alles in Resignation oder brutal wie beim Heldenpaar *Karl* (Liebknecht) *und Rosa* (Luxemburg).

---

209 Von dem Italiener und späteren Faschisten Filippo Marinetti im Manifest *Le Futurisme*; er hat ihn auch selbst sehenswert malerisch umgesetzt.

Max Herrmann-Neiße war in jeder Hinsicht eine auffällige Figur der Berliner Literatenszene, wenn auch körperlich klein. Die »Neue Sachlichkeit«, die er als Lyriker, Kritiker und Erzähler vertrat, so wie Rudolf Schlichter, George Grosz und Otto Dix in der Malerei, stellte den Menschen so dar, wie er war, auch hässlich, vor allem: ungeschminkt.

Zwei Denker geben letzte Kunde vom Glanz jüdischen Geisteslebens in Deutschland und stehen gleichzeitig an den Gegenpolen der Ideen und Ausdrucksmöglichkeiten. Aus Hamburg, aus einer hochberühmten Familie von Kulturmenschen, stammt Ernst Cassirer, der letzte Systematiker der Philosophie. In einer einfachen, spannungsvollen Sprache entwickelt er seine *Philosophie der symbolischen Formen*. Unsere Welt besteht aus Symbolen, die sich überall in Sprache, Mythos und Technik zeigen, unser Leben beherrschen. Endlich wendet sich das Denken von Schopenhauer und Nietzsche ab und baut wieder auf Kant und Husserl auf, aber Cassirer muss sein Heimatland verlassen, ohne dort Wirkung zu hinterlassen. Bis heute wird er mehr in seiner letzten Wahlheimat Amerika geschätzt. Walter Benjamin ist Berliner und Kulturkritiker. Sein ganzes Interesse gilt Frankreich im vorvergangenen Jahrhundert. Für seine Argumente hat er Karl Marx als Schutzpatron gewählt. Mit seinem bekanntesten Werk *Das Kunstwerk im Zeitalter seiner technischen Reproduzierbarkeit* schärfte er unser aller Blick auf die Kultur des bürgerlichen Zeitalters und ist gleichzeitig brandaktuell. Darin findet Benjamin den Begriff der ›Aura‹, die jedes originäre Kunstprodukt umgibt und seine Unterscheidung von den alltäglichen Gegenständen unserer Lebenswelt ermöglicht. Das Säkulum der Photographie, von Film und Musikaufnahme erhält in diesem Essay seine theoretische Begründung. Auf der Flucht aus Frankreich vor dem verhängnisvoll vordringenden Nationalsozialismus legt Benjamin Hand an sich, an der spanischen Grenze.

Wer es vermochte, verließ Deutschland, die anderen blieben daheim. Gottfried Benn war Mittelpunkt der literarischen Szene und gleichzeitig ganz weit weg. Diese Doppelnatur zeigt sich auch, wenn man in sein Gesicht blickt. Er verkörpert mit dem arroganten Zug um die

Augen das zum Untergang verurteilte Schneidig-Preußische, während der traurige Mund, das hängende Kinn für das Resignierte, Müde seines Wesens stehen. Arzt für Haut- und Geschlechtskrankheiten war er, in seiner Lyrik setzt er das einschlägige Vokabular unverfroren ein. *Morgue* wie Leichenschauhaus heißt sein Erstling, der wie ein Pistolenschuss das Publikum aus der Lethargie des Jugendstils weckte. Abtreibung? Benn macht ein Gedicht draus:

Nun liegt sie in derselben Pose,
wie sie empfing,
die Schenkel lose
im Eisenring.

Wäre das nur Pose, wäre Benn nicht der große Poet des Nihilismus geworden. Altmeisterlich sein Können, klinisch-perfekt der Umgang mit dem Wortmaterial und dann die Zumutung, zwischen den Leichenteilen das allerschönste ›Naturgedicht‹ zu verstecken:

Schleierkraut, Schleierkraut rauschen,
rausche die Stunde an,
Himmel, die Himmel lauschen,
wer noch leben kann,
jeder weiß von den Tagen,
wo wir die Ferne sehn:
leben ist Brückenschlagen
über Ströme, die vergehn.

Und das Liebesgedicht, das an zwei Frauen gerichtet war:

Auf deine Lider senk ich Schlummer,
auf deine Lippen send ich Kuß,
indessen ich die Nacht, den Kummer,
den Traum alleine tragen muß.

Faszination ist das eine, die Frage nach Haltung und Charakter darf gestellt werden, der Vorwurf des Zynismus und Chauvinismus steht im Raum. Antibürgerlich sollte die Attitüde erscheinen, vielleicht war sie auch einfach nur amoralisch.

Ernst Jünger nahm am Ersten Weltkrieg teil und verweigerte sich nicht einem zweiten. *In Stahlgewittern* spiegelt sich seine Kriegserfahrung hart jenseits der Grenze zur Verherrlichung. *Auf den Marmorklippen* sah mancher dankbare Leser als Leuchtzeichen in der Finsternis des Nationalsozialismus. Der Autor wollte sein Werk dieser Deutung entziehen; die Parabel vom schrecklichen Oberförster mit seinen roten Doggen und der Entscheidungsschlacht zwischen Gut und Böse in einem mystischen ›Mauretania‹ war jedenfalls ein Trostbuch. Die große Leistung Jüngers, des drahtigen kleinen Herrn mit dem dichten weißen Haar, war sein Leben, das ein ganzes Jahrhundert überdeckte. *Zwei Mal Halley* konnte er stolz darüber schreiben angesichts der Tatsache, dass der Komet nur alle sechsundsiebzig Jahre erscheint. *Strahlungen* und *Siebzig verweht* heißen die Tagebücher, in denen der Platoniker Jünger die Erscheinungen der Welt an seinen Ideen gemessen hat.

Erich Kästner ist sein Leben lang Kind geblieben. Er hatte eben die beste Mutter der Welt. So ist nicht nur verständlich, dass er die schönsten Kinderbücher deutscher Sprache verfasst hat (in *Emil und die Detektive* hat er seiner Mutter in der Person von Frau Friseuse Tischbein gleich am Anfang eine Huldigung geschrieben), sondern auch, dass er die Nazizeit durchstand, von kümmerlichen Jobs als Ghostwriter genährt. Zum Beispiel schrieb er das Drehbuch zum Ufa-Jubiläums- und Untergangsfilm »Münchhausen« mit Hans Albers. Die Situation hat eine schlagende Ähnlichkeit mit der in dem meisterlichen Film von Martin Ritt »Der Strohmann«, Hauptrolle: Woody Allen. Hier wird zwar die Kommunistenhatz der McCarthy-Zeit beschrieben, als die fähigsten intellektuellen Köpfe Schreibverbot hatten und ihre Drehbücher durch Strohmänner bei den Filmgesellschaften einschleusen mussten, aber die Situation ist immer dieselbe: Der Geistesmensch ist schwach an seiner schwächsten Stelle, der Ökonomie, wenn die politische Gewalt stark wird. Kästner trennte seine Produktion für Kinder sorgsam von der für Erwachsene. Sein bestgetroffener Charakter ist *Fabian*, im Untertitel *die Geschichte eines Moralisten*. Er figuriert als ›möblierter Herr‹ und hat gerne Damenbesuch. Der Moralist lebt und handelt nicht etwa besonders moralisch, sondern seinen Bedürfnissen entsprechend. Folglich befindet er sich in ständigem Konflikt mit dem, was gesellschaftlich als Moral akzeptiert ist. So erscheint ihm die ›Gesellschaft‹ als G.m.b.H. Da man so unmöglich leben kann, ertrinkt Fabian, als er einem Kind das Leben retten will. Das Kind kann schwimmen. Er nicht.

Der große Dichter des Elsass hieß René Schickele. Seit Bismarcks Zeiten gehörte die Region zwangsweise zu Deutschland, eine dieser unglücklichen Gegenden im Kern Europas, die über die Jahrhunderte Spielball der Mächte gewesen sind. So unglücklich vielleicht auch wieder nicht, bedeutete doch Wechsel der Herrschaft im günstigen Fall Wechsel der Verhältnisse, Belebung und Auffrischung. Schickele ist vergessen, aber seinen Generations- und Schicksalsgenossen Otto Flake gilt es zu erwähnen. In Baden-Baden hat er den Großteil seines Lebens verbracht, isoliert – da zu Unrecht mit den Nationalsozialisten in Verbindung gebracht –, ruhm- und erfolglos. Mit Übersetzungen musste er sich durchschlagen und mühsam über Wasser halten. Seine Autobiographie *Es wird Abend* legt nicht nur minuziös die prekären Einkommensverhältnisse eines Autors der zweiten Reihe dar, sondern zeigt Flake als unbequemen Einzelgänger. Diesen Ruf verdiente er sich als Philosoph, etwa mit *Der Erkennende*, Untertitel: *Philosophie der Freiwerdung*. Frei wovon? Vor allem von Glauben, sagt Flake. Dafür verwies Mussolini ihn aus Südtirol. Durch seine vielen biographischen Arbeiten, etwa über den *Türkenlouis* oder *Große Damen des Barock*, und seine Beschwörung einer ›(Welt)Gemeinschaft der Denkenden‹ ähnelt

Überleben im Terrorstaat. Da heißt es untertauchen, sich anpassen oder mitmachen. Hauptsache überleben. Rebellieren bedeutet Tod. Hätte man nicht rechtzeitig gehen sollen? Aber da ist doch die alte Mutter zuhause ...

648 Kapitel 9 Der Gesang vom Ich

Flake oberflächlich betrachtet Stefan Zweig. Allerdings ist er ganz anders. Herb statt schwärmerisch. Präzis statt schweifend. Expressionist der Sprache. Ein vielseitiger Schriftsteller, der mit dem *Fortunat*, der Geschichte des Jacques Kestenholz, und den *Monthiver-Mädchen* zwei ausladende historische Romane geschrieben hat, deren Handlung sich vor der Kulisse des Rheintals zwischen Deutschland und Frankreich entwickelt. Nach dem Krieg war er endgültig vergessen, hatte aber das Glück, dass Rolf Hochhuth, damals Lektor des Fischer-Verlages, ihn bei Lebzeiten wieder bekannt machte; Flake erhielt noch den Büchner-Preis.

Der Chronist der kleinbürgerlichen (Un)Gemütlichkeit war Hans Fallada. *Kleiner Mann – was nun?* heißt programmgemäß sein größter Erfolg. Die Geschichte von Pinneberg und seinem schwangeren Lämmchen stelle man sich am besten als Revue vor, wie sie Peter Zadek aus dem Roman für das Bochumer Theater schuf. Und gleich will man die Titelmusik[210] mitsummen, denn so muss das kleine Glück gewesen sein, damals:

> *wenn einmal die Sonne nicht scheinen will;*
> ...
> *dann denke immer daran,*
> *wie's morgen anders sein kann,*
> *wenn sich die Wolken verziehn,*
> *und neue Hoffnungsblumen blühn:*
> *Drum Kopf hoch! ...*

Wenn er dann aber persönlich wird, als *Der Trinker* oder mit *Wer einmal aus dem Blechnapf frißt* über seine Zeit im Gefängnis, dann kann Fallada, der seinen Künstlernamen den grimmschen Märchen[211] entnahm, durchaus ungemütlich werden.

---

210 Von Erwin Bootz, früher Pianist der »Comedian Harmonists«.

211 Beziehungsreich: In dem grausamen Märchen *Die Gänsemagd* entlarvt der sprechende Kopf des Pferdes Falada, das der echten Prinzessin gehört, die Braut des Prinzen als

Die zwei deutschen Jahrhundertdichter mussten ins kalifornische Exil, um sich zu begegnen. Es sollte nicht wie einst bei Goethe und Schiller werden, dafür waren sich Thomas Mann und Bertolt Brecht zu fremd. Mann fühlte sich als Repräsentant einer bürgerlich geprägten, europäischen Kulturtradition. Brecht wollte Pädagoge sein, durch vorbildliche Werke den Menschen zur Anteilnahme an einem neuen Kulturverständnis bewegen. Was sagte Mann über Brecht? *Die Stücke von Brecht nicht ohne Anziehung, Sozialismus des munteren Mitleids, die Form (›episches Theater‹) doch wohl theoretisierend überschätzt.* Und Brecht über Mann? Hanns Eisler, der Komponist und Freund in der Kärglichkeit Hollywoods, berichtete Brecht von seiner *Zauberberg*-Lektüre und den ›schönen Stellen‹, *und er war immer ganz erstaunt, daß da so gute Sachen drin sind. Da meinte er, das müsse man wirklich einmal durchsehen. Er kam nie dazu.* Mit anderen Worten: Das Verhältnis war temperiert.

Thomas Mann hat seine Vaterstadt Lübeck zum Literaturort gemacht. Auch der Name seiner Schule, die er nicht durchstand, wurde berühmt: das Katharineum. Das Hotel »Stadt Hamburg« mit den beiden schwarzen, steinernen Löwen am Eingang wurde bekannt als Schauplatz des *Tonio Kröger*, hat aber die Bomben nicht überstanden. Seine Familienmitglieder wurden durch ihn bekannt, und das Haus in der Mengstraße ist bis heute berühmt: das Buddenbrook-Haus, das immernoch existiert und jetzt ein Thomas-Mann-Museum beherbergt.

»Kurios!« war das letzte Wort des Ur-Buddenbrook, als er sich zur Wand drehte und verschied. Sein Sohn Johann, der Konsul, ist bereits weniger originell, obzwar redlich. Und dessen Spross Tom blickt schon gefasst dem Ruin ins Auge. »*Wi müssen all tau Moder warn, tau Moder … tau Moder … !*«, schließt Grobleben seine kleine Rede anlässlich der Taufe Hannos, des letzten Buddenbrook. Dialekt statt Dialektik – der Kalauer sei mir erlaubt –, das ist Manns Art, sein Thema anzugehen. Die Taufrede gleitet ab zur Grabrede: Sie sind zwar nicht aus

---

Hochstaplerin und sorgt dafür, dass die Verhältnisse vom Kopf wieder auf die Füße gestellt werden. Die falsche Braut muss sterben.

Staub, die Kaufherren mit der Liebe zu Rotspon, Profit und gemäßigter Religiosität, sondern schier aus Fleisch und Blut; aber von der Höhe ihrer Wohllöblichkeit – in der dritten Generation wird Tom (gleich Thomas) gar in den Senatorenrang der Hansestadt erhoben, geht's abwärts zu Liquidation des Geschäfts und Erlöschen der männlichen Linie. Tom muss es nicht mehr erleben, ein vereiterter Backenzahn führt sein Ende herbei. Die zahnärztliche Kunst von Herrn Brecht, der von Beefsteak und Blumenkohl zu seinem Notfall gerufen wird, kann da nichts ausrichten: *»Wir müssen zur Extraktion schreiten«, sagte er nach einer Weile und erblich noch mehr. »Schreiten Sie nur«, sagte der Senator und schloß die Lider noch fester. Nun trat eine Pause ein. Herr Brecht präparierte an einem Schranke irgend etwas und suchte Instrumente hervor. Dann näherte er sich dem Patienten aufs neue.*

> Der Schriftsteller im Ausland. Er kann die Sprache nicht richtig, kennt niemanden, verträgt das Klima nicht, verdient nichts. Und wird später nicht einmal für seine Haltung gefeiert. Aber der heimlichen Bewunderung der Neider kann er sicher sein. Und deren Namen sind heute vergessen.

»Ich werde ein bißchen pinseln«, sagte er. Und sogleich begann er, diesen Entschluß zur Tat zu machen, indem er das Zahnfleisch ausgiebig mit einer scharf riechenden Flüssigkeit bestrich. Hierauf bat er leise und herzlich, stillezuhalten und den Mund sehr weit zu öffnen, und begann sein Werk.

Thomas Buddenbrook hielt mit beiden Händen die Sammetpolster fest umfaßt. Er empfand kaum das Ansetzen und Zugreifen der Zange, bemerkte dann aber an dem Knirschen in seinem Munde sowie an dem wachsenden, immer schmerzhafter und wütender werdenden Druck, dem sein ganzer Kopf ausgesetzt war, daß alles auf dem besten Wege sei. Gott befohlen! dachte er. Nun muß es seinen Gang gehen. Dies wächst und wächst bis ins Maßlose und Unerträgliche, bis zur eigentlichen Katastrophe, bis zu einem wahnsinnigen, kreischenden, unmenschlichen Schmerz, der das ganze Gehirn zerreißt ... Dann ist es überstanden; ich muß es nun abwarten.

Es dauerte drei oder vier Sekunden. Herrn Brechts bebende Kraftanstrengung teilte sich Thomas Buddenbrooks ganzem Körper mit, er wurde ein wenig auf sei-

nem Sitz emporgezogen und hörte ein leise piependes Geräusch in der Kehle des Zahnarztes ... Plötzlich gab es einen furchtbaren Stoß, eine Erschütterung, als würde ihm das Genick gebrochen, begleitet von einem kurzen Knacken und Krachen. Er öffnete hastig die Augen ... Der Druck war fort, aber sein Kopf dröhnte, der Schmerz tobte heiß in dem entzündeten und mißhandelten Kiefer, und er fühlte deutlich, daß dies nicht das Bezweckte, nicht die wahre Lösung der Frage, sondern eine verfrühte Katastrophe sei, die die Sachlage nur verschlimmerte ... Herr Brecht war zurückgetreten. Er lehnte am Instrumentenschrank, sah aus wie der Tod und sagte: »Die Krone ... Ich dachte mir's.«

Die genaue Beobachtung der Seelenlage des Opfers stammt natürlich aus Thomas Manns reichem Fundus an eigenem Erleben – seine Zähne waren ebenfalls nicht die besten. Aber auch der unglückliche Operateur hat das Mitgefühl des Autors. Das macht insgesamt die groteske Grandiosität dieses Lübecker Totentanzes aus. In der Beschreibung des Eingriffs nähert sich Mann seinem Helden, dringt ganz in dessen Gefühlsleben ein bis zum tragischen Höhepunkt, an dem er sich sacht wieder zurückzieht auf seine neutrale Beobachterposition. Sechsundzwanzigjährig war er bei Erscheinen der *Buddenbrooks!* und schon ganz der manieristische Magier des gerade erst beginnenden Jahrhunderts.

Wenige Stunden nach dem Erlebnis bei Herrn Brecht ist Senator Buddenbrook tot – noch eine weitere der ganz großen Szenen des Romans.[212] Die Frauen bleiben, wie heute ja üblich, allein zurück. Tony, Toms Schwester und mit ihrer kindlichen Naivität der Sonnenschein der Familie, wollte einst den Morten Schwarzkopf und kriegte stattdessen Bendix Grünlich mit den goldgelben Favoris (einem wohl besonders scheußlich zu denkenden Backenbart). Nach dessen *Faillite* und Scheidung – welch ein Skandal! – hing sie sich in ihrer Panik an das bayrische Urgestein Permaneder. Aber was zuviel ist, ist zuviel, als der sie »*Saulud'r dreckats!*« tituliert (man munkelt, der aufstrebende

---

212 Die Sterbeszenen: Auch Galsworthy wird sein Bestes leisten, wenn er Jolyon Forsyte sterben lässt. Wieder einmal ist der treue Hund, diesmal heißt er Balthasar, Hauptleidtragender.

Schriftsteller habe lange im Münchener Untergrund recherchiert, um diese so präzise timbrierte Beschimpfung zu synthetisieren), ist Scheidung Numero zwo fällig. Tony wird's verschmerzen und weiterleben. Ganz im Gegensatz zum kleinen Hanno, dessen Kränklichkeit nicht eingebildet ist. Gerda, Toms Witwe, die exotische Schönheit, kehrt zurück nach Amsterdam – Tony bleibt.

Ein Zahnarzt schreibt Literaturgeschichte. Aber nur, weil er am Backenzahn des Senators scheitert.

Mag auch die Entwicklung der Literatur weitereilen, ich möchte noch einen Moment bei den *Buddenbrooks* verweilen. Der Grund für ihren überragenden Erfolg liegt in der Authentizität von Figuren und Schauplätzen, die künstlerisch behandelt, aber nicht frisiert und geschminkt sind und dadurch eine Natürlichkeit und Frische ausstrahlen, die nirgendwo sonst bei Mann, aber schon gar nicht sonstwo erreicht wird. Im *Doktor Faustus* wird er versuchen mit München zu machen, was mit Lübeck gelang – und maßvoll scheitern. Das Schöpfen aus den Quellen des Ich feiert wieder einmal literarische Triumphe. Bestes Beispiel ist Christian Buddenbrook, in dem Mann sich selbst[213] als Schulversager, Hypochonder und Möchtegerndandy porträtiert. Die Figur bleibt quicklebendig, selbst wenn Aline Puvogel seine Einweisung in die Klapsmühle durchsetzt. Der wunderbare Schauspieler Hanns Lothar hat ihm einst Gesicht und Stimme gegeben. In den Brüdern Tom und Christian hat Thomas Mann die zwei Seiten des eigenen Wesens dargestellt.

Die Forsyte-Saga von John Galsworthy wird gerne als englische *Buddenbrooks* bezeichnet. Kein größeres Missverständnis könnte es geben. Galsworthy übt Sozialkritik, sein einziges Thema ist die geistige Enge der ›Besitzmenschen‹, wie die Mitglieder der Familie Forsyte tituliert werden, mit der rühmlichen Ausnahme des Jolyon-Zweiges, und die daraus resultierende Unterdrückung der Frau in den

---

213 Tatsächlich trat in Lübeck ein Verwandter der Manns auf den Plan, der sich beschwerte, als ebenjener Christian konterfeit worden zu sein. Dies an sich schon drollige Missverständnis ließ Thomas kalt – er wusste es ja besser.

Konventionen des bei Forsytes üblichen Lebensstils. Galsworthy verachtet leise all sein Personal, und sogar seine positive Heldin Irene Heron, vormals Mrs Soames Forsyte, nachmals Mrs Jolyon Forsyte, hat kein Recht auf ein eigenes Bestehen als Figur; Galsworthy spiegelt sie uns tausend Seiten lang ausschließlich in der Wahrnehmung der anderen. Wie viel reicher ist Manns Konzeption, wieviel mehr Freiheit erlaubt sich der Autor in seinen üppigen Arrangements von Figuren und Konstellationen. Heikel an Thomas Mann ist überraschenderweise – sein Geschmack. Für den Effekt opfert er willig Stil und Dezenz. Mit dieser Eigentümlichkeit muss man leben und auskommen. Eine Liste von Beispielen hätte kein Ende, beginnen würde sie mit den häufig verunglückten Namen, die der Schöpfer seinen Nebenfiguren verpasst, lieblos einer seltsamen Stumpfheit der Erfindung abgepresst. Auch der Kraftmensch Mynheer Peeperkorn aus dem *Zauberberg* ist nicht viel besser, wenn auch anders. *Die Betrogene* glaubt an ein Wiederaufblühen ihres Körpers nach der Zeit, dabei ist es der Krebs, der an ihr frisst. Hotelpage *Krull* steht weiblichen Gästen auch außerhalb seiner Dienstzeiten zur Verfügung; Madame Houpflé vernascht den als Apoll Verkleideten, während ihr Mann unternehmerisch unterwegs ist als – Kloschüsselfabrikant. Lassen wir es damit genug sein.

Thomas Mann war entsetzt, dass das Nobelpreiskomitee ihn ausdrücklich für seinen Erstling *Buddenbrooks* zu ehren wünschte. Auch hier irrt der Meister, war es doch eine weise Entscheidung. Gleich in seinem ersten Buch hat er das Beste von sich gegeben. Eine eigentliche Reifung seiner Kunst ist bei ihm höchstens im *Josephsroman* zu spüren.

Doktor Faustus und *Der Zauberberg*, die ›Infektions‹-Romane, behandeln die zwei Krankheiten, die den Kulturmenschen quälten, veränderten, ›veredelten‹: Tuberkulose und Syphilis. Der Komponist Adrian Leverkühn, der wie *Faust* einen Pakt mit dem Teufel schließt und seine ›Begabung‹ mit der vernichtenden venerischen Ansteckung bezahlt, trägt die Züge des Spätromantikers Hugo Wolf. Sein modernes musikalisches Handwerkszeug hat er allerdings bei Theodor Adorno ausgeborgt. Von ihm ließ sich Thomas Mann die Grundzüge der neu-, da zwölftönenden Musik erklären, die soeben Arnold Schönberg in Wien in die Welt gesetzt hatte. Viel Dank hatte der Autor dafür nicht übrig, was Adorno über die Maßen erboste. Krankengeschichte und Todeskampf von Leverkühns Lieblingsneffen Nepomuk entlieh sich der Lübecker aus dem damals schon vergessenen Künstler- und Eheroman *Roßhalde* seines Schwarzwälder Kollegen Hermann Hesse, der darob ein Auge zudrückte; dort stirbt der Sohn von Maler Veraguth an Hirnhautentzündung und lässt den Vater am Lebensglück verzweifelt zurück. Aber auch sonst geht die Idee des Buches nicht wirklich auf das Konto des Kaufmannssohns Mann. Oskar Panizza, ein genialer Einzelgänger, der alsbald weggeschlossen werden sollte, hatte in seiner ›Himmelstragödie‹ *Das Liebeskonzil* die Lustseuche als Instrument einer christlichen Götterdämmerung gedeutet. Das brachte ihm einen Prozess und die Bewunderung der nicht so Mutigen ein. Die Syphilis ist eine ihrem Namen nach (sich) wandelnde Erkrankung; als sie von den Spaniern aus Amerika mitgebracht und bei der Belagerung Neapels den Italienern verehrt wurde, erhielt sie dort zum Dank den Titel »Spanische Seuche«. Ihren weiteren Weg durch Europa kann man dann leicht verfolgen, da die Franzosen sie »Italienische«, die Deutschen sie »Französische« und die Polen sie »Deutsche« Krankheit nannten. Auch ein Fall von Völkerverständigung – und ein Thema, ganz auf dem Niveau des gar nicht heiklen Thomas Mann.

Hans Castorp besucht in Davos eigentlich nur seinen Vetter in der Klinik, der schwer an Tuberkulose erkrankt ist. Aber es wird Castorp sein, der Jahre auf dem ›Zauberberg‹ verbleibt, sich in Madame Chauchat verknallt und weder Settembrini noch den rigiden Naphta retten kann, die eigentlich angetreten waren, ihn zu retten. Im Pulverdampf des Krieges geht Castorp schließlich dem Erzähler verloren. *Der Zauberberg* tröstet uns Leser, auch wenn die Konzentration zwischendurch mal abfällt, immer wieder mit Wunderbarem, etwa Castorps Erlebnis im Schneesturm oder seinem Umgang mit dem Grammophon, aus dem Carusos »dolce Aida!« plärrt. Entwickelt sich in der Lungenheilanstalt ein Lebensbeginn, so ist *Tod in Venedig* das düstere Gegenstück zum *Zauberberg*. Der alternde Schriftsteller Gustav von Aschenbach kommt, von dunklen Mächten geführt, nach Venedig, um dort im Knaben Tadzio seiner letzten Leidenschaft gewahr zu werden und an der Cholera zu sterben, halb Schicksal, halb freiwilliges Abtreten um eines verkehrten Lebens willen – dieses verkehrte Leben hatte Thomas Mann zum Teil dem des gerade verstorbenen Gustav Mahler nachempfunden. Diese Tatsache wiederum hat Luchino Visconti zur Grundlage seiner Verfilmung gemacht: Mahler fährt (in Wahrheit von Amerika kommend, wo er gerade noch triumphal gefeiert worden war) auf einem Dampfer seinem Ende entgegen. Aber wieder einmal hat der Schriftsteller auch von sich einiges in die Waagschale gelegt; erst aus seinen *Tagebüchern* erfahren wir, wie sehr Aschenbachs Berührtheit durch männliche Jugendfrische aus Manns eigenem Erleben kam.

Auch Goethe hatte in hohem Alter, als Witwer und Berühmtheit, in Marienbad noch eine Leidenschaft gefasst, zur blutjungen Ulrike von Levetzow, mit der er sich blendend verstand; er hatte dabei aber übersehen, dass sein belehrend-souveräner Smalltalk mit dem Mädchen nicht imstande war, bei ihr auch ein Gefühl zu wecken. Als er seinen Herzog Karl August als Brautwerber vorschickte, löste er bei Ulrike Abfuhr und Abfahrt aus – der Dichterfürst tröstete sich mit der *Marienbader Elegie*. Nachdem Thomas Mann diese Art Erlebnis mit *Tod in Venedig* ins Tragische gewendet hatte, ließ er *Lotte in Weimar* den Geheimrat viele Jahre nach der jugendlichen Begegnung, die den *Werther* zur Folge gehabt hatte, noch einmal besuchen; dabei ergibt sich natürlich die Gelegenheit, den alten Goethe mit der selbstbewussten Charlotte Buff, die jetzt Kestner heißt, in reizvolle Konstellation zu setzen. Insgeheim aber zielt Thomas Mann höher: Sich selbst setzt er natürlich ins Gleichnis mit dem Olympier; wenn beim morgendlichen Erwachen Goethe seine noch tadellosen Leibesfunktionen[214] entzücken, spricht aus dieser Beobachtung der inspizierende Blick des

---

214 Auf Seite 259 der Frankfurter Ausgabe!

alternden Patriarchen und Hypochonders Mann auf seine eigene florierende Kreatürlichkeit.

Wie war Goethe zuletzt verspottet worden! Vor allem sein Frankfurter Dialekt wurde zum Stein des Anstoßes; sein letztes Wort auf dem Sterbebett »Mehr Licht!«, von Generationen als aufklärerische Schlussformel verehrt, sollte plötzlich – »Mer liecht … hier aber miserabel!« – auf die mangelnde Bequemlichkeit seiner Liegestatt bezogen gewesen sein. Eine andere Lösung haben sich Egon Friedell und Alfred Polgar in ihrer *Goethe*-Groteske ausgedacht: Einem schlechten Schüler, der zur Maturaprüfung (wir würden sagen: Abitur) anzutreten hat, steht der vergöttlichte Goethe höchstselbst bei und kann die Fragen des Kollegiums zu seinem Leben und Werk doch nicht befriedigend beantworten. Erstens versteht niemand seinen Dialekt, zweitens verrät er erstmals die Wahrheit über einige heikle Punkte seines Lebenslaufs; damit kann die Prüfungskommission, im Wahn der Goethe-Hagiographie befangen, natürlich nichts anfangen. Was waren Goethes letzte Worte? *»No, Milch hat er gewollt.« Professor: »W-a-a-as? Ich verstehe immer Milch.«»No ja, Milch in sein Kaffee, weil er ihm zu dunkel war. Und da hat er gesacht: mehr licht!«* Ergebnis: In Deutsch fliegt Goethe durch – hochkant!

So weit geht Thomas Mann nicht. *Königliche Hoheit* ist ein heiterer Rückblick auf deutsche Duodezfürstenherrlichkeit und gleichzeitig aufs eigene Leben, eine weitere Strophe im ›Gesang vom Ich‹, der Manns gesamtes Werk leitmotivisch durchzieht. Immer muss man gefasst sein, dass er sich selbst meint, wovon immer er auch gerade spricht. Klaus Heinrich ist der Prinz mit dem kleinen Geburtsfehler, dem verkrüppelten Arm – was ihn dem Kaiser Wilhelm Zwo einigermaßen ähnlich macht –, der ihm als Glücksbringer am Ende Hand und Vermögen der amerikanischen Magnatentochter Imma Spoelmann einträgt. Fürstentum Grimmburg ist saniert – so wie Thomas Mann durch seine Heirat mit Katia Pringsheim, der Tochter des reichen jüdischen Mathematikprofessors aus München.

Der Erwählte ist eine Bearbeitung der mittelalterlichen Geschichte des Gregor auf dem Stein, der Papst wurde. Der springende Punkt ist, wie Gregor auf seinen Stein kam, nämlich als Buße für den Inzest, dem er entstammt. Dieses Skandalmotiv beschäftigte Mann intensiv, hat er es doch auch in *Wälsungenblut* als Parallelhandlung zum ersten Akt von Wagners »Walküre« gestaltet.

Mit der gruseligen Geschichte *Mario und der Zauberer*, die als italienisches Ferienerlebnis getarnt ist, oder dem burlesken *Wie Jappe und Do Escobar sich prügelten*, und zwar am Strand von Travemünde, sind Beispiele von Thomas Manns Erzählungen benannt, mit denen er in allen Stilen glänzt. Und immer wieder tritt er selbst auf: *Herr und Hund* zeigt ihn als begeisterten Partner von Bauschan, dem verrückten Hühnerhund.

Als Schreiber von *Briefen*, vor allem aber der *Tagebücher*, die erst seit kurzem, und immernoch nicht in letzter Offenheit, zugänglich sind, stellt sich Mann in seinen vielen Rollen vor. Er war gleichzeitig Querulant, Hypochonder, Triebopfer und: der letzte Repräsentant deutscher Kulturtradition.

Mit Lederjacke und Schiebermütze (in der Hand) stelle ich mir Bertolt Brecht vor, markantes Kinn, dünne Lippen, kluge, kalte Augen von einer Lehrerbrille umrandet, hohe Stirn, Haare kurz, glatt, fransig. Irgendwo ist eine Zigarre, mal in der (anderen) Hand, meist im Mund. Seiner Heimatstadt Augsburg hat er nichts hinzugefügt – seine Eltern lebten in der Haindlschen Siedlung, der ehrwürdigen Fuggerei ähnlich, die den Bürgerstolz der alten Handelsstadt darstellt. Von Anfang an begeisterte er sich für das Theater; Frank Wedekind – als Schauspieler und Autor – war sein erstes Idol, von ihm wird er sich den Bänkelsängerton borgen. Brecht verstand es, Doktrin in Dichtung aufzulösen wie eine Kopfschmerztablette in Wasser. Seine Theaterstücke sind alle lediglich als Beispiele gedacht, wie man es in Zukunft machen soll, nämlich den Zuschauer zur Nachdenklichkeit ermuntern. Dafür ist immer ein Moment der Irritation notwendig: die Verfremdung.

Das fängt an mit der Geschichte vom großen Lyriker *Baal*. *Trom-*

meln in der Nacht ist die Komödie von Kragler und Anna in revolutionären Zeiten. *Im Dickicht der Städte* schildert den *Kampf zweier Männer in der Riesenstadt Chicago*, auf Marlowe beruft sich Brecht im *Leben Eduards des Zweiten von England*, das er mit Lion Feuchtwanger gemeinsam dramatisierte. Im Lustspiel *Mann ist Mann* wandelt sich der Packer Galy Gay in den Militärbaracken von Kilkoa zum Befreier Tibets. *Die Dreigroschenoper* und *Aufstieg und Fall der Stadt Mahagonny* sind die Textbücher für die geniale Zusammenarbeit mit dem Komponisten Kurt Weill. Vor allem in der ›Oper für Bettler‹ nach dem barocken Vorbild des John Gay entfaltet Brecht allen Witz und lyrische Intensität, deren er fähig ist. Lotte Lenja (später amerikanisiert: Lenya), Weills Frau, singt neben Marlene Dietrich in der ersten Schallplattenaufnahme – jede Nummer ein Kracher – die Seeräuber-Jenny und fügt die nötige Schärfe hinzu: *Und wenn dann der Kopf fällt, sag ich: Hoppla!* Die Gruppe der *Lehrstücke* beginnt mit *Der Ozeanflug*, angelehnt an das epochale Ereignis des Lindbergh-Abenteuers mit der »Spirit of St. Louis«, es folgen *Das Badener Lehrstück vom Einverständnis, Der Jasager und Der Neinsager, Die Maßnahme* – reinster Sowjet-Agitprop –, *Die Ausnahme und die Regel* und *Die Horatier und die Kuriatier* nach einer blutigen Begebenheit im alten Rom. *Die Heilige Johanna der Schlachthöfe* heißt mit Nachnamen »Dark« und kämpft aussichtslos im Dienste Gottes in Chicago. *Die Mutter* bearbeitet den Ur-Roman des sozialistischen Realismus von Maxim Gorki: Die harmlose Frau Wlassowa wird durch das heldenhafte Vorbild ihres Söhnchens Pawel ›politisiert‹ und ruht nicht eher, bis sie von der Polizei des Zaren verhaftet wird. *Die Rundköpfe und die Spitzköpfe* zeigen den kleinen Rassenunterschied zwischen Tschuchen und Tschichen. *Furcht und Elend des Dritten Reichs* sind Szenen aus einem demoralisierten Land, vom Emigranten Brecht scharf beobachtet; bitter, wenn die Frau den Mann und das Kind die Eltern ans Messer liefert. *Die Gewehre der Frau Carrar* beschreibt, wie aus einer Hausfrau eine Kämpferin im Spanischen Bürgerkrieg wird. Das *Leben des Galilei* handelt davon, wie die Wahrheit von der Macht (der Kirche) gebeugt wird. *Mutter Courage und ihre Kinder* hat nur den Namen und das Historische von der Geschichte Grimmelshausens aus dem Dreißigjährigen Krieg;

das Stück zeigt die Heroik einer einfachen Frau in düsterer Zeit. Helene Weigel, Brechts zweite Frau, große Schauspielerin und erste Intendantin des »Berliner Ensembles«, verkörperte die wahrlich couragierte Frau, die ihren Karren selber aus dem Dreck zieht. *Das Verhör des Lukullus* bekam wie die *Courage* Musik von Paul Dessau. *Der gute Mensch von Sezuan* ist eine chinesische Prostituierte mit Herz; im Untertitel heißt es: »Parabelstück«, wie die nächsten zwei. *Herr Puntila und sein Knecht Matti*, Frucht von Brechts kurzem Aufenthalt in Finnland, zeigt die böse Wirkung des Alkohols auf gespaltene Persönlichkeiten, ein sehr finnisches Thema. *Der aufhaltsame Aufstieg des Arturo Ui* findet im Chicago der Gangsterära statt – Ui ist ein richtig schlimmer Finger, hätte auch Adolfo mit Vornamen heißen können. Auf der Bühne hat ihm Wolfgang Kieling als erster Gestalt gegeben. *Die Gesichte der Simone Marchard* helfen der Résistance, und wieder hilft Feuchtwanger beim Text. *Schweyk im Zweiten Weltkrieg*: Hitler reimt mit Himmler, Schweyk übersteht auch das und diesen Krieg. *Der kaukasische Kreidekreis* erzählt die alte Geschichte noch einmal von den zwei Frauen, die sich um ein Kind streiten. Dorfschreiber Azdak lässt sie daran zerren, die gute Grusche lässt los. *Die Tage der Commune* sind gezählt – ihr Untergang jedoch ist beispielhaft. *Turandot oder Der Kongreß der Weißwäscher*: Dem Kaiser von China will niemand die Wahrheit sagen.

Nach Sophokles, Shakespeare und Schiller ist dies das bedeutendste dramatische Gesamtwerk der Weltliteratur; jedes Stück ›spielbereit‹, bühnentauglich, in der Lage, mit geringen Mitteln und großem Effekt aufgeführt zu werden. Voraussetzung dafür ist Brechts Meisterschaft als Sprachkünstler. Die Schmiede, in der seine Sprache gehärtet wurde, ist seine lyrische Produktion. Seinem reichen Talent fielen die Verse scheinbar ohne Mühe zu, und bei all seinem Dichten dachte er unerhört musikalisch, in Rhythmen, die man sich sofort gesungen vorstellen kann. Im Suhrkamp Verlag, der Heimat Brechts im Westen, ist ein handliches Bändchen mit all seinen *Gedichten* erschienen: tausend Seiten Vergnügen, hol es Dir!

Die *Geschichten vom Herrn Keuner* sind Brechts beste Prosa und typisch für seinen lapidaren Stil; kurze pointierte Stücke zwischen

Nietzsche und Kafka. Der *Dreigroschenroman* ist sein dickstes Prosawerk, eine schmucklose Aus- und Weiterführung der Oper. *Die Geschäfte des Herrn Julius Caesar* sind: Politik; in diesem Fragment macht Brecht die Erlebniswelt des Zerstörers der Römischen Republik lebendig. *Me-ti / Buch der Wendungen* wendet altchinesische Weisheit auf die Moderne an: Mi-en-leh heißt in Wahrheit Lenin, Intin ist Albert Einstein. Die Begeisterung für fernöstliche Lehren lag in der Luft, sie boten Weltflucht und Weltverbesserung in einem.

Max Frisch und Friedrich Dürrenmatt waren Brecht in Zürich am Theater begegnet. Der erhobene Zeigefinger, beim ersten mehr, beim andern weniger ausgeprägt, machte sie zu idealen Dramatikern der Nachkriegszeit. *Andorra* oder *Die Physiker, Biedermann und die Brandstifter* oder *Der Besuch der alten Dame,* das sind alles bühnenwirksame Stücke, nicht von Brechts sprachlicher Brillanz, aber voller Intensität, mit einem Wort: Klassiker. Da freut man sich, dass

Nachrichten aus der Schweiz. Endlich!

es auch unklassische Stücke von ihnen gibt, allen voran die traurige Komödie *Die Ehe des Herrn Mississippi,* Dürrenmatts erster großer Erfolg. Hier werden in einer barock verfremdeten Scheinwelt die privaten Probleme des Mannes, der tatsächlich wie der große Strom heißt, verknüpft mit einem heroischen Kampf gegen die Windmühlen der Justiz, eines von Dürrenmatts Lieblingsthemen. Seine originelle und unkonventionelle Erscheinung machen ihn zu einer der sympathischen Gestalten der Moderne, von seiner zweiten Frau Charlotte liebevoll ›Nashorn‹ genannt; mit *Der Richter und sein Henker* und *Der Verdacht* schuf er zwei Meisterwerke einer psychologischen Art des Kriminalromans, wegweisende Fingerübungen an Stelle von dem, was heute fast jeder zu können glaubt und auf den Markt wirft.

Die »Vier letzten Lieder« von Richard Strauss sind der grandiose Abgesang auf eine kulturelle Welt, deren Untergang schon ein erledigtes Kapitel der Geschichte war. Kirsten Flagstad sang sie erstmals in London, Wilhelm Furtwängler, der sich wie Strauss in der Nazizeit kompromittiert hatte, durfte dirigieren, der Komponist war schon tot, der

Krieg seit fünf Jahren aus. Die Texte der ersten drei Lieder stammen von Hermann Hesse; er hatte soeben in Stockholm den Nobelpreis in Empfang genommen. Das erforderte in diesem Moment für einen deutschen Dichter einiges, genauer: ausreichende Distanz zur Zeitgeschichte. Hesse, in Calw am Fuße des Schwarzwalds geboren, verbrachte den größten Teil seines Lebens außerhalb Deutschlands, die meiste Zeit in der Schweiz, im tessinischen Montagnola. Dort kamen Mann und Brecht auf ihrem Weg ins Exil vorbei, ganz in der Nähe war der Freund Karl Kerényi.

Drogen, Mystik, östliche Spiritualität und ständiger Bezug auf die eigene Person: Hesse ist ein Mann der aktuellen Themen, weniger der modernen Form. Geschmack ist eine Kategorie, die im Zusammenhang mit seinem Werk auf eine harte Probe gestellt wird, er selbst benutzte beiläufig den Ausdruck ›Edelkitsch‹. Mit dem *Peter Camenzind*, dem Naturburschen, der die Welt der Kultur mit Rückfahrkarte erlebt, wurde er berühmt. Dessen erster Satz war allerdings schon ebenso programmatisch wie problematisch: *Im Anfang war der Mythus.*[215] Der *Demian* ist eine Schülergeschichte nach dem Muster des *großen Meaulnes*, aber ohne dessen schwerelose Leichtigkeit. Der Ich-Erzähler Emil Sinclair (eines von Hesses Pseudonymen) verfällt dem an einer Überdosis Nietzsche leidenden Max Demian sowie dessen Mutter, die ihn zu ödipalem Treiben verleiten will, kann sich aber mit kalten Güssen kurieren. Hesse schreibt zu selbsttherapeutischen Zwecken, die Psychoanalyse begleitete sein ganzes Leben; beim Gang in seine Hausapotheke, wenn er etwa in *Gertrud* ein Mittel gegen weibliche Anfechtung sucht, mögen wir ihm allerdings nicht immer gerne folgen. Eher schon dem Vagabunden *Knulp* auf seiner kurzen Lebensreise, er ist Hesses liebenswerteste Figur, alle mögen ihn und laden zum Bleiben ein, aber er geht weiter und

---

215 Trauriger- und überflüssigerweise verwendet Hesse eine Latinisierung für das griechische Wort, das Mythos heißt. Alfred Rosenberg, gehenkter Vordenker des Nationalsozialismus, würde das Wort mit seinem schändlichen ›Mythus des zwanzigsten Jahrhunderts‹ aber erst noch unmöglich machen.

nimmt nicht mehr als eine Wegzehrung mit; bezaubernd ist seine Wirkung auf Welt und Leser. Hesse kreist monoman um die Bewältigung des Naturphänomens, wie aus Jünglingen Männer – und bisweilen auch Greise – werden, seine Romane sind allesamt Entwicklungsromane. Das muss man so hinnehmen. *Narziß und Goldmund* handelt von einem Jungen, der dem Kloster entsagt und die Welt der Kunst gewinnt, indem er die Liebe erlebt. Und zum Thema Liebe fallen dem Autor sehr schöne, delikate Bilder und Szenen ein, er schildert sie in allen Spielarten und macht so diesen mittelalterlichen Bilderbogen zu seinem besten Buch. Dabei ist Hesse kein Historienmaler, auch kein präziser Zeichner; sein Stil ist das Aquarell, er setzt satte Farben nebeneinander, die ver- und ineinanderlaufen und so eine gewollte Unschärfe machen, aber die intensiven Stimmungen der Zwischentöne um so mehr herausleuchten lassen. Das ist ganz schön – neu und altmeisterlich zugleich. *Siddharta* markiert Hesses Hinwendung zu Fernöstlichem. Erstmals seit Schopenhauer wird die Welt der indischen Vergeistigung – Siddharta ist der Jugendname Buddhas – literaturfähig. Und, oh Wunder!, der Autor schafft es, den weisen Brahmanensohn uns nahezubringen durch die schlichte Unsicherheit, mit der er Sinn in seinem Leben sucht, als Vater versagt und erst als Fährmann seinen Frieden findet. *Der Steppenwolf* ist Hesses interessantester Charakter. Harry Haller ist schon älter, reifer als die anderen Hesse-Helden, ein Intellektueller; er merkt, dass sein Leben stagniert, und er fühlt einen Widerwillen gegen alle gesellschaftliche Einengung. So nennt er sich nun ›Steppenwolf‹ und führt *das Leben eines Selbstmörders*. Mit ihm stimmt etwas nicht; was das ist, erfahren wir in seinen Aufzeichnungen, die das Motto tragen: *Nur für Verrückte*, und in ihrer Krassheit an einen Drogenrausch denken lassen sollen. *Das Glasperlenspiel*, sein letztes größeres Werk vor einer langen Phase des Verstummens, führt uns Hesses Angstvision einer Zukunft vor Augen, in der dieses seltsam harmonische Spiel ohne präzise Regeln die letzte Ergötzung des Geistesmenschen darstellen wird. Das Buch hat, bei allen schönen Bemerkungen über Musik und dem Vorausahnen der ›Originalklang‹-Ära zum Trotz, den Charme eines Apfels, den man den Winter über im Keller vergessen hat. Runzelig und eingeschrumpelt, ahnt man gerade noch, dass es ein Apfel ist – oder in diesem Fall Hesses Vorausahnung vom Ende aller Kultur. Danach hatte er der Welt nichts mehr zu sagen.[216]

Der vergessene Dichter

Den ersten Teil des *Siddharta* widmete Hesse Romain Rolland, als der Vorabdruck im Jahr des Ausbruchs des Ersten Weltkriegs erschien. Allein die Aufzählung aller ähnlicher an den Franzosen gerichteter Huldigungsadressen ergäbe ein ganz Europa umspannendes Verzeichnis der Geistesgrößen jener Zeit. Aber wer, bitteschön, war Romain Rolland? Niemand Geringerer als der zu jener Zeit berühmteste Dichter der Welt. Rückwirkend wird er später für das zweite Kriegsjahr den Literaturnobelpreis erhalten, obwohl vielleicht die Auszeichnung für Frieden angemessener gewesen wäre, denn Rolland war nicht nur einer der ersten, die fundamental so etwas wie ›Tierschutz‹ einforderten, dazu überzeugter Sozialist, später mit Sympathien für die Sowjetunion, er war vor allem Propagandist des Pazifismus, einer damals noch ganz neuartigen Überzeugung, die in einer Welt des Nationalismus und Militarismus auf breiteste Ablehnung stieß. Davon ließ er sich nicht schrecken. Und für ›Völkerverständigung‹ zwischen Franzosen und Deutschen war er auch noch. Unerhört. Nicht dass er allein gestanden hätte, im deutschen Sprachraum war Stefan Zweig sein Übersetzer und Fürsprecher; aber Rolland kämpfte mit seinen Ideen und der Renaissance verpflichteten

---

216 Warum sollte man den Lebenslauf des Magister Ludi (zu deutsch: Oberlehrer) Josef Knecht, in dem ein ergötzliches Dasein ganz ohne Störung durch Frauen imaginiert wird, aus welchem Grund könnte man mit Interesse dieses so langwierige Buch lesen? Knechts Tod im Bergsee ist eine der besten Schlussszenen der Romanliteratur des Jahrhunderts, sie enthält Hesses ganze fürsorgliche Angst um die Zukunft unserer Welt. Eine Weltuntergangsszene mithin. Dafür lohnt es sich zu leiden!

664 Kapitel 9 Der Gesang vom Ich

Idealen gegen die Windmühlen der Großmachtpolitik. Stolz klingt der Titel seiner Tagebuchaufzeichnungen *Das Gewissen Europas*, die er während des Großen Krieges – er verbrachte diese Zeit in der Schweiz – zu Papier brachte. Auch Romane schrieb er, den barocken Bilderbogen vom Treiben rund um den Tagebuchschreiber *Meister Breugnon* und die weitschweifige *Verzauberte Seele* über eine moderne Frau, die über Tradition und Konvention hinauswächst, aber Rolland war eigentlich Musikwissenschaftler, veröffent-

Jede Literatur-geschichte ist ihrem Wesen nach löchrig. Die ganz großen Manuskripte liegen noch in Schubladen, sind übersehen, als Einwickelpapier benutzt, mit ins Grab genommen oder, am häufigsten, schon zu Lebzeiten vernichtet worden. Die Geschichte des Unveröffentlichten liegt bald in jeder Buchhandlung aus.

lichte über alte und neue Musik und schrieb Biographien, vor allem die *Beethovens*, fünfbändig. Und von ihr leitete er die monumentale Lebensbeschreibung des Komponisten *Johann Christof Krafft* ab, deren Entstehen über zehn Jahre und in zehn Teilen ganz Europa mit ständig zunehmendem Interesse verfolgte. Krafft, ein fiktives rheinisches Genie – amalgamiert aus diversen Originalen –, dabei Revoluzzer und Metaphysiker, muss Deutschland verlassen, flieht nach Paris und reift hier, in der Freundschaft mit Olivier, zum Inbegriff humanistischer Geistigkeit. Doch die Frauen werden auch für ihn zum Schicksal, das er erst im Tod überwindet. Teils ist das der Manier Zolas gefolgt, teils rein symbolisch gemeint, dabei Rollands Meisterwerk. Und wirklich wundern wird man sich nicht, dass danach kein Hahn mehr kräht.

Der vergessene Dichter: Stets sind seine Werke gut gemeint, meist auch gut gemacht, aber sein Schicksal ist das Zuspätkommen. Seine Erfolge sucht man in den Buchhandlungen vergebens, findet sie aber in den Literaturgeschichten. Rolland blieb es nicht erspart, noch Frankreichs Ruin mitzuerleben und an den eigenen Idealen zu verzweifeln. Für ihn – wie für viele andere – wird es keine Renaissance geben.

Eine vor Vitalität strotzende, gerne unterschätzte Persönlichkeit der Literaturszene war Carl Zuckmayer. Sicher hatte er etwas Provinzielles an sich. Seine Biographie zeigt aber, wie er sich aus der weinseligen Behäbigkeit seiner rheinhessischen Heimat löste und in Berlin zum erfolgreichsten Dramatiker der Zeit wurde. Zunächst ließ er die Leute im *Fröhlichen Weinberg* (singen und) lachen – und zwar in Dialekt –, dann im *Schinderhannes* weinen; daneben arbeitete er mit Brecht zusammen und beim Film. Und sein größter Erfolg kam dann erst noch: *Der Hauptmann von Köpenick*, Paraderolle von diversen Publikumslieblingen, aber auch von ambitionierten Theaterschauspielern wie zuletzt Otto Sander. Spät, manche sagten: halbherzig, emigrierte er und wurde Landwirt in Vermont an der amerikanischen Atlantikküste. Mit den Nazis rechnete er ab, sobald es wieder möglich wurde: *Des Teufels General* entstand nach der Lebensgeschichte seines Freundes Ernst Udet, Kampfflieger im Ersten Weltkrieg und Verblendeter im Zweiten, bis er sich das Leben nahm. Neben Stefan Zweigs *Welt von Gestern* ist Zuckmayers Autobiographie *Als wär's ein Stück von mir* die interessanteste Beschreibung des geistigen Klimas vor und während der Nazizeit, statt von Wien von Berlin aus gesehen. Zuckmayer wurde kein Deutscher mehr, kehrte aber zurück, auch nach Henndorf, seinem zeitweiligen Wohnsitz, wo er rein zufällig schon die nächste Dichtergeneration getroffen hatte. Davon gleich mehr.

Der Kleistpreis war Anfang des Jahrhunderts die Auszeichnung für den Dramatiker der Stunde. Er wurde auf Vorschlag einer Einzelperson verliehen, meist an herausragende junge Talente. Vor Zuckmayer erhielt ihn Hans Henny Jahnn für sein erstes Theaterstück *Pastor Ephraim Magnus*: ein blutiger, barocker Aufruhr gegen die Nüchternheit des Protestantismus, gleichzeitig ein Schlüsselwerk über den Zustand der jungen Generation, die soeben in die Freiheit der Weimarer Republik entlassen worden war. Jahnn war Pazifist, Orgelbauer, Hormonforscher, Pferdezüchter. Zweimal entzog er sich Deutschland, als junger Mann ging er nach Norwegen, um der Einberufung und Weltkrieg Eins zu entgehen, vor dem Nationalsozialismus flüchtete er auf eine dänische Insel. Das ist bedeutsam, weil es die Kulissen abgibt für seine zwei mächtigen Romane *Perrudja* über einen Jungen, der unverhofft Millionär wird und so etwas wie eine Burg in Norwegen baut, und *Fluß ohne Ufer*.

Eine Zeitlang habe ich mit dem Gedanken gespielt, ein eigenes Kapitel über »Schwierige Bücher« zu schreiben. Davon bin ich wieder abgekommen. Am Beispiel von Jahnns Meisterwerk will ich erklären warum. Wahrscheinlich wirst Du nie wieder mit *Fluß ohne Ufer* in Berührung kommen – das Buch hat zuviel Abschreckendes an sich. Deswegen finde ich es umso wichtiger, hier davon zu berichten, mitten zwischen den anderen Büchern des Jahrhunderts. Dieser Roman gehört nicht in ein Reservat für Abenteuerbücher, in denen so esoterische Aktionen wie ein kompletter Blutaustausch der Helden beschrieben werden, sondern in seine Zeit, ist das Gegengift für alle, die eine Überdosis vom *Doktor Faustus* abbekommen haben. Im ersten Teil des Romans *Das Holzschiff* sticht ein Schiff, die »Laïs«, in See. Sie hat rote Segel und eine geheimnisvolle Ladung, nie wird man dahinterkommen, was es ist. An Bord ist außer der Besatzung auch die Tochter des Kapitäns, ihr Bräutigam fährt als blinder Passagier mit. Ein Superkargo, der zu seinem Widerpart wird, wacht über die Ladung. Die Mannschaft, angeführt vom Bräutigam, meutert: Es sterben Menschen, das Schiff geht unter. Die Kapitänstochter ist vom Leichtmatrosen Alfred Tutein ermordet worden. Der zweite Teil *Die Niederschrift des Gustav Anias Horn, nachdem er neunundvierzig Jahre alt geworden ist* beginnt mit der Enthüllung, dass Horn der einstige Bräutigam ist und nach dem Schiffbruch ein gemeinsames Leben mit Tutein begonnen hat; darüber berichtet er nun. Ein Jahr schreibt er an seinen Erinnerungen, und bevor es um ist, wird auch Horn tot sein, ermordet von einem neu aufgetauchten Fremden, der sich als Kammerdiener in sein Leben geschlichen hat, beauftragt vom Reeder der »Laïs«. Gemeinsam mit Tutein schlägt sich Horn durch die Welt, erst in Norwegen kommt er zur Ruhe; sie beginnen einen Pferdehandel. Er entwickelt sein musikalisches Talent an einer ›Jukebox‹ und wird Komponist, schließlich weltweit gefeiert. Vor dieser Welt flieht er mit Tutein nach Dänemark. Auf

Fluß ohne Ufer 667

einer einsamen Insel leben sie als Bauern. Tutein stirbt. In einer beispiellosen Zeremonie balsamiert Horn den Freund ein und baut ihm einen Sarkophag. Mit dem Auftauchen des Ajax von Uckry beginnt für ihn ein neuer Lebensabschnitt. Doch dann wird Horn brutal ermordet, Ajax ist geflohen. Der Fragment gebliebene dritte Teil *Epilog* bringt die Eröffnung, dass Horn in Norwegen ein Kind gezeugt hat. Der junge Nikolai erfährt vom Tod des Vaters. Auf der Reise zu einer Gedenkveranstaltung trifft er in einem einsamen Gasthof Tutein …

Fluß ohne Ufer ist anders als alles, was Du vorher gelesen hast. Die Sprache ist präzise und eigenwillig, ohne Nebensätze, daher (fast) kommafrei, voller neuer Wortschöpfungen, die unsere Vorstellungskraft bereichern. Und diese Sprache ist bestürzend. Bestürzend ehrlich, direkt, intim. Natur, Landschaft, Tiere liebt Jahnn, er sieht sie klarer, detaillierter, einfühlsamer als wir und lässt uns teilhaben an seinen Eindrücken und Erlebnissen. Im zweiten Teil findet sich ein gänzlich neues Motiv: Das Widerspiel zwischen erzählter Zeit und Zeit des Erzählens, die sich aufeinander zubewegen und im Tod des Erzählers treffen. Dem Roman mit Kriminalhandlung *Der Zeitplan* über einen Fremden in einer mysteriösen Stadt, die schon in ihrem Grundriss voller Geheimnisse ist, wird Michel Butor gerade dieses Prinzip mit mathematischer Exaktheit zugrundelegen. Großartig bei Jahnn ist die Mischung aus Realem und Mystischem beziehungsweise Märchenhaftem, vor allem in der Norwegenepisode: Trolle und Untote bevölkern die Schärenlandschaft. Und der Höhepunkt des Buches, vielleicht der Prosa der Jahrhundertmitte, ist die Einbalsamierungsszene, ein hundert Seiten während er, depressiver, heroischer Alptraum. Jahnn ist ein Außenseiter, ein Seltsamer zeit seines Lebens gewesen. Nach dem Krieg, zurück in Hamburg, engagierte er sich gegen Atomwaffen, Aufrüstung und für eine nachgeborene Generation von Dichtern.

Der Norweger Knut Hamsun war der Letzte eines skandinavischen Jahrhunderts, das mit Kierkegaard, Andersen und Ibsen begonnen hatte. Sein Debüt wurde gleich zur Sensation: Ein erfolgloser Literat blickt erbarmungslos auf den eigenen Verfall, nichts will ihm gelingen;

Der verstrickte Dichter. Wenn er doch nur seine Klappe gehalten hätte, aber das liegt nun mal nicht im Selbstverständnis des Musenlieblings. Die Wahrheit muss heraus, die fatale Wahrheit, die sich schon nach kurzer Zeit als falsch herausstellt, und der Dichter glaubt erst an ein Versehen, dann versucht er halbherzig umzuschwenken, dann erkennt er das Debakel und schmollt. Dichter sind nicht klüger als andere, halten sich aber gerne dafür. Und büßen dann.

er hat – *Hunger*. Während Hamsun seinem brotlosen Künstler hier noch den Ausweg in praktische Arbeit weist, heißt die Endstation für Johan Nagel in *Mysterien* Suizid. Er kommt mit den Menschen nicht zurecht. Der Jäger Thomas Glahn gar, der die Frauen mit seinem Tierblick verrückt macht, zwingt seinen mickrigen Rivalen dazu, ihn zu erschießen; erst dadurch schließt sich der Ring des Lebens in *Pan*.[217] Hamsuns Romane sind kurz, bringen die Situation auf den Punkt, spielen verschiedene Möglichkeiten der Reaktion auf das Gegebene durch, auf die menschliche Kälte und die Anonymität der Städte. Der Wanderer ist seine Figur, jemand, der mit leichtem Gepäck unterwegs ist und einfach weitergeht, wenn ihm etwas nicht passt, so wie August in der Trilogie *Landstreicher – August Weltumsegler – Nach Jahr und Tag*. Er macht nicht mehr mit, verlässt seine Heimat für Jahrzehnte, kehrt enttäuscht zurück. Am Ende des Großen Krieges zeigte der Norweger den begierigen Lesern in aller Welt den Weg aus den Schrecken in eine mögliche Zukunft. *Segen der Erde* beschreibt die Inbesitznahme neuen Landes, das Isak zusammen mit seiner hasenschartigen Frau Inger urbar macht, hart am Rande und in Konflikt mit der Zivilisation. Für diese hoffnungsvolle Vision erhielt Hamsun den Nobelpreis.

---

217 Der Roman spielt ausschließlich im Wald – erst im Epilog wird Glahn dann in Indien umgebracht. Plutarch erzählt in dem Dialog *Die eingegangenen Orakel*, dass zur Zeit des Kaisers Tiberius sich von der Insel Paxos (bei Korfu) her der Ruf erhob: »Der große Pan ist tot!« Der eigentlich belanglose Gott der Hirten und des Waldes wurde dadurch zum Mittelpunkt eines Untergang-der-Antike-Mythos, den Hamsun beiläufig nach Lappland transponiert. Seine Kunst besteht auch darin, bildungssatt zu erzählen und doch wild zu wirken. Ein sehr modernes Konzept.

Die Einbahnstraße des Naturalismus, dass alle Personen tun müssen, was ihnen durch die wissenschaftlichen Erkenntnisse der Gesellschaftslehre vorgegeben ist, benutzen Hamsuns Helden in umgekehrter Richtung, tun also das Gegenteil von dem, was alle und sie selbst für das Richtige halten. Bestraft werden sie dafür mit Entsagung, Einsamkeit, Tod. Auch als Erzähler verweigert Hamsun das Gewohnte, er spart alles aus, was den Blick auf den aktuellen seelischen Konflikt verstellt. Er schreibt elliptisch. Das elektrisierte die Leserschaft, so wurde er zum Volkshelden des Literaturjahrhunderts, besonders in Deutschland. Man hielt ihn für Nietzsches Testamentsvollstrecker wegen seiner Nähe zum Mythischen, während er in Wirklichkeit vom Schicksal fabulieren wollte wie ein Thomas Hardy. Ein folgenreiches Missverständnis, denn so erlebte er den von ihm immer wieder beschriebenen Konflikt zwischen Individuum und Gemeinschaft noch am eigenen Leib. Er hatte sich, da er eine Ähnlichkeit zu seinen höchst spätromantischen Vorstellungen spürte, früh den deutschen Nationalsozialisten angedient und deren norwegische Marionette Quisling unterstützt. Nach dem Ende des Spuks machte man ihm dafür den Prozess. Hamsun musste zwar nur eine horrende Geldstrafe zahlen, war aber fortan in seiner Heimat geächtet. Er wehrte sich noch einmal in seinem letzten Werk *Auf überwachsenen Pfaden* gegen die als ungerecht empfundene Buße, ein verbitterter, gebrochener Greis von fast hundert Jahren.

Der Krieg ist aus und das Wort von der Gnade der späten Geburt, obgleich noch gar nicht ausgesprochen, beginnt bereits Gestalt zu werden. Zwei Schriftsteller, zwei Nobelpreisträger stehen für die Generation, die alles mitgemacht hat und nicht schuld gewesen ist: Heinrich Böll und Günter Grass. Symbolgestalt dieser Generation ist für mich aber Helmut Schmidt. Er war Leutnant der Wehrmacht, verantwortlicher Senator in Hamburgs schwerster Stunde – nämlich der der Sturmflut: zerstört und vernichtet war es ja bereits, diesmal drohte auch die Hoffnung unterzugehen –, als Schmidt-Schnauze gefürchteter und grandioser Parlamentsredner, Bundeskanzler im Kampf gegen die RAF, Opfer der Wende, Zeitungsherausgeber, Literat, Kettenraucher und Klavierspieler. Welcher Kanzler oder welche Kanzlerin wird uns je wieder die dritte Stimme in Mozarts Klavierkonzert F-Dur spielen? Auch als Nikotinsüchtiger – leider bevorzugt in der gierigen Zigarettenversion[218] – ließ Schmidt den Zeitgeist nicht an sich heran.

Wolfgang Koeppen ist der Chronist von Währungsreform und Wiederaufbau. Die Trilogie *Tauben im Gras – Das Treibhaus – Der Tod in Rom* beschreibt geschmeidig und genau erst die Besatzungszeit, dann den Bundestag als Übungsplatz für die ungewohnte Demokratie und schließlich das reale Überleben des Faschismus in dem Italien, das Adolf Judejahn kennenlernt. Bereits in dieser platten Namengebung deutet sich ein Verschleiß an; Koeppen wird anschließend verstummen und zum Pflegefall seines Verlegers, der nicht anders als Siegfried Unseld heißen konnte.

Das Hörspiel wird für die wieder häuslich Gewordenen preiswerter Ersatz für Theaterabende, die Hörspielstunde Kult.[219] Günter Eich beliefert die Radiostationen mit Verstörendem – die Hörer begeistern sich für *Die Stunde des Huflattichs*. *Knöpfe* ist der geniale Beitrag seiner Partnerin Ilse Aichinger zum Genre.

Wir haben alles nachzuholen. Wer von ›aufarbeiten‹ spricht, verkennt, worum es geht. Nelly Sachs erhält den Nobelpreis, aber Paul Celan dichtet die *Todesfuge*:

Schwarze Milch der Frühe wir trinken sie abends
… wir schaufeln ein Grab in den Lüften da liegt man nicht eng.

---

218 Dafür stand er im Kontrast zu Zigarrenrauchern wie Ludwig Erhard – und schnupfte zusätzlich noch (von der Pfeife zu schweigen, Kautabak ist nicht überliefert)!

219 Für viele das Fenster zur Welt. Bis heute wird der »Hörspielpreis der Kriegsblinden« vergeben. Die Preisträger: ein Who is who der Nachkriegsliteratur von Ingeborg Bachmann bis Elfriede Jelinek.

Der sensible und melancholische Chronist dieser Phase ist Siegfried Lenz. Seine Figuren leben im Niemandsland zwischen Scham und Trotz, haben schon vor dem Startschuss verloren wie der Läufer in *Brot und Spiele* oder Angst, nicht wieder hochzukommen, wie der Taucher, der *Mann im Strom*. Die Bundesrepublik findet mühsam zu ihrer Existenzberechtigung. Doch man wird schon wieder frech, und dafür ist Peter Rühmkorf zuständig, Stimme der ersten Widersetzlichkeit und poetischen Quertreiberei:

Kommt gebt mir was zu fressen!
Ich bin der erste große deutsche Nachkriegsdichter;
Nur fehlt mir Fett und Eiweiß.

Der Philosoph, den wir verdient haben, heißt Theodor W. Adorno. Sein Thema ist die Verblendung des Menschen, sein Unverständnis gilt der Tatsache, dass er wieder zur Tagesordnung zurückkehren will. *Minima Moralia* ist seine Maxime, wir müssen uns wenigstens auf ein Mindestmaß an Bewusstsein, Anstand und Kultur verständigen. Mit Proust als Gewährsmann beginnt das gut lesbare, aphoristische Werk. Das Dilemma zeigt sich dann etwa in dem charismatischen Wort *Es gibt kein richtiges Leben im falschen*, das von seinen Deutern auf eine bessere Zukunft gemünzt wurde, in Wahrheit aber nur die Unbequemlichkeit der bisherigen Wohnverhältnisse anprangern wollte. Hier wie auch anderswo war der Denker in seiner Fähigkeit zur Radikalität überschätzt worden – das würde sich noch an ihm selbst zu rächen wissen.

Welche Statur hat denn nun der erhellende Denker der Jetztzeit? Sicher nicht die des Männchens mit Oberlippenbart und Parteiabzeichen am Revers, das Dunkles über die Frage nach dem Sinn von Sein raunt, aber den entscheidenden Zeugnis ablegen. Nicht jeder kann das. Das Erlebte zu Kunst zu verdichten geht ihm über die Kraft. Aber auch wer die Kraft hat, fühlt den dichterischen Akt nicht unbedingt als Befreiung, genauso kann er das Leiden fortschreiben bis zu dem Moment, in dem man sich gewaltsam davon befreit.

672 Kapitel 9 Der Gesang vom Ich

zweiten Teil seines Hauptwerks[220] (mit der Antwort) schuldig bleibt. Geistesgrößen voller Weisheit sind jetzt weder mit Lupe noch Fernglas zu entdecken. Trotzdem bin ich aber um einen Vorschlag nicht verlegen, denn tatsächlich ist da jemand, den ich seiner Freiheit des Denkens, der Kurzweiligkeit seiner Ausführungen und der Originalität seiner Ergebnisse wegen jedem Neugierigen ans Herz legen möchte. Es ist der Wiener Paul Feyerabend. *Wider den Methodenzwang*, eine wunderbar polemische und hellsichtige Abrechnung mit der Verbiesterung der Thesen und Schulen, zwanglos abgeleitet von Galileis epochalen Entdeckungen, kann man getrost zur Hand nehmen, weil es nicht mit Jargon erschlägt und die Augen öffnet für die Ungebundenheit des schweifenden Geistes. In seinen Erinnerungen *Zeitverschwendung* und den kleineren Werken *Erkenntnis für freie Menschen* sowie der Broschüre *Die Torheit der Philosophen* begegnet uns Feyerabend als einem Lacher nie abgeneigter Querdenker. Zwar hat er sein Jahrhundert nicht gelenkt oder positiv bewegt, aber welchem heutig geborenen Fachgenossen könnte man das nachsagen?

Wo, wenn nicht in Frankreich, wird der Roman wiedergeboren? Die Fachleute werden ihn den *nouveau roman* nennen, uns kann das egal sein. Der alte Roman, der mit Anfang, Mitte und Schluss, ging mit Albert Camus zu Ende. *Die Pest* ist sein Meisterstück über die Seelennot eines Arztes in Algerien inmitten einer Epidemie, aber mindestens so eindrucksvoll sind seine kleineren Werke *Der Fremde* und *Der Fall*. Im *Fremden* gibt er das Porträt eines autistischen Charakters; Meursault[221] wartet auf seine Hinrichtung und wundert sich, dass nur er seine mörderische Handlung richtig verstanden hat als Tat der Nichtigkeit. *Der Fall* ist dem Anwalt Clamence passiert: In einer Kneipe erzählt er einem Fremden, wie er aus seinem Erfolgsleben gestürzt ist. Auch einen tatsächlichen Kriminalfall, nämlich ein gestohlenes Kunst-

---

220 Martin Heidegger, *Sein und Zeit*.
221 Aus Meursault kommt der kostbarste Weißwein des Burgund. Die Frage des Wertes (von Menschen, Leben, Dingen) spiegelt sich in allen Ebenen der Geschichte.

werk[222], hat er auf sein Gewissen geladen. Wie ein Held der Romantik gedachte er dafür auf Bergesspitze Buße zu tun. Aber zum Helden reicht es nicht bei ihm, nur zu angetrunkenem Geplauder. In selten gelungener Weise verbindet Camus die Vorstellung vom philosophierenden Schriftsteller mit der des schriftstellernden Philosophen. *Der Mythos von Sisyphos* ist die Darstellung seines Menschenbildes, seine Anthropologie. In der Entscheidung gegen den Selbstmord, für das Weiterleben, zeigt sich der Mensch als Nachfahre des im Tartaros seinen Stein berganrollenden Recken. Sinn von Sein: Fehlanzeige; der Wille zum Leben ist alles.

Frankreich ist das Land der kulturellen Kontinuität. Alle Revolutionen haben nur den Willen festgeschrieben, immer so weiterzumachen wie bisher. Auch so kann Bedeutendes und Neues entstehen.

Mit dem zweisprachigen Samuel Beckett als Ahnherrn und aus der Eleganz der Verweigerung kommen die neuen Romane. In *Murphy* hatte Beckett beschrieben, wie man geduldig darauf warten kann, dass der Schaukelstuhl zur Ruhe kommt – als Höhepunkt des Tages. Nathalie Sarraute steht an der Spitze der Bewegung. *Porträt eines Unbekannten* ist ihr erstes Werk, das den Weg weist, die hermetische Geschichte einer Tochter und eines alten Vaters, die aneinander vorbei leben; kleine Gesten, belanglose Dialoge bergen das Geheimnis der Entfremdung. Der junge Michel Butor – den ich von dieser

---

222 Nobelpreisträger Camus gelingt hier eine wundervolle Mystifikation: Es handelt sich um eine Tafel des Genter Altars, den Jan van Eyck, vielleicht zusammen mit einem Hubert van Eyck, um 1430 schuf, die schönste Gründungsurkunde der neuzeitlichen Malerei. Auf der Tafel, die im Jahre 1934 gestohlen wurde, sind die gerechten Richter abgebildet. Sie ist bis heute verschollen. Der Dieb hatte damals ein horrendes Lösegeld gefordert, aber nicht erhalten. Napoleon und Kaiser Wilhelm waren im Besitz des Altars gewesen (er gehörte zu den Reparationen, die Deutschland nach dem Versailler Vertrag leisten musste), und auch die kunsträuberischen Nazis brachten sich, nachdem ein militärisches Vorauskommando beim Überfall auf Belgien erfolglos gewesen war, später noch in den Besitz des prestigeträchtigen Meisterwerks. Jetzt steht der riesige Altar in unbeschreiblichem Glanze wieder in St. Bavo zu Gent. Auch die gerechten Richter reiten wieder, allerdings nur in einer gelungenen Kopie.

674   Kapitel 9 Der Gesang vom Ich

Generation am liebsten mag, auch ein kundiger und überraschender
Essayist –, schrieb unmittelbar nacheinander *Paris – Passage de Milan*
über ein Haus voller Leben, den *Zeitplan* sowie *Paris–Rom oder Die Modifikation:* Ein Mann, der sein Leben geändert hat, als er in Paris in den
Zug einsteigt, ist kurz vor Rom wieder der alte geworden. Indem Butor
das Gegenteil einer ›Entwicklung‹ vorführt, schreibt er gleichzeitig
das Gegenteil eines Romans. Und das kann furchtbar aufregend sein.
Alain Robbe-Grillet hat neben den (albernen) *Radiergummis,* einer ver-
bogenen Spionagegeschichte, den Spielfilm »La belle captive« nach Bildern von René Magritte gemacht, eine Augenlust. Mit Claude Simon,
dem Nobelpreisträger[223], kehrt wieder das Erzählen zurück in die
französische Romanwelt, in *Jardin des Plantes* zerschnipselt er ein ganzes Jahrhundert Leben und Literatur. Schließlich die *Elementarteilchen*
von Michel Houellebecq. Das Buch war für mich eine Offenbarung:
eine Abrechnung mit ›Null Bock‹ – mit der gleichzeitigen Konsequenz
einer zweiten Sintflut. Das war einmal ein Wurf!

Auch weniger als das kann schon gut sein; für den schmissigen,
spritzigen französischen Roman steht Raymond Queneau mit seiner *Zazie in der Métro:* eine Göre vom Land in Paris, die dort statt der
versprochenen Fahrt mit der Untergrundbahn – man streikt gerade –
allerhand anderen Spaß erlebt und immer auf der Suche nach Horno-
sexuellen ist, um ihren Bildungshorizont zu erweitern. *Betty blue,* eine
tragisch endende amour fou mit Vollgas, war das Debüt von Philip
Djian beim deutschen Leser – ein Volltreffer.

⌦ Wo bleibt der große deutsche Nachkriegsroman, der alles erklärt?, fragt der Großkritiker. Ich mache zwei Vorschläge: *Der
blaue Kammerherr* von Wolf von Niebelschütz zeigt so unverbind-
lich freundliche Züge, dass offenbar kaum einer gemerkt hat, wie
grimmig renitent er ist. Und Albert Vigoleis Thelen schreibt mit der

---

223 Butor wartete vergeblich darauf. Es bleibt das Wesen des Preises, dass durch den einen
    immer auch ein anderer geehrt wird.

Insel des zweiten Gesichts den Roman zur Reiselust und Vergnügungs-
wut. Niebelschütz erfindet für seine Endzeitphantasie ein Rokoko in
heiter-sonnenbeschienener Harmlosigkeit, die im Laufe der Handlungsentwicklung umschlägt in ein Desaster – einen Weltuntergang.
Der Kammerherr ist der alte, immer noch auf Frauenherzen hoch-
wirksame Griechengott Zeus, aber gleichzeitig auch Don Giovanni.
Seine Begierde, die er hinter diplomatischen Ränken, angeblich im
Dienste der Republik Venedig, verbirgt, richtet sich auf die Prinzessin
Danaë[224], die im Inselstaat Myrrha die Thronfolge antreten soll. Eine
Revolution kommt dazwischen, Gewalt und Grausamkeit bedrohen
die spielerische Leichtigkeit des Daseins in diesem Ägäisparadies, das
in keinem Atlas zu finden ist. Niebelschütz deutet die Ängste seines
Jahrhunderts. Der sorgsam aufgebauten Märchenkulisse macht er
mit historischer Richtigkeit den Garaus. Und das so subtil, dass man
diesen Aspekt des Buches auch völlig überlesen könnte. *Die Kinder
der Finsternis* hieß sein zweiter Roman, in dem er ein ebenso fiktives
Mittelalter in Kelgurien auf der Grenze von Christenheit und Mauren-
staat beschwört. Wolf von Niebelschütz erlebte gerade noch das Erscheinen; er starb als junger Mann.

Barock sind die Erlebnisse zu nennen, die Albert Vigoleis Thelen,
eine rheinische Kraft- und Frohnatur, auf Mallorca, der *Insel des zweiten Gesichts*, hatte, als es noch keine deutsche Exklave war. Der Titel
des Berichts von einem prosaischen Ich mit Namen Vigoleis hat seinen Ursprung in einer Verwechslung. In Amsterdam (wo Thelen im
Exil lebte) wird Vigoleis – wegen immenser Ähnlichkeit – mit einem
flüchtigen Kindsvater verwechselt, der die Alimente nicht zahlen will;
da kommt ihm, auch gerade knapp bei Kasse, die Möglichkeit, mit seiner Geliebten Beatrice (als ihr Dante!) abzuhauen, gerade recht. Mallorca wird so die zufällige Zuflucht des Mannes mit dem ›zweiten Gesicht‹. Hier ist alles spielerisch, Liebe und Eifersucht, Überleben und
Genießen, kein Geld haben und dennoch verschwenden. Unsere

---

224 Über die erste Trägerin des Namens siehe Kapitel 5.

676 Kapitel 9 Der Gesang vom Ich

›Spaßgesellschaft‹ wurde von Thelen bereits in Worte gefasst, als es den Namen dafür noch lange nicht gab. Der Eskapismus, das Wegträumen aus dem Hier und Jetzt wird zum Thema. So unbeschwert, wie die Fluchten des Vigoleis gelangen, werden es die Späteren dabei aber nicht mehr haben.[225]

Von Dortmund über Mailand und vor ihrem Mann nach Venedig flieht *Die Rote* – nämlich rothaarige – Franziska, die beste Erfindung des Münchners und Wahlschweizers Alfred Andersch. Lebenslust mit der letzten Lira ist das Motto der kontaktfreudigen jungen Frau, deren Genuss am Sehnsuchtsland der Deutschen durch einen Schatten vom Gestapoterror in Gestalt eines albinohaften Herrn verdunkelt wird. Ein wenig altmodisch wirkt Andersch heute – inzwischen pfeifen selbst die Italiener dem nordischen Typ junger Frauen nicht mehr hinterher. Einige Zeit später, als aus Romanen und Erzählungen schlichte ›Texte‹ geworden sind und aus Schriftstellern Talente, folgt Peter Handke mit der *Angst des Tormanns beim Elfmeter*. Bei der »Admira« stand dieser Zerberus im Kasten, also bei einem der Wiener Traditionsclubs ohne Gegenwart, und nach einem Mord ist er abgängig, wie einer der schönen Austriazismen lautet. Weiter als bis ins Irgendwo der österreichischen Provinz wird die Flucht des Josef Bloch nicht gehen. Die junge Literatur ist nicht auf dem Weg zum Sommermärchen, schiebt stattdessen den Ball zwischen Strafraum und Abseits unschlüssig hin und her.

Mit großem Pomp wird die Heimkehr Carl Zuckmayers aus Amerika nach Henndorf im Salzburgischen gefeiert. Dort hatte er vor dem Krieg einige Jahre gelebt. Der Schützenverein marschiert auf, der Landeshauptmann gibt sich die Ehre, die Kapelle spielt. In der Erzählung *Henndorfer Pastorale* hat Zuckmayer das selbst so berichtet. *Bei See-*

---

225 Auf Mallorca war der Autor Thelen Privatsekretär des alten Grafen Kessler, der dort Zuflucht vor den Nazis suchte. Kessler, der noch den kranken Nietzsche betreut hatte und einst steinreich war, residierte dort als letzter Exponent eines ins Universale gerichteten Wissensdranges, beruhend auf umfassender Bildung. Jetzt pleite, bezahlte er Thelen mit seinen unschätzbaren Einsichten in das Wesen von Mensch und Welt.

kirchen aber, kurz vor dem Ortseingang, lebte in seinem ärmlichen, winters nur mit einem kleinen Holzofen zu heizenden Häuschen der schon ergraute, doch immer noch unbekannte Epiker Johannes Freumbichler, der in Henndorf aufgewachsen war und in seinem Werk Philomena Ellenhub *– stilistisch den bäuerlichen Hinterglasbildern vergleichbar – dem Volk und der Landschaft seiner Heimat ein wunderbares Denkmal gesetzt hat. Dort, in jenem Seekirchner Häuschen, krabbelte damals ein kleiner Knabe, sein Enkel, herum, er hieß Thomas Bernhard und ist eine der markantesten Gestalten der neueren Literatur geworden. Auch er war als Kind in der Wiesmühl zu Gast, und das muß einer der seltenen Lichtblicke in seiner sonst eher beschatteten Jugend gewesen sein – denn er bekam dort, wie er uns später gern erzählte, heiße Schokolade mit Schlagobers ...*

In Österreich gehen die Uhren rückwärts und zeigen so schon die Zeit von morgen.

Karl Ignaz Hennetmair hält in seinem Tagebuch, das dann unter dem Titel *Ein Jahr mit Thomas Bernhard* erscheinen wird, fest, dass Bernhard vom Residenz-Verlag, in dem Zuckmayers Erzählung gerade erschienen war, die Streichung der ihn betreffenden Passage verlangte. Denn er habe keine ›traurige‹ oder ›unglückliche‹ Jugend gehabt, sondern eine glückliche.

Reden wir nicht mehr von Zuckmayer, der postum mit seinen Dossiers über Künstlerkollegen als zwar scharfsichtiger, aber unsympathischer Spitzel der US-Behörden bloßgestellt wurde. Reden wir von Thomas Bernhard.

Mallorca war auch seine Insel. Dort konnte er das verhängnisvolle Lungenleiden am besten ertragen. In *Beton*, dem fünften seiner neun Romane, bricht in das Leben einer Familie auf Mallorca der Wahnsinn ein. Der Ehemann stürzt sich vom Balkon des Hotelzimmers auf den nackten Betonboden. Der sonst stets unbeteiligte Ich-Erzähler, an einer Schreibhemmung leidend, nimmt das als Signal. Den ersten Satz seiner seit Jahren hinausgeschobenen Arbeit über Mendelssohn wird er jetzt auf keinen Fall mehr schreiben können. In Bernhards Romanen und Theaterstücken reichen meist schon geringfügigere Ursachen aus, um eine Kaskade von Wörtern über das Unvermögen weiterzumachen auszulösen. Die Erregung ist Bernhards Grundzustand.

678 Kapitel 9 Der Gesang vom Ich

Die Macht der Gewohnheit, sein grandioses frühes Theatererfolgsstück, habe ich als Schüler in Berlin gesehen; Bernhard Minetti war der geigespielende Zirkusdirektor, der das Kolophonium unter den Schrank im Wohnwagen schmeißt, um das Forellenquintett nicht spielen zu müssen. »*Morgen in Augsburg!*«, gellt sein Schreckensruf, der Dompteur und Clown zum ängstlichen Verstummen bringt. Einige Städte – denn die Stadtbeschimpfung geriet ihm zum Running Gag, den er sich bei seinem Vorbild Nestroy[226] abgeschaut hatte –, die sich derart von Bernhard verhöhnt wähnten, versuchten ihm klageweise beizukommen. Die Klage wurde Bernhard zur zweiten Natur, jedes seiner Werke legte die Basis für ein juristisches Nachspiel. Heute würde im Rahmen von Product Placement manches Fremdenverkehrsamt entzückt sein über die Diffamierung seiner Stadt in einem Bernhard-Stück. Aber heute ist es zu spät.

Bernhards Kindheit war nicht traurig, sie war die allertraurigste. Der Superlativ gehört zu seinem Erregungspotential, fünf Teile seiner *Autobiographie* zeugen dafür. Aber, um ihm in dieser Form gerecht zu werden: Er war der sprachgewaltigste Bejaher des Lebens, der machtvollste Künder von der Lust am Überleben im unaufhörlichen Kampf mit der moralischen Verkommenheit, den die Nachkriegsliteratur gesehen hat. Mit seinem Erstling *Frost* brachte er das in der Luft liegende Thema des Suizids aufs Tapet, Werk für Werk arbeitete er sich daran ab. Aber die Wut in jedem Satz ist eine Liebeserklärung an das Leben. In seinem monumentalen letzten Roman *Auslöschung* erklärt er das Weiterleben in selbstspöttischer Würde sogar für möglich, wenn die Verderbtheit schon wie ein Krebsgeschwür in der eigenen Familie wütet. Am Ende kehrte er zum Ursprung seines Themas zurück. Auf dem *Heldenplatz* – über das Stück entzweite er sich mit der Republik Österreich und ließ anschließend die Aufführung seiner Werke in seinem Heimatland verbieten – hatte damals der ›Führer‹ den ›An-

---

226 Was dem Bernhard sein Mürzzuschlag (bekanntlich auch Heimat von Elfriede Jelinek), war dem Nestroy sein Fischamend (an der Donau, große Söhne geschweige Töchter gibt es dort nur unbekannterweise) – glücklich ein Land solcher Alternativen!

schluss‹ verkündet; der Jubel der Massen, der schon, bevor sich der Vorhang hebt, den Professor Schuster am Leben hat verzweifeln lassen, begleitet auch den Tod seiner Frau am Schluss – unvergesslich in der Premiereninszenierung: Marianne Hoppe, die einst mit Gustaf Gründgens, dem *Mephisto* aus Klaus Manns Roman, verheiratet gewesen war. Er konnte auch anders, oder ich muss es besser sagen: Seiner Weltbegrantelung eignet immer auch eine lustige Seite. Über Thomas Bernhard kann man lachen. *Alte Meister* heißt sein witzigstes Buch, in dessen Zentrum das Tintoretto-Porträt[227] im Bordone-Saal des Wiener Kunsthistorischen Museums steht.

Sein Gesicht ist das letzte und jüngste, das man sich merken muss: Auf einem Jugendbildnis bringt er sich als Erich Kästner-Kopie, mit fesch zusammengekniffenen Augen, in Pose. Später, als melancholischem Einsiedler auf verschiedenen Bauernhöfen, wuchs ihm eine Pfundsnase, die das Urwüchsige, Erdverbundene seiner Existenz noch mehr betonte. Das Werk Bernhards bleibt unüberbietbar gegenwärtig; mehr ist nicht zu sagen.

227 Dargestellt ist der Admiral Sebastian Venier, der das venezianische Kontingent in der Seeschlacht von Lepanto führte. Im Hintergrund sind seine Schiffe zu sehen. Du kannst Dir vorstellen, wie mir das in die Karten spielt: So verbindet Lepanto und der Sieg des Don Juan de Austria das Ende mit dem Anfang der neuzeitlichen Literatur und dieses Buches – falls solche Art von Bedeutsamkeit außer mir sonst noch jemandem Spaß machen sollte.

Kapitel 10

Letzte Fragen

Voller Interesse lese ich, dass die Herausgeber einer Sammlung der besten ungarischen Erzählungen erhebliche Probleme gehabt haben. Naja, denke ich, kein Wunder. Erstens ist das Ungarische eine sehr schwierige Sprache, deren Wurzeln die Ungarn nur mit den Finnen und ein paar Chanten und Mansen exklusiv haben; zweitens, bereits Max Goldt fand es sprachlich schöner zu behaupten, ungern nach Ungarn zu fahren als dies gern zu tun, warum sollten also diese Herren da anderer Meinung sein; und schließlich, wer kennt mehr als drei ungarische Erzähler? Nun, die Herausgeber dieser Sammlung jedenfalls. Sie glaubten sich dafür entschuldigen zu müssen, dass sie auf viereinhalbtausend Seiten nur zweihundert Vertreter der ungarischen Erzählkunst berücksichtigen konnten. Ich möchte nicht auf die Frage eingehen, wer die anderen einhundertsiebenundneunzig gewesen sind, und nur kurz auf die Schwierigkeit, sie richtig zu benennen: Im Ungarischen kommt erst der Familienname, dann der Vorname, wie bei den Japanern und Chinesen. Es wird wohl so sein: Auch in Ungarn waren die Abende bei spärlicher Beleuchtung lang; dass da viel erzählt und manches geschrieben wurde, stehe dahin. Es reicht, das Problem anzuerkennen, dass wir alle miteinander über die ungarische Literatur rein gar nichts wissen. Ich fasse zusammen: In dem sehr, aber auch wirklich sehr, sehr unterhaltsamen Roman *Die Geschichte des jungen Noszti mit der Mari Tóth* von Kálmán Mikszáth – der aber eigentlich nun wiederum Slowake war – wird ein kleiner Abriss der ungarischen Literaturgeschichte gegeben. Das erste Dokument einer eigenen Schriftkultur mit dem paradoxen Titel *Totenrede* stammt aus dem Zwölften Jahrhundert, so belehrt uns Mikszáth, und war auf Slowakisch verfasst. Der ungarische Adel verwendete bis ins Neunzehnte Jahrhundert lieber das Lateinische zur Verständigung und produzierte nichts Schriftliches. So gibt es aus dieser Zeit auch keine ungarische Literatur. Die beginnt erst mit Mór Jókai und seinem Roman *Der neue Gutsherr*, der eine Epoche des Erzählens einleitet. Die Geschichte vom österreichischen Offizier, der im Ungarischen als Landwirt sesshaft wird, die gutgemeinten Ratschläge der Einheimischen in den Wind schlägt und dafür schlimm bestraft wird, ist niedlich, nett geschrieben, aber mit einer naiven Vorstellung davon, wie eine Romanhandlung laufen sollte. Am Ende geht halt alles glatt auf: Der zugezogene Österreicher ist hungarisiert, die Tochter unter der Haube, und auch für den patenten Wegelagerer hat sich, ohne dass wir Leser groß danach gefragt hätten, ein passendes Ende ergeben. Noch heute wird von talentierten Anfängern derart geschrieben, dass alles ›glatt aufgeht‹. Etwa von dem Schweizer Martin Suter, dessen Buch *Small world* über Alzheimer und seine literarische Überwindung – sein Erstling – neben allen Meriten wie Komik, strafferer und enorm pfiffiger Handlung auch das Handikap mit sich herumschleppt, alle Probleme lösen zu müssen, die der Autor höchstselbst aufgeworfen hat. Das geht nur, wenn der Erzähler auch Gott ist, wie in der guten alten Zeit. Die ungarische Literaturgeschichte, über den Heldendichter Petőfi und das Nationaldrama *Bánk bán* von Jósef Katona – in der Vertonung von Lajos Erkel auch gleichzeitig Nationaloper (oh wie praktisch!) –, ist bereits beim Verfall der alten Adelswelt angekommen, dessen Chronist Mikszáth gewesen ist. In einer Fülle guterzählter und in komischen Szenen glänzender Romane – sie heißen *Sankt Peters Regenschirm*, *Der alte Gauner* oder vor allem *Die schwarze Stadt* – hat er dieses sein Lieblingsthema abgewandelt. Die *Geschichte des jungen Noszti* ist ihm aber am besten gelungen. Mit sehr langem Atem erzählt er die Vorgeschichte, die Noszti bereits als charakterlich bedenklichen jungen Mann zeigt, der vor dem Fälschen eines Wechsels nicht zurück-

682 Kapitel 10 Letzte Fragen

schreckt. Ein Filou, aber er ist doch so in Geldnot! Da kommt die
Millionenerbin Mari, die überdies eine Schönheit ist, gerade recht,
auch wenn ihr Vater das Vermögen mit Brötchenbacken gemacht hat.
Aber die so sorgsam von der Mongolenprinzessin, die wir bereits
kennengelernt haben, eingefädelte Intrige verfängt nicht – jetzt greift
der schöne Noszti zu Gewalt … Schon sind wir bei dem soeben
wiederentdeckten Sándor Márai angekommen, dessen
Romane *Die Glut* oder *Die Nacht vor der Scheidung* uns
eine Zeitlang erregten, und haben gerade noch Gelegenheit, den Dienstbotenroman *Anna* von Deszö
Kosztolanyi zu würdigen, bevor wir beim einzigen
Nobelpreisträger Imre Kertesz ankommen. Die ungarische Literaturgeschichte ist schon wieder vorbei.
Was eine Hatz!

Der Lesestoff
wird nie
ausgehen.
Allein in
Ungarn warten
zweihundert
Autoren auf die
Erlösung, von
uns gelesen zu
werden.

So würde also eine übersichtliche Nationalliteratur
aussehen. Dafür gibt es von Fachleuten verfasste
Literaturgeschichten, sicher auch eine für Ungarn.
›Weltliteratur‹, so hatte Goethe – der wohl in jedem Kapitel einmal auftauchen muss – damals genannt, *was nun
in den Dichtungen aller Nationen auf das allgemein Mensch-
liche hindeutet und hinwirkt,* und dazu gefordert: *dies ist es, was die übrigen
sich anzueignen haben.* Heute, gnädiger gestimmt, würde man von einem
Angebot sprechen, von Büchern, die wegen ihrer Allgemeingültigkeit
jeden interessieren können. Und die gibt es ganz sicher in jeder Sprache, auch wenn Chinesen und Inder offenbar weniger dazu beigetragen
haben, als ihrem Anteil an der Weltbevölkerung entsprechen würde.

So wie mit Ungarn wird es uns mit den meisten Nationalliteraturen
gehen. Es gibt und hat gegeben tausende von Autoren, von denen hunderte mit ihren Büchern präsent sind und von denen es eine Handvoll geschafft hat, sich in unser Bewusstsein zu schreiben. Aus Goethes Worten wird auch einleuchtend, warum die russische Literatur
erst mit dem Jahr achtzehnhundert zu Weltliteratur, ›erwachsen‹ wird:
Nachahmendes und Unselbständiges deutet und wirkt eben nicht ins
Menschliche hinein, bleibt oberflächlich.

Ist das jetzt der richtige Augenblick, über schlechte Literatur zu reden? Ja, ich glaube, jetzt ist der Moment da. Auch wenn ich in den vorhergehenden Kapiteln ungünstig von manchen Büchern gesprochen habe, ging es doch immer um ›gute‹ Literatur, etwa beim *Nachsommer* oder den *Elenden* oder, aus der Moderne, den *Ansichten eines Clowns*. Ein wichtiges, halbwegs quantifizierbares Kriterium für die Qualität eines Werkes ist Einsatz und Kontrolle der schriftstellerischen Phantasie. Denn, so paradox das auch zunächst klingen mag, Phantasie hat in guterfundenen Werken nichts zu suchen. Man muss natürlich nicht gleich so völlig phantasielos sein wie der Lübecker Thomas Mann, nein weißgottnicht. Aber betrachten wir die derzeit marktbeherrschende englischsprachige, vor allem amerikanische Literatur der letzten Jahrzehnte, dann finden wir dort eine Ballung an beflissenen Phantasieprodukten aus den Designbüros des kreativen Schreibens, die das Etikett ›schlechte‹ Literatur allemal verdient haben. Etwa die Erfindung eines weißen Schwarzen an einer amerikanischen Uni mit seiner taubstummen finnischen Putzhilfe von Philip Roth. Das ist seine jämmerliche Idee: körperliche Auffälligkeiten zur einzigen Grundlage eines ganzen Romans zu machen – als hätte es *Das Herz ist ein einsamer Jäger,* vor allem aber Faulkners eindringliches *Licht im August* nie gegeben. Solche gänzlich unkünstlerischen Erfindungen, wie auch in den Werken von Don de Lillo, Annie Proulx und anderen – als wollten sie mit einer leeren Zahnpastatube noch zigmal zähneputzen, so quetschen die Autoren magerste Einfälle solange aus, bis sie ein ganzes dickes Buch ergeben, zeilenschinderisch und effekthascherisch mit sogenannter Phantasie auffüllend, was an Substanz fehlt –, haben in alle Welt ausgestrahlt und Folgen gehabt. Hinab in einzelne Bilderfindungen geht die Misere. In dem vielgelobten und für lange Zeit einzigen Roman *Der Gott der kleinen Dinge* der Inderin Arundhati Roy erblickt Estha ein Freiheitssymbol, gespiegelt auf dem delikaten Körperteil seines sterbenden Haustieres: *Ein fliegender Vogel, reflektiert in den Hoden eines alten Hundes. Er mußte laut lächeln.* Das ist nicht ›beobachtet‹, das ist ›Phantasie‹, und zwar von allerübelster Sorte. Auf solche Reflexion kann man getrost verzichten. Aber noch in den

Nachsatz zieht sich die krude, von der Werbung unfreiwillig als ›Sprachmagie‹ verhöhnte Unmöglichkeit des ganzen Bildes: Lächeln ist seiner Natur nach eine l e i s e Angelegenheit. Und uns Lesern ist dabei nicht nach lächeln zumute. Mag das Schreiben solcher Sachen eventuell gutbezahlte Vernichtung geistiger Energie sein, so ist ihre Lektüre vergeudete Lebenszeit, nicht aufholbar.

Noch ein Beispiel? Na gut, aber nur noch eins: Gabriel García Márquez' *Hundert Jahre Einsamkeit* wurden offenbar von Millionen Lesern hingenommen. Millionen können sich nicht irren? Doch! Die Buendías sind, es sei erinnert, die mythischen Gründer und Beherrscher von Macondo, einer ebenfalls mythischen Stadt ganz im Herzen Kolumbiens kurz vor dem Ende der Welt, aber mit Anschluss an die politischen (Fehl)Entwicklungen Lateinamerikas im Neunzehnten Jahrhundert. Das Familienoberhaupt José Arcadio ist verrückt geworden und wird, um seine ungeminderte Kraft zu bändigen, an eine Kastanie gebunden, an der er monatelang, eine Ewigkeit, angekettet bleibt. Man spürt, wie der spätere Nobelpreisträger García Márquez erregt auf seinem Stühlchen hin und her ruckt, begeistert von den Ausdünstungen der eigenen Phantasie. Aber was bringt das für uns Leser? *Ein Geruch von jungen Pilzen, von Schimmel, von alter, anhaltender Unbehaustheit durchdrang die Luft …* Diese Vorstellung, so sehr sie ihrem Schöpfer zusagt, ist für uns Leser ungenießbar. Pilze sautiert, angeschwitzt, nappiert, na gut; aber auf einem alten Mann wachsend, der monatelang reglos an einen Baum gekettet im Regen steht, das ist ›Phantasie‹, ebenfalls ganz üble.

> Die Weltkarte der Literatur kennt keine weißen Flecken, höchstens weiße Seiten mit Flecken darauf.

Trotzdem ist Lateinamerika keineswegs ein vergessener Kontinent der Literatur. Brasilien brachte uns Machado de Assis, einen der originellsten Erzähler des ganzen Neunzehnten Jahrhunderts und eine seiner erstaunlichsten Persönlichkeiten, stammte er doch aus allereinfachsten Verhältnissen und war mit dem ›Makel‹ behaftet, Mischling zu sein, trotzdem wurde er Kultusminister seines Landes. In den *Nach-*

gelassenen Memoiren des Bras Cubas entfaltet er seinen Witz in der Beschreibung eines verhinderten Lebenslaufs, die Idee des *Tristram Shandy* zwanglos in eine veränderte Zeit transportierend. Und solltest Du nach mehr verlangen, lies noch seinen *Dom Casmurro* – Herr Griesgram, Machados köstliche Auseinandersetzung mit dem Begriff ›Schicksal‹. Für Argentinien steht zuallererst Jorge Luis Borges, Literaturweiser und phantastischer Autor. Juan Carlos Onetti, der Erzmelancholiker, vertritt mit wunderschön traurigen Büchern wie *Der Tod und das Mädchen* Uruguay. Der Mexikaner Octavio Paz versteht die Kunst, in *Essays* fesselnde Mythen zu beschwören. Überall in dieser Weltgegend wird prall erzählt und wuchert die Einbildungskraft, bisweilen auch an der Grenze zum unverdaulich Überspannten.

Spanien gegen die Vereinigten Staaten von Amerika. Im Fußball wäre das eine sichere Sache für die ballverliebten Dribbler von der Iberischen Halbinsel. Aber im Krieg? Ja, wenn Don Quixote eine Handvoll seiner fahrenden Ritter dabei gehabt hätte, dann wären die Yankees mit einer Tracht Prügel bedient worden, an die sie noch lange schmerzlich gedacht hätten. In Wirklichkeit war aber die militärische Katastrophe, die für Spanien das Neunzehnte Jahrhundert und die Träume von ewiger Kolonialherrschaft beendete, in ihrer desillusionierenden Wirkung das Signal für ein Erwachen. Nirgendwo hatte der Pegasus länger unlustig mit dem Huf gescharrt als zwischen Barcelona und Malaga. Nun rührte sich wieder etwas. Das Land, das uns heute so in Europa angekommen erscheint wie nur eins, war eben lange Zeit Spielball fremder Mächte gewesen und Heimat von Lethargie und Tristesse. Clarín bläst mit seiner wunderbaren *Präsidentin* (die gleich drankommt) und dem anderen Roman *Sein einziger Sohn* über eine zweifelhafte Vaterschaft gemeinsam mit Benito Pérez Galdós die Reveille für die »Generation von 1898«, dem Jahr des Debakels. Vom Vielschreiber Galdós habe ich schon berichtet, dessen Doppelroman *Fortunata und Jacinta* sein buchstäblich dickstes Ding ist. Wie Balzac wollte er arbeiten, in endloser Reihung Roman an Roman schmieden –

zumindest das ist ihm gelungen. Beider Vorläufer hieß Juan Valera, Diplomat und Lebemann, der als reifer Mann von fünfzig – immerhin noch jünger als Fontane – seinen ersten Roman verfasste, die heitere *Pepita Jiménez*. Dieses kleine Werk über die Vorzüge der irdischen vor der himmlischen Liebe weist den Weg zum Wiedererstehen des ›goldenen Zeitalters‹ der spanischen Literatur. Poesie und Brutalität werden seine Themen sein, bis hin zu den Altersgenossen Javier Marías und Pedro Almodóvar. Marías, der Real Madrid-Fan, erzählte in *Mein Herz so weiß* vom Selbstmord in einer ›ganz normalen‹ Familie. Almodóvar, Oscarpreisträger, schuf die filmische Biographie des modernen Spanien – sein bestes Werk: »Sprich mit ihr« – als Gesamtkunstwerk, in der er das Leben auch in seiner Negation feiert.

Der Mann der Epoche ist jedoch ein anderer, seiner Zeit weit voraus. Die Theaterstücke von Ramón del Valle-Inclán, giftige bis tollwütige Farcen, bewegen sich bereits an der Grenze zur Unaufführbarkeit, jedenfalls vermeidet der bei einer Premiere anwesende König, den Dichter zu sich rufen zu lassen – um nicht gebissen zu werden. Mit den Romanen *Der Tyrann Banderas* und dem Zyklus *Der Karlistenkrieg* schuf Valle-Inclán rhythmisierte brutale Beschreibungen revolutionärer Scharmützel. Der Tyrann ist in den subtropischen Breiten Mexikos zu Hause, und sein Schöpfer nahm mit ihm alles vorweg, was Südamerikas ›magischen Realismus‹ ausmacht – nur besser, weil bereits Parodie dessen, was da erst noch kommen sollte an ›Phantasie‹ (und in angenehmer Kürze zudem).

Aber alle Literatur lebt doch von der Erfindung? Natürlich, und das muss auch so sein. Wer glaubt, mit der Wahrheit, mit Geschichten nach dem ›wahren Leben‹ begeistern zu können, der schreibt am Interesse von uns Lesern vorbei.

Zufall oder Notwendigkeit?

Man sollte keine Filme anschauen, die mit dem Hinweis beginnen: *Nach einer wahren Begebenheit.* Für gewöhnlich wirst Du nach dieser Ankündigung mit einer Handlung gequält, die vor Übertreibungen, Ungereimtheiten und Unlogik nur so strotzt. Große Meister wie Alfred Hitchcock haben bitter bereut, sich auf diesen Betrug am Publikum eingelassen zu haben. *So ist das Leben!* soll die Ankündigung bedeuten. Die Wahrheit aber ist: So ist das Leben eben nicht. Im Film »Der falsche Mann« sieht Henry Fonda dem gesuchten Mörder entfernt ähnlich und büßt dafür mit dem Verlust von Freiheit, Familie und Lebensmut. So sehen vielleicht unsere kleinen Ängste und Alpträume aus, wenn wir mal zu viel gegessen haben und schlecht schlafen können. Aber im Kino oder vor dem Fernseher macht sich nach kurzer Zeit Unbehagen breit, weil man den Dreh erkennt, nach dem hier erzählt wird. Ein Traum ist phantasievoll, aber nicht im Sinne einer originellen Handlung, die auch ausgeschlafen noch gut unterhält. Meine effektvollsten Träume von geglückten Banküberfällen kulminierten in immer derselben Verfolgungsjagd, an deren Ende ich in den Abgrund stürzte und zum Glück noch im Fall erwachte, bevor größerer Schaden entstehen konnte. Derselbe Hitchcock meinte, dass ihm die besten Drehbucheinfälle in seinen Träumen kämen, die er unglücklicherweise nach dem Erwachen wieder vergessen hätte. So legte er Papier und Bleistift auf seinen Nachttisch. Aus dem Traum erwacht, notierte er sofort das Handlungsgerüst seiner Schlaferscheinung und schlummerte zufrieden wieder ein. Am Morgen las er als Ergebnis der nächtlichen Störung: *boy meets girl.* Von Träumen oder der Katastrophenrubrik der Tageszeitung sollte auch der Autor absehen, wenn er auf Stoffsuche ist.

Tatsächlich kommt Zufall im täglichen Leben vor. Einer gewinnt im Lotto. Aber genauso zufällig ist es, dass im selben Augenblick Millionen Leute im Lotto verlieren. D a s s der Held der Handlung im Lotto gewinnt, ist also äußerst unwahrscheinlich, ungereimt, einfach uninteressant. Unmöglich kann darauf die Handlung einer Erzäh-

688 Kapitel 10 Letzte Fragen

lung beruhen! Was jemandem passiert, der im Lotto gewonnen hat, könnte andererseits sehr spannend sein. In der *Millionpfundnote* von Mark Twain wird genau das erzählt: Der völlig abgerissen in London angekommene junge Mann erhält aufgrund einer Wette eine Banknote im Wert von einer Million Pfund überreicht und der Erzähler beobachtet ihn, wie er sich weiter verhält. Nun ja, obwohl er mit dem Papiergeld eigentlich nichts anfangen kann – denn niemand ist in der Lage, ihm zu wechseln, angefangen bei der ersten reichlichen Mahlzeit, die er mit schlechtem Gewissen mit dieser einzigen Bezahlung in der Tasche einnimmt –, macht er doch innerhalb von vier Wochen sein Glück damit und überreicht nach dieser Zeit die Banknote unversehrt ihren rechtmäßigen Besitzern. Er hat sie nicht eingelöst und doch in der denkbar klügsten Weise benutzt. Das ist keine Geschichte vom Zufall, sondern eine vom Glück, und somit brauchst Du auch nicht die Finger von ihr zu lassen.

Aber immer, wenn jemand in einer Gesellschaft unerkannt bleiben will und z u f ä l l i g ein guter Freund auftaucht und ihn anspricht; wenn jemand ein sicheres Geschäft macht und dann z u f ä l l i g die Börse zusammenbricht, sei vorsichtig! In der Regel ist das kein guter Einfall und daraus wird k e i n gutes Buch. Der Schriftsteller will seine Leser quälen, vielleicht auch nur die Handlung gewaltsam vorantreiben, und ihm fällt anstelle einer natürlichen Entwicklung nichts Besseres ein, als i r g e n d e t w a s passieren zu lassen. Leider haben sich auch die Besten dieser Sünde schuldig gemacht. Nun kann man eine kurze Geschichte, die durch einen Zufall ihren Kniff bekommt, geduldig zur Seite legen oder gleich etwas anderes anfangen. Der große amerikanische Humorist O. Henry hat hunderte Geschichten geschrieben. Viele ›funktionieren‹ einfach nicht. Aber ein guter Prozentsatz davon macht die Pointe zum Brüller und Lesen zur köstlichsten Unterhaltung. Er sucht den schmalen Grat zwischen Zufall und Notwendigkeit[228]: Zu Weihnachten will sich ein bettelarmes Paar

---

228 In Doktorarbeiten soll man i m m e r seine Quellen nennen; ich will es hier gerne
e i n m a l tun: *Zufall und Notwendigkeit* heißt der Klassiker der biologischen Philosophie

gegenseitig eine Freude machen. Er ist stolz auf ihr wunderschönes Haar, sie mag seine silberne Taschenuhr. So kauft er ihr ein Paar Schildpattkämme und sie ihm eine schwere Uhrkette, massiv. Soweit könnte es ein schönes Weihnachten werden. Aber womit haben sie gezahlt? Er musste seine Uhr versetzen, sie ihre prachtvolle Haupteszier zum Perückenmacher tragen. Ei, ei, ei.

O. Henry war klug genug, nie einen Roman zu schreiben. Er wusste, dass er auf seinem schmalen Grat nur kurze Strecken die Balance halten konnte. Das ist nun vom Leser jedesmal im Hintergrund mitzuerleben, inwieweit die erzählte Geschichte ›sich hält‹. Gib also dem Autor eine Chance! Wenn aber ganze Romane dem Zufalls-Schlich Spannung und Höhepunkte verdanken, dann gute Nacht! Merke Dir den Namen des Autors und meide ihn in Zukunft geflissentlich.

Es könnte natürlich sein, dass die Handlung eingebettet ist in Ereignisse der Zeitgeschichte: Rothschild macht ein Vermögen, weil er durch Expressboten als erster den Ausgang der Schlacht von Waterloo erfährt. Das ist Stoff f ü r , nicht a u s Tageszeitungen – oder für einen Roman von Balzac, der in Bewunderung immer wieder Rothschilds kluge Spekulation erwähnt und den Baron Nucingen, in *Das Bankhaus Nucingen* und anderswo, nach seinem Ebenbild schuf. Aber Balzac wusste, dass sich auf diesem Einfall nicht aufbauen lässt. Im Gegenteil, er bekommt nur als Beispiel dafür Sinn, wie es allen anderen eben n i c h t gerät, aus einer Katastrophe ihr Glück zu schmieden.

Am schlechtesten macht sich der Zufall im Kriminalroman, weil meist zur Lösung des Handlungsknotens genutzt. Bauchweh bereiten

Ursprünglich Denksportaufgabe, hat die Kriminalgeschichte den Status eines Berichts zur Lage der Nation erreicht. Wir wissen jetzt: In schwedischen Kommissariaten ist es im Sommer unerträglich heiß.

von Jacques Monod (der die Funktionsweise unserer Gene entschlüsselt hat und dafür den Nobelpreis erhielt). Darin erklärt er, dass zwar unsere Existenz zufällig ist, in sich aber ganz und gar den Regeln der Notwendigkeit unterworfen – so wie ein gutes Buch!

mir solche schriftstellerischen Finten. Das liegt daran, dass der Krimi häufig die Ungeheuerlichkeit zuwege bringt, uns Leser mit dem Verbrecher sympathisieren zu lassen; natürlich soll er seine gerechte Strafe bekommen, aber um Himmels willen nicht deshalb, weil er im falschen Augenblick auf einen trockenen Ast tritt, der die geräuschempfindliche Alarmanlage aktiviert. Was hat ein Ast im Tresorraum einer Bank zu suchen? Wieder ist es Alfred Hitchcock, der uns hier weiterhilft. In »Marnie« hat die kleptomane Tippi Hedren bereits erfolgreich den Safe geleert und will das Büro auf Nimmerwiedersehen verlassen. Ihr kommt aber jemand in die Quere. Sie zieht die Schuhe aus, um hinter dem Rücken der emsig schrubbenden Reinigungsfachkraft vorbeizuschleichen in die Freiheit ... da fällt ihr mit Getöse ein Pumps aus der Handtasche. Alles vorbei! Hier verlangsamt der Meisterregisseur genüsslich sein Erzähltempo bis zur Erstarrung. Aber nein doch, die Putzfrau reagiert gar nicht auf den vom Schuh verursachten Lärm, sie ist nämlich stocktaub. So!, lieber Zuschauer, hast Du also mit der Diebin gezittert und gelitten, dass Dir diese Häufung wirklich haarsträubender Zufälle gerade recht kam.

Nun ja, das ist nur ein Krimi. Und meist geht es anders aus. Tröstlich für uns Leser, dass diese Sorte Buch in der Regel kurz ist und der durch Zufall enttarnte Bösewicht nur bekommt, was er verdient – auch wenn die aktuelle Tendenz dahin geht, dass die Krimis immer länger werden und die Funktion dessen übernehmen, was früher ›Gesellschaftsroman‹ war.

Im Gesellschaftsroman macht sich der Zufall gar nicht gut. Das ›Gesellschaftliche‹, also Beziehungen, die eigentlich auf Dauer und Haltbarkeit angelegt sind, sollte eben gerade nicht auf Zufällen beruhen, die schnelle Umschwünge und dramatische Wendungen bringen. Geduld gehört zu jedem Gesellschaftsroman, deshalb sind sie auch regelmäßig so lang. Mir schwebt immer wieder ein leuchtendes Beispiel vor, wenn ich an Romane denke, deren Handlung sich organisch aus innerer Notwendigkeit entwickelt und in denen der Autor den Kniff verschmäht, gewaltsame Wendungen durch Zufälle herbeizuführen:

Die Präsidentin heißt das wahrlich große Werk des Spaniers Clarín, bürgerlich Leopoldo Alas. Vordergründig geht es um Ana, eine sehr schöne Frau, die zufrieden und luxuriös in ihrer Ehe mit dem Präsidenten, einem älteren, sympathischen Herrn und hohen Beamten, lebt und eine kleine Tochter hat (sozusagen das Gegenteil einer Anna Karenina- oder Effi Briest-Situation). Insgesamt allerdings schwebte dem Autor ein Schlüsselroman über die kleinkarierte Gesellschaft der ehemaligen Königsstadt Oviedo vor, aus der nicht zufällig Alas stammt. In der Kathedrale beginnt und endet die Geschichte, auf diese Weise den Gegenpol der bürgerlichen Welt symbolisierend, die Sphäre der Kleriker. Schwer durchschaubar ist deren Antrieb, den Rest der Welt tyrannisieren zu wollen. Aber sie tun es, mit teilweise erschütterndem Erfolg. Aus der Kathedrale stammt der niederträchtige Plan, die noble und schöne Dame in den Dreck zu zerren, in die Welt gesetzt vom unglücklich verliebten Erzpriester und seiner hexenhaften Mutter, entstanden aus Neid und Eifersucht. Das Instrument zu seiner Durchführung wird jedoch ganz unabhängig davon der berufsmäßige Lebemann Don Alvaro Mesía, der mangels anderer Objekte für seinen brachliegenden Sexualtrieb sein Augenmerk auf die tugendhafte Beamtengattin richtet. Nüchtern, fast lauernd beschreibt Alas das Voranschreiten der Intrige; und tatsächlich, Oviedo frohlockt!, kommt die Präsidentin zu Fall und reißt den Gatten mit, der sich bemüßigt fühlt, Genugtuung zu verlangen, und im Duell, in geradezu lächerlicher Heldenpose, fällt. Mit ihm allerdings der Erzpriester, der an seiner eigenen Missgunst erstickt. Zurück bleibt die ihres guten Rufs beraubte Ana inmitten der Trümmer eines scheinbaren Glücks. Auf dem Boden der Kathedrale liegt sie zum Schluss, der impotenten Lüsternheit klerikalen Pöbels ausgeliefert. Mit mathematischer Präzision hat sich ihr Schicksal erfüllt, weil sich, so lehrt uns Clarín, Höhe des Aufschwungs und Tiefe des Falls im Nullpunkt begegnen müssen. Ein außergewöhnlicher, großartiger Roman.

692 Kapitel 10 Letzte Fragen

Der freie Geist der Moralität entfaltet sich am besten in der Provinz. Das galt auch für Spanien. Miguel de Unamuno, der originellste Denker aus der Generation der Achtundneunziger, ist Baske – er stammt aus Bilbao – und stirbt in Salamanca im Hausarrest: Er hatte dem heraufziehenden Faschismus als Rektor der Universität gerade noch den Spiegel vorgehalten. Sein Thema ist die Resignation, die er seiner Romanfigur, dem Arzt Joaquin Monegro, verordnet, der gegen den Maler *Abel Sánchez* stets den Kürzeren zieht. Auch als Theoretiker des *Tragischen Lebensgefühls* erlebt Unamuno, dass seine eigene Existenz inmitten der Katastrophen der spanischen Geschichte zwischen Desastern und Diktatoren stattfindet. In *Nebel* überwindet er die Grenzen der Realität, als Höhepunkt besucht Augusto, die unglückliche Hauptperson des Romans, in Salamanca eine Vorlesung von Professor Unamuno über Selbstmord; allerdings verbietet der Autor seinem Geschöpf ein für alle Mal, auf diese Weise Schluss zu machen – er lässt ihn stattdessen beim Essen sterben. Uns Leser entzieht er den Bedrückungen des Tages und führt uns in eine Welt der Mystik und Spiritualität, und hier wird Unamunos Spanien zum Land der Zukunft.

Von seiner Beziehung zu Deutschland geprägt war José Ortega y Gasset, der Philosoph der Epoche. Das muss noch nichts Schlechtes sein, und Ortega bereicherte die Auseinandersetzung mit Jena und Heidelberg um Individualität und Stil. Sein Ansatz ist die pointierte Kurzform, der Essay; *Der Aufstand der Massen* heißt sein Kommentar zu den politischen Katastrophen des beginnenden Zwanzigsten Jahrhunderts. Besonders originell ist seine Sicht auf Goethe, den er vom inzwischen errichteten Denkmal herunterholt und dadurch Gelegenheit gibt, ihm erneut Gerechtigkeit widerfahren zu lassen. Das nennt er: *Um einen Goethe von innen bittend,* und diese Demutsgebärde verbindet er mit einem kurzen Abriss seiner eigenen Weltsicht, also ein idealer Start, um Ortega, den distanzierten, eleganten Denker, kennenzulernen.

In dem sonst nicht groß erwähnenswerten Roman über zwei versponnene Schuhmachermeister *Belarmino und Apolonio* hat der Autor

Ramón Pérez de Ayala, Zeitgenosse des Philosophen, ein Sprachexperiment versteckt. Apolonio liebt das Dichten, Belarmino ist tiefsinnig veranlagt – beide landen so im Armenasyl. Der Hobbyphilosoph hat sein ›System‹ – wie es jeder ehrenwerte Denker geschaffen haben sollte – in eine Sprache gekleidet, für die es keinen Langenscheidt gibt, indem er den alten Begriffen neue Bedeutungen zuordnet; dabei produziert er Sätze wie: *Jeder, der ißt, ist dem Wörterbuch gegenüber im Zickzack bis zum Bumm Bumm.* Der herbeigerufene Zahnarzt diagnostiziert daraufhin unberufen und wenig stichhaltig Wahnsinn, weil er zu blind ist zu erkennen, dass ›Wörterbuch‹ unser Universum bedeutet und ›Bumm Bumm‹ den Tod: vom Geräusch beim Zunageln des Sargs. Das lässt uns beide aufhorchen. Woran erinnert das Kauderwelsch des Schuhmachers? Sage mir nicht, *Dessen Sprache du nicht verstehst*[229]; nein, es erinnert, und damit schließt sich der Kreis des Lesens, an das Schönste, was an dichterischer Kraft auf meinen erwachenden Verstand eingewirkt hat, als ich noch klein war, an Peter Bichsels *Kindergeschichten*. Dort gibt es den alten Mann, der die Namen der Dinge seines Lebens vertauscht, um etwas zu ändern. *Ein Tisch ist ein Tisch* heißt die Erzählung, und obwohl sie nicht schön ausgeht, enthält sie den für Kinder und Narren wie mich schönsten, in diesem Fall auch letzten Satz der Literatur. *Am Mann blieb der alte Fuß lange im Bild läuten, um neun stellte das Fotoalbum, der Fuß fror auf und blätterte sich auf den Schrank, damit er nicht an die Morgen schaute.*

---

229 Von Marianne Fritz. Ein erstaunliches, dreitausendseitiges Werk, das sich seinen Lesern aber nicht so recht offenbart hat.

Anhang

Das Buch

Das Buch ist keine aussterbende Spezies. Funktionäre der Elektronikwelt wollen gerne die Botschaft vom Gegenteil nebenbei vermitteln, wenn sie im Gegenzug ihre eigenen Produkte preisen. Das Buch ist unverzichtbar. Es in die Hand zu nehmen ist ein Stück Freiheit, es aufzuschlagen, wo immer man will, es zu benutzen, auch zu verändern, es zu seinem Eigentum zu machen.

Bücher brauchen Platz. Wenn Du daran denkst, alle Bücher zu besitzen, die in diesem Buch vorgestellt werden, dann sind als Regalstellwände bereits sämtliche Zimmer eines Einfamilienhauses nötig. Ein Bücherbord kann zwanzig bis fünfzig Bände aufnehmen, bis zu zehn Borde passen übereinander, wenn man ohne Leiter alle Bücher erreichen will, das macht zweihundert bis fünfhundert Bücher pro Meter Wand. Schon kann man mit dem Zollstock abmessen, wieviele Bücher der Haushalt verträgt. Dünndruck, also feineres Papier, braucht weniger Platz. Die meisten großen Klassikerausgaben verwenden solch dünnes Papier, aus gutem Grund.

Nur etwa ein Drittel der bis hierher erwähnten Bücher ist zurzeit in Buchhandlungen käuflich zu erwerben. Wie aber komme ich an vergriffene Bücher? Nun, sie stellen einen wichtigen Zweitmarkt dar: Antiquare und private Anbieter versorgen mit (fast) allem, was das Herz begehrt. Im Modernen Antiquariat erhält man Restauflagen und auch billige Nachauflagen vieler wichtiger Titel, für alles andere gibt es das ZVAB, das Zentrale Verzeichnis Antiquarischer Bücher im

Internet. Hier sind praktisch alle deutschsprachigen Antiquariate vertreten; mittlerweile haben sich konkurrierende Plattformen etabliert wie AbeBooks, Booklooker etc. Nicht immer ist hier das billigste Buch das beste! Es gilt, das Deutsch der Antiquariatskataloge und ihrer Buchbeschreibungen zu lernen und zu beachten, angefangen bei der Frage, ob das Buch original (meist abgekürzt O) ist in Einband, Umschlag, Buchblock. Das muss nämlich keineswegs so sein, besonders bei älteren Werken. Ein vorhandener Schutzumschlag kann wichtig sein, wenn an einer guten Erhaltung des Bucheinbandes gelegen ist. Schäden am Buch werden in der Regel korrekt beschrieben; es gibt auch ein Rückgaberecht, im Fernhandel sogar ab einem Warenwert von Euro vierzig portofrei.

Bist Du neugierig und willst literarisches Neuland betreten? Dann machst Du alles richtig, wenn Du zu Bänden der folgenden Reihen greifst, in denen zumeist bekanntere Werke neben ›Entdeckungen‹ stehen. Häufig bieten solche Editionen Längsschnitte durch Literaturen, wie die **Tschechische Bibliothek** bei DVA oder die **Polnische Bibliothek** von Suhrkamp, oder Querschnitte durch Epochen, wie die **Bibliothek des 18. Jahrhunderts** bei C.H. Beck. Die wichtigsten deutschen Buchreihen der Nachkriegszeit für ›klassische‹ Titel waren und sind:

Goverts Neue Bibliothek der Weltliteratur mit der großen Cervantes-Ausgabe, einer Lenz-Werkausgabe, den *Meisterwerken der deutschen Literaturkritik*, herausgegeben von Hans Mayer, und zwei Bänden von Paul Scheerbart. In eigenwilligem Format ein ganz eigenständiges Unternehmen, das vorzeitig abgebrochen wurde. Insgesamt erschienen zwanzig Bände.

Kleine russische Bibliothek im Ellermann-Verlag mit sehr interessanten Titeln, die meist nie wieder aufgelegt wurden. Johannes von Günter war der gute Geist hinter der Sammlung, die in die Tiefe der russischen Klassik zielt. Fünfunddreißig Bände.

Prosa aus Frankreich im Verlag Amadis, das waren zweiundzwanzig Bände mit Perlen der frankophonen Literatur, kundig interpretiert von Fachleuten wie Hans Robert Jauß. Einheitlich in schwarzes Leinen gekleidet, überbrücken sie eine Spanne von dreihundert Jahren, von Scarrons *Komödianten* zu Malraux' *Königsweg*.

Winkler Bibliothek der Weltliteratur, bis jetzt die größte deutschsprachige Sammlung dieser Art mit über dreihundert Bänden, zu zwei Dritteln Übersetzungen fremdsprachiger Klassiker. Jedes Jahr erschienen neue Bände, leider fehlte schon seit längerem der Mut zu außergewöhnlichen Editionen. Dafür gibt es alle Bände auch in Leder, Meisterwerke der Buchkunst – handschmeichelnd und wohlriechend! Ohne Konkurrenz sind die Werkausgaben von Lord Byron, Gérard de Nerval, Voltaire, Rousseau, Hauff, Fouqué, Uhland und vielen anderen.

Die Fundgrube im Winkler-Verlag enthielt kleinere, meist ergänzend gedachte Texte zur Weltliteratur. Die sechsundfünfzig Bände von den *Briefen der Dunkelmänner* bis zum *Fräulein von Sternheim* der Sophie von LaRoche bieten hochinteressanten Lesestoff für Fortgeschrittene.

Hanser Klassiker, lange Jahre die größte Sammlung deutschsprachiger Klassiker mit zuverlässigen Editionen. Fontane und Goethe, aber auch Nietzsche und Lessing sowie Christian Grabbe und Otto Ludwig haben hier ihren Platz. Insgesamt einhundertfünfzig Bände, auch in Leder erhältlich.

Hanser Klassiker gab es auch in einer internationalen Version mit eigener Reihengestaltung – das Ideal einer Klassikeredition. Sehr schöne und wichtige Bände, bringen sie doch die beste Mark-Twain-Ausgabe, einen vierbändigen Fielding, eine Sammlung der spanischen Schelmenromane und der frühen russischen Dichtung. Insgesamt leider nur siebzehn Bände, die jeder wunderbar in der Hand liegen.

Hanser Klassiker: Seit einiger Zeit arbeitet der Verlag an einer Fortsetzung im gewohnten Oktav, ganz aktuell mit Raritäten von Herman Melville und Neuübersetzungen französischer Klassiker wie Stendhals Romanen oder einer putzmunteren Version von Manzonis *Verlobten*, die jetzt *Brautleute* heißen.

Bibliotheca Dracula bei Hanser war ein interessantes Projekt, Bücher eines unterschätzten Genres salonfähig zu machen. Neben Bram Stokers Meisterwerk erschienen so wichtige Werke wie Maturins *Melmoth* und *Wieland oder Die Verwandlung* von Charles Brockden Brown zuerst hier. Speziell der jetzt – und das nicht ganz zu Unrecht, da äußerst monoman und verschroben – vergessene *Melmoth* war ein Schlüsselwerk des Genres, bewundert und imitiert auch von den ganz Großen. Aus vermutlich metaphysischen Gründen erschienen in der Reihe exakt dreizehn Bände.

Insel-Klassiker, als preiswerte Dünndruckausgaben machten sie den Winkler- und Hanser-Klassikern Konkurrenz. Gute Ausgaben betrafen etwa Johann Peter Hebel, Detlev von Liliencron, Paul Heyse und andere, die sonst nicht greifbar sind, bis man dann glaubte, mal einen Schiller ohne die *Glocke* machen zu sollen. Insgesamt etwa fünfzig Bände. An einer internationalen Fortsetzung wird derzeit gebastelt.

Deutscher Klassiker-Verlag im Suhrkamp Verlag, das sollte der Hort der Deutschen Literatur werden. Über siebenhundert Bände waren geplant, jetzt sind alle froh, dass mit zweihundertzwei Bänden Schluss ist. Sehr schöne Ausgaben sind Goethe, E. T. A. Hoffmann, aber auch Gottfried Keller gewidmet – leicht wissenschaftlich überfrachtet vielleicht, aber dafür auf dem Stand des Möglichen. Auch in Sahara-Ziegenleder.

Bibliothek Suhrkamp ist der Showroom der klassischen Moderne. Gezeigt werden in nun fast eineinhalbtausend Bänden alle Dichter und Denker, die unsere Zeit begleitet haben, und so manche, von denen wir glaub(t)en, sie seien wichtig. Im Willy Fleckhaus-Design kann man mit BS ganze Wände tapezieren – Leseentdeckungen macht man in jedem einzelnen Band.

Cotta's Bibliothek der Moderne brachte in mehr als hundert Bänden teils Erstaunliches und Außergewöhnliches, etwa Edward Estlin Cummings *Der ungeheure Raum* oder *Hordubal* von Karel Čapek.

Bibliothek der Alten Welt im Artemis-Verlag, deutschsprachige Übersetzungen und einige zweisprachige Parallelausgaben aller ›klassischen‹ Texte plus einiger Raritäten. Auf inzwischen schon stark gegilbtem Papier in handlichem Format wurden hier in Schweizer Perfektion so wichtige Editionen geschaffen wie die Cicero-*Reden*, übersetzt von Manfred Fuhrmann, oder der Cassius Dio von Otto Veh. Besonders wichtig: Plutarchs *Große Griechen und Römer* in sechs Bänden. Insgesamt einhundertzwanzig Bände. In fünf Reihen wurde die Antike dargeboten: gelber Einband Ägypten und der Alte Orient; weißer Einband griechische Literatur; roter Einband römische Literatur; grüner Einband Antike und Christentum; in einer größerformatigen Sonderreihe Forschung erschienen Monographien über Themen wie *Die Pythagoreer* oder *Vergils Georgica*. Der Clou war seinerzeit eine Vorzugsausgabe in Pergament, auf Dünndruck und mit Goldschnitt – das gab es aber nur für die ersten vierzig Bände.

Lebendige Antike bei Artemis war ein interessantes Begleitprojekt zu den antiken Klassikern, nett gemachte Büchelchen über Nebenfragen der Antikenkenntnis und -rezeption. Erschienen sind vierundsechzig Bändchen.

Bibliothek der Arabischen Welt hieß eine ambitionierte Artemis-Reihe, die großangelegt Aspekte der Islamforschung und des politischen Nahen Ostens behandelte, als das Thema noch nicht auf den Nägeln brannte, in der Ausstattung der Bibliothek der Alten Welt ähnlich. Es erschienen zwanzig Bände plus ein *Lexikon der Arabischen Welt*.

Sammlung Tusculum antiker Klassiker, begründet von Ernst Heimeran, später Artemis, dann Patmos (wie Winkler), jetzt Akademie mit wiederauferstandener Backlist, mit über zweihundert Bänden die größte Sammlung antiker Texte, alle Editionen sind Parallelausgaben. Die handliche Brikettform mit den farblich auffälligen Einbänden überzeugt. Von den Heraklit-*Fragmenten* bis zur *Anthologia Graeca* mit Gedichten aus der byzantinischen Kaiserzeit eine komplette Zusammenschau der griechischen und lateinischen Literatur. Höhepunkte die *Römische Geschichte* des Livius in elf und die *Naturgeschichte* des älteren Plinius in einunddreißig Bänden. Auch die Werke des Prokop von Caesarea sind hier gut aufgehoben.

Tusculum-Schriften hieß die erste Serie von Begleitheften zu einer

Bibliothek der Antike. Siebenundzwanzig Nummern erschienen in den Zwanzigerjahren, vierzehn in den Sechzigern mit so interessanten Themen wie *Buchhandel in der Antike* oder *Der Thron des Zeus in Olympia*.

Tusculum-Hefte brachten es auf acht Ausgaben, darunter *Terenz in Comics*, eine zeichnerische Umsetzung einer antiken Komödie.

Manesse-Bibliothek der Weltliteratur, begonnen in schweizerischer Handwerksqualität, mittlerweile bei Random House untergekommen, besticht durch das Handtaschenformat der Bände, die man in Zug, Oper und selbst der Tokioter U-Bahn vorholen kann, die schöne Herstellung und die exquisite Auswahl. Hier findet man Romane, die man sonst vergeblich sucht, wie *Das Riff* von Edith Wharton oder den *Max Havelaar* von Multatuli. Jedes Jahr erscheinen neue Trouvaillen, die Reihe profiliert sich zur unverzichtbaren Fundgrube interessanter Texte und Autoren. Bis jetzt sind rund sechshundert Bände erschienen, jeweils auch in Leder.

Reclam-Bibliothek bringt seit Jahren Einzelausgaben, die sich mehr und mehr zu einem weltliterarischen Kosmos ordnen. Im Format Manesse ähnlich, werden hier Ergänzungen geboten, Nachschlagewerke wie die *Deutschen Sprichwörter* oder ein handliches *Balladenbuch* und Sensationen, wie seinerzeit der *Ardinghello* von Wilhelm Heinse. Bislang etwa hundertfünfzig Bände.

Diogenes Erzähler-Bibliothek, das war für einige Jahre eine echte Konkurrenz zu den Manesse-Bändchen, in der Ausstattung plagiatverdächtig (bis hin zu den Ledereinbänden, für die jedoch ein Silberschnitt reichen musste, statt des bei Manesse und auch sonst üblichen Goldes). Es erschienen sechzig Bände mit Klassikern des Hauses wie Carson McCullers, William Faulkner, D. H. Lawrence, H. G. Wells (der grandiose *Zauberladen*! Besser – und kürzer – als jedes andere Zauberbuch) – ganz spezialisiert auf Erzählungen und Kurzgeschichten.

Bibliothek ›Klassische Abenteuer‹ bei Diogenes, das war die Jules Verne-Ausgabe in den vollständigen Übersetzungen, aber auch Henry Rider Haggard, John Buchan, Maurice Leblanc und ein paar andere, zusammen vierundzwanzig Bände, teils in Leinen, teils Kunstleder gebunden.

Die Andere Bibliothek erschien erst bei Greno, dem bibliophilen Buchmacher, jetzt im Eichborn-Verlag. Hans Magnus Enzensberger stand viele Jahre als Herausgeber für eine Unzahl an Entdeckungen – von Texten und Talenten –, echte Sensationen auf dem deutschen Buchmarkt. Jeden Monat erscheint nach wie vor ein Band, seit dreißig Jahren gibt es die Andere Bibliothek – so viele Bände sind also bisher erschienen.

Haidnische Alterthümer heißt eine hervorragende Reihe bei Zweitausendeins, aufgebaut nach Empfehlungen von Arno Schmidt. Bücher, die er für wichtig hielt, werden hier neu aufgelegt, in anspruchsvollen Editionen: Schnabels *Insel Felsenburg* und Gutzkows *Ritter vom Geiste* bilden die Glanzlichter von bislang achtundzwanzig Bänden.

Ars vivendi Bibliothek ist eine neuere Reihe mit englischsprachigen Klassikern wie Henry James und Kate Chopin, aber auch Romanen von Jakob Wassermann, Hans Christian Andersen, George Sand und Benito Pérez Galdós. Wir halten bei fünfundzwanzig Bänden.

Abgerundet wird das Angebot durch gute Taschenbuchreihen, etwa das Insel-Taschenbuch (it) oder die Diogenes Taschenbücher detebe.

Auch die DDR hatte eine Buchkultur, eine andere, aber auf keinen Fall schlechtere. An den Leineneinbänden konnte man sich die Hände blutig rubbeln, das Papier vergilbte, bevor das Buch ausgelesen war, und die Schutzumschläge musste man vor der Benutzung schützen – egal; inhaltlich wurde Gediegenes geboten:

Schriften und Quellen der Alten Welt im Akademie Verlag, ein mit wunderbarem Philologenfleiß zustandegekommenes Gegenunternehmen zu Tusculum und BAW, brachte in zusammen fünfzig Bänden, stets in Parallelausgaben, so einsame Editionen wie die *Satiren* des Lucilius, die *Römische Geschichte* des Ammianus Marcellinus und die *Blütenlese* des Apuleius.

Bibliothek der Antike, weniger ambitioniert; Leseausgaben einiger Klassiker, aber auch die einzige Nonnos-Edition der letzten hundert Jahre.

Bibliothek Deutscher Klassiker, kurz BDK, billige Klassikerausgaben für damals sechs Westmark das Bändchen mit guten Editionen der Werke von Winckelmann und Georg Forster beispielsweise, aber auch Herwegh und Thomas Müntzer. Insgesamt etwa hundertfünfzig Bände.

Epikon Klassiker-Bibliothek. Wiederauflagen zum Teil völlig vergessener Werke, die in den Zwanziger Jahren erstmals erschienen waren.

Bibliothek Klassische Romane. Auch dies ein ambitioniertes Unternehmen, das unter der schlechten Qualität des Papiers, nicht der Übersetzungen litt.

Alphabetisches Register aller erwähnten Personen und Bücher

Abaelard(us), Petrus * 1079 † 1142
  Theologe 352
Abraham Stammvater Israels 46,
  260–62
Absalom † –1000 Sohn König Davids
  264, 613
Abulpharagius (Abu l-Faradj al-Is-
  fahani) * 897 † 967 Arabischer
  Geschichtsschreiber 326
Achilles Myrmidonenprinz und größter
  Held vor Troja 274, 365, 431
Achmatowa, Anna * 1889 † 1966 559–60
  Gedichte 560
Adam und Eva Die Nabellosen 124, 327,
  592
Adorno, Theodor Ludwig Wiesengrund
  * 1903 † 1969 386,628,653–54, 671 *Mi-
  nima Moralia* 671 *Der Schatz des India-
  ner-Joe* 628
Ägisth (Aigisthos) Geliebter der Klytä-
  mnestra, mit ihr Mörder Agamem-
  nons 277
Aeneas Trojanerheld und Vorfahre aller
  römischen Größen 267, 269, 319, 413
Äsop (Aisopos) † –600 187, 356 *Fabeln*
  187
Afanasjew, Alexander Nikolajewitsch
  * 1826 † 1871 535 *Russische Märchen* 535
Affenschwanzius * ? † ? 165 *De pavianis et
  mandrillibus* 165
Agamemnon Führer der Griechen
  gegen Troja 265, 272, 276–77
Agaue Mutter des Pentheus 311
Agejew, M. (Pseudonym, Lebensdaten
  unbekannt) 564 *Roman mit Kokain*
  1934 564
Agoult, Marie Cathérine Sophie Gräfin
  d' * 1805 † 1876 Französische Schriftstellerin, Mutter von Cosima Wagner 217
Ahab † –852 König von Israel 49–52

Aichinger, Ilse * 1921 † 2016 670
  Die Knöpfe 670
Aischylos * –525 † –456 274–277, 325, 420
  *Die Orestie (Agamemnon – Die Hiketi-
  den – Die Eumeniden – Proteus)* 276–77
Ajax Sohn des Telamon Held vor Troja
  266
Akademos Heros von Athen 314
Aksakow, Sergej Timofejewitsch * 1791
  † 1859 533 *Bagrovs Kinderjahre* 533
Alain-Fournier (Henri Alban) * 1886
  † 1914 66 *Der große Meaulnes* 65–66
Alarcón, Juan Ruiz de * 1580 † 1639 372
  Die verdächtige Wahrheit 372
Alba, Don Fernando Álvarez de Toledo
  y Pimentel Herzog von * 1507 † 1582
  Statthalter Karls V. in den Nieder-
  landen 182
Albee, Edward Franklin * 1928 † 2016
  629 *Wer hat Angst vor Virginia Woolf?*
  629
Alberich Zwergenkönig und Nibelun-
  gen 275–76, 473–74
Albers, Hans Philipp August * 1891
  † 1960 Schauspieler 646
Alexander der Große von Makedonien
  * –356 † –323 154, 286, 299, 314–15, 317,
  321, 337, 446, 460
Alexander I. von Russland * 1777 † 1825
  542–43
Alexander II. von Russland * 1818 † 1881
  543
Alexander VI. (Rodrigo Borgia) * 1430
  † 1503 Papst 138
Alexanderroman Anonym entstanden um
  200 136
Alexios I. * 1048 † 1118 Oströmischer
  Kaiser 296
Alexis, Willibald * 1798 † 1871 461 *Ruhe
  ist die erste Bürgerpflicht* 461
Alkibiades * –450 † –404 Athenischer

Staatsmann und Dandy 279, 312–13,
366, 416

Allbeury, Ted * 1917 † 2005 Autor von
Kriminal- und Spionageromanen 72

Allen, Woody (Allen Stewart Konigs-
berg) * 1935 Schauspieler und Filme-
macher 646

Allgemeine Zeitung Wichtigste Tageszeitung der klassischen Zeit in
Deutschland, gegründet von Johann
Friedrich Cotta 1798 in Tübingen,
später Augsburg 445

Almodóvar Caballero, Pedro * 1951
Filmregisseur 686 »Sprich mit ihr«
686

Alpers, Svetlana * 1936 Amerikanische
Kunsthistorikerin 156 *Rembrandt als
Unternehmer* 156

Altdorfer, Albrecht * 1480 † 1538
Maler der Donauschule 154 »Die
Alexanderschlacht« 154

Altenberg, Peter (Richard Engländer)
* 1859 † 1919 Kaffeehausliterat 192, 625

Ambler, Eric * 1909 † 1998 128, 609
Schirmers Erbschaft 128 *Die Maske des
Dimitrios* 609 *Der Fall Deltschev* 610

Ambrosius * 340 † 397 Bischof von Mailand, Heiliger und Kirchenvater 324

Amenophis IV. † –1334 Pharao der 18.
Dynastie, nannte sich Echnaton 263

Ammianus Marcellinus * 330 † 395 295,
701 *Römische Geschichte* 295, 701

Amphion und Zethos Erbauer Thebens
236

Anacharsis † –560 Skythenprinz 291

Anakreon † –530 301 *Naturlyrik* 301

Anaximander von Milet * –610 † –546
Benenner des Kosmos 308–09
Naturgedicht 309

Anaximenes von Milet * –585 † –526
Naturphilosoph 309

Anchises Vater des Aeneas 267, 413

Ande, Michael * 1944 Schauspieler 68

Andersch, Alfred * 1914 † 1980 676 *Die
Rote* 676

Andersen, Hans Christian * 1805
† 1875 423, 464, 667, 701 *Lykke-Peer
(Hans im Glück)* 468–69 Märchen
*(Der tapfere Zinnsoldat – Die sie-
ben Schwäne – Das Mädchen mit den
Schwefelhölzern)* 423

Anderson, Sherwood * 1876 † 1941 613
Winesburgh, Ohio 613

Andreae, Bernard * 1930 Archäologe 271
Praetorium speluncae 271

Andreas-Salomé, Lou * 1861 † 1937
Schülerin Freuds und Schriftstellerin 460, 621

Andrejew, Leonid Nikolajewitsch * 1871
† 1919 555 *Die sieben Gehenkten* 555

Andrić, Ivo * 1892 † 1975 128–29 *Die Brücke über die Drina* 129 *Das Fräulein* 129
Wesire und Konsuln 128

Anna Komnene * 1083 † 1154 296 *Alexias* 296

Annales Zeitschrift für Geschichtswissenschaft, seit 1929 150

Anne * 1665 † 1714 Königin von England
und Thaumaturgin 348, 376

Annunzio, Gabriele d' * 1863 † 1938 193,
586–87 *Lust* 587

Anouilh, Jean * 1910 † 1987 378 *Jeanne
oder Die Lerche* 378

Anselm von Canterbury * 1033 † 1109
333 *Warum Gott Mensch geworden ist
(Cur deus homo)* 333

Antenor Trojaner und mythischer
Gründer von Padua 267

Anthemios von Tralleis † 534 Architekt
325 »Hagia Sophia« 325

Antinoos * 110 † 130 Liebling Kaiser Ha-
drians 268, 448

Antiochos † –350 Vater des Seleukos,
eines Generals Alexanders des Großen 299

Anzengruber, Ludwig * 1839 † 1889 385,
453 *Das vierte Gebot* 385 *Der Sternsteinhof* 453

Apollinaire, Guillaume (Wilhelm Albert Vladimir Apollinaris de Kos-

trowitzky) * 1880 † 1918 531 *Die elf-
tausend Ruten 531*
Apollodoros † –110 237 *Bibliotheke (Götter-
und Heldensagen) 237*
Apollon Gott des Lichts, der Künste
und Musenführer 242, 246, 290, 653
Apollonios von Rhodos * –295 † –215
284 *Die Fahrt der Argo 284*
Apollonios von Tyana * 40 † 120
Religionsstiftender Philosoph, Py-
thagoreer 288–89
Apuleius von Madaura, Lucius * 125
† 180 299, 701 *Der goldene Esel 299
Blütenlese 701*
Arbusow, Alexej Nikolajewitsch * 1908
† 1986 559 *Irkutsker Geschichte 559*
Archimedes * –285 † –212 Mathemati-
ker und Erfinder aus Syrakus 318
Archipoeta * 1130 † 1165 Der ›Erzdichter‹
von Vagantenlyrik auf Lateinisch 304
Arendt, Hannah (Johanna) * 1906 † 1975
163 *Eichmann in Jerusalem 163*
Arion von Lesbos † –620 Erfinder des
Dithyrambos 236
Ariosto, Ludovico * 1474 † 1533 272 *Der
rasende Roland 272*
Aristophanes * –445 † –385 278–80, 313,
416 *Lysistrate 279 Die Wolken 278 Die
Vögel 279*
Aristoteles * –384 † –322 314–18, 334, 360
Nikomachische Ethik 315 Metaphysik 315
Arndt, Ernst Moritz * 1769 † 1860 423
Der starke Hans 423
Arnim, Carl Joachim Friedrich Ludwig
Achim von * 1781 † 1831 22, 433–35
Des Knaben Wunderhorn (mit Cle-
mens Brentano) 435 *Armut, Reichtum,
Schuld und Buße der Gräfin Dolores 434
Isabella von Ägypten 433 Die Kronen-
wächter 434 Der tolle Invalide auf dem
Fort Ratonneau 433 Fürst Ganzgott und
Sänger Halbgott 434*
Arnim, Bettina (Elisabeth Catharina Lu-
dovica Magdalena) von * 1785 † 1859
Schwester von Clemens Brentano

434, 449 *Goethes Briefwechsel mit einem
Kinde 434 Die Günderode 434*
Arnim, Gisela von * 1827 † 1889 Toch-
ter von Achim und Bettina 449 *Das
Leben der Hochgräfin Gritta von Ratten-
zuhausbeiuns 449*
Árpád † 907 Ungarischer Fürst, Einiger
des Reiches 331
Arrian(us), Lucius Flavius * 95 † 175 136
Alexander der Große 136
Artaxerxes II. † –358 Persischer Groß-
könig 300
Artus † 500, Keltenkönig von Britan-
nien 117, 181, 414
Ascanius Aeneas' Sohn 267
Aspasia * –470 † –420 Ehefrau (Hetäre?)
des Perikles 110
Assis, Machado de * 1839 † 1908 684–85
*Die nachträglichen Memoiren des Bras
Cubas 684–85 Dom Casmurro 685*
Assmann, Jan * 1938 263 *Moses der Ägyp-
ter 263*
Athene Kopfgeburt des Zeus, Schirme-
rin der Wissenschaften 266, 282–83
Aton Einziger Gott des Pharao Echna-
ton in Amarna 263
Attila † 453 Hunnenkönig, die ›Geißel
Gottes‹ 134
Auber, Daniel François Esprit * 1782
† 1871 Komponist 110, 174 »Die
Stumme von Portici« 174 »Manon Le-
scaut« 110
Aubrey, John * 1626 † 1697 348 *Lebensent-
würfe 348*
Augustinus, Aurelius * 354 † 430 Bi-
schof von Hippo, Heiliger und
Kirchenvater 323–24, 419 *Der Gottes-
staat 323 Bekenntnisse (Confessiones)
323, 419*
Augustus (Gaius Octavianus) * –63 † 14
Erster römischer Kaiser 127, 268, 290,
293–94
Austen, Jane * 1775 † 1817 176–77, 510–13,
515, 527, 531–32 *Verstand und Gefühl
510 Stolz und Vorurteil 510 Mansfield*

Park 511 Emma 510 Überredung (Anne Elliot) 510
Averroes (Abu I-Walid Muhammed Ibn Ruschd) * 1126 † 1198 317–18 *Kommentar des Aristoteles 318*
Avicenna (Abu Ali al-Husayn Ibn Abdullah Ibn Sina) * 980 † 1037 Persisch-arabischer Arzt und Philosoph aus Buchara im heutigen Usbekistan, Kommentator von Platon und Aristoteles *318*
Ayala, Ramón Pérez de * 1881 † 1962 693 *Belarmino und Apolonio 692*

Babel, Isaak Emanuilowitsch * 1894 † 1941 555–56 *Die Reiterarmee 555*
Bacchelli, Riccardo * 1891 † 1985 544 *Der Teufel auf dem Pontelungo – Ein Roman um Bakunin 544*
Bach, Johann Sebastian * 1685 † 1750 Komponist *15–16, 357, 433, 442*
Bach, Wilhelm Friedemann * 1710 † 1784 Komponist und Sohn eines Genies *15–16*
Bachmann, Ingeborg * 1926 † 1973 495–97, 670 *Todesarten (Der Fall Franza Malina – Requiem für Fanny Goldmann) 496–97*
Baggesen, Jens Emanuel * 1764 † 1826 349 *Das Labyrinth 349*
Bakunin, Michail Alexandrowitsch * 1814 † 1876 Revoluzzer *544, 547*
Balakirew, Milij Alexejewtisch * 1837 † 1910 Komponist *536*
Ball, Hugo * 1886 † 1927 Erfinder von Dada *593*
Balsamo, Joseph alias Cagliostro * 1743 † 1795 Hochstapler *112*
Balthus (Balthazar Klossowski) * 1908 † 2001 Hocherotiker der Malerei *247*
Balzac, Honoré de * 1799 † 1850 *20, 81–82, 90, 94, 111, 127, 131, 210, 212–24, 229, 239, 252, 513, 523, 626, 685, 689 Die menschliche Komödie 212, 217 Vorrede 218 Memoiren zweier Jung-*

vermählter 224 Gobseck 111 Die Frau von dreißig Jahren 215 Vater Goriot 215 Oberst Chabert 127 Verlorene Illusionen 214 Das Bankhaus Nucingen 689 Glanz und Elend der Kurtisanen 215 Eine Episode aus der Zeit der Schreckensherrschaft 217 Eine dunkle Affäre 81 Z. Marcas 217 Die Königstreuen 81 Der Landarzt 127 Das unbekannte Meisterwerk 239 Physiologie der Ehe 252 Tolldrastische Geschichten 218 Briefe an die Fremde 219
Bandello, Matteo * 1485 † 1561 417 *Novellen 417*
Bang, Herman * 1857 † 1912 464, 469 *Das weiße Haus 469 Das graue Haus 469 Stuck 469*
Barbier, Jules * 1825 † 1901 425 *»Hoffmanns Erzählungen« 425, 427, 435*
Barlach, Ernst * 1870 † 1938 374, 639 *Der arme Vetter 639 Der blaue Bock 639 Der tote Tag 639*
Barnes, Djuna * 1892 † 1982 501 *Ryder 501*
Barolsky, Paul * 1941 237 *Warum lächelt Mona Lisa? 237 Giottos Vater 237*
Barrett-Browning, Elizabeth * 1806 † 1861 Englische Dichterin *499*
Barry, Marie-Jeanne Bécu Comtesse du * 1743 † 1793 Mätresse Ludwigs XV., guillotiniert *110*
Barth, John * 1930 182 *Der Tabakhändler 182*
Bartók, Béla * 1881 † 1945 Komponist und Volksmusiksammler *536*
Basile, Giambattista * 1566 † 1632 139, 332, 417 *Pentameron (Der gestiefelte Kater – Der Froschkönig – Aschenbrödel) 417*
Bassani, Giorgio * 1916 † 2000 139 *Die Gärten der Finzi-Contini 139 Die Brille mit dem Goldrand 139*
Baudelaire, Charles-Pierre * 1821 † 1867 241–42 *Die Blumen des Bösen 241 Die künstlichen Paradiese 241 Der Spleen von Paris 241*

Baudissin, Wolf Heinrich Graf von
* 1789 † 1878 Shakespeare-Übersetzer 367

Bauschan † 1920 Hund Thomas Manns
657

Beatrice (Bice Portinari) † 1290 Dantes
unsterbliche Geliebte 413, 416

Beauharnais, Joséphine de * 1763 † 1814
Napoleons erste Frau 249

Beaumarchais, Pierre Augustin Caron
de * 1732 † 1799 353–54, 394 *Der
Barbier von Sevilla* 353 *Die Hochzeit des
Figaro* 353, 394 *Ein zweiter Tartuffe oder
Die Schuld der Mutter* 353–54

Bechstein, Ludwig * 1801 † 1860 420 *Das
Deutsche Märchenbuch* 420

Becker, Boris Franz * 1967 Tennischampion 24

Becker, Jurek * 1937 † 1997 185 *Jakob der
Lügner* 185

Beckerath, Erich von * 1891 † 1981 319
Geheimsprache der Bilder 319

Becket, Thomas * 1118 † 1170 Bischof
und Heiliger 48, 417, 605

Beckett, Samuel Barclay * 1906 † 1989
Murphy 257, 347, 378, 673 *Warten auf
Godot* 347, 378

Beckford, William Thomas * 1760
† 1844 421 *Vathek* 421

Beckmann, Max * 1884 † 1950 Meistermaler 639 *Briefe* 639 *Tagebücher* 639

Bedford, Sybille (Aleid Elsa von Schoenebeck) * 1911 † 2006 528 *Ein Liebling
der Götter* 528 *Das Vermächtnis* 528 *Besuch bei Don Ottavio* 528

Beer, Johannes * 1655 † 1700 173 *Die teutschen Winter-Nächte* 173 *Die Kurtzweiligen Sommer-Täge* 173

Beethoven, Ludwig van * 1770 † 1827 129,
344, 546, 551, 664 »Kreutzersonate«
551 »Eroica« 129

Beheim-Schwarzbach, Martin * 1900
† 1985 284 *Die Sagen der Griechen* 284

Beineix, Jean-Jacques * 1946 Filmregisseur »Diva« 453

Belisar(ius), Flavius * 505 † 565 Oströmischer Feldherr 296

Bellerophon Großvater des Glaukos aus
Lykien, Mythenheld 320

Bellini, Vincenzo * 1801 † 1835 Komponist »Norma« 141

Bellman, Carl Michael * 1740 † 1795
Schwedischer Nationaldichter 451

Belsazar † –539 König von Babylon 158

Belyi, Andrej (Boris Nikolajewitsch Bugajew) * 1880 † 1934 560 -61 *Petersburg* 560–61

Benjamin, Walter Bendix Schönflies
* 1892 † 1940 644 *Das Kunstwerk im
Zeitalter seiner technischen Reproduzierbarkeit* 644

Benn, Gottfried * 1886 † 1956 197, 522,
639, 644–45 *Gedichte (Morgue Schleierkraut)* 645

Bennett, Arnold * 1867 † 1931 522 *Lebendig begraben* 522

Berg, Alban * 1885 † 1935 Komponist
447 »Wozzeck« 447 »Lulu« 488

Berkeley, George * 1685 † 1753 Bischof
von Cloyne, Philosoph der Sinnenwelt 15–16

Berlichingen, Götz von * 1480 † 1562
393 *Lebensbericht* 393

Berliner Abendblätter 1810–11 Kleists Zeitung 429

Berlioz, Hector * 1803 † 1869 363, 397
Komponist »Benvenuto Cellini« 397

Bernanos, Georges * 1888 † 1948 28, 634
Dialog der Karmeliterinnen 635

Bernardin de Saint Pierre, Jacques-Henri * 1737 † 1814 352 *Paul und Virginie* 352

Bernhard, Niclaas Thomas * 1931 † 1989
366, 399, 468, 497, 677–79 *Frost* 678
Die Macht der Gewohnheit 678 *Minetti*
366 *Autobiographie in fünf Teilen* 678
Beton 677 *Alte Meister* 679 *Auslöschung*
678 *Heldenplatz* 678

Bernhardt, Sarah * 1844 † 1923 Französische Schauspielerin 360

Bernini, Giovanni Lorenzo * 1598 † 1680
Bildhauer und Architekt *290, 530*
»Apollo und Daphne« *290* »Die Ver-
zückung der Heiligen Theresa« *530*
Bernstein, Leonard * 1918 † 1990 *344*
Dirigent und Komponist »West Side
Story« *344* »Candide« *344*
Bessarion, Basilius * 1403 † 1472 Kardi-
nal *150*
Bibel Buch der Bücher, vereint zwi-
schen –1000 und 130 entstandene
Texte, Endredaktion ca. 200 *118,
260–61, 263–64, 301, 323, 326, 406, 413,
499* Buch Genesis *301*
Biberti, Robert * 1902 † 1985 Bass der
»Comedian Harmonists« *161*
Bichsel, Peter * 1935 *693 Kindergeschichten
(Ein Tisch ist ein Tisch) 693*
Bierce, Ambrose Gwinnett * 1842 † 1914
78 Erzählungen aus dem Bürgerkrieg 78
Biermann, Wolf * 1936 Liedermacher,
Dichter und mehr *403 Das macht
mich populär 404*
Bismarck, Otto von * 1815 † 1898
Reichskanzler *212, 472, 647*
Bizet, Georges * 1838 † 1875 Komponist
460 »Carmen« *460*
Blake, William * 1757 † 1827 *452 Gedichte
(Songs of Innocence and Experience) 452*
Bleichröder, Gerson * 1822 † 1893 Ban-
kier Bismarcks und des Reichs *472*
Blixen, Baronin Tanja * 1885 † 1962
Brors Gattin *14, 485 Die Sintflut von
Norderney 14 Afrika, dunkel lockende
Welt 485*
Blixen-Finecke, Baron Bror von * 1886
† 1946 Syphilitischer Großwild-
jäger *485*
Bloch, Marc * 1886 † 1944 *150 Die
wundertätigen Könige 150 Die seltsame
Niederlage – Frankreich 1940 150*
Blok, Alexander Alexandrowitsch
* 1880 † 1921 *559–60 Gedichte 560*
Blomberg, Barbara * 1527 † 1597 Mutter
des Don Juan de Austria *206*

Blumauer, Aloys * 1755 † 1798 *196 Die
Aeneis travestiert 196*
Boccaccio, Giovanni * 1313 † 1375 *218, 332,
416,17, 419 Dekameron (Falkennovelle)
416–17 Leben Dantes 416*
Bode, Wilhelm von * 1845 † 1929
Museumsdirektor *155 Mein Leben 155*
Böll, Heinrich * 1917 † 1985 *184–85, 198,
669 Ansichten eines Clowns 184, 683
Nicht nur zur Weihnachtszeit 198 Doktor
Murkes gesammeltes Schweigen 198*
Börne, Carl Ludwig (Juda Löb Baruch)
* 1786 † 1837 *444–45, 449 Briefe aus
Paris 445 Menzel der Franzosenfresser
445*
Boileau, Pierre * 1906 † 1989 *84–85, 490*
und Narcejac, Thomas * 1908 † 1998
*84–85, 490 Aus dem Reich der Toten 84
Mord bei fünfundvierzig Touren 85*
Bolingbroke, Henry Saint-John Lord
* 1678 † 1751 Britischer Politiker *362–
63, 376*
Bonaparte Prinzessin von Griechenland
und Dänemark, Marie * 1882 † 1962
153 Edgar Poe 153
Bootz, Erwin * 1907 † 1982 Pianist der
»Comedian Harmonists« *161, 648*
Borchert, Wolfgang * 1921 † 1947 *640
Draußen vor der Tür 640*
Borges Acevedo, Jorge Francisco Isi-
doro Luis * 1899 † 1986 *635, 685
Bibliothek von Babel 635*
Borgia, Cesare * 1475 † 1507 Spanischer
Condottiere, Sohn von Papst Alex-
ander VI. *138*
Boswell, James * 1740 † 1795 *348 Das
Leben Samuel Johnsons 348*
Boucher, François * 1703 † 1770 Maler
207 »Die schöne O-Morphi« *207*
Bourget, Paul * 1852 † 1935 *605 Ein
Frauenherz 605*
Bowen, Elizabeth * 1899 † 1973 *486 Die
kleinen Mädchen 486*
Bradbury, Ray * 1920 † 2012 *102 Fahren-
heit 451 102*

Bräker, Ulrich * 1735 † 1798 *133 Der arme Mann im Tockenburg 133*
Brahm, Otto * 1856 † 1912 Kritiker und Regisseur, Ibsen-Fan 382
Brahms, Johannes * 1833 † 1897 Komponist 412, 450
Bramante (Donato d'Angelo Lazzari) * 1444 † 1514 Renaissancekünstler, Architekt 316
Brancusi, Constantin * 1876 † 1957 Bildhauer 604 »Unendliche Säule« 604
Brandes, Georg * 1842 † 1927 Dänischer Literaturkritiker 467–68
Brando, Marlon * 1924 † 2004 Schauspieler 128, 364, 486, 609
Braque, Georges * 1882 † 1963 Erfinder des Kubismus 377
Braun, Wernher von * 1912 † 1977 Vater des Mondfluges 94
Brecht, Bertolt * 1898 † 1956 359, 403, 471, 566, 649–51, 657–61, 665 *Baal 657 Trommeln in der Nacht 657 Im Dickicht der Städte 657 Leben Eduards des Zweiten von England (gemeinsam mit Lion Feuchtwanger) 658 Mann ist Mann 658 Dreigroschenoper 63, 658 Aufstieg und Fall der Stadt Mahagonny 658 Die Lehrstücke (Der Ozeanflug – Das Badener Lehrstück vom Einverständnis – Der Jasager – Der Neinsager – Die Maßnahme – Die Ausnahme und die Regel – Die Horatier und die Kuriatier) 658 Die Heilige Johanna der Schlachthöfe 658 Die Mutter 658 Die Rundköpfe und die Spitzköpfe 658 Furcht und Elend des Dritten Reichs 658 Die Gewehre der Frau Carrar 658 Das Leben des Galilei 658 Mutter Courage und ihre Kinder 658 Das Verhör des Lukullus 659 Der gute Mensch von Sezuan 659 Herr Puntila und sein Knecht Matti 659 Der aufhaltsame Aufstieg des Arturo Ui 659 Die Gesichte der Simone Marchard (gemeinsam mit Lion Feuchtwanger) 659 Schweyk im Zweiten Weltkrieg 659 Der kaukasi-*
sche Kreidekreis 659 Die Tage der Commune 659 Turandot oder Der Kongreß der Weißwäscher 659 Gedichte (Der Bauch Laughtons 403) Geschichten vom Herrn Keuner 659 Der Dreigroschenroman 659 Die Geschäfte des Herrn Julius Caesar 659–60 Me-ti/Buch der Wendungen 660
Bredius, Abraham * 1855 † 1946 Rembrandtsammler, schuf den ersten Werkkatalog 156
Brentano de la Roche, Clemens Wenzeslaus * 1778 † 1842 22, 389, 423, 434–35 *Godwi oder Das steinerne Bild der Mutter 434 Des Knaben Wunderhorn (gemeinsam mit Achim von Arnim) 435 Gockel, Hinkel, Gackeleia 423*
Breschnew, Leonid Iljitsch * 1907 † 1982 Generalsekretär des Zentralkomitees der Kommunistischen Partei der Sowjetunion 545
Brillat-Savarin, Jean Anthèlme * 1755 † 1826 252 *Die Physiologie des Geschmacks 252*
Brion, Friedrike * 1752 † 1813 Goethes Flamme aus dem Elsass 393
Britten, Edward Benjamin * 1913 † 1976 Komponist 54, 412, 486, 502, 598 »Billy Budd« 54 »The Turn of the Screw« 503 »Owen Wingrave« 598
Broch, Hermann * 1886 † 1951 268, 630 *Die Schlafwandler 630 Der Tod des Vergil 268 Die Schuldlosen (V. Die Erzählung der Magd Zerline 630)*
Brockhaus Konversationslexikon erscheint seit 1812; gibt es noch mal eine neue Auflage? 13–14
Brod, Max * 1884 † 1968 Schriftsteller und Nachlassverwalter Kafkas 615
Brodsky, Joseph * 1940 † 1996 567 *Erinnerungen an Leningrad 567*
Brontë, Charlotte * 1816 † 1855 513, 515 *Jane Eyre 515*
Brontë, Emily * 1818 † 1848 513, 515 *Sturmhöhe 515*
Bronzino (Agnolo di Cosimo di

Mariano, detto il) * 1503 † 1572 Maler, Schüler Pontormos, von dem er die Kulleraugen all seiner Porträtierten übernahm 599

Brown, Charles Brockden * 1771 † 1810 82, 179, 698 *Arthur Mervyn oder Die Pest in Philadelphia* 82 *Wieland oder Die Verwandlung* 82, 698

Brown, Peter Robert Lamont * 1935 144, 287 *Macht und Rhetorik in der Spätantike* 144 *Die Keuschheit der Engel* 287

Browning, Robert * 1812 † 1889 Englischer Dichter 499

Brün(n)hilde Wotanstochter, eine der neun Walküren 267, 276, 474, 622

Brunelleschi, Filippo * 1377 † 1446 342, 415, 577 »Alte Sakristei« 342 »Palazzo Pitti« 372, 577

Bruno, Giordano * 1548 † 1600 Der ›Nolaner‹ 288

Brutus, Marcus Iunius * −85 † −42 Verräter 211, 364, 413

Buchan Baron Tweedsmuir, John * 1875 † 1940 72, 700 *Die neununddreißig Stufen* 72

Büchmann, Georg * 1822 † 1884 404–05 *Geflügelte Worte* 404

Büchner, Georg * 1813 † 1837 211, 447–48, 648 *Der Hessische Landbote* (mit Friedrich Ludwig Weidig) 447 *Dantons Tod* 211, 447 *Lenz* 448 *Über das Nervensystem der Barben* 448 *Leonce und Lena* 447 *Woyzeck* 447

Bülow, Hans von * 1830 † 1894 Dirigent und erster Ehemann von Cosima Wagner 217

Buff, Charlotte Sophie Henriette * 1753 † 1828 Später Frau Kestner 393, 655

Bulgakow, Michail Afansjewitsch * 1891 † 1940 351, 558, 563–64 *Die weiße Garde* 563 *Die rote Krone* 563 *Die Tage der Turbins* 563 *Batum* 558 *Das Leben des Herrn de Molière* 351 *Der Meister und Margarita* (*Der schwarze Magier*) 563

Bulwer-Lytton, Edward George * 1803 † 1873 114 *Die letzten Tage von Pompeji* 114 *Rienzi, der letzte der Tribunen* 137

Bunin, Iwan Alexejewitsch * 1870 † 1953 565 *Das Dorf* 565 *Ssuchodol* 565 *Novellen* (*Dunkle Alleen* 565)

Buñuel, Luis * 1900 † 1983 Surrealist 378

Burckhardt, Jacob Christoph * 1818 † 1897 143–46, 148, 238–39, 415 *Die Zeit Konstantins des Großen* 144 *Cicerone oder Anleitung zum Genuß der italienischen Kunstwerke* 144 *Die Kultur der Renaissance in Italien* 144 (*Vorlesungen über*) *Griechische Kulturgeschichte* 144

Burger, Hermann * 1942 † 1989 458 *Diabelli* 458 *Blankenburg* 458 *Tractatus logico-suicidalis* 458

Burgess, Anthony (John Anthony Burgess Wilson) * 1917 † 1993 129 *Ein-Hand-Klatschen* 129 *Uhrwerk Orange* 129 *Napoleon-Symphonie* 129

Burkert, Walter * 1931 † 2015 Altphilologe 459 *Homo necans* 459

Burns, George (Nathan Birnbaum) * 1896 † 1996 Amerikanischer Komiker 108

Burns, Robert * 1759 † 1796 452 *Lieder* (*Auld Long Syne*) 452

Burton, Richard * 1925 † 1984 Schauspieler 77, 629

Burton, Tim(othy) William * 1958 Filmregisseur 100 »Mars attacks!« 100 »Batman« 155

Busch, Ulrich * 1921 Slawist in Kiel und Übersetzer 539

Busch, Wilhelm * 1832 † 1908 140, 472, 475, 539 *Plisch und Plum* 472 *Der Schmetterling* 475

Buschor, Ernst * 1886 † 1961 Archäologe 327

Butler, Samuel * 1835 † 1902 98 *Erewhon* 98 *Der Weg allen Fleisches* 98

Butor, Michel * 1926 † 2016 667, 673–74 *Paris – Passage de Milan* 674 *Der Zeitplan* 667, 674 *Paris–Rom oder Die Modifikation* 674

Bylinen Russische Heldenlieder des
Mittelalters 535
Byron, George Gordon Noël Lord * 1788
† 1824 75, 125, 281, 539–42, 697 *Gedichte
(Mazeppa Ode an Napoleon Bonaparte)
541 Childe Harolds Pilgerfahrt 539 Der
Korsar 539 Lara 539 Manfred 539 Don
Juan 539*
Byron, Robert * 1905 † 1941 Entfernter
Verwandter des Lords 422 *Der Weg
nach Oxiana 422*

Caesar, Gaius Julius * –100 † –44
Machtmensch 43, 154, 268–69, 285,
290, 293–96, 302, 304, 321, 364, 413
Calderón de la Barca y Barreda Ganza-
lez, Pedro * 1600 † 1681 370–72 *Dame
Kobold 372 Das Leben – ein Traum 371
Der Arzt seiner Ehre 372 Der Richter von
Zalamea 372 Das große Welttheater 371*
Caligula, Gaius Caesar Augustus Ger-
manicus * 12 † 41 Römischer Kaiser,
das ›Stiefelchen‹ 179
Callas, Maria * 1923 † 1977 Die größte
Sängerin des Zwanzigsten Jahr-
hunderts 141, 453, 549
Camilleri, Andrea * 1925 88 *Der Hund
aus Terrakotta 88*
Camus, Albert * 1913 † 1960 378, 574,
672–73 *Der Mythos von Sisyphos 673
Der Fremde 672 Die Pest 672 Der Be-
lagerungszustand 378 Der Fall 672 Die
Besessenen 574*
Canetti, Elias * 1905 † 1994 310, 604–05
*Die Blendung 604 Aufzeichnungen
1942–1948 310 Die gerettete Zunge 605
Die Fackel im Ohr 605 Das Augen-
spiel 605*
Canteloube, Marie-Joseph * 1869 † 1957
Komponist 255 »Chants d'Auvergne«
255
Capote, Truman Streckfus * 1924 † 1984
85 *Frühstück bei Tiffany 85 Kaltblütig 85*
Capra, Frank * 1897 in Bisacquino, Si-
zilien † 1991 Amerikanischer Film-

regisseur 452 »Ist das Leben nicht
schön?« 452
Cardinale, Claudia (Claude Josephine
Rose) * 1938 Schauspielerin 141
Carlyle, Thomas * 1795 † 1881 147 *Über
Heldenverehrung 147*
Carmina Burana Handschrift lateinischer
und mittelhochdeutscher Lyrik aus
Benediktbeuren, um 1230 304
Carossa, Hans * 1878 † 1956 637
*Schicksale Doktor Bürgers 637 Der Arzt
Gion 637 Gedichte (Der alte Brunnen
637)*
Carré, John le (David John Moore Corn-
well) * 1931 77 *Der Spion, der aus der
Kälte kam 77*
Caruso, Enrico * 1873 † 1921 Sänger 654
Carver, Raymond * 1938 † 1988 613–14
Kurzgeschichten 614
Casanova, Giacomo Girolamo * 1725
† 1798 206–10, 222, 531–32 *Eduard und
Elisabeth 207 Geschichte meines Lebens
207*
Cassirer, Ernst * 1874 † 1945 644 *Philo-
sophie der symbolischen Formen 644*
Cassius Dio Cocceianus, Lucius Clau-
dius * 155 † 235 295, 699 *Universal-
geschichte 395, 699*
Cassius Longinus, Gaius † –42 Verräter
und Cäsarenmörder 413
Catalani, Alfredo * 1854 † 1893 453 »La
Wally« 453
Catilina, Lucius Sergius * –108 † –62
Adliger Verschwörer gegen die Re-
publik 293
Cato der Ältere, Marcus Porcius * –234
† –149 Moralische Instanz 297–98
Catull(us), Gaius Valerius * –84 † –54
301–02, 339 *Gedichte (Carmina) 302*
Cavour, Camillo Benso di * 1810 † 1861
Sardischer, dann italienischer
Ministerpräsident 544
Celan (Anschel), Paul * 1920 † 1970 191,
670 *Gedichte (Todesfuge 670)*
Céline (Destouches), Louis-Ferdinand

* 1891 † 1961 39, 184 *Reise ans Ende der Nacht* 39, 184 *Guignol's Band* 184
Cellini, Benvenuto * 1500 † 1571 Bildhauer 49, 397 »Perseus« 49, 379
Ceram, C. W. (Kurt Wilhelm Marek) * 1915 † 1972 283 *Götter, Gräber und Gelehrte* 283
Cervantes y Saavedra, Miguel de * 1547 † 1616 20–21, 29–37, 172, 514, 696 *Die Galatea* 37 *Don Quixote* 32–37, 112, 172, 189, 514 *Exemplarische Novellen (Rinconete und Cortadillo)* 172 *Sklave in Algier* 31 *Zwischenspiele* 21 *Die Mühen und Leiden des Persiles und der Sigismunda* 37
Cézanne, Paul * 1839 † 1906 Malergenie 228–29
Chamfort (Sebastien-Roch), Nicolas * 1740 † 1794 346, 447 *Aphorismen (Krieg den Palästen, Friede den Hütten* 447*)* 346
Chamisso, Adelbert von (Louis Charles Adélaïde de Chamisso de Boncourt) * 1781 † 1838 401, 435–36 *Gedichte (Die alte Waschfrau* 401*) Peter Schlemihl* 435 *Reise um die Welt* 436
Chandler, Raymond * 1888 † 1959 83, 493, 609 *Tote schlafen fest* 83 »Fremde im Zug« 493
Chaplin, Charlie Spencer * 1889 † 1977 Schauspieler und Regisseur 163, 643 »Lichter der Großstadt« 643 »Moderne Zeiten« 643 »Der große Diktator« 163, 643
Charivari Satirische Zeitschrift, seit 1832 252
Charms, Daniil (Iwanowitsch Juwatschow) * 1905 † 1942 564 *Fälle* 565 *Fallen* 565
Chastellain, Georges * 1405 † 1475 Dichter und Chronist 147
Chateaubriand, François-René de * 1768 † 1848 250 *Atala* 250 *René* 250 *Lebenserinnerungen von jenseits des Grabes* 250
Châtelet, Émilie du * 1706 † 1749 Voltaires Partnerin im Labor, am Fernrohr und auch sonst 353
Chaucer, Geoffrey * 1343 † 1400 332, 417–18 *Die Canterbury-Erzählungen* 417
Cheops † –2580 Pharao 306
Chéreau, Patrice * 1944 † 2013 Regisseur des ›Jahrhundertrings‹ in Bayreuth 474
Chesterton, Gilbert Keith * 1874 † 1936 83 *Father Brown* 83 *Orthodoxie* 83 *Ketzer* 83
Childers, Robert Erskine * 1870 † 1922 528 *Das Rätsel der Sandbank* 528
Chirico, Giorgio de * 1888 † 1978 Meister der Metaphysischen Malerei 635
Chlebnikov, Velemir (Wiktor Wladimirowitsch) * 1885 † 1922 Russischer Dichter 558
Chodass(j)ewitsch, Wladislaw * 1886 † 1939 561 *Gedichte* 561
Chodowiecki, Daniel Nikolaus * 1726 † 1801 Illustrator 175
Chopin, Frédéric * 1810 † 1849 Zauberer auf dem Klavier 253
Chopin, Kate * 1850 † 1904 482, 524, 701 *Das Erwachen* 524
Chruschtschow, Nikita Sergejewitsch * 1894 † 1971 Nachfolger Stalins, ZK-Generalsekretär 566
Churchill, Winston * 1874 † 1965 271 *Weltgeschichte* 271
Cicero, Marcus Tullius * –106 † –43 293, 298, 317, 322, 699 *Reden gegen Verres* 298 *Über die Pflichten* 317
Cimabue (Cenni di Pepi) * 1240 † 1302 Malerfürst der Gotik 415
Cioran, Émile Michel * 1911 † 1995 310, 604 *Syllogismen der Bitterkeit* 604
Clairmont, Claire * 1798 † 1879 Stiefschwester von Mary Shelley, Geliebte Byrons 540
Clarín (Leopoldo Enrique García Alas Ureña) * 1852 † 1901 685, 690–91 *Die Präsidentin* 685, 690–91 *Sein einziger Sohn* 685

Claudel, Paul * 1868 † 1955 *378, 634 Der seidene Schuh 378*

Claudius, Matthias * 1740 † 1815 *432 Asmus oder Der Wandsbecker Bote (Abendlied 432)*

Clemenceau, Georges Benjamin * 1848 † 1929 Französischer Staatspräsident *205*

Clemens, Susy * 1872 † 1894 Tochter von Mark Twain *180 Tagebuch 180*

Cocteau, Jean * 1889 † 1963 *378 Orpheus 378 »Orphée« 378 »La belle et la bête« 378*

Cola di Rienzo * 1313 † 1354 Selbst ernannter römischer Tribun mit tragischem Ende *137*

Coleridge, Samuel Taylor * 1772 † 1834 *452 Gedichte (The Rime of the Ancient Mariner 452 Kubla Khan 452)*

Colet, Louise * 1810 † 1876 Freundin Flauberts *224 Briefe 224*

Colette, Sidonie-Gabrielle Claudine * 1873 † 1954 *117, 256 Chéri 117, 256 Gigi 256*

Collin, Erich Abraham * 1899 † 1961 Zweiter Tenor der »Comedian Harmonists« *161*

Collins, William Wilkie * 1824 † 1889 *25*

Collodi (Lorenzini), Carlo * 1826 † 1898 *323 Pinocchio 323*

Columbus, Christoph * 1451 † 1506 *108, 375 Logbuch 108*

Commodus Antoninus, Marcus Aurelius * 161 † 192 Römischer Kaiser und Gladiator *295*

Compton-Burnett, Ivy * 1884 † 1969 *527 Eine Familie und ein Vermögen 527*

Comte, Isidore Marie Auguste François Xavier * 1798 † 1857 Begründer der Soziologie *255*

Conrad, Joseph * 1857 † 1924 *58, 128, 503, 595–96, 600–04, 607–09 Almeyers Wahn 600 Der Verdammte der Inseln 600 Der Nigger von der »Narcissus« 595 Lord Jim 599–600 Jugend 600 Die Rettung 600 Das Ende vom Lied 600 Taifun 600 Der Spiegel der See 600 Nostromo 600–01 Mit den Augen des Westens 601 Spiel des Zufalls 601 Der Geheimagent 601 Sieg 601 Die Schattenlinie 601 Der goldene Pfeil 601 Das Herz der Finsternis 609 Der Freibeuter 128 Spannung 128 Bezauberung (mit Ford Madox Ford) 603*

Constant de Rebecqe, Henri-Benjamin * 1767 † 1830 *247 Adolphe 248 Cécile 248*

Cook, James * 1728 † 1779 Entdecker *70, 108, 436 Logbuch 108*

Cooper, James Fenimore * 1789 † 1851 *25, 105–09, 179, 478 Die Lederstrumpf-Erzählungen (Der Wildtöter – Der letzte Mohikaner – Der Pfadfinder – Die Ansiedler – Die Prärie) 105–09 Bilder aus der amerikanischen Vergangenheit (Satanstoe Tausendmorgen Die Roten) 107 Conanchet oder Die Beweinte von Wish-Ton-Wish 107*

Copland, Aaron * 1900 † 1990 Komponist *486 »Billy the Kid« 486*

Copperfield, David (David Seth Kotkin) * 1956 Zaubert *174*

Coppola, Francis Ford * 1939 Filmregisseur *609 »Apocalypse Now« 609*

Corinth, Lovis (Franz Heinrich Louis) * 1858 † 1925 Meister des einheimischen Impressionismus *635*

Corneille, Pierre * 1606 † 1684 *31, 281, 360, 372, 376 Der Lügner 372 Der Cid 31*

Coster, Charles de * 1827 † 1879 *182 Die Legende und die heldenhaften, fröhlichen und ruhmreichen Abenteuer von Ulenspiegel und Lamme Goedzak im flandrischen Land und anderswo 182*

Cotta, Johann Friedrich * 1764 † 1832 Verleger aus Stuttgart *442, 445, 698*

Crane, Stephen * 1871 † 1900 *602 Die rote Tapferkeitsmedaille 602*

Crispin, Edmund (Robert Bruce Montgomery) * 1921 † 1978 *513 Der wandernde Spielzeugladen 513*
Cuj, César (Zesar Antonowitsch Kjuj) * 1835 † 1918 Russischer Komponist 536
Cupido Söhnchen der Venus 339
Cycowski, Roman * 1901 † 1998 Bariton der »Comedian Harmonists« 161
Cyrano de Bergerac (Hercules Savinien de Cyrano) * 1619 † 1655 98, 209, 377 *Reise zu den Mondstaaten und Sonnenreichen 98, 377–78 Herzstiche 378*

Däubler, Theodor * 1876 † 1934 *636 Das Nordlicht 636*
Dahn, Felix * 1834 † 1912 *296 Ein Kampf um Rom 296*
Dalí y Doménech, Salvador Felipe Jacinto * 1904 † 1989 Surrealist 378
Damiani, Damiano * 1922 † 2013 Filmregisseur »Der Tag der Eule« und andere großartige (Anti)Mafia-Filme 141
Danaë Mutter des Perseus 285, 675
Dante Alighieri * 1265 † 1321 77, 140, 212, 218, 318, 412–16, 418, 605, 634, 675 *Vita nova 416 Das Gastmahl 300 De monarchia 416 Die Göttliche Komödie 413, 415*
Daphne Von Apoll verfolgte Nymphe, jetzt Lorbeerbaum 290
Dareios III. von Persien * –380 † –330 154
Darwin, Charles * 1809 † 1882 108, 148, 570, 572, 584, 612 *Die Fahrt der »Beagle« 108, 584 Die Enstehung der Arten 584*
Daudet, Alphonse * 1840 † 1897 255 *Tartarin von Tarascon 255 Briefe aus meiner Mühle 255*
Daumier, Honoré * 1808 † 1879 33, 252 *Robert-Macaire 252*
Dauthendey, Max * 1867 † 1918 *422 Die acht Gesichter am Biwasee 422*
David † –1000 Zweiter König von Israel 264, 336

David, Jacques-Louis * 1748 † 1825 Maler 211–12 »Schwur der Horatier« 211 »Brutus vor der Leiche seines Sohnes« 211 »Der Tod des Marat« 211 »Napoleon überquert den Großen St. Bernhard« 211 »Krönung Napoleons« 211
Débussy, Achille-Claude * 1862 † 1918 243–44 »Prélude a l'après-midi d'un faun« 243 »Pélleas et Mélisande« 244
Defoe, Daniel * 1660 † 1731 63–64, 67–68, 174–75 *Robinson Crusoe 15, 28, 62–63, 582 Moll Flanders 63, 174 Jonathan Wild 63 Die Pest von London 6 Geschichte der Piraterie 63*
Degas, Edgar (Hilaire Germain de Gas) * 1834 † 1917 Impressionist 377
Degenhardt, Franz Josef * 1931 † 2011 403 *Spiel nicht mit den Schmuddelkindern 403*
Dehmel, Richard * 1863 † 1920 *636 Venus consolatrix 636*
Delacroix, Eugène Ferdinand Victor * 1798 † 1863 Maler 209 »Die Freiheit führt das Volk« 209
Delaunay, Robert * 1885 † 1941 Meister des malerischen Orphismus 377
Deledda, Grazia * 1871 † 1936 *139 Schilf im Wind 139*
Delon, Alain * 1935 Schauspieler 491
Demokritos von Abdera * –460 † –370 Der lachende Philosoph 309
Demosthenes * –384 † –322 297, 322 *Philippiken 297*
Demuth, Helene * 1820 † 1890 Haushälterin bei Karl Marx. Von ihm wohl der kleine Frederick Demuth 148
De Niro, Robert Mario * 1943 Amerikanischer Filmschauspieler 128
Depardieu, Gérard * 1948 Schauspieler 377
DeQuincey, Thomas * 1785 † 1859 241 *Bekenntnisse eines englischen Opiumessers 241*

Alphabetisches Register aller erwähnten Personen und Bücher

Descartes, René * 1596 † 1650 Französischer Denker *439*

Dessau, Paul * 1894 † 1979 Komponist *659* »Das Verhör des Lukullus« *659* »Mutter Courage und ihre Kinder« *659*

Devereux Earl of Essex, Robert * 1566 † 1601 Liebhaber der Königin Elisabeth I. *549*

Di Jen-djiä * 630 † 700 Richter in China *328*

Diaghilew, Serge * 1872 † 1929 Impresario der »Ballets Russes« *559*

Dick, Philip Kindred * 1928 † 1982 *99–100 Träumen Androiden von elektrischen Schafen? 99 We can build you (Die Lincoln-Maschine 100)*

Dickens, Charles John Huffam * 1812 † 1870 *104, 155, 176, 499, 515–20 Londoner Skizzen 516 Meister Humphreys Wanduhr 516 Weihnachtserzählungen 516 Italienische Reise 155 Die amerikanische Reise 517 Pickwickier 516, 519 Oliver Twist 501, 516, 519 Nicholas Nickleby 516 Der Raritätenladen 517 Barnaby Rudge 517 Martin Chuzzlewit 517 Dombey & Sohn 517 David Copperfield 28, 174, 501, 517, 519, 608 Bleakhaus 517 Harte Zeiten 518 Klein Dorrit 518 Die Geschichte zweier Städte 518 Große Erwartungen 518 Unser gemeinsamer Freund 518 Das Geheimnis des Edwin Drood 518*

Dickinson, Emily Elizabeth * 1830 † 1886 *522 Gedichte 522*

Diderot, Denis * 1713 † 1784 *346–47, 349–54, 535 Encyclopédie 347, 352 Die indiskreten Kleinode 347 Die Nonne 347 Rameaus Neffe 347 Jacques der Fatalist und sein Herr 347*

Dietrich, Marlene (Marie Magdalene) * 1901 † 1992 Schauspielerin *640–41, 658*

Diogenes Laërtius † 220 *321 Leben der Philosophen 321*

Diogenes-Verlagschronik zum fünfzigjährigen Jubiläum 2002 493

Diogenes von Sinope * –399 † –323 Kyniker *314*

Diomedes Held vor Troja *319–20*

Dion Chrysostomos * 40 † 120 *298 Euböische Idylle 298*

Dionysios I. * –430 † –367 Tyrann von Syrakus *292*

Dionysos Gott des Weinrauschs *236, 274, 284, 311, 386, 459*

Dioskuren Zeitschrift des »Jungen Deutschland« ab 1836 444

Disney, Walt(er Elias) * 1901 † 1966 Vater des Zeichentrick- und Naturfilms (»Die Wüste lebt«) *71, 605*

Disraëli, Benjamin * 1804 † 1881 Englischer Premierminister *519 Tancred oder Der neue Kreuzzug 519*

Dix, Otto * 1891 † 1969 Maler der Neuen Sachlichkeit *636, 644*

Djedefhor † –2550 Sohn des Cheops, ägyptischer Philosoph *306 Weisheitslehre 306*

Djian, Philippe * 1949 *674 Betty Blue 674*

Doderer, Heimito von * 1896 † 1966 *574, 632–34 Ein Mord den jeder begeht 634 Erzählungen (Die Peinigung der Lederbeutelchen 634) Die Strudlhofstiege 633 Die Dämonen 574, 633*

Döblin, Alfred * 1878 † 1957 *101, 642–43 Die drei Sprünge des Wang-Lun 643 Berge Meere und Giganten 101 Berlin Alexanderplatz 642 November 1918 (Bürger und Soldaten – Verratenes Volk – Heimkehr der Fronttruppen – Karl und Rosa) 643 Hamlet oder Die lange Nacht nimmt ein Ende 642*

Döblin, Wolfgang * 1915 † 1940 Sohn Alfreds, der geniale Mathematiker *101, 642–43*

Dörpfeld, Wilhelm * 1853 † 1940 Ausgräber von Olympia *282*

Dominik, Hans * 1872 † 1945 *101 Atlantis 101*

Domitian(us), Titus Flavius * 51 † 98 Römischer Kaiser, Tyrann 288
Donizetti, Gaëtano * 1797 † 1848 113, 239 »Lucrezia Borgia« 113 »Maria Stuarda« 406 »Lucia di Lammermoor« 103 »Roberto Devereux« 549
Donne, John * 1572 † 1631 451 Gedichte (The Paradox 452)
Doré, Gustave * 1832 † 1883 Maler und Illustrator 108, 165, 219
Dos Passos, John * 1896 † 1970 526, 610 Manhattan Transfer 626 Die U.S.A.-Trilogie (Der 42. Breitengrad – Neunzehnhundertneunzehn – Das große Geld) 610
Dostojewskij, Fjodor Michailowitsch * 1821 † 1881 20, 38–39, 41, 190, 297, 485, 504, 556, 570–74, 576–77 Arme Leute 571 Der Doppelgänger 571 Njetotschka Neswanowa 504 Onkelchens Traum 576 Das Gut Stepantschikowo und seine Bewohner 576 Aufzeichnungen aus einem Totenhaus 42, 572 Erniedrigte und Beleidigte 572 Aufzeichnungen aus einem Kellerloch 573 Schuld und Sühne (Verbrechen und Strafe)20, 573 Der Spieler 576 Die Sanfte 577 Der Idiot 38, 42–43, 574 Die Dämonen (Böse Geister) 574, 633 Tagebuch eines Schriftstellers 576 Der Jüngling (Ein grüner Junge) 575 Die Brüder Karamasow (darin: Der Großinquisitor 576) 556, 575
Douglas, John Sholto * 1844 † 1900 Der 9. Marquess of Queensbury und Vater von »Bosie« 489
Douglas, Kirk (Issur Danielowitsch Demsky) * 1916 und lebt! Schauspieler 284
Douglas, Lord Alfred * 1870 † 1945 »Bosie« 488–89
Doyle, Arthur Ignatius Conan * 1859 † 1930 83 Sherlock Holmes 82 Dreyfus, Alfred * 1859 † 1935 Artilleriehauptmann ja, Spion nein 205, 231
Droste-Hülshoff, Annette Anna Elisabeth Franzisca Adolphina Wilhelmina Ludovica Freiin von * 1797 † 1848 449–50 Das geistliche Jahr 450 Die Judenbuche 449
Droysen Johann Gustav * 1808 † 1884 135–36 Geschichte des Hellenismus (Alexander der Große Die Diadochen Die Epigonen) 136
Dschingis-Khan * 1155 † 1227 Mongolenherrscher, Welteroberer 330
Dürer, Albrecht * 1471 † 1528 Maler 396
Dürrenmatt, Friedrich * 1921 † 1990 468, 660 Der Richter und sein Henker 660 Der Verdacht 660 Die Ehe des Herrn Mississippi 660 Die Physiker 660
Dumas, Alexandre * 1802 † 1870 Der Vater 109–113, 118, 210, 252–53 Die drei Musketiere 111 Zwanzig Jahre später 112 Der Marquis von Bragelonne 112 Der Graf von Monte-Cristo 112, 253 Memoiren eines Arztes 112 Das große Wörterbuch der Kochkunst 252
Dumas, Alexandre * 1824 † 1895 Der Sohn 110–111 Die Kameliendame 110–111
Dumas, Thomas Alexandre * 1762 † 1806 Der Großvater, ein General 113
Dunant, Henry * 1828 † 1910 Gründer des »Roten Kreuzes« 623
Duncan, Isadora * 1877 † 1927 Tänzerin 562
Duplessis, Marie * 1824 † 1847 Das Vorbild zur Kameliendame 110

Ebner-Eschenbach, Marie von * 1830 † 1916 464 Krambambuli 464 Das Gemeindekind 464
Echnaton hieß eigentlich Amenophis IV. und war von Beruf Pharao 263
Echtermeyer, Theodor * 1805 † 1844 402 Mustersammlung deutscher Gedichte 402
Eckermann, Johann Peter * 1792 † 1854 132, 440 Unterhaltungen mit Goethe in seinen letzten Lebensjahren 440
Edward VI. von England * 1537 † 1553 117

Egk, Werner * 1901 † 1983 379, 545 »Peer Gynt« 379–80 »Der Revisor« 545

Ehrenburg, Ilja Gregorjewitsch * 1891 † 1967 565–66 *Tauwetter 566 Menschen, Jahre, Leben 566*

Ehrlich, Paul * 1854 † 1915 Chemiker 222

Eich, Günter * 1907 † 1972 670 *Die Stunde des Huflattichs 670*

Eichendorff, Joseph Karl Benedikt von * 1788 † 1857 410, 446–47 *Gedichte (Waldgespräch 410) Ahnung und Gegenwart 446 Das Marmorbild 447 Dichter und ihre Gesellen 447 Aus dem Leben eines Taugenichts 446 Das Schloß Dürande 447*

Eichmann, Adolf * 1906 † 1962 163

Eisenstein, Sergej Michailowitsch * 1898 † 1948 331, 558 »Panzerkreuzer Potemkin« 331, 558 »Alexander Newskij« 331

Eisler, Hanns * 1898 † 1962 Komponist 603, 649

Eissler, Kurt R. * 1908 † 1999 153 *Goethe 153*

Eleonora von Toledo * 1522 † 1562 Herzogin von Florenz als Frau von Cosimo I. 599

Elgin, Lord Thomas Bruce * 1766 † 1841 Der Abräumer von der Akropolis 282

Eliot, George (Mary Ann Evans) * 1819 † 1880 515, 519 *Middlemarch 515 Die Mühle am Floss 515 Daniel Deronda 519 Silas Marner oder Der Weber von Raveloe 515 Adam Bede 515*

Eliot, Thomas Stearns * 1888 † 1965 418, 605 *Das wüste Land 605 Mord im Dom 605 Old Possum's Book of Practical Cats 605 Die Cocktailparty 605*

Elisabeth I. von England * 1533 † 1603 116, 361, 367, 423, 499, 549, 666

Elisabeth II. von England * 1926 und regiert! 154

Ellery Queen's Mystery Magazine seit 1941. Ellery Queen ist das Pseudonym der Cousins Frederik Dannay * 1905

† 1982 und Manfred B. Lee * 1905 † 1971 494

Ellin, Stanley * 1916 † 1986 25 *Die Spezialität des Hauses 25*

Ellroy, James * 1948 87 *Schwarze Dahlie 87 Die Rothaarige 87*

Elytis, Odysseas * 1911 † 1996 187 *To axion esti – Gepriesen sei 187*

Emmerick, Anna Katharina * 1774 † 1824 Stigmatisierte Ordensschwester 434

Empedokles von Akragas * –494 † –434 Fiel beim Denken in den Ätna 308, 408

Engels, Friedrich * 1820 † 1895 Unternehmer und Sozialrevolutionär 568

Epikuros von Samos * –342 † –270 Geistiger Schulgründer 316, 323

Epimetheus Bruder des Prometheus, Gatte der Pandora 390

Erasmus von Rotterdam * 1465 † 1536 97 *Adagia 97 Lob der Torheit 97*

Erb, Karl * 1877 † 1958 Sänger aus Ravensburg, berühmter »Evangelist« der Matthäuspassion 178

Erckmann, Émile * 1822 † 1899 und Chatrian, Alexandre * 1826 † 1890 131 *Der Rekrut 131*

Erhard, Ludwig Wilhelm * 1897 † 1977 Zweiter Bundeskanzler und Autor (*Wohlstand für Alle*) 670

Erinnyen Rachegöttinnen, versöhnt als Eumeniden 277

Erkel, Ferenc * 1810 † 1893 Komponist 681 »Bánk bán« 681

Ernst, Max * 1891 † 1976 Surrealistischer Maler 377

Eucken, Rudolf Christoph * 1846 † 1926 Philosoph und Literaturnobelpreisträger 458

Euklid von Alexandria * –365 † –300 316, 318 *Elemente 318*

Euripides * –485 † –406 269, 311, 327, 360 *Hippolytos (Phädra) 360 Die Troerinnen 269 Die Bakchen 311*

Eurydike Gemahlin des Orpheus *290,*
310

Eyck, Hubert van * 1370 † 1426 Maler,
den es vielleicht gar nicht gegeben
hat und der auf keinen Fall Bruder von Jan gewesen ist; trotzdem
Gegenstand von Wissenschaft und
Verehrung *673*

Eyck, Jan van * 1390 † 1441 Der größte
Maler der nordischen Spätgotik; der
»Genter Altar« ist sein Hauptwerk,
in dessen Zentrum das Agnus dei
steht *673*

Faisal I. * 1883 † 1933 Emir von Mekka,
König von Syrien, dann des Irak *71*

Fallada, Hans (Rudolf Wilhelm
Friedrich Ditzen) * 1893 † 1947 *648*
Kleiner Mann – was nun? 648 Wer ein-
mal aus dem Blechnapf frißt 648 Der
Trinker 648

Fassbinder, Rainer Werner * 1945 † 1982
Dramatiker und Filmregisseur *643*
»Berlin Alexanderplatz« *643*

Faulkner, William Cuthbert * 1897
† 1962 *612–14, 683, 700 The Sound and*
the Fury 613 Licht im August 683 Wende-
marke 613 Absalom, Absalom! 613 The
Hamlet (Das Dorf, 1. Teil der Snopes-Tri-
logie) 613 Griff in den Staub 612

Fauré, Gabriel * 1845 † 1924 Komponist *412*

Febvre, Lucien * 1878 † 1956 *150–51 Der*
Rhein 151

Fechner, Eberhard * 1926 † 1992 Film-
regisseur *161* »Tadellöser & Wolf« *161*
»Comedian Harmonists« *161* »Der
Prozeß« *162 Comedian Harmonists 161*

Federico da Montefeltro * 1422 † 1482
Herzog von Urbino, Kunstmäzen
149–50

Fedin, Konstantin Alexandrowitsch
* 1892 † 1977 *562 Die Brüder 562*

Feininger, Lyonel Charles Adrian * 1871
† 1956 Maler und Karikaturist *448*

Fellini, Federico * 1920 † 1993 Filmregisseur *300* »Satyricon« *300*

Ferry, Gabriel (Louis de Bellemare)
* 1809 † 1852 *107–08 Der Waldläufer*
108

Feuchtwanger, Lion * 1884 † 1958 *471,*
658–59 Jud Süß 471 Josephus-Trilogie
(Der jüdische Krieg – Die Söhne – Der
Tag wird kommen) 471 Die Warte-
saal-Trilogie (Erfolg – Die Geschwister
Oppermann – Exil) 471 Goya oder Der
arge Weg der Erkenntnis 471 Leben Edu-
ards des Zweiten 658 und *Die Gesichte*
der Simone Marchard (gemeinsam mit
Bert Brecht) *659*

Feuchtwanger, Marta * 1891 † 1987 Ehefrau von Lion, bedeutende Zeitzeugin *471*

Feuerbach, Paul Johann Anselm * 1775
† 1833 Kriminologe und Beschützer
Kaspar Hausers *627*

Feydeau, Ernest * 1821 † 1873 *254–55*
Fanny 254

Feydeau, Georges * 1862 † 1920 Verfasser von Bühnenerfolgen *376*

Feyerabend, Paul Karl * 1924 † 1994
672 Wider den Methodenzwang 672 Er-
kenntnis für freie Menschen 672 Zeitver-
schwendung (Autobiographie) 672 Die
Torheit der Philosophen 672

Fichte, Johann Gottlieb * 1762
† 1814 Idealistischer Philosoph *439*

Fielding, Henry * 1707 † 1754 *63, 174–76,*
520, 697 Die Geschichte der Abenteuer
des Joseph Andrews 175 Tom Jones, die
Geschichte eines Findlings 174 Lebens-
geschichte des Mr Jonathan Wild, des
Großen 63 Amelia 175 Tagebuch einer
Reise nach Lissabon 175

Finch-Hatton, Denys George * 1887
† 1931 Geliebter der Baronin Blixen
485

Firdusi (Abu I-Qasem-e Ferdousi) * 940
† 1020 Persischer Dichter *422*

Fischart gen. Mentzer, Johann Baptist

Alphabetisches Register aller erwähnten Personen und Bücher   719

*1546 † 1591 *Affentheurlich Naupenge-heurliche Geschichtklitterung (freie Über-setzung des »Gargantua«)* 166

Fitzgerald, Francis Scott *1896 † 1940 525, 610 *Die Schönen und Verdammten* 610 *Der große Gatsby* 610 *Der letzte Ty-coon* 610

Flagstad, Kirsten Malfrid *1895 † 1962 Sängerin 660

Flake, Otto *1880 † 1963 423, 547, 647–48 *Hortense oder Die Rückkehr nach Ba-den-Baden* 547 *Fortunat* 648 *Die Mont-hiver-Mädchen* 648 *Der Türkenlouis* 647 *Große Damen des Barock* 647 *Der Mann im Mond* 423 *Der Erkennende* 647 *Es wird Abend* 647

Flaubert, Gustave *1821 † 1880 114, 177, 222–25, 254, 547 *Madame Bovary* 222–23 *Die Erziehung der Gefühle* 224 *Drei Geschichten (Ein einfaches Herz* 225*) Bouvard und Pécuchet* 177 *Salammbô* 114

Flavius Josephus *37 † 100 286, 471 *Der jüdische Krieg (De bello iudaico)* 286

Fleckhaus, Willy (Wilhelm August) *1925 † 1983 Graphiker und Buch-gestalter 17, 698

Flink, Govaert *1615 † 1660 Schüler Rembrandts, Maler 157

Fò, Dario *1926 † 2016 257, 375, 468 *Of-fene Zweierbeziehung* 375

Förster-Nietzsche, Elisabeth *1846 † 1935 Nietzsches schlimme Schwes-ter 460

Fontane, Emilie *1820 † 1902 Gattin von Theodor 116, 477

Fontane, Friedrich *1864 † 1941 Sohn und Verleger von Theodor 477

Fontane, Martha (Mete) *1860 † 1917 Tochter und Vertraute von Theodor 477, 505

Fontane, Theodor *1819 † 1898 14, 76, 116, 130, 382, 385, 395, 402, 476–80, 505, 634, 686, 697 *Wanderungen durch die Mark Brandenburg* 477 *Der Krieg gegen Frankreich* 477 *Theaterkritiken* 382 *Briefe*

130 *Balladen (Herr von Ribbeck auf Rib-beck* 402 *Die Brück' am Tay* 402 *Barbara Allen* 402 *Archibald Douglas* 401*) Vor dem Sturm* 130, 477–78 *Grete Minde* 478 *L'adultera* 116, 478 *Ellerklipp* 478 *Stine* 478 *Schach von Wuthenow* 478 *Cécile* 478 *Graf Petöfy* 478 *Unterm Birnbaum* 478 *Quitt* 76 *Irrungen, Wirrungen* 478 *Effi Briest* 14, 478, 505 *Unwiederbring-lich* 478 *Mathilde Möring* 479 *Frau Jenny Treibel* 479 *Die Poggenpuhls* 479 *Der Stechlin* 479–80

Ford, Ford Madox (Ford Hermann Hueffer) *1873 † 1939 602 *Die aller-traurigste Geschichte* 603 *Das Ende der Paraden (Tetralogie)* 602 *Bezauberung (mit Joseph Conrad)* 603

Forster, Edward Morgan *1879 † 1970 526 *Zimmer mit Aussicht* 526 *Wieder-sehen in Howards End* 526 *Reise nach In-dien* 527 *Maurice* 526

Forster, Johann Georg Adam *1754 † 1794 436 *Reisen zum Niederrhein* 436 *Reise um die Welt* 436

Fouché Herzog von Otranto, Joseph *1763 † 1820 Unentbehrlicher Gehilfe aller Mächtigen 81, 132

Fouqué, Friedrich Heinrich Karl de la Motte *1777 † 1843 435, 697 *Undine* 435 *Der Zauberring* 435

Fouquier-Tinville, Antoine Quentine *1746 † 1795 Staatsanwalt der Revo-lution 211

France, Anatole (François Anatole Thi-bault) *1844 † 1924 258 *Thaïs* 258 *Die rote Lilie* 258

Frank, Bruno *1887 † 1945 30 *Cervan-tes* 30

Franz I. von Frankreich *1494 † 1547 135

Franz Joseph I. Kaiser von Österreich *1830 † 1916 193, 623, 628

Freeling, Nicholas *1927 † 2003 86 *Van der Falk* 86

Freiligrath, Ferdinand *1810 † 1876 448 *Ça ira!* 448

Frenzel, Elisabeth * 1915 † 2014 124 *Stoffe der Weltliteratur* 124

Freud, Sigmund * 1856 † 1939 262–63, 584, 631, 641 *Traumdeutung* 585, 601 *Der Mann Moses und die monotheistische Religion* 262

Freumbichler, Johannes * 1881 † 1949 Großvater von Thomas Bernhard 677 *Philomena Ellenhub* 677

Freytag, Gustav * 1816 † 1895 462 *Die Journalisten* 462 *Bilder aus der deutschen Vergangenheit* 462 *Soll und Haben* 462 *Die verlorene Handschrift* 462

Fried, Erich * 1921 † 1988 Lyriker und Übersetzer 364, 367

Friedell, Egon * 1878 † 1938 83, 145–47, 530, 656 *Kulturgeschichte der Neuzeit* 145 *Die Rückkehr der Zeitmaschine* 146 *Kulturgeschichte Griechenlands* 146 *Kulturgeschichte des alten Orients* 146 *Goethe – eine Groteske* (gemeinsam mit Alfred Polgar) 656

Friedrich, Caspar David * 1774 † 1840 399, 448 Maler »Der Mönch am Meer« 448 »Das Eismeer« 448 »Wanderer über dem Nebelmeer« 448

Friedrich, Jörg * 1944 79 *Der Brand* 79

Friedrich II. der Staufer * 1194 † 1250 Deutscher Kaiser 358

Friedrich II. von Preußen, der Große * 1712 † 1786 133, 353, 358

Frisch, Max * 1911 † 1991 199, 573, 591, 660 *Don Juan oder die Liebe zur Geometrie* 371 *Stiller* 28, 583 *Homo Faber* 583 *Biedermann und die Brandstifter* 660 *Mein Name sei Gantenbein* 583 *Andorra* 660 *Montauk* 591

Fritz, Marianne * 1948 † 2007 693 *Dessen Sprache du nicht verstehst* 693

Fröbe, Gert * 1913 † 1988 Schauspieler 200, 494

Froissart, Jean * 1337 † 1405 147 *Chronik* 147

Fromentin, Eugène * 1820 † 1876 155, 254 *Dominique* 254 *Die Alten Meister (Rembrandt)* 254

Frommermann, Harry * 1906 † 1975 Gründer der »Comedian Harmonists« und deren Buffo 161

Fürnberg, Louis * 1909 † 1957 209 *Mozart-Novelle* 209

Füssli, Johann Heinrich (in England: Henry Fuseli) * 1741 † 1825 Maler der Alpträume 635

Fuhrmann, Manfred * 1925 † 2005 Altphilologe 298, 699

Furtwängler, Wilhelm * 1886 † 1954 Dirigent 660

Gabin, Jean * 1904 † 1976 Schauspieler 86, 245

Gabriel Erzengel, der mit rauschenden Flügeln zur Verkündigung bei der Jungfrau Maria erscheint 111

Gaddis, William Thomas * 1922 † 1998 614 *Die Fälschung der Welt* 614

Galathea Werk, dann Frau des Bildhauers Pygmalion 236

Galdós, Benito Pérez * 1843 † 1920 582, 685, 701 *Amigo Manso* 582 *Fortunata und Jacinta* 685

Galilei, Galileo * 1564 † 1624 Physiker und Inquisitionsgeschädigter, Entdecker der Jupitermonde (mediceische Gestirne) 353, 584, 672

Galsworthy, John * 1867 † 1933 651–53 *Die Forsyte-Saga* 652

Ganghofer, Ludwig Albert * 1855 † 1920 453, 633 *Edelweißkönig* 453

Ganz, Bruno * 1941 † 2019 Schauspieler und Ifflandringträger 311, 431, 492

Garbo (Gustafsson), Greta * 1905 † 1990 Schauspielerin 342

Garibaldi, Giuseppe * 1807 † 1882 Berufsrevolutionär 373, 544

Gaskell, Elizabeth Cleghorn * 1810 † 1862 515 *Cranford* 515 *Frauen und Töchter* 515 *Das Leben der Charlotte Brontë* 515

Alphabetisches Register aller erwähnten Personen und Bücher 721

Gauguin, Paul * 1848 † 1903 Maler mit
Südsee-Faible 70

Gautier, Théophile * 1811 † 1872 Französischer Schriftsteller und Inspirator
110, 242

Gay, John * 1685 † 1732 63, 658 *Die
Bettleroper 63*

Gay (Fröhlich), Peter * 1923 † 2015 162
*Die bürgerliche Erfahrung (Erziehung der
Sinne – Die zarte Leidenschaft – Kult der
Gewalt – Die Macht des Herzens – Bürger und Bohème) 162 Freud 263 Meine
deutsche Frage 162*

Gellert, Christian Fürchtegott * 1715
† 1769 356 *Fabeln 355 Geistliche Oden 356*

Genet, Jean * 1910 † 1986 39, 378 *Notre-Dame des Fleurs 39 Die Zofen 378*

Georg II. von England * 1683 † 1760 175

George, Stefan Anton * 1868 † 1933 181,
244, 636 *Der siebente Ring 636 Das Jahr
der Seele 636*

Gerhardie, William * 1895 † 1977 550
Vergeblichkeit – Ein Roman über russische Themen 550

Gerhardt, Paul * 1607 † 1676 433 *Kirchenlieder (O Haupt voll Blut und Wunden
433 Geh aus mein Herz 433)*

Gernhardt, Robert * 1937 † 2006 Zeichner und Dichter 472

Gerson, Horst Karl * 1907 † 1978 156
Rembrandt 156

Gerstäcker, Friedrich * 1816 † 1872 76
*Die Regulatoren von Arkansas 76 Die
Flußpiraten des Mississippi 76*

Gibbon, Edward * 1737 † 1794 137, 326
Verfall und Untergang des Römischen Imperiums 137, 326

Gide, André Paul Guillaume * 1869
† 1951 244, 257, 259, 259, 338, 378, 568,
608 *Der Immoralist 259 Die Verliese des
Vatikan 338 Die Falschmünzer 257, 259
Der Prozeß 378*

Gielgud, Sir Arthur John * 1901 † 2000
Schauspieler 367, 608

Gilgamesch * –2652 † –2602

Halbmythischer König von Babylon 265

Gilgameschepos Zwischen –2400
und –500 ständig erweitert und ausgeschmückt 265

Gilles (de Montmorency-Laval) de Rais
* 1404 † 1440 Kindermörder 244

Ginevra, Gattin des Artus 414

Ginzburg, Carlo * 1939 149–50 *Der Käse
und die Würmer 149 Erkundungen über
Piero 150*

Giotto di Bondone * 1267 † 1337 Maler,
Schüler Cimabues 237–38, 415

Giulio Romano (Giulio di Pietro Gianuzzi) Maler, Schüler Raffaels * 1499
† 1546 337 »Sala dei Giganti« im »Palazzo Té« 337

Gjellerup, Karl * 1857 † 1919 Dänischer
Schriftsteller 466

Glaukos Lykischer Heros, der ›Meergrüne‹ 319–20

Glauser, Friedrich (Frédéric Charles)
* 1896 in Wien † 1938 84 *Matto regiert 84*

Glinka, Michail Iwanowitsch * 1804
† 1857 537 »Ruslan und Ludmilla«
537

Gluck, Christoph Willibald Ritter von
* 1714 † 1787 310 »Orfeo ed Euridice«
310

Gmelin, Hermann * 1900 † 1958 Romanist und Übersetzer der »Göttlichen
Komödie« 415

Gobineau, Joseph Arthur Comte de
* 1816 † 1882 472 *Die Plejaden 472*

Godé-Darel, Valentine * 1873 † 1915
Lebensgefährtin Ferdinand Hodlers 255

Godunow, Boris Fjodorowitsch * 1552
† 1605 Russischer Regent und Zar
400, 537, 572

Goebbels, Joseph * 1897 † 1945 470, 476

Goethe, Julius August Walter von * 1789
† 1830 Sohn des Dichters, in Rom
begraben 281

Goethe, Johann Wolfgang von * 28. August 1749 † 22. März 1832 22, 70, 74, 102, 115, 125, 132, 134, 139, 153, 174, 178, 186, 211, 240, 248, 251, 281, 292, 301, 347, 348, 352, 359, 381, 383, 391–99, 404–06, 408–09, 412, 421, 423, 427, 430, 434, 440–42, 444, 446, 449, 477, 499, 514, 532, 539, 593, 616, 649, 655–56, 682, 692, 697–98 *Götz von Berlichingen* 393 *Gedichte* 441 (*Prometheus* 391 *Parabolisch* 616 *Wandrers Nachtlied* 398–99 *Römische Elegien* 153 *West-östlicher Diwan* 421 *Marienbader Elegie* 655) *Die Leiden des jungen Werther* 125, 211, 352, 391–93, 442, 514, 532, 655 *Ein Fastnachtsspiel vom Pater Brey* 394 *Das Jahrmarktsfest zu Plundersweilern* 394 *Götter, Helden und Wieland* 394 *Märchen* 423 *Italienische Reise* 292 *Clavigo* 394 *Egmont* 134 *Wilhelm Meisters theatralische Sendung* 395 *Iphigenie auf Tauris* 281, 359, 404 *Torquato Tasso* 134, 240, 273, 372 *Urfaust* 394 *Wilhelm Meisters Lehrjahre* 395 *Reineke Fuchs* 427 *Xenien* 398 *Faust I* 404, 441 *Rameaus Neffe (Übersetzung nach Diderot)* 347 *Mahomet (Übersetzung nach Voltaire)* 353, 421 *Das Leben des Benvenuto Cellini (Übersetzung)* 397 *Novelle* 427 *Wilhelm Meisters Wanderjahre* 395 *Hermann und Dorothea* 539 *Wahlverwandtschaften* 408 *Farbenlehre* 406 *Dichtung und Wahrheit* 392 *Faust II* 70, 441

Gogol, Nikolaj * 1809 † 1852 89, 119, 120–22, 545–47, 565, 571 *Der Revisor* 545 *Die Spieler* 576 *Die Nase* 546 *Der Mantel* 546 *Taras Bulba* 121, 551 *Die toten Seelen* 545 *Der Wij* 121 *Mainacht* 121

Golding, William Gerald * 1911 † 1993 64 *Herr der Fliegen* 64

Goldoni, Carlo * 1707 † 1793 372–73 *Ein Diener zweier Herren* 373 *Viel Lärm in Chioggia* 373 *Mirandolina* 373

Goldsmith, Oliver * 1728 † 1774 348 *Der Weltbürger* 348 *Der Vikar von Wakefield* 348

Goldt, Max * 1958 680 *Die Aschenbechergymnastik* 680

Golem *Ein Klumpen Lehm, belebt vom Rabbi Löw* 620

Gombrowicz, Witold Marian * 1904 † 1969 184 *Der Ferdydurke* 184

Goncourt, Edmond de * 1822 † 1896 255 *Das Mädchen Elisa* 256 *Die Brüder Zemganno* 256 *Juliette Faustin* 255 und Jules * 1830 † 1870 254 gemeinsam: *Renée Mauperin* 255 *Germinie Lacerteux* 256 *Madame Gervaisais* 255 *Tagebücher* 255

Gontard, Susette * 1769 † 1802 Hölderlins ›Diotima‹ 407

Gontscharow, Iwan Alexandrowitsch * 1812 † 1891 533–35 *Eine alltägliche Geschichte* 534 *Oblomow* 533–34 *Die Schlucht* 534 *Die Fregatte »Pallas«* 534

Goodwin, Donald W. * 1931 494 *Autor & Alkohol* 494

Gordon Pascha, Charles George * 1833 † 1885 71–72 *Tagebücher* 71

Gorenstein, Friedrich Naumowitsch * 1932 † 2002 566 *Der Platz* 566–67

Gorgias * –480 † –380 *Sophist* 311–12

Gorki, Maxim (Alexej Maximowitsch Peschkow) * 1868 † 1936 123, 554–58 *Konowalow* 554 *Die Kleinbürger* 557 *Nachtasyl* 557 *Die Sommergäste* 557 *Italienische Märchen* 554 *Meine Kindheit* 554 *Unter fremden Menschen* 554 *Meine Universitäten* 554 *Klim Samgin* 123, 554

Gossaert, Jan gen. Mabuse * 1478 † 1532 Maler 240

Gosse, Edmund * 1849 † 1928 521 *Vater und Sohn* 521

Gott 38, 47, 56, 62–63, 67, 83, 90, 97, 148, 177, 193, 200–02, 242–43, 261–63, 280, 287, 320, 333–34, 339–40, 352, 356, 377, 379, 401, 406, 412, 415, 432, 440, 446, 459, 483, 536, 559, 568, 573, 584, 624, 650, 668, 681, 683 und passim

Gottfried von Bouillon * 1060 † 1100 Eroberer von Jerusalem und sein erster christlicher Regent 273, 296

Alphabetisches Register aller erwähnten Personen und Bücher   723

Gotthelf, Jeremias (Albert Bitzius) * 1797
† 1854 453 *Uli der Knecht* 453 *Uli der
Pächter* 453 *Die scharze Spinne* 453 *Elsi
die seltsame Magd* 453 *Der Besenbinder
von Rychiswyl* 453
Goya y Lucientes, Francisco José de
* 1746 † 1828 Hofmaler 172, 226, 238,
471 *»Karl IV. und seine Familie«* 226
und Privatmaler *»Die schwarzen Bilder«* 238
Gozzi, Carlo * 1720 † 1806 373 *Turandot* 374
Grabbe, Christian Dietrich * 1801 † 1836
126, 446, 697 *Scherz, Satire, Ironie und
tiefere Bedeutung* 446 *Don Juan und
Faust* 446 *Napoleon oder Die hundert
Tage* (Uraufführung: 1895!) 126
Gracián y Morales, Baltasar * 1601
† 1658 173 *Hand-Orakel und Kunst der
Welt-klugheit* 173 *Der kluge Weltmann
(El discreto)* 173 *Das Kritikon* 173
*Graffiti Antike Wandkritzeleien,
wie man sie speziell im unter-
gegangenen Pompeji gefunden hat*
303
Grandville (Jean Ignace Isidore Gérard)
* 1803 † 1847 Illustrator 346
Granger, Stewart (James Lablanche Ste-
wart) * 1913 † 1993 Schauspieler 580
Grant, Cary (Alexander Archibald
Leach) * 1904 † 1986 Leinwandidol
158
Grass, Günter * 1927 † 2015 184, 669
Die Blechtrommel 184
Graves, Robert * 1895 † 1985 280 *Ich,
Claudius, Kaiser und Gott* 280
Greco, El (Dominikos Theotokopoulos)
* 1541 † 1614 Lichtscheuer Maler 337
Green, Henry * 1905 † 1973 527 *Schwär-
merei* 527 *Lieben* 527 *Dämmerung* 527
Greenaway, Peter * 1942 367 *»Prosperos
Bücher«* 367
Greene, Graham * 1904 † 1991 28, 72, 151,
468, 607–09 *Orient-Expreß* 608 *Die
Kraft und die Herrlichkeit* 609 *Ministe-*

rium der Angst 72 *Das Herz aller Dinge*
609 *Der dritte Mann* 608–09 *Der stille
Amerikaner* 609 *Ein ausgebrannter Fall*
609 *Der menschliche Faktor* 609
Gregor von Tours * 538 † 594 Heiliger 383
Gregorovius, Ferdinand * 1821 † 1891 135,
137 *Geschichte der Stadt Rom im Mittelalter* 137 *Geschichte der Stadt Athen im
Mittelalter* 137
Gribojedow, Alexander Sergejewitsch
* 1795 † 1829 556 *Verstand schafft Leiden* 556
Grillparzer, Franz * 1791 † 1872 383, 455
Die Ahnfrau 383 *König Ottokars Glück
und Ende* 383 *Ein Bruderzwist in Habsburg* 383 *Weh dem, der lügt!* 383 *Der arme
Spielmann* 455 *Die Jüdin von Toledo* 383
Grimm, Herman * 1828 † 1901 Sohn
von Wilhelm 449
Grimm, Jacob * 1785 † 1863 409, 468, 536
und Wilhelm * 1786 † 1859 409, 468,
536 *Deutsches Wörterbuch* 409 *Kinder-
und Hausmärchen* 409 (*Aschenputtel*
410 *Hänsel und Gretel* 410, 505 *Hans im
Glück* 468 *Die Gänsemagd* 648)
Grimm, Friedrich Melchior Baron von
* 1723 † 1807 246 *Paris zündet die Lichter an* 246
Grimmelshausen, Hans Jakob Christof-
fel von * 1622 † 1676 72–73 *Simplicius
Simplicissimus* 72 *Springinsfeld* 173
Gropius, Walter * 1883 † 1969 Stararchitekt 622
Grossman, Wassilij Semjonowitsch
* 1905 † 1964 123 *Leben und Schicksal* 123
Grosz, George (Georg Ehrenfried Groß)
* 1893 † 1959 Maler der Neuen Sach-
lichkeit 644
Gründgens, Gustaf Heinrich Arnold
* 1899 † 1963 Schauspieler, Regisseur,
Intendant 16, 376, 679
Gryphius, Andreas * 1616 † 1664
Barockdichter 369
Guareschi, Giovanni(no) * 1908 † 1968

569 *Don Camillo und Peppone* 569 *Genosse Don Camillo* 569

Günderrode, Karoline Friederike Louise Maximiliane von * 1780 † 1806 Dichterin, ›Sappho der Romantik‹ 434

Guillotin, Joseph-Ignace * 1736 † 1814 Menschenfreundlicher Arzt 202

Gulik, Robert Hans van * 1910 † 1967 328 *Richter Di* 328

Gustav III. von Schweden * 1746 † 1792 Freund des Dichters Bellman. Sein Tod war Vorbild für Verdis »Maskenball« 451

Gutenberg (Gensfleisch), Johannes * 1400 † 1468 Erfinder des Buchdrucks mit beweglichen Lettern in Europa und von daher schuld am ganzen Schlamassel 78, 334

Gutzkow, Karl Ferdinand * 1811 † 1878 445, 449, 701 *Börne's Leben* 445 *Die Ritter vom Geiste* 449 *Der Zauberer von Rom* 449

Haas, Wolf * 1960 87 *Komm, süßer Tod* 87 *Das ewige Leben* 87

Hacks, Peter * 1928 † 2003 186 *Ein Gespräch im Hause Stein über den abwesenden Herrn von Goethe* 186

Hadrian(us), Publius Aelius * 76 † 138 Römischer Kaiser 250, 268, 288

Händel, Georg Friedrich * 1685 † 1759 Komponist 357, 372 »Messiah« 357

Hafis * 1320 † 1390 421–22 *Ghaselen* 421

Haggard, Sir Henry Rider * 1856 † 1925 71, 700 *König Salomos Minen* 71 *Sie* 71

Halévy, Jacques François Fromenthal Élie * 1799 † 1862 Komponist 377 »Die Jüdin« 377, Onkel von

Halévy, Ludovic * 1834 † 1908 Mit Henri Meilhac Librettist für Jacques Offenbach 376 »Orphée aux Enfer« 310, Georges Bizet »Carmen« 460 und Johann Strauß »Le réveillon – Die Fledermaus« 376

Hammer-Purgstall, Joseph von * 1774

† 1856 Übersetzung von »Tausendundeine Nacht« 420

Hammett, Dashiell * 1894 † 1961 84, 609 *Der Malteser Falke* 84 *Rote Ernte* 84

Hamsun, Knut (Knud Pedersen) * 1859 † 1952 667–69 *Hunger* 668 *Mysterien* 668 *Pan* 668 *Die Landstreicher-Trilogie* (*Landstreicher August Weltumsegler Nach Jahr und Tag*) 668 *Segen der Erde* 668 *Auf überwachsenen Pfaden* 669

Handke, Peter * 1942 676 *Die Angst des Torwarts beim Elfmeter* 676

Hannibal Barkas * –246 † –183 Karthagischer Feldherr, Kriegsgenie 114, 123, 294

Hannibal, Abraham Petrowitsch * 1696 † 1781 Der Mohr Peters des Großen und Puschkins Urgroßvater 537

Hanska, Comtesse Ewelina * 1801 † 1882 Balzacs Fremde und Frau 219

Hanslick, Eduard * 1825 † 1904 Musikkritiker 387

Hardenberg, Karl August von * 1750 † 1822 Preußischer Minister 427

Hardy, Thomas * 1840 † 1928 523–24, 669 *Die Rückkehr* 523 *Der Bürgermeister von Casterbridge* 523 *Tess von d'Urbervilles – eine reine Frau* 523 *Im Dunkeln (Jude the Obscure)* 523 *Erzählungen (Zwei aus einer Stadt* 523)

Harlan, Veit * 1899 † 1964 Filmregisseur 470–72 »Jud Süß« 470–72

Harnack, Adolf von * 1851 † 1930 287 *Marcion* 287

Harrison, Rex (Sir Reginald Carey) * 1908 † 1990 Schauspieler 606

Harte, Bret (Francis Brett) * 1836 † 1902 109 *Das Glück von Roaring Camp* 109

Hašek, Jaroslav * 1883 † 1923 183 *Die Abenteuer des braven Soldaten Schwejk* 183

Hatschepsut * ? † –1458 Pharaonin 549

Hauff, Wilhelm * 1802 † 1827 115–16, 420, 422, 470–71, 697 *Lichtenstein* 115 *Der Mann im Mond* 116 *Die Karawane (Die*

Geschichte vom Gespensterschiff – Die Geschichte von der abgehauenen Hand – Die Geschichte vom kleinen Muck) 420 *Der Scheik von Alessandria und seine Sklaven (Der Zwerg Nase)* 420 *Das Wirtshaus im Spessart (Das kalte Herz)* 422 *Jud Süß* 471

Hauptmann, Gerhart * 1862 † 1949 381–82, 477 *Vor Sonnenaufgang* 381 *Die Weber* 381 *Schluck und Jau* 35 *Die Ratten* 381 *Fuhrmann Henschel* 381

Hauser, Kaspar * 1812 † 1833 Findelkind 627

Haushofer, Marlen * 1920 † 1970 67 *Die Wand* 66–67 *Bartls Abenteuer* 67

Haussmann, Georges-Eugène Baron * 1809 † 1891 Stadtpräfekt von Paris 205

Hawthorne, Nathaniel * 1804 † 1864 53, 118–19, 179 *Rappacinis Tochter* 119 *Der scharlachrote Buchstabe* 118 *Das Haus mit den sieben Giebeln* 119 *Die Blithedale-Maskerade* 119 *Der Marmor-Faun* 119

Haydn, Joseph * 1732 † 1809 310, 357 »*Orfeo ed Euridice*« 310 »*Die Schöpfung*« 357

Hebbel, Christian Friedrich * 1813 † 1863 378–79, 383 *Der Rubin* 383 *Maria Magdalene* 379 *Gyges und sein Ring* 383 *Tagebücher* 379

Hebel, Johann Peter * 1760 † 1826 432, 698 *Kalendergeschichten (Unverhofftes Wiedersehen* 432) *Schatzkästlein des Rheinischen Hausfreundes* 432

Heckel, Erich * 1883 † 1970 639 Expressionist 639

Hedin, Sven Anders * 1865 † 1952 75 *Transhimalaya* 75

Hedren, Nathalie (Tippi) * 1930 Schauspielerin 690

Hegel, Georg Wilhelm Friedrich * 1770 † 1831 Philosoph 125, 315, 439

Heidegger, Martin * 1889 † 1976 Philosoph 308, 315, 672

Heimburg, Wilhelmine * 1850 † 1912 Trivialschriftstellerin in der Nachfolge der Marlitt 116

Held, Martin * 1908 † 1992 Schauspieler 433

Heloïse * 1095 † 1164 Gefährtin des Abaelard 352

Heine, Heinrich (Harry) * 1797 † 1856 13, 34, 125, 158–59, 178, 209, 401, 442–45, 477, 542 *Gedichte (Die zwei Grenadiere* 125 *Lorelei* 401 *Nachtgedanke* 444 *Belsatzar* 159, 265, 401) *Reisebilder (Dritter Teil: Die Bäder von Lucca* 443) *Einleitung zu Don Quixote* 33 *Aus den Memoiren des Herren von Schnabelewopski* 178 *Der Rabbi von Bacharach* 444 *Ludwig Börne. Eine Denkschrift* 445 *Deutschland – ein Wintermärchen* 444 *Atta Troll – ein Sommernachtstraum* 444 *Faust* 446 *Lutetia* 445 *Bimini* 444

Heine, Mathilde * 1815 † 1883 Gattin des Dichters 443

Heinrich II. von England * 1133 † 1189 605

Heinrich IV. * 1050 † 1106 Deutscher Kaiser 363

Heinrich IV. von Frankreich * 1553 † 1610 372

Heinrich V. von England * 1387 † 1422 363

Heinrich VIII. von England * 1491 † 1547 99, 367

Heinse, Johann Jakob Wilhelm * 1746 † 1803 397, 700 *Ardinghello und die glückseligen Inseln* 397

Hekabe, Gemahlin des Priamos 269

Helena Die Schönste von allen, Frau des Menelaos 265, 441

Heliodoros aus Emesa † 300 300 *Aithiopika – Die schöne Chariklea* 300

Heller, Franz André * 1947 Sänger, Schauspieler, Aktionskünstler, miserabler Gärtner 193

Hemingway, Ernest Miller * 1899 † 1961 28, 224, 485, 555, 613–14 *Fiesta* 613 *Depeschen* 555 *Schnee am Kilimandscharo*

*613 Die grünen Hügel Afrikas 613 Wem
die Stunde schlägt 613*
Hennetmair, Karl Ignaz * 1920 † 2018
677 Ein Jahr mit Thomas Bernhard 677
Henry, O. (William Sydney Porter)
* 1862 † 1910 *688–89 Das Geschenk der
Weisen 688–89*
Hepburn, Audrey * 1929 † 1993 Schau-
spielerin *256*
Hephaistos *Der göttliche Schmied 266*
Hera *Gattin des Zeus 319*
Heraklit (Herakleitos von Ephesos)
* −540 † −475 *Der weinende Philo-
soph 310, 316, 699 Sprüche 310*
Herder, Johann Gottfried von * 1744
† 1803 *391, 398, 468 Ideen 398*
Herodes Antipas * −20 † 40 *Tetrarch
von Galiläa 488*
Herodot(os) von Halikarnassos * −484
† −424 *161, 236, 258, 290–91, 383 Neun
Bücher Geschichte 290*
Herrmann-Neiße, Max * 1886 † 1941
Dichter der Neuen Sachlichkeit 644
Herwegh, Emma * 1817 † 1904 *Revolu-
tionärin und Gattin des Dichters 448*
Herwegh, Georg Friedrich Rudolph
Theodor * 1817 † 1875 *Dichter des
Vormärz 448, 702*
Herzen, Alexander Iwanowitsch * 1812
† 1870 *643 Erlebtes und Gedachtes 643*
Herzmanovsky-Orlando, Fritz von * 1877
† 1954 *193 Der Gaulschreck im Rosennetz
193 Rout am Fliegenden Holländer 193
Das Maskenspiel der Genien 193*
Hesiod † −730 *Theogonie 301 Werke und
Tage 301*
Hesse, Hermann Karl * 1877 † 1962 *399,
427, 654, 660–63 Gedichte 660 Peter
Camenzind 661 Unterm Rad 625 Gertrud
661 Roßhalde 654 Knulp 661 Demian 661
Siddharta 662 Der Steppenwolf 662 Nar-
ziß und Goldmund 662 Das Glasperlenspiel 662*
Hetzer, Theodor * 1890 † 1946 *156 Rem-
brandt 156*

Heun, Carl Gottlieb Samuel alias Heinrich Clauren * 1771 † 1854 *Trivialschriftsteller 115*
Heym, Georg Theodor Franz Arthur
* 1887 † 1912 *632 Winter 632*
Heyse, Paul Johann Ludwig * 1830 † 1914
*416, 476–77, 698 Spanisches Liederbuch
476 L'Arrabiata 476 Italienisches Liederbuch 476 Kolberg 476 Das Mädchen von
Treppi 476*
Highsmith, Mary Patricia * 1921 † 1995
*86, 258, 491–94 Zwei Fremde im Zug
491 Der Stümper 494 Der talentierte
Mr Ripley 491 Der süße Wahn 494 Der
Schrei der Eule 258 Venedig kann sehr
kalt sein 491 Ripley's Game 491–92 Der
Schnecken-Beobachter (Der leere Nistkasten 493) Ediths Tagebuch 492*
Hildesheimer, Wolfgang * 1916 † 1991
*199 Lieblose Legenden (Eine größere An-
schaffung 199) Mitteilungen an Max 199*
Hillern, Wilhelmine von * 1836 † 1916
453 Die Geierwally 453
Hindemith, Paul * 1895 † 1963 Kompo-
nist *425 »Cardillac« 425*
Hippias von Elis † −400 Sophist *311*
Hippolytos *Sohn des Theseus 360*
Hitchcock, Alfred * 1899 † 1980 Film-
regisseur *72, 88, 158, 490, 601, 687,
690 Mr Hitchcock, wie haben Sie das ge-
macht? (Interview von François Tuffaut) 88
»Die neununddreißig Stufen« 72 »Der
Geheimagent« 601 »Sabotage« 601
»Rebecca« 490 »Fremde im Zug« 491
»Das Fenster zum Hof« 84, 490 »Der
falsche Mann« 687 »Vertigo« 84, 490
»Psycho« 451 »Der unsichtbare Dritte«
158 »Die Vögel« 490 »Marnie« 490*
Hitler * 1889 † 1945 *123, 194, 381, 388, 490,
528, 659*
Hobbes, Thomas * 1588 † 1679 *348 Der
Leviathan 348*
Hochhuth, Rolf * 1931 Verlagslektor bei
S. Fischer und Skandalnudel der Li-
teratur *648*

Hochwälder, Fritz * 1911 † 1986 211 *Der öffentliche Ankläger* 211

Hoddis, Jakob van (Hans Davidsohn) * 1887 † 1942 638 *Weltende* 638

Hodler, Ferdinand * 1853 † 1918 Schweizer Maler 255 *»Die sterbende Valentine«* (über hundert Blätter) 255

Hölderlin, Johann Christian Friedrich * 1770 † 1843 308, 407–08 *Gedichte (Das menschliche Leben* 408*) Hyperion* 407 *Der Tod des Empedokles* 308

Hoffman, Dustin Lee * 1937 Amerikanischer Schauspieler 66, 78

Hoffmann, Ernst Theodor Amadeus (Wilhelm) * 1776 † 1822 22, 254, 424–27, 435, 504, 546, 562, 571, 598 *Fantasiestücke in Callots Manier* 424 *Die Elixiere des Teufels* 425 *Nachtstücke* 426 *Die Serapionsbrüder* (*Rat Krespel* 425 *Nußknacker und Mäusekönig* 425 *Das Fräulein von Scuderi* 425 *Die Bergwerke zu Falun* 432) *Lebensansichten des Kater Murr* 425 *Der Meister Floh* 426–27 auch Komponist »Undine« 435

Hofmannsthal, Hugo Laurenz August Hofmann Edler von * 1874 † 1929 208, 385–86, 411 *Der Rosenkavalier* 385 *Jedermann* 385 *Cristinas Heimreise* 209 *Ariadne auf Naxos* 385 *Der Schwierige* 385 *Der Unbestechliche* 385 *Arabella* 385, 411 *Ein Brief* 386

Hogarth, William * 1697 † 1764 Maler und Illustrator 175

Hokusai, Katsushika * 1760 † 1849 Japanischer Künstler 343, 422

Holbein der Jüngere, Hans * 1497 † 1543 Unbestechlicher Porträtist 97 *»Erasmus von Rotterdam«* 97 *»Thomas More«* 96

Holberg, Ludvig Baron * 1684 † 1754 98, 349, 466 *Nils Klims unterirdische Reise* 98 *Der politische Kannengießer* 349 *Jeppe vom Berge* 349 *Maskerade* 349

Holofernes Kopfloser General Nebukadnezars II. 278

Holz, Arno * 1863 † 1929 196 *Papa Hamlet* (gemeinsam mit Johannes Schlaf) 196 *Phantasus* 196 *Die Blechschmiede* 196 *Daphnis* 196

Homer † −750 62, 187, 266–68, 271–72, 284–85, 301, 303, 319–20, 325, 419, 427, 467, 539, 590–91, 611, 635 *Ilias* 187, 266–67, 270, 272–73, 282, 301, 419, 467 *Odyssee* 187, 267, 270, 272, 301, 419, 467, 475, 611 Pseudo-Homer *Batrachomyomachia* 187

Hoppe, Marianne * 1909 † 2002 Schauspielerin 679

Hopper, Dennis * 1936 † 2010 Amerikanischer Schauspieler und Regisseur 492

Hora(z)tius Flaccus, Quintus * −65 † −8 302–03, 388 *Satiren* 302 *Oden und Epoden* 303 *Briefe (Epistulae)* 303 *Dichtkunst (Ars poetica, drittes Buch der Epistulae)* 303

Horst, Karl August * 1913 † 1973 Übersetzer 167 *»Gargantua und Pantagruel«* 166

Horváth, Ödön (Edmund Joseph) von * 1901 † 1938 624 *Sladek der schwarze Reichswehrmann* 624 *Geschichten aus dem Wiener Wald* 624 *Don Juan kommt aus dem Krieg* 624 *Figaro läßt sich scheiden* 624 *Jugend ohne Gott* 624

Houellebecq, Michel * 1956? 674 *Elementarteilchen* 674

Hrabal, Bohumil * 1914 † 1997 183 *Ich habe den englischen König bedient* 183

Huch, Ricarda * 1864 † 1947 634 *Der Fall Deruga* 634 *Deutsche Geschichte (Drei Teile)* 634

Hughes, Ted * 1930 † 1998 Poeta laureus 485

Hugo, Victor * 1802 † 1885 112–14, 208, 242, 253, 376 *Hernani* 113 *Lucretia Borgia* 113 *Le roi s'amuse* 376 *Der Glöckner von Notre-Dame* 113 *Die Elenden* 253 *Die Arbeiter des Meeres* 113

Huizinga, Johan * 1872 † 1945 147–48
  Herbst des Mittelalters 147
Humboldt, Friedrich Wilhelm Heinrich
  Alexander von * 1769 † 1859 108, 391,
  436 Kosmos 436 Forschungsreise in die
  Tropen Amerikas 108, 436
Hunt, Isobel Violet * 1862 † 1942
  Schriftstellerin und Muse von Ford
  Madox Ford und anderen 595, 602
Hus, J(oh)an * 1370 † 1415 Inquisitions-
  opfer 288
Husserl, Edmund * 1859 † 1938 Philo-
  soph, Begründer der Phänomeno-
  logie 235, 644
Huston, John Marcellus * 1906 † 1987
  Filmregisseur 50, 77, 486, 592, 602
  »Der Schatz in der Sierra Madre« 77
  »Die rote Tapferkeitsmedaille« 602
  »Moby Dick« 50 »Spiegelbild im gold-
  nen Auge« 485–86 »Die Toten« 591
Huxley, Aldous Leonard * 1894 † 1963
  101 Schöne neue Welt 101
Huysmans, Joris-Karl * 1848 † 1907 243–
  44, 464, 555 Gegen den Strich 464 Tief
  unten 244

Ibn Tufail (Abdubacer) * 1110 † 1185 63
  Der Naturmensch 63
Ibsen, Henrik Johan * 1828 † 1906 379–
  80, 667 Peer Gynt 379 Die Stützen der
  Gesellschaft 380 Nora oder Ein Puppen-
  heim 380 Gespenster 380 Ein Volksfeind
  380 Die Wildente 380 Rosmersholm 380
  Hedda Gabler 380 Baumeister Solness
  380 John Gabriel Borkmann 380
Iffland, August Wilhelm * 1759 † 1814
  Schauspieler und Dramatiker 492
Ilf, Ilja Arnoldowitsch (Iechiel Leib
  Fainsilberg) * 1897 † 1937 556 und Pe-
  trow, Jewgenij (Jewgenij Petrowitsch
  Katajew) * 1903 † 1942 556 Zwölf
  Stühle 556 Das goldene Kalb 556
Immermann, Carl Leberecht * 1796
  † 1840 442–43, 446 Der im Irrgarten
  der Metrik umhertaumelnde Kavalier 443

Die Epigonen 446 Münchhausen (Der
  Oberhof) 446 Memorabilien 446
Incitatus Hengst und Senator von Cali-
  gulas Gnaden 179
Ionesco, Eugène * 1909 † 1994 378 Die
  Nashörner 378 Die kahle Sängerin 378
Iphigenie Tochter des Agamemnon 269
Irving, Washington * 1783 † 1859 172, 179,
  423 Das Skizzenbuch (Rip van Winkle 172
  Legende von Sleepy Hollow 423) Die Al-
  hambra 423
Isaak Sohn Abrahams, Vater Ja(a)kobs
  46, 261
Ishiguro, Kazuo * 1954 528 Was vom Tage
  übrigblieb 258
Isis Schwester des Osiris 142, 262
Ives, Charles Edward * 1874 † 1954 Ame-
  rikanischer Komponist 412

Ja(a)kob Vater des Joseph 261
Jacobsen, Jens Peter * 1847 † 1885 464–
  66 Mogens 466 Frau Marie Grubbe 466
  Niels Lyhne 465 Die Pest von Bergamo
  466 Gurrelieder 465
Jacobsohn, Siegfried * 1881 † 1926
  Herausgeber 194 »Weltbühne« 194
Jahn(n), Hans Henny * 1894 † 1959 251,
  284–85, 382, 665 Pastor Ephraim Magnus 382, 665 Die Krönung Richards III.
  382 Medea 284 Perrudja 666 Fluß ohne
  Ufer 666–67 Thomas Chatterton 251
Jahve Gott der Israeliten 262–63
James, Henry * 1843 † 1916 297, 491–92,
  502, 524–25, 527, 595, 597–99, 602, 614,
  701 Roderick Hudson 596 Der Amerikaner 597 Daisy Miller 597 Die Europäer
  597 Die Erbin vom Washington Square
  598 Porträt einer jungen Dame 597 Die
  Damen aus Boston 597 Prinzessin Casamassima 597 Die Aspern-Schriften
  598 Owen Wingrave 598 Maisie 598 Die
  Schätze von Poynton 598 Eine gewisse
  Frau Headway 525 Die Daumenschraube
  (auch: Das Geheimnis von Bly, Die Drehung der Schraube …) 502 The Awkward

Alphabetisches Register aller erwähnten Personen und Bücher 729

Age (Das ätzende Alter) 596 *Die Flügel der Taube* 598–99 *Die Gesandten* 491 *Die goldene Schale* 599
James, William * 1842 † 1910 595
Janáček, Leoš * 1854 † 1928 121, 551, 573»Taras Bulba« 121, 551 1. Streichquartett »Kreutzersonate« 551 »Aufzeichnungen aus einem Totenhaus« 42, 572
Jandl, Ernst * 1925 † 2000 594 *szenen aus dem wirklichen leben* 594
Jannings, Emil (Theodor Friedrich Emil Janenz) * 1884 † 1950 Schauspieler 430, 640
Jarry, Alfred * 1873 † 1907 257 *König Ubu* 257
Jason König von Korinth 284
Jawlensky, Alexej Georgjewitsch von * 1864 † 1941 Expressionist 559
Jean Paul (Johann Paul Friedrich Richter) * 1763 † 1825 189, 377, 437–39, 445, 475 *Die Unsichtbare Loge* (im Anhang: *Das vergnügte Schulmeisterlein Maria Wutz in Auenthal*) 437 *Quintus Fixlein* 437 *Siebenkäs* 437 *Der Jubelsenior* 437 *Titan* (*Komischer Anhang zum Titan* mit: *Des Luftschiffers Gianozzo Seebuch*) 437 *Des Feldpredigers Schmelzle Reise nach Flätz* 437 *Flegeljahre* 437 *Der Komet* 437
Jeanne d'Arc * 1412 † 1431 Nationalheldin 117
Jelinek, Elfriede * 1946 Österreichische Nobelpreisträgerin 468, 670, 678
Jerofejew, Wiktor Wladimirowitsch * 1947 567 *Die Moskauer Schönheit* 567 *Der gute Stalin* 567
Jerome, Jerome Klapka * 1859 † 1927 522 *Drei Männer in einem Boot* 522
Jesus von Nazareth * –7 † 33 Religionsstifter 42–43, 114, 268, 287–88, 313, 413, 459, 576
Jewtuschenko, Jewgenij Alexandrowitsch * 1932 † 2017 Dichter 566
Johanna * 804 † 856 Päpstin 179

Johannes der Täufer (auch: Jochanaan) † 35 Prophet 488
Johannes VIII. Palaiologos * 1392 † 1448 Vorletzter oströmischer Kaiser 150
Johnson, Ben * 1572 † 1637 369 *Volpone* 369
Johnson, Samuel * 1709 † 1784 ›Doktor‹ 347–48
Johnson, Uwe * 1934 † 1984 186 *Jahrestage* 186
Jókai, Mór (Móricz Jókay von Ásva) * 1825 † 1904 681 *Der neue Gutsherr* 681
Jonas Kleiner Prophet, vom Wal verschluckt 48, 323
Jones, Tom (Thomas John Woodward) * 1940 Sänger 174
Joseph Sohn Jaakobs 262
Joseph II. * 1741 † 1790 Deutscher Kaiser 392
Jouhandeau, Marcel * 1888 † 1979 Französischer Schriftsteller 257
Joyce, James Augustine Aloysius * 1882 † 1941 233, 508, 566, 589–93, 595 *Die Dubliners (Die Toten)* 591 *Porträt des Künstlers als junger Mann (Stephen Hero)* 590 *Ulysses* 508, 590–91, 595 *Gedichte* 592 *Finnegans Wake* 592
Joyce, Nora geb. Barnacle * 1886 † 1951 Gattin von James 590
Juan de Austria, Don * 1547 in Regensburg † 1578 Der Sieger von Lepanto 206, 679
Judas Ischariot Verräter Jesu 413
Jünger, Ernst * 1895 † 1998 28, 646 *In Stahlgewittern* 641, 646 *Auf den Marmorklippen* 646 *Strahlungen* 646 *Siebzig verweht* 646 *Zwei Mal Halley* 646
Judith Hat den Kopf von Holofernes 278
Julian Apostata * 331 † 363 Römischer Kaiser 295, 324–25 *Der Barthasser* 324 *Briefe* 324
Julius II. * 1443 † 1513 Papst 316
Jung, Carl Gustav * 1875 † 1961 Psychoanalytiker 28

Justinian I. * 482 † 565 Oströmischer
Kaiser 296, 314, 325

Kästner, Emil Erich * 1899 † 1974 17, 195,
346, 589, 646–67, 679 *Herz auf Taille*
195 *Emil und die Detektive* 589, 646 *Fabian* 647 »Münchhausen« 646 *Die
Konferenz der Tiere* 17, 346 *Das doppelte
Lottchen* 195
Kafka, Franz * 1883 † 1924 28, 224, 378,
462, 527, 615–19, 643, 659 *Das Urteil* 618
Vor dem Gesetz 615 *In der Strafkolonie*
617 *Die Verwandlung* 617 *Der Hunger-
künstler* 617 *Brief an den Vater* 618 *Der
Process* 615 *Das Schloss* 615 *Der Verschollene (Amerika)* 615 *Briefe an Milena*
618 *Briefe an Felice* 618
Kaiser, Friedrich Carl Georg * 1878
† 1945 382 *Gas-Trilogie* 382
Kalypso Geliebte des Odysseus 270
Kamptz, Karl Albert von * 1769 † 1849
Polizeidirektor in Berlin 426
Kandinsk(ij)y, Wassilij Wassiljewitsch
* 1866 † 1944 Erfinder des Expressionismus 559, 639
Kane, Sarah * 1971 † 1999 381, 468 4.48
Psychose 381
Kant, Immanuel * 1724 † 1804 28, 305–
06, 315, 350, 406, 439, 458, 644 *Kritik
der reinen Vernunft* 28, 306, 406 *Grund-
legung zu einer Metaphysik der Sitten*
406 *Kritik der praktischen Vernunft* 406
Kritik der Urteilskraft 406 (*Erste Ein-
leitung von 1790* 305)
Karamsin, Nikolaj Michailowitsch
* 1766 † 1826 536 *Briefe eines reisenden
Russen* 536
Karl der Große * 742 † 814 Erster Kaiser
des Römischen Reiches Deutscher
Nation 32, 57, 134, 331
Karl IV. von Spanien * 1748 † 1819 226
Karl V. * 1500 † 1558 Deutscher Kaiser
135, 168, 206, 232, 376, 433, 536
Karl X. von Frankreich * 1757 † 1836
204

Karl Alexander von Württemberg
* 1684 † 1737 470
Karl der Kühne * 1433 † 1477 Herzog
von Burgund 147
Karlstadt, Liesl (Elisabeth Wellano)
* 1892 † 1960 Partnerin von Karl Va-
lentin auf der Bühne 199
Kassandra, Tochter der Hekabe Sehe-
rin 269
Kastor und Polydeukes (römisch: Ca-
stor & Pollux), die Dioskuren, waren
Söhne des Zeus und Heroen Spartas.
Nach Kastors Tod als Sternbild Zwil-
linge an den Himmel versetzt 444
Katharina II. von Russland, die Große
* 1729 † 1796 120, 353, 535, 549, 558
Katona, Jósef * 1791 † 1830 681 *Bánk bán*
681
Kavafis, Konstantinos * 1863 † 1933 186
Liebesgedichte 186
Kazantzakis, Nikos * 1883 † 1957 (in
Freiburg) 187 *Odyssee* 187 *Alexis Sor-
bas* 187
Keaton, Buster (Joseph Francis) * 1895
† 1966 Schauspieler 280
Keats, John * 1795 † 1821 452 *Gedichte (En-
dymion* 452)
Keel, Daniel * 1930 † 2012 Verleger 493
Keilson, Hans * 1909 † 2011 162 *Der Tod
des Widersachers* 162
Keller, Gottfried * 1819 † 1890 456–58,
698 *Der grüne Heinrich* 457 *Die Leute
von Seldwyla (Pankraz, der Schmoller –
Romeo und Julia auf dem Dorfe – Spiegel,
das Kätzchen – Kleider machen Leute)*
456 *Das Sinngedicht (Regine* 456) *Zür-
cher Novellen (Der Narr auf Manegg)*
456 *Martin Salander* 458
Kelly, Grace Patricia * 1929 † 1982 84
Kempowski, Walter * 1929 † 2007 160
Tadellöser & Wolf 160
Kepler, Friedrich Johannes * 1571 † 1630
Astronom, Mathematiker 584
Kerényi, Karl * 1897 † 1973 284 *Dionysos*
284 *Mythologie der Griechen* 284

Kerr (Kempner), Alfred * 1867 † 1948
Großkritiker 382
Kertesz, Imre * 1929 † 2016 163, 682
Roman eines Schicksallosen 163
Kessler, Harry Clemens Ulrich Graf
* 1868 † 1937 75, 676 Tagebücher 676
Key, Ellen Karolina Sophie * 1849 † 1926
Schwedische Pädagogin 501
Keyserling, Eduard Graf von * 1855
† 1918 635–36 Die dritte Stiege 636
Schwüle Tage 636 Wellen 636 Bunte Her-
zen 636
Keyserling, Hermann Graf von * 1880
† 1946 Sein Neffe, ein Philosoph 635
Kidman, Nicole Mary * 1967 Schau-
spielerin 507
Kieling, Wolfgang * 1924 † 1985 Schau-
spieler 659
Kierkegaard, Søren Aabye * 1813 † 1855
460–61, 464, 568, 667 Entweder – Oder
(Tagebuch des Verführers 461) Die Krank-
heit zum Tode 461
Kin Ping Meh Anonym erschienen 1610
328–29
King, Stephen Edwin * 1947 82 Das Mäd-
chen 82
Kinski, Klaus (Klaus Günter Karl Nak-
szynski) * 1926 † 1991 Schauspieler
167, 447
Kipling, Joseph Rudyard * 1865 † 1936
70–71, 502, 524 Die Dschungelbücher 71,
502 Stalky & Co. (Staaks und Genossen)
502, 604 Kim 71 Genau-so-Geschich-
ten 71
Kirchner, Ernst Ludwig * 1880 † 1938
Expressionist 639
Kirke Zauberin 270
Kisch, Egon Erwin * 1885 † 1948 623–24
Der rasende Reporter 623 Schreib das auf,
Kisch! 623–24
Kishon, Ephraim (Ferenc Hoffmann)
* 1924 † 2005 Israelischer Humo-
rist 624
Kivi (Stenvall), Alexis * 1834 † 1872 466
Die sieben Brüder 466

Klabund (Alfred Henschke) * 1890
† 1928 257 Störtebecker 257 Literaturgeschichte 257
Klee, Ernst Paul * 1879 † 1940 Schweizer
Maler mit Phantasie 420
Kleist, Ewald Christian von * 1715 † 1759
Preußischer Dichter 358
Kleist, Bernd Heinrich Wilhelm von
* 1777 † 1811 20–22, 126, 224, 299, 428–
30, 432–33, 477 Robert Guiskard 126 Die
Familie Schroffenstein 431 Der zerbrochne
Krug 430 Amphitryon 430–31 Das Erd-
beben in Chili 428 Die Marquise von O.
428 Die Hermannsschlacht 126 Das Käth-
chen von Heilbronn 431 Michael Kohlhaas
428–29 Das Bettelweib von Locarno 428
Die Heilige Cäcilie oder die Gewalt der
Musik 429 Die Verlobung in St. Domingo
428 Der Findling 428 Der Zweikampf
429 Der Prinz Friedrich von Homburg 431
»Berliner Abendblätter« 429
Kleist, Ulrike von * 1774 † 1849 Schwe-
ster des Dichters 21, 432
Klemperer, Victor * 1881 † 1960 162–63
LTI 163 Tagebücher 163
Kleßmann, Eckart * 1933 74 Pückler und
Machbuba 74
Klimt, Gustav * 1862 † 1918 487, 622, 629
»Goldene Adele« 487
Klio Muse der Geschichtsdichtung 291
Knittel, John (Hermann Emanuel) * 1891
† 1970 453 Via mala 453
Klopstock, Friedrich Gottlieb * 1724
† 1803 356–57 Messias 356
Klossowski, Balthazar siehe Balthus
Klossowski, Elizabeth Dorothea (Bala-
dine) * 1886 † 1969 Mutter von Pierre
und Balthazar, Freundin Rilkes 621
Klossowski, Pierre * 1905 † 2001 247 Die
Gesetze der Gastfreundschaft 247
Klytämnestra Gattin und Mörderin des
Agamemnon 277
Koepff, Karl * 1946 Freund 569
Köppen, Edlef * 1893 † 1939 641 Heeres-
bericht 641

Koeppen, Wolfgang Arthur * 1906
† 1996 670 *Tauben im Gras 670 Das
Treibhaus 670 Der Tod in Rom 670*
Koestler, Arthur * 1905 † 1983 570 *Die
Nachtwandler 570 Sonnenfinsternis 570
Der Krötenküsser 570*
Kokoschka, Oskar * 1886 † 1980 Maler
621–22
Konfuzius Eigentlich: Meister Kong
* −551 † −471 Chinesischer Vordenker
des ›edlen Menschen‹ 328
Konstantin der Große * 272 † 337 Römi-
scher Kaiser *143–44, 289, 324*
Kopernikus (Koppernigk), Nikola(u)
s * 1473 † 1543 584 *De revolutionibus
orbium coelestium 584*
Koran Das heilige Buch des Islam ent-
stand in der Lebenszeit Moham-
meds † 632 *111, 326, 421*
Korolenko, Wladimir Galaktionowitsch
* 1853 † 1921 544 *Geschichte meines Zeit-
genossen 544*
Kosztolanyi, Deszö * 1885 † 1936 682
Anna 682
Krafft-Ebing, Richard von * 1840 † 1902
464 *Psychopathologia sexualis 464*
Kramer, Theodor * 1897 † 1958 632 *Ge-
dichte (Die Gaunerzinke 632)*
Krasnow, Pjotr Nikolajewitsch * 1869
† 1947 Kosakenhetman 152
Kraus, Karl * 1874 † 1936 387 *Die Fackel
387 Die letzten Tage der Menschheit 388*
Krauss, Werner Johannes * 1884 † 1959
Schauspieler 492
Krenek, Ernst * 1900 † 1991 Komponist
622 »Jonny spielt auf« 622
Kris, Ernst * 1900 † 1957 237 und Kurz,
Otto * 1908 † 1975 237 *Die Legende
vom Künstler 237*
Krylow, Iwan Andrejewitsch * 1769
† 1844 535 *Fabeln 535*
Kubin, Alfred Leopold * 1877 † 1959 638
Die andere Seite 639
Kubrick, Stanley * 1928 † 1999 Film-
regisseur *129, 286, 520, 579* »Spar-

tacus« 286 »Lolita«579 »Uhrwerk
Orange« 129 »Barry Lyndon« *518, 520*
Kügelgen, Wilhelm von * 1802 † 1867
Maler 393 *Jugenderinnerungen eines
alten Mannes 393*
Kuh, Anton * 1890 † 1941 Kaffeehaus-
insasse *192, 625*
Kuhn, Franz * 1884 † 1961 Übersetzer
aus dem Chinesischen 328
Kuprin, Alexander Iwanowitsch * 1870
† 1938 555 *Erzählungen 555*
Kuropatkin, Alexej Nikolajewitsch
* 1848 † 1925 Russischer General, spä-
ter Minister 578
Kustschewskij, Iwan Afanasjewitsch
* 1847 † 1876 555 *Nikolaj Negorow oder
Der glückliche Russe 555*
Kutusow, Michail Ilarionowitsch * 1745
† 1813 Russischer General gegen Napoleon 122
Kyros † −401 Persischer Prinz und ge-
scheiterter Usurpator 300

La Bruyère, Jean de * 1645 † 1696 315
Charaktere 315
Laclos, Pierre-Ambroise-François Cho-
derlos de * 1741 † 1803 248 *Gefährliche
Liebschaften 248*
Laërtes Vater des Oedipus 278
La Fontaine, Jean de * 1621 † 1695 346,
355 *Fabeln (Die Grille und die Ameise
355)*
Lagerlöf, Selma Ottilia Lovisa * 1858
† 1940 494 *Gösta Berling 494 Nils Hol-
gerssons wunderbare Reise mit den Wild-
gänsen 494*
Lamartine, Alphonse Marie Louis Prat
de * 1790 † 1869 476 *Graziella 476*
La Mettrie, Julien Offray de * 1709 † 1751
249 *Der Mensch eine Maschine 249*
Lampe, Martin * 1734 † 1806 Diener
Kants 350
Lampedusa, Giuseppe Maria Fabrizio
Salvatore Stefano Vittorio Tomasi
Herzog von Palma di Montechiaro

und Fürst von * 1896 † 1957 141 *Der Leopard* 141

Lancaster, Burt(on Stephen) * 1913 † 1994 Schauspieler 141, 179

Lancelot Ritter der Tafelrunde 414

Lancelot-Roman Der französische Prosa-Lanzelot um 1230 414

Lang, Fritz (Friedrich) Christian Anton * 1890 † 1976 Regisseur 72 »Ministerium der Angst« 72

Langenscheidt Erstes Wörterbuch von Gustav Langenscheidt war der »Sachs-Villate« Französisch–Deutsch 1880 693

Laokoon Trojanischer Priester 270, 337

LaRoche, Marie Sophie von * 1730 † 1807 697 *Das Fräulein von Sternheim* 697

La Rochefoucauld, François de * 1613 † 1680 345, 487 *Maximen* 345

Las Cases, Emmanuel Augustin Dieudonné Joseph de * 1766 † 1842 *Mémorial de Sainte-Hélène* 124

Lasker, Emanuel * 1868 † 1941 Schachweltmeister 625

Lasker-Schüler, Else (Elisabeth) * 1869 † 1945 639 *Die Wupper* 639 *Der Prinz von Theben* 639

Laßwitz, Carl Theodor Victor Kurd * 1848 † 1910 101 *Auf zwei Planeten* 101 *Kantstudien* 101

Lastman, Pieter * 1583 † 1633 Maler und Lehrer Rembrandts 157

Laube, Heinrich Rudolf Constanz * 1806 † 1884 Dichter 449

Laura * 1310 Von Petrarca angehimmelte verheiratete Dame 419

Laurel, Stan (Arthur Stanley Jefferson) * 1890 † 1965 177 und Hardy, Oliver Norvell * 1892 † 1957 Komiker 177

Lautréamont, Comte de (Isidore Ducasse) * 1846 † 1870 243 *Die Gesänge des Maldoror* 242

Lavinia Mythische Prinzessin von Latium 269

Lavoisier, Antoine Laurent de * 1743 † 1794 Chemiker 202–03, 218, 228

Lawrence, David Herbert * 1885 † 1930 528, 606–07, 700 *Söhne und Liebhaber* 606 *Der Regenbogen* 607 *Liebende Frauen* 607 *Lady Chatterleys Liebhaber (John Thomas und Lady Jane)* 606–07

Lawrence, Thomas Edward * 1888 † 1935 71–72 *Die sieben Säulen der Weisheit* 71

Laxness (Gudjónsson), Halldór Kiljan* 1902 † 1998 182–83 *Die Islandglocke* 182

Lazarillo von Tormes, Das Leben des 1554 168, 171–72

Lear, Edward * 1812 † 1888 190 *Limericks* 190

Leblanc, Maurice * 1864 † 1941 83 *Arsène Lupin* 83

Ledig, Gert * 1921 † 1999 164 *Die Stalinorgel* 164 *Vergeltung* 164 *Faustrecht* 164

le Fort, Gertrud Auguste Lina Elsbeth Mathilde Petrea von * 1876 † 1971 634 *Die Letzte am Schafott* 634

Legende von Homer, dem fahrenden Sänger Um 100 von einem Unbekannten 301

Leibniz, Gottfried Wilhelm Freiherr von * 1646 † 1716 Mathematiker und Philosoph 344, 439, 573

Lem, Stanisław * 1921 † 2006 99 *Solaris* 99

Lenclos, Ninon (Anne) de * 1620 † 1705 Lebedame 507

Lenin (Wladimir Iljisch Uljanow) * 1870 † 1924 568–69, 660

Lenja (Lenya), Lotte * 1898 † 1981 Sängerin und Gattin Kurt Weills 658

Lenz, Jacob Michael Reinhold * 1751 † 1792 396, 696 *Die Soldaten* 396 *Der Hofmeister* 396

Lenz, Siegfried * 1926 † 2014 198, 671 *So zärtlich war Suleyken* 198 *Der Mann im Strom* 671 *Brot und Spiele* 671

Leo X. * 1475 † 1521 Papst aus dem Hause Medici 322

Leo XIII. * 1810 † 1903 Papst 338
Leonardo da Vinci * 1452 † 1519 Genie
der Malerei und Wissenschaften 111,
245, 316, 318 »Verkündigung« 111
Leoncavallo, Ruggero * 1857 † 1919
Komponist 374 »Der Bajazzo«
374
Leopardi, Giacomo Graf* 1798 † 1837
189 Das Gedankenbuch (Zibaldone di
pensieri) 189
Lepidus, Marcus Aemilius * −90 † −12
Triumvir 366
Lermontow, Michail Jurjewitsch * 1814
† 1841 219, 540–41 Ein Held unserer Zeit
219, 540
Lernet-Holenia, Alexander Marie Nor-
bert * 1897 † 1976 87 Gedichte 87 Die
Abenteuer eines jungen Herrn in Polen
87 Ich war Jack Mortimer 86–87 Die
Standarte 87 Die Auferstehung des Mal-
travers 87 Mars im Widder 87
Le Roy Ladurie, Emmanuel * 1929 149
Montaillou – Ein Dorf vor dem Inquisi-
tor 149
Lesage, Alain René * 1668 † 1747 173–74
Gil Blas von Santillana 173
Leschnikoff, Asparuch (Ari) * 1897
† 1978 Erster Tenor der »Comedian
Harmonists« 161
Lessing, Doris * 1919 † 2013 Britische
Autorin 487
Lessing, Gotthold Ephraim * 1729 † 1781
354–60, 388, 394, 468, 477, 697 Fabeln
355 Miss Sara Sampson 357 Emilia Ga-
lotti 358 Minna von Barnhelm 358 Na-
than der Weise 358 Laokoon 355 Ham-
burger Dramaturgie 359
Lesskow, Nikolaj Semjonowitsch * 1831
† 1895 548–49, 563 Lady Macbeth von
Mzensk 549 Der versiegelte Engel 549
Der Toupetkünstler 549 Der Linkshänder
550, 563
Leukipp(os) von Abdera † −400 Ato-
mist 309
Levetzow, Theodore Ulrike Sophie von

* 1804 † 1899 Gab Goethe in Marien-
bad einen Korb 655
Lewis, Harry Sinclair * 1885 † 1951 179,
611 Main Street 611 Babbitt 611 Elmer
Gantry 179
Lewis, Meriwether * 1774 † 1809 108 und
Clark, William * 1770 † 1838 108 Tage-
buch 108
Libanios * 314 † 393 Rhetor von
Antiochia 299
Lichtenberg, Georg Christoph * 1742
† 1799 175, 349–50 Erklärung der
Hogarthischen Kupferstiche 175
Sudelbücher 350
Liebermann, Max * 1847 † 1935 Maler-
fürst 382
Liebknecht, Karl * 1871 † 1919 Radika-
ler SPD-Mann, mit Rosa Luxemburg
ermordet 643
Lievens, Jan * 1607 † 1674 Rembrandts
Malerkollege 157
Liliencron, Detlev (Friedrich Adolf Axel
Freiherr) von * 1844 † 1909 287, 474,
698 Poggfred 475 Gedichte (Dorfkirche
im Sommer 475 Pidder Lüng 287)
Lilienstern, Johann Jakob Otto Au-
gust Rühle von * 1780 † 1847 Kleists
Freund 432
Lillo, Don de * 1936 Amerikanischer
Autor 683
Lindgren, Astrid Anna Emilia * 1907
† 2002 18 Pippi Langstrumpf 18 Mio,
mein Mio 18
Lissitzky, El (Lasar Markowitsch) * 1890
† 1941 Konstruktivist 559
Liszt, Franz * 1811 † 1886 Komponist
und Virtuose 217–18, 250 »Années
de Pelerinage« (»Les jeux d'eau de la
villa d'este« 250 »Le vallée d'Oberman« 250)
Littmann, Enno (Ludwig Richard) * 1875
† 1958 Übersetzer 26, 273 »Die Erzählungen aus den tausendundein
Nächten« 26, 273
Livius, Titus * −59 † 17 293–95, 699 Roms

Geschichte von der Gründung bis zur Regierung des Augustus (Ab urbe condita) 293

Lönnrot, Elias * 1802 † 1884 467 Kalevala 467

Löw, Rabbi * 1512 † 1609 Aus Prag 620

Loewe, Johann Carl Gottfried * 1796 † 1869 Liedkomponist 401–12 »Archibald Douglas« 401 »Harald« 412

Lohner, Helmut * 1933 † 2015 Schauspieler 383

Lomonossow, Michail Wassiljewitsch * 1711 † 1765 Russischer Grammatiker 536

London, Jack (John Griffith Chaney) * 1876 † 1916 59–63, 77, 92, 96, 499, 608, 611–12 Der Seewolf 61 Wolfsblut 61 Martin Eden 61 Meuterei auf der Elsinore 61 Ruf der Wildnis 61 Jerry der Insulaner 61 Michael, der Bruder Jerrys 61 Südseegeschichten (Feuer auf See 59) Der Schatten und das Funkeln 96 Abenteurer des Schienenstrangs 62 König Alkohol 62 Die Fahrt der Snark 60

Longhi, Roberto * 1890 † 1970 238 Caravaggio 238

Longos von Lesbos † 320 Daphnis und Psyche 300

Loo, Luis Michel van * 1707 † 1771 Maler 347 »Bildnis Diderots« 347

Lorca, Federico García * 1898 † 1936 374–75 In seinem Garten liebt Don Perlimplin Belisa 374–05 Bluthochzeit 375 Yerma 375 Bernarda Albas Haus 375

Loriot (Vicco von Bülow) * 1923 † 2011 200 Der Fernseher ist kaputt 200

Lortzing, Gustav Albert * 1801 † 1851 435 »Undine« 435

Lothar (Neutze), Hanns.* 1929 † 1967 Schauspieler 652

Louis Napoléon, Napoleon III. von Frankreich * 1808 † 1873 siehe da

Louis-Philippe * 1773 † 1850 König von Frankreich 204

Lovecraft, Howard Phillips * 1890 † 1937 82 Der Fall Charles Dexter Ward 82

Lowe, Sir Hudson * 1769 † 1844 Bewacher Napoleons auf St. Helena 124

Lubitsch, Ernst * 1892 † 1947 Filmregisseur 163 »Sein oder Nichtsein« 163

Lucanus (Lukan), Marcus Annaeus * 39 † 65 285 Der Bürgerkrieg (Pharsalia) 285

Lucilius, Gaius * –180 † –103 302, 317, 701 Satiren 701

Lucretius (Lukrez) Carus, Titus * –98 † –55 285 Naturgeschichte (De rerum natura) 285

Ludwig I. von Bayern * 1786 † 1868 335

Ludwig II. von Bayern * 1845 † 1886 335

Ludwig XIII. von Frankreich * 1601 † 1643 112, 251

Ludwig XIV. von Frankreich * 1638 † 1715 207

Ludwig XV. von Frankreich * 1710 † 1774 207

Ludwig XVI. von Frankreich * 1754 † 1793 202, 211, 248

Ludwig XVIII. von Frankreich * 1755 † 1824 204

Ludwig, Otto * 1813 † 1865 447, 697 Zwischen Himmel und Erde 447 Die Heiterethei 447 Aus dem Regen in die Traufe 447

Lüpertz, Markus * 1941 Maler und Bildhauer, signiert »Markus« 284

Lukian von Samosata * 120 † 180 172, 188, 322–23, 388 Wider den ungebildeten Büchernarren 188 Wahre Geschichten 322 Göttergespräche 323

Lully, Jean-Baptiste (Giovanni Battista Lulli) * 1632 † 1687 Komponist 376

Luther, Martin * 1483 † 1546 Religionsstifter 398, 410, 415, 490 Bibelübersetzung 415

Lutter, Christoph Seit 1811 Wirt in der Berliner Weinhandlung Lutter & Wegner mit Ausschank 426–27

Luxemburg, Rosa (Rozalia Luksenburg) * 1871 † 1919 544, 643 Übersetzerin

von Korolenkos *Geschichte meines Zeitgenossen* 544
Luzifer Höllenfürst 413, 635
Lysias * –445 † –380 Athenischer Rechtsanwalt 297

Maar, Michael * 1960 233 *Geister und Kunst* 233 *Die falsche Madeleine* 233
Macbeth (Mac Bethad mac findlàich) * 1005 † 1057 Schottischer König 366
Mach, Ernst * 1838 † 1916 629 *Analyse der Empfindungen* 629
Machbuba * 1823 † 1840 Äthiopische Prinzessin 74
Machiavelli, Niccolò * 1469 † 1527 137–38 *Der Fürst* 138 *Mandragola* 138 *Geschichte von Florenz* 138
Macke, August Robert Ludwig * 1887 † 1914 Expressionist 420
Mackie, John Leslie * 1917 † 1981 83 *Das Wunder des Theismus* 83
Macpherson, James * 1739 † 1796 Literaturfälscher 398 *Gesänge des Ossian* 398
Maecenas, Gaius * –70 † –8 Der erste Mäzen 303
Maeterlinck, Graf Maurice Polydore Marie Bernard * 1862 † 1949 243–44, 465 *Pelleas und Melisande* 244 *Der blaue Vogel* 244
Magris, Claudio * 1939 151–52 *Der Habsburgische Mythos in der modernen österreichischen Literatur* 152 *Mutmaßungen über einen Säbel* 151 *Die Donau* 151 *Triest* 152 *Italo Svevo* 152
Magritte, René François Ghislain * 1898 † 1967 Surrealist 674
Mahler, Gustav * 1860 † 1911 Komponist 344, 422, 435, 437, 441, 465, 622, 655 *»Sinfonie Nr. 1 Titan«* 437 *»Lieder aus Des Knaben Wunderhorn«* 435 *»Kindertotenlieder«* 422
Mahler-Werfel, Alma Maria * 1879 † 1964 Überfrau 622
Maistre, Xavier de * 1763 † 1852 249 *Die Reise um mein Zimmer* 249 *Die nächtliche Reise um mein Zimmer* 249
Maiwald, Peter * 1946 † 2008 196 *Gedichte (Guter Dinge* 196)
Majakowski, Wladimir Wladimirowitsch * 1893 † 1930 14, 558, 560 *Gedichte (Norderney* 14 *Das beste Gedicht* 558)
Malewitsch, Kasimir Sewerinowitsch * 1878 † 1935 Erfinder des Suprematismus 559
Malibran, Maria de la Felicidad * 1808 † 1836 Größte aller Operndiven 547
Mallarmé, Stephane (Étienne) * 1842 † 1898 242–43 *Ein Würfelwurf* 243 *Nachmittag eines Fauns* 243
Malory, Sir Thomas * 1405 † 1471 117 *König Arthus' Tod* 117
Mamin-Ssibirjak, Dmitrij Narkissowitsch * 1852 † 1912 555 *Die Priwalowschen Millionen* 555 *Gold* 555
Mandelbrot, Benoît B. * 1924 † 2010 343 *Die fraktale Geometrie der Natur* 343
Mandeville, Bernard * 1670 † 1733 349 *Die Bienenfabel* 349
Manet, Édouard * 1832 † 1883 230 *»Nana«* 230 *»Bildnis Émile Zola«* 230
Mani * 216 † 277 Religionsstifter 287
Mann, Erika Julia Hedwig * 1905 † 1969 Tochter von Thomas 199, 482
Mann, Golo * 1909 † 1994 Sohn von Thomas 634 *Deutsche Geschichte* 634
Mann, Katia * 1883 † 1980 Geboren als Katharina Hedwig Pringsheim, verheiratet mit Thomas 421
Mann, Klaus Heinrich Thomas * 1906 † 1949 Sohn von Thomas 199, 679 *Mephisto* 679
Mann, Luiz Heinrich † 1871 † 1950 640 *Professor Unrat* 640 *Der Untertan* 640 *Henri Quattre* 640 *Ein Zeitalter wird besichtigt* 640
Mann, Paul Thomas * 1875 † 1955 16, 28, 97, 178–79, 197, 199, 233, 260–62, 284, 421, 458, 463, 465, 505–06, 553, 556,

583, 628, 649, 651–57, 683 Buddenbrooks 20, 651–53 Königliche Hoheit
656 Der Zauberberg 178, 233, 553, 654
Erzählungen (Wälsungenblut 657 Wie
Jappe und Do Escobar sich prügelten
657 Herr und Hund 657 Tod in Venedig
506, 654 Mario und der Zauberer 657
Tonio Kröger 465, 649) Joseph und seine
Brüder (Die Geschichten Jaakobs – Der
junge Joseph – Joseph in Ägypten – Joseph der Ernährer) 260–62 Lotte in
Weimar 178, 655 Doktor Faustus 178,
458, 652–53, 666 Der Erwählte 656 Die
Betrogene 653 Bekenntnisse des Hochstaplers Felix Krull 178, 583 Briefe 657
Tagebücher 657

Mansfield, Katherine * 1888 † 1923 486
Das Gartenfest 486

Mantegna, Andrea * 1431 † 1506 154 »Der
Triumph Caesars« 154

Manzoni, Alessandro * 1785 † 1873 125,
139 Ode auf Napoleon 139 Die Verlobten
139

Mao-Bibel (Die Worte des Vorsitzenden
Mao) 1966 328

Márai, Sándor * 1900 † 1989 682 Die Glut
682 Die Nacht vor der Scheidung 682

Marat, Jean Paul * 1743 † 1793 Von Charlotte Corday ermordeter Revolutionär 211

Marc, Franz Moritz Wilhelm * 1880
† 1916 Erfinder des Expressionismus
mit Kandinskij 559, 639

Maria Die Gottesmutter 111, 620

Marian (Haschkowetz), Ferdinand
* 1902 † 1946 Schauspieler 472

Marías, Javier * 1951 686 Mein Herz so
weiß 686

Marie Antoinette * 1755 † 1793 Königin
von Frankreich 112, 626

Marinetti, Filippo Tommaso * 1876
† 1944 643 Le Futurisme 643

Marius Victorinus * 281 † 363 Christlicher Philosoph 317

Marivaux, Pierre Carlet de * 1688 † 1763

249, 350–51 Das Leben der Marianne 351
Verführbarkeit auf beiden Seiten 350 Das
Spiel von Liebe und Zufall 350 Der Bauer
im Glück 351

Mark Aurel (Marcus Annius Verus) * 121
† 180 Römischer Kaiser 295, 317 An
sich selbst (Eis heauton) 317

Mark Twain (Samuel Langhorne Clemens) * 1835 † 1910 28, 62, 89, 105–16,
109, 116–18, 172, 179–82, 239, 495, 688,
697 Die Arglosen im Ausland 239 Erzählungen (Der berühmte Springfrosch
von Calaveras County 180 Kannibalen
auf der Eisenbahn 180 Das Interview 89
Der Mann, der Hadleyburg korrumpierte 180) Durch Dick und Dünn 109
Tom Sawyers Abenteuer 80, 628 Der
Prinz und der Bettelknabe 116 Leben auf
dem Mississippi 181 Huckleberry Finns
Abenteuer 179 Ein Yankee aus Connecticut an König Arthus Hof 117, 172, 181
Die Millionpfundnote 688 Persönliche
Erinnerungen an Jeanne d'Arc 117–18
Entlang dem Äquator 180 Autobiographie 181

Markion (Marcion) * 85 † 160 Erfolgreicher Erzketzer 287

Marlitt, Eugenie (Friederieke Henriette Christiane Eugenie John) * 1825
† 1887 Erfolgsschriftstellerin 115–16

Marlowe, Christopher * 1564 † 1593 369,
658 Tragische Historie vom Leben und
Sterben des Doktor Faustus 369

Márquez, Gabriel José García * 1927
† 2014 684 Hundert Jahre Einsamkeit
684

Martial(is), Marcus Valerius * 40 † 104
303 Epigramme 303

Martin, Dean (Dino Paul Crocetti) * 1917
† 1995 Entertainer 188

Marx, Karl * 1818 † 1883 Visionär 148,
202, 568, 644

Masaryk, Thomáš Garrigue * 1850
† 1937 567 Russische Geistes- und
Religionsgeschichte 567

Mascagni, Pietro * 1863 † 1945 374 »Cavalleria Rusticana« 374
Masereel, Frans * 1889 † 1972 Illustrator 182
Massenet, Jules Émile Frédéric * 1842 † 1912 110, 258, 411 »Cendrillon« 411 »Thais« 258
Mason, James Neville * 1909 † 1984 Schauspieler 580
Masuccio Salernitano (Tommaso Guadato) * 1420 † 1480 417 Il Novellino 417
Matthau, Walter John (Matthow) * 1920 † 2000 Amerikanischer Schauspieler 108
Matthias * 1557 † 1619 Deutscher Kaiser, unfähig 383
Maugham, William Somerset * 1874 † 1965 607–09 Der Menschen Hörigkeit 608 Erzählungen (Regen 608 Die Ashenden-Geschichten 608) Notizbuch 608
Maupassant, Guy de * 1850 † 1893 177–78, 180, 226, 29, 351 Fettklößchen 227–28 Der Tugendjüngling der Madame Husson 177 Das Treibhaus 228 Bel-Ami 226, 351 Stark wie der Tod 227
Maurier, Dame Daphne du * 1907 † 1989 490 Rebecca 490 Die Vögel 490
Maxentius, Marcus Aurelius Valerius * 278 † 312 Usurpator 289
May, Karl Friedrich * 1842 † 1912 Schrieb 18, 57, 76, 422
Mazeppa, Iwan Stepanowitsch * 1645 † 1709 Kosakenhetman, Verräter an Peter dem Großen 541
McCullers, Carson * 1917 † 1967 482–86, 494, 700 Das Herz ist ein einsamer Jäger 484, 683 Spiegelbild im goldnen Auge 485–86 Die Ballade vom traurigen Café 483 Frankie 484 Erzählungen (Wer hat den Wind gesät 485) Uhr ohne Zeiger 282–83 Autobiographie 485
McEnroe Jr., John Patrick * 1959 Rivale von Boris Becker 24
Medea Blutrünstige Kolcherprinzessin 284

Medici, Maria von * 1573 † 1642 Königin von Frankreich 372
Medusa Sterbliche Parze 285
Mehmed II. Fatih * 1430 † 1482 Osmanischer Sultan, Eroberer Konstantinopels 143
Meilhac, Henri * 1831 † 1897 und Halévy, Ludovic * 1834 † 1908 Librettistengespann 376 »Orpheus in der Unterwelt« 310 »Die Fledermaus« 376 »Carmen« 488
Meinrad (Moucka), Josef * 1913 † 1996 Schauspieler und Ifflandringträger 364, 383, 492
Melville, Herman * 1819 † 1891 18, 47, 48, 51, 53–54, 58–60, 118–19, 417, 462, 697 Taipi 58 Omoo 53, 58 Mardi und eine Reise dorthin 53 Redburn 58 Weißjacke 58 Moby Dick 15, 18, 20, 47, 50, 52–53, 58, 417, 582 Pierre 53 Bartleby 53 Israel Potter 58 Piazza-Erzählungen (Benito Cereno 59 Die Encatadas 59) Ein vertrauenswürdiger Herr – seine Maskeraden 53 Clarel 53 Billy Budd, Vortoppmann 54
Menandros * −342 † −291 279 Der Menschenfeind (Dyskolos) 279
Mendelssohn, Moses * 1729 † 1786 Philosoph und Großvater von 358
Mendelssohn-Bartholdy, Jakob Ludwig Felix * 1809 † 1847 Musikalisches Wunderkind 358, 363, 442, 677 »Lieder ohne Worte« 442
Menelaos König von Tiryns, Bruder Agamemnons, Helenas 1. Gatte 265, 272, 277
Menocchio * 1532 † 1597 Müller und Ketzer 149
Menzel, Wolfgang * 1798 † 1878 Literaturtheoretiker, Vormärzreaktionär 445
Meredith, George * 1828 † 1909 521–22, 540 Richard Feverel 521 Der Egoist 540
Mérimée, Prosper * 1803 † 1870 460 Carmen 460

Alphabetisches Register aller erwähnten Personen und Bücher

Messerschmidt, Franz Xaver * 1736
† 1783 Bildhauer 315
Meuterei auf der »Bounty« 1789, beteiligt McCoy und Williams 55–57
Meyer, Conrad Ferdinand * 1825 † 1898
463 *Gedichte (Der römische Brunnen 463
In der Sistine 463)*
Meyerbeer, Giacomo (Jakob Meyer
Beer) * 1791 † 1864 Opernkomponist
400
Meyerhold, Wsewolod Emiljewitsch
* 1874 † 1940 Theatermann 557–58
Michelangelo di Lodovico Buonarroti
Simoni * 1475 † 1564 Vollender der
Renaissance 152, 238, 316, 336, 397,
415, 463
Michelet, Jules * 1798 † 1874 203, 210 *Ge-
schichte der Französischen Revolution 203*
Mikszáth von Kiscsoltó , Kálmán * 1847
† 1910 331, 680 *Die Geschichte des jun-
gen Noszti mit der Mari Toth 331, 680–
81 Sankt Peters Regenschirm 681 Der alte
Gauner 681 Die schwarze Stadt 681*
Miller, Arthur Aster * 1915 † 2005 Amerikanischer Schriftsteller 485
Milton, John * 1608 † 1674 635 *Das ver-
lorene Paradies (Paradise lost) 635*
Minetti, Bernhard * 1905 † 1998 Schauspieler 366, 678
Minos Mythischer König auf Kreta, danach Totenrichter 187, 386
Mirabeau, Honoré Gabriel Victor de Riqueti Graf von * 1749 † 1791 247, 299
Lauras Erziehung 247 »Donnerkeil« 299
Modersohn-Becker, Paula * 1876 † 1907
Malerin 621 »Bildnis R. M. Rilke« 621
Mohammed * 570 † 632 Religionsstifter
30, 111, 326
Mörike, Eduard Friedrich * 1804 † 1875
450–51 *Maler Nolten 450–51 Mozart auf
der Reise nach Prag 450 Der Schatz 450
Gedichte (Er ist's 450) Idylle vom Boden-
see 450*
Molière (Jean Baptiste Poquelin) * 1622
† 1673 331, 351, 376, 430 *Der Arzt wider

Willen 331 Der Habgierige 351 Tartuffe
351 Amphitryon 430 Der Menschenfeind
351 Der eingebildete Kranke 351*
Molina, Tirso de (Gabriel Téllez) * 1579
† 1648 370 *Don Juan oder Der Verführer
von Sevilla 370*
Molnár (Neumann), Ferenc * 1878 † 1952
624 *Liliom 624*
Mommsen, Christian Matthias Theodor
* 1817 † 1903 135–36, 160 *Römische Geschichte 136*
Monet, Claude Oscar * 1840 † 1926
Maler, das Seerosen-Genie 377
Mongolische Geheimgeschichte 1227 von
einem unbekannten Verfasser 330
Monnika (Heilige Monika von Tagaste)
* 332 † 387 Mutter des Augustinus 323
Monod, Jacques Lucien * 1910 † 1976
689 *Zufall und Notwendigkeit 689*
Monroe, Marilyn (Norma Jeane Baker)
* 1926 † 1962 Schauspielerin 485
Montaigne, Michel Eyckem de * 1533
† 1592 171–72 *Versuche (Essais) 171*
Montesquieu, Charles de Secondat Vicomte de * 1689 † 1755 345 *Meine Ge-
danken 345 Persische Briefe 345*
Monteverdi, Claudio Zuan Antonio
* 1567 † 1643 Komponist 310, 372
»L'Orfeo« 372 »Die Rückkehr des
Odysseus ins Vaterland« 372 »Die
Krönung der Poppäa« 372
Moore, George Augustus * 1852 † 1933
522 *Ein Drama in Musselin 522 Esther
Waters 522*
Moravia (Pincherle), Alberto * 1907
† 1990 139 *Die Römerin 139 Die Lange-
weile (La noia) 139*
Mordred Neffe oder Sohn von König
Artus 117
Moreau, Gustave * 1826 † 1898 278 »Die
Sphinx« 278
Moreau, Jeanne * 1928 Französische
Schauspielerin 630
Morgenstern, Christian Otto Josef
Wolfgang * 1871 † 1914 140, 190, 199

Galgenlieder (Wie sich das Galgenkind die Monatsnamen merkt 190)

Moritz, Karl Philipp * 1756 † 1793 396 *Anton Reiser 397 Magazin zur Erfahrungsseelenkunde 396–97*

Morphy (O-Morphi), Marie-Louise (›Louison‹) * 1737 † 1815 Boucher nahm sie als Modell für eine schwimmende Nymphe ohne Badeanzug 207

Morrison, Toni * 1931 487 *Menschenkind 487*

Morus (More), Thomas * 1478 † 1535 96–97 *Utopia 96–97*

Moses Religionsstifter 263

Mostel, Zero (Samuel) * 1915 † 1977 Amerikanischer Schauspieler, ›blacklisted‹ 280

Mottl, Felix * 1856 † 1911 Zu Unrecht, aber stilvoll gerügter Dirigent 190–91

Mozart, Wolfgang Amadeus * 1756 † 1791 Komponist 30, 209, 351, 353, 371, 384, 421, 424, 450, 622, 670 *»Klavierkonzert in F-Dur« 670 »Klaviersonate A-Dur K. 331 mit dem Marsch alla turca« 30 »Die Entführung aus dem Serail« 30 »Die Hochzeit des Figaro« 353 »Don Giovanni« 207 »Così fan tutte« 351 »Die Zauberflöte« 384*

Mühlenweg, Fritz * 1891 † 1961 75 *Fremde auf dem Pfade der Nachdenklichkeit 75 In geheimer Mission durch die Wüste Gobi 75*

Müller, Hans von * 1875 † 1944 Sammler und Herausgeber des Nachlasses von E. T. A. Hoffmann 427

Müller, Reimund Heiner * 1929 † 1995 186 *Philoktet 186 Die Hamletmaschine 186*

Müller, Johann Gottwerth * 1743 † 1828 174 *Siegfried von Lindenberg 174*

Müller, Johann Ludwig Wilhelm * 1794 † 1827 411–12 *Die schöne Müllerin 411 Die Winterreise 411*

Münchhausen, Börries, Freiherr von * 1874 † 1945 402 *Gedichte (Lederhosensaga 402)*

Münchhausen, Karl Friedrich Hieronymus, Freiherr von * 1720 † 1797 Lügenbaron 73, 322, 446, 646

Münter, Gabriele * 1877 † 1962 Expressionistische Malerin 559

Multatuli (Eduard Douwes Dekker) * 1820 † 1887 462–63, 700 *Max Havelaar oder Die Kaffeeversteigerungen der Niederländischen Handelsgesellschaft 462–63*

Munch, Edvard * 1863 † 1944 Maler 380 *»Der Schrei« 380*

Munro, Alice Ann * 1931 487 *Der Mond über der Eisbahn 487*

Murasaki, Dame Shikibu † 1020 330 *Die Geschichte des Prinzen Genji 330*

Murger, Henri * 1822 † 1861 256 *Bohème 256*

Murphy, Audie Leon * 1924 † 1971 Schauspieler 602

Musäus, Johann Karl August * 1735 † 1787 420 *Volksmärchen der Deutschen 420*

Musaios † 500 *Hero und Leander 300*

Musil, Robert * 1880 † 1942 193, 625, 627–29 *Die Verwirrungen des Zöglings Törleß 625, 628 Die Schwärmer 628 Drei Frauen (Grigia Die Portugiesin Tonka) 628 Der Mann ohne Eigenschaften 622, 627*

Musset, Alfred de * 1810 † 1857 242, 253, 376 *Wovon die jungen Mädchen träumen 376 Bekenntnisse eines Kindes seiner Zeit 253*

Mussorgskij, Modest Petrowitsch * 1839 † 1881 Komponist 400, 412, 536–37 *»Boris Godunow« 400, 537*

Nabokov, Vera * 1902 † 1991 Gattin Vladimirs 578, 580

Nabokov (Sirin), Vladimir * 1899 † 1977 121, 233, 539, 547, 570–72, 578–80 *Maschenka 571 König, Dame, Bube 571 Lushins Verteidigung 571 Der Späher 571*

Die Mutprobe 572 Gelächter im Dunkel (Camera obscura) 572 Verzweiflung
572 Die Gabe 572 Einladung zur Enthauptung 572 Erzählungen (Der Zauberer 579 Solus Rex 579) Das wahre Leben
des Sebastian Knight 579 Das Bastardzeichen 578 Lolita 579 Pnin 579 Fahles
Feuer 580 Erinnerung, sprich 578 Ada
oder das Verlangen 578 Durchsichtige
Dinge 579 Sieh doch die Harlekine! 579
Vorlesung über Gogol 121, 547
Nabokow, Wladimir Dmitrijewitsch
* 1870 † 1922 Vater des Dichters 571,
578
Nansen, Fridtjof * 1861 † 1930 75 In Nacht
und Eis 75
Napoléon Bonaparte, Napoleon I. von
Frankreich * 1769 † 1821 13–14, 43, 81,
109, 112–13, 122–33, 135, 139, 194, 197,
204–05, 210, 212, 248–49, 251, 253, 331,
335, 376, 424, 447, 458, 476, 539, 543,
673 Briefe an Josephine 250 Code civile 131
Napoléon Bonaparte, François Joseph
Charles * 1811 † 1832 Napoleon II.,
der »König von Rom« 204
Napoléon Bonaparte, Charles Louis
* 1808 † 1873 Napoleon III. von
Frankreich 204–05, 623
Narses * 490 † 574 Oströmischer Feld-
herr 296
Narziss oder Narkissos oder Narcissus
Verliebter 290
Nausikaa Phäakenprinzessin 590
Necker, Jacques * 1732 † 1804 Französi-
scher Finanzminister 248
Nekrassow, Nikolaj Alexejewitsch * 1821
† 1878 Herausgeber 550 »Sowremen-
nik« 550
Nero Claudius Caesar Augustus Ger-
manicus * 37 † 68 Römischer Kaiser
114, 280, 294, 321
Nerval, Gérard de * 1808 † 1855 242, 254,
697 Aurelia 254 Traumschlösser 254
Nestroy, Johann Nepomuk Eduard
Ambrosius * 1801 † 1862 383–84,

492, 678 Der böse Geist Lumpazi-
vagabundus 384 Zu ebener Erde und
erster Stock 384
Neumann, Günter * 1913 † 1972 Kabaret-
tist 200 »Berliner Ballade« 200
Neumann, Robert * 1897 † 1975 197–98,
597 Mit fremden Federn 197
Neweklowsky, Ernst * 1882 † 1963 Do-
nau-Ingenieur 151
Newman, Paul Leonard * 1925 † 2008
Amerikanischer Filmschauspieler
558
Newton, Sir Isaak * 1643 † 1727 Physiker
225, 348, 353
Ney, Marschall Michel * 1769 † 1815 127
Nibelungenlied Entstanden um 1200 332
Nicholson, Jack * 1937 Schauspieler 155
Nicolai, Carl Otto Ehrenfried * 1810
† 1849 Komponist 363 »Die lustigen
Weiber von Windsor« 363
Niebelschütz, Wolf von * 1913 † 1960
674–75 Der blaue Kammerherr 674 Kin-
der der Finsternis 675
Niebergall, Ernst Elias * 1815 † 1863 640
Datterich 640
Niehues-Pröbsting, Heinrich * 1946 314
Der Kynismus des Diogenes und der Begriff des Zynismus 314
Nielsen, Carl * 1865 † 1931 Komponist
349, 466 »Maskerade« 349
Nietzsche, Friedrich Wilhelm * 1844
† 1900 284, 310, 459–60, 468, 473–74,
568, 612, 621, 630, 644, 659, 661, 669,
676, 697 Die Geburt der Tragödie aus
dem Geiste der Musik 459 Richard Wagner in Bayreuth 460 Menschliches, Allzumenschliches 459 Morgenröte 459 Die
fröhliche Wissenschaft 459 Also sprach
Zarathustra 459–60 Jenseits von Gut
und Böse 459 Der Fall Wagner 460 Götzen-Dämmerung oder Wie man mit dem
Hammer philosophiert 460
Nievo, Ippolito * 1831 † 1861 140, 373 Bekenntnisse eines Achtzigjährigen (auch:
Bekenntnisse eines Italieners, Pisana) 373

Nijinsky, Vaclav Fomitsch * 1889 † 1950
Gott des Tanzes 243
Nizami * 1141 † 1209 136, 422 Chosrau und
Schirin 422 Leila und Madschnun 422
Das Alexanderbuch (Iskandarname) 136
Nofretete † –1338 Gemahlin von
Amenophis IV. Ihr Porträt ist in Ber-
lin zu sehen 263
Nolde, Emil * 1867 † 1956 Maler 261, 448,
639
Nonnos † 470 284, 701 Dionysiaka 284
Norén, Lars * 1944 380 Dämonen 380
Norris, (Benjamin) Frank(lin) * 1870
† 1902 78–79 Gier nach Gold 78
Octopus 79
Novalis (Georg Friedrich Phillip von
Hardenberg) * 1772 † 1802 439–40
Hymnen an die Nacht 440 Heinrich
von Ofterdingen 440 Die Lehrlinge zu
Sais 440

O'Connor, Frank (Michael O'Donno-
van) * 1903 † 1966 Irischer Schrift-
steller 592
Oddantonio da Montefeltro * 1426
† 1444 Markgraf von Umbrien 150
Odojewskij, Fürst Vladimir Fjodoro-
witsch * 1804 † 1869 546 Russische
Nächte 546
Odysseus König von Ithaka 266, 270–71,
372, 590, 611
Oedipus König von Theben 277–78,
281
O'Faolain, Sean (John Whelan) * 1900
† 1991 Irischer Schriftsteller 592
Offenbach, Jacques * 1819 † 1880 310,
376, 425, 435 »Orphée aux Enfer« 310
»Hoffmanns Erzählungen« 425, 435
O'Flaherty Liam * 1896 † 1984 Irischer
Schriftsteller 592
Oineus Großvater des Diomedes 320
Olivier, Sir Laurence Kerr * 1907 † 1989
Schauspieler 78, 286, 362
Olsen, Regine * 1822 † 1904 Verlobte
von Kierkegaard 460

Omar ibn al-Chattab * 584 † 644 Zwei-
ter Kalif 325
Ondaatje, Michael * 1943 66 Der englische
Patient 66
Onetti, Juan Carlos * 1909 † 1994 685
Der Tod und das Mädchen 685
Ophüls, Max * 1902 † 1957 386 »Rei-
gen« 386
Oppenheimer, Joseph Süß * 1698 † 1738
Württembergischer Finanzminister
470–72 ·
Ordóñez de Montalvo, Garci * 1440
† 1504 32 Amadis von Gallien 32
Orosius, Paulus * 385 † 420 295 Welt-
geschichte aus christlicher Sicht 295
Orestes Sohn des Agamemnon, Rächer
seines Todes 277
Orff, Carl * 1895 † 1982 Komponist 304
»Carmina Burana« 304
Orpheus Thrakischer Sänger und Philo-
soph 265, 290, 310–11, 378, 620, 635
Ortega y Gasset, José * 1883 † 1955 692
Der Aufstand der Massen 692
Orwell, George (Eric Arthur Blair)
* 1903 † 1950 101, 527, 562 Farm der
Tiere 102 1984 101
Osborne, John * 1929 † 1984 381 Blick zu-
rück im Zorn 381
Osbourne, Lloyd * 1868 † 1947 68 Der
Ausschlachter 69 und Die falsche Kiste
68 (mit seinem Stiefvater Robert Louis
Stevenson)
Osiris Bruder und Gatte der Isis, Unter-
weltsgott der Ägypter 142, 262
Ossietzky, Carl von * 1889 † 1938
Herausgeber 194 »Weltbühne« 194
Ostrowskij, Alexander Nikolajewitsch
* 1823 † 1886 556–57 Eine Dummheit
macht auch der Gescheiteste 557 Der
Wald 557 Tolles Geld 557
Oswald von Wolkenstein * 1377 † 1445
333 Lieder (Es fügt sich 333)
Otto I. von Griechenland * 1815 † 1867
335
Ovid(ius) Naso, Publius * –43 † 18 236,

258, 271, 290, 320, 325 *Liebesgedichte*
290 *Liebeskunst* 290 *Liebeselegien* 290
Metamorphosen 236, 290, 320 *Briefe be-*
rühmter Frauen 290 *Der römische Fest-*
kalender 290 *Tristia* 290 *Briefe aus der*
Verbannung 290

Pächt, Otto * 1902 † 1988 156 *Rembrandt*
156
Paepcke, Lotte * 1910 † 2000 162 *Ein klei-*
ner Händler der mein Vater war 162
Paganini, Niccolò * 1782 † 1840 Violin-
virtuose und Komponist 425
Palazzeschi (Giurlani), Aldo * 1885
† 1975 140 *Der Doge* 140
Palladio, Andrea (di Pietro della Gon-
dola) * 1508 † 1580 Stararchitekt der
norditalienischen Renaissance, rund
um Venedig tätig 281
Palma, Brian (James Giacinto) de * 1940
Filmregisseur 415 »Obsession – Der
schwarze Engel« 415
Pan Griechischer Gott der Hirten und
des Waldes 668
Pandora Die mit der Büchse, erste Frau
und Gattin des Epimetheus 390
Panizza, Leopold Hermann Oskar
* 1853 † 1921 654 *Das Liebeskonzil*
654
Pantaleon * 250 † 305 Heiliger, einer
der Vierzehn Nothelfer, Patron der
Ärzte 372
Papageienbuch Tuti Nameh um 1000 in In-
dien verfasst, 1330 von Nachschabi
auf Persisch, um 1450 ins Türkische
übersetzt 331
Paphos Sohn von Pygmalion und Ga-
lathea 236
Paris Trojanischer Prinz 265
Parker, Dorothy * 1893 † 1967 487 *Eine*
starke Blondine 487
Parmenides von Elea * −520 † −450 308
Lehrgedicht 308
Parmigianino (Girolamo Francesco
Maria Mazzola) * 1503 † 1540 Manie-

ristischer Maler 337 »Die Madonna
mit dem langen Hals« 337
Paryla, Karl * 1905 † 1996 Schauspieler
383
Pascal, Blaise * 1623 † 1662 310, 345
Gedanken 345
Pasolini, Pier Paolo * 1922 † 1975 Film-
regisseur, Autor 453 »Flucht in die
Dolomiten« 453
Pasternak, Boris Leonidowitsch * 1890
† 1960 565 *Doktor Schiwago* 565
Pat & Patachon Dänisches Duo der
Stummfilmzeit (Leuchtturm & Bei-
wagen) 177
Paul III. (Alessandro Farnese) * 1468
† 1549 Papst 152
Paulus von Tarsus † 60 Christlicher
Urtheologe 324
Pausanias * 115 † 180 282 *Beschreibung*
Griechenlands 282
Paz, Octavio * 1914 † 1998 Mexikani-
scher Schriftsteller 685
Pears, Peter Neville Luard * 1910 † 1986
Sänger 502
Pelewin, Viktor Olegowitsch * 1962 567
Das Leben der Insekten 567 *Generation*
P 567
Penelope Gattin des Odysseus 270, 272
Penthesilea Amazonenkönigin 267,
430–31
Pentheus König von Theben 311
Pepusch, Johann Christoph * 1667 † 1752
Komponist 63 »Die Bettleroper« 63
Pepys, Samuel * 1633 † 1703 348 *Tage-*
bücher 349
Peri, Jacopo Octavio Ferruccio Phil-
ippo Niccolò Amando Sequenzino
Alberto * 1561 † 1633 Komponist 372
»Euridice« (Erste Oper) 372
Perikles * −490 † −429 Athenischer
Staatslenker 110, 327, 366
Perseus † −165 Letzter König von Make-
donien 294
Perseus Zeussohn und Heros 285
Perutz, Leo(pold) * 1882 † 1957 76–77,

620 *Zwischen neun und neun* 77 *Der Meister des Jüngsten Tages* 77 *Wohin rollst Du, Äpfelchen* ... 76 *St. Petri-Schnee* 77 *Nachts unter der steinernen Brücke* 620 *Der Judas des Leonardo* 77
Pessoa, Fernando (António Nogueira) * 1888 † 1935 583 *Das Buch der Unruhe des Hilfsbuchhalters Bernardo Soares* 583
Pestalozzi, Johann Heinrich * 1746 † 1827 Pädagoge 503
Peter der Große * 1672 † 1725 Russischer Zar 535
Petöfi, Sándor * 1823 † 1849 Ungarischer Dichter und Nationalheld 681
Petrarca (Petracco), Francesco * 1304 † 1374 140, 369, 418–19 *Canzoniere* 369 *Brief an Francesco Dionigi* 418
Petronius Arbiter, Titus * 14 † 66 300 *Satyrica* 300
Petrus, Simon † 65 Bischof von Rom 114
Phidias * –500 † –432 Bildhauer und Architekt 282–83, 327
Philipp II. von Spanien * 1527 † 1598 32, 168, 182, 370
Philipp III. von Spanien * 1578 † 1621 37
Philipp der Gute * 1419 † 1467 Herzog von Burgund 147
Philippe, Charles-Louis * 1874 † 1909 111, 204, 256 *Bubu vom Montparnasse* 111 *Marie Donadieu* 256
Philogelos (Lachfreund) Angeblich von Hierokles und Philagrios um 500 187
Philoktet Held vor Troja 187, 266–67, 274
Philostrat(os), Flavius * 165 † 245 288 *Apollonios von Tyana* 288, schrieb auch: *Eikones*, Beschreibung von antiken Gemälden, die wir allesamt nur aus seinem Buch kennen
Piatti, Celestino * 1922 † 2007 Maler und Buchgestalter 17 *Eulenglück* 17
Picasso, Pablo Ruiz * 1881 † 1973 Genie des Jahrhunderts 377–78, 566
Piccoli, (Jacques Daniel) Michel * 1925 Schauspieler 240

Piccolomini, Enea Silvio * 1405 † 1464 Papst Pius II. 153
Piero della Francesca (Pietro di Benedetto die Franceschi) * 1420 † 1492 Magischer Maler 149–50, 289, 418
Pindar(os) * –522 † –445 301 *Oden* 301
Pinter, Harold * 1930 † 2008 381, 468 *Der Hausmeister* 381
Pinturicchio (Bernardino di Betto di Biagio) * 1453 † 1513 Oberitalienischer Meister 153
Pippin der Kurze * 714 † 768 Vater Karls des Großen 289
Pirandello, Luigi * 1867 † 1936 189, 375, 582 *Die Ausgestoßene* 375 *Der Humor* 189 *Der verblichene Mattia Pascal (Il fu Mattia Pascal)* 582 *Sechs Personen suchen einen Autor* 375 *Heute abend wird aus dem Stegreif gespielt* 376 *Novellen für ein Jahr* 375 *Einer, keiner, hunderttausend* 582 *Die Mythen (Die Riesen vom Berge Heinrich IV.)* 375
Pisemski, Alexej Feofilaktowitsch * 1821 † 1881 548 *Im Strudel* 548
Pius VII. (Luigi Chiaramonti) * 1742 † 1823 Papst 153
Platen-Hallermünde, Karl August Georg Maximilian Graf von * 1796 † 1835 422 *Der romantische Ödipus* 442
Plath, Sylvia * 1932 † 1963 495 *Sonntag bei den Mintons* 495 *Die Glasglocke* 495
Platon * –427 † –347 245, 307, 312–318, 336, 459, 548 *Hippias* 311 *Gorgias* 311 *Protagoras* 311 *Politeia* 313, 568 *Apologie* 313 *Phaidon* 313 *Symposion* 313 *Theaitetos* 307
Platonow, Andrej Platonowitsch * 1899 † 1951 557, 564 *Die Kutschervorstadt* 564
Plautus, Titus Maccius * –254 † –184 279–80, 361, 430 *Miles gloriosus* 280 *Amphitruo* 280 *Menaechmi* 280
Plenzdorf, Ulrich * 1934 † 2007 186 *Die neuen Leiden des jungen W.* 186
Plinius Secundus der Ältere, Gaius * 23 † 79 320–21, 632, 699 *Naturgeschichte* 699

Plinius Secundus der Jüngere, Gaius * 61
† 115 320 *Korrespondenz 320*
Plotinos von Alexandria * 205 † 270
Philosoph 317
Plühr, Emma alias Frau Karoline Stöhr
Gattin des Photographen Heinrich
Plühr * 1859 † 1953 178
Plutarch(os) * 45 † 125 Geboren in Chai-
ronea, wo Philipp von Makedonien
in der Schlacht von −338 die griechische Vormacht brach 20, 142–43, 281,
322, 570, 668, 699 *Große Griechen und
Römer (Parallelbiographien) 322 Moralia
142 (Kindererziehung 142 Isis und Osiris
142 Die eingegangenen Orakel 668 Das
Mondgesicht 322)*
Poe, Edgar Allan * 1809 † 1849 25, 79–
82, 89, 153, 179, 571, 612 *Die Abenteuer des Hans Pfaall 89 Julius Rodman 89 Die Erzählung des Arthur
Gordon Pym aus Nantucket 89 Die
Morde in der Rue Morgue 82 Der Maelstrom 89 Die Grube und das Pendel
80 Das Geheimnis um Marie Rogêt 82
Der Goldkäfer 82 Der stibitzte Brief 82
Der Rabe 81*
Polarstern Taschenbüchlein für die Lieb-
haberinnen und Liebhaber russi-
scher Wortkunst auf das Jahr 1823,
1824, 1825 544
Polgar (Polak), Alfred * 1873 † 1955 147,
192, 388, 624, 656 *Kleine Prosa (Rechen-
stunde 192) Goethe – eine Groteske (ge-
meinsam mit Egon Friedell) 656*
Polybios * −200 † −120 292, 294 *Das
Geschichtswerk 292*
Polyklet (Polykleitos) * −480 † −420
Bildhauer und erster Kunst-
theoretiker 336 *Kanon (Richtschnur)*
336
Polykrates von Samos † −522 Tyrann
291
Polyphem Zyklop 271
Polyxene Tochter des Priamos 269
Pompadour, Jeanne-Antoinette Poisson

Marquise de * 1721 † 1764 Mätresse
Ludwigs XV. 15, 110
Pompeius Magnus, Gnaeus * −106 † −48
Republikaner und Kriegsheld 293
Ponte, Lorenzo da (Emmanuele Coneg-
liano) * 1749 † 1838 in New York! 209,
371 *»Don Giovanni« 209, 371*
Pontoppidan, Henrik * 1857 † 1943 466,
468–69 *Hans im Glück (Lykke-Per) 468*
Pontormo (Carrucci), Jacopo da * 1494
† 1557 337 *»Kreuzabnahme« in Sta Fe-
licita in Florenz 337*
Popowa, Ljubow Sergejewna * 1889
† 1924 Konstruktivistin 559
Poseidon Bruder des Zeus, Beherrscher
der Meere 270–71, 335–37
Poseidonios von Apameia * −135 † −51
Stoiker 316
Potiphar und seine Frau Ägyptisches
Beamtenehepaar 261
Potocki, Jan * 1761 † 1815 31 *Die Hand-
schrift von Saragossa 31*
Poulenc, Francis Jean Marcel * 1899
† 1963 635 *»Dialogues des Carméli-
tes« 635*
Powell, Anthony * 1905 † 2000 529 *Ein
Tanz zur Musik der Zeit 529*
Presser, Jacques * 1899 † 1970 132 *Napo-
leon – Das Leben und die Legende 132*
Prévost d'Exiles, Antoine-François
(Abbé Prévost) * 1697 † 1763 110
Manon Lescaut 110
Priamos König von Troja 269
Price, Vincent * 1911 † 1993 Horror-
mime 368
Priestley, John Bointon * 1894 † 1984 381
Ein Inspektor kommt 381
Pringsheim, Professor Alfred * 1850
† 1941 Schwiegervater Thomas
Manns 656
Prischwin, Michail Michailowitsch
* 1873 † 1954 555 *Erzählungen 555*
Prokofjew, Sergej Sergejewitsch * 1891
† 1953 331, 559 *»Alexander Newskij«
331*

Prokopios von Caesarea * 500 † 562 *296
Geheimgeschichte (Anekdota) 296 Die
Bauten 296 Vandalenkrieg 296 Goten-
krieg 296 Perserkrieg 296*
Prometheus Schuf den Menschen oder
brachte ihm zumindest das Feuer *125,
390–91, 642*
Proper(z)tius, Sextus * –50 † 0 Römi-
scher Dichter *301*
Protagoras * –490 † –411 Sophist mit
dem Homomensura-Satz: Der
Mensch ist das Maß aller Dinge *311–
12, 340, 389*
Proteus Wandlungsfähiger Meergott
277, 361
Proust, Valentin Louis Georges Eugène
Marcel * 1871 † 1922 *28, 145, 213, 231–33,
235–36, 245, 257, 465, 485, 508, 592, 616,
671 Auf der Suche nach der verlorenen
Zeit (Im Schatten junger Mädchenblüte –
Die Welt der Guermantes) 215*
Proulx, Edna Annie * 1935 Kana-
disch-amerikanische Autorin *683*
Pschyrembel, Willibald * 1901 † 1987
Begründer des gleichnamigen *Klini-
schen Wörterbuchs 519*
Pseudo-Homer (Hilfsname für einen
unbekannten Dichter) † –100 *187 Ba-
trachomyomachia (Froschmäusekrieg) 187*
Ptolemaios (Ptolemäus), Klaudios * 100
† 175 *318 Almagest 318 Tetrabiblos 319*
Puccini, Giacomo Antonio Domenico
Michele Secondo Maria * 1858 † 1924
110, 140, 256, 374 »Turandot« *374, 659*
»La Bohème« *256, 374*
Pückler-Muskau, Fürst Hermann
Ludwig Heinrich von * 1785 † 1871
*74 Briefe eines Verstorbenen 74 An-
deutungen über Gartengestaltung 74*
Pugatschow, Jemeljan Iwanowitsch
* 1742 † 1775 Kosakenhetman und
Aufrührer *119–20, 541*
Purcell, Henry * 1659 † 1695 Komponist
267 »Dido und Aeneas« *267*
Puschkin, Alexander Sergejewitsch

* 1799 † 1837 *109, 119–20, 400, 536–37,
539–43, 565, 577 Ruslan und Ludmilla
537 Der Mohr Peters des Großen 537
Weihnachtsmärchen 543 Der goldene
Hahn 537 Eugen Onegin 537–39, 541–42
Boris Godunow 400, 537 Reise nach Er-
zerum 541 Pique Dame 577 Die Haupt-
mannstochter 119, 537 Gedichte (Dem
Dichter 542–43)*
Puzo, Mario * 1920 † 1999 *128 Der Pate
128*
Pygmalion Mythischer Bildhauer *236,
290*
Pythagoras von Samos * –570 † –510
Universalgenie und Ordensgründer
288, 307–08

Qualtinger, Helmut Gustav Friedrich
* 1928 † 1986 Schauspieler *193, 623–24*
Queneau, Raymond * 1903 † 1976 *674
Zazie in der Métro 674*
Quevedo y Santibáñez Villegas, Fran-
cisco Gómez de * 1580 † 1645 *172 Das
Leben des Buscón 172 Die Träume 172*
Quinn, Anthony Rudolph Oaxaca * 1915
† 2001 Filmschauspieler *187* »Alexis
Sorbas« *187*
Quisling, Vidkun * 1887 † 1945 *669*

Raabe, Wilhelm * 1831 † 1910 *475–76
Die Chronik der Sperlingsgasse 475
Der Hungerpastor – Unseres Herrgotts
Kanzlei 475 Stopfkuchen – eine See- und
Mordgeschichte 476*
Rabelais, François * 1493 † 1553 *166–67,
171, 218, 322, 499 Gargantua und Pantag-
ruel 123, 165–66, 171, 499*
Racine, Jean * 1639 † 1699 *222, 281, 360,
376 Phädra 360*
Radetzky von Radetz, Josef Wen-
zel Anton Franz Karl Graf * 1766
† 1858 Feldmarschall von Österreich,
diente unter fünf Kaisern; Johann
Strauß' Vater komponierte ihm den
Marsch *623*

Alphabetisches Register aller erwähnten Personen und Bücher

Räuber vom Liang Schan-Moor von Schi
Nai An um 1250 328–29
Raffael(lo) Sanzio * 1483 † 1520 Meister
der sinnlichen Malerei 316–17, 337
Raimund, Ferdinand (Ferdinand Jakob
Raimann) * 1790 † 1836 383–84, 492
*Der Diamant des Geisterkönigs 384 Der
Alpenkönig und der Menschenfeind 384
Der Verschwender 384*
Rambler Zeitschrift für Gebildete 1750–
52 von Samuel Johnson 347
Rameau, Jean Philippe * 1683 † 1764
Komponist 347, 376
Ranke, Franz Leopold von * 1795 † 1886
134–35, 280, 287 *Geschichte der romani-
schen und germanischen Völker von 1494
bis 1514 135*
Ransmayr, Christoph * 1954 290 *Die
letzte Welt 290*
Rappeneau, Jean-Paul * 1932 Film-
regisseur 377 »Cyrano de Bergerac«
377
Rautavaara, Einojuhani * 1928 Kompo-
nist 466 »Alexis Kivi« 466
Regis, Johann Gottlob * 1791 † 1854
Übersetzer des »Gargantua« 167
Reich-Ranicki, Marcel * 1920 † 2013
Feuilletonist 146
Reinhardt, Max (Maximilian Gold-
mann) * 1873 † 1943 Theatergenie
145, 363
Reinig, Christa * 1926 † 2008 403 *Die
Ballade vom blutigen Bomme 403*
Remarque (Remark), Erich Maria (Paul)
* 1898 † 1970 640–41 *Im Westen nichts
Neues 640*
Rembrandt Harmenszoon van Rijn
* 1606 † 1669 Meistermaler 154–59,
254, 260 »Der Engel verhindert das
Opfer Isaaks« 261 »Das Gastmahl des
Belsazar« 158 »Joseph erzählt seine
Träume« 261 »Abraham bewirtet die
drei Engel« 260–61 »Der Jakobssegen«
261 »Isaak und Rebekka (eigentlich
bekannt als »Die Judenbraut«)« 261

»Der Mann mit dem Goldhelm« 154–
55, 159 »Joseph wird von Potiphars
Frau verklagt« 261 »Jakob kämpft mit
dem Engel« 261 »Die Anatomie des
Dr. Tulp« 157–58 »Die Nachtwache«
157 »Die Anatomie des Dr. Dey-
man« 157–58 »De Staalmeesters« 158
(Reihenfolge nach dem Katalog von
Christian Tümpel)
Rembrandt Research Project Seit 1968 an
der Arbeit 159
Remisow, Alexej Michailowitsch * 1877
† 1957 564, 571 *Gang auf Simsen 564*
Remus † –753 Mythischer Gründer
Roms, von seinem Bruder Romulus
ermordet 267
Renard, Jules * 1864 † 1910 346 *Der
Schmarotzer 346*
Restif de la Bretonne, Nicolas Edme
* 1734 † 1806 247 *Die galanten Damen
247 Der verderbte Landmann 247 Die
Nächte von Paris 247 Anti-Justine 247*
Reuter, Christian * 1665 † 1712 73 *Schel-
muffsky 73*
Reuter, Fritz (Heinrich Ludwig Chri-
stian Friedrich) * 1810 † 1874 197 *Ut
mine Stromtid 197 Ut de Franzosentid 197
De Urgeschicht von Meckelnborg 197*
Reventlow, Fanny Liena Wilhelmine
Gräfin zu * 1871 † 1918 634 *Briefe 634
Tagebücher 634*
Reynolds, Sir Joshua * 1723 † 1792 Maler
347 »Bildnis Dr. Johnson« 347
Rezzori (d'Arezzo), Gregor von * 1914
† 1998 191 *Maghrebinische Geschichten
191 Neue Maghrebinische Geschichten 191
Ein Hermelin in Tschernopol 191*
Richard I. Löwenherz * 1157 † 1199 Eng-
lischer König 363
Richard II. von England * 1367 † 1400
362
Richard III. von England * 1452 † 1485
Der Winter seines Missvergnügens
dauert bis heute, gerade wurde sein
geschändeter Leichnam auf einem

Parkplatz in Leicester entdeckt 362, 368, 382

Richardson, Samuel * 1689 † 1761 352, 512–13, 531 *Pamela* 352, 531 *Clarissa oder Geschichte einer jungen Dame* 352, 512–31, 531

Richelieu, Armand-Jean du Plessis de * 1585 † 1642 Der Kardinal, der in den *Drei Musketieren* auftritt 111–12, 251

Richter, Svjatoslav Teofilowitsch * 1915 † 1997 Klaviervirtuose 559

Richthofen, Else von * 1874 † 1973 Intellektuelle, Gefährtin von Max Weber u. a. 528

Richthofen, Frieda von * 1879 † 1956 Intellektuelle, Gefährtin von D. H. Lawrence 528, 607

Rilke, Rainer (René Karl Wilhelm Johann Josef) Maria * 1875 † 1926 244, 247, 369, 619–21, 631 *Die Weise von Liebe und Tod des Cornets Christoph Rilke* 619 *Die Aufzeichnungen des Malte Laurids Brigge* 620 *Gedichte (Sonette an Orpheus* 620 *Duineser Elegien* 620 *Herbsttag* 619 *Der Panther* 621)

Rimbaud, Jean Nicolas Arthur * 1854 † 1891 Französischer Dichter 244–45

Rimskij-Korssakow, Nikolaj Andrejewitsch * 1844 † 1908 Komponist 536–37 *»Der goldene Hahn«* 537

Ringelnatz, Joachim (Hans Bötticher) * 1883 † 1934 190 *Turngedichte* 190 *Kuttel Daddeldu* 190

Ritt, Martin * 1914 † 1990 Amerikanischer Filmregisseur 77, 646 *»Der Spion, der aus der Kälte kam«* 77 *»Der Strohmann«* 646

Ritter, Henning * 1943 † 2013 Geisteswissenschaftler 345

Rivette, Jacques * 1928 † 2016 Filmregisseur 240 *»Die schöne Querulantin«* 240

Robbe-Grillet, Alain * 1922 674 *Die Radiergummis* 674 Regisseur von *»La belle captive«* 674

Robert Guiskard (»Schlaukopf«) * 1015 † 1085 Normannenherzog von Apulien 126

Robespierre, Maximilien Marie Isidore de * 1758 † 1794 Haupt der Schreckensherrschaft 204, 210

Roda Roda, Alexander (Sandór Friedrich Rosenfeld) * 1872 † 1945 Humorist, Kaffeehäusler 192

Rodin, François Auguste René * 1840 † 1917 Bildhauer *»Balzac«* und Zeichner 214

Röhrich *Lexikon der Sprichwörtlichen Redensarten* 1988, ständig erweitert. Lutz Röhrich * 1922 † 2006 Volkskundler 405

Roland * 736 † 778 Paladin Karls des Großen 140, 272

Rolandslied Entstanden um 1100 140

Rolland, Romain * 1866 † 1944 663–64 *Beethoven* 664 *Johann Christof* 664 *Meister Breugnon* 664 *Die verzauberte Seele* 664 *Das Gewissen Europas* 664

Romulus Mythischer Gründer Roms –753 und Mörder seines Bruders Remus 267, 322

Ronet (Robinet), Maurice * 1927 † 1983 Schauspieler 491, 494

Rosanow, Wassilij Wassiljewitsch * 1856 † 1919 568 *Abgefallene Blätter* 568

Rosegger, Peter * 1843 † 1918 453 *Waldheimat* 453

Rosenberg, Alfred * 1893 † 1946 Nazi 661

Rossini, Gioacchino Antonio * 1792 † 1868 30, 221–22, 353, 357, 400, 410, 545, 547 *»Die Italienerin in Algier«* 30 *»Der Türke in Italien«* 30 *»Der Barbier von Sevilla«* 353 *»La Cenerentola«* 410 *»Guillaume Tell«* 400 *»Petite messe solenelle«* 357

Rostand, Édmond Eugène Alexis * 1868 † 1918 377 *Cyrano de Bergerac* 377

Roth, Moses Joseph * 1894 † 1939 623–24 *Hotel Savoy* 623 *Hiob* 623 *Radetzky-*

marsch 623 Das falsche Gewicht 623 Der
   Leviathan 623 Die Kapuzinergruft 623
Roth, Patrick * 1953 Spiritueller Schriftsteller 432, 683
Roth, Philip Milton * 1933 † 2018 Un-
   spiritueller amerikanischer Schriftsteller 591, 683 Portnoys Beschwerden 591
Rothschild, Freiherr Nathan Mayer
   * 1777 † 1836 Spekulierte mit britischen Staatsanleihen, reichster
   Mann der Welt, damals 689
Rousseau, James (Pierre-Joseph) * 1797
   † 1849 252 Robert-Macaire 252
Rousseau, Jean-Jacques * 1712 † 1778
   20, 207, 324, 352–53, 697 Julie oder Die
   neue Heloïse 352 Der Gesellschaftsvertrag
   352 Encyclopédie 352 Émile oder Die Erziehung 352 Bekenntnisse 20, 324
Rowland, Henry Augustus * 1848 † 1901
   Physiker, erfand den Typendruck-
   telegraphen 103
Rowling, Joanne K(athleen) * 1965 Er-
   finderin von Harry Potter 502
Roy, Suzanna Arundhati * 1961 683 Der
   Gott der kleinen Dinge 683
Rubens, Peter Paul * 1577 † 1640 Maler-
   fürst des Barock 157
Rubinstein, Anton Grigorjewitsch
   * 1829 † 1894 Russischer Klaviervirtuose und Komponist 559
Rückert, Friedrich * 1788 † 1866 421–22
   Übersetzungen aus dem Persischen 421
   Kindertotenlieder 422
Rudolf II. * 1552 † 1612 Deutscher Kaiser
   383, 620
Rühmkorf, Peter * 1929 † 2008 200, 424,
   671 Gedichte 200, 671 Über das Volksver-
   mögen 200 Märchen 424
Rumi, Dschalal ad-Din Mohammed
   * 1207 † 1273 Persischer Dichter 422
Runciman, James Cochran Steven(son)
   * 1903 † 2000 144, 148, 273 Geschichte
   der Kreuzzüge 273 Geschichte der Eroberung Konstantinopels 144 Häresie und
   Christentum 148

Saar, Ferdinand Ludwig Adam von
   * 1833 † 1906 463 Innocens 463 Die
   Steinklopfer 463 Schloß Kotenitz 463
Sacagawea * 1788 † 1812 Indianerin vom
   Stamme der Schoschonen, Führerin
   von Clark & Lewis 108
Sacchetti, Franco * 1330 † 1400 417 No-
   vellen 417
Sacharow, Andrej Dmitrijewitsch * 1921
   † 1989 544 Mein Leben 544
Sacher-Masoch, Leopold von * 1836
   † 1895 464 Venus im Pelz 464
Sachs, Hans * 1494 † 1576 281, 304 Die
   Königin Kleopatra 304 Das Wildbad 281
Sachs, Nelly (Leonie) * 1891 † 1970
   Deutsch-schwedische Dichterin 670
Sachse, Johann Christoph * 1762 † 1822
   174 Der deutsche Gil Blas 174
Sackville-West, Vita Victoria Mary
   * 1892 † 1962 Dichterin und Freundin
   von Virginia Woolf 498
Sade, Donatien Alphonse François Mar-
   quis de * 1740 † 1814 172, 247, 464, 531
   Justine oder die Leiden der Tugend 172,
   247 Juliette oder die Vorteile des Lasters
   247
Saint-Beuve, Charles Augustin * 1804
   † 1869 346 Montagsplaudereien 346
Saint-Exupéry, Antoine Marie Roger
   * 1900 † 1944 66 Südkurier 66 Wind,
   Sand und Sterne 66 Flug nach Arras 66
   Der kleine Prinz 66
Saint Simon, Claude Henri de Rouvroy
   de * 1760 † 1825 Der Bürger Simon
   202–03
Saint-Simon, Louis de Rouvroy Herzog
   von * 1675 † 1755 210 Memoiren 210
Saladin * 1137 † 1193 Sultan von Ägypten,
   muslimischer Heros 273, 358–59
Salinger, Jerome David * 1919 † 2010 506
   Der Fänger im Roggen 506
Sallust(ius) Crispus, Gaius * –86 † –35
   293 Die Verschwörung des Catilina 293
   Der Krieg mit dem Afrikaner Jugur-
   tha 293

Salome Tochter der Herodias, Stieftochter des Herodes Antipas 278,
488–89
Salomo † –926 Dritter König von Israel
264, 286
Saltykow-Schtschedrin, Michail Jewgrafowitsch * 1826 † 1889 548 Geschichte einer Stadt 548 Die Herren Golowlew 548
Samjatin, Jewgenij Iwanowitsch * 1884
† 1937 99, 562–63 Wir 99, 562 Der Floh 562
Sand, George (Aurore Dupin) * 1804
† 1876 224, 253–54, 497, 701 Indiana
353, 497 Flavia 253 Pauline 253 Lélia 253
Die kleine Fadette 253 Sie und Er 253 Ein
Winter auf Mallorca 253 Geschichte meines Lebens 497
Sander, Ernst Leo * 1898 † 1976 Über-
setzer und Herausgeber der
Balzac-Ausgabe 218
Sander, Otto * 1941 † 2013 Schauspieler
665
Sandrock, Adele * 1863 † 1937 Schau-
spielerin 386
Sanson, Charles Henri * 1739 † 1806 210
Tagebücher der Henker von Paris (be-
arbeitet u. a. von Balzac) 210
Sappho von Lesbos * –630 † –570 301,
481, 530 Gedichte 301
Sarraute, Nathalie * 1900 † 1999 673 Por-
trät eines Unbekannten 673
Sartre, Jean-Paul Charles Aymard * 1905
† 1980 378 Bei geschlossenen Türen 378
Die Fliegen 378
Satie, Erik * 1866 † 1925 Komponist 378
»Parade« 378
Saul † –1004 Erster König von Israel 264
Savinkov, Boris Wiktorowitsch * 1879
† 1925 544 Erinnerungen eines Terrori-
sten 544
Savonarola, Girolamo * 1452 † 1498 Fa-
natischer Mönch 340
Schadewaldt, Wolfgang * 1900 † 1974
Altphilologe, Übersetzer von Ilias
und Odyssee 267

Scheerbart, Paul Karl Wilhelm (Kuno
Küfer) * 1863 † 1915 638, 696 Rakkóx
der Billionär 638 Katerpoesie 638
Schenk, Otto * 1930 Schauspieler und
Regisseur 383
Schestow, Lew Isaakowitsch (Jehuda
Leib Schwarzmann) * 1866 † 1938
568 Spekulation und Offenbarung 568
Schickele, René * 1883 † 1940 Schrift-
steller aus dem Elsass 647
Schiele, Egon * 1890 † 1918 Maler 630
Schikane, Mustafa * ? † ? Erfolgloser
Freistilringer 581
Schiller, Friedrich von * 1759 † 1805 134,
240, 301, 359, 391, 399–400, 404–06,
408, 444, 469, 477, 649, 659, 698 Die
Räuber 399, 469 Kabale und Liebe 400
Die Verschwörung des Fiesco zu Genua
400 Don Karlos 134, 359, 400 Ge-
schichte des Abfalls der Niederlande 134
Xenien 398 Wallenstein 406 Balladen
(Der Taucher 400 Der Handschuh 400
Die Bürgschaft 400) Maria Stuart 399,
406 Die Jungfrau von Orleans 362, 406
Die Braut von Messina 400 Wilhelm Tell
400 Demetrius 400
Schirach, Baldur von * 1907 † 1974
Reichsjugendführer 402
Schlaf, Johannes * 1862 † 1941 196 Papa
Hamlet (gemeinsam mit Arno Holz)
196
Schlechter, Carl * 1874 † 1918 Öster-
reichischer Schachgroßmeister 625
Schlegel, August Wilhelm von * 1767
† 1845 Übersetzer (Shakespeare) und
Dichter 22, 248, 264, 360, 367, 369, 391,
422, 440, 528
Schlegel, Dorothea Friederike * 1764
† 1839 Tochter von Moses Mendels-
sohn, Ehefrau von ??? 248
Schlegel, Karl Wilhelm Friedrich von
* 1772 † 1829 22, 248, 391, 422–23, 440,
468, 528 Lucinde (Bekenntnisse eines
Ungeschickten) 423
Schlesinger, John Richard * 1926 † 2003

Britischer Filmregisseur 78 »Der Marathon-Mann« 78
Schlichter, Rudolf * 1890 † 1955 Maler der Neuen Sachlichkeit, Stiefelfetischist 644
Schliemann, Johann Ludwig Heinrich Julius * 1822 † 1890 272, 282 Erinnerungen 282
Schmeling, Max Adolph Otto Siegfried * 1905 † 2005 Boxer und Brauseabfüller 642
Schmidt, Arno Otto * 1914 † 1979 18, 25–26, 107, 233, 356, 435, 592, 701 Sitara und der Weg dorthin 18 Fouqué und einige seiner Zeitgenossen 435 Zettels Traum 592
Schmidt, Helmut * 1918 † 2015 jeweils in Hamburg Politiker und Autor 573, 669–70
Schmidt, Joseph * 1904 † 1942 Tenor 191
Schmidt(-Rottluff), Karl * 1884 † 1976 Expressionist 639
Schnabel, Johann Gottfried * 1692 † 1758 64, 701 Insel Felsenburg 64, 701
Schnapp, Friedrich * 1900 † 1983 Musik(wissenschaftl)er und E.-T.-A.-Hoffmann-Forscher 427
Schnitzler, Arthur * 1862 † 1931 209, 386–87, 585–86, 623–24, 626 Anatol 387 Reigen 386 Der grüne Kakadu 387 Professor Bernhardi 387 Casanovas Heimfahrt 209 Frau Berta Garlan 585 Leutnant Gustl 585 Dr. Gräsler, Badearzt 585 Der Weg ins Freie 585 Fräulein Else 585 Traumnovelle 585 Spiel im Morgengrauen 585 Jugend in Wien 626 Tagebücher 387
Schönberg, Arnold * 1874 † 1951 Komponist, entwickelte die Zwölftontechnik 465, 629, 654 »Gurrelieder« 465
Schönherr, Karl * 1867 † 1943 385, 453 Erde 385 Bergsteigermarterln 454
Scholochow, Michail Alexandrowitsch* 1905 † 1984 123, 565 Der stille Don 123, 565

Schopenhauer, Arthur * 1788 † 1860 173, 309, 327, 406, 458–59, 644, 662 Das Hand-Orakel oder Kunst der Weltklugheit 173 Die Welt als Wille und Vorstellung 458
Schostakowitsch, Dmitrij Dmitrijewitsch * 1906 † 1975 Komponist 546, 549, 559 »Die Nase« 546 »Lady Macbeth von Mzensk (Katerina Ismailowa)« 549 »Die Spieler« 546
Schröder, Rudolf Alexander * 1878 † 1962 Dichter und Übersetzer 301
Schtschedrin, Rodion Konstantinowitsch * 1932 Komponist 545–46 »Die toten Seelen« 545
Schubert, Franz Peter * 1797 † 1828 Komponist 401, 411 »Forellenquintett« 678 »Die schöne Müllerin« 411 »Die Winterreise« 401, 411
Schulz, Bruno * 1892 † 1942 618 Die Zimtläden 618
Schumann, Robert * 1810 † 1856 Komponist 125, 401, 412 »Die zwei Grenadiere« 125 »Belsatzar« 401
Schummel, Johann Gottlieb * 1748 † 1813 174 Spitzbart 174
Schwab, Gustav Benjamin * 1792 † 1850 284 Die schönsten Sagen des klassischen Altertums 284
Schwartz, Gary * 1940 157, 159 Rembrandt 157, 159
Schwitters, Kurt * 1887 † 1948 593–94 Anna Blume 593 Ursonate 594
Sciascia, Leonardo * 1921 † 1989 141 Der Tag der Eule 141 Das Verschwinden des Ettore Majorana 141
Scipio Africanus, Publius Cornelius * –236 † –183 Römischer Feldherr 292
Scott, Sir Ridley * 1937 Britischer Filmregisseur 99, 601 »Alien« 601 »Blade Runner« (nach Träumen Androiden von elektrischen Schafen? von Philip K. Dick) 99
Scott, Robert Falcon * 1868 † 1912 Polarforscher und Abenteurer 75

Scott, Sir Walter * 1771 † 1832 102–05, 122, 130, 218, 251, 442, 517 *Waverley* 102–03 *Heart of Midlothian* 104 *Die Braut von Lammermoor* 103 *Ivanhoe* 103–04 *Quentin Durward* 103

Scribe, Augustin Eugène * 1791 † 1861 376 *Das Glas Wasser* 376

Sealsfield, Charles (Karl Anton Postl) * 1793 † 1864 76 *Das Kajütenbuch (Die Prärie am Jacinto)* 76

Seferis, Giorgos * 1900 † 1971 187 *Geheime Gedichte* 187

Seghers, Anna (Netty Radványi) * 1900 † 1983 185 *Das siebte Kreuz* 185

Seianus, (Sejan) Lucius Aelius * –20 † 31 Prätorianerpräfekt 271

Selkirk, Alexander * 1676 † 1721 Der wahre Robinson 62–63

Sembdner, Helmut * 1914 † 1997 20, 22 *Kleist-Spuren* 22 *Kleist-Dokumente* 22

Semele Mutter des Dionysos 284

Senancourt, Étienne Pivert de * 1770 † 1846 250 *Oberman* 250

Seneca, Lucius Annaeus * 1 † 65 280, 317, 461 *Verkürbissung (Apokolokyntosis)* 280 *Briefe an Lucilius* 317

Sethos I. † –1279 Pharao 306

Seume, Johann Gottfried * 1763 1810 73 *Spaziergang nach Syrakus* 73

Sévigné, Marie de Rabutin-Chantal Marquise de * 1626 † 1696 Briefeschreiberin 506–07

Shackleton, Ernest Henry * 1874 † 1922 Wagemutiger Polarforscher 75

Shakespeare, William * 1564 † 1616 52, 85, 118, 134, 277, 302, 347, 359–62, 364–65, 367–71, 380, 390, 393, 395, 406, 417–18, 430, 452, 498–99, 526, 549, 592, 612, 635, 642, 659 *Komödie der Irrungen* 161 *Liebes Leid und Lust* 361 *Die beiden Veroneser* 361 *Heinrich VI.* 361 *Richard III.* 362 *Titus Andronicus* 362 *Der Widerspenstigen Zähmung* 362 *Romeo und Julia* 362 *Richard II.* 362 *Ein Sommernachtstraum* 362–63, 592 *König Johann* 363 *Der Kaufmann von Venedig* 363, 417 *Heinrich IV.* 363 *Die lustigen Weiber von Windsor* 363 *Viel Lärmen um nichts* 363 *Heinrich V.* 363–64 *Julius Caesar* 364 *Wie es euch gefällt* 364 *Was ihr wollt* 364 *Hamlet* 364–65 *Troilus und Cressida* 365 *Ende gut, alles gut* 365 *Othello* 365 *Maß für Maß* 365 *König Lear* 365–66 *Macbeth* 366 *Antonius und Cleopatra* 366 *Timon von Athen* 366 *Coriolanus* 366 *Perikles, Fürst von Tyrus* 366 *Cymbeline* 366–67 *Das Wintermärchen* 367 *Der Sturm* 367 *Heinrich VIII.* 367 *Sonette* 368 *Venus und Adonis* 367 *Die Schändung der Lukrezia* 367

Shaw, George Bernard * 1856 † 1950 592, 605–06 *Frau Warrens Gewerbe* 606 *Caesar und Cleopatra* 606 *Pygmalion* 606

Shelley, Mary Wollstonecraft * 1797 † 1851 540 *Frankenstein* 540

Shelley, Percy Bysshe * 1792 † 1822 Englischer Dichter 540

Shonagon, Dame Sei * 966 † 1025 330 *Das Kopfkissenbuch* 330

Sibelius, Jean (Johan Julius Christian) * 1865 † 1957 Komponist 466 »En Saga« 466

Sieben Weisen des Altertums, Sprüche der Die Herren heißen: Thales von Milet, Bias von Priene, Solon von Athen, Pittakos von Mitylene, Kleobulos von Lindos, Myson von Chenai, Chilon von Sparta. Sie lebten zwischen –700 und –500 307

Siegmund Sieglinde Siegfried Wälsungen (Wotanskinder), alle sehr nah miteinander verwandt 276, 474

Sienkiewicz, Henryk Adam Aleksander Pius * 1846 † 1916 114–15 *Quo vadis?* 114 *Wirren* 114

Signoret (Kaminker), Simone * 1921 † 1985 Französische Schauspielerin 86, 245

Sillanpää, Frans Eemil * 1888 † 1964 Finnischer Schriftsteller 467

Silone, Ignazio (Secondo Tranquilli)
* 1900 † 1978 *140, 569 Brot und Wein
(Wein und Brot) 569 Das Geheimnis des
Luca 569 Notausgang 569*
Simenon, Georges Joseph Christian
* 1903 † 1989 *86, 184, 216, 490 Inspektor
Maigret 86 Der Kater 86*
Simon, Claude * 1913 † 2005 *674 Jardin
des Plantes 674*
Simon, (Marvin) Neil * 1927 *108 The
Sunshine Boys 108*
Simon and Garfunkel *Das sind der
geniale Paul Fredric Simon* * 1941
66 *und sein Freund Art (Arthur
Ira) Garfunkel, ebenfalls* * 1941 *66
»Mrs Robinson« 66*
Simone Martini * 1284 † 1344 Sieneser
Maler *419*
Simplicissimus Gegründet 1896 *193*
Sinclair, Upton * 1878 † 1968 *179, 611 Der
Dschungel 611 König Kohle 611 Öl! 611*
Singer Sargent, John * 1856 † 1925 Maler
596 »Porträt Henry James« *596*
Sisyphos *König von Korinth, von Zeus
für seine Verschlagenheit bestraft
673*
Sitwell, Dame Edith * 1887 † 1964 *Vikto-
rianisches Original 485*
Sjöwall, Maj * 1935 *86* und Wahlöö, Per
Fredrik * 1926 † 1975 *86 Die Terroris-
ten 86*
Smollett, Tobias George * 1721 † 1771 *176,
520 Die Abenteuer des Roderick Random
175 Die Abenteuer des Peregrine Pickle
28, 175 Die Reisen des Humphry Clinker
28, 176*
Sokrates * –469 † –399 *Querdenker 245,
278, 300, 307, 312–15, 321, 389, 416*
Sologub (Teternikow), Fjodor * 1863
† 1927 *555 Der kleine Teufel 555 Erzählungen (In der Menge 555)*
Solon von Athen * –640 † –560 *Athenischer Gesetzgeber 291, 307*
Solowjew, Wladimir Sergejewitsch
* 1853 † 1900 *568 Drei Gespräche 568*

Solschenizyn, Alexander Issajewitsch
* 1918 † 2008 *566 Ein Tag im Leben des
Iwan Denissowitsch 566 Der Archipel
Gulag 566*
Sophokles * –496 † –405 *275, 277, 280,
406, 523, 659 Antigone 277 König Oedi-
pus 277 Oedipus auf Kolonos 278*
Sorokin, Wladimir Georgijwitsch * 1955
567 Roman 567
Speck, Reiner * 1941 *Arzt, Herausgeber
und Sammler: Petrarca, Proust und
Polke 233*
Spengler, Oswald Arnold Gottfried
* 1880 † 1936 *144–45 Der Untergang des
Abendlandes 145*
Sperber, Manès* 1905 † 1984 *569 Wie
eine Träne im Ozean 569*
Spinoza, Baruch * 1632 † 1677 *406, 439
Tractatus theologico-politicus 406*
Spitteler, Carl Friedrich Georg * 1845
† 1924 *390, 467 Prometheus und Epimetheus 390 Ei Ole 467 Conrad der Leutnant 467*
Spitzweg, Franz Carl * 1808 † 1885 *Witziger Maler 436*
Stadelmeier, Gerhard * 1950 *Theater-
kritiker (der FAZ) 191*
Staël-Holstein, Anne Louise Germaine
de * 1766 † 1817 *248 Corinna oder Italien 248 Über Deutschland 248*
Stalin (Jossif Wissarionowitsch Dschu-
gaschwili) * 1878 † 1953 *123, 351, 558,
563–65, 568–70*
Stanislawski, Konstantin Sergejewitsch
* 1863 † 1938 *Theatermann 558*
Staudte, Wolfgang * 1906 † 1984 *Filmregisseur 433* »Rosen für den Staatsanwalt« *433*
Stein, Peter * 1937 *Regisseur 379*
Stein, Werner * 1913 † 1993 *13 Kulturfahrplan 13*
Steinbeck, John Ernst * 1902 † 1968 *181,
612, 614 Tortilla Flat 181 Von Mäusen
und Menschen 181 Früchte des Zorns 612
Die Straße der Ölsardinen 181*

Stendhal, Friedrich von (Marie-Henri Beyle) * 1783 † 1843 126–27, 140, 220–22, 346, 483, 530, 540, 679 *Geschichte der italienischen Malerei* 222 *Rom, Neapel und Florenz* 222 *Über die Liebe* 483 *Racine und Shakespeare* 222 *Rossini* 222 *Armance* 221 *Spaziergänge in Rom* 222 *Rot und Schwarz* 220–21 *Die Kartause von Parma* 126 *Das Leben des Henry Brulard* 220 *Erinnerungen eines Egoisten* 540 *Lamiel* 221 *Lucien Leeuwen* 221

Stern, Fritz Richard * 1926 † 2016 472 *Gold und Eisen* 472 *Das feine Schweigen* 472

Sternberg, Josef von (Jonas Sternberg) * 1894 † 1969 Filmregisseur 640 *»Der blaue Engel«* 640

Sterne, Laurence * 1713 † 1768 168, 170, 347, 589 *Leben und Ansichten von Tristram Shandy, Gentleman* 168, 170–71, 249, 347, 589, 628, 685 *Yoricks empfindsame Reise nach Frankreich und Italien* 170, 589

Sternheim, Carl * 1878 † 1942 279, 382 *Der Snob* 382 *Die Hose* 382

Stevenson, Robert Louis (Balfour) * 1850 † 1894 68–70, 104–05, 602 *Die Schatzinsel* 68, 104 *Erzählungen (Die seltsame Geschichte von Dr. Jekyll und Mr Hyde* 69) *Die Entführung* 105 *Der Junker von Ballantrae* 105 *Catriona* 105 *In der Südsee* 70 *Weir von Hermiston* 105 mit Lloyd Osbourne: *Die falsche Kiste* 68 *Die Ebbe* 69 *Der Ausschlachter* 69

Stewart, James Maitland * 1908 † 1997 Schauspieler 84, 452

Stifter, Adalbert * 1805 † 1868 76, 89, 107, 454–55 *Studien (Der Condor* 89 *Der Hagestolz* 455) *Bunte Steine* 455 *Der Nachsommer* 454, 683 *Die Mappe meines Urgroßvaters* 455 *Witiko* 454

Stoker, Abraham (Bram) * 1847 † 1912 604, 698 *Dracula* 604

Storm, Hans Theodor Woldsen * 1817 † 1888 423, 463, 477 *Der kleine Häwel-*

mann 423 *Immensee* 463 *Aquis submersus* 463 *Hans und Heinz Kirch* 463 *Der Schimmelreiter* 463

Strauss, Richard Georg * 1864 † 1949 Komponist 385–86, 411, 488, 660 *»Salome«* 488 *»Der Rosenkavalier«* 385 *»Ariadne auf Naxos«* 385 *»Arabella«* 385, 411 *»Vier letzte Lieder«* 660 *»Capriccio«* 385

Strauß, Johann (Sohn) * 1825 † 1899 Walzer- und Operettenkomponist 376, 622 *»Die Fledermaus«* 376, 622

Stravinsky, Igor Fjodorowitsch * 1882 † 1971 Komponist 378, 559, 593 *»Sacre du Printemps«* 559 *»Parade«* 378

Strindberg, Johan August * 1849 † 1912 379–80 *Der Vater* 380 *Fräulein Julie* 380 *Totentanz* 380 *Gespenstersonate* 380

Strode, Woody (Woodrow Wilson Woolwine) * 1914 † 1994 Schauspieler 286

Stroheim, Erich Hans Oswald Carl Maria von * 1885 † 1957 Filmregisseur 79 *»Gier«* 79

Strugatzki, Arkadi Natanowitsch * 1925 † 1991 99 und Boris Natanowitsch * 1933 † 2012 99 *Picknick am Wegesrand* 99

Stuck, Franz von * 1863 † 1928 Malerfürst 488 *»Salome«* 488

Sturluson, Snorri * 1179 † 1241 182 *Prosa-Edda* 182

Sue, Eugène (Joseph-Marie) * 1804 † 1857 256 *Die Geheimnisse von Paris* 256

Sueton(ius) Tranquillus , Gaius * 70 † 140 321–22 *Leben der Caesaren* 321

Su(i)da Byzantinisches Lexikon 970 von mehreren Autoren kompiliert 325

Sully (René François Armand) Prudhomme * 1839 † 1907 Französischer Dichter 245–46

Suter, Martin * 1948 681 *Small world* 681

Svevo, Italo (Ettore Schmitz) * 1861 † 1921 140, 152, 507, 587–89, 592 *Ein*

Leben 588 Ein Mann wird älter 588 Das
Bewußtsein des Zeno (Zeno Cosini) 587–
89 Kurze sentimentale Reise 588
Swanson, Gloria (Gloria May Josephine Svenssen) * 1897 † 1983 Schauspielerin 79
Swift, Jonathan * 1667 † 1745 97, 345–46
Tonnenmärchen 345 Gullivers Reisen
97, 345

Tacitus, Publius Cornelius * 55 † 116
294–95, 320–21, 462 Agricola 321 Ger-
manien 295 Dialog über die Redner 295
Historien 294 Annalen 294
Tagore, Rabindranath * 1861 † 1941 Indi-
scher Dichter 603 Am Himmel rumo-
ren die Wolken 603
Taine, Hippolyte Adolphe * 1828 † 1893
Philosoph und Essayist 255
Tarkowskij, Andrej Arsenjewitsch * 1932
† 1986 99 »Stalker« 99 »Solaris« 99
Tarnow, Rudolf * 1867 † 1933 197
Burrkäwers 197
Tasso, Torquato * 1544 † 1595 134, 240–41,
273, 372 Amyntas 372 Das befreite Jeru-
salem 134, 273
Tatlin, Wladimir Jewgrafowitsch * 1885
† 1953 Konstruktivist 559
Tausendundeiner Nacht, Die Erzählungen aus
(Alf leila waleila) Älteste Handschrift
von 1450 26, 275, 320, 331–32, 420
Taviani, Vittorio * 1929 und Paolo * 1931
Filmregisseure 375 »Kaos« 375
Taylor, Dame Elizabeth Rosemond
* 1932 † 2011 Schauspielerin 104, 629
Taylor, ›Mr‹ † ? Hundeentführer von
Whitechappel 499
Taylor, Robert (Spangler Arlington
Brugh) * 1911 † 1969 Schauspieler 104
Tegethoff, Wilhelm von * 1827 † 1871
Österreichischer Admiral, Held von
Lissa 586
Teiresias Blinder Seher, zweigeschlecht-
lich 278
Telemachos Sohn des Odysseus 271,

590, 611
Telemann, Georg Philipp * 1681 † 1767
Komponist aus Magdeburg 357
Teren(z)tius Afer, Publius * –195 † –158
280 Adelphoe 280
Thackeray, William Makepeace * 1811
† 1863 176, 520–21 Barry Lyndon 518,
520 Jahrmarkt der Eitelkeit (Vanity Fair)
520 Das Snobsbuch 521 Pendennis 521
Die Newcomes 521
Thalberg, Sigismund * 1812 † 1871
Klavierhexer 217
Thales von Milet * –624 † –546 Ge-
schäftstüchtiger Naturwissen-
schaftler 307–08, 441, 459
Thatcher, Baroness Margaret Hilda
* 1925 † 2013 Britische Premier-
ministerin 549
Thelen, Albert Vigoleis * 1903 † 1989
674–76 Die Insel des zweiten Gesichts 675
Themistokles * –525 † –459 Sieger von
Salamis, ostrakismiert 291
Theodora * 500 † 548 Kaiserin, Gattin
des Justinian 296, 325
Theodorakis, Mikis * 1925 Komponist,
Erfinder des »Sirtaki« 187
Theokrit(os) † –270 298 Idyllen 298
Theophrast von Eresos * –371 † –287 315
Charaktere 315
Theresa von Ávila (Teresa Sánchez de
Cepeda y Ahumada) * 1515 † 1582
481–82, 530 Die innere Burg 481–82
Theseus König von Athen 360, 363, 386
Thespis † –510 Erfinder des Theaters 274
Thetis Mutter des Achilles 266
Thomas, Ambroise * 1811 † 1896 395
»Mignon« 395
Thomas von Aquin * 1225 † 1274 334
Summe gegen die Heiden (Summa con-
tra gentiles) 334 Summe der Theologie
(Summa theologica) 334
Thor der Wikinger * ? † ? Erfolgreicher
Freistilringer 581
Thoreau, Henry David * 1817 † 1862 65
Walden 65

Thukydides * –460 † –396 291, 292, 297
Geschichte des Peloponnesischen Krieges 291
Thurber, James Grover * 1894 † 1961 182
Fabeln 182
Tiberius Caesar Augustus * –42 † 16
Zweiter Römischer Kaiser 270, 668
Tibull(us), Albius * –54 † –18 Römischer
Lyriker 301
Tieck, Dorothea * 1799 † 1841 Bescheidene Helferin des Vaters in
Übersetzungsfragen 367
Tieck, Johann Ludwig * 1773 † 1853 22,
360, 367, 396, 422–24, 434, 440 *William Lovell 424 Herzensergießungen eines
kunstliebenden Klosterbruders (mit Wilhelm Heinrich Wackenroder) 396
Die Märchen aus dem Phantasus (Der
blonde Eckbert – Der getreue Eckart –
Die Elfen) 422* Shakespeare-Übersetzungen (mit Tochter Dorothea
und Wolf Graf Baudissin) 367 *Franz
Sternbalds Wanderungen 396 Vittoria Accorombona 424 Der gestiefelte
Kater 417*
Tillier, Claude * 1801 † 1844 251–52 *Mein
Onkel Benjamin 251 Schönblatt und Cornelius 251*
Tintoretto (Robusti), Jacopo * 1518
† 1594 Maler, Schüler von Tizian 478,
679 »*L' adultera*« 478 »Porträt Sebastian Venier« 679
Tiro, Marcus Tullius * –103 † –4 Ciceros
Stenograph 298
Tišma, Aleksandar * 1924 † 2003 164
Kapo 164 Treue und Verrat 164
Titanic Seit 1979 252
Titus Flavius Vespasianus * 39 † 81 Römischer Kaiser 286, 294
Tizian(o) Vecellio * 1477† 1576 Venezianischer Malerfürst 152, 285, 319,
397, 478 »Porträt Papst Paul III.« 152
»Himmlische und irdische Liebe« 319
Tolkien, John Ronald Reuel * 1892 † 1973
13 *Der Herr der Ringe 13*

Tolstaja, Sofja Andrejewna * 1844 † 1919
552 *Eine Frage der Schuld 552*
Tolstoi, Alexej Konstantinowitsch * 1817
† 1875 552 *Fürst Serebriany 552*
Tolstoi, Alexej Nikolajewitsch * 1883
† 1945 552 *Peter I. 552*
Tolstoi, Lew Nikolajewitsch Graf * 1828
† 1910 26, 122–23, 538, 541, 544, 550–52,
556–57, 565 *Die Kosaken 552 Krieg und
Frieden 122–24, 554 Anna Karenina 550
Der Leinwandmesser 538 Die Macht der
Finsternis 557 Die Kreutzersonate 591
Auferstehung 552 Vater Sergej 556 Hadschi Murat 552 Lebenserinnerungen 544*
Torberg (Kantor), Friedrich * 1908 † 1979
191–93, 624–25 *Der Schüler Gerber 624–
25 Die Tante Jolesch 191, 625 Kaffeehaus
ist überall 625*
Totenrede Entstanden um 1170 681
Totila † 552 Vorletzter König der Ostgoten 296
Trakl, Georg * 1887 † 1914 631–32 *Ein
Winterabend 631*
Traum der Roten Kammer, Der Erschien
1791, als Verfasser gelten Tsao Hsüe
Kin und Kao O 328–29
Traven, B. * 1882 oder 1892 † 1969 (Ret
Marut? Otto Feige?) 76–78 *Das Totenschiff 77 Der Schatz in der Sierra Madre
77 Der Caoba-Zyklus 77*
Traxler, Hans * 1929 253 *Leute von gestern 253*
Trenker, Luis (Alois Franz) * 1892 † 1990
Alpinist, Schauspieler und Filmregisseur 453 »Flucht in die Dolomiten« 453
Trilussa (Carlo Alberto Camillo Salustri) * 1871 † 1950 140 *Die Wölfe und
Lämmer (Groß rauskommen 140)*
Trollope, Anthony * 1815 † 1882 521 *Septimus Harding 521*
Trotzki, Leo (Lew Dawidowitsch Bronstein) * 1879 † 1940 Revolutionär 568
Truffaut, François * 1932 † 1984 Filmregisseur 88, 102, 158 »Fahrenheit 451«

102 Mr Hitchcock, wie haben Sie das gemacht? 88

Tschaikowskij, Peter Iljitsch * 1840 † 1893 Komponist 387, 425, 536, 538, 542, 577 »Violinkonzert« 387 »Eugen Onegin« 538 »Manfred-Sinfonie« 541 »Pique-Dame« 577 »Der Nussknacker« 425

Tschechow, Anton Pawlowitsch * 1860 † 1904 26, 553–54, 556–58, 564 Platonow 557 Iwanow 557 Der Bär 557 Der Heiratsantrag 557 Die Steppe 553 Eine langweilige Geschichte 553 Die Insel Sachalin 553 Das Duell 553 Krankensaal Nr. 6 553 Die Möwe 557 Onkel Wanja (Der Waldschrat) 557 Drei Schwestern 557 Die Dame mit dem Hündchen 553 Der Kirschgarten 557

Tucca, Plotius † 1 Freund Vergils 268

Tucher, Marie von * 1791 † 1855 Gattin Hegels 439

Tucholsky, Kurt (Kaspar Hauser, Theobald Tiger, Peter Panter, Ignaz Wrobel) * 1890 † 1935 Herausgeber »Weltbühne« 194, 635 Rheinsberg 194 Schloß Gripsholm 194

Tümpel, Christian * 1937 † 2009 157 Rembrandt 157

Turgenjew, Iwan Sergejewitsch * 1818 † 1883 26, 139, 504–05, 547–48, 553, 574 Aufzeichnungen eines Jägers 548 Mumu 548 Rudin 548 Ein Adelsnest 548 Vorabend 548 Erste Liebe 504 Väter und Söhne 547, 574 Rauch 548 Neuland 548 Gedichte in Prosa 548

Turner, Joseph Mallord William * 1775 † 1851 Maler, Vervollkommner der Romantik 598

Turnus Rutulerfürst 267

Tutenchamun † –1323 Pharao der 18. Dynastie, Sohn von Amenophis IV. 263, 305

Udet, Ernst * 1896 † 1941 Kampfflieger, Wehrmachtsgeneral 665

Uhland, Johann Ludwig * 1787 † 1862 401, 446, 697 Gedichte (Schwäbische Kunde 401) Geschichte der deutschen Poesie im Mittelalter 446

Ulitzkaja, Ljudmila Jewgenjewna * 1943 567 Sonetschka 567

Unamuno y Jugo, Miguel * 1864 † 1936 692 Das tragische Lebensgefühl 692 Nebel 692 Abel Sánchez 692

Ungar, Hermann * 1893 † 1929 621 Die Verstümmelten 621

Ungerer, Tomi (Jean-Thomas) * 1931 Graphiker und Illustrator aus dem Elsass mit Phantasie 17

Unseld, Karl Siegfried * 1924 † 2002 399, 514, 670 Goethe und seine Verleger 514

Upanishaden Hinduistische Weisheitslehren, entstanden zwischen –700 und –200 327

Updike, John Hoyer * 1932 † 2009 Schriftsteller 591

Urban, Peter * 1941 † 2013 Übersetzer aus dem Russischen 564–65

Urias Hauptmann des Königs David 264

Ustinov, Sir Peter Alexander Baron von * 1921 † 2004 Schauspieler 286, 300

Valentin, Karl (Valentin Ludwig Fey) * 1882 † 1948 199, 384 Der Regen 199 Semmelknödeln 199

Valera Alcalá Galiano, Juan * 1824 † 1905 686 Pepita Jiménez 686

Valéry, Paul Ambroise * 1871 † 1945 235, 244–45 Der Friedhof am Meer 245 Die junge Parze 245 Eupalinos 245

Valle-Inclán, Don Ramón María del * 1866 † 1936 686 Theaterstücke 686 Tyrann Banderas 686 Der Karlistenkrieg 686

Vallotton, Félix * 1865 † 1925 257–58 Corbehaut 258 Das mörderische Leben 258

Varius Rufus, Lucius * –70 † –15 Römischer Dichter, Freund von Vergil 268

Vasari, Giorgio * 1511 † 1574 237–38, 415, 540 Das Leben der größten Maler und Bildhauer 237, 415, 540

Veden Heilige Schriften des Hinduismus, entstanden zwischen −1200 und −600 327

Vega Carpio, Lope Félix de * 1562 † 1635 370, 372 *Die Brunnenkur* 372 *Der Stern von Sevilla* 372

Venus Ahnherrin Caesars, römische Liebesgöttin 269, 339, 636

Verdi, Giuseppe Fortunino Francesco * 1813 † 1901 Komponist 35, 88, 110, 113, 217, 349, 363, 374, 400, 549, 577, 622 »König für einen Tag« 35 »Nabucco« 577 »Ernani« 113 »I Masnadieri (Die Räuber)« 400 »Alzira« 217 »Macbeth« 549 »Der Korsar« 217 »Luisa Miller« 400 »Rigoletto« 376 »La Traviata« 110 »Der Maskenball« 349 »Don Carlo« 400 »Othello« 365 »Aida« 628, 654 »Falstaff« 363

Vere Earl von Oxford, Edward De * 1550 † 1604 Benutzte eventuell das Pseudonym William Shakespeare 361

Vergil(ius) Maro, Publius * −70 † −21 268–69, 273, 325, 412–13, 635, 699 *Die vierte Ekloge* 268 *Georgica* 269, 699 *Die Mücke (Culex)* 269 *Aeneis* 268

Verlaine, Paul * 1844 † 1896 244–45 *Gedichte (Chanson d'automne Herbstlied* 244–45)

Verne, Jules Gabriel * 1828 † 1905 18, 64–65, 89–94, 251, 254, 426, 604, 606, 700 *Meister Zacharius* 426 *Bekannte und Unbekannte Welten – Abenteuerliche Reisen* 94 *(Fünf Wochen im Ballon* 89 *Reise zum Mittelpunkt der Erde* 93 *Von der Erde zum Mond* 93 *Reise um den Mond* 94 *Zwanzigtausend Meilen unter den Meeren* 92 *In 80 Tagen um die Welt* 92 *Die geheimnisvolle Insel* 65 *Der Kurier des Zaren* 90–91 *Die 500 Millionen der Begum* 92 *Die Schule der Robinsons* 65 *Zwei Jahre Ferien* 64 *Die Erfindung des Verderbens* 92 *Die Eissphinx* 89 *Die Schiffbrüchigen der »Jonathan«* 65 *Die erstaunlichen Abenteuer der Expedition Barsac* 92)

Verres, Gaius * −115 † −43 Korrupter Statthalter von Sizilien 298

Vespasian(us), Titus Flavius * 9 † 79 Römischer Kaiser 286, 294

Viardot-Garcia, Michelle Pauline * 1821 † 1910 Sängerin und Komponistin 547

Vidocq, Eugène François * 1775 † 1857 131–32 *Memoiren* 131

Vigny, Alfred de * 1797 † 1863 251 *Cinq-Mars* 251 *Stello* 251 *Fron und Größe der Soldaten* 251

Villon (de Montcorbier?), François * 1431 † 1463 167 *Das große Testament* 167

Vischer, Melchior (Emil Walter Kurt) * 1895 † 1975 638 *Sekunde durch Hirn* 638

Vitruv(ius) Pollio, Marcus * −80 † −10 318 *Zehn Bücher Architektur* 318

Vivaldi, Antonio Lucio * 1678 † 1741 Komponist, der ›prete rosso‹ 372

Vogel, Adolphine Sophie Henriette * 1780 † 1811 Starb mit Kleist 21

Volksbuch von Doktor Eisenbart Der berühmte Arzt Johann Andreas Eisenbarth * 1663 † 1727 182

Volksbuch vom Doktor Johann Fausten 1587 Der historische Faust †1541 182

Volksbuch von Till Eulenspiegel Ein kurtzweilig Lesen von Dyl Ulenspiegel 1510 182

Volodos, Arkadi * 1972 Klaviervirtuose 559

Voltaire (François Marie Arouet) * 1694 † 1778 73, 100, 207, 323, 344, 352–53, 356, 421, 535, 573, 697 *Encyclopédie* 352 *Mikromegas* 100 *Candide oder Der Optimismus* 344 *Der ehrliche Hurone* 352 *Mahomet* 353, 421

Vonnegut Jr., Kurt * 1922 † 2007 164 *Schlachthaus 5* 165

Voß, Johann Heinrich * 1751 † 1826 Übersetzer der *Ilias* und *Odyssee* 267

Vuillard, Édouard * 1868 † 1940 Maler ›Nabi‹ 257

Wackenroder, Wilhelm Heinrich * 1773
† 1798 396 *Herzensergießungen eines
kunstliebenden Klosterbruders* (mit Ludwig Tieck) *396*
Waginow, Konstantin Konstantinowitsch * 1899 † 1934 *564–65 Auf der
Suche nach dem Gesang der Nachtigall
565*
Wagner, Wilhelm Richard * 1813 † 1883
*129, 137, 190, 217, 241, 244, 267, 275,
304, 335, 374, 400, 460, 465, 467,
473–74, 605, 622, 657 »Rienzi, der
letzte der Tribunen« 137 »Tannhäuser« 241, 374 »Der Ring des Nibelungen« 129 (»Rheingold« 276 »Die
Walküre« 276, 659 »Siegfried« 276
»Götterdämmerung« 276) »Tristan
und Isolde« 190–91, 244, 365, 465 »Die
Meistersinger von Nürnberg« 304
»Parsifal« 267*
Wagner, Cosima * 1837 † 1930 *Gattin des
Komponisten, Tochter Liszts, gesch.
von Bülow 217*
Wagner, Winifred * 1897 † 1980 *geb.
Williams, Gattin Siegfried Wagners,
Richards Schwiegertochter 528*
Walcott, Derek * 1930 *274 Omeros 274*
Walden, Herwarth (Georg Lewin) * 1878
† 1941 *Herausgeber 639 »Der Sturm«
639*
Walker, Robert * 1918 † 1951 *Genialer
Filmschurke 493*
Wallace, Lewis * 1827 † 1905 *114 Ben Hur
114*
Walpole, Earl of Oxford, Horace * 1717
† 1797 *132 Die Burg von Otranto 132*
Walpole, Robert * 1676 † 1745 *Sein Vater,
Englands erster Premierminister 175*
Walser, Robert * 1878 † 1956 *462 Der Gehülfe 462*
Waltari, Mika Toimi * 1908 † 1979 *115 Sinuhe der Ägypter 115*
Walther von der Vogelweide * 1170
† 1230 *Minnesänger 304, 332*
Wassermann, Jakob * 1873 † 1934 *627,*

*701 Die Juden von Zirndorf 627 Caspar
Hauser oder Die Trägheit des Herzens 627
Das Gänsemännchen 627 Der Fall Maurizius 627*
Waugh, Arthur Evelyn St. John * 1903
† 1966 *527 Wiedersehen mit Brideshead 527*
Weber, Karl Julius * 1767 † 1832 *307
Demokritos oder Hinterlassene Papiere
eines lachenden Philosophen 309*
Weber, Max(imilian) Carl Emil * 1864
† 1920 *Gründervater der Soziologe
und Politiktheoretiker 160, 528 Politik als Beruf 160 Wissenschaft als Beruf 160*
Webster, John * 1575 † 1634 *285, 369, 424
Die Herzogin von Malfi 369*
Wedekind, Benjamin Frank(lin) * 1864
† 1918 *90, 199, 382, 448, 488, 503,
625, 657 Frühlingserwachen 503 Erdgeist 488 Der Marquis von Keith 382
Mine-Haha oder Über die körperliche
Erziehung der jungen Mädchen 503 Die
Büchse der Pandora 488 Musik 382
Briefe 90*
Weerth, Georg Ludwig * 1822
† 1856 *Vormärzdichter 448*
Weigel, Helene * 1900 † 1971 *Schauspielerin, Intendantin und Brechts
zweite Ehefrau 658*
Weill, Kurt Julian * 1900 † 1950 *Komponist 63, 658 »Die Dreigroschenoper«
63, 658*
Weimar-Eisenach, Karl August Großherzog von Sachsen * 1757 † 1828
404, 655
Weinheber, Josef * 1892 † 1945 *369 Die
Zigarette 369*
Weininger, Otto * 1880 † 1903 *630 Geschlecht und Charakter 630*
Weiss, Peter * 1916 † 1982 *569 Die Ästhetik des Widerstands 569–70*
Wells, Herbert George * 1866 † 1946 *94–
96, 100–01, 146, 601, 605–06, 700 Die
Zeitmaschine 95, 101, 146 Die Insel des*

Dr. Moreau 95 Der Unsichtbare 96 Der
Krieg der Welten 100 Die ersten Men-
schen auf dem Mond 94 Kipps 606 Mis-
ter Polly steigt aus 606 Erzählungen (Der
Zauberladen 700) Weltgeschichte 146
Weltbühne 1905–1933 194
Wenders, Wim (Ernst Wilhelm) * 1945
Filmregisseur 492 »Der amerikani-
sche Freund« 492
Werefkin, Marianne Wladimirowka von
* 1860 † 1938 Malerin und Lebens-
gefährtin von Jawlenskij 559
Werfel, Franz Viktor * 1890 † 1945 88,
622 Verdi 88 Die vierzig Tage vom Musa
Dagh 622 Das Lied von Bernadette 622
Werner, Anton von * 1843 † 1915
Historienmaler 211
Werner, Oskar (Josef Bschließmayer)
* 1922 † 1984 Schauspieler, großer Re-
zitator 77, 102, 620
West, Nathanael (Nathan Wallenstein
Weinstein) * 1903 † 1940 610 Schrei-
ben Sie Miss Lonelyhearts 610 Tag der
Heuschrecke (The Day of the Locust, der
Roman mit Homer Simpson) 610
Wezel, Johann Carl * 1747 † 1819 356 Bel-
phegor oder Die wahrscheinlichste Geschichte unter der Sonne 356
Wharton, Edith * 1862 † 1937 509, 524–25,
595, 598, 620, 700 Das Haus der Freude
509 Zeit der Unschuld 524–25
Whymper, Edward * 1840 † 1911 Pionier
des Alpinismus 542
Whitman, Walt(er) * 1819 † 1892 614
Grashalme 614
Widmer, Walter * 1903 † 1965 Übersetzer 166 »Gargantua und Pantagruel« 166
Wieland, Christoph Martin * 1733 † 1813
114, 288, 301, 322, 360, 367, 388, 390,
393 Horaz- und Lukianübersetzungen
388 Geschichte des Agathon 388 Alceste
388 Die Abderiten 389 Agathodämon
288 Aristipp 389
Wilde, Oscar Fingal O'Flaherty Wills

* 1854 † 1900 75, 243, 271, 368, 381, 464,
488–90, 592, 606 Lord Arthur Saviles
Verbrechen 490 Märchen (Der selbstsüchtige Riese 490) Das Bildnis des Dorian Gray 489 Das Porträt des Mr W. H.
368 Der Sozialismus und die Seele des
Menschen 490 Salome 488 Lady Wind-
emeres Fächer 381 Bunbury oder Ernst
und seine tiefere Bedeutung 381 Die Ballade vom Zuchthaus zu Reading 489 De
profundis 488 Herberge der Träume (gesammelt von Guillot de Saix) 490
Wilder, Billy (Samuel) * 1906 † 2002
Filmregisseur 79 »Boulevard der
Dämmerung« 79
Wilder, Thornton Niven * 1897 † 1975
268, 506 Die Brücke von San Luis Rey
506 Die Iden des März 268
Wilhelm I. von Deutschland * 1797
† 1888 673
Wilhelm II. von Deutschland * 1859
† 1941 178, 463, 528, 603, 640, 656
Willemer, Marianne von * 1784 † 1860
421 West-östlicher Diwan 421
Williams, Tennessee (Thomas Lanier)
* 1911 † 1983 Amerikanischer Dramatiker 271
Wilmans, Friedrich * 1765 † 1830 Verleger in Frankfurt von E. T. A. Hoffmann 426
Wilson, Edmund * 1895 † 1972 Literaturkritiker und langjähriger Freund Nabokovs 539
Winckelmann, Johann Joachim * 1717
† 1768 Archäologe 283, 355, 397, 702
Witichis † 542 Drittletzter Ostgoten-
könig 296
Wittgenstein, Ludwig Josef Johann
* 1889 † 1951 171Tractatus logico-philosophicus 171 Tagebuch 171
Wodehouse, Sir Pelham Grenville * 1881
† 1975 522 Der unvergleichliche Jeeves 522
Wöhler, Friedrich * 1800 † 1882 Chemiker, ihm gelang 1828 die Harnstoff-
synthese 70

Wohl, Jeanette * 1783 † 1861 Brief-
freundin Ludwig Börnes 445
Wolf, Hugo * 1860 † 1903 Kompo-
nist 412, 450, 476, 653 »Italienisches
Liederbuch« 476 »Spanisches Liederbuch« 476, beide auf Poesien Paul
Heyses
Wolfe, Thomas Clayton * 1900 † 1938
395, 611, 612 *Schau heimwärts, Engel* 395,
611 *Von Zeit und Strom* 395, 611
Wolf-Ferrari, Ermanno * 1876 † 1948 Italienischer Komponist 35 »Sly« 35
Wolfram von Eschenbach * 1160 † 1220
333 *Parzival* 333
Wollschläger, Hans * 1935 † 2007 Über-
setzer 107, 591 »Ulysses« 591
Wollstonecraft, Mary * 1759 † 1797
Frühe Frauenaktivistin und Schriftstellerin 540
Woolf, Virginia * 1882 † 1941 497–501,
507–09 *Mrs Dalloway* 507–08 *Zum
Leuchtturm* 501 *Orlando* 497–99 *Ein
Zimmer für sich allein* 500 *Die Wellen*
499 *Flush* 499
Woolrich, Cornell (George Hopley)
* 1903 † 1968 84, 172, 490, 609 *Der
schwarze Engel* 84 *Das Fenster zum Hof*
490
Wordsworth, William * 1770 † 1850
Englischer Dichter, Haupt der »See-
schule« 452
Wotan Oberster Germanengott 275–76,
473–74

Xanthippe Treusorgendes Weib des Sokrates 311
Xenophanes von Kolophon * –570
† –470 Dichtender Denker 309
Xenophon * –426 † –355 292, 300, 321
Anabasis 300 *Hellenika* 292 *Kyrupädie*
300 *Memorabilien* 321 *Reitkunst* 300
Xerxes * –519 † –465 Persischer Großkönig 291

Yeats, William Butler * 1865 † 1939 Irischer Dichter 243, 592
Yourcenar, Marguerite (Antoinette
Jeanne Marie de Crayencour) * 1903
† 1987 268 *Ich zähmte die Wölfin* 268

Zadek, Peter * 1926 † 2009 Regisseur
648
Zapperi, Roberto * 1932 in Catania 152–
53, 238, 410 *Geschichten vom schwan-
geren Mann* 410 *Annibale Carracci* 152,
238 *Der Neid und die Macht* 152 *Die vier
Frauen des Papstes* 152 *Das Inkognito* 153
Zech, Paul * 1881 † 1946 Dichter 167
Zelter, Carl Friedrich * 1758 † 1832 Kom-
ponist 441 »Um Mitternacht« 441
Briefwechsel mit Goethe 441
Zeman, Karel * 1910 † 1989 Film-
regisseur 91 »Die Erfindung des Ver-
derbens« 91
Zemlinsky, Alexander von * 1871 † 1942
Komponist 603, 622
Zenon von Kition * –333 † –264 Erster
Stoiker 316
Zeus Oberster Olympier 236, 282–84,
319–20, 336, 390–91, 406, 430, 444,
675, 700
Zimmer, Ernst * 1772 † 1838 Retter und
Pfleger Hölderlins 407
Zola, Émile * 1840 † 1902 79, 229–31, 257,
346, 469, 548, 664 *Die Rougon-Mac-
quart* 229 (*Das Glück der Familie Rou-
gon* 230 *Die Beute* 230 *Der Bauch von
Paris* 230 *Die Eroberung von Plassans*
230 *Seine Exzellenz Eugène Rougon* 230
Der Totschläger 230 *Nana* 230 *Paradies
der Damen* 230 *Germinal* 230 *Das Werk*
230 *Das Geld* 230 *Der Zusammenbruch*
230 *Doktor Pascal* 229) *J'accuse!* 230
Zschokke, Johann Heinrich Daniel
* 1771 † 1848 22 *Der zerbrochene Krug* 22
Zuckmayer, Carl * 1896 † 1977 640, 665,
676–77 *Der fröhliche Weinberg* 665 *Der
Schinderhannes* 665 *Der Hauptmann von
Köpenick* 665 *Des Teufels General* 665

*Erzählungen (Henndorfer Pastorale 676)
Als wär's ein Stück von mir 665* Drehbuch »Der blaue Engel« 640
Zweig, Arnold * 1887 † 1968 641 *Der große Krieg der weißen Männer (Der Streit um den Sergeanten Grischa – Junge Frau von 1914 – Erziehung vor Verdun – Einsetzung eines Königs)* 641
Zweig, Stefan * 1881 † 1942 30, 38, 132, 209, 625–27, 634, 647, 663, 665 *Volpone* 627 *Verwirrung der Gefühle* 627 *Brennendes Geheimnis* 627 *Sternstunden der Menschheit* 38, 626 *Baumeister der Welt (Drei Dichter ihres Lebens: Casanova – Stendhal – Tolstoi)* 209 *Joseph Fouché* 132 *Marie Antoinette* 626 *Maria Stuart* 626 *Castellio gegen Calvin* 626 *Magellan* 626 *Ungeduld des Herzens* 627 *Brasilien, Land der Zukunft* 626 *Die Schachnovelle* 625 *Die Welt von Gestern* 626, 665 *Balzac* 626 *Rausch der Verwandlung* 627
Zwetajewa, Marina Iwanowna * 1892 † 1941 Russische Dichterin 559

Chronologisches Verzeichnis aller erwähnten Dichter nach Sterbedatum und Lebensalter sowie anonymer Werke

2550 Djedefhor
-2400 Gilgameschepos
-1000 Bibel (Pentateuch)
-750 Homer
-730 Hesiod
-620 Arion von Lesbos
-600 Äsop Veden
-570 Sappho von Lesbos -630
-560 Solon von Athen -640
-546 Thales von Milet -624 Anaximander von Milet -610
-530 Anakreon
-526 Anaximenes von Milet -585
-510 Pythagoras von Samos -570 Thespis
-500 Sprüche der Sieben Weisen
-475 Heraklit von Ephesos -540
-470 Xenophanes von Kolophon -570
-456 Aischylos -525
-450 Parmenides von Elea -520
-445 Pindar -522
-434 Empedokles von Akragas -494
-424 Herodot von Halikarnassos -484
-420 Polyklet -480
-411 Protagoras -490
-406 Euripides -485
-405 Sophokles -496
-400 Hippias von Elis Leukipp von Abdera
-396 Thukydides -460
-385 Aristophanes -445
-380 Gorgias -480 Lysias -445
-370 Demokrit von Abdera -460
-347 Platon -427
-323 Diogenes von Sinope -399
-322 Aristoteles von Stagira -384 Demosthenes -384
-300 Euklid von Alexandria -365
-291 Menander -342
-287 Theophrast -371
-270 Epikur von Samos -342 Theokrit

-264 Zenon von Kition -333
-215 Apollonios von Rhodos -295
-200 Upanishaden
-184 Plautus -254
-158 Terenz -195
-120 Polybios -200
-110 Apollodor
-103 Gaius Lucilius -180
-100 Pseudo-Homer
-55 Lukrez -98
-54 Catull -84
-51 Poseidonios von Apameia -135
-44 Caesar -100
-43 Cicero -106
-35 Sallust -86
-18 Tibull -54
-15 Varius Rufus -70
-10 Vitruv -80
-8 Horaz -65
-1 Properz -50
17 Livius -59
65 Seneca 1 Lukan 39
66 Petronius Arbiter 14
79 Plinius der Ältere 23
100 Flavius Josephus 37 Legende von Homer
104 Martial 40
115 Plinius der Jüngere 61
116 Tacitus 55
120 Dion Chrysostomos 40
125 Plutarch 45
140 Sueton 70
175 Arrian 95 Ptolemäus 100
180 Pausanias 115 Lukian von Samosata 120 Mark Aurel 121 Apuleius von Madaura 125
200 Alexanderroman Bibel (Endrevision)
220 Diogenes Laërtius
235 Cassius Dio 155
245 Philostratos von Lemnos 165

270 Plotin von Alexandria **205**
300 Heliodor von Emesa
320 Longos von Lesbos
363 Marius Victorinus **281** Julian
Apostata **331**
393 Libanios von Antiochia **314**
395 Ammianus Marcellinus **330**
420 Paulus Orosius **385**
430 Augustinus **354**
470 Nonnos
500 Musaios Philogelos
562 Prokopios von Caesarea **500**
633 Koran
970 Su(i)da
1000 Papageienbuch indisch
1020 Firdusi **940**
Shikibu Murasaki
1022 Sei Shonagon **966**
1037 Avicenna **980**
1100 Rolandslied
1109 Anselm von Canterbury **1033**
1154 Anna Komnene **1083**
1165 Archipoeta **1130**
1170 Totenrede
1185 Ibn Tufail **1110**
1198 Averroes **1126**
1200 Nibelungenlied
1209 Nizami **1141**
1220 Wolfram von Eschenbach **1160**
1227 Mongolische Geheimgeschichte
1230 Walther von der Vogelweide **1170**
Lancelot-Roman
1241 Snorri Sturluson **1179**
1250 Die Räuber vom Liang Schan-
Moor
1273 Rumi **1207**
1274 Thomas von Aquin **1225**
1321 Dante Alighieri **1265**
1330 Papageienbuch persisch
1374 Francesco Petrarca **1304**
1375 Giovanni Boccaccio **1313**
1390 Hafis **1320**
1400 Franco Sacchetti **1330** Geoffrey
Chaucer **1343**
1405 Jean Froissart **1337**

1445 Oswald von Wolkenstein **1377**
1450 Papageienbuch türkisch Die Erzählungen aus Tausendundeiner
Nacht
1463 François Villon **1431**
1464 Enea Silvio Piccolomini (Papst
Pius II.) **1405**
1471 Thomas Malory **1405**
1475 Georges Chastellain **1405**
1480 Masuccio Salernitano **1420**
1504 Garci Ordoñez **1440**
1506 Christoph Columbus **1451**
1510 Ein kurtzweilig Lesen von Dyl
Ulenspiegel
1527 Niccolò Machiavelli **1469**
1533 Ludovico Ariosto **1474** François
Rabelais **1493**
1535 Thomas Morus **1478**
1536 Erasmus von Rotterdam **1465**
1543 Nikolaus Kopernikus **1473**
1546 Martin Luther **1483**
1554 Das Leben des Lazarillo von
Tormes
1561 Matteo Bandello **1485**
1562 Götz von Berlichingen **1480**
1576 Hans Sachs **1494**
1582 Theresa von Ávila **1515**
1587 Volksbuch vom Doktor Johann
Fausten
1591 Johann B. Fischart **1546**
1592 Michel de Montaigne **1533**
1593 Christopher Marlowe **1564**
1595 Torquato Tasso **1544**
1600 Giordano Bruno **1548**
1610 Kin Ping Meh
1616 Miguel de Cervantes **1547** William
Shakespeare **1564**
1631 John Donne **1572**
1632 Giambattista Basile **1566**
1634 John Webster **1575**
1635 Lope de Vega **1562**
1637 Ben Johnson **1572**
1639 Juan Ruiz de Alarcón **1580**
1645 Francisco Quevedo **1580**
1648 Tirso de Molina **1579**

Chronologisches Verzeichnis 765

1650 René Descartes 1596
1655 Cyrano de Bergerac 1619
1658 Baltasar Gracián 1601
1662 Blaise Pascal 1623
1664 Andreas Gryphius 1616
1673 Molière 1622
1674 John Milton 1608
1676 Paul Gerhardt 1607 Hans C. von
    Grimmelshausen 1622
1677 Baruch Spinoza 1632
1679 Thomas Hobbes 1588
1680 François de La Rochefoucauld
    1613
1681 Pedro Calderón de la Barca
    1600
1684 Pierre Corneille 1606
1695 Jean La Fontaine 1621
1696 Madame de Sévigné 1626 Jean de
    La Bruyère 1645
1697 John Aubry 1626
1699 Jean Racine 1639
1700 Johannes Beer 1655
1703 Samuel Pepys 1633
1712 Christian Reuter 1665
1716 Gottfried W. Leibniz 1646
1720 Volksbuch vom Doktor Eisenbart
1727 Isaak Newton 1643
1731 Daniel Defoe 1660
1732 John Gay 1685
1733 Bernard Mandeville 1670
1745 Jonathan Swift 1667
1747 Alain R. Lesage 1668
1750 Rambler
1751 Julien O. de La Mettrie 1709
1753 George Berkeley 1685
1754 Ludvig Holberg 1684 Henry
    Fielding 1707
1755 Louis de Saint-Simon 1675 Charles
    de Montesquieu 1989
1758 Johann G. Schnabel 1692
1759 Ewald von Kleist 1715
1761 Samuel Richardson 1689
1763 Pierre C. de Marivaux 1688 Abbé
    Prévost 1697
1765 Michail W. Lomonossow 1711

1768 Laurence Sterne 1713 Johann J.
    Winckelmann 1717
1769 Christian F. Gellert 1715
1771 Tobias G. Smollett 1721
1774 Oliver Goldsmith 1728
1778 Voltaire 1694 Jean J. Rousseau
    1712
1779 James Cook 1728
1781 Gotthold E. Lessing 1729
1784 Samuel Johnson 1709 Denis Di-
    derot 1713
1786 Moses Mendelssohn 1729
1787 Johann K. Musäus 1735
1791 Honoré de Mirabeau 1749 Der
    Traum der Roten Kammer
1792 Jacob M.R. Lenz 1751
1793 Carlo Goldoni 1707 Karl P. Moritz
    1756
1794 Edward Gibbon 1737 Nicolas
    Chamfort 1740 Johann G. Forster
    1754
1795 James Boswell 1740 Carl Michael
    Bellman 1740
1796 James Macpherson 1739 Robert
    Burns 1759
1797 Horace Walpole 1717 Mary Woll-
    stonecraft 1759
1798 Giacomo Casanova 1725 Ulrich
    Bräker 1735 Aloys Blumauer 1755
    Wilhelm H. Wackenroder 1773 All-
    gemeine Zeitung
1799 Pierre A. de Beaumarchais 1732
    Georg Chr. Lichtenberg 1742
1802 Novalis 1772
1803 Friedrich G. Klopstock 1724 Cho-
    derlos de Laclos 1741 Johann G. von
    Herder 1744 Wilhelm J. Heinse 1746
1804 Immanuel Kant 1724
1805 Friedrich von Schiller 1759
1806 Carlo Gozzi 1720 Nicolas Restif
    de la Bretonne 1734 Henri Sanson
    1739
1807 Melchior Grimm 1723 Sophie von
    LaRoche 1730
1809 Meriwether Lewis 1774

1810 Johann G. Seume **1763** Brockden Brown **1771**

1811 Heinrich von Kleist **1777** Berliner Abendblätter

1812 Brockhaus

1813 Christoph M. Wieland **1733** Johann G. Schummel **1748**

1814 Jacques-Henri Bernardin de Saint-Pierre **1737** Donatien A. F. de Sade **1740** August W. Iffland **1759** Johann G. Fichte **1762**

1815 Matthias Claudius **1740** Jan Potocki **1761**

1817 Germaine de Staël-Holstein **1766** Jane Austen **1775**

1819 Johann C. Wezel **1747**

1821 Napoléon Bonaparte **1769**

1822 Johann C. Sachse **1762** Ernst T. A. Hoffmann **1776** Percy B. Shelley **1792**

1823 Polarstern

1824 George G. Byron **1788**

1825 Jean Paul **1763**

1826 Johann H. Voß **1751** Jean A. Brillat-Savarin **1755** Johann P. Hebel **1760** Jens E. Baggesen **1764** Nikolaj M. Karamsin **1766**

1827 Johann H. Pestalozzi **1946** William Blake **1757** Johann W. Müller **1794** Wilhelm Hauff **1802**

1828 Johann G. Müller **1743**

1829 Friedrich von Schlegel **1772** Alexander I. Gribojedow **1795**

1830 Benjamin Constant **1767** Jósef Katona **1791**

1831 Georg W. Hegel **1770** Achim L. von Arnim **1781**

1832 Johann W. von Goethe **1749** Karl J. Weber **1767** Walter Scott **1771** Charivari

1834 Samuel Taylor Coleridge **1772**

1835 August von Platen **1796**

1836 Dioskuren Ferdinand Raimund **1790** Christian D. Grabbe **1801**

1837 Ludwig Börne **1786** Giacomo Leopardi **1798** Alexander S. Puschkin

1799 Georg Büchner **1813**

1838 Lorenzo da Ponte **1749** William Clark **1770** Adelbert von Chamisso **1781**

1839 Dorothea Schlegel **1764**

1840 Karl L. Immermann **1796**

1841 Dorothea Tieck **1799** Michail J. Lermontow **1814**

1842 Emmanuel de Las Cases **1766** Clemens Brentano **1778**

1843 Friedrich Hölderlin **1770** Friedrich de la Motte Fouqué **1777** Friedrich von Stendhal **1783**

1844 William Beckford **1760** Iwan A. Krylow **1769** Claude Tillier **1801**

1845 August W. von Schlegel **1767**

1846 Etienne P. de Senancourt **1770**

1848 François-René de Chateaubriand **1768** Johann H. Zschokke **1771** Annette von Droste-Hülshoff **1797** Emily Brontë **1818**

1849 James Rousseau **1797** Edgar A. Poe **1809** Sándor Petöfi **1813**

1850 William Wordsworth **1770** Gustav Schwab **1792** Honoré de Balzac **1799**

1851 James F. Cooper **1789** Mary W. Shelley **1797**

1852 Xavier de Maistre **1769** Nikolaj Gogol **1809** Gabriel Ferry **1809**

1853 Ludwig Tieck **1773**

1854 Heinrich Clauren **1771** Johann G. Regis **1791** Johann P. Eckermann **1792** Jeremias Gotthelf **1797**

1855 Gérard de Nerval **1808** Søren Kierkegaard **1813** Charlotte Brontë **1816**

1856 Joseph von Hammer-Purgstall **1774** Heinrich Heine **1797** Georg Weerth **1822**

1857 Eugène Vidocq **1775** Joseph von Eichendorff **1788** Eugène Sue **1804** Alfred de Musset **1810**

1859 Alexander von Humboldt **1769**

Chronologisches Verzeichnis · 767

Washington Irving **1783** Bettina von Arnim 1785 Thomas DeQuincey **1785** Sergej T. Aksakow **1791**
1860 Ernst M. Arndt **1769** Marianne von Willemer **1784** Arthur Schopenhauer **1788** Ludwig Bechstein **1801**
1861 Eugène Scribe **1791** Elizabeth Barrett-Browning **1806** Henri Murger **1822** Ippolito Nievo **1831**
1862 Ludwig Uhland **1787** Johann Nestroy **1801** Elizabeth Gaskell **1810** Henry D. Thoreau **1817**
1863 Alfred de Vigny **1797** William M. Thackeray **1811** Friedrich Hebbel **1813** Ernst Niebergall **1815**
1864 Charles Sealsfield **1793** Nathaniel Hawthorne **1804**
1865 Otto Ludwig **1813**
1866 Friedrich Rückert **1788**
1867 Wilhelm von Kügelgen **1802** Charles Baudelaire **1821**
1868 Adalbert Stifter **1805**
1869 Alphonse de Lamartine **1790** Vladimir Odojewskij **1804** Charles A. Saint-Beuve **1804**
1870 Alexandre Dumas père **1802** Prosper Mérimée **1803** Charles Dickens **1812** Jules de Goncourt **1830** Lautréamont **1846**
1871 Hermann von Pückler-Muskau **1785** Willibald Alexis **1798**
1872 Franz Grillparzer **1791** Théophile Gautier **1811** Friedrich Gerstäcker **1816** Alexis Kivi **1834**
1873 Alessandro Manzoni **1785** Edward Bulwer-Lytton **1803** Ernest Feydeau **1821**
1874 Jules Michelet **1798** Fritz Reuter **1810**
1875 Eduard Mörike **1804** Hans C. Andersen **1805** Georg Herwegh **1817** Alexej K. Tolstoi **1817**
1876 George Sand **1804** Louise Colet **1810** Ferdinand Freiligrath **1810** Eu-

gène Fromentin **1820** Iwan A. Kustschewskij **1847**
1878 Wolf Graf Baudissin **1789** Karl Gutzkow **1811** Nikolaj A. Nekrassow **1821**
1879 Charles de Coster **1827**
1880 George Eliot **1819** Gustave Flaubert **1821** Sachs-Villate dt.-frz. Wörterbuch
1881 Thomas Carlyle **1795** Benjamin Disraëli **1804** Fjodor M. Dostojewskij **1821** Alexej F. Pisemski **1821**
1882 Charles Darwin **1809** Anthony Trollope **1815**
1883 Karl Marx **1818** Iwan S. Turgenjew **1818**
1884 Elias Lönnrot **1802** Heinrich Laube **1806** Johann G. Droysen **1808** Georg Büchmann **1822**
1885 Victor Hugo **1802** Gordon von Khartum **1833** Jens P. Jacobsen **1847**
1886 Leopold von Ranke **1795** Alexander N. Ostrowskij **1823** Emily Dickinson **1830**
1887 Multatuli **1820** Eugenie Marlitt **1825**
1888 Edward Lear **1812** Theodor Storm **1817**
1889 Robert Browning **1812** Wilkie Collins **1824** Michail J. Saltykow-Schtschedrin **1826** Ludwig Anzengruber **1839**
1890 Gottfried Keller **1819** Heinrich Schliemann **1822** Alexandre Chatrian **1826**
1891 Iwan A. Gontscharow **1812** Herman Melville **1819** Ferdinand Gregorovius **1821** Arthur Rimbaud **1854**
1892 Joseph A. de Gobineau **1816** Walt Whitman **1819**
1893 Hippolyte Taine **1828** Guy de Maupassant **1850**
1894 Robert L. Stevenson **1850**
1895 Gustav Freytag **1816** Alexandre Dumas fils **1824** Nikolaj S. Lesskow

1831 Leopold von Sacher-Masoch **1836**

1896 Eduard de Goncourt **1822** Paul Verlaine **1844** Simplicissimus

1897 Jacob Burckhardt **1818** Henri Meilhac **1831** Alphonse Daudet **1840**

1898 Theodor Fontane **1819** Conrad F. Meyer **1825** Carlo Collodi **1826** Stéphane Mallarmé **1842**

1899 Émile Erckmann **1822**

1900 Friedrich Nietzsche **1844** Wladimir S. Solowjew **1853** Oscar Wilde **1854** Stephen Crane **1871**

1901 Herman Grimm **1828** Clarín **1852**

1902 Samuel Butler **1835** Bret Harte **1836** Émile Zola **1840** Richard von Krafft-Ebing **1840** Frank Norris **1870**

1903 Theodor Mommsen **1817** Otto Weininger **1880**

1904 Mór Jókai **1825** Kate Chopin **1850** Anton P. Tschechow **1860**

1905 Juan Valera **1824** Lewis Wallace **1827** Jules Verne **1828**

1906 Henrik Ibsen **1828** Ferdinand von Saar **1833**

1907 Sully Prudhomme **1839** Joris K. Huysmans **1848** Alfred Jarry **1873**

1908 Wilhelm Busch **1832** Ludovic Halévy **1834** Machado de Assis **1839**

1909 George Meredith **1828** Detlev von Liliencron **1844** Charles-Louis Philippe **1874**

1910 Lew N. Tolstoi **1828** Wilhelm Raabe **1831** Mark Twain **1835** Kálmán Mikszáth **1847** Kurd Laßwitz **1848** O. Henry **1862** Jules Renard **1864**

1912 Felix Dahn **1834** Karl May **1842** Bram Stoker **1847** August Strindberg **1849** Dmitrij N. Mamin-Ssibirjak **1852** Otto Brahm **1856** Herman Bang **1857** Georg Heym **1887**

1914 Paul Heyse **1830** Ambrose Bierce **1842** Christian Morgenstern **1871**

Alain-Fournier **1886** Georg Trakl **1887**

1915 Paul Scheerbart **1863**

1916 Marie von Ebner-Eschenbach **1830** Wilhelmine von Hillern **1836** Ernst Mach **1838** Henry James **1843** Henryk Sienkiewicz **1846** Jack London **1876**

1918 Peter Rosegger **1843** Eduard von Keyserling **1855** Frank Wedekind **1864** Max Dauthendey **1867** Édmond Rostand **1868** Fanny zu Reventlow **1871** Guillaume Apollinaire **1880**

1919 Sofja A. Tolstaja **1844** Wassilij W. Rosanow **1856** Karl Gjellerup **1857** Peter Altenberg **1859** Leonid N. Andrejew 1871 Rosa Luxemburg **1871**

1920 Benito P. Galdós **1843** Ludwig Ganghofer **1855** Georges Feydeau **1862** Richard Dehmel **1863** Max Weber **1864**

1921 Wladimir G. Korolenko **1853** Oskar Panizza **1853** Italo Svevo **1861** Alexander A. Blok **1880**

1922 Erskine Childers **1870** Marcel Proust **1871** Velemir Chlebnikow **1885**

1923 Jaroslav Hašek **1883** Katherine Mansfield **1888**

1924 Anatole France **1844** Carl Spitteler **1845** Joseph Conrad **1857**

1925 Henry R. Haggard **1856** Félix Vallotton **1865** Boris W. Savinkov **1879** Franz Kafka **1883**

1926 Rudolf Eucken **1846** Rainer M. Rilke **1875** Siegfried Jacobsohn **1881**

1927 Georg Brandes **1842** Jerome K. Jerome **1859** Fjodor Sologub **1863**

1928 Thomas Hardy **1840** Edmund Gosse **1849** Klabund **1890**

1929 Wilhelm von Bode **1845** Arno Holz **1863** Hugo von Hofmannsthal **1874** Hermann Ungar **1893** Annales

1930 Adolf von Harnack **1851** Arthur

C. Doyle **1859** Fridtjof Nansen **1861**
David H. Lawrence **1885** Wladimir
Majakowski **1893**
1931 Arthur Schnitzler **1862** Arnold
Bennett **1867**
1933 George Moore **1852** Konstantinos Kavafis **1863** Rudolf Tarnow
1867 John Galsworthy **1867** Stefan
George **1868**
1934 Jakob Wassermann **1873** Theodor
Däubler **1876** Andrej Belyi **1880** Joachim Ringelnatz **1883** Konstantin K.
Waginow **1899** M. Agejew
1935 Paul Bourget **1852** Fernando Pessoa **1888** T.E. Lawrence **1888** Kurt
Tucholsky **1890**
1936 Miguel de Unamuno **1864** Rudyard Kipling **1865** Ramón del Valle-Inclán **1866** Luigi Pirandello **1867**
Maxim Gorki **1868** Grazia Deledda
1871 Karl Kraus **1874** Gilbert K.
Chesterton **1874** Oswald Spengler
1880 Deszö Kosztolanyi **1885** Federico G. Lorca **1898**
1937 Thomáš G. Masaryk **1850** Lou Andreas-Salomé **1861** Edith Wharton
1862 Harry Graf Kessler **1868** Jewgenij I. Samjatin **1884** Howard P. Lovecraft **1890** Ilja Ilf **1897**
1938 Edmund Husserl **1859** Gabriele
d'Annunzio **1863** Lew I. Schestow **1866** Ernst Barlach **1870** Alexander I. Kuprin **1870** Egon Friedell **1878** Carl von Ossietzky **1889**
Friedrich Glauser **1896** Thomas
C. Wolfe **1900** Ödön von Horváth
1901
1939 Sigmund Freud **1856** William B.
Yeats **1865** Ford M. Ford **1873** Wladislaw Chodassiewitsch **1886** Edlef
Köppen **1893** Joseph Roth **1894**
1940 John Buchan **1875** René Schickele
1883 Michail Bulgakow **1891** Walter
Benjamin **1892** Francis S. Fitzgerald
1896 Nathanael West **1903**

1941 Rabindranath Tagore **1861** Johannes Schlaf **1862** Maurice Leblanc
1864 Sherwood Anderson **1876**
Herwarth Walden **1878** Virginia
Woolf **1882** James Joyce **1882** Max
Hermann-Neiße **1886** Anton Kuh
1890 Marina Zwetajewa **1892** Isaak
Babel **1894** Ellery Queen's Mystery
Magazine
1942 Violet Hunt **1862** Carl Sternheim
1878 Robert Musil **1880** Stefan
Zweig **1881** Jakob van Hoddis **1887**
Bruno Schulz **1892** Jewgenij Petrow
1903 Daniil Charms **1905**
1943 Henrik Pontoppidan **1857** Karl
Schönherr **1867**
1944 Romain Rolland **1866** Filippo Marinetti **1867** Marc Bloch **1886** Antoine de Saint-Exupéry **1900**
1945 Else Lasker-Schüler **1869** Paul
Valéry **1871** Johan Huizinga **1872**
Alexander Roda Roda **1872** Hans
Dominik **1872** Börries von Münchhausen **1874** Georg Kaiser **1878** Alexej N. Tolstoi **1883** Bruno Frank **1887**
Franz Werfel **1890** Josef Weinheber
1892
1946 Herbert G. Wells **1866** Hermann
von Keyserling **1880** Paul Zech **1881**
Theodor Hetzer **1890** Kulturfahrplan
1947 Ricarda Huch **1864** Lloyd Osbourne **1868** Hans Fallada **1893**
Wolfgang Borchert **1921**
1948 Alfred Kerr **1867** Karl Valentin **1882** Egon E. Kisch **1885** Kurt
Schwitters **1887** Georges Bernanos
1888
1949 Gerhart Hauptmann **1862** Maurice Maeterlinck **1862** Johannes
Freumbichler **1881** Klaus Mann **1906**
1950 George B. Shaw **1856** Heinrich
Mann **1871** Trilussa **1871** Max Beckmann **1884** George Orwell **1903**
1951 André Gide **1869** Sinclair Lewis

1885 Hermann Broch 1886 Ludwig Wittgenstein 1889 Andrej P. Platonow 1899
1952 Knut Hamsun 1859 Sven Hedin 1865 Ferenc Molnár 1878
1953 Iwan A. Bunin 1870
1954 Sidonie Colette 1873 Michail M. Prischwin 1873 Fritz von Herzmanovsky-Orlando 1877
1955 Paul Claudel 1868 Alfred Polgar 1873 Thomas Mann 1875
1956 Hans Carossa 1878 Lucien Febvre 1878 Robert Walser 1878 Gottfried Benn 1886 Bertolt Brecht 1898
1957 Alexej M. Remisow 1877 Alfred Döblin 1878 Leo Perutz 1882 Nikos Kazantzakis 1883 Giuseppe Tomasi di Lampedusa 1896 Ernst Kris 1900 Louis Fürnberg 1909
1958 Enno Littmann 1875 Lion Feuchtwanger 1884 Theodor Kramer 1897 Hermann Gmelin 1900
1959 Alfred Kubin 1877 Raymond Chandler 1888 Hans H. Jahnn 1894
1960 Viktor Klemperer 1881 Boris Pasternak 1890 Albert Camus 1903 Wolf von Niebelschütz 1913
1961 Carl G. Jung 1875 Franz Kuhn 1884 Ernst Buschor 1886 Louis-Ferdinand Céline 1891 Fritz Mühlenweg 1891 Dashiell Hammett 1894 James G. Thurber 1894 Ernest Hemingway 1899d
1962 Hermann Hesse 1877 Rudolf A. Schröder 1878 Ramón P. de Ayala 1881 Marie Bonaparte 1882 Tanja Blixen 1885 Vita Sackville-West 1892 William Faulkner 1897
1963 Otto Flake 1880 Jean Cocteau 1889 Aldous Huxley 1894 Sylvia Plath 1932
1964 Edith Sitwell 1887 Frans Eemil Sillanpää 1888 Wassilij J. Grossman 1905
1965 William S. Maugham 1874 Winston Churchill 1874 Thomas S. Eliot 1888 Walter Widmer 1903
1966 Heimito von Doderer 1896 Anna Achmatowa 1899 Frank O'Connor 1903 Evelyn Waugh 1903 Mao-Bibel
1967 Ilja G. Ehrenburg 1891 Dorothy Parker 1893 Robert van Gulik 1910 Carson McCullers 1917
1968 Upton Sinclair 1878 Max Brod 1884 Arnold Zweig 1887 John E. Steinbeck 1902 Cornell Woolrich 1903 Giovanni Guareschi 1908 Rembrandt Research Project
1969 B. Traven 1882 Ivy Compton-Burnett 1884 Theodor W. Adorno 1903 Witold Gombrowicz 1904 Erika Mann 1905
1970 Edward M. Forster 1879 Roberto Longhi 1890 Nelly Sachs 1891 John Knittel 1891 John Dos Passos 1896 Erich M. Remarque 1898 Jacques Presser 1899 Marlen Haushofer 1920 Paul Celan 1920
1971 Gertrud von le Fort 1876 Giorgos Seferis 1900 Wolfgang Schadewaldt 1900
1972 Edmund Wilson 1895 Günter Eich 1907 C.W. Ceram 1915
1973 John R.R. Tolkien 1892 Karl Kerényi 1897 Elizabeth Bowen 1899 Henry Green 1905 Karl A. Horst 1913 Ingeborg Bachmann 1926
1974 Erich Kästner 1899
1975 Pelham G. Wodehouse 1881 Aldo Palazzeschi 1885 Ivo Andrić 1892 Melchior Vischer 1895 Thornton Wilder 1897 Robert Neumann 1897 Hannah Arendt 1906 Otto Kurz 1908 Pier P. Pasolini 1922 Per Wahlöö 1926
1976 Martin Heidegger 1889 Alexander Lernet-Holenia 1897 Ernst Sander 1898 Raymond Queneau 1903 Jacques Monod 1910

Chronologisches Verzeichnis 771

1977 Konstantin A. Fedin **1892** William Gerhardie **1895** Carl Zuckmayer **1896** Vladimir Nabokov **1899**
1978 Ignazio Silone **1900** Horst Gerson **1907** Edmund Crispin **1921**
1979 Marcel Jouhandeau **1888** Friedrich Torberg **1908** Mika Waltari **1908** Arno Schmidt **1914** Titanic
1980 Jean P. Sartre **1905** Alfred Andersch **1914**
1981 Erich von Beckerath **1891** John L. Mackie **1917**
1982 Djuna Barnes **1892** Peter Weiss **1916** Philip K. Dick **1928** Rainer W. Fassbinder **1945**
1983 Friedrich Schnapp **1900** Arthur Koestler **1905** Tennessee Williams **1911**
1984 John B. Priestley **1894** Liam O'Flaherty **1896** Michail A. Scholochow **1905** Manès Sperber **1905** Truman Capote **1924** John Osborne **1929** François Truffaut **1932**
1985 Roberto Bacchelli **1891** Robert Graves **1895** Martin Beheim-Schwarzbach **1900**
1986 Jorge L. Borges **1899** Alexej N. Arbusow **1908** Jean Genet **1910** Fritz Hochwälder **1911** Stanley Ellin **1916**
1987 Marguerite Yourcenar **1903** Jean Anouilh **1910**
1988 Otto Pächt **1902** Erich Fried **1921** Raymond Carver **1938** Lexikon der sprichwörtlichen Redensarten
1989 Sándor Márai **1900** Albert V. Thelen **1903** Georges Simenon **1903** Pierre Boileau **1906** Samuel Beckett **1906** Daphne du Maurier **1907** Andrej D. Sacharow **1921** Leonardo Sciascia **1921** Thomas Bernhard **1931** Hermann Burger **1942**
1990 Alberto Moravia **1907** Friedrich Dürrenmatt **1921**
1991 Sean O'Faolain **1900** Graham Greene **1904** Max Frisch **1911** Wolfgang Hildesheimer **1916** Arkadi N. Strugatzki **1925**
1992 Eberhard Fechner **1926**
1993 William Golding **1911** Anthony Burgess **1917**
1994 Elias Canetti **1905** Eugène Ionesco **1909** Golo Mann **1909** Juan C. Onetti **1909** Paul Feyerabend **1924**
1995 Émile Cioran **1911** Patricia Highsmith **1921**
1996 Wolfgang Koeppen **1906** Odysseas Elytis **1911** Joseph Brodsky **1940**
1997 Bohumil Hrabal **1914** Helmut Sembdner **1914** Jurek Becker **1937**
1998 Ernst Jünger **1895** Thomas Narcejac **1908** Halldór Laxness **1902** Eric Ambler **1909** Octavio Paz **1914** Gregor von Rezzori **1914** William Gaddis **1922** Ted Hughes **1930**
1999 Nathalie Sarraute **1900** Kurt R. Eissler **1908** Gert Ledig **1921** Sarah Kane **1971**
2000 Steven Runciman **1903** Anthony Powell **1905** Lotte Paepcke **1910** Giorgio Bassani **1916** Ernst Jandl **1925**
2001 Pierre Klossowski **1905**
2002 Astrid Lindgren **1907** Siegfried Unseld **1924** Friedrich N. Gorenstein **1932** Diogenes Verlagschronik
2003 Aleksandar Tišma **1924** Nicholas Freeling **1927**
2005 Claude Simon **1913** Arthur Miller **1915** Ted Allbeury **1917** Ephraim Kishon **1924** Manfred Fuhrmann **1925**
2006 Sibylle Bedford **1911** Stanisław Lem **1921** Robert Gernhardt **1937**
2007 Kurt Vonnegut **1922** Celestino Piatti **1922** Walter Kempowski **1929** Hans Wollschläger **1935**
2008 Alexander I. Solschenizyn **1918** Alain Robbe-Grillet **1922** Christa Reinig **1926** Peter Rühmkorf **1929**

Harold Pinter **1930** Peter Maiwald **1946**

2009 John Updike **1932** Christian Tümpel **1937**

2010 Jerome D. Salinger **1919** Benoît Mandelbrot **1924**

2011 Hans Keilson **1909** (!) Franz J. Degenhardt **1931**

2012 Ray Bradbury **1920** Boris N. Strugatzki **1933**

2013 Doris Lessing **1919** Marcel Reich-Ranicki **1920** Loriot **1923** Peter Urban **1941** Henning Ritter **1943**

2014 Elisabeth Frenzel **1915** Siegfried Lenz **1926** Gabriel G. Márquez **1927**

2015 Peter Gay **1923** Günter Grass **1927** Walter Burkert **1931**

2016 Ilse Aichinger **1921** Edward Albee **1928** Imre Kertesz **1929** Michel Butor **1926** Dario Fò **1926** Fritz Stern **1926**

2017 Derek Walcott **1930** Jewgenij Jewtuschenko **1932**

2018 Karl I. Hennetmair **1920** Neil Simon **1927** Philip Roth **1933**

Andrea Camilleri **1925**

Hans Traxler **1929** Emmanuel Le Roy Ladurie **1929**

Bernard Andreae **1930** John Barth **1930**

Toni Morrison **1931** Alice Munro **1931** John le Carré **1931** Donald W. Goodwin **1931**

Roberto Zapperi **1932**

Eckart Kleßmann **1933**

Peter Bichsel **1935** Maj Sjöwall **1935** Edna A. Proulx **1935** Peter Brown **1935**

Svetlana Alpers **1936** Don de Lillo **1936** Wolf Biermann **1936**

Jan Assmann **1938**

Carlo Ginzburg **1939** Claudio Magris **1939**

Gary Schwartz **1940**

Paul Barolsky **1941** Reiner Speck **1941**

Peter Handke **1942**

Ljudmila Ulitzkaja **1943** Michael Ondaatje **1943**

Lars Norén **1944** Jörg Friedrich **1944**

Elfriede Jelinek **1946** Heinrich Niehues-Pröbsting **1946**

Wiktor W. Jerofejew **1947** Stephen King **1947**

Martin Suter **1948** James Ellroy **1948**

Philippe Djian **1949**

Gerhard Stadelmeier **1950**

Javier Marías **1951**

Patrick Roth **1953**

Christoph Ransmayr **1954** Kazuo Ishiguro **1954**

Wladimir G. Sorokin **1955**

Michel Houellebecq **1956**?

Max Goldt **1958**

Wolf Haas **1960** Michael Maar **1960**

Arundhati Roy **1961**

Viktor O. Pelewin **1962**

Joanne K. Rowling **1965**

Bibliographie der übersetzten Zitate

14 Majakowski, Norderney, nachgedichtet von Hugo Huppert, Frankfurt (Suhr-kamp) 1980; WW I 1, 95.

34–35 Cervantes, Don Quixote von La Mancha, übersetzt von Ludwig Tieck, Neu-ausgabe Zürich (Diogenes) 1987; 520.

42, 43–44, 45 Dostojewskij, Der Idiot, übersetzt von Arthur Luther, München (Winkler) 1973; 20; 16; 226; 31 f.; 463; 143 f.; 776.

47–49, 50, 52 Melville, Moby Dick oder Der Wal, übersetzt von Richard Mummen-dey, München (Winkler) 1964; 11; 25; 30; 53; 105; 118; 119; 147; 166-168; 213 f.; 667; 681

55, 56, 57 London, Feuer auf See, übersetzt von Erwin Magnus, in: Südseegeschichten, Berlin (Universitas) 1926; 214 ff.

61 London, Der Ruf der Wildnis, übersetzt von Lisa H. Löns, Berlin (Universitas) 1907; 9.

89 Mark Twain, Das Interview, übersetzt von B. Neuwald-Morton, Augsburg (Welt-bild) o. J.; WW I, 34.

92 Verne, Zwanzigtausend Meilen unter den Meeren, nach der Übersetzung von Joachim Fischer, Frankfurt (Bärmeier&Nikel) 1966; 103.

105, 106 Mark Twain, Fenimore Coopers Verstöße gegen die Literatur, übersetzt von B. Neuwald-Morton, Augsburg (Weltbild) o. J.; WW I, 130; 128.

120 Puschkin, Die Hauptmannstochter, übersetzt von Arthur Luther, Frankfurt (Insel) 1973; WW IV, 326.

120–21 Nabokov, Nikolaj Gogol, übersetzt von Jochen Neuberger, Reinbek (Rowohlt) 1990; WW XVI, 16 f.

121 Gogol, Taras Bulba, übersetzt von Josef Hahn, in: Sämtliche Erzählungen, Mün-chen (Winkler) 1961; 303.

165 Rabelais, Gargantua und Pantagruel, übersetzt von Walter Widmer und Horst P. Horst, München (Winkler) 1968; I, 347.

167 Villon, Eine verliebte Ballade für ein Mädchen namens Yssabeau (Ich bin so wild ...), nachgedichtet von Paul Zech, in: Die lasterhaften Balladen des François Vil-lon, München (dtv) 1962; 98.

169, 170 Sterne, Tristram Shandy, übersetzt von Michael Walter, Zürich (Haffmans) 1983; I, 9 f.; 19.

173 Gracián Hand-Orakel und Kunst der Weltklugheit, übersetzt von Arthur Schopenhauer, Frankfurt (Insel) 1986; 126.

183 Hrabal, Ich habe den englischen König bedient, übersetzt von Karl-Heinz Jähn, Frankfurt (Suhrkamp) 1994; 7.

188 Lukian, Gegen den ungebildeten Büchernarren, nach der Übersetzung von Peter von Möllendorff, Düsseldorf/Zürich (Artemis) 2006; 210.

202–3 Michelet, Geschichte der französischen Revolution, übersetzt von Richard Kühn, Frankfurt (Eichborn) 1988; V, 195 f.

210 Balzac, Eine dunkle Affäre (Wer heute Berichte aus dieser Zeit liest ...), übersetzt von Eva Rechel, Zürich (Manesse) 1968; 22 f. Natürlich findet sich die Stelle auch in: Die Menschliche Komödie, herausgegeben von Ernst Sander, München (Gold-mann) 1971; IX, 292; diesmal hat Felix Paul Greve übersetzt.

774   Anhang

216–17 Gozlan, Balzac in Pantoffeln, übersetzt von Ursula Seyffarth und Fritz Knöller, München (Heimeran) 1967; 54–56.

225–26 Maupassant, Bel-Ami, übersetzt von Ernst Sander, Stuttgart (Reclam) 1986; 3; 405

230 Die Stelle ist übersetzt von Renate Schein in: Manet (Ausstellungskatalog), Berlin (Frölich&Kaufmann) 1984, 280.

232, 233–35 Proust, Auf der Suche nach der verlorenen Zeit, übersetzt von Eva Rechel-Mertens, Frankfurt (Suhrkamp) ²1976; I, 9; 63f.

242 Baudelaire, Die Blumen des Bösen (Die Katze), übersetzt von Friedhelm Kemp, München (Hanser) 1975; WW III, 119.

243 Stéphane Mallarmé, Der Azur, übersetzt von Karl Fischer, München (Hanser) 1992; 33.

245 Valéry, Die junge Parze, übersetzt von Paul Celan, Frankfurt (Suhrkamp) 1992; WW I, 77.

252–53 Dumas, Das große Wörterbuch der Kochkunst, übersetzt von Veronika Baiculescu, Wien (Mandelbaum) 2006; 238f.

257 Jarry, Ubu. Stücke und Schriften, übersetzt von Hans Schwarzinger, Frankfurt (Zweitausendeins) 1987; 9.

258 France, Die rote Lilie, übersetzt von Caroline Vollmann, Zürich (Manesse) 2003; 482.

277 Aischylos, Proteus, übersetzt von Franz Stoeßl, in: Die Tragödien, Zürich (Artemis) 1952; 390.

301 Hesiod, Theogonie, übersetzt von Walter Marg, in: Sämtliche Gedichte, Zürich (Artemis) 1970; 33.

302 Lucilius, Satiren, übersetzt von Werner Krenkel, Berlin (Akademie) 1970; I, 131.

303 Martial, Epigramme, übersetzt von Paul Barié und Winfried Schindler, Düsseldorf/Zürich (Artemis&Winkler) 1999; 511.

306 Djedefhor, Lebensregel, übersetzt von Hellmut Brunner, in: Altägyptische Weisheit, Zürich/München (Artemis) 1988; 102.

308 Parmenides, Die Fragmente, übersetzt von Ernst Heitsch, München/Zürich (Artemis) 1991, 9.

310 Heraklit, Fragmente, übersetzt von Bruno Snell, München/Zürich (Artemis) 1989; 9.

346 Chamfort, Ein Wald voller Diebe, übersetzt von Fritz Schalk, Nördlingen (Greno) 1989; 272.

348 Goldsmith, Johnson hat zwar etwas Grobes; der Nachweis dieser Stelle ist mir nicht möglich, vielleicht habe ich sie ja erfunden. Aber: se non è vero, è ben trovato!

414 Dante, Göttliche Komödie, übersetzt von Wilhelm G. Hertz, München (Winkler) 1957; 29. In der Übersetzung von Hermann Gmelin, Stuttgart (Klett) 1949; I, 69, lautet die Stelle so: »Wir lasen eines Tages zum Vergnügen / Von Lanzelot, wie ihn die Liebe drängte; / Alleine waren wir und unverdächtig. // Mehrmals ließ unsre Augen schon verwirren / Dies Buch und unser Angesicht erblassen, / Doch eine Stelle hat uns überwältigt. // Als wir gelesen, daß in seiner Liebe / Er das ersehnte Antlitz küssen mußte, / Hat dieser, der mich niemals wird verlassen, //

Mich auf den Mund geküßt mit tiefem Beben. / Verführer war das Buch und der's geschrieben. / An jenem Tage lasen wir nicht weiter.« Das ist nicht lyrisch, dafür deutlicher.

465 Jacobsen, Niels Lyhne, übersetzt von Richard M. Baring, in: Frau Marie Grubbe Niels Lyhne Novellen, München (Winkler) 1951; 443.

467 Lönnrot, Kalevala, übersetzt von Lore und Hans Fromm, München (Hanser) 1967; I, 5.

481 Sappho, Lieder, Erstes Buch (Reiterheere …), übersetzt von Max Treu, München (Artemis&Winkler) [8]1991, 35.

484 McCullers, Die Ballade vom traurigen Café, übersetzt von Elisabeth Schnack, in: Die Ballade vom traurigen Café, Zürich (Diogenes) [2]1961; 258 f.

484 Die Inhaltsangabe von Frankie in: McCullers, Autobiographie (Illumination and Night Glare), übersetzt von Brigitte Wadlitzek, Frankfurt (Schöffling) 2002; 78.

485 McCullers, Wer hat den Wind gesehen?, übersetzt von Elisabeth Schnack, in: Die Ballade vom traurigen Café, Zürich (Diogenes) [2]1961; 77 f.

486 Mansfield, Das Gartenfest, übersetzt von Elisabeth Schnack, Frankfurt (Büchergilde) 1980; WW I, 396.

488 Wilde, Salome, übersetzt von Petra-Susanne Räbel, Frankfurt (Zweitausendeins) 2004; WW V, 66.

494 Goodwin, Alkohol & Autor, übersetzt von Michael Pfister, Zürich (Edition Epoca) 1995; 7.

498 Woolf, Orlando, übersetzt von Brigitte Walitzek, Frankfurt (Fischer) 1990; WW VII, 226.

500–1 Woolf, Zum Leuchtturm, übersetzt von Karin Kersten, Frankfurt (Fischer) 1991; WW VI, 10.

507 Woolf, Mrs Dalloway, übersetzt von Walter Boehlich, Frankfurt (Fischer) 1997; WW V, 10.

511 Austen, Überredung, übersetzt von Ursula und Christian Grawe, Stuttgart (Reclam) 1983; 76.

513 Crispin, Der wandernde Spielzeugladen, übersetzt von Andreas Vollstädt, Zürich (Haffmans) 1993; 71 f.

522 Meredith, Schau dorthin, wo der drängende Wind, übersetzt von Gordon Collier, in: Viktorianische Lyrik, Suttgart (Reclam) 1985; 229.

522 Dickinson, Behutsam müssen die Chirurgen …, in: Dichtungen, ausgewählt und übersetzt von Werner von Koppenfels, Mainz (Dieterich'sche Verlagsbuchhandlung) 1995; 265.

524 Chopin, Das Erwachen, übersetzt von Ingrid Rein, Cadolzburg (ars vivendi) 1996; 128.

538 Puschkin, Eugen Onegin, übersetzt von Ulrich Busch, Zürich (Manesse) 1981; 155.

542–43 Puschkin, Dem Dichter, übersetzt von Michael Engelhard, in: Sämtliche Gedichte, Frankfurt (Insel) 1999; 723.

585 Nekrassow, Ihr Lieder mein!, übersetzt von Friedrich Fiedler, in: Lyrik des Abendlandes, München (Hanser) 1963; 473.

554 Gorki, Klim Samgin, übersetzt von Hans Ruoff, München (Winkler) 1980; I, 7.

558 Majakowski, Das beste Gedicht, nachgedichtet von Hugo Huppert. Frankfurt (Suhrkamp) 1980; WW I,2 271.

595 Blok, Die Unbekannte (Seltsame Dinge sind mir anvertraut), übersetzt von Adrian Wanner, in: Gedichte, Frankfurt (Suhrkamp) 1990; 67.

560 Achmatowa, Wenn ein Mensch stirbt, übersetzt von Heinz Czechowski, in: Gedichte, Frankfurt (Suhrkamp) 1988; 47.

560 Mandelstam, Armenien V, übersetzt von Ralph Dutli, in: Armenien, Armenien!, Zürich (Ammann) 1994; 101.

561 Chodassjewitsch, Begräbnis, übersetzt von Kay Borowsky, in: Europäische Nacht, Tübingen (Narr) 1985; 101.

562 Jessenin, Schimpft nicht, so ist halt mein Leben, übersetzt von Annemarie Bostroem, Berlin (Volk&Welt) 1995; WW I, 148.

565 Waginow, Auf der Suche nach dem Gesang der Nachtigall, übersetzt von Ulrike Zemme, Frankfurt (Suhrkamp) 1993; 62.

566 Jewtuschenko, Nicht riechen können viele mich, übersetzt von Franz Leschnitzer, in: Lyrik Prosa Dokumente, München (Nymphenburger) 1972; 70.

571 Nabokov, Der Späher, übersetzt von Dieter E. Zimmer, Reinbek (Rowohlt) 1992; WW II, 428.

581 Galdós, Amigo Manso, übersetzt von Kurt Kuhn, Zürich (Manesse) 1964; 5.

589 Svevo, Zenos Gewissen, übersetzt von Barbara Kleiner, Frankfurt (Zweitausendeins) 2000; 18.

603 Tagore, Das goldene Boot (Am Himmel rumoren die Wolken …), übersetzt von Martin Kämpchen, in: Gesammelte Werke, Düsseldorf/München (Artemis&Winkler) 2005; 10.

604 Cioran, Syllogismen der Bitterkeit, übersetzt von Kurt Leonhard, Frankfurt (Suhrkamp) 1980; 74.

609 Conrad, Herz der Finsternis, übersetzt von Urs Widmer, Zürich (Haffmans) 1992; 134.

615 Whitman, Grashalme, Nachdichtung von Hans Reisiger, Zürich (Diogenes) 1985; 9.

683 Roy, Der Gott der kleinen Dinge, übersetzt von Anette Grube, München (Blessing) 1997; 22.

684 Márquez, Hundert Jahre Einsamkeit, übersetzt von Curt Mayer-Clason, Köln (Kiepenheuer&Witsch) 1970; 162.

693 Ayala, Belarmino und Apolonio, übersetzt von Wilhelm Muster, Frankfurt (Suhrkamp) 1956; 156.

Alle nicht gesondert aufgeführten Stellen, speziell kleine Verdeutschungen antiker Klassikerzitate, stammen vom Verfasser.

ZITATE

Zitate entsprechen zeichengenau der jeweiligen Originalausgabe; die Rechtschreibung des Autors entspricht einer Rechtschreibreform, die wahrscheinlich so nie wieder angewendet werden wird.

Verlag Kiepenheuer & Witsch, FSC® N001512

1. Auflage 2019

© 2019, Verlag Kiepenheuer & Witsch, Köln
Alle Rechte vorbehalten. Kein Teil des Werkes darf in irgendeiner
Form (durch Fotografie, Mikrofilm oder ein anderes Verfahren)
ohne schriftliche Genehmigung des Verlages reproduziert
oder unter Verwendung elektronischer Systeme verarbeitet,
vervielfältigt oder verbreitet werden.
Umschlaggestaltung Rudolf Linn, Köln
Umschlagmotiv © Depositphotos.com
Das Buch wurde erstmals verlegt
2016 bei TYPE ON DEMAND, Wolfegg.
Gesetzt aus der Albertina, der Acanthus und der Ahellya
Satz Buch-Werkstatt GmbH, Bad Aibling
Druck und Bindung CPI books GmbH, Leck
ISBN 978-3-462-05216-9